AUFSTIEG UND NIEDERGANG
DER RÖMISCHEN WELT

II.15

AUFSTIEG UND NIEDERGANG DER RÖMISCHEN WELT

GESCHICHTE UND KULTUR ROMS IM SPIEGEL DER NEUEREN FORSCHUNG

II

HERAUSGEGEBEN
VON

HILDEGARD TEMPORINI
UND
WOLFGANG HAASE

WALTER DE GRUYTER · BERLIN · NEW YORK
1976

PRINCIPAT

FÜNFZEHNTER BAND

HERAUSGEGEBEN
VON

HILDEGARD TEMPORINI

WALTER DE GRUYTER · BERLIN · NEW YORK
1976

Herausgegeben mit Unterstützung der Robert Bosch Stiftung, Stuttgart

CIP-Kurztitelaufnahme der Deutschen Bibliothek

Aufstieg und Niedergang der römischen Welt :

Geschichte u. Kultur Roms im Spiegel d. neueren Forschung ;
[Autoren u. Hrsg. widmen dieses Werk d. Forscher u. Lehrer
Joseph Vogt]
hrsg. von Hildegard Temporini u. Wolfgang Haase.
Berlin, New York : de Gruyter.
NE: Temporini, Hildegard [Hrsg.]; Vogt , Joseph : Festschrift

2. Principat.
Bd. 15. Hrsg. von Hildegard Temporini. — 1976.

ISBN 3-11-006736-6

© 1976 by Walter de Gruyter & Co.,
vormals G.J. Göschen'sche Verlagshandlung · J. Guttentag, Verlagsbuchhandlung · Georg Reimer · Karl J.Trübner
Veit & Comp., Berlin 30 · Alle Rechte, insbesondere das der Übersetzung in fremde Sprachen, vorbehalten. Ohne
ausdrückliche Genehmigung des Verlages ist es auch nicht gestattet, dieses Buch oder Teile daraus auf photo-
mechanischem Wege (Photokopie, Mikrokopie) zu vervielfältigen.
Printed in Germany
Satz und Druck: Walter de Gruyter & Co., Berlin 30
Einbandgestaltung und Schutzumschlag: Rudolf Hübler
Buchbinder: Lüderitz & Bauer, Berlin

AUTOREN UND HERAUSGEBER
WIDMEN DIESES WERK
DEM FORSCHER UND LEHRER

JOSEPH VOGT

Vorwort

Mit dem vorliegenden Band II 15 beginnt eine neue Phase in der Publikation des Gemeinschaftswerkes 'Aufstieg und Niedergang der römischen Welt' (ANRW). Von nun an wird die Veröffentlichung in zwei parallelen Reihen fortgesetzt werden, indem Bände verschiedener Rubriken nebeneinander erscheinen. Außerdem wird jetzt, da stets mehrere Bände im Vorbereitungsstadium dem Abschluß nahe sind, ab und zu die kontinuierliche Folge der Bandnummern verlassen werden, je nachdem, wie die Bände ihrem inhaltlichen Programm gemäß fertig werden. Der vorliegende Band ist der letzte von insgesamt drei Bänden der Rubrik 'Recht' im zweiten Teil des Werkes; die beiden ersten Bände der Rubrik werden etwa binnen Jahresfrist nachfolgen. Indessen wird die Unterabteilung 'Provinzen und Randvölker' der Rubrik 'Politische Geschichte' weitergeführt werden, und zwar zunächst mit Band II 9, der die Beiträge über Mesopotamien, Armenien, Iran, Südarabien sowie Rom und den Fernen Osten enthält; die Bände II 5 und II 6, die im Vorwort zu Bd. II 4 (S. VII) als die nächsten angekündigt wurden, haben nochmals eine kleine Verzögerung erfahren.

Der Inhalt der Rubrik 'Recht' im zweiten Teil des Werkes ist so gegliedert, daß die beiden ersten Bände (II 13 und II 14) die Beiträge über Normen, Verbreitung und einzelne Materien des römischen Rechts in der Principatszeit enthalten werden, während der dritte Band (II 15) die Beiträge über Methoden römischer Rechtswissenschaft, Rechtsschulen und einzelne bedeutende Juristen der Principatszeit vereinigt. Natürlich gibt es mannigfache sachliche Überschneidungen zwischen beiden Themengruppen der Rubrik, wie auch Berührungen und Überschneidungen mit anderen Rubriken gegeben sind, auf die in zunehmendem Maße durch Querverweise auf Beiträge in bereits erschienenen oder künftig erscheinenden Bänden hingewiesen wird.

Bei Beginn des Erscheinens der Rubrik 'Recht' im II. Teil dieses Werkes ist es eine besonders angenehme Herausgeberpflicht, denen zu danken, durch deren Rat, Hilfe und Vermittlung alle rechtsgeschichtlichen Bände im II. und III. Teil von ANRW — 'Principat' bzw. 'Spätantike und Nachleben' — wesentlich gefördert worden sind: ANTONIO GUARINO, MAX KASER, DETLEF LIEBS, DIETER NÖRR und FRANZ WIEACKER.

Die redaktionelle Bearbeitung auch dieses Bandes von ANRW ist zum größten Teil durch die schon in Bd. II 4 (Vorwort S. VII) mit Dank erwähnte Zuwendung der Robert Bosch Stiftung (Stuttgart) ermöglicht worden; auch die Dankesschuld gegenüber dem Präsidenten der Eberhard-Karls-Universität und den Direktoren des Althistorischen und Philologischen Seminars der Universität Tübingen besteht unverändert fort. — Mitarbeiter der

Redaktion waren für diesen Band HANS-JÜRGEN SPONSEL und FRIEDEMANN ALEXANDER WENSLER. Technische Hilfe haben ELLEN GLÄNZEL, KARIN GRAMER und WILHELM SEIBEL geleistet. Im Verlag De Gruyter hat MANFRED MEINER auch diesen Band betreut.

Tübingen, im März 1976   H. T.

Inhalt

RECHT

(METHODEN, SCHULEN, EINZELNE JURISTEN)

Entscheidungsgrundlagen der klassischen römischen Juristen

von Wolfgang Waldstein, Salzburg

Inhaltsübersicht

Einleitung

MAX KASER hat in seiner wichtigen Untersuchung 'Zur Methode der römischen Rechtsfindung'[1] die wohlbegründete Erkenntnis gewonnen, daß bei der Rechtsfindung der römischen Juristen „die Gewinnung der richtigen Entscheidung durch ein unmittelbares Erfassen"[2] im Vordergrund stand. Bei seiner umfassenden und genauen Kenntnis des Quellenmaterials kann er feststellen, daß diese Erkenntnis durch „die juristische Überlieferung zuverlässig vermittelt" wird[3].

Dieses unmittelbare Erfassen wird in der Erkenntnistheorie allgemein als Intuition bezeichnet[4]. Im Hinblick auf die heute herrschenden erkennt-

---

[1] Nachr. d. Akad. d. Wiss. Göttingen, Phil.-hist. Kl. 1962, Nr. 2; 2., unveränd. Auflage 1969 (künftig zitiert: Methode).

[2] Methode 54; so im wesentlichen bereits M. KASER, Das römische Privatrecht I (Handbuch der Altertumswiss. München 1955) 2f.; in der 2. Aufl. (München 1971; diese Auflage künftig zitiert: RPR I, wenn auf die 1. Aufl. oder in Gegenüberstellung auf die 2. verwiesen wird, ist das durch I¹ oder I² angezeigt) 3f. ist die Auffassung im wesentlichen beibehalten, aber etwas präzisiert. Ohne das Wort Intuition zu verwenden, hat bereits F. SCHULZ, Prinzipien des römischen Rechts (München–Leipzig 1934, unveränderter Neudruck 1954; künftig zitiert: Prinzipien), 24, hervorgehoben, daß die römischen Juristen „ihre Sätze . . . unmittelbar aus der Betrachtung der Lebensverhältnisse" finden. F. WIEACKER, Vom römischen Recht² (Stuttgart 1961; künftig zitiert: VRR) 151, sagt: „dieser Vorgang ist (im genauen Sinn) intuitiv; . . .".

[3] Methode 54 sagt er: „Nach den Eindrücken, die die juristische Überlieferung zuverlässig vermittelt, steht vielmehr im Vordergrund die Intuition, also die Gewinnung der richtigen Entscheidung durch ein unmittelbares Erfassen, . . .". Zu der Fortsetzung des Satzes: „das des rationalen Argumentierens nicht bedarf", vgl. W. WALDSTEIN, Topik und Intuition in der römischen Rechtswissenschaft, Festgabe für A. Herdlitczka (München–Salzburg 1972, künftig zitiert: Fg. Herdlitczka) 248ff.

[4] I. DÜRING, Aristoteles, Darstellung und Interpretation seines Denkens (Heidelberg 1966) 108, sagt etwa: „Das logische Denken schlägt eine Brücke zwischen den Daten der Erfahrung und den intuitiv erkannten Allgemeinbegriffen und ersten Sätzen. Als Beschreibung des Prozesses betrachtet, ist seine Darstellung richtig und wohl auch heute noch zutreffend." Vgl. auch F. HORAK, Rationes decidendi, Entscheidungsbegründungen bei den älteren römischen Juristen bis Labeo I (Innsbruck, Studien z. Rechts-, Wirtschafts- u. Kulturgeschichte V 1969; künftig zitiert: Rationes) 17ff.; 43; auch 297; dazu F. WIEACKER, Rationes decidendi, ZSS 88 (1971) 352f. Vgl. auch F. WIEACKERS oben Anm. 2 wiedergegebene Feststellung. Allgemein zur Rolle der Intuition bei der Erkenntnis B. SCHWARZ, Der Irrtum in der Philosophie (Münster i. W. 1934) 30ff., mit einer wichtigen Abgrenzung

nistheoretischen Vorurteile[5] ist die Erkenntnis KASERs, daß es sich auch bei dem unmittelbaren Erfassen der römischen Juristen um eben diese Intuition handelt, besonders bemerkenswert und verdienstvoll[6].

Bei der Frage nach den Entscheidungsgrundlagen der klassischen römischen Juristen geht es nun darum, was denn konkret die Gegenstände jenes unmittelbaren Erfassens gewesen sind, welches zu „der richtigen Entscheidung" führte. Daß dies nicht die Gesetze waren, oder zumindest nicht vorwiegend die mit der bloßen Gesetzesanwendung zusammenhängenden Fragen, ist hinreichend klargestellt[7]. Wenn, wie KASER hervorhebt, die Suche der römischen Juristen nach richtigen Lösungen der Einzelfälle „von der juristischen Intuition in diejenige Richtung gewiesen" wurde, „die dem Ziel der Rechtsfindung, die materiale Gerechtigkeit zu verwirklichen, am nächsten kommt"[8], so kann es keinem Zweifel unterliegen, daß dabei Entscheidungsgrundlagen oder Entscheidungskriterien zur Anwendung gekommen sind, die über das damalige positive Recht hinausführen. Wie sich dartun läßt, hat nun gerade die Erfassung dieser Entscheidungsgrundlagen, gewiß in Verbindung auch mit den aus der Anwendung von Gesetzen sich ergebenden Problemen, im Ergebnis jene „dem römischen Recht eigentümlichen 'Rechtsfiguren'" hervorgebracht, „die in ihrer Gesamtheit ... ein juristisches Instrumentarium von hoher Vollkommenheit bilden, dessen einzelne Stücke vollzählig sind und störungsfrei inein-

der Intuition im Sinne der „unmittelbaren Einsicht" von der „Bergsonschen Intuition, der Hineinfühlung in ein lebendiges Wesen"; weiter DIETRICH V. HILDEBRAND, Der Sinn philosophischen Fragens und Erkennens (Bonn 1950) 78 ff.; dazu W. WALDSTEIN, Fg. Herdlitczka, 253 ff., dazu TH. MAYER-MALY, Index 3 (1972) 361, und Gedächtnisschrift für R. Marcic I (Berlin 1974) 394 f. mit Lit. Im Zusammenhang mit dem Evidenzproblem vor allem J. SEIFERT, Erkenntnis objektiver Wahrheit (Salzburg–München 1972, künftig zitiert: Erkenntnis) 198 ff. Es ist bemerkenswert, daß sogar HANS KELSEN, Die Rechtswissenschaft als Norm- oder als Kulturwissenschaft. Eine methodenkritische Untersuchung, Schmollers Jahrb. 40 (1916) 1224 (abgedruckt in: Die Wiener rechtstheoretische Schule I [1968] 79), die Rolle der Intuition erkannt hat. Er sagt: „Letzten Endes freilich läßt sich der Sollenscharakter des positiven Rechtes nicht logisch beweisen. Es mag rückhaltlos zugegeben werden, daß die tiefste Wurzel dieser Anschauung — wie immer, so auch hier — in einer gleichsam intuitiven Wesensschau ruht."

[5] Vgl. etwa K. POPPER, Logik der Forschung[4] (Tübingen 1971) 7; H. COING, Naturrecht als wissenschaftliches Problem[2] (Wiesbaden 1966, Sitz. Ber. d. Wiss. Ges. a. d. J.-W.-Goethe-Univ. Frft./M. Bd. 3, Jg. 1964, N. 1, künftig zitiert: Naturrecht) 28, spricht von „weltüberspringender Intuition", ohne klarzulegen, was damit gemeint ist. In exemplarischer Weise liegen jene erkenntnistheoretischen Vorurteile der ganzen Arbeit von A. LEINWEBER, Gibt es ein Naturrecht? Beiträge zur Grundlagenforschung der Rechtsphilosophie[2] (Hamburg 1970, künftig zitiert: Naturrecht) zugrunde; vgl. auch O. WEINBERGER, Das Widerstandsrecht als rechtsmethodologisches Problem, Österr. Zeitschr. f. öffentl. Recht 22 (1971) 81 ff.; dazu W. WALDSTEIN, Gedächtnisschrift Marcic (1974) 389 ff.

[6] Vgl. zu den oben Anm. 3 zitierten Aussagen noch Methode 57 ff. und 73.

[7] Vgl. F. WIEACKER, VRR 45 ff. und 150; auch F. HORAK, Rationes 84, und F. SCHULZ, Prinzipien 23 ff. sowie DERS., Geschichte der römischen Rechtswissenschaft (Weimar 1961; künftig zitiert: Geschichte) 71; eingehend L. LOMBARDI, Saggio sul diritto giurisprudenziale (Milano 1967).

[8] Methode 73.

andergreifen"[9]. Damit aber rückt die Frage nach den jeweils konkreten Grundlagen oder Kriterien für die Entscheidung eines Einzelfalles, soweit sie nicht in einer positiven Norm bestehen, in den Mittelpunkt des Interesses.

Über verschiedene Aspekte dieser Frage ist schon viel und gründlich gearbeitet worden[10]. Die verschiedenen, wie WIEACKER es ausgedrückt hat, „jeweiligen methodischen Grundformen des europäischen Geistes"[11], haben jedoch auch den methodischen Ansatz bei der Untersuchung der hier in Frage kommenden Gegebenheiten bestimmt. Sie führten naturgemäß zu unterschiedlichen, divergierenden, ja widersprüchlichen Beurteilun-

---

[9] M. KASER, Methode 73f. Die von KASER in diesem Zusammenhang geäußerte Auffassung, daß die römischen Juristen „aus ihrer Fülle der Fallösungen eine Reihe von Sätzen und Begriffen abgeleitet haben, in denen ihre Rechtsordnung eine gefestigte Gestalt gewonnen hat", bedürfte einer differenzierenden Untersuchung. Es ist gewiß richtig, daß aus Fallösungen verallgemeinernde Begriffe gewonnen wurden. Das schließt aber nicht aus, daß den Fallösungen selbst schon die Einsicht in Gegebenheiten vorausging, denen die später formulierten Begriffe entsprachen.

[10] Zu den unten II.—VI. behandelten Entscheidungsgrundlagen vgl. die unten zu den einzelnen Sachgebieten in den Anm. 106, 179, 227, 278 und 321 angegebene Lit. und W. WALDSTEIN, Vorpositive Ordnungselemente im Römischen Recht, Österr. Zeitschr. f. öffentl. Recht 17 (1967) 1—26. Eine Reihe weiterer Entscheidungsgrundlagen, die hier nicht behandelt werden können, hat etwa F. SCHULZ, Prinzipien, behandelt. Ich hebe hier nur hervor: Tradition (57ff.), Freiheit (95ff.), Humanität (128ff.) und Sicherheit (162ff.). Als weitere Entscheidungsgrundlagen wären anzuführen etwa die *publica* (oder *privata*) *utilitas* (dazu etwa TH. MAYER-MALY, Gemeinwohl und Naturrecht bei Cicero, in: Völkerrecht und rechtliches Weltbild, Festschr. für A. Verdross, Wien 1960, 195—206 mit Lit., und H. ANKUM, Utilitatis causa receptum, RIDA [15 1968] 119ff. mit Lit.), die *benignitas* (dazu etwa F. WUBBE, Benigna interpretatio als Entscheidungskriterium, Festgabe für A. Herdlitczka, München–Salzburg 1972, 295—314 mit Lit.), die *honestas* (zu dem Satz: *non omne quod licet honestum est* vgl. M. KASER, RPR I 197 mit Lit.) und viele andere. Dazu kommen besonders die sprachlichen und logischen Voraussetzungen rechtlicher Entscheidungen; vgl. dazu die umfassende Darstellung von E. BETTI, Allgemeine Auslegungslehre als Methodik der Geisteswissenschaften (Tübingen 1967, deutsche Fassung der 'Teoria generale della interpretazione', Milano 1955, die jedoch gegenüber der italienischen Fassung „um ein Drittel gekürzt wurde", vgl. Vorrede der dt. Ausgabe); unzureichend und teilweise unrichtig, wenn auch auf echte Fragen hinweisend A. CARCATERRA, Semantica degli enunciati normativo-giuridici romani (Bari 1972) mit viel Lit. zu den sprachwissenschaftlichen Aspekten; vgl. dazu die Rezension von W. WALDSTEIN, SDHI 39 (1973) 8—19; zu den logischen Vorgegebenheiten J. MIQUEL, Stoische Logik und römische Jurisprudenz, ZSS 87 (1970) 85—122 mit Lit.; hingegen unzureichend und auf die eigentlichen logischen Probleme gar nicht eingehend A. SCHIAVONE, Studi sulle logiche dei giuristi romani (Napoli 1971, Pubbl. d. Fac. Giur. d. Univ. d. Napoli), dazu die Rezension von W. WALDSTEIN, SDHI 38 (1972) 389ff. Auch F. HORAK hat verschiedene Aspekte dieser Fragen behandelt, vgl. Rationes 92ff. (Begründungen aus Logik und Grammatik), 194ff. (Begründungen aus dem Sprachgebrauch), 212ff. (Begründungen aus dem Willen), 225ff. (Begründungen aus philosophischen Erwägungen), 236ff. (Begründungen aus Sitte und Sittlichkeit), 242ff. (Begründungen mittels Analogie) und 267ff. (Begründungen mittels deductio ad absurdum); mit den sprachlichen und logischen Problemen hängt auch die *elegantia iuris* zusammen, dazu H. ANKUM, Elegantia juris, Annales de la Fac. de Droit d'Istanbul 37 (1971) 1—14. Vgl. auch unten Anm. 20.

[11] F. WIEACKER, Privatrechtsgeschichte der Neuzeit[1] (Göttingen 1952) 134; in der 2. Auflage (Göttingen 1967) 251 ist das nicht mehr so deutlich ausgesprochen.

gen[12] des Charakters und der Qualität der verschiedenen Entscheidungsgrundlagen, welche die Klassiker herangezogen haben. Die Unterschiedlichkeit in diesen Beurteilungen schließt freilich nicht aus, daß in den verschiedenen, durch „die jeweiligen methodischen Grundformen" bedingten Auffassungen richtige Teilaspekte erkannt wurden. Etwas anders wird die Lage unter dem Einfluß der gegenwärtig sich entwickelnden Wissenschaftstheorie. Sie tritt häufig mit dem Anspruch auf, endgültig zu wissen, was Gegenstand wissenschaftlicher Erkenntnis sein könne, und welche Gegebenheiten lediglich das Produkt menschlicher Wertungen oder Auffassungen seien, denen keine intersubjektiv beweisbare Realität in der vom jeweiligen Subjekt unabhängigen Außenwelt entspräche[13]. Die Frage, die in der Auseinandersetzung mit den Ansprüchen dieser Wissenschaftstheorie entscheidend ist, hat WELZEL bereits 1935 in einem Sinne beantwortet, der ernste Zweifel an verschiedenen jener Ansprüche rechtfertigt. WELZEL hat in seiner Kritik „vornehmlich am 'südwestdeutschen' Neukantianismus"[14] folgendes festgestellt: „Die wissenschaftlichen Begriffe sind nicht verschiedenartige 'Umformungen' eines identischen wertfreien Materials, sondern 'Reproduktionen' von Teilstücken eines komplexen ontischen Seins, das die gesetzlichen Strukturen und die Wertdifferenzen immanent in sich trägt und nicht erst von der Wissenschaft herangetragen bekommt"[15]. Wenn diese Feststellung sich als richtig erweist, sind eine Reihe von Voraussetzungen, die im Namen 'moderner' Wissenschaftstheorie gemacht werden, als unhaltbar erwiesen. Insbesondere würde dann etwa der von der 'Reinen Rechtslehre' HANS KELSENS als unüberbrückbar dargestellte 'Dualismus von Sein und Sollen'[16] in sich zusammenbrechen.

Gerade dieser 'Dualismus von Sein und Sollen' weist aber, wenn man seine Voraussetzungen annimmt, das Erfassen der Bedeutung und der Eigenart der hier zu behandelnden Entscheidungsgrundlagen von vorneherein in bestimmte Bahnen. Die Voraussetzungen ihrer Deutung sind dann bereits festgelegt. Will man versuchen, zu einem adäquaten Erfassen der

---

[12] Dafür bietet F. HORAKS Darstellung, Rationes 65 ff., aufschlußreiche Beispiele. Ganz anders versucht etwa TH. VIEHWEG, Topik und Jurisprudenz⁴ (München 1969) 32 ff., die Arbeit der römischen Juristen zu erklären; vgl. dazu die treffende Kritik F. WIEACKERS, Gnomon 27 (1955) 367 ff.; allgemein F. WIEACKER, Zur Topikdiskussion in der zeitgenössischen deutschen Rechtswissenschaft, Ξένιον, Festschrift für P. J. Zepos I (1973, künftig zitiert: Ξένιον) 391—415 mit viel Lit.

[13] Die Gründe dafür, daß etwa H. KELSEN diese Auffassung so konsequent vertreten hat, legt W. SCHILD in einer sehr aufschlußreichen Untersuchung über 'Die zwei Systeme der Reinen Rechtslehre', Wiener Jahrbuch für Philosophie 4 (1971) 150—194, eindrucksvoll dar. Er sieht die Gründe einerseits in H. KELSENS neukantianischem Systemansatz (154 ff.), andererseits im positivistischen Systemansatz (173 ff.). F. HORAK, Rationes 20, spricht von einem 'Forum der Wissenschaft' mit der selbstverständlich angenommenen Voraussetzung zu wissen, was das sei.

[14] Vgl. K. LARENZ, Methodenlehre der Rechtswissenschaft³ (Berlin–Heidelberg–New York 1975, künftig zitiert: Methodenlehre) 120.

[15] H. WELZEL, Naturalismus und Wertphilosophie im Strafrecht (Mannheim–Berlin–Leipzig 1935, künftig zitiert: Naturalismus) 49.

[16] H. KELSEN, Reine Rechtslehre² (Wien 1960, unveränd. Nachdruck 1967) 6.

Entscheidungsgrundlagen der klassischen römischen Juristen vorzudringen, ist es daher unumgänglich, zunächst die Voraussetzungen dieses Dualismus zu prüfen, soweit es in diesem Rahmen möglich ist. Sodann will ich versuchen, jene Entscheidungsgrundlagen etwas näher darzustellen und gegen die gerade auf dem 'Dualismus von Sein und Sollen' beruhende Kritik abzusichern, die ich bereits vor Jahren als „vorpositive Ordnungselemente" bezeichnet habe[17]. Damals ging es mir darum, darzutun, daß nach dem Befund der Quellen eine Alternative wie etwa: Naturrecht oder Rechtspositivismus, für das römische Recht nicht anwendbar ist[18]. Die Vorgegebenheiten für rechtliche Entscheidungen sind wesentlich vielschichtiger und vielgestaltiger, als dies gewöhnlich angenommen wird. Dabei geht es nicht darum, daß „man ... Rechtsgrundsätze aus Bereichen herleiten will, die dem positiven Recht transzendent sind: aus Normen des Naturrechts, aus 'vorpositiven Ordnungselementen', aus Rechtsinstituten, die durch die phänomenologische Methode der 'Wesensschau' erkennbar sein sollen, aus der 'Natur der Sache' oder ähnlichen präpositiven Gegebenheiten", wie HORAK meint[19]. Es geht vielmehr um die Frage, ob jene 'Gegebenheiten' existieren, objektiver Erkenntnis zugänglich und in der Arbeit der Juristen zu berücksichtigen sind, oder ob es dabei um bloße Gedankengebilde, Definitionsprobleme und rein subjektive Wertungen geht, denen als objektive Wirklichkeit höchstens bestimmte, zu einer Zeit herrschende oder vorherrschende kulturelle Auffassungen oder soziale Wertungen entsprechen, die sich eben auch in den Auffassungen der Juristen niederschlagen, die aber, mangels einer Objektbezogenheit, zu jeder Zeit auch vollkommen anders sein könnten[20]. Es ist ein unstreitiges Verdienst der Untersuchungen HORAKS zu den 'Entscheidungsbegründungen bei den älteren römischen Juristen bis Labeo'[21], diese Frage nun auch für die römische Rechtswissenschaft deutlicher herausgestellt zu haben als bisher. Auf dem Hintergrund seiner Untersuchungen wird die Frage nach den Entscheidungsgrundlagen der klassischen römischen Juristen tiefer zu stellen und die Antwort sorgfältiger zu begründen sein als bisher[22].

---

[17] Oben Anm. 10.

[18] Vgl. etwa den unter diesem Titel von W. MAIHOFER herausgegebenen Sammelband der Wissenschaftlichen Buchges., Wege der Forschung 16 (Darmstadt 1962). Daß sie auch für das moderne Recht in Wahrheit nicht brauchbar ist, hat F. BYDLINSKI in seiner wichtigen Untersuchung: 'Gesetzeslücke, § 7 ABGB und die 'Reine Rechtslehre'', Gedenkschrift Franz Gschnitzer (Innsbruck 1969, künftig zitiert: Gedenkschr. Gschnitzer) 101—116, dargetan. Vgl. dort 101f.

[19] Rationes 30 f.

[20] Ein überaus eindrucksvolles Bild der vielfältigen Vorgegebenheiten vermittelt H. HENKEL, Einführung in die Rechtsphilosophie (München–Berlin 1964). H. KLECATSKY faßt die Ergebnisse dieses Werkes in seiner Besprechung, Juristische Blätter 88 (1966) 163, dahin zusammen, „daß auch das Recht nur in untrennbarem Zusammenhang mit der Vielfalt der Seinsordnungen entsteht und zu verstehen ist".

[21] Oben Anm. 4.

[22] Der von F. HORAK, Rationes 288, angekündigte zweite Band seiner Untersuchungen, „der die Begründungen mit vorwiegend wertendem Charakter enthalten wird", steht leider noch nicht zur Verfügung.

Bei der Frage nach den Entscheidungsgrundlagen, die über das positive Recht hinausgehen, wird man zunächst auf die explizit angegebenen 'Gründe' für eine Entscheidung, also auf die Entscheidungsbegründungen sehen müssen. Damit ist aber ohne Zweifel noch lange nicht alles getan. Aus Horaks Untersuchung geht etwa hervor, daß für die von ihm behandelte Zeit bis Labeo zwischen Entscheidungen, die mit oder ohne Begründung überliefert sind, „das Verhältnis einen wohl etwas geringeren Durchschnitt der Begründungen als ein Drittel ergibt"[23]. Aus dieser Zeit sind also für mehr als zwei Drittel der Entscheidungen keine Begründungen überliefert. Ehe man freilich aus dieser Tatsache Schlüsse für die Gesamtsituation zieht, muß man berücksichtigen, daß die von Horak mit Rücksicht auf die zeitliche Beschränkung herangezogenen Fragmente nur knapp 8% des gesamten in Lenels 'Palingenesie' wiedergegebenen Materials ausmachen. Mehr als 92% bleiben also schon unter den von Horak gewählten Gesichtspunkten noch zu untersuchen. Die Beschränkung auf explizite Begründungen[24] hat Horaks Material zudem schließlich auf nur etwa 300 Texte zusammenschrumpfen lassen[25]. Das sind nur etwa 2,3% des Gesamtmaterials.

Wenn man zunächst von den expliziten Begründungen ausgehen möchte, ist noch festzustellen, daß in der von Horak nicht behandelten Überlieferung aus klassischer Zeit das Verhältnis zwischen begründeten und nicht begründeten Entscheidungen sich deutlich zugunsten der begründeten verschiebt. Dabei ist freilich die Grenze zwischen impliziten und expliziten Begründungen nicht immer leicht zu ziehen[26]. Trotz der dadurch bedingten Unschärfe der Berechnungskriterien kann man etwa in den ersten 100 Fragmenten aus Julian immerhin bereits rund 55 Begründungen finden. In den 130 von Africanus erhaltenen Fragmenten finden sich sogar 106 Begründungen. Aber selbst dort, wo explizite Begründungen fehlen, leuchten die impliziten Gründe aus der Entscheidung häufig so klar hervor, daß eine explizite Begründung völlig überflüssig erscheint. Eine Untersuchung der Entscheidungsgrundlagen kann sich daher nicht an das formale Kriterium der expliziten Begründung halten. Das bedeutet aber, daß nur eine sorgfältige Analyse des gesamten Materials von nahezu 13.000 Fragmenten ein soweit vollständiges Bild ergeben könnte, als es aus diesem Material überhaupt zu gewinnen ist.

Daß eine solche Untersuchung im Rahmen der vorliegenden Studie nicht durchgeführt werden kann, braucht nicht besonders betont zu werden. An einer derartigen Untersuchung arbeite ich schon seit Jahren. Bis sie vorgelegt werden kann, werden noch viele weitere Jahre vergehen. Es ist aber immerhin möglich, gewisse typische Gruppen von Entscheidungsgrundlagen hervorzuheben, die über das positive Recht hinausgehen und

---

[23] Rationes 289.
[24] Auf die Probleme, die sich aus dieser — an sich berechtigten — Beschränkung ergeben, hat bereits G. Grosso, Index 2 (1971) 121, hingewiesen.
[25] Rationes 289.
[26] Vgl. F. Horak, Rationes 289.

besonders augenfällig sind. Unter diesen sind eine ganze Reihe auch für die gegenwärtige rechtsphilosophische und rechtstheoretische Auseinandersetzung von zum Teil großer Bedeutung. Die mir am wichtigsten erscheinenden habe ich bereits 1966 unter dem Sammelbegriff 'vorpositive Ordnungselemente' zunächst nur in einem ersten kurzen Überblick darzustellen versucht[27].

Im einzelnen wird zunächst 1. der 'Dualismus von Sein und Sollen' soweit kritisch zu überprüfen sein, wie es zur Klärung der Voraussetzungen der weiteren Untersuchung unerläßlich und in diesem Rahmen möglich ist. Sodann will ich folgende Gruppen von Entscheidungsgrundlagen näher darzustellen und zu begründen versuchen: 2. Die Natur der Sache, 3. Die Natur juristischer Gebilde, 4. Die *fides*, 5. Das *ius naturale*, 6. Die Gerechtigkeit. Schließlich will ich 7. die Ergebnisse kurz zusammenfassen.

I. Der 'Dualismus von Sein und Sollen'

Der von der Reinen Rechtslehre entwickelte 'Dualismus von Sein und Sollen' betrifft das Kernproblem der Beurteilung jener Entscheidungsgrundlagen, die nicht im positiven Recht begründet sind. So hat etwa HORAK auf der Grundlage dieses Dualismus bei der Erörterung der 'Begründungen aus Naturgegebenheiten'[28], gegen Ausführungen von MAYER-MALY gerichtet[29], erklärt: „Daß in der Natur oder im Wesen eines Seienden bereits implizit ein Sollen liegen könne, halte ich für einen Widerspruch in sich"[30]. ULRICH KLUG hat das in einem Aufsatz über 'Die Reine Rechtslehre von Hans Kelsen und die formallogische Rechtfertigung der Kritik an dem Pseudoschluß vom Sein auf das Sollen'[31] noch schärfer formuliert. Er leitet seine Analyse mit folgenden Feststellungen ein:

> „Zu den Basisthesen der Reinen Rechtslehre von Hans Kelsen zählt der bekannte Satz von der prinzipiellen Unterscheidung zwischen Seins-Aussagen und Sollens-Aussagen mit der Konsequenz, 'daß daraus, daß etwas ist, nicht folgen kann, daß etwas sein soll, so wie daraus, daß etwas sein soll, nicht folgen kann, daß etwas ist'. Obwohl das, wie man meinen möchte, schon auf den ersten Blick als logisch

---

[27] Oben Anm. 10.

[28] Rationes 276 ff.

[29] Vor allem gegen die Feststellung TH. MAYER-MALYS, Romanistisches über die Stellung der Natur der Sache zwischen Sein und Sollen, Studi in onore di E. Volterra II (Milano 1971, künftig zitiert: St. Volterra II) 124, daß es bei der Frage nach der Natur der Sache darum gehe, „die Strukturen des Zusammenwirkens seins- und sollensbezogener Faktoren in der Natur der Sache aufzuspüren".

[30] Rationes 277, Anm. 4.

[31] Law, State, and International Legal Order, Essays in Honor of Hans Kelsen (Knoxville 1964, künftig zitiert: Law) 153—169.

zwingend erscheinen sollte, ist dieser Dualismus von Sein und Sollen, auf dem Kelsens Analyse und Theorie des positiven Rechts aufbaut, immer wieder das Ziel lebhafter Angriffe geworden. Das Motiv der Proteste ist klar, denn schon an dieser Stelle, also bereits bei der Grundlegung der Reinen Rechtslehre, wird die ausschlaggebende Entscheidung für das Naturrechtsproblem getroffen. Falls nämlich die These richtig ist, dann kann es keine Deduktion von Normen für das Verhalten der Menschen aus der Natur als etwas Seiendem geben, wie immer der Begriff der Natur verstanden wird, ob als Natur des Menschen oder als Natur der Sache, ob als empirische oder apriorische Natur, als Wesen des Seins oder als ein sonstiges Etwas. Stets können Normen nur aus Normen abgeleitet werden"[32].

Es liegt auf der Hand, daß alle Ausführungen über 'vorpositive Ordnungselemente' oder vorpositive Entscheidungsgrundlagen sich als jener 'juristische Wunschtraum' erweisen müßten, von dem KLUG spricht[33], falls die von ihm vorgetragenen Thesen wirklich so richtig sind, wie dies zunächst scheint. Eine Darstellung vorpositiver Entscheidungsgründe kann daher an diesen Thesen nicht vorbeigehen. Ihre Grundlagen müssen wenigstens kurz dargestellt und kritisch überprüft werden.

1. HANS KELSENS Lehre vom 'Dualismus von Sein und Sollen'

a) Die maßgebliche Formulierung des 'Dualismus von Sein und Sollen' hat HANS KELSEN in seinem Hauptwerk, die 'Reine Rechtslehre'[34], vorgetragen. Er sagt dort: „Niemand kann leugnen, daß die Aussage: etwas ist — das ist die Aussage, mit dem[35] eine Seinstatsache beschrieben wird — wesentlich verschieden ist von der Aussage: daß etwas sein soll — das ist die Aussage, mit der eine Norm beschrieben wird; und daß daraus, daß etwas ist, nicht folgen kann, daß etwas sein soll, so wie daraus, daß etwas sein soll, nicht folgen kann, daß etwas ist"[36]. Das sind zunächst Behauptungen. Man könnte aber davon ausgehen, daß KELSEN hier, in der

---

[32] Law 154.
[33] Law 154.
[34] Oben Anm. 16.
[35] Wegen des wörtlichen Zitats ist die Form 'dem' statt 'der' beibehalten.
[36] Reine Rechtslehre 5; in der Auseinandersetzung mit der Naturrechtslehre insbes. 405. Eine eingehende Auseinandersetzung mit dem Dualismus von Sein und Sollen hat A. VONLANTHEN, Zu Hans Kelsens Anschauung über die Rechtsnorm, Schriften zur Rechtstheorie 6 (Berlin 1965) 60ff., durchgeführt. Die neukantianische Wurzel dieser Lehre hat vor allem K. LEIMINGER, Die Problematik der Reinen Rechtslehre, Forschungen aus Staat und Recht 3 (Wien–New York 1967) 24ff., dargetan; neuerdings auch W. SCHILD, Die zwei Systeme der Reinen Rechtslehre, Eine Kelsen-Interpretation, Wiener Jahrb. für Philosophie 4 (1971) 155ff.; vgl. auch die scharfsinnige Analyse des Problems von ERNST WOLF, Der Begriff Gesetz, Festgabe für Ulrich von Lübtow (Berlin 1970) 120ff.; auch F. BYDLINSKI, Gedenkschr. Gschnitzer 106, auch 104ff. allgem. zur Brauchbarkeit der 'Reinen Rechtslehre'.

Terminologie der zur Zeit maßgeblichen Wissenschaftstheorie ausgedrückt, im 'Entdeckungszusammenhang'[37] in legitimer Weise die 'Intuition'[38] zur Anwendung gebracht hat. Für den Entdeckungszusammenhang wird die Intuition sowohl von HORAK wie von anderen denn auch in ihrer Bedeutung durchaus anerkannt. HORAK etwa sagt jedoch dann weiter: „Wer erklärt, er habe eine Erkenntnis durch Intuition nicht nur gefunden, sondern er könne sich auch zum 'Beweis' seiner Lehre nur eben auf diese seine Intuition berufen, der wird auf dem Forum der Wissenschaft nicht gehört"[39]. Im 'Begründungszusammenhang' habe die Intuition „nichts zu suchen"[40]. Auf dem Hintergrund dieser Ausführungen gewinnt die Frage besonderes Interesse, wie nun KELSEN diesen Dualismus begründet.

b) Bei der Suche nach der Begründung jener Feststellungen stößt man nun auf den lapidaren Satz: „Der Unterschied zwischen Sein und Sollen kann nicht näher erklärt werden. Er ist unserem Bewußtsein unmittelbar gegeben"[41]. Wenn etwas dem Bewußtsein unmittelbar gegeben ist, so spricht man eben von Intuition im spezifisch philosophischen Sinne[42]. KELSEN sagt hier also mit anderen Worten genau das, was HORAK meint: „er könne sich auch zum 'Beweis' seiner Lehre nur eben auf diese seine Intuition berufen". Folglich wäre nun auch das Verdikt HORAKS: „der wird auf dem Forum der Wissenschaft nicht gehört", auf eine der 'Basisthesen' der Reinen Rechtslehre anzuwenden. Auch bei allen weiteren Erörterungen des Verhältnisses von Sein und Sollen geht KELSEN lediglich davon aus, daß seine Darlegungen unmittelbar einleuchten müßten.

HORAK und andere haben aber KELSEN, nach ihrer Überzeugung durchaus „auf dem Forum der Wissenschaft", dennoch gehört. HORAKs Feststellung, er halte es „für einen Widerspruch in sich", daß „in der Natur oder im Wesen eines Seienden bereits implizit ein Sollen liegen könne", geht offensichtlich von KELSENs These über den 'Dualismus von Sein und Sollen' aus. Daraus würde sich nun doch wohl zwingend ergeben, daß er nach den von ihm selbst aufgestellten Kriterien der Wissenschaftlichkeit

---

[37] Zur Unterscheidung von 'Entdeckungszusammenhang' und 'Begründungszusammenhang' F. HORAK, Rationes 17 mit Lit.

[38] Zur Bedeutung der Intuition im 'Entdeckungszusammenhang' F. HORAK, Rationes 17 ff., insbes. 20; vgl. auch W. WALDSTEIN, Fg. Herdlitczka 248 ff.

[39] Rationes 20; 43 sagt er: „Wer sich zur Begründung auf seine Intuition beruft, hat sich aus dem Felde der Wissenschaft hinausbegeben und verlangt Anerkennung seiner Autorität. Im Begründungszusammenhang ist einzig und allein die logische Ableitung zulässig." Vgl. dazu die oben Anm. 4 wiedergegebene Äußerung H. KELSENS zu dieser Frage. Dazu ist aber die naheliegende Frage zu stellen, wie denn die ersten Prämissen logisch abgeleitet werden sollen. Logisch ableiten kann man nur aus vorher Erkanntem. Wie wird das aber begründet, nachdem es intuitiv erkannt wurde? F. HORAKS Antwort darauf (43) enthält sicher richtige Elemente, kann aber im ganzen nicht befriedigen.

[40] Rationes 20.

[41] Reine Rechtslehre 5. Zu dieser unmittelbaren Gegebenheit A. VONLANTHEN a. O. 45 ff. und SCHILD a. O. 155 und 158 (beide oben Anm. 36).

[42] B. SCHWARZ a. O. (Anm. 4) 30 ff. verwendet wegen der damals besonders gegebenen Mißverständlichkeit des Wortes Intuition den Begriff „unmittelbare Einsicht". Vgl. weiter die oben Anm. 4 angegebene Literatur.

mit jener Feststellung „auf dem Forum der Wissenschaft" nicht zu hören wäre. Ich habe keinen Anlaß anzunehmen, daß HORAK den einen das Recht zubilligen will, ihre Erkenntnisse mit Intuition zu begründen, anderen hingegen nicht. Vielmehr dürfte er sich über die Konsequenzen seiner Aussagen nicht im klaren gewesen sein.

c) Wie steht es aber nun wirklich mit der Richtigkeit der Thesen KELSENS? Zunächst geht KELSEN davon aus, es könne niemand leugnen, „daß die Aussage: etwas ist — das ist die Aussage, mit dem[43] eine Seins-Tatsache beschrieben wird — wesentlich verschieden ist von der Aussage: daß etwas sein soll". In der Tat, wer könnte das leugnen? Bis hierher handelt es sich um eine Aussage, deren Richtigkeit evident ist und sinnvollerweise nicht geleugnet werden kann. Daß sie faktisch dennoch geleugnet werden kann, ändert an ihrer an sich gegebenen Einsichtigkeit nichts. Gegen eine Leugnung ihrer Einsichtigkeit könnte man denn auch nichts anderes als eben diese Einsichtigkeit vorbringen. Wenn KELSEN selbst sagt: „Der Unterschied zwischen Sein und Sollen kann nicht näher erklärt werden", er sei vielmehr „unserem Bewußtsein unmittelbar gegeben", so meint er damit offensichtlich, man könne diesen Sachverhalt durch nichts anderes als eben durch die Einsicht in seine Gegebenheit erfassen und begründen. Und darin hat KELSEN sicher recht. Das Einsehen (die Intuition) dieses Sachverhalts ist in der Tat der einzige Weg, seiner inne zu werden. Für die Richtigkeit dieser Aussage einen weiteren 'Beweis' zu verlangen, würde, wie das bereits Aristoteles erkannt hat, lediglich als 'Bildungsmangel' zu qualifizieren sein[44].

Bis hierher kann also KELSEN unbedenklich gefolgt werden. Aber bereits der erläuternde Teilsatz zu der von der Seinsaussage wesentlich verschiedenen „Aussage: daß etwas sein soll", nämlich der Satz: „das ist die Aussage, mit der eine Norm beschrieben wird", ist keineswegs in gleicher Weise von Einsichtigkeit gedeckt wie das Vorausgehende. Er ist vielmehr ungenau und ambivalent. Eine Norm wird nämlich nicht schlechthin mit der Aussage „beschrieben", „daß etwas sein soll". Wenn man eine Norm beschreibt, wird man vielmehr zunächst die Frage nach ihrer Existenz, ihrer Geltung zu stellen haben[45]. Erst wenn feststeht, daß eine

---

[43] Vgl. oben Anm. 35.

[44] Metaph. IV 4, 1006 a 6ff. Er sagt das im Anschluß an die Erörterung der Begründung des Satzes, „daß dasselbe demselben nicht zugleich und in derselben Hinsicht — und was wir sonst noch beifügen müssen, um den logischen Einwürfen zu entgehen, gelte als beigefügt — zukommen und nicht zukommen kann" (IV 3, 1005 a). In der angegebenen Stelle sagt er dann: „Einige nun wollen das auch aus Mangel an philosophischer Bildung beweisen; denn ein solcher Mangel ist es, wenn man nicht weiß, wofür man einen Beweis zu fordern hat und wofür nicht. Denn es ist ganz unmöglich, daß es für alles ohne Ausnahme einen Beweis gibt; denn es ginge ins Unendliche, so daß auch so kein Beweis zustande käme" (Übersetzung von E. ROLFES², Leipzig 1921). Insofern zutreffend P. WEINGART-NER, Wissenschaftstheorie I (Stuttgart–Bad Cannstatt 1971) 180ff. Vgl. auch Met. IV 6, 1011 a; Text unten bei Anm. 97.

[45] H. KELSEN, Reine Rechtslehre 9ff., bezeichnet selbst die 'Geltung' als „die spezifische Existenz einer Norm". In der ersten Auflage der 'Reinen Rechtslehre' (1934) 12 sagte er

Norm gilt, kann weiter festgestellt werden, daß diese Norm allenfalls ein bestimmtes Sollen statuiert. Natürlich kann auch die Beschreibung nicht mehr geltender Normen im Rahmen einer historischen Untersuchung sinnvoll sein, aber dann handelt es sich um die Beschreibung von Normen, die einmal gegolten haben, genau so wie man Seinstatsachen beschreiben kann, die historisch einmal gegeben waren. Die Frage, ob eine Norm existiert, das heißt gilt oder nicht gilt — oder einmal gegolten hat —, ist nicht eine Frage des Sollens, sondern eine Frage des Seins. Es wird dabei nicht gefragt, ob eine bestimmte Norm gelten soll, sondern, ob eine bestimmte Norm gilt, aus deren Inhalt sich ein bestimmtes Sollen ergibt. Diese Tatsache kann wohl genau so wenig geleugnet werden, wie die von KELSEN klargestellte Verschiedenheit der Seins- und der Sollensaussage[46]. Sollte sie aber dennoch geleugnet werden, würde das zwingend zur Folge haben, daß Normen nicht existieren. Das hat ERNST WOLF in seiner Untersuchung zum 'Begriff Gesetz' überzeugend dargetan[47]. Wenn aber Normen nicht existieren, dann können sie auch in keinem Sinne Gegenstand einer diese Normen beschreibenden Wissenschaft werden, gleichviel ob man sie nun als den 'objektiven Sinn' eines Willensaktes[48] oder als was immer begreift. Dann hat die Rechtswissenschaft in Wahrheit keinen Gegenstand, und auch die, welche vorgibt, das positive Recht als ihren Gegenstand zu betrachten, beschäftigt sich mit etwas, was in Wahrheit nicht existiert.

---

noch: „Man wird nicht leugnen können, daß das Recht als Norm eine geistige und keine natürliche Realität ist." Aber er sah es noch als eine Realität an, also als eine Gegebenheit des Seins. Im Grunde wirkt diese Auffassung auch in der zweiten Auflage nach. Die Ausführungen H. KELSENS unterscheiden sich hierin im wesentlichen nicht von dem, was K. LARENZ, Methodenlehre 127, über das Sein geistiger Gebilde, insbesondere auch des Rechtes sagt, indem er die Positionen des objektiven Idealismus und der phänomenologischen Rechtstheorie resümiert: „Ein 'positives Recht' ist, wenn auch nicht im Raum, so doch in der Zeit, und zwar in der geschichtlichen Zeit. Es läßt sich darum weder auf materielle noch auf psychische Vorgänge reduzieren; es hat die Seinsform des 'Geltens'." Ganz klar hat sich H. KELSEN für die Existenz der Normen in seiner Abhandlung über 'Recht und Logik', Forum 12 (1965) 421—425 und 495—500, insbes. 422, ausgesprochen. Dazu R. WALTER, Logik und Recht, Forum 13 (1966) 582—585, der H. KELSENS Erkenntnisse zu entkräften versucht.

[46] Der Einwand von R. WALTER, Juristische Blätter 88 (1966) 354, daß die Reine Rechtslehre „nur fiktiv annimmt, daß das, was die soziale Macht anordnet, gesollt ist", daß für sie „die Autorität des Gesetzgebers also von der von ihr aufgestellten Fiktion abhängt", kann an dieser Realität nichts ändern. Denn ob die Reine Rechtslehre die Gesetze nur unter einer Fiktion gelten läßt oder nicht (H. KELSEN selbst hat sich gegen die Fiktionsvorstellung gewandt, vgl. W. SCHILD a. O. [Anm. 36] 172), ist für ihre tatsächliche Geltung irrelevant. Davon verschieden ist freilich die von R. WALTER angeschnittene Frage nach der Verpflichtung zum Rechtsgehorsam. Das Problem kann aber überhaupt erst auftreten, wenn Normen gelten, gegen deren Befolgung unter Umständen andere Normen sprechen. Das hat H. KELSEN gerade in seiner Abhandlung über Recht und Logik (vorige Anm.) klargestellt. Vgl. auch die in der vorigen Anm. zitierte Abh. von R. WALTER, in der er von derselben Position aus H. KELSENS Erkenntnisse zum Verhältnis von Recht und Logik zu widerlegen versucht.

[47] Festgabe v. Lübtow 109 ff., zu dieser Frage bes. 120 ff. und 128 ff.

[48] H. KELSEN, Reine Rechtslehre 2.

d) Nun bestreitet freilich KELSEN selbst nicht, daß Normen existieren[49]. Wenn aber Normen existieren, dann handelt es sich um ein Sein, in dessen „Wesen ... ein Sollen" liegt, gelegentlich „implizit" — denn nicht alle Normen statuieren explizit ein Sollen — oder auch explizit. Wenn das aber so ist, dann kann auch nicht prinzipiell bestritten werden, daß „im Wesen eines Seienden bereits implizit ein Sollen liegen könne". Es liegt gerade im Wesen des Seienden 'Norm', daß es ein Sollen impliziert oder auch explizit statuiert. Daher kann auch keine Rede davon sein, daß ein solches in einem Sein impliziertes Sollen ein Widerspruch in sich ist. Vielmehr wäre es ein Widerspruch in sich, ein Sollen zu beschreiben, das nicht existiert. Ein Sollen kann seinem Begriff nach nur dann zur Frage stehen, wenn eine Norm existiert, die dieses Sollen statuiert. Ein nicht existentes Sollen ist kein Sollen.

Es zeigt sich bei näherem Zusehen also, daß die zunächst so selbstverständlich klingende erläuternde Bemerkung KELSENs, eine Sollensaussage sei eine solche, „mit der eine Norm beschrieben wird", in Wahrheit nicht von der Einsicht in die Verschiedenheit der Seins- und der Sollensaussage gedeckt ist. Aus der logischen Form der Aussage, „daß etwas sein soll", wird geschlossen, daß die dieser Aussage zugrundeliegende Realität, die Norm, die erst die Aussage, daß auf Grund dieser geltenden Norm etwas sein soll, ermöglicht, nicht zum Bereich des Seins gehöre. Sie stehe vielmehr, wenn auch nicht „beziehungslos"[50], so doch „neben" dem Sein als etwas anderes. Das aber ist ein offensichtlicher Trugschluß. Mit seiner Untersuchung über 'Recht und Logik'[51] hat KELSEN das inzwischen selbst überzeugend dargetan[52]. Er hat dort vor allem die 'Existenz', das Vorhandensein[53] der Norm unterstrichen. Existenz und Vorhandensein sind aber Eigenschaften des Seienden.

e) Wenn es aber richtig ist, daß Normen tatsächlich existieren und damit dem Sein angehören, dann folgt daraus bereits zwingend die Unrichtigkeit des Satzes, „daß daraus, daß etwas ist, nicht folgen kann, daß etwas sein soll". Wenn dieses Etwas eine Norm ist, dann folgt eben aus der Erkenntnis der Tatsache, daß diese Norm ist, daß das von ihr Festgelegte sein soll. Es kommt also auf die Qualität des Seienden selbst an, was sich aus ihm an Folgerungen ergeben kann. Die Frage nach der Qualität des jeweils Seienden ist aber, wie KELSEN ebenfalls zutreffend klargestellt hat, nicht eine Frage der Logik, sondern der materiellen Wissenschaft, die sich mit dem betreffenden Seienden beschäftigt[54].

Es ist aber leider nicht überflüssig, darauf hinzuweisen, daß die Tatsache der Existenz einer Norm evidentermaßen gänzlich verschieden ist

---

[49] Oben Anm. 45.
[50] Reine Rechtslehre 6.
[51] Oben Anm. 45.
[52] Dazu unten 3.
[53] A. O. (Anm. 45) 422.
[54] A. O. 421.

von allen Tatsachen der Außenwelt, die zur Entstehung einer Norm geführt
haben. Auch das ist natürlich bestritten worden. Die Bestreitung der
Existenz der Norm, der nicht eine physische, sondern eine „ideelle Existenz"[55] eignet, die ein „geistiges Gebilde"[56] ist und nicht ein materielles,
ist die Folge des positivistischen Wissenschaftsbegriffes, dem, wie LARENZ
hervorhebt, ein zu enger „*Wirklichkeits*begriff"[57] zugrunde liegt. Bei der
Frage nach der Existenz der Norm geht es also nicht um die Existenz der
soziologischen und politischen Kräfte, um psychologische (im Sinne der
experimentellen Psychologie) und sonstige empirisch feststellbare Gegebenheiten, über die Seinsaussagen als Aussagen „bezüglich des Entstehungs-
vorganges von Gesetzen und sonstigen Rechtssätzen möglich" wären[58]. Es
geht vielmehr um die Existenz der auf dem jeweiligen Gesetzgebungswege
schließlich zustandegekommenen Norm selbst. Diese „läßt sich . . . weder
auf materielle noch auf physische Vorgänge reduzieren"[59]. Das Wesen etwa
des soziologistischen oder psychologistischen Rechtsbegriffes besteht aber
eben in einer solchen Reduktion.

2. Der Versuch einer formallogischen 'Rechtfertigung der Kritik an dem
   Pseudoschluß vom Sein auf das Sollen'

a) ULRICH KLUG hat in seinem sehr aufschlußreichen Versuch,
KELSENS Kritik „an dem Pseudoschluß vom Sein auf das Sollen" formallogisch zu rechtfertigen[60], gewissermaßen jenen Trumpf auszuspielen versucht, der — um im Bild zu bleiben — alles 'sticht'. In dem Augenblick,
in dem von formaler Logik die Rede ist, glaubt man, die endgültige
Antwort auf die Fragen gefunden zu haben. Daher ist es notwendig, die
Tragfähigkeit der Argumente KLUGS in aller Kürze zu überprüfen. Es
ist ihnen zwar bereits durch KELSENS Untersuchung über 'Recht und Logik'
die Grundlage entzogen worden, aber sie spielen dennoch im methodologischen Denken — wie etwa auch die Arbeit HORAKS zeigt[61] — eine so wichtige
Rolle, daß man sie nicht umgehen kann.

b) KLUG geht zunächst davon aus, daß die „Auffassung, . . . man sei
berechtigt und in der Lage, vom Sein auf das Sollen, von Seiendem auf

---

[55] A. O. 422.
[56] K. LARENZ, Methodenlehre 126.
[57] Methodenlehre 126; vgl. auch W. SCHILD a. O. (Anm. 36) 174f.
[58] U. KLUG, Law (Anm. 31) 168. Aus dem unklaren Satz bei U. KLUG geht wohl hervor,
     daß er meint, „Sollenssätze können ebenfalls als Fakten untersucht werden", weil Seins-
     aussagen über ihren Entstehungsvorgang möglich sind. Im nächsten Satz spricht er
     jedoch davon, daß man „ohne formalen Verstoß metasprachlich vom Sein des Sollens
     sprechen darf". Dazu gleich unter 2. Auch die Studie von E. KININGER, Die Realität
     der Rechtsnormen, Eine empirische Studie (Berlin 1971), leidet eben an den Grenzen des
     Ansatzes.
[59] K. LARENZ, Methodenlehre 127; SCHILD a. O. 179f.
[60] Law 153ff.
[61] Rationes 276ff.

Normen zu schließen, ... in der Rechtsphilosophie der Gegenwart in sehr verschiedenen Weisen vertreten" werde[62]. Er führt dann zehn 'Thesen' an, auf welche man zur Begründung der Möglichkeit, „vom Sein auf das Sollen, von Seiendem auf Normen zu schließen", Bezug nehme.

Es ist schon gleich hier zu bemerken, daß KLUG in dieser Formulierung der Ausgangsposition stillschweigend zwei ganz verschiedene Aussagen gleichsetzt. Er setzt voraus, daß der Schluß vom 'Sein auf das Sollen' gleichbedeutend sei mit dem Schluß „von Seiendem auf Normen". Im ersten Satz kann aber mit Sein auch das Sein einer Norm bezeichnet sein. In dieser Formulierung hat er also schon rein logisch eine weitere Bedeutung. In der Formulierung „von Seiendem auf Normen" wird aber offensichtlich in einem engeren Sinne vom 'Seienden' gesprochen als von einem 'Seienden' ohne normativen Gehalt. Von einem Seienden ohne normativen Gehalt auf Normen schließen zu wollen, wäre in der Tat 'nicht haltbar'. Durch diese Gleichsetzung meint aber nun KLUG, sich den Beweis dafür ersparen zu können, daß es kein 'Sein' mit normativem Gehalt gebe. Gerade auf den Beweis dieser Prämisse käme es aber an. Wie wir aber bereits gesehen haben, könnte ein solcher Beweis, der nicht mit Mitteln der Logik erbracht werden kann, nicht gelingen. Daher gehen KLUGS weitere Überlegungen bereits im Ansatz von nicht bewiesenen und nicht beweisbaren Prämissen aus. Das Ergebnis kann, mag es nun in der weiteren Ableitung formallogisch noch so zwingend erscheinen, schon deswegen nicht richtig sein, weil es von falschen Prämissen ausgeht.

c) KLUG sagt nun weiter, es bestehe, trotz „sehr unterschiedlichen und ungenauen Sprachgebrauchs", bei den angeführten Thesen „das Gemeinsame aller dieser und ähnlicher Ansichten in der Behauptung, daß sich aus Seins-Aussagen Sollens-Aussagen herleiten ließen"[63]. Er sagt dann: „Psychologisch ist das Festhalten an dieser Behauptung im Hinblick auf die prinzipielle Unsicherheit der Rechtserkenntnis und das daraus resultierende Bedürfnis, Anlehnung zu suchen, verständlich. Logisch ist die in Rede stehende These nicht haltbar"[64]. Und er sagt weiter: „Das kann man bereits ohne Einsatz der von der mathematischen Logik zur Verfügung gestellten Mittel evident machen, indem man sich das Folgende vergegenwärtigt: Aus einer noch so umfangreich gedachten Menge von Prämissen, die keinen Sollenssatz enthält, kann niemals ein Sollenssatz gefolgert werden, denn es müßte sonst möglich sein, daß in dem Schlußsatz eine Eigenschaft — nämlich das Gesolltsein von etwas — auftreten könnte, die nicht in den Prämissen vorgekommen ist"[65].

Zunächst ist zum psychologischen Hinweis KLUGS zu bemerken, daß man ein Bedürfnis nach Anlehnung nicht nur denjenigen vorhalten kann, die das Sein erkennen möchten, wie es ist. Es ist schon vielfach beobachtet

---

[62] Law 155.
[63] Law 155.
[64] Law 155.
[65] Law 155f.

worden, daß Personen mit geringer Begabung für materielle Erkenntnis gerne Zuflucht nehmen zu formaler Sicherheit[66]. Die logischen Gesetzmäßigkeiten dann zum Maßstab dessen zu machen, was sein könne und was nicht, ist aber nicht nur nicht logisch haltbar, sondern barer Unsinn[67].

Das aber sei KLUG ohne Vorbehalt eingeräumt, daß aus einer Prämisse, „die keinen Sollenssatz enthält, ... niemals ein Sollenssatz gefolgert werden" kann. Nur folgt daraus in keiner Weise, daß es keine Seinsaussagen über Sollenssätze geben könne.

d) Um aber dieses Gegenargument auszuräumen, erklärt KLUG: „Einer der Gründe für die häufig zu beobachtende Verwirrung bei der Analyse des Verhältnisses von Sein und Sollen dürfte gerade darin zu suchen sein, daß man im allgemeinen ohne formalen Verstoß metasprachlich (Hervorh. von mir) vom Sein des Sollens sprechen darf". „In einer Metasprache (Hervorh. von mir), d. h. in einer Sprache, in der man über eine andere Sprache, die sog. Objektsprache, spricht", könne „man in der Form von Seinssätzen über objektsprachliche Sollenssätze reden"[68]. Das setzt aber voraus, daß man Normen nur als sprachliche Aussagen begreifen kann, die ihrerseits metasprachlich zum Gegenstand von Aussagen gemacht werden können und damit als 'Objektsprache' fungieren. Nimmt man das an, dann folgt aber daraus zwingend, daß Normen als solche nicht existieren. Die Rechtswissenschaft hat dann, wie schon bemerkt (oben 1c), in Wahrheit keinen Gegenstand. Sie macht sich vielmehr metasprachlich „objektsprachliche Sollenssätze" zu einem fiktiven Gegenstand, der aber im Sein in Wahrheit nicht 'vorhanden' ist[69].

Es ist in hohem Maße erstaunlich, zu welchen Ergebnissen ein so scharfsinniger Gelehrter wie ULRICH KLUG gelangen kann, wenn plötzlich die Logik zum Maß der erkennbaren Wirklichkeit gemacht wird. Die Frage nach der Existenz oder Nichtexistenz von Normen ist aber keine Frage der Logik[70], sondern eine Frage des Seins.

e) ULRICH KLUG stellt am Ende seiner Ausführungen fest, daß „immer wieder ... in merkwürdig gefühlsbetonter Weise von der zu 'schroffen'

---

[66] Das hat O. GIGON (Bern) in einem Vortrag über 'Die Philosophischen Voraussetzungen der philologischen Arbeit' an der Universität Salzburg (1971) eindrucksvoll klargestellt.

[67] Vgl. H. KELSENS Aussagen zum Verhältnis von Logik und 'materieller Wissenschaft' unten bei Anm. 81. Besonders kraß demonstriert auch O. WEINBERGER a. O. (Anm. 5) 78ff., bes. 83f. und 93f. Verwechslungen zwischen Logik, Semantik und 'materieller Erkenntnis'.

[68] Law 168.

[69] H. KELSEN a. O. (Anm. 45) 422 sagt ausdrücklich: „Daß eine Norm gilt bedeutet, daß sie vorhanden ist. Daß eine Norm nicht gilt, bedeutet, daß sie nicht vorhanden ist. Eine nichtgeltende Norm ist eine nicht existente, also keine Norm." Das ist nicht nur eine 'Analogie zum Seinsbereich', wie R. WALTER a. O. (Anm. 45) 583 meint, sondern der Ausdruck der Erkenntnis, daß Normen tatsächlich existieren, also *sind*. Diese Erkenntnis vermag R. WALTER von seinen Voraussetzungen aus nicht mitzuvollziehen.

[70] Vgl. dazu H. KELSEN, unten bei Anm. 81. Es ist auch nicht eine Frage der Semantik, wie O. WEINBERGER a. O. (Anm. 5) vor allem 79f. und 93 glaubt.

Trennung zwischen Sollen und Sein gesprochen" werde[71]. Er bezeichnet es als „ein geistesgeschichtliches Kuriosum, daß trotz der weltweiten Wirkung Kelsens und seiner Reinen Rechtslehre der juristische Wunschtraum von der Deduktion des Sollens aus dem Sein weitergeträumt wird"[72]. Jenen Dummköpfen, die in präkelsianischer Verblendung noch immer „von der zu 'schroffen' Trennung zwischen Sollen und Sein" sprechen, hält er ein Argument entgegen, von dem er zu glauben scheint, daß es 'schlagend' sei: „Das ist im Grunde nichts anderes, als würde man von der zu 'schroffen' Trennung zwischen Dreiecken und Vierecken sprechen"[73]. Klug übersieht dabei nur, daß er nicht die „Trennung zwischen Dreiecken und Vierecken" behauptet. Er behauptet vielmehr — um im Bilde zu bleiben —, daß zwar Dreiecke existieren, aus deren Wesen dann weitere Schlüsse möglich sind, wie etwa, daß ihre Winkelsumme 180° ist, daß aber Vierecke nicht existieren. Während über Dreiecke Seinsaussagen möglich wären, könne über Vierecke nur insofern gesprochen werden, als man Aussagen über Vierecke zur Objektsprache einer Metasprache mache. Eine solche Behauptung aber läßt sich durch kein wie immer geartetes 'Zauberkunststück'[74] der formalen Logik rechtfertigen. Sie ist einfach absurd. Die Frage, ob Vierecke oder Dreiecke existieren und was sie in Wahrheit 'trennt', ist keine logische Frage, sondern eine Frage des Seins. Der Unterschied zwischen beiden ist nicht ein logischer, sondern einer der spezifischen Seinsstruktur der jeweiligen Gegebenheit. Je nach der strukturellen Eigenart eines Seienden kann der vernunftbegabte Mensch mit seinem Erkenntnisvermögen das sich aus dem jeweiligen Seienden Ergebende erschließen, aus Dreiecken wie aus Vierecken, aus nicht normativem wie aus normativem Sein.

Es kann in diesem Rahmen nicht im einzelnen aufgezeigt werden, wie viele uneingestandene oder auch unbewußte Prämissen Klug bei seiner Analyse voraussetzt. Sie sind alle aus verschiedenen philosophischen Strömungen der Gegenwart übernommen[75]. Obwohl sie gewissermaßen das 'Klima' des zeitgenössischen Denkens geradezu selbstverständlich beherrschen, sind sie dennoch um nichts gesicherter als ihnen entgegen-

---

[71] Law 168.
[72] Law 154.
[73] Law 168.
[74] Law 160.
[75] Zunächst sind es die bereits von K. Leiminger a. O. (Anm. 36) 3 ff., 9 ff., 20 ff. und 45 ff. für die Reine Rechtslehre selbst aufgezeigten Voraussetzungen, die auch bei U. Klug sich auswirken: vor allem Positivismus und Neukantianismus. Seither noch W. Schild a. O. (Anm. 36), der die Ergebnisse K. Leimingers bestätigt. Im besonderen aber werden vor allem folgende Prämissen vorausgesetzt: Werten kommt keine intersubjektive oder übersubjektive Objektivität zu, die einzige rationale Begründungsform ist die logische Deduktion, Einsicht (Wesensschau) sei „ein gedanken-lyrisches Analogon zum theologischen Offenbarungsbegriff" (so Law 162, wobei es als eine besondere Ironie angesehen werden kann, daß eben der von U. Klug ob seiner Rationalität so gepriesene H. Kelsen zugeben muß, daß sich selbst „der Sollenscharakter des positiven Rechtes nicht logisch beweisen", sondern nur mit Hilfe „einer gleichsam intuitiven Wesensschau" erfassen läßt — oben Anm. 4) und noch viele andere. Vgl. bes. auch W. Henke, Kritik des Kritischen Rationalismus (Tübingen 1974, Reihe 'Recht und Staat' Nr. 434).

stehende. Verschiedene, wie etwa die Prämisse von der Nichtexistenz der
Norm (und damit geistigen Seins überhaupt), sind nicht nur unbeweisbar,
sondern evidentermaßen falsch. Diese Prämissen haben KLUGS Blick für
die Wirklichkeit verengt und ihn zu jenen typischen 'Sprung-Deduktionen'
verleitet, die er selbst mit Recht anprangert[76]. Die 'formallogische Rechtfertigung der Kritik an dem Pseudoschluß vom Sein auf das Sollen' hat
nichts anderes erbracht als die an sich selbstverständliche Erkenntnis, daß
nach den Regeln der Aussagenlogik aus Prämissen, die keine Aussagen
über ein Sollen enthalten, kein Sollen gefolgert werden kann. Sie hat aber
nichts zum Beweis der These beibringen können, daß es kein Sein mit normativem Gehalt gebe, über welches Aussagen solcher Art möglich sind,
daß die Seinsaussage bereits eine Sollensprämisse enthält, wie etwa die
Aussage: ,,Es gilt die Norm: 'In jedem Falle muß derjenige, welcher einen
Vertrag durch List oder ungerechte Furcht bewirkt hat, für die nach-
teiligen Folgen Genugtuung leisten'''[77]. Die Aussage über die Geltung
dieser Norm ist eine Seinsaussage, die wahr oder falsch sein kann. Wenn
sie wahr ist, kann aus ihr das Sollen für einen bestimmten Fall gefolgert
werden. Wenn es aber prinzipiell ein Sein mit normativem Gehalt gibt,
ist die Frage, wo es vorzufinden ist, wieder keine logische, sondern eine
Seinsfrage. Wahre Aussagen über die Wirklichkeit zu gewinnen, ist freilich
ein oft überaus mühsames Unternehmen. KELSEN betont sogar: ,,Daß es
nicht die Logik, sondern die materielle Wissenschaft ist, die feststellt, o b
eine Aussage wahr oder unwahr ist, versteht sich von selbst''[78]. Leider ist
das aber, wie die Ausführungen KLUGS zeigen, nicht so selbstverständlich,
wie KELSEN — an sich mit Recht — meint.

3. KELSENS Lehre über das Verhältnis von 'Recht und Logik'

a) Nun sind noch, bevor ich auf die Entscheidungsgrundlagen der
römischen Juristen selbst eingehen kann, die überaus wichtigen Erkenntnisse
kurz zu würdigen, die KELSEN über das Verhältnis von 'Recht und Logik'
vorgelegt hat[79].

Zunächst stellt KELSEN fest: ,,Die Anwendung logischer Prinzipien,
insbesondere des Prinzips des ausgeschlossenen Widerspruchs und der
Regel der Schlußfolgerung, auf Normen im allgemeinen und Rechtsnormen
im besonderen ist . . . keineswegs so selbstverständlich, wie dies von Juristen
angenommen wird. Denn die beiden logischen Prinzipien sind ihrem Wesen[80]

---

[76] Law 161.
[77] § 874 ABGB.
[78] A. O. (Anm. 45) 421, dazu unten bei Anm. 81.
[79] A. O. (Anm. 45).
[80] Besonders bemerkenswert ist, daß H. KELSEN hier das Wort 'Wesen' verwendet — völlig
zutreffend —, womit auch hier auf eine 'Wesenseinsicht' verwiesen wird. Und in der Tat
können weder logische Gesetze noch ihre Anwendungsbereiche anders denn durch Einsicht in ihr Wesen erfaßt werden.

nach nur — oder doch zumindest direkt nur — auf Aussagen anwendbar, sofern diese der Sinn von Denkakten sind und wahr oder unwahr sein können. Daß es nicht die Logik, sondern die materielle Wissenschaft ist, die feststellt, ob eine Aussage wahr oder unwahr ist, versteht sich von selbst"[81]. So selbstverständlich das sein sollte, besteht aber doch einer der fundamentalen Trugschlüsse in KLUGS Darlegungen gerade darin, daß er von der Strukturverschiedenheit von Aussagen den Schluß auf die Existenz oder Nichtexistenz der jenen Aussagen zugrundeliegenden Realitäten zieht. Ob es jene Realitäten gibt oder nicht gibt, über welche Aussagen gemacht werden, die dann ihrerseits in logischen Ableitungen verwendet und teilweise überprüft werden können, ist aber, wie auch KELSEN hier unterstreicht, keine Frage der Logik, sondern vielmehr eine Frage der sachgemäßen Erkenntnis der sich mit jenen Realitäten befassenden Wissenschaft. Als Frage der Logik kann nur das untersucht werden, was sich aus bestimmten Aussagen, seien sie nun wahr oder unwahr, ergibt oder nicht ergibt, wenn man sie als Prämissen in einer syllogistischen Verknüpfung verwendet. Ob aber die Aussagen, die als Prämissen angenommen werden, ihrerseits wahr sind, kann mit Hilfe der Logik nur teilweise und nur in einer bestimmten Konstellation von Aussagen festgestellt werden. So kann etwa mit Hilfe des Satzes vom Widerspruch festgestellt werden, daß rein logisch von zwei sich kontradiktorisch gegenüberstehenden Aussagen nicht beide wahr sein können. Es kann aber mit Hilfe der Logik schon nicht mehr festgestellt werden, welche der beiden wahr ist. Nur wahre Aussagen aber können in der Regel die Grundlage von Ableitungen bilden, die zu wahren Ergebnissen führen. Ist die Ableitung logisch noch so einwandfrei und zwingend, die Prämisse aber oder eine der Prämissen unwahr, kann sie, abgesehen von den Fällen der 'extensiven Implikation', nicht zu einem Ergebnis führen, das einer Wahrheit entspricht[82]. Die ersten Prämissen einer Ableitung können aber ihrerseits nicht durch logische Ableitung gewonnen werden, sondern nur durch sachgemäße Erkenntnis durch die 'materielle Wissenschaft'[83].

b) Bei der weiteren Erörterung der Frage, ob „die logischen Prinzipien ... auf Normen ... angewendet werden" können, sagt nun KELSEN, dies wäre „nur möglich, wenn zwischen der Wahrheit einer Aussage und

---

[81] A. O. 421.

[82] Dazu U. KLUG, Juristische Logik³ (Berlin–Heidelberg–New York 1966) 23ff.; zur sogen. 'extensiven Implikation' 26f.; auf die mit den scholastischen Sätzen: *Ex falso sequitur quodlibet* und *Verum sequitur ex quodlibet* ausgedrückten Probleme, daß auch aus falschen Prämissen wahre Konklusionen folgen können, braucht hier nicht näher eingegangen zu werden. Wichtiger ist dagegen die ebenfalls seit der Antike bekannte Erkenntnis, daß, wenn die Konklusion aus einem an sich schlüssigen Verfahren falsch ist, die Prämissen nicht wahr sein können; vgl. nur Cic. fin. 4, 54f. Zur Beurteilung der Frage, ob die Konklusion in einem solchen Falle falsch oder wahr ist, kann die Logik wiederum nichts beitragen, sondern lediglich die Sacherkenntnis. Vgl. auch die wichtigen Bemerkungen H. KELSENS a. O. 421, Anm. 2.

[83] Dazu W. WALDSTEIN, Fg. Herdlitczka 250ff.

der Geltung einer Norm eine Analogie bestünde. Eine solche Analogie besteht aber nicht"[84]. Er begründet dies mit der Feststellung, daß „Wahrheit und Unwahrheit Eigenschaften einer Aussage sind, Geltung aber nicht Eigenschaft einer Norm, sondern ihre Existenz, ihre spezifische, ideelle Existenz ist"[85]. Und er sagt weiter: „Daß eine Norm gilt, bedeutet, daß sie vorhanden ist. Daß eine Norm nicht gilt, bedeutet, daß sie nicht vorhanden ist. Eine nichtgeltende Norm ist eine nichtexistente, also keine Norm. Aber eine unwahre Aussage ist auch eine Aussage"[86]. Auf dieser Erkenntnis baut seine weitere Analyse des Verhältnisses von Normen und Logik auf. Er sieht dabei, daß ein allfälliger Widerspruch zwischen Norminhalten nicht die Unmöglichkeit der Existenz einer der im Widerspruch zueinander stehenden Normen zur Folge hat. Vielmehr liegt in so einem Falle ein Normenkonflikt vor, der genausowenig mit logischen Mitteln beseitigt werden könne wie etwa der Zusammenstoß zweier Züge[87]. Wenn er stattfindet, ist er eine Realität, wie sehr es auch der 'Logik' der Bahn widersprechen mag, daß zwei Züge auf demselben Geleise gegeneinander fahren.

c) KELSEN gibt selbst zu, daß diese Erkenntnisse seine 'Reine Rechtslehre' insoweit korrigieren, als er dort noch die indirekte Anwendbarkeit der „beiden wichtigsten logischen Prinzipien", des Satzes vom ausgeschlossenen Widerspruch und der 'Regel der Schlußfolgerung auf die Beziehungen zwischen Normen eines positiven Rechts' angenommen hat[88]. Diese Tatsache ist bezeichnend für sein hohes wissenschaftliches Ethos. Ob er aber selbst voll erfaßt hat, daß er damit einer der 'Basisthesen'[89] der Reinen Rechtslehre die Grundlage entzogen hat, lassen die weiteren Ausführungen fraglich erscheinen. Eine auf alle ihre Einzelheiten eingehende Auseinandersetzung mit ihnen ist in diesem Rahmen nicht möglich. Sie enthalten teilweise überaus wichtige und zweifellos richtige Erkenntnisse, sind aber nicht in allem gleich überzeugend und auch nicht in allem wider-

---

[84] A. O. 422.

[85] A. O. 422; ähnlich K. LARENZ, Methodenlehre 125 (oben Anm. 45).

[86] A. O. 422.

[87] A. O. 424 vergleicht H. KELSEN einen Normenkonflikt „mit zwei in entgegengesetzter Richtung auf denselben Punkt wirkenden Kräften". Den Vergleich mit zwei gegeneinander fahrenden Zügen benützte er bei einem mündlichen Vortrag seiner Gedanken in Salzburg. Mit der gegen H. KELSEN gerichteten Analyse R. WALTERS a. O. (Anm. 45) 584 kann ich mich hier nicht auseinandersetzen. Es ist klar, daß H. KELSENs hier geäußerte Auffassung über Normenkonflikte „mit anderen Positionen der Reinen Rechtslehre in Widerspruch gerät". Die Vorstellung der Widerspruchsfreiheit der Reinen Rechtslehre ist aber ebenso eine Fiktion, wie R. WALTERS Voraussetzung der Geltung von Rechtsnormen (vgl. dazu nur die oben Anm. 36 angegebenen Untersuchungen). Um so bemerkenswerter ist es, daß H. KELSEN, der sich dieses Widerspruchs selbst voll bewußt war und sagt, daß es sich hier um eine 'Abänderung' seiner noch in seiner „Reinen Rechtslehre (Wien 1960) vertretenen Ansicht" handelt (a. O. 423, Anm. 7), noch zu dieser Erkenntnis durchdringen konnte. Vgl. auch a. O. 498.

[88] A. O. 498.

[89] U. KLUG, Law 154 sagt: „Zu den Basisthesen der Reinen Rechtslehre von Hans Kelsen zählt der bekannte Satz von der prinzipiellen Unterscheidung zwischen Seins-Aussagen und Sollens-Aussagen . . . ."

spruchsfrei. Soviel aber kann man als gesicherten Ertrag dieser Untersuchung ansehen, daß KELSEN selbst von der realen Existenz von Rechtsnormen ausgeht. Damit kann er aber auch nicht mehr leugnen, daß es Seiendes, Existentes — wenn auch ideell Existentes — mit normativem Gehalt gibt.

d) Für das Verständnis der im römischen Recht in Betracht kommenden Entscheidungsgrundlagen, die nicht im positiven Recht begründet sind, wäre nun noch die Erörterung eines sehr schwierigen Problems nötig, nämlich des Problems der logischen Voraussetzung für die Möglichkeit der Existenz normativer Elemente, die nicht von einem menschlichen Willen gesetzt sind. KELSEN sagt dazu: „Nun kann man vielleicht zugeben, daß Normen nicht notwendig der Sinn menschlicher Willensakte sein müssen. Keinesfalls kann man aber zugeben, daß es Normen gibt, die nicht der Sinn eines Willensaktes, wenn auch nicht gerade eines menschlichen Willensaktes, sind. Einer Natur, der Normen immanent sind, muß auch ein Wille immanent sein, dessen Sinn diese Normen sind. Woher kann aber ein solcher Wille in die Natur kommen, die, vom Standpunkt empirisch-rationaler Erkenntnis, ein Aggregat von als Ursache und Wirkung miteinander verbundenen Seinstatsachen ist?" Hier wie an anderer Stelle sagt KELSEN dann, daß ein solcher Wille nur „der Wille Gottes in der von ihm geschaffenen Natur" sein könnte[90]. Er meint nun, daß normative Elemente in der Natur, insbesondere ein Naturrecht, nur unter der Voraussetzung eines Glaubens „an eine gerechte Gottheit" angenommen werden können. Weil er aber „diese Voraussetzung nicht annehmen zu können glaubt", erklärt er, daß er „auch ihre Konsequenzen nicht annehmen kann"[91]. Das heißt mit anderen Worten, die Entscheidung der Frage nach der Existenz oder Nichtexistenz normativer Gegebenheiten in der Natur wird von der Frage nach dem Glauben an ihre logische Voraussetzung abhängig gemacht. Weil KELSEN an die Existenz der logischen Voraussetzungen nicht glauben kann, glaubt er, auch die Existenz jener Gegebenheiten nicht annehmen zu können, die — rein logisch — auf eine solche Voraussetzung zurückverweisen.

Zunächst ist zu sagen, daß KELSEN bei der Umschreibung dessen, was 'vom Standpunkt empirisch-rationaler Erkenntnis' Natur sein kann, ganz unbefangen vom positivistischen '*Wirklichkeits*begriff'[92] ausgeht. Darüber hinaus wird der 'Standpunkt empirisch-rationaler Erkenntnis' stillschweigend als die einzige rationale Erkenntnisform der Wirklichkeit unterstellt. Nun hat etwa bereits Aristoteles dargetan, welche unhaltbaren Konsequenzen sich aus solchen Prämissen ergeben. Vor allem in seiner Metaphysik zeigt er, daß die Einzelwissenschaften „keine Erörterung über das Was ihres Objektes" anstellen; „vielmehr gehen sie von dem Was aus, nachdem sie es sich entweder durch Anschauung verdeutlicht oder

---

[90] A. O. 423; vgl. auch Österr. Zeitschr. f. öffentl. Recht 13 (1963) 1 ff.
[91] Österr. Zeitschr. f. öffentl. Recht 13 (1963) 1.
[92] K. LARENZ, Methodenlehre 126.

eben dieses Was zur Voraussetzung genommen haben, und zeigen dann teils in zwingender, teils in loserer Weise, was alles der Gattung, mit der sie es zu tun haben, an sich zukommt." Er zeigt weiter, „daß man auf Grund solcher Induktion keinen Beweis der Substanz oder des 'Was ist es' hat"[93]. Aristoteles erkennt die Ursache für die Ausweglosigkeit der Konsequenzen aus den Lehren der früheren Philosophen gerade „darin, daß sie zwar nach der Wahrheit über das Seiende suchten, aber nur das Sinnliche für Seiendes ansahen"[94]. Neben anderen Problemen führt aber jedes kontingente Sein logisch zwingend zu einer nicht kontingenten Ersturache, wie immer man sie begreifen mag. Sonst steht das Erkennen vor einem unendlichen Regreß, der zur prinzipiellen Aufhebung der Möglichkeit eines Erkennens, auch einer 'empirisch rationalen Erkenntnis', führt[95].

---

[93] Arist. Met. VI 1, 1025 b 7—15; Übers. von ROLFES (Anm. 44); der betreffende Text lautet: ἀλλὰ πᾶσαι αὗται περὶ ἕν τι καὶ γένος τι περιγραψάμεναι περὶ τούτου πραγματεύονται, ἀλλ᾽ οὐχὶ περὶ ὄντος ἁπλῶς οὐδὲ ᾗ ὄν, οὐδὲ τοῦ τί ἐστιν οὐθένα λόγον ποιοῦνται· ἀλλ᾽ ἐκ τούτου αἱ μὲν αἰσθήσει ποιήσασαι αὐτὸ δῆλον, αἱ δ᾽ ὑπόθεσιν λαβοῦσαι τὸ τί ἐστιν, οὕτω τὰ καθ᾽ αὑτὰ ὑπάρχοντα τῷ γένει περὶ ὅ εἰσιν ἀποδεικνύουσιν ἢ ἀναγκαιότερον ἢ μαλακώτερον. διόπερ φανερὸν ὅτι οὐκ ἔστιν ἀπόδειξις οὐσίας οὐδὲ τοῦ τί ἐστιν ἐκ τῆς τοιαύτης ἐπαγωγῆς, . . .; vgl. auch die weiteren Ausführungen dort.

[94] Met. IV 5, 1010 a 1ff. Die hier wichtigen Ausführungen beginnen 1009 b 25: Ἀναξαγόρου δὲ καὶ ἀπόφθεγμα μνημονεύεται πρὸς τῶν ἑταίρων τινάς, ὅτι τοιαῦτ᾽ αὐτοῖς ἔσται τὰ ὄντα οἷα ἂν ὑπολάβωσιν. φασὶ δὲ καὶ τὸν Ὅμηρον ταύτην ἔχοντα φαίνεσθαι τὴν δόξαν, ὅτι ἐποίησε τὸν Ἕκτορα, ὡς ἐξέστη ὑπὸ τῆς πληγῆς, κεῖσθαι ἀλλοφρονέοντα, ὡς φρονοῦντας μὲν καὶ τοὺς παραφρονοῦντας ἀλλ᾽ οὐ ταὐτά. δῆλον οὖν ὅτι, εἰ ἀμφότεραι φρονήσεις, καὶ τὰ ὄντα ἅμα οὕτω τε καὶ οὐχ οὕτως ἔχει. ᾗ καὶ χαλεπώτατον τὸ συμβαῖνόν ἐστιν· εἰ γὰρ οἱ μάλιστα τὸ ἐνδεχόμενον ἀληθὲς ἑωρακότες (οὗτοι δ᾽ εἰσὶν οἱ μάλιστα ζητοῦντες αὐτὸ καὶ φιλοῦντες) οὗτοι τοιαύτας ἔχουσι τὰς δόξας καὶ ταῦτα ἀποφαίνονται περὶ τῆς ἀληθείας, πῶς οὐκ ἄξιον ἀθυμῆσαι τοὺς φιλοσοφεῖν ἐγχειροῦντας; τὸ γὰρ τὰ πετόμενα διώκειν τὸ ζητεῖν ἂν εἴη τὴν ἀλήθειαν. αἴτιον δὲ τῆς δόξης τούτοις ὅτι περὶ τῶν ὄντων μὲν τὴν ἀλήθειαν ἐσκόπουν, τὰ δ᾽ ὄντα ὑπέλαβον εἶναι τὰ αἰσθητὰ μόνον· ἐν δὲ τούτοις πολλὴ ἡ τοῦ ἀορίστου φύσις ἐνυπάρχει, καὶ ἡ τοῦ ὄντος οὕτως ὥσπερ εἴπομεν· διὸ εἰκότως μὲν λέγουσιν, οὐκ ἀληθῆ δὲ λέγουσιν. ROLFES übersetzt: „Auch von Anaxagoras wird eine Äußerung überliefert, die er gegen einige Schüler getan haben soll, die Dinge würden so für sie sein, wie sie dieselben auffaßten. Es sei aber auch Homer, so sagt man, unverkennbar dieser Meinung gewesen, da er den Hektor, als er infolge seiner Verwundung betäubt war, 'mit gewandelten Sinnen' daliegen läßt, als ob auch die Geistesgestörten noch wirklich sännen, nur auf andere Art. Man sieht also, daß, wenn beides Verstand ist, auch die Dinge sich gleichzeitig so und nicht so verhalten müssen. Die Folgerung, die sich hieraus ergibt, ist freilich sehr hart. Wenn nämlich diejenigen, welche die Wahrheit, soweit es möglich ist, geschaut haben, und das sind doch die, die sie am meisten suchen und lieben, solche Ansichten hegen und sich so über die Wahrheit aussprechen, wie sollte da nicht jeder den Mut verlieren, der an das Studium der Philosophie herantritt? Da wäre ja, wer die Wahrheit sucht, wie ein Mensch, der fliegenden Vögeln nachläuft! (1010 a). Die Ursache dieser Ansicht lag aber für ihre Vertreter darin, daß sie zwar nach der Wahrheit über das Seiende suchten, aber nur das Sinnliche für Seiendes ansahen, hier aber, im Sinnlichen, die Natur des Unbestimmten vorherrscht und jene potenzielle Weise des Seins, von welcher schon die Rede war. Daher reden sie zwar nach dem Schein, aber nicht nach der Wahrheit." Vgl. das ganze weitere 5. Kapitel und die folgenden Kapitel 6—8.

[95] Met. II 2, 994 b 16—23: ἀλλὰ μὴν οὐδὲ τὸ τί ἦν εἶναι ἐνδέχεται ἀνάγεσθαι εἰς ἄλλον ὁρισμὸν πλεονάζοντα τῷ λόγῳ. ἀεί τε γάρ ἐστιν ὁ ἔμπροσθεν μᾶλλον, ὁ δ᾽ ὕστερος οὐκ ἔστιν· οὗ δὲ τὸ πρῶτον μὴ ἔστιν, οὐδὲ τὸ ἐχόμενόν ἐστιν. ἔτι τὸ ἐπίστασθαι ἀναιροῦσιν

e) Das alles kann hier nicht im einzelnen erörtert werden. Das Wesentliche, das sich aus den Darlegungen des Aristoteles und vieler anderer Denker ergibt, ist jedoch, daß eine Naturrechtslehre etwa, was ihre Voraussetzungen betrifft, in keiner anderen Lage ist als irgendeine andere Wissenschaft. Über diese logische Konsequenz täuschen sich die 'empirisch-rationalen' Wissenschaften nur deswegen leichter hinweg, weil sie sich wegen der 'Handgreiflichkeit' ihres Materials die Frage nach der logischen Voraussetzung der Existenz dieses Materials glauben ersparen zu können. In der Tat würde es auch keinem Menschen — einige Philosophen ausgenommen — einfallen, die Existenz der sinnlich wahrnehmbaren kontingenten Wirklichkeit deswegen zu leugnen, weil sie in logischer Konsequenz auf eine nichtkontingente Erstursache verweist und er an eine solche Erstursache nicht glauben kann. Bei nicht sinnlich wahrnehmbaren, aber dafür seit jeher erkannten und klar intelligiblen Gegebenheiten, zu deren Erkenntnis der Mensch in seinem Verstand die Fähigkeit hat, glaubt man es aber tun zu können, nur aus dem Grund, weil diese Gegebenheiten eben nicht 'in die Sinne fallen', wie sich etwa das ABGB zur Charakterisierung der körperlichen Sachen zum Unterschied von den 'unkörperlichen' ausdrückt[96]. Aber auch hier hat bereits Aristoteles etwas bemerkt, was auch auf die Vertreter des empirischen Positivismus zutrifft: ,,und doch verrät man durch sein praktisches Verhalten, daß man selber an das, was man vorbringt, nicht glaubt"[97]. Denn in Wahrheit kommt keine Wissenschaft ohne

οἱ οὕτως λέγοντες· οὐ γὰρ οἷόν τε εἰδέναι πρὶν ἢ εἰς τὰ ἄτομα ἐλθεῖν. καὶ τὸ γιγνώσκειν οὐκ ἔστιν· τὰ γὰρ οὕτως ἄπειρα πῶς ἐνδέχεται νοεῖν; ROLFES übersetzt: ,,Nun kann aber auch das wesentliche Sein nicht auf eine andere Definition mit immer weiterem Begriffe zurückgeführt werden; denn da würde immer eine frühere Bestimmung, nicht die spätere, gelten. Wovon es aber kein Erstes gibt, davon gibt es auch kein Folgendes. Auch wird bei solcher Voraussetzung das Wissen aufgehoben. Denn es ist nicht möglich, zu wissen, bis man auf etwas nicht weiter Teilbares kommt. Und es gibt dann auch kein Erkennen. Denn wie kann man das in dieser Weise Unendliche denken?" Vgl. auch Met. I 4, 894 b; III 4, 999 b; IV 5, 1009 a-b und andere.

[96] § 292 ABGB.

[97] Met. IV 6, 1011 a 3—16: Εἰσὶ δέ τινες οἳ ἀποροῦσι καὶ τῶν ταῦτα πεπεισμένων καὶ τῶν τοὺς λόγους τούτους μόνον λεγόντων· ζητοῦσι γὰρ τίς ὁ κρίνων τὸν ὑγιαίνοντα καὶ ὅλως τὸν περὶ ἕκαστα κρινοῦντα ὀρθῶς. τὰ δὲ τοιαῦτα ἀπορήματα ὅμοιά ἐστι τῷ ἀπορεῖν πότερον καθεύδομεν νῦν ἢ ἐγρηγόραμεν. δύνανται δ᾽ αἱ ἀπορίαι αἱ τοιαῦται πᾶσαι τὸ αὐτό· πάντων γὰρ λόγον ἀξιοῦσιν οὗτοι εἶναι· ἀρχὴν γὰρ ζητοῦσι, καὶ ταύτην δι᾽ ἀποδείξεως λαμβάνειν, ἐπεὶ ὅτι γε οὐ πεπεισμένοι εἰσί, φανεροί εἰσιν ἐν ταῖς πράξεσιν. ἀλλ᾽ ὅπερ εἴπομεν, τοῦτο αὐτῶν τὸ πάθος ἐστίν· λόγον γὰρ ζητοῦσιν ὧν οὐκ ἔστι λόγος· ἀποδείξεως γὰρ ἀρχὴ οὐκ ἀπόδειξίς ἐστιν. οὗτοι μὲν οὖν ῥᾳδίως ἂν τοῦτο πεισθεῖεν· ἔστι γὰρ οὐ χαλεπὸν λαβεῖν. οἱ δ᾽ ἐν τῷ λόγῳ τὴν βίαν μόνον ζητοῦντες ἀδύνατον ζητοῦσιν· ἐναντία γὰρ εἰπεῖν ἀξιοῦσιν, εὐθὺς ἐναντία λέγοντες. ROLFES übersetzt: ,,Es gibt aber einige, die ein Bedenken haben, sowohl unter denen, die die Sache glauben, als unter denen, die nur so reden; sie fragen nämlich, wer der Richter sei, der über den Gesunden urteilt und überhaupt über den, der imstande sei, in den einzelnen Fällen richtig zu urteilen. Derlei Zweifel sind aber gerade so, wie wenn wir zweifeln wollten, ob wir gegenwärtig schlafen oder wachen. Und diese Anstände kommen alle auf eines hinaus: man meint, es gäbe für alles eine Begründung; man postuliert immer ein Prinzip und verlangt, daß man sich desselben durch förmliche Beweisführung versichere, und doch verrät man durch sein praktisches Verhalten, daß man selber an das, was man vor-

die Voraussetzung intelligibler, nicht sinnlicher Gegebenheiten aus. Auch
KELSEN anerkennt die 'ideelle Existenz' der Normen und vieler anderer
intelligibler Gegebenheiten. Wenn ihre Existenzmöglichkeit aber einmal prinzipiell zugestanden ist, lassen sich weder die mögliche Zahl noch die möglichen Arten solcher Gegebenheiten willkürlich einschränken. Es sei etwa nur
darauf hingewiesen, daß KELSENs Einschränkung hinsichtlich der Möglichkeit einer Erkenntnis des Inhalts dessen, ,,was gesollt und in diesem Sinne
'gut' ist''[98], auch mit dem positiven Recht im Widerspruch steht. Denn
§ 233 des früheren österr. StG etwa geht davon aus, daß die ,,Unkenntnis
dieses Strafgesetzes . . . nicht entschuldigen'' kann, weil die ,,in diesem Teile
des Strafgesetzes vorkommenden Vergehen und Übertretungen . . . insgesamt Handlungen oder Unterlassungen'' sind, ,,die jeder als unerlaubt
von selbst erkennen kann; oder . . .''. Es wird hier wie an vielen anderen
Stellen der positiven Rechtsordnung sowohl die Existenz als auch die
Erkennbarkeit vorgegebener Normen vorausgesetzt[99]. Wie kann eine Theorie

bringt, nicht glaubt. Aber wie gesagt, daran fehlt's bei ihnen, daß sie einen Grund
wissen wollen, wo es keinen Grund gibt. Denn das letzte Prinzip des Beweises ist nicht
der Beweis. Diese Gegner nun sind von dem Gesagten leicht zu überzeugen, da dasselbe
nicht schwer zu begreifen ist. Die aber eine zwingende Widerlegung nur durch Worte
erbracht haben wollen, verlangen Unmögliches. Denn sie wollen den Widerspruch
nachgewiesen haben, da sie doch von vornherein Widersprechendes sagen.'' Für die gegenwärtige Wissenschaftstheorie hat etwa W. HENKE a. O. (ob. Anm. 75) 9ff. und 22ff. ihre
innere Widersprüchlichkeit an Hand der Werke von KARL POPPER und HANS ALBERT
scharfsinnig aufgezeigt.

[98] Reine Rechtslehre 5 Anm. 1 sagt H. KELSEN: ,,Um Mißverständnisse zu vermeiden, muß
betont werden, daß die Behauptung, der Unterschied zwischen Sein und Sollen sei unserem Bewußtsein unmittelbar gegeben, durchaus nicht bedeutet, der Inhalt des Sollens,
das, was gesollt und in diesem Sinne 'gut' ist, könne unmittelbar durch eine besondere
geistige Fähigkeit erkannt werden, es gebe eine spezifische 'Schau' für das Gute und Böse
(vgl. Karl Menger, Moral, Wille und Weltgestaltung, Grundlegung zur Logik der Sitten,
Wien, 1934, S. 28). Der Inhalt des Sollens, das ist dasjenige, was eine positive Moral-
oder Rechtsordnung vorschreibt, wird durch Willensakte bestimmt und, wenn so
bestimmt, erkannt.'' H. KELSEN gibt keinen Grund dafür an, warum etwas unserem
Bewußtsein unmittelbar gegeben sein kann und etwas anderes nicht. Er kann dafür auch
natürlich keinen Grund angeben. Die Behauptung, daß der Inhalt des Sollens jeweils nur
aus einer positiven Moral- oder Rechtsordnung erkannt werden könne, entspricht denn
auch nicht einer Einsicht, sondern ist ein Schluß aus vorweg angenommenen, aber nicht
bewiesenen Prämissen. Für das Erkennen des Gesollten ,,eine besondere geistige Fähigkeit'' anzunehmen, besteht überhaupt kein Grund. Mit denselben geistigen Fähigkeiten,
mit denen der Mensch überhaupt etwas einsehen kann, kann er seit jeher den Inhalt eines
Gesollten auch dort erkennen, wo ihm nicht erst 'eine positive Moral- oder Rechtsordnung' einen solchen 'vorschreibt'. Daß die geistigen Fähigkeiten des Menschen generell
sehr verschieden entwickelt sein können, ist eine andere Frage. Das gilt aber für jedes
Erkennen.

[99] Vgl. die §§ 7, 16 und 17 ABGB, wo ausdrücklich von solchen Rechten die Rede ist. An
vielen anderen Stellen werden sie selbstverständlich vorausgesetzt, insbesondere im
Zusammenhang mit den 'Menschenrechten'. Zum § 7 ABGB vgl. vor allem die hervorragende Analyse F. BYDLINSKIS, Gedenkschr. Gschnitzer (oben Anm. 18), 101—116;
F. BYDLINSKI weist dort schlagend nach, zu wie absurden Konsequenzen die Reine
Rechtslehre führt (vor allem etwa a. O. 104f., 108f., 112f. und 115f.). K. RINGHOFER,
Interpretation und Reine Rechtslehre, Festschrift H. Kelsen zum 90. Geburtstag (Wien

des positiven Rechts an einer solchen Tatsache vorbeigehen oder sich mit
dem Hinweis begnügen, daß dort, wo die positive Rechtsordnung selbst
auf nichtpositive Normen verweist, diese dadurch Bestandteil des positiven Rechts werden? Wenn sie Bestandteil des positiven Rechts werden,
stellt sich die Frage nach ihrer Erkennbarkeit in nicht minder großer
Schärfe[100].

Die Frage nach Existenz oder Nichtexistenz solcher Normen läßt sich
aber auch nicht mit der Entscheidung über die Frage nach der logischen
Voraussetzung ihrer Existenz erledigen. Wie sich gezeigt hat, besteht
insoweit kein Unterschied zwischen den logischen Voraussetzungen einer
'empirisch-rationalen' Forschung und der Naturrechtslehre. Es kommt
vielmehr einzig darauf an, ob sich die Existenz ideeller Gegebenheiten aufweisen läßt. Wenn das der Fall ist, läßt sich ihre Existenz mit logischen
Mitteln ebensowenig bestreiten wie die Existenz der sinnlich wahrnehmbaren Natur. Es muß dann vielmehr materiell ihre Nichtexistenz bewiesen
werden. Ein solcher Beweis ist aber auch 'vom Standpunkt empirisch-
rationaler Erkenntnis' schon deswegen unmöglich, weil er mit denselben
methodischen Erkenntnismitteln geführt werden müßte, die auch die
Grundlage für das Aufweisen solcher Gegebenheiten sind. Wenn man aber
'vom Standpunkt empirisch-rationaler Erkenntnis' die Legitimität jener
Erkenntnismittel für das Aufweisen der Existenz von ideellen Gegebenheiten
bestreitet, kann man sie auch nicht für den Beweis ihrer Nichtexistenz
heranziehen. Es ist schon wiederholt darauf hingewiesen worden, daß die
vor allem im Empirismus entwickelte These, synthetische Urteile a priori

1971) 198—210, vermochte F. BYDLINSKIS Ergebnisse nicht als unrichtig zu erweisen. Die
Einzelheiten können hier nicht diskutiert werden. Besonders bemerkenswert ist es, daß
auch das neue österreichische Strafgesetz davon ausgeht, daß der Rechtsirrtum ,,dann
vorzuwerfen" ist, ,,wenn das Unrecht für den Täter wie für jedermann leicht erkennbar
war" (§ 9 Abs. 2). Dies ist um so bemerkenswerter, als seine Verfasser gewiß nicht als
Verfechter einer Naturrechtslehre angesehen werden können. Aber hier trifft wieder zu,
was Aristoteles in dem oben, Anm. 97, zitierten Text Met. IV 6, 1011 a, sagt. In diesem
Zusammenhang ist auch die rechtsdogmatische Entwicklung der Lehre vom Rechtsirrtum
außerordentlich aufschlußreich.

[100] Darauf hat F. BYDLINSKI, Gedenkschr. Gschnitzer 112, treffend hingewiesen: ,,Das Problem liegt nicht etwa darin, daß die 'Reine Rechtslehre' die Existenz und Feststellbarkeit 'außerpositiver' Normen, die man als 'natürliche Rechtsgrundsätze' in der
Terminologie des Gesetzes bezeichnen kann, schlechthin leugnen würde. Im Gegenteil
anerkennt die 'Reine Rechtslehre' selbst ausdrücklich, daß die 'Normen der Gerechtigkeit, der Moral' usw. durch gesetzliche Verweisung in das positive Recht einbezogen
werden können, was ja offenbar deren Existenz und Feststellbarkeit voraussetzt."
F. BYDLINSKI verweist auf H. KELSENS Ausführungen: Reine Rechtslehre 351. In dem
auf S. 355 beginnenden Abschnitt: 'Das Problem der Gerechtigkeit', in dem H. KELSEN
I. Die Normen der Gerechtigkeit (357—401) und II. Die Naturrechtslehre (402—444)
behandelt, versucht er aber darzutun, daß es einen objektiven Gegenstand der auf
Gerechtigkeit oder Naturrecht gerichteten Erkenntnis nicht gebe. Es bedürfte einer
gesonderten, eingehenden Untersuchung, um darzutun, von wievielen unbewiesenen Prämissen, Trugschlüssen und Verwechslungen die diesbezüglichen Ausführungen H. KEL-
SENS durchsetzt sind. Vgl. zu der Frage auch J. MESSNER, Sind die Naturrechtsprinzipien
inhaltsleere Formeln?, Österr. Zeitschr. f. öff. Recht 15 (1965) 163—178.

seien nicht möglich, selbst ein synthetisches Urteil a priori ist und daher
an der Selbstaufhebung scheitert[101].

4. Zusammenfassung

Zusammenfassend kann man sagen, daß sich aus der Lehre über den
'Dualismus von Sein und Sollen' kein stichhaltiges Argument gegen die
Existenz von Normen an sich ergibt. Daher steht auch der Annahme der
eingangs zitierten These WELZELs von dieser Seite nichts im Wege: „Die
wissenschaftlichen Begriffe sind nicht verschiedenartige 'Umformungen'
eines identischen wertfreien Materials, sondern 'Reproduktionen' von Teilstücken eines komplexen ontischen Seins, das die gesetzlichen Strukturen
und die Wertdifferenzen immanent in sich trägt und nicht erst von der
Wissenschaft herangetragen bekommt"[102].

Das Bild, welches sich aus der Überlieferung hinsichtlich der Arbeit
der römischen Rechtswissenschaft ergibt, zeigt nun deutlich, daß die
römischen Juristen im wesentlichen von jenem Selbstverständnis der
Wissenschaft ausgegangen sind, welches WELZEL in der zitierten These
darstellt. Sie taten es, ohne Reflexionen darüber großes Gewicht beizu-
messen. Freilich läßt der Zustand der Überlieferung kein sicheres Urteil
darüber zu, in welchem Ausmaß tatsächlich Reflexionen über die Grundlagen der römischen Rechtswissenschaft angestellt wurden. Es ist daher
besonders verdienstvoll, daß NÖRR kürzlich den überzeugenden Beweis
für die Klassizität einer bedeutsamen Reflexion über das Tun der Juristen
vorgelegt hat, nämlich für die Aussagen Ulpians in D 1,1,1,1[103]. Von hier
aus lassen sich, wie NÖRR ebenfalls dargetan hat, die Linien zur griechisch-
hellenistischen Philosophie und Wissenschaftsauffassung zurückverfolgen[104].
Wenn wir den sich in den Quellen manifestierenden Auffassungen gerecht
werden wollen, werden wir sie in diesem Zusammenhang sehen müssen.
Auf diesem Hintergrund gewinnt aber die Frage nach den Entscheidungsgrundlagen — soweit sie nicht in positiven Normen bestehen —, welche die
römischen Juristen bei der Entscheidung von Rechtsfällen herangezogen

---

[101] Vgl. vor allem L. ADAMOVICH, Über die Struktur der Naturrechtssätze, Juristische Blätter
   89 (1967) 613 mit Lit. Den allgemeinen Grundsatz der Selbstanwendung hat Arist. Met.
   IV 8, 1012 b 13, besonders klar formuliert, wenn er sagt: συμβαίνει δὴ καὶ τὸ θρυλλού-
   μενον πᾶσι τοῖς τοιούτοις λόγοις, αὐτοὺς ἑαυτοὺς ἀναιρεῖν. ROLFES übersetzt: „Auch
   ergibt sich für alle solche Behauptungen die oft betonte Folge, daß sie sich selber auf-
   heben." Darüber hinaus ist längst erkannt worden, daß KANTS Einschränkung der
   Berechtigung synthetischer Urteile a priori auf den Bereich der Mathematik und der
   Naturwissenschaft nicht begründet ist. Vgl. schon A. REINACH, Die apriorischen Grundlagen des bürgerlichen Rechtes, neu veröffentlicht unter dem Titel: 'Zur Phänomenologie
   des Rechts' (München 1953) 17f.; allgemein J. SEIFERT, Erkenntnis 157.

[102] Oben Anm. 15.

[103] Ξένιον, I (1973, ob. Anm. 12) 555ff.

[104] A. O. 561ff.

haben, über das historische Interesse hinaus auch größte Aktualität. Denn hier ist nun offensichtlich genau das getan worden, dessen Möglichkeit auf der Grundlage gegenwärtiger Strömungen der Wissenschaftstheorie bestritten wird. Und was die römischen Juristen getan haben, beziehungsweise das Ergebnis ihrer Bemühungen, ist zur Grundlage der gesamten weiteren Rechtentwicklung bis in die Gegenwart geworden. Unsere Rechtsbegriffe sind ohne diesen Hintergrund zum Großteil gar nicht zu verstehen.

Was läßt sich aber aus den Quellen des römischen Rechts — in dem für diese Untersuchung abgesteckten Rahmen — über die Entscheidungsgrundlagen der römischen Juristen entnehmen? Das gilt es nun zu prüfen.

II. Die Natur der Sache

1. Natura rerum (natura) bei den klassischen Juristen

a) Der Begriff der Natur der Sache ist in letzter Zeit wiederholt und in kontroversem Sinne Gegenstand von Untersuchungen gewesen[105]. Hier soll nun nicht der allgemeine Begriff untersucht werden. Vielmehr soll versucht werden, möglichst unbefangen aus den Quellen das zu erschließen, was die römischen Juristen darunter verstanden, und in welchem Sinne es Grundlage ihrer Entscheidungen wurde.

b) Auch die romanistische Seite des Problems ist natürlich schon vielfach bearbeitet worden[106]. Gerade im Hinblick auf diese verschiedenen

---

[105] Zur allgemeinen Fragestellung eine sehr gute Übersicht bei H. HENKEL, Einführung in die Rechtsphilosophie (München–Berlin 1964) 288ff., mit einer umfangreichen Zusammenstellung des Schrifttums (288). Dazu inzwischen H. SCHAMBECK, Der Begrfif der „Natur der Sache" (Wien 1964), und E. ZACHER, Der Begriff der Natur und das Naturrecht (Schriften zur Rechtstheorie 33, Berlin 1973) 118—121 mit Lit., Literaturübersicht 177f.; zu der dort genannten Lit. noch insb. W. MAIHOFER, Droit naturel et nature des choses, ARSP 51 (1965) 233—264; R. ZIPPELIUS, Das Wesen des Rechts, Eine Einführung in die Rechtsphilosophie³ (München 1973) 52ff. (Das Recht und seine realen Vorgegebenheiten); und H. A. SCHWARZ-LIEBERMANN VON WAHLENDORF, Réflexions sur la Nature des Choses et la Logique du Droit (Paris–Mouton–La Haye 1973) 7ff. mit Lit.; dort jedoch eine für das röm. Recht und auch allgemein unzutreffende Identifizierung von φύσει δίκαιον und natura rerum.

[106] Vor allem TH. MAYER-MALY, Romanistisches über die Stellung der Natur der Sache zwischen Sein und Sollen, St. Volterra II (Milano 1971) 113—124, mit zahlreichen Literaturhinweisen (insbes. 116, Anm. 12). Zu der dort angeg. Lit. noch M. VILLEY, Il concetto „classico" di natura delle cose, Jus 18 (1967) 28ff. Auch H. SCHAMBECK a. O. (vorige Anm.) 12—22 geht auf die römischen Quellen ein, jedoch ohne die in den Quellen vorkommenden Begriffe und die damit bezeichneten Realitäten zum Gegenstand einer rechtshistorisch differenzierenden Untersuchung zu machen. Die verschiedenen Bezugnahmen auf die Natur der Sache bei F. HORAK, Rationes 24, 31, vor allem 162 und 276ff. (im Zusammenhang mit 'Begründungen aus Naturgegebenheiten') sind vor allem durch die mit H. KEL-

Arbeiten lohnt es sich, eine differenzierende Analyse an Hand der Quellenbelege zu versuchen. Dazu sollen die einschlägigen Texte vollständig herangezogen werden, und zwar alle, in denen ausdrücklich in irgendeinem Sinne auf die *natura rerum* oder die physische Natur von Menschen und Tieren Bezug genommen wird. Die Natur der Dinge spielt natürlich für die Entscheidung auch in anderen Fällen häufig implizit eine Rolle. Darüber würde sich aber im Einzelfall streiten lassen. Daher werden hier nur jene Texte untersucht, bei denen die Bezugnahme auf die *natura rerum, hominum* oder *animalium* in einem zunächst auf das Physisch-Faktische bezogenen Sinne vorkommt. Die Texte, in denen von der Natur rechtlicher Gebilde oder einer Natur im normativen Sinne die Rede ist, werden im betreffenden Sachzusammenhang gesondert untersucht. Es wird sich aber zeigen, daß sich auch die physisch-faktische Natur von normativen Bezügen nicht gänzlich isolieren läßt. Das haben die römischen Juristen auch durchaus erkannt.

c) Insgesamt kommt das Wort *natura* in dem hier zu untersuchenden Sinne in 128 Stellen aus Juristenschriften vor. Seit Labeo ist es bei fast allen großen Juristen belegt, bei Gaius auch mehrmals in den 'Institutionen', für die eine justinianische Interpolation jedenfalls nicht in Betracht kommt. Nach der Häufigkeit der Verwendung hält Ulpian mit 33 Belegen die Spitze, gefolgt von Paulus mit 27 Belegen, was im Verhältnis zur Menge der erhaltenen Fragmente mehr ist als bei Ulpian. Dann folgen Gaius mit 18 Belegen, Pomponius mit 12, Iulian und Celsus mit je 5, Neratius, Venuleius, Scaevola und Papinian mit je 3, Labeo und Marcianus mit je 2. Schließlich findet sich je ein Beleg — in der zeitlichen Reihenfolge — bei Alfenus, Cassius, Maecianus, Valens, Arrius Menander, Tryphoninus und Modestinus. Schon dieser Befund macht deutlich, daß die Verwendung des Wortes *natura* weder auf bestimmte Juristen, noch auf eine bestimmte Periode eingeschränkt ist, sondern seit dem Beginn der Klassik so vielfältig bezeugt ist, daß es schlechterdings unmöglich ist, sein Vorkommen auf Interpolationen allein zurückzuführen. Es kann freilich auch nicht ausgeschlossen werden, daß es an der einen oder anderen Stelle sein Vorkommen einem interpolierenden Zusatz verdankt. Dennoch würde eine durchgehende Auseinandersetzung mit der vielfach überholten Interpolationenkritik in diesem Rahmen weder sinnvoll noch möglich sein.

SENS Dualismus von Sein und Sollen übernommenen Voraussetzungen (oben I) bestimmt. Schon diese Voraussetzungen verhindern ein adäquates Erfassen der mit *natura rerum* bezeichneten Gegebenheiten. Darüber hinaus hat aber F. HORAK auch keine differenzierende Untersuchung des gesamten Materials zu dieser Frage durchgeführt, die außerhalb des Rahmens seiner Untersuchung gelegen wäre. Vgl. auch M. KASER, RPR I 183 und Anm. 26; 204 und Anm. 22; zu der dort angeg. Lit. auch noch W. WALDSTEIN, Vorpositive Ordnungselemente im Römischen Recht, Öst. Zeitschr. f. öff. Recht 17 (1967) 8ff. Hervorzuheben ist C. A. MASCHI, La concezione naturalistica del diritto e degli istituti giuridici romani (Milano 1937, künftig zitiert: La concezione), in diesem Zusammenhang vor allem Kap. 1 (2—72), dort praktisch alle wichtigen Belege, und jetzt DERS., La categoria dei contratti reali (Milano 1973, künftig zitiert: La categoria), insb. 97ff. mit Lit.

Sie würde nur zu einer unnötigen Belastung des Apparats führen. Nur wo dies wirklich nötig erscheint, wird auch die Frage der Echtheit der Texte erörtert.

d) Im einzelnen lassen sich schon in diesem Bereich wenigstens acht verschiedene Bedeutungsgruppen feststellen. Innerhalb dieser Gruppen sind wieder weitere Differenzierungen möglich. Dabei läßt sich ein fließender Übergang von einer Entscheidungsrelevanz der rein physisch-faktischen Naturgegebenheiten hin zur Einbeziehung der in der Natur erkannten teleologischen und normativen Elemente feststellen. Es soll jedoch das Ergebnis nicht vorweggenommen werden. Ich will also zunächst versuchen, den Aussagengehalt der Quellen selbst zu ermitteln.

2. *In rerum natura esse* als Ausdruck für die tatsächliche Existenz

a) In einer verhältnismäßig großen Zahl der Texte (42) wird mit *rerum natura*, und zwar in der Wendung, *in rerum natura esse*, auf die tatsächliche Existenz von Sachen, *operae* oder auch der menschlichen Person verwiesen. Die tatsächliche Existenz aber ist rechtlich in vielfältiger Hinsicht von Bedeutung.

Selbstverständlich ist Besitz nur an existierenden Sachen möglich. Einer der Besitztitel nun ist etwa nach Paul. D 41,2,3,21 (54 ed.) die Tatsache, daß wir selbst Sachen zur Existenz gebracht haben (*pro suo, sicut in his, quae ipsi ut in rerum natura essent, fecimus*). Auch Sachenrechte können nur an existierenden Sachen bestehen[107]. Vom Bestand des Sachenrechtes zwar abgeleitet, aber davon völlig verschieden, ist das Weiterbestehen einer Haftung dessen, der etwa den Untergang einer Sache bewirkt oder zu vertreten hat[108]. Selbst die schuldrechtliche Verpflichtung, eine

---

[107] Dafür Belege anzuführen, dürfte sich erübrigen. Immerhin wird das Untergehen etwa einer Servitut bei Untergang des Grundstückes ausdrücklich genannt bei Iavol. D 7, 4, 24 pr. – 1 (3 ex post. Lab.): *Cum usum fructum horti haberem, flumen hortum occupavit, deinde ab eo recessit: ius quoque usus fructus restitutum esse Labeoni videtur, quia id solum perpetuo eiusdem iuris mansisset. ita id verum puto, si flumen inundatione hortum occupavit: nam si alveo mutato inde manare coeperit, amitti usum fructum existimo, cum is locus alvei publicus esse coeperit, neque in pristinum statum restitui posse.* Dazu M. KASER, RPR I 446 und Anm. 71. Der Untergang des Pfandrechts wird als Folge vorausgesetzt in Marci. D 20, 1, 13, 5 (sing. ad form. hyp.). Die Interpolationsannahmen zu dieser Stelle sind für das *in rerum natura esse* jedenfalls irrelevant. M. KASER, Festschrift Schulz II (1951) 47 Anm. 1, hat zu den von ihm dort behandelten Stellen, zu denen auch diese gehört, bereits festgestellt: „Auch soweit die Stellen verfälscht sind, ist der Schluß von der unechten Form auf unklassischen Inhalt hier nirgends zwingend."

[108] Vgl. etwa Afric. D 3, 5, 48 (8 quaest.): *Si rem, quam servus venditus subripuisset a me venditore, emptor vendiderit eaque in rerum natura esse desierit, de pretio negotiorum gestorum actio mihi danda sit, ut dari deberet, si negotium, quod tuum esse existimares, cum esset meum, gessisses*; dazu TH. MAYER-MALY, Probleme der negotiorum gestio, ZSS 86 (1969) 417 und 427; weiter Pompon. D 15, 2, 3 (4 Quint. Muc.); 26, 7, 61 (20 epist.); 30, 48, 1 (6 Sab.) und 33, 2, 6 (15 Sab.); Scaev. D 32, 37, 3 (18 dig.); Paul. D 15, 3, 19 (4 quaest.); Ulp. D 25, 2, 17, 2 (30 ed.).

Sache zu leisten, kann, sei es durch Vertrag oder Vermächtnis, ebenfalls nur hinsichtlich existierender oder doch zumindest künftig wahrscheinlich oder möglicherweise existierender Sachen begründet werden. Eine Leistungsverpflichtung entsteht nicht, das heißt, der betreffende Vertrag oder das betreffende Vermächtnis sind nichtig, wenn die genannten Voraussetzungen hinsichtlich des Leistungsgegenstandes nicht gegeben sind[109].

b) Eine bemerkenswerte Sonderstellung hinsichtlich ihrer Existenz nehmen *operae* ein. Einerseits sagt

Ulp. D 38, 1, 9 pr. — 1 (34 Sab.): *Operae in rerum natura non sunt. Sed officiales quidem futurae nec cuiquam alii deberi possunt quam patrono, cum proprietas earum et in edentis persona et in eius cui edentur constitit: . . .*

---

[109] Vgl. Iavol. D 33, 6, 7, 1 (2 ex post. Lab.): '*Lucio Titio tritici modios centum, qui singuli pondo centum pendeant, heres dato.*' *Ofilius nihil legatum esse, quod et Labeo probat, quoniam eiusmodi triticum in rerum natura non esset: quod verum puto.*; dazu F. HORAK, Rationes 277f.; weiter D 24, 1, 50, 1 (13 epist.); Iul. D 12, 6, 32 pr. (10 dig.): *Cum is qui Pamphilum aut Stichum debet simul utrumque solverit, si, posteaquam utrumque solverit, aut uterque aut alter ex his desiit in rerum natura esse, nihil repetet: id enim remanebit in soluto quod superest*; und 30, 84, 7 (33 dig.); bes. aufschlußreich Afric. D 30, 108, 10 (5 quaest.): *Qui quinque in arca habebat ita legavit vel stipulanti promisit 'decem quae in arca habeo': et legatum et stipulatio valebit, ita tamen, ut sola quinque vel ex stipulatione vel ex testamento debeantur. ut vero quinque quae deerunt ex testamento peti possint, vix ratio patietur: nam quodammodo certum corpus, quod in rerum natura non sit, legatum videtur.* Die hier gegebene Begründung: *vix ratio patietur*, ist gerade im Hinblick auf F. HORAKs Ausführungen zu Iavol. D 33, 6, 7, 1 hervorzuheben. Ferner: Pompon. D 18, 4, 1 (9 Sab.); Gai. D 5, 3, 21 (6 ed. prov.), wo der Begriff *deperditum* als *quod in rerum natura esse desiit* erklärt wird. In verschiedenem Zusammenhang nimmt auch Paulus mit *in rerum natura esse* auf die Existenz der Sache Bezug, so D 12, 2, 30, 1 (18. ed.): *Si iuravero te Stichum mihi dare oportere, qui non sit in rerum natura, nec aestimationem mihi praestare reus debet nisi ex causa furtiva vel propter moras: tunc enim etiam post mortem servi aestimatio praestatur.*; 18, 1, 15 pr. (5 Sab.); 38, 1, 20 pr. (40 ed.); 42, 2, 3 (9 Plaut.); 42, 2, 8 (4 Sab.) und 46, 3, 98, 8 (15 quaest.); so auch Ulp. D 23, 3, 14 (34 ed.): *Si rem aestimatam mulier in dotem dederit, deinde ea moram faciente in traditione in rerum natura esse desierit, actionem eam habere non puto*; allgemein formuliert 50, 17, 135 (23 ed.). Bei künftig zu erwartender Existenz kann eine Sache gültig vermacht werden: Pompon. D 30, 24 pr. (5 Sab.) und Gai. inst. 2, 203: *Ea quoque res, quae in rerum natura non est, si modo futura est, per damnationem legari potest, uelut fructus qui in illo fundo nati erunt, aut quod ex illa ancilla natum erit.* Für den Fall, daß die Existenz einer Sache ungewiß ist, vgl. Gai. D 30, 69, 5 (2 de leg. ad ed. praet.). Eine *falsa demonstratio* schadet hingegen nicht, wenn die Sache existiert: Iavol. D 35, 1, 40, 4 (2 ex post. Lab.); dazu F. HORAK, Rationes 121f. Auf die Konsequenzen, welche die römischen Juristen aus der Nichtexistenz von Sachen für eine mögliche Verbindlichkeit ziehen, treffen F. HORAKs Ausführungen, Rationes 278 Anm. 5, nicht zu. Denn es ging ihnen nicht darum, die normative Prämisse vorauszusetzen, der „Gesetzgeber soll so etwas nicht vorschreiben, wenn die Rechtsordnung praktikabel und damit sinnvoll sein soll". Sie hatten ja selbst über die Konsequenzen zu entscheiden. Aus allen einschlägigen Texten geht hervor, daß es ihnen im Hinblick auf die *ratio* der Sache klar war, wie sie zu entscheiden hatten. Der Sachverhalt verwies sie auf jene Norm, die ihm entsprach. Natürlich kann man sagen, sie hätten auch anders entscheiden k ö n n e n, aber nicht s o l l e n. Wie sie aber entscheiden sollten, das machte ihnen gerade der Sachverhalt klar, und zwar ohne eine einschlägige Regelung des Gesetzgebers. Vgl. auch M. KASER, RPR I 489f. mit Lit.

Andererseits sagt

> Paul. D 7, 7, 1 (2 ed.): *Opera in actu consistit nec ante in rerum natura est, quam si dies venit, quo praestanda est, quemadmodum cum stipulamur 'quod ex Arethusa natum erit'*[110].

Operae als Leistungsgegenstand haben zunächst nicht eine gewöhnliche Existenz, sie sind nicht in *rerum natura*. Sie bestehen in menschlichen Handlungen. Nun sind geschuldete Handlungen noch nicht *in rerum natura*. Das dürfte Ulpians Feststellung besagen. Aber auch nicht jede beliebige Handlung kann als *opera* im Sinne der Verpflichtung angesehen werden. Erst wenn der Zeitpunkt gekommen ist, zu dem die Handlung geschuldet wird, kann sie als *opera in rerum natura* sein. Hier wird also die Existenz der als *opera* zu bezeichnenden Handlung davon abhängig gemacht, daß sie dem Inhalt der rechtlichen Verpflichtung entspricht, sonst existiert sie nicht als *opera*. Die Parallelisierung mit der Geburt des Sklavenkindes macht einerseits die Realitätsbezogenheit klar, andererseits wird aber hier ein rechtliches Element als Voraussetzung für die Konstituierung der spezifischen Realität der *opera* mit dem faktischen Vorgang verbunden. Erst beides zusammen ergibt die Realität *opera*. Damit aber wird das rechtliche Element als etwas erkannt, das einer menschlichen Handlung in einem bestimmten Zusammenhang erst die Fähigkeit verleiht, als jene besonders qualifizierte Handlung *in rerum natura* zu sein.

c) Nun könnte man etwa mit HORAK einwenden, ob etwas als *opera* angesehen werden könne oder nicht, sei „schlicht ein Definitionsproblem"[111] und sonst nichts. Hier stellt sich zunächst die naheliegende Frage, wie denn diese Erkenntnis, wenn es eine ist, gewonnen wurde und wie sie begründet werden kann. Für ihre Begründung braucht man jedenfalls eine nicht weiter begründbare Prämisse. Welche ist das? Weiter stellt sich die Frage, ob die Realität der *opera* auch dann, wenn diese Realität erst durch das Hinzukommen eines rechtlichen Elements konstituiert wird, nur gewissermaßen eine gedankliche Konstruktion oder das Ergebnis normativer Bewertung einer in sich indifferenten Handlung ist. Nach der Auffassung, die aus dem Paulus-Text hervorgeht, wird die Handlung durch die Verbindung mit dem rechtlichen Element offensichtlich als eine *in rerum natura* befindliche Realität sui generis angesehen. Diese Auffassung hat zweifellos nicht weniger für sich als jene auf idealistischer Grundlage stehende, wonach die 'wissenschaftlichen Begriffe' bloß „verschiedenartige Umformungen

---

[110] Zu beiden Texten R. MARTINI, Mercennarius, Contributo allo studio dei rapporti di lavoro in diritto romano (Milano 1958) 17, Anm. 4 u. 5, mit Hinweis auf DE ROBERTIS Versuch „*di conciliare le due affirmazioni*". Ulp. (Iul.) D 12, 6, 26, 12 (26 ed. – 10 dig.) kann in diesem Zusammenhang nicht näher erörtert werden, die Stelle läßt sich nicht leicht mit den angeführten in Einklang bringen. Es geht dabei um irrtümlich geleistete *operae*. Vgl. aber auch Iul. D 38, 1, 24 (52 dig.): *sed operae, quas patronus a liberto postulat, confestim non cedunt, quia id agi inter eos videtur, ne ante cederent quam indictae fuissent, scilicet quia ex commodo patroni libertus operas edere debet.*

[111] Rationes 147, Anm. 1.

eines identischen wertfreien Materials" sind[112]. Aber es ist zuzugeben, daß im Zusammenhang mit der Konstituierung der Realität der *operae* jedenfalls auch positivrechtliche Elemente maßgeblich sind. Es handelt sich also nicht um eine allein von Natur aus gegebene oder entstehende Realität.

d) Auch für die Existenz des Menschen wird der Ausdruck *in rerum natura esse* verwendet. Damit wird der *rerum natura* eine weitere Bedeutung im allgemeinen Sinne objektiver Existenz — losgelöst vom Sachbegriff — zugeordnet. Bemerkenswert ist, daß Celsus in diesem Sinne auch dem *conceptus* ein *quodammodo in rerum natura esse* zuerkennt[113].

3. *In rerum natura esse* als Ausdruck für die objektive Wirklichkeit

a) Von dem eben genannten allgemeinen Sinn von *in rerum natura esse*, der die objektive Existenz bezeichnet, ist der Schritt zu einem allgemeinen Begriff der Wirklichkeit nicht mehr groß. Und in der Tat wird *rerum natura* auch im Sinne der objektiven Wirklichkeit verwendet, in der die wahren Sachverhalte feststehen, auch wenn die menschliche Kenntnis sie noch nicht erfaßt. Dafür ist zunächst ein aufschlußreicher Text

> Paul. (Sab. Cass.) D 5, 1, 28, 5 (17 ad Plaut.): *Si pater familias mortuus esset relicto uno filio et uxore praegnate, non recte filius e debitoribus partem dimidiam crediti petere potest, quamvis postea unus filius natus sit, quia poterant plures nasci, cum per rerum naturam certum fuerit unum nasci. Sed Sabinus Cassius partem quartam peti debuisse, quia incertum esset an tres nascerentur: nec rerum naturam intuendam, in qua omnia certa essent, cum futura utique fierent, sed nostram inscientiam aspici debere.*

---

[112] K. LARENZ, Methodenlehre 118; H. WELZEL, Naturalismus 49; im Hinblick auf die Parallelisierung mit der Geburt kann man sagen, daß eine Geburt auch nicht erst dadurch, daß man sie als Geburt bewertet, zu einer solchen wird. Die Analogie wird gewiß bestritten, aber eben doch nur deswegen, weil man rechtlichen Gegebenheiten vorweg den Charakter des Realen aberkennt. Die dafür vorausgesetzten Prämissen sind aber weder bewiesen, noch kann es glaubhaft gemacht werden, daß sie richtig sind.

[113] Cels. D 38, 16, 7 (28 dig.): *vel si vivo eo conceptus est, quia conceptus quodammodo in rerum natura esse existimatur*; M. KASER, RPR I 272, Anm. 17, sagt: „Vor der Geburt ist der *partus* bloßer Teil des Mutterleibs; Ulp. D 25, 4, 1, 1; Pap. D 35, 2, 9, 1 (echt)." Aus den von M. KASER angeführten Texten läßt sich das jedoch in dieser Allgemeinheit nicht ableiten. Das ist hier aber nicht zu erörtern. Darüber hinaus stehen einer solchen allgemeinen Auslegung von D 25, 4, 1, 1 eine Reihe von Texten entgegen, in denen eine eigenständige Existenz des Ungeborenen anerkannt wird, wie dies in D 38, 16, 7 der Fall ist; ähnlich Iul. D 38, 16, 6 (59 dig.): *respondit: qui post mortem avi sui concipitur, is neque legitimam hereditatem eius tamquam suus heres neque bonorum possessionem tamquam cognatus accipere potest, quia lex duodecim tabularum eum vocat ad hereditatem, qui moriente eo, de cuius bonis quaeritur, in rerum natura fuerit.* Allgemein wird *in rerum natura esse* für die Existenz des Menschen gebraucht von Cels. D 28, 5, 60, 6 (16 dig.); Pompon. D 30, 16 pr. (5 Sab.) und 36, 2, 22 pr. (5 Quint. Muc.); Maec. D 40, 5, 54 (16 fideic.); Scaev. D 36, 1, 80, 10 (21 dig.) und Paul. D 37, 6, 2 pr. (41 ed.).

Die Frage, ob nun hier die in der Wirklichkeit feststehende Gewißheit, wie es sich tatsächlich verhält, für die rechtlichen Konsequenzen maßgeblich sein soll, oder ob vielmehr im Hinblick auf verschiedene Möglichkeiten die menschliche *inscientia* darüber, wie es sich wirklich verhält, den Ausschlag zu geben hat, war umstritten. Iulian etwa folgte offenbar der Sabinianischen Tradition in dieser Frage[114], der sich auch Paulus in D 5,1, 28,5 anschließt. Pomponius dagegen hat, wie Ulpian aus Tertullian entnimmt, unter Verwerfung der Auffassung Iulians die Meinung vertreten, die tatsächlich gegebenen Verhältnisse seien auch bei Unwissenheit der Betroffenen für den Erwerb der Rechte entscheidend[115]. Für beide Gesichtspunkte lassen sich Gründe beibringen, und zwar nicht willkürliche[116]. Auch wenn die Frage umstritten war, ist es also keineswegs so, daß die Entscheidung wegen der verschiedenen Gesichtspunkte, die hier berücksichtigt werden können oder müssen, eine beliebige ist. Das Erfassen der für die Entscheidung maßgeblichen Vorgegebenheiten führt jedenfalls zunächst zu einer Einengung des Entscheidungsspielraumes. Nur noch in diesem Rahmen ist eine sachgerechte Entscheidung möglich. Daran würde auch der Umstand prinzipiell nichts ändern, daß man bei fortschreitender Erkenntnis den Spielraum entweder noch mehr einengen oder auch vergrößern könnte. Soweit es nun um diese Vorgegebenheiten geht, darf von der objektiven Wirklichkeit zweifellos jene 'Objektivität' erwartet werden, von der etwa MAYER-MALY spricht[117].

b) Wenn man sich aber nun die Frage vorlegt, in welchem Verhältnis denn diese Wirklichkeit zur normativen Ordnung steht, so liegt es auf der

---

[114] Iul. D 46, 3, 36 (1 ad Urs.): *IULIANUS notat: verius est me eam partem perdidisse, pro qua heres fuissem, antequam certum fuisset neminem nasci, aut quartam partem, quia tres nasci potuerunt, aut sextam, quia quinque: nam et Aristoteles scripsit quinque nasci posse, quia vulvae mulierum totidem receptacula habere possunt: et esse mulierem Romae Alexandrinam ab Aegypto, quae quinque simul peperit et tum habebat incolumes, et hoc et in Aegypto adfirmatum est mihi.* Zu einem etwas anders gelagerten Fall in Iul. D 28, 2, 13 pr. D. NÖRR, Rechtskritik in der römischen Antike, Abh. d. Bayer. Akad. d. Wiss., phil.-hist. Kl., NF 77 (München 1974, künftig zitiert: Rechtskritik) 114f. mit Lit.

[115] Ulp. D 29, 2, 30, 6 (8 Sab.): *Suum heredem certum est ex asse heredem esse, etsi putat esse praegnatem mulierem, quae non est praegnas. quid si unum in utero habeat, an ex parte dimidia sit heres, sive institutum postumum proponas sive intestatum patrem decessisse? quod et Sextum Pomponium opinatum Tertullianus libro quarto quaestionum refert: putasse enim, sicuti cum vacuo utero suus ex asse heres est, ita et cum unum gerit nec per naturam humanae condicionis alium partum formare potest (. . .), ex parte dimidia et ignorantem fore heredem, non ex quarta, ut Iulianus putat.* Vgl. auch Ulp. D 38, 16, 3, 10 (14 Sab.), wo dieselbe Auffassung vertreten wird.

[116] Vgl. W. WALDSTEIN, Öst. Zeitschr. f. öff. Recht 17 (1967) 9; deswegen, weil verschiedene Lösungen sinnvollerweise möglich sind, sich also nicht eine Lösung exakt ableiten läßt, sind die Lösungen noch nicht willkürlich. Sonst müßte die gesamte rechtshistorische Forschung, in der selten exakte Ergebnisse zu erzielen sind, sondern meist nur mehr oder minder große Wahrscheinlichkeiten, letztlich auf willkürliche Ergebnisse angewiesen sein. Der Erkenntnisweg geht aber nicht im luftleeren Raum, sondern ist, freilich durch vielfach nicht eindeutige Quellen vorgezeichnet. Sie stecken den möglichen Rahmen der Ergebnisse ab.

[117] St. Volterra II 113, auch 116.

Hand, daß es hier nicht darum geht, aus der seinsmäßigen Wirklichkeit
Normen abzuleiten. Vielmehr ist diese Wirklichkeit dafür entscheidend,
in welcher Weise bestehende Normen zur Anwendung kommen sollen. Sie
ist der Sachverhalt, welcher für die normative Entscheidung maßgeblich
ist. Die komplexe Struktur des Sachverhalts zwingt zu verschiedenen
Überlegungen und läßt verschiedene mit dem Sinn der anzuwendenden
Normen vereinbare Lösungen zu, aber nicht willkürlich verschiedene.
Das Bedenken der verschiedenen Gesichtspunkte ist vernünftig, wenn
auch das Ergebnis rein logisch nicht zwingend ist. Wenn sich nun jede der
möglichen Lösungen vernünftig begründen läßt, läuft die Entscheidung
letztlich auf die Frage hinaus, welchem Gesichtspunkt der Vorzug zu geben
ist. Diese Frage aber läßt sich theoretisch mit zwingender Sicherheit nicht
entscheiden. Es ist also durchaus möglich, daß etwa in einem Rechtsstreit
die beteiligten Parteien auf der Grundlage der sich gegenüberstehenden
Juristenmeinungen sich widersprechende Rechtsgutachten vorlegen. Aber
auch wenn das der Fall ist, bedeutet das doch nicht, daß der Fall beliebig
gelöst werden kann. Daher hat etwa Hadrian, wie Gaius inst. 1,7 berichtet,
mit gutem Grund festgelegt, daß in einem solchen Falle letztlich nur der
Richter nach jener Meinung entscheiden kann, die ihm praktikabler oder
vernünftiger zu sein erscheint. Er kann aber keine beliebige Entscheidung
treffen. Einer der beiden Meinungen hat er sich anzuschließen. Und insofern zeichnet hier die Natur der Sache für die Entscheidung einen Weg
vor, der nicht auch beliebig anders sein kann[118].

c) Eine in diesem Zusammenhang besonders bemerkenswerte Erörterung findet sich bei

> Ulp. D 50, 1, 6 pr. (2 opin.): *Adsumptio originis, quae non est, veritatem
> naturae non peremit: errore enim veritas originis non amittitur nec men-
> dacio dicentis se esse, unde non sit, deponitur: neque recusando quis
> patriam, ex qua oriundus est, neque mentiendo de ea, quam non habet,
> veritatem mutare potest.*

Hier ist zwar nicht von der *natura rerum* die Rede, sondern von der
veritas naturae, aber eben in dem Sinne wie in den vorher erörterten Texten,
daß die Wirklichkeit von unserem Irrtum oder von unserer Lüge unabhängig
und nicht veränderbar objektiv so gegeben ist, daß über sie wahre oder
falsche Aussagen möglich sind[119]. Etwas ist entweder so, wie darüber

---

[118] Das verkennt U. KLUG, Law 161, vollkommen. Auch wenn verschiedene Lösungen möglich sind, so ist es doch völlig absurd, anzunehmen, aus „den biologischen, psychologischen, charakterologischen und intellektuellen Tatsachen, die für die Natur des
Menschen typisch sind", folge „für ein Sollen garnichts". Das setzt voraus, daß diese
menschliche Natur normativ im luftleeren Raum schwebt und erst durch den Gesetzgeber normativ determiniert werde. Dazu oben I 2e.

[119] Vgl. auch Gai. inst. 4, 134: . . ., *quod secundum naturalem significationem verum esse debet.*
Allgemein dazu H. KELSEN, Forum 12 (oben Anm. 45) 421 und Anm. 2, auch 422; eine
umfassende und sorgfältige Untersuchung der sich hier ergebenden erkenntnistheoretischen Probleme bei J. SEIFERT, Erkenntnis objektiver Wahrheit (Salzburg—München 1972).

ausgesagt wird, oder es ist nicht so. Die subjektive Einstellung zu diesen Gegebenheiten kann an ihrer Wahrheit nichts ändern. Man möchte meinen, daß damit Selbstverständlichkeiten ausgesprochen sind. Sie sind aber heute immerhin so wenig selbstverständlich, daß sie, wenn sie tatsächlich wahr sind, weithin herrschende Strömungen der Gegenwartsphilosophie als unhaltbar erweisen. Der Text ist daher ein außerordentlich beachtliches Zeugnis für die erkenntnistheoretische Position Ulpians. Die vorhin behandelten Texte und viele andere zeigen aber darüber hinaus, daß Ulpian diese Position nicht allein vertreten hat. Sie war vielmehr wohl selbstverständliches Gemeingut der gesamten römischen Rechtswissenschaft. Und in der Tat, anders kann man, wie auch Aristoteles und viele andere es dargetan haben, zur Frage der Wahrheit kaum stehen, ohne sich in unlösbare Widersprüche zu verwickeln[120].

4. *Rerum natura* als jeweils besondere Art oder spezifische Natur von Sachen

a) Wieder in einem anderen Sinne wird der Begriff *rerum natura* verwendet, wenn es um die jeweils besondere Art bestimmter Sachen geht, oder um ihre jeweils spezifische Natur. Die besondere Art oder spezifische Natur von Sachen ist in verschiedener Hinsicht rechtlich von Bedeutung. So werden etwa beim Darlehen Sachen derselben Art und Natur geschuldet[121], für die Kompensation kommen nur gegenseitige Forderungen auf Leistungen von etwas in Betracht, *quod eiusdem generis et naturae est*[122]. Der Unterschied der Natur des Materials, z. B. Marmor oder Silber, spielt etwa für die Ermittlung des Inhalts eines Vermächtnisses eine entscheidende Rolle[123] oder bei der Entscheidung der Eigentumsverhältnisse an

---

[120] Vgl. etwa nur Arist. Met. IV 3—8, 1005 a — 1012 b; auch V 12, 1019 b zu ἀδύνατον und V 19, 1024 b: Τὸ ψεῦδος . . ., wo Arist., wie ROLFES es übersetzt, sagt: „Ein falscher Begriff aber ist der, der, soweit er falsch ist, auf Nichtseiendes geht." Auch Cicero hat sich mehrfach mit diesen Problemen auseinandergesetzt (vgl. den unten VI, 3 wiedergegebenen Text aus leg. 1, 47). Durch die ganze Geschichte des menschlichen Geistes ziehen sich diese Bemühungen. Allgemein vor allem B. SCHWARZ, Der Irrtum in der Philosophie (1934), D. v. HILDEBRAND, Der Sinn philosophischen Fragens und Erkennens (1950), und J. SEIFERT (vorige Anm.).

[121] Gai. inst. 3, 90: *res aut numerando aut metiendo aut pendendo in hoc damus, ut accipientium fiant et quandoque nobis non eaedem, sed aliae eiusdem naturae reddantur*; dazu C. A. MASCHI, La categoria 281 ff. mit weiteren Hinweisen und Lit.

[122] Gai. inst. 4, 66: *veluti pecunia cum pecunia compensatur, triticum cum tritico, vinum cum vino, adeo ut quibusdam placeat non omni modo vinum cum vino aut triticum cum tritico compensandum, sed ita si eiusdem naturae qualitatisque sit*.

[123] Paul. D 32, 78, 4 (2 ad Vitell.): *Illud fortasse quaesiturus sit aliquis, cur argenti appellatione etiam factum argentum comprehendetur, cum, si marmor legatum esset, nihil praeter rudem materiam demonstratum videri posset. cuius haec ratio traditur, quippe ea, quae talis naturae sint, ut saepius in sua redigi possint initia, ea materiae potentia victa numquam vires eius effugiant.* Dazu P. SOKOLOWSKI, Die Philosophie im Privatrecht I (Halle 1907, Neudruck Aalen 1959) 108 ff., und F. OCCHIOGROSSO, D 32, 78, 4 e l'interpretazione tipica del legato, Labeo 12 (1966) 204 ff. mit Lit.

vermengten, verbundenen oder verarbeiteten Sachen[124]. In vielfältigen anderen Beziehungen wird noch bei der Entscheidung von Rechtsfragen in diesem Sinne auf Natur und Beschaffenheit der Sachen, Tiere oder Orte abgestellt[125].

b) Eine etwas nähere Erörterung verdient in diesem Zusammenhang eine Textgruppe, mit der sich auch HORAK beschäftigt hat:

Ulp. (Lab.) D 39, 3, 1, 22—23 (53 ed.): *Sed et si vicinus opus tollat et sublato eo aqua naturaliter ad inferiorem agrum perveniens noceat, Labeo existimat aquae pluviae arcendae agi non posse: semper enim hanc esse servitutem inferiorum praediorum, ut natura profluentem aquam excipiant. plane si propter id opus sublatum vehementior aqua profluat vel corrivetur, aquae pluviae arcendae actione agi posse etiam Labeo confitetur. (23) Denique ait condicionibus agrorum quasdam leges esse dictas, ut, quibus agris magna sint flumina, liceat mihi, scilicet in agro tuo, aggeres vel fossas habere: si tamen lex non sit agro dicta, agri naturam esse servandam et semper inferiorem superiori servire atque hoc incommodum naturaliter pati inferiorem agrum a superiore compensareque*

---

[124] Pompon. D 41, 3, 30, 2 (30 Sab.); Ulp. D 6, 1, 3, 2 (16 ed.). Eingehend zu diesen Problemen P. SOKOLOWSKI, Philosophie 69 ff., wo die einschlägigen Texte herangezogen und erörtert werden; auch M. KASER, RPR I 428 ff., mit zahlreichen Belegen und Lit.

[125] Von der natürlichen Beschaffenheit der Dinge gehen aus: Nerat. D 43, 20, 6 (3 membr.): *De interdicto de aqua aestiva, item cottidiana quaerentes primum constituendum existimabamus, quae esset aqua aestiva, de qua proprium interdictum ad prioris aestatis tempus relatum reddi solet, hoc est aestiva aqua utrumne ex iure aestivo dumtaxat tempore utendi diceretur, an ex mente propositoque ducentis, quod aestate eam ducendi consilium haberet, an ex natura ipsius aquae, quod aestate tantum duci potest, an ex utilitate locorum, in quae duceretur. placebat igitur aquam ob has duas res, naturam suam utilitatemque locorum in quae deducitur, proprie appellari, ita ut, sive eius natura erit, ut nisi aestate duci non possit, etiamsi hieme quoque desideraretur, sive omni tempore anni duci eam ipsius natura permitteret, si utilitas personis, in quam ducitur, aestate dumtaxat usum eius exigeret, aestiva recte diceretur.* Weiter Gai. inst. 3, 193; D 18, 1, 35, 2 (10 ed. prov.); Paul. D 39, 3, 2, 5 (49 ed.), dazu F. HORAK, Rationes 259 f., wo *agger* (= Damm) als „ein landwirtschaftlich genutzter Teil eines Nachbargrundstücks" mißverstanden wird; und 8, 2, 28 (15 Sab.); Ulp. D 29, 3, 10, 1 (13 leg. Iul. et Pap.); 32, 70, 12 (22 Sab.) und 34, 2, 19, 17 (20 Sab.). Eine besondere Rolle spielt die *natura fluminis*: Pompon. D 41, 1, 30, 2 (34 Sab.); Gai. D 41, 1, 7, 5 (2 rer. cott.); Ulp. D 39, 3, 1, 1; 13 und 22 (53 ed.); 43, 12, 1, 5 (68 ed.) und 43, 13, 1, 8 (68 ed.). Vgl. auch Gord. C 7, 41, 1 (a. 239). Auf die Natur der Tiere wird Bedacht genommen in: Gai. D 9, 2, 2, 2 (ohne Erwähnung der *natura*, aber der Sache nach auf die Natur der Tiere abgestellt auch inst. 2, 15 f.); 41, 1, 5, 2; 5 und 6 (2 rer. cott.); Ulp. D 9, 1, 1, 7 und 10 (18 ed.); auf ihre natürliche Freiheit in: Gai. inst. 2, 67 und D 41, 1, 5 pr. (2 rer. cott.); Proc. D 41, 1, 55 (2 epist.), der, wie Ulp. D 41, 1, 44 (19 ed.), von der *naturalis laxitas* spricht, und Paul. D 41, 2, 3, 14. Die Natur des Ortes beachtet ausdrücklich Ulp. D 39, 2, 24 pr. (81 ed.); 39, 3, 1, 14 (53 ed.) und 43, 20, 1, 3 (70 ed.). Von einem *momentum naturae* spricht Venul. D 45, 1, 137 pr. (1 stip.) bei der Erörterung des *continuus actus stipulantis et promittentis*. Dazu kommen noch verschiedene Eigenschaften der Sachen, die nicht ausdrücklich mit *natura* bezeichnet werden, aber doch in ihrer Natur liegen, wie die Einteilungen in unbewegliche und bewegliche, unvertretbare und vertretbare, unverbrauchbare und verbrauchbare, unteilbare und teilbare Sachen und dgl. (dazu M. KASER, RPR I 382 ff. mit Belegen und Lit.).

*debere cum alio commodo: sicut enim omnis pinguitudo terrae ad eum
decurrit, ita etiam aquae incommodum ad eum defluere* . . . .

Paul. (Nam./Lab.) eod. 2 pr. und 6 (49 ed.): *In summa tria sunt, per
quae inferior locus superiori servit, lex, natura loci, vetustas: quae semper
pro lege habetur, minuendarum scilicet litium causa. (6) Apud Namusam
relatum est, si aqua fluens iter suum stercore obstruxerit et ex restagna-
tione superiori agro noceat, posse cum inferiore agi, ut sinat purgari:
hanc enim actionem non tantum de operibus esse utilem manu factis,
verum etiam in omnibus, quae non secundum voluntatem sint. Labeo
contra Namusam probat: ait enim naturam agri ipsam a se mutari posse
et ideo, cum per se natura agri fuerit mutata, aequo animo unumquem-
que ferre debere, sive melior sive deterior eius condicio facta sit. idcirco
et si terrae motu aut tempestatis magnitudine soli causa mutata sit,
neminem cogi posse, ut sinat in pristinam locum condicionem redigi. sed
nos etiam in hunc casum aequitatem admisimus.*

Die den Texten zugrunde liegende Regel ist in D 39,3,2 pr. zusammengefaßt. Für unsere Frage ist es unerheblich, ob diese Zusammenfassung
selbst schon klassisch ist oder nicht[126]. Materiell gibt sie jedenfalls den in
den ausführlichen und als im wesentlichen echt angesehenen Texten vorausgesetzten Rechtszustand wieder. Der Hinweis auf die *vetustas: quae semper
pro lege habetur, minuendarum scilicet litium causa*, entspricht auch der zur
gleichen Zeit, in der Paulus schrieb, von Septimius Severus bei der Einführung der *longi temporis praescriptio* vorausgesetzten Rechtsauffassung[127].

In dieser Zusammenfassung fällt nun auf, daß die *natura loci* in der
Aufzählung zwischen *lex (dicta)* und *vetustas* steht, *quae semper pro lege
habetur*. Aus den vorausgehenden und nachfolgenden Texten geht hervor,
daß mangels einer *lex dicta*[128] oder eines durch *vetustas* begründeten
Rechtszustandes die natürliche Beschaffenheit der Grundstücke insofern
zu beachten ist, als schon rein natürlicherweise das tiefer gelegene Grundstück das ohne menschliches Zutun vom höher gelegenen Grundstück
eindringende Wasser aufzunehmen hat. Der 'normative Kern' dessen, was
aus diesem Sachverhalt gefolgert wird, besteht nun, wie HORAK zutreffend
bemerkt, ,,darin, daß er den Eigentümer des tiefer gelegenen Grundstücks
verpflichtet, das natürliche Einströmen des Regenwassers vom oberen
Grundstück zu dulden"[129]. HORAK meint nun, dieser normative Kern

---

[126] Zur Frage der Itp. von D 39, 3, 2 pr. vgl. F. HORAK, Rationes 278, Anm. 6 mit Lit.

[127] Vgl. P. Straßb. 22 (FIRA I 440ff.); vgl. auch Ulp. D 38, 17, 1, 12 (12 Sab.) zu *'finita' vel
consensu vel longo silentio sopita.*

[128] Dazu die umfassende Untersuchung von V. GEORGESCO, Essai d'une théorie générale des
leges privatae (Paris 1932); weitere Lit. bei M. KASER, RPR I 229, Anm. 24. Dazu noch
F. PETERS, Das 'patientiam praestare' im klassischen römischen Nachbarrecht, SDHI 35
(1969) 145ff.; PETERS behandelt D 39, 3, 1, 23 a. O. 144ff. eingehend, dort zahlreiche
weitere Literaturhinweise.

[129] Rationes 280; vgl. dazu auch die in der vorigen Anm. angeführte Untersuchung von
PETERS, und P. STEIN, The Two Schools of Jurists in the Early Roman Principate, The
Cambridge Law Journal 31 (1972B) 10f. mit Lit.

sei „allerdings durchaus nicht auf irgendein dem naturgegebenen Sein implizites Sollen zurückzuführen". Er stelle vielmehr 'positive Juristenlehre' dar[130].

c) Daß es sich hier in der Tat um 'positive Juristenlehre' handelt, will ich nicht bestreiten. Interessant aber wäre nun gerade die Frage, wieso die Juristen zu dieser Lehre kommen. Ist das eine willkürliche 'positive' Entscheidung, die auch ganz anders hätte ausfallen können? HORAK bemerkt sicher richtig: „Aus der Tatsache, daß Wasser natürlicherweise von einem höher gelegenen Grundstück auf ein tiefer gelegenes abfließt und dort Schaden anrichten kann, folgt gewiß nichts für die Frage, ob die Rechtsordnung hier ändernd eingreifen kann, darf oder soll, . . ."[131]. Das haben auch die römischen Juristen nicht bestritten. Die Aufzählung *lex* etc. zeigt ja gerade, daß sie verschiedene Möglichkeiten voraussetzten. Die Entscheidung, daß der Eigentümer des tiefer gelegenen Grundstückes „das natürliche Einströmen des Regenwassers vom oberen Grundstück zu dulden" hat, betrifft ja gerade den Fall, daß durch die Rechtsordnung keine andere Lösung vorgesehen ist. Für diesen Fall aber stellen die Juristen die *natura loci* als maßgebliche Entscheidungsgrundlage neben *lex* und *vetustas*. Daraus geht hervor, daß sie selbst jedenfalls von der Überzeugung ausgehen, ihre positive Entscheidung sei durch die *natura loci* ebenso vorgezeichnet, wie sie im Falle einer *lex* oder eines durch *vetustas* begründeten Rechtszustandes durch diese vorgezeichnet wäre.

Ist es nun so, wie HORAK meint, daß dem „letzten Endes Billigkeitserwägungen" zugrunde liegen, die im Hinweis auf den Ausgleich der natürlichen Vorteile und Nachteile zum Ausdruck kämen[132]? Gerade die am Ende von D 39,3,2,6 wohl von den Kompilatoren im Gegensatz zur vorausgehenden Juristenmeinung angefügte Zulassung der *aequitas* auch in diesem Falle spricht jedenfalls zunächst dagegen. Aber selbst wenn man annehmen wollte, daß hier 'Juristenlehre aus der *aequitas*' vorliegt, führt das noch nicht viel weiter. Es stellt sich dann sofort die Frage, was denn diese *aequitas* sei, die hier die Grundlage der Juristenentscheidung bilde.

d) Für die 'et ideo-Begründung' in D 39,3,2,6 nimmt HORAK an, sie stelle die dort vorgetragene „Lehre als Ableitung aus einer Naturtatsache hin"[133]. Er meint, die dort enthaltene Argumentation Labeos gegen Namusa sei „schwach, weil (Hervorh. von mir) sie wirklich aus einer Naturgegebenheit eine Norm ableiten will"[134]. Diese Qualifizierung von Labeos Argumentation als schwach geht aber offensichtlich ihrerseits von der selbstverständlichen Annahme des KELSENschen Dualismus von Sein und Sollen aus. Daher treffen diese Qualifizierung auch alle gegen jenen Dualismus möglichen Einwendungen (oben I 1 d). Von dem Satz in D 39,3

---

[130] Rationes 280.
[131] Rationes 279.
[132] Rationes 280 und 282.
[133] Rationes 283, mit Hinweisen (Anm. 18—20) auf die Diskussion der Echtheitsfrage.
[134] Rationes 282.

1,22: *semper enim* ... *excipiant* hingegen nimmt HORAK im Hinblick auf die Möglichkeit auch einer anderen Regelung an, er „scheint somit keinerlei normativen Charakter zu haben"[135].

Betrachtet man jedoch die Texte im Zusammenhang, so wird deutlich, daß zwischen der 'et ideo-Begründung' einerseits und dem *semper enim*-Satz sowie den anderen Begründungen andererseits nur insofern ein Unterschied besteht, als die 'et ideo-Begründung' eben mit diesem *et ideo* sprachlich an die vorher geschilderte Naturtatsache anknüpft. Wenn man das als 'Ableitung' einer Norm 'aus einer Naturtatsache' bezeichnen will, wäre noch zu prüfen, in welchem Sinne das zu verstehen ist. Dabei wird schnell deutlich, daß man mit dem Pressen der Argumentation der Juristen in das Schema eines Syllogismus, der aus Seinsprämissen zu einer normativen Konklusion führen soll, dem Sachverhalt nicht gerecht wird. Die in einem solchen Vorgang mitgedachten Prämissen, in der Natur könne man keine normativen Elemente vorfinden, daher sei eine von Naturtatsachen ausgehende Ableitung notwendig ein Fehlschluß von nicht normativem Sein auf eine normative Konklusion, sind unbewiesen und verstellen den Weg zum Verständnis des tatsächlichen Gedankenganges der Juristen.

e) Tatsächlich aber geht aus diesen wie aus vielen anderen Stellen hervor, daß in der Auffassung der römischen Juristen die Natur nicht als ein 'wertfreies Material' (oben bei A. 15) begriffen werden kann. Auch wenn sie darüber nicht reflektiert haben mögen, so geht doch aus der ganzen Denkweise hervor, wie selbstverständlich für sie die etwa durch WELZEL mühsam wiedergewonnene Erkenntnis war, daß „nicht die Methode den Erkenntnisgegenstand bestimmt, sondern daß sich umgekehrt die Methode wesensnotwendig nach dem Gegenstand als dem ontischen Seinsstück richten muß, das es zu erforschen gilt"[136]. Damit aber erst steht der Mensch gegenüber der Natur sozusagen wieder auf seinen Füßen und kann sie nicht nur mit seinen Sinnen, sondern auch mit seinem Verstande betrachten, wie sie wirklich ist. Bei einem wissenschaftstheoretischen oder philosophischen Kopfstand hingegen muß sich alles verkehrt und verzerrt darstellen.

---

[135] Rationes 279. Wenn F. HORAK dort sagt, die „Verneinung der *actio aquae pluviae arcendae* für den Fall, daß ein *opus* entfernt wird und das Regenwasser nunmehr wieder seinen natürlichen Lauf nimmt, hätte sich juristisch viel exakter begründen lassen durch Umkehrschluß daraus, daß die genannte *actio* nur zum Schutz gegen verstärktes Einströmen infolge von Veränderungen auf dem Nachbargrundstück Schutz bieten sollte", so verwundert das sehr. Auf die erwartende Exaktheit gerade dieses Umkehrschluß lassen seine Ausführungen dazu 35ff., 54 und 82 nicht schließen. 82 wird der Umkehrschluß unter den Wahrscheinlichkeitsbegründungen angeführt. Läßt man die auf dem Dualismus von Sein und Sollen beruhenden Voraussetzungen der Deutung durch F. HORAK beiseite, so ist es sehr wohl möglich, einzusehen, daß Labeo hier mit gutem Grund seine Entscheidung auf die natürlichen Gegebenheiten und nicht auf den angeblich exakteren Umkehrschluß stützt, für den F. HORAK selbst an anderer Stelle höchstens einen Wahrscheinlichkeitswert zubilligt. Vgl. dazu auch Pompon. D 8, 3, 20, 1 (33 Sab.) sowie Ulp. D 39, 3, 1, 10 und 15; dazu allgem. M. KASER, RPR I 407 und Anm. 34 mit Lit.

[136] H. WELZEL, Naturalismus 50; vgl. auch seine Ausführungen 49f.; K. LARENZ, Methodenlehre 120.

In den behandelten Fällen nun hat Labeo mit den ihm folgenden Juristen offensichtlich nicht nur die physikalischen Naturgegebenheiten im Auge. Vielmehr werden diese gewissermaßen als Hinweise auf die in der Natur mitgegebenen Sinn- und Wertstrukturen verstanden, die dem menschlichen Verstande zugänglich sind. Mit *agri naturam esse servandam* und mit den anderen Wendungen wird offensichtlich auf die aus der differenzierten Struktur der Natur erkennbaren normativen Elemente verwiesen. Mit der Einsicht in diese Elemente ist ein Erkenntnisvorgang gegeben, der dazu führt, festzustellen, daß diese normativen Elemente, wenn nichts Abweichendes positiv bestimmt ist, zunächst maßgeblich zu sein haben. Wenn darüber hinaus auch keine Verantwortlichkeit eines Menschen für nachteilige Veränderungen an der Natur vorliegt, ist jedermann zunächst verpflichtet, die natürlichen Gegebenheiten im Bereich des ihm Gehörigen anzunehmen. Mit dieser Einsicht hängt die allgemeinere zusammen, auf die mit dem Hinweis auf Erdbeben und Unwetterkatastrophen Bezug genommen wird, daß ein Schaden, für den niemand anderer verantwortlich ist, zunächst den treffe, in dessen Vermögen er eintritt. Das schließt natürlich nicht aus, daß übergreifende sittliche und rechtliche Hilfs- und Ausgleichspflichten der Gemeinschaft bestehen. Aber deswegen, weil jemanden ein Schaden getroffen hat, hat er zunächst gegen seine Rechtsgenossen, die an diesem Schaden nicht beteiligt und für ihn nicht verantwortlich sind, keinen privatrechtlichen Anspruch, keine *actio*.

Das ist doch wahrhaftig nicht schwer einzusehen. Die behandelten Texte gehen denn auch offensichtlich von solchen Einsichten aus, und man müßte es Labeo viel eher zum Vorwurf machen, wenn er statt dessen eine konstruierende Begründung gesucht hätte wie etwa die angeblich viel exaktere 'durch Umkehrschluß'[137]. Es handelt sich hier also nicht um die Ableitung von Normen aus einer indifferenten Natur, auch nicht darum, daß ein abstrakter *aequitas*-Begriff an den Sachverhalt herangetragen wird, sondern um die Einsicht, daß die Gegebenheiten der Natur selbst auf eine normative Ordnung verweisen, die zunächst zu beachten ist. Auf diese Einsicht ist dann die, wenn man so will, 'positive Juristenlehre' gegründet, die weit davon entfernt ist, 'nur auf Juristenmeinung' zu beruhen[138].

5. Natürliche Früchte

Mit den Naturgegebenheiten im soeben erörterten Sinne hängt auch der Begriff der natürlichen Früchte zusammen, oder überhaupt der Begriff

---

[137] Oben Anm. 135. Was F. WIEACKER, TRG 36 (1968) 141, in anderem Zusammenhang über die juristische „Meisterschaft" Julians sagt, könnte auch hier angewandt werden.

[138] Vgl. F. HORAK, Rationes 280. Im Zusammenhang mit seiner treffenden Kritik der Topikauffassung TH. VIEHWEGS hat F. HORAK, Rationes 59, sich auch mit dem 'Meinungsmäßigen' kritisch befaßt. Hier wird nun faktisch den römischen Juristen eben dieses 'Meinungsmäßige' zugeschrieben, indem einfach auf die 'Juristenmeinung' abgestellt wird.

dessen, was aus der Natur hervorgeht. So werden etwa jene Sachen, die *a rerum natura tribuerentur*, soweit sie den Kindern *a rerum natura* zugekommen sind, durch das rechtliche Schicksal des Vermögens des Vaters nicht miterfaßt, wenn er das Bürgerrecht verliert[139]. Hinter diesen Vorstellungen steht zweifellos auch die Erkenntnis einer natürlichen Teleologie[140].

6. Natürlicher Untergang von Sachen

Ebenfalls mit den Naturgegebenheiten, die oben (4.) behandelt wurden, hängt auch das Problem des natürlichen Unterganges von Sachen zusammen. Wie die aus der Natur einer Sache möglichen Veränderungen zunächst den treffen, zu dessen Vermögen die Sache gehört, so trifft ihn auch der natürliche Untergang einer Sache. Gaius verweist dabei auf die Auffassung von Sabinus und Cassius, die eine derartige Entscheidung mit der Feststellung begründet hätten: *quia aequum esset naturalem interitum ad actorem pertinere*[141]. Mit *aequum est* wird tatsächlich auf die *aequitas* verwiesen. Wenn man aber die Entscheidung zu den oben behandelten Fällen und zu zahlreichen anderen in Beziehung setzt, so zeigt sich auch hier, daß es nicht um einen abstrakten *aequitas*-Begriff geht, sondern darum, daß es als der natürlichen Ordnung entsprechend und insofern gerecht angesehen wird, daß auch der natürliche Untergang einer Sache zunächst den trifft, zu dessen Vermögen sie gehört, wenn nicht jemand anderer aus irgendeinem Grunde den Untergang zu vertreten hat. So wird etwa, wenn *vina . . . sua natura corrupta fuerint*, eine Haftung des Verkäufers für den Fall bejaht, *si . . . de bonitate eorum adfirmavit*. Sonst haftet der Verkäufer nicht. In der Begründung werden freilich dann verschiedene Gesichtspunkte vorgebracht, die aber alle die gemeinsame Grundlage haben, daß man die Nachteile im eigenen Vermögen selbst zu tragen hat, auch dann, wenn sie durch eigene Unaufmerksamkeit herbeigeführt wurden[142].

Eine Naturtatsache, oder zumindest eine Tatsache der physischen Außenwelt, ist schließlich auch das *naturaliter tenere*. Alle Rechtswirkungen, die daran geknüpft werden, setzen zunächst den Bestand dieser äußeren Tatsache voraus, zu der noch andere Tatsachen hinzukommen müssen,

---

[139] Alfen. D 48, 22, 3 (1 epit.), dazu F. HORAK, Rationes 177f. mit Lit.; vgl. auch Nerat. D 41, 1, 14 pr. (5 membr.); Pompon. D 7, 1, 69 (5 Sab.) und Pap. D 6, 1, 62 pr.

[140] Vgl. zu Gai. D 22, 1, 28 unten bei Anm. 175.

[141] Gai. D 16, 3, 14, 1 (9 ed. prov.), dazu M. KASER, Restituere als Prozeßgegenstand. Die Wirkungen der litis contestatio auf den Leistungsgegenstand im römischen Recht, Münch. Beitr. z. Papyrusforschung und antiken Rechtsgesch. XVI (München ²1968) 73ff. und 212.

[142] Gai. D 18, 6, 16 (2 rer. cott.): *Si vina quae in doliis erunt venierint eaque, antequam ab emptore tollerentur, sua natura corrupta fuerint, si quidem de bonitate eorum adfirmavit venditor, tenebitur emptori: quod si nihil adfirmavit, emptoris erit periculum, quia sive non degustavit sive degustando male probavit, de se queri debet. . . .*; dazu M. KASER, RPR I 553, Anm. 68.

damit das *naturaliter tenere* zum juristischen Besitz werden und dann
weitere Rechtswirkungen nach sich ziehen kann[143].

7. Die *natura humanae condicionis*

a) In eine neue Dimension führt die *natura humanae condicionis*[144].
Zunächst enthält schon die rein physische Natur in verschiedener Hinsicht
rechtlich relevante Gegebenheiten, auf welche die Rechtsordnung Rücksicht zu nehmen hat. Damit ist der Spielraum für rechtlich vertretbare
Entscheidungen wiederum erheblich eingeschränkt. So wird etwa *morbus*
von Sabinus definiert als *habitus cuiusque corporis contra naturam, qui usum
eius ad id facit deteriorem, cuius causa natura nobis eius corporis sanitatem
dedit*[145]. Bei Vorliegen eines *morbus sonticus*, wie etwa Fieber, das als *motus
corporis contra naturam* begriffen wird, ist ein in Abwesenheit des Erkrank-
ten ergangenes Urteil nichtig (*res non videtur iudicata*)[146]. Natürlich liegt
hier der Zwölftafelsatz vom *morbus sonticus*[147] als Norm zugrunde. Wann
aber diese Norm zur Anwendung zu kommen hat, richtet sich nach den
objektiven Gegebenheiten der menschlichen Natur. Und so ist sie noch in verschiedener Hinsicht schon rein nach ihren physischen Gegebenheiten für die
Entscheidung maßgeblich[148]. In diesem Zusammenhang ist hervorzuheben

---

[143] Vgl. Iavol. D 41, 2, 23 pr. (1 epist.): *Cum heredes instituti sumus, adita hereditate omnia
quidem iura ad nos transeunt, possessio tamen nisi naturaliter comprehensa ad nos non
pertinet*; und eod. 24 (14 epist.); Pap. D 10, 2, 35 und 41, 2, 49 pr.; Ulp. D 10, 3, 7, 11
(20 ed.); 10, 4, 3, 15 (24 ed.); 29, 5, 3, 19 (50 ed.) und 41, 2, 12 pr. (70 ed.). Besonders
hervorzuheben ist Marci. D 46, 3, 49 (sing. ad hyp. form.): *Solutam pecuniam intellegimus
utique naturaliter, si numerata sit creditori*; vgl. dazu unten III, 5 c sowie Anm. 220 und
313 zur 'natürlichen' Aufhebung einer Obligation. Zur Naturalis possessio allgem. G. MAC-
CORMACK, Naturalis possessio, ZSS 84 (1967) 47 ff.

[144] Ulp. D 29, 2, 30, 6, oben Anm. 115.

[145] Ulp. D 21, 1, 1, 7 (1 ed. aedil.): *Sed sciendum est morbum apud Sabinum sic definitum esse
habitum cuiusque corporis contra naturam, qui usum eius ad id facit deteriorem, cuius causa
natura nobis eius corporis sanitatem dedit*; vgl. auch Ulp. (Lab.) D 50, 16, 38 (25 ed.). Zum
Begriff *morbus* D. DAUBE, Roman Law, Linguistic, Social and Philosophical Aspects
(Edinburgh 1969) 190 und Anm. 2 dort.

[146] Iul. D 42, 1, 60 (5 dig.): *Quaesitum est, cum alter ex litigatoribus febricitans discessisset et
iudex absente eo pronuntiasset, an iure videretur pronuntiasse. respondit: morbus sonticus
etiam invitis litigatoribus ac iudice diem differt. sonticus autem existimandus est, qui cuiusque rei agendae impedimento est. litiganti porro quid magis impedimento est, quam motus
corporis contra naturam, quem febrem appellant? igitur si rei iudicandae tempore alter ex
litigatoribus febrem habuit, res non videtur iudicata*; dazu M. KASER, Das römische Zivilprozeßrecht (München 1966) 288 mit Lit.

[147] XII T. 2, 2.

[148] Paul. D 28, 2, 9 pr. (1 Sab.): *Si quis postumos, quos per aetatem aut valetudinem habere
forte non potest, heredes instituit, superius testamentum rumpitur, quod natura magis in
homine generandi et consuetudo spectanda est quam temporale vitium aut valetudo, propter
quam abducatur homo a generandi facultate*; weiter Arr. Men. D 49, 16, 4 pr. (1 de re mil.);
Tryph. D 1, 5, 15 (10 disp.), dazu TH. MAYER-MALY, St. Volterra II 117 f.; Ulp. D 21,
1, 12, 2 und eod. 14, 3 (beides 1 ed. aed. cur.); 29, 2, 30, 6 (8 Sab.) und 50, 16, 128
(1 ad leg. Iul. et Pap.). Vgl. auch Paul. D 5, 1, 28, 5 (oben 3 a).

Gai. D 50, 16, 236 pr. (4 duod. tab.): *Qui 'venenum' dicit, adicere debet, utrum malum an bonum: nam et medicamenta venena sunt, quia eo nomine omne continetur, quod adhibitum naturam eius, cui adhibitum esset, mutat*[149].

Wie schwer die Grenzziehung im einzelnen sein mag, wird doch erkannt, daß es ein *malum* und ein *bonum venenum* gibt. Beide verändern die Natur, aber das eine zu ihrer Zerstörung, das andere zu ihrer Heilung[150].

b) Über die physische Natur hinaus wird aber auch der Charakter, die Veranlagung oder die Bildungsfähigkeit mit dem Begriff *humana natura* erfaßt[151]. Das *quantum in natura hominum sit* spielt bei der Möglichkeit des Wissens um rechtserhebliche Tatsachen eine Rolle[152]. Bei der Strafbarkeit von Sklaven wird, trotz der Unterschiedlichkeit in der Rechtsstellung, von der *natura communis* ausgegangen[153]. Die Leistung eines Jahrgeldes (*annuum*) seitens der Ehefrau an den Mann wird als *incongruens . . . et contra sexus naturam* angesehen[154].

Eine deutlich normative Komponente wird mit der *hominum natura* in Beziehung gebracht in

---

[149] Im weiteren Text wird auf die parallele Verwendung des griechischen φάρμακον hingewiesen.

[150] Diese Feststellungen würden einer weitergehenden Analyse, als sie hier möglich ist, reichen Stoff bieten. Eine rein formale Argumentation, wie sie heute im Zusammenhang mit verschiedenen, die Natur des Menschen verändernden *venena* häufig vorgebracht wird, vermag dem Problem gewiß nicht gerecht zu werden. Es liegen hier prinzipielle Unterschiede vor, die mit der normativen Bezogenheit der menschlichen Natur zusammenhängen und ihrer Manipulation Grenzen setzen.

[151] Val. D 32, 12 (1 fideic.): *'Stichus liber esto: et ut eum heres artificium doceat, unde se tueri possit, peto.'* Pegasus inutile fideicomissum esse ait, quia genus artificii adiectum non esset: sed praetor aut arbiter ex voluntate defuncti et aetate et condicione et natura ingenioque eius, cui relictum erit, statuet, quod potissimum artificium heres docere eum sumptibus suis debeat. Besonders bemerkenswert im Hinblick auf die Begründung ist Marci. D 32, 65, 3 (7 inst.): *Ornatricibus legatis Celsus scripsit eas, quae duos tantum menses apud magistrum fuerunt, legato non cedere, alii et has cedere, ne necesse sit nullam cedere, cum omnes adhuc discere possint et omne artificium incrementum recipit: quod magis optinere debet, quia humanae naturae congruum est.* Hier wird ausgedrückt, daß jene Lösung vorzuziehen ist, die mehr der menschlichen Natur entspricht. Es wird damit nicht eine normative Prämisse 'vorausgesetzt', sondern offensichtlich im Hinblick auf die zu entscheidende Rechtsfrage diese an sich einsichtige normative Vorgegebenheit erfaßt. Auch Justinian steht durchaus in der klassischen Tradition, wenn er etwa C 6, 4, 4, 24 sagt: μάλιστα ἐπεὶ παρὰ πάντα τὸν ἡμέτερον νόμον πρὸς τὴν φύσιν ἡρμόσαμεν. Vgl. weiter Ulp. D 24, 3, 24, 5 (33 ed.) und 46, 3, 31 (7 disp.).

[152] Scaev. D 12, 1, 38 (1 quaest.): *Respiciendum enim esse, an, quantum in natura hominum sit, possit scire eam debitu iri;* Ulp. coll. 12, 7, 7 (18 ed.) mit den bemerkenswerte Abweichungen aufweisenden, sonst aber genau übereinstimmenden Parallelüberlieferung in D 9, 2, 27, 9.

[153] Venul. D 48, 2, 12, 4 (2 iud. publ.) bei der Erörterung der Frage, ob Sklaven nach der *lex Pompeia parricidii* strafbar sind, *quoniam caput primum eos adpraehendit, qui parentes cognatosve aut patronos occiderint: quae in servos, quantum ad verba pertinet, non cadunt: sed cum natura communis est, similiter et in eos animadvertetur.*

[154] Ulp. D 24, 1, 33, 1 (36 Sab.).

Cels. D 16, 3, 32 (11 dig.): *Quod Nerva diceret latiorem culpam dolum esse, Proculo displicebat, mihi verissimum videtur. nam et si quis non ad eum modum quem hominum natura desiderat diligens est, ...*[155], *fraude non caret: nec enim salva fide minorem is quam suis rebus diligentiam praestabit*[156].

Es wird hier davon ausgegangen, daß schon die menschliche Natur, die hier eindeutig nicht mehr als die bloß physische begriffen wird, ein Mindestmaß an Sorgfalt verlangt. Wer dieses Mindestmaß nicht aufbringt, ist nicht frei von Schuld. Aber was heißt das, *quem hominum natura desiderat?* Auch hier wird offensichtlich gesehen, daß die menschliche Natur auf eine Ordnung verweist, die ihr mitgegeben ist. Die geistige Dimension des Menschen, dem Vernunftgebrauch eignet, macht es möglich, diese Ordnung zu erkennen. Es wird nicht aus einer nicht normativen Natur auf Normen geschlossen, sondern vielmehr das Normative in der Natur miterkannt.

8. Natürliche Voraussetzungen der Verwandtschaft

a) Noch deutlicher tritt diese Seite im Zusammenhang mit den Verwandtschaftsbeziehungen und den aus ihnen sich ergebenden rechtlichen Nachbildungen in der *adoptio* hervor. Hier ist noch nicht von dem natürlichen Recht der Blutsverwandtschaft die Rede, wie es etwa bei Gaius, inst. 1, 158, angesprochen ist (dazu u. V 3a). Hier geht es zunächst nur um die natürlichen Voraussetzungen der Verwandtschaft und um gewisse daraus sich ergebende Erscheinungen. So wird etwa bei der Zählung der Verwandtschaftsgrade betont, daß über den siebten Grad schon die *rerum natura cognatorum vitam consistere non patitur*[157]. Ulpian sagt, daß bei gleichzeitiger Freilassung der Mutter und ihres Sohnes *pietatis ratio secun-*

---

[155] Die Einschaltung *nisi tamen ...* ist schon von PERNICE und LENEL als just. Itp. angesehen worden; sie hat auch in unserem Zusammenhang keine Bedeutung, daher habe ich sie ausgelassen.

[156] Zu der Stelle allgemein M. KASER, RPR I 510 mit Lit., wo er sagt, daß „deren klassischer Kern nicht zu bezweifeln ist". Diese Aussage bezieht sich freilich zunächst nur auf die hier bezeugte Annäherung der *culpa lata* an den *dolus*. Im Hinblick auf den Gesamtstand der Überlieferung zur *hominum natura* kann dies jedoch auch für den *nam*-Satz nicht zweifelhaft sein. Dahin sind wohl auch M. KASERS weitere Ausführungen a. O. zur *diligentia quam suis rebus adhibere solet* (mit Lit.) zu verstehen. In diesem Zusammenhang sei auch auf die bemerkenswerte Äußerung von Ulp. D 4, 8, 17, 6 (13 ed.) über die Frage, ob der Praetor zwei *arbitri*, auf welche sich die Parteien geeinigt haben, zwingen soll, ihre Entscheidung zu treffen, *quia res fere sine exitu futura est propter naturalem hominum ad dissentiendum facilitatem*, hingewiesen. Weil es eben fast nicht möglich ist, zwei *arbitri* zur Einigung über ihre Entscheidung zu bringen, wird ein *compromissum* sinnvollerweise in *impari ... numero* zugelassen, *non quoniam consentire omnes facile est, sed quia etsi dissentiant, invenitur pars maior, cuius arbitrio stabitur*. Wenn aber dennoch das *compromissum* auf zwei *arbitri* lautet, soll der *praetor* die *arbitri*, wenn sie sich nicht einigen können, zwingen, einen dritten zuzuziehen, *cuius auctoritate pareatur*. Eine sehr ausgewogene und weise Regelung im Hinblick auf die Gegebenheiten der menschlichen Natur.

[157] Mod. D 38, 10, 4 pr. (12 pand.); vgl. auch Paul. sent. 4, 11, 8.

dum naturam salva esse debet[158]. Iavolenus betont, daß eine Adoption nur zwischen Personen stattfinden kann, zwischen denen (so ist wohl der Satz: *in quibus etiam natura potest habere*, zu verstehen) auch von Natur aus das Verhältnis von Eltern und Kindern bestehen kann[159]. Es kann also, so sagt Iavolenus, eine Adoption nur stattfinden, wenn sie auch auf Grund der Natur möglich ist. Das wird in der rechtlichen Entscheidung zur Kenntnis genommen, und es wird nicht erst eine 'normative Prämisse' des Inhalts 'vorausgesetzt'[160], daß eine solche Adoption rechtlich nicht anerkannt werden soll. Diese normative Prämisse wird vielmehr als in den menschlichen Beziehungen mitgegeben angesehen; also nicht 'vorausgesetzt', sondern erkannt. Das geht besonders deutlich hervor aus

> Pap. D 28, 2, 23 pr. (12 quaest.): *Filio, quem pater post emancipationem a se factam iterum adrogavit, exheredationem antea scriptam nocere dixi: nam in omni fere iure sic observari convenit, ut veri patris adoptivus filius numquam intellegatur, ne imagine naturae veritas adumbretur, videlicet quod non translatus, sed redditus videretur: nec multum puto referre, quod ad propositum attinet, quod loco nepotis filium exheredatum pater adrogavit*[161].

Daß die natürliche Verwandtschaftsbeziehung in fast der ganzen Rechtsordnung beachtet wird, hängt eben mit dieser natürlichen Beziehung zusammen und ist nicht nur Konvention in den herrschenden gesellschaftlichen Verhältnissen. Das natürliche Verwandtschaftsverhältnis deutet auf eine normative Ordnung, die es verbietet, die *veritas naturae* durch die Nachahmung der Natur zu verdecken[162].

b) Die Frage, ob die *natura rei* im Zusammenhang mit Verwandtschaftsbeziehungen nicht „vielmehr von gesellschaftlichen Verhältnissen konstituiert" wird, wirft Mayer-Maly bei der Analyse eines weiteren Textes auf:

> Paul. D 47, 2, 16 (7 Sab.): *Ne cum filio familias pater furti agere possit, non iuris constitutio, sed natura rei impedimento est, quod non magis cum his, quos in potestate habemus, quam nobiscum ipsi agere possumus*[163].

Es ist nun gewiß zuzugeben, daß die Begründung *quod non magis ...* den gesellschaftlichen Verhältnissen der damaligen Zeit entspricht und von

---

[158] Ulp. D 37, 15, 1, 1 (1 opin.).
[159] Iavol. D 1, 7, 16 (6 ex Cass.).
[160] Vgl. Klug, Law 163.
[161] Vgl. zu dieser Stelle F. Schulz, Scritti in onore di Cont. Ferrini IV (Milano 1949) 264ff. mit Lit.
[162] Die Probleme dieser Stelle können hier nicht im einzelnen erörtert werden. Es ist hier nur das selbstverständliche Bewußtsein, welches sich im Text äußert, hervorzuheben. Dieses gründet offensichtlich in der unmittelbaren Einsicht in die vorgegebenen Zusammenhänge.
[163] Th. Mayer-Maly, St. Volterra II 114ff.

ihnen bestimmt ist. Ob das aber alles zur Erklärung der *natura rei* ist, bleibt noch zu prüfen. MAYER-MALY sieht in Ulp. D 47,2,52,5 die Bestätigung dafür, daß es alles sei, denn dort wird die Möglichkeit der *actio furti* gegen den *filius familias* für den Fall bejaht, daß er ein *peculium castrense* und damit etwas hat, *unde satisfaciat*. Daher erscheint tatsächlich nur die fehlende Vermögensfähigkeit des Haussohnes das Hindernis für die *actio furti* zu sein. Wenn das zutrifft, wird die „*res*, von der die *natura rei* von D 47,2,16 ausgeht", tatsächlich „von gesellschaftlichen Verhältnissen konstituiert"[164].

Bei näherer Prüfung zeigt sich jedoch, daß der Inhalt der *natura rei* auch hier Elemente aufweist, die nicht allein auf die gesellschaftlichen Verhältnisse zurückgeführt werden können. Das wird besonders deutlich, wenn man sich die verschiedenen rechtlichen Auswirkungen des Verhältnisses zwischen Eltern und Kindern vergegenwärtigt[165]. Auch wenn in einer konkreten Rechtsordnung und unter den ihr zugrunde liegenden gesellschaftlichen Verhältnissen verschiedene Regelungen möglich sind, so sind doch alle diese Regelungen auf eine Gegebenheit bezogen, die ihnen vorgegeben ist und den Regelungen gewisse Grenzen setzt. Das natürliche Verhältnis zwischen Eltern und Kindern selbst ist eine Gegebenheit, der eine bestimmte Natur eignet. Das wird auch daraus deutlich, daß etwa das frühere österreichische Strafrecht für den gleichen Fall, den D 47,2,16 betrifft, im § 463 eine zwar andere, aber immerhin auch den besonderen Gegebenheiten Rechnung tragende Regelung getroffen hat. Im neuen StG ist im § 166 lediglich eine Strafmilderung vorgesehen.

Für D 47,2,16 wird man daher sagen können, daß die formelle Begründung gewiß auf die gesellschaftlichen Verhältnisse verweist. Hinter dieser formellen Begründung steht aber offensichtlich eine Gegebenheit, der eine von den jeweiligen gesellschaftlichen Verhältnissen unabhängige *natura rei* eignet. Diese wirkt ihrerseits auf die Gestaltung der gesellschaftlichen Verhältnisse und der Rechtsordnung ein.

9. *Natura rei* als Sinnstruktur, die auf normative und teleologische Elemente verweist

a) Die letzte Bedeutungsgruppe in diesem Bereich führt schon, in den einzelnen Verwendungen mehr oder minder deutlich ausgeprägt, einerseits nahe an die Natur rechtlicher Gebilde heran, andererseits deutlicher zu teleologischen und normativen Gegebenheiten, die bereits den Übergang zur Erkenntnis naturrechtlicher Normen bilden. Es sind verschiedenartige und vielschichtige Aspekte des Begriffes *natura*, die hier begegnen, und die hier nicht im einzelnen durchanalysiert werden können. Das würde eine sorgfältige Exegese jeder einzelnen Stelle erfordern, die den Rahmen dieser Untersuchung vollkommen sprengen würde. Es seien aber doch die wichtigsten Aspekte, so gut es geht, hier angeführt.

---

[164] TH. MAYER-MALY, St. Volterra II 114f.   [165] Vgl. etwa KASER, RPR I 350f.

b) Bemerkenswert ist zunächst die Feststellung des Pomponius in D 30,24,3, daß *nostra destinatione fundorum nomina et domus, non natura constituerentur*. Dieser Feststellung liegt die Frage zugrunde, ob ein Vermächtnisnehmer einen nach der Testamentserrichtung *ex fundo Titiano* abgezweigten und einem anderen Grundstück angefügten Teil auf Grund des Vermächtnisses einklagen kann oder nicht. Der Ausgangsfall ist in unserem Zusammenhang jedoch nicht maßgeblich. Vielmehr ist die Feststellung entscheidend, daß die Namen von Grundstücken und Häusern nicht von Natur gegeben sind, sondern durch menschliche Benennung. Dem liegt offensichtlich die Vorstellung zugrunde, daß es in anderen Fällen nicht so zu sein braucht oder auch nicht so ist, das heißt, daß in anderen Fällen die Namen nicht *nostra destinatione* den Dingen verliehen werden, sondern sich irgendwie aus ihrer Natur ergeben[166].

c) In eine andere Richtung führt die Feststellung, daß Schulden nicht teilbar sind, wenn die Leistungsgegenstände in Sachen bestehen, *quae natura divisionem non admittunt*[167]. In der hier herangezogenen Stelle führt Paulus als Beispiele für unteilbare Sachen Servituten an, also Rechte. Man könnte sich nun fragen, in welchem Sinne sie nicht teilbar seien, insbesondere ob hier das *natura divisionem non admittunt* nicht in Wahrheit allein auf positiver Regelung beruht[168]. Der weitere Text verweist jedoch auf natürlicherweise unteilbare Sachen, und deren Unteilbarkeit beruht nicht auf positiver Bestimmung. Sie können *sine interitu*[169] nicht geteilt werden. Ein Gesetzgeber, der dennoch solche Sachen als teilbar behandelte, würde seine Aufgabe verfehlen, sachgerechte und sinnvolle Regelungen zu treffen. Das bedeutet freilich nicht, daß aus dem Sinnzusammenhang einer Sache unmittelbar eine Norm abzuleiten wäre. Der Sinnzusammenhang verweist vielmehr auf eine mit ihm in Beziehung stehende Normstruktur, die erkennbar wird, wenn man den Sinnzusammenhang der Sache begreift. Es wird dann also nicht willkürlich die normative Prämisse v o r a u s g e s e t z t, der Gesetzgeber solle nicht sinnlose Regelungen treffen, diese normative

---

[166] Vgl. M. POHLENZ, Die Stoa[4] I (Göttingen 1970) 37ff.

[167] Paul. D 45, 1, 2, 1 (12 Sab.): *Et harum omnium quaedam partium praestationem recipiunt, veluti cum decem dari stipulamur: quaedam non recipiunt, ut in his, quae natura divisionem non admittunt, veluti cum viam iter actum stipulamur: ...;* zum Problem der Teilbarkeit allgemein SOKOLOWSKI, Philosophie I 405ff.; auch M. KASER, RPR I 382f. und 657.

[168] Diese Frage wird noch im Zusammenhang mit der Natur rechtlicher Gebilde näher zu prüfen sein. Sie kann daher hier zunächst ausgeklammert werden; vgl. unten III 3 b zur *natura servitutium*.

[169] Dazu M. KASER, RPR I 382 und Anm. 10 mit Belegen und Lit., und vor allem P. SOKOLOWSKI (oben Anm. 167); vgl. zu den bei M. KASER angegebenen Belegen Paul. D 6, 1, 35, 3 (21 ed.) und Gai. D 35, 2, 80, 1 (3 de leg. ad ed.); auch Pompon. D 30, 26, 2 (5 Sab.): *Cum bonorum parte legata dubium sit, utrum rerum partes an aestimatio debeatur, Sabinus quidem et Cassius aestimationem, Proculus et Nerva rerum partes esse legatas existimaverunt. sed oportet heredi succurri, ut ipse eligat, sive rerum partes sive aestimationem dare maluerit. in his tamen rebus partem dare heres conceditur, quae sine damno dividi possunt; sin autem vel naturaliter indivisae sint vel sine damno divisio earum fieri non potest, aestimatio ab herede omnimodo praestanda est.*

Prämisse kann vielmehr erkannt werden[170]. Daß ein Gesetzgeber dennoch die Macht hat, sinnlose Regelungen zu treffen, wird damit nicht bestritten. Mit dieser Tatsache wird aber auch nicht bewiesen, daß solche Regelungen vom Standpunkt der Rechtswissenschaft bedenkenlos hingenommen werden müßten und hinsichtlich ihres Inhaltes nicht kritisiert werden dürften[171].

d) In zahlreichen weiteren Texten spielt die *natura rei* in einem ähnlichen Sinne für die normative Entscheidung eine Rolle. In allen diesen Fällen wird das Normative offensichtlich nicht aus dem Sosein der empirisch erfaßbaren Natur abgeleitet. Vielmehr werden nach dem, was sich aus den Texten entnehmen läßt, normative Elemente dadurch erkannt, daß die jeweilige Sinnstruktur der in Frage stehenden Naturgegebenheiten auf sie verweist. Sie werden also beim Erfassen der jeweiligen *natura rei* mit-erfaßt[172]. Besonders deutlich wird das bei der Frage danach, welche Bedeutung der Möglichkeit einer Leistung oder der Erfüllung einer Bedingung zukommt[173]. Auch die Feststellung der Unmöglichkeit, daran, *quod natura*

---

[170] Vgl. oben bei Anm. 160.

[171] Vgl. vor allem H. KELSEN, Reine Rechtslehre[1] 13ff. und das Vorwort zur 2. Auflage.

[172] Vgl. Iavol. D 11, 1, 14, 1 (9 ex Cass.): *In totum autem confessiones ita ratae sunt, si id, quod in confessionem venit, et ius et naturam recipere potest*; Ner. D 43, 20, 6 (3 membr.); Gai. inst. 3, 194: *Propter hoc tamen, quod lex ex ea causa manifestum furtum esse iubet, sunt qui scribunt furtum manifestum aut lege ⟨intellegi⟩ aut natura: . . . sed verius est natura tantum manifestum furtum intellegi; neque enim lex facere potest, ut qui manifestus fur non sit, manifestus sit, non magis quam qui omnino fur non sit, fur sit, et qui adulter aut homicida non sit, adulter vel homicida sit; at illud sane lex facere potest, ut proinde aliquis poena teneatur, atque si furtum vel adulterium vel homicidium admisisset, quamvis nihil eorum admiserit.* Diese Stelle ist besonders aufschlußreich und jedenfalls von jedem Verdacht frei, ihre Existenz einer justinianischen Interpolation zu verdanken. Sie stützt daher auch die sachliche Echtheit von Gai. D 7, 5, 2, 1 (unten III 3 c). Was hier gesagt wird, wird von U. KLUG, Law 163, gewiß nicht zutreffend charakterisiert, wenn er — natürlich nicht mit Bezug auf die römischen Quellen — sagt: ,,Das ist trivial und wird nirgends bestritten." So einfach liegen die Dinge nicht. Vgl. auch Gai. D 44, 7, 1, 12—14 (2 rer. cott.); Pap. D 45, 1, 115, 2; Paul. D 5, 1, 12, 2, wo die natürliche Nichteignung zum Richteramt bei den Tauben, Stummen, beim *perpetuo furiosus et impubes* so begründet wird: *quia iudicio carent.* Für die Beurteilung des *impubes* sind bemerkenswerte Parallelen bei Arist. EN VI 9, 1142 a und Top. III 2, 117 a, 30 überliefert, die natürlich einer allgemeinen Einsicht entsprechen. Ferner Paul. D 44, 7, 44, 1 (74 ed.); Ulp. D 13, 5, 16, 3 (27 ed.); 14, 6, 1 pr. (29 ed.) und 45, 1, 75, 4 (22 ed.).

[173] Cels. D 50, 17, 186 (12 dig.): *Nihil peti potest ante id tempus, quo per rerum naturam persolvi possit: et cum solvendi tempus obligationi additur, nisi eo praeterito peti non potest*; und eod. 188 pr. – 1 (17 dig.): *Ubi pugnantia inter se in testamento iuberentur, neutrum ratum est. quae rerum natura prohibentur, nulla lege confirmata sunt*; zu beiden Texten TH. MAYER-MALY, St. Volterra II 121f., zum letzteren auch SCHAMBECK, Natur der Sache 18; im Hinblick auf den in der vorigen Anm. angeführten Text Gai. inst. 3, 194 und andere Texte gewinnt die allgemeine Regel in fr. 188, 1: *quae rerum natura prohibentur, nulla lege confirmata sunt*, eine konkrete Profilierung; vgl. zu dieser Regel B. SCHMIDLIN, Die römischen Rechtsregeln (Forschungen z. Röm. Recht 29, Köln–Wien 1970) 87, Anm. 11. Ferner Iavol. D 41, 2, 23, 2 (1 epist.); Pompon. D 19, 1, 55 (10 epist.); Ven. D 45, 1, 137, 6 (1 stip.), zu dieser Stelle TH. MAYER-MALY, St. Volterra II 121; Gai. inst. 3, 97 a wird von allen Herausgebern im Anschluß an das Vorausgehende ergänzt: ⟨ *Item si quis rem, quae in rerum natura esse non potest, velut hippocentaurum, stipuletur,* ⟩ *aeque inutilis est stipulatio*; Paul. sent. 3, 4[B], 1, dazu TH. MAYER-MALY,

omnibus patet, wie das Meer, durch private Verfügung eine Dienstbarkeit zu begründen, weist in diese Richtung[174]. Aus der teleologischen Beziehung zwischen Früchten und Menschen — *cum omnes fructus rerum natura hominum gratia comparaverit* — wird erkannt, daß Menschen nicht für Menschen als 'Früchte' angesehen werden können[175]. In allen diesen Fällen wird die *natura* nicht als eine indifferente, vom Menschen oder menschlichen Normsetzer beliebig formbare Masse angesehen, sondern als eine Gegebenheit erkannt, die überaus komplex ist und vielfältige Sinnzusammenhänge, teleologische Strukturen und Wertdifferenzen in sich trägt. Diese verweisen ihrerseits auf eine normative Ordnung, die dem menschlichen Verstand prinzipiell erkennbar ist. Diesen Gegebenheiten gerecht zu werden, war offensichtlich selbstverständliches Bemühen der römischen Juristen[176].

III. Die Natur juristischer Gebilde

1. Das 'Wesen rechtlicher Gebilde' und die phänomenologische Rechtstheorie

a) ADOLF REINACH hat mit seinen 1913 veröffentlichten Untersuchungen über 'Die apriorischen Grundlagen des bürgerlichen Rechts'[177]

a. O. 120f.; Paul. (Lab.) D 41, 2, 3, 5 (54 ed.), ausführlich dazu F. HORAK, Rationes 283ff mit Lit. Zum sachlichen Problem der Stelle auch Iul. D 43, 26, 19 pr. (49 dig.). Auch Paul. D 42, 5, 12, 2 (59 ed.); 45, 1, 35 pr. (12 Sab.); eod. 73 pr. (24 ed.) und 83, 5 (72 ed.), sowie 49, 8, 3, 1 (16 resp.), dazu TH. MAYER-MALY a. O. 121.

[174] Ulp. D 8, 4, 13 pr. (6 opin.).

[175] Gai. D 22, 1, 28 (2 rer. cott.): *Partus vero ancillae in fructu non est itaque ad dominum proprietatis pertinet: absurdum enim videbatur hominem in fructu esse, cum omnes fructus rerum natura hominum gratia comparaverit*; eingehend dazu TH. MAYER-MALY, St. Volterra II 118f., mit weiteren Hinweisen und Lit. Die Ausführungen TH. MAYER-MALYS zu diesem Text bedürften einer differenzierenden Analyse, die hier nicht möglich ist. Vgl. weiter Iavol. D 33, 2, 42 (5 ex post. Lab.): *In fructu id esse intellegitur, quod ad usum hominis inductum est*; und Ulp. (Brut.) D 7, 1, 68 (17 Sab.): *Vetus fuit quaestio, an partus ad fructuarium pertineret: sed Bruti sententia optinuit fructuarium in eo locum non habere: neque enim in fructu hominis homo esse potest*; dazu F. HORAK, Rationes 235; vor allem M. KASER, ZSS 75 (1958) 156ff., der von der Echtheit der betreffenden Texte ausgeht; weiter P. STEIN, Regulae Iuris (Edinburgh 1966) 28, und insbes. TH. MAYER-MALY, St. Volterra II, 118 und Anm. 19 mit weiterer Lit. B. SCHMIDLIN, Die römischen Rechtsregeln, hat diese Regel nicht behandelt.

[176] Vgl. auch F. SCHULZ, Prinzipien 24. Allgemein zum Bemühen der Rechtsdogmatik F. BYDLINSKI, Gedenkschr. Gschnitzer (1969) 111ff., insbes. 114ff., B. SCHMIDLIN, Die römischen Rechtsregeln, 87, Anm. 11, identifiziert Natur und Naturrecht in nicht zutreffender Weise. Auch ist die Meinung nicht haltbar, daß die *natura rerum* lediglich auf eine „vulgärstoische, in spätklassischer Zeit allgemein verbreitete Überzeugung" zurückgeführt werden kann. B. SCHMIDLINS inhaltliche Umschreibung: „Die vorgegebenen anschaulichen Naturverhältnisse werden ... zu Maßlinien rechtlicher Gestaltung", ist jedoch zweifellos zutreffend.

[177] Neuausgabe 1953 unter dem Titel: 'Zur Phänomenologie des Rechts', Die apriorischen Grundlagen des bürgerlichen Rechtes; künftig zitiert: Phänomenologie.

4*

als Philosoph aufgezeigt, daß die „spezifisch-rechtlichen Grundbegriffe . . .
ein außer-positiv-rechtliches Sein" haben, „genau so wie die Zahlen ein
Sein unabhängig von der mathematischen Wissenschaft besitzen"[178]. Die
bereits in jenem Buch vorgelegten, sorgfältigen und tiefgehenden Analysen
konnte REINACH selbst nicht mehr weiterführen. Bald nach der Veröffentlichung seiner ersten Untersuchung fiel er, erst vierunddreißigjährig, im
ersten Weltkrieg. Vor allem WELZEL und GERHART HUSSERL haben auf den
von REINACH entwickelten Grundlagen weitergebaut[179]. Diese als phänomenologische Rechtstheorie bezeichnete Lehre, die nichts anderes versucht,
als die im Wesen rechtlicher Gebilde erkennbaren Gesetze aufzuweisen,
ist, bedingt durch vorgefaßte Wissenschaftsbegriffe, vielfältigen Mißverständnissen ausgesetzt gewesen. Vor allem der Begriff 'Wesensschau' hat
bei vielen flüchtigen und oberflächlichen Lesern die Assoziation mit mysti-
schen Begnadungen hervorgerufen, von denen die Betreffenden freilich
genausowenig Ahnung zu haben scheinen wie davon, daß sie selbst ohne die
Möglichkeit der Einsicht in notwendige, intelligible Gegebenheiten Wissen-

---

[178] Phänomenologie 17. Er sagt dort weiter: „Das positive Recht mag sie ausgestalten und
umgestalten, wie es will: sie selbst werden von ihm vorgefunden, nicht erzeugt. Und
ferner: Es gelten von diesen rechtlichen Gebilden ewige Gesetze, welche unabhängig sind
von unserem Erfassen, genau so wie die Gesetze der Mathematik. Das positive Recht
kann sie in seine Sphäre übernehmen, es kann auch von ihnen abweichen. Aber selbst
wo es sie in ihr Gegenteil verkehrt, vermag es ihren Eigenbestand nicht zu berühren."

[179] Eine Übersicht über die Entwicklung in der modernen Rechtsphil. bei K. LARENZ,
Methodenlehre 119 ff. Für das römische Recht vgl. vor allem C. A. MASCHI, La con-
cezione 73—107 („'Natura' come struttura di figure e istituti giuridici"), sowie: La cate-
goria 64 u. 97 ff., auch M. VILLEY, Jus 18 (1967) 43; auch J. V. KOSCHEMBAHR-LYSKOWSKI,
Naturalis ratio en droit classique romain, Studi in on. di P. Bonfante 3 (Milano 1930)
467—498, wenn auch nicht direkt auf die Natur rechtlicher Gebilde eingehend; ferner
F. PRINGSHEIM, Natura contractus und natura actionis, SDHI 1 (1935) 73—82. H. COING,
Zum Einfluß der Philosophie des Aristoteles auf die Entwicklung des römischen Rechts,
ZSS 69 (1952) 32 f., meint, erst die byzantinischen Juristen hätten „die allgemeinphilo-
sophische Vorstellung des Wesensbegriffes auf technisch-juristische Begriffe übertragen.
Sie hatten von da aus insbesondere die Vorstellung von der natura contractus (φύσις
τῶν συναλλαγμάτων) entwickelt". Erst auf diesem Wege habe die aristotelische Logik
„zur Verfestigung der Vorstellung von der Existenz rechtlicher Wesensbegriffe"
beigetragen. In dieser Form werden sich COINGS Feststellungen heute kaum mehr auf-
rechthalten lassen, auch wenn ihm viele in dieser Annahme zunächst gefolgt sind. Der
aristotelische Einfluß, wie ganz allgemein der Einfluß der griechischen Philosophie, hat
sich zweifellos schon viel früher geltend gemacht, und zwar bereits in der Arbeit der vorklassischen und der klassischen Juristen. Das ist vor allem durch die differenzierende
Untersuchung F. WIEACKERS, Über das Verhältnis der römischen Fachjurisprudenz zur
griechisch-hellenistischen Theorie, Iura 20 (1969) 448 ff., klargestellt worden. In dieselbe
Richtung weisen mehrere Beiträge von D. NÖRR, so: Iurisperitus sacerdos, Ξένιον, I (oben
Anm. 12) 555 ff.; Divisio und Partitio, Münchner Universitätsschr., Jur. Fak., Abh. zur
rechtswiss. Grundlagenforschung 4 (Berlin 1972) 20 ff.; Drei Miszellen zur Lebensge-
schichte des Juristen Salvius Julianus, Daube Noster, Essays in Legal History for David
Daube (Edinburgh–London 1974, künftig zitiert: Daube Noster) 243; und schließlich
die Hinweise in Rechtskritik 120, 135 f., 140 u. Anm. 53, 142 u. Anm. 72. Vgl. auch F.
HORAK, Rationes 147—170 ('Begründungen aus Rechtsbegriffen'), mit weiterer Lit.

schaft in keinem wie immer gearteten Sinne betreiben können[180]. Um nichts anderes aber geht es auch bei der Phänomenologie, als um die Einsicht in einsichtige Sachverhalte. REINACH sieht schon zu seiner Zeit eines der Hindernisse für die Erfassung dieser Gegebenheiten, in denen 'apriorische Gesetze synthetischer Natur' erkennbar werden, darin, „daß Kant die Sphäre dieser Sätze viel zu eng begrenzt hat"[181]. Dazu kommt die gesamte Entwicklung des Empirismus, die zur völligen Leugnung der Möglichkeit synthetischer Urteile a priori geführt hat (oben I 3 e).

b) Neukantianismus, Empirismus und Positivismus im weitesten Sinne haben vor allem auf die Wissenschaftstheorie der Gegenwart eingewirkt und ein 'Meinungsklima' geschaffen, in dem gewisse Voraussetzungen selbstverständlich angenommen werden. Von diesen Voraussetzungen ist auch etwa folgende Erklärung HORAKs bestimmt: „Ich kann . . . nur feststellen, daß ich von meinem wissenschaftstheoretischen Ansatz her die Wesenseinsicht in apriorische Strukturen juristischer Gebilde verneinen muß; es fehlt jede intersubjektive Nachprüfbarkeit"[182].

Gewiß ist HORAK zuzugeben, daß er von seinem „wissenschaftstheoretischen Ansatz die Wesenseinsicht in apriorische Strukturen juristischer Gebilde verneinen muß". Das ist die selbstverständliche Konsequenz aus dem gewählten Ansatz. Die Frage ist nur, ob dieser Ansatz der einzig mögliche oder überhaupt ein zielführender und sachangemessener ist. Die Feststellung jedenfalls, es fehle für Erkenntnisse, die über diesen Ansatz hinausgehen, „jede intersubjektive Nachprüfbarkeit", läßt sich für eine große Zahl von Wesenseinsichten, die im Laufe der Geschichte der Philosophie gewonnen wurden, leicht widerlegen[183].

c) Bei der Untersuchung der 'Begründungen aus Rechtsbegriffen' sagt HORAK nun zunächst: „Daß der Begriff des 'Rechtsinstituts' zu vage ist, um ihn zur Grundlage einer Jurisprudenz zu machen, die den Ansprüchen einer modernen Wissenschaftstheorie zu genügen vermag, braucht . . . nicht betont zu werden"[184]. Er räumt aber ein, daß mit „dieser Feststellung

---

[180] Vgl. etwa A. LEINWEBER, Naturrecht 86 und Anm. 256 dort. Diese Arbeit strotzt von Verwechslungen, Unlogik und genau alledem, was A. LEINWEBER fast auf jeder Seite den ihrem 'Wahn' (so etwa 269, 284 u. a.) verfallenen Naturrechtlern vorwirft. Es wäre ihm zu empfehlen, einem der römischen Juristen nachzuweisen, wo sie bei der Beachtung all jener Vorgegebenheiten, von denen schon bisher die Rede war und noch die Rede sein wird, „beim Übertritt über die Grenzen ihrer Zuständigkeit häufig in gefühlvoll seichtes Gerede verfallen" (a. O. 224). Wenn man das Buch daraufhin durchsieht, wo überall A. LEINWEBER seinerseits — auch bei keineswegs Einsichtigem — selbstverständlich von der Einsichtigkeit ausgeht, erkennt man, daß er genau so wenig weiß, was er bekämpft, wie dies bei anderen der Fall ist; vgl. etwa nur oben I 1b zu H. KELSENs Einsicht in den Unterschied von Sein und Sollen, auch oben Anm. 4.

[181] Phänomenologie 17f.

[182] Rationes 147 Anm. 1. Den Begriff 'Meinungsklima' hat E. VOEGELIN, Scheidewege, Vierteljahresschrift für skeptisches Denken 3 (1973) 238ff., in einer sehr beachtlichen Abhandlung 'Über klassische Studien' wieder bewußt gemacht.

[183] Vgl. nur oben I 1b.

[184] Rationes 147.

... natürlich nichts darüber gesagt" ist, „ob nicht die römischen Juristen ihrerseits als Fundament ihrer Entscheidungstätigkeit von solchen Rechtsinstituten, Rechtsfiguren oder dgl. ausgegangen seien"[185].

Es können hier nun nicht HORAKs Untersuchungen zu dieser Frage im einzelnen geprüft und um das klassische Material ergänzt werden. Hier stehen nur jene Texte zur Untersuchung, in denen von einer spezifischen *natura* rechtlicher Gebilde die Rede ist. Es wird vor allem zu prüfen sein, was die Juristen damit gemeint haben, und ob dafür, was sie dabei erfaßt haben, tatsächlich „jede (Hervorh. von mir) intersubjektive Nachprüfbarkeit" fehlt.

2. Rechtliche Gebilde als *res incorporales*

a) Das erste Problem, das sich bei der Frage nach der *natura* rechtlicher Gebilde stellt, ist, in welchem Sinne hier überhaupt von Natur die Rede sein kann. Daß es hier nicht im selben Sinne um die Natur geht wie bei der *natura rerum* im Sinne der jeweils spezifischen Natur physisch existierender Dinge oder Personen, bedarf keiner umständlichen Begründung. Daß rechtliche Gebilde als solche keine physische Existenz haben, dürfte trotz der Unmöglichkeit, dies empirisch zu beweisen, so einsichtig sein, daß man von einer intersubjektiv vermittelbaren Einsicht in diesen Sachverhalt ausgehen kann. Dennoch fehlen natürlich nicht Versuche, Rechte auf physische oder experimentell ermittelbare psychische Gegebenheiten zu reduzieren[186].

Weil nun vielfach eine ideelle Existenz unter den gegenwärtig herrschenden wissenschaftstheoretischen Voraussetzungen als unmöglich angesehen wird, muß man, wenn man die Reduktion auf Physisches oder experimentell Psychologisches nicht vollziehen will, zu einer reinen Begrifflichkeit gelangen. Diese allein vermöchte „den Ansprüchen einer modernen Wissenschaftstheorie zu genügen". Aber auch bei reiner Begrifflichkeit würden sich exakte Ergebnisse erst erwarten lassen, wenn man die „mit der Benutzung der natürlichen Sprache zusammenhängende(n) Ungenauigkeiten" dadurch beseitigt, daß man zu „strenger Formalisierung in

---

[185] Rationes 147. 147f. sagt Horak dann weiter: „Die Tatsache, daß die klare sprachliche Fixierung und Definition von Rechtsbegriffen bei ihnen bekanntlich eine verhältnismäßig geringe Rolle spielt, legt ja gewiß den Schluß nahe, daß anstelle von Begriffsdefinitionen und exakt formulierten Regeln die (vermeintliche)" (Hervorh. von mir) „unmittelbare Anschauung idealtypischer Figuren eine ausschlaggebende Rolle gespielt habe." Daß sie nur 'vermeintlich' (F. HORAK selbst setzt dieses Wort in Klammern) eine Rolle gespielt habe, müßte doch erst bewiesen werden. Das kann auf der Grundlage des von F. HORAK ausgewählten Materials aber gewiß nicht gelingen.

[186] In einem persönlichen Gespräch hat ALBERT A. EHRENZWEIG etwa mir gegenüber bei der Erörterung der Frage nach der Existenz geistiger Gegebenheiten eingewandt, wo denn solche Gegebenheiten existieren sollten, wenn nicht in unseren psychischen Vorstellungen. Vgl. jetzt sein Werk: 'Psychoanalytische Rechtswissenschaft' (Berlin 1973). Im Sachregister findet sich weder das Stichwort Erkenntnis, noch Existenz, auch nicht Einsicht.

der Kunstsprache eines logischen Kalküls"[187] gelangt. Die sich dabei ergebenden Probleme können hier freilich nicht durchuntersucht werden. Der Aufweis, zu wie absurden Ergebnissen die beiden extremen Standpunkte bei ihrer Verabsolutierung führen, muß einer ausführlicheren Untersuchung vorbehalten werden.

b) In diesem Zusammenhang kann ich mich darauf beschränken, die Auffassung der römischen Juristen selbst zu ermitteln. Hier kann zunächst von der bekannten Einteilung der Sachen in *corporales* und *incorporales* bei Gaius ausgegangen werden[188]. Besonders wesentlich erscheint mir dabei die Einsicht, daß die Rechte auch dann, wenn sie sich auf körperliche Sachen beziehen, selbst unkörperliche Sachen sind[189]. Vom Standpunkt reiner Begrifflichkeit würde nun die Erklärung naheliegen, bei der Bezeichnung rechtlicher Gebilde als *res incorporales* handle es sich lediglich um eine Metapher, deren sich ein noch nicht zu reiner Begrifflichkeit vorgedrungener Geist bedient, um sich Begriffe anschaulich zu machen. In Wahrheit wären es aber bloße Begriffe, mit denen die Juristen operierten, ihnen entspräche keine subjektunabhängige Realität in der Außenwelt. Was damit bezeichnet werde, hätte keine objektive Existenz. Alle Regelungen, die etwa das Entstehen, den Erwerb, die Sicherung, die Übertragung und den Untergang von Rechten betreffen, würden sich also nicht auf wirkliche Objekte beziehen, sondern ein Begriffssystem in metaphorischer Ausdrucksweise repräsentieren. Wenn also von der Natur solcher Begriffe gesprochen werde, meine man in Wahrheit den Inhalt einer vorausgegangenen Definition. In der Phantasie der 'Wesensschauer' verselbständige sich dann das vorher Definierte zu einem existierenden Wesen. Manche scheinen der Auffassung zu sein, es stehe auf der Stufe des Geisterglaubens, wenn man von der Existenz juristischer Gebilde ausgehe.

3. *Natura servitutium*

a) Prüfen wir aber nun, was die Quellen zu dieser Frage hergeben. Zunächst ist zu sagen, daß *natura* im Sinne der Natur rechtlicher Gebilde bei weitem nicht so häufig vorkommt wie im Sinne der *natura rerum*. Ich habe 24 Belege gefunden, in denen *natura* ausdrücklich für die Natur eines rechtlichen Gebildes verwendet wird. Die Belege verteilen sich auf

---

[187] Vgl. U. KLUG, Law 156.

[188] Gai. inst. 2, 14 = D 1, 8, 1, 1: *incorporales sunt, quae tangi non possunt, qualia sunt ea, quae in iure consistunt, sicut hereditas, usus fructus, obligationes quoquo modo contractae*; ein besonders eindrucksvolles Beispiel für die wortgetreue Wiedergabe in den D. Vgl. auch ABGB §§ 291f. Zu *id quod tangi potest* vgl. B. GORDON, Studies in the Transfer of Property by Traditio (Aberdeen 1970) 45.

[189] Gai. inst. 2, 14: *Nec ad rem pertinet, quod in hereditate res corporales continentur, et fructus qui ex fundo percipiuntur, corporales sunt, et quod ex aliqua obligatione nobis debetur, id plerumque corporale est, . . .; nam ipsum ius successionis et ipsum ius utendi fruendi et ipsum ius obligationis incorporale est.*

10 Juristen seit Iavolenus und Iulian, wobei sich zwei in den Institutionen des Gaius finden. Natürlich ist die Zahl der Texte, in denen implizit von der Natur eines rechtlichen Gebildes ausgegangen wird, ungleich größer. Dazu kommen Umschreibungen mit *naturalis, naturalis ratio, naturaliter* und dergleichen. Auf einige dieser Texte werde ich einzugehen haben.

b) Ein aufschlußreicher Text ist zunächst

Pompon. D 8, 1, 15, 1 (33 ad Sab.): *Servitutium non ea natura est, ut aliquid faciat quis, . . ., sed ut aliquid patiatur aut non faciat*[190].

Es wird hier das Wesen der Dienstbarkeit erklärt. Es bestehe nicht darin, daß jemand (der jeweilige Eigentümer des dienenden Grundstückes) zu einem Tun verpflichtet ist, sondern zu einem Dulden oder Unterlassen. Hier könnte man in der Tat meinen, das sei allein Frage der positiv-rechtlichen Regelung. Es gäbe auch tatsächlich positivrechtliche Ausnahmen von dieser Regel. Was als *natura servitutium* bezeichnet werde, sei daher in Wahrheit der Niederschlag der jeweiligen positivrechtlichen Regelung oder bestenfalls des jeweiligen Begriffes der Servitut.

Ist das die ganze Wahrheit? Bei näherer Betrachtung kann doch nicht geleugnet werden, daß die der positivrechtlichen Regelung vorausgehenden Sinnbezüge, die zur Normierung solcher Verhältnisse führen, von dieser Normierung unabhängig bestehen. Der hinter der Servitut stehende Gedanke, daß einem Grundstück zur besseren Nutzung eines ihm benachbarten Grundstückes gewisse Lasten auferlegt werden können, geht von in sich verständlichen Gegebenheiten aus. Ein Wegerecht etwa legt dem jeweiligen Eigentümer des dienenden Grundstückes die Verpflichtung auf, das Gehen oder Fahren über seinen Grund zu dulden usw. Daß aus diesem Grundverhältnis zunächst keine Verpflichtung zu einem Tun des Eigentümers des belasteten Grundstückes abzuleiten ist, dürfte auch ohne eine besondere Befähigung zur 'Wesensschau' einsichtig sein. Wo solche Verpflichtungen angenommen werden, wie etwa bei der Verpflichtung, die mit der Dienstbarkeit belastete Mauer, einen Balken des Nachbarhauses zu tragen, auch in einem Zustand zu erhalten, daß die Dienstbarkeit aktuell werden kann, folgen sie aus den besonderen Verhältnissen. Freilich wäre auch eine positivrechtliche Regelung des Inhalts denkbar, daß der Servitutsberechtigte selbst für die Erhaltung der Mauer zu sorgen hat. Das würde aber wieder einen Eingriff in fremdes Eigentum bedeuten. Kurzum, wenn man die Sache genau betrachtet, so ist die Servitut weit davon entfernt, eine willkürliche Begriffsbildung oder positivrechtliche Regelung darzustellen. Als Rechtsinstitut hat sie in der Tat eine aus den

---

[190] Der Text ist seit O. Lenel, Textkritische Miscellen, ZSS 39 (1918) 164, vielfach für interpoliert gehalten worden. F. Schulz, Classical Roman Law (Oxford 1951) 385. hält ihn für *"substantially classical"*; so wohl auch M. Kaser, RPR I 443 Anm. 37 mit Lit. Außerdem betreffen die Interpolationsvermutungen zum Teil nur den hier ausgelassenen *veluti*-Satz. Es besteht kein Grund, an der Klassizität der hier entscheidenden Aussage zu zweifeln.

Sinnbezügen, die sie rechtlich konkretisiert, erkennbare Natur, freilich die Natur eines ideell existierenden Sinngebildes[191].

c) Daß dieses Sinngebilde nicht als beliebiges oder willkürliches Produkt der Definition oder Gesetzgebung angesehen wurde, geht sehr deutlich hervor aus

Gai. D 7, 5, 2, 1: *Quo senatus consulto non id effectum est, ut pecuniae usus fructus proprie esset (nec enim naturalis ratio auctoritate senatus commutari potuit), sed remedio introducto coepit quasi usus fructus haberi*[192].

Es geht um das *senatus consultum,* durch welches bestimmt wurde, daß ein *usus fructus* auch an Geld oder anderen verbrauchbaren Sachen vermacht werden kann. Nun ist der *usus fructus* als Recht zur Nutzung einer Sache bei Wahrung der Substanz seinem Begriff nach nur an unverbrauchbaren Sachen möglich. Denn bei verbrauchbaren Sachen kann das Begriffsmerkmal 'Wahrung der Substanz' nicht erfüllt werden. Ist das aber nun wirklich bloß ein 'Begriffsmerkmal'? Bei genauerem Zusehen zeigt sich, daß auch hier der Begriff des *usus fructus* nicht beliebig definiert ist. Es entspricht tatsächlich dem Sinn und dem Zweck dieser Rechtsinstitution, eine Nutzung an einer Sache zu gewähren, deren Substanz dem Eigentümer erhalten bleibt und ihm nach Beendigung der Berechtigung zurückzuerstatten ist. Das ergibt sich nach der Auffassung des Gaius aus der *naturalis ratio,* und diese kann auch durch die Autorität des Senats nicht geändert werden. Wenn der Senat dennoch bestimmt, daß *usus fructus* auch an verbrauchbaren Sachen vermacht werden kann, so wird damit an diesen Sachen nicht im eigentlichen Sinne ein *usus fructus* ermöglicht, sondern lediglich eine dem *usus fructus* ähnliche Nutzung, ein *quasi usus fructus.*

4. Konsens als Wesenselement der Begründung von Kontraktsobligationen

a) Hier ist hervorzuheben der berühmte Ausspruch von

Ped.-Ulp. D 2, 14, 1, 3 (Ulp. 4 ed.): *adeo autem conventionis nomen generale est, ut eleganter dicat Pedius nullum esse contractum, nullam obligationem, quae non habeat in se conventionem, sive re sive verbis fiat: nam et stipulatio quae verbis fit, nisi habeat consensum, nulla est*[193].

---

[191] Vgl. auch Iul. D 8, 2, 32, 1 (7 dig.): *natura enim servitutium ea est, ut possideri non possint, sed ...*; Paul. D 33, 2, 13 (13 ad Plaut.).

[192] Vgl. dazu P. STEIN, The Development of the Notion of Naturalis Ratio, Daube Noster, Studies in Honour of David Daube (Edinburgh 1974) 310f.; auch J. KOSCHEMBAHR-LYSKOWSKI, Studi Bonfante III (1930) 475; jetzt D. NÖRR, Rechtskritik 99.

[193] Dazu TH. MAYER-MALY, Mélanges Philippe Meylan I (Lausanne 1963) 246 und 248ff.; auch M. KASER, RPR I 523 Anm. 11, der die Stelle, „trotz Beseler" für „unbedenklich" hält.

Ulpian rühmt den Ausspruch des Pedius als *eleganter dictum*. Das Wort *eleganter* verwendet Ulpian auch bei Kennzeichnung der berühmten Definition des Rechts durch Celsus in D 1,1,1 pr. Es bedeutet hier wie dort sicher soviel wie 'zutreffend', 'scharfsinnig', eine echte Erkenntnis 'fein' ausdrückend. Hier besteht die Erkenntnis darin, daß die vertragliche Einigung für das Entstehen einer vertraglichen Verbindlichkeit wesentlich, konstitutiv ist. Ich habe das als „eine intelligible Gegebenheit" bezeichnet, „die von ihrer empirischen Verifizierung unabhängig ist"[194]. HORAK hat nun gegen mich eingewandt, daß ich dabei ungewollt gezeigt hätte, welche Schwierigkeiten sich dabei bieten. Denn ich hätte „einerseits die vertragliche Willenseinigung als zum Wesen (!) der Kontraktsobligation gehörig bezeichnet, und zwar kraft einer apriorischen Struktur des Vertrags", mich aber andererseits „doch der Einsicht nicht verschließen" können, „daß etwa beim Rigorismus altröm. Verbalkontrakte die Vertragsverpflichtung auch ohne Willenseinigung zustande kommen könnte"[195].

Es läßt sich nun leicht zeigen, vorausgesetzt, daß es überhaupt möglich ist, etwas einzusehen, daß HORAKs Einwand die Sache nicht trifft. Ich muß freilich zugeben, daß ich bei meinen damaligen Ausführungen, durch den Rahmen bedingt, auf eingehendere Begründung verzichten mußte. Außerdem erwecken offensichtlich schon gewisse Ausdrücke wie apriorisch, intelligibel und Wesen Assoziationen, die einen Vertreter einer bestimmten wissenschaftstheoretischen Konzeption daran hindern, zur Sache selbst vorzudringen. Ich will daher versuchen, die Sache selbst etwas aufzuhellen.

b) Zunächst kann man sich fragen, ob der Ausspruch des Pedius nicht einer Einsicht in das Wesen einer vertraglichen Verpflichtung entspricht. Ist er die bloße Wiedergabe dessen, was aus einer Definition des Vertrages folgt — die es in Rom nicht gab[196] —, ohne einem von jeder Definition unabhängigen Sinnzusammenhang zu entsprechen? Im 'Rigorismus altröm. Verbalkontrakte' kommt in der Tat die Verpflichtung zustande, auch wenn im konkreten Fall der vertragliche Wille gefehlt hat. Hier wird aber ohne Zweifel das Versprechen an sich als Ausdruck des Willens verstanden, wenn auch zunächst undifferenziert und typisiert. Das Willenselement gewinnt im Laufe differenzierender Erkenntnis an Bedeutung, sobald man sieht, daß Wille und Erklärung auseinanderklaffen können. Gerade diese differenzierenden Erkenntnisse haben zu der von Pedius formulierten Einsicht geführt, daß jeder vertraglichen Verpflichtung eine Einigung der Parteien zugrunde liegen muß, sonst kommt kein Kontrakt zustande, auch ein solcher nicht, für den an sich die Erfül-

---

[194] Österr. Zeitschr. f. öffentl. Recht 17 (1967) 10 (ob. Anm. 10). Zu den Belegen für *elegans*, *eleganter* und *elegantia* vgl. H. ANKUM, Elegantia juris, Annales de la Facult. de Droit d'Istanbul 37 (1971) 2ff., und: Julianus eleganter ait, Flores Legum, H. J. Scheltema antecessori Groningano oblati (Groningen 1971) 1ff.

[195] Rationes 147 Anm. 1.

[196] Die beiden Definitionen Paul. D 44, 7, 3 pr. (2 inst.) und Inst. Iust. 3, 13 pr. betreffen die Obligation allgemein.

lung der Wortform kennzeichnend ist wie bei der *stipulatio*. In dieselbe Richtung weist die gesamte Entwicklung der Irrtumslehre und vieles andere[197].

Aber immer noch könnte man einwenden, diese Fortschritte der Erkenntnis seien nicht Fortschritte bei der Einsicht in das Wesen der vertraglichen Einigung, sondern differenziertere Ausgestaltungen der Begriffe und Definitionen. Für eine solche Behauptung wird der Beweis kaum möglich sein. Die gesamte Entwicklung des römischen Rechts sperrt sich einer solchen Konstruktion. ADOLF REINACH hat bei seiner Analyse des Versprechens als Ursprung von „Anspruch und Verbindlichkeit" erklärt, man könne „versuchen, . . ., durch aufklärende Analyse" den von ihm aufgestellten „Satz[198] einsichtig zu machen. Ihn erklären zu wollen hätte genau denselben Sinn wie der Versuch einer Erklärung des Satzes $1 \times 1 = 1$. Es ist die Angst vor der Gegebenheit, eine seltsame Scheu oder Unfähigkeit, Letztanschauliches ins Auge zu fassen und als solches anzuerkennen, welche eine unphänomenologisch gerichtete Philosophie bei diesem, wie bei so vielen anderen fundamentaleren Problemen zu haltlosen und schließlich abenteuerlichen Konstruktionen getrieben hat"[199]. Dazu kommt heute noch die aus dem positivistischen Wissenschaftsbegriff folgende Leugnung der Möglichkeit der Existenz apriorischer Strukturen ideeller Gebilde, die als solche erkennbar sind und über die synthetische Urteile a priori möglich wären. Man könnte sich ebensogut darüber streiten, ob die Wesenseinsicht in das Wesen des Dreieckes, aus dem folgt, daß die Winkelsumme des Dreiecks 180 Grad ist, in Wahrheit nur ein Schluß aus der vorher vorgenommenen Definition des Dreiecks sei. Natürlich kann man das Dreieck definieren. Das Dreieck selbst aber ist als apriorisch Gegebenes von jeder Definition unabhängig, die Erkenntnis dieser Gegebenheit führt zur Definition[200]. Wer das Wesen des Dreiecks einmal eingesehen hat, kann an dem Sachverhalt, daß die Winkelsumme 180 Grad ist, nicht mehr zweifeln, und diese Einsicht ist unabhängig von jeder empiri-

---

[197] Dies ist in den Referaten eines im WS 1973/74 von M. KASER veranstalteten Seminars an der Universität Salzburg zur Irrtumsproblematik besonders deutlich geworden; die Einzelheiten können hier nicht dargestellt werden.

[198] A. REINACH, Phänomenologie 84, sagt dazu: „Wir geben, streng genommen, keine Theorie des Versprechens. Wir stellen ja nur den schlichten Satz auf, daß das Versprechen als solches Anspruch und Verbindlichkeit erzeugt." Auch wenn dieser Satz sicher noch einer differenzierenden Analyse zugänglich ist, ändert das nichts an der Bedeutung der von A. REINACH vorgelegten Einsichten.

[199] Phänomenologie 84.

[200] KANT hat in den Prolegomena, § 5, Akad. Ausg. IV 276f. (= Wiss. Buchges. KANT, Werke V, 1968, 136, dort mit Hinweis A 41), festgestellt, daß man die Frage, ob synthetische Urteile a priori möglich seien, gar nicht stellen dürfe, denn „es sind deren genug, und zwar mit unstreitiger Gewißheit wirklich gegeben". Den Hinweis verdanke ich Herrn Kollegen ROBERT SPAEMANN. Andererseits aber hat Kant in denselben Prolegomena diese auf „zwei Wissenschaften der theoretischen Erkenntnis" eingeschränkt, nämlich die „reine Mathematik und reine Naturwissenschaft" (a. O. 140), und sich im übrigen bereits all jener Argumente gegen synthetische Urteile a priori in anderen Bereichen bedient, die auch heute vorgebracht werden.

schen Verifizierung. Sie läßt sich freilich auch empirisch nachprüfen, aber kaum je mit derselben Exaktheit, welche die Wesenseinsicht vermittelt.

Gewiß ist nun der Exaktheitsgrad im Hinblick auf die Komplexität bei juristischen Gebilden nicht derselbe. Dennoch lassen sich Wesensbezüge einsehen. Mit ihnen hat die Dogmatik immer gearbeitet. Ihre reiche und tiefgehende Entfaltung ist auch eines der größten Verdienste der römischen Rechtswissenschaft. In diesem Prozeß der Entfaltung kommen aber verschiedene Faktoren zusammen, die unter verschiedenen Gesichtspunkten sehr verschieden beurteilt werden. Wie immer man sie im einzelnen beurteilt[201], so läßt sich nicht bestreiten, daß unter den verschiedenen Faktoren jedenfalls auch Einsichten in das Wesen gewisser Beziehungen und ihnen entsprechender juristischer Gebilde eine entscheidende Rolle spielen. Nur das soll hier an Hand einer freilich nur geringen Auswahl einschlägiger Quellenzeugnisse dargetan werden. Wenn man sich von vorgefaßten Prämissen, wie etwa der, daß es kein Wesen einer Kontraktsobligation geben kann, befreit, so läßt sich doch wohl erkennen, daß in der Pedius-Aussage eben eine solche Einsicht in das Wesen der Kontraktsobligation mitgeteilt wird.

c) Will man nun empirisch den Gegenbeweis versuchen, könnte man sagen, es habe im römischen Recht eine Reihe von Fällen gegeben, in denen auch nach der Zeit des Pedius Verbindlichkeiten ohne eine solche Willenseinigung zustande kamen. Man brauche nur an die Geschäftsführung ohne Auftrag oder an die adjektizischen Klagen zu denken. Dieser empirische Gegenbeweis kann jedoch nicht gelingen. In allen hier in Betracht kommenden Fällen liegen besondere Umstände vor, die eine Verpflichtung auch ohne vertragliche Zustimmung des Verpflichteten aus anderen Gründen, vor allem mit Rücksicht auf die *fides* oder die *aequitas*, rechtfertigen. Das wird auch besonders deutlich bei der Diskussion der Frage, ob die irrtümliche Bezahlung einer Nichtschuld einen Kontrakt begründe. Der Empfänger der Leistung wird ebenso wie der Empfänger eines Darlehens *re* verpflichtet. Gaius sagt nun bemerkenswerterweise in

inst. 3, 91: *sed haec species obligationis non videtur ex contractu consistere, quia is, qui solvendi animo dat, magis distrahere vult negotium quam contrahere.*

Der Text geht im Grunde von derselben Einsicht aus wie Pedius. Daß die Frage, ob es sich hier um eine Kontraktsobligation oder nicht handelt, „schlicht ein Definitionsproblem" sei, kann man nur annehmen, wenn man vorweg angenommen hat, daß die wissenschaftlichen Begriffe eben nur „verschiedenartige Umformungen eines identischen wertfreien Materials" sind[202]. Diese Prämisse kann jedoch nicht als gesichert angesehen werden.

---

[201] Vgl. dazu F. HORAK, Rationes 148f.
[202] Vgl. F. HORAK, Rationes 147 Anm. 1, und oben bei Anm. 15. Dagegen weist neuerdings C. A. MASCHI, La categoria 98, auf das „grande campo della *natura* come realtà" hin, „che sta a fondamento dell'esperienza giuridica"; vgl. auch seine weiteren Ausführungen dort. Er verweist damit auf eine in sich differenzierte und strukturierte Natur.

Vielmehr sprechen die schwerwiegendsten Gründe gegen ihre Richtigkeit.

Die Einsicht, daß es sich in jenen Fällen nicht um Kontakte handeln kann, in denen von vorneherein eine vertragliche Einigung für die Begründung des Anspruches nicht in Betracht kommt, und sei es auch nur eine scheinbare, wie im Falle von Dissens oder Irrtum, findet ihren bemerkenswerten Ausdruck in der späteren Bezeichnung jener Schuldverhältnisse als Quasikontrakte[203]. Ebenso wie beim *usus fructus* erkannt wurde, daß es sich dort, wo die Verhältnisse dem Wesen dieser Rechtsfigur nicht entsprechen, eben nur um einen *quasi usus fructus* handeln kann, wird hier erkannt, daß es sich nicht um eine Kontraktsobligation im eigentlichen Sinne handeln kann, sondern eben nur um einen Quasikontrakt[204].

5. Folgerungen aus der *natura* konkreter Kontrakte, *actiones* und anderer Gegebenheiten

a) In einer Reihe von Texten werden Folgerungen aus der Natur eines konkreten Kontraktes gezogen. Es können hier nicht alle Texte im einzelnen untersucht werden, aber das ist auch nicht unbedingt nötig, um das aufzuzeigen, worauf es hier ankommt. Dafür genügt es, einen repräsentativen Text zu prüfen:

Papin. D 16, 3, 24 (9 quaest.): '*Lucius Titius Sempronio salutem. Centum nummos, quos hac die commendasti mihi adnumerante servo Sticho actore, esse apud me ut notum haberes, hac epistula manu mea scripta tibi*

---

[203] Es besteht kein Grund zur Annahme, daß die Bezeichnung nicht schon in klassischer Zeit verwendet wurde. Das *quasi ex contractu teneri* bei Gai. D 44, 7, 5, 1 kann durchaus klassisch sein, auch wenn die systematische Gliederung, wie sie in Inst. Iust. 3, 13, 2 vorliegt, erst justinianisch sein sollte. Die vielfältige Verwendung von *quasi* zur Bezeichnung einer analogen Behandlung eines Sachverhalts, der den Anforderungen der rechtlichen Voraussetzung für die Ableitung oder den Bestand bestimmter Rechte nicht entspricht, legt es nahe, daß die Klassiker das auch schon in diesen Fällen getan haben. Vgl. Gai. inst. 4, 36: *Nam quia non potest eam* (scil. *rem*) *ex iure Quiritium suam esse intendere, fingitur rem usucepisse et ita quasi ex iure Quiritium dominus factus esset, intendit*; oder Gai. inst. 1, 193: *Apud peregrinos non similiter, ut apud nos, in tutela sunt feminae; sed tamen plerumque quasi in tutela sunt*. Vgl. auch M. KASER, RPR I 586, der von 'klassischen Ansätzen' spricht. Vgl. auch W. WOŁODKIEWICZ, Obligationes ex variis causarum figuris, Rivista Italiana per le Scienze Giur. 14 (1970) 96ff. und insb. die Textgegenüberstellungen 161ff.; weiter G. WESENER, Zur Denkform des '*quasi*' in der römischen Jurisprudenz, Studi in mem. di G. Donatuti III (Milano 1973) 1387ff.; auch G. CRIFÒ, Il suicidio di Cocceio Nerva 'Pater' e i suoi riflessi sui problemi del quasi usufrutto, Studi in onore di G. Scherillo I (Varese/Milano 1972) 427ff., und W. KERBER, Die Quasi-Institute als Methode der römischen Rechtsfindung, Diss. Würzburg 1970; dazu kritisch D. NÖRR, ZSS 90 (1973) 421ff. mit weiterer Lit.

[204] Zur Entwicklung der Quasikontrakte M. KASER, RPR I 586ff.; auch TH. MAYER-MALY, Divisio obligationum, The Irish Jurist 2 (1967) 377ff., und die in der vorigen Anm. angeg. Lit.

*notum facio: quae quando voles et ubi voles confestim tibi numerabo'.
quaeritur propter usurarum incrementum. respondi depositi actionem
locum habere: quid est enim aliud commendare quam deponere? quod ita
verum est, si id actum est, ut corpora nummorum eadem redderentur: nam
si ut tantundem solveretur convenit, egreditur ea res depositi notissimos
terminos. in qua quaestione si depositi actio non teneat, cum convenit tantundem, non idem reddi, rationem usurarum haberi non facile dicendum
est. et est quidem constitutum in bonae fidei iudiciis, quod ad usuras
attinet ut tantundem possit officium arbitri quantum stipulatio: sed contra
bonam fidem et depositi naturam est usuras ab eo desiderare temporis ante
moram, qui beneficium in suscipienda pecunia dedit*[205].

In dieser Erörterung wird besonders deutlich, wie sich verschiedene Gesichtspunkte, darunter auch solche des positiven Rechts, gegenseitig
ergänzen. Zunächst erklärt Papinian in seinem Responsum mit der Begründung, das Wort *commendare* in der Übernahmebestätigung bedeute nichts
anderes als *deponere*, daß in diesem Fall die *actio depositi* Platz greift. Es
wird also aus dem entscheidenden Wort *commendare* — anvertrauen, in
Verwahrung geben — auf den mit der Parteiabsicht gegebenen Zweck des
Geschäftes geschlossen[206]. Daraus wird weiter geschlossen, welcher Kon-

---

[205] Zu diesem Fragment hat sich eine umfangreiche Lit. entwickelt, mit welcher eine Auseinandersetzung im einzelnen in diesem Rahmen nicht möglich ist. Eine eingehende Analyse findet sich bei F. SCHULZ, Scritti in onore di Contardo Ferrini IV (1949) 254ff., wo
F. SCHULZ (255) sagt: *"This particularly difficult fragment which already a Byzantine
lawyer of the XI century condemned as 'unintelligible when taken literally' has actually called
forth a small library."* Er weist im Zusammenhang mit dem byzantinischen Juristen auf
das Schol. I zu Bas. 13, 2, 24 von Johannes Nomophylax hin und auf HEIMBACH, Bas. VI
198; vgl. jetzt H. J. SCHELTEMA—D. HOLWERDA, Bas. B II 660. F. SCHULZ versucht,
die verschiedenen Interpolationsschichten zu differenzieren. Wenigstens teilweise gehen
jedoch die verschiedenen Interpolationsannahmen, mit denen sich F. SCHULZ auseinandersetzt, von heute nicht mehr annehmbaren Voraussetzungen aus. Eine eingehende
Erörterung hat diesem Text gewidmet H. TAPANI KLAMI, 'Mutua magis videtur quam
deposita', Über die Geldverwahrung im Denken der römischen Juristen, Comment.
Human. Litt., Soc. Scient. Fennica (Helsinki 1969) 46ff. u. 119ff.; dazu H.-P. BENÖHR,
ZSS 89 (1972) 439f., der gegen TAPANI KLAMIS Interpolationsannahmen den hier entscheidenden Teil für echt hält. M. KASER, RPR I 535 Anm. 2 und 536 Anm. 17, nimmt
auf diesen Text Bezug, ohne auf eine Interpolation hinzuweisen. Wie immer es nun mit
den Interpolationen stehen mag, so sind sie für unsere Frage jedenfalls nicht entscheidend. Daß die *natura depositi* der Sache nach klassisch ist, daran kann es keinen Zweifel
geben. Der letzte, hier ausgelassene Satz des Fragmentes *si tamen . . .* wird allgemein als
interpoliert angesehen, doch ist er für unsere Frage auch vollkommen belanglos. Auf
diesen Schlußsatz bezieht sich wohl die Feststellung von A. MANIGK, Privatautonomie,
Festschrift P. Koschaker I (Weimar 1939) 277: „die im Schlußsatz interpolierte Stelle
D. 16, 3, 24." Zur *natura contractus* auch C. A. MASCHI, La categoria 98.

[206] Wenn F. HORAK, Rationes 197, im Zusammenhang mit den Begründungen aus dem Sprachgebrauch bei der Erörterung verschiedener Deutungen des Wortes *pervenisse* in D 32, 29, 2
sagt: „Es ist offenkundig, daß beide Entscheidungen möglich und daher beide willkürlich
sind", so verkennt er dabei, daß zwei verschiedene Lösungen, die sich auf einen bestimmten
Wortgebrauch stützen, deswegen noch nicht willkürlich sind. Es ist vielmehr eine Wahl
zwischen verschiedenen Möglichkeiten in einem sachlich abgegrenzten Bereich. Die Wahl

trakt zustande gekommen ist und welche *actio* daher in Frage kommt. Es wird aber sofort eine Einschränkung gemacht, die nicht mehr mit der Wortbedeutung, sondern mit dem Wesen des Depositums zusammenhängt: Dies ist nur richtig, wenn vereinbart wurde, daß dieselben Münzen zurückgegeben werden sollen. Wenn nämlich vereinbart wurde, daß bloß dieselbe Anzahl Münzen zurückzugeben seien, überschreite das Geschäft *depositi notissimos terminos*.

Hier könnte man nun freilich wieder behaupten, das habe nichts mit dem Wesen des Depositums zu tun, sondern sei wieder „schlicht ein Definitionsproblem". Es komme eben nur darauf an, wie man das Depositum definiere. Eine solche Auffassung liegt dem Text offensichtlich nicht zugrunde. Es wird vielmehr deutlich, daß hier die Entsprechung des Kontraktstypus *depositum* zu einem typischen und in sich sinnvollen Vorgang im Vordergrund steht. Der Begriff *depositum* ist nicht von den Juristen willkürlich definiert, sondern er entspricht einem in sich sinnvollen Lebensverhältnis, aus dem sich typische Zwecke und Begleitumstände ergeben. Darin liegt überhaupt der tiefere Grund des für uns nicht mehr verständlichen Typenzwanges im römischen Kontraktsrecht, daß die einzelnen Typen eben typischen Lebensverhältnissen angepaßt waren oder aus typischen Verpflichtungsformen entwickelt wurden, wie die *stipulatio*[207]. Daraus ergibt sich auch, daß diese Typen nichts Willkürliches oder Konstruiertes haben, sondern jene typischen Lebensverhältnisse auch juristisch möglichst adäquat zu erfassen versuchen. In diesem Sinne könnte man mit WIEACKER sagen, es liege hier „gleichsam in Begriffe geronnene Juristenerfahrung" vor[208]. Aber man könnte auch mit WELZEL sagen, die juristischen Begriffe sind hier in der Tat „'Reproduktionen' von Teilstücken eines komplexen ontischen Seins, das die gesetzlichen Strukturen und die Wertdifferenzen immanent in sich trägt und nicht erst von der Wissenschaft herangetragen bekommt"[209].

b) Besonders deutlich wird das in Papinians Erörterung der Frage, wie es im vorliegenden Falle mit Zinsen stehe. Papinian stellt fest, es wäre,

---

wird sich danach richten, wofür dem einen und dem anderen aus den Umständen mehr zu sprechen scheint. Das ist aber ein durchaus rationaler Vorgang und keine dezisionistische Willkür.

[207] Vgl. zum 'Prinzip der Typengebundenheit' allgem. M. KASER, RPR I 484 mit Lit. (227 Anm. 9). Ulp. D 19, 5, 4 (30 Sab.) bemerkt in einem freilich nicht mehr rekonstruierbaren Zusammenhang (im dreißigsten Buch ad Sab. behandelt Ulp. die *emptio venditio* und die *societas*, O. LENEL, Palingenesia II 1131, stellt das Fragment zur *societas* als fr. 2747, die Kompilatoren haben es in den Titel 'De praescriptis verbis et in factum actionibus' gestellt): *Natura enim rerum conditum est, ut plura sint negotia quam vocabula*; dazu jetzt C. A. MASCHI, La categoria 72. Vgl. auch die vorausgehenden Texte Cels. D 19, 5, 2 (8 dig.) und Iul. eod. 3 (14 dig.). Dazu insbes. F. WIEACKER, Societas (Weimar 1936) 279f.; er meint, die Kompilatoren haben „das völlig unklassische Fragment 19, 5, 4 … einem Stück des vorjustinianischen 'paraphrasierten' Sabinuskommentars entnommen".

[208] VRR (oben Anm. 2) 151; dazu F. HORAK, Rationes 148, und MASCHI, La categoria 98 (oben Anm. 102).

[209] Naturalismus 49 (vgl. oben Anm. 15).

wenn es sich um ein *depositum* handelt, *contra bonam fidem et depositi naturam*, falls noch nicht Verzug vorliegt, von demjenigen Zinsen zu verlangen, der mit der Verwahrung des Geldes eine Wohltat erwiesen hat. Es erscheint mir unmöglich, diese Feststellung als Ableitung aus einer Definition zu begreifen. Hier wird in der Tat einerseits das als maßgeblich angesehen, was sich aus der *fides* ergibt, andererseits aber das spezifische Wesen, die *natura* des Verwahrungsverhältnisses der Entscheidung zugrunde gelegt. Der Vorgang bei der Erfassung dieses Wesens, der *natura depositi*, „ist (im genauen Sinn) intuitiv", wie WIEACKER treffend bemerkt[210]. Die Erkenntnis dieses Sachverhalts hat KASER in seiner eingangs zitierten Abhandlung eingehender entwickelt. Die Kritik HORAKs an dieser Erkenntnis geht teils von unzutreffenden Voraussetzungen, teils von falschen Alternativen aus[211]. Vor allem aber ist ihre Quellengrundlage viel zu schmal, weil das gesamte Material aus der klassischen Zeit nicht berücksichtigt ist. Man muß sich doch fragen, ob für die intuitiv erfaßte *natura depositi* wirklich, wie HORAK behauptet, „jede intersubjektive Nachprüfbarkeit" fehlt[212]. Es fehlen gewiß bestimmte Arten intersubjektiver Nachprüfbarkeit, wie die empirische Verifizierung im Experiment. Die Möglichkeit der Einsicht ist aber intersubjektiv gegeben. Die Einsicht ist auch vermittelbar und intersubjektiv nachvollziehbar. Das hat auch WIEACKER bei der Darstellung des Zusammenhanges, in dem der intuitive Vorgang steht, klargestellt[213]. Vor allem aber hat KASER dargetan, wie sehr diese Intuition in der Entwicklung der Rechtswissenschaft verfeinert und damit sachangemessener wurde.

c) Was aus dem einen Papiniantext zu entnehmen ist, ließe sich nun an Hand aller weiterer Texte ebenso dartun, wobei freilich Unterschiede

---

[210] Vom römischen Recht 151. F. WIEACKER sagt dort f. weiter: „d. h. er verläuft, wie die meisten produktiven Schöpfungen, nicht in entwickelten, diskursiven Gedankenfolgen. Dies heißt natürlich nicht, daß der Jurist dabei in einem geheimnisvollen Rapport zur allgemeinen Rechtsidee stünde; vielmehr nährt sich seine Entscheidung aus den in seiner Erfahrung gespeicherten Anschauungs- und Entscheidungsbeständen, ähnlich den vorweggegebenen Anschauungsmodellen, aus denen der erfahrene Künstler, Arzt oder Staatsmann spontan wählt und entscheidet. Aber dabei steht dem Juristen nicht nur die eigene Erfahrung zu Gebot. Sein persönliches Fallverständnis wird gespeist (und zugleich objektive Autorität) durch eine ununterbrochene Erfahrung der Vorgänger, die sich zu festen Vorstellungsbahnen verdichtet hat, deren der spätere Jurist gewiß sein darf. . . ." M. KASER, Methode 54f., drückt es ähnlich aus, wenn er sagt: „Dieses spontane Erschauen der richtigen Lösung hat zweierlei Grundlagen, die sich aufs innigste durchdringen, nämlich das gefestigte und verfeinerte juristische Sachgefühl und die in gründlicher Arbeit apperzipierte Fülle der Erfahrung." Aus allen diesen Darstellungen wird jedoch nicht deutlich, was der Gegenstand dieser Intuition war, woran die 'richtige Lösung' gemessen werden kann. Vielmehr liegt der Gedanke, jedenfalls auf der Grundlage der Darstellungen F. WIEACKERS, nahe, daß es zwar in der juristischen Tradition entwickelte 'Vorstellungsbahnen' waren, denen aber eben doch nur subjektive 'Vorstellungen' entsprachen, und nicht in der Sache vorgegebene Strukturen.

[211] Vgl. die vorige Anm. und F. HORAK, Rationes 149ff.

[212] Rationes 147 Anm. 1 (vgl. oben Anm. 106; insbes. III 1 b).

[213] Vgl. oben Anm 210.

in der Deutlichkeit und in den Akzenten bestehen. So wird allgemein die *natura contractus, obligationis* oder *negotii* beachtet[214]. Im besonderen etwa die *natura stipulationis*[215], *societatis*[216], *venditionis*[217] oder *mandati*[218]. Besonders aufschlußreich sind auch zwei Texte zur *natura condicionum*[219].

[214] Ulp. (Iul.) D 46, 1, 5 (Iul. 52 dig., Ulp. 46 Sab.): . . . *si reus promittendi reo promittendi heres extiterit, duas obligationes sustinet: item si reus stipulandi exstiterit heres rei stipulandi, duas species obligationis sustinebit. plane si ex altera earum egerit, utramque consumet, videlicet quia natura obligationum duarum, quas haberet, ea esset, ut, cum altera earum in iudicium deduceretur, altera consumeretur;* Iul. D 38, 1, 24 (52 dig.): *Quotiens certa species operarum in stipulationem deducitur, veluti pictoriae fabriles, peti quidem non possunt nisi praeteritae, quia etsi non verbis, at re ipsa inest obligationi tractus temporis, sicuti cum Ephesi dari stipulemur, dies continetur. et ideo inutilis est haec stipulatio: 'operas tuas pictorias centum hodie dare spondes'? cedunt tamen operae ex die interpositae stipulationis;* hier wird zwar nicht ausdrücklich, aber doch der Sache nach auf die *natura contractus* Bezug genommen, so auch bei Afric. D 13, 4, 8 (3 quaest.) und 16, 1, 19, 4 (4 quaest.) betreffend die *intercessio;* weiter Iavol. D 18, 1, 65 (11 epist.) und eod. 80, 3 (5 ex post. Lab.). Es ließen sich natürlich noch unzählige Stellen anführen, in denen der Sache nach auf die *natura contractus* oder *obligationis* Bezug genommen wird. Ausdrückliche Bezugnahmen finden sich noch bei Pap. D 45, 2, 9, 1 (27 quaest.): . . . *posterior conventio, quae in alterius persona intercessit, statum et naturam obligationis, quae duos initio reos fecit, mutare non potest;* Ulp. D 2, 14, 7, 5 (4 ed.): . . . *idem responsum scio a Papiniano, et si post emptionem ex intervallo aliquid extra naturam contractus conveniat, ob hanc causam agi ex empto non posse propter eandem regulam, ne ex pacto actio nascatur;* und Paul. D 44, 7, 44, 1 (74 ed.): *Circa diem duplex inspectio est: nam vel ex die incipit obligatio aut confertur in diem. ex die veluti 'kalendis Martiis dare spondes?' cuius natura haec est, ut ante diem non exigatur.* Bemerkenswerte Ausführungen finden sich im Zusammenhang mit Problemen der Beweiswürdigung bei Arcad. D 22, 5, 21, 3 (sing. de test.), wo er sagt, daß bei ungleicher Zahl der Zeugenmeinungen *credendum est id quod naturae negotii convenit et quod inimicitiae aut gratiae suspicione caret,* . . . Auch seine weiteren Ausführungen sind sehr bemerkenswert. Vgl. dazu F. PRINGSHEIM, SDHI 1 (1935) 73 ff., der diese Begriffe rundweg den klassischen Juristen abspricht. Dagegen C. A. MASCHI, La concezione 107.

[215] Ulp. D 46, 5, 1, 4 (70 ed.): *Et sciendum est omnes stipulationes natura sui cautionales esse: hoc enim agitur in stipulationibus, ut quis cautior sit et securior interposita stipulatione;* vgl. dazu A. MOZZILLO, Contributi allo studio delle „stipulationes praetoriae" (Napoli 1960) 21 ff., insbes. 26 mit weiterer Lit.; auch F. PRINGSHEIM, ZSS 78 (1960) 60, der offenbar von der Echtheit ausgeht.

[216] Gai. inst. 3, 149: *Magna autem quaestio fuit, an ita coiri possit societas, ut quis maiorem partem lucretur, minorem damni praestet. quod Quintus Mucius < contra naturam societatis esse existimavit et ob id non esse ratum habendum. . . .>.* Der entscheidende Teil ist zwar aus den Inst. Iust. 3, 25, 2 ergänzt. Im Hinblick auf die sonstige Übereinstimmung des Berichtes und des sonstigen Befundes der Quellen kann jedoch unbedenklich angenommen werden, daß jedenfalls Gaius, wenn schon nicht Quintus Mucius, von der *natura societatis* gesprochen hat. Eine ausführliche Behandlung des Textes bei F. HORAK, Rationes 158 ff. mit Lit.

[217] Venul. 45, 1, 139 (6 stip.): . . . *in solidum defendenda est venditio, cuius indivisa natura est;* dazu C. A. MASCHI, La concezione 87.

[218] Paul. D 19, 5, 5, 4 (5 quaest.): . . . *potest mandatum ex pacto etiam naturam suam excedere;* dazu C. A. MASCHI, La concezione 93; auch sonst viel Lit., die hier nicht im einzelnen erörtert werden kann. Die meisten Interpolationsannahmen betreffen nicht den entscheidenden Teil.

[219] Maec. D 35, 1, 91 (2 fideic.): *Condicionum, quae in futurum conferuntur, triplex natura est,* . . .; Paul. D 40, 7, 20, 5 (16 ad Plaut.): *Quaedam condiciones natura sui nec possunt eodem tempore impleri, sed necessariam habent temporis divisionem, velut cum decem operarum iussus est dare, quia operae per singulos dies dantur. . . .;* dazu TH. MAYER-MALY, St. Vol-

Auch die Feststellung, es sei *nihil tam naturale . . . quam eo genere quidquid dissolvere, quo colligatum est*, entspricht nicht einer willkürlichen Definition der Endigung einer Obligation, sondern einem Erfassen eines an sich sinnvollen Sachverhalts[220]. Das wird sogar aus einem Text zur *natura acceptilationis* deutlich[221].

Mit der Natur der Kontrakte hängt auch die *natura actionum* zusammen, auch wenn sie über den Kontraktsbereich hinausgeht. Man möchte meinen, daß bei einer so typischen Juristenschöpfung, wie es die römischen *actiones* waren, von einer *natura* keine Rede sein könne[222]. Aber auch bei den *actiones* gilt das bei den Kontrakstypen Bemerkte: sie entsprechen Lebensverhältnissen oder Sachverhalten mit einem spezifischen Sinnzusammenhang. Das läßt auch, unabhängig von einer Definition, ein spezifisches Wesen der für die betreffenden Lebensverhältnisse entwickelten *actiones* erkennen, eine spezifische Sinnstruktur oder, in diesem Sinne, eine *natura*[223].

terra II 119f. Vgl. auch Paul. sent. 3, 4[B], 1, wo von der *condicio possibilis* gesagt wird, sie ist diejenige, *quae per rerum naturam admitti potest*. Venul. D 45, 1, 137, 6 (1 stip.) spricht von der *condicio, quae natura impossibilis est*. Diese beiden Aussagen betreffen zwar nicht die Natur der *condicio* selbst, stehen aber mit ihr doch insofern in Beziehung, als ein unmöglicher Bedingungsinhalt natürlich auch die Wirkungen der Bedingung selbst betrifft.

[220] Ulp. D 50, 17, 35 (48 Sab.); im weiteren Text wird gesagt: *ideo verborum obligatio verbis tollitur: nudi consensus obligatio contrario consensu dissolvitur.* Man könnte nun einwenden, das seien eben die zivilen Endigungsgründe einer Obligation, die mit Natur nichts zu tun haben. Gewiß, aber sind diese zivilen Endigungsgründe eine willkürliche Konstruktion ? Daß ein auf dem Konsens der Parteien beruhender Kontrakt wieder durch den Konsens der Parteien aufgehoben werden kann, dürfte in der Tat unabhängig von jeder Konstruktion einleuchtend sein, auch wenn die konkrete Rechtsordnung in bestimmten Fällen zusätzliche Erfordernisse aufstellt. Allg. dazu B. SCHMIDLIN, Die römischen Rechtsregeln, Forsch. z. röm. Recht 29 (Köln/Wien 1970) 75ff., der (77) den entscheidenden Teil für eine kompilatorische ,,Einleitungsfloskel" hält. Zum ,,Grundsatz des *contrarius actus*" auch D. NÖRR, ZSS 89 (1972) 59 mit Lit.

[221] Iul. D 18, 5, 5, pr. (15 dig.): *Cum emptor venditori vel emptori venditor acceptum faciat, voluntas utriusque ostenditur id agentis, ut a negotio discedatur et perinde habeatur, ac si convenisset inter eos, ut neuter ab altero quicquam peteret, sed ut evidentius appareat, acceptilatio in hac causa non sua natura, sed potestate conventionis valet.* Eine eingehende Auseinandersetzung mit diesem Text bei A. WATSON, The Form and Nature of ,,acceptilatio" in Classical Roman Law, RIDA 8 (1961) 411f. A. WATSON setzt sich dort auch mit der älteren Interpolationenlit. auseinander. M. KASER, RPR I 530 Anm. 18, führt den Text als Beleg für das klassische Recht an, ohne selbst zur Interpolationsfrage Stellung zu nehmen.

[222] Bei der Beurteilung dieser Frage bereitet gewiß die Vieldeutigkeit des Begriffes *natura* besondere Schwierigkeiten. *Natura* kann hier nur als das Wesen eines juristischen Gebildes verstanden werden, welches seine Struktur, eben sein Wesen, einem bestimmten Sinnzusammenhang verdankt. Die Bezeichnung dieses Wesens als *natura* beweist nur, daß die Juristen dieses Wesen als solches im Auge hatten.

[223] Gai. inst. 4, 33: *Nulla autem formula ad condictionis fictionem exprimitur: siue enim pecuniam siue rem aliquam certam debitam nobis petamus, eam ipsam dari nobis oportere intendimus nec ullam adiungimus condictionis fictionem; itaque simul intellegimus eas formulas, quibus pecuniam aut rem aliquam nobis dari oportere intendimus, sua ui ac potestate ualere. eiusdem naturae sunt actiones commodati, fiduciae, negotiorum gestorum et aliae innumerabiles.* Ulp. (Iul.) D 4, 2, 12, 2 (11 ed.—4. dig.): *Iulianus ait eum, qui vim adhibuit debitori suo ut ei solveret, hoc edicto non teneri propter naturam metus causa actionis quae damnum exigit: quamvis negari non possit in Iuliam eum de vi incidisse et ius crediti amisisse.* Die Stelle wird als interpoliert angesehen, doch ist die Frage im Hinblick auf den sicheren

Ebenso wird auch die *natura legati*[224] gesehen. Auch sonst wird der relevante Kern einer Gegebenheit gelegentlich ausdrücklich, meist aber nur implizit in seiner Natur erfaßt[225]. In keinem dieser Fälle kann davon die Rede sein, daß es bloß um Definitionsprobleme gehe. Das rechtlich zu erfassende Lebensverhältnis oder sein natürlicher Sinnbezug finden in der normativen Erfassung ihre Entsprechung. Das schließt auch dann eine willkürliche Definition aus, wenn verschiedene Lösungen möglich sind. Das Vordringen zu sachangemessener Erfassung entwickelt sich langsam. Es ist in der Tat ein „mühsames Ringen um den Begriff"[226], aber nicht deswegen, weil der Begriffsbildung nichts Einsehbares (um das Wort 'Schauen' zu vermeiden) entspricht, sondern weil die Einsicht in das, worauf sich der Begriff bezieht, auf allen Gebieten des menschlichen Forschens mehr oder minder schwierig und nach den jeweiligen Gegebenheiten wieder verschieden schwierig ist. Die Vorstellung, wenn man sich auf Einsicht berufe, müsse gleich alles gleichermaßen eingesehen werden, widerspricht jeder mensch-

---

Beleg in Gai. inst. 4, 33 für den Nachweis, daß von einer *natura actionis* die Rede sein konnte, ohne Belang. So auch C. A. MASCHI, La concezione 107. Außerdem ist eine Interpolation innerhalb eines wörtlichen Zitats für den entscheidenden Teil eher unwahrscheinlich. Die *quamvis*-Ergänzung wird von Ulpian im Hinblick auf das *decretum divi Marci* hinzugefügt worden sein. Vgl. weiter Iavol. D 21, 2, 60 (2 ex Plaut.), wo zwar auch der entscheidende Satz *et ex natura ex empto actionis* ... für interpoliert angesehen wird, und Ulp. D 11, 7, 14, 13 (25 ed.). Zweifellos ist in der Linie der klassischen Auffassung ist auch Dioklet. C 4, 24, 11 (a. 294) zusehen, wo von der *pigneraticiae actionis natura* die Rede ist.

[224] Ulp. D 33, 8, 6, 1 (25 Sab.): *Et si fuerit legatum peculium non deducto aere alieno, verendum, ne inutile legatum sit, quia quod adicitur contra naturam legati sit. . . .*; O. LENEL führt diesen Teil des Fragments im Hinblick auf den im pr. erhaltenen Verweis auf Iulian und Celsus auch bei Iulian (37 dig.) an als fr. 533 (Pal. I 416), doch scheint die Bezugnahme auf Iulian nur den im pr. vorausgehenden Text zu betreffen.

[225] Venul. D 45, 1, 137, 4 (1 stip): *. . . ? sed haec recedunt ab impedimento naturali et respiciunt ad facultatem dandi. . . .*; das *naturale impedimentum* steht freilich der natürlichen Unmöglichkeit der Leistung (oben II 2 a) näher als der Natur rechtlicher Gebilde, aber hier zeigen sich die Berührungspunkte besonders deutlich. So auch bei Pompon. D 35, 1, 35 (sing. reg.): *Levissima libertatis condicio ea intellegenda est, quae ad libertatem perducit, quamvis natura gravior et durior sit.* Von der *natura criminis* spricht Pap. D 48, 5, 39, 3 (36 quaest.): *Nonnumquam tamen et in maribus incesti crimina, quamquam natura graviora sunt, humanius quam adulterii tractari solent: si modo incestum per matrimonium illicitum contractum sit.* Vgl. auch Pap. D 18, 7, 5 (10 quaest.): *Cui pacto venditoris pomerio cuiuslibet civitatis interdictum est, Urbe etiam interdictum esse videtur. quod quidem alias cum principum mandatis praeciperetur, etiam naturalem habet intellectum, ne scilicet qui careret minoribus, fruatur maioribus.* G. v. BESELER, Romanistische Studien, ZSS 50 (1930) 22, meint: „Etiam naturalem rell ist Unsinn." Er konnte es nicht anders meinen. Von Unsinn kann hier keine Rede sein. Ferner Paul. D 15, 1, 8 (4 Sab.): *desiderat enim res naturalem dationem*; Ulp. D 39, 1, 5, 9 (52 ed.): *Et belle Sextus Pedius definiit triplicem esse causam operis novi nuntiationis, aut naturalem aut publicam aut impositiciam: naturalem, cum in nostras aedes quid immittitur aut aedificatur in nostro, . . .*; und 50, 16, 49 (59 ed.): *'Bonorum' appellatio aut naturalis aut civilis est. naturaliter bona ex eo dicuntur, quod beant, hoc est beatos faciunt: beare est prodesse.* Alle diese Texte bedürften natürlich einer genaueren Untersuchung, die hier nicht durchführbar ist. Immerhin vermögen sie aber darzutun, in wie vielfältiger Hinsicht das Bewußtsein natürlicher Vorgegebenheiten und Zusammenhänge zum Ausdruck gekommen ist. Vgl. auch noch unten V zum *ius naturale*.

[226] Vgl. F. HORAK, Rationes 149.

lichen Erfahrung bei der Entwicklung von Erkenntnissen. Wie die Einsicht
in das Wesen, in die Natur juristischer Gebilde sich entwickeln und mit
anderen Komponenten der Rechtserkenntnis verbinden kann, dafür gibt
selbst die trümmerhafte Überlieferung der klassischen römischen Rechtsliteratur ein eindrucksvolles Zeugnis.

IV. Die fides

1. Die *fides* in der neueren Forschung

a) Der Frage, welche rechtliche Bedeutung die *fides* hat, sind bereits
zahlreiche Untersuchungen gewidmet worden[227]. Eine eingehende Untersuchung der Frage, die über die bisherigen Erkenntnisse wesentlich hinausführen könnte, ist in diesem Rahmen natürlich nicht möglich. Allein für
den Bereich des VIR[228] umfaßt das Material von *fideicommissarius* bis
fides rund 23 Spalten. Für *fides* allein sind fast genau tausend Belegstellen
angegeben. Das nicht vollständig ausgewiesene Material des ThLL umfaßt
32 Spalten[229].

In welchem Sinne man nun bei der *fides* von einer Entscheidungsgrundlage der klassischen römischen Juristen sprechen kann, ist auch für
die rechtlich relevanten Verwendungen des Wortes nicht leicht zu sagen.
WOLFGANG KUNKEL hat in seiner eingehenden Untersuchung über die
'Fides als schöpferisches Element im römischen Schuldrecht' festgestellt:

---

[227] W. OTTO, RE VI (1909, Neudruck 1958) 2281—2286, behandelt nur die religions-
geschichtliche Seite der *fides*. Für die juristische Fragestellung grundlegend W. KUNKEL,
Fides als schöpferisches Element im römischen Schuldrecht, Festschrift Paul Koschaker
II (Weimar 1939, künftig zitiert: F. Kosch.) 1—15; ferner J. SCHULZ, Prinzipien 151 ff.
und Geschichte 99 f.; A. BECK, Zu den Grundprinzipien der bona fides im römischen Vertragsrecht; J. DÉNOYEZ, La bonne foi dans l'usucapion en droit romain und PH. MEYLAN,
Le rôle de la bona fides dans le passage de la vente au comptant à la vente consensuelle
à Rome, in: Aequitas und bona fides, Festg. zum 70. Geb. von A. Simonius (Basel 1955)
9—27, 41—52 und 247—257; L. LOMBARDI, Dalla 'fides' alla 'bona fides' (Milano 1961,
künftig zitiert: Fides), dazu F. WIEACKER, ZSS 79 (1962) 407—421 mit Lit.; DERS., Zum
Ursprung der bonae fidei iudicia, ZSS 80 (1963) 1—41; dort 1 Anm. 1 zahlreiche Hinweise auf vorausgegangene Lit. und eine sorgfältige Analyse der bis dahin entwickelten
Lehre. Seither: H. HAUSMANINGER, Die bona fides des Ersitzungsbesitzers im klassischen
römischen Recht, Wiener rechtsgesch. Arb. 8 (1964), dazu W. WALDSTEIN, Anz. für die
Altertumsw. 23 (1970) 193 ff. mit weiterer Lit.; A. CARCATERRA, Intorno ai bonae fidei
iudicia, Pubbl. della Fac. Giur. dell'Univ. di Bari 12 (Napoli 1964, künftig zitiert: Bonae
fid. iud.), dazu M. KASER, ZSS 82 (1965) 416—425 mit weiterer Lit., und D. MEDICUS,
TRG 34 (1966) 116—121, ebenfalls mit Lit. Gegen beide Rezensenten A. CARCATERRA,
SDHI 33 (1967) 65—102; zum *fideicommissum* M. KASER, Antologia giur. romanistica
e antiquaria, Univ. di Milano, I (1968) 176 f., allgem. M. KASER, RPR I, insbes. 171, 200
und 485 ff. mit Lit.

[228] Vocabularium Iurisprudentiae Romanae II (1933) 828 (*fideicommissarius*)—852 (*fides*).

[229] Thesaurus Linguae Latinae VI (1916) 661—693.

„Von Hause aus steht die *fides* jenseits der Rechtsordnung, aber sie hat immer wieder in die Sphäre des Rechts hinübergewirkt und entscheidende Fortschritte in der Rechtsentwicklung herbeigeführt"[230]. KUNKEL führt sodann eine Reihe von Beispielen an, in denen die — wie er sagt — „außerrechtliche Bindung durch die fides zur Quelle echter Rechte und Rechtspflichten werden konnte"[231]. Als ein besonders deutliches Beispiel dafür betrachtet KUNKEL das *fideicommissum*, „dessen Entwicklung zum Rechtsinstitut sich mit allen ihren weitreichenden Konsequenzen im hellen Licht der frühen Kaiserzeit vollzieht"[232].

b) In der Tat wird nun in den 'Institutionen' Justinians 2,23,1 zu den Fideikommissen erklärt: *et ideo fideicommissa appellata sunt, quia nullo vinculo iuris, sed tantum pudore eorum qui rogabantur continebantur.* Nach dieser Aussage beruhte ihre Wirksamkeit lediglich auf dem Ehrgefühl, der Ehre oder dem Anstandsgefühl[233] des Gebetenen. Jede rechtliche Bindung wird ausdrücklich verneint[234]. Dann habe Augustus als erster aus verschiedenen Gründen, unter anderem *ob insignem quorundam perfidiam*, den Konsuln den Auftrag gegeben, mit ihrer *auctoritas* einzuschreiten[235]. Das alles spricht eindeutig für KUNKELs Auffassung. Es ist aber immerhin zu bedenken, daß die Darstellung der Institutionen Justinians von der Entwicklung der Durchsetzbarkeit der *fideicommissa* über 500 Jahre entfernt ist. Bei Gaius, dessen Darstellung der entscheidenden Zeit um rund 350 Jahre näher liegt, wird der Ursprung auf das Verhältnis unter Peregrinen zurückgeführt[236], und in den 'Tituli ex corpore Ulpiani' wird erklärt: *Fideicommissum est, quod non civilibus verbis, sed precative relinquitur nec ex rigore iuris civilis proficiscitur, sed ex voluntate datur relinquentis*[237]. Hält man die Aussagen von Gaius und Ulpian zusammen, so könnte als Gegensatz zur Wirksamkeit nach *ius civile* eher an die nach *ius gentium* als an eine Verpflichtung aus dem Ehrgefühl gedacht werden. Dafür sprechen auch die weiteren Unterschiede zwischen Legaten und Fideikommissen, auf die Gaius hinweist[238]. Daraus geht aber hervor, daß lediglich ein vom *rigor iuris civilis* verschiedener Verpflichtungsgrund angenommen wird. Es geht daraus aber nicht eindeutig hervor, worin dieser Verpflichtungsgrund wirklich besteht.

---

[230] F. Kosch. 5.

[231] F. Kosch. 5.

[232] F. Kosch. 6.

[233] Vgl. die Belege bei H. G. HEUMANN—E. SECKEL, Handlexikon zu den Quellen des römischen Rechts⁹ (Jena 1907, unveränderter Abdruck Graz 1971) 478, zu *pudor* 2).

[234] In Inst. Iust. 2, 23, 1 wird zunächst ausdrücklich gesagt: *Sciendum itaque est omnia fideicommissa primis temporibus infirma esse, quia nemo invitus cogebatur praestare id de quo rogatus erat.*

[235] Vgl. Inst. Iust. 2, 23, 1 und M. KASER, RPR I 757f. mit weiteren Belegen und Lit.

[236] Gai. inst. 2, 285: *Ut ecce peregrini poterant fideicommissa capere et fere haec fuit origo fideicommissorum.*

[237] Ulp. epit. 25, 1.

[238] Gai. inst. 1, 24; 2, 268ff. und 289.

c) In neuerer Zeit sind der *fides* zahlreiche Untersuchungen gewidmet worden. So hat etwa LUIGI LOMBARDI[239] zunächst versucht, die Entwicklung des Begriffes *fides* aufzuhellen[240]. Der zweite Teil seiner Untersuchung[241] gilt sodann im besonderen der *bona fides*. Seine Ausführungen machen deutlich, wie vielschichtig und komplex die Fragen sind, die sich hier ergeben. Die sorgfältige Rezension WIEACKERS[242] läßt aber erst klarwerden, wie sehr auch bei einem so gründlichen Klärungsversuch, wie der LOMBARDIS es ist, die Ausgangspunkte der Deutung das Bild bestimmen. WIEACKER weist sicher mit Recht darauf hin, daß ein 'Feld', wie das der 'Fidesforschung', „erst durch die Forschungsarbeit von Generationen ganz erhellt werden" kann[243]. Dabei wird zweifellos auch diese Forschungsarbeit „von den jeweiligen methodischen Grundformen des europäischen Geistes bestimmt" sein[244]. Gerade der den verschiedenen Richtungen 'der modernen Semantik'[245] und Linguistik weithin zugrunde liegende positivistische Ausgangspunkt führt von vornherein zu einer Verengung des Gesichtsfeldes. Sie hat auch auf LOMBARDIS Darstellung nachteilig eingewirkt[246].

d) WIEACKER selbst hat in seiner Untersuchung 'Zum Ursprung der *bonae fidei iudicia*'[247] verschiedene Aspekte der hier maßgeblichen Fragen einer neuerlichen und differenzierenden Überprüfung unterzogen. Für unsere Frage ist vor allem entscheidend, daß WIEACKER jedenfalls für die Erklärung der *intentio*, die der Prätor für Konsensualkontrakte entwickelte, „Kunkels Konzeption für ausweichlich" hält, „*fides* (bona) als außerrechtlicher Gesinnungswert prätorischer Amtsethik sei einem zivilen Verpflichtungsgrund substituiert worden"[248]. Dagegen zeigt nun WIEACKER deutlich auf, was bereits LOMBARDI klarstellte, daß es auch zahlreiche 'eigenrömische Institute' gab, „in denen seit alters altrömische, und zwar längst dem *ius civile* angehörige, nicht mehr 'außerrechtliche' *fides* ... herrscht"[249]. Zusammenfassend kommt WIEACKER zu dem Ergebnis, der

---

[239] Oben Anm. 227.

[240] S. 3—162.

[241] S. 165—249.

[242] ZSS 79 (1962) 407 ff.

[243] ZSS 79, 421.

[244] Privatrechtsgeschichte der Neuzeit[1] (1952) 134; vgl. oben Anm. 11.

[245] Vgl. F. WIEACKER, ZSS 79, 408.

[246] Vor allem wird das deutlich aus der Erklärung der *fides* aus 'Machtverhältnissen' ('Fides' come potere), Fides 47 ff., dazu F. WIEACKER, ZSS 79, 410: „Die einzige Modifikation des reinen Machtgehalts, die Verf. zugibt, nämlich die Voraussetzung einer Selbstunterwerfung, welche noch die persönliche Fortexistenz des Unterworfenen voraussetzt (vgl. auch 140), reicht zum Verständnis der Bedeutung *fides* als Worthalten, *fides* als 'Garantie, Gewähr' nicht aus. Vollends unerklärt läßt sie die spätere moralische Wendung zur 'Verläßlichkeit, Glaubwürdigkeit'; ...."

[247] ZSS 80 (1963) 1—41.

[248] ZSS 80, 33.

[249] ZSS 80, 29 f. F. WIEACKER sagt a. O. 30 weiter, dies sei der Fall: „bei der Tutel nach ausdrücklichem Quellenzeugnis, bei der *societas iure proprio Romanorum* kraft brüderlichen oder wahlbrüderlichen Zusammenschlusses, beim Mandat als typisches Vertrauens-

Prätor habe mit „dem Leitbild *fides bona* ... erneut auf einen uralten, inzwischen subjektiv und moralisch gewordenen Grundwert der römischen Lebensordnung" zurückgegriffen. „Im Ethos der *fides bona* vereinigten sich drei Anforderungen: einmal altrömische Fides, wie sie von jeher vielen der jetzt mit b. f. i. bewehrten Verhältnissen eigen war; ferner die allgemein-menschliche Rechtschaffenheit und Verläßlichkeit, welche vor allem die Einhaltung formloser Zusagen gebietet; endlich das *officium* des Iudex, der nunmehr in freiester Bemessung den Inhalt der Leistung ermittelte"[250].

e) Unabhängig von WIEACKER hat sich CARCATERRA besonders eingehend mit den Fragen um die *fides* befaßt. In seiner Untersuchung 'Intorno ai bonae fidei iudicia'[251] versucht er, die bisher herrschende Lehre, wonach die *fides* ein „*fonte dell'oportere*" gewesen sei, ein ethisches Element enthalte oder auf eine „*coscienza (giuridica) sociale*" verweise[252], von Grund aus umzustürzen. Er gelangt am Ende seiner Untersuchung zu einer „*definizione, tecnico giuridica, della buona fede*", die, wie MEDICUS es formuliert, „jede Bezugnahme auf ethische Momente vermeidet"[253]. Man kann diese '*definizione*' aber darüber hinaus als ein Beispiel dafür ansehen, zu welchen Ergebnissen eine vom linguistischen Positivismus geprägte Betrachtungsweise führt. CARCATERRAS Thesen sind vor allem von KASER einer gründlichen Kritik unterzogen worden[254]. Gegen die vorgebrachte Kritik hat sich CARCATERRA temperamentvoll zur Wehr gesetzt, ohne sie jedoch als unberechtigt erweisen zu können[255].

Allein diese kleine Auswahl von Untersuchungen, die in letzter Zeit der *fides* und der *bona fides* gewidmet wurden, macht deutlich, wie schwierig es ist, eine befriedigende Antwort auf die Fragen nach dem Inhalt und der Bedeutung der *fides* für die Entscheidungen der Juristen zu geben. Dazu kommen noch die Interpolationsprobleme. Besonders CARCATERRA versucht, seine Thesen mit radikalen Interpolationsannahmen zu unterstützen. Er wirft etwa MEDICUS vor, er kehre unberechtigterweise die Beweislast

---

verhältnis der altrömischen Lebensordnung und bei der *fiducia* nach Name, Manzipationsform und den ältesten, freilich umstrittenen Formelspuren." F. WIEACKER führt dort noch eine Reihe weiterer Beispiele an. Vgl. auch A. WATSON, Contract of Mandate in Roman Law (Oxford 1961, 1ff.: The Origins of Mandate).

[250] ZSS 80, 40f.

[251] Oben Anm. 227.

[252] Bonae fid. iud. 1.

[253] TRG 34 (1966) 120; die Definition A. CARCATERRAS, Bonae fid. iud. 193, lautet mit der zusammenfassenden Einleitung: „*Dalle quali, finalmente può dedursi una definizione, tecnico giuridica, della buona fede nella formula dei bf. iud. (bf.-statuizione), e cioè dall'*'*ut inter bonos bene* ... *et sine fraudatione*', e di '*ex fide bona*' (*che è equivalente*): '*è* (condotta di) buona fede, l'adempiere a ciò che la norma *(ius positivo; la formula)* e la lex inter privos lata *(negozio ivi richiamato)* espressamente prevedono e statuiscono nella lettera e nello spirito; ma soprattutto attuandone l'effettivo risultato pratico voluto, e senza inganno *(errore indotto nella controparte)* pur nel momento preparatorio e costitutivo del rapporto'."

[254] ZSS 82 (1965) 416—425; ebenfalls kritisch D. MEDICUS, TRG 34 (1966) 116—121; teilweise zustimmend B. BIONDI, IURA 16 (1965) 257—262.

[255] SDHI 33 (1967) 65—102, ohne jedoch F. WIEACKERS Ausführungen in ZSS 80 (oben Anm. 227) zu beachten.

um[256]. Selbst wendet er jedoch die bewährte Methode BESELERS an, wonach die Unechtheit dann anzunehmen ist, wenn der Text den Vorstellungen des Verfassers nicht entspricht. Die Beweislast für die Echtheit treffe dann den Gegner.

2. Naturrechtliche Begründung der *fides*

a) Auf der Grundlage der neueren Forschung gelangt KASER zu dem Ergebnis, die Prätoren stützten sich bei der Entwicklung der *bonae fidei iudicia* „mangels einer *lex* auf die *bona fides* und damit auf eine ethische, mithin zunächst außerrechtliche Verhaltensbindung, die sie aber in eine rechtliche Gebundenheit umprägen und damit in einer Reihe von Rechtsgeboten konkretisieren"[257]. Damit ist im wesentlichen eine kontinuierliche Übereinstimmung in den Auffassungen seit KUNKELS Untersuchungen gegeben, die durch WIEACKERS Beitrag in diesem Punkt zwar differenziert, aber nicht umgestoßen wurde. In welchem Sinne immer man nun die *fides* verstehen will, so ist es als durch alle bisherigen Untersuchungen hinreichend gesichertes Ergebnis anzusehen, daß sie jedenfalls ein Faktor ist, der als solcher seine Existenz nicht dem positiven Recht verdankt. Auch wenn man seit WIEACKERS Untersuchungen wird sagen müssen, daß die *fides* schon sehr früh in das *ius civile* rezipiert wurde und zur Zeit der Entwicklung der *bonae fidei iudicia* nicht mehr als bloß ethische Verhaltensnorm bezeichnet werden kann, so ist sie doch als solche nicht erst vom *ius civile* hervorgebracht worden. Indem die Juristen die spezifischen Gegebenheiten um die *fides* zu erfassen und für ihre Entscheidungen fruchtbar zu machen versuchten, haben sie ein außerhalb des positiven Rechtes liegendes Feld von Entscheidungsgrundlagen erschlossen. Diese weisen gegenüber anderen Entscheidungsgrundlagen, wie der *natura rerum*, der Natur rechtlicher Gebilde und dem noch zu behandelnden *ius naturale* und der *aequitas*, einen ganz eigenständigen und spezifischen Charakter auf.

In den bisherigen Untersuchungen zur *fides* ist jedoch, soweit ich sehe, eine Frage nicht näher geprüft worden, die aber für die Klärung des Charakters der *fides* keineswegs unbedeutend ist. Es geht um die Frage nach dem Grund für die Anerkennung der *fides* als 'Verhaltensbindung' oder ganz allgemein als Entscheidungsgrundlage. Nur diese Frage kann ich hier, und auch das nur andeutungsweise, herausgreifen.

---

[256] SDHI 33, 100f.

[257] RPR I 486. Die Abweichungen gegenüber der 1. Aufl. (1955) 406f. sind beachtlich. M. KASER führt dort den Ursprung der *bonae fidei iudicia* noch auf den „Rechtsverkehr mit Peregrinen" zurück und erklärt dazu a. O. 181: (§ 50 III) „Die materiellrechtliche Grundlage, auf der alle Rechtsbeziehungen zwischen Bürgern und Nichtbürgern beruhen, ist zunächst die fides". In der zweiten Aufl. (1971) ist der Teil III bei § 50 entfallen. Die betreffenden Ausführungen stehen nunmehr modifiziert teilweise in § 44 ('Formfreie Haftungsgeschäfte. Fides-Verhältnisse') unter II (S. 171), und teilw. in § 49 I 2 (S. 200).

b) Eine der viel zitierten Definitionen der *fides* ist überliefert bei

Cic. off. 1, 23: *Fundamentum autem est iustitiae fides, id est dictorum conventorumque constantia et veritas. Ex quo, quamquam hoc videbitur fortasse cuipiam durius, tamen audeamus imitari Stoicos, qui studiose exquirunt, unde verba sint ducta, credamusque, quia fiat, quod dictum est, appellatam fidem*[258].

Es ist zunächst sehr auffallend, daß Cicero im Rahmen einer Auseinandersetzung mit den auf die Natur zurückgeführten Grundlagen der menschlichen Gemeinschaft[259], unter denen die Gerechtigkeit (*iustitia*) als eine der tragenden Grundlagen erkannt wird, die *fides* ihrerseits als das *fundamentum iustitiae* bezeichnet. Wenn man nun noch dazuhält, daß Cicero die Gerechtigkeit in einer natürlichen Ordnung begründet sieht[260], so wird klar, daß auch die *fides*, die ihrerseits als *fundamentum* der Gerechtigkeit bezeichnet wird, mit dieser natürlichen Ordnung zusammenhängen muß. Das ist aber, wie der gesamte Zusammenhang der Ausführungen zeigt, nicht nur eine soziale Ethik, sondern eine Ordnung, die als *ius naturale* begriffen wird[261]. Damit ist die Frage gegeben, ob die *fides* überhaupt, oder aber nur teilweise eine 'außerrechtliche Verhaltensbindung' darstellt. Bisher ist nur dargetan worden, daß sie zunächst, soweit sie nicht bereits vom *ius civile* rezipiert wurde, außerhalb des positiven Rechtes steht. Man wird sich über den Grund der Verbindlichkeit wenig Gedanken gemacht haben, er wurde weitgehend selbstverständlich angenommen. Könnte nun dieser Grund für die Verbindlichkeit der *fides* im *ius naturale* liegen? Für die Antwort auf diese Frage ist es immerhin bedeutsam, daß Dionysios von Halikarnass erklärt, schon Romulus habe sich unter den Zuständigkeiten auch vorbehalten, παντὸς τοῦ κατὰ φύσιν ἢ κατὰ συνθήκας δικαίου προνοεῖν[262], also die Vorsorge für die Rechtspflege dem natürlichen und dem gesatzten Recht gemäß. Man wird daher damit rechnen dürfen, daß die Dreiteilung des Privatrechts bei Ulpian in D 1,1,1,2 einem längst entwickelten Bewußtsein entsprach. DIETER NÖRR hat in einer sehr beachtenswerten Untersuchung die Echtheit des viel umstrittenen Anfanges des Fragments dargetan[263]. Weil auch die in der Fortsetzung dargelegte Naturrechtsauffassung keineswegs der Justinians, wohl aber jener der Stoa entspricht, ist eine Justinianische Interpolation auszuschließen. Daß in nachklassischer Zeit dem Ulpian stoische Naturrechtslehre unterschoben

---

[258] Vgl. auch: off. 2, 84.

[259] Vgl. etwa nur off. 1, 11ff. und 20ff.; fin. 2, 59; rep. 1, 2.

[260] leg. 1, 42ff.; dazu W. WALDSTEIN, Justice in Roman Law, Intern. Festschr. für A. Verdross (München–Salzburg 1971) 554f.

[261] leg. 1, 44f.; vgl. dazu allgem. E. LEVY, Natural Law in Roman Thought, SDHI 15 (1949) 1—23 (= DERS., Gesammelte Schriften I, Köln–Graz 1963, 4ff.); zu alledem auch unten V.

[262] Dion. Hal. 2, 14, 1f.: . . . ἔπειτα νόμων τε καὶ πατρίων ἐθισμῶν φυλακὴν ποιεῖσθαι καὶ παντὸς τοῦ κατὰ φύσιν ἢ κατὰ συνθήκας δικαίου προνοεῖν.

[263] Ξένιον, I 556ff. mit Lit.; vgl. auch M. KASER, RPR I 194 mit Lit.

worden wäre, ist wenig wahrscheinlich. Daher kann jedenfalls kein über-
zeugendes Argument dagegen vorgebracht werden, daß die Sätze wirklich
von Ulpian stammen. Das bedeutet aber, daß die Klassiker das *ius naturale*
selbstverständlich als konstitutiven Bestandteil ihrer Rechtsordnung ansahen.

c) Auf diesem Hintergrund gewinnen nun verschiedene Aussagen der
Juristen eine bisher kaum beachtete Bedeutung. So der Einleitungssatz
Ulpians zu seinem Kommentar des Edictums *de pactis*

Ulp. D 2, 14, 1 pr. (4 ed.): *Huius edicti aequitas naturalis est. quid enim
tam congruum fidei humanae, quam ea quae inter eos placuerunt servare?*[264]

Das sind im Grund dieselben Vorstellungen, wie sie auch der Definition
Ciceros zugrunde liegen. Dazu kommt aber noch etwas anderes. In verschiedenen Texten werden Entscheidungen ähnlicher Fragen einmal auf
die *fides*, ein andermal auf die *naturalis aequitas* oder dergleichen zurückgeführt. Zur Verdeutlichung mag der Vergleich folgender Stellen genügen:

Lab. D 19, 1, 50 (4 post. a Iav. epit.): *Bona fides non patitur, ut, cum
emptor alicuius legis beneficio pecuniam rei venditae debere desisset,
antequam res ei tradatur, venditor tradere compelletur et re sua careret*[265].

Pompon. D 12, 6, 14 (21 ad Sab.): *Nam hoc natura aequum est neminem cum alterius detrimento fieri locupletiorem*[266].

---

[264] Der Text ist, wie H. LANGE, Das kausale Element im Tatbestand der klassischen Eigen-
tumstradition (Leipzig 1930) 15 Anm. 4 sagt, „bereits seit langem als Werk der Kompilatoren erkannt." Dort ältere Lit. Die verschiedenen Interpolationsbehauptungen können
hier nicht durchgeprüft werden. Neuere Lit. bei M. KASER, RPR I 527 Anm. 40. Vgl.
auch unten Anm. 266 und 267 zu den zahlreichen Parallelen in der Feststellung, daß ein
Edikt oder eine Einrichtung auf Grund der *naturalis aequitas* eingeführt wurde.

[265] Zu der Stelle PH. MEYLAN, Fg. Simonius (oben Anm. 227) 255, der von der Echtheit
ausgeht. Vgl. auch Cic. off. 2, 77ff., mit der im Grunde gleichlaufenden Feststellung in
79: *Quam autem habet aequitatem, ut agrum multis annis aut etiam saeculis ante possessum,
qui nullum habuit, habeat, qui autem habuit, amittat?* Vgl. auch H. COING, Zum Einfluß
der Philosophie des Aristoteles auf die Entwicklung des römischen Rechts, ZSS 69 (1952)
39f., wo die dahinterstehenden Lehren des Aristoteles (mit Belegen) dargestellt werden.

[266] Der Text, wie der fast gleichlautende Pompon. D 50, 17, 206 (9 ex var. lect.), sind seit
langem für interpoliert angesehen worden. Vgl. nur etwa H. COING, ZSS 69, 40. R. VOG-
GENSPERGER, Der Begriff des 'Ius naturale' im Römischen Recht, Basler Stud. zur Rechtsw.
32 (Basel 1952, künftig zitiert: Ius naturale) 114 Anm. 15, schränkt ein auf: „vielleicht
interpoliert." A. SÖLLNER, Die causa im Kondiktionen- und Vertragsrecht des Mittelalters
bei den Glossatoren, Kommentatoren und Kanonisten, ZSS 77 (1960) 189f., meint, „der
Grund für die mangelnde Klarheit des *causa*-Begriffes im Kondiktionenrecht des Corpus
Iuris" sei „wohl darin zu suchen, daß unter dem Einflusse der griechischen Philosophie
gegenüber der Klassik der Gesichtspunkt der *aequitas* in den Vordergrund getreten war".
Sowohl H. COINGS wie A. SÖLLNERS Ausführungen setzen voraus, daß der Einfluß der
griechischen Philosophie sich tatsächlich erst in nachklassischer oder gar justinianischer
Zeit durchgesetzt habe. Das ist jedoch eine weder bewiesene noch glaubhafte Prämisse,
wenn man an die Entwicklung der vorklassischen Rechtswissenschaft denkt und daran,
daß nachgewiesenermaßen bereits im 2. Jahrh. v. Chr. damals maßgebliche Juristen
Schüler des Panaitios von Rhodos waren (vgl. W. WALDSTEIN, Fg. Herdlitczka 256 mit

Ulp. D 13, 5, 1 pr. (27 ed.): *Hoc edicto praetor favet naturali aequitati: qui constituta ex consensu facta custodit, quoniam grave est fidem fallere*[267].

Afric. D 47, 2, 62, 5 (8 quaest.): *Quod vero ad mandati actionem attinet, dubitare se ait, num aeque dicendum sit omni modo damnum praestari debere, et quidem hoc amplius quam in superioribus causis servandum, ut, etiamsi ignoraverit is, qui certum hominem emi mandaverit, furem esse, nihilo minus tamen damnum decidere cogatur. iustissime enim procuratorem allegare non fuisse se id damnum passurum, si id mandatum non suscepisset: idque evidentius in causa depositi apparere. nam licet alioquin aequum videatur non oportere cuiquam plus damni per servum evenire, quam quanti ipse servus sit, multo tamen aequius esse nemini officium suum, quod eius, cum quo contraxerit, non etiam sui commodi causa susceperit, damnosum esse, . . .*[268]

Belegen für Qu. Aelius Tubero, Q. Mucius Scaevola und P. Rutilius Rufus). M. KASER, RPR I 221, Anm. 2, anerkennt für die Stellen „einen klassischen Kern". A. O. 221f. sagt er: „Diese Handhabung dringt aus philosophisch-rhetorischen Wurzeln in die Schuljurisprudenz, aber vermutlich auch schon in die Hochklassik ein." Auch die Argumentation von D. NÖRR (oben Anm. 263) liegt in der Linie, daß die philosophischen Einflüsse sich jedenfalls schon in klassischer Zeit geltend gemacht haben. Gegen H. COINGS und A. SÖLLNERS Thesen lassen sich auch zahlreiche Belege vorbringen, die hier nicht im einzelnen erörtert werden können. Vgl. aber etwa nur Ulp. coll. 16, 9, 2 (2 inst., vgl. O. LENEL, fr. 1929): *sed praetor aequitate motus*, und Gai. inst. 3,25: *Sed hae iuris iniquitates edicto praetoris emendatae sunt*; für beide Texte kommen justinianische Interpolationen nicht und nachklassische kaum in Betracht. Der Verf. der coll. hat schon mit Rücksicht auf den Zweck seiner Darstellung sehr genau zitieren müssen und es offensichtlich auch getan.

[267] Für die Stelle gilt im wesentlichen das in der vorigen Anm. Gesagte. Im Hinblick auf Ulp. coll. 16, 9, 2 kann die Echtheit des pr. sachlich kaum ernstlich bestritten werden; vgl. auch Ulp. (Lab.) D 47, 4, 1, 1 (38 ed.): *Haec autem actio, ut Labeo scripsit, naturalem potius in se quam civilem habet aequitatem*. Weiter Ulp. D 4, 4, 4, 1 pr. (11 ed.): *Hoc edictum praetor naturalem aequitatem secutus proposuit*; 12, 4, 3, 7 (26 ed.): *sed ipse Celsus naturali aequitate motus putat repeti posse* (dieses direkte Zitat aus Celsus pater macht eine Interpolation sehr unwahrscheinlich, außerdem entspricht das sachliche Motiv der berühmten Definition des *ius* durch Cels. fil. in D 1, 1, 1 pr.); 37, 5, 1 pr. (40 ed.): *Hic titulus aequitatem quandam habet naturalem*; 43, 26, 2, 1 und 2 (71 ed.): *Hoc interdictum restitutorium est.* (2) *Et naturalem habet in se aequitatem*; Gai. D 38, 8, 2 (16 ed. prov.): *Hac parte proconsul naturali aequitate motus omnibus cognatis promittit bonorum possessionem*; und Paul. D 49, 15, 19 pr. (16 Sab.): *idque naturali aequitate introductum est.* Alle diese Texte werden verdächtigt. Doch gilt für alle diese Verdächtigungen das in der vorigen Anm. Bemerkte, das hier nicht näher ausgeführt werden kann. Vgl. auch unten VI zur Gerechtigkeit.

[268] A. WATSON, Contract of Mandate in Roman Law (Oxford 1961) 41, sieht das Fragment als *"a notoriously corrupt text"* an, den ganzen Text behandelt er 160f.; dort bezieht er sich auf die Meinung von P. STEIN, Fault in the Formation of Contract in Roman Law and Scots Law (Edinburgh–London, Aberdeen University Studies 40, 1958) 154, der sagt, *"that some parts of the text can be distinguished as expressing the views of the classical jurists"*. Vgl. auch D. MEDICUS, Id quod interest (Köln–Graz, Forschungen z. Röm. Recht 14, 1962) 195f., und H. HONSELL, Quod interest im bonae fidei iudicium (Münchner Beiträge 55, München 1969) 158, der an der Echtheit des sachlichen Inhalts „keinen Zweifel" für möglich hält. Dazu Pap. D 16, 3, 24 (oben III 5 aff.).

Caracalla CI 5, 37, 3 (a. 212): *Sumptus in pupillum tuum necessario et ex honestis iustisque causis iudici, qui super ea re cogniturus est, si probabuntur facti, accepto ferentur, etiamsi praetoris decretum de dandis eis non sit interpositum. nam quod a tutoribus sive curatoribus bona fide erogatur, potius iustitia quam aliena auctoritate firmatur.*

Die Beispiele ließen sich um viele vermehren[269]. Aus den angeführten und aus vielen anderen Texten wird deutlich, daß einmal die *bona fides* in einem Falle als Entscheidungskriterium erscheint, wo in einem anderen, aber materiell ähnlichen Falle — oder vielmehr in der allgemeinen Regel — die *naturalis aequitas* als maßgeblich bezeichnet wird. In Ulp. D 13,5,1 pr. wird die Beachtung der *fides* beim *constitutum debiti* direkt auf die *naturalis aequitas* zurückgeführt. Und was dem *quidquid dare facere oportet ex fide bona* bei der *actio mandati contraria* entspricht, wird in Afric. D 47,2,62,5 als *aequum*, als der *aequitas* entsprechend bezeichnet. Besonders auffallend ist die Feststellung Caracallas, was ein Vormund *bona fide* an Aufwendungen für den *pupillus* auch ohne ein besonderes *decretum* des Prätors geleistet hat, dessen Erstattung finde eher in der *iustitia* als in einer anderen (oder eines anderen — des Prätors) Autorität seine Deckung. Der Zusammenhang von *fides* und *iustitia* wird hier besonders deutlich, und es besteht kein Grund, daran zu zweifeln, daß diese Entscheidung Caracallas entweder von Juristen in seiner Kanzlei abgefaßt oder doch von der Juristenlehre beeinflußt war.

d) Dazu kommt, daß etwa Paulus bei der *locatio conductio*, bei der — wie bei den anderen Konsensualkontrakten — der ursprüngliche Verpflichtungsgrund in der *fides* gesehen wird[270], erklärt, sie sei *naturalis ... et omnium gentium*[271]. Der Grund dafür, daß die *locatio conductio consensu* abgeschlossen wird, liege, wie beim Kauf, gerade in diesem Umstand. Die Verbindlichkeitsgrundlage wird also nicht bloß in einer irgendwie ethisch gefärbten *fides* gesehen, sondern in einer natürlichen Ordnung. Es ließe sich nun an Hand zahlreicher Quellentexte diese Beziehung noch weiter belegen. Sie im einzelnen zu untersuchen, ist hier nicht möglich. Doch wird schon jetzt so viel klar, daß die Verbindlichkeit der *fides* jedenfalls in einem

---

[269] Vgl. vor allem Gai. inst. 3, 154: ... *societas*, ..., ... *quae nudo consensu contrahitur, iuris gentium est; itaque inter omnes homines naturali ratione consistit*, dazu P. S. STEIN, The Development of the Notion of Naturalis Ratio, Daube Noster, Studies in Honour of David Daube (Edinburgh 1974) 314; weiter inst. 3, 137 (= Inst. Iust. 3,22,3), wo von den Konsensualkontrakten allgem. ausgesagt wird: *Item in his contractibus alter alteri obligatur de eo, quod alterum alteri ex bono et aequo praestare oportet*; D 3, 5, 2 (3 ed. prov.) im Vergleich mit 44, 7, 5 pr. (3 aur.); auch 21, 1, 18 pr. (1 ed. aed. cur.); ferner Ulp. (Marcell.-Lab.) D 44, 4, 4, 13 (76 ed.); 17, 1, 29, 6 (7 disp.) mit dem Bemerken: *et ita Iuliano videtur*; Pap. D 17, 2, 81 (9 quaest.) und Paul. D 44, 4, 1 pr. - 1 (71 ed.), um nur einige zu nennen. Auf die Textkritik kann ich hier nicht eingehen. Vgl. auch B. BIONDI, Iura 16 (1965) 258: ,,*si può immaginare un oportere ex fide bona, che sia diverso o contrasti con l'aequitas?*''; dazu A. CARCATERRA, SDHI 33 (1967) 80.

[270] Vgl. M. KASER, RPR I 486 mit Lit.

[271] D 19, 2, 1 (34 ed.); vgl. dazu Gai. inst. 3, 154 und allgem. 137 (oben Anm. 269).

erheblichen Bereich mit der *aequitas*, der *iustitia* oder einer natürlichen
Ordnung in Beziehung steht. Auch wenn die entsprechenden Begriffe erst
in der klassischen Literatur belegt sind, ist damit nichts über die tatsächliche Beziehung auch für die frühere Zeit ausgemacht[272]. Man wird also
auch dort, wo die *fides* noch nicht zum *ius civile* gerechnet wird, nicht ein-
fachhin von einer 'außerrechtlichen' Bindung durch die *fides* sprechen
können. Wenn man das tut, identifiziert man Recht stillschweigend mit
positivem Recht. Eine solche Identifikation ist aber weder für das römische
Recht, noch überhaupt zutreffend.

3. Inhalt der *fides*

Was nun die *fides* selbst ist, läßt sich angesichts der verschiedenartigen Verwendung in den Quellen nicht leicht auf einen Nenner bringen.
Einmal ist es „die Pflicht, zu seinem Wort zu stehen"[273]. Das *dictorum
conventorumque constantia et veritas* (oben 2b) drückt auch noch die Freiheit von Doppelzüngigkeit beim gegebenen Wort aus, also ein Element
der Redlichkeit. Aber auch die Treue in der Erfüllung einer Bitte wird
damit bezeichnet, wie beim *fidei commissum*. In anderen Fällen wird das
einem vertraglichen Verhältnis nach den Grundsätzen des redlichen Ver-
kehrs Entsprechende gemeint, auch wenn eine besondere Abrede fehlt,
wie in Pap. D 16,3,24 (oben Anm. 268). Dann überhaupt das, was jemand,
der für einen anderen tätig wird, im Vertrauen auf dessen Redlichkeit erwarten darf (Gai. D 44, 7,5 pr., oben Anm.269). Alle diese Aspekte kommen
auch im Interpretationsmaßstab zusammen, den die *fides* für den *iudex*
darstellt. Dann wieder wird mit *bona fides* die subjektive Überzeugung
gemeint, niemandes Recht zu verletzen[274]. Im Grunde lassen sich alle diese
Bedeutungen auf die von Ulpian überlieferten *praecepta iuris* zurückführen: *honeste vivere, alterum non laedere, suum cuique tribuere*[275]. Es ist
mit der *fides* ein Grundwert menschlichen Zusammenlebens angesprochen,
der teils ethische, teils naturrechtliche und teils positivrechtliche Seiten
hat. Er hängt mit der Gerechtigkeit eng zusammen, hat aber ihr gegenüber
spezifische Besonderheiten. Die Juristen haben diesen Wert offensichtlich
nicht in einer Deduktion aus abstrakten Begriffen entwickelt. Vielmehr
haben sie in den verschiedenen rechtlichen Beziehungen, in der jeweils

---

[272] Vgl. dazu M. KASER, RPR I¹ 181ff. und I² 200ff. und 202ff.

[273] M. KASER, RPR I 200.

[274] Vgl. zu H. HAUSMANINGERS Auffassung, wonach die *bona fides* im Bereich des Ersitzungs-
besitzes „als Irrtum über die Existenz gewisser Voraussetzungen des Eigentumserwerbs
in Erscheinung" trete und es „keiner positiven Überzeugung des Erwerbers" bedürfe
(Die bona fides 70f., Hervorh. von HAUSMANINGER), W. WALDSTEIN, Anz. für die
Altertumsw. 23 (1970) 195f., dort Lit.

[275] M. KASER, RPR I 194f. sagt: „Die drei *praecepta: honeste vivere, alterum non laedere,
suum cuique tribuere* stammen zwar aus der griechischen Philosophie, doch der 'beständige
und immerwährende Wille zum Recht' ist echt römisch." Bei M. KASER (Anm. 7 und 8)
Lit. Vgl. auch Cic. leg. 1, 18.

konkreten Situation, zu ermitteln versucht, was der *fides* entspricht. Das aber konnte nur auf jenem Wege ermittelt werden, den Kaser als den der „zu höchster Sicherheit fortgebildeten Intuition"[276] bezeichnet, die ihrerseits auf „das gefestigte und verfeinerte juristische Sachgefühl und die in gründlicher Arbeit apperzipierte Fülle der Erfahrung"[277] gegründet war.

Es liegt also auch hier jenes unmittelbare Einsehen von Sinnzusammenhängen vor, das auch bei der *rerum natura* (oben II 4 e) und im Zusammenhang mit der Natur rechtlicher Gebilde (oben III 3 bf.) begegnete, nur daß hier der Sinnzusammenhang unmittelbar normative Elemente mitumfaßt, die in einer bestimmten Situation zur Anwendung zu kommen haben. Was dabei erkannt und entwickelt wurde, läßt sich auf spezifisch römische Volksmoral oder soziale Ethik nicht reduzieren, auch wenn es Bestand der Volksmoral und der römischen Ethik gewesen ist. Die im Zusammenhang mit der *fides* entwickelten Einsichten haben sich vielmehr als so allgemeingültig erwiesen, daß sie in irgendeiner Gestalt in jeder Rechtsordnung verwirklicht sein müssen, wenn sie diesen Namen verdienen soll. In diesem Sinne hat Cicero in der Tat Recht, wenn er die *fides* als die Grundlage der Gerechtigkeit bezeichnet. Diese soll in jeder Rechtsordnung verwirklicht werden.

V. Das ius naturale

1. Zur Bedeutung des *ius naturale* als Entscheidungsgrundlage klassischer Juristen

a) Wieweit ein *ius naturale* von den römischen Juristen tatsächlich als Entscheidungsgrundlage herangezogen wurde, ist lebhaft umstritten[278].

---

[276] Methode 68.

[277] Methode 54f.; vgl. auch Th. Mayer-Maly, Sein und Werden im Recht, Festgabe für U. v. Lübtow (1970, künftig zitiert: Fg. v. Lübtow) 352.

[278] Von der umfangreichen Lit. sind vor allem hervorzuheben C. A. Maschi, La concezione (oben Anm. 106) insbes. 284ff., und Ders., Il diritto naturale come ordinamento giuridico inferiore?, Studi in mem. di P. Koschaker II (Milano 1954) 425—437; E. Levy, Natural Law in Roman Thought, SDHI 15 (1949) 1ff. (= Gesammelte Schriften I, Köln–Graz 1963, 3ff.) mit zahlreichen Hinweisen auf ältere Lit. und mit Quellenbelegen; P. Koschaker, Europa und das römische Recht⁴ (München–Berlin 1966) 245ff. und 345f.; R. Voggensperger, Ius naturale (1952, oben Anm. 266), dazu J. Gaudemet, TRG 21 (1953) 345—352; Th. Mayer-Maly, Gemeinwohl und Naturrecht bei Cicero, in: Völkerrecht und rechtliches Weltbild, Festschr. für A. Verdross (Wien 1960) 195—206; J. Ritter, 'Naturrecht' bei Aristoteles (Stuttgart 1961); G. Nocera, Ius naturale nella esperienza giuridica romana (Milano 1962, künftig zitiert: Ius naturale) mit einem ausführlichen Literaturverzeichnis 125ff., wo G. Nocera über die hier angeführten Arbeiten hinaus noch 34 weitere von Voigt, Die Lehre vom ius naturale (1856—1875), angefangen anführt. Von diesen ist besonders hervorzuheben Leo Strauss, Naturrecht und Geschichte (deutsche Übers. Stuttgart 1956, amerikan. Originalausgabe: Natural Right and History, Chicago 1953) 83ff. und 124ff. Zu G. Nocera krit. S. E. Wunner, Gnomon 37 (1965) 210f.

Auch ist die Abgrenzung gegenüber dem *ius gentium* schwierig, weil die Begriffe weitgehend äquivok verwendet werden, aber das Gemeinte dennoch nicht deckungsgleich ist[279]. In der ersten Auflage des RPR sagt KASER noch: „Ein bloßer Schulbegriff ohne höhere systematische Bedeutung ist auch 'ius naturale'"[280]. In der zweiten Auflage hat er seine Aussage

Vgl. über die bei G. NOCERA angeführte Lit. hinaus A. VERDROSS, Die aristotelische Naturrechtslehre, ARSP 56 (1970) 527—537; H. F. JOLOWICZ, Legal Theory in the Ancient World, Lectures on Jurisprudence by the late H. F. Jolowicz, edited by J. A. Jolowicz (University of London Legal Series 7), London 1963, 40—47; H. WELZEL, Naturrecht und materiale Gerechtigkeit (1960) 9—47 ('Das antike Naturrecht'), jedoch ohne auf das röm. Recht einzugehen; A. D'ORS PÉREZ-PEIX, Varia Romana II, Todavia sobre el derecho natural, Anuario hist. derecho esp. 25 (1955), 825—837; M. VILLEY, Deux conceptions du droit naturel dans l'antiquité, RHD 31 (1953), 475—497; L. CAES, Jus naturale, Kathol. Encyclop. 14 (1952), 467f.; J. LUTHER ADAMS, The Law of Nature in Greco-Roman Thought, J. of Religion 25 (1945), 97—118; H. LECLERCQ, Lois romaines, Dict. archéol. chrét. 9, 2 (1930), 2186—2273; C. ARNÒ, Jus naturale, Atti e Mem. Accad. Modena 4 a, S. 1 (1926) (Sez. di scienze), 117—130; H. DIELS, Ein antikes System des Naturrechts, Int. Monatsschrift f. Wiss., Kunst u. Technik 11 (1916—1917), 81—102. Mit Fragen des Naturrechts im römischen Recht befassen sich auch B. TIERNEY, Natura id est Deus: A Case of Juristic Pantheism?, J. Hist. Ideas 24 (1963), 307—322; J. PÉREZ LEÑERO, Influencias de la filosofia griega en el derecho romano, Homenaje Péres Serrano 1 (Madrid 1959), 128—160; M. RADIN, Natural Law and Natural Rights, Yale Law Journ. 59 (1949—1950), 214—237; M. REALE, Concreção de fato, valor e norma no direito romano clásico (Ensáio de interpretação a luz de teoria tridimensional do direito), Rev. Fac. Direito Univ. São Paulo 49 (1954), 190—220; DERS., O conseito de ratio naturalis entre os jurisconsultos romanos e Santo Tomás de Aquino, Rev. Fac. Direito Univ. São Paulo 38 (1942), 107—117; DERS., O Direito e o justo no crepúsculo da cultura helênica, Rev. Fac. Direito Univ. São Paulo 40 (1945), 113—129; W. ONCLIN, Le droit naturel selon les romanistes des XIIe et XIIIe siècles, Miscel. A. Janssen II (Gembloux 1948), 329—337; A. MANIGK, Die Idee des Naturrechts, Festgabe R. Stammler (Berlin–Leipzig 1926), 1—30; A. ROTA, Il diritto naturale come insieme di norme regolatrici dei rapporti della società umana nella dottrina della prima rinascenza giuridica, Riv. int. filos. dir. 25 (1948), 125—163; V. RÜFNER, Der Begriff der Natur innerhalb des Naturrechts, Arch. f. Rechts- u. Wirtschaftsphilosophie 34 (1940—1941), 40—82; A. CIMINO, Il diritto naturale secondo Ulpiano e Federico del Rosso, Annuario Ist. stor. dir. rom. Univ. Catania 9, 1 (1905—1906), 168—170; F. POLLOCK, The History of the Law of Nature: A Preliminary Study, J. Soc. Comp. Legisl. N.S. 2 (1900), 418—433, 3 (1901), 204—213; J. BRYCE, The Law of Nature, Studies in History and Jurisprudence, 2 vol., New York–London–Toronto–Melbourne–Bombay 2 (1901), 556—606; P. VAN BEMMELEN, Het Romeinsche jus gentium benevens het jus naturale en de naturalis obligatio, Rechtsgel. bijdragen 3, Afd. D (1888), 14—68; J. IRVINE, The Origin and History of the Conception of the jus naturale, and its Influence on the Law of Rome and the Law of Nations, J. of Jurisprudence 31 (1887), 225—242, 281—292; A. VAUNOIS, De la notion du droit naturel chez les Romains, Dissertation (Paris 1884); C. W. OPZOOMER, Jus naturale, gentium, civile, Nederl. jaarb. v. regtsgel. 8 (1846), 188—196. Teilweise waren mir die Arbeiten bisher nicht zugänglich. Weitere Hinweise bei M. KASER, RPR I 204, Anm. 17; vgl. auch G. LONGO, Fg. v. Lübtow (oben Anm. 277) 330f; G. AMBROSETTI, La storia del diritto naturale nella storia dell'occidente, Jus 14 (1963) 318—328; vor allem J. TRIANTAPHYLLOPOULOS, Rechtsphilosophie und positives Recht in Griechenland, Ξένιον I (1973, ob. Anm. 12) 676ff. mit viel Lit., dort 692 der wichtige Hinweis auf den Einfluß der griechischen Philosophie auf die röm. Rechtswissenschaft; jetzt auch D. NÖRR, Rechtskritik 21ff., 89f. und insbes. 98ff. mit Lit. und zahlreichen weiteren Hinweisen.

[279] Vgl. M. KASER, RPR I 204, und Ulp. D 1, 1, 1, 4.
[280] RPR I¹ 183.

etwas modifiziert: „Der hauptsächlich von den Schuljuristen gebrauchte, aus der philosophischen Literatur übernommene Begriff des *ius naturale* tritt in mehreren Verwendungen auf. Dogmatische oder systematische Bedeutung kommt ihm nicht zu"[281]. Eine der Schwierigkeiten bei der Beurteilung der Bedeutung des *ius naturale* ist zweifellos die uneinheitliche Terminologie und das geringe Interesse der Klassiker an einer Systematisierung[282]. Dazu kommt, daß die Begriffe allein noch nicht volle Klarheit darüber vermitteln, welchen Gegenstand sie bezeichnen. Vielmehr wird in der Rechtstheorie der Gegenwart noch vielfach die Existenz jenes Gegenstandes bestritten, auf welchen mit dem Begriff *ius naturale* verwiesen wird[283]. Wenn das richtig wäre, würden sich die Begriffe als bloße Gedankenspiele erweisen, als Produkte von 'Wunschträumen' oder 'machtpolitischen Absichten'[284].

Es ist sehr bemerkenswert, daß FRITZ SCHULZ bereits in den 'Prinzipien des römischen Rechts'[285] im Abschnitt 'Isolierung' folgendes feststellt: „Weithin macht der Vortrag der Juristen einen fast mathematischen Eindruck oder besser den Eindruck eines Naturrechtes. Freilich eines Naturrechts von geringerer Allgemeingültigkeit, als sie die Sätze des stoischen Naturrechts beanspruchen, eines Naturrechts im Rahmen der römischen Gesetzgebung und unter Festhaltung gewisser überkommener Grundbegriffe und axiomatischer Sätze: eben eines römischen Naturrechts, dem die spekulative Luftigkeit des griechischen Naturrechts fehlt"[286]. Für die Entwicklung jener „Rechtsgebiete, auf denen die römische Gesetzgebung keine oder nur eine geringe Rolle spielt"[287], sieht er überhaupt das *ius naturale* als die entscheidende Grundlage an: „Überall ist hier ohne weiteres deutlich, daß die Jurisprudenz sich nicht begnügen will mit der Darstellung des positiven, derzeit geltenden römischen Rechts, daß sie vielmehr um die

---

[281] RPR I² 204.

[282] Vgl. M. KASER, Methode 66 und 76; und RPR I 187f. mit Lit.; auch W. MACHEINER, Zu den Anfängen des Kontraktsystems, Fg. Herdlitczka (oben Anm. 3) 167ff.

[283] Vgl. oben I 3 d und e; auch W. WALDSTEIN, Gedächtnisschrift für René Marcic (1974) 394 und 397ff., auch 401ff., insbes. 403.

[284] Vgl. H. KELSEN, Reine Rechtslehre¹ (1934) 16f.; A. LEINWEBER, Naturrecht (oben Anm. 5) 280: ein „Trugbild unserer Wunschträume", 284: die „Lehren heutiger Naturrechtler offenbaren indes nur jenen ... noch immer verbreiteten Wahn, ... ", oder 285: „..., daß wir noch niemals eine Kenntnis, sondern nur 'die Illusion einer Kenntnis des Naturrechts' besaßen" usw. Alles aus Sekundärliteratur zusammengetragene Behauptungen, die mit eigenen Vorurteilen zu einem undurchdringlichen Kitt des Unsinns verbunden werden. Von der Wirklichkeit der rechtshistorischen Entwicklung und der Entwicklung der philosophischen Erkenntnis sind jene Ausführungen völlig unberührt. Vgl. auch die oben Anm. 5 angeg. Lit.

[285] Oben Anm. 2.

[286] Prinzipien 23f.; F. SCHULZ sagt dort (24) weiter: „Was die römischen Juristen erstreben, ist — in dem bezeichneten Rahmen —, die Regel zu finden, die sich aus der Natur der Sache, aus der Natur der Lebensverhältnisse ergibt."

[287] Prinzipien 24. Als Beispiele führt er an: „Erwerb des Besitzes und Eigentums ..., Stipulationsrecht ..., aber auch Kauf- und Mietrecht, Geschäftsfähigkeit, Lehre vom Grad der Haftung usw."

Herausarbeitung eines Naturrechts bemüht ist. Daher auch die eigentümliche Art der Darstellung, die ihre Sätze nicht eigentlich beweist, sondern unmittelbar aus der Betrachtung der Lebensverhältnisse findet, sie aus der ratio iuris schöpft. Daher ihre naturrechtliche Sicherheit, daher aber natürlich auch gelegentlich ihre orthodoxe Borniertheit"[288].

b) Wie immer man nun die Ausführungen von SCHULZ im einzelnen beurteilen mag, so stimmen sie doch in wesentlichen Punkten auch mit Beobachtungen anderer überein. Was den Erkenntnisvorgang betrifft, so hat KASER in seiner Untersuchung 'Zur Methode der römischen Rechtsfindung' genau das ausführlich dargestellt und begründet, was SCHULZ mit dem Finden der Sätze „unmittelbar aus der Betrachtung der Lebensverhältnisse" anspricht[289]. Auch hinsichtlich der inhaltlichen Seite steht KASER der Auffassung von SCHULZ nahe, wenn er sagt, die römischen Juristen „finden den Weg zur richtigen Rechtserkenntnis vornehmlich mit ihrer genialen Intuition, die sie ihrer sicheren Lebensanschauung verdanken"[290]. Es bleibt dann nur die Frage, was jenes 'richtige' Recht ist, das sie dabei erkennen. SCHULZ meint, es sei das *ius naturale*, wenn auch ein relatives, römisches. Ähnliche Vorstellungen liegen offenbar der Auffassung KOSCHAKERS zugrunde[291]. Wenn also das, was die römischen Juristen mit der 'richtigen Rechtserkenntnis' erschlossen haben, materiell tatsächlich das *ius naturale* auch dort ist, wo es nicht so genannt wird, dann allerdings hat das *ius naturale* eine ganz außerordentliche „dogmatische . . . Bedeutung". Freilich nicht ein 'Begriff' des *ius naturale*, sondern das *ius naturale* selbst in seiner Wirksamkeit bei der Arbeit der Juristen. SCHULZ bemerkt sicher weitgehend zutreffend: „Aber sie schöpfen anscheinend unbewußt aus dieser Quelle, ohne weiter darüber nachzudenken, und jedenfalls ohne darüber zu reden oder zu schreiben"[292]. Wenn es so ist, kann vom Begriff her die Frage, wieweit *ius naturale* als Entscheidungsgrundlage herangezogen wurde, überhaupt nicht beantwortet werden. Dann sind ausdrückliche Bezugnahmen auf das *ius naturale* lediglich zufällige und beiläufige Äußerungen, die aber immerhin dartun, daß die römischen Juristen nicht ausschließlich unbewußt aus dieser Quelle schöpften, sondern daß die Gegebenheit als solche ihnen durchaus bewußt war. Dann ist aber auch die Tatsache, daß der „philosophische Naturrechtsgedanke im Sinne Ciceros . . . sich . . . bei ihnen nur vereinzelt" findet[293], verhältnismäßig unbedeutend. Es kommt vielmehr darauf an, ob sie der Sache nach das, worauf auch Ciceros Naturrechtsgedanke verweist, beachtet haben, und was das nun eigentlich ist, was man *ius naturale* nennt.

---

[288] Prinzipien 24; vgl. auch Geschichte 84f.
[289] Methode 54; vgl. auch F. WIEACKER, VRR 151f. (dazu oben Anm. 210).
[290] RPR I 3; Methode insbes. 74.
[291] Europa und das röm. Recht 345f.; vgl. auch A. VERDROSS, Statisches und dynamisches Naturrecht (Freiburg 1971) 92ff. und insbes. 101ff., dort die Unterscheidung von primärem und sekundärem Naturrecht. A. O. 116 sagt er: „Veränderlich sind . . . nur die Konkretisierungen des primären Naturrechts"; vgl. auch unten bei Anm. 300f.
[292] Geschichte 84.   [293] Vgl. M. KASER, RPR I 205.

Es liegt auf der Hand, daß diese Frage, die zu den umstrittensten der Rechtstheorie seit dem vorigen Jahrhundert gehört, hier nicht im einzelnen durchuntersucht werden kann. Um auch nur den Stand der Diskussion wirklich zu analysieren, die einzelnen Behauptungen zu überprüfen und vor allem den Voraussetzungen nachzugeben, auf denen sie aufgestellt werden, müßte ein Buch geschrieben werden. Dann erst wäre an Hand der Quellen zu prüfen, wieweit sich etwa die Feststellungen von SCHULZ als begründet und zutreffend erweisen. Das aber würde eine Untersuchung des gesamten römischen Rechts unter diesem Gesichtspunkt bedeuten. Damit möchte ich nur deutlich machen, welche Aufgabe hier noch zu bewältigen ist, wenn man über pauschale Allgemeinaussagen hinaus zu einem einigermaßen gesicherten Gesamtbild kommen möchte, das die Ergebnisse der neueren Forschung sowohl des römischen Rechts wie der Rechtstheorie und Rechtsphilosophie, berücksichtigt.

2. Repräsentative Aussagen klassischer Juristen über das *ius naturale*

a) In diesem Rahmen kann das Ziel nur ein ganz bescheidenes sein. Hier kann ich nur darzutun versuchen, was sich aus einigen repräsentativen Bezugnahmen auf das *ius naturale* entnehmen läßt. Dabei kommt mir sehr zustatten, daß die neuere Forschung die entscheidenden Texte, oder zumindest ihren essentiellen Gehalt, für klassisch hält[294].

Hier sind zunächst die viel diskutierten Texte zu betrachten, die Justinians Kompilationskommission an den Anfang der 'Digesten' gestellt hat.

Ulp. D 1, 1, 1, 2 u. 3 (1 inst.): *privatum ius tripertitum est: collectum etenim est ex naturalibus praeceptis aut gentium aut civilibus. Ius naturale est, quod natura omnia animalia docuit: . . .*

Ulp. D 1, 1,6 pr. (1 inst): *Ius civile est, quod neque in totum a naturali vel gentium recedit nec per omnia ei servit: Itaque cum aliquid addimus vel detrahimus iuri communi, ius proprium, id est civile efficimus.*

Paul. D 1, 1, 11 (14 ad Sab.): *Ius pluribus modis dicitur: uno modo, cum id quod semper aequum ac bonum est ius dicitur, ut est ius naturale. altero modo, quod omnibus aut pluribus in quaque civitate utile est, ut est ius civile. nec minus ius recte appellatur in civitate nostra ius honorarium. praetor quoque ius reddere dicitur etiam cum inique decernit, relatione scilicet facta non ad id quod ita praetor fecit, sed ad illud quod praetorem facere convenit. alia significatione ius dicitur locus in quo ius redditur,...*

---

[294] Vgl. M. KASER, RPR I 204, Anm. 23 zu Ulp. D 1, 1, 1, 4 und eod. 6 pr., und D. NÖRR, Ξένιον I 555ff. (oben Anm. 263). Im Hinblick auf die gleichlaufende Verwendung von *ius naturale* bei Gaius in seinen inst. (vgl. etwa 1, 156 und 158, dazu unten Anm. 305 und bei Anm. 307) ist die grundsätzliche Bestreitung der Möglichkeit der Klassizität, wie etwa neuerdings von G. LONGO, Fg. v. Lübtow (oben Anm. 277) 330f., nicht haltbar; dazu W. WALDSTEIN, ZSS 89 (1972) 476.

Der letzte Text ist besonders bemerkenswert. LENEL setzt ihn palingenetisch unter den Titel 'De adquirendo rerum dominio' und meint, die Ausführungen standen im Zusammenhang mit der *in iure cessio*[295]. Durch die Streichung der *in iure cessio*, die zur Zeit Justinians nicht mehr aktuell war, erhielt der Text, der wohl zunächst nur ein Exkurs zum Begriff *ius* im Zusammenhang mit der *in iure cessio* war, jene allgemeine Bedeutung, die ihn geeignet erscheinen ließ, in den ersten Titel der 'Digesten' aufgenommen zu werden. Die ursprüngliche Beiläufigkeit der Erwähnung des *ius naturale* und der ganze weitere Zusammenhang machen deutlich, daß hier von einer justinianischen Interpolation wohl kaum die Rede sein kann — abgesehen von der Streichung der *in iure cessio*[296]. Der Text drückt daher, offenbar unreflektiert, das Bewußtsein aus, *ius naturale* sei, zum Unterschied von der wechselnden und den jeweiligen Bedürfnissen entsprechenden Ordnung des *ius civile*, jene rechtliche Ordnung, die anzeigt, was immer gut und gerecht ist. Bei Ulp. D 1,1,1,2—3 und D 1,1,6 sieht KASER sicher mit Recht eine Beziehung zur Naturrechtsauffassung, wie sie bei Cicero begegnet[297]. Zweifellos gilt dasselbe für diesen Text[298].

b) Aus D 1,1,6 geht jedoch hervor, daß nach Ulpians Auffassung, die als selbstverständliche und undiskutierte Lehre vorgetragen wird, auch das *ius civile* auf dem *ius naturale* gründet. Es stellt sich das *ius civile* weitgehend als Konkretisierung des *ius naturale* dar. Spezifisches *ius civile* wird es erst dadurch, daß dem *ius commune* etwas hinzugefügt oder weggenommen wird, das heißt wohl, daß seine Wirksamkeit durch positive Norm irgendwie modifiziert oder eingeschränkt wird. Das Verhältnis zwischen *ius naturale* und *ius civile* stellt sich demnach als das zweier sich überschneidender Kreise dar. Wenn nun Ulpian in D 1,1,1,2 sagt, das *privatum ius* sei *collectum . . . ex naturalibus praeceptis aut gentium aut civilibus*, so hat sich das *colligere* im Bereich des *ius naturale* teilweise durch Gesetzgebungsakte, in der Hauptsache aber durch die Arbeit der Juristen vollzogen. Zusammengenommen bestätigen diese Texte jedenfalls im Prinzip die Auffassung von SCHULZ, daß die römische Jurisprudenz „um die Herausarbeitung eines Naturrechts bemüht" war, und daß sich diese Arbeit nicht bloß auf jene Fälle bezog, in denen explizit von *ius naturale* oder ähnlichem die Rede ist. Vielmehr erscheint das *ius naturale*, jedenfalls nach der sich in den angeführten Texten äußernden Auffassung, als eine tragende Quelle des gesamten Privatrechts, das *ius civile* nicht ausgenommen. Es wird dabei als eine rechtliche Ordnung begriffen, die von menschlicher Setzung unabhängig und dem Menschen vorgegeben ist.

---

[295] Paling. I 1287 und Anm. 5 dort (Paul. fr. 1864).

[296] Zu dem Text ausführlich C. A. MASCHI, La concezione 172, bes. 179 ff. mit Hinweis auf das Fragmentum Dositheanum 1, FIRA II 618, wo es heißt: *Omne enim iustum (cum iure) aut civile appellatur aut naturale dicitur (vel nationis) aut gentile iustum;* und R. VOGGENSPERGER, Ius naturale 85 ff.

[297] RPR I 205 und Anm. 26. Zur naturrechtlichen Begründung der Ehe in Ulp. D 1, 1, 1, 3 vgl. auch Quint. decl. 368 (p. 403 Ritter): *matrimonia sunt ab ipsa rerum natura inventa.*

[298] Vgl. etwa Cic. rep. 3, 33, weitere Belege bei E. LEVY, Ges. Schr. I 4 ff.

c) Man könnte nun einwenden, die in den Texten ausgedrückte Auffassung beweise auch dann nichts für ihre Richtigkeit, wenn sie tatsächlich
die der Klassiker war. Das wäre eben nur eine Auffassung gewesen, die
durch das damalige philosophische Klima geformt und von den philosophisch gebildeten Juristen gewissermaßen als Schnörkel auf ihre von
ganz anderen Realitäten geprägten Rechtsauffassungen gesetzt worden sei.
Den Beweis für einen solchen Einwand wird man nicht leicht erbringen
können, vor allem aber nicht für die dabei gemachten Voraussetzungen.
Natürlich läßt sich auch das Gegenteil im strengen Sinne nicht beweisen.
Wohl aber ließe sich an Hand einer kritischeren Untersuchung als die bisher
durchgeführten dartun, daß der Auffassung der Juristen sehr wohl eine
Realität entspricht, auf die ihre Bemühungen um eine „richtige Rechts-
erkenntnis", unter anderem, bezogen waren.

Was nun die 'Allgemeingültigkeit' oder 'Relativität' der dabei gewonnenen Ergebnisse betrifft, so hat ALFRED VERDROSS in seiner Untersuchung
über 'Statisches und dynamisches Naturrecht'[299] mit der Aufgliederung in
'primäres und sekundäres Naturrecht'[300] einen wichtigen Beitrag zur
Differenzierung des Problems geleistet. Während das primäre Naturrecht
als eine übergeschichtliche Realität begriffen wird, erkennt VERDROSS die
Veränderlichkeit des sekundären Naturrechts, das „den konkreten Verhältnissen einer bestimmten Periode" entspricht. Aber die „Dauer-
elemente des Rechtes verbinden sich mit seiner Geschichtlichkeit in der
Weise, daß jene diese durchdringen"[301]. Es ließe sich nun zeigen, daß
auch in der Arbeit der römischen Juristen, soweit ihre Rechtserkenntnis
auf 'primäres Naturrecht' im Sinne von VERDROSS gerichtet war, sich
dieses in der Konkretisierung mit Elementen des 'sekundären Naturrechts'
verbunden hat. Dazu kommt freilich noch das allgemeine Problem der
relativen Beschränktheit menschlichen Erkennens, welches die Ergebnisse
dort immer nur zu einem mehr oder minder großen Annäherungswert
kommen läßt, wo es sich nicht um absolut einsichtige, notwendige Zusammenhänge handelt. Daher weist VERDROSS mit Recht darauf hin, was
bereits Aristoteles erkannt hat, daß nämlich solche Normen des sekundären
Naturrechts „natürlich nicht mit mathematischer Genauigkeit gefunden
werden, da 'der Exaktheitsanspruch nicht bei allen wissenschaftlichen
Problemen in gleicher Weise erhoben werden kann' (Anm.: Aristoteles:
Nik. Ethik I, 1094b). Eine Genauigkeit ist in jedem Falle nur soweit
möglich, 'wie der gegebene Stoff es gestattet und bis an die Grenze hin,
die dem Gang der wissenschaftlichen Untersuchung gemäß ist'"[302]. VER-
DROSS fügt aber folgende wichtige Feststellung hinzu: „Diese Einsicht darf
uns nicht zu dem falschen Schluß verleiten, daß eine rationale Lösung
solcher Probleme unmöglich sei, wie oft behauptet wird, wenngleich nicht

---

[299] Freiburg 1971.
[300] A. O. 92 ff.
[301] A. O. 93.
[302] Arist. EN I 7, 1098 a offenbar zit. nach der Übers. von DIRLMEIER (Darmstadt 1956).

bestritten werden soll, daß bisweilen mehrere gleichwertige Lösungen gefunden werden können. Denn auch in diesen Fällen handelt es sich um (eine) **rationale** Entscheidungen und nicht um willkürliche Dezisionen eines Machthabers"[303].

3. Konkrete Anwendungen des *ius naturale*

a) Wenn man einige jener Texte betrachtet, in denen ausdrücklich auf das *ius naturale* verwiesen wird, so verdeutlichen sie das bisher Gesagte.

Eine verhältnismäßig große Gruppe von Texten befaßt sich mit der auf Grund des *ius naturale* bestehenden Verwandtschaft der Menschen. Dabei ist besonders hervorzuheben

> Flor. D. 1, 1, 3 (1 inst.): . . .: *nam iure hoc evenit, ut quod quisque ob tutelam corporis sui fecerit, iure fecisse existimetur, et cum inter nos cognationem quandam natura constituit, consequens est hominem homini insidiari nefas esse*[304].

Mit dem *iure hoc* knüpft das Fragment zwar an das im letzten Teil von Ulp. D 1,1,1,4 erwähnte *ius gentium* an, aber hier ist eben die Grenze zwischen beiden Bereichen nicht scharf. In zahlreichen anderen Texten wird die Verwandtschaft ausdrücklich auf das *ius naturale* zurückgeführt[305]. Das Notwehrrecht, das nach Ulpians Mitteilung in D 43,16,1,27 von Cassius auf das *ius naturale* zurückgeführt wird, begründet Florentinus hier also mit der natürlichen Verwandtschaft aller Menschen. Aus dieser folgt, daß ein Mensch einem anderen nicht nachstellen, ihm nicht 'Gefahr bringen' soll. Ein feindseliger Angriff auf einen Menschen wird als *nefas* erkannt. Wer derartiges tut, verläßt die Grundlagen der menschlichen Ge-

---

[303] A. O. 93.

[304] Vgl. zu dem Text R. Voggensperger, Ius naturale 12, Anm. 3, mit Hinweis ,, = Cic. de inv. 2, 53, 161".

[305] Vgl. R. Voggensperger, Ius naturale 24ff.; dazu Gai. inst. 1, 156: *at hi qui per feminini sexus personas cognatione coniunguntur, non sunt agnati, sed alias naturali iure cognati.* Paul. D 4, 5, 7 pr. (11 ed.): *ex novis autem legibus et hereditates et tutelae plerumque sic deferuntur, ut personae naturaliter designentur: ut ecce deferunt hereditatem senatus consulta matri et filio;* 23, 2, 14, 2 (35 ed.): *Serviles quoque cognationes in hoc iure observandae sunt. . . . unde nec vulgo quaesitam filiam pater naturalis potest uxorem ducere, quoniam in contrahendis matrimoniis naturale ius et pudor inspiciendus est;* 38, 6, 4 (2 Sab.): . . . *ius naturale liberorum;* auch 38, 10, 10, 4 (sing. de grad.); Ulp. D 1, 1, 1, 3 (1 inst.), dazu Call. D 50, 16, 220, 3 (2 quaest.): *Praeter haec omnia natura nos quoque docet parentes pios, qui liberorum procreandorum animo et voto uxores ducunt, filiorum appellatione omnes qui ex nobis descendunt continere;* 1, 5, 24 (27 Sab.): *Lex naturae haec est, ut qui nascitur sine legitimo matrimonio matrem sequatur;* 37, 4, 8, 7 (40 ed., mit Zit. Pap. 12 quaest.); 38, 16, 1, 11 (12 Sab.) und 50, 16, 195, 2 (46 ed.); Tryph. D 28, 2, 28, 1 (20 disp.); Mod. D 1, 7, 1 pr. (2 reg.) und 38, 10, 4, 2 (12 pand.). Vgl. Rhet. Her. 2, 19: *Natura ius est, quod cognationis aut pietatis causa observatur, quo iure parentes a liberis et a parentibus liberi coluntur. Lege ius . . . usw.*

meinschaft. Daher darf sich auch jeder gegen einen solchen Angriff zur Wehr setzen. Diese Einsichten sind nun gewiß nicht von solcher Art, daß ihnen 'jede intersubjektive Nachprüfbarkeit' fehlt[306]. Sie sind, wenn man ihre Vorgänger einbezieht, vor mehr als zweitausend Jahren gewonnen worden. Dennoch sind sie auch heute nachvollziehbar. Und die Einsicht bezieht sich offenbar auf eine normative Ordnung, die der Mensch mit seiner Existenz vorfindet und zu deren Erkenntnis er auch die Fähigkeit hat. Das Recht, um das es hier geht, kann in der Tat nicht als von der Anerkennung durch einen Gesetzgeber abhängig gedacht werden. Solche Gedankenspiele wie etwa: ein Gesetzgeber könnte ja auch bestimmen, jeder sei verpflichtet, einen rechtswidrigen Angriff auf sein Leben geduldig hinzunehmen, könnten nur weltfremde Intellektuelle ohne Realitätsbezug beim Rauch einer Zigarre spielen. Wenn der betreffende Theoretiker selbst angegriffen würde, wäre ihm die Sache sofort klar. Etwas anderes ist freilich eine sittliche Haltung, die auch ein Unrecht unter Umständen geduldig hinnehmen kann. Rechtlich darf das nicht gefordert werden.

b) Besonders bemerkenswert ist auch, daß Gaius inst. 1,158 betont, *naturalia iura* können durch die *civilis ratio* nicht aufgehoben werden[307]. Selbst die auf Grund des *ius naturale* gegebene Gleichheit und Freiheit der Menschen wurde wenigstens gesehen, auch wenn sich die daraus zu ziehenden Konsequenzen gegen die Realität der Sklaverei nicht durchsetzen konnten[308]. Der von Gaius im Zusammenhang mit der Verwandtschaft betonte Grundsatz, daß die *civilis ratio naturalia iura corrumpere non potest*, wird auch im Zusammenhang mit den Schuldverhältnissen wiederholt[309]. Im Eigentumserwerb spielt das *ius naturale* eine mehrmals ausdrücklich betonte Rolle[310]. Die *condictio indebiti* wird auf das *ius naturale* zurück

---

[306] Vgl. F. HORAK, Rationes 147, Anm. 1 (dazu oben III 1 b).

[307] Wie ,,die Formel: quia civilis ratio naturalia iura corrumpere non potest (vgl. auch Gai. Inst. 1, 158) ... in diesem Sonderfall" (gemeint ist Gai. D 4, 5, 8) ,,byzantinischen Ursprungs sein" soll, (so R. VOGGENSPERGER, Ius naturale 32, Anm. 28) bleibt für mich unverständlich, da eine justinianische Interpolation für Gai. inst. jedenfalls ausgeschlossen ist. Es bliebe daher noch näher zu klären, inwiefern für Gai. inst. 1, 158 ,,die Annahme einer nachklassischen Überarbeitung" ,,berechtigt" (a. O.) wäre, wenn man sie schon bei D 4, 5, 8 für berechtigt hält. Vgl. auch Ulp. epit. 28, 9 und quint. decl. 368 (ob. Anm. 297). Zur 'cognatio naturali iure' allgem. R. VOGGENSPERGER a. O. 24ff.

[308] Flor. D 1, 5, 4, 1 (9 inst.): *Servitus est constitutio iuris gentium, qua quis dominio alieno contra naturam subicitur*, dazu Tryph. 12, 6, 64 (7 disp.); wohl im Hinblick auf die Unbegründetheit der bisherigen Textkritik hält M. KASER, RPR I 284, Anm. 7 die betreffenden Texte für ,,unverdächtig". Ferner Paul. D 45, 1, 83, 5 (72 ed.) und Ulp. D 50, 17, 32 (43 Sab.): *Quod attinet ad ius civile, servi pro nullis habentur: non tamen et iure naturali, quia, quod ad ius naturale attinet, omnes homines aequales sunt*. Vgl. R. VOGGENSPERGER, Ius naturale 17ff.

[309] Gai. D 4, 5, 8 (4 ed. prov.): *Eas obligationes, quae naturalem praestationem habere intelleguntur, palam est capitis deminutione non perire, quia civilis ratio naturalia iura corrumpere non potest*; vgl. auch Tryph. 12, 6, 64 und oben Anm. 307.

[310] Gai. inst. 2, 65: *Ergo ex his, quae diximus, apparet quaedam naturali iure alienari, qualia sunt ea, quae traditione alienantur, quaedam civili*; für die *inaedificatio* 2, 73 und D 43, 18, 2 (25 ed. prov.); so auch Ulp. D 9, 2, 50 (6 opin.); ferner Flor. D 1, 8, 3 (6 inst.):

geführt und ebenso ganz allgemein betont, es sei schon *iure naturae aequum*, daß sich niemand mit dem Schaden eines anderen bereichere[311]. Das *ius naturale* wird auch, was im Zusammenhang mit der *fides* schon erwähnt wurde (oben IV 2 b f.), als Verpflichtungsgrund bei Verträgen erkannt[312], ebenso als Endigungsgrund für Verpflichtungen[313].

Nur zwei Texte sollen hier noch hervorgehoben werden:

Ulp. D 50, 16, 42 (57 ed.): '*Probrum*' *et obprobrium idem est. probra quaedam natura turpia sunt, quaedam civiliter et quasi more civitatis. ut puta furtum, adulterium natura turpe est: enimvero tutelae damnari hoc non natura probrum est, sed more civitatis: nec enim natura probrum est, quod potest etiam in hominem idoneum incidere.*

Paul. D 47, 2, 1, 3 (39 ed.): *Furtum est contrectatio rei fraudulosa lucri faciendi gratia . . . quod lege naturali prohibitum est admittere*[314].

Die Echtheit des ersten Textes kann nicht ernstlich bezweifelt werden. Ganz abgesehen von allen anderen Gründen findet die Aussage auch der

---

Item lapilli, gemmae ceteraque, quae in litore invenimus, iure naturali nostra statim fiunt; auch Mod. D 41, 1, 53 (14 ad Quint. Muc.). Allgem. Marci. D 1, 8, 2 pr. – 1 (3 inst.): *Quaedam naturali iure communia sunt omnium, quaedam universitatis, quaedam nullius, pleraque singulorum, quae variis ex causis cuique adquiruntur. (1) Et quidem naturali iure omnium communia sunt illa: aer, aqua profluens, et mare, et per hoc litora maris.* Zu alledem R. VOGGENSPERGER, Ius naturale 39 ff. mit weiteren Hinweisen; zu Marci. D 1, 8, 2 a. O. 36 ff.

[311] Pompon. D 50, 17, 206 (9 ex var. lect.): *Iure naturae aequum est neminem cum alterius detrimento et iniuria fieri locupletiorem;* dazu 12, 6, 14 und Paul. D 12, 6, 15 pr.; vgl. oben Anm. 266; auch R. VOGGENSPERGER, Ius naturale 51 ff., der mit Hinweis auf ältere Interpolationenlit. annimmt, daß D 12, 6, 14 „wahrscheinlich durch die Kompilatoren naturrechtlich gefärbt" sei. Vgl. dagegen den Hinweis auf den ideengeschichtlichen Hintergrund auch dieser Bestimmungen bei E. GENZMER, Talion im klassischen und nachklassischen Recht? Erwägungen über Ursprung und Grundgedanken des Edikts quod quisque iuris in alterum statuerit, ut ipse eodem iure utatur, ZSS 62 (1942) 125 ff., freilich von einem anderen Problem ausgehend („Zum Gedanken der Vergeltung mit Gleichem . . .") und ohne direkt auf die hier maßgeblichen Stellen Bezug zu nehmen. Dazu auch Paul. D 50, 17, 10 (3 Sab.): *Secundum naturam est commoda cuiusque rei eum sequi, quem sequentur incommoda.* Derselbe Gedanke liegt dem Schadensausgleich bei der *servitus naturalis* (oben II 4 b ff.) zugrunde.

[312] Paul. D 19, 2, 1 (34 ed.): *Locatio et conductio cum naturalis sit et omnium gentium, non verbis, sed consensu contrahitur, sicut emptio et venditio;* umgekehrt Licinn. Rufin. D 44, 7, 58 (8 reg.): *Pupillus mutuam pecuniam accipiendo ne quidem iure naturali obligatur.* Vgl. auch Tryph. D 16, 3, 31 pr.; zu alledem VOGGENSPERGER, Ius naturale 48 ff., zu D 16, 3, 31 pr. a. O. 53 f.; und insbes. J. A. C. THOMAS, Naturalis obligatio pupilli, Fg. v. Lübtow (oben Anm. 277) 457—479, zu D 44, 7, 58 dort 469. Die überaus zahlreichen Belege zur *naturalis obligatio* können hier nicht erörtert werden. THOMAS hat in seiner sehr scharfsinnigen Untersuchung die Klassizität des Begriffes dargetan.

[313] Pompon. D 46, 3, 107 (2 enchir.): *Verborum obligatio aut naturaliter resolvitur aut civiliter: naturaliter veluti solutione aut cum res in stipulationem deducta sine culpa promissoris in rebus humanis esse desiit;* vgl. auch Marci. eod. 49 (sing. ad hyp. form.).

[314] Die Textkrit. hält den Text für „eine Definition der nachklassischen Schule", dazu M. KASER, RPR I 615, Anm. 11, auch Anm. 16 und 17. Vgl. aber auch Cic. leg. 1, 43 (nächste Anm.).

Sache nach eine starke Stütze durch Ciceros Ausführungen in leg. 1,43[315]. Es kann daher auch die Echtheit der Paulusstelle der Sache nach nicht bestritten werden. Die Aussage entspricht einer längst entwickelten Erkenntnis. Und in der Tat ist auch diese Erkenntnis allgemein einsichtig[316]. Das wird sogar im neuen österreichischen Strafgesetz ausdrücklich anerkannt, wenn § 9 Abs. 2 bestimmt: „Der Rechtsirrtum ist dann vorzuwerfen, wenn das Unrecht für den Täter wie für jedermann leicht erkennbar war oder . . .“[317]. Nur in der Theorie meint man, bedingt durch falsche Voraussetzungen, es gäbe keine Möglichkeit, solche Normen einzusehen. Die römischen Juristen hingegen waren von solchen Theorien zum Glück nicht belastet. Sie haben das, was dem Menschen erkennbar ist, in ihrer Arbeit auch zu erkennen versucht und weitgehend erkannt. So haben sie auch das *ius naturale* als Grundlage für ihre Entscheidungen herangezogen. Damit haben sie es in einem sehr bedeutsamen Ausmaß erschlossen.

4. Selbstverständlichkeit der Anwendung naturrechtlicher Normen

VOGGENSPERGER hat den Vorgang als Ergebnis seiner sorgfältigen und eingehenden Untersuchungen treffend folgendermaßen zusammengefaßt:

„Die römische Rechtswissenschaft kann den Ruhm für sich in Anspruch nehmen, erstmals den der menschlichen Vernunft gleichsam eingeborenen Gedanken eines natürlichen Rechts unter juristischen Gesichtspunkten in die Materie des geltenden Rechts einbezogen zu haben. Denn in ihrer Naturrechtsauffassung verbindet sich das Bewußtsein der ewigen Spannung zwischen der Idealordnung des Rechtes an sich und dem konkreten geltenden Recht mit der realistischen Konsequenz des praktischen Denkens.

Am römischen *ius naturale* erleben wir einen Ausschnitt aus jenem geistesgeschichtlichen Vorgang, den zu veranschaulichen MITTEIS als eine der vornehmsten Aufgaben der Rechtsgeschichte bezeichnet hat: die unaufhörliche Auseinandersetzung zwischen Naturrecht und positivem Recht, die Dialektik von Dauer und Wandel“[318].

---

[315] Cic. leg. 1, 43: *quodsi populorum iussis, si principum decretis, si sententiis iudicum iura constituerentur, ius esset latrocinari, ius adulterare, ius testamenta falsa supponere, si haec suffragiis aut scitis multitudinis probarentur.* Hier geht Cicero selbstverständlich von der Existenz naturrechtlicher Verbote derartigen Verhaltens aus. Daß hier das *furtum* nicht genannt ist, hat für die Sache gewiß keine Bedeutung. Vgl. auch den weiteren Text in 1, 44f.

[316] Vgl. dazu W. WALDSTEIN, Vorpositive Ordnungselemente im Römischen Recht, Öst. Zeitschr. f. öff. Recht 17 (1967) 18, Anm. 91.

[317] Vgl. auch oben, Anm. 99. Die Formulierung des neuen Gesetzes läßt zwar die Eindeutigkeit etwa des § 233 des früheren öst. StG (oben bei Anm. 99) vermissen, doch kann auch der neue § 9, Abs. 2 wohl kaum ohne die Möglichkeit der Einsicht in vorgegebene Rechte sinnvoll sein.

[318] Ius naturale 138f.

Was aber bei unbefangener Beobachtung noch mehr verblüfft, ist die Selbstverständlichkeit und Treffsicherheit, mit der Normen des Naturrechts erkannt und angewandt werden. Man denkt unwillkürlich an Ciceros Ausspruch: *Aequitas enim lucet ipsa per se, dubitatio cogitationem significat iniuriae*[319]. Es sind keine Konstruktionen von irgendwelchen Prämissen aus, deren Richtigkeit umstritten sein könnte, sondern es ist die Einsicht in eben einsichtige Normen, die vorgegeben sind und bei gewissen Sachbezügen zur Anwendung zu kommen haben. Es wird nicht nach der Voraussetzung ihrer Existenz gefragt, sondern sie werden — und das in einem viel weiteren Ausmaß als die Belege für *ius naturale* zunächst vermuten ließen — als gegeben und für den Menschen verbindlich anerkannt. Insofern sie im römischen Recht konkretisiert wurden, bilden sie heute noch einen Hauptteil der Grundlagen unserer Rechtskultur[320].

VI. Die Gerechtigkeit

1. Der Begriff der Gerechtigkeit in der Antike

a) Eine mit dem *ius naturale* sicher eng zusammenhängende, aber keineswegs identische Entscheidungsgrundlage ist die Gerechtigkeit. Über sie gehen die Auffassungen ähnlich auseinander wie über das *ius naturale*[321].

---

[319] Cic. off. 1, 30; vgl. auch leg. 1, 47 (unten VI 3), dazu W. WALDSTEIN, Intern. Festschr. für A. Verdross (1971) 560f.

[320] Das dürfte auch P. KOSCHAKER, Europa und das römische Recht[4] 346, im Auge haben, wenn er von dem 'Naturrecht' spricht, „das die Rechtserfahrungen aller Kulturvölker sammelt, die Europa aufbauen geholfen haben". Vgl. auch WALDSTEIN a. O. (oben, Anm. 316) 20.

[321] Zum Problem der Gerechtigkeit im römischen Recht zuletzt P. P. PARPAGLIA, Aequitas in libera republica, Univ. di Genova (Fond. Nob. A. Poggi 11), (Milano 1973), künftig zit.: Aequitas; dort 293—300 ein umfangreiches Verzeichnis der zitierten Autoren; weiter M. KASER, RPR I 194f. mit viel Lit.; von den dort genannten Arbeiten sind besonders hervorzuheben: TH. MAYER-MALY, Fg. v. Lübtow (oben, Anm. 277) 339—352, und die Arbeiten von F. PRINGSHEIM, Ges. Abh. I (Heidelberg 1961) 131—223; auch 224—246 (über: Römische aequitas der christlichen Kaiser) und 247—252; zu der bei KASER genannten Lit. noch: H. F. JOLOWICZ, Roman Foundations of Modern Law (Oxford 1957, Neudruck 1961) 54ff.; B. BIONDI, Scienza giur. come arte del giusto, Ius 1 (1950 = Scritti giuridici I, Milano 1965, 147—180) 145ff.; P. TRUDE, Der Begriff der Gerechtigkeit in der aristotelischen Rechts- und Staatsphilosophie (Neue Kölner Rechtswiss. Abh. 3, Berlin 1955), er geht jedoch auf die römischen Quellen nicht ein; D. DAUBE, The Scales of Justice, The Juridical Review 63 (1951) 109—129; U. v. LÜBTOW, ZSS 66 (1948) 458—565; P. S. LEICHT, Laesio enormis e justum pretium, Studi in on. di Carlo Calisse I (Milano 1939) 37—57; E. GENZMER, Die antiken Grundlagen der Lehre vom gerechten Preis und der laesio enormis, Zeitschr. f. ausl. und intern. Privatrecht, Sonderheft: Deutsche Landesref. zum II. Intern. Kongr. für Rechtsvergl. im Haag (1937) 26—64; E. LEVY, Recht und Gerechtigkeit, Bespr. zu: Johannes Stroux, Summum ius summa

KASER hat hier mehr als beim *ius naturale* die allgemeine Bedeutung erkannt und wiederholt hervorgehoben. In der zweiten Auflage des RPR hat er, auf der Grundlage neuerer Forschungen, eine bemerkenswerte Modifikation und Präzisierung seiner Sicht gegenüber der ersten Auflage vorgenommen, wenn er nunmehr sagt: „Obschon sich die Juristen in ihrer schlichten Sachlichkeit nur selten auf die ethischen Grundlagen berufen, erfassen sie doch in ihrem hohen sittlichen Bewußtsein das Recht aus der Idee der materialen Gerechtigkeit"[322].

Eines der Hauptprobleme bei der Frage nach der Gerechtigkeit ist, ob das, was damit gemeint ist, lediglich das Ergebnis einer subjektiven Wertung ist, oder ob es sich auch hier um eine Vorgegebenheit handelt, die als solche unabhängig von menschlicher Wertung besteht und der menschlichen Erkenntnis zugänglich ist. Kennzeichnend für das hier stekkende Problem ist die Ambivalenz, mit der etwa auch MAYER-MALY das Wort Wertung in seiner Untersuchung zur *aequitas evidens* gebraucht. Bei der Betrachtung des Weges, auf welchem das Wort *evidentia* „in Beziehung zum Rechtsleben" geriet, sagt MAYER-MALY weiter: „Wenn in diesem Aussagen über Wertungen gemacht werden, für die zwar keine rationale Ableitung angeboten werden kann, die man aber für einsichtig hält, liegt es sehr nahe, Evidenz der Wertung zu behaupten"[323]. Die große Frage ist nun aber, ob es tatsächlich nur um 'Wertungen' und um Aussagen über solche geht, oder ob auch hier der Erkenntnis bereits Wertdifferenzen vorgegeben sind, die es zu erfassen gilt. Für dieses Erfassen aber kommt eine 'rationale Ableitung' ohnedies kaum in Betracht. Wertdifferenzen können eben nur durch ein unmittelbares Einsehen erkannt werden. Dieses bildet aber keinen Gegensatz zur rationalen Ableitung. Es ist vielmehr auch deren Voraussetzung[324].

---

iniuria, ZSS 48 (1928) 668—678 (= Ges. Schr. I 20—28). In sehr vielen Untersuchungen wird das Problem der Gerechtigkeit irgendwie berührt. Sie alle, vor allem die modernrechtlichen Auseinandersetzungen, hier anzuführen, wäre nicht möglich. Hervorheben möchte ich die Hinweise bei H. WELZEL, Naturrecht und materiale Gerechtigkeit (1960), der im ersten Teil, 'Das antike Naturrecht', zwar nicht auf das römische Recht eingeht, aber doch Cic. und Sen. heranzieht. Weiter H. COING, Naturrecht als wissenschaftliches Problem, Sitzungsber. der wiss. Ges. Frankf. 3 (1964) Nr. 1, dort insbes. 22 und 27f. sowie ZSS 69 (1952) 42; auch Grundzüge der Rechtsphilosophie[2] (1969) 5—22; L. WENGER, Die Quellen des römischen Rechts (Wien 1953) 272f.; E. GENZMER, ZSS 62 (1942) 132ff.; W. WALDSTEIN a. O. (oben Anm. 316) 20f. und Festschr. Verdross (oben Anm. 319) 549—563; jetzt auch D. NÖRR, Rechtskritik, vor allem 59ff., aber auch zahlreiche weitere Bezugnahmen, dort weitere Lit., und P. STEIN/J. SHAND, Legal Values in Western Society (Edinburgh 1974) 59ff.; P. G. CARON, I fondamenti romanistici del concetto di 'aequitas' nella dottrina di Graziano e dei decretisti, St. Volterra IV (1971) 1ff. mit weiterer Lit., und besonders J. TRIANTAPHYLLOPOULOS, Ξένιον I (1973) 666ff. mit viel Lit.; auch P. STEIN, Equitable Principles in Roman Law, Equity in the Worlds Legal Systems, A comparative study, dedicated to René Cassin (Brüssel 1973) 75—92.

[322] RPR I[2] 194; vgl. I[1] 172.

[323] Fg. v. Lübtow (oben Anm. 277) 339; dazu W. WALDSTEIN, ZSS 89 (1972) 477f.

[324] Vgl. oben I 1 a f. mit Lit.

b) Den Ausgangspunkt einer Betrachtung der Gerechtigkeit im römischen Recht muß die berühmte Definition bilden, die uns Ulpian vermittelt:

Ulp. D 1, 1, 10 pr. (1 reg.): *Iustitia est constans et perpetua voluntas ius suum cuique tribuendi*[325].

Diese Definition reicht in ihrem sachlichen Gehalt in die ältesten erfaßbaren Spuren rechtlicher Auffassungen zurück[326]. Die für das römische Denken maßgebliche Ausprägung hat sie bei Platon gefunden[327]. Wahrscheinlich hat Panaitios von Rhodos sie bereits den Juristen des 2. Jahrhunderts v. Chr. vermittelt, wenn sie ihnen nicht schon anders bekannt war[328], Cicero nimmt mehrmals auf diese Definition Bezug[329]. Wenn man aber erst die gesamte Entwicklung der Lehre von der Gerechtigkeit seit Platon und Aristoteles dazuhält, wird klar, welchen fundamentalen Platz sie im Denken der Antike einnimmt[330]. In diesem Zusammenhang ist eine Bemerkung Chrysipps besonders hervorzuheben. Er stellt fest, daß die Gerechtigkeit mit Dummheit unvereinbar ist. Sie setzt vielmehr Weisheit voraus[331].

Die Definition selbst verweist einerseits auf ein Willenselement, nämlich auf den unerschütterlichen und beständigen (in allen Fällen geltenden) Willen — oder das geistige Bestreben —, jedem sein Recht zuteil werden zu lassen. Andererseits verweist sie auf das Recht selbst, das jedem zuteil werden soll. Damit wird auf eine normative Ordnung verwiesen, die mit der Gerechtigkeit selbst nicht identisch sein kann. Bei dieser normativen Ordnung ist nun, wie sich an Hand überaus zahlreicher Quellenbelege dartun ließe, sowohl an eine vor aller staatlichen Setzung bestehende Rechts-

---

[325] M. KASER, RPR I 194f., geht von der sachlichen Echtheit aus, sicher mit Recht; vgl. die entsprechenden Def. in Rhet. Her. 3,3; Cic. off. 1, 15; 2, 78; dazu auch rep. 3, 18; leg. 1, 19; fin. 5, 65 und 67; sowie nat. deor. 3, 38.

[326] Vgl. E. SEIDL, Einführung in die ägyptische Rechtsgeschichte bis zum Ende des neuen Reiches, I. Juristischer Teil³ (Glückstadt–Hamburg–New York 1957) 41.

[327] Def. (Horoi) 411 d-e: Δικαιοσύνη ὁμόνοια τῆς ψυχῆς πρὸς αὑτήν, καὶ εὐταξία τῶν τῆς ψυχῆς μερῶν πρὸς ἄλληλά τε καὶ περὶ ἄλληλα· ἕξις διανεμητικὴ τοῦ κατ' ἀξίαν ἑκάστῳ; vgl. auch Arist. EN IX 2, 1165 a 17f.: ἑκάστοις τὰ οἰκεῖα καὶ τὰ ἁρμόττοντα ἀπονεμητέον. DIRLMEIER übersetzt: „so muß man jedem das bieten, was seiner Eigenart entspricht und zusagt". Vgl. auch J. TRIANTAPHYLLOPOULOS, Ξένιον I, 667 in der Anm. 54 (Fort. von S. 666).

[328] Vgl. Panait. fr. 103, Panaetii Rhodi fragmenta, M. VAN STRAATEN (3. Aufl. 1962) 37 (= Cic. off. 1, 15); zur Beziehung der republikanischen Juristen zu Panaitios vgl. oben, Anm. 266; vgl. auch den aufschlußreichen Bericht bei Cic. de orat. 1, 75ff., in dem wiedergegeben wird, wie sich Q. Mucius Scaevola selbst auf das berief, was er von Panaitios empfangen hatte.

[329] Vgl. oben Anm. 325.

[330] Vgl. etwa nur Arist. EN V 2 und 3, 1129 a/b — 1130 a; V 9, 1134 a; mit einer Abgrenzung gegenüber der ἐπιείκεια und gleichzeitig mit einer Darstellung der Beziehung zwischen Epikie und Gerechtigkeit V 14, 1137 a 31 — 1138 b 3; dazu P. TRUDE, Gerechtigkeit, insbes. 122ff.

[331] Chrysipp. fr. 298, v. Arnim III, p. 73: *Denique, ..., non posse eundem iustum esse ac stultum, eundem sapientem et iniustum, docet ipsa ratio ... Stultitia igitur est in factis dictisque per ignorantiam recti ac boni erratio.*

ordnung, als auch an das positive Recht gedacht. Dabei wird aber davon
ausgegangen, daß auch das positive Recht bereits jene natürliche Ordnung
zu verwirklichen hat. Ein scharfer Konflikt ist, wenn man vom Problem
der Sklaverei absieht, zwischen den Bereichen der natürlichen Ordnung und
des positiven Rechts für die römischen Juristen nicht bezeugt. Es finden sich
nur vereinzelt Hinweise, daß die positive Ordnung dann ungerecht ist,
wenn sie den natürlichen Rechten nicht entspricht[332]. Cicero hingegen wirft
mit Bezug auf Tyrannen oder Willkürentscheidungen einer Volksmehrheit
mit aller Schärfe die Frage auf, ob man davon sprechen könne, daß alle
Gesetze gerecht seien[333].

2. Gerechtigkeit als Entscheidungsgrundlage klassischer Juristen

a) Versucht man zu ermitteln, in welchem Sinne die klassischen Juristen
konkret die Gerechtigkeit als Entscheidungsgrundlage herangezogen
haben, so stößt man unter verschiedenen Bezeichnungen auf zahlreiche
ausdrückliche Verweise auf das, was hier zunächst allgemein als Gerechtigkeit begriffen wird. Die am häufigsten verwendeten Ausdrücke sind
aequitas, aequum, iustitia, iustum oder ihre Gegenbegriffe *iniquitas, iniquum,
iniustitia, iniustum*[334]. Fast alle betreffenden Texte werden für interpoliert

---

[332] A. VERDROSS, ARSP 56 (1970), insbes. 531 ff.; von den *iuris iniquitates* ist bei Gai. inst.
3, 25 und 3, 41 die Rede; Ulp. D 2, 2, 3 pr. (3 ed.) spricht von einem *iniquum ius*;
E. LEVY, Ges. Schr. I (1963) 18 f., sieht den Grund dafür in dem Umstand, daß im
großen und ganzen keine Veranlassung für die Auseinandersetzung mit solchen Konflikt-
situationen bestand. Vgl. auch W. WALDSTEIN, Festschr. Verdross (oben Anm. 319)
553 ff. Es gab natürlich vor allem in der ausgehenden Republik und unter Kaisern wie
Caligula, Nero, Domitian, Commodus und Caracalla furchtbare Dinge. E. LEVY a. O. 19
bemerkt aber dazu: "*But their regimes were never aimed at a systematic interference with
civil rights as they then were understood. Mass extermination, deportation or expropriation
of Citizens was something not even imagined as a potentiality.*" In den Proskriptionen des
1. Jh. v. Chr. kam es freilich auch zu solchen Erscheinungen. Als rechtlich wurden die
Maßnahmen aber wohl nie anerkannt; vgl. etwa Val. Max. 6, 2, 12 über A. Cascellius:
*nullius enim aut gratia aut auctoritate conpelli potuit ut de aliqua earum rerum, quas
triumviri dederant, formulam componeret, hoc animi iudicio universa eorum beneficia extra
omnem ordinem legum ponens.*

[333] Leg. 1, 42: *Iam vero illud stultissimum, existimare omnia iusta esse, quae sita sint in populorum institutis aut legibus. etiamne si quae leges sint tyrannorum? si triginta illi Athenis
leges inponere voluissent, aut si omnes Athenienses delectarentur tyrannicis legibus, num
idcirco eae leges iustae haberentur? nihilo, credo, magis illa, quam interrex noster tulit, ut
dictator, quem vellet civium, aut indicta causa inpune posset occidere. est enim unum ius,
quo devincta est hominum societas, et quod lex constituit una; quae lex est recta ratio
imperandi atque prohibendi; quam qui ignorat, is est iniustus, sive est illa scripta uspiam
sive nusquam. Quodsi iustitia est obtemperatio scriptis legibus institutisque populorum, et
si, ut eidem dicunt, utilitate omnia metienda sunt, negleget leges easque perrumpet, si poterit,
is, qui sibi eam rem fructuosam putabit fore. ita fit, ut nulla sit omnino iustitia, si neque
natura est, eaque quae propter utilitatem constituitur, utilitate illa convellitur.* Auch der
weitere Text ist sehr aufschlußreich.

[334] Vgl. die Belege im VIR I 294 (ab *aequissime, aequitas*) — 296 (*aequissimus*); III 734
(*inique*) — 737 (*iniquum*); 750 (*iniuste*) — 751 (*iniustus*). Für *iuste, iustitia* und *iustus*

gehalten. Inzwischen hat sich freilich immer mehr die Erkenntnis durchgesetzt, daß die frühere Textkritik ihrerseits kritisch zu betrachten ist[335]. Vor allem aber sind die Voraussetzungen, von denen aus Wendungen wie *naturalis aequitas*, oder das Wort *iustitia* für interpoliert gehalten wurden, alles eher denn gesichert. Das macht etwa die neueste Untersuchung von PARPAGLIA deutlich[336]. Aber auch ganz abgesehen von allen inzwischen vorgebrachten Gründen wäre es auch so vollkommen unglaublich, daß die für die Juristen so entscheidende Entwicklung der Lehre von der Gerechtigkeit seit Platon und Aristoteles, in der Stoa und bei Cicero gerade an den Juristen seit der Vorklassik spurlos vorübergegangen wäre. Die gesamte Entwicklung des vorklassischen und des klassischen römischen Rechts wäre unter solchen Voraussetzungen weder zu verstehen noch zu erklären.

b) Im einzelnen kann ich hier nur mit zwei Beispielen zu verdeutlichen versuchen, was sich über die Gerechtigkeit aus den Aussagen der Juristen entnehmen läßt.

Im ersten Beispiel, dem *edictum de dolo*, spricht Ulpian selbst zwar nicht von Gerechtigkeit. Auf sie wird nur in dem von ihm zitierten Wortlaut des Edikts mit dem Ausdruck *iusta causa* Bezug genommen. Die Vorstellung der Gerechtigkeit ist aber auch in Ulpians einleitenden Bemerkungen zum *edictum de dolo* impliziert. Es ist daher zweckmäßig, diese mit dem Wortlaut des Edikts und dem Beispielfall zusammen zu betrachten.

Ulp. D 4, 3, 1 pr. — 1 (11 ed.): *Hoc edicto praetor adversus varios et dolosos, qui aliis offuerunt calliditate quadam, subvenit, ne vel illis malitia sua sit lucrosa vel istis simplicitas damnosa. (1) Verba autem edicti talia sunt: 'Quae dolo malo facta esse dicentur, si de his rebus alia actio non erit et iusta causa esse videbitur, iudicium dabo'.*

Ulp. D 4, 3, 34 (42 ad Sab.): *Si, cum mihi permisisses saxum ex fundo tuo eicere vel cretam vel harenam fodere, et sumptum in hanc rem fecerim, et non patiaris me tollere: nulla alia quam de dolo malo actio locum habebit*[337].

Im pr. von D 4,3,1, steht hinter der Gegenüberstellung der *malitia lucrosa* mit der *simplicitas damnosa* ganz offensichtlich derselbe Gedanke, wie er

---

steht mir nur eine Ablichtung des Manuskripts des noch nicht erschienenen Teiles zur Verfügung, welche mir die Redaktion freundlicherweise überlassen hat.

[335] Dazu vor allem M. KASER, Zur Glaubwürdigkeit der römischen Rechtsquellen (Über die Grenzen der Interpolationenkritik), La critica del testo (Firenze 1971) 291—370, und DERS., Zur Methodologie der römischen Rechtsquellenforschung, Öst. Akad. der Wiss., Phil.-hist. Kl., Sitzungsber. 277, 5. Abh. (Wien 1972), vor allem 94ff.; dort 8 Anm. 1 Hinweise auf weitere Lit.

[336] Oben Anm. 321; vgl. auch H. LANGE, ZSS 52 (1932) 296—314, Die Wörter *AEQVITAS* und *IVSTITIA* auf römischen Münzen, der darauf hinweist, daß *AEQVITAS* und *IVSTITIA* „sich nicht auf Münzen der Republik" finden, wohl aber auf denen seit der frühen Kaiserzeit (a. O. 297), und zwar *AEQVITAS* seit Galba (68—69 n. Chr.), *IVSTITIA* seit Tiberius (14—37 n. Chr.).

[337] Dazu W. WALDSTEIN, Festschr. Verdross (oben Anm. 319) 557f.; vgl. auch M. KASER, RPR I 628 bei Anm. 31.

bei Pomponius in der Wendung *nam hoc natura aequum est neminem cum alterius detrimento fieri locupletiorem* zum Ausdruck kommt, nur mit dem Unterschied, daß hier noch das Element der *malitia* auf der einen Seite und das der *simplicitas* auf der anderen hinzukommt.

Nun kommt aber die weitere Frage, was mit der *iusta causa* im Edikt gemeint ist. Das kann vielleicht am Beispielsfall selbst am besten verdeutlicht werden. Hier geht es darum, daß jemand (der *tu*) einem anderen (*mihi*) offensichtlich formfrei gestattet hat, von seinem (des *tu*) Grund einen Stein zu brechen, Kreide oder Sand zu graben, der andere (*ego*) daraufhin Aufwendungen zur Durchführung der Entnahme gemacht hat und derjenige, der es zuerst gestattet hatte, nun die Ausführung dessen, was er gestattet hatte, nicht duldet. Ulpian sagt, daß in einem solchen Falle keine andere als die *actio de dolo malo* in Betracht kommt[338]. Es wird also der Rechtsschutz gegen *dolus* bejaht. Was kann hier als *iusta causa* dafür angesehen werden? Ganz sicher ist es eben kein positivrechtlicher Grund, der einen Anspruch gewähren würde. Der gerechte Grund für die Gewährung des Rechtsschutzes wird vielmehr gerade deswegen angenommen, weil hier ein sonstiger rechtlicher Schutz fehlt. Und der gerechte Grund besteht offensichtlich darin, daß derjenige, der auf das Wort des anderen vertraut hatte, ungerechterweise Schaden erlitten hat durch ein treuwidriges, doloses Verhalten des anderen. Es wird daher als gerecht angesehen, daß derjenige, der einen solchen Schaden erlitten hat, gegen den dolosen Verursacher des Schadens einen Anspruch auf Ersatz hat. Das dürfte wohl auch für jeden unbefangenen Betrachter einsichtig sein. Jedenfalls ist die Einsicht intersubjektiv nachvollziehbar.

c) Ganz anders gelagert ist das zweite Beispiel.

Ulp. D 2, 2, 1 pr. — 1 (3 ed.): *Hoc edictum summam habet aequitatem, et sine cuiusquam indignatione iusta: quis enim aspernabitur idem ius sibi dici, quod ipse aliis dixit vel dici effecit? (1) Qui magistratum potestatemve habebit, si quid in aliquem novi iuris statuerit, ipse quandoque adversario postulante eodem iure uti debet. si quis apud eum, qui magistratum potestatemque habebit, aliquid novi iuris optinuerit, quandoque postea adversario eius postulante eodem iure adversus eum decernetur: scilicet ut quod ipse quis in alterius persona aequum esse credidisset, id in ipsius quoque persona valere patiatur.*

Eine eingehende Würdigung dieses Edikts und des Ulpiantextes hat GENZMER vorgelegt[339]. Er wendet sich gegen die frühere Vorstellung, das Edikt stelle „sich als eine für die klassische Zeit überraschende Konservierung der archaischen Talionsidee" dar[340]. Er kommt zu dem überzeugenden

---

[338] Der ähnliche Fall Ulp. D 39, 5, 6 (ebenfalls 42 Sab.) liegt insofern anders, als dort bereits das Eigentum erworben worden war.

[339] ZSS 62 (1942) 122ff.; weitere Lit. bei M. KASER, Das römische Zivilprozeßrecht (1966) 182, Anm. 23.

[340] ZSS 62, 122.

Ergebnis, daß für die klassischen Juristen „das Edikt Quod quisque ein Muster der Aequitas als Prinzips der Gerechtigkeit" ist[341]. Schon GENZMER sieht die entscheidenden Passagen des Textes als echt an, jedenfalls auch den Schlußsatz *scilicet ut . . .*, der „dieselbe Auffassung erkennen" läßt wie der Einleitungssatz. Er sieht in ihm das Prinzip ausgedrückt: „Quod tibi fieri non vis, alteri non feceris! Hast du es aber einem Anderen getan, so mußt Du es Dir selber auch gefallen lassen." Und er knüpft daran die Frage: „Christliche Einflüsse auf Ulpian?"[342] Aber GENZMER zeigt selbst, daß dieses Prinzip in der stoischen Philosophie und bei Cicero längst vorgebildet war und das „besondere Wohlgefallen des christenfreundlichen Alexander Severus" fand[343]. Matthäus selbst sagt zu der Regel: οὗτος γάρ ἐστιν ὁ νόμος καὶ οἱ προφῆται[344]. Es wird damit offensichtlich auf eine längst verankerte rechtliche Überzeugung Bezug genommen.

d) Was nun den Inhalt dessen betrifft, was hier mit Gerechtigkeit angesprochen wird, so zeigt sich ein grundlegender Unterschied gegenüber dem ersten Beispiel. Dort ging es in der Tat darum, jedem sein Recht zuteil werden zu lassen. Hier hingegen scheint es zunächst nur um ein Prinzip der Anwendung positiven Rechts, also um ein formales Element zu gehen. Bei genauerer Betrachtung zeigt sich jedoch, daß auch hier ein fundamentaler, vor aller positiven Rechtssetzung gegebener Gerechtigkeitsgehalt angesprochen wird. Es steht im Grunde das Gerechtigkeitsprinzip der Gleichheit dahinter, das bereits Aristoteles scharf herausgearbeitet hatte[345]. Livius nimmt auf diese Gleichheit Bezug bei der Schilderung der Zustände nach der Vertreibung des Tarquinius Superbus. Junge Anhänger der Tarquinier, *adsueti more regio vivere*, hätten sich nach dem Bericht des Livius darüber beschwert, daß die mit der Rechtsgleichheit eingeführte allgemeine Freiheit sich zu ihrer Knechtschaft verkehrt habe. Bemerkenswert ist, daß Livius in diesem Zusammenhang hervorhebt, das Gesetz sei heilbringender (vorteilhafter) und besser für den Machtlosen (Schwachen) als für den Mächtigen[346]. Die Funktion des Rechtes, den Schwächeren vor den Übergriffen und der Willkür des Mächtigeren zu schützen, ist damit angesprochen. PARPAGLIA sieht darin geradezu einen Ausdruck der „*visione liviana*" von der *societas aequa*[347]. Die Gleichheit vor dem Recht ist in der Tat mehr als ein Formalprinzip der Rechtsanwendung.

---

[341] ZSS 62, 132.

[342] ZSS 62, 132.

[343] ZSS 62, 126 und 132f. mit Belegen.

[344] Matth. 7, 12; ähnlich Tob. 4, 15; Luc. 6, 31; Rom. 13, 8—10; H. KELSENS Kritik an dieser Regel, Reine Rechtslehre² (1960, unveränd. Nachdruck 1967) 367ff., ist überaus erstaunlich und demonstriert das Ausmaß des Mißverstehens und Verwechselns strukturell verschiedener Gegebenheiten von falschen Voraussetzungen aus.

[345] EN V 5, 1130 b 8ff.; V 6, 1131 a 9ff.; V 7, 1131 b 32f. — 1132 a 30; MM I 33, 1193 b 19 — 1194 b 30; dazu auch P. TRUDE, Gerechtigkeit 90ff.

[346] Liv. 2, 3; dazu jetzt P. P. PARPAGLIA, Aequitas 6ff. mit Lit. und weiteren Belegen.

[347] Aequitas 6 und Anm. 6.

In unserem Fall ist der Gleichheitsgrundsatz freilich nicht in dieser
Allgemeinheit gegeben. Es geht vielmehr darum, daß man das, was man
hinsichtlich einer anderen Person für gerecht hielt, auch für sich gelten lassen
müsse. Es würde in der Tat eine Willkür bedeuten, wenn jemand dort,
wo es um die Durchsetzung seiner eigenen Rechte geht, hinsichtlich des
Gegners etwas für gerecht halten würde, was er selbst nicht beobachten
möchte. Damit würde die Grundlage der Gerechtigkeit verlassen. Willkür
in der Verfolgung eigener Vorteile träte an die Stelle des Rechtes.

e) Liegt hier nun einfach eine subjektive 'Wertung' vor, die auch
vollkommen anders ausfallen könnte, weil ihr keine intersubjektiv vermittelbaren objektiven Gegebenheiten entsprechen? Auch diese Frage
kann hier natürlich nicht im einzelnen durchuntersucht werden. Die
Behauptung aber, es handle sich hier um eine rein subjektive Wertung, ist
offenbar unsinnig. Es läßt sich einsehen, daß eine Ordnung auf einem
gegenteiligen Prinzip, nämlich dem, daß derjenige, der Macht hat, gegen
die anderen als Recht festsetzen kann, was immer er will, ohne diese Normen
gegen sich gelten lassen zu müssen, nicht als Rechtsordnung begriffen
werden könnte. Freilich könnte ein Gesetzgeber dessenungeachtet eine
solche Ordnung aufstellen und mit Zwangsgewalt durchsetzen. Das wäre
aber eben genau das, was eine solche Ordnung als die einer Tyrannis oder
einer ochlokratischen Willkürherrschaft kennzeichnen würde. Natürlich
gibt es viele Übergangsstufen, und die Grenze kann nicht exakt angegeben
werden. Im Extrem ist der Unterschied aber klar. Es hat demnach etwa
der Satz, *princeps legibus solutus est*, im römischen Recht niemals jenen
allgemeinen Sinn gehabt, der ihm später in der absoluten Monarchie unterstellt wurde[348]. Aber auch im Rechtsverkehr Einzelner würde es jedermann
ohne weiteres als krasse Ungerechtigkeit erkennen, wenn jemand für sich
nicht gelten lassen will, was er für einen anderen gerecht findet. Das ist
in der Tat einsehbar. Auch diese Einsicht ist intersubjektiv nachvollziehbar.
PARPAGLIA spricht in diesem Zusammenhang mit Hinweis auf Ausführungen
von ALBANESE geradezu von einem ,,*principio matematico*''[349]. Aber man
kann sich seiner nur durch unmittelbare Einsicht vergewissern. Die dabei

---

[348] Ulp. D 1, 3, 31 (13 ad leg. Iul. et Pap.) bezog sich ursprünglich nur auf die Ehegesetze
des Augustus; das geht auch noch aus Paul. D 32, 23 (5 sent. = Paul. sent. 5, 12, 9ª)
hervor: *Ex imperfecto testamento legata vel fideicommissa imperatorem vindicare inverecun-
dum est: decet enim tantae maiestati eas servare leges, quibus ipse solutus esse videtur*; der
Kaiser muß also die Wirkungen jener Ehegesetze auch dann beachten, wenn ihn selbst
die aus diesen Gesetzen folgenden Pflichten zur Ehe nicht binden. Dazu, was aus dem
Grundsatz später, vor allem unter dem Einfluß der Lehre von JEAN BODIN geworden ist,
vgl. etwa nur F. WALTER, Österreichische Verfassungs- und Verwaltungsgeschichte von
1500 bis 1955, aus dem Nachlaß herausgeg. von A. WANDRUSZKA (Wien–Köln–Graz,
Veröff. d. Komm. f. Neuere Geschichte Österr. 59, 1972) 63f., und O. KIMMINICH,
Deutsche Verfassungsgeschichte (Frankfurt, Lehrbücher d. Öff. Rechts 5, 1970) 244f.;
Schrifttum zum Absolutismus bei H. CONRAD, Deutsche Rechtsgeschichte II (Karlsruhe
1966) 42.

[349] P. P. PARPAGLIA, Aequitas 7, Anm. 9, zu B. ALBANESE, Jus 10 (1959) 434 und 437f.; vgl.
auch F. HORAK, Rationes 65ff.

erfaßten 'Wertdifferenzen' sind dieser Einsicht objektiv vorgegeben und werden nicht erst durch eine subjektive 'Wertung' erzeugt. An Hand objektiver Gegebenheiten läßt sich erkennen, daß das eine prinzipiell mit dem anderen nicht gleichwertig ist.

3. Gerechtigkeit — ein Kriterium der richtigen Anwendung vorgegebener Normen

Den beiden behandelten Beispielen ist gemeinsam, daß die Gerechtigkeit ein Kriterium für die richtige Anwendung von Normen ist, die als solche bereits gegeben sind. Wenn aber Normen des positiven Rechts mit Naturrechtsnormen im Widerspruch stehen, werden sie ihrerseits als ungerecht erkannt, weil sie nicht jedem sein schon unabhängig von staatlicher Setzung zukommendes Recht zuteil werden lassen. In der antiken Philosophie ist die Gerechtigkeit durchwegs als Tugend angesehen worden[350]. Auch aus der Definition Ulpians geht das hervor. Sie wird durch den unerschütterlichen und beständigen (gleichbleibenden, in allen Fällen geltenden) Willen (oben 1 b) gekennzeichnet, jedem sein Recht zuteil werden zu lassen. Das ist der radikale Gegensatz zu allen Formen der Willkür und Boshaftigkeit. In diesem Sinne definiert Celsus: *ius est ars boni et aequi*[351]. Aber derselbe Celsus erkennt auch, daß die Erkenntnis der Gerechtigkeit vielerlei Gefahren des Irrtums ausgesetzt ist. In der berühmten Stelle D 45,1,91,3 berichtet uns Paulus, Celsus habe in dem dort diskutierten Falle, in dem es um die *emendatio morae* geht, erklärt: *esse enim hanc quaestionem de bono et aequo: in quo genere plerumque sub auctoritate iuris scientiae perniciose, inquit, erratur*[352].

In der Tat wird die Möglichkeit des Irrtums und die Tatsache, daß im Namen der Gerechtigkeit schon sehr Verschiedenes und Widersprüchliches gefordert worden ist, als eines der Hauptargumente gegen die Objektivität von Gerechtigkeitskriterien angeführt und gegen die Möglichkeit ihrer Er-

---

[350] So etwa Arist. EN V 1, 1129 a 6ff.; 3, 1130 a 8ff.: αὕτη μὲν οὖν ἡ δικαιοσύνη οὐ μέρος ἀρετῆς ἀλλ᾽ ὅλη ἀρετή ἐστιν, οὐδ᾽ ἡ ἐναντία ἀδικία μέρος κακίας ἀλλ᾽ ὅλη κακία; DIRLMEIER übersetzt: „Die Gerechtigkeit in diesem Sinn ist also nicht ein Teil der ethischen Werthaftigkeit, sondern die Werthaftigkeit in ihrem ganzen Umfang. Und ihr Gegensatz, die Ungerechtigkeit, ist nicht ein Teil der Minderwertigkeit, sondern die Minderwertigkeit in ihrem ganzen Umfang"; in MM I 33, 1193 b 5f.: διὸ καί, φασί, δοκεῖ ἡ δικαιοσύνη τελεία τις ἀρετὴ εἶναι · ...; DIRLMEIER: „Daher gilt denn auch, so heißt es, die Gerechtigkeit als eine Art vollendeter Tugend"; vgl. auch den weiteren Text, wo in 9f. die Wendung in direkter Rede wiederkehrt; weiter etwa Zenon fr. 190, v. ARNIM I, p. 47, und Chrysipp. fr. 300, v. ARNIM III, p. 73, wo die Gerechtigkeit als eine der vier unzertrennlichen Tugenden bezeichnet wird; allgem. dazu P. TRUDE, Gerechtigkeit 73ff. mit zahlreichen Belegen.

[351] Ulp. (Cels.) D 1, 1, 1 pr. (1 inst.).

[352] F. SCHULZ, Classical Roman Law (Oxford 1951, Neudr. 1961) 483, sagt zu dem Text: *"substantially classical"*.

kennbarkeit[353]. Diese Argumente bedürften einer eingehenden Analyse, damit ihre Unhaltbarkeit dargetan werden könnte. Genau mit denselben Problemen ist bereits Cicero konfrontiert gewesen. Deswegen will ich hier nur einen Absatz aus seiner Argumentation wiedergeben, der einmal erkenntnistheoretisch von großer Bedeutung ist, zum anderen aber im wesentlichen genau die Antwort auf die meisten der Einwände auch für heute bringt. Er gibt aber auch, ungeachtet aller Problematik und Vielschichtigkeit der Person Ciceros[354], ein Zeugnis von jenem 'hohen sittlichen Bewußtsein', das man mit KASER (oben 1 a) für die Juristen erst recht annehmen darf.

> Cic. de leg. 1, 47: *sed perturbat nos opinionum varietas hominumque dissensio, et quia non idem contingit in sensibus, hos natura certos putamus, illa, quae aliis sic, aliis secus nec isdem semper uno modo videntur, ficta esse dicimus; quod est longe aliter. nam sensus nostros non parens, non nutrix, non magister, non poeta, non scena depravat, non multitudinis consensus abducit; at vero animis omnes tenduntur insidiae vel ab iis, quos modo enumeravi, qui teneros et rudes cum acceperunt, inficiunt et flectunt, ut volunt, vel ab ea, quae penitus in omni sensu implicata insidet, imitatrix boni, voluptas, malorum autem mater omnium; cuius blanditiis corrupti, quae natura bona sunt, quia dulcedine hac et scabie carent, non cernunt satis.*

VII. Zusammenfassung

1. Diese keineswegs vollständige Untersuchung der Entscheidungsgrundlagen, welche die klassischen römischen Juristen herangezogen haben, hat bereits ihre Vielfalt und Verschiedenartigkeit deutlich werden

---

[353] Das wird besonders aus der Darstellung von H. KELSEN, Reine Rechtslehre[2] 365 ff., deutlich, wo er 'Das Problem der Gerechtigkeit' behandelt, und zwar insbesondere unter dem Gesichtspunkt, daß „tatsächlich . . . sehr viele, von einander sehr verschiedene und einander zum Teil entgegengesetzte Gerechtigkeitsnormen als gültig vorausgesetzt" werden; dazu oben Anm. 344. Allgemein hat bereits Sext. Empir. etwa in Pyrrh. 3, 179 ff. diese Argumente vorgebracht. Vgl. dagegen etwa M. KRIELE, Kriterien der Gerechtigkeit, Zum Problem des rechtsphilosophischen und politischen Relativismus (Berlin 1963), und H. HENKEL, Einführung in die Rechtsphilosophie. Grundlagen des Rechts (München–Berlin 1964) 301—323 mit einem umfangreichen Verzeichnis des Schrifttums (a. O. 301); zu der dort genannten Lit. auch I. TAMMELO, Justice and Doubt, An Essay on the Fundamentals of Justice, Österr. Zeitschr. f. Öffentl. Recht 11 (1959) 308—417 mit weiterer Lit. Seither vor allem noch E. BODENHEIMER, Treatise on Justice (New York 1967) und Justice as a Rational Ideal, Österr. Zeitschr. f. öffentl. Recht 15 (1965) 410—421; auch K. ENGISCH, Auf der Suche nach Gerechtigkeit (München 1971) und R. ZIPPELIUS, Das Wesen des Rechts (München 1973) 68 ff.

[354] Die Persönlichkeit Ciceros wird sehr ausgewogen dargestellt von O. SEEL, Cicero, Wort, Staat, Welt (Stuttgart 1953).

lassen. Schon im Bereich der physisch-faktischen *natura rerum* ließen sich verschiedene strukturelle Eigenarten aufzeigen, auf welche sich rechtliche Regelungen oder Entscheidungen beziehen. Diese strukturellen Eigenarten führen zu einer Einengung des Spielraumes für sinnvolle Entscheidungen. Die strukturellen Eigenarten natürlicher Gegebenheiten weisen aber darüber hinaus auf mitgegebene Sinn- und Wertstrukturen hin (II 4 e).

2. Aber auch die spezifisch juristischen Gebilde erweisen sich bei näherer Untersuchung keineswegs als willkürlich definierte Begriffe, die auch beliebig anders definiert werden könnten. Sie entsprechen vielmehr von ihnen unabhängig vorgegebenen Sinnbezügen, welche in der Begriffsbildung erfaßt und rechtlich konkretisiert werden. Insofern haben sie ihre eigene Natur, wenn auch es die Natur eines ideell existierenden Sinngebildes ist (III 3 bf.).

3. Hinsichtlich der *fides*, die sich als eine überaus komplexe Vorgegebenheit rechtlicher Entscheidung erweist, konnte festgestellt werden, daß sie keineswegs als ursprünglich bloß außerrechtliche Verpflichtungsgrundlage angesehen werden kann. Dies würde nur zutreffen, wenn man den Begriff des Rechtes von vornherein auf das positive Recht einschränkte. Es erweist sich vielmehr, daß die *fides* in einem engen Zusammenhang mit dem *ius naturale* und der Gerechtigkeit steht (IV 2 b—d). In sich ist sie gegenüber der *rerum natura* oder der Natur rechtlicher Gebilde eine Vorgegebenheit ganz anderer Art, die sich auf nichts anderes reduzieren läßt. Bei näherer Prüfung läßt sich eine Unzahl von einsehbaren Sinnbezügen erschließen. Diese haben die römischen Juristen in ihrer Vielfältigkeit und Differenziertheit als Entscheidungsgrundlagen beachtet.

4. In eine neue Dimension führt das *ius naturale*. Es hat sich gezeigt, daß die römischen Juristen bei ihrer Arbeit in viel größerem Ausmaß, als die direkten Bezugnahmen oder gar theoretischen Erörterungen es vermuten ließen, unmittelbar jene vorgegebene normative Ordnung zur Anwendung gebracht haben, die als *ius naturale* bezeichnet wird. Diese Ordnung hat damit in der Gestaltung des römischen Rechts eine ganz außerordentliche Bedeutung gewonnen (V 1 b). Sie haben die Elemente dieser Ordnung „mit Hinsicht auf die sorgfältig gesammelten und reiflich erwogenen Umstände" erschlossen und so tatsächlich zahlreiche Rechtsfälle „nach den natürlichen Rechtsgrundsätzen entschieden" (§ 7 ABGB). Dabei haben sie keinen Anlaß gehabt, nach den logischen Voraussetzungen für die Existenz solcher Normen zu fragen. Auf diese Normen ist ihr erkennender Verstand ebenso gestoßen wie etwa § 233 des früh. öst. StG voraussetzte, daß gewisse Handlungen oder Unterlassungen „jeder als unerlaubt von selbst erkennen kann". Ihr Begriff des *ius naturale* ist nicht eine Konstruktion von irgendwelchen Prämissen aus. Sie gehen vielmehr von der Einsicht in vorgegebene Normen selbst aus, die als solche einsichtig sind und bei gewissen Sachbezügen zur Anwendung zu kommen haben (V 4). Dabei lassen sich diese Normen weder auf das reduzieren, was als *rerum natura* oder die Natur rechtlicher Gebilde begriffen wurde, noch lassen sie sich

aus diesen Gegebenheiten im Sinne eines Syllogismus ableiten. Sie stehen aber mit jenen Gegebenheiten insofern in Beziehung, als der menschliche Verstand durch die spezifischen Sinnstrukturen natürlicher Gegebenheiten auf jene normative Ordnung verwiesen wird, die aber ihrerseits mit ihnen nicht verwechselt werden darf.

5. Von allen bisher angeführten Entscheidungsgrundlagen gänzlich verschieden, wenn auch insbesondere mit *fides* und *ius naturale* eng zusammenhängend, ist die Gerechtigkeit. Bei aller Schwierigkeit, das, was mit *aequitas, iustitia, iustum* und dgl. angesprochen wird, angemessen zu erfassen, zeigt sich doch an Hand der Analyse der Quellenzeugnisse klar, daß es hier keineswegs bloß um Produkte einer subjektiven Wertung geht, der keine objektiven, vom erkennenden Subjekt unabhängigen und der Erkenntnis zugänglichen Wertdifferenzen entsprächen. Die Gerechtigkeit selbst erweist sich als ein Kriterium für die richtige Anwendung von Normen, die als solche bereits gegeben sind. Wenn aber Normen des positiven Rechts mit Naturrechtsnormen im Widerspruch stehen, werden sie ihrerseits als ungerecht erkannt (VI 3). Die *constans et perpetua voluntas ius suum cuique tribuendi*, von der Ulp. D 1,1,10 pr. spricht (VI 1 b), wird in der antiken Philosophie durchwegs als Tugend, und zwar gelegentlich sogar als die Tugend schlechthin angesehen, in der alle anderen Tugenden gründen (Anm. 350). Jedenfalls zeigen sich auch in diesem Bereich vielfältige, klar einsichtige Vorgegebenheiten, welche die römischen Juristen bei ihren Entscheidungen selbstverständlich beachtet haben. Sie sind das Produkt weder einer bestimmten Volksmoral noch einer bestimmten Gesellschaftsordnung, auch wenn sie, wie alle dem Menschen vorgegebenen Faktoren, in all das eingegangen sind, was die römische Kultur ausmacht. In sich sind sie von ihrer konkreten Ausgestaltung unabhängig und auch unter ganz anderen moralischen und gesellschaftlichen Verhältnissen einsehbar.

6. Mit der Erfassung der hier behandelten und noch zahlreicher anderer Vorgegebenheiten haben die römischen Juristen in den verschiedenartigen und oft komplexen Rechtsfällen die jeweils 'richtige Entscheidung' zu finden sich bemüht und zweifellos auch oft gefunden. Es ist klar, daß die Erkenntnis komplexer Gegebenheiten nur langsam und auch keineswegs immer geradlinig oder stetig voranschreitet. In der Rechtstheorie der Gegenwart ist man in vieler Hinsicht hinter das zurückgefallen, was die römischen Juristen bereits erarbeitet hatten. Vorurteile verschiedener Art versperren den Zugang zu bereits gewonnenen Erkenntnissen. Eine eingehendere und tiefere Erforschung der von der römischen Rechtswissenschaft gewonnenen Erkenntnisse hinsichtlich der Entscheidungsgrundlagen, welche vor jedem positiven Recht bereits vorgegeben sind, könnte daher ein fruchtbarer Ansatz auch für die Lösung moderner Probleme sein.

Horoi, pithana und regulae — Zum Einfluß der Rhetorik und Dialektik auf die juristische Regelbildung

von Bruno Schmidlin, Wien

Inhaltsübersicht

I. Die Problemstellung

Wenn sich die Forschung wieder vermehrt dem Verhältnis zwischen der römischen Jurisprudenz und den hellenistischen *artes* zuwendet, so gilt ihr Interesse nicht nur einem wichtigen Abschnitt in der Geschichte der römischen Aufklärung, sondern ebensosehr der methodologischen Bedeutung, die dieser Begegnung zukommt. Die autochthon gewachsene römische Rechtskunst stößt in dieser Zeit mit den von der Dialektik beherrschten hellenistischen *artes* zusammen, und die Jurisprudenz wird mit einem Wissenschaftsmodell konfrontiert, das wegen seines universellen Anspruchs zur Auseinandersetzung zwingt. Falldenken und Begriffsdenken, Aktionenkatalog und dialektisches System — Grundelemente jeder Rechtswissenschaft — suchen einen Ausgleich.

Trotz der kaum mehr übersehbaren Literatur zu diesem Thema hat sich noch kein einheitliches Bild durchzusetzen vermocht[1]. Sehen die einen die römische Rechtswissenschaft ganz im Banne einer sie erneuernden Dialektik[2], so halten andere diesen hellenistischen Einfluß für eine Mode-

---

[1] Dazu s. unten ausgew. Bibl.

[2] So F. Schulz, Geschichte der römischen Rechtswissenschaft, Weimar 1961, 44ff. (= History of Roman Legal Science[2], Oxford 1953); J. Stroux, Römische Rechts-

strömung ohne nachhaltige Auswirkung[3]. Beide Pauschalurteile dürften heute überholt sein. Ganz offensichtlich ist der historische Befund zu komplex, als daß man ihn unter die vereinfachten Stichworte 'wissenschaftliche Revolution' oder, entgegengesetzt, 'modischer Zeitstil' bringen dürfte. Vor allem ist der Abstand zwischen der aller methodologischen Programmatik abgeneigten römischen Jurisprudenz und dem von allem Neuen begeisterten Cicero nicht zu übersehen; die Wortkargheit der einen und die Redseligkeit des anderen führen zu einem Ungleichgewicht, das die wirkliche Sachlage verzerrt. Die Spannung zwischen Jurisprudenz und dialektischen *artes* bricht in Ciceros Schriften immer wieder hervor. Neben seiner hoffnungserfüllten Devise: *ius civile in artem redactum*[4], steht sein bitterer Ausspruch über die silbenstechenden, wortverdrehenden, formelbetenden und buchstabengläubigen Juristen[5]. Ernüchternde Kühle weht dagegen aus dem derben Spruch des Juristen Aelius Sextus, den Cicero getreulich überliefert: philosophieren wolle er wohl, aber wenig, denn ihm gefalle dies überhaupt nicht[6].

Noch eindrucksvoller als in diesen übertreibenden Wortgefechten zeichnet sich der Stellungskrieg zwischen Jurisprudenz und Rhetorik in einer Anekdote ab, die Pomponius in seinem Aufriß der Rechtsgeschichte überliefert:

Pomponius D 1,2,2,43:

Servius autem Sulpicius cum in causis orandis primum locum aut pro certo post Marcum Tullium optineret, traditur ad consulendum Quintum Mucium de re amici sui pervenisse, cumque eum sibi respondisse de iure

wissenschaft und Rhetorik, Potsdam 1949. Aus der neueren Literatur insbes. A. CARCATERRA, Le definizioni dei giuristi romani, Napoli 1966; R. MARTINI, Le definizioni dei giuristi romani, Milano 1966; P. STEIN, Regulae iuris, Edinburgh 1966; A. SCHIAVONE, Studi sulle logiche dei giuristi romani, Napoli 1971; u.a.m.

[3] Vor allem zeigen die Untersuchungen zu methodologischen Teilaspekten ein viel nuancierteres Bild, s. insbes. M. KASER, Zur Methode der römischen Rechtsfindung, Göttingen 1962, [2]1969; E. BUND, Untersuchungen zur Methode Julians, Köln 1965; U. WESEL, Rhetorische Statuslehre und Gesetzesauslegung der römischen Juristen, Köln-Berlin-Bonn-München 1967; A. STEINWENTER, Rhetorik und römischer Zivilprozeß, SZ 65, 1947, 69ff.; B. SCHMIDLIN, Die römischen Rechtsregeln, Köln–Wien 1970; D. NÖRR, Divisio und partitio, Berlin 1972; u.a.m.

[4] Gellius 1,22,7 *M. autem Cicero, in libro qui inscriptus est ,,de iure civili in artem redigendo'', verba haec posuit* ...; vgl. auch Quintilianus, Inst. or. 12,3; Charisius, Gram. Latini I, 138, s. nobile (KEIL) dazu H. E. DIRKSEN, Hint. Schriften I, Über Ciceros untergegangene Schrift De iure civili in artem redigendo, Leipzig, 1871, 1; E. COSTA, Cicerone Giureconsulto[2], 1, Bologna 1927, 25; G. PUGLIESE, Cicerone tra diritto e retorica, in: Studi Jemolo, 4, 1963, 564ff.

[5] Cicero, de or. 1, 236 ... *est ... iuris consultus ipse per se nihil nisi leguleius quidam cautus et acutus, praeco actionum, cantor formularum, anceps syllabarum* ...

[6] Cicero, de re publ. 1,30 ... *cuique contra Galli studia disputanti in ore semper erat ille de Iphigenia Achilles: Astrologorum signa in caelo quid fit, observationis, cum capra aut nepa aut exoritur nomen aliquod beluarum | Quod est ante pedes nemo spectat, caeli scrutantur plagas ... magis eum delectabat Neoptolemus Ennii, qui se ait philosophari velle, sed paucis: nam omnino haud placere.*

Servius parum intellexisset, iterum Quintum interrogasse et a Quinto Mucio responsum esse nec tamen percepisse, et ita obiurgatum esse a Quinto Mucio: namque eum dixisse turpe esse patricio et nobili et causas oranti ius in quo versaretur ignorare. ea velut contumelia Servius tactus operam dedit iuri civili.

Ganz selbstverständlich erscheint hier die Rechtskunst als eine hoch angesehene Fachwissenschaft. Sie zu kennen, steht einem adeligen Römer offenbar besser an als die Beherrschung der zungenfertigen Rhetorik. Anders als im Kreis der übrigen *artes* vollzieht sich die Auseinandersetzung auch nicht zwischen einer lernbedürftigen Rechtswissenschaft und einer wissenschaftlich vorbildlichen Dialektik. Die Jurisprudenz dieser Zeit verfügt bereits über eine fachlich gefestigte, gesellschaftlich anerkannte Tradition. Die Rhetorik und Dialektik des 2. Jahrhunderts hingegen stehen nicht mehr im Zenit der griechischen Philosophie. Sie werden vom hellenistischen Schuldenken getragen, das sich an vorgegebenen klassischen Themen orientiert und bereits deutlich Züge einer geltungsbedürftigen und zu schulischer Belehrung neigenden Scholastik angenommen hat[7].

Schon der erste große rhetorisch-dialektische Eklat, das Auftreten der drei Schulhäupter als Gesandte vor dem Senat und die Rede des Philosophen Karneades vor der jeunesse dorée Roms, steht unter diesen Zeichen[8]. Einmal für und einmal gegen die Gerechtigkeit zu sprechen und daran gleich die praktisch politische Frage der römischen Eroberung und ihrer Berechtigung aufzuwerfen, verrät die pikante Gewandtheit eines auf Wirkung bedachten Dialektikers. Die Phasenverschiebung in der hellenistischen Philosophie ist für ihre Einflußnahme auf das römische Denken erheblich. Die Römer empfangen die griechische Wissenschaft und Dialektik gleichsam aus zweiter Hand, bereits vorgeformt, vordiskutiert und weitgehend verschult.

Eine weitere Eigentümlichkeit macht die Anekdote sichtbar. Niemand wird Servius mangelnde Intelligenz vorwerfen wollen. Die hochmütige Antwort des Mucius zielt auch in eine andere Richtung. Der *orator* Servius vermag die fachliche Argumentation im *responsum* des Mucius nicht zu durchschauen und für seine Rede auszunützen. Das Anliegen der Rhetorik, zu überzeugen, sein Wort bald der einen, bald der anderen Partei zu leihen, die Wendigkeit, für jede Seite zu sprechen, deckt sich von vornherein nicht mit der Zielsetzung des Juristen, nämlich das Recht so zu finden und

---

[7] Dazu M. Pohlenz, Die Stoa, Geschichte einer geistigen Bewegung, Göttingen ³1964 (Nachdruck 1970), 2. Teil, Die mittlere Periode der Stoa, Neues Lebensgefühl, Die Stoa als führende Macht in der griechisch-römischen Welt. Siehe auch J. B. Gould, The Philosophy of Chrysippus, Leiden 1970.

[8] Quintilianus, 12,1,3,5 *Neque enim Academici cum in utramque disserunt partem, non secundum alteram vivunt, nec Carneades ille, qui Romae audiente Censorio Catone non minoribus viribus contra iustitiam dicitur disseruisse quam pridie pro iustitia dixerat, iniustus ipse vir fuit.* Cicero, de or. 2,155; Academ. priora 2,137; Gellius 6,14.
B. Kübler, Griechische Einflüsse auf die Entwicklung der römischen Rechtswissenschaft gegen Ende der republikanischen Zeit, ACI Roma 1, 1934, 79 ff.

aufzuzeigen, wie es an sich besteht. Die verärgerte Antwort des Mucius greift daher ins Grundsätzliche, es zieme einem *nobilis* und *patricius* nicht, sich vom Juristen lediglich die Information zu holen, um sie dann rhetorisch zu verarbeiten. Darum fordert er Servius auf, sich dem hochangesehenen Kreis der Juristen anzuschließen und sich das nötige Fachwissen selbst anzueignen.

Servius nahm diesen Rat offenbar ernst, denn wir finden ihn bald in der Reihe der angesehensten Juristen. Mit den 'Reprehensa Scaevolae'[9] mag er sich auf seine Weise für den spitzen Ratschlag des Mucius bedankt haben. Doch wichtiger als diese persönlichen Querelen ist die überraschende Feststellung, daß Servius der erste Orator seiner Zeit, darnach rhetorisch überhaupt nicht mehr hervortritt, sondern diesen Platz seinem Freund Marcus Tullius räumt. Viel eher hätte man erwartet, daß er versuchen würde, Rhetorik und Jurisprudenz neu zu verbinden, da er beide beherrschte. Der von Cicero oft erträumte Brückenschlag aber blieb aus, Rhetorik und Jurisprudenz gehen getrennte Wege, Orator und Jurist nehmen verschiedene Aufgaben wahr[10]. *Nihil hoc ad ius, ad Ciceronem*, sagte in scharfer Wendung Aquilius Gallus, sooft man ihm eine Untersuchung über Tatfragen abverlangen wollte[11].

Mag Ciceros Plan einer sich in den Kreis der hellenistischen *artes* würdig einfügenden dialektischen Jurisprudenz auch gescheitert sein[12], so ist damit noch keineswegs ausgemacht, daß dialektisches Denken nicht doch in die römische Jurisprudenz einzudringen vermochte und sichtbare Spuren hinterlassen hat. Es ist auch unwahrscheinlich, daß Juristen wie Mucius Scaevola, Servius Sulpicius, Cascellius, Trebatius, Labeo, deren dialektische Bildung von den Zeitgenossen bezeugt wird, ihr erlerntes Denken vor der Tür der Jurisprudenz ablegten, um nach Art der altväterlichen Kautelarjurisprudenz zu respondieren. Ciceros Hinweis auf das lebhafte Interesse der Juristen an den neuen Möglichkeiten der Dialektik sind ernst zu nehmen. Nur gilt es, sich über das Ausmaß und die Art des Einflusses klar zu werden.

Verfolgt man die Kritik Ciceros am Zustand der damaligen Jurisprudenz, so fällt auf, daß er seinen Finger immer wieder auf die engmaschige Kasuistik legt, in der selbst die Namen der Parteien hängenbleiben[13], auf ihr Unvermögen, sich über den konkreten Fall zur allgemeinen Aussage zu erheben, und auf das buchstabengläubige Festhalten am Wortformalismus.

---

[9] Servius Sulpicius Rufus, Reprehensa Scaevolae capita, siehe dazu O. LENEL, Palingenesia Iuris Romani, Leipzig 1889, Nachdruck Graz 1960, 2,323; F. SCHULZ a.O. 107.

[10] W. NEUHAUSER, Orator und patronus, Innsbruck 1958; F. WIEACKER, Cicero als Advokat, Berlin 1965; M. L. CLARKE, Rhetoric at Rome, New York 1953 (1962); G. BROGGINI, Aus Ciceros Anwaltstätigkeit, in: Coniectanea, Milano 1966, 305ff.

[11] Cicero, top. 51, *Nihil hoc ad ius, ad Ciceronem, inquiebat Gallus noster, si quis ad eum quid tale rettulerat, ut de facto quaereretur.*

[12] Zu Ciceros Plan s. B. SCHMIDLIN a.O. 168ff.; M. VILLEY, Recherches sur la littérature didactique du droit romain, Paris 1945.

[13] Cicero, de or. 2,142 ... *video enim in Catonis et in Bruti libris nominatim fere referri quid alicui de iure viro aut mulieri responderit* ...

In der Tat ist das frühe Rechtsdenken durch die enge Bindung des Rechts an seine Ausdrucksformen gekennzeichnet[14]. Die stoische Logik findet in ihm daher keinen Ansatz, denn gerade sie lehrt, daß zwischen dem Bedeuteten, dem Bedeutenden und dem Ding zu unterscheiden sei. Die Dialektik hat es aber allein mit dem Bedeuteten, dem *lecton*, zu tun[15]. Eine Jurisprudenz, die an der strengen Einheit von Wort und Bezeichnung, von Bedeutetem und Bedeutendem festhält, ist für die entwickelte Aussagenlogik der Stoa und die grammatischen Lehren noch nicht reif.

Auch muß das Haften am konkreten Fall einem rhetorisch Gebildeten naiv erscheinen, denn es gehört zu den Anfangsgründen der Rhetorik, zwischen dem konkreten Fall, der *hypothesis*, und dem darin enthaltenen allgemeinen Problem, der *thesis*, zu unterscheiden. Ja, die Rhetorik besitzt hierfür eine ausgefeilte Lehre, die Statuslehre, die dieses Vorgehen im einzelnen umschreibt[16]. Es wundert daher nicht, daß in dieser bewegten Zeit, in der die Unverbrüchlichkeit des Rechts- und Wortformalismus zerfällt, in dem das Recht auf seinen Sinngehalt, auf das Gerechte durchsichtig wird, der Einfluß der rhetorisch-dialektischen Regelbildung auch im römischen Rechtsdenken Boden gewinnt.

Der Blick fällt notwendig auf eine Werkgruppe, die sich schon durch ihre Titelgebung als Versatzstück aus der Rhetorik und Dialektik ausweist: die 'Horoi' des Mucius Scaevola und die 'Pithana' Labeos. Gewiß sind es Einzelwerke, ja Sonderlinge in der Gesamtliteratur, aber dennoch keine eitlen Preziositäten und bloße Überschriften. Viel eher stellen sie die ersten literarischen Versuche dar, aus der Flut der Kasuistik allgemeine Aussagen nach der Art der *horoi* oder *pithana* herauszulösen. Die Verwendung der griechischen Termini unterstreicht den technischen Sinn dieser Titelworte. Lateinische Entsprechungen: *definitio, probabile, regula*, haben zu dieser Zeit nicht denselben festen Klang. Besonders auffällig tritt die mangelnde Festigkeit im Gebrauch des Wortes *regula* hervor, das noch Cicero in dem fast bildhaften, übertragenen Sinn einer Richtschnur und daher nur im Singular verwendet[17]. Den methodischen Zusammenhang zwischen den juristischen Regeln einerseits und der dialektischen Regelbildung andererseits berührt auch die berühmte, von Paulus (D 50,17,1) überlieferte Definition des Sabinus, die *regula* sei eine *quasi*

---

[14] Zum Rechtsformalismus siehe insbes. F. Schulz, Geschichte[2], die Abschnitte über den interpretativen und aktionalen Formalismus, 28ff., 34ff. Zum Formalismus siehe auch die vorzügliche Darstellung bei R. Ihering, Geist des römischen Rechts, Leipzig [2]1869, 2,2,470; ferner G. Dulckeit, Zur Lehre vom Rechtsgeschäft im römischen Recht, Festschrift Schulz, 1, Weimar 1951, 148ff.

[15] Zu dieser Unterscheidung siehe M. Pohlenz a.O. 1,39; 2,2; die stoische Logik unterscheidet zwischen den *semainonta*, den Bezeichnungen („Pferd" als Lautgebilde), und den *semainomena*, dem Bezeichneten (der Wortinhalt „Pferd" als etwas Ausgesagtes, als *lekton*) und dem realen Gegenstand („Pferd" als realer Gegenstand). Dazu auch I. M. Bocheński, Formale Logik[3], München 1970, 126ff.

[16] Siehe Anm. 33.

[17] Siehe unten 117.

causae coniectio, quae simul cum in aliquo vitiata est perdit officium suum.
Sie schlägt wohl die Brücke zu den Regeln im modernen Sinn einzelner Regelsätze, wie sie uns in den zahlreichen *libri regularum* der klassischen und
spätklassischen Zeit begegnen. Der Versuch, den 'Horoi', 'Pithana' und
der sich daran anschließenden Regelliteratur im weiteren Zusammenhang
der Auseinandersetzung zwischen Jurisprudenz und Dialektik nachzugehen, drängt sich auf.

II. Die 'Horoi' des Mucius Scaevola, der status definitivus *der Rhetorik und die 'Horoi' des Chrysipp*

Offenbar gehört Mucius Scaevola zu den frühesten Juristen, die von den
neuen Möglichkeiten der *ars dialectica* und *rhetorica* Gebrauch machten.
Pomponius rühmt ihn als den ersten, der das *ius civile* in 18 Büchern nach
genera geordnet dargestellt habe[18]. Auch wenn das *generatim componere*
keineswegs den gaianischen Lehrbuchtyp vorwegnimmt, noch etwa einen
dialektischen Aufbau der gesamten Rechtsmaterie nach der Planskizze
Ciceros im 'Brutus' darstellt, so dürfte daran so viel richtig sein, daß Mucius
die Rechtseinrichtungen von der Einzelkasuistik ablösen und in allgemeinen
genera erfassen wollte. Dieses Bemühen dringt in vielen Fragmenten
durch, in der Abgrenzung der Legatsgegenstände[19], in der Definition des
gültigen Inhalts der *societas*[20] oder in der Bestimmung des *furtum* an
anvertrauten Sachen[21]. Wörtlich genau trifft das *generatim componere*
für die Aufstellung der fünf *genera tutelae* zu[22]. Noch bedeutender aber dürfte
die Leistung Scaevolas im Vertragsrecht sein; nicht nur hat er die einheitliche Grundlage der *bona fides*-Verträge erkannt[23], vermutlich verdankt
die römische Jurisprudenz ihm auch die erste generelle Gliederung der

---

[18] Pomponius D 1,2,2,41 *Post hos Quintus Mucius Publii filius pontifex maximus ius civile
primus constituit generatim in libros decem et octo redigendo.* O. LENEL, Das Sabinussystem,
Festschrift Jhering, Berlin 1892; M. LAURIA, Ius Romanum I, Napoli 1963; zu Mucius
s. W. KUNKEL, Herkunft und soziale Stellung der römischen Juristen, Graz² 1967, 18.

[19] Gellius 4,1,17 *Nam Q. Scaevolam ad demonstrandam penum his verbis usum audio: Penus
est, inquit, quod esculentum aut posculentum est, quod ipsius patris familias (aut matris
familias) aut liberum patris familias (aut familiae) eius, quae circum eum aut liberos eius
est et opus non facit, causa paratum est.*

[20] Paulus D 17,2,30 *Mucius libro quarto decimo scribit non posse societatem coiri ut aliam damni,
aliam lucri partem socius ferat.*

[21] Gellius 6,15,2 *Itaque Q. Scaevola in librorum, quos de iure civili composuit, XVI verba haec
posuit: quod cui servandum datum est, si id usus est, sive, quod utendum accepit, ad aliam
rem, atque accepit, usus est, furti se obligavit.*

[22] Gai 1,188 ... *Tutelarum* ... *quidam quinque genera esse dixerunt, ut Quintus Mucius* ...

[23] Cicero, de off. 3,17,70 *Q. quidem Scaevola pontifex maximus summam vim dicebat esse in
omnibus his arbitriis, in quibus adderetur EX FIDE BONA: fideique bonae nomen existim-
abat manare latissime idque versari in tutelis, societatibus, fiduciis, mandatis, rebus emptis
venditis, conductis locatis, quibus vitae societas contineretur* ...

Verträge nach *re* und *verbis contrahere*, nach Real- und Verbalvertrag[24].

Scaevolas 'Liber singularis horon' ist zweifellos der spektakulärste Versuch, die *ars dialectica* der Jurisprudenz dienstbar zu machen. Man hat, wenig überzeugend, die Authentizität des Werkes gerade wegen des griechischen Titels in Zweifel gezogen[25]. LENEL macht zudem auf die auffällige Ähnlichkeit des Fragmentes 46, D 43,20,8 und dem aus dem Kommentar des Pomponius zum *ius civile* stammenden Fragment 40, D 8,3,15 aufmerksam[26]. Doch vermag auch diese Übereinstimmung die Echtheit der *libri horon* nicht zu erschüttern. Warum sollte Mucius nicht selbst aus dem kasuistisch angelegten Kommentar zum *ius civile* eine Entscheidung herausgezogen und zu einem *horos* umgebildet haben? Auch die Zusammenstellung der *horoi* in dem 'Liber singularis' braucht nicht zwingend auf einen erst in spätklassischer Zeit erstellten Auszug aus den Schriften des Quintus Mucius hinzuweisen. Die Stilmerkmale sprechen entschieden für die Echtheit des eigenartigen Werkes.

Gewiß sucht man unter den *horoi* vergeblich Definitionen, gegliedert nach dem aristotelischen Vorbild in *genus* und *species*. Zwar beherrscht auch Scaevola diese Art der Begriffsbestimmung, wie das von Cicero überlieferte Beispiel der *gentiles* beweist[27]. Doch schwebt Mucius offenbar eine andere Aussageform vor. Es geht ihm nicht um Begriffsdefinitionen, eher lehnt er sich an eine Werkgattung an, die wir im Werkverzeichnis des Chrysipp reichlich vertreten sehen. Leider sind von den Büchern Chrysipps nur die Titel 'Horoi' überliefert[28]. Doch genügen sie, um die Verwandtschaft zwischen diesem stoischen und dem Werk des Mucius

---

[24] Dazu C. A. CANNATA, La distinctio re — verbis — litteris — consensu et les problèmes de la pratique, in: Festschrift Lübtow, Berlin 1970, 431ff.

[25] So H. KRÜGER, Römische Juristen und ihre Werke, in: Studi Bonfante 2, Milano 1930, 336. Zweifelnd auch F. SCHULZ, Geschichte[2], 111. Anders G. SCHERILLO, Note critiche su opere della giurisprudenza romana, Jura 3, 1952, 180ff. Siehe Anm. 31.

[26] O. LENEL, Palingenesia Iuris Civilis, Leipzig 1889, Nachdruck Graz 1960, 1,762, Anm. 2.

[27] Cicero, top. 29 *Itemque [ut illud:] gentiles sunt inter se, qui eodem nomine sunt. non est satis. Qui ab ingenuis oriundi sunt. ne id quidem satis est. Quorum maiorum nemo servitutem servivit. abest etiam nunc. Qui capite non sunt deminuti. hoc fortasse satis est, nihil enim video Scaevolam pontificem ad hanc definitionem addidisse.*

[28] Werkverzeichnis Chrysipps siehe St.V.F., VON ARNIM, II, 8,30,35; 9,1.

1. Ἠθικοῦ λόγου τοῦ περὶ τὴν Διάρθρωσον τῶν ἠθικῶν Ἐννοιῶν.

Σύνταξις πρώτη·
ὑπογραφὴ τοῦ λόγου τοῦ ⟨ἠθικοῦ⟩ πρὸς Θεόπορον α′ θέσεις ἠθικαί α′
πιθανὰ λήμματα εἰς τὰ δόγματα πρὸς Φιλομαθῆ α′ β′ γ′
ὅρων τῶν τοῦ ἀστείου πρὸς Μητρόδωρον α′ β′
ὅρων τῶν τοῦ φαύλου πρὸς Μητρόδωρον α′ β′
ὅρων τῶν ἀνὰ μέσον πρὸς Μητρόδωρον α′ β′
ὅρων τῶν πρὸς Μητρόδωρον τῶν κατὰ γένος α′ β′ γ′ δ′ ε′ ς′ ζ′
ὅρων τῶν κατὰ τὰς ἄλλας τέχνας πρὸς Μητρόδωρον α′ β′.

Σύνταξις δευτέρα·
περὶ τῶν ὁμοίων πρὸς Ἀριστοκλέα α′ β′ γ′
περὶ τῶν ὅρων πρὸς Μητρόδωρον α′ β′ γ′ δ′ ε′ ς′ ξ′.

Scaevola zu verdeutlichen. Die stoische Logik legt ihr Schwergewicht bekanntlich nicht auf die Bestimmung der Einzelbegriffe und auf die Begriffslogik, sondern auf die Aussagenlogik, insbesondere auf die konditionalen und disjunktiven Schlüsse[29].

Definitionen (*horoi*) lassen sich auch auf die Ebene der Aussagenlogik in den konditionalen und disjunktiven Satz übersetzen, denn, so schreibt Sextus Empiricus, „es ist dasselbe gemeint, wenn ich sage, der Mensch sei ein vernunftbegabtes Lebewesen oder die Aussageform wähle, wenn jemand ein Mensch sei, so sei er ein vernunftbegabtes Lebewesen. Dasselbe gelte auch für die Spezifizierung der Menschen in Griechen und Barbaren, da auch hier die Aussageform gewählt werden könne: wenn es Menschen seien, so seien es entweder Barbaren oder Griechen"[30].

Betrachten wir den Aufbau der Chrysippschen Ethik, so finden wir die als Buchtitel bezeichneten *horoi* nach der Begriffsbestimmung des ethischen Logos, ja selbst hinter den πιθανὰ λήμματα εἰς τὰ δόγματα, den weiteren Obersätzen der Ethik.

Diese Verwendung der *horoi* im Rahmen des Chrysippschen Werkes wirft auch Licht auf den 'Liber horon' des Scaevola. Seine *horoi* zielen weder auf ein Begriffssystem noch auf eine in *genera* und *species* gegliederte Definition, sondern enthalten allgemeine Aussagen, die implikativ oder disjunktiv Rechtsinstitute abgrenzen und Rechtsfolgen festlegen.

Werfen wir einen Blick auf die sechs Fragmente, die aus diesem Werk überliefert sind, so läßt sich dieser Schritt zum Allgemeinen, verbunden mit der Absicht einer Abgrenzung und Gliederung, von Fragment zu Fragment verfolgen.

45 (D 41,1,64) *Quae quisque aliena in censum deducit, nihilo magis eius fiunt.*

46 (D 43,20,8) *Cui per fundum iter aquae debetur, quacumquae vult in eo rivum licet faciat, dum ne aquae ductum interverteret.*

47 (D 50,16,241) *In rutis caesis ea sunt, quae terra non tenentur quaeque opere structili tectoriove non continentur.*

48 (D 50,17,73 pr u. 1) *Quo tutela redit, eo et hereditas pervenit, nisi cum feminae heredes intercedunt. Nemo potest tutorem dare cuiquam nisi ei, quem in suis heredibus cum moritur habuit habiturusve esset, si vixisset.*

49 (D 50,17,73,2) *Vi factum id videtur esse, qua de re quis cum prohibetur, fecit: clam, quod quisque, cum controversiam haberet habiturumve se putaret, fecit.*

---

[29] Dazu BOCHEŃSKI a.O. 121; POHLENZ a.O. I, 37.

[30] Sextus Empiricus, adv. Ethicos, 8—10: Τὸν γὰρ ὅρον φασὶν οἱ τεχνογράφοι ψιλῇ τῇ συντάξει διαφέρειν τοῦ καθολικοῦ, δυνάμει τὸν αὐτὸν ὄντα. καὶ εἰκότως· ὁ γὰρ εἰπὼν „ἄνθρωπός ἐστι ζῷον λογικὸν θνητόν" τῷ εἰπόντι „εἴ τί ἐστιν ἄνθρωπος, ἐκεῖνο ζῷόν ἐστι λογικὸν θνητόν" τῇ μὲν δυνάμει τὸ αὐτὸ λέγει τῇ δὲ φωνῇ διάφορον. ὁ γὰρ τρόπῳ τῷδε διαιρούμενος "τῶν ἀνθρώπων οἱ μέν εἰσιν Ἕλληνες οἱ δὲ βάρβαροι" ἴσον τι λέγει τῷ "εἴ τινές εἰσιν ἄνθρωποι, ἐκεῖνοι ἢ Ἕλληνές εἰσιν ἢ βάρβαροι."

50 (D 50,17,73,3 u. 4) *Quae in testamento ita sunt scripta, ut intellegi non possint, perinde sunt, ac si scripta non essent. Nec paciscendo nec legem dicendo nec stipulando quisquam alteri cavere potest.*

In allen Fragmenten ist eine Verallgemeinerung, eine Abgrenzung oder Zuordnung enthalten: in F 45 das summarische *quae quisque aliena,* in F 46 die Grenze von *quacumque vult* bis *dum ne,* in F 47 das zusammen-fassende und gliedernde *ea sunt ... quaeque opere structili tectoriove...,* in F 48 die allgemeine Zuordnung der *tutela* zur *hereditas* (mit Ausnahmen), die Beschränkung der Vormundschaftsbestellung durch den Erblasser, in F 49 die Abgrenzung von *vi* und *clam,* besonders deutlich *cum contro-versiam haberet aut habiturum se putaret,* und in F 50 schließlich die Aus-grenzung des Unleserlichen aus dem Testament und das gliedernde *nec paciscendo nec legem dicendo nec stipulando* als Verbot des *cavere alteri*[31].

Selbst diese wenigen Beispiele belegen hinreichend, daß die Bezeich-nung *horos* nicht beliebiger Spielerei oder modischer Gelehrsamkeit ent-springt, sondern eine methodologisch bewußte und sachgemäße Benennung versucht. Die *horoi* verarbeiten kasuistisches Material — der Fallbezug in F 45 und F 48 ist geradezu greifbar —, steigen zum Allgemeinen auf und heben dabei eine gliedernde oder abgrenzende Linie hervor.

Im Grunde antworten diese *horoi* unmittelbar auf den bereits zitierten Vorwurf Ciceros, die Juristen seien zur Verallgemeinerung unfähig und ersparten dem Leser ihrer Werke nicht einmal Parteinamen[32]. Dieser Vor-wurf zielt in eine ganz besondere Richtung, denn er schilt Juristen nicht nur kasuistischer Kurzsichtigkeit, sondern er wirft ihnen sogar ein methodo-logisches Unvermögen vor, das die Rhetorik schon längst überwunden habe: das Aufsteigen vom konkreten Fall, der *hypothesis,* zum allgemeinen Pro-blem, der *thesis.* Die römische Rhetorik behandelt dieses Problem unter

---

[31] G. Scherillo a.O. 181 ff. glaubt, weitere Beispiele von *horoi* in den *exempla* zu finden, die Cicero in den 'Topica' gebraucht, top. 3,12—17; 4,18—22; 4,29. Die dichte Abfolge von Beispielen, alle in der Art kurzer statements, fällt auf und könnte tatsächlich auf die Hand des Mucius deuten. Es lag Cicero nichts daran, diese frei zu erfinden, im Gegenteil, er wollte viel eher nachweisen, daß die Juristen selbst schon in *topoi* argumentierten und daß es vor allem darum ginge, ihnen das bewußt zu machen. Darum werden auch Mucius Scaevola, Servius und Aquilius Gallus selbst zitiert. In der Argumentation *ex auctoritate* 4,24 führt Cicero Mucius als Autorität an. Ob die Beispiele wirklich von Mucius stammen und aus welchem Werk, läßt sich jedoch nicht sicher nachweisen. Der 'Liber horon' scheint mir als Fundstelle wenig geeignet. Cicero würde in diesem Fall *horoi* als *topoi* gebrauchen, eine dialektische Ungereimtheit, die er sicher vermieden hätte. Auch entsprechen die Beispiele nicht dem abgrenzenden definitorischen Charakter der mucia-nischen *horoi.* Näher liegt m. E. das 'Ius civile' des Mucius selbst. Der Beispielkette geht ja die Definition des *ius civile* voraus, 2,9. Dieses Werk bot sich dafür an, war es doch *generatim compositum;* Pomp. D 1,2,2,43. Auch kommen einige *exempla* Ciceros den über-lieferten Fragmenten aus dem *ius civile* des Mucius thematisch sehr nahe. Vgl. Cicero 3,13; 3,16 *argentum legatum* mit F 5 und 6.

[32] Cicero, de or. 2,141 ... *in quo etiam isti nos iuris consulti impediunt a discendoque deterrent.* 142 *video enim in Catonis et in Bruti libris nominatim fere referri, quid alicui de iure viro aut mulieri responderit* ...

dem Stichwort *controversia causae* und *quaestio*. Umfaßt die *causa* alles Geschehen samt den konkreten Umständen, so betrifft die *quaestio* lediglich das in der *controversia* enthaltene allgemeine Problem, abgelöst von seinem kasuistischen Hintergrund[33]. Die verallgemeinerte Fragestellung der rhetorischen *quaestio* stimmt in auffälliger Weise mit den *quaestiones* in den juristischen Schriften überein, die ja ebenfalls ein allgemeines Problem aus einem Fallzusammenhang erörtern. Den *horoi* noch näher jedoch steht die Lehre vom *status definitivus*, der unter den *status logicales* die Frage nach den *nomina*, nach der juristischen Benennung des Geschehenen, zur Debatte stellt[34]. Zur Diskussion steht nicht die Tatbegehung, diese wird vielmehr vorausgesetzt, wohl aber die Definition der Tat nach den entsprechenden juristischen Tatbeständen und deren Folgen.

Cicero, de inv. 11:

> *Quare in huius modi generibus definienda res erit verbis et breviter describenda ut si quis sacrum ex privato surripuerit, utrum fur an sacrilegus sit iudicandus.*

Definitio darf hier nicht mit einer bloßen Nominaldefinition eines Rechtsbegriffes gleichgesetzt werden. Der *status definitivus* hängt mit der rhetorischen Aufbereitung des Falles zusammen und bedeutet seine Umgrenzung nach juristischen Kriterien: die juristische Fassung des Tatbestandes[35]. Auch nach der rhetorischen Statuslehre steht die *definitio* daher auf einer kasuistischen Grundlage. Das Beispiel Ciceros selbst weist mit seinem *si quis . . . surripuerit . . .* auf einen *casus* zurück, nur steht nicht das tatsächliche Geschehen, sondern seine Abgrenzung, Umschreibung und Zuordnung zu einer Rechtseinrichtung und deren Rechtsfolgen im Blickpunkt.

In der rhetorischen Statuslehre wird daher auch der praktische Rahmen sichtbar, in dem Definitionen gebraucht werden. Ja noch mehr, es zeigt sich, wozu der *iuris consultus* zugezogen wird. Der *status definitivus* in diesem rhetorischen Sinn der Zuordnung und Begrenzung des Tatbestan-

---

[33] Dazu W. KROLL, s.v. Rhetorik, in RE Suppl. VII, 1940, 1095f. Cicero nennt die *hypothesis*: *causa*, de inv. 1,8 . . . *causam esse dicat* (Hermagoras) *rem, quae habeat in se controversiam in dicendo positam cum personarum certarum interpositione* . . .; die *thesis* bezeichnet er als *quaestio*, . . . *quaestionem autem* (Hermagoras) *appellet, quae habeat in se controversiam in dicendo positam, sine certarum personarum interpositione* . . .; vgl. auch Cicero, top. 79,80.

[34] Zur Bedeutung der *status logicales* für die juristische Fallbearbeitung siehe jetzt auch F. HORAK, Die rhetorische Statuslehre und der moderne Aufbau des Verbrechensbegriffs, in: Festgabe Herdlitczka, München 1972, 12ff.; ferner R. ORESTANO, Obligationes e dialettica, in: Mélanges Lévy-Bruhl, Paris 1959, 453f. Schon A. STEINWENTER, Rhetorik und römischer Zivilprozeß, SZ 65, 1947, 69ff. gegen LA PIRA's Hypothese, die Statuslehre habe sich auf den Aufbau der Formularklage ausgewirkt; s. G. LA PIRA, La genesi del sistema nella giurisprudenza romana, in: Studi Virgili, 1934, 18ff.

[35] Siehe dazu F. HORAK a.O. 129. Gegen die bisherige Tendenz, diesen *status* als Nominaldefinition zu verharmlosen, sieht HORAK richtig, daß es um nichts weniger als um die Tatbestandsbestimmung geht.

des im Hinblick auf seine Rechtsfolgen bedarf im römischen Recht der Fachkunde des Juristen. Es ist durchaus denkbar, daß Mucius von diesem rhetorischen Anliegen zu seinen 'Horoi' angeregt worden ist. Statt an Einzelfällen haften zu bleiben und wie Brutus und Cato selbst die Parteinamen mitzuschleppen, hat er versucht, auf der Stufe des *status definitivus*, *definitiones, horoi*, allgemeine Zuordnungen und Abgrenzungen von Fall und Recht, von Tatbestand und Rechtsfolgen aufzustellen.

III. Die 'Pithana' Labeos und die 'Pithana' im Werkverzeichnis des Chrysipp

Die Erprobung dialektischer Aussageweisen im Rahmen des juristischen Falldenkens findet in den 'Pithana' Labeos ihre Fortsetzung. Auch Labeos dialektische Bildung wird von seinen Zeitgenossen bewundernd vermerkt, *in grammaticam sese atque dialecticam penetraverat* schreibt Gellius[36], und noch Pomponius weiß von dem aller Neuerung offenen Geist des Juristen zu berichten: *plurima innovare instituit*[37]. Tatsächlich zeigen die Entscheidungen Labeos Schärfe, Kühnheit und gründliche Kenntnisse auf den für die Jurisprudenz bedeutsamen Wissenschaftsgebieten der Grammatik und Dialektik[38]. Selbst Labeos Lebensstil, seine Gewohnheit, das halbe Jahr in der Stadt Rom und das andere auf seinen Gütern zu verbringen, beweisen seine Leidenschaft sowohl für die gelehrte Arbeit wie für die Rechtspraxis[39].

---

[36] Gellius 13,10,1 *Labeo Antistius iuris quidem civilis displinam principali studio exercuit et consulentibus de iure publice responsitavit; ceterarum quoque bonarum artium non expers fuit et in grammaticam sese atque dialecticam litterasque antiquiores altioresque penetraverat Latinarumque vocum origines rationesque percalluerat eaque praecipue ad enodandos plerosque iuris laqueos utebatur.*

[37] Pomponius D 1,2,2,47 *Labeo ingenii qualitate et fiducia doctrinae, qui et ceteris operis sapientiae operam dederat, plurima innovare instituit.*

[38] Vgl. z. B. die Definition des *furtum* aus *furvum* Paulus D 47,2,1 pr.: *Furtum a furvo, id est nigro dictum. Labeo ait, quod clam et obscuro fiat et plerumque nocte.* Obwohl Labeo gewiß die Ableitung von *ferre* nicht unbekannt war, zog er seine gekünstelte Ableitung aus *furvum* vor. Sie erlaubte nämlich den Diebstahl vom gewaltsamen Entzug, dem Raub, abzugrenzen. Berühmt ist auch seine Definition des *contractus*, Ulpian D 50,16,19 *Labeo libro primo praetoris urbani definit, quod quaedam ,,agantur'', quaedam ,,gerantur'', quaedam ,,contrahantur'': et actum quidem generale verbum esse, sive verbis sive re quid agatur, ut in stipulatione vel numeratione: contractum autem ultro citroque obligationem, quod Graeci synallagma vocant, veluti emptionem venditionem, locationem conductionem, societatem: gestum rem significare sine verbis factam.*
Zu Labeo s. A. PERNICE, Labeo, Halle 1873, 1,7ff.,35ff.; F. HORAK, Rationes decidendi, Innsbruck 1969 passim; P. KRÜGER, Geschichte der Quellen und Literatur des römischen Rechts², Leipzig 1912, 154ff.; E. SEIDL, Labeos geistiges Profil, in: Studi Volterra 1, Milano 1971, 19,67ff.

[39] Pomponius D 1,2,2,47 *Et totum annum ita diviserat, ut Romae sex mensibus cum studiosis esset, sex mensibus secederet et conscribendis libris operam daret.*

Die Wahl des Buchtitels 'Pithana' dem gräzisierenden Zeitgeschmack zuzuschreiben, verschließt auch hier den methodologischen Zugang zu diesem Werk[40]. Ziehen wir wiederum die stoische Logik und Erkenntnislehre in die Betrachtung ein, so zeigt sich in der Übernahme des Begriffes *pithanon* eine noch entschiedenere Anlehnung an die stoische Wissenschaftsvorstellung als im Begriff der *horoi* bei Mucius.

Das *pithanon* bildet in der stoischen Lehre von den Wahrheitskriterien eine Zwischenstufe zwischen unmöglichen und notwendigen Aussagen, es bezeichnet das Wahrscheinliche, genauer, das Glaubwürdige[41]. Diogenes Laertius überliefert folgende von Diokles Magnes stammende Definition:

Diocles Magnes apud Diog. Laert. VII 75. πιθανὸν δέ ἐστιν ἀξίωμα τὸ ἄγον εἰς συγκατάθεσιν, οἷον ,,εἴ τίς τι ἔτεκεν, ἐκείνη ἐκείνου μήτηρ ἐστί". ψεῦδος δὲ τοῦτο· οὐ γὰρ ἡ ὄρνις ᾠοῦ ἐστι μήτηρ[42].

Dem Kenner der stoischen Lehre fällt in dieser Definition sogleich der Schlüsselbegriff der stoischen Erkenntnislehre auf, die *synkatathesis*. In der *synkatathesis* vollendet sich die Erkenntnis zur Gewißheit, *pithana*-Sätze führen lediglich zu einer solchen Gewißheit, sie enthalten nicht gewisse, wohl aber glaubwürdige Sätze, die mit hoher Evidenz zur Zustimmung nötigen[43]. Gerade für solche Zwischenlagen haben die philosophischen Schulen des Hellenismus, die mit der um sich greifenden Skepsis kämpften, großes Verständnis, fallen doch in diese Zeit auch die ersten Ansätze zur Modallogik[44].

Wie schon die 'Horoi', so finden sich auch die 'Pithana' als Buchtitel im Werkverzeichnis des Chrysipp[45]. Πίθανα πρὸς τοὺς ὅρους kann wohl nicht anders verstanden werden, als daß hier, ergänzend zu den Definitionen und Einteilungen und von ihnen abgesetzt, die Aussagen in den Kreis der Wahrscheinlichkeiten weitergeführt werden. Der bei Chrysipp auftauchende Werktitel 'Synemmena pithana' läßt sogar erkennen, auf welche Weise solche Aussagen formuliert werden, nämlich in der Weise der berühmten stoischen Implikation, der Bedingungssätze[46].

---

[40] So F. Schulz, Geschichte[2], 286.

[41] St.V.F. II, 64,13—16 (F 201).

[42] Dazu M. Pohlenz a.O. I 175ff., II 88.

[43] Sextus Emp. adv. dogm. I 174: τὸ δὲ πιθανὸν ὡς πρὸς τὸ παρὸν λέγεται τριχῶς, καθ' ἕνα μὲν τρόπον τὸ ἀληθές τε ὂν καὶ φαινόμενον ἀληθές, καθ' ἕτερον δὲ τὸ ψευδὲς μὲν καθεστὼς φαινόμενον δὲ ἀληθές, κατὰ δὲ τρίτον τὸ κοινὸν ἀμφοτέρων.
R. Hirzel, Untersuchungen zu Ciceros philosophischen Schriften 3, Leipzig 1883, Nachdruck 1964, 179,206 Anm. 1; M. Pohlenz a.O. I 175f., II 88. Die Lehre von den Graden der Gewißheit wurde vor allem von Karneades entwickelt. Cicero greift die Lehre begierig auf, sie kommt seiner Neigung zur Skepsis entgegen, Lucullus 99.

[44] I. M. Bocheński a.O. 131.

[45] Siehe Anm. 28, ferner St.V.F. II, 5, 3: συνημμένων πιθανῶν πρὸς Διοσκουρίδην α' β' γ' δ'. 9, 6 und 10: πιθανὰ εἰς τοὺς ὅρους πρὸς Διοσκουρίδην α' β'; πιθανὰ πρὸς τὰς διαιρέσεις καὶ τὰ γένη καὶ τὰ εἴδη καὶ ⟨τὰ⟩ περὶ τῶν ἐναντίων α'.

[46] Zu den *synemmena pithana* s. I. M. Bocheński a.O. 129,19,15; auch M. Pohlenz a.O. I 49, II 29; E. Zeller, Die Philosophie der Griechen in ihrer geschichtlichen Entwicklung

Die Bezeichnung *synemmena pithana* trifft schulmäßig genau auch auf die *pithana* Labeos zu, da diese durchgehend in konditionaler Form abgefaßt sind. Aus einem äußerst vereinfachten Tatbestand wird in der Form eines Bedingungssatzes eine Rechtsfolge gezogen.

Einige Beispiele mögen dies veranschaulichen:

F 193 (D 8,5,21) *Si qua aqua nondum apparet, eius iter ductus constitui non potest.*

Unmöglich wäre es, einen *aquae ductus* zu begründen, wo es überhaupt kein Wasser gibt; sicher läßt er sich dort begründen, wo Wasser vorhanden ist. Dazwischen liegt der mögliche Fall: das Wasser sprudelt noch nicht an der Erdoberfläche. Labeo löst auch diese Zwischenlage negativ, so wie ihm die Lösung eben am wahrscheinlichsten erscheint, eine Begründung dinglichen Rechtes an einer noch nicht vorhandenen Sache lehnt er ab. Zwingend ist diese Folgerung nicht, wie Paulus in seinem Kommentar verdeutlicht:

ibid.: *immo puto idcirco id falsum esse, quia cedi potest, ut aquam quaereres et inventam ducere liceret.*

III 1, Die nacharistotelische Philosophie, Erste Hälfte, 5. Aufl., Leipzig 1923, Nachdruck 1963, 111ff.; M. Bretone, a.O. 170ff. versucht, die einzelnen Fragmente nach ihrem genauen grammatisch-syntaktischen Wortlaut zu differenzieren. Doch führt seine Gruppierung ibid. S. 173ff., ferner 190ff., zu keinen aussagenlogisch relevanten Unterscheidungen.

Ob der Vordersatz im Präsens oder Perfekt, der Nachsatz im Präsens oder Futurum (exactum) abgefaßt ist, ändert am Konditionalzusammenhang nichts. Auch juristisch besehen gibt diese Differenzierung wenig her. Vielleicht läßt sich an ihnen noch am ehesten die unterschiedliche Nähe und Ferne zum konkreten Fallzusammenhang, aus dem das *pithanon* herausgehoben wird, erkennen. Beispiele, in denen der Vordersatz im Indikativ Perfekt aufscheint, stehen dem Fallereignis besonders nahe. z. B. D 14,2,10,1, s. unten.

Präsentisch oder futurisch gefaßt — Vorder- und Nachsätze neigen leichter zur abstrakten Maxime, z. B. D 8,5,21, s. oben, oder D 41,1,65,1—4, s. oben. Aber darauf legt Labeo offensichtlich kein Gewicht. Ihm genügt die konditionale Figur der Implikation als *pithanon synemmenon*; eine völlige grammatikalisch syntaktische Vereinheitlichung der Aussagen liegt ihm fern, so daß die Rechtsfolge sogar als kautelare Anweisung formuliert erscheinen kann.

D 43,16,20. *Si colonus tuus vi deiectus est, ages unde vi interdicto.* Ähnlich D 16,3,34.

Dennoch will Bretone a.O. 182 den stoisch technischen Charakter des von Labeo gebrauchten *pithanon* nicht anerkennen. Gewiß taucht das *pithanon* auch in einem weiteren vor allem erkenntnistheoretisch und rhetorischen Zusammenhang auf. Schon Aristoteles bezeichnet das *pithanon* als das Ziel der Rhetorik: Rhet. 1,2,1355b 25 Ἔστω δὴ ἡ ῥητορικὴ δύναμις περὶ ἕκαστον τοῦ θεωρῆσαι τὸ ἐνδεχόμενον πιθανόν. τοῦτο γὰρ οὐδεμιᾶς ἑτέρας ἐστὶ τέχνης ἔργον, und stellt es in Gegensatz zum strengen Beweis. Vgl. auch Aristoteles Eth. Nic. 1,3,1094b 23—27. Sicherlich spielen diese weiteren Zusammenhänge in das Verständnis des *pithanon* mit hinein, jedoch wird Labeo, als er diesen Buchtitel wählte, kaum die allgemeinen und in vielem kontroversen Theorien vor Augen gehabt haben; eher wird er sich an das in der stoischen Werkliteratur gängige *pithanon synemmenon* gehalten haben. Die fast ausschließlich in Konditionalform abgefaßten Sätze deuten zwingend auf diese technische Aussagefigur.

Ähnliche Überlegungen lassen sich auch für die weiteren Beispiele anstellen, etwa für

> F 195 (D 20,1,35) *Si insula, quam tibi ex pacto convento licuit vendere, combusta est, deinde a debitore suo restituta, idem in nova insula iuris habes.*

Das Wiederaufleben des Rechtes nach Wiederherstellung des Hauses ist eine naheliegende, aber nicht die notwendig einzige Lösung. Ebensowenig ist der Einschluß des Beibootes, der *scapha navis*, im Begriff des *instrumentum navis* notwendig.

> F 196 (D 33,7,29) *Si navem cum instrumento emisti, praestari tibi debet scapha navis.*

Denn wie Paulus und Pomponius spitzfindig argumentieren, gehört die *scapha navis*, das Beiboot, nicht zum Instrument, zur Einrichtung des Schiffes, da es selbst ein Schiff kleineren Maßstabes ist. Bedeutsamer ist die Regelung der Gefahrtragung beim Werkvertrag.

> F 198 (D 19,2,62) *Si rivum, quem faciendum conduxeras et feceras, antequam eum probares, labes corrumpit, tuum periculum est.*

Auch diese Lösung ist nicht ohne weiteres schlüssig, die spätere Jurisprudenz hat hier feiner unterschieden.

> Paulus ibid.: *immo si soli vitio id accidit, locatoris erit periculum, si operis vitio accidit, tuum erit detrimentum.*

Die Beispiele lassen sich vermehren und zeigen immer wieder eine wahrscheinliche, glaubwürdige, ja überzeugende, aber letztlich nicht zwingende Folgerung.

Die Kritik des Paulus setzt bei den *pithana*-Sätzen auch genau dort an, wo der Nerv dieser Aussagen liegt, in der probablen Schlußfolgerung. Paulus stellt die Regel wieder in ihren kasuistischen Zusammenhang und weist etwa eine von ihr nicht gedeckte Variante auf, oder er stimmt ihr zwar zu, aber präzisiert sie, rückt sie in ein anderes Licht oder widerspricht ihr direkt, wenn es nicht anders geht.

Dieses Vorgehen braucht nicht zu überraschen, im Gegenteil, es entspricht ja genau dem Wahrheitsgehalt des *pithanon*. Cicero umschreibt das *pithanon-probabile*:

> Lucull. 35: *quod est igitur istuc vestrum probabile? nam si, quod cuique occurrit et primo quasi aspectu probabile videtur, id confirmatur, quid est levius? sin, ex circumspectione aliqua et accurata consideratione, quod visum sit id se dicant sequi, tamen exitum non habebunt*[47].

Die Kritik des Paulus hat daher nichts mit ermüdender Nörgelei zu tun, sondern verwirklicht lediglich die hier erforderliche *circumspectio*, die

---

[47] Siehe auch Cicero de inv. 1,46.

Berücksichtigung kasuistischer Umstände, um so den wahrscheinlichen Satz zu bestärken, zu präzisieren oder als trügerisch aufzulösen.

Versuchen wir, uns über die Tragweite dieses tastenden, an die stoische Logik angelehnten Versuches des Labeo klar zu werden. Wie schon die 'Horoi' des Scaevola charakterisiert der Werktitel 'Pithana' die Aussageweise der aufgestellten Rechtssätze. Diese Rechtssätze sollen offenbar keine normativen, apriorischen Grundsätze enthalten, sondern dem kasuistisch entfalteten Recht entnommene Verallgemeinerungen, Rechtsfolgerungen, als *pithana*, als *probabilia* präsentieren. Während aber die *horoi* des Mucius eine definitorisch verallgemeinernde Funktion übernehmen, ist Labeo an der Schlußfolgerung interessiert. Daher die feste Stilisierung nach dem Implikationsschema der konditionalen Aussage. Die zur Zustimmung bewegenden *probabilia* erhalten den Charakter von kasuistischen Leitsätzen. Der abtastende Fallzusammenhang wird gerade in jenen Fragmenten am deutlichsten, die einen längeren ununterbrochenen Auszug aus den 'Libri pithanōn' enthalten.

F 220 (D 41,1,65,1—4) *Si qua insula in flumine propria tua est, nihil in ea publici est . . . Si qua insula in flumine publico proxima tuo fundo nata est, ea tua est . . . Si id quod in publico innatum aut aedificatum est, publicum est, insula quoque, quae in flumine publico nata est, publica esse debet*[47a].

Labeo hält vorerst die Grundregel fest: „wenn eine Insel im Fluß dir gehört, so ist nichts an ihr öffentlich". An diesen einfachen Grundsatz kettet er die Variante der in einem öffentlichen Fluß entstandenen und einem privaten Ufergrundstück unmittelbar benachbarten Insel an. Auch sie gehört dem privaten Eingentümer des Ufergrundstücks. An die Unterscheidungsgrenze stoßen wir in der dritten Variante einer in einem öffentlichen Fluß entstandenen Insel (die offenbar keinem privaten Ufergrundstück benachbart ist). Sie gehört dem Staat. Dieses Ergebnis erreicht Labeo mit Hilfe einer probablen Folgerung: was auf öffentlichem Grund eingebaut oder eingepflanzt wird, gehört dem Staat; dem analog schließt Labeo, eine im öffentlichen Fluß sich verwurzelnde Insel solle ebenso öffentliches Gut sein.

[47a] Ganz anders deutet BRETONE a.O. 185ff. diese *pithana*-Kette F 220. Während Labeo im ersten Grundsatz die im öffentlichen Fluß entstandene Insel dem privaten Eigentümer überlasse, ziehe das dritte *pithanon* der Reihe dieses Prinzip wieder in Zweifel und schlage aufgrund der Analogie zu dem, was *in publico inaedificatum* und *innatum* sei, eine entgegengesetzte Lösung vor. Labeo wolle mit dieser eigenartigen Darstellung gleichsam de lege ferenda für eine andere Lösung plädieren oder die dialektische Unschlüssigkeit der juristischen Praxis offenlegen.

Diese Deutung überrascht und vermag in keiner Weise zu überzeugen. Sie paßt weder zu Labeos juristischer Klarsicht noch zum Stil der 'Pithana'. Der Widerspruch zwischen dem ersten und dritten *pithanon* der Fragmentreihe ist auch gar nicht Labeo zuzuschreiben, BRETONE übersieht, daß in D 41,1,65,1 gar nicht von einer *insula in flumne nata* die Rede ist. Labeo spricht von der im Fluß befindlichen und nicht der neu entstandenen Insel. Erst in den folgenden Varianten greift er das Problem der *insula in flumine nata* auf.

Der Variationskreis ist in diesen *pithana* sehr locker und assoziativ ge-knüpft; er wird lediglich von einem einheitlichen Problemzusammenhang gesteuert, der die Abgrenzungen deutlich hervortreten läßt und dennoch einen deduktiven Zusammenhang vermeidet.

Man vergleiche auch das folgende Beispiel:

> F 197 (D 14,2,10 pr — 2) *Si vehenda mancipia conduxisti, pro eo man-cipio, quod in nave mortuum est, vectura tibi non debetur* . . .
> 1. *Si ea condicione navem conduxisti, ut ea merces tuae porta-rentur easque merces nulla nauta necessitate coactus in navem deteriorem, cum id sciret te fieri nolle, transtulit et merces tuae cum ea nave perierunt, in qua novissime vectae sunt, habes ex conducto locato cum priore nauta actionem* . . . 2. *Si conduxisti navem amphorarum duo milium et ibi amphoras portasti, pro duobus milibus amphorarum pretium debes* . . .

Der Zusammenhang der *pithana* wird nicht durch eine Systematik hergestellt, viel eher hat es den Anschein, daß die einzelnen Aussagen Variationen eines Grundfalles darstellen. Nicht zufällig ist es bisher nicht gelungen, den Gesamtaufbau des Werkes einleuchtend zu rekonstruieren. Der genuine kasuistische Charakter dieser Bücher aber steht außer Zweifel[48].

Daß dieser Versuch einen wirklichen Ansatz zu einer neuen Literatur-gattung bildet, läßt sich noch an einem anderen, den 'Pithana' verwandten Werk erkennen: dem 'Liber bene dictorum' des Cascellius[49]. Bisher sah man in diesem nur durch den Titel bekannten Werk eine Sammlung von Rechtssprüchen[50]. Doch dürfte damit kaum sein eigentlicher Werkcharakter getroffen werden. Eine gute Sprüche-Sammlung wäre in der juristischen Literatur ein Unikum und entspräche dem streng fachlichen Charakter der Juristenschriften nicht. Pomponius vermerkt in seiner Darstellung der römischen Jurisprudenz über Cascellius, daß er *eloquentior* als Trebatius gewesen sei[51]. Diese Aussage dürfen wir wohl so deuten, daß er sich in den *artes*, in der Rhetorik und in der Dialektik, besser als Trebatius auskannte. Vermutlich haben wir auch den 'Liber bene dictorum' in diesen Zusammen-hang zu stellen. Versucht man nämlich das *bene dictum* in die Fachsprache der stoisch-griechischen Dialektik zu übersetzen, so bietet sich dafür das *eulogon* an[52]. *Eulogon* ist wie das *pithanon* eine Zwischenstufe in der Reihe von den unmöglichen zu den notwendigen Aussagen. Im Grunde wird das *eulogon* genauso gehandhabt wie das *pithanon*.

---

[48] O. Lenel, Pal. I 528, Anm. 3; F. Schulz, Geschichte[2], 286; A. Pernice, Labeo I, 36; anders M. Voigt, Das Aelius- und Sabinussystem, Leipzig 1875, 344 ff.

[49] Pomponius D 1,2,2,45 *Cascellii scripta non exstant nisi unus liber bene dictorum.*

[50] F. Schulz, Geschichte[2], 70, Anm. 4; M. Schanz—C. Hosius, Geschichte der röm. Lit.[4] 1, München 1927, 597.

[51] Pomponius D 1,2,2,45.

[52] St.F.V. II 64 zit. — Zum *eulogon* siehe R. Hirzel a.O. 150, Anm. 3 ff., 180, Anm. 1. Hirzel versucht, einen Unterschied zwischen *pithanon* und *eulogon* aufzuzeigen, das

Labeo nahm bei Cascellius Unterricht und zitiert relativ häufig Entscheidungen dieses Juristen. Ein innerer Zusammenhang zwischen dem Werk der *pithana* und der *bene dicta*, der *euloga*, des Cascellius liegt daher nahe[53].

Wie die *horoi* sind *pithana* und *euloga* der stoischen Dialektik entnommen. Die Bezeichnungen bedeuten daher auch mehr als nur eine vage Analogie oder eine äußerliche Etikettierung. Sie enthalten eine methodologische Position, die mit technischer Genauigkeit aus der Dialektik auf die Jurisprudenz übertragen wird.

IV. Die regula des Sabinus: regula als quasi causae coniectio

Das auffällig späte Eindringen des Wortes *regula* in den Sprachgebrauch der römischen Juristen wurde schon öfter hervorgehoben[54]. Ohne Zweifel ist dieser Umstand für das Verständnis der mit diesem Schlüsselwort verbundenen methodologischen Vorstellungen äußerst wichtig. Der Wandel des Wortsinnes vollzieht sich stufenweise. Aus der ursprünglichen Bedeutung der *regula* als Richtscheit wird schon bei Cicero die Richtschnur als abstrakte Norm richtigen Verhaltens oder als Kriterium der Wahrheit[55]. Das von Cicero fast ausschließlich in der Einzahl gebrauchte Wort bewahrt damit einen untechnischen, übertragenen, ja fast bildhaften Sinn. In der Bedeutung der Einzelregeln scheinen sich die *regulae* erstmals in der Grammatik eingebürgert zu haben, und zwar offensichtlich in Anlehnung an den griechischen Terminus *canon*, der auch im Plural, *canones*, im Sinn von 'Einzelregeln' verwendet wird[56]. Auch in dem methodologisch wenig gefestigten Vokabular der Juristen haftet dem Wort *regula* eine bildhafte Unbestimmtheit an. Noch Celsus bezeichnet die catonianische Regel ganz unbefangen bald als *regula*, bald als *definitio*, während der Jurist

---

pithanon sei das *probabile*, das seine Evidenz aus den Sinneseindrücken ableite, während das *eulogon* als das *verisimile* das Wahrscheinliche, Vernunftgebotene ausdrücke. Doch findet seine Differenzierung in den Quellen und in der Literatur geringen Anhalt und Anklang.

[53] Pomponius D 1,2,2,45. Die Zitate Labeos s. O. LENEL, Pal I, 107 Iavolenus a post. Labeonis F 1—10. Die *bene dicta* knüpfen zugleich an die römische Tradition der *dicta* an. Cicero, Lael. 1,1 ... *multa ab eo* (sc. O. *Mucio augure*) *prudenter disputata, multa breviter et commode dicta memoriae mandabam* ... In der Verbindung mit den ὅροι erhalten sie gleichsam einen methodologischen Stellenwert.

[54] P. STEIN a.O. 51; B. SCHMIDLIN a.O. 19; D. NÖRR, Spruchformel und Generalisierung, SZ 89, 1972, 31 ff.; siehe ferner H. OPPEL, ΚΑΝΩΝ. Zur Bedeutungsgeschichte des Wortes und seiner lateinischen Entsprechungen, Philologus Suppl. 30, Heft 4, Leipzig 1937, 80 ff.

[55] Cicero, Acad. 2,58 ... *habeo enim regulam, ut talia visa vera iudicem qualia falsa esse non possint* ..., ferner Brutus 152; id., de off 2,59 *causa igitur largitionis est, si aut necesse est aut utile, in his autem ipsis mediocritatis regula optima est.*

[56] H. OPPEL a.O. 76; P. STEIN a.O. 56.

Maecianus *sententia* dafür verwendet[57]. Indessen gebraucht Neratius für seine 'Libri regularum' den Terminus bereits früher und könnte die Anregung zu diesem Werktitel der Grammatik entnommen haben.

Der methodologisch noch offene Charakter der *regula* kommt auch im frühesten Zeugnis zum Vorschein, das sich auf das Wort *regula* bezieht, ohne das Wort freilich zu nennen. Der Jurist Paulus stützt sich auf eine Äußerung des Sabinus, um seine kühne Antithese in D. 50,17,1 ... *non ex regula ius sumatur, sed ex iure quod est regula fiat*, zu untermauern: *et, ut ait Sabinus, quasi causae coniectio est, quae simul cum in aliquo vitiata est, perdit officium suum*[58].

Paulus warnt davor, die *regula* zu einer Norm aufzuhöhen, aus der man Recht ableiten könne. Sabinus vergleicht die *regula* einer *causae coniectio*. Die *causae coniectio* umfaßt die kurze Fallskizze, die den Richter über die Verhältnisse der Parteien ins Bild setzen soll. Gaius nennt sie eine *causae collectio, quasi causae suae in breve coactio* (4,15). Der Vergleich mit dieser dem Prozeß entstammenden Einrichtung streicht den kasuistischen Gehalt der *regula* treffend heraus. Er weist die *regula* eindeutig als ein Konzentrat kasuistischer Rechtserfahrungen aus. Wir gehen kaum fehl, wenn wir diese *regulae* den zusammenfassenden Leitsätzen unserer modernen Entscheidungssammlung an die Seite stellen. Auch diese taugen so lange, als sie das Recht richtig wiedergeben und zusammenfassen, und diese Wiedergabe erhält ihren Regelcharakter durch die Vereinfachung und Verkürzung der Aussage auf das unumgänglich Notwendige. Solche Aussagen verlieren ihren Wert wieder, wenn sie von der Kasuistik überholt werden. Sabinus nimmt also die Vorlage zu diesen Regelaussagen unmittelbar aus der Prozeßpraxis und verzichtet auf jegliche Anleihe aus der Dialektik.

Ob hingegen auch das rhetorische Vokabular völlig außer Betracht liegt, ist schwieriger auszumachen. Die *causae coniectio* ist auch der Rhetorik bekannt und wird in der Statuslehre unter der *constitutio coniecturalis* abgehandelt[59]. Cicero umschreibt diese als die *prima conflictio causarum ex depulsione intentionis profecta*, die nach der Schematik *fecisti — non fecisti: an fecerit?*, rhetorisch aufgebaut wird. Sie dient der Aufbereitung des Fallmaterials, das in den weiteren *status* der *definitio*, der *qualitas* und der *translatio* verarbeitet wird[60]. Diesem *status* stehen die *status legales* gegenüber, in denen die Auslegungsgrundsätze der Rhetorik dargelegt werden. Demnach wird auch in der Lehre der Rhetorik die Darstellung der Fakten von der interpretativen Anwendung der Normen, der *leges*, klar geschieden. Sollte daher bei der Bestimmung der *regula* als *quasi causae coniectio* auch

---

[57] Celsus D 34,7,1 pr.; Maecianus D 35,1,86,1; dazu H. HAUSMANINGER, Celsus und die regula Catoniana, TR 36, 1968, 469ff.; B. SCHMIDLIN a.O. 19; H. OPPEL a.O. 80.

[58] Dazu B. SCHMIDLIN a.O. 1ff.; A. SCHIAVONE, Studi sulle logiche dei giuristi romani, 1971, 11ff. bezieht zu Unrecht auch den *et* vorausliegenden Fragmentteil: *non ex regula ius sumatur sed ex iure quod est regula fiat* zum Sabinuszitat, ibid. 113.

[59] Cicero, de inv. 1,10; dazu W. KROLL, s.v. Rhetorik in RE Suppl. VII, 1940, 1091ff.; F. HORAK a.O. 125.

[60] Vgl. auch Cicero, de inv. 1,10.

die rhetorische Terminologie hineinspielen, so erscheint auch hier die *regula* auf der Seite der Kasuistik, auf der Seite des Rechtsfalles, und nicht auf der Seite der Norm und ihrer Auslegung. Wer die *regula* einer *causae coniectio* oder rhetorisch einer *causa coniecturalis* vergleicht, spricht ihr auf jeden Fall den normativen, rechtsetzenden Charakter ab.

Diese Deutung paßt auch am besten auf den freilich nur erschließbaren Zusammenhang, in dem der Jurist Paulus die *regula* erörtert. Noch immer hat die Hypothese DAUBES, die Regelkritik beziehe sich auf eine Äußerung zur *regula Catoniana*, die besten Gründe für sich[61]. Die scharfe Pointierung der Regeldefinition verbietet es, sie lediglich als eine theoretische allgemeine Äußerung zu verstehen. Die römischen Juristen orientieren ihre methodologischen Bemerkungen stets an konkreten Problemen. Die auch aus anderen Zusammenhängen bekannte Ablehnung der *regula Catoniana* entspricht genau dem polemischen Ton des Paulus in D 50,17,1. Gewiß ist auch die *regula Catoniana* in der Kasuistik entstanden[62], hat sich dann aber offenbar von dieser gelöst und zu einer festen, normgleichen *regula* oder *definitio* verselbständigt. Von Julian wird sie als *regula iuris* angesprochen, ein Ausdruck, der von den Juristen mit Bedacht für solche normgleiche Regeln verwendet wird[63]. Für eine normative Applikation erweist sich die kautelare Formulierung der Regel als unangemessen und provoziert die massive Kritik des Celsus in D 34,7,1 pr.: „*in quibusdam falsa est*".

Man hat versucht, die Äußerung des Sabinus in einen Gegensatz zu den methodologischen Bemühungen Labeos zu stellen und aus ihr einen fundamentalen Gegensatz zwischen den Rechtsschulen der Prokulianer, die sich auf Labeo zurückführen, und der Sabinianer herauszuschälen. In ihr pflanze sich der unter den Grammatikern berühmte Streit zwischen den Anomalisten und den Analogisten fort[64]. Sabinus wende sich gegen den Analogisten Labeo und dessen Anliegen, das Recht auf einer Basis rational

---

[61] D. DAUBE, Palingenesia einiger Klassikerfragmente, SZ 76, 1959, 205ff.; P. STEIN a.O. 67; B. SCHMIDLIN a.O. 8ff.; H. HAUSMANINGER a.O. 472.

[62] Servius anerkennt die *regula Catoniana* noch nicht, Gaius 2,244; dazu H. HAUSMANINGER a.O. 470.

[63] Julianus D 36,2,17 *Cum legato servo aliquid legatur, dies eius legati quod servo datur non mortis tempore, sed aditae hereditatis cedit: et ideo impedimento non est regula iuris, quo minus manumisso legatum debeatur, quia etsi confestim pater familias moreretur, non in eiusdem personam et emolumentum legati et obligatio iuris concurreret . . .*
Weitere *regulae iuris* und *regulae iuris civilis* siehe Julianus D 28,2,13,1; Ulpianus D 26,8,1 pr.; Gaius D 28,1,4; Gaius D 2,14,28 pr.; Modestinus D 26,5,20 pr. und 1; u.a.m. Dazu B. SCHMIDLIN a.O. 23ff. und passim. Zur Bedeutung der *regula iuris* siehe auch unten Anm. 81 und 82.

[64] So schon M. SCHANZ, Die Analogisten und Anomalisten im römischen Recht, Philologus 42, 1884, 309ff. Ihm folgen P. KRÜGER, Geschichte der Quellen und Literatur des römischen Rechts², Leipzig 1912, 155, Anm. 9 und J. STROUX, Griechische Einflüsse auf die Entwicklung der römischen Rechtswissenschaft gegen Ende der republikanischen Zeit, in: Röm. Rechtswissenschaft und Rhetorik, Potsdam 1949, 81ff. Die Lehre wurde von P. STEIN, Regulae iuris, Edinburgh 1966, 63ff. aufgegriffen; auch SCHIAVONE will in ihr einen Grundzug der römischen Rechtswissenschaft erkennen, A. SCHIAVONE a.O. 95ff.; dagegen skeptisch F. HORAK, Rez. zu SCHIAVONE, Labeo 19, 1973, 230ff.

erschlossener Grundsätze festzulegen, und unterstreiche dagegen den empirischen Standpunkt der Anomalisten, die allein auf die kasuistische Wirklichkeit abstellen wollten. Daher seine auffällige Betonung der Überholbarkeit der *regulae* durch die empirische Fallwirklichkeit. Der kurze Text würde sich, von jedem konkreten Textzusammenhang abgelöst, in eine methodologische Grundsatzerklärung verwandeln. Doch läßt sich die Gewagtheit dieser Hypothese schon daraus ersehen, daß wir kein einziges Fragment besitzen, in dem Labeo den Begriff der *regula* gebraucht hat[65]. Zwar zeigt Labeo in der Tat eine gewisse Neigung zur Dialektik, zur etymologischen Analyse der Analogisten, während die Sabinianer diesen Bestrebungen weit kühler gegenüberstehen. Aber dennoch weicht das *pithanon* Labeos, das ja nur eine als plausibel erschlossene Rechtsfolge und nicht einen unwandelbaren Rechtssatz darstellt, von der Regelauffassung des Sabinus kaum ab. *Pithana* und *regula* sind beides Elemente der Kasuistik[66]. Sie stehen über der kasuistischen Fallösung auf einer graduell höheren Stufe der Verallgemeinerung und Vereinfachung, halten allgemeine Leitsätze fest, bleiben aber stets als Instrument der Rechtsfindung von ihrer kasuistischen Grundlage abhängig.

V. *Die* libri regularum

Dringt schon bei Labeos *pithana* und noch viel mehr bei der Definition der *regula* durch Sabinus die kasuistische Grundlage der Regelbildung durch, so tritt diese in den *libri regularum* vollends zutage. Die Reihe der Regelbücher erscheint in der juristischen Literatur in ziemlich kontinuierlicher Folge von Neratius, Gaius, Scaevola, Paulus, Ulpianus, Licinnius Rufinus, Modestinus und Marcianus[67]. Eine besondere Gruppe bilden daneben die *libri singulares regularum*, aus denen nur einige kümmerliche Fragmente von Pomponius, Gaius, Paulus und Ulpianus in den Digesten aufscheinen. Der Erhaltungszustand der Werkgruppe ist insgesamt schlecht[68].

---

[65] Anders P. STEIN a.O. 66 und A. SCHIAVONE a.O. 97, die aber ihre Überlegungen auf keine Quellen stützen können.

[66] Dazu B. SCHMIDLIN a.O. 133ff. Die Kritik des Paulus an den *pithana* Labeos ist stets fallbezogen.

[67] Zu den *libri regularum* insbes. F. SCHULZ, Geschichte[2], 209ff.; B. SCHMIDLIN a.O. 120ff.; P. STEIN a.O. 74ff.

[68] Bei einigen besteht dringender Verdacht, von nachklassischer Hand zu stammen. Aus den *libri tres* des Gaius sind nur zwei Fragmente erhalten, die beide wenig Vertrauen verdienen. Siehe auch F. SCHULZ, Geschichte[2], 211. In F 483 (D 50,17,100) finden wir die verblaßte Regel: *omnia quae iure contrahuntur contrario iure pereunt*, die in dieser Verallgemeinerung zu nichts mehr paßt. Zu ihr B. SCHMIDLIN a.O. 77; R. KNÜTEL, Contrarius consensus, Köln–Graz 1968, 3. Das zweite Fragment F 204 dürfte, wie O. LENEL, Pal. 1, 251, Anm. 2 vermutet, aus Paul Sent. 5,4,11 entnommen worden sein. Fraglich ist auch die Echtheit der aus vier Büchern Scaevolas überlieferten Fragmente. F 204 gibt den

Mit Sicherheit wurden sie überarbeitet, und vielleicht ist die Originalität einiger Werke überhaupt in Frage zu stellen[69]. Offenbar haben sich die Regelbücher vor allem in spät- und nachklassischer Zeit einer gewissen Beliebtheit erfreut. Eingriffe, Einschübe, ja ganze Knäuel von Erläuterungen, Beispielen und Glossen sind an den echten Teilen hängengeblieben. Auch ist nicht ausgeschlossen, daß einige Regelbücher aus Auszügen anderer Bücher hergestellt wurden, die *libri singulares* stehen besonders unter diesem Verdacht. An der Echtheit der Werkgattung als solcher besteht jedoch kein Zweifel[70]. Die nachklassischen Juristen haben keine neuen Werkgattungen geschaffen, und es besteht daher kein Anlaß, die spätklassischen Regelwerke den Juristen samt und sonders abzusprechen.

Betrachtet man den leider nur sehr bruchstückhaft sichtbaren Aufbau der einzelnen Regelwerke, so fällt auf, daß sich kein einheitliches System durchzusetzen vermochte. Zwar folgt der Hauptteil der Regelbücher ungefähr dem Institutionensystem, aber eine Präzisierung ist bei den sehr ungleich und unregelmäßig überlieferten Fragmenten kaum möglich[71]. Das

---

Wortlaut der *lex Iulia maritalis* wieder. Die Fragmente F 204—211 erläutern einzelne Gesetze. Zwei weitere Fragmente F 200 (D 50,4,5) und F 202 (D 50,4,3) beziehen sich auf die *vacatio* der Reeder, Ölhändler und Schiffsbauer, Bestimmungen, die zu den Berufsständen der nachklassischen Zeit passen. Siehe auch B. SCHMIDLIN a.O. 122; F. SCHULZ, Geschichte[2], 211. In Frage gestellt wird ferner das Werk des Neratius, G. GROSSO, Congietture di glossemi pregiustiniani nei frammenti del Liber regularum di Nerazio contenuti nel Digesto, Atti d. R. Acc. d. Scienze di Torino, Cl. di Sc. mor., stor. e filol. 67, 1932, 155; jüngst R. GREINER, Opera Neratii, Karlsruhe 1973, 117ff. Er hält das Werk des Neratius für einen spät- oder nachklassischen Auszug aus anderen Werken des Neratius. Dafür spreche neben den Glossen und Interpolationen vor allem der Umstand, daß dieses doch umfangreiche Werk von 15 Büchern in den späteren Klassikerschriften hätte zitiert werden müssen. Auch folge der Aufbau des Werkes, wie schon M. VOIGT feststellen wollte (Röm. Rechtsgeschichte 2, Berlin 1899, 280; ID., Das Aelius- und Sabinussystem, Leipzig 1875, 371), dem erst später aufkommenden Institutionensystem des Gaius, a.O. 130f. Diese Gründe mögen zwar ihr Gewicht haben, Gewißheit bringen sie nicht. Auch die übrigen Regelwerke werden nirgends zitiert, offenbar gehören sie nicht zum Hauptstrang der wissenschaftlichen Literatur. Schließlich läßt sich bei den wenigen Fragmenten ein Aufbauprinzip überhaupt nur schwer ausmachen. Gewiß läßt sich in ihnen die Ordnung des Institutionensystems erblicken, aber mit wenig Phantasie kann man die Reihenfolge der Fragmente auch mit dem frühen Sabinussystem in Einklang bringen.

[69] Beispiele s. B. SCHMIDLIN a.O. 131f.

[70] Siehe F. WIEACKER, Textstufen klassischer Juristen, Göttingen 1960, 87; F. SCHULZ, Geschichte[2], 325. Der 'Liber singularis' des Ulpian gilt heute unbestritten als ein Werk aus dem 3./4. Jh.; WIEACKER a.O. 58. Auch der 'Liber singularis' des Paulus erweist sich als einer der zahlreichen nachklassischen *libri singulares* des Paulus; dazu R. RÖHLE, Der liber singularis des Paulus, Labeo 12, 1966, 218ff. Geteilt sind die Meinungen über das Werk des Pomponius, F 374 (D 44,7,24) erscheint in D 12,1,11 als Fragment des 'Liber sextus ex Plautio' des Juristen. F 373 gibt lediglich ein durch einen unbedeutenden Zusatz ergänztes *responsum* des Labeo wieder. Auch die *notae* des Marcellus zu diesem Pomponiuswerk müssen nicht unbedingt auf Authentizität weisen, weil sie nur in losem Textzusammenhang stehen und auch bloße Anschübe nachklassischer Bearbeiter darstellen können, so schon F. SCHULZ, Geschichte[2], 210; anders D. NÖRR a.O. 74ff.

[71] Die Regelbücher des Ulpian, Paulus, Licinnius Rufinus, Modestinus folgen in großen Zügen dem gaianischen Aufbau: sie beginnen mit *de iustitia et iure* (Ulpian und Modestinus) und Personenrecht, daran schließen sich in ziemlich freier Folge und nur in Schwerpunkten er-

Werk Marcians fällt eindeutig aus der Reihe heraus, in ihm zeichnet sich kein systematischer Aufbau ab. Auch das Werk Scaevolas, dessen Echtheit umstritten ist, geht einen eigenen Weg[72]. Überdies sind auch die Varianten des Institutionensystems bei den übrigen Regelwerken nicht unerheblich. Das *regulare* dieser Werkgruppe liegt daher nicht in ihrem Grundaufbau, sondern, wie auch der Titel *libri regularum* anzeigt, in den einzelnen Aussagen. Die Möglichkeit, daß die *regulae* aus anderen kasuistischen Werken ausgezogen und zusammengestellt wurden, sei es vom Autor selbst oder von einem nachklassischen Bearbeiter, würde ihre uneinheitliche Materienfolge leichter erklären. Dann gewänne auch der bekannte Paulus-Satz D 50,17,1: *Ex iure quod est regula fiat* einen geradezu handgreiflichen Sinn. Die Regeln werden dem kasuistischen Recht entnommen, aus Fallentscheidungen herausgehoben und leitsatzartig zusammengefaßt[73]. So ließe sich auch einfach erklären, warum diese *regulae* nirgends in anderen Werken zitiert und gebraucht werden und ihnen die Kraft mangelt, sich zu eigenständigen normativen Prinzipien zu verfestigen.

Wie ich an anderer Stelle nachgewiesen habe, enthalten die Regelwerke zur Hauptsache drei Arten von Aussagen[74]: Aussagen kasuistischer Art im engeren Sinn, Definitionen und Worterklärungen. Daneben taucht eine kleine Gruppe von *rescripta* auf, die aber zu den kasuistischen Regeln zu zählen sind. Zitiert wird nicht das volle *rescriptum*, sondern lediglich die *ratio decidendi*, der kasuistische Kernsatz, nicht anders, als ob er dem *responsum* eines Juristen entnommen wäre[75].

Den Hauptteil der *regulae* machen die kasuistischen Regeln aus. Sie zeigen eine echte Verwandtschaft mit den *horoi* des Mucius und den *pithana* Labeos. Viele sind wie diese in den Bedingungsfolgesatz gekleidet.

> Marcianus F 223 (D 4,3,36) *Si duo dolo malo fecerint, invicem de dolo non agent.*

> Modestinus F 175 (D 31,31) *Si quis quos non poterit manumittere legavit, ut manumitterentur, nec legatum nec libertas valet.*

> Licinnius Rufinus F 2 (D 40,7,32) *Si duobus heredibus institutis servus liber esse iussus sit, si decem heredibus dederit, ab altero ex heredibus venierit et traditus fuerit, pro parte alteri ex heredibus, a quo non venierit, dando pecuniam liber erit.*

Der Verallgemeinerung des bedingenden Satzteils dienen aber auch andere Konjunktionen, wie *cum, dum, ubi* etc.

---

kennbar die *res*, Testamentsrecht, Legatsrecht (Licinnius Rufinus und Paulus), Sachenrecht und Obligationenrecht (bei Modestinus auch Deliktsrecht).

[72] Zu Marcian s. O. LENEL, Pal. I 680; zu Scaevola s. O. LENEL, Pal. I 280.

[73] Vgl. dazu die von Ulpian öfter gebrauchte Wendung: *regulariter definire, regulariter dicere,* z. B. D 5,3,9 *Regulariter definiendum est eum demum teneri petitione hereditatis, qui vel ius pro herede vel pro possessore possidet vel rem hereditariam.* Dazu B. SCHMIDLIN a.O. 144ff.

[74] Zum Folgenden s. B. SCHMIDLIN a.O. 120ff.   [75] Anders D. NÖRR a.O. 77.

Marcianus F 281 (D 39,6,27) *Ubi ita donatur mortis causa, ut nullo casu revocetur, causa donandi magis est quam mortis causa donatio.*

Modestinus F 207 (D 46,1,40) *Cum duo rei constituti sunt, sive ab utroque sive ab alterutro fideiussor datus fuerit, in solidum recte accipietur.*

Oft wird der zweigliedrige Satz zu einer einfachen Aussage zusammengezogen, so daß der kasuistische Hintergrund zugunsten eines institutionellen Rechtszusammenhangs zurücktritt.

Ulpianus F 2381 (D 7,1,43) *Etiam partis bonorum usus fructus legari potest. si tamen non sit specialiter facta partis mentio, dimidia pars bonorum continetur.*

Modestinus F 259 (D 45,1,100) *Condicio in praeteritum, non tantum praesens tempus relata statim aut peremit obligationem aut omnino non differt.*

Auch nach ihrem Inhalt kommen diese *regulae* den *pithana* Labeos sehr nahe, allerdings geht die strenge Formulierung nach dem Implikationsschema äußerlich verloren. Die Regel wird offenbar nicht nach der logischen Aussagestruktur, sondern nach der juristischen Funktion in der Kasuistik gebildet. Das Schema wird dadurch beweglich und elastisch, die Regeln fügen sich mühelos in die Kasuistik ein und sind nichts anderes als *quasi causae coniectiones, id est in breve coactiones.* Daher fehlen in diesen Fragmenten Erörterungen ganzer Fälle, Blankettnamen und Verweise auf andere Juristen. Fast durchgängig steht am Beginn jedes Fragmentes die *regula,* und erst daran angehängt finden sich kurze Begründungen, Ergänzungen und Erläuterungen. Oft aber fehlen diese ganz, und es bleibt bei einem schlanken Regelsatz.

Neben den kasuistischen Regeln finden wir eine stattliche Zahl von Definitionen, die in der Form bald der *partitio,* bald der *divisio* einzelne Rechtsinstitute abgrenzen und gliedern.

Ulpianus F 2362 (D 1,1,10 pr) *Iustitia est constans et perpetua voluntas ius suum cuique tribuendi.*

Modestinus F 180 (D 23,2,1) *Nuptiae sunt coniunctio maris et feminae et consortium omnis vitae, divini et humani iuris communicatio.*

Modestinus F 174 (D 1,3,40) *Ergo omne ius aut consensus fecit aut necessitas constituit aut firmavit consuetudo.*

Marcianus F 222 (D 48,22,5) *Exilium triplex est: aut certorum locorum interdictio, aut lata fuga, ut omnium locorum interdicatur praeter certum locum, aut insulae vinculum, id est relegatio in insulam.*

Auch diese *definitiones* lassen sich als *regulae* verstehen, da *regula* ja ihrem ursprünglichen Sinn als Richtlinie gemäß sowohl als Abgrenzung, als *definitio*, wie auch als Leitsatz fungieren kann. Dennoch wachsen alle diese Regeln nirgends über den Werkrahmen hinaus, sie verfestigen sich nicht zu Regeldicta, die als objektives Prinzipiengut ohne nähere Angabe applizierbar wären. Die kasuistischen Regeln sind keine Spruchregeln. Gerade in dieser Hinsicht verstärkt sich ganz entschieden der Eindruck, daß sie als regulare Form der kasuistischen Aussage, als eine Literaturgattung entstanden sind, die einem ganz besonderen methodologischen Anliegen folgt: *Non ex regula ius sumatur, sed ex iure quod est regula fiat.* Gewiß, Aussagen dieser Art finden sich nicht nur in den Regelbüchern, sondern in fast allen kasuistischen Werken. Zu Unrecht aber hat man daher aus dem häufigen Aufscheinen solcher *regulae* außerhalb der *libri regularum* auf die Unselbständigkeit, Vagheit und Zufälligkeit des Titels *libri regularum* schließen wollen, ja, das Bestehen einer festen Werkgattung überhaupt in Zweifel gezogen[76]. Dazu ist kein Anlaß. Niemand wird die Werkgattungen der *quaestiones*, der *libri responsorum* oder *digesta*, ihre gefestigte traditionelle Gestalt als Werkgattung deswegen nehmen wollen, weil *quaestiones* und *responsa* auch in den Ediktskommentaren verwendet werden. Entscheidend ist nicht die Bildung von regularen Aussagen außerhalb der *libri regularum*, sondern allein ihre feste Zusammenstellung in einem Werk, das sich stilistisch von den übrigen Literaturformen deutlich abhebt.

VI. *Die methodologische Bedeutung der Rhetorik und Dialektik für die kasuistische Regelbildung*

Die Entstehung der *libri regularum* über die *horoi* und *pithana* bestätigt in eindrucksvoller Weise die wissenschaftliche Assimilationskraft der römischen Jurisprudenz. Als Brücke zur Rhetorik und Dialektik dienen die

---

[76] So D. NÖRR a.O. 73ff. Gewiß gibt es noch andere Werke römischer Juristen, die einen ähnlichen kasuistischen Regelstil beachten, die 'Definitiones' des Papinian, die 'Opiniones' Ulpians, die 'Manualia' des Paulus, die 'Differentiae' und 'Pandectae' Modestins. F. SCHULZ, Geschichte[2], 142ff. faßt sie daher zu Recht in dieselbe Gruppe wie die *libri regularum*. Das ändert aber nichts daran, daß sich nur die *libri regularum* zu einer relativ festen traditionellen Werkgruppe entwickelt haben. Die anderen Titel bleiben Einzelfälle und verfolgen ganz bestimmte Absichten. In den 'Differentiae' zeigt Modestin tatsächlich regelhafte Unterscheidungen auf, das Gewicht liegt daher auf der Differenz, nicht auf der *regula*, die 'Opiniones' Ulpians behandeln, wie B. SANTALUCIA, I 'libri opinionum' di Ulpiano, Milano 1971, nachgewiesen hat, Verwaltungsvorschriften, in den 'Definitiones' Papinians liegt der Akzent um eine Nuance stärker auf den *definitiones* als in den *libri regularum*, die 'Manualia' des Paulus folgen dem in den spätklassischen Regelbüchern nicht verwendeten Ediktssystem, die 'Pandectae' des Modestin wiederum gehören dem Aufbau nach in die Reihe der Digestenwerke. Schärfer sind die Grenzen einerseits zur Werkgruppe der Quaestionen und Responsen und andererseits zu den kommentierenden Schriften. Der Zusammenhang von Werk und Werktitel bedürfte gerade für die spätklassischen Schriften einer genaueren Untersuchung, weil sich darin oft die spätklassischen methodologischen Betrachtungsweisen ankündigen, unter denen die kasuistische Tradition neu gefaßt und bewältigt wird.

horoi- und *pithana*-Bücher der Stoa. Es fällt auf, daß diese Bücher im Werkverzeichnis des Chrysipp nicht in der Dialektik, sondern in der Ethik aufgeführt werden. Schon sie stellen daher eine Anwendungsstufe dialektischer Aussageformen auf den dem Rechtsgebiet nahestehenden Bereich der Ethik dar. Mit der Aufnahme dieser Werkformen in die römische Rechtswissenschaft entsteht eine in der Ethik schon vorgebahnte weitere Anwendungsstufe. Mucius Scaevola und besonders Labeo halten sich in der Form der Aussage genau an das dialektische Schema. *Pithana* sind durchgehend als Implikation, als *synemmenon pithanon*, formuliert, und die *horoi* des Mucius folgen den definierenden und gliedernden Aussagesätzen der stoischen Logik. Daher tragen diese Sätze zu Recht auch die methodologisch genaue Bezeichnung *pithana* und *horoi*. Aber auch die lateinische Bezeichnung *regula* dürfte die dialektischen *artes* zumindest mitbestimmt haben, *regulae* im Sinne von Einzelregeln kamen vorerst in der Grammatik auf.

In den *libri regularum* zeichnet sich eine neue Stufe des Regelverständnisses ab. Der schulmäßige Rahmen der *pithana* und *horoi* hat sich in ihnen gelockert. In dem Wort *regula* mag anfänglich in der Tat ein noch ungefestigtes, bildhaftes Element mitschwingen, beim Auftreten der *libri regularum* ist dieses bereits verschwunden.

Der eklektische Zug der Römer, die für die hellenistischen Schuldistinktionen wenig Eifer entwickeln, schafft auch hier Distanz zu den unmittelbaren Vorlagen der *pithana* und *horoi*. Die *regulae* als kasuistische Leitsätze, ob definierender oder implizierender Art, brauchen weder einer dialektischen *ars* noch ihren Definitionsarten zu entsprechen. Die Regeln sind zwar meist zweigliedrige Sätze, in der Art der *pithana*, folgen aber nur lose dem Implikationsschema und werden auch oft auf eingliedrige Aussagen verkürzt. Unter den Definitionen sammeln sich alle Arten von Begriffsbestimmungen, Gliederungen oder allgemein grenzziehenden Sätzen, in die selbst die Worterklärungen aus der Tradition der *libri de verborum significatione* einfließen[77]. Mit der Verfestigung des Werktitels 'Libri regularum' in der juristischen Literatur ist die letzte Stufe der Regelassimilation erreicht. Diesen Schriften eignet nichts mehr von der Neuheit der *horoi* oder *pithana*. Der Titel fordert auch zu keiner methodologischen Anstrengung mehr auf. *Libri regularum* umfassen schlicht und einfach kasuistische Leitsätze und Definitionen, die man nicht mehr mit dialektischen Figuren abzusichern braucht. Ihre Eigenart wird, wie schon die Charakterisierung des Sabinus als *quasi causae coniectio* zeigt, unmittelbar kasuistisch umschrieben.

Betrachten wir den inneren Wandel der Regelaussagen, so läßt sich der Weg der Assimilierung ins römische Recht noch schärfer nachzeichnen. Die *horoi* des Mucius dürften wohl eine Entgegnung auf die Vorwürfe der Rhetoren sein, die Juristen verständen es nicht, von der Hypothese zur These aufzusteigen und diese definitorisch zu fassen. Methodologisch noch

[77] B. SCHMIDLIN a.O. 140f.

pointierter bezeichnet Labeo seine Regeln als *pithana*, ja diese probable Aussageweise für die Gewinnung kasuistischer Leitsätze übernommen zu haben, ist die besondere methodologische Leistung Labeos. Dazu mag ihn die dialektische Vorstellung, daß Aussagen über Recht den Gesetzen der Aussagenlogik folgen müßten, bewogen haben. Schon Cicero spricht dies aus, wenn er die Dialektik als *ars quaedam extrinsecus quod totum sibi adsumunt philosophi* bezeichnet[78] und in ihr das Rückgrat der echt dialektischen Rechtswissenschaft sehen will. Der sichere juristische Instinkt bewahrt Labeo aber vor jeder Übertreibung. Schon seine *pithana* dienen nicht als Obersätze stoischer *tropoi*, als *pithana lemmata*, ihr Gewicht liegt vielmehr in der materiell rechtlichen Einzelaussage[79]. Der methodologische Faden verspinnt sich in den *libri regularum*, in denen nun *pithana* und *horoi* zusammengefaßt werden, noch stärker mit der Kasuistik. Die Charakterisierung der *regula* durch Sabinus stützt sich auf einen rein juristischen Vergleich: die *causae coniectio* und deren Überholbarkeit. Die Regelfunktion juristisch zu verdeutlichen, scheint jetzt weit dringlicher zu sein, als sie methodologisch von der Dialektik abzugrenzen.

Mit der Ausrichtung am regelnden Leitsatz gerät die *regula* jedoch in eine neue Zone methodologischer Unschärfe, in der die Juristen zu einer neuen Präzisierung gezwungen werden. Sie klingt bereits im Sabinuszitat des Paulus an, die Regel sei nur *quasi causae coniectio*, und sie erhält ihre volle Schärfe in dem *dictum* des Paulus selbst, *non ex regula ius sumatur, sed ex iure quod est regula fiat*. Dieser Ausspruch ist nur aus der von den Juristen bekämpften Tendenz der Regeln, sich zu verselbständigen, begreiflich. Das klassische Beispiel einer solchen Regel, gegen die sich die Kritik der Juristen richtet, ist vermutlich die von Paulus angesprochene *regula Catoniana*. Von der Kasuistik abgelöst, wird sie zu einem starren Kriterium, zu einer Regelung des Rechts, die in fester Spruchform tradiert wird. Wie bereits erwähnt, nennt sie Julian sogar eine *regula iuris*[80], eine Rechtsregelung. Diese Bezeichnung wird für eine ganze Reihe derartiger Regeln verwendet. Sie sind meist in kurze Rechtssprüche gefaßt und entstammen überwiegend altem Rechtsgut[81]. Die Juristen unterscheiden diese genau

---

[78] Cicero, de or. 1,188 *Adhibita est igitur ars quaedam extrinsecus ex alio genere quodam, quod sibi totum philosophi adsumunt, quae rem dissolutam divulsamque conglutinaret et ratione quadam constringeret.* Vgl. auch Aristoteles, Topik 101 b 2; 108 a 18.

[79] *Pithana lemmata* finden sich im Werk Chrysipps, s. St.V.F. II, 8,33 πιθανὰ λήμματα εἰς τὰ δόγματα πρὸς Φιλομαθῆ α′ β′ γ′.
Pithana lemmata sind wahrscheinliche Obersätze, die mit der *proslepsis* verbunden den Untersatz zum Schlußsatz führen. In der stoischen Aussagenlogik werden sie nach den fünf *topoi* aufgestellt (wenn a, dann b, nun a, also b: *modus ponendo ponens* etc.). Dazu M. POHLENZ a.O. I 50; St.V.F. II, 266; auch I. M. BOCHEŃSKI a.O. 144. Auch Cicero kennt diese *topoi*, topica 56,57.
Die römischen Rechtsregeln sind keine in solche Subsumptionsschemata einsetzbare Obersätze, die Deduktion einzelner Entscheidungen ermöglichen könnten. B. SCHMIDLIN a.O. 208, auch F. WIEACKER, Vom römischen Recht², Stuttgart 1961, 140.

[80] Siehe Beispiele Anm. 63. Dazu B. SCHMIDLIN a.O. 23 ff., 61 ff.

[81] D. NÖRR a.O. 38 ff. bezweifelt, daß die Juristen die einzeln überlieferten festen Spruchregeln bewußt als *regulae iuris* oder *iuris civilis* von den *regulae* der Regelbücher unter-

von den kasuistischen Regeln der Regelbücher, denn sie stehen diesen konträr entgegen. Während diese Fallrecht vereinfacht nachzeichnen, schreiben jene Recht vor. Damit verschiebt sich der methodologische Ansatz vom dialektischen Problem der richtigen Aussageweise zur besonderen juristischen Frage nach der Geltungsweise solcher Regelsätze. Das Regelproblem wandert von der dialektischen auf die rein juristische Ebene: gelten die *regulae* als dem kasuistischen Recht nachgebildete Leitsätze oder als vorgebildete applizierbare Normen? Für beide Funktionen ist das Wort *regula* geeignet.

Die Juristen unterscheiden zwar deutlich diese beiden *regula*-Funktionen, verzichten aber dennoch darauf, den Gegensatz methodologisch umfassend auszuformen. Scharf gezeichnet ist nur die Konfliktzone zwischen den *regulae* der *libri regularum* und den spruchartigen *regulae iuris*. Die Konturen innerhalb des einen oder des anderen Regeltypus bleiben unscharf. Darum erfaßt *regula iuris* nicht nur Spruchregeln, sondern überhaupt alles, was normative Funktion übernehmen kann und dem funktionalen Sinn einer Rechtsregelung entspricht[82]. Aber auch in den *libri regularum* vermischen sich die kasuistischen Leitsätze, Definitionen und Worterklärungen. Ihre methodologisch scharf gefaßten Urbilder in den *horoi* und *pithana* verschwimmen[83]. Der Vermittlerdienst der dialektischen Aussagenlehre ist abgeschlossen, die *regulae* haben sich der juristischen Kasuistik assimiliert.

---

schieden hätten. Die statistische Grundlage der *regulae iuris* sei zu schmal, vor allem, wenn man noch den unterschiedlichen Gebrauch der *regulae iuris* als Spruchregel, Standard oder Norm schlechthin berücksichtige. Doch dringt diese Kritik weder gegen die gegebene Quellenlage noch gegen das statistische Ergebnis durch. Wie immer man die Zahlen drehen will, die Hälfte aller Texte, in denen das Wort *regula* erscheint, weist den Zusatz *regula iuris (civilis)* auf. Ob man die 'Digesten' und die 'Institutionen' gesondert betrachtet, so B. SCHMIDLIN 23, oder sie wie D. NÖRR 38 zur Aufspaltung der Doppelüberlieferung zusammenlegt, ändert daran nichts. Beim Verhältnis 1:2 scheidet ein Zufall aus. Zahlenverhältnisse sind freilich nur ein Indiz: ob *regula iuris* auch dem Sinne und dem Gebrauch nach eine bewußte methodologisch einheitliche Benennung bildet, ist damit noch nicht ausgemacht. Dazu B. SCHMIDLIN a.O. 46ff.: Die Merkmale der normativen Regel.

[82] D. NÖRR ist bestrebt, den Ausdruck *regula iuris* nach mehreren, sich wesentlich unterscheidenden Bedeutungen zu differenzieren. *Regula iuris* bedeute einmal Standard, fünfmal „vielleicht" Spruchform, dreimal Rechtsnorm, a.O. 40. Gewiß bildet der Sinn der *regula iuris civilis*, etwa bei Gaius in D 2,14,28 pr. *contra regulas iuris civilis pacta conventa rata non habentur* und in Gaius 2,114: ... *secundum regulam iuris civilis testatus*, ferner etwa bei Julian D 28,2,13,1 *regula est iuris civilis, qua constitutum est hereditatem adimi non posse*, keinen einheitlichen Begriff, wohl aber die Einheit eines Typus, dessen Kern in der normativen Geltung liegt: Rechtsregelung, Rechtsform und Spruchregel kommen darin überein. Dazu B. SCHMIDLIN a.O., insbes. 46ff.,204. NÖRR argumentiert in der verkehrten Richtung; zum Verständnis des Regelbegriffes trägt die Auflösung der *regula iuris* in die modernen, an die römischen Quellen herangetragenen Unterscheidungen von Standard, Spruchform und Rechtsnorm unmittelbar nichts bei, vielmehr gilt es zu erklären, warum die römischen Juristen für die von uns unterschiedenen methodologischen Vorstellungen ein und denselben Ausdruck *regula iuris (civilis)* verwenden, und wie weit diese einheitliche Benennung einen einheitlichen methodologischen Sinn deckt. Er liegt, wie ich gezeigt habe, in dem Regeltypus der „normativen Regel", die sich von der kasuistischen Regel nach typologischen Merkmalen abgrenzt.

[83] Dazu B. SCHMIDLIN a.O. 149f.

Bibliographie

1. Allgemeines

B. Biondi, Obbietto e metodi della scienza giuridica romana, in: Scritti in onore di C. Ferrini, Milano 1946, 201 ff. = Id., Scritti giuridici, 1, Milano 1965, 99 ff.

P. Bonfante, La giurisprudenza nello svolgimento del diritto, in: Id., Scritti giuridici 4, Torino 1925, 3 ff.

H. Coing, Zur Methodik der republikanischen Jurisprudenz: Zur Entstehung der grammatisch-logischen Auslegung, in: Studi Arangio-Ruiz 1, Napoli 1953, 365 ff.

P. Jörs, Geschichte und System des römischen Privatrechts, Berlin 1927.

M. Kaser, Zur Methode der römischen Rechtsfindung, Göttingen 1962, ²1969.

H. Kreller, Das Problem des Juristenrechts in der römischen Rechtsgeschichte, Tübingen 1952.

F. Lanfranchi, Il diritto nei retori romani, Milano 1938.

NND V, s. 'diritto romano' (R. Orestano), 1960.

NND IX, s. 'iurisprudentia' (S. Riccobono jun.), 1963.

F. Schulz, Geschichte der römischen Rechtswissenschaft, Weimar 1961 = Id., History of Roman Legal Science, Oxford, 1946.

F. Schulz, Prinzipien des römischen Rechts, Berlin 1934 (Nachdr. 1954).

2. Zur klassischen Rechtswissenschaft

M. Bretone, Tecniche e ideologie dei giuristi romani, Napoli 1971.

G. Broggini, Aus Ciceros Anwaltstätigkeit, in: Id., Coniectanea, Milano 1966, 305 ff.

E. Bund, Untersuchungen zur Methode Julians, Köln 1965.

E. Costa, Cicerone giureconsulto², 2 Bde., Bologna 1927.

G. Crifò, Osservazioni sulla struttura del ragionamento dei giuristi, in: FS Maridakis, Athen 1963, 141 ff.

G. Grosso, P. Mucio Scaevola tra il diritto e la politica, AG 175, 1968, 204 ff.

F. Horak, Rationes decidendi, Innsbruck 1969.

W. Kerber, Die Quasiinstitute als Methode der römischen Rechtsfindung, Diss. Würzburg 1970.

H. Krüger, Römische Juristen und ihre Werke, in: Studi Bonfante 2, Milano 1930, 301 ff.

G. La Pira, La genesi del sistema nella giurisprudenza romana, in: St. Virgil, 1934, 39 ff.; BIDR 42, 1934, 336 ff.; SDHI 1, 1935, 319 ff.; BIDR 44, 1936, 137 ff.

G. Lepointe, Quintus Mucius Scaevola, 1e partie, sa vie et son œuvre juridique. Ses doctrines sur le droit pontifical, Paris 1926.

U. von Lübtow, Cicero und die Methode der römischen Jurisprudenz in: FS Wenger, München 1944, 224 ff.

H. J. Mette, Jus civile in artem redactum, Göttingen 1954.

A. Pernice, Labeo. Das römische Privatrecht im ersten Jh. der Kaiserzeit. 1. Bd. Halle 1873; 2. Bd. 2. Aufl. Halle 1895 und 1900; 3. Bd. Halle 1892.

S. Perozzi, Di alcune censure ai giureconsulti romani, in: Id., Scritti giuridici, Milano 1948, Bd. 3, 559 ff.

F. Pringsheim, Höhe und Ende der römischen Jurisprudenz, in: Id., Ges. Abhandlungen 1, Heidelberg 1961, 53 ff.

S. Riccobono, La giurisprudenza classica come fattore di evoluzione nel diritto romano, in: Scritti in onore di C. Ferrini, Milano 1947, 17 ff.

G. Scherillo, Note critiche su opere della giurisprudenza romana, Jura 3, 1952, 180 ff.

E. Seidl, War Begriffsjurisprudenz die Methode der Römer? Archiv für Rechts- und Sozialphilos. 43, 1957, 343 ff.

E. Seidl, Labeos geistiges Profil, in: St. Volterra 1, Milano 1971, 67 ff.

E. Seidl, Prolegomenon zu einer Methodenlehre der Römer, in: Gedächtnisschrift für R. Schmidt, Berlin 1966, 359 ff.

A. Steinwenter, Prolegomena zu einer Geschichte der Analogie, in: St. Albertario, 2, Milano 1953, 103 ff.; in: St. Arangio-Ruiz, 2, Napoli 1953, 169 ff.; in: Festschr. Schulz 2, Weimar 1951, 345 ff.

J. A. C. Thomas, Pithanon Labeonis a Paulo Epitomatorum Libri VIII, in: Daube noster, Edinburgh–London 1974, 317 ff.

M. Villey, Recherches sur la littérature didactique du droit romain, Paris 1945.

F. Wieacker, Der römische Jurist, in: Id., Vom römischen Recht, 2. Aufl., Stuttgart 1961, 128 ff.

F. Wieacker, Über das Klassische in der römischen Jurisprudenz, in: Id., Vom römischen Recht, 2. Aufl., Stuttgart 1961, 161 ff.

F. Wieacker, Cicero als Advokat, Schriftenreihe der juridischen Gesellschaft e. V., Berlin 1965.

3. Stoische Logik und Rhetorik

I. M. Bocheński, Formale Logik, 3. Aufl., München 1970.

M. Bretone, Tecniche e ideologie dei giuristi romani, Napoli 1971.

M. Bretone, La logica dei giuristi di Roma, Labeo 1, 1955, 74 ff.

M. Bretone, Ricerche Labeoniane, πιθανά, in: La parola del passato 28, 1973, 170 ff.

M. L. Clarke, Rhetoric at Rome, New York 1953 (1962).

H. Coing, Zum Einfluß der Philosophie des Aristoteles auf die Entwicklung des römischen Rechts, SZ 69, 1952, 24 ff.

E. Costa, La filosofia greca nella giurisprudenza romana, Parma 1892.

F. De Zulueta, The Effect of Greek Thought on Jurisprudence, in: The Cambridge Ancient History 9, 1932, 863 ff.

A. Giuliani, The Influence of Rhetoric on the Law of Evidence and Pleading, Juridical Rev. 1962, 216 ff.

J. B. Gould, The Philosophy of Chrysippus, Leiden 1970.

J. Himmelschein, Studien zu der antiken Hermeneutica iuris, in: Symb. Friburgenses in honorem O. Lenel, Leipzig 1935, 373 ff.

R. M. Honig, Humanitas und Rhetorik in spätrömischen Kaisergesetzen, Göttingen 1960.

F. Horak, Die rhetorische Statuslehre und der moderne Aufbau des Verbrechensbegriffs, in: Festgabe für Herdlitczka, München 1972, 121 ff.

B. Kübler, Griechische Einflüsse auf die Entwicklung der römischen Rechtswissenschaft gegen Ende der republikanischen Zeit, ACI Roma 1, 1934, 79 ff.

G. Kalinowski, Introduction à la logique juridique, Paris 1965, 55 ff.

E. Meyer, Die Quaestionen der Rhetorik und die Anfänge der juristischen Methodenlehre, SZ 68 (1951) 30 ff.

E. Meyer, Nachtrag zur Quaestionenlehre, SZ 72, 1955, 357 ff.

J. Miquel, Stoische Logik und römische Jurisprudenz, SZ 97, 1970, 85 ff.

D. Nörr, Divisio und partitio, Berlin 1972.

M. Pohlenz, Die Stoa, Geschichte einer geistigen Bewegung, 3. Aufl., Göttingen 1964 (Nachdruck 1970).

J. M. Rist, Stoic Philosophy, Cambridge 1969, 133 ff.

J. Santa Cruz, Der Einfluß der rhetorischen Theorie der Status auf die römische Jurisprudenz, SZ 75, 1958, 91 ff.

A. Schiavone, Retorica e giurisprudenza, Labeo 16, 1970, 240 ff.

A. Schiavone, Studi sulle logiche dei giuristi romani, Napoli 1971.

A. Steinwenter, Rhetorik und römischer Zivilprozeß, SZ 65, 1947, 69 ff.

J. Stroux, Griechische Einflüsse auf die Entwicklung der römischen Rechtswissenschaft gegen Ende der republikanischen Zeit, ACI Roma 1, 1934, 111 ff.

J. Stroux, Römische Rechtswissenschaft und Rhetorik, Potsdam 1949.

Th. Vieweg, Topik und Jurisprudenz, 5. Aufl., München 1974.

H. Volkmann, Die Rhetorik der Griechen und Römer in systematischer Übersicht, 2. Aufl. 1885 (Nachdr. Hildesheim 1963).

B. Vonglis, Droit romain et rhétorique, TR 37, 1969, 247 ff.

U. Wesel, Rhetorische Statuslehre und Gesetzesauslegung der römischen Juristen, Köln–Berlin–Bonn–München 1967.

U. Wesel, Zur Deutung und Bedeutung des status scriptum et sententia, TR 38, 1970, 343 ff.

F. Wieacker, Über das Verhältnis der römischen Fachjurisprudenz zur griechisch-hellenistischen Theorie, Iura 20, 1969, 448 ff.

E. Zeller, Die Philosophie der Griechen in ihrer geschichtlichen Entwicklung, 3. Teil, 1. Abth., Die nacharistotelische Philosophie, Erste Hälfte, 5. Aufl., Leipzig 1923 (Nachdr. 1963).

4. Rechtsregeln

B. Albanese, Definitio periculosa: un singolare caso di duplex interpretatio, in: Studi Scaduto, Palermo 1967.

D. Behrens, Begriff und Definition in den Quellen, SZ 74, 1957, 352 ff.

D. Behrens, D 50,17,1, SZ 75, 1958, 353 ff.

B. Brugi, Le regulae iuris dei giureconsulti romani, in: St. del Vecchio 1, Modena 1930, 38 ff.

A. Carcaterra, Le definizioni dei giuristi romani, Napoli 1966.

H. Hausmaninger, Nemo sibi ipse causam possessionis mutare potest — eine Regel der veteres in der Diskussion der Klassiker, in: Gedächtnisschrift f. R. Schmidt, Berlin 1966, 399 ff.

H. Hausmaninger, Celsus und die regula Catoniana, TR 36, 1968, 469 ff.

M. Lanfranchi, D 2,4,5 „Pater is est . . .": „regula o definito?", AG 175, 1968, 262 ff.

R. Martini, Le definizioni dei giuristi romani, Milano 1966.

D. Nörr, Spruchregel und Generalisierung, SZ 89, 1972, 18 ff.

H. Oppel, Kanon, Zur Bedeutungsgeschichte des Wortes und seiner lateinischen Entsprechung. Philologus Suppl. 30, Heft 4, Leipzig 1937, 85 ff.

F. Pringsheim, Beryt und Bologna, in: FS Lenel, Leipzig 1921, 204 ff. = Id., Ges. Abhandlungen 1, Heidelberg 1961, 391 ff.

S. Riccobono, La definizione del „ius" al tempo di Adriano, Ann. Palermo 20, 1949, 5 ff.

F. D. Sanio, Beiträge zur Geschichte der regulae iuris, in: Id., Rechtshistorische Abhandlungen und Studien 1, Königsberg 1845, 136 ff.

B. Schmidlin, Die römischen Rechtsregeln, Köln–Wien 1970.

B. Schmidlin, Rechtsregel und Rechtsfall in der römischen Jurisprudenz, Öst. Ztschr. f. öff. Recht 22, 1971, 311 ff.

P. Stein, Regulae iuris, Edinburgh 1966.

F. Stella-Maranca, La «regula iuris» et la «definitio in iure civili», in: Recueil Gény 2, Paris 1934, 91 ff.

H. E. Troje, Ambiguitas contra stipulatorem, SD 27, 1961, 93 ff.

L. Wenger, Canon in den römischen Rechtsquellen und in den Papyri, SB Ak. d. Wiss. Wien, 1942.

H. J. Wieling, Falsa demonstratio, condicio pro non scripta, condicio pro impleta im römischen Testament, SZ 87, 1970, 197 ff.

Cultura e scienza giuridica nel secondo secolo d. C.: il senso del passato

di Franco Casavola, Napoli

Sommario

I. La disputa di Favorino e Sesto Cecilio Africano sulle dodici tavole

A seicento anni dalla loro formulazione — secondo i calcoli correnti al tempo di Sesto Cecilio Africano — le XII tavole erano ancora lette e discusse tra gli intellettuali romani, con non minore acuto interesse — come dichiara per sè Favorino — che i dodici libri di Platone sulle leggi[1].

---

[1] Gell. n. A. 20.1: 1 *Sextus Caecilius in disciplina iuris atque in legibus populi Romani noscendis interpretandisque scientia, usu auctoritateque inlustris fuit. 2 Ad eum forte in area Palatina, cum salutationem Caesaris opperiremur, philosophus Favorinus accessit conlocutusque est nobis multisque aliis praesentibus. 3 In illis tunc eorum sermonibus orta mentiost legum decemviralium, quas decemviri eius rei gratia a populo creati conposuerunt, in duodecim tabulas conscripserunt.*

4 Eas leges cum Sex. Caecilius inquisitis exploratisque multarum urbium legibus eleganti atque absoluta brevitate verborum scriptas diceret, 'sit' inquit 'hoc' Favorinus 'in pleraque earum legum parte ita, uti dicis; non enim minus cupide tabulas istas duodecim legi quam illos duodecim libros Platonis de legibus. Sed quaedam istic esse animadvertuntur aut obscurissima aut durissima aut lenia contra nimis et remissa aut nequaquam ita, ut scriptum est, consistentia'.

5 'Obscuritates' inquit Sex. Caecilius 'non adsignemus culpae scribentium, sed inscitiae non adsequentium, quamquam hi quoque ipsi, qui, quae scripta sunt, minus percipiunt, culpa vacant. 6 Nam longa aetas verba atque mores veteres oblitteravit, quibus verbis moribusque sententia legum conprehensa est. Trecentesimo quoque anno post Romam conditam tabulae conpositae scriptaeque sunt, a quo tempore ad hunc diem anni esse non longe minus sescenti videntur. 7 Dure autem scriptum esse in istis legibus quid existimari potest? nisi duram esse legem putas, quae iudicem arbitrumve iure datum, qui ob rem dicendam pecuniam accepisse convictus est, capite poenitur aut quae furem manifestum ei, cui furtum factum est, in servitutem tradit, nocturnum autem furem ius occidendi tribuit. 8 Dic enim, quaeso, dic, vir sapientiae studiosissime, an aut iudicis illius perfidiam contra omnia iura divina atque humana iusiurandum suum pecunia vendentis aut furis manifesti intolerandam audaciam aut nocturni grassatoris insidiosam violentiam non dignam esse capitis poenae existumes'?

9 'Noli' inquit Favorinus 'ex me quaerere, quid ego existumem. Scis enim solitum esse me pro disciplina sectae, quam colo, inquirere potius quam decernere. 10 Sed non levis existimator neque aspernabilis est populus Romanus; cui delicta quidem istaec vindicanda, poenae tamen huiuscemodi nimis durae esse visae sunt; passus enim est leges istas de tam inmodico supplicio situ atque senio emori. 11 Sicut illud quoque inhumaniter scriptum improbitavit, quod, si homo in ius vocatus morbo aut aetate aeger ad ingrediendum invalidus est, arcera non sternitur, sed ipse aufertur et iumento imponitur atque ex domo sua ad praetorem in comitium nova funeris facie effertur. Quam enim ob causam morbo adfectus ad respondendum pro sese non idoneus iumento adhaerens in ius adversario deportatur? 12 Quod vero dixi videri quaedam esse inpendio molliora, nonne tibi quoque videtur nimis esse dilutum, quod ita de iniuria poenienda scriptum est: Si iniuriam alteri faxsit, viginti quinque aeris poenae sunto. Quis enim erit tam inops, quem ab iniuriae faciendae libidine viginti quinque asses deterreant? 13 Itaque cum eam legem Labeo quoque vester in libris, quos ad duodecim tabulas conscripsit, non probaret: '***' inquit 'L. Veratius fuit egregie homo inprobus atque inmani vecordia. Is pro delectamento habebat os hominis liberi manus suae palma verberare. Eum servus sequebatur ferens crumenam plenam assium; ut quemque depalmaverat, numerari statim secundum duodecim tabulas quinque et viginti asses iubebat. Propterea' inquit 'praetores postea hanc abolescere et relinqui censuerunt iniuriisque aestumandis recuperatores se daturos edixerunt. 14 Nonnulla autem in istis legibus ne consistere quidem, sicuti dixi, visa sunt, velut illa lex talionis, cuius verba, nisi memoria me fallit, haec sunt: si membrum rupit, ni cum e pacto, talio esto. 15 Praeter enim ulciscendi acerbitatem ne

(Proseguimento della nota 1)

procedere quoque executio iustae talionis potest. Nam cui membrum ab alio ruptum est, si ipsi itidem rumpere per talionem velit, quaero, an efficere possit rumpendi pariter membri aequilibrium? In qua re primum ea difficultas est inexplicabilis. 16 Quid si membrum' inquit 'alteri inprudens ruperit? quod enim inprudentia factum est, retaliari per inprudentiam debet. Ictus quippe fortuitus et consultus non cadunt sub eiusdem talionis similitudinem. Quonam igitur modo inprudentem poterit imitari, qui in exequenda talione non licentiae ius habet, sed inprudentiae? 17 Sed et si prudens ruperit, nequaquam patietur aut altius se laedi aut latius. Quod cuiusmodi libra atque mensura caveri possit, non reperio. 18 Quin etiam, si quid plus erit aliterve conmissum, res fiet ridiculae atrocitatis, ut contraria actio mutuae talionis oriatur et adolescat infinita quaedam reciprocatio talionum. 19 Nam de inmanitate illa secandi partiendique humani corporis, si unus ob pecuniam debitam iudicatus addictusque sit pluribus, non libet meminisse et piget dicere. Quid enim videri potest efferatius, quid ab hominis ingenio diversius, quam quod membra et artus inopis debitoris acerbissimo laniatu distrahebantur, sicuti nunc bona venum distrahuntur'?

20 Tum Sex. Caecilius amplexus utraque manu Favorinum: 'tu es' inquit 'unus profecto in nostra memoria non Graiae modo, sed Romanae quoque rei peritissimus. Quis enim philosophorum disciplinae suae leges tam scite atque docte callet, quam leges tu nostras decemvirales percalluisti? 21 sed quaeso tecum tamen, degrediare paulisper curriculis istis disputationum vestrarum academicis omissoque studio, quicquid lubitum est, arguendi tuendique, consideres gravius, cuimodi sint ea, quae reprehendisti, 22 nec ideo contemnas legum istarum antiquitates, quod plerisque ipse iam populus Romanus uti desiverit. Non enim profecto ignoras legum oportunitates et medelas pro temporum moribus et pro rerum publicarum generibus ac pro utilitatum praesentium rationibus proque vitiorum, quibus medendum est, fervoribus mutari atque flecti neque uno statu consistere, quin, ut facies caeli et maris, ita rerum atque fortunae tempestatibus varientur. 23 Quid salubrius visum est rogatione illa Stolonis iugerum de numero praefinito? quid utilius plebisscito Voconio de coercendis mulierum hereditatibus? quid tam necessarium existimatum est propulsandae civium luxuriae quam lex Licinia et Fannia aliaeque item leges sumptuariae? Omnia tamen haec oblitterata et operta sunt civitatis opulentia quasi quibusdam fluctibus exaestuantis. 24 Sed cur tibi esse visa est inhumana lex omnium mea quidem sententia humanissima, quae iumentum dari iubet aegro aut seni in ius vocato? 25 Verba sunt haec de lege si in ius vocat: Si morbus aevitasve vitium escit, qui in ius vocabit, iumentum dato; si nolet, arceram ne sternito. 26 An tu forte morbum appellari hic putas aegrotationem gravem cum febri rapida et quercera iumentumque dici pecus aliquod unicum tergo vehens? ac propterea minus fuisse humanum existumas aegrotum domi suae cubantem iumento inpositum in ius rapi? 27 Hoc, mi Favorine, nequaquam ita est. Nam morbus in lege ista non febriculosus neque nimium gravis, sed vitium aliquod inbecillitatis atque invalentiae demonstratur, non periculum vitae ostenditur. Ceteroqui morbum vehementiorem vim graviter nocendi habentem legum istarum scriptores alio in loco non per se 'morbum', sed morbum sonticum appellant. 28 Iumentum quoque non id solum significat, quod nunc dicitur; sed vectabulum etiam, quod a iunctis pecoribus trahebatur, veteres nostri 'iumentum' a 'iungendo' dixerunt. 29 Arcera autem vocabatur plaustrum tectum undique et munitum quasi arca quaedam magna vestimentis instrata, qua nimis aegri aut senes portari cubantes solebant. 30 Quaenam tibi igitur acerbitas esse visa est, quod in ius vocato paupertino homini vel inopi, qui aut pedibus forte aegris esset aut quo alio casu ingredi non quiret, plaustrum esse dandum censuerunt? neque insterni tamen delicate arceram iusserunt, quoniam satis esset invalido cuimodi vectabulum. Atque id fecerunt, ne causatio ista aegri corporis perpetuam vacationem daret fidem detractantibus iurisque actiones declinantibus. 31 Sed enim ipsum vide. Iniurias factas quinque et viginti assibus sanxerunt. Non omnino omnes, mi Favorine, iniurias aere isto pauco diluerunt, tametsi haec ipsa paucitas assium grave pondus aeris fuit; nam librariis assibus in ea tempestate populus usus est. 32 Sed iniurias atrociores, ut de osse fracto, non liberis modo, verum etiam servis factas inpensiore damno vindicaverunt, 33 quibusdam autem iniuriis talionem quoque adposuerunt. Quam quidem tu talionem, vir optime, iniquius paulo insectatus es ac ne consistere quidem dixisti lepida quadam sollertia verborum, quoniam talioni par non sit talio neque rumpi membrum facile possit ad alterius rupturae, ut ais tu, 'aequilibrium'. 34 Verum est, mi Favorine,

(Proseguimento della nota 1)

talionem parissimam fieri difficillime. Sed decemviri minuere atque extinguere volentes huiuscemodi violentiam pulsandi atque laedendi talione, eo quoque metu coercendos esse homines putaverunt neque eius, qui membrum alteri rupisset et pacisci tamen de talione redimenda nollet, tantam esse habendam rationem arbitrati sunt, ut, an prudens inprudensne rupisset, spectandum putarent aut talionem in eo vel ad amussim aequiperarent vel in librili perpenderent; sed potius eundem animum eundemque impetum in eadem parte corporis rumpenda, non eundem quoque casum exigi voluerunt, quoniam modus voluntatis praestari posset, casus ictus non posset. 35 Quod si ita est, ut dico et ut ipse aequitatis habitus demonstrat, taliones illae tuae reicprocae argutiores profecto quam veriores fuerunt. 36 Sed quoniam acerbum quoque esse hoc genus poenae putas, quae, obsecro te, ista acerbitas est, si idem fiat in te, quod tute in alio feceris? praesertim cum habeas facultatem paciscendi et non necesse sit pati talionem, nisi eam tu elegeris. 37 Quod edictum autem praetorum de aestimandis iniuriis probabilius esse existimas, nolo hoc ignores hanc quoque ipsam talionem ad aestimationem iudicis redigi necessario solitam. 38 Nam si reus, qui depecisci noluerat, iudici talionem imperanti non parebat, aestimata lite iudex hominem pecuniae damnabat, atque ita, si reo et pactio gravis et acerba talio visa fuerat, severitas legis ad pecuniae multam redibat. 39 Restat, ut ei, quod de sectione partitioneque corporis inmanissimum esse tibi visum est, respondeam. Omnibus quidem virtutum generibus exercendis colendisque populus Romanus e parva origine ad tantae amplitudinis instar emicuit, sed omnium maxime atque praecipue fidem coluit sanctamque habuit tam privatim quam publice. 40 Sic consules, clarissimos viros, hostibus confirmandae fidei publicae causa dedidit, sic clientem in fidem acceptum cariorem haberi quam propinquos tuendumque esse contra cognatos censuit, neque peius ullum facinus existimatum est, quam si cui probaretur clientem divisui habuisse. 41 Hanc autem fidem maiores nostri non modo in officiorum vicibus, sed in negotiorum quoque contractibus sanxerunt maximeque in pecuniae mutuaticae usu atque commercio: adimi enim putaverunt subsidium hoc inopiae temporariae, quo communis omnium vita indiget, si perfidia debitorum sine gravi poena eluderet. 42 Confessi igitur aeris ac debiti iudicatis triginta dies sunt dati conquirendae pecuniae causa, quam dissolverent, 43 eosque dies decemviri 'iustos' appellaverunt, velut quoddam iustitium, id est iuris inter eos quasi interstitionem quandam et cessationem, quibus diebus nihil cum his agi iure posset. 44 Post deinde, nisi dissolverant, ad praetorem vocabantur et ab eo, quibus erant iudicati, addicebantur, nervo quoque aut compedibus vinciebantur. 45 Sic enim sunt, opinor, verba legis: Aeris confessi rebusque iure iudicatis triginta dies iusti sunto. Post deinde manus iniectio esto, in ius ducito. Ni iudicatum facit aut quis endo eo in iure vindicit, secum ducito, vincito aut nervo aut compedibus. Quindecim pondo ne minore aut si volet maiore vincito. Si volet, suo vivito. Ni suo vivit, qui eum vinctum habebit, libras farris endo dies dato. Si volet, plus dato. 46 Erat autem ius interea paciscendi ac, nisi pacti forent, habebantur in vinculis dies sexaginta. 47 Inter eos dies trinis nundinis continuis ad praetorem in comitium producebantur, quantaeque pecuniae iudicati essent, praedicabatur. Tertiis autem nundinis capite poenas dabant aut trans Tiberim peregre venum ibant. 48 Sed eam capitis poenam sanciendae, sicuti dixi, fidei gratia horrificam atrocitatis ostentu novisque terroribus metuendam reddiderunt. Nam si plures forent, quibus reus esset iudicatus, secare, si vellent, atque partiri corpus addicti sibi hominis permiserunt. 49 Et quidem verba ipsa legis dicam, ne existimes invidiam me istam forte formidare: Tertiis inquit nundinis partis secanto. Si plus minusve secuerunt, se fraude esto. 50 Nihil profecto inmitius, nihil inmanius, nisi, ut re ipsa apparet, eo consilio tanta inmanitas poenae denuntiata est, ne ad eam umquam perveniretur. 51 Addici namque nunc et vinciri multos videmus, quia vinculorum poenam deterrimi homines contemnunt, 52 dissectum esse antiquitus neminem equidem neque legi neque audivi, quoniam saevitia ista poenae contemni non quitast. 53 An putas, Favorine, si non illa etiam ex duodecim tabulis de testimoniis falsis poena abolevisset et si nunc quoque, ut antea, qui falsum testimonium dixisse convictus esset, e saxo Tarpeio deiceretur, mentituros fuisse pro testimonio tam multos, quam videmus? Acerbitas plerumque ulciscendi maleficii bene atque caute vivendi disciplina est. 54 Historia de Metto Fufetio Albano nobis quoque non admodum numero istiusmodi libros lectitantibus ignota non est, qui, quoniam pactum atque condictum cum rege populi Romani perfide ruperat, binis quadrigis evinctus in diversa

L'estetismo, che segna la cultura dell'età adrianea, persuade ad una lettura dell'antichissimo testo legale, attratta soprattutto dallo stile, da quella brevità tagliente ed agile della frase che Sesto Cecilio non aveva riscontrato in alcuna altra legge, delle tante che aveva studiato di molti paesi stranieri.

Sui contenuti della legge, tuttavia, il giudizio dei lettori non giuristi, che in Favorino trovano la loro voce più prestigiosa e severa, è tutt'altro che ammirativo: legge oscura, spesso feroce, disegnata da una mente illogica e debole. Da un tale documento traspare un mondo di violenza: pena di morte per il giudice od arbitro che abbia venduto per danaro la sua sentenza; linciaggio del ladro notturno; schiavitù per quello colto di giorno in flagrante; il debitore insolvente squartato e diviso in pezzi tra i suoi creditori; il malato e il vecchio costretti a presentarsi in giudizio a dorso di cavalcatura quasi in nuova forma di trasporto funebre; il taglione, che presumendo di misurare la lesione fisica e la sua vendetta, senza tener conto della natura fortuita o voluta di quella, legittima per l'eccesso della rappresaglia una spirale senza fine di azioni e reazioni; e infine la irrisoria pena di venticinque assi incoraggiante l'offesa manesca sul corpo altrui.

La condanna delle XII tavole non viene da intellettuali isolati, ma dal popolo romano „estimatore non da poco e non contestabile", che le ha lasciate morire di ruggine e di vecchiaia.

Questo giudizio svela una mentalità, una fede nella superiorità assoluta del presente sul passato, vissuto il presente come il luogo esclusivo della natura dell'uomo rischiarata dalla ragione: da una ragione critica, permanentemente disposta ad investigare e a non definire. Il passato, contrapposto nella sua totalità indistinta alla condizione umana presente, appare non come sviluppo e preparazione, ma antefatto remoto ed immoto, oscuro ed inconoscibile.

In opposizione a questa soglia mentale ed emotiva, che non coglie il nesso passato—presente come flusso storico, ma come salto dalla ferinità

---

nitentibus laceratus est. Novum atque asperum supplicium quis negat? sed, quid elegantissimus poeta dicat, vide: at tu dictis, Albane, maneres'.
Haec taliaque alia ubi Sextus Caecilius omnibus, qui aderant, ipso quoque Favorino adprobante atque laudante disseruit, nuntiatum est Caesarem iam salutari, et separati sumus.
Su Favorino, A. BARIGAZZI, Favorino di Arelate, Opere (Firenze 1966); F. GRELLE, L'autonomia cittadina fra Traiano e Adriano (Napoli 1972) 108ss.; per la sua influenza anche su giuristi dell'età adrianea, F. CASAVOLA, Il modello del parlante per Favorino e Celso, in: Atti dell'Accademia di Scienze Morali e Politiche, Società Naz. di Scienze Lettere ed Arti in Napoli 82 (1971) 485ss.; su Africano, W. KUNKEL, Herkunft und soziale Stellung der römischen Juristen[2] (Graz 1967) 172s.; K. AYITER, D. 20.4.9.3 und einige Bemerkungen über Sextus Caecilius Africanus, in: Studi in on. di G. Grosso 2 (Torino 1968) 13ss.; P. CERAMI, Considerazioni sulla cultura e sulla logica di Cecilio Africano, IVRA 22 (1971) 127ss.; A. WACKE, Dig. 19,2,33: Afrikans Verhältnis zu Julian und die Haftung für höhere Gewalt, infra (ANRW II 15), 455—496; sulla legge decemvirale, lett. e probl. ora in G. CRIFÓ, La legge delle XII Tavole. Osservazioni e problemi, in: Aufstieg und Niedergang der römischen Welt (ANRW), I 2, hrsg. von H. TEMPORINI (Berlin–New York 1972) 115—133.

all'umano, si muove la peculiare lettura del passato che solo la scienza giuridica, con i suoi specifici strumenti ed oggetti, è in grado di condurre. Anzi, sotto questo particolare aspetto la scienza giuridica è l'unico settore della conoscenza che riveli avere maturato una attitudine alla comprensione profonda del passato, del tutto estranea alle forme e ai generi della stessa storiografia antica, tesa a recuperare, sul filo ancora superficiale di una attenzione evenemenziale, biografie o storie di Stati. Laddove la scienza giuridica cerca invece di disoccultare i nessi tra le ideologie e le strutture materiali della società.

II. Il canone interpretativo proposto da Cecilio: verbis moribusque sententia legum comprehensa est

Sesto Cecilio contesta innanzi tutto che una legge così antica come quella delle XII tavole sia talora incomprensibile perchè oscura l'avrebbero voluta gli antichi suoi autori, oppure sia inconoscibile per la diversità della mente dei suoi lettori posteri.

Per il giurista, il significato di quella legge — e di qualunque legge — è racchiuso nel rapporto di contemporaneità tra le sue parole e le pratiche sociali che ne sono evocate (*verbis moribusque sententia legum comprehensa est*). Il trascorrere del tempo logora e poi spezza il nesso *verba—mores*. Le pratiche sociali mutano o scompaiono, i *verba* si tramandano, privati del loro reale riferimento, e suonano, superstiti, senza senso.

Così, il passato, lo specifico passato dello studioso del diritto diventa inconoscibile e perduto.

Ma proprio cogliendo il legame *verba—mores*, il giurista si costruisce uno strumento teorico di ricerca e si destina un particolare e concreto campo di indagine. Il ritrovamento del passato è ad un tempo opera di memoria e di ragione, conservazione di relitti e restaurazione critica di contesti. Nasce di qui, da questa scoperta della coppia *verba—mores*, l'interesse dei giuristi per la origine delle parole, per la varia vicenda dei significati, la loro vocazione, insomma, al glossario. Glossario, tuttavia, di una specie non grammaticale nè antiquaria, punto di partenza per una interpretazione razionale e valutativa del passato.

Sesto Cecilio sottolinea intensamente la radicale contingenza delle leggi, totalmente immersa nella momentaneità del flusso storico, le cui vicende mutano come incessantemente muta ,,lo spettacolo del cielo e del mare".

Il giudizio di utilità, di indispensabilità, di efficacia delle leggi deve perciò essere formulato all'interno delle circostanze reali che ne sollecitarono la produzione, non dall'osservatorio atemporale di una astratta ragione. L'avversione, d'altra parte, per il giudizio individuale, di non altro capace che di un facile disprezzo, è profondamente motivato dalla consapevolezza che la condanna del passato viene, legittimamente, solo dalla vita storica collettiva — *nec ideo contemnas legum istarum antiquitates, quod plerisque ipse iam populus Romanus uti desiverit* — la quale si svolge lungo una linea di continuo progresso.

Per Sesto Cecilio progresso è il passaggio dalla penuria all'abbondanza, la crescita della ricchezza della società nazionale. E il ritmo dello sviluppo economico gli appare incessante come quello dei flutti del mare agitato.

Ancora una volta la immagine di un forte movimento naturale mira ad esprimere la acuta tensione mentale per una rappresentazione concettuale adeguata del movimento storico. In una storia così colta, nella sua dimensione dinamica, non c'è posto nè per l'apologia nè per il rifiuto del passato. Ogni momento, appunto perchè destinato a non durare, è giudicato nei limiti temporali suoi propri, non retrospettivamente. Così, la legge agraria di Licinio Stolone, che stabiliva le misure del possesso fondiario, era giusta ai suoi tempi; e il plebiscito Voconio, che riduceva la capacità delle donne a ricevere eredità, era utile ai suoi tempi; e le leggi Fannia e Licinia, che limitavano le spese per il cibo quotidiano e per i banchetti festivi, furono, come tutte le altre leggi suntuarie, necessarie ai loro tempi. „E tutte sono ora dimenticate, travolte dalla opulenza della società odierna, così come dalle ondate di un mare in tempesta."

III. I giuristi e la conoscenza della vita materiale degli antichi

Il giurista Cecilio si appresta ora ad impiegare il canone *verba—mores* per una lettura corretta del precetto decemvirale relativo alle modalità da osservarsi dal privato che inviti un concittadino a seguirlo in tribunale per dirimervi una loro controversia. La legge imponeva che si desse una cavalcatura (*iumentum*) a chi per età o per malattia (*morbus*) non fosse in grado di seguire l'invitante in tribunale con i propri piedi.

Interpretate così le due parole chiave del testo decemvirale — *iumentum* e *morbus* —, il precetto non poteva non apparire oltremodo severo ad una civiltà umanissima, quale quella teorizzata e vissuta dagli intellettuali adrianei. Ma Cecilio tende a ristabilire il significato che quelle parole avevano allora, nel contesto di quella antica vita materiale della società. Innanzi tutto, *morbus* non era lo stato acuto e grave di malattia, con febbre e talora con pericolo di vita. Questo è il significato moderno e corrente, fissatosi oltre che nel parlare quotidiano anche in quello tecnico dei giuristi (come attesterà tra un secolo Modestino[2] in un passo delle sue 'Differentiae' dedicato a ben distinguere tra *morbus* e *vitium*). Al tempo delle XII tavole la

---

[2] D. 50.16.101.2 Modest. 9 diff.: *Verum est 'morbum' esse temporalem corporis inbecillitatem, 'vitium' vero perpetuum corporis impedimentum, veluti si talum excussit: nam et luscus utique vitiosus est.* V. anche Gell. n. A. 4.2.2—5.

malattia era chiamata *morbus sonticus*, „che fa male". *Morbus* da solo, era
una qualche malformazione o menomazione o invalidazione permanente
del corpo, che nulla aveva a che fare con lo stato di salute. Quanto alla
seconda parola, *iumentum* non era soltanto la cavalcatura, ma, secondo la
suggestione etimologica *iumentum a iungendo*, anche il veicolo, cui l'animale
era, appunto, attaccato. Anzi, Cecilio attribuisce agli antichi (*veteres*) la
consapevole creazione della parola *iumentum* dalla operazione di aggiogare
la pariglia da traino al piccolo carro.

È rintracciato, così, e ridescritto il circuito parole-pratiche sociali,
partendo dal momento stesso in cui l'atto materiale, che il verbo *iungere*
esprime nel suo divenire, nella coscienza creativa della comunità dei par-
lanti, si dilata e si sostantiva nel suo risultato, il veicolo trainato, *iumentum*.

L'etimologia ha funzionato come via all'antico, all'interno della legge
decemvirale, che di quell'antico costituisce il documento fondamentale e
più creduto.

Il precetto, d'altra parte, mirava a realizzarsi anche tra i cittadini
poveri, imponendo un veicolo scoperto, il più leggero e modesto, e vietando
quello fatto a simiglianza di una grande arca, l'*arcera* coperta e attrezzata
come un letto, sul quale si usava trasportare i vecchi o gli ammalati gravi.

La conoscenza che Cecilio dimostra di questi oggetti della vita materiale
di un passato tanto remoto doveva nascere da un esercizio, interno alla
educazione dei giuristi, di letture storico-esegetiche dei precetti decemvirali,
fissate probabilmente in scritture esoteriche, provvisorie e mai compiute,
così come instabile nè canonica nè completa fu, dall'infanzia di Cicerone
in avanti, la tradizione testuale delle trascrizioni delle XII tavole. Del
resto, frammenti utili al restauro della intelligibilità delle XII tavole si
conservavano anche nelle opere lessicografiche degli antiquari. Proprio sul
nostro punto, Varrone[3] ricordava l'*arcera* come, più tardi, la ricorderà
Verrio Flacco[4]. E non è improbabile che questa attività di conservazione
del passato, che gli antiquari esercitarono anche sui residui delle XII tavole
derivasse dalla (più che confluire nella) specifica cultura dei giuristi.

Nel secondo secolo, questa era anzi opinione comune, che dai giuristi
dovesse attendersi una conoscenza dei contesti storici evocati dal vocabolario
delle XII tavole, così come dai grammatici per quello dei testi letterari.
L'anonimo giurisperito dell'aneddoto gelliano[5], che si giustifica di non in-

---

[3] Varro l. l. 5.140.

[4] L. 77 s. v. arcinna.

[5] Gell. n. A. 16.10: 1 *Otium erat quodam die Romae in foro a negotiis et laeta quaedam celebritas
feriarum, legebaturque in consessu forte conplurium Ennii liber ex annalibus. In eo
libro versus hi fuerunt:*

> *proletarius publicitus scutisque feroque*
> *ornatur ferro; muros urbemque forumque*
> *excubiis curant.*

2 *Tum ibi quaeri coeptum est, quid esset proletarius.* 3 *Atque ego aspiciens quempiam in eo
circulo ius civile callentem, familiarem meum, rogabam, ut id verbum nobis enarraret,* 4 *et, cum*

tendere, nelle XII tavole, il significato di *civis proletarius*, richiestogli da Gellio e da un gruppo di colti concittadini, per essere compito suo la interpretazione del diritto vigente, e non quella di tutte le anticaglie inservibili della legge decemvirale, esprime il livello inferiore della professione dei giuristi, contrassegnato da un sapere tecnico, non storico nè scientifico del diritto.

L'episodio tiene insieme almeno tre significati: che a comporre la notizia del passato concorressero i giuristi esperti in una lettura storica dei loro documenti; che tuttavia esisteva e forse andava polemicamente acuendosi una linea di frattura tra conoscenza storica del processo di formazione dello Stato e del diritto cittadino e pragmatica informazione sul diritto da applicare (*studium scientiamque ego praestare debeo iuris et legum vocumque earum, quibus utimur*); che ad ostacolare questa riduzione della scienza

illic se iuris, non rei grammaticae peritum esse respondisset, 'eo maxime' inquam 'te dicere hoc oportet, quando, ut praedicas, peritus iuris es. 5 Nam Q. Ennius verbum hoc ex duodecim tabulis vestris accepit, in quibus, si recte commemini, ita scriptum est: *Adsiduo vindex adsiduus esto. Proletario iam civi, cui, quis volet, vindex esto*. 6 Petimus igitur, ne annalem nunc Q. Ennii, sed duodecim tabulas legi arbitrere et, quid sit in ea lege proletarius civis, interpretere'. 7 'Ego vero' inquit ille 'dicere atque interpretari hoc deberem, si ius Faunorum et Aboriginum didicissem. 8 Sed enim cum proletarii et adsidui et sanates et vades et subvades et viginti quinque asses et taliones furtorumque quaestio cum lance et licio evanuerint omnisque illa duodecim tabularum antiquitas nisi in legis actionibus centumviralium causarum lege Aebutia lata consopita sit, studium scientiamque ego praestare debeo iuris et legum vocumque earum, quibus utimur'.
9 Tum forte quadam Iulium Paulum, poetam memoriae nostrae doctissimum, praetereuntem conspeximus. 10 Is a nobis salutatur rogatusque, uti de sententia deque ratione istius vocabuli nos doceret: 'qui in plebe' inquit 'Romana tenuissimi pauperrimique erant neque amplius, quam mille quingentum aeris in censum deferebant, 'proletarii' appellati sunt, qui vero nullo aut perquam parvo aere censebantur, 'capite censi' vocabantur; extremus autem census capite censorum aeris fuit trecentis septuaginta quinque. 11 Sed quoniam res pecuniaque familiaris obsidis vicem pignerisque esse apud rempublicam videbatur amorisque in patriam fides quaedam in ea firmamentumque erat, neque proletarii neque capite censi milites nisi in tumultu maximo scribebantur, quia familia pecuniaque his aut tenuis aut nulla esset. 12 Proletariorum tamen ordo honestior aliquanto et re et nomine quam capite censorum fuit: 13 nam et asperis reipublicae temporibus, cum iuventutis inopia esset, in militiam tumultuariam legebantur, armaque is sumptu publico praebebantur, et non capitis censione, sed prosperiore vocabulo a munere officioque prolis edendae appellati sunt, quod, cum re familiari parva minus possent rempublicam iuvare, subolis tamen gignendae copia civitatem frequentarent. 14 Capite censos autem primus C. Marius, ut quidam ferunt, bello Cimbrico difficillimis reipublicae temporibus vel potius, ut Sallustius ait, bello Iugurthino milites scripsisse traditur, cum id factum ante in nulla memoria extaret. 15 Adsiduus in XII tabulis pro locuplete et facile facienti dictus aut ab assibus id est aere dando, cum id tempora reipublicae postularent, aut a muneris pro familiari copia faciendi adsiduitate'.
16 Verba autem Sallusti in historia Iugurthina de C. Mario consule et de capite censis haec sunt: Ipse interea milites scribere non more maiorum nec ex classibus, sed ut libido cuiusque erat, capite censos plerosque. Id factum alii inopia bonorum, alii per ambitionem consulis memorabant, quod ab eo genere celebratus auctusque erat et homini potentiam quaerenti egentissimus quisque oportunissimus.
Sul testo F. SCHULZ, Storia della giurisprudenza romana, trad. it. (Firenze 1968) 239 e F. CASAVOLA, Il modello cit. 488, nt. 9.

giuridica al possesso puramente strumentale dei dati attuali del diritto utile esistesse una domanda di conoscenza storica rivolta ai giuristi dalla intellighènzia cittadina, per soddisfare la quale è più che lecito dover ammettere siano state stimolate opere didattiche inconsuete nel curriculum degli studenti di diritto: di Pomponio, il manuale che affianca alla evoluzione dello Stato quella del diritto e della scienza giuridica; di Gaio, le istituzioni con i larghi excursus storici e, forse con maggiore incidenza, il commento alle XII tavole[6].

IV. La interpretazione della mente dei decemviri legislatori

Ma la materia del confronto tra Cecilio e Favorino è la mente di quegli antichi legislatori. Per il filosofo, il precetto 'si morbus . . . iumentum dato' si muove nella logica di violenza dell'attore: il vocans è un aggressore che non ha remore neppure dinanzi alla malattia della sua vittima, e la legge è dalla sua parte, perchè lo autorizza a trascinare il malato a dorso di animale fino in tribunale.

Per il giureconsulto, questa rappresentazione va rovesciata. La norma è giusta ed umana, perchè soccorre il cittadino sventurato e povero, colpito nelle sue facoltà motorie, gravando chi lo inviti in tribunale dell'onere di fornirgli la vettura. E il divieto di disporre anche della piccola, ma più comoda arcera sta ad indicare che solo l'invalido può essere trasportato in giudizio, non il malato, perchè all'invalido basta, appunto, la semplice vettura.

Il fine che i decemviri intendevano raggiungere era quello di salvaguardare la lealtà e la responsabilità sociale (fides e legis actiones) cui, altrimenti, si sarebbero sottratti in perpetuo gli invalidi, per la fisica permanente impossibilità loro di recarsi in tribunale.

Il procedimento di lettura dell'antico, per il giurista, è ora completo: dal restauro antiquario del linguaggio e delle pratiche sociali al recupero della intenzione dei decemviri legislatori. Una filologia, che accerta e misura la diversità e la distanza di parole e cose di una società remota nel tempo, ed una rappresentazione razionale, e perciò attratta nel presente, degli scopi che orientavano quegli antichi governanti del popolo romano.

---

[6] Su Pomponio, M. BRETONE, Tecniche ed ideologie dei giuristi romani (Napoli 1971) 111ss.; H. ANKUM, Towards a Rehabilitation of Pomponius, in: Daube Noster, Essays in Legal History for David Daube, ed. by A. WATSON (Edinburgh–London 1974) 1ss.; sui rapporti con Gaio, D. LIEBS, Gaius und Pomponius, in: Gaio nel suo tempo, Biblioteca di Labeo 3 (Napoli 1966) 61ss.; su Gaio, J. MACQUERON, Storia del diritto e arcaismo in Gaio, in: Gaio nel suo tempo, cit. 76ss.; C. A. MASCHI, La prospettiva storica della giurisprudenza classica[2] (Milano 1966) 159ss.; per la prefazione ai 'Libri ad legem XII tabularum', Pal. 418, F. CASAVOLA, in: Gaio nel suo tempo, cit. 9ss.; A. M. HONORÉ, Gaius. A Biography (Oxford 1962) 106 e ancora F. SCHULZ, Storia, cit. 333s.

V. La pena della iniuria e le modificazioni dei valori monetari

Una opinione diffusa a provare la stoltezza dei *decemviri* era che le pene pecuniarie da essi stabilite per chi commettesse *iniuria*, offesa percosse lesioni, a danno di un concittadino, fossero irragionevolmente mitissime. Lo stesso Gaio, nel ricordarle nel suo libro di scuola, prova il bisogno di giustificarle, rapportandole alla grande miseria (*magna paupertas*) di quei tempi[7].

Favorino cita non letterati o filosofi, ma un giurista (uno ,,dei vostri" — dice a Cecilio), Labeone, che alle XII tavole aveva dedicato un'opera[8]. Ebbene, proprio Labeone, a spiegare il passaggio dal sistema decemvirale di repressione dell'*iniuria* a quello, introdotto dai pretori, di un'azione mirante alla stima del danno morale e/o fisico, affidata alla discrezionalità di un collegio di giudici recuperatori, non ha di meglio che raccontare un aneddoto: di un tal Verazio, che si dilettava a schiaffeggiare i passanti e ad ordinare ad un servo che lo seguiva con una borsa di danaro di pagare all'istante a ciascuno degli offesi venticinque assi, secondo quanto stabilito dalle XII tavole. L'episodio non prova altro, in verità, che l'estenuazione di quella legislazione troppo a lungo conservata in vigore fino a divenire, per usare le parole degli stessi giuristi, anticaglia odiosa e ridicola. Ma se venticinque assi dell'età di Labeone erano un poco di rame rosso di g. 272,50, per l'età dei decemviri erano ben 8 kili e g. 186,25 di bronzo. E Cecilio sa bene che un così piccolo numero di assi fu un grave peso di bronzo, quando nello Stato l'asse corrispondeva ad una libra, prima della riduzione sestantaria del 268 a. C. e della quartonciale della riforma augustea[9].

VI. Il taglione, segno della ferocia antica per Favorino, è per Cecilio misura razionale scoraggiante la violenza

Tuttavia, sotto accusa è l'intero sistema decemvirale di repressione dell'*iniuria*, elaborato in un'età in cui non sfugge neppure a Cecilio che la violenza fisica, in percosse fratture lesioni, dovesse avere costituito un ostacolo di grande e grave momento alla pace sociale nella rozza vita della comunità primitiva.

Il taglione, previsto dalle XII tavole per la mutilazione, è una misura grossolana di reazione, che non corrisponde mai esattamente alla entità,

---

[7] Gai 3.223: *Poena autem iniuriarum ex lege XII tabularum et rell. . . . Et videbantur illis temporibus in magna paupertate satis idoneae istae pecuniariae poenae.*

[8] F. P. BREMER, Iurisprudentiae antehadrianeae quae supersunt 2.1 (Lipsiae 1898) 81ss.

[9] Calcola: asse librale = g. 327,45; nell'età augustea g. 10,90.

alle modalità, alla intenzionalità dell'azione subita, e dunque suscettibile
di aprire una spirale senza fine di ulteriori rappresaglie.

Ma Cecilio trova, anche qui, una razionale ragionevolezza nell'antica
legge. Il taglione non è una resa alla barbarie dei tempi; è, anzi, nella volontà
di quei governanti illuminati, una misura tale da scoraggiare preventivamente la inclinazione alla violenza, agendo come meccanismo di inibizione
psicologica del delitto, non come effettiva sanzione punitiva. E comunque
anche in questa ultima ed estrema versione, il taglione non può essere de-
precato come crudele perchè ,,si fa a te esattamente ciò che tu hai fatto ad
altri''.

In questa formula di Cecilio non gioca il principio di giustizia retributiva, della equilibrata sanzione, ma quello, coerente con tutta l'impostazione
del suo discorso, dell'autoresponsabilità privata: la legge scoraggia il delitto,
minacciando il taglione, ma se il delitto si commette egualmente, questo
significa che il taglione è voluto. E che al taglione si giunge per un atto
di libertà, lo prova l'alternativa che la legge propone tra taglione e composizione pecuniaria volontaria: il taglione, cioè, non è una conseguenza
ineluttabile del delitto, lo diventa solo se lo si sceglie, rifiutando di accor-
darsi sul prezzo della pacificazione.

Per Cecilio, nella repressione dell'*iniuria*, tra il sistema decemvirale e
quello dell'azione estimatoria, introdotta dall'Editto, non c'è la cesura
profonda che Favorino descrive sull'autorità di una citazione letterale di
Labeone. Interviene qui, nella interpretazione ceciliana del passato, un
motivo nuovo: proprio perchè il passato non è immobile, ma è colto nel suo
mutamento, la storia si presenta e si chiarisce in una sua profonda continuità.
Il taglione non è ripudiato nel giudizio recuperatorio, ma si trasforma in una
multa. Ecco come Cecilio, non sappiamo in base a quali informazioni o se,
come è più probabile, per un originale ripensamento della transizione tra
legge decemvirale e Editto pretorio, in chiave di evoluzione continua e
graduale, espone questa importante metamorfosi del taglione. Nella ipotesi
di rifiuto della composizione, si sarebbe esperita l'azione sfociante in un
ordine del giudice, di esecuzione del taglione; e, solo qualora il reo non
intendesse sottoporvisi, il giudice procedeva alla stima della mutilazione e
pronunciava la condanna in danaro, equivalente alla pena del taglione.
In tal modo la severità della legge antica, minacciante la sanzione nel
corpo, finiva col conservarsi, traducendosi nella multa pecuniaria[10].

---

[10] Gell. n. A. 20.1.37 e 38; V. ARANGIO-RUIZ, Le formule con demonstratio e la loro origine,
in: Studi economico-giuridici, Cagliari 1912, 75ss., ora in: ID., Rariora, Storia e letteratura
11 (Roma 1946) 68ss., su questi testi ricostruisce una linea di sviluppo più lenta tra legge
decemvirale e editto pretorio, introducendo una pratica intermedia di ricorso ad arbitri
scelti dalle parti; Gellio avrebbe conservato ai suoi tempi solo il ricordo della fase finale
di questa evoluzione, corrispondente alla sostituzione del taglione con il processo estima-
torio. Più prudente S. PEROZZI, Istituzioni di diritto romano 2 (Milano 1949) 63, nt. 2,
nell'ammettere lacune delle nostre informazioni che si possono colmare solo con congetture. È interessante sottolineare l'aspetto metodologico di questa letteratura, che vuole
recuperare tramite ipotesi gli eventi così come sono accaduti, senza distinguere nelle fonti
ciò che è testimonianza e ciò che è a sua volta tentativo di capire, come accade a Cecilio.

VII. La dissezione del cadavere del debitore insolvente, vergogna storica del popolo romano per Favorino, è per Cecilio ancora una prova della mente illuminata dei decemviri

Sull'ultimo argomento, la dissezione del cadavere del debitore ucciso per insolvenza, accennato appena da Favorino — *non libet meminisse et piget dicere* — proprio perché, insulto „all'indole del genere umano", pesava come una vergogna sulla coscienza civile degli intellettuali romani, Cecilio offre la misura piena di una riflessione sulla storia, che non può non apparire interna ai temi e ai problemi della scienza giuridica e della cultura dei suoi tempi. Scorta dalla altissima civiltà del medio principato, la storia del popolo romano appariva come una miracolosa ascesa — *e parva origine ad tantae amplitudinis instar* — di cui preme conoscere le cause. E in un'età di radicale scetticismo dei ceti colti, increduli di dei e di fortune, il progresso della vita storica dello Stato è ricondotto alle virtù degli uomini. Il popolo romano deve la sua grandezza all'avere coltivato tutte le virtù — *omnibus quidem virtutum exercendis colendisque* — e più di ogni altra la *fides*, santa nei comportamenti pubblici e privati. Tra i primi, Cecilio ricorda la *fides* dello Stato verso i nemici, garantita con la consegna in loro mano dei consoli, e quella del patrono verso il cliente, l'uno all'altro legati in un vincolo più stretto della parentela di sangue e dell'affinità[11]. Tra i secondi, la *fides* nei

Africano. Ancora un sintomo: Africano è tout court Gellio. Meglio allora M. KASER, Das römische Zivilprozeßrecht, Handbuch der Altertumswiss. X, 3, 4 (München 1966) 91, nt. 21, per il quale Gellio offre „*ein unklares und unjuristisches Bild*".

[11] Gell. n. A. 20.1.40 e soprattutto 5.13: 1 *Seniorum hominum et Romae nobilium atque in morum disciplinarumque veterum doctrina memoriaque praestantium disceptatio quaedam fuit praesente et audiente me de gradu atque ordine officiorum. Cumque quaereretur, quibus nos ea prioribus potioribusque facere oporteret, si necesse esset in opera danda faciendoque officio alios aliis anteferre, non consentiebatur. 2 Conveniebat autem facile constabatque ex moribus populi Romani primum iuxta parentes locum tenere pupillos debere fidei tutelaeque nostrae creditos; secundum eos proximum locum clientes habere, qui sese itidem in fidem patrociniumque nostrum dediderunt; tum in tertio loco esse hospites; postea esse cognatos adfinesque.*

3 Huius moris observationisque multa sunt testimonia atque documenta in antiquitatibus perscripta, ex quibus unum hoc interim de clientibus cognatisque, quod prae manibus est, ponemus. 4 M. Cato in oratione, quam dixit apud censores in Lentulum, ita scripsit: Quod maiores sanctius habuere defendi pupillos quam clientem non fallere. Adversus cognatos pro cliente testatur, testimonium adversus clientem nemo dicit. Patrem primum, postea patronum proximum nomen habere.

5 Masurius autem Sabinus in libro iuris civilis tertio antiquiorem locum hospiti tribuit quam clienti. Verba ex eo libro haec sunt: In officiis apud maiores ita observatum est: primum tutelae, deinde hospiti, deinde clienti, tum cognato, postea adfini. Aequa causa feminae viris potiores habitae pupillarisque tutela muliebri praelata. Etiam adversus quem adfuissent, eius filiis tutores relicti in eadem causa pupillo aderant.

6 Firmum atque clarum isti rei testimonium perhibet auctoritas C. Caesaris pontificis maximi, qui in oratione, quam pro Bithynis dixit, hoc principio usus est: Vel pro hospitio regis Nicomedis vel pro horum necessitate, quorum res agitur, re-

negozi della vita economica e in primo luogo nel prestito di danaro. La immane minaccia della uccisione per chi non restituisse il danaro preso a prestito era nulla più che l'emblema di questo supremo valore di coesione e solidarietà sociale, posto in bilico con un bene altrettanto supremo quale la vita umana. Ancora una volta illuminata appare la mente degli antichi, per i quali il mutuo ,,questo sussidio alla temporanea indigenza, di cui la quotidiana vita di tutti ha bisogno, sarebbe scomparso se senza una grave pena la perfidia dei debitori l'avesse ridotto ad un gioco''[12].

Nella descrizione del processo di esecuzione per insolvenza Cecilio sottolinea le opportunità concesse al debitore di evitare l'*addictio* e il suo ulteriore terribile esito: una prima volta, con i trenta giorni di tregua giudiziaria allo scopo di raccogliere la somma da pagare; una seconda, subito dopo l'imprigionamento da parte del creditore ordinato dal magistrato, con la possibilità di una composizione. Ma neppure eluse entrambe queste chances, Cecilio dichiara che si andò mai oltre la prigionia. Alcuna fonte scritta od orale ha mai provato la pratica della uccisione e dissezione del debitore.

Fedele alla rappresentazione politica della pena come deterrente, Cecilio accetta ed usa questo argomento e silentio, perchè la prigionia può non scoraggiare i malvagi, ma la morte è una sanzione tanto spietata da non poter essere disprezzata.

Del resto, cadeva sotto la immediata esperienza dei contemporanei l'efficacia preventiva della pena capitale, dal momento che la precipitazione dalla rupe Tarpeia, introdotta dalle XII tavole per i falsi testimoni, era tuttora in vigore, e neppure Favorino avrebbe potuto dire che la sua abolizione non avrebbe favorito la moltiplicazione delle false testimonianze.

La regola, per Cecilio, è che ,,generalmente la severità della repressione dei delitti fonda la disciplina del vivere onesto e prudente''[13].

Sin qui la discussione ceciliana si manterrebbe entro i margini di una lettura prevalentemente politologica dell'ordinamento decemvirale, se non riapparisse, proprio nelle ultime battute del dialogo con Favorino, quel principio di autoresponsabilità personale, già emerso nel dibattito sul taglione, e che appartiene tutto alla meditazione della scienza giuridica dell'età adrianea.

Cecilio tende a concludere con l'unico esempio di crudeltà romana, tramandato dalla storia: lo squartamento, a mezzo delle due quadrighe sferzate verso direzioni opposte, del corpo vivo del re albano Mettio Fufezio, traditore, sul campo di battaglia dell'alleato romano Tullo Ostilio nella guerra contro i Fidenati e i Veienti. Cecilio avrebbe potuto ricordare il racconto di Livio, in cui il supplizio feroce viene presentato come monito — *primum ultimumque illud supplicium, apud Romanos, exempli parum*

---

fugere hoc munus, M. Iunce, non potui. Nam neque hominum morte memoria deleri debet, quin a proximis retineatur, neque clientes sine summa infamia deseri possunt, quibus etiam a propinquis nostris opem ferre instituimus.

[12] Gell. n. A. 20.1.41.

[13] Gell. n. A. 20.1.53.

memoris legum humanarum fuit — insieme al vanto che, in altri casi, presso nessun altro popolo furono in uso più miti condanne — *in aliis, gloriari licet nulli gentium mitiores placuisse poenas*[14]. Il che sarebbe stato rispondere direttamente alle ragioni di Favorino. Invece, no: Cecilio si appella a Virgilio[15] — „Ma tu avresti dovuto, Albano, mantenere la tua parola." (Che è, abusando utilmente di un anacronismo, esattamente il molieriano «*Tu l'as voulu, Georges Dandin, tu l'as voulu*».)

VIII. Cultura contemporanea e rievocazione storica: la motivazione politica della pena intimidatoria e quella giuridica della pena retributiva nella maturazione della giurisprudenza e della legislazione nell'età adrianea condizionano la lettura ceciliana della mentalità dei decemviri

Quest'ultima citazione dall''Eneide' è un segno della autenticità del discorso di Cecilio e della fedeltà della relazione di Gellio. Cecilio, infatti, aveva consuetudine con simile impiego dei poeti come di un argomento di autorità, perentorio di ogni ulteriore opposizione. Ne fa fede Ulpiano, che ricorda come Cecilio citasse un verso di Omero per dimostrare la fondatezza della propria tesi, che la *lex Iulia* disciplinante l'accusa maritale di adulterio riguardava sia i *matrimonia iusta* sia gli *iniusta*[16]. Se è dunque Cecilio a concludere vittoriosamente il dibattito, *ipso quoque Favorino adprobante atque laudante*, con il „tu l'hai voluto", occorre pur sottolineare una oscillazione del suo pensiero tra una spiegazione 'politica' della pena atroce come minaccia della comunità al fine di prevenire i delitti, e una motivazione 'giuridica' come retribuzione del delitto volontariamente commesso, e dunque voluto, nella sua inseparabilità dalla sanzione, appunto come causa e richiesta del supplizio.

Il dialogo con Favorino si svolge nell'attesa della *salutatio* ad Antonino, e proprio non molti anni prima possono essere rintracciate risonanze del pensiero di Cecilio, del quale ripetono la stessa oscillazione. Di un'altra pena atroce si discuteva in quegli anni, anch'essa proveniente dal più remoto passato: la pena del sacco, in cui il parricida era racchiuso insieme ad un cane, un gallo, una vipera ed una scimmia, e condotto su un carro aggiogato a buoi neri fino alla costa, per essere ivi sprofondato in mare. Modestino, infatti, segnala una costituzione adrianea che, per il caso il mare fosse lontano, commutava la pena del sacco in quella dell'abbandono alle

---

[14] Liv. 1.28.11.

[15] Aen. 8.643 in Gell. n. A. 20.1.54.

[16] D. 48.5.14 (13).1 Ulp. 2 de adult.: *Plane sive iusta uxor fuit sive iniusta, accusationem instituere vir poterit: nam et Sextus Caecilius ait, haec lex ad omnia matrimonia pertinet, et illud Homericum adfert: nec enim soli, inquit, Atridae uxores suas amant*, οὐ μόνοι φιλέουσ' ἀλόχους μερόπων ἀνθρώπων Ἀτρεῖδαι.

belve[17]. Ebbene, nelle 'Sententiae Hadriani'[18], la pena antica è considerata, per la sua terribilità, come misura di prevenzione, anziché come punizione mai resa effettiva.

Questa è appunto la stessa valutazione che Cecilio esprime quanto alla sanzione decemvirale della uccisione e dissezione del debitore insolvente.

Tuttavia, la concezione della pena monitoria, meramente esemplare, è propria di società arcaiche, i cui componenti hanno bisogno di una pedagogia del terrore che fortemente suggestioni le loro menti primitive. Ma la società evoluta del principato adrianeo propone un problema diverso da quello della ipotesi della sanzione terrificante: il problema, in certo senso

[17] D. 48.9.9 pr Modest. 12 pandect.: *Poena parricidii more maiorum haec instituta est, ut parricida virgis sanguineis verberatus deinde culleo insuatur cum cane, gallo gallinaceo et vipera et simia: deinde in mare profundum culleus iactatur. hoc ita, si mare proximum sit: alioquin bestiis obicitur secundum divi Hadriani constitutionem.*

[18] Hadr. Sent. 16, dalla ediz. di G. Goetz, Corpus glossariorum latinorum, vol. III (Lipsiae 1892, fotomech. Wiedergabe Amsterdam 1965) 390:

fuit lex quaedam	ἐγένετο νόμος τὶς
huiusmodi	τοιούτου τοῦ τρόπου
omnibus hominibus,	πᾶσιν ἀνθρώποις
ut qui parricidium	ὅπως ὅστις πατροκτόνιον
fecisset, publice	πεποιήκει, δημοσίως
in culeo missus	εἰς μολγὸν πεμφθεὶς
consueretur cum	συνραφῇ μετὰ
uipera et cane	ἐχίδνης καὶ κυνὸς
et simia et gallo,	καὶ πιθήκου καὶ ἀλέκτορος,
impiis animalibus	ἀσεβῶν ζώων
impius homo:	ἀσεβὴς ἄνθρωπος·
et super plaustrum	καὶ ἐπὶ ἁμάξης
iunctum nigris	ἐζευγμένης μελανοῖς
bubus deferretur	βουσὶν κατενεχθῇ
in mare,	εἰς θάλασσαν,
et proiiceretur	καὶ ῥιφθῇ
in profundum.	εἰς βαθύ.
ostendi enim	ἔδειξα οὖν
exemplum poenae,	ὑπόδειγμα τιμωρίας
ut magis timeant	ἵνα μᾶλλον φοβηθῶσιν
tam nefarium	οὕτως ἄνομον
opus operari.	ἔργον ἐργάσασθαι.
nunc ergo	νῦν οὖν
iusta facite.	δίκαια ποιεῖτε.
bonum enim	καλὸν γὰρ
exemplum omnibus	ὑπόδειγμα πᾶσιν
ostendetis.	ὑποδείξετε.

Sulle 'Divi Adriani sententiae et epistulae', v. ora per tutti A. Arthur Schiller, Vindication of a repudiated text "Sententiae et epistolae Hadriani", in: Atti del II Congresso internazionale della Società italiana di Storia del diritto 2 (Firenze 1971) 717ss. e E. Volterra, Il problema del testo delle costituzioni imperiali, ivi 2.869ss. e particolarmente 870, nt. 1. Dello Schiller vanno anche ricordati altri due studi: Sententiae Hadriani de re militari, in: Sein und Werden im Recht, Festgabe f. U. von Lübtow (Berlin 1970) 295ss. e '„Alimenta" in the „Sententiae Hadriani"', in: Studi in on. di G. Grosso 4 (Tinoo 1971) 399ss.

reciproco, della applicazione della sanzione proporzionata al delitto commesso.

Nel 119, terzo anno dalla assunzione del potere, Adriano[19] si trovò dinanzi al tema della repressione di un delitto assai rilevante nella economia agraria antica: la asportazione delle pietre di confine. Su consiglio, come è da supporsi, di giuristi fin da allora a lui vicini[20], il principe rescrive che la pena sia varia a seconda della condizione sociale degli incriminati e della *mens facientis*, attento, nella esemplificazione, al mondo delle motivazioni psico-sociologiche dell'agente di questo delitto. Faceva, infatti, gran differenza l'ablazione dei termini ad opera di possidenti di ceto elevato, mossi dal chiaro intento di dilatare le proprie terre occupando le altrui, dalla raccolta, ad opera di poveri contadini, di pietrame sparso, tra cui per ignoranza o per caso finiva col trovarsi anche qualche lapide terminale[21].

La indagine sulle motivazioni al delitto, in questa età, non si arresta neppure dinanzi al suicida[22]. Occorre accertare le ragioni di questo gesto estremo, perchè siano giuste e non inique le conseguenze giuridiche che vi si ricollegano.

Già Nerazio distingueva tra chi si fosse data la morte per tedio della vita e chi invece per *mala conscientia*[23]; e Adriano utilizzò questa distin-

---

[19] Per questo principe, ora, lett. e probl. in: M. K. Thornton, Hadrian and his Reign, in: ANRW II 2, hrsg. v. H. Temporini (Berlin–New York 1975) 432—476.

[20] Penso a Celso: dello stesso anno 119 è la lettera a Ramnio Marziale, prefetto d'Egitto, BGU l. n. 140, ora in: Fontes iuris romani anteiustiniani l. n. 78, nella quale Adriano riecheggia il canone celsino di D. 1.3.18; sul punto F. Casavola, Potere imperiale e stato delle persone tra Adriano e Antonino Pio, Labeo 14 (1968) 265s.

[21] Coll. 13.3: . . . . vlpianvs *libro octauo de officio proconsulis sub titulo de termino moto:* 1. *Eos qui terminos mouerunt non inpune id facere debere diuus Hadrianus Terentio Gentiano XVII k. Sept. se III consule rescripsit, quo rescripto poenam uariam statuit.* 2. *Verba rescripti ita se habent: 'pessimum factum eorum, qui terminos finium causa positos abstulerunt, dubitari non potest. Poenae tamen modus ex condicione personae et mente facientis magis statui potest: nam si splendidiores sunt personae, quae conuincuntur, non dubito quin occupandorum aliorum finium causa id admiserint, et possunt in tempus, ut cuiusque patitur aetas, relegari id est si iuuenior in longius, si senior recisius: si uero alii negotium gesserunt et ministerio functi sunt, castigari et sic in biennium aut triennium ad opus publicum dari. Quod si per ignorantiam aut fortuito lapides usus causa furati sunt, sufficit eos uerberibus coerceri'.*
D. 47.21.2 Call. 3 de cogn.: *Divus Hadrianus in haec verba rescripsit: 'Quin pessimum factum sit eorum, qui terminos finium causa positos propulerunt, dubitari non potest. de poena tamen modus ex condicione personae et mente facientis magis statui potest: nam si splendidiores personae sunt, quae convincuntur, non dubie occupandorum alienorum finium causa id admiserunt, et possunt in tempus, ut cuiusque patiatur aetas, relegari, id est si iuvenior, in longius, si senior, recisius. si vero alii negotium gesserunt et ministerio functi sunt, castigari et ad opus biennium dari. quod si per ignorantiam aut fortuito lapides furati sunt, sufficiet eos verberibus decidere'.*
Sui due testi F. Wieacker, Textstufen klassischer Juristen (Göttingen 1960) 404s.; R. Bonini, I 'libri de cognitionibus' di Callistrato (Milano 1964) 93s.

[22] Per altri casi e fonti F. Casavola, Potere imperiale cit., Labeo 14 (1968) 257s., con lett.; adde J. M. Rist, Stoic Philosophy (Cambridge 1969) 233—255.

[23] D. 3.2.11.3 Ulp. 6 ad ed.: *Non solent autem lugeri, ut Neratius ait, hostes vel perduellionis damnati nec suspendiosi nec qui manus sibi intulerunt non taedio vitae, sed mala conscientia: si quis ergo post huiusmodi exitum mariti nuptum se collocaverit, infamia notabitur.*

zione in una epistola a Pomponio Falcone a proposito di militari che si fossero uccisi *ob conscientiam delicti militaris,* per i quali il suicidio, insieme confessione e sentenza del delitto commesso, era causa di invalidità del testamento eventualmente redatto[24].

Non è perciò sorprendente che una tale cultura, incline a dar tanto rilievo agli aspetti psicologici dei comportamenti umani, e a ricavare da quelli i giudizi di valore su questi, esprimesse la regola del primato della volontà sull'evento.

Nell'omicidio, l'analisi causale portava a separare volontarietà e accidentalità con conseguenze singolari, che oggi apparirebbero eccessive. Il comportamento debitamente osservato è spia della intenzione — *mens, animus, voluntas.* Un uomo viene ucciso da chi brandiva un'arma: è omicidio. Perchè non si aggredisce con un'arma se non si ha il proposito di uccidere. Ma se l'uccisore aveva in mano una chiave o un bricco, non è omicidio, perchè con oggetti siffatti non si ha intenzione di uccidere. E in questo caso, che oggi si direbbe di omicidio preterintenzionale, l'uccisore è assolto[25].

---

[24] D. 28.3.6.7 Ulp. 10 ad Sab.: *Eius qui deportatur non statim irritum fiet testamentum, sed cum princeps factum comprobaverit: tunc enim et capite minuitur. sed et si de decurione puniendo vel filio nepoteve praeses scribendum principi interlocutus est, non puto statim servum poenae factum, licet in carcere soleant diligentioris custodiae causa recipi. nec huius igitur testamentum irritum fiet, priusquam princeps de eo supplicium sumendum rescripserit: proinde si ante decesserit, utique testamentum eius valebit, nisi mortem sibi conscivit. nam eorum, qui mori magis quam damnari maluerint ob conscientiam criminis, testamenta irrita constitutiones faciunt, licet in civitate decedant: quod si quis taedio vitae vel valetudinis adversae inpatientia vel iactationis, ut quidam philosophi, in ea causa sunt, ut testamenta eorum valeant. quam distinctionem in militis quoque testamento divus Hadrianus dedit epistula ad Pomponium Falconem, ut, si quidem ob conscientiam delicti militaris mori maluit, irritum sit eius testamentum: quod si taedio vitae vel dolore, valere testamentum aut, si intestato decessit, cognatis aut, si non sint, legioni ista sint vindicanda.* D. 29.1.34 pr Papin. 14 quaest.: *Eius militis, qui doloris inpatientia vel taedio vitae mori maluit, testamentum valere vel intestati bona ab his qui lege vocantur vindicari divus Hadrianus rescripsit.*

[25] Coll. 1.6: 1. *Distinctionem casus et uoluntatis in homicidio seruari rescripto Hadriani confirmatur.* 2. *Verba rescripti:* 'Et qui hominem occidit absolui solet, sed si non occidendi animo id admisit: et qui non occidit, sed uoluit occidere, pro homicida damnatur. 3. E re itaque constituendum est: ecquo ferro percussit Epafroditus? Nam si gladium instrinxit aut telo percussit, quid dubium est, quin occidendi animo percusserit? Si claue percussit aut cucuma aut, cum forte rixaretur, ferro percussit, sed non occidendi mente. 4. Ergo hoc exquirite et si uoluntas occidendi fuit, ut homicidam seruum supplicio summo iure iubete affici'. D. 48.8.1.3 Marcian. 14 inst.: *Divus Hadrianus rescripsit eum, qui hominem occidit, si non occidendi animo hoc admisit, absolvi posse, et qui hominem non occidit, sed vulneravit, ut occidat, pro homicida damnandum: et ex re constituendum hoc: nam si gladium strinxerit et in eo percusserit, indubitate occidendi animo id eum admisisse: sed si clavi percussit aut cuccuma in rixa, quamvis ferro percusserit, tamen non occidendi animo. leniendam poenam eius, qui in rixa casu magis quam voluntate homicidium admisit.* Per i problemi testuali F. WIEACKER, Textstufen, cit. 402 s.; G. GUALANDI, Legislazione imperiale e giurisprudenza II (Milano 1963) 78; per quelli di storia giuridica C. GIOFFREDI, Sull'elemento intenzionale nel diritto penale romano, in: Studi in onore di G. Grosso III (Torino 1969) 47 e 49.

Altra volta accadde che dei giovani, dopo un convito, giocassero a lanciare in alto un compagno da una coperta tesa, e quindi a riceverlo sulla medesima. Uno di loro, Evaristo, ricevette così male Claudio, il compagno in caduta, che costui dopo cinque giorni morì. Dell'episodio possediamo testualmente la richiesta di consultazione al principe del proconsole della Betica e il rescritto, di risposta, di Adriano. Dopo avere approvato le misure adottate dal proconsole, il quale, esclusa la intenzione omicida per non esservi tra i due giovani ragione alcuna di inimicizia, aveva punito con la relegazione quinquennale l'Evaristo al fine di scoraggiare la gioventù da un simile gioco pericoloso, Adriano stabilisce il principio che ,,anche nei delitti più gravi importa accertare se l'evento è stato commesso con intenzione o per caso[26]''.

Il principe — con i giuristi suoi consiglieri — non conosce dunque nè l'omicidio preterintenzionale nè quello colposo. Egli chiede invece che sia condannato per omicidio anche chi non ha ucciso, ma soltanto ferito, se risulti aver avuto intenzione di uccidere.

Il principio ch'egli formulò in un rescritto, il cui antefatto e contesto ci sono ignoti, *in maleficiis voluntas spectatur, non exitus*[27], nella sua voluta ambiguità e polivalenza, non attribuibile soltanto all'isolamento testuale operatone da Callistrato, è il punto di massima elaborazione di una linea nella quale si inscrivono tutti i rescritti sinora esaminati, a cominciare da quello del 119 sulla rimozione delle pietre di confine.

Al di là dell'uso che i giuristi più tardi, e dopo di loro i Compilatori, ne faranno, questi rescritti adrianei si rivelano solidamente radicati nella intuizione che la pena, per essere giusta, deve essere una risposta commisurata alla volontà delittuosa. Altrimenti, se pura reazione all'evento, essa è vendetta.

Con Adriano, il potere imperiale fa una scelta in favore di una concezione retributiva e non intimidatoria della sanzione penale, realizzandola con significativa gradualità. Non soltanto infatti la regola *in maleficiis*

---

[26] Coll. 1.11: 1. *Cum quidam per lasciuiam causam mortis praebuisset, conprobatum est factum Taurini Egnati proconsulis Baeticae a diuo Hadriano, quod eum in quinquennium relegasset. 2. Verba consultationis et rescripti ita se habent: 'Inter Claudium, optime imperator, et Euaristum cognoui, quod Claudius Lupi filius in conuiuio, dum sago iactatur, culpa Mari Euaristi ita male acceptus fuerit, ut post diem quintum moreretur. Atque adparebat nullam inimicitiam cum Euaristo ei fuisse. Tamen cupiditatis culpa coercendum credidi, ut ceteri eiusdem aetatis iuuenes emendarentur. Ideoque Mario Euaristo urbe Italia prouincia Baetica in quinquennium interdixi et decreui, ut impendi causa duo milia patri eius persolueret Euaristus, quod manifesta eius fuerat paupertas'. 3. Verba rescripti: 'Poenam Mari Euaristi recte, Taurine, moderatus es ad modum culpae: refert enim et in maioribus delictis, consulto aliquid admittatur an casu'. 4. Et sane in omnibus criminibus distinctio haec poenam aut iustam prouocare debet aut temperamentum admittere.*
Cfr. anche D. 48.8.4.1 e D. 48.19.5.2 Ulp. 7 de off. procons.; sui testi F. WIEACKER, Textstufen, cit. 391 s., con lett.; G. GUALANDI, Legislazione, cit. 42 ss.; E. VOLTERRA, Il problema del testo, cit. 855 s.

[27] D. 48.8.14 Call. 6 de cognit.: *Divus Hadrianus in haec verba rescripsit: 'In maleficiis voluntas spectatur non exitus'*; lett. e problemi in: R. BONINI, I 'libri de cognitionibus' di Callistrato ,cit. 106 ss.; v. anche C. GIOFFREDI, L'elemento intenzionale, cit. 46

voluntas spectatur, non exitus, nel suo tenore incondizionato e generale, si lascia intendere come un punto di arrivo, ma l'altra, che appare in progresso verso questa, *refert enim et in maioribus delictis, consulto aliquid admittatur an casu,* sembra allargare a n c h e ai delitti maggiori un principio già affermato per illeciti secondari rispetto a quelli di sangue, come era appunto la *mens facientis* del rescritto del 119 per la rimozione delle lapidi terminali.

Un tale mutamento del diritto era il riflesso di una nuova osservazione dei comportamenti umani, valutati non nella loro immediata fattualità, ma come segni della più profonda realtà della mente. La simmetria tra questi motivi della legislazione adrianea con quelli del coevo dibattito sulla lingua[28] coinvolgente anche i giuristi, non è illusoria. Tra *mens facientis* e *mens dicentis* corre assai più che una suggestiva associazione di immagini, l'una e l'altra essendo il risultato di operazioni analitiche analoghe tendenti a restituire a gesti e a parole una più precisa imputazione psicologica.

Proviamo ora a sovrapporre questa 'mentalità' adrianea alla vicenda del re Albano nella interpretazione di Sesto Cecilio: Mettio non aveva mantenuto fede all'alleato senza tuttavia realizzare l'esito del tradimento, ch'era la sconfitta dell'esercito romano, e riceve il supplizio appunto per aver voluto mancare alla parola. Tra il virgiliano *At tu dictis, Albane, maneres* e l'adrianeo *in maleficiis voluntas spectatur, non exitus* la corrispondenza è totale. Ed è da questo luogo della sua cultura di giurista adrianeo, che Cecilio rievoca e giudica una storia remota.

Il passato, a lui, è chiaro, a tanta distanza di secoli, perchè esso gli appare costruito da uomini altrettanto ragionevoli dei loro posteri. Così appreso, il passato è anzi conferma di una continuità di razionale discorrere degli antichi ai moderni.

In questa assimilazione reciproca di ora e di allora i termini della diversità e della lontananza non riescono tuttavia ad essere annientati.

Resta pur sempre che ai tempi dei decemviri il popolo romano aveva bisogno della pena di morte perchè fossero frenati ladri, falsi testimoni, giudici venali, debitori insolventi, violenti, parricidi. E la legislazione decemvirale, proteggendo la convivenza con la minaccia di pene atroci, si lascia più ragionevolmente comprendere come specchio di una società globalmente arretrata, che non come opera illuminata di una élite di governanti iniziati alle astuzie della ragione.

IX. Il mito dei decemviri educatori della società in Celso: i problemi dell'età adrianea proiettati nella transizione tra legge delle dodici tavole e plebiscito Aquilio

La convinzione che i decemviri, più progrediti dei propri sudditi, si fossero assegnato un compito educativo, mirante a trasformare i modelli

---

[28] V. F. CASAVOLA, Il modello del parlante, cit. 485 ss.

socio-culturali della loro età, doveva essere sufficientemente diffusa tra i giuristi, se essa traspare, e fornisce argomenti pratici, persino in questioni strettamente tecniche.

Uno dei temi dibattuti nell'ambito della nossalità era quello della responsabilità del padrone per il delitto commesso dallo schiavo, essendone egli a conoscenza[29]. Celso riteneva che il *dominus sciens* dovesse essere chiamato a rispondere a titolo personale, in luogo del sottoposto; Giuliano, che contro il *dominus sciens* fossero esperibili cumulativamente l'azione nossale, diretta a punire lo schiavo autore materiale dell'illecito, e l'azione *in solidum*, che lo colpisce direttamente come correo.

Nel confronto delle opinioni Celso appare isolato, mentre Giuliano otterrà consenso da Marcello e, nell'età successiva, da Ulpiano[30].

Sin dai primi anni del principato adrianeo, abbiamo già osservato quale rilievo andasse guadagnando la valutazione della *mens facientis*. La posizione di Celso, per essere colta nelle sue più profonde radici, deve essere inscritta in questo movimento intellettuale, cui Adriano dette subito avallo, per una imputazione psicologica dei comportamenti umani, distinta dai tradizionali criteri della causalità materiale da un canto, e della riferibilità giuridico-formale dall'altro. Non è un caso che sia Celso, uno dei giuristi più vicini ad Adriano, certo il più congeniale a lui[31], ad assumere una posizione tanto originale: scagiona il servo, esclude l'applicabilità del principio *noxa caput sequitur*, considera esperibile l'azione solo contro il *dominus, qui non prohibuit*. La motivazione? ,,Lo schiavo che ha obbedito

---

[29] Sulla questione, per tutti, B. ALBANESE, Sulla responsabilità del dominus sciens per i delitti del servo, Bull. Istit. di Dir. Rom. LXX (Milano 1967) 119ss.

[30] D. 9.4.2 Ulp. 18 ad ed.: *Si servus sciente domino occidit, in solidum dominum obligat, ipse enim videtur dominus occidisse: si autem insciente, noxalis est, nec enim debuit ex maleficio servi in plus teneri, quam ut noxae eum dedat. 1. Is qui non prohibuit, sive dominus manet sive desiit esse dominus, hac actione tenetur: sufficit enim, si eo tempore dominus, quo non prohibeat, fuit, in tantum, ut Celsus putet, si fuerit alienatus servus in totum vel in partem vel manumissus noxam caput non sequi: nam servum nihil deliquisse, qui domino iubenti obtemperavit. et sane si iussit, potest hoc dici: si autem non prohibuit, quemadmodum factum servi excusabimus? Celsus tamen differentiam facit inter legem Aquiliam et legem duodecim tabularum: nam in lege antiqua, si servus sciente domino furtum fecit vel aliam noxam commisit, servi nomine actio est noxalis nec dominus suo nomine tenetur, at in lege Aquilia, inquit, dominus suo nomine tenetur, non servi. utriusque legis reddit rationem, duodecim tabularum, quasi voluerit servos dominis in hac re non obtemperare, Aquiliae, quasi ignoverit servo, qui domino paruit, periturus si non fecisset. sed si placeat, quod Iulianus libro octagensimo sexto scribit 'si servus furtum faxit noxiamve nocuit' etiam ad posteriores leges pertinere, poterit dici etiam servi nomine cum domino agi posse noxali iudicio, ut quod detur Aquilia adversus dominum, non servum excuset, sed dominum oneret. nos autem secundum Iulianum probavimus, quae sententia habet rationem et a Marcello apud Iulianum probatur.*

[31] Sulla inclinazione di Celso per la irrisione polemica testi e osservazioni in: F. WIEACKER, Amoenitates Iuventianae. Zur Charakteristik des Juristen Celsus, IVRA 13 (1962) 1ss.; su cui M. BRETONE, Celso polemista, in: Tecniche ed ideologie, cit. 91ss. Ma è sorprendente la somiglianza con Adriano che ... *professores omnium artium semper ut doctior risit contempsit obtrivit.*: Ael. Spart. vita Hadr., Script. Hist. Aug. XV.10. Una bibliografia celsina in: R. REGGI, L'argomentazione per assurdo e Celso figlio, in: Studi in on. di G. Grosso 6 (Torino 1972) 170, nt. 79.

al padrone, non ha commesso alcun delitto." Quel che colpisce qui, di Celso, è la ispirazione coerente a quel medesimo criterio proposto da Adriano in materia di persecuzione penale *in maleficiis voluntas spectatur, non exitus*. L'*exitus*, il comportamento causante del servo, è irrilevante: conta la sola volontà, che è quella del *dominus*.

Il postulato, su cui si costruisce la tesi di Celso, è che il *verbum scientiae* dell'editto pretorio non va letto nella interpretazione comune, del *dominus* che informato del disegno delittuoso dello schiavo non lo impedisce mediante *prohibitio*, avendone appunto possibilità di vietarlo[32]. Celso stabilisce invece l'equivalenza *dominus sciens = iubens*, allo scopo di ricavarne la scriminante per lo schiavo: *nam servum nihil deliquisse, qui domino iubenti obtemperavit*[33].

Ulpiano, che riferisce il pensiero celsino, è sorpreso per questa equivalenza, ch'egli torna a sciogliere in ipotesi distinte, del *dominus sciens* e del *dominus iubens: et sane si iussit, potest hoc dici: si autem non prohibuit, quemadmodum factum servi excusabimus*[34]?

Nella mente di Celso agisce evidentemente una rappresentazione della società servile, in cui di regola lo schiavo non ha possibilità, interesse o movente personale a delinquere, per la soggezione sua totale — giuridica economica sociale — al padrone, della cui volontà è strumento.

Se questa è, nell'esperienza comune, la relazione effettiva volontà del *dominus* comportamento del servo, perchè non adottare il criterio di interpretazione che rifletta questa normale realtà, anziché quello che nasce da casi marginali? Uno dei principi metodologici che guidano il pensiero celsino è che ,,il diritto deve provvedere a situazioni che si verificano frequentemente e normalmente piuttosto che a quelle straordinarie[35]".

Un *dominus sciens*, che lascia commettere il delitto al servo, senza che si presuma ch'egli ne sia il mandante, doveva apparire a Celso una enne-

---

[32] Cfr. D. 9.4.3 Ulp. 3 ad ed.: *In omnibus noxalibus actionibus, ubicumque scientia exigitur domini, sic accipienda est, si, cum prohibere posset, non prohibuit: aliud est enim auctorem esse servo delinquenti, aliud pati delinquere.*

e D. 9.4.4 pr Paul. 3 ad ed.: *In delictis servorum scientia domini quemadmodum accipienda est? utrum cum consilio? an et si viderit tantum, quamvis prohibere non potuerit? quid enim si ad libertatem proclamans domino sciente faciat aut qui contemnat dominum? vel cum trans flumen sit servus, vidente quidem, sed invito domino noxiam noceat? rectius itaque dicitur scientiam eius accipiendam, qui prohibere potest: et hoc in toto edicto intellegendum est circa scientiae verbum.*

[33] D. 9.4.2.1: supra nt. 30.

[34] D. 9.4.2.1: supra nt. 30.

[35] D. 1.3.5 Cels. 17 dig.: *nam ad ea potius debet aptari ius, quae et frequenter et facile, quam quae perraro eveniunt.* Anche D. 1.3.4 Cels. 5 dig.: *Ex his, quae forte uno aliquo casu accidere possunt, iura non constituuntur.* Per quanto detto a proposito di D. 9.4.2.1, in Celso ha una portata critica quel che in Pomponio appare come principio formale (descrittivo) sorretto dall'autorità di Teofrasto: D. 1.3.3 Pomp. 25 ad Sab.: *Iura constitui oportet, ut dixit Theophrastus, in his, quae* ἐπὶ τὸ πλεῖστον *accidunt, non quae* ἐκ παραλόγου.

A Teofrasto si appellerà anche Paolo: D. 1.3.6 Paul. 17 ad Plaut.: Τὸ γὰρ ἅπαξ ἢ δίς, ut ait Theophrastus, παραβαίνουσιν οἱ νομοθέται.

sima ipocrisia di quella scienza giuridica che sovrappone se stessa — la propria non discutibile autorevolezza[36] — alla osservazione della realtà.

Tuttavia, per far valere questo suo punto di vista, rivoluzionario rispetto alla tradizione, Celso non ricorre ad argomenti politici o sociologici, fondati su un modello della società a schiavi diverso da quello da tutti percepito; e neppure a ragioni logiche. Egli cerca di piegare al suo scopo, che è quello di imputare il delitto non al servo che lo ha commesso, ma al padrone che lo ha commissionato, il testo del precetto decemvirale al centro della questione: *Si servus furtum faxit noxiamve noxit*[37]. Di qui nasceva l'archetipo dell'azione nossale, riprodottosi poi nella più tarda *lex Aquilia de damno*[38].

Invece Celso, nella ipotesi di delitto del servo *sciente domino*, spezza ogni continuità tra legge decemvirale e plebiscito Aquilio, considera nossale solo l'azione derivante dalla prima, intentata contro il servo — *servi nomine* —, attribuisce al secondo un'azione non nossale, intentata contro il *dominus — suo nomine, non servi*. Le due leggi registrano, per Celso, il succedersi nel tempo di due diverse concezioni delle relazioni tra schiavo e padrone. La legge più antica, delle XII tavole, colpisce lo schiavo, l'Aquilia il padrone. La prima, punendo gli schiavi, intende educarli a non obbedire ai padroni, che ordinino loro la commissione di delitti. La successiva, incolpando solo il mandante, considera inesigibile la disobbedienza del servo, che potrebbe pagare con la vita il rifiuto di eseguire l'ordine del padrone.

Abbiamo qui, in funzione regolativa del presente, una lettura del passato singolarmente significativa: ancora una volta la storia è interpellata per cogliervi il segno di un mutamento. Il programma educativo dei decemviri va incontro ad uno scacco, e la legge Aquilia realisticamente si piega alla ineliminabile dipendenza psicologica dello schiavo, indotta dal terrore della coercizione dominicale. Ma quale rappresentazione della evoluzione del diritto conduce Celso ad intuire, dal momento che è assai improbabile ch'egli possedesse documenti testuali, un siffatto e tanto lontano processo storico? È immediatamente avvertibile la suggestione della immagine adrianea del legislatore illuminato, che guida il diritto su una linea di progresso, ampliando l'ambito di operatività di valori, quali il bene morale, l'utile, l'equità, la ragionevolezza, la congruenza con la realtà naturale e

---

[36] D. 45.1.91.3 Paul. 17 ad Plaut.: *et Celsus adulescens scribit eum, qui moram fecit in solvendo Sticho quem promiserat, posse emendare eam moram postea offerendo: esse enim hanc quaestionem de bono et aequo: in quo genere plerumque sub auctoritate iuris scientiae perniciose, inquit, erratur.*
Cfr. anche in senso non lontano dal nostro M. BRETONE, Celso polemista, cit. 102.

[37] Tab. 12.2.

[38] Gai. 4. 75. *Ex maleficiis filiorum familias seruorumque, ueluti si furtum fecerint aut iniuriam commiserint, noxales actiones proditae sunt, uti liceret patri dominoue aut litis aestimationem sufferre aut noxae dedere. Erat enim iniquum nequitiam eorum ultra ipsorum corpora parentibus dominisue damnosam esse. 76. Constitutae sunt autem noxales actiones aut legibus aut edicto praetoris: legibus, uelut furti lege XII tabularum, damni iniuriae lege Aquilia; edicto praetoris, uelut iniuriarum et ui bonorum raptorum.*

sociale, l'umanità. Un legislatore mosso talvolta da utopie, ma pur sempre vincolato alla persuasione etica fondamentale, che il diritto è il prodotto di una tecnica i cui strumenti, almeno alternativi, quando non concorrenti, sono il bene e il giusto[39].

L'età adrianea dunque riflette sul passato i suoi problemi e le sue vocazioni, anche per Celso, come già per Cecilio. E così i decemviri puniscono gli schiavi, per prevenire che in futuro a loro mezzo si realizzino i delitti dei padroni — il programma utopico di una convivenza educata al rifiuto del male; e così la legge Aquilia punisce il padrone e scagiona lo schiavo, perchè verificata la irrealizzabilità del bene sia almeno colpito, chi per giustizia (aequum), deve pagare per la sua volontà malefica, non chi inibito dal terrore non ha prestato al delitto la sua volontà. Quanto opaca è, al confronto, la posizione del contemporaneo Giuliano, che sbarazza il campo da questo ingombro pericoloso che è la interpretazione celsina *per differentiam* delle due antiche leggi, riafferma la tradizionale applicazione della nossalità dalle XII tavole alle leggi successive e, quanto all'Aquilia, giudica che l'azione *in solidum*, cumulata alla nossale, non scusa il servo, ma fa carico del delitto suo anche al padrone.

X. L'auctoritas veterum in Giuliano: il passato guida il presente anche contro la critica della ragione

Scrivendo sulle azioni nossali, nello stesso libro ottantaseiesimo dei suoi digesti, già prima di arrivare al punto ora esaminato, Giuliano aveva avuto modo di scontrarsi con Celso e di polemizzare con la sottigliezza della sua mente analitica. Anche se nel testo che noi possediamo[40] Giuliano non

---

[39] D. 1.1.1 pr Ulp. 1 inst.: *nam, ut eleganter Celsus definit, ius est ars boni et aequi.*

[40] D. 9.2.51 Iul. 86 dig.: *Ita vulneratus est servus, ut eo ictu certum esset moriturum: medio deinde tempore heres institutus est et postea ab alio ictu decessit: quaero, an cum utroque de occiso lege Aquilia agi possit. respondit: occidisse dicitur vulgo quidem, qui mortis causam quolibet modo praebuit: sed lege Aquilia is demum teneri visus est, qui adhibita vi et quasi manu causam mortis praebuisset, tracta videlicet interpretatione vocis a caedendo et a caede. rursus Aquilia lege teneri existimati sunt non solum qui ita vulnerassent, ut confestim vita privarent, sed etiam hi, quorum ex vulnere certum esset aliquem vita excessurum. igitur si quis servo mortiferum vulnus inflixerit eundemque alius ex intervallo ita percusserit, ut maturius interficeretur, quam ex priore vulnere moriturus fuerat, statuendum est utrumque eorum 1. lege Aquilia teneri. Idque est consequens auctoritati veterum, qui, cum a pluribus idem servus ita vulneratus esset, ut non appareret, cuius ictu perisset, 2. omnes lege Aquilia teneri iudicaverunt. Aestimatio autem perempti non eadem in utriusque persona fiet: nam qui prior vulneravit, tantum praestabit, quanto in anno proximo homo plurimi fuerit repetitis ex die vulneris trecentum sexaginta quinque diebus, posterior in id tenebitur, quanti homo plurimi venire poterit in anno proximo, quo vita excessit, in quo pretium quoque hereditatis erit. eiusdem ergo servi occisi nomine alius maiorem, alius minorem aestimationem praestabit, nec mirum, cum uterque eorum ex diversa causa et diversis temporibus occidisse hominem*

nomina, ma sembra evocare un suo ipotetico contraddittore — *quod si quis
... putaverit —,* è proprio di Celso ch'egli avversa una opinione, nota a noi
perchè tramandata ad Ulpiano da Marcello[41].

Il caso in discussione era quello di uno schiavo da taluno ferito mortal-
mente e dopo qualche tempo finito da un altro[42]. Per Celso, dei due che
hanno inferto ferite mortali allo schiavo, il primo risponde per il ferimento,
il secondo per l'uccisione. Per Giuliano, entrambi rispondono per l'uccisione, in base all'analogia con l'omicidio causato da più feritori, imputato
a costoro tutti dall'*auctoritas veterum.* Giuliano è assai acuto ragionatore
per non rendersi conto che tra il primo caso e il secondo corre una gran
differenza, e l'uso a lui consueto dell'analogia[43], qui piuttosto claudicante,
deve essere sorretto da un argomento non di logica ma di autorità. È fin
troppo palese che l'*auctoritas veterum* è qui veramente *contra rationem.* Egli
ne è tanto consapevole che anticipa le obiezioni dell'avversario: ,,Che se
taluno troverà assurda questa soluzione, pensi a quanto più assurdo sarebbe
scagionare entrambi i feritori o tenerne responsabile uno più dell'altro,
quando occorre da un canto che i delitti non restino impuniti, e dall'altro
non sia facile stabilire chi dei due abbia la responsabilità più grave secondo
la legge Aquilia.''

Giuliano è dunque fermo a difendere interpretazioni e pratiche lunga-
mente collaudate: ,,innumerevoli esempi possono essere citati di criteri di
opportunità generale divenuti da noi diritto anche contro la critica della

---

*intellegatur. quod si quis absurde a nobis haec constitui putaverit, cogitet longe absurdius
constitui neutrum lege Aquilia teneri aut alterum potius, cum neque impunita maleficia esse
oporteat nec facile constitui possit, uter potius lege teneatur. multa autem iure civili contra
rationem disputandi pro utilitate communi recepta esse innumerabilibus rebus probari potest:
unum interim posuisse contentus ero. cum plures trabem alienam furandi causa sustulerint,
quam singuli ferre non possent, furti actione omnes teneri existimantur, quamvis subtili
ratione dici possit neminem eorum teneri, quia neminem verum sit eam sustulisse.*
Sul punto, v. ora, per tutti, D. DALLA, Giuliano e il longum intervallum in tema di
applicazione dell'Aquilia, Archivio Giuridico 187 (1974) 145ss.

[41] D. 9.2.11.3 Ulp. 18 ad ed.: *Celsus scribit, si alius mortifero vulnere percusserit, alius postea
examinaverit, priorem quidem non teneri quasi occiderit, sed quasi vulneraverit, quia ex alio
vulnere periit, posteriorem teneri, quia occidit. quod et Marcello videtur et est probabilius.*
Sul caso, controversia tra Celso e Giuliano risulta anche da D. 9.2.21.1 Ulp. 18 ad ed.:
*Annus autem retrorsus computatur, ex quo quis occisus est: quod si mortifere fuerit vulneratus
et postea post longum intervallum mortuus sit, inde annum numerabimus secundum Iulianum, ex quo vulneratus est, licet Celsus contra scribit.*

[42] L'episodio narrato in D. 9.2.51 pr (supra nt. 40) è tipizzato in D. 9.2.11.2 Ulp. 18 ad ed.:
*Sed si plures servum percusserint, utrum omnes quasi occiderint teneantur, videamus. et si
quidem apparet, cuius ictu perierit, ille quasi occiderit tenetur: quod si non apparet, omnes
quasi occiderint teneri Iulianus ait, et si cum uno agatur, ceteri non liberantur: nam ex
lege Aquilia quod alius praestitit, alium non relevat, cum sit poena.*

[43] D. 9.2.51.1 (supra nt. 40); cfr. anche D. 9.2.11.4 Ulp. 18 ad ed. Per una lettura con altre
angolazioni K.-H. SCHINDLER, Ein Streit zwischen Julian und Celsus. Zum Problem der
überholenden Kausalität, ZSS. 74 (1957) 213ss.; classificazione del testo nell'ambito di
una analisi dei metodi logici di Giuliano in: E. BUND, Untersuchungen zur Methode
Julians, Forschungen zum röm. Recht, 20. Abhandl. (Köln–Graz 1965) 188, 191; cf. ID.,
Salvius Julianus. Leben und Werk, infra (ANRW II 15) 408—454.

ragione"⁴⁴. È questo un motivo ricorrente nel pensiero giulianeo, radicato nella convinzione che il diritto sia più spesso un prodotto della necessità che non della ragione, e che comunque esso non debba essere sempre razionalmente giustificato e compreso. Nel cinquantacinquesimo libro dei 'Digesti', Giuliano aveva già scritto: ,,Non di tutto ciò che è stato stabilito dai nostri antichi può essere resa una spiegazione razionale⁴⁵."

Ed ora, a schernire la ragione che tutto sottopone al vaglio della sua discussione, con ironia goffa e stentata, egli racconta il caso della combriccola di ladri, che avendo rubato una trave, così grossa e pesante da non poter essere trasportata da alcuno singolarmente di essi, risponde di furto, ,,anche se con sottile ragionamento sia possibile sostenere che nessuno di loro è colpevole, poichè in verità nessuno di loro ha asportato la trave"⁴⁶.

La suggestione di antiche leggi nuovamente esplorate da un pensiero moderno non ha dunque alcuna presa sulla intelligenza di Giuliano. Mentre per Celso l'impiego critico della storia come strumento di persuasione nella disputa intellettuale è una via per modificare l'ordinamento giuridico esistente. Una modificazione, qui, che tende a collegare la sanzione dell'ordinamento con i reali comportamenti degli uomini senza interferenze di finalità di difesa collettiva. Contro questo disegno celsino di progresso dell'esistente giuridico si dispiega il conservatorismo di Giuliano, che invoca l'*auctoritas veterum* per esorcizzare il timore di una crisi nel funzionamento dei meccanismi di repressione dei delitti.

Lo sforzo di Celso di far moderno l'antico con una interpretazione più benigna delle vecchie leggi⁴⁷, pienamente solidale con il desiderio adrianeo di interpretare le costituzioni dei predecessori con maggiore umanità⁴⁸, è il

---

⁴⁴ D. 9.2.51.2 (supra nt. 40). Non saprei vedere in questo testo alcuna allusione al rapporto *ius civile — ius honorarium* come sembra a E. SEIDL, Wege zu Julian, in: Sein und Werden im Recht, Festgabe f. U. von Lübtow (Berlin 1970) 220.

⁴⁵ D. 1.3.20 Iul. 55 dig.: *Non omnium, quae a maioribus constituta sunt, ratio reddi potest.* Da ultimo P. VAN WARMELO, D. 1.3 ('De legibus senatusque consultis et longa consuetudine'), in: Studi in on. di E. Volterra 1 (Milano 1971) 416s.

⁴⁶ D. 9.2.51.2 (supra nt. 40).

⁴⁷ D. 1.3.18 Cels. 29 dig.: *Benignius leges interpretandae sunt, quo voluntas earum conservetur.* Cfr. supra nt. 20.

⁴⁸ Fontes iuris romani anteiustiniani, Pars I, Leges (Florentiae 1941) n. 78:

Ἐπί[σ]ταμαι, Ῥάμμιέ μου, τ[ο]ύτους, ο[ὓ]ς οἱ | γονεῖς αὐτῶν τῷ τῆς στρατείας ἀνεί-|λα[ν]το χρόνῳ, τὴν πρὸς τὰ πατρικὰ | [ὑπ-άρ]χοντα πρόσοδον κεκωλῦσθαι, | κ[αὶ τ]οῦτο οὐκ ἐδόκει σκληρὸν εἶ[ῖ]ναι | [τοὐν]αντίον αὐτῶν τῆς στρατιω[τι]κῆ[ς] | [διδα]χῆς πεποιηκότων. Ἥδιστα δὲ | αὐτὸς προειέναι τὰς ἀφορμὰς, δι' ὧν | τὸ αὐστηρότερον ὑπὸ τῶν πρὸ ἐμοῦ | Αὐτοκρατόρων σταθὲν φιλανθρω-πό|τερ[ο]ν ἑρμηνεύω.	*Scio, mi Ramni, eis, quos patres eorum militiae susceperunt, ad paterna bona aditum denegari, neque id uidebatur durum esse, si quidem illi aduersus militarem disciplinam fecerunt. At libentissime ego occasiones arripio, ob quas durius a retro principibus statuta humanius interpretor.*

Riproduce il testo con interessanti osservazioni E. VOLTERRA, Il problema del testo delle costituzioni imperiali, cit. 881, nt. 26.

segno altissimo della cultura del secolo, che guarda al passato non come ad un corpo di valori e di pratiche di invincibile autorità, ma, al contrario, come al documento di una realtà in continuo mutamento e progresso.

*XI. L'*humanitas, *insieme* philanthropia *e* paideia, *come crescita civile della condizione umana tra Adriano e Marco Aurelio*

Una chiave di lettura non superficiale di questo atteggiamento verso il passato può essere scoperta nell'uso ampio e polisenso del riferimento all'*humanitas*. Ad uno schiavo, Trofimo, era stata concessa la libertà fedecommissaria senza condizione. Ma trattandosi di uno schiavo amministratore, l'erede rimandava la manomissione al rendimento dei conti. Marco Aurelio rescrive che risulta essere più giusto — *aequius videtur* — eseguire subito l'affrancazione disposta senza condizione, e che non sarà stato umano — *neque humanum fuerit* — aver frapposto indugi alla libertà per questioni di danaro[49]. Il rapporto qualitativo tra *aequius* e *humanum* è evidente: il primo termine si muove in un universo di valori logico-giuridici, dacchè dipende da un dato tecnico di interpretazione del negozio, la libertà fedecommissaria incondizionata; il secondo appartiene ad un diverso universo di valori etico-sociali e si chiarisce come ,,ciò che conviene ad uomini". L'intreccio e l'integrazione dei due universi produce un'attività interpretativa sempre più adeguata al mutamento della condizione umana. L'umanità, colta nella effettività della trasformazione storica, diventa criterio di progresso dell'ordinamento giuridico. E come il mutamento storico è percepito, da questo apogeo del mondo antico, nelle forme di un passaggio dalla rozzezza e miseria di economia e costumi agropastorali alla raffinatezza e opulenza di civiltà cittadine, ecco che l'ordinamento appare evolversi da leggi aspre e severe a leggi più clementi e benevole. In una tale rappresentazione del processo storico *humanitas* diventa sinonimo di *benignitas*. In tal senso, per l'età adrianea, tracce di grande significato restano il canone celsino di D. 1.3.18 e la epistola adrianea del 119 indirizzata al prefetto d'Egitto, Ramnio Marziale[50].

---

[49] D. 40.5.37 Ulp. 6 fideicomm.: *Si pure data sit fideicommissa libertas et is servus rationes administrasse dicatur, divus Marcus rescripsit moram libertati non esse faciendam, ex continenti tamen arbitrum dandum esse, qui computationem ineat. verba rescripti ita se habent:* 'Aequius videtur Trophimo ex causa fideicommissi praestari libertatem, quam sine condicione reddendarum rationum datam esse constat, neque humanum fuerit ob rei pecuniariae quaestionem libertati moram fieri. qua tamen repraesentata confestim arbiter a praetore erit dandus, apud quem rationem, quam administrasse eum apparuit, ex fide reddat'. tantum igitur rationes reddere cogetur. sed an et reliqua restituere debeat, nihil adicitur, nec puto cogendum: nam de eo, quod in servitute gessit, post libertatem conveniri non potest. corpora plane rationum et si quas res vel pecunias ex his detinet cogendus est per praetorem restituere: item de singulis instruere.*

[50] Supra ntt. 20, 47 e 48.

Per il principato di Marco Aurelio, Ulpio Marcello ci ha tramandato il verbale di una udienza del *consilium principis*, cui egli stesso partecipò nel 166[51].

Si discuteva di una causa promossa dagli avvocati del Fisco per rivendicare come *caduca* i beni di un cittadino defunto, che aveva lasciato un testamento nel quale aveva cancellato i nomi degli istituiti eredi. Senza una valida istituzione d'erede il testamento è inesistente: era la tesi del Fisco, secondo il *ius civile* assolutamente ineccepibile. Ma il *consilium principis* era appunto impegnato a superare questo principio, della rigida ed esigente tradizione formalistica, per riproporre una indagine sulla volontà del testatore: aveva egli, cancellando i nomi degli istituiti eredi, voluto invalidare tutto il testamento e morire così intestato, oppure escludere le persone degli eredi soltanto dalla eredità e non anche dai legati, di cui egli li aveva pure onorati? Ulpio Marcello dichiarava che per la radicale nullità del documento testamentario sarebbe stato indispensabile che il testatore ne avesse cancellato interamente la scrittura, e si affidava perciò al criterio

---

[51] D. 28.4.3 pr Marcell. 29 dig.: *Proxime in cognitione principis cum quidam heredum nomina induxisset et bona eius ut caduca a fisco vindicarentur, diu de legatis dubitatum est et maxime de his legatis, quae adscripta erant his, quorum institutio fuerat inducta. plerique etiam legatarios excludendos existimabant. quod sane sequendum aiebam, si omnem scripturam testamenti cancellasset: nonnullos opinari id iure ipso peremi quod inductum sit, cetera omnia valitura. quid ergo? non et illud interdum credi potest eum, qui heredum nomina induxerat, satis se consecuturum putasse, ut intestati exitum faceret? sed in re dubia benigniorem interpretationem sequi non minus iustius est quam tutius. Sententia imperatoris Antonini Augusti Pudente et Pollione consulibus. 'Cum Valerius Nepos mutata voluntate et inciderit testamentum suum et heredum nomina induxerit, hereditas eius secundum divi patris mei constitutionem ad eos qui scripti fuerint pertinere non videtur'. et advocatis fisci dixit: 'Vos habetis iudices vestros'. Vibius Zeno dixit: 'Rogo, domine imperator, audias me patienter: de legatis quid statues?' Antoninus Caesar dixit: 'Videtur tibi voluisse testamentum valere, qui nomina heredum induxit?' Cornelius Priscianus advocatus Leonis dixit: 'Nomina heredum tantum induxit'. Calpurnius Longinus advocatus fisci dixit: 'Non potest ullum testamentum valere, quod heredem non habet.' Priscianus dixit: 'Manumisit quosdam et legata dedit.' Antoninus Caesar remotis omnibus cum deliberasset et admitti rursus eodem iussisset, dixit: 'Causa praesens admittere videtur humaniorem interpretationem, ut ea dumtaxat existimemus Nepotem irrita esse voluisse, quae induxit'.*
Cfr. D. 34.9.12 Papin. 16 quaest.: *Cum quidam scripsisset heredes quos instituere non potuerat, quamvis institutio non valeret neque superius testamentum ruptum esset, heredibus tamen ut indignis, qui non habuerunt supremam voluntatem, abstulit iam pridem senatus hereditatem. quod divus Marcus in eius persona iudicavit, cuius nomen peracto testamento testator induxerat: causam enim ad praefectos aerarii misit: verum ab eo legata relicta salva manserunt. de praeceptionibus eidem datis voluntatis erit quaestio: et legatum ei non denegabitur, nisi hoc evidenter testatorem voluisse appareat.*
Su Marcello H. FITTING, Alter und Folge der Schriften römischer Juristen von Hadrian bis Alexander (Tübingen 1908) 60ss.; J. A. CROOK, Consilium Principis (Cambridge 1955) 71; W. KUNKEL, Herkunft, cit. 213s.; sui due testi G. PROVERA, La vindicatio caducorum. Contributo allo studio del processo fiscale romano, Università di Torino, Memorie dell'Istituto Giuridico, Serie II, Mem. CXII (Torino 1964) 115ss. Per la *humanior interpretatio* — *benignior interpretatio* in D. 28.4.3 pr (ma anche in D. 50.17.192.1) v. A. BERGER, In dubiis benigniora (D. 50.17.56), in: Atti Congresso intern. di Dir. Rom. e Storia del dir. Verona (Milano 1951) 2.194ss.; M. MEINHART, Ulp. D. 38.17.1.6. Ein Zeugnis für ,,humana interpretatio'', Tijdschrift voor Rechtsgeschiedenis 33 (1965) 230ss.

della *interpretatio benignior*. Marco Aurelio, sentite le parti, sentenziò alfine che la causa ammettesse *humaniorem interpretationem* e che la volontà del testatore sembrava limitata ad escludere solo gli istituiti i cui nomi erano stati cancellati. Dunque: interpretazione più umana, cioè più benigna, rispetto evidentemente ad una interpretazione precedente più rigorosa, formalistica e letterale. Ancora una volta è coinvolto un rapporto diacronico, in cui ciò che è valso in passato deve essere mitigato ed adattato ad un presente più progredito e civile[52].

I ceti colti erano divenuti ,,più delicati" per poter sopportare oltre l'immagine della Giustizia, quale l'aveva disegnata lo stoico Crisippo cinque secoli prima, severa, triste, immisericorde, inesorabile, intimorente[53].

E tuttavia questa *humanitas* non è soltanto benignità e filantropia come parrebbe dai testi delle costituzioni imperiali e dalle opere dei giuristi[54]. Un grande testimone di questo secolo, Gellio, ci aiuta a comprendere che *humanitas* è paideia prima ancora che filantropia: ,,quel che noi chiamiamo erudizione ed educazione alle virtù. E coloro che ad esse inclinano e si dedicano sono in grado più alto i più umani (*humanissimi*). Tra tutti gli esseri animati soltanto all'uomo è concesso di apprendere e di

---

[52] Cfr. D. 1.3.25 Modest. 8 resp.: *Nulla iuris ratio aut aequitatis benignitas patitur, ut quae salubriter pro utilitate hominum introducuntur, ea nos duriore interpretatione contra ipsorum commodum producamus ad severitatem.*

[53] Gell. n. A. 14.4: 1 *Condigne mehercule et condecore Chrysippus in librorum, qui inscribuntur* περὶ καλοῦ καὶ ἡδονῆς, *primo os et oculos Iustitiae vultumque eius severis atque venerandis verborum coloribus depinxit.* 2 *Facit quippe imaginem Iustitiae fierique solitam esse dicit a pictoribus rhetoribusque antiquioribus ad hunc ferme modum: 'forma atque filo virginali, aspectu vehementi et formidabili, luminibus oculorum acribus, neque humilis neque atrocis, sed reverendae cuiusdam tristitiae dignitate'.* 3 *Ex imaginis autem istius significatione intellegi voluit iudicem, qui Iustitiae antistes est, oportere esse gravem, sanctum, severum, incorruptum, inadulabilem contraque improbos nocentesque inmisericordem atque inexorabilem erectumque et arduum ac potentem, vi et maiestate aequitatis veritatisque terrificum.* 4 *Verba ipsa Chrysippi de Iustitia scripta haec sunt:* Παρθένος δὲ εἶναι λέγεται κατὰ σύμβολον τοῦ ἀδιάφθορος εἶναι καὶ μηδαμῶς ἐνδιδόναι τοῖς κακούργοις μηδὲ προσίεσθαι μήτε τοὺς ἐπιεικεῖς λόγους μήτε παραίτησιν καὶ δέησιν μήτε κολακείαν μήτε ἄλλο μηδὲν τῶν τοιούτων· οἷς ἀκολούθως καὶ σκυθρωπὴ γράφεται καὶ συνεστηκὸς ἔχουσα τὸ πρόσωπον καὶ ἔντονον καὶ δεδορκὸς βλέπουσα, ὥστε τοῖς μὲν ἀδίκοις φόβον ἐμποιεῖν, τοῖς δὲ δικαίοις θάρσος, τοῖς μὲν προσφιλοῦς ὄντος τοῦ τοιούτου προσώπου, τοῖς δὲ ἑτέροις προσάντους. 5 *Haec verba Chrysippi eo etiam magis ponenda existimavi, ut prompta ad considerandum iudicandumque sint, quoniam legentibus ea nobis delicatiorum quidam disciplinarum philosophi Saevitiae imaginem istam esse, non Iustitiae, dixerunt.*

[54] Tematica e letteratura in: S. RICCOBONO jr., Humanitas, in: Atti Congresso Verona, cit. 2.209ss.; ID., L'idea di ,,humanitas" come fonte di progresso del diritto, in: Studi in onore di B. Biondi 2 (Milano 1963) 585ss. Per l'idea di umanità nel pensiero stoico v. M. POHLENZ, La Stoa. Storia di un movimento spirituale, ediz. ital. con modif. ed agg. dell'A. (Firenze 1967) 1.273ss., 331s., 414, 566ss., 2.82; W. SCHADEWALDT, Humanitas Romana, ANRW I 4, hrsg. v. H. TEMPORINI (Berlin–New York 1973) 43—62; G. VERBEKE, Le stoïcisme, une philosophie sans frontières, ib. 9ff.

trasmettere questa cultura ed è per questo ch'essa è chiamata umanità"[55].

Emerge dunque un nesso tra l'*humanitas*, cultura intellettuale e morale, e l'*humanitas* della scienza giuridica. La cultura, come conoscenza e riflessione e via alla perfezione del modello umano, modifica la condizione materiale e sociale degli uomini e la rende „più umana", vale a dire più consapevole di sè, più orientata dalla ragione e meno attratta e oppressa dalla necessità. La cultura proietta e dilata intorno nell'ambiente sociale la figura umana al suo grado più alto, quella dell'intellettuale, e dunque esige che le strutture della organizzazione sociale, e tra esse il diritto in primo luogo, siano commisurate alla civiltà dell'intelligenza. Esigenza, questa, tanto più facile da soddisfare quanto più gli *humanissimi* sono tra i ceti più elevati e più vicini ai giuristi e al potere imperiale.

XII. La ricerca della ratio *nella cultura intellettuale e nella scienza del diritto: Nerazio difende le certezze dell'ordinamento contro gli esiti radicali della scepsi pirroniana e accademica*

Una cultura che tendeva a fare di tutti gli uomini dei *loghikà zòa*, e non delle „marionette"[56], defatalizzando la loro esistenza oscurata da superstiziose credenze, con la educazione alla libertà e responsabilità dei propri

---

[55] Gell. n. A. 13.17: 1 *Qui verba Latina fecerunt quique his probe usi sunt, 'humanitatem' non id esse voluerunt, quod volgus existimat quodque a Graecis* φιλανθρωπία *dicitur et significat dexteritatem quandam benivolentiamque erga omnis homines promiscam, sed 'humanitatem' appellaverunt id propemodum, quod Graeci* παιδείαν *vocant, nos eruditionem institutionemque in bonas artis dicimus. Quas qui sinceriter percupiunt adpetuntque, hi sunt vel maxime humanissimi. Huius enim scientiae cura et disciplina ex universis animantibus uni homini data est idcircoque 'humanitas' appellata est.*
2 *Sic igitur eo verbo veteres esse usos et cumprimis M. Varronem Marcumque Tullium omnes ferme libri declarant. Quamobrem satis habui unum interim exemplum promere.* 3 *Itaque verba posui Varronis e libro rerum humanarum primo, cuius principium hoc est: Praxiteles, qui propter artificium egregium nomini est paulum modo humaniori ignotus.* 4 *Humaniori inquit non ita, ut vulgo dicitur, facili et tractabili et benivolo, tametsi rudis litterarum sit* — *hoc enim cum sententia nequaquam convenit* —, *sed eruditiori doctiorique, qui Praxitelem, quid fuerit, et ex libris et ex historia cognoverit.*

[56] Cfr. la dissertazione di Favorino contro i Caldei in Gell. n. A. 14.1 e particolarmente il paragr. 23: *Iam vero id minime ferundum censebat, quod non modo casus et eventa, quae evenirent extrinsecus, sed consilia quoque ipsa hominum et arbitria et varias voluntates adpetitionesque et declinationes et fortuitos repentinosque in levissimis rebus animorum impetus recessusque moveri agitarique desuper e caelo putarent: tamquam quod forte ire in balneas volueris ac deinde nolueris atque id rursus volueris, non ex aliqua dispari variaque animi agitatione, sed ex necessaria quadam errantium siderum reciprocatione contigerit, ut plane homines non, quod dicitur,* λογικὰ ζῷα, *sed ludicra et ridenda quaedam neurospasta esse videantur, si nihil sua sponte, nihil arbitratu suo faciunt, sed ducentibus stellis et aurigantibus.*

comportamenti, con la riflessione sul linguaggio[57] e sulla storia[58], con la spiegazione scientifica dei fenomeni naturali[59], finanche con il possesso, proposto a tutti, della medicina come conoscenza della realtà del proprio corpo[60], si alimentava della ricerca della *ratio* di ogni aspetto del mondo con un appello costante all'attività critica della ragione.

Che i giuristi fossero collegati con questa cultura e ne ripetessero nel loro specifico dominio l'interrogativo fondamentale, quale sia la *ratio*, di un istituto o di una norma, di un modo di essere della società o dello Stato, ora o una volta, è un dato che va tuttavia appreso in una sua giusta misura.

Uno dei connotati più marcati della cultura del secolo è l'atteggiamento scettico della mente, in cui rifluivano suggestioni accademiche e, ancor più radicali, pirroniane. Dei pirroniani Gellio dice che ,,nulla decidono (*decernunt*), nulla stabiliscono (*constituunt*), ma sono sempre a cercare e a indagare che cosa sia in tutte le cose che possa essere definito e stabilito''[61].

L'esito di questa scepsi è, com'è noto, che non esiste alcunchè che sia vero, laddove gli Accademici, fermandosi su un confine più arretrato, si contentavano di comprendere che nulla può essere conosciuto e di concludere che nulla può essere definito[62].

---

[57] Utilizzando come documentazione esemplare quella gelliana: Gell. n. A. 1. 10, 15, 18, 22, 25; 2.4, 10, 17, 19, 20, 25, 26; 3.9, 14, 19; 4.1, 2, 3, 9, 16; 5.7, 8, 10, 20, 21; 6.11, 17, 21; 7.5, 6, 15; 9.6, 12; 10.4, 9, 11, 13, 21, 24, 25; 11.2, 17; 12.3, 9, 10, 13, 14; 13.3, 10, 18; 14.5; 15.5, 13; 16.5; 17.13; 19.10.

[58] Gell. n. A. 1.12, 14, 19, 23; 2.11, 12, 15, 24; 3.4, 7, 8, 18; 4.3, 4, 5, 6, 10, 12, 18; 5.6, 12, 13, 18, 19; 6.1, 4, 13, 15, 18, 19; 7.4, 7, 9; 9.11, 13; 10.15, 20, 23, 27, 28; 11.1, 6, 14, 18; 13.12, 13, 14, 15, 16, 25; 14.7, 8; 15.27; 16.4, 10, 13; 17.21; 20.1, 10.

[59] Gell. n. A. 1.20; 2.21, 22, 28, 30; 3.6, 10, 16; 5.16; 6.6; 9.7; 10.2, 7; 12.1; 13.9; 14.1; 16.3, 18; 17.8; 18.10.

[60] Gell. n. A. 18.10.8: *Hoc ego postea cum in medico reprehensum esse meminissem, existimavi non medico soli, sed omnibus quoque hominibus liberis liberaliterque institutis turpe esse ne ea quidem cognovisse ad notitiam corporis nostri pertinentia, quae non altius occultiusque remota sunt et quae natura nobis tuendae valitudinis causa et in promptu esse et in propatulo voluerit; ac propterea, quantum habui temporis subsicivi, medicinae quoque disciplinae libros attigi, quos arbitrabar esse idoneos ad docendum, et ex his cum alia pleraque ab isto humanitatis usu non aliena, tum de venis quoque et arteriis didicisse videor ad hunc ferme modum.*

[61] Gell. n. A. 11.5.1—5: *Quos Pyrronios philosophos vocamus, hi Graeco cognomento* σκεπτικοί *appellantur; id ferme significat quasi 'quaesitores' et 'consideratores'. Nihil enim decernunt, nihil constituunt, sed in quaerendo semper considerandoque sunt, quidnam sit omnium rerum, de quo decerni constituique possit. Ac ne videre quoque plane quicquam neque audire sese putant, sed ita pati adficique, quasi videant vel audiant, eaque ipsa, quae adfectiones istas in sese efficiant, qualia et cuiusmodi sint, cunctantur atque insistunt, omniumque rerum fidem veritatemque mixtis confusisque signis veri atque falsi ita inprensibiles videri aiunt, ut, quisquis homo est non praeceps neque iudicii sui prodigus, his uti verbis debeat, quibus auctorem philosophiae istius Pyrronem esse usum tradunt:* οὐ μᾶλλον οὕτως ἔχει τόδε ἢ ἐκείνως ἢ οὐθετέρως. *Indicia enim rei cuiusque et sinceras proprietates negant posse nosci et percipi, idque ipsum docere atque ostendere multis modis conantur. Super qua re Favorinus quoque subtilissime argutissimeque decem libros composuit, quos* Πυρρωνείων τρόπων *inscribit.*

[62] Gell. n. A. 11.5.6—8: *Vetus autem quaestio et a multis scriptoribus Graecis tractata, an quid et quantum Pyrronios et Academicos philosophos intersit. Vtrique enim* σκεπτικοί,

Se proseguiamo nel nostro metodo di rintracciare nel vasto ma frammentario organismo — per quel che ce ne è documentato — della scienza giuridica del secondo secolo, risonanze e consonanze con i dati più urgenti e più diffusi della eclettica cultura intellettuale ad essa contemporanea, incontriamo due testi di Nerazio, che sembrano „in dialogo" proprio con lo scetticismo pirroniano e il relativismo accademico, almeno nei contenuti specifici ch'essi avevano dovuto assumere penetrando nel dominio della mente dei giuristi.

Nel quinto libro delle 'Membranae', discorrendo dell'errore, su un fatto o su una norma, tema centrale dell'esperienza e della riflessione giuridica, ma anche questione classica della scepsi, Nerazio conviene che la interpretazione dei fatti è ingannevole anche per l'osservatore prudentissimo, ma rifiuta la conseguenza che l'errore di diritto sia valutato come equivalente alla ignoranza del fatto. Egli stabilisce una opposizione tra fatto e diritto, nel senso che il diritto non solo può ma deve essere definito — *cum ius finitum et possit esse et debeat*[63] —, vale a dire può e deve essere appreso in una sua oggettiva certezza; mentre il fatto evidentemente non ha significati di per sè, ma in funzione delle circostanze e delle modalità dell'osservazione.

Quanto ai fatti, è qui abbastanza chiaramente percepibile una eco della dottrina pirroniana ed accademica delle 'fantasie', che le parvenze delle cose non provengono dalla loro natura, ma dalla predisposizione psichica e fisica di che ne è raggiunto[64].

Nella sua specifica intelligenza e nel suo linguaggio di giurista, Nerazio traduce la conoscenza del fatto con la *interpretatio facti*, dando rilievo al processo conoscitivo non all'oggetto. Ma per il *ius* egli rifiuta consapevolmente il pensiero scettico, perchè ritiene non solo possibile, ma doveroso un procedimento definitorio della norma o dell'istituto, che ne garantisca la sua univoca e non discutibile conoscenza.

Nel successivo libro sesto, Nerazio sembra continuare questa riflessione sul diritto, condotta all'interno e sotto le trame delle diverse questioni che

---

ἐφεκτικοί, ἀπορητικοὶ *dicuntur quoniam utrique nihil adfirmant nihilque comprehendi putant. Sed ex omnibus rebus proinde visa dicunt fieri quas* φαντασίας *appellant non ut rerum ipsarum natura est sed ut adfectio animi corporisve est eorum, ad quos ea visa perveniunt. Itaque omnes omnino res quae sensus hominum movent,* τῶν πρός τι *esse dicunt. Id verbum significat nihil esse quicquam, quod ex sese constet, nec quod habeat vim propriam et naturam, sed omnia prorsum ad aliquid referri taliaque videri, qualis sit eorum species, dum videntur, qualiaque apud sensus nostros, quo pervenerunt, creantur, non apud sese, unde profecta sunt. Cum haec autem consimiliter tam P y r r o n i i dicant quam A c a d e m i c i, differre tamen inter sese et propter alia quaedam et vel maxime propterea existimati sunt, quod A c a d e m i c i quidem ipsum illud nihil posse comprehendi quasi comprehendunt et nihil posse decerni quasi decernunt, P y r r o n i i ne id quidem ullo pacto verum videri dicunt, quod nihil esse verum videtur.*

[63] D. 22.6.2 Nerat. 5 membr.: *In omni parte error in iure non eodem loco quo facti ignorantia haberi debebit, cum ius finitum et possit esse et debeat, facti interpretatio plerumque etiam prudentissimos fallat.*

[64] Gell. n. A. 11.5.6 (supra nt. 62). Per il rapporto phantasia—*logos* nel *pensiero* stoico M. POHLENZ, La Stoa, cit. 1.99, 110—117, 174, 179, 349, 370, nt. 15.

riempivano le sue pagine. Qui[65], il discorso appare come un ammonimento rivolto ai giuristi contemporanei, che evidentemente si ponevano il problema delle *rationes* dell'ordinamento giuridico. Nerazio giudica inopportuna una tale ricerca in tutto ciò che si costituisce come diritto: *et ideo rationes eorum quae constituuntur inquiri non oportet.*

Con il verbo *constituere*, egli non allude alle *constitutiones principum*, ma ad ogni *constituere*, del principe come dei giuristi, secondo l'uso linguistico comune; e non ciò che è stato stabilito in passato, come per Giuliano, *a maioribus constituta*, ma al modo attuale e permanente di formazione dell'ordinamento.

La parentela del testo neraziano con quello giulianeo di D. 1.3.20 è molto vaga. Giuliano pensa che la ricerca delle *rationes* applicata al passato non sia sempre fruttuosa; egli, cioè, non esclude questo metodo e questo scopo, anche se è più frequente scoprire a base del *ius civile* l'*utilitas communis contra rationem disputandi*[66]. Nerazio, più radicalmente e forse con maggiore consapevolezza filosofica e metodologica, teme nella indagine sulle *rationes iuris* la sterilità degli scettici, che *nihil constituunt*. Un atteggiamento mentale influenzato dal pirronismo, se allignasse tra i giuristi, porterebbe alla deflagrazione di tutto l'ordinamento, perchè rovescerebbe molte delle sue certezze: *alioquin multa ex his quae certa sunt subvertuntur.*

XIII. La razionalizzazione del diritto sullo sfondo della cosmopoli stoica: ragione civile e ragione naturale in Gaio. Il limite della ricerca delle rationes *nella riduzione del passato a morfologia del presente*

Tuttavia l'uso sempre più frequente e con plurivalenza di significato del termine *ratio* sta ad indicare nei giuristi di questo secolo un grande sforzo di razionalizzazione del diritto.

Si afferma il postulato che il diritto è prodotto dalla ragione. Per Celso[67] e anche per Giuliano[68] una norma priva di base razionale, anche se consolidata dalla consuetudine, resta nell'ordinamento come un corpo estraneo, isolato e non analogizzabile. Gaio insegna che la *ratio naturalis* fonda il diritto comune a tutti gli uomini[69] e che una *ratio civilis* è a fondamento del diritto nazionale dei Romani[70].

---

[65] D. 1.3.21 Nerat. 6 membr.: *et ideo rationes eorum quae constituuntur inquiri non oportet: alioquin multa ex his quae certa sunt subvertuntur.*

[66] D. 9.2.51.2 Iul. 86 dig. (supra nt. 40).

[67] D. 1.3.39 Cels. 23 dig.: *Quod non ratione introductum, sed errore primum, deinde consuetudine optentum est, in aliis similibus non optinet.*

[68] D. 1.3.15 Iul. 27 dig.: *In his, quae contra rationem iuris constituta sunt, non possumus sequi regulam iuris.*

[69] Gai. 1.1, 89, 189; 2.66, 69, 79; 3.154; D. 3.5.38; D. 7.5.2.1; D. 8.2.8; D. 9.2.4 pr; D. 13.6.18.2; D. 41.1.1 pr; D. 41.1.3 pr; D. 41.1.7.7; D. 44.7.1.9.

[70] Gai. 1.158; 2.110; 3.153; D. 3.5.38; D. 4.5.8.

Attraverso l'impiego di questo termine traspare una realtà socio-culturale in profonda trasformazione, che non si lascia più ordinare secondo valori traditi dalle generazioni passate (*a maioribus constituta*).

È il passato a non avere più effetto normante per il presente, se non a patto ch'esso sia vagliato criticamente e riaccettato dalla ragione. Dunque, lo sforzo di razionalizzazione del diritto, in questo secolo, è impegno di riautenticazione razionale del mondo storico delle istituzioni sociali.

Abbiamo osservato quanto profonda fosse nei giuristi, in Africano, in Celso, in Giuliano, anche se diversamente operante, la comprensione della diacronia. Ma il movimento del tempo è percepito anche come diversità di esperienze organizzative in aree di diversa civiltà. Il furto, così aspramente represso con la morte o la schiavitù del ladro nella Roma arcaica, era impunito presso gli Egizi e addirittura strumento di educazione della gioventù a Sparta[71].

La famiglia, aggregato coeso dal potere paterno, nel confronto con gli altri popoli, si dimostrava carattere esclusivo della società romana, perfino insidiata nella sua discutibile rispondenza ai bisogni dei nuovi tempi[72].

La stessa collocazione egemonica di Roma nel corpo geopolitico dell'Impero impediva ormai ai giuristi cittadini una rappresentazione dell'organismo sociale ritagliata sui confini della nazionalità e della tradizione romano-italica, e non correlata con il più vasto contesto dell'intero civile mondo abitato.

Certo, le suggestioni della media Stoa, la filosofia elettivamente destinata a costituire l'autocoscienza di un tale assetto cosmopolitico dell'Anti-

---

[71] Gell. n. A. 11.18.6—9: *Decemviri autem nostri, qui post reges exactos leges, quibus populus Romanus uteretur, in XII tabulis scripserunt, neque pari severitate in poeniendis omnium generum furibus neque remissa nimis lenitate usi sunt. Nam furem, qui manifesto furto prensus esset, tum demum occidi permiserunt, si aut, cum faceret furtum, nox esset, aut interdiu telo se, cum prenderetur, defenderet. Ex ceteris autem manifestis furibus liberos verberari addicique iusserunt ei, cui furtum factum esset, si modo id luci fecissent neque se telo defendissent; servos item furti manifesti prensos verberibus adfici et e saxo praecipitari, sed pueros inpuberes praetoris arbitratu verberari voluerunt noxiamque ab his factam sarciri. Ea quoque furta, quae per lancem liciumque concepta essent, proinde ac si manifesta forent, vindicaverunt.*

Gell. n. A. 11.18.16—17: *Id etiam memini legere me in libro Aristonis iureconsulti, hautquaquam indocti viri, aput veteres Aegyptios, quod genus hominum constat et in artibus reperiendis sollertes extitisse et in cognitione rerum indaganda sagaces, furta omnia fuisse licita et inpunita.*

Aput Lacedaemonios quoque, sobrios illos et acres viros, cuius rei non adeo ut Aegyptiis fides longinqua est, non pauci neque ignobiles scriptores, qui de moribus legibusque eorum memorias condiderunt, ius atque usum fuisse furandi dicunt, idque a iuventute eorum non ad turpia lucra neque ad sumptum libidini praebendum comparandamve opulentiam, sed pro exercitio disciplinaque rei bellicae factitatum, quod et furandi sollertia et adsuetudo acueret firmaretque animos adulescentium et ad insidiarum astus et ad vigilandi tolerantiam et ad obrependi celeritatem.

[72] Gai. 1.55: *Item in potestate nostra sunt liberi nostri quos iustis nuptiis procreavimus. Quod ius proprium civium Romanorum est; fere enim nulli alii sunt homines, qui talem in filios suos habent potestatem, qualem nos habemus. et rell.* V. anche Gai. 1.189. Lett. e problemi, in: F. CASAVOLA, Potere imperiale, cit. 252ss.

chità, fornivano alimento per la costruzione di un modello complessivo della esperienza romana al centro della vicenda di incivilimento di tutti i popoli e gli Stati gravitanti entro e attorno l'Impero.

La visione dell'Impero adrianeo, quale un'unica grande città, nel panegirico di Elio Aristide[73], non è fantasma di retore, ma profonda realtà della coscienza etico-politica del secolo.

Anche a Marco Aurelio, filosofo, dal vertice del potere imperiale, gli Stati che compongono la cosmopoli appaiono come singole case di una sola città[74].

E come la cosmopoli, patria dell'animale umano razionale e politico[75], tenuta insieme dalla natura e dal logos, non è più un luogo ideale quale fu nella Stoa antica[76], ma il volto concreto e presente dell'Impero, ecco che ai giuristi questa immagine sollecita una nuova lettura del diritto cittadino. Quel diritto, che nell'età di Cicerone si discuteva come ridurre ad un organico progetto di sistemazione scientifica[77], ora esso appare in tutto passibile di analisi razionale con esiti non infrequenti di razionale giustificazione. Perchè il logos governante gli Stati, singole case della cosmopoli, passando dai filosofi della Stoa nella lingua e nella scienza dei giuristi romani, si traduce nella *naturalis ratio* ispirante leggi e costumi degli *omnes populi* tra i quali è inscritto il popolo romano[78]. E anche ciò che è particolare ai Romani, e pertanto estraneo agli altri popoli, è governato da una *ratio* nazionale, *civilis*, secondaria rispetto a quella primaria e universale della natura.

Prodotti storici entrambe e storicamente attive, ragione naturale e ragione civile sono ora in consonanza ora in conflitto. Esse non vengono identificate ontologicamente, ma verificate nella comprensibilità e accettabilità dell'opera loro da parte di ciascun uomo.

La razionalità infatti è in primo luogo comprensione, ed è perciò la intelligenza individuale a decidere ciò che ne partecipa e ciò che vi contraddice.

---

[73] ΕΙΣ ΡΩΜΗΝ 61: ὅπερ δὲ πόλις τοῖς αὑτῆς ὁρίοις καὶ χώραις ἐστίν, τοῦθ' ἥδε ἡ πόλις τῇ πάσῃ οἰκουμένῃ, ὥσπερ αὑτῆς [χώρας] ἄστυ κοινὸν ἀποδεδειγμένη· φαίης ἂν περιοίκους ἅπαντας ἢ κατὰ δῆμον οἰκοῦντας ἄλλους ἄλλον χῶρον εἰς μίαν ταύτην ἀκρόπολιν συνέρχεσθαι.

[74] 3.11.2: ... τίνα δὲ ὡς πρὸς τὸν ἄνθρωπον πολίτην ὄντα πόλεως τῆς ἀνωτάτης, ἧς αἱ λοιπαὶ πόλεις ὥσπερ οἰκίαι εἰσίν·

[75] M. Aurelio 2.16.6: τέλος δὲ λογικῶν ζῴων τὸ ἕπεσθαι τῷ τῆς πόλεως καὶ πολιτείας τῆς πρεσβυτάτης λόγῳ καὶ θεσμῷ. Cfr. anche 6.44: ἡ δὲ ἐμὴ φύσις λογικὴ καὶ πολιτική e 10.2: ῎Εστι δὲ τὸ λογικὸν εὐθὺς καὶ πολιτικόν.

[76] M. POHLENZ, La Stoa, cit. 2.81s.

[77] Cic. Brut. 41.152; de or. 1.42.188ss.

[78] Gai. 1.1: *Omnes populi qui legibus et moribus reguntur, partim suo proprio, partim communi omnium hominum iure utuntur; nam quod quisque populus ipse sibi ius constituit, id ipsius proprium est uocaturque ius ciuile, quasi ius proprium ciuitatis; quod uero naturalis ratio inter omnes homines constituit, id apud omnes populos peraeque custoditur uocaturque ius gentium, quasi quo iure omnes gentes utuntur. Populus itaque Romanus partim suo proprio, partim communi omnium hominum iure utitur. Quae singula qualia sint, suis locis proponemus.*

Marco Aurelio riflette come nessun altro in questo secolo sul protagonismo della mente individuale, che si consuma più precocemente delle altre facoltà del corpo, respiro, nutrizione, immaginazione, desiderio. Non giova perciò vivere a lungo quando ,,comprensione e intelligenza dei fatti" cesseranno ben prima che sopravvenga la morte[79]. È da questa fisicità che la ragione deriva la sua attiva storicità, perchè le generazioni dei *loghikà zòa*, susseguendosi nel tempo, lo riempiono, con l'esercizio delle loro intelligenze, di significato.

La qualità fondamentale di una tale ragione è quella di produrre persuasione, di essere uno strumento di giustificazione del mondo. È solo attraversando la soglia della intelligenza singola, che la accettabilità razionale si fa valore oggettivo di ordine nella cosmopoli come nello Stato. I giuristi del secondo secolo sono ancora lontani dal pensare a due ambiti, della natura e della civiltà, l'uno di leggi metastoriche, l'altro di valori e regole temporali. Preferiscono essi cogliere come natura ciò che immediatamente persuade l'intelligenza, senza bisogno di dimostrazione, quasi con l'evidenza di un fenomeno fisico, e come civiltà e ragione civile ciò che dipende rigorosamente dalla logica di un organismo complesso qual è l'ordinamento giuridico-sociale dei Romani.

Gaio, l'autore che più consapevolmente sembra avere assimilato lo schema rappresentativo della cosmopoli stoica — *omnes homines omnes populi populus Romanus, ratio naturalis ratio civilis* — in due luoghi di una sua monografia sulle obbligazioni *verbis* esprime con chiarezza questa funzione della ragione persuadente: ,,una ragione piena persuade che per i delitti si debba pagare una pena"[80]; e ancora: ,,Se taluno paga in luogo del debitore, contro il suo volere o a sua insaputa, il debitore è liberato; viceversa un terzo non può giuridicamente esigere un credito senza la volontà del titolare del medesimo. Infatti ragione naturale e ragione civile

---

[79] 3.1: Οὐχὶ τοῦτο μόνον δεῖ λογίζεσθαι, ὅτι καθ' ἑκάστην ἡμέραν ἀπαναλίσκεται ὁ βίος καὶ μέρος ἔλαττον αὐτοῦ καταλείπεται, ἀλλὰ κἀκεῖνο λογιστέον, ὅτι, εἰ ἐπὶ πλέον βιώῃ τις, ἐκεῖνό γε ἄδηλον, εἰ ἐξαρκέσει ὁμοία αὖθις ἡ διάνοια πρὸς τὴν σύνεσιν τῶν πραγμάτων καὶ τῆς θεωρίας τῆς συντεινούσης εἰς τὴν ἐμπειρίαν τῶν τε θείων καὶ τῶν ἀνθρωπείων. Ἐὰν γὰρ παραληρεῖν ἄρξηται, τὸ μὲν διαπνεῖσθαι καὶ τρέφεσθαι καὶ φαντάζεσθαι καὶ ὁρμᾶν καὶ ὅσα ἄλλα τοιαῦτα οὐκ ἐνδεήσει· τὸ δὲ ἑαυτῷ χρῆσθαι καὶ τοὺς τοῦ καθήκοντος ἀριθμοὺς ἀκριβοῦν καὶ τὰ προφαινόμενα διαρθροῦν καὶ περὶ αὐτοῦ τοῦ, εἰ ἤδη ἐξακτέον αὐτόν, ἐφιστάνειν καὶ ὅσα τοιαῦτα λογισμοῦ συγγεγυμνασμένου πάνυ χρήζει, προαποσβέννυται. Χρὴ οὖν ἐπείγεσθαι οὐ μόνον τῷ ἐγγυτέρω τοῦ θανάτου ἑκάστοτε γίνεσθαι, ἀλλὰ καὶ διὰ τὸ τὴν ἐννόησιν τῶν πραγμάτων καὶ τὴν παρακολούθησιν προαπολήγειν.

[80] D. 46.1.70.5 Gai. 1 de verb. obl.: *Id quod volgo dictum est maleficiorum fideiussorem accipi non posse non sic intellegi debet, ut in poenam furti is, cui furtum factum est, fideiussorem accipere non possit (nam poenas ob maleficia solvi magna ratio suadet), sed ita potius, ut qui cum alio cum quo furtum admisit, in partem, quam ex furto sibi restitui desiderat, fideiussorem obligare non possit, et qui alieno hortatu ad furtum faciendum provectus est, ne in furti poena ab eo qui hortatus est fideiussorem accipere possit. in quibus casibus illa ratio impedit fideiussorem obligari, quia scilicet in nullam rationem adhibetur fideiussor, cum flagitiosae rei societas coita nullam vim habet.*

persuadono insieme che possiamo migliorare la condizione di altri anche se nolente o ignaro, non però deteriorarla[81]."

Magna ratio o, il che è lo stesso, coincidenza di ragione naturale e civile conducono ad accettare senza riserve regole giuridiche fondate su proposizioni etiche non discutibili: che il male non può restare impunito, che il bene va fatto anche a chi lo rifiuti o ne sia ignaro. Proprio il rapporto cosmopoli e Stato, uomo e cittadino, quale si era venuto delineando nel pensiero stoico, propone in funzione ormai valutativa, e non più puramente descrittiva, non solo la coincidenza, ma anche l'opposizione tra l'una ragione e l'altra.

Il cittadino romano va incontro a mutamenti del suo statuto giuridico personale. È libero, ma può perdere la libertà — *status libertatis* — e con essa la cittadinanza — *status civitatis* — e ogni condizione giuridica di diritto privato — *status familiae.* Pur restando libero, può perdere la cittadinanza e con questa la capacità giuridica. Ma anche immutate libertà e cittadinanza, può mutare la sua condizione familiare: da *pater* a *filius* altrui nell'*adrogatio*, da *filius* del proprio *pater* a *filius* altrui nell'*adoptio*, da *filius* a *pater* per emancipazione o per morte del proprio *pater*, da donna *sui iuris* o *filia* a *uxor in manu*[82]. Questi mutamenti alterano i legami familiari, nella tipica accezione giuridica della famiglia romana come aggregato agnatizio, fondato sulla posizione di potere del padre.

L'opposizione, qui, tra l'organismo giuridico e quello naturale è flagrante: il vincolo del potere paterno può sciogliersi e tuttavia il vincolo del sangue resta. Come sudditanza attuale al padre, la famiglia romana non è la famiglia vissuta, nella sua più immediata naturalità, da tutte le altre nazioni. Qui, dunque, non esiste compenetrazione tra ragione naturale e civile, semmai radicale diversità. Ma il giurista di un secolo che ha scoperto, sotto il particolarismo giuridico e politico in cui è frammentata la mappa dell'ecumene, la comune umanità dei *loghikà zòa*, non può non tradurre la diversità in opposizione: ,,Se per *capitis deminutio* si estingue la posizione giuridica derivante dall'agnazione, non per questo vien meno la parentela,

---

[81] D. 3.5.38 (39) Gai. 3 de verb. obl.: *Solvendo quisque pro alio licet invito et ignorante liberat eum: quod autem alicui debetur, alius sine voluntate eius non potest iure exigere. naturalis enim simul et civilis ratio suasit alienam condicionem meliorem quidem etiam ignorantis et inviti nos facere posse, deteriorem non posse.*

[82] Gai. 1.159: *Est autem capitis deminutio prioris status permutatio. Eaque tribus modis accidit: nam aut maxima est capitis deminutio, aut minor, quam quidam mediam uocant, aut minima.* 160. *Maxima est capitis deminutio, cum aliquis simul et ciuitatem et libertatem amittit; quae accidit incensis, qui ex forma censuali uenire iubentur; quod ius p .... ex lege .... qui contra eam legem in urbe Roma domicilium habuerint; item feminae, quae ex senatusconsulto Claudiano ancillae fiunt eorum dominorum, quibus inuitis et denuntiantibus cum seruis eorum coierint.* 161. *Minor siue media est capitis deminutio, cum ciuitas amittitur, libertas retinetur; quod accidit ei cui aqua et igni interdictum fuerit.* 162. *Minima est capitis deminutio, cum et ciuitas et libertas retinetur, sed status hominis commutatur; quod accidit in his qui adoptantur, item in his quae coemptionem faciunt, et in his qui mancipio dantur quique ex mancipatione manumittuntur; adeo quidem, ut quotiens quisque mancipetur aut manumittatur, totiens capite deminuatur.*

dal momento che la ragione civile può caducare i diritti civili, ma non può nulla contro quelli fondati dalla natura[83]."

Questo testo gaiano rivela anche dalla sua sintassi l'energia di una disposizione simpatetica dello scrittore per il termine universale che limita l'ordinamento particolare. Vi si esprime, cioè, quella fede nelle due patrie — Roma per il cittadino, il mondo per l'uomo — che nell'apparente serenità della formulazione di Marco Aurelio[84] nasconde il dramma della ragione in questo secolo, l'inquietudine intellettuale più intensa, il senso di costrizione indotto dall'ordinamento particolare, percepito come gabbia, oltre la quale la natura è libertà[85].

Codesta bipolarità è un motivo di fondo nel pensiero gaiano, una persuasione filosofica e metodologica fissatasi in una formula ritornante. Nel quarto libro del commento all'editto provinciale, Gaio la ripete — *civilis ratio naturalia iura corrumpere non potest* — a proposito di obbligazione naturale non toccata dagli effetti estintivi della *capitis deminutio*[86].

Ma la formula, nello specifico dominio della riflessione dei giuristi sui fatti sociali, implica la rilevazione di una relazione temporale: nella misura in cui la ragione naturale è strumentale alla critica dell'ordinamento giuridico esistente, essa si pone come attuale e creativa di fronte alla ragione civile che ha costruito le forme storiche e dunque il passato vigente delle istituzioni sociali. La valutazione gaiana dell'istituto della *capitis deminutio* svela la sua radice polemica in tema di scioglimento del contratto consensuale di società, per morte o *capitis deminutio* di uno dei soci, ,,dal

---

[83] Gai. 1.158: *Sed agnationis quidem ius capitis deminutione perimitur, cognationis uero ius eo modo non commutatur, quia ciuilis ratio ciuilia quidem iura corrumpere potest, naturalia uero non potest.*

[84] 6.44: Πόλις καὶ πατρὶς ὡς μὲν Ἀντωνίνῳ μοι ἡ Ῥώμη, ὡς δὲ ἀνθρώπῳ ὁ κόσμος. Τὰ ταῖς πόλεσιν οὖν ταύταις ὠφέλιμα μόνα ἐστί μοι ἀγαθά.

[85] La definizione più intensa della libertà è in Epitteto, ΔΙΑΤΡΙΒΑΙ 4.1.1: Ἐλεύθερός ἐστιν ὁ ζῶν ὡς βούλεται, ὃν οὔτ' ἀναγκάσαι ἔστιν οὔτε κωλῦσαι οὔτε βιάσασθαι, οὗ αἱ ὁρμαὶ ἀνεμπόδιστοι, αἱ ὀρέξεις ἐπιτευκτικαί, αἱ ἐκκλίσεις ἀπερίπτωτοι. Per la immagine della gabbia, sempre Epitteto, ΔΙΑΤΡΙΒΑΙ 4.1.24—27: Σκέψαι δ' ἐπὶ τῶν ζῴων πῶς χρώμεθα τῇ ἐννοίᾳ τῆς ἐλευθερίας. Λέοντας τρέφουσιν ἡμέρους ἐγκλείσαντες καὶ σιτίζουσι καὶ κομίζουσιν ἔνιοι μεθ' αὑτῶν. Καὶ τίς ἐρεῖ τοῦτον τὸν λέοντα ἐλεύθερον; οὐχὶ δ' ὅσῳ μαλακώτερον διεξάγει, τοσούτῳ δουλικώτερον; τίς δ' ἂν λέων αἴσθησιν καὶ λογισμὸν λαβὼν βούλοιτο τούτων τις εἶναι τῶν λεόντων; Ἄγε, τὰ δὲ πτηνὰ ταῦτα ὅταν ληφθῇ καὶ ἐγκεκλειμένα τρέφηται, οἷα πάσχει ζητοῦντα ἐκφυγεῖν; καὶ ἔνιά γε αὐτῶν λιμῷ διαφθείρεται μᾶλλον ἢ ὑπομένει τὴν τοιαύτην διεξαγωγήν, ὅσα δ' οὖν διασῴζεται, μόγις καὶ χαλεπῶς καὶ φθίνοντα, κἂν ὅλως εὕρῃ τι παρεῳγμένον, ἐξεπήδησεν. Οὕτως ὀρέγεται τῆς φυσικῆς ἐλευθερίας καὶ τοῦ αὐτόνομα καὶ ἀκώλυτα εἶναι. Per una lettura della vita politica a Roma traverso Epitteto, F. MILLAR, Epictetus and the Imperial Court, Journal of Roman Studies 55 (1965) 141ss.

[86] D. 4.5.8 Gai. 4 ad ed. prov.: *Eas obligationes, quae naturalem praestationem habere intelleguntur, palam est capitis deminutione non perire, quia civilis ratio naturalia iura corrumpere non potest, itaque 'de dote' actio, quia in bonum et aequum concepta est, nihilo minus durat etiam post capitis deminutionem.* Sul testo da ultimo A. BURDESE, Dubbi in tema di ,,naturalis obligatio", in: Studi in onore di G. Scherillo 2 (Milano 1972) 510.

momento che secondo la ragione civile la *capitis deminutio* è eguagliata alla morte"[87].

La formulazione registra la forza della ragione civile, che contro l'evidenza naturale fa di un uomo vivo, sciogliendolo da tutta una rete di relazioni giuridiche, un uomo socialmente annientato.

Altra volta il regime più risalente della successione intestata, quello decemvirale, rigorosamente coerente con l'organizzazione agnatizia e gentilizia della società originaria, è accusato di iniquità[88].

Da un tale osservatorio l'ordinamento risulta un impasto contraddittorio di razionalità e di irragionevolezza a seconda che nella sua morfologia si riveli la processualità dialettica delle due ragioni o la neutralizzazione di entrambe.

Non c'è riscontro più pertinente al monito di Nerazio sulla potenzialità eversiva della ricerca delle *rationes* delle annotazioni gaiane sulla tutela muliebre. Presso tutti gli Stati gli impuberi sono retti da un tutore finchè non raggiungano l'età della piena capacità d'agire[89]. Qui dunque convengono ragione naturale e civile. Ma che le donne si trovino in tutela non è razionalmente comprensibile: ,,Delle donne si usa dire che la suggestionabilità del temperamento le espone ai raggiri altrui e che perciò era giusto che fossero sorrette dal controllo del tutore. Ma questa è una spiegazione apparente e non vera, dal momento che le donne adulte amministrano da sè i propri affari e il tutore interviene solo per adempiere ad una formalità, e spesso egli è persino costretto da una ingiunzione del pretore a prestare suo malgrado la propria *auctoritas*[90]."

[87] Gai. 3.153: *Dicitur etiam capitis deminutione solui societatem, quia ciuili ratione capitis deminutio morti coaequatur; sed utique si adhuc consentiant in societatem, noua uidetur incipere societas.*

[88] Gai. 3.17: *Si nullus agnatus sit, eadem lex xii tabularum gentiles ad hereditatem uocat. Qui sint autem gentiles, primo commentario rettulimus; et cum illic admonuerimus totum gentilicium ius in desuetudinem abiisse, superuacuum est hoc quoque loco de eadem rr curiosius tractare.* 18. *Hactenus lege xii tabularum finitae sunt intestatorum hereditates. Quod ius quemadmodum strictum fuerit, palam est intellegere.* 19. *Statim enim emancipati liberi nullum ius in hereditatem parentis ex ea lege habent, cum desierint sui heredes esse.* 20. *Idem iuris est, si ideo liberi non sint in potestate patris, quia sint cum eo ciuitate Romana donati, nec ab imperatore in potestatem redacti fuerint.* 21. *Item agnati capite deminuti non admittuntur ex ea lege ad hereditatem, quia nomen agnationis capitis deminutione perimitur.* 22. *Item proximo agnato non adeunte hereditatem nihilo magis sequens iure legitimo admittitur.* 23. *Item feminae agnatae, quaecumque consanguineorum gradum excedunt, nihil iuris ex lege habent.* 24. *Similiter non admittuntur cognati, qui per feminini sexus personas necessitudine iunguntur; adeo quidem, ut nec inter matrem et filium filiamue ultro citroque hereditatis capiendae ius conpetat, praeterquam si per in manum conuentionem consanguinitatis iura inter eos constiterint.* 25. *Sed hae iuris iniquitates edicto praetoris emendatae sunt.*

[89] Gai. 1.189: *Sed inpuberes quidem in tutela esse omnium ciuitatium iure contingit, quia id naturali ratione conueniens est, ut is qui perfectae aetatis non sit, alterius tutela regatur. Nec fere ulla ciuitas est, in qua non licet parentibus liberis suis inpuberibus testamento tutorem dare; quamuis, ut supra diximus, soli ciues Romani uideantur liberos suos in potestate habere.*

[90] Gai. 1.190: *Feminas uero perfectae aetatis in tutela esse fere nulla pretiosa ratio suasisse uidetur; nam quae uulgo creditur, quia leuitate animi plerumque decipiuntnr et aequum erat*

Applicando il metodo delle *rationes*, questo istituto spontaneamente sostenuto da una pratica sociale proveniente da un passato remotissimo, e perciò una certezza nell'accezione di Nerazio, si vanifica in un insensato rituale. Ed in realtà se i giuristi potessero procedere oltre la linea riconosciuta dalla costituzione cittadina alla loro *interpretatio*, per assumere responsabilità politiche di riformatori delle istituzioni sociali, la tutela muliebre sarebbe da loro abolita. Ma non il limite del loro ruolo scientifico e sociale è qui in discussione quanto la qualità della loro cultura.

I giuristi non sospettano che il passato può avere avuto delle *rationes*, non più attive nell'ordinamento presente e perciò irreperibili. Per essi le *rationes* sono sempre un punto di osservazione attuale, sia che partecipino della ragione naturale sia della ragione civile.

La compenetrazione del passato nel presente è la loro risposta razionalistica alle generazioni antiche, che lasciavano all'autorità della tradizione la guida del presente. Nell'osservazione dell'organismo sociale condotta sul presupposto ch'esso contenga tutto in sè simultaneamente il tempo trascorso e l'attuale, quel che è residuo di una processualità storica esaurita è sì una certezza, ma non passibile di un giudizio razionale. Sono certezze in cui il diritto è inconciliabile con la realtà naturale; solo che la natura, apparentemente fissa e inviolabile di fronte ad un diritto mobile e trasgredibile, è anch'essa un prodotto dell'azione organizzativa degli uomini e delle modificazioni del loro intelletto e delle loro conoscenze. Le certezze registrate come non comprensibili da questa ragione attuale non per caso sono esemplificate attorno alle peculiarità della famiglia romana.

Per Gaio, tra due fratelli, dei quali l'uno sia stato emancipato, non corre più alcun legame di agnazione: se il loro padre muore, nessuno dei due potrà essere tutore agnatizio dell'altro[91].

Per Arriano, un figlio emancipato ed uno adottivo tra loro non sono fratelli: ma il figlio adottivo è fratello del figlio defunto[92].

Si deve dire che l'emancipazione è più forte della morte? Che l'adozione ha lo stesso effetto della procreazione? Una analisi che procedesse per tali quesiti provocherebbe uno sterile smarrimento.

In realtà, è la struttura sociale primordiale, che il regime della famiglia agnatizia conserva allo stato di residuo storico inerte, a non essere più compresa. L'errore della procedura mentale che stiamo chiamando delle *rationes* sta nel muovere il giudizio dalla esperienza attuale della famiglia, cellula di relazioni coniugali, genitoriali, filiali, fraterne, funzionali alla

---

eas tutorum auctoritate regi, magis speciosa uidetur quam uera; mulieres enim quae perfectae aetatis sunt, ipsae sibi negotia tractant et in quibusdam causis dicis gratia tutor interponit auctoritatem suam, saepe etiam inuitus auctor fieri a praetore cogitur.

[91] Gai. 1.163: *Nec solum maioribus ⟨capitis⟩ deminutionibus ius agnationis corrumpitur, sed etiam minima; et ideo si ex duobus liberis alterum pater emancipauerit, post obitum eius neuter alteri agnationis iure tutor esse poterit.*

[92] D. 38.10.5 Paul. 6 ad Plaut.: *Si filium naturalem emancipauero et alium adoptavero, non esse eos fratres: si filio meo mortuo Titium adoptavero, videri eum defuncti fratrem fuisse Arrianus ait.*

pienezza della civiltà urbana. Ma la famiglia, ma la società delle origini agro-pastorali restano fuori da questo orizzonte. E pertanto resta occulta la *ratio* che presiedette alla organizzazione della compagine domestica, identificata nella sua coesione di autarchica struttura socio-economica solo attraverso l'assoggettamento di uomini, animali e cose al potere paterno.

Per la stessa modalità metodologica, Gaio non comprende la *ratio* della tutela muliebre, non riuscendo a ipotizzare indietro, nel passato, una condizione femminile diversa da quella dell'esperienza della società imperiale, tale da giustificare uno statuto riduttivo della capacità d'agire se non proprio escludente la soggettività giuridica[93].

Nella diacronia i giuristi — Africano, Celso, Gaio — possono anche immaginare diversità e rotture, non però mai quei salti della trasformazione sociale ed economica che producono mutamenti antropologici nei comportamenti e nella mentalità. Ed è proprio dinanzi a quei salti che le loro *rationes* si arrestano.

La società patriarcale arcaica appariva alla intellighènzia del secolo fondata sul rispetto della figura del padre. Anzi in Gellio, almeno in un luogo, quella società è rappresentata con evidente fraintendimento come gerontocratica: la vecchiaia valeva più della nobiltà e più del danaro, e gli anziani erano venerati quali sembianti degli dei e dei genitori, e dopo il convito erano accompagnati a casa dai più giovani, secondo un costume appreso dagli Spartani[94]. Il rapporto padre-figlio era rivissuto nei suoi aspetti cerimoniali, se il padre semplice cittadino potesse sedersi in pubblico lasciando in piedi il figlio magistrato o se costui in privato dovesse rendere onore a lui[95].

---

[93] Cfr. A. GUARINO, La ,,lex XII tabularum" e la ,,tutela", in: Studi in onore di S. Solazzi (Napoli 1949) 31ss., ora in: ID., Le origini quiritarie (Napoli 1973) 237ss.

[94] Gell. n. A. 2.15: 1 *Apud antiquissimos Romanorum neque generi neque pecuniae praestantior honos tribui quam aetati solitus, maioresque natu a minoribus colebantur ad deum prope et parentum vicem atque omni in loco inque omni specie honoris priores potioresque habiti. 2 A convivio quoque, ut scriptum in antiquitatibus est, seniores a iunioribus domum deducebantur, eumque morem accepisse Romanos a Lacedaemoniis traditum est, apud quos Lycurgi legibus maior omnium rerum honos aetati maiori habebatur.*
3 Sed postquam suboles civitati necessaria visa est et ad prolem populi frequentandam praemiis atque invitamentis usus fuit, tum antelati quibusdam in rebus, qui uxorem quique liberos habent, senioribus neque liberos neque uxores habentibus. 4 Sicuti kapite VII. legis Iuliae priori ex consulibus fasces sumendi potestas fit, non qui pluris annos natus est, sed qui pluris liberos quam collega aut in sua potestate habet aut bello amisit. 5 Sed si par utrique numerus liberorum est, maritus aut qui in numero maritorum est, praefertur; 6 si vero ambo et mariti et patres totidem liberorum sunt, tum ille pristinus honos instauratur et qui maior natu est, prior fasces sumit. 7 Super his autem, qui aut caelibes ambo sunt et parem numerum filiorum habent aut mariti sunt et liberos non habent, nihil scriptum in lege de aetate est. 8 Solitos tamen audio, qui lege potiores essent, fasces primi mensis collegis concedere aut longe aetate prioribus aut nobilioribus multo aut secundum consulatum ineuntibus.

[95] Gell. n. A. 2.2: 1 *Ad philosophum Taurum Athenas visendi cognoscendique eius gratia venerat V.C., praeses Cretae provinciae, et cum eo simul eiusdem praesidis pater. 2 Taurus sectatoribus commodum dimissis sedebat pro cubiculi sui foribus et cum assistentibus nobis sermocinabatur. 3 Introivit provinciae praeses et cum eo pater; 4 assurrexit placide Taurus et post mutuam salutationem resedit. 5 Allata mox una sella est, quae in promptu erat, atque,*

Del resto, anche per i giuristi il residuo dell'antica sudditanza rievocata come reverenza motiva in forma irrazionale l'ostilità alla nomina del figlio quale curatore del padre furioso[96] o il ritardo nella affermazione della possibilità che padre e figlio siano giudice l'uno dell'altro in processi privati[97].

Certo, l'istituto familiare identificato ancora nella posizione di potere del *pater* doveva essere vissuto a diverse quote di consapevolezza e di persuasione nella stratificazione sociale. Ma è sintomatico che tra i filosofi si discutesse se al padre bisognasse prestare obbedienza o disobbedirgli in tutto o obbedirgli solo in alcune cose[98]. Questo è segno che al livello degli

dum aliae promebantur, apposita est. Invitavit Taurus patrem praesidis, uti sederet. 6 Atque ille ait: 'Sedeat hic potius, qui populi Romani magistratus est.' 7 'Absque praeiudicio' inquit Taurus 'tu interea sede, dum inspicimus quaerimusque, utrum conveniat tene potius sederet qui pater es, an filium, qui magistratus est'. 8 Et, cum pater assedisset appositumque esse, aliud filio quoque eius sedile, verba super ea re Taurus facit cum summa, dii boni, honorum atque officiorum perpensatione.

9 Eorum verborum sententia haec fuit: In publicis locis atque muneribus atque actionibus patrum iura cum filiorum, qui in magistratu sunt, potestatibus collata interquiescere paululum et conivere, sed cum extra rempublicam in domestica re atque vita sedeatur, ambuletur, in convivio quoque familiari discumbatur, tum inter filium magistratum et patrem privatum publicos honores cessare, naturales et genuinos exoriri. 10 'Hoc igitur', inquit 'quod ad me venistis, quod colloquimur nunc, quod de officiis disceptamus, privata actio est. Itaque utere apud me his honoribus prius, quibus domi quoque vestrae te uti priorem decet'.

11 Haec atque alia in eandem sententiam Taurus graviter simul et comiter disseruit. 12 Quid autem super huiuscemodi patris atque filii officio apud Claudium legerimus, non esse ab re visum est, ut adscriberemus. 13 Posuimus igitur ipsa Quadrigarii ex annali eius sexto transscripta: Deinde facti consules Sempronius Graccus iterum Q. Fabius Maximus, filius eius, qui priore anno erat consul. Ei consuli pater proconsul obviam in equo vehens venit neque descendere voluit, quod pater erat, et, quod inter eos sciebant maxima concordia convenire, lictores non ausi sunt descendere iubere. Vbi iuxta venit, tum consul ait: 'quid postea?'; lictor ille, qui apparebat, cito intellexit, Maximum proconsulem descendere iussit. Fabius imperio paret et filium collaudavit, cum imperium, quod populi esset, retineret.

[96] D. 26.5.12.1 Ulp. 3 de off. proc.: *Nec dubitabit filium quoque patri curatorem dare: quamvis enim contra sit apud Celsum et apud alios plerosque relatum, quasi indecorum sit patrem a filio regi, attamen divus Pius Instio Celeri, item divi fratres rescripserunt filium, si sobrie vivat, patri curatorem dandum magis quam extraneum.* Cfr. D. 27.10.1.1 Ulp. 1 ad Sab.: *Curatio autem eius, cui bonis interdicitur, filio negabatur permittenda: sed extat divi Pii rescriptum filio potius curationem permittendam in patre furioso, si tam probus sit.* Sul tema F. CASAVOLA, Il potere imperiale, cit. 260.

[97] D. 5.1.77 Afric. 3 quaest.: *In privatis negotiis pater filium vel filius patrem iudicem habere potest.*

[98] Gell. n. A. 2.7: 1 *Quaeri solitum est in philosophorum disceptationibus, an semper inque omnibus iussis patri parendum sit. 2 Super ea re Graeci nostrique, qui de officiis scripserunt, tres sententias esse, quae spectandae considerandaeque sint, tradiderunt easque subtilissime diiudicarunt. 3 Earum una est: omnia, quae pater imperat, parendum; 4 altera est: in quibusdam parendum, in quibusdam non obsequendum; 5 tertia est: nihil necessum esse patri obsequi et parere.*

6 Haec sententia quoniam primore aspectu nimis infamis est, super ea prius, quae dicta sunt, dicemus. 7 'Aut recte' inquiunt 'imperat pater aut perperam. Si recte imperat, non, quia imperat, parendum, sed quoniam id fieri ius est, faciendum est; si perperam, nequaquam scilicet faciendum, quod fieri non oportet'. 8 Deinde ita concludunt: 'numquam est igitur patri parendum, quae imperat'. 9 Set neque istam sententiam probari accepimus — argutiola quippe

intellettuali la consistenza storica della società patriarcale come risposta razionale alla vocazione ambientale del Lazio arcaico si è dissolta in un passato non più coesistente con il presente. Nel dibattito filosofico il potere del padre si è tradotto e ridotto negli *officia liberorum erga patres*.

E che, come abbiamo sinora non solo postulato ma qua e là dimostrato, i giuristi non fossero affatto estranei alla formazione e veicolazione delle opinioni degli intellettuali su temi tanto centrali dell'esperienza sociale, ancora una volta appare da un brano di Celso[99]. Uno degli esempi, presenti nella discussione filosofica sui doveri filiali, era indicato nel matrimonio contratto con una donna scelta dal padre e su suo ordine. Se un tale matrimonio non comportava per le qualità della donna alcunché di disonorevole o di illecito, si concludeva ch'esso rientrava tra quei casi 'medii' o 'adiafori', per i quali era doveroso eseguire la volontà paterna[100].

Nel caso esaminato da Celso si dà appunto un tale matrimonio, che il figlio non avrebbe contratto di sua propria elezione. Ma egli ha obbedito al padre, ed il matrimonio è valido perchè tra un matrimonio libero ed uno per obbedienza, egli ha tuttavia preferito questo a quello, esercitando pur sempre una sua libertà di scelta: *maluisse hoc videtur*. La prospettiva di Celso è dunque la stessa dei filosofi che discutono dei doveri filiali come scelte di moralità e non come sottomissione ad una incondizionata posizione di autorità e di potere del padre.

haec, sicuti mox ostendemus, frivola et inanis est —, 10 *neque autem illa, quam primo in loco diximus, vera et proba videri potest omnia esse, quae pater iusserit, parendum.* 11 *Quid enim? si proditionem patriae, si matris necem, si alia quaedam imperabit turpia aut impia?* 12 *Media igitur sententia optima atque tutissima visa est quaedam esse parendum, quaedam non obsequendum.* 13 *Sed ea tamen, quae obsequi non oportet, leniter et verecunde ac sine detestatione nimia sineque obprobratione acerba reprehensionis declinanda sensim et relinquenda esse dicunt quam respuenda.*

14 *Conclusio vero illa, qua colligitur, sicuti supra dictum est, nihil patri parendum, inperfecta est refutarique ac dilui sic potest:* 15 *Omnia, quae in rebus humanis fiunt, ita ut docti censuerunt, aut honesta sunt aut turpia.* 16 *Quae sua vi recta aut honesta sunt, ut fidem colere, patriam defendere, ut amicos diligere, ea fieri oportet, sive imperet pater sive non imperet;* 17 *sed quae his contraria quaeque turpia, omnino iniqua sunt, ea ne si imperet quidem.* 18 *Quae vero in medio sunt et a Graecis tum* μέσα, *tum* ἀδιάφορα *appellantur, ut in militiam ire, rus colere, honores capessere, causas defendere, uxorem ducere, ut iussum proficisci, ut accersitum venire, quoniam et haec et his similia per sese ipsa neque honesta sunt neque turpia, sed, proinde ut a nobis aguntur, ita ipsis actionibus aut probanda fiunt aut reprehendenda: propterea in eiusmodi omnium rerum generibus patri parendum esse censent, veluti si uxorem ducere imperet aut causas pro reis dicere.* 19 *Quod enim utrumque in genere ipso per sese neque honestum neque turpe est, idcirco, si pater iubeat, obsequendum est.* 20 *Sed enim si imperet uxorem ducere infamem, propudiosam, criminosam aut pro reo Catilina aliquo aut Tubulo aut P. Clodio causam dicere, non scilicet parendum, quoniam accedente aliquo turpitudinis numero desinunt esse per sese haec media atque indifferentia.* 21 *Non ergo integra est propositio dicentium 'aut honesta sunt, quae imperat pater, aut turpia',* 22 *neque* ὑγιὲς *et* νόμιμον διεζευγμένον *videri potest. Deest enim diiunctioni isti tertium: 'aut neque honesta sunt neque turpia'. Quod si additur, non potest ita concludi: 'numquam est igitur patri parendum'.*

[99] D. 23.2.22 Cels. 15 dig.: *Si patre cogente ducit uxorem, quam non duceret, si sui arbitrii esset, contraxit tamen matrimonium, quod inter invitos non contrahitur: maluisse hoc videtur.*

[100] Gell. n. A. 2.7.18 (supra, nt. 98).

*XIV. La formalizzazione dell'immagine del diritto in Pomponio, esito para-
dossale della ricerca delle* rationes: *dalla struttura sociale alla imperatività
statuale*

La trasformazione della società, giunta al punto da non contenere
più in sè la giustificazione razionale dei suoi modi di essere originari, spinge
la scienza giuridica a rappresentarsi il diritto in modo autonomo rispetto
alle istituzioni sociali con cui un tempo era unito come in unico e non
scindibile corpo.

Nel processo di progressiva formalizzazione del diritto, un punto
d'arrivo di grande rilievo è costituito dalla costruzione pomponiana di una
struttura rappresentativa del diritto come realtà immersa in un suo proprio
canale storico con una genesi e uno sviluppo — *origo et processus iuris*[101] —
ed un organismo tripartito: le forme delle norme discendenti dalla evoluzione costituzionale dello Stato, le magistrature strumento della loro effettività, i giuristi autori del loro quotidiano adattamento ai bisogni della
società[102].

In questo modello dimostrativo Pomponio ha disegnato con impressionante nitidezza, fuori dal corpo sociale, l'ordinamento giuridico nei suoi
tratti rimasti sino a noi essenziali: la costituzione dello Stato, l'organizzazione giurisdizionale, il ruolo della scienza giuridica. Un tale risultato non
sarebbe stato possibile muovendo da una rappresentazione statica del sistema, quale è quella che, con l'elenco delle fonti giuridiche, apre le 'Istituzioni' gaiane. È il discorso genetico ed evoluzionistico che può dare ragione
della complessa morfologia dell'ordinamento proprio per la riconosciuta
funzione costitutiva del passato rispetto al presente.

Strumentale per questo nuovo tipo di conoscenza dell'ordinamento è
perciò il ritorno alla più remota delle sue fonti: la legislazione decemvirale.
L'impegno gaiano attorno ad un commento alle XII tavole è però guidato
da una immagine statica e aritmetica, lontana dal sistema in diacronia
ideato da Pomponio. Per Gaio, sotto probabili influenze aristoteliche[103],
ogni intero è composto di parti, e anche un organismo storico quale il diritto

---

[101] D. 1.2.2 pr Pomp. sing. ench.: *Necessarium itaque nobis videtur ipsius iuris originem atque
processum demonstrare.*
Sul tema D. Nörr, Pomponius oder 'Zum Geschichtsverständnis der römischen Juristen',
unten in diesem Band (ANRW II 15) 497—604ss.

[102] D. 1.2.2.13 Pomp. sing. ench.: *Post originem iuris et processum cognitum consequens est,
ut de magistratuum nominibus et origine cognoscamus, quia, ut exposuimus, per eos qui iuri
dicundo praesunt effectus rei accipitur: quantum est enim ius in civitate esse, nisi sint, qui
iura regere possint? post hoc dein de auctorum successione dicemus, quod constare non potest
ius, nisi sit aliquis iuris peritus, per quem possit cottidie in melius produci.*
Per tutti, L. Lombardi, Saggio sul diritto giurisprudenziale, Pubblic. Ist. Filos. d. dir.
Univ. Roma (Milano 1967) 5ss.

[103] Cfr. A. M. Honoré, Gaius, cit. 106.

è rappresentabile come un intero — *perfectum* — se se ne possiede il passato più remoto assunto come la parte principale[104].

Il modello pomponiano, malgrado ogni apparenza, è il prodotto di una grande astrazione formale: quella rappresentazione non descrive ma „è" l'ordinamento.

Gaio, invece, sia nei libri sulle XII tavole, sia nelle 'Istituzioni', va alla ricerca di uno schema espositivo che renda più comprensibile l'esperienza giuridica dei Romani, sia nella prospettiva pedagogica delle tecniche di apprendimento e di trasmissione persuasiva del sapere giuridico, sia in quella del confronto con leggi e costumi di altri popoli. Perciò la ricerca delle *rationes* è presente in Gaio più che in alcun altro giurista del secolo. Ed è ricerca di un collegamento tra società e diritto.

In Pomponio questo nodo è saltato, sostituito dall'altro, Stato e diritto.

Nel passaggio dall'uno all'altro nesso si rivela il progredire di una concezione formale del diritto come sistema di norme emanante dallo Stato, in ragione diretta dell'esaurimento delle forme di auto-organizzazione della società. Paradossalmente, il tentativo di riappropriazione razionale della storicità della esperienza giuridica consuma la forma antica di autocoscienza del diritto come insieme di strutture sociali spontaneamente accettate e vissute dalla comunità, e vi sostituisce lo schema astratto della imperatività diretta dall'apparato statale ai sudditi[105].

---

[104] D. 1.2.1 Gai. 1 ad leg. XII tab.: *Facturus legum vetustarum interpretationem necessario prius ab urbis initiis repetendum existimavi, non quia velim verbosos commentarios facere, sed quod in omnibus rebus animadverto id perfectum esse, quod ex omnibus suis partibus consataret: et certe cuiusque rei potissima pars principium est. et rell.* Lett. supra nt. 6.

[105] Di qui nasce quell'imponente processo ideologico di trasformazione e riduzione del *ius* alla *lex*, che nell'elenco delle fonti premesso alle 'Istituzioni' gaiane e nel manuale pomponiano rivela un primo consolidamento. Sul tema, con prospettive ineguali e da migliorare in nuove indagini, M. BRETONE, Tecniche ed ideologie, cit. 30ss.; G. ARCHI, Interpretatio iuris, Zeitschr. d. Savigny-Stiftung, rom. Abt. 87 (1970) 13ss.; F. CANCELLI, Sull'origine del diritto secondo un motivo ricorrente in scrittori ellenistico-romani, e Cicerone „de re publica" 5.3, Studia et Docum. Hist. et Iuris 37 (1971) 328ss., 333.

Der Rechtsunterricht am Ausgang der Republik und zu Beginn des Prinzipats

von Jan Kodrębski, Łódź

Inhalt

Die Geschichte des Rechtsunterrichts in Rom in der Epoche des Ausgangs der Republik und des frühen Kaisertums wurde bis heute nicht bearbeitet[1]. Dies ist erstaunlich, wenn man den Reichtum an romanistischer Literatur beachtet. Die Lücke kann man, wie ich meine, vor allem dadurch erklären, daß die Darstellung der Geschichte des Rechtsunterrichts von dem Forscher, der diese Aufgabe übernähme, gründliche Kenntnisse in dem Bereich der römischen Kultur- und Bildungsgeschichte fordert. In der Periode, in der die Aufmarksamkeit der Romanisten auf die Erklärung der Institutionen des römischen Rechtes gerichtet war, kam es selten vor, daß jemand Kenntnisse des römischen Rechtes, der Kulturgeschichte und der Geschichte des Bildungswesens[1a] verband. Die rechtliche Besonder-

---

[1] Das einzige umfassende Werk zu diesem Thema ist das kleine Buch von F. Bremer, Rechtsschulen und Rechtslehrer im römischen Kaiserreich, Berlin, 1868, das jedoch weder chronologisch noch sachlich das Thema erschöpft. Die Arbeit von G. Flach, De l'enseignement du droit chez les Romains, Straßburg, 1873, hat keine größere Bedeutung. Die Arbeit von M. Barbagallo, Lo stato e l'istruzione pubblica nell'impero romano, Catania, 1916, beschäftigt sich mit dem Rechtsunterricht in der Spätzeit. Siehe auch B. Kübler, Rechtsunterricht, in: Pauly—Wissowa, Realenzyklopädie der klassischen Altertumswissenschaft (weiter als PW zitiert), Bd. I A 1 (1914), col. 394—405.

In meiner Habilitationsschrift 'Sabinianie i Prokulianie. Szkoły prawa w Rzymie wczesnego Cesarstwa [Sabinianer und Proculianer. Die Rechtsschulen im Rom der frühen Kaiserzeit], Łódź, 1974, bespreche ich einige Aspekte dieses Problems. Dieser Artikel ist mit jener Abhandlung eng verbunden. Siehe auch den nachfolgenden Beitrag von D. Liebs, unten in diesem Band (S. 197—286).

[1a] Vgl. zu diesem Gebiet mehrere Beiträge in: ANRW II, Rubrik 'Sprache und Literatur', hrsg. v. W. Haase, Berlin–New York 1976ff.

heit schreckte andererseits die sich mit der Geschichte des Bildungswesens befassenden Historiker von diesem Thema ab. Die entscheidende Rolle spielt hier bestimmt der Mangel an Quellen. Außerdem wissen wir von den römischen Juristen als einer Berufsgruppe nicht viel.

I. Römische Jurisprudenz am Ausgang der Republik

Daß die Kenntnisse der Organisation und der Lehrmethoden des Rechtsunterrichts in Rom im allgemeinen ungenügend sind, erschwert es uns, die römische Rechtsordnung hinreichend zu verstehen, um so mehr, als sich die hervorragendsten Juristen in der Epoche der Republik und des frühen Kaisertums und auch zur Zeit der Neige des Römischen Reiches mit dem Unterricht befaßt haben. Q. Mucius Scaevola, Antistius Labeo, G. Cassius Longinus, Salvius Julianus waren Rechtstheoretiker und gleichzeitig Pädagogen[2]. Der Rechtsunterricht war aber nicht ihre Hauptaufgabe, und manche von ihnen widmeten ihm nur soviel Zeit, wie ihnen nach der Erfüllung anderer Pflichten, die sie für wichtiger hielten, übrig blieb. Unter den römischen Juristen gab es aber auch solche, die sich ausschließlich mit dem Rechtsunterricht befaßten und die wir (von den Priester-Rechtslehrern in den Zivilisationen des Alten Orients abgesehen) als die ältesten Rechtslehrer und frühesten Vorläufer gegenwärtiger Lehrer der juristischen Fächer an den Hochschulen betrachten können.

Am Ausgang der Republik war jedoch der Rechtsunterricht sowohl mit der wissenschaftlichen Forschung als auch mit der praktischen Anwendung verbunden.

In der Geschichte der römischen Rechtswissenschaft unterscheiden wir nach F. SCHULZ[3] die archaische, der Epoche des ältesten römischen Rechtes entsprechende Periode, die hellenistische, auch vorklassische genannt, die vom Ende des Zweiten Punischen Krieges bis zum Fall der Republik und zur Festsetzung des Prinzipats dauert, und schließlich die klassische, von der Festigung des Prinzipats bis zu seinem Ausgang und den bürokratischen Reformen Diokletians hinreichende Periode.

Das uns interessierende Problem betrifft die Übergangsphase in der Geschichte des römischen Rechtes, d. h. den Ausgang der hellenistischen

---

[2] Die Grundwerke auf dem Gebiet der römischen Rechtswissenschaft sind F. SCHULZ, History of Roman Legal Science, Oxford, 1953, und W. KUNKEL, Herkunft und soziale Stellung der römischen Juristen, Weimar, 1952. Aus der älteren Literatur ist bemerkenswert P. KRÜGER, Geschichte der Quellen und Literatur des römischen Rechts, Leipzig, 1888. Die Literatur ist umfangreich, und in der letzten Zeit sehen wir ein wachsendes Interesse für die Geschichte der römischen Rechtswissenschaft. Besonders zahlreiche Werke von F. WIEACKER müssen beachtet werden.

[3] SCHULZ op. cit. S. 38—39 und 99—101.

und den Beginn der klassischen Epoche der römischen Rechtswissenschaft. Wir müssen jetzt den Zustand der römischen Jurisprudenz dieser Epoche in knappen Worten darstellen, um zu veranschaulichen, wie die Römer ihre Juristen in dieser Zeit ausbildeten.

Die Rechtswissenschaft in Rom war im allgemeinen durch einen starken Konservatismus gekennzeichnet, der den Fortschritt vom Inhalt her gesehen durchaus nicht ausschloß, der Form aber eine besondere Wichtigkeit beimaß. Damit sind die wichtigsten Merkmale der Struktur der römischen Rechtswissenschaft der hellenistischen Periode eng verbunden. Sie ist eine aristokratische Wissenschaft — einerseits dienen der Rechtswissenschaft grundsätzlich (obwohl die Zahl der Ausnahmen ständig wächst) Mitglieder aristokratischer Familien (*nobilitas*)[4], andererseits ist die Rechtswissenschaft eine für sie besonders geeignete und vom gesellschaftlichen und politischen Standpunkt her gesehen besonders lohnende Beschäftigung[5]. Die Autorität des Juristen kann die Grundlage einer politischen Laufbahn sein[6] und stärkt immer sowohl die Stellung des Juristen wie auch die seiner Familie. Den Klienten Ratschläge zu erteilen und ihnen vor Gericht zu helfen, gehörte zu den Mitteln der römischen Aristokratie, ihre Stellung im Staat aufrechtzuerhalten[7]. Im ersten Jahrhundert war der Zusammenhang zwischen dem politischen Leben und der Jurisprudenz schon nicht mehr so eng[8], und der politische Aufstieg fing nicht mehr auf dem Forum an. Diese Tatsache hatte aber nur einen geringen Einfluß auf das Ansehen, das die Rechtswissenschaftler und die Rechtswissenschaft in der Gesellschaft genossen.

Einen größeren Einfluß hatte schon das Erscheinen einer ziemlich zahlreichen Gruppe von dem Ritterstand entstammenden Juristen[9], und besonders — aber nicht vor der Mitte des 1. Jahrhunderts v. Chr. — der ersten Berufsjuristen, die auf diese Weise ihren Lebensunterhalt verdienten[10].

Im römischen Juristenmilieu des 1. Jahrhunderts v. Chr. kann man sodann einige Gruppen unterscheiden. Die gesellschaftlich wichtigste Stellung nehmen die aus alten aristokratischen Familien stammenden

---

[4] Zur römischen *nobilitas* siehe die klassischen Werke von M. GELZER, Die Nobilität der römischen Republik, Leipzig, 1912 (jetzt in: DERS., Kleine Schriften, Bd. I, Wiesbaden, 1962, S. 17—135) und F. MÜNZER, Römische Adelsparteien und Adelsfamilien, Stuttgart, 1920 (Nachdr. Stuttgart, 1963).

[5] W. KUNKEL, Herkunft und soziale Stellung der römischen Juristen S. 41—61, enthält die beste Darstellung des Problems. Siehe auch F. WIEACKER, Über das Klassische in der römischen Jurisprudenz, Tübingen, 1950, S. 11 ff.

[6] KUNKEL op. cit. S. 41 von den Rechtskennern — *magistratus*.

[7] KUNKEL op. cit. S. 57; Cicero, De oratore III, 133.

[8] KUNKEL l. cit. Über den Rechtsunterricht in der Zeit der Republik siehe E. POLAY, Zur Geschichte der Rechtswissenschaft im republikanischen Rom, in: Gesellschaft und Recht im Griechisch-Römischen Altertum, Dt. Akad. der Wiss. Berlin, Schr. der Sektion f. Altertumswissenschaft LII, Berlin, 1968, S. 150 ff.

[9] KUNKEL op. cit. S. 50—53.

[10] SCHULZ op. cit. S. 43 — Lucilius Balbus, Cornelius Maximus, Aufidius Tuca.

Juristen ein, die hohe Ämter bekleiden und die Tradition der Rechtswissenschaft aus der Epoche der frühen Republik bewahren. Man muß hier
die schwer zu unterscheidenden Mucii nennen, von denen zwei Lehrer
des Cicero waren — Quintus Mucius Scaevola Augur[11] und sein Vetter
Quintus Mucius Scaevola Pontifex (der Jüngere zum Unterschied von
seinem Vater, der auch Pontifex Maximus war)[12]. Ebenfalls beachtenswert
ist Servius Sulpicius Rufus, Konsul[13], Aelius Tubero der Ältere und schließlich der nicht aus *nobilitas* stammende, sondern nur durch Konnexion
damit verbundene, wenig bekannte Vater des großen Sohnes, Pacuvius
Labeo[14]. Außer ihnen finden wir die Gruppe der bereits erwähnten politisch
meistens untätigen Juristen aus dem Ritterstand — C. Aquillius Gallus,
A. Cascellius, A. Ofilius (verhinderter Kodifikator des römischen Rechtes)[15]
und C. Trebatius Testa. Es ist charakteristisch und verständlich, daß die
beiden letzterwähnten mit Caesar verbunden waren. Von den armen Juristen, die Vorgänger späterer 'kleiner Juristen' waren, haben wir schon gesprochen. Wir wissen leider nicht viel von dieser interessanten Gruppe. Ein
anderes Problem bilden die Gerichtsredner, deren hervorragendster Vertreter Cicero ist[16].

Die Forscher sprechen den Gerichtsrednern das Recht auf den Titel
des Juristen ab, obwohl mehrere von ihnen, wie z. B. Cicero, juristische
Vorbereitung hatten. In den Schriften Ciceros wird der Rechtskenner —
iuris consultus — von dem Gerichtsredner — *rhetor* — unterschieden[17].
Wir werden also nicht römische Advokaten als Juristen in dem Sinne betrachten, den Römer dieser Bezeichnung gaben. Die römischen Advokaten
trugen zur Entwicklung der römischen Gesetzgebung nicht bei und
konnten nicht dazu beitragen. Cicero bildet eine Ausnahme, aber sein Einfluß auf die Rechtswissenschaft[18] ist nicht der Einfluß eines Anwalts und
Redners, sondern der eines Philosophen, eines Popularisators des griechischen Denkens.

Es kam zwar vor, daß ein Rechtswissenschaftler persönlich als Advokat
vor Gericht auftrat; das zog jedoch Aufmerksamkeit auf sich und brachte
selten Erfolge[19]. Vielleicht sah Cicero die Juristen, deren Überlegenheit
in der Rechtswissenschaft er anerkannte, nicht gern auf sein Gebiet übergreifen. Sie wurden aber vor allem durch die Verschiedenheit der ethischen
Grundsätze der beiden Berufe und durch die griechische Rhetorik von der

---

[11] Cicero, Laelius, 1, 1, 1.
[12] Von ihm handelt G. LEPOINTE in seinem hervorragenden Werk 'Quintus Mucius Scaevola',
Paris, 1926.
[13] PW, Bd. IV A 1 (1931), col. 851 [MÜNZER] und E. VERNAY, Servius et son école, Paris, 1909.
[14] KUNKEL op. cit. S. 32—34, siehe unten.
[15] E. POLAY, Der Kodifizierungsplan des Julius Caesar, Jura, XVI, 1965, S. 27—51.
[16] Über Cicero als Jurist: E. COSTA, Cicerone giurisconsulto, Bologna, 1927. Cicero war nicht
iuris consultus, aber die Arbeit von COSTA ist wertvoll. Siehe auch M. PALLASSE, Cicéron
et les sources du droit, Annales Univ. de Lyon, Droit, III, 8, Paris, 1946.
[17] Cicero, De off. 2, 19, 65; Orator 41, 141, Brutus, 41, 151.
[18] SCHULZ, op. cit. S. 68—69; er bagatellisiert wahrscheinlich zu Unrecht diesen Einfluß.
[19] Cicero, Brutus 39, 145, De or. 1, 39, 180 und Brutus 41, 151.

rhetorischen Tätigkeit abgeschreckt. Die Rechtswissenschaft war im Gegensatz zur gerichtlichen Redekunst eine nationale römische Beschäftigung, voll Würde und Tradition. Sie setzte niemanden gefährlichen und riskanten Situationen aus, die für einen Advokaten in seiner nach römischen Kriterien gemessenen Tätigkeit nicht zu vermeiden waren[21]. Das Werk der römischen Jurisprudenz der hellenistischen Periode, das Werk jener *veteres*, war riesig und für das römische Recht entscheidend wichtig. Ihre Grundschöpfung war das *edictum praetorium* oder vielmehr das ganze *ius honorarium*. Wie man allgemein angenommen hatte, waren sie tatsächlich die Verfasser jedes Edikts und jedenfalls aller eingeführten Änderungen. Sie waren die Gründer aller Prätoreninstitutionen. Man kann annehmen, daß eine schwache Entwicklung der Gesetzgebung auf dem Gebiet des Privatrechts in der Zeit der römischen Republik mit ihrer Tätigkeit verbunden war. In der Tätigkeit der römischen Juristen kann man eine gewisse Abneigung gegen die Gesetzgebung spüren, die sich in einem verhältnismäßig seltenen Kommentieren der Gesetze[22] und überhaupt in der Vernachlässigung der Gesetzgebung[23] ausdrückte. Den Juristen entsprach eine für das *ius honorarium* charakteristische Labilität, die den Einfluß der Juristen auf das herrschende Recht vergrößerte. Das römische Recht dieser Periode war ein typisches durch die Juristen geschaffenes Recht (*lawyermade law* — 'Juristenrecht'), dem später das alte englische Recht entsprach und dessen Gegenteil etwa das heutige polnische Recht ist. Die von Juristen bearbeiteten, vom Prätor bestätigten Texte der Edikte werden von ihnen auf eine charakteristische Weise autoritativ erklärt, den *responsa* fehlen meistens Begründungen (das ändert sich in der klassischen Periode), und ihre Lösungen stützen sich nicht auf die Beweisführung, sondern auf die *auctoritas* des Juristen, der die Antwort gibt[24].

Es unterliegt keinem Zweifel, daß es den Juristen der hellenistischen Periode an der Überzeugung von eigener Bedeutung und Größe nicht mangelte[25].

Mit dieser Auffassung der Bedeutung der Rechtswissenschaft, ihrer Größe und ihrem Wert, ist der Mangel an Interesse für alles verbunden,

---

[20] SCHULZ op. cit. S. 336.

[21] SCHULZ op. cit. S. 55. Neuerdings über die römische Rechtswissenschaft A. SCHILLER, Jurist's Law, in: An American Experience of Roman Law, Göttingen, 1971, S. 148—160. Von sabinianisch-proculianischen *dissensiones* S. 154—157.

[22] Op. cit. S. 90. Charakteristisch, daß in dieser Zeit nur ein Kommentar zu den Zwölftafeln entstand.

[23] Wir kennen die von Juristen verfertigten Ausgaben von Gesetzestexten nicht. Damit waren *scribae* beschäftigt. Siehe Cicero De Legibus, 3, 20, 46.

[24] Cicero, De oratore, 1, 45, 198 — Das Juristenhaus sollte das Orakel der ganzen Stadt sein. Vgl. H. LEVY-BRUHL, Dissentiones prudentium, Synteleia Vincenzo Arangio-Ruiz, Napoli, 1964, S. 535. Siehe auch L. LOMBARDI, Saggio sul diritto giurisprudenziale, Milano, 1967, S. 15ff., H. COING, Zur Methodik der Republikanischen Iurisprudenz. Zur Entstehung der grammatisch-logischen Auslegung, Studi in onore di V. Arangio-Ruiz, Napoli, 1952, Bd. I, S. 365 u. a.

[25] Vgl. KUNKEL op. cit. S. 56ff.

was ihren engen Rahmen überschreitet — die Rechtstheorie[26], Rechts-
philosophie[27], das fremde oder vergleichende Recht[28]. Römische Juristen
kennzeichnet trotz ihrer zum Teil zweifellos großen Kenntnisse in der
Philosophie[29] und in anderen Wissenschaften ein typisch römischer
Pragmatismus[30]. Ein andermal werden wir uns mit dem komplizierten
Einfluß der griechischen Philosophie auf das römische Recht beschäftigen,
wir möchten aber schon jetzt unterstreichen, daß er in der hellenistischen
Periode sehr schwach zu sein scheint. Griechische Philosophie ist erst in
der nächsten Periode in das römische Recht eingedrungen, und zwar durch
Ciceros Vermittlung, dessen Werk außerhalb unseres gegenwärtigen Inter-
essenkreises liegt[31].

Damals hat sie indirekt das juristische Denken beeinflußt, indem sie
die dialektische Methode hereinbrachte[32], was durch die Vermittlung der
Rhetorik geschah[33]. Nach der Aufnahme der dialektischen Methode wird
die römische Jurisprudenz zum erstenmal in ihrer Geschichte eine wirkliche
Wissenschaft[34], die rechtliche Normen systematisiert[35], eine Interpretation
des Rechtes gibt[36] und schließlich gewisse Grundsätze formuliert[37]. Obwohl
erst Cicero Elemente der griechischen Philosophie in die römische Rechtswissenschaft übertrug, wurde die dialektische Methode, die auch Cicero
aktiv popularisierte[38], von Juristen selbst übernommen. Von Cicero
wissen wir, daß Servius Sulpicius Rufus diese Methode angewandt hat[39].

---

[26] B. VONGLIS, Sententia Legis, Paris, 1967, S. 10, J. HIMMELSCHEIN, Studien zu den antiken
Hermeneutica iuris, Symbolae Friburgenses in honorem O. Lenel, Leipzig, 1935, S. 392.

[27] SCHULZ op. cit. S. 70.

[28] Ibidem.

[29] Viele der *veteres* waren mit Scipio und Panaitios von Rodos verbunden.

[30] F. SCHULZ, Principles of Roman Law, Oxford, 1951, S. 40 u. a.

[31] Zu diesem Problem siehe: J. KODRĘBSKI, Z badań nad wpływem filozofii greckiej na prawo
rzymskie [griechische Philosophie und römisches Recht], Zeszyty Naukowe UŁ, Łódź,
1974; A. MICHEL, Rhétorique et philosophie chez Cicéron, Paris, 1965; DERS., Rhétorique et
philosophie dans les traités de Cicéron, ob. in diesem Werk (ANRW), Bd. I 3, hrsg. v.
H. TEMPORINI, Berlin–New York 1973, S. 139—208; A. E. DOUGLAS, The Intellectual
Background of Cicero's Rhetorica: A Study in Method, ebd. S. 95—138; O. GIGON, Cicero
und die griechische Philosophie, ANRW I 4, hrsg. v. H. TEMPORINI, Berlin–New York
1973, S. 226—261. Vgl. auch C. BRADFORD WELLES, Rhetoric and the Law, Seminar,
XIII, 1955, S. 1—16.

[32] SCHULZ, History of Roman Legal Science . . ., S. 61—67 und 336 nota. Vgl. zum folgenden
auch die Beiträge von W. WALDSTEIN, Entscheidungsgrundlagen der klassischen römischen
Juristen, hier oben S. 3—100, und von B. SCHMIDLIN, Horoi, pithana und regulae — Zum
Einfluß der Rhetorik und Dialektik auf die juristische Regelbildung, hier oben S. 101—130.

[33] Hermagoras und seine 'Quaestiones Legales' spielten hier die entscheidende Rolle; siehe
VONGLIS op. cit. S. 19. Vgl. A. STEINWENTER, Rhetorik und römischer Zivilprozeß, ZSS,
LXV, 1947, S. 69 ff.

[34] SCHULZ op. cit. S. 63.

[35] Von der Rolle des Q. Mucius, des Jüngeren, als eines Systematikers: D. 1, 2, 2, 41, Pomponius: . . . *ius civile primus constituit generatim*, vgl. LEPOINTE, op. cit. S. 53.

[36] VONGLIS op. cit. S. 106, S. 122.

[37] *regulae iuris*, vgl. SCHULZ loc. cit., P. STEIN, Regulae iuris, Edinburgh, 1966, passim.

[38] Cicero, De oratore I, 42.

[39] Cicero, Brutus, 41, 152.

Es scheint aber, daß sich auch andere Juristen der dialektischen Methode bedienten, obwohl Cicero den ganzen Ruhm seinem Freund zuschreiben wollte[40]. Beachtenswert sind die inhaltlichen Änderungen des römischen Rechtes, die unter dem Einfluß der Jurisprudenz dieser Epoche stattfanden und mit ihren Haupttendenzen verbunden waren. Man muß hier vor allem auf gewisse Weltlichkeit des Rechtes, Beschränkung des Formalismus und Humanität hinweisen. Die Weltlichkeit beruhte sowohl auf der Verminderung des Interesses für das Sakralrecht[41] wie auch auf allmählicher Verminderung der Bedeutung des sakralen Faktors im Zivilrecht. In dem *ius praetorium*, dessen Bedeutung ständig wuchs, hatten die sakralen Faktoren keine wesentliche Bedeutung[42].

Das waren normale Erscheinungen angesichts der Umgestaltung der römischen Religion in ein starres Ritual, das im Grunde genommen sogar der Pontifex Maximus, der große Rechtskenner Q. Mucius[43], bürokratisch und weltlich auffaßte.

Der Weg von dem Formalismus weg war in der Rechtsinterpretation, die in einem immer kleineren Grade eine buchstäbliche Interpretation war, sehr wichtig[44]. Dann erscheint der Begriff *aequitas*[45]. Schließlich ist das ganze *ius honorarium* die Verwerfung des Formalismus des alten römischen Rechtes, und wir wissen doch, daß die Jurisprudenz es tatsächlich geschaffen hat.

Die Humanisierung der Jurisprudenz und durch ihre Vermittlung des herrschenden Rechts ist mit der Milderung des römischen Strafrechtes verbunden, die auf der Einführung des Verfahrens von *quaestiones* beruhte[46]. Die Folge davon war eine gewisse Milderung der Strafen[47]. Das ganze *ius honorarium* stand deutlich unter dem Einfluß einer *benignitas*, wenigstens im Vergleich zum alten Recht.

Wir müssen hier kurz auf die Grundformen der juristischen Tätigkeit der hellenistischen Periode hinweisen. Die Juristen konnten als Berater des Prätors oder selbst dieses Amt bekleidend die Gesetzgebung beeinflussen. Sie gestalteten die rechtliche Kultur der Gesellschaft, indem sie andere Juristen ausbildeten, *responsa* erteilten, und auch durch *agere* oder *cavere*. Eine der wichtigsten Formen ihres Handelns ist die literarische Tätigkeit. Die Schriften der republikanischen Juristen sind leider nur in kleinen

---

[40] SCHULZ op. cit. S. 69; vgl. U. VON LÜBTOW, Cicero und die Methode der römischen Jurisprudenz, Festschrift für L. Wenger, München, 1944, Bd. I, S. 224—235.

[41] Cicero, De oratore 3, 33, 136, drückt diese Tendenz aus.

[42] SCHULZ, Principles . . . S. 26; DERS., History . . . S. 39 ff.

[43] Augustinus, De Civitate Dei, IV, 27. LEPOINTE op. cit. S. 81 betrachtet Q. Mucius als einen Deisten. Vgl. G. LIEBERG, Die 'theologia tripertita' in Forschung und Bezeugung, ANRW I 4 (oben, Anm. 31), S. 63 ff.

[44] VONGLIS op. cit. S. 122, S. 189.

[45] SCHULZ op. cit. S. 74—75; J. STROUX, Summum ius, summa iniuria, in: DERS., Römische Rechtswissenschaft und Rhetorik, Potsdam, 1949, S. 58.

[46] A. BERGER, Encyclopedical Dictionary of Roman Law, Philadelphia, 1953, s. v. quaestio.

[47] SCHULZ, Principles . . . S. 205.

Bruchstücken erhalten[48], trotzdem können wir uns ein verhältnismäßig genaues Urteil über ihre Werke bilden. Sie bestehen vor allem aus *responsa*, wobei schwer festzustellen ist, ob wir es hier mit Sammlungen von authentischen von Hörern niedergeschriebenen *responsa* zu tun haben, die mündlich erteilt wurden, oder ob es sich um eine literarische Gattung handelt[49]. Neben den Sammlungen von *responsa* treten Kommentare zu einzelnen Teilen des Rechtes auf. Es bestanden Kommentare zum Sakralrecht[50] und Zivilrecht, von denen der Kommentar des Ofilius zum Edikt bemerkenswert ist[51]. Derselbe Autor hat auch einen Kommentar zum Steuerrecht geschrieben.

Die Fragmente der Arbeit des Servius Sulpicius Rufus über Mitgift haben sich erhalten[52]. Das hervorragendste Werk der juristischen Literatur der römischen Republik war zweifellos das berühmte 'Ius civile' des Quintus Mucius Scaevola des Jüngeren, das man als eine systematische und, soviel wir wissen, als die erste Darstellung des herrschenden Rechts in der Geschichte nicht nur des römischen Rechtes, sondern des Rechtes überhaupt betrachten kann[53].

Die Bedeutung des Werkes von Quintus Mucius war für die Entwicklung der römischen Rechtswissenschaft sehr groß[54], vor allem deshalb, weil es zum erstenmal ein bis heute beim Zivilrechtsunterricht angewandtes gesetzliches System formulierte[55], das mit gewissen Änderungen von Sabinus und Gaius übernommen wurde. Das Werk von Q. Mucius kann man vielmehr für einen Vortrag im heutigen Sinne als für einen Kommentar halten, obwohl diese Frage wegen des Mangels an Quellen nicht endgültig gelöst werden kann.

Unsere Bemerkungen zum Thema der römischen Rechtswissenschaft zusammenfassend können wir feststellen, daß sie ein typisch römisches Kulturgebiet war, das einen gewissen Konservatismus und Widerstand gegen die griechischen Einflüsse mit den Änderungen verband, welche die sich immer wandelnde gesellschaftliche Situation forderte.

II. *Ausbildung von Juristen am Ausgang der Republik*

Die Bildung von Juristen war anfangs in Rom rein empirisch. Soviel man weiß, gab es im klassischen Griechenland keine ausgearbeiteten

---

[48] F. BREMER, Jurisprudentiae antehadrianeae quae supersunt, Leipzig, 1896; P. LENEL, Palingenesia iuris civilis, Leipzig, 1889, Bd. I, S. 589.
[49] SCHULZ, History . . ., S. 90—92 sieht diese Möglichkeit nicht.
[50] SCHULZ op. cit. S. 89.   [51] Pomponius D. 1, 2, 2, 44.
[52] 'Liber de dotibus', LENEL, Palingenesia . . ., Bd. II col. 321.
[53] LEPOINTE op. cit. S. 43—70; SCHULZ op. cit. S. 94—96; LENEL op. cit. Bd. I, S. 758.
[54] Diese Bedeutung setzt Cicero — Brutus 41, 152 — herab.
[55] Zu dem System des Q. Mucius gibt es umfangreiche Literatur, vgl. LENEL, Palingenesia, Bd. I, S. 757.

Formen des Rechtsunterrichts. Die Rechtskundigen erwarben ihre berufliche Vorbereitung nur auf praktischem Wege, was an heutige Applikantur erinnert[56]. Die griechischen Denker waren offensichtlich an der praktischen Rechtswissenschaft nicht interessiert[57]. In den Schulen von Athen lernte man zwar die Gesetze von Solon auswendig, das hatte aber mit Rechtsunterricht wenig zu tun. Die Rechtswissenschaft trat in den verschiedenartigen Programmen der griechischen Hochschulen niemals auf[58]. Von den Advokaten verlangte man nicht rechtliche, sondern rhetorische Kenntnisse[59]. Es ist bemerkenswert, daß die Römer auf dem Gebiet des Rechtsunterrichts im Gegensatz zu allen anderen Erziehungs- und Bildungsgebieten die griechischen Muster nicht kopierten, sondern eigene Institutionen schufen[60].

Die Entstehung dieser Bildungsinstitutionen verdanken wir nicht der Initiative des Staates, der den Rechtsunterricht erst in der Periode des späteren Kaisertums verstaatlicht hat[61], sondern der Initiative der römischen Gesellschaft, welche diese Institutionen selbst schuf.

Der Rechtsunterricht erfolgte in vielen Ländern der Antike durch eine individuelle handwerksmäßige Vorbereitung für die berufliche Tätigkeit. So war es, wie man vermuten kann, in Griechenland. In Rom war aber der Rechtsunterricht von vornherein trotz gewisser äußerer Ähnlichkeit ganz anders organisiert. Er war eine aristokratische und anfangs auch erbliche Lehre, was mit der Struktur des römischen Rechtes zusammenhängt. Auch wenn wir annehmen, daß der Zugang zu den Quellen nicht so erschwert war, wie man dachte[62], waren die juristischen Kenntnisse auf die Kreise der *nobilitas* beschränkt. Diesem Stande entstammten *magistratus* und Richter. *Nobiles* verteidigten sich selbst oder ihre Klienten vor Gericht. Sodann waren die Kenntnisse der Rechtselemente für jeden jungen Menschen aus den oberen Schichten nötig. Jeder römische Bürger aus diesen Schichten erhielt diese Kenntnisse mit der Einführung in den häuslichen Kult und den

---

[56] M. Rostovtzeff, Social and Economic History of the Hellenistic World, Oxford, ²1957, Bd. II, S. 1094; Bd. III, S. 1600. Die Anfänge der Rechtsschulen in Beirut und Alexandria stammen aus der römischen Zeit; vgl. P. Collinet, Histoire de l'Ecole de Droit de Beyrouth, Paris, 1925, passim.

[57] Plato, Der Staat, IV, 425. Vgl. J. Walter Jones, The Law and Legal Theory of the Greeks, Oxford, 1956, S. 6.

[58] A. H. M. Jones, The Greek City, Oxford, 1940, S. 224, H. I. Marrou, Historia wychowania w starożytności, Warszawa, 1969, S. 276 (= Histoire de l'éducation dans l'antiquité, Paris, 1960, S. 264= Geschichte der Erziehung im klassischen Altertum, Freiburg, 1957, S. 282).

[59] Von den griechischen Advokaten siehe J. W. Jones op. cit. S. 143—146; PW, Bd. IV A 2 (1932), col. 1353—1357, Artikel von K. Latte (athenische Advokatur) und E. Seidl (die Advokatur im Ägypten der Ptolemäer).

[60] Marrou op. cit. S. 402, vgl. L. Wenger, Die Quellen des römischen Rechts, Wien, 1953, S. 611—616.

[61] P. Collinet, Histoire de l'Ecole de Droit de Beyrouth, Paris, 1925, passim.

[62] Schulz op. cit. S. 9.

mos maiorum von seinem Vater[63]. Den Vater konnte nötigenfalls der Großvater, ein Verwandter oder Vormund vertreten. Dieser Unterricht hatte
natürlich einen rein utilitaristischen Charakter. Er wurde durch Besuche
auf dem *forum* oder in der *curia* vervollständigt, wo der junge Römer als
Begleiter seines Vaters die Wirkungsweise sowohl des Zivilrechts wie auch
des öffentlichen Rechts kennenlernen konnte[64]. Das war ein sogenanntes
tirocinium fori[65]. Eine solche Ausbildung erhielt grundsätzlich jeder Römer
aus der höheren Schicht. Sogar die Kinder aus der *plebs* empfingen
gewisse Elemente der Rechtskunde, indem sie die Gesetze der Zwölf Tafeln
auswendig lernten[66]. Das waren aber noch keine spezialistischen juristischen Studien. Diesen widmeten sich Unzählige, die in der Regel dem Stand
der *nobiles* oder *equites* angehörten. Nach dem Unterricht bei einem Rhetor
nahmen sie die Studien in der uns interessierenden Periode am Ausgang
der Republik auf.

Bei der Darstellung des Rechtsunterrichts muß man auch die Rolle
der Rhetorik erwähnen. Sie war im antiken Griechenland die Grundlage
des juristischen Berufes[67]. Auch in Rom gingen dem Rechtsunterricht unter
Leitung eines hervorragenden Juristen rhetorische Studien voraus, welche
allgemeine Denkübungen, Gewöhnung an methodisches Argumentieren
und berufliche Vorbereitung auf Gerichtsreden anstrebten. Bei der Lektüre
der Reden Ciceros fällt uns sofort auf, daß die juristische Begründung, die
Interpretation der Gesetze und die Berufung auf Präzedenzfälle im Vergleich mit der rhetorischen Argumentation nur eine geringe Rolle spielen.
Der römische Redner ist vor allem Rhetor und überhaupt nicht oder nur
in einem geringen Grade 'Jurist'[68]. Die Gerichtsredner heben das deutlich
hervor[69]. Es wäre also falsch, die Rhetorik ausschließlich als ein Vorberei-
tungsstudium zum Rechtsstudium zu betrachten, obwohl sie von unserem
Standpunkt her gesehen diese Rolle spielen konnte[70]. Das erinnert an das in

---

[63] MARROU op. cit. S. 328ff.; S. 374; Plutarch, Cato Maior 20.

[64] Aulus Gellius, Noctes Atticae I, 2, 3—4.

[65] Siehe A. GWYNN, Roman Education from Cicero to Quintilian, Oxford, 1926, S. 11ff.
PW, VI A 2 (1937), col. 1450—1453 (J. REGNER).

[66] Cicero, De Legibus, II, 59.

[67] J. W. JONES op. cit. S. 146—149.

[68] Am meisten wird hier Cicero als Beispiel angeführt. Es scheint aber nicht, daß man ihn
als einen typischen römischen Redner betrachten könnte. Wahrscheinlich war Ciceros
Wissen, obgleich gering, viel größer als das durchschnittlicher Gerichtsredner. Über
Cicero als Juristen siehe das bereits zitierte Werk von E. COSTA (ob. Anm. 16). Cicero selbst
schreibt nicht viel von seinen Rechtsstudien, die er unter der Leitung von Q. Mucius
Scaevola Augur und nach dessen Tode unter Q. Mucius Scaevola dem Jüngeren, einem
großen Rechtswissenschaftler und Vetter des Vorgängers, absolviert hat. — Vgl. A.
SCHNEIDER, Die drei Scaevolae Cicero's, München, 1879. Cicero selbst unterschied deutlich
die Qualifikationen eines Rhetors von denen eines Juristen (vgl. Anm. 19 u. 20).

[69] Cicero, Brutus 41, 151; Pro Murena 13, 29; De off. 2, 19, 65; Orat. 41. 141, De orat. I, 50.

[70] P. LANFRANCHI, Il diritto nei Retori Romani, Milano, 1938, passim und die für mich
unerreichbare Arbeit E. PARKS, The Roman Rhetorical Schools as a Preparation for the
Courts under the Early Empire, John Hopkins Univ. Stud. in Hist. and Polit. Science
LXIII 2, Baltimore, 1945.

angelsächsischen Ländern herrschende System der juristischen Studien, wo die Teilung in allgemeinbildende, vorbereitende und juristische Fachstudien deutlich ist.

In Rom war der Rechtsunterricht vielmehr eine selbständige Vorbereitung auf den Beruf des Gerichtsredners[71]. Man kann annehmen, daß sich viele, vielleicht die meisten Gerichtsredner der späten Republik und sogar der frühen Kaiserzeit auf eigene Faust mit der Gesetzgebung vertraut gemacht haben, ohne ein richtiges Studium zu absolvieren. Das war auch dadurch verursacht, daß es — wie man vermuten kann — sehr schwer war, in den Schülerkreis eines hervorragenden Rechtswissenschaftlers aufgenommen zu werden, wenn man nicht der *nobilitas* entstammte oder mit ihr persönliche Verbindungen hatte (Klienten). Junge Leute aus den höheren Schichten erwarben juristische Kenntnisse, denen einerseits der Rhetorikunterricht vorausging und die andererseits an die häusliche Erziehung anknüpften. Der Unterricht fand damit in demselben Gesellschaftskreis und manchmal in einer Familie statt[72]. Wir haben viele Beispiele für die Vermittlung des juristischen Wissens von dem Vater auf den Sohn. Der große Jurist Q. Mucius Scaevola war Sohn und Schüler des nicht viel weniger berühmten Publius Mucius Scaevola, von dem er mit einigen Freunden das tiefe juristische Wissen übernahm[73].

In den Werken von Cicero und Plutarch finden wir viele Fragmente über junge Römer aus ehrwürdigen Familien, die sich hervorragenden Rechtswissenschaftlern anschlossen und ihren Ratschlägen und den an Hilfe suchende Mitbürger erteilten Erklärungen zuhörten. Anfangs erteilt der Jurist *responsa*, ohne an die *auditores* zu denken, dann fängt er an — wie es aus den Schriften von Cicero hervorgeht —, ihnen bei der Ausübung seines Berufs Unterricht zu erteilen[74]. Es scheint aber nicht möglich, daß Cicero selbst irgendwann Rechtsunterricht erteilt hätte und mit seiner Person der Übergang zum Magisterunterricht — *ex cathedra* — verbunden wäre, wie MARROU[75] vorschlägt. Der Übergang fand später statt.

C. ARNO widmete viele Aufsätze dem Rechtsunterricht in der sogenannten servianischen oder mucianischen Schule, die Prototypen späterer Rechtsschulen sein sollten, die das Thema dieser Arbeit sind[76]. Sowohl Q. Mucius Scaevola als auch Servius Sulpicius Rufus hatten zweifellos viele Schüler und übten auf sie einen großen Einfluß aus[77]. Die Frage der Tätig-

---

[71] Quintilianus, De institutione oratoria, XII, 1, 13, 24—26; XII, 3, XII, 6.

[72] SCHULZ op. cit. S. 42, Cicero, Laelius I, 1, 1, Brutus 306, Ep. ad. Att. 4, 16, 3.

[73] Aulus Gellius, Noctes Atticae, XVII, 7, 3; Cicero, De legibus, II, 19 und De officiis II, 13. Siehe LEPOINTE op. cit. S. 19.

[74] Cicero, De oratore I, 42 ff.

[75] op. cit. S. 404.

[76] CARLO ARNO, Nuovi studi sulle scuole muciane e serviane, Tijdschrift voor Rechtsgeschiedenis (weiter zitiert als TR), III, 1922, S. 210—237, Abdruck in: Mélanges de Droit romain, dédiés à G. Cornil, Paris, 1926, Bd. I, S. 99 ff.

[77] Die Schüler von Q. Mucius waren: Servius Sulpicius Rufus, Cicero, Aquillius Gallus, L. Lucillius Balbus, S. Papirius, C. Iuventius — D. I, 2, 2, 42; die Schüler von S. Sulpicius

keit der mucianischen und servianischen Schule als Lehrkreise nehmen wir später auf. Aber schon jetzt können wir feststellen, daß wir keine Beweise dafür haben, daß sich die didaktische Tätigkeit des Q. Mucius oder Servius Sulpicius von der gebräuchlichen Praxis abgehoben hätte. Wahrscheinlich begannen die hervorragenden Rechtswissenschaftler in der Mitte des 1. Jahrhunderts v. Chr., ihren Schülern größere Aufmerksamkeit als bisher zu schenken. Sie fingen aber nicht an, sich ausschließlich oder hauptsächlich dem Unterricht zu widmen, noch Vorlesungen über Rechtslehre im heutigen Sinne zu halten. Wir vermuten, daß sich der Übergang auf die Verbindung der den Parteien erteilten *responsa* mit den für die Hörer bestimmten Kommentaren beschränkte, was mehr der Applikantur als dem Schulunterricht ähnelt.

Demnächst sah das Grundmodell der juristischen Erziehung in der Epoche Sullas oder Caesars folgendermaßen aus: Ein junger Mann aus einer guten Familie, der ungefähr zwanzig Jahre alt ist und rhetorische Studien in Rom oder (besser) in Griechenland absolviert hat, knüpft, von seiner Familie oder Freunden empfohlen, mit einem berühmten Juristen Kontakt an und teilt mit ihm Arbeit und Leben.

Nach der Meinung von SCHULZ[78] wohnt der junge *auditor* im Hause seines Meisters und nimmt an seinem Privatleben mit den Rechten eines Familienmitglieds teil. Jedenfalls begleitet der *auditor* seinen Meister auf das Forum und verläßt ihn nicht, während dieser seine juristischen Pflichten erfüllt. Er hört den Gesprächen mit Leuten zu, die um Rat bitten und *responsa* erhalten. Er beobachtet vielleicht die Sitzungen des *consilium* des Prätors und besucht bestimmt als Zuschauer der Gerichtsprozesse das Forum. Abends leitet, nach SCHULZens Meinung, der Meister die Diskussion im Laufe des Gesprächs auf den interessantesten Rechtsfall des Tages oder erzählt (nach Überlieferung Ciceros indiskret) den aufmerksam zuhörenden Schülern von seinem eigenen Lehrer oder von berühmten Juristen der vorigen Generation[79]. Die später gebrauchte Bezeichnung *veteres* drückt anschaulich die Atmosphäre der Erinnerungen an die alten Meister voll Ehrung und Gefühl des Zusammenhangs mit der Tradition aus. Derartige Erziehung, auch durch die Lektüre der Rechtsbücher vervollständigt, deren Form mit dieser Erziehungsart verbunden ist, ist zweifellos eine hocharistokratische Erziehung, die an alte römische Traditionen anknüpft und nur unzählige Vertreter der herrschenden Klasse ausbildet. Das Beispiel des Cicero zeigt zwar, daß auch *homines novi* diese Erziehung erhalten konnten. In der Regel aber waren die Rechtsstudien in dem republikanischen Rom kein Mittel des sozialen Aufstiegs, wie es in der Zeit des Dominats der Fall war. Das Modell der von SCHULZ dargestellten Studien ist vielleicht zu stark individualisiert, was mit persönlichen

---

Rufus: Pacuvius Labeo, G. Ateius, Flavius Priscus, Aufidius Tuca, Aufidius Namusa, T. Caesius, Alfenus Varus.

[78] op. cit. S. 57.

[79] L. cit. hauptsächlich nach Cicero.

Eigenschaften und religiösen Funktionen der beiden Mucii, des Scaevola Augur und Pontifex, verbunden ist, deren Schüler Cicero war. Wahrscheinlich nicht alle *auditores* wohnten bei ihren Meistern (Ciceros Äußerungen sind nicht deutlich genug), Meister und Schüler waren aber bestimmt eng persönlich verbunden. Diese Beziehung unterschied sich von der in der Kaiserzeit und von der, die man heute als normal betrachtet. In einem hohen Grade trug dazu die Atmosphäre der Würde und Autorität bei, welche für die römische Jurisprudenz der Republik und für ihre Vertreter charakteristisch war.

Die erste typische Eigenschaft des Rechtsunterrichts in der Zeit der Republik war also seine Form, die zweite seine Lehrmethode. In der republikanischen Epoche gibt es weder Vorlesungen noch andere aus der Schule übernommene Formen. Man könnte sagen, die Juristen vermieden absichtlich diese Methoden, weil sie den Unterricht als Randgebiet ihrer Tätigkeit betrachteten. Die wichtigsten und ehrenvollsten Formen ihrer Tätigkeit waren, hohe Ämter zu bekleiden, juristische Ratschläge an *magistratus* zu geben, das *respondere* zu üben, im Senat zu sitzen. Ihre öffentliche Tätigkeit war mit ihrer Tätigkeit als Jurisprudenten eng verbunden, welche sie als *munus publicum* betrachteten. Der Unterricht bildete wahrscheinlich einen Teil jener *munera*, aber wegen der Analogie zum Lehrerberuf, der in Rom in gewissem Grade verachtet war, war er nicht besonders ehrenvoll. *At dignitatem docere non habet* gesteht Cicero[80], und Q. Mucius ist stolz darauf, daß er nicht unterrichtet hat[81]. Es scheint, daß die republikanischen Juristen Angst davor hatten, mit zeitgenössischen Rhetoren verglichen zu werden. Eine bestimmte Rolle spielte hier auch eine für Römer typische Abneigung gegen die Verallgemeinerungen, die für eine Rechtsvorlesung unentbehrlich sind. Der Studierende bekam seine Fachausbildung, indem er die Tätigkeit seines Meisters beobachtete. Die Rolle der theoretischen Propädeutik spielte für die *auditores* der Rhetorikkurs, den alle selbstverständlich absolviert hatten. Die Römer wußten natürlich um den grundsätzlichen Unterschied zwischen dem Rechtsstudium in Rom und den höheren Studien in Griechenland[82]. Dieser Unterschied spiegelt in hohem Grade die Unterschiede der sozialen Mentalität wider, die im für die Römer typischen Pragmatismus ihren Ausdruck fanden[83]. Man darf aber nicht vergessen, daß der Rechtsunterricht in Griechenland wahrscheinlich ähnlich verlief. Allein der Charakter der Studien war anders, sie waren nicht so aristokratisch und hochgeschätzt. Die Römer stellten die Praxis hoch, ohne sich für die Theorie zu interessieren, die Griechen umgekehrt, sie interessierten sich für die philosophischen Aspekte der Rechtswissenschaft, die Praxis geringschätzend. Diese

---

[80] Cicero, Orator 42, 144.
[81] Cicero, Brutus 89, 306.
[82] Tacitus, Dialogus de oratoribus 34.
[83] Cicero, De Legibus I, 6, 18: *Qui ius tradunt non tam iustitiae quam litigandi tradunt vias.*

aristokratische und individuelle Bildungsweise der Juristen konnte nicht den Bedarf decken, der mit der Entwicklung des Imperiums ständig wuchs. Daher kommt die Notwendigkeit, den alten Rechtsunterricht durch einen neuen zu ersetzen, der entpersönlicht, demokratischer und den Bedarf der Epoche des Prinzipats zu decken fähig wäre.

III. Entstehung der Rechtsschulen der Sabiniani und Proculiani

Eine neue Bildungsform der Juristen, welche den alten aristokratischen Unterricht ersetzte, wurde durch die Schulen der Proculiani und Sabiniani eingeführt[84]. Die Krise der alten republikanischen Aristokratie mit ihren alten Traditionen und der wachsende Bedarf an erfahrenen Juristen verursachten die Ersetzung des alten Ausbildungssystems durch ein neues, das demokratischer, leistungsfähiger und abhängiger von der Kontrolle des Kaisers war.

Sowohl die Entstehung wie auch das Wesen, die Organisation und die Tätigkeit der Sabiniani und Proculiani sind uns wenig bekannt. Die Quellen geben uns nur wenig Bescheid über dieses Thema. Die Hauptquelle ist hier das Fragment des Werkes des römischen Juristen Sextus Pomponius[85], der im 2. Jahrhundert n. Chr. lebte und Mitglied der Schule der Sabiniani war. In seinem Werk 'Enchiridion'[86] hinterließ er einen in der römischen Jurisprudenz seltenen Abriß der Geschichte der römischen Jurisprudenz. Das in den 'Digesta' Iustiniani[87] erhaltene Fragment des Werkes informiert uns über die Rechtsschulen, deren Mitglieder uns aus anderen Quellen meistens bekannt sind[88].

Wir wissen verhältnismäßig viel von den Juristen, die diesen Schulen angehörten, unmittelbar von den Schulen wissen wir aber fast nichts. Die

---

[84] Mit ihrer Geschichte beschäftige ich mich in meiner Habilitationsarbeit: 'Sabinianie i Prokulianie. Szkoły prawa . . .', Łódź, 1974 (ob. Anm. 1). Aus der älteren Literatur siehe zu diesem Thema G. BAVIERA, Le due scuole di giuresconsulti romani, Firenze, 1898 und E. CHENON, Etude sur les controverses entre les Proculeiens et les Sabiniens sous les premiers empereurs de Rome, Paris, 1881; G. MASCOV, De sectis Sabinianorum et Proculianorum in iure civili diatriba, Lipsiae, 1729; C. F. HUMMEL, Dissertatio de principali causa dissensionum inter Labeonem et Capitonem horumque auditores, Leipzig, 1751; H. E. DIRKSEN, Beiträge zur Kunde des Römischen Rechtes. Über die Schulen der römischen Juristen, Leipzig, 1825.

[85] Über ihn siehe T. MOMMSEN, Sextus Pomponius, ZRG, VII, 1868, S. 474—479 (jetzt in: DERS., Gesammelte Schriften, Bd. II, Berlin 1905, S. 21—25); D. LIEBS, Gaius und Pomponius, in: Gaio nel suo tempo, Napoli, 1964, S. 61—75; PW, XXI 2 (1952), col. 2417 (G. WESENBERG). Ferner D. NÖRR, Pomponius oder Zum Geschichtsverständnis der römischen Juristen, hier unten S. 497—604.

[86] SCHULZ op. cit. S. 168ff.

[87] D. 1, 2, 2.

[88] Die grundlegende Arbeit über die Juristen, die diesen Schulen angehörten, ist das zitierte Werk von W. KUNKEL (ob. Anm. 2).

Frage, ob sie überhaupt existierten, ist umstritten. Einige Autoren stellen fest, daß sie didaktische Institutionen waren, während sie für andere ausschließlich wissenschaftliche Anstalten oder Korporationen von Wissenschaftlern waren[89]. Wir gehen zur Genese und Geschichte dieser Schulen über, ohne jetzt ihr Wesen zu erwägen[90].

Nach Pomponius soll die Schule der Sabiniani von Ateius Capito[91] und die der Proculiani von Antistius Labeo[92] begründet worden sein. Diese Behauptung scheint nicht durch die Tatsachen unterstützt zu sein, obwohl sie vielleicht die zur Zeit des Pomponius in den Schulen herrschenden Traditionen widerspiegelt. Gegen die Gründung dieser Schulen durch Capito und Labeo spricht die Tatsache, daß sie nicht nach ihren Namen genannt wurden[93]. Die Proculiani wurden nach Proculus, die Sabiniani (manchmal Cassiani[94] genannt) nach Massurius Sabinus genannt. Gegen die Gründung durch Capito spricht auch das, was wir von diesem Juristen wissen. Er war ein Streber[95], ein Denunziant[96] und ein sich in der Wissenschaft nicht auszeichnender Jurist, mehr als Kenner des Altertums bekannt. Schließlich ist das Zeugnis des Pomponius auch nicht überzeugend, weil — wie F. Schulz[97] zeigte — sein Fragment, das unsere Hauptquelle ist, von Wissenschaftlern und Juristen des 3., 4. und vielleicht 5. Jahrhunderts mehrmals bearbeitet wurde. Während wir Labeo, von dem wir wissen, daß er systematischen Rechtsunterricht erteilte[98], für den Vorgänger der Schule der Proculiani halten können, auch wenn nicht für einen unmittelbaren Gründer, ist Ateius Capito nach unserer Meinung mit der Entstehung der Schule der Sabiniani nicht verbunden. Später, vielleicht im 2. Jahrhundert, hat man ihn für den Gründer gehalten, weil man von seinem Konflikt mit Labeo wußte und auf diese Weise den Streit zwischen den Sabiniani und Proculiani in die Zeiten des Augustus übertrug. Die Sabiniani wollten wahrscheinlich einen Zeitgenossen des Labeo als ihren Gründer haben, auf

[89] Einen Überblick über den Standpunkt der Literatur zu diesem Thema von Cujaccius bis zur Gegenwart gibt J. Kodrębski, Sabinianie i Prokulianie ..., Einführung, S. 7—30 (ob. Anm. 1). Den didaktischen Charakter der Rechtsschulen bestätigt entschieden F. Schulz op. cit. S. 121. Die zweite Möglichkeit hebt W. Kunkel hervor op. cit. S. 342. Im Grunde genommen sind die Meinungen von Kunkel und Schulz nicht widersprechend. Beide Autoren machen auf verschiedene Aspekte der Tätigkeit der Rechtsschulen aufmerksam. Kunkel schließt die didaktische Tätigkeit nicht aus.

[90] Alle Schlußfolgerungen in dieser Angelegenheit müssen hypothetisch sein.

[91] T. Frederking, Ateius Capito, Philologus, XIX,1 863, S. 650—664; PW, II (1896), col. 1904 (P. Jörs).

[92] Über Labeo existiert eine umfangreiche Literatur. Neuerdings A. Guarino, Labeone giurista meridionale, in: Labeo, I, 1955/1, S. 1ff.

[93] Diese Namen entstanden wahrscheinlich erst in der nachklassischen Zeit, und in den 'Digesta' wurden sie interpoliert, siehe Schulz op. cit. S. 338.

[94] D. 1, 2, 2, 52; Epitome Ulpiani, 11, 28.

[95] Tacitus, Ann. III, 75. Neuerdings versucht R. S. Rogers, Ateius Capito and Tiberius, Synteleia Vincenzo Arangio-Ruiz, Napoli, 1964, S. 123—127, Capito zu rehabilitieren.

[96] Aulus Gellius, Noctes Atticae, XIII, 12, 2—3, übermittelt uns, daß er Labeo wegen des oppositionellen Republikanismus angezeigt hatte.

[97] op. cit. S. 168ff.

[98] D. 1, 2, 2, 47.

den die Proculiani stolz waren. Labeo, der *totum annum ita diviserat, ut Romae sex mensibus cum studiosis esset, sex mensibus secederet et conscribendis libris operam daret*[99], kann als Übergangsstufe zwischen den oben besprochenen Rechtslehrern der republikanischen Epoche und wahren Rechtsschulen betrachtet werden. Für den Gründer der Rechtsschule der Sabiniani halte ich Massurius Sabinus, der höchstwahrscheinlich der erste Jurist war, dessen Lebensunterhalt allein von dem Lehrerberuf kam[100]. Er wäre auch als der Vorgänger heutiger akademischer Rechtslehrer anzusehen. Als den Gründer der Proculiani muß man Proculus betrachten[101].

IV. Rechtsschule der Sabiniani

Die beiden Rechtsschulen entstanden in der Mitte des 1. Jahrhunderts n. Chr. und existierten ungefähr 100 Jahre. Von den zwei konkurrierenden Schulen rühmten sich die Sabiniani berühmterer Rechtswissenschaftler und, wie es scheint, einer größeren Hochachtung. Ihr Gründer war Massurius Sabinus, ein bescheidener Rechtslehrer, aber der hervorragendste Vertreter der Schule war sein Schüler Gaius Cassius Longinus[102], dessen Individualität einen sichtbaren Einfluß auf die Schule der Sabiniani[103] ausgeübt hat. G. Cassius Longinus ist ein klassischer Repräsentant der antikaiserlich gestimmten Aristokratie der Epoche des frühen Prinzipats: selbst Konsul, Sohn und Bruder von Konsuln, Enkel des berühmten Juristen Q. Aelius Tubero, Urenkel des großen Juristen Servius Sulpicius Rufus[104], vereinigte er in sich administratorische und militärische Begabungen[105]. Im Senat stand er an der Spitze der Opposition gegen Nero[106], selbst Repräsentant ultrakonservativer Traditionen[107]. Es ist schwer sich vorzustellen, wie der

---

[99] loc. cit.

[100] D. 1, 2, 2, 50 . . . *huic nec amplae facultates fuerunt, sed plurimum a suis auditoribus sustentatus est.*

[101] Ähnlicher Meinung ist letztlich P. STEIN, Les controverses entre juristes au debut du principat, Text eines Vortrags im Institut de Droit Romain der Pariser Universität 1970, S. 3: *«. . . en tant qu'institutions établies, dispensant ou non un enseignement organisé, les écoles furent fondées par Cassius et Proculus».*

[102] Über C. Cassius Longinus schrieb man viel, von J. STEENVINCKEL, De vita, studiis, honoribus et scriptis C. Cassi Longini Icti, Leiden, 1778, bis zu F. D' IPPOLITO, Ideologia e diritto in Gaio Cassio Longino, Napoli, 1970. Siehe auch PW, III 2 (1899), col. 1736 (P. JÖRS).

[103] Die Anschauungen dieser Schule werden oft mit der Formel *Sabinus et Cassius putant* ausgedrückt. Siehe A. M. HONORÉ, Gaius. A Biography, Oxford, 1962, S. 20, und 'Tabulae Laudatoriae'.

[104] D. 1, 2, 2, 47.

[105] Tac., Ann. XII, 11 und 12; Josephus, Ant. Jud. XIV, 7, 3.

[106] Tac., Ann. XVI, 7; Suetonius, Nero 37. Die Familie der Cassii wurde bis zum Ende des Prinzipats als republikanisch und oppositionell betrachtet. Vgl. SHA, Vita Avidii Cassii, 1, 4.

[107] Vgl. Tac., Ann. XIV, 43, 44; ähnlich XIII, 48.

große Herr, mit eigenen Geschäften und Politik beschäftigt, oft weit von Rom weilend, für den Unterricht Zeit finden konnte. Man kann vermuten, daß er Helfer und Stellvertreter hatte. Schon damals, wie ich meine, wurde es zur Regel, daß neben dem Lehrer in einer Schule seine Mitarbeiter aus niederen Gesellschaftsschichten wirkten, denen die eigentlich didaktischen Pflichten oblagen. Ein solcher Rechtslehrer war wahrscheinlich einige Jahrzehnte später der berühmte Gaius[108].

Es scheint, daß der unleugbare Konservativismus der Sabiniani[109] durch den Einfluß des G. Cassius Longinus verursacht war, den viele Zeitgenossen für den Gründer dieser Rechtsschule hielten[110]. Sowohl auf Grund des Zeugnisses des Pomponius, der G. Cassius für den Schüler von Massurius Sabinus hält, wie auch aus den oben angeführten Gründen, sind wir anderer Ansicht; der Einfluß des G. Cassius Longinus auf die Sabiniani war jedoch sehr groß. Das weitere Schicksal der Schule der Sabiniani, die in der Zeit des Hadrian oder, was wahrscheinlicher ist, unter Marcus Aurelius verschwand, liegt nicht mehr im Rahmen dieser Arbeit[111]. Wir beschränken uns hier auf den Hinweis, daß es die Tradition der Schule war, daß an ihrer Spitze hohe Würdenträger wie Iavolenus Priscus oder Salvius Julianus standen, welche die Leitung der Schule mit hohen Ämtern sowohl in Rom als auch außerhalb der Stadt verbanden. Man kann vermuten, daß sie wie G. Cassius Longinus von bescheideneren und jüngeren Kollegen vertreten wurden. Die Helfer von G. Cassius waren wahrscheinlich seine Schüler: Titius Aristo und Urseius Ferox[112] und vielleicht sein Nachfolger Caelius Sabinus[113]. Iavolenus Priscus vertraten im Rechtsunterricht Aburnius Valens und Tuscianus[114], Salvius Julianus wurde in seinen didaktischen Pflichten von Gaius[115] und Pomponius[116] ersetzt.

---

[108] Honoré op. cit. passim.

[109] Kodrębski, Sabinianie i Prokulianie ... am Ende, S. 298.

[110] Plinius der Jüngere schreibt von ihm (Epistulae VII, 24) als von *Cassianae scholae princeps et parens*, zweifellos die herrschende Meinung wiederholend. Plinius war nicht Mitglied der Rechtsschule der Sabiniani. Seiner Meinung folgt, aber nicht vorbehaltlos, F. Schulz (op. cit. S. 120). Jedenfalls kann C. Cassius als *princeps*, wenn nicht als *parens* bezeichnet werden.

[111] Siehe Kodrębski, Sabinianie i Prokulianie ... Kapitel V, S. 159—165. Die Ursache des Verfalls der Rechtsschulen war, meiner Meinung nach, das Verschieben des Schwergewichts der Jurisprudenz von den Rechtsschulen auf das *consilium principis*, was eine Folge der Bürokratisierung des Rechtes und der Rechtswissenschaft war. Besondere Verantwortung liegt hier bei Salvius Julianus, der um eines kaiserlichen Amtes willen seine Tätigkeit in der Schule der Sabiniani verachtete und ihren Verfall bewirkte.

[112] Als Schüler von C. Cassius betrachtet sie F. Bremer, Jurisprudentiae antehadrianeae quae supersunt, Leipzig, 1896, Bd. II/1, S. 359. Über die genannten Juristen siehe das zitierte Werk von W. Kunkel.

[113] Das wäre ein Beweis dafür, daß ein Helfer Schulleiter werden konnte. Aber die gesellschaftliche Stellung des Caelius Sabinus war von Anfang an hoch, weil er Konsul war (Kunkel op. cit. S. 131).

[114] D. 1, 2, 2, 53 in fine.

[115] Honoré op. cit. passim.

[116] Op. cit. S. 55—57; D. Liebs, Gaius und Pomponius, in: Gaio nel suo tempo, Napoli, 1966, S. 61ff.

V. Rechtsschule der Proculiani

Ähnliche Verhältnisse herrschten, wie es scheint, in der konkurrierenden Schule der Proculiani. Ihr Gründer war Proculus[117], der in engem
Kontakt mit des Kaisers Tiberius Freund, M. Cocceius Nerva, stand.
Nerva[118] war zweifellos mit der Schule der Proculiani verbunden, aber er
konnte dort nicht unterrichten, weil er viele Jahre weit von Rom verbrachte. Seine gesellschaftliche Stellung scheint bescheiden[119] und er selbst
dem Kaiser ergeben zu sein[120]. Er ist weit von der aristokratischen Opposition des G. Cassius Longinus entfernt. Nachfolger des Proculus waren,
ähnlich wie bei den Sabiniani, hohe kaiserliche Beamte: Pegasus[121], als
Beispiel eines aus niederen Gesellschaftsschichten kommenden Juristen[122],
der alles sich selbst zu verdanken hat, Celsus der Ältere, und dessen Sohn,
ein hervorragender Jurist, Celsus der Jüngere[123], schließlich Neratius Priscus[124]. Vermutlich hatten sie jemanden, der sie vertreten könnte, wenn sie
weit von Rom weilten. Es ist bemerkenswert, daß die Proculiani, vielleicht
unter dem Einfluß von Labeo, zu juristischen Neuerungen geneigt und
weniger konservativ als die Sabiniani waren[125].

VI. Wesen und Organisation der Rechtsschulen der Sabiniani und Proculiani

Stellen wir uns jetzt die Frage nach dem Wesen und der Tätigkeit der
Rechtsschulen. Es wurde schon früher gesagt, daß die Äußerungen sowohl
des Pomponius wie auch des Gaius auf den didaktischen Charakter der
Schule deutlich hinweisen. *Praeceptores* bei Gaius kann nur diesen Sinn

---

[117] Siehe A. M. HONORÉ, Proculus, TR XXX, 1962/63, S. 472—509.

[118] KUNKEL op. cit. S. 120; C. ARNO, M. Cocceius Nerva, TR III, 1922, S. 210—237.

[119] Zu diesem Problem anders KUNKEL op. cit. S. 123.

[120] Vgl. D. 1, 9, 7; D. 49, 15, 7. HONORÉ bezeichnet ihn als einen liberalen Imperialisten und
verbindet ihn mit Seneca (op. cit. S. 492).

[121] KUNKEL op. cit. S. 133ff. Zu ihm siehe Juvenalis, Satirae, IV, 67. Er war *praefectus urbi*
und Konsul.

[122] *Filius trierarchii, ex cuius Liburnae parasemo nomen accepit . . .* Scholia in Juvenalem
vetustiora, ed. P. WESSNER, Leipzig, 1931, S. 59. Vater des Pegasus war wahrscheinlich
ein Freigelassener, aber sein Sohn hat sich, wie man sieht, dessen nicht geschämt.

[123] KUNKEL op. cit. S. 146; F. WIEACKER, Amoenitates Juventianae. Zur Charakteristik des
Juristen Celsus, Jura, XIII, 1962, S. 1ff. M. BRETONE, Note minime sul Celso filius,
Labeo, IX, 1963, S. 331—345. Er war Konsul und Statthalter einer Provinz.

[124] KUNKEL op. cit. S. 144—145. Hadrian dachte bei ihm wahrscheinlich an seinen Nachfolger (SHA, Vita Hadriani 4, 8). Er war Konsul und Statthalter einer Provinz. Es scheint,
daß er mit Labeo verwandt war.

[125] P. STEIN, Controverses . . . S. 16—18.

haben[126]. Das Wort *schola* ist leider mehrdeutig[127]. Die Lehrformen dieser Schulen bleiben unklar, obwohl viele Rechtsbücher, auch das von Gaius, im Zusammenhang mit dem Unterricht entstanden sind[128]. Nach diesen Werken könnte man annehmen, daß der Schulunterricht sowohl systematische Vorlesungen[129] wie auch auf die kasuistische Methode gestützten Unterricht umfaßte, der an die alten Traditionen der römischen Rechtsdialektik anknüpfte[130]. Wir wissen nicht, wie lange das Studium dauerte[131] oder auf welche Weise man Kandidaten auswählte. Die Zahl der Hörer ist uns nicht bekannt. In Anbetracht der kleinen Zahl der Vortragenden mußte sie auch klein sein: einige zehn oder einige zwanzig Personen. Wir wissen auch nicht, ob die Hörer Schulgeld zahlten und die Vortragenden Lohn erhielten. Was Massurius Sabinus anbelangt, ist es sicher[132], im Fall des Gaius und Pomponius wahrscheinlich. Man kann aber im ganzen nichts Sicheres dazu sagen[133]. Die Beziehungen der Rechtsschulen zur Staatsbehörde werden für uns nicht deutlich. In der früheren Periode ihrer Tätigkeit waren die Schulen private Institutionen, Korporationen, die in der Obhut des Staates standen. (Davon zeugen Beziehungen zu der Staatsbehörde, die ihre Leiter hatten.) Sie waren selbst aber keine staatlichen Institutionen. Trotz der oppositionellen Stellung gegen die Kaiser, welche einige Anführer der Schulen repräsentierten, vor allem G. Cassius Longinus, scheint es, daß die beiden Rechtsschulen loyal gegenüber der Kaiserregierung waren. Es wäre ganz falsch, die Sabiniani als Mitglieder der Gegenpartei und die politischen Unterschiede als die Genese der Streitigkeiten

---

[126] Gaius Inst. I 196; II 37; II 123 usw. Siehe auch D. 1, 2, 2, 47: von Antistius Labeo schreibt Pomponius, daß er *sex mensibus cum studiosis esset*, von Massurius Sabinus, daß er *a suis auditoribus* . . .

[127] Den Terminus *schola* gebrauchen: Gaius (Inst. I 196; II 15; II 37; II 79; III 98) und Venuleius (D. 45, 1, 138); Pomponius gebraucht im 'Enchiridion' den Terminus *secta* (D. 1, 2, 2, 47). Die beiden Termini dienen auch zur Bezeichnung der griechischen philosophischen Schulen. Ein Beispiel dafür ist Hadrians Reskript von dem rechtlichen Status der epikureischen Schule; ed. in: Fontes Iuris Romani Anteiustiniani in usum scholarum, ed. S. Riccobono u. a., Firenze, 1941, Bd. I, S. 430. Griechische philosophische Schulen waren, wie man weiß, gleichzeitig Gruppierungen von Wissenschaftlern und didaktische Anstalten.

[128] Schulz op. cit. S. 159 ff.

[129] Davon zeugen auch Werke wie die 'Libri tres iuris civilis' von Massurius Sabinus, Werke von Gaius, nämlich 'Institutiones' und 'Res cottidianae', das Werk von Pomponius 'Enchiridion'.

[130] Schulz, op. cit. S. 225, behauptet, daß diese Lehrmethode verwendet wurde. Damit sind solche Werke verbunden, wie die 'Responsa' des Massurius Sabinus, die 'Epistulae' des Proculus und die 'Epistulae' des Iavolenus.

[131] Labeo hatte ein eigenes Semestersystem; D. 1, 2, 2, 47.

[132] D. 1, 2, 2, 50 in fine.

[133] A. dell'Oro, Retribuzioni dei docenti di diritto ed Auctoritas Principis, Studi in onore di E. Volterra, Milano, 1971, Bd. II, S. 49—52, behauptet, daß die Lehrer Schulgeld nahmen. Anderer Meinung ist K. Visky, Retribuzioni per il lavoro giuridico nelle fonti del diritto romano, Iura, XV, 1964, S. 4 ff. D. 50, 13, 1, 5 und D. 50, 13, 4 betreffen weder die Epoche noch die Rechtsschulen, über die wir schreiben.

zwischen den Schulen zu betrachten[134]. Das bedeutet aber nicht, daß der Wettstreit der Schulen und ihrer Anführer um die Stellung im Juristenmilieu nicht mit aktuellen politischen Ereignissen verbunden war[135]. Die Bedeutung der Rechtsschulen der Sabiniani und Proculiani für die Entwicklung des römischen Rechts war sehr groß[136]. Dieses Problem gehört aber nicht zu unserem Thema. Ich beschränke mich auf die Feststellung, daß die oben dargestellten Rechtsschulen ein gelungener Versuch waren, die alten römischen Methoden des Rechtsunterrichts neuen Verhältnissen anzupassen.

Die Rechtsschulen weisen in ihrer Organisation unleugbare Analogien zu philosophischen oder rhetorischen Schulen auf[137], aber in ihrem Wesen sind sie kernrömische Institutionen, die die besten Traditionen des Rechtsunterrichts der Epoche der Republik aufbewahren. Den Sabiniani und Proculiani gelang es, die wissenschaftliche und praktische Tätigkeit auf dem höchsten Niveau mit der didaktischen Tätigkeit zu verbinden, was das Hauptproblem des akademischen Unterrichts ist. Diese Verbindung von Praxis, Wissenschaft und Didaktik sicherte das Aufblühen der Rechtsschulen in der Epoche des Prinzipats[137a], und ihre Auflockerung brachte ihren Verfall. Daraus ergeben sich unter Umständen gewisse Folgerungen auch für die Gegenwart.

---

[134] Diese Meinung vertraten früher viele Autoren; vgl. C. DEMANGEAT, Cours élémentaire de droit romain, Paris, 1864, S. 97.

[135] Zu dem Konflikt zwischen Labeo und Capito siehe oben.

[136] KODRĘBSKI, Sabinianie i Prokulianie . . ., in fine, S. 301—303.

[137] Auf gemeinsame Eigenschaften der Rechtsschulen und Rhetorenschulen machte schon J. CUJACCIUS aufmerksam in seinem 'Commentarius ad tit. de origine iuris', in: JACOBI CUJACII Opera omnia a CAROLO ANNIBALE FABROTO disposita, Napoli, 1722, Bd. I, col. 913.

[137a] Vgl. den Beitrag von D. LIEBS, Rechtsschulen und Rechtsunterricht im Prinzipat, hier unten S. 197—286.

Rechtsschulen und Rechtsunterricht im Prinzipat*

von Detlef Liebs, Freiburg i. Br.

Inhaltsübersicht

* Über dieses Thema erschien 1974 in Łódź, Jan Kodrębski, Sabinianie i prokulianie. Szkoły prawa w Rzymie wczesnego cesarstwa, 359 S. Trotz intensiver Bemühungen war es mir zu meinem großen Bedauern bisher nicht möglich, die Arbeit in die Hand zu bekommen. Um so glücklicher trifft es sich, daß J. K. in diesem Werk (oben S. 177—196) selber das Wort ergreift.

Wegen der Abkürzungen verweise ich auf das Verzeichnis zu Beginn meines Beitrags 'Römische Provinzialjurisprudenz' unten S. 289. Hinzu kommen noch folgende:

Baviera = Giovanni Baviera, Le due scuole dei giureconsulti romani, Florenz 1898.
Bremer = Friedrich P. Bremer, Iurisprudentiae antehadrianae quae supersunt, Bd. I, Leipzig 1896; II 1, 1898 u. II 2, 1901.
FIRA = Fontes iuris Romani antejustiniani, Bd. I: Leges, 2. Aufl. hrsgg. v. Salvatore Riccobono, Florenz 1943; Bd. II: Auctores, hrsgg. v. Johannes Baviera, 1940; u. Bd. III: Negotia, hrsgg. v. Vincenzo Arangio-Ruiz, 2. Aufl. 1969.
Kaser, RP I u. II = Max Kaser, Das römische Privatrecht, Abschnitt I. Das altrömische, das vorklassische und klassische Recht, 2. Aufl. München 1971; Abschnitt II. Die nachklassischen Entwicklungen, 2. Aufl. München 1975.
Krüger = Paul Krüger, Geschichte der Quellen und Literatur des römischen Rechts, 2. Aufl. München 1912.
Kunkel = Wolfgang Kunkel, Herkunft und soziale Stellung der römischen Juristen, Weimar 1952.
Stein = Peter Stein, The Two Schools of Jurists in the Early Roman Principate, in: Cambridge Law Journal 31 (1972) 8ff.

I. Die äußeren Bewandtnisse

1. Die Quellen über Sabinianer und Prokulianer

In seinem anspruchslosen 'Enchiridium'[1], dem schmaleren ('Liber singularis')[2], bietet S. Pomponius, unter Hadrian, Antoninus Pius und noch nach dessen Tod wirkender juristischer Schriftsteller[3], eine kurze Geschichte der römischen Rechtsquellen (Dig. 1, 2, 2 pr. § 12: 'De origine iuris'), Verfassungsgeschichte (§§ 13—34: 'De origine omnium magistratuum') und Geschichte der Rechtswissenschaft (§§ 35—53: 'De successione prudentium')[4], alles der Überlieferung nach kein zweites Mal von einem Juristen behandelte Gegenstände[5]. Der letzte Teil des letzten Abschnitts, die §§ 47—53, unterrichten über die beiden in der frühen Kaiserzeit sich bildenden Rechtsschulen in Rom, denen fast alle bekannteren Juristen dieser Zeit eingeordnet sind[6]:

Post hunc (sc. Q. Aelius Tubero) *maximae auctoritatis fuerunt*

ATEIUS CAPITO	*et*	*ANTISTIUS LABEO,...*
Ateius consul fuit.		*Labeo noluit cum offerretur ei ab Augusto consulatus quo suffectus fieret honorem suscipere, sed plurimum studiis operam dedit. Et totum annum ita diviserat ut Romae VI mensibus cum studiosis esset, VI mensibus secederet et conscribendis libris operam daret. Itaque reliquit CCCC volumina, ex quibus plurima inter manus versantur.*

[1] Der Titel spielt ersichtlich auf das kurz zuvor erschienene Handbüchlein von Epiktet an.

[2] Außer dem 'Liber singularis', dem auch Dig. 1, 1, 2 u. 50, 16, 239 entnommen sind, lagen den Kompilatoren Justinians auch 'Enchiridii libri II' von Pomponius vor. Das Verhältnis beider Werke zueinander ist nach wie vor ungeklärt. Zu M. BRETONE, Linee dell'enchiridium di Pomponio (Bari 1965) 31ff., vgl. VERF., Gaius und Pomponius, in: Gaio nel suo tempo — Atti del simposio romanistico = Biblioteca di Labeo III (Neapel 1966) 66 Fußn. 40. S. a. unten unter I 6 u. Fußn. 176.

[3] Zur Chronologie der Schriften dieses Autors vgl. VERF., Variae lectiones — Zwei Juristenschriften, in: Studi in onore di Edoardo Volterra (Mailand 1971) V 78f. Fn. 110.

[4] Diese drei Überschriften zusammen bilden die Titelrubrik von Dig. 1, 2, welchen Titel das Fragment aus Pomponius fast ganz füllt. Es ist anzunehmen, daß die Kompilatoren die Rubrik nicht erst selbst gebildet, sondern ihrem Material entnommen haben, daß also schon das 'Enchiridium' diese Rubriken enthielt.

[5] Vielleicht aber von Nichtjuristen. Ausweislich Gellius, Noctes Atticae, 1, 22, 7, erörterte Cicero in seinem verlorenen Schriftchen 'De iure civili in artem redigendo' jedenfalls auch Wissenschaftsgeschichte. Und auch Varros 'Libri XV iuris civilis' werden rechtsgeschichtliche Partien enthalten haben. Zum Einfluß Varros auf Pomponius s. DIETER NÖRR, Pomponius oder 'Zum Geschichtsverständnis der römischen Juristen', hier unten S. 498—604 (non vidi).

[6] Geringfügig gekürzt um einen Exkurs und ein paar Überleitungen.

Hi duo primum veluti diversas sectas fecerunt.

In his quae ei tradita fuerant perseverabat.	*Ingenii qualitate et fiducia doctrinae qui et ceteris operis sapientiae operam dederat plurima innovare instituit.*

Ateio MASURIUS SABINUS successit,	*Labeoni NERVA* (sc. *PATER*),

qui adhuc eas dissensiones auxerunt.

In equestri ordine fuit et publice primus (sc. *beneficio principis*) *respondit . . . concessum (ei) est a Tiberio Caesare, ut populo responderet. Qui in equestri ordine iam grandis natu et fere annorum L receptus est. Huic nec amplae facultates fuerunt, sed plurimum a suis auditoribus sustentatus est.*	*Caesari* (sc. *Tiberio*) *familiarissimus fuit.*

Huic successit C. CASSIUS LONGINUS natus ex filia Tuberonis, quae fuit neptis Servii Sulpicii. Et ideo proavum suum Servium Sulpicium appellat. Hic consul fuit cum Surdino (= 30 n. Chr.) *temporibus Tiberii. Sed plurimum in civitate auctoritatis habuit eo usque donec eum Caesar* (sc. *Nero*) *civitate pelleret. Expulsus ab eo in Sardiniam revocatus a Vespasiano diem suum obit.*	*Nervae successit PROCULUS. Fuit eodem tempore et NERVA FILIUS. Fuit et alius LONGINUS ex equestri quidem ordine qui postea ad praeturam usque pervenit. Sed Proculi auctoritas maior fuit, nam etiam plurimum potuit.*

Appellatique sunt partim CASSIANI	*partim PROCULIANI,*

quae origo a Capitone	*et Labeone coeperat.*

Cassio CAELIUS SABINUS successit, qui plurimum temporibus Vespasiani potuit.	*Proculo PEGASUS, qui temporibus Vespasiani praefectus urbi fuit.*

Caelio Sabino PRISCUS IAVOLENUS	*Pegaso CELSUS* (sc. *PATER*).

Iavoleno Prisco ABURNIUS VALENS et TUSCIANUS item SALVIUS IULIANUS.	*Patri Celso CELSUS FILIUS et PRISCUS NERATIUS qui utrique consules fuerunt, Celsus quidem et iterum.*

Damit war Pomponius bei der Gegenwart angelangt. Zum zweitenmal Konsul war Celsus im Jahre 129 n. Chr.[7]. Andererseits ist von Hadrian noch als dem regierenden Kaiser die Rede (§ 49); außerdem ist in § 10 die abschließende Redaktion des prätorischen Edikts durch den Kaiser, die in den späteren Regierungsjahren Hadrians stattfand[8], nicht erwähnt, obschon man nicht bestimmt sagen kann, daß, wäre das damals schon geschehen gewesen, es in einem solchen Abriß vermerkt worden wäre. Von den sonst noch bekannten Juristen der frühen Kaiserzeit reihen sich in diesen Gegensatz zwanglos ein auf der Seite der Prokulianer die Schüler des Namensgebers: Atilicinus[9] und wohl auch Vivian[10] sowie Plautius[11]; und bei den Sabinianern der Cassiusschüler Aristo[12] und vielleicht auch Fufidius[13], neben denen noch die Sabinusschüler Minicius[14] und wohl auch Ursejus Ferox[15] zu nennen wären. Andere angesehene Juristen aus diesem Zeitraum, wie Fulcinius Priscus[16], Octaven[17] und vor allem S. Pedius[18],

---

[7] CIL VI 527; 10299; XIV 4743; u. XV 1435. Dazu ATTILIO DEGRASSI, I fasti consolari dell'impero romano (Rom 1952) 37.

[8] S. insbes. HEINRICH VOGT, Hadrians Justizpolitik im Spiegel der röm. Reichsmünzen, in: Festschrift Fritz Schulz (Weimar 1951) II 193ff.

[9] s. KRÜGER 170f.; u. JÖRS, RE II 2 (1896) 2075f. s. v. Atilicinus.

[10] Dig. 21. 1. 17 § 4 zitiert Ulpian Vivian als Mittler einer anscheinend nur mündlich geäußerten Rechtsansicht des Proculus. S. a. Ulp. 18 ed. Coll. 12, 7, 8 = Dig. 9, 2 27 § 10; 71 ed. Dig. 43, 24, 13 § 5; Paul 3 Iul. Pap. Dig. 4, 6, 35 § 9; Skäv. 8 quaest. Dig. 29. 7. 14 pr.; u. Fragm. de form. Fab. § 1: Nie ist Vivian Gewährsmann für eine Rechtsansicht allein eines Sabinianers. S. a. A. M. HONORÉ, Gaius (Oxford 1962) 42; BAVIERA 30f.

[11] SIBER, RE XXI 1 (1951) 48ff., s. v. Plautius 60.

[12] Auch Aristo berichtet von einer mündlichen Äußerung des Cassius (Pomp. 11 var. lect. Dig. 4, 8, 40). S. zu ihm SIBER, a. a. O. 48f. z. 57ff.; KUNKEL 141ff. u. 318ff.; WESENBERG, RE Suppl. VIII (1956) 857ff. s. v. Titius 27a; MAYER-MALY, RE Suppl. IX (1962) 1395ff., s. v. Titius Aristo; u. VERF., a. a. O. (oben Fußn. 2) 69.

[13] S. Gai. 2, 154 u. 1 manum. Dig. 40, 2, 25.

[14] S. Dig. 12, 1, 22 aus Julians 'Ex Minicio libri VI' Buch 4; s. a. 40, 12, 30 aus Buch 5. Vgl. ANTONIO GUARINO, Salvius Julianus — Profilo bibliografico, in: Labeo 10 (1964) 383ff. u. BAVIERA 32.

[15] Vielleicht auch er ein Sabinusschüler, wie HONORÉ, a. a. O. (oben Fußn. 10) 22 u. Fußn. 1, auf Grund von Dig. 24, 3, 59 aus Julians 'Ad Urseium Ferocem libri IIII' Buch 2 schließt. S. a. Dig. 7, 1, 53 pr. u. § 1; 30, 104 §§ 2 u. 7; u. 32, 63 aus Buch 1; 40, 4, 18 pr. noch aus B. 2; 41, 3, 53 u. 45, 3, 14 aus B. 3; u. Ulp. 18 ed. Coll. 12, 7 § 9. Ferner zitiert Ursejus häufig Cassius und Proculus, bei Paul. 49 ed. Dig. 39, 3, 11 § 2 Proculus ablehnend, öfter aber ihm zustimmend, nämlich bei: Iul. 2 Urs. Dig. 23, 3, 48 § 1; 10, 2, 52 pr.; 10, 3, 5; u. 40, 9, 7 § 1; aus Buch 3 Dig. 12, 5, 5; u. aus 4 Dig. 11, 1, 18. Ferner bei Ulp. 18 ed. Dig. 9, 2, 27 § 1 u. möglicherweise auch § 11 = Coll. 12, 7 § 9. Cassius wird außer in der zuerst genannten Stelle zitiert bei Iul. 1 Urs. Dig. 30, 104 § 1; B. 4 Dig. 16, 1, 16 § 1 u. bei Ulp. 17 Sab. Dig. 7, 4, 10 § 5. Bei Ulp. 76 ed. Dig. 44, 5, 1 § 10 dagegen zitiert Cassius den Ursejus, was allerdings LENEL, Pal. II 1202, u. KRÜGER 175 Fußn. 123 emendieren. Nicht so HONORÉ S. 3 Fußn. 1. Vgl. zu Ursejus noch MAYER-MALY, RE IX A 1 (1961) 1056ff., s. v. Urseius Ferox; u. BAVIERA 31f.

[16] Vgl. HONORÉ, a. a. O. 41f. Paulus zitiert ihn auffälligerweise zweimal im Imperfekt: 5 Iul. Pap. Dig. 31, 49 § 2 u. 54 ed. Dig. 43, 16, 8. In B. 1 seiner 'Responsa' lehnt Neraz eine Meinung des Fulcinius scharf ab: Dig. 39, 6, 43. S. a. TH. KIPP, SZ 21 (1900) 395 (Rez.) m. ält. Lit.

[17] S. zu ihm BERGER, RE XVII 2 (1937) 1786ff., s. v. Octavenus.

[18] Zu ihm BERGER, RE XIX 1 (1937) 41f., s. v. (Sextus) Pedius 3; u. KUNKEL 168f.

entziehen sich allerdings dieser Zweiteilung. Aber vielleicht ist von ihnen nur zu wenig auf uns gekommen. Von diesen frühen Juristen besitzen wir nur selten eigene Bruchstücke; das meiste, was wir von ihnen wissen, ging durch zwei Filter: der Spätklassiker, vor allem Ulpians und Pauls, die ihre Schriften zwar ausgebeutet haben, aber natürlich nur das von ihnen bewahrten, was zu ihrer Zeit, ein bis anderthalb Jahrhunderte später, noch aktuell war; und Justinians, der viel Mühe darauf verwandte, Meinungsverschiedenheiten der Klassiker — und gerade auch zwischen den beiden Rechtsschulen — zu bereinigen, wie sogleich noch deutlicher wird.

Die übrigen Nachrichten über die Rechtsschulen selbst sind verstreut. Zweite Hauptquelle ist das selbständig überlieferte Anfängerlehrbuch ('Institutionum libri IV') von Gajus, entstanden um 160 n. Chr.[19]. Hier behandelt Gajus 21 Meinungsverschiedenheiten zwischen den Vertretern der beiden Richtungen[20], ohne daß er dazu Stellung nimmt. Eintönig heißt es stets: *Nostri praeceptores* (einmal *nostrae scholae auctores*) *putant* (*existimant* oder auch *confitentur,* [*eis*] *placuit* bzw. *visum est*) ... *diversae* (einmal *illius*) *scholae auctores putant,* wobei auf der eigenen Seite fünfmal zusätzlich Sabinus und Cassius und je einmal (Masurius) Sabinus und Caelius Sabinus allein genannt sind[21], auf der anderen zweimal Nerva (pater) und Proculus und einmal Labeo und Proculus[22]. Und zweimal wird angegeben, daß Kaiser Antoninus Pius bzw. Hadrian die Prokulianer bestätigte[23], nachdem im einen Fall schon Julian und ein Sextus (Afrikan?) eine Mittelmeinung vertreten hatten[24]. Außerdem sind die Schulen oder eine von ihnen genannt, einmal bei Plinius d. J., elfmal in der justinianischen Kompilation, einmal in den Fragmenta Vaticana und einmal in dem ebenfalls selbständig überlieferten pseudoulpianischen 'Liber singularis regularum'. In chronologischer Reihenfolge:

Iavolenus Priscus, 'Epistularum libri XIV' Buch 1 (Dig. 42, 5, 28):

(Konsulent) ... *Me illud maxime movet quod praeceptoribus tuis placet* ...

---

[19] HONORÉ, a. a. O. 58ff.

[20] 1, 196; 2, 15; 37; 79; 123; 195; 200; 217—221 (zwei); 223; 244; 3, 87; 98; 103; 141; 167a; 168; 178; 4, 78; 79; u. 114.

[21] Sabinus und Cassius: 1, 196; 2, 79; 2, 195; 2, 244; u. 4, 79. Masurius und Caelius Sabinus allein: 2, 217 bzw. 3, 141, in beiden Fällen aber für nicht von der ganzen Schule vertretene Meinungen.

[22] Nerva und Proculus: 2, 15 u. 1, 195. Letztere Stelle gehört gleichzeitig zu denen, die auch Sabinus und Cassius zusätzlich nennen. In ihr bestätigte Pius die Prokulianer. Labeo und Proculus: 2, 231.

[23] 2, 195 (Pius) u. 221 (Hadrian).

[24] 2, 218. Bei Sextus könnte es sich natürlich auch um S. Pedius handeln. LENEL, Pal. II 1229 Fußn. 2, geht wie Sp. 1 Fußn. 1 ergibt, von einer heute nicht mehr gebilligten Datierung des Pedius aus. S. d. oben Fußn. 18 Angeführten.

C. Caecilius Plinius Secundus, 'Epistularum libri IX' Buch 7 (Nr. 24 § 8):

. . . laetor etiam quod domus aliquando C. Cassi, huius qui Cassianae scholae princeps et parens fuit, serviet domino non minori.

Gaius, 'Ad edictum provinciale libri XXX' Buch 28 (Dig. 39, 2, 32):

. . . quaeritur, an . . . et hoc plerisque placet. Sed movet me . . . nostri praeceptores negant . . . Et est plane nostrorum praeceptorum haec sententia . . .

Q. Venuleius Saturninus, 'De stipulationibus libri XIX' Buch 4 (Dig. 45, 1, 138 pr.):

. . . Sabinus ait. Proculus autem et ceteri diversae scholae auctores . . . existimant. Sed ego cum Proculo sentio.

Iulius Paulus, 'Ad Masurium Sabinum libri XVI' Buch 9 (Dig. 47, 2, 18):

. . . Cassiani putant.

Ders., 'Ad edictum praetoris libri LXXVIII' Buch 33 (Dig. 17, 1, 3 § 2):

. . . quidam negaverunt . . . (die Sabinianer, s. Gai. 3, 161).

Ders., 'Ad legem Iuliam et Papiam libri X' Buch 6 (Dig. 39, 6, 35 § 3):

. . . nec dubitaverunt Cassiani, quin . . .

Incertus auctor (Paulus?) *de formula Fabiana* (ergänzt nach LENEL, Pal. II 1231 u. Fußnn.):

. . . volunt. in diversa schola (??) *sunt qui contra sentiunt . . . Etiam Vivianus vere . . . dicit . . .*

Domitius Ulpianus, 'Ad edictum praetoris libri LXXXI' Buch 26 (Fragm. Vat. 266)[25]:

. . . ut Proculiani contra Sabinianos putant . . .

Ders., 'Ad Masurium Sabinum libri LI' Buch 32 (Dig. 24, 1, 11 § 3):

Idem (sc. Marcellus) *ait: 'Placuisse scio Sabinianis . . .' quod et Iulianus libro XVII Digestorum probat.*

Aelius Marcianus, 'Institutionum libri XVI' Buch 3 (Dig. 41, 1, 11):

. . . ut Sabinianis visum est. Quae sententia vera est.

Pseudo-Ulpian, 'Liber singularis regularum' 11, 28:

. . . Cassiani quidem . . . dicunt . . . Proculiani autem . . . Verum Priscus (Neraz?) *. . .*

---

[25] = Dig. 12, 6, 26 § 3, wo der Schulenstreit jedoch einer Kürzung zum Opfer gefallen ist.

Justinian 17. Nov. 530 an den Prätorianerpräfekten Julian (Cod. Just. 6, 29, 3):

> ... *certatum est apud veteres ... dubitabatur ... Veteres animi turbati sunt ... Cumque Sabiniani existimabant ... eorum etiam nos laudamus sententiam et sancimus ...*

Iustinianus, 'Institutionum libri IIII' Buch 2 Tit. 1 § 25[26]:

> ... *post multas Sabinianorum et Proculianorum ambiguitates placuit media sententia existimantium ...*

Ebenda 3, 26 § 8:

> ... *adeo quidem ut Sabino et Cassio placuerit ... Diversae scholae auctores*[27] *recte ... existimant. Quae sententia sane benignior est.*

Zunächst einmal kennen wir nun zwei weitere Parteigänger der Sabinianer aus dem späteren 2. Jh. n. Chr.: Gajus, der jedenfalls noch nach 178 n. Chr. wirkte[28]; und Venulejus, der unter Antoninus Pius und Mark Aurel schrieb, 'De stipulationibus' eher erst unter Mark Aurel[29]. Im konkreten Fall pflichtet er allerdings der Konkurrenz bei. Außerdem bekennt er sich nicht positiv zu den Sabinianern, sondern nennt nur die Prokulianer, ganz wie Gajus das zu tun pflegt, *diversae scholae auctores*. Ist also vielleicht gar kein Gegensatz zur eigenen Person, sondern nur zum unmittelbar vorher zitierten Sabinus gemeint[30]? Als, zählt man Venulejus mit, dritter jüngerer Sabinianer kann jetzt außerdem Pomponius selbst gebucht werden, der in Buch 22 seiner 'Lectionum ad Q. Mucium libri XXXVIIII' (Dig. 45, 3, 39) sagt: *Et non sine ratione est, quod Gaius noster dixit ...*, was von einem wenig jüngeren[31] Fachgenossen gesagt persönliche Verbundenheit als Jurist anzeigt, wofür bei diesen beiden Schriftstellern nichts anderes in Betracht kommt als Bekenntnis zur selben Schule[32]. Schließlich kann

---

[26] Ebenso die Paraphrase des Theophilos z. d. St.

[27] Die Stelle erscheint auf Gai. 2 rer. cott. Dig. 17, 1, 4 zurückzugehen, wo jedoch steht *Proculus recte ... existimat.*

[28] Er kommentierte noch das 178 n. Chr. ergangene SC Orfitianum: Dig. 38, 17, 9.

[29] s. Verf., Römische Provinzialjurisprudenz, hier unten S. 292 Fußn. 21.

[30] So Krüger 200 Fußn. 70. Im übrigen stimmt Venulejus Proculus noch zweimal zu: Lenel, Pal. II, s. v. Venuleius Nr. 27 I § 5 u. 57 pr.; Sabinus und Cassius stimmt er je dreimal zu: Nr. 53 § 5, 72 pr. u. 73 bzw. 2 § 1, 29 pr. u. 69. Nerva pater findet sich nicht zitiert, Nerva filius einmal zustimmend (Nr. 67). Labeo findet achtmal Beifall (Nr. 11, 17 § 3 [Stellungnahme freilich nicht deutlich], 19 § 1, 24 § 2, 26 § 1, 27 III, 53 § 7 u. 72 § 2); Cälius Sabinus einmal (Nr. 2 § 2) und Julian dreimal (Nr. 54, 56 u. 57 § 1). Wenn man von der ersten pomponischen Generation absieht, was man m. E. muß (s. unten), stehen also vier Stellungnahmen für Prokulianer zehn für Sabinianer bzw., wenn man auch von Julian absieht, sieben gegenüber. Auch das paßte also zu Sabinianertum.

[31] Verf., a. a. O. (oben Fußn. 2) 64f.

[32] Honoré, Gaius 1ff. Anders bei Mäcian Dig. 35, 2, 32 § 4: S. 7f. Da Pomponius in der Sache aber verschiedentlich auch den Prokulianern beistimmt, nimmt Honoré dramatisierend einen Übertritt an; andere halten ihn für einen Prokulianer von vornherein: Baviera 27ff.; s. a. Kipp (oben Fußn. 16) 395f. m. weit. Nachw. Dazu unten S. 283.

schon jetzt festgehalten werden, daß Marcellus, Paulus und Marcian als
Sabinianer schwerlich in Betracht kommen; dazu drücken sie sich zu
distanziert aus. Ulpian scheint beiden Schulen ferngestanden zu haben.
Und tut sich nicht auch Abstand gegenüber beiden Seiten kund, wenn wir
bei Pauls Lehrer[33], Q. Cervidius Skävola, in Buch 8 seiner 'Variarum
quaestionum libri XX' (Dig. 29. 7. 14 pr.) lesen:

> *Quidam referunt, quantum repeto apud Vivianum, Sabini et Cassii et*
> *Proculi expositam esse in quaestione huiusmodi controversiam ...,*
> *quod Sabinum et Cassium respondisse aiunt Proculo dissentiente. Nimi-*
> *rum autem Sabini et Cassii collectio, quam et ipsi reddunt, illa est ...*
> *Ego autem ausim sententiam Proculi verissimam dicere. ...*

Wer sind zunächst einmal die *ipsi*? Sabinus und Cassius oder die
offenbar zeitgenössischen *quidam* zu Beginn der Stelle? Jedenfalls sind sie
es, die im Satz zuvor *aiunt*. *Reddere* bedeutet eigentlich 'wiedergeben,
zurückgeben, von sich geben'. Wären die, welche *reddunt*, Sabinus und
Cassius selbst, so hätte Skävola kaum *et ipsi* 'auch sie' gesagt; *ipse* gebraucht Skävola auch sonst gräzisierend i. S. v. αὐτός = *is*[34]. Sind aber die,
welche *Sabini et Cassii collectionem* (= *conclusionem*) *reddunt*, jene *quidam*,
dann bezeugte uns die Stelle Parteigänger der Sabinianer unter Commodus,
unter dem frühestens Skävola seine 'Variae quaestiones' schrieb[35]. Und
Skävola selbst? Seine deutliche, aber mit gespieltem Mut vorgetragene
Parteinahme für Proculus macht nicht den Eindruck, als sei nichts anderes
zu erwarten gewesen. Oder sollte Skävola sich bemüßigt gefühlt haben, nach
dem großen Durchbruch der Sabinianer mit Julian und seinen Schülern
(jedenfalls Afrikan und Terenz Clemens, vielleicht auch Volusius Mäcian
und M. Vindius Verus[36]) sein Prokulianertum überspitzt als Außenseiter-
position hinzustellen, als mutige Parteinahme für eine aus der Mode ge-
kommene Richtung? Oder handelt es sich um eine vereinzelte Stellungnahme? In einer anderen Streitfrage ergreift Skävola für Sabinus und
gegen Proculus Partei:

'Quaestionum publice tractatarum liber singularis' (Dig. 46, 3, 93 § 3):

> *Quid ergo, si fideiussor reum heredem scripserit? Confundetur obligatio*
> *secundum Sabini sententiam, licet Proculus dissentiat.*

Auch Julian hatte in dieser Streitfrage für Sabinus Partei ergriffen[37], und
später tat es Papinian[38], obwohl beide dadurch mit Schwierigkeiten zu

---

[33] HONORÉ, Gaius 4ff.
[34] WILHELM KALB, Roms Juristen nach ihrer Sprache dargestellt (Leipzig 1890) 99.
[35] KRÜGER, 219.
[36] KRÜGER, 194f. 197, 198 u. 200f.; HONORÉ, a. a. O. 7f.; und vor allem DERS., Julian's
Circle, in: TR 32 (1964) 1ff.
[37] 47 dig. Dig. 46, 1, 14 u. dazu LENEL, Kritisches und Exegetisches III: Zu fr. 14 de fideiuss.
(46, 1), in: SZ 8 (1887) 202; u. bei Afr. 7 quaest. Dig. 46, 3, 38 § 5.
[38] 27 quaest. Dig. 42, 6, 3 pr.

kämpfen hatten[39]. Anscheinend war die Autorität Julians so groß, daß mit seiner Stellungnahme dieser Schulenstreit entschieden war[40]. In Dig. 21, 2, 69 § 3, wiederum aus Buch 2 der 'Variae quaestiones', wo Skävola mit Servius und gegen *quidam* eine Ausweitung der *a⁰ auctoritatis* bei falscher Auskunft ablehnt, steht er den Prokulianern näher als den Sabinianern, insofern die Prokulianer mit der Ausdehnung einer vorhandenen Klage auf ähnliche Sachverhalte zurückhaltender waren als die Sabinianer. Das lehrt insbesondere die bekannte Kontroverse zum Tausch[41]. Gleichzeitig waren die Prokulianer eher bereit als die Sabinianer, die *a⁰ empti* zur Bereinigung von Verfehlungen innerhalb gültiger Verträge neben oder auch an Stelle deliktischer oder halbdeliktischer Spezialklagen zuzusprechen[42]. Dig. 28, 2, 29 § 1 schließt Skävola sich nicht zu identifizierenden *quidam* an. Und in einer letzten Stelle nimmt er gegen Marcellus Stellung und begünstigt die Ersitzung des *partus ancillae*, indem er die Furtivität des beim gutgläubigen Erben des Diebes der Sklavin geborenen Kindes verneint[43]. Damit scheint er, nachdem schon Proculus, Neraz und Julian gegen Cassius und Celsus Konzessionen beim Ersitzungstitel gemacht hatten[44], eine ganz neue Möglichkeit, die Ersitzung zu erleichtern, aufgezeigt zu haben, womit er sich freilich nicht durchsetzte[45].

Wenn Skävola also in den seltenen Fällen, da er, ganz unsystematisch, die Meinungen anderer Juristen zum Ausgangspunkt eigenen Räsonnierens macht[46] — in seinem Gesamtwerk überwiegen die Stellungnahmen zu praktischen Fällen bei weitem[47] —, einmal in einem Schulenstreit dem Proculus Artigkeiten nachsagt und dies kokett als Wagnis hinstellt[48], so kann der

---

[39] Vgl. die verwandte Streitfrage bei Gai. 4, 78.

[40] Auch Dig. 28, 2, 29 §§ 15 u. 16 folgt Skävola Julian, hier ausdrücklich. Vgl. noch Dig. 28, 6, 48 § 1 aus den 'Quaestiones publice tractatae'; und 38, 5, 7; 33, 8, 21; 45, 1, 131 pr.; u. 40, 9, 6: aus Buch 5, 8, 13 bzw. 16 der 'Variae quaestiones'.

[41] Gai. 3, 141; Paul. 33 ed. Dig. 18, 1, 1 § 1; 19, 4, 1 pr; u. Cels. 8 dig. Dig. 12, 4, 16. Vgl. a. Iav. 5 ex post. Lab. Dig. 18, 1, 79 u. Ulp. 32 ed. Dig. 19, 1, 13 § 30; sowie Proc. 11 epist. Dig. 19, 5, 12.

[42] s. Ulp. 18 ed. Coll. 12, 7 §§ 7 u. 9 sowie Dig. 9, 2, 7 § 8.

[43] Bei Ulp. 16 ed. Dig. 41, 3, 10 § 2.

[44] s. THEO MAYER-MALY, Das Putativproblem bei der usucapio (Graz 1962) 30ff.

[45] s. (nach Pomp. 32 Sab. Dig. 41, 10, 4 pr.) Paul. 54 ed. Dig. 41, 3, 4 § 15; Ulp. 16 ed. Dig. 6, 2, 11 § 2; u. 42 Sab. Dig. 47, 2, 48 § 5. Zu alledem MAX KASER, Partus ancillae, in: SZ 75 (1958) 171ff.

[46] In den 'Variae quaestiones'. S. noch Dig. 3, 5, 8 (B. 1) zu Pomponius; 20, 3, 1 § 2 (B. 3 von Marcian zitiert) zu Octaven; 13, 1, 18 (B. 4) wieder zu Pomponius; 47, 6, 6 zu Labeo; und 28, 2, 29 pr. ff. (B. 6) zu Aquilius Gallus. Sowie in Noten zu den bedeutendsten aktuellen Juristenschriften: Julians und Marcellus' 'Digesta'. S. z. B. Dig. 35, 2, 56 pr. — § 2 u. wohl auch 29, 7, 19 (ab *immo* wohl Skävola).

[47] Seine 'XXXX libri digestorum' und 'VI libri responsorum' enthalten ausschließlich Begutachtungen praktischer Fälle, viele freilich in beide Sammlungen aufgenommen. Aber auch die beiden Quästionenwerke enthalten hauptsächlich praktische Fälle. Vgl. JÖRS, RE III 2 (1899) 1988ff., s. v. Cervidius 1, bes. Z. 63ff.

[48] Die eigene Rechtsmeinung zu äußern, bezeichnet als Wagnis nur noch einmal Ulpian 12 Sab. Dig. 38, 16, 1 § 1. Und zwar sagt auch er (*Quare*) *ausim dicere*, jedoch um den scheinbar widersinnigen Rechtssatz einzuführen, daß während fortdauernder Sklaverei der Eltern geborene Kinder Freigeborene sein können.

Wettstreit der beiden Richtungen damals nicht mehr den Ernst gehabt
haben, der uns bei Pomponius und Gajus entgegentrat. Nachdem bereits
seit Beginn des 2. Jhs. für die Gegenrichtung Stellung zu nehmen immer
üblicher geworden war[49], kann unter Commodus oder später ein Mann mit
der längst bewährten Autorität des Skävola, auch wenn er Julianer war,
nicht ernstlich Parteinahme für die andere Richtung für ein Wagnis gehalten
haben[50].

Die oben zusammengestellten Bezeugungen der beiden Rechtsschulen
geben Aufschluß aber nicht nur vom Aufhören eines alles beherrschenden
Schulgegensatzes; auch seinen Beginn können wir jetzt schärfer fassen als
allein durch Pomponius. Dieser hatte wie erinnerlich die beiden Schulen
Cassiani und *Proculiani* genannt, also nach den Schulhäuptern erst der
dritten Generation. Bei den Prokulianern stimmen die anderen Quellen,
insbesondere auch Justinian, damit überein. Nicht aber bei der anderen
Schule. Justinian nennt sie nach dem Lehrer des Cassius *Sabiniani*, welche
Bezeichnung sich auch in der neuzeitlichen Wissenschaft eingebürgert hat.
Und mit Justinian hatten schon Marcian, Ulpian und Marcellus die Schule
nach dem älteren Sabinus genannt. Innerlich war das berechtigt. Denn in
den Berichten über die sachlichen Gegensätze zwischen den beiden Schulen
erscheint auf der Seite der Sabinianer meistens Sabinus als Meinungsführer
(s. u.). Und doch nennen diejenigen Quellen, die am nächsten an die Grün-
derzeit heranreichen: Plinius und Pomponius, außerdem Paulus und Pseudo-
Ulpian, die Schule nach Cassius. Überdies schreibt Plinius, neben Pomponius unser einziger Informant zur Entstehung wenigstens einer der
Schulen, dem C. Cassius ausdrücklich die Vaterschaft zu. Die formellen
Gründer werden also auf beiden Seiten erst die Männer der dritten Generation gewesen sein: C. Cassius Longinus und Proculus, jedenfalls ersterer im
Rom seiner Zeit auch außerhalb seines Fachs hochangesehen[51], was man von
Sabinus nicht sagen konnte. Dem Pomponius war diese formelle Schulgründung offenbar zweitrangig; ihm kam es wohl auf einen möglichst
langen Stammbaum an, wobei er gleichzeitig das Bedürfnis befriedigte, den
Gegensatz auch innerlich zu deuten[51a]. Anscheinend ließ sich zwischen Nerva
pater und Sabinus oder gar Cassius und Proculus kein so einfacher, mar-
kanter Gegensatz zeichnen.

Um nämlich die Verwirrung vollständig zu machen, läßt eine dritte
Quellengruppe ebenso eindeutig den Schulengegensatz in der zweiten Gene-

---

[49] Nachweise für Javolen, Julian und Gajus bei HEINRICH EDUARD DIRKSEN, Über die
Schulen der römischen Juristen, in: DERS., Beiträge zur Kunde des römischen Rechts
(Leipzig 1825) 134 Fußn. 35—37.

[50] Vgl. KALB, Roms Juristen 102f., der bei Skävolas Sprache von „einer gewissen Effekt-
hascherei" spricht. „Er liebt Apartes".

[51] Pomponius hebt das bei Cassius besonders hervor mit den Worten *plurimum in civitate
auctoritatis habuit eo usque, donec eum Caesar* (Nero 65 n. Chr., s. Tac. ann. 16, 7—9)
civitate pelleret.

[51a] S. a. BAVIERA 13ff. Zu S. 33ff. dagegen zutr. KIPP (oben Anm. 16) 396f. S. nunmehr
KATHLEEN ATKINSON, The Education of the Lawyer in Ancient Rome, in: The South
African Law Journal 87 (1970) 50f.

ration des Pomponius beginnen, zwischen Sabinus und Nerva pater. In den erhaltenen Fragmenten aus der juristischen Literatur habe ich, wie zu Beginn des zweiten Teils dieser Abhandlung im einzelnen nachzuweisen sein wird, diejenigen Streitfragen unter den klassischen Juristen auszusondern versucht, die regelrechte Schulenstreite gewesen zu sein scheinen. Ich zähle zusammen 64, die meisten mit mehreren Belegstellen und viele aus mehreren miteinander verzahnten Einzelfragen bestehend. Hier erscheint als erster Vertreter der einen von beiden Meinungen:

bei den Sabinianern	und bei den Prokulianern
Capito in keiner einzigen Stelle,	Labeo in sieben;
Masurius Sabinus in 30 Stellen, davon 22 mit Cassius;	Nerva pater in acht, sieben mit Proculus.
Cassius führt in sieben Stellen,	Proculus in 15 und Nerva filius einmal.
In vier Fällen davon ist auf der	anderen Seite Meinungsführer Proculus, einmal Nerva filius.
Caelius Sabinus führt nie,	Pegasus einmal.

Daß Nerva pater dabei mit Sabinus bei weitem nicht mithält, ist damit hinreichend erklärt, daß er sich schon 33 n. Chr. den Tod gab[52], während Sabinus bis in die Regierungszeit Neros wirkte; zu einem leider nicht näher datierbaren SC Neronianum hat er noch eine Rechtsansicht geäußert[53]. Cassius dagegen stand wissenschaftlich ganz im Schatten seines Lehrers Sabinus. Paulus sagt einmal: *Cassius sententiam magistri sui bene excusat et ait Sabinum non de ... sensisse, sed de ...* [54]. Betrachtet man die Gesamtheit der von Cassius überlieferten Äußerungen, so sind von 168 insgesamt[55] 57 Zustimmungen zu einer Meinung des Sabinus, meist ohne jede Argumentation[56]. Nur dreimal ist Cassius hier anderer Ansicht als

---

[52] Tac. ann. 6, 26 1 u. 2; Dio 58, 21.

[53] Gai. 2, 218. Versuche einer näheren Datierung des SC bei EDOARDO VOLTERRA, in: Novissimo Digesto Italiano, s. v. Senatus consulta (1969) Ziff. 11 Nr. 121 = S. 80 d. Sddr., wo die Jahre 60 (KUNTZE), 61 (CIAPESSONI), 62 (MORITZ VOIGT) und 64 (HUVELIN) genannt sind, in welchem Fall Sabinus also wenigstens bis kurz vor der Verbannung des bereits erblindeten Cassius (Sueton, Nero 37, 1) gewirkt hätte.

[54] 'Ad edictum praetoris' Buch 13 (Dig. 4, 8, 19 § 2). S. a. Julian, 'Digesta' Buch 15 (Dig. 19, 1, 24 § 1): *Cassius veram opinionem Sabini rettulit, in qua ego quoque sum*; Pomponius, 'Ad Sabinum' Buch 3 (Dig. 22, 6, 3 § 1): *Cassius ... ita accipiendam existimasse refert ...*; Papinian, 'Quaestiones' Buch 7 (Dig. 8, 1, 4 pr.): *Idque et Sabinum respondisse Cassius rettulit et sibi placere*; und schließlich Marcian, 'Regulae' Buch 4 (Dig. 1, 8, 8 § 1): *Sabinum recte respondisse Cassius refert*. S. a. Ulpian, 'Ad Sabinum' Buch 12 (Dig. 38, 16, 1 §§ 9 u. 10): [Sab.] *POST SUOS STATIM CONSANGUINEI VOCANTUR*. [Ulp.] *Consanguineos autem Cassius definit eos ...*

[55] Von den 143 Nummern bei LENEL, Pal. I 110—126, enthalten Nr. 1; 2; 6; 14; 51; 52; 76; 78; 79; 96; 97; 108; 110; 113; 115; 118; u. 121 zwei oder mehr Stellungnahmen.

[56] LENEL, Pal. s. v. Cassius Nr. 6 (2mal); 12; 14 § 1; 19; 23; 29; 33—37; 39; 47; 48; 50; 52 § 18; 54—56; 62—65; 67; 68; 71; 73; 76 § 3; 78 §§ 13, 20 u. 27; 85; 91; 97 §§ 8, 10 u. 11;

Sabinus[57]. Solche Anhänglichkeit ist beispiellos. Trotzdem darf man nicht
von Unselbständigkeit sprechen. Zahlreiche selbständige juristische Leistungen des Cassius sind unbestritten[58]. Nur gegen das, was Sabinus leistete, war
es nicht sehr viel.

Bei den Geschichtsschreibern und Kaiserbiographen dagegen ist es
genau umgekehrt. Den Nurjuristen Sabinus nimmt man nicht zur Kenntnis, während der hochadlige Enkel des Cäsarmörders im politischen Rom
eine so große Rolle gespielt zu haben scheint, daß er bei Flavius Josephus,
Sueton und Cassius Dio vorkommt, nicht bloß als großer Jurist[59]; Tacitus'
Regie weist ihm besonders eindrucksvolle Rollen zu[60]. Masurius Sabinus
dagegen begegnet nur bei Persius, Plinius d. Ä., Arrian, Gellius, Fronto,
Athenaios und Macrob[61], also bei Schriftstellern der anderen Fachwissen-
schaften, die wiederum Cassius übergehen. Nur Arrian nennt um 125
n. Chr. den Inbegriff eines Interpreten staatlicher Gesetze einen ἐξηγητὴν
. . . (sc. τῶν νόμων) Μασουρίου καὶ Κασσίου. Und doch sagt Tacitus[62] zum
Jahre 49 n. Chr., als also Sabinus noch rüstig gewirkt haben muß: *Ea
tempestate Cassius ceteros praeminebat peritia legum*. Tacitus zollt auch
Capito Fachlob, dem Emporkömmling durch die Gunst der Kaiser, von
dessen fachlichen Leistungen — freilich berücksichtigte er noch stark das
bald ganz den Antiquaren zu überlassende öffentliche und Sakralrecht —
bei den späteren Juristen so gut wie nichts mehr verlautet. Er nennt ihn
*humani divinique iuris sciens, vir inlustris . . . principem in civitate locum
studiis civilibus adsecutus* und *decus pacis*[63], was freilich nicht allzu hoch-
gegriffen ist; Labeo stellt er unmißverständlich über Capito: *isdem artibus*

100; 105; 106; 108 § 5; 109; 110 §§ 16 u. 17; 111; 114; 118 § 14; 124; 125; 131—135; 137;
140; u. 142. Dabei ist anzunehmen, daß sich hinter vielen einfachen Anführungen von
Cassius weitere bloße Zustimmungen zu einer Meinung des Sabinus verbergen werden.
S. z. B. LENEL Nr. 121 §§ 1 u. 6.

[57] LENEL, Pal. s. v. Cassius Nr. 51; 66 (s. d. hier nicht abgedruckte Fortsetzung der Stelle); u.
90. Weitere erschließbare Abweichungen: Nr. 136; 139 = unten Nr. 42; u. unten Nr. 45 I.

[58] Vgl. FEDERICO D'IPPOLITO, Ideologia e diritto in Gaio Cassio Longino (Neapel 1969),
wenngleich hier (bes. S. 89ff.) die Abhängigkeit des Sabinus noch immer enger gezeichnet
ist als die Quellen zulassen; auch bringt die Arbeit insbesondere S. 31ff. den Juristen allzu
kurzerhand auf einen ideologischen Nenner.

[59] Ios. ant. Iud. 15, 11, 4 u. 20, 1, 1; Suet. Cal. 57, 3; u. Nero 37, 1; Dio. 59, 29 § 3.

[60] Bei Tacitus kommen von den Juristen vor: Capito dreimal (ann. 1, 76 u. 79; 3, 70; u. 3, 75),
Labeo einmal (ann. 3, 75), Nerva pater zweimal (ann. 4, 58 u. 6, 26), Cälius Sabinus einmal
ganz kurz (hist. 1, 77), Cassius dagegen siebenmal (ann. 12, 11f.; 13, 41; 13, 48; 14, 42—45;
15, 52; 16, 7—9; u. 16, 22), davon zweimal mit langen Auftritten. Auch F. WIEACKER,
Augustus und die Juristen seiner Zeit, in: TR: 37 (1969) 331ff., läßt sich Cassius (S. 346)
nicht entgehen, obwohl er Sabinus und Nerva pater beiseite läßt, die beide der Zeit des
Augustus wesentlich näher stehen.

[61] Persius 5, 90; Plin. nat. 7, 40; 7, 135; 10, 20; 15, 126; 15, 135; 16, 75; 16, 236; 28, 142.
Arr. Epikt. 4, 3; Gell. passim (s. Index auct., s. v. Mas.); Fronto ep. ad M. Caes. 2, 6, 3a. E.
= Bd. 1 S. 144 d. Ausg. v. HAINES (London 1962), ein Brief des jungen Mark Aurel mit
gelehrter Anspielung, s. ANTONIO GUARINO, Divagazioni Massuriane, in: Labeo 20 (1974)
370ff.; Athen. passim (s. Index, s. v. Mas.); u. Macr. Sat. 1, 4, 6; 1, 4, 15; 1, 10, 8; u.
3, 6, 11.

[62] Ann. 12, 12, 1.

[63] Ann. 3, 70 u. 75, hier auch zu Labeo. S. a. Appian, bell. civ. 4, 135.

praecellentem. Allerdings war auch Labeo Standesperson und obendrein im Gegensatz zu Capito von Familie.

Tacitus wird die Wertmaßstäbe im Rom des späteren 1. Jhs. n. Chr. ungefähr repräsentieren. Also zählte in der tonangebenden Gesellschaft ein Masurius Sabinus, der den Lebensunterhalt von seinen Schülern nehmen mußte und es erst mit 50 Jahren auch nur zum Ritterzensus brachte, auch fachlich neben einem Cassius wenig. Als Schulgründer kam Sabinus im damaligen Rom nicht in Betracht.

Anders verhielt es sich auf der Gegenseite. Hier war der Mann der zweiten pomponischen Generation, M. Cocceius Nerva (pater), zwar nicht von altem, aber immerhin in der dritten Generation bewährtem Adel[64], außerdem *Caesari familiarissimus.* Tacitus leiht ihm die Attribute *cui legum peritia* und *omnis divini humanique iuris sciens*[65]. Außer Tacitus nennen ihn noch Frontin und Cassius Dio[66]; zudem kommt er auf Inschriften vor[67]. Dagegen kennt einen Proculus außer den Juristen niemand[68]. Dabei sagte Pomponius: *Sed Proculi auctoritas* (als Jurist) *maior* (als die von Nerva filius und dem anderen Longinus) *fuit. Nam etiam plurimum potuit.* Diese Wendung kehrt bei Cälius Sabinus für die Zeit Vespasians wieder. Da Cälius Suffektkonsul (vom 30. April bis 30. Juni 69 n. Chr.) war[69], vermutet KUNKEL ein Konsulat auch für Proculus[70]. Aber Cälius Sabinus kennen immerhin noch Tacitus und Gellius[71]. Sollte das ein bloßer Überlieferungszufall sein? Nach Pomponius stand Proculus gesellschaftlich deutlich höher als Masurius Sabinus. Wenn hier die Überlieferung ohne jedes Schwanken die prokulianische Rechtsschule nach Proculus nennt und nie nach seinem gesellschaftlich eher höher als er stehenden Vorgänger Nerva pater, dem Generationsgenossen von Masurius Sabinus, so muß man daraus schließen, daß zu Lebzeiten Nerva paters die Rechtsschulen, deren eine doch wohl die andere bedingte, noch nicht konsolidiert waren. Von einer schon 33 n. Chr. beginnenden Vorstandschaft des Proculus in der nach ihm erst benannten Rechtsschule zu sprechen[72], führt also irre. Nerva pater weilte schon seit 26 n. Chr. nicht mehr in Rom, sondern bei Kaiser Tiberius auf Capri[73]. Sollte er sich von dort semesterweise für den Unterricht haben beurlauben lassen? Wir treffen in der späteren juristischen

---

[64] KUNKEL 120.
[65] Ann. 4, 58, 1; u. 6, 26, 1 u. 2.
[66] Frontin, De aquis 2, 102; Dio 58, 21.
[67] CIL VI 1539 u. 9005. Vielleicht bis auf Dio sind all diese Erwähnungen unabhängig vom Kaisertum seines Enkels.
[68] s. die kritische Würdigung aller bisher vorgebrachten Spuren durch CHRISTOPH KRAMPE, Proculi epistulae — Eine frühklassische Juristenschrift (Karlsruhe 1970) S. 1ff.
[69] DEGRASSI, a. a. O. (oben Fußn. 7) 19. S. Tac. hist. 1, 77: schon von Nero designiert, von Otho beibehalten.
[70] 123ff. Kritisch KRAMPE, a. a. O. 5f.
[71] Tac. hist. 1, 77, 2. Gell. 4, 2, 3; 6, 4, 1—3.
[72] So aber KUNKEL 125; ähnlich KRAMPE, a. a. O. 4: „Leitung der Rechtsschule übernommen". Mit Hilfe dieses Ereignisses datieren sie Proculus überhaupt erst!
[73] Tac. ann. 4, 58, 1; u. 6, 26, 1 u. 2.

Literatur das Paar Nerva pater und Proculus zwar auch oft, vor allem dreimal bei Gajus, im ganzen aber nur siebenmal nebeneinander an[74], also längst nicht so schematisch wie Sabinus und Cassius. Viermal widerspricht Proculus Nerva[75]. Wir können also auf dieser Seite nicht dieselbe Anhänglichkeit an die Meinungen des Lehrers konstatieren.

Beim Übergang von der ersten zur zweiten pomponischen Generation ist die Anhänglichkeit auf beiden Seiten noch wesentlich schwächer; auf der sabinianischen ist überhaupt keine zu spüren. Den Capito würdigt einmal Proculus einer Zustimmung, sonst verlautet nichts mehr von ihm[76]. In den 37 erhaltenen Meinungsäußerungen von Nerva pater[77] stimmt er zweimal Labeo zu, einmal korrigiert er ihn[78]. Vor allem aber hat Proculus Labeos 'Posteriora' mit 'Notae' versehen, von deren 13 wir noch Kunde haben[79]. Nur drei stimmen schlicht zu[80], zehn sind kritisch, z. T. geradewegs ablehnend[81]. Auch Cassius scheint 'Ad Vitellium' von Sabinus notiert zu haben, in der einzigen überkommenen Stelle stimmt er ihm aber zu[82]. Außerhalb dieser kritische Geister naturgemäß besonders anregenden Gattung widerspricht Proculus Labeo immerhin fünfmal bei nur sieben Beipflichtungen[83], und umgekehrt stimmt er — nur die in ein und demselben Text bezeugten Berührungen hier gerechnet, gleichgültig, ob es sich um einen regelrechten Schulenstreit handelt — Sabinus bzw. Cassius je fünfmal zu bei sechs bzw. fünf Ablehnungen[84]. Zweimal finden wir, da ihn die

---

[74] LENEL, Pal. II, s. v. Proculus Nr. 79; 95; 101; 127; 145; 146; u. 121 (die letzten drei die Gajusstellen).

[75] LENEL Nr. 62; 64; 88; u. 110.

[76] LENEL, Pal. I, s. v. Capito Nr. 1. Nr. 2 berichtet von einem Dekret des Capito während seines Konsulats: Die restlichen beiden Nummern sind antiquarischen Schriftstellern entnommen, die freilich Capito weidlich ausgebeutet haben, im wesentlichen zum Sakral- und öffentlichen Recht. S. BREMER II 1, S. 261 ff.

[77] LENEL, Pal., I 787—790 s. v. Nerva (1). Nr. 30 enthält drei Äußerungen.

[78] Zustimmend Nr. 3 u. 14; kritisch in Nr. 30, 1. Fall.

[79] LENEL, Pal., s. v. Proculus Nr. 35—47. Freilich schenkt LENEL Sp. 166 Fußn. 2 der längst als verderbt erkannten Inskription von Dig. 33, 6, 16 zu Unrecht doch Vertrauen. S. dazu jetzt KRAMPE, a. a. O. 6ff. Nur scheint KRAMPE auf S. 7 von einer gesonderten Veröffentlichung der 'Notae' auszugehen, m. E. unglaubhaft, da gesondert unbrauchbar. Wer sah je einen juristischen Kommentar ohne Grundtext? Auch notat in Nr. 35 könnte aus dem Gedächtnis zitiert oder bei einer Überarbeitung nachgetragen sein. Vgl. JÖRS, RE V 1 (1903) 1479f. u. 1483f., s. v. Domitius 84: Die Proculus-Zitate im Sabinuskommentar sind meist aus zweiter Hand entlehnt. S. a. DERS., RE I 2 (1894) 2552f., bes. 2553 Z. 43ff., s. v. Antistius 34.

[80] LENEL Nr. 38; 40; u. 43.

[81] So Nr. 39: *Et Proculus Labeonis sententiam improbat et in Iavoleni sententia est.* Andere kritische *notae* sind schonender, korrigieren oder präzisieren nur.

[82] Ein Ulpianzitat aus B. 20 'Ad Sabinum' (Dig. 33, 7, 12 § 27).

[83] Widerspruch: LENEL, Pal. II, s. v. Proculus Nr. 69; 94 (mit Ofilius und gegen Cassius, der hier Labeo folgt); 150 (hier folgte Sabinus Labeo); 154; u. 172; Zustimmung: Nr. 16; 48; 64 (zusammen mit Sabinus und Cassius gegen Nerva pater); 74 § 3; 113; 139; u. 147.

[84] Proculus geht mit Sabinus und Cassius bei LENEL Nr. 49 pr.; 64; u. 154; mit Sabinus außerdem Nr. 134 u. 160 und mit Cassius Nr. 62 u. 135. Gegen Sabinus und Cassius geht er in Nr. 95; 121; u. 127; gegen Sabinus außerdem 150; 163; u. 169; und gegen Cassius Nr. 94 u. 149.

Prokulianer ablehnen, die Sabinianer auf Labeos Seite[85]. Demgegenüber steht Labeo zwar zehnmal auf der Seite der Prokulianer[86], aber in drei Fällen davon folgt er bloß Älteren: Servius, Ofilius, Capitos Lehrer, und Trebaz, Labeos Lehrer[87]; dieser steht aber auch einmal auf der Gegenseite, und ein drittes Mal nimmt er eine Mittelmeinung ein[88]. Labeo kommt bei den Späteren so oft wie keiner der Juristen des 1. Jhs. vor[89], einen typischen Beipflichter, wie er dem Sabinus in Cassius oder auch später Javolen in Julian oder diesem in Afrikan heranwachsen sollte[90], hat er nicht bekommen. Kein Prokulianer scheint das gehabt zu haben, jedenfalls keinen von Rang, von dem mehr als eine blasse Erinnerung geblieben wäre; auf zweitrangige Schulangehörige ist später zurückzukommen. Pegasus jedenfalls stimmt bei 30 überlieferten Äußerungen[91] viermal Proculus zu und votiert einmal gegen ihn[92]. Aber er pflicht auch zweimal Cassius bei und widerspricht ihm nur einmal[93]; zu Sabinus steht er den von ihm überlieferten Äußerungen nach eins zu eins[94].

Läßt sich die endgültige Konsolidierung der Rechtsschulen genauer ansetzen? Geschah das womöglich erst unter Vespasian? Unter Nero kommt man ins Gedränge, will man nicht hinnehmen, daß die Gründung des Cassius noch zu Lebzeiten des Sabinus geschah, sich noch während seiner Wirksamkeit *Cassiani* etablierten. Und in Neros späteren Jahren ist Cassius verbannt und sein Vermögen konfisziert. Andererseits nannte Pomponius für die kurzen Regierungsjahre Vespasians die Schulhäupter Caelius Sabinus und Pegasus, seine vierte Generation. Außerdem war Cassius, als er verbannt wurde (65 n. Chr.), nicht nur schon blind, sondern durfte Nero *senectutem eius expectare*[95], womit übereinstimmt, daß er nach Pomponius bald nach seiner Rückberufung aus der Verbannung durch Vespasian *diem suum obit*. Ist es aber wirklich mißlich, anzunehmen daß Cassius seine Schule bei fortbestehender Produktivität seines Lehrers Masurius Sabinus begründet hätte?

Vielleicht müssen wir uns, obwohl Pomponius von *successiones* spricht, was etwas Formelles auszudrücken scheint, vom aktualisierenden Denken

---

[85] Unten Nr. 26 u. 46.

[86] Unten Nr. 3, 4, 6, 9, 12, 16, 22, 43, 49 u. 59.

[87] Nr. 43. Ofilius: Nr. 6. Servius: Nr. 12.

[88] Nr. 59. Auf der Gegenseite: 3.

[89] s. LENEL, Pal. I, s. v. Labeo Nr. 4—6, 8—192 u. 229—396, also zusammen 356mal. Am zweitmeisten zitiert ist Sabinus, s. LENEL, Pal. II, s. v. Sabinus Nr. 1, 3 II, 5, 7—9, 11—13 u. 15—234, also zusammen 229mal. Hinzu kommen auf beiden Seiten die regelrechten Notierungen und Kommentierungen der eigenen Schriften durch die Späteren, worin Sabinus den Labeo erst im späten 2. Jh. einholen, dann aber rasch überflügeln sollte.

[90] Zu Javolen und Julian s. HEINRICH BUHL, Salvius Julianus I (Heidelberg 1886) 30ff. Zu Julian und Afrikan ebd. 78ff.; u. jetzt ELMAR BUND, Untersuchungen zur Methode Julians (Köln 1965) 8f. u. pass.

[91] LENEL, Pal. II, s. v. Pegasus. Nr. 20 enthält drei Äußerungen. Zu seiner Herkunft ATKINSON (oben Fußn. 51a) 52 Fußn. 126.

[92] Gegen Proculus Nr. 2; mit ihm Nr. 1, 4, 15 u. 24.

[93] Nr. 24, während wir ihn Nr. 2 u. 20 § 18 an der Seite von Cassius finden.

[94] S. Nr. 13 einer- u. 26 andererseits.   [95] Tac. ann. 16, 9, 1.

in Anstalten stärker lösen, als es bisher geschehen ist. Es könnte sich auch schlicht Folgendes zugetragen haben. Es war fast einmalig in der Geschichte der römischen Jurisprudenz, daß ein Mann von so altem Adel wie C. Cassius Longinus, *opibus vetustis et gravitate morum*[96], auch unter den Fachgenossen zur Spitzengarnitur zählte; wer aus altadligem Haus sonst unter den Juristen erscheint, hatte für die Fortentwicklung der Rechtswissenschaft wenig oder keine Bedeutung[97]. Tacitus berichtet uns, daß Cassius bevorzugt junge Leute von Stand in sein Haus aufnahm, wie den unglücklichen Neffen seiner Frau L. Iunius Silanus Torquatus[98], ihn freilich nicht zur Heranbildung als Jurist. Die einzige von Cassius bekannte Schrift, seine auf 20[99] *libri* zu schätzende Darstellung mit dem Titel 'Ius civile', zeugt aber von intensiver juristischer Lehrtätigkeit, der es eher zugute gekommen sein wird als daß es der Anerkennung des Herrn Cassius abträglich war, wenn sein gesellschaftlich bescheidener, aber fachlich (dem ja auch Cassius huldigte) und zumal als Pädagoge berühmter Lehrer Masurius Sabinus offenbar gerade in den besten Jahren des Cassius auch selbst noch seine Profession ausübte. Damals könnte eine Schülerschaft bei Cassius zu bekennen Ansehen verschafft und schließlich — vielleicht erst nachdem die schlechten Zeiten 65—69 n. Chr. überstanden waren — so in Mode gekommen sein, daß *Cassianus* zu einem Begriff nicht nur innerhalb der Fachwelt wurde. Plinius nennt ihn ja *Cassianae scholae princeps et parens*, gewiß kein bloßes Hendiadyoin. *Parens scholae* ... ('Stifter der Schule ...') hätte man wohl auch einen Sabinus nennen können, nicht aber *princeps scholae* .... Dazu mußte man reich und sozial angesehen sein, Haupt einer Art Klientel[100]. Sollte das mitgespielt haben, als Nero Cassius so sehr

---

[96] Tac. ann. 16, 7.

[97] Ein Sonderfall ist Ap. Claudius Caecus. Er wäre der erste namentlich überhaupt bekannte Jurist, wenn man ihn wirklich als 'Juristen' i. S. seiner Zeit bezeichnen kann. Weder dem Pontifikal- noch dem Augurenkollegium scheint er angehört zu haben. Seine Leistungen für die Jurisprudenz sind freilich unbestreitbar. Von besonderen Leistungen verlautet dagegen nichts bei Q. Fabius Labeo Konsul 183 v. Chr., T. Manlius Torquatus Konsul 165 v. Chr., Ser. Fabius Pictor pontifex um 150 v. Chr., C. Marcius Figulus Sohn des Konsuls von 162 und 156 v. Chr., C. Livius Drusus Sohn des Konsuls von 147 v. Chr., oder C. Bellienus Prätor ca. 110 v. Chr. Nur der Patrizier P. Cornelius Scipio Nasica Corculum hatte nach Pomponius § 37 so großen Zulauf, daß ihm *publice domus in sacra via data est quo facilius consuli posset*. S. zum Adel all dieser Juristen KUNKEL pass.

[98] Ann. 15, 52, 2.

[99] Der Auszug Javolens zählt 15 *libri*. Die Zitate aus dem Originalwerk bei Paulus und Ulpian (LENEL, Pal. I 109f.) reichen zwar nur bis Buch 10, schreiten aber langsamer voran als der Auszug: LENEL Nr. 1 aus Buch 2 handelt noch *de testamentis*, was bei Javolen mit Buch 1 abgeschlossen gewesen zu sein scheint, s. Pal., s. v. Iavol. Nr. 1—5 u. 6ff. LENEL, Pal. s. v. Cassius Nr. 2 verweist auf Buch 6 des Originalwerks und handelt von der Vormundschaft, die in Javolens Auszug schon in Buch 5 drankam, s. Pal., s. v. Iav. Nr. 19f.

[100] Freilich ist zu betonen, daß Plinius den Cassius nicht einen *princeps civitatis* oder *princeps vir* schlechthin nennt, ihn hier also nicht unter die führenden Männer des Staates einreiht, denen er in ep. 7, 6, 1 offenbar auch sich selbst zurechnet; s. LOTHAR WICKERT, RE XXII 2 (1954) 2029, 29ff., s. v. Princeps. Doch scheint mir, daß Plinius auf dieses Bedeutungsfeld in seinem Brief an Geminus Rosianus anspielt. Vgl. a. ATKINSON 49f.

fürchten zu müssen glaubte, daß er ihn stürzte? Immerhin galt Cassius'
obengenannter Schützling, Urururenkel des Augustus, als möglicher Kron-
prätendent[101]. Eine klientelähnliche Verfassung der Juristen um Cassius,
ihre Etablierung als Gruppe von einiger Stabilität[102] wäre nicht ganz ohne
Beispiel. Ich meine nicht Q. Mucius. Zwar hatte auch er viele Schüler,
ähnlich wie es bei Sabinus gewesen zu sein scheint. Aus den zwei Juristengenerationen nach Q. Mucius nennt Pomponius nur einen, den er nicht zu
den Schülern und Schülersschülern von Q. Mucius rechnet: Q. Cornelius
Maximus[103], den Lehrer von Trebaz; möglicherweise war er es trotzdem.
Aber unter den Schülern des Q. Mucius ist keine über die gemeinsame
wissenschaftliche Abkunft hinausreichende Gemeinschaft zu spüren, auch
nicht wenigstens gemeinschaftliche Verehrung des Meisters. Servius, der
Verfasser der 'Reprehensa Scaevolae capita' oder 'Notata Mucii'[104], stammt,
wenn auch vermittelt über seine Hauptschüler L. Lucilius Balbus und
C. Aquilius Gallus[105], wissenschaftlich von Q. Mucius ab.

Vielmehr ist Servius selbst zu nennen, der andere römische Jurist der
ersten Garnitur, der aus dem Hochadel stammt, wenn dieser Zweig der
Sulpicier auch in letzter Zeit nicht mehr im Senat war[106]. Das Geschlecht
der Sulpicier war sogar patrizisch, während die Cassier nur zur plebejischen
Nobilität gehörten. Unter Nero war das jedoch ebensoviel wie zur Zeit
Ciceros ein Patrizier. Von Servius' Lehrerfolg sagt Pomponius nicht nur
wie bei Mucius *auditores fuerunt complures*, sondern *ab hoc plurimi profecerunt*[107]. Die einzigen bekannten Ausnahmen sind Trebaz und Cascellius.
Auch Labeos Vater, schon er Jurist, gehörte zu den Serviusschülern, und
er selbst hatte ja auch bei Ofilius gehört, einem anderen Serviusschüler[108].
Die Serviusschüler nun zeigen insofern besonderen Zusammenhalt, als sie,
jedenfalls acht der von Pomponius namentlich angeführten zehn Schriftsteller unter ihnen, gemeinsam publizierten, nämlich einen Wälzer von 140
libri, vermutlich 'Digesta' betitelt und verantwortlich herausgegeben von

---

[101] Tac. ann. 15, 52, 2.

[102] In diesem Fall so stabil, daß man sich nach dem Ausscheiden des Cassius auf ein neues
Haupt einigte und dann noch mehrere Generationenwechsel überstand.

[103] S. Pomponius §§ 41—45. S. a. Cic. fam. 7, 8, 2 u. 7, 10, 3.

[104] Jenen Titel braucht Gellius 4, 1, 20, diesen Paulus Dig. 17, 2, 30. Es ist anzunehmen, daß
der Antiquar Gellius genauer zitiert und Paulus das Werk bloß so ähnlich bezeichnet,
wie man zu seiner Zeit solch einen kritischen Kurzkommentar genannt hätte: 'Notae
ad . . .'.

[105] Pomponius § 43; u. Cic. Brut. § 154.

[106] Darf man deshalb aber von „recht zweifelhafter Nobilität" (KUNKEL, a. a. O. 25) sprechen? Zur Beurteilung des gesamtgesellschaftlichen Stellenwerts der Sulpicii Rufi müssen
die großen popularen Aktivitäten des Onkels (zu ihm MÜNZER, RE IV A 1 [1931] 843ff.,
s. v. Sulpicius 92) in Rechnung gestellt werden. Die fehlende bzw. verzögerte Senatskarriere
des Vaters unseres Juristen bzw. seiner selbst, von Cic. Mur. 15f. parteiisch herausgestri-
chen, war durch jene Aktivitäten wahrscheinlich mitbedingt. Servius' Frau, Postumia,
war die letzte Erbin eines hochberühmten Patriziergeschlechts.

[107] § 44.

[108] Pomponius §§ 45, 44 u. 47 *omnes hos* (Trebaz, Cascellius, Ofilius und Tubero) *audivit*.
Zum älteren Labeo KUNKEL 32ff.

einem der ihren, P. Aufidius Namusa[109], aber kaum eigenmächtig. Demgemäß haben sie bei den Späteren auch einen gemeinsamen Namen: *Servii auditores*[110], was es sonst nicht gibt. Und beim Schreiben treten sie ganz oder fast ganz hinter ihrem großen Lehrer zurück. Es sind die Rechtsbescheide, Lehren und Ansichten von Servius, die in den erhaltenen Nachrichten und Fragmenten aus ihren Schriften begegnen, was ganz offen gesagt wird[111]. Nur Ofilius macht das nicht mit: In allem von ihm Überlieferten hat er seine eigenen Rechtsansichten. Entsprechend groß war seine Autorität bei den Späteren; von immerhin 68 haben wir noch Kunde[112]. Selbst Alfenus Varus, den Pomponius noch vor Ofilius den mit ihm bedeutendsten Serviusschüler nennt[113] — freilich stieg er in den Senat auf, während Ofilius im Ritterstand verblieb[113] —, nimmt nur selten selber Stellung; gewöhnlich verkündet auch er die Rechtsansichten des Lehrers[114].

2. Frühklassische Epigonenliteratur

Solche Eckermann-Literatur hat es, um gerecht zu sein, in der Antike mehr gegeben als heute: Sokrates und Platon bzw. Xenophon, Krates und Zenon, Jesus und die Evangelisten, Epiktet und Arrian, Plotin und Porphyrios — die Beispiele ließen sich vermehren. Aber die Ausnahme waren sie doch, insbesondere bei den Juristen. Wenn wir freilich aus der spätklassischen juristischen Literatur keine Beispiele mehr haben, so liegt das daran, daß mittlerweile die Juristenmeinungen hinter die Kaiserkonstitutionen an Bedeutung zurückgetreten waren; und Konstitutionen-Eckermanns haben wir: Papirius Justus, Callistrat usf. Der letzte einer Juristenpersönlichkeit huldigende Schriftsteller ist Afrikan, eingeschworen auf Julian[115].

---

[109] S. Pomponius § 44 *ex his decem* (zuvor sind die zehn literarisch tätig gewesenen Serviusschüler genannt) *libros VIII conscripserunt quorum omnes qui fuerunt libri digesti sunt ab Aufidio Namusa in CXXXX libros.*

[110] Diese Sammelbezeichnung gebrauchten Labeo (2 post. a. Iav. ep. Dig. 33, 4, 6 § 1) und Ulpian (20 Sab. Dig. 33, 7, 12 pr. u. § 6 sowie 53 ed. Dig. 39, 3, 1 § 6).

[111] S. außer den soeben zitierten Stellen Lab. 2 post. Dig. 33, 5, 20; 6 Dig. 23, 3, 79 § 1; Iav. 2 ex post. Lab. Dig. 34, 2, 39 § 2 u. 35, 1, 40 § 3; Paul. 49 ed. Dig. 39, 3, 2 §§ 4 u. 6; u. Ulp. 31 ed. Dig. 17, 2, 52 § 18. Von einer eigenen Meinung eines Serviusschülers hört man im Vergleich dazu aber verhältnismäßig selten: Lab. 2 post. Dig. 32, 30 § 6; Ulp. 28 ed. Dig. 13, 6, 5 § 7; Iav. 2 ex post. Lab. Dig. 35, 1, 40 § 1; u. Ulp. 35 Sab. Dig. 23, 2, 6.

[112] Lenel, Pal. I 795ff., s. v. Ofilius. An keiner Stelle begegnet er als bloßer Referent einer Meinung des Servius.

[113] § 44: *Ex his auditoribus plurimum auctoritatis habuit Alfenus Varus et A. Ofilius, ex quibus Varus et consul fuit, Ofilius in equestri ordine perseveravit.* S. aber auch die Fortsetzung: *Is* (Ofilius) *... libros de iure civili plurimos et qui omnem partem operis fundarent reliquit* etc.

[114] Krüger 71. Alfenus wird von späteren Juristen 18mal angeführt, s. Lenel, Pal. I 37 u. 53f., s. v. Alfenus (Nr. 1, 3 u. 57—90). In acht dieser Fälle dient er nur als Referent einer Meinung von Servius (Nr. 1; 3; 78; 80—82; 87; u. 88).

[115] Krüger 194ff.; u. Elmar Bund, Untersuchungen zur Methode Julians (Köln 1965) 8 m. weit. Nachw. Fußn. 18. Vgl. A. Wacke, Dig. 19, 2, 33: Afrikans Verhältnis zu Julian und die Haftung für höhere Gewalt, hier unten S. 455—496.

Im 1. Jh. n. Chr. aber gab es anscheinend viele Epigonen, wenn die überkommenen Spuren auch dürftig sind wie die ganze Überlieferung der juristischen Literatur des 1. Jhs. n. Chr. Eine ganze Welle solcher Leute ist wahrzunehmen, was es weder vorher noch nachher gab. Minicius, Fufidius, Ursejus Ferox, Servilius, Vivian, Plautius und Aufidius Chius sind allein oder doch weithin als Referenten der Meinungen anderer bekannt, und zwar der Großen der beiden Schulen: Sabinus, Cassius, Proculus und Atilicinus[116]. Bei Gajus stellten wir schon fest, daß er in seinen 'Institutiones' die Kontroversen meist bloß referiert, ohne sich herauszunehmen, selbst Stellung in der Sache zu beziehen. Auch Pomponius wird zuweilen als Gewährsmann für Meinungen anderer zitiert, in beiden mir bekannten Fällen jedoch gleichzeitig mit eigener Stellungnahme[117]. Wer kennt Blaesus? Er wird nur als Referent einer Meinung von Trebaz angeführt[118]. Jener große Schwung von Epigonen, die auch nichts weiter als dies bleiben, ist offenbar die weniger sichtbare, jedenfalls von Pomponius nicht vorgezeigte Seite der Schulenbildung im 1. Jh.

3. Unterschiedliches Gehabe der Sabinianer und Prokulianer

Im Gegensatz zur Servius-Schule, die die Szene allein beherrschte, hatte die Cassius-Schule ein Gegenstück, die Prokulianer. Sollte sich eine Proculus-Schule erst gebildet haben als Reaktion auf die Etablierung der Cassius-Schule? Jedenfalls scheint, wie wir gesehen haben, bei den Prokulianern die Lehrtradition nie ebenso streng gehütet worden zu sein wie bei den Sabinianern. Bei den Nichtjuristen hören wir von den Prokulianern als Schule nichts, während wir von den Sabinianern immerhin das Zeugnis des Plinius und Arrian haben. Und wenn in der juristischen Literatur von den Schulen und ihren Gegensätzen die Rede ist, kommen allen Berichterstattern, sofern nicht etwa besondere Gründe die Reihenfolge präjudizieren, die Sabinianer überraschend regelmäßig als erste auf die Lippen[119]. Die

---

[116] Auf vier von ihnen hatte ich schon a. a. O. (oben Fußn. 2) 74f., Fußn. 107 hingewiesen. Man schlage die Autoren in LENELS Pal. nach. Übersehen hatte ich damals Servilius, den wir allein durch ein Zitat bei Terenz Clemens (Dig. 37, 14, 10) kennen; man vermißt ihn übrigens auch bei KUNKEL. Sollte er mit dem durch eine bithynische Inschrift dokumentierten *iuris prudens* A. Servilius Maximus (KUNKEL 267 u. 360f.) identisch sein? Fufidius endlich führen nur Gajus, Afrikan und einmal Paulus an: Afrikan (2 quaest. Dig. 34, 2, 5) für eine Meinung des Atilicinus und Gajus inst. 2, 154 für eine Meinung von Sabinus. Paulus sagt nur *F. refert* (Dig. 42, 5, 29). Vielleicht haben die Kompilatoren den Referierten gestrichen.

[117] S. Paul. 5 quaest. Dig. 24, 3, 44 pr. und Ulp. 17 Sab. Fragm. Vat. 88 = Dig. 7, 2, 8. Vgl. a. Labeo/Trebaz bei Paulus Dig. 31, 49 § 2.

[118] Von Labeo 2 post. Iav. ep. Dig. 33, 2, 31. S. a. KUNKEL 115f.

[119] So im Bericht des Pomponius, in der oben S. 202 zitierten Venulejusstelle, bei Pseudo-Ulpian und Justinian. S. ferner Pomp. 5 Sab. Dig. 30, 26 § 2; Skävola sowohl Dig. 29, 7, 14 pr., wo er Proculus, als auch 46, 3, 93 § 3, wo er Sabinus beistimmt; u. Paul. 33 ed. Dig. 18, 1, 1 § 1. Umgekehrt nur bei Paul. 20 ed. Dig. 5, 3, 40 pr.; u. Ulp. 53 ed. Dig. 39, 2, 15

Institutionalisierung auch der Proculus-Leute scheint wirklich eine Reaktion gewesen zu sein auf das Geschehen bei Cassius[119a]. Vielleicht hat gar erst die Konkurrenzsituation den Gefolgschaften Kontinuität über mehrere Generationen hinweg verschafft.

Wir stellten fest, daß man bei den Sabinianern mehr als bei den Prokulianern an den Lehren und Rechtsmeinungen der Vorgänger festhielt. Dazu paßt das unterschiedliche Gepräge der Schriften der ersten Schulautoritäten. Bei den ersten Sabinianern ragen, wie schon angedeutet, die Lehrschriften heraus, anspruchsvolle Gesamtdarstellungen: die 'Libri iuris civilis' von Sabinus und Cassius in drei bzw. ca. 20 Büchern. Kritische Kommentare zu Juristenschriften gibt es zunächst kaum; kasuistische Literatur zwar auch, jedenfalls von Sabinus, doch nehmen seine 'Responsorum libri' (zwei oder mehr), 'Memorialium libri' (elf oder mehr), auch seine 'Ad edictum praetoris urbani libri' (ca. zehn) neben dem 'Ius civile' bei den Späteren, und zwar sowohl Juristen wie Nichtjuristen à la Gellius, eine ganz untergeordnete Stellung ein[120]. Auf der prokulianischen Seite dagegen haben wir, soweit überhaupt Titel bekannt sind, nur locker Gefügtes: Proculs 'Epistulae', in denen der Schulgründer die Belehrung freilich nicht unterlassen hat[121]; er tat das aber auf eine zwanglosere Weise. Außerdem haben wir Proculs kritische Noten zu den 'Posteriora' des geistigen Stammvaters der Schule, Labeo. Was Cassius mit Sabins 'Ad Vitellium' tat, war offenbar nicht zu vergleichen. Mehr Titel der ersten Prokulianer kennen wir nicht. Keinen von Nerva pater, und von seinem Sohn nur das sicher nicht allein gewesene Schriftchen 'De usucapionibus'. Auch über die nächste Generation sind wir nicht besser unterrichtet. Atilicinus, Pegasus und Celsus pater waren ja nicht unfruchtbar; daß sie publiziert haben, ist sicher[122]. Wie die Titel ihrer Schriften lauteten, scheint also, wenn es uns nicht mitüberliefert worden ist, zweitrangig gewesen zu sein, was am ehesten der Fall war bei den oft austauschbaren kasuistischen oder besser

§§ 32 u. 35, wo aber chronologische Gesichtspunkte eine Rolle gespielt haben könnten. Wenn der berichtende Jurist sich kurz fassen, aber doch Stellung nehmen will, bringt er natürlich zweckmäßigerweise die abzulehnende Meinung zuerst.

[119a] S. schon KUNKEL, a. a. O. 342. Aber wieso eine Konkurrenzgründung „der abseits stehenden Juristen"? Die Prokulianer standen der Regierung nicht ferner als die Sabinianer. S. nur zu Pegasus Juv. Sat. 4, 77; u. Pomponius § 53. Und Sabinus als Zentrum der Jurisprudenz schlechthin zu charakterisieren, wäre einem Zeitgenossen gewiß nicht eingefallen. Solche Erhöhung gestanden die Zeitgenossen, wie Tac. ann. 3, 75 lehrt, nicht einmal einem Labeo zu, der zu seiner Zeit für die Jurisprudenz insgesamt mehr bedeutet haben dürfte als Sabinus eine Generation später. Zur prokulianischen Gründung verfehlt SCHULZ, Gesch. 142ff. S. schon MAYER-MALY, RE XXIII 1 (1957) 1238f. ab Z. 32, s. v. Proculus, der dann freilich KUNKEL folgt.

[120] Wie rasch abzulesen an der umfassenden Zusammenstellung aller von Sabinus überlieferten Zitate (und Nachrichten) bei BREMER II 1, S. 351—581, wovon vier Fünftel auf das 'Ius civile' entfällt, das ursprünglich nur etwa ein Zwanzigstel von Sabins Gesamtwerk ausmachte.

[121] s. KRAMPE, a. a. O. (oben Fußn. 68) 17ff.

[122] In den bei LENEL, Pal. s. h. vv., und vollständiger BREMER II 2, S. 185ff., 199ff. u. 256ff., bequem zu überblickenden Zitaten der Späteren heißt es fortlaufend *scribit*.

unsystematischen Inhalt ankündigenden Buchtiteln. Daß eine Schrift des Proculus 'Epistulae' betitelt war, wissen wir auch allein aus ihrer direkten Überlieferung.

Bei Javolen und Neraz allerdings scheinen sich dann diese Präferenzen umgekehrt zu haben. Von Javolen haben wir nur 'Epistulae' und Kommentare zu Juristenschriften. Neraz dagegen liefert mit seinen 'Regularum libri XV' die erste (bekannte) systematisch angelegte Schrift eines Prokulianers. Er scheint damit einen neuen Buchtyp geprägt zu haben, der den Typ 'Ius civile' ein für allemal ablösen sollte, worauf noch zurückzukommen sein wird. Celsus filius und Marcellus — er könnte einer seiner Schüler gewesen sein, die prokulianische Tradition fortgeführt haben[123] — sind wieder, von der Gattung ihrer Schriften her beurteilt, Kasuisten. Julians Hauptwerk sind zwar auch 'Digesta', doch findet sich in ihnen bekanntlich viel Kategorisierendes[124], abgesehen davon, daß sich diese Profilierung der beiden Richtungen abgeschwächt haben mag. Immerhin ist auffällig, daß in den oben verzeichneten Nennungen der Schulen, auch wenn es sich bei den Autoren der Stellen um den Sabinianer Gajus, einen Konsulenten des Sabinianers Javolen, den mutmaßlichen Sabinianer Venulejus und die Kompilatoren der Institutionen Justinians handelt, die hauptsächlich Gajus ausschöpften, die Sabinianer durchgehend *praeceptores*, die Prokulianer dagegen *auctores* heißen. Schließlich ist auch anzuführen, daß die ersten bekannten Autoren ausgesprochener juristischer Elementarlehrbücher der Sabinianer Gajus und der mutmaßliche Sabinianer Pomponius sind.

4. Aus Rechtsunterricht hervorgegangene Literatur der Klassiker

Hatte aber der Rechtsunterricht mit den *scholae* der Sabinianer und Prokulianer etwas zu tun? Manche bestreiten das[125]. Aber schon Pomponius legt es genau genommen nahe. Sein Kapitel 'De successione prudentium'

---

[123] Wenn er schreibt *placuisse scio Sabinianis* ... (Dig. 24, 1, 11 § 3), kann er kaum Sabinianer gewesen sein. Seine 'Notae' zu Julians 'Digesta' sind sehr kritisch, s. aus den ersten 13 Büchern Dig. 13, 6, 19 mit 19, 2, 41; 4, 2, 9 § 8; 7, 6, 5 § 1, wo er mit Labeo und Nerva geht; 13, 4, 2 § 7; 14, 6, 9 § 1 mit 12, 1, 14; 15, 1, 7 § 1 (mit Celsus); 15, 1, 9 § 8; 15, 1, 16; 15, 3, 13 u. 14; 16, 1, 8 § 2; 16, 3, 1 § 22; u. 19, 1 23. WILHELM KALB, Roms Juristen nach ihrer Sprache dargestellt (Leipzig 1890) 88 ff., stellt auffällig viele sprachliche Berührungspunkte des Marcellus mit Celsus filius fest. Umgekehrt erblickt A. M. HONORÉ, Julian's Circle, in: TR 32 (1964) 24 ff., in Marcellus einen Schüler Julians. Die Schule der Sabinianer sei um 145 n. Chr. geschlossen worden. Hierzu muß ich jedoch bekennen, daß mir scheint, HONORÉ handhabe seine scharfsinnige und einfallsreiche Methode bisweilen zu schematisch.

[124] KRÜGER 184 f.

[125] Insbesondere von KÜBLER, RE I A 1 (1914) 382, s. v. Rechtsschulen, der folgerichtig einen besonderen Artikel 'Rechtsunterricht' den 'Rechtsschulen' folgen läßt. Ähnlich KUNKEL 334 ff. Dagegen z. B. SCHULZ, Gesch. 142 ff.; HONORÉ passim, bes. Gaius 18 ff.; BUND, in: Der Kleine Pauly IV (1972) 1359 f., der folgerichtig die Stichwörter 'Rechtsschulen' und 'Rechtsunterricht' zusammenfaßt.

handelt immer wieder von Rechtsunterricht: in § 38, wo er zu den plebejischen Juristen kommt, bei Coruncanius, S. und P. Aelius und L. Acilius;
§§ 41f. bei Q. Mucius; §§ 43 bei der Ausbildung des Servius und 44 bei
seiner Schule; § 47 bei Ausbildung und Lehrtätigkeit Labeos; und § 50 bei
den Sabinusschülern. Freilich reduziert Pomponius am Ende das Ganze zu
einer Aufreihung der Häupter beider *sectae* mit Angabe von Rang und
Ansehen im Staat. Hier ist von Rechtsunterricht in der Tat nicht mehr
ausdrücklich die Rede, aber doch wohl deshalb, weil sich am Rande verstand, daß er hier aufgehoben war. Die überlieferten Schriften und Buchtitel bestätigen das. Überraschend viele müssen aus dem Rechtsunterricht
hervorgegangen sein, vor allem die für uns heute seltsamste Gattung der
römischen Rechtsliteratur: die kommentierte Epitome aus einer älteren
Juristenschrift, nah verwandt den mit 'Notae' neu herausgegebenen Schriften angesehener Altvorderer. Diese Gattung ist uns heute nicht völlig fremd.
Gerade bei juristischen Büchern sind wir Neuauflagen von der Hand eines
Jüngeren gewohnt. Eine heutige umgearbeitete Neuauflage ist aber etwas
anderes als eine römische Neuausgabe mit 'Notae'. Zunächst in Äußerlich-
keiten. Der heutige Neubearbeiter gibt i. d. R. seine Zusätze nicht jedesmal
zu erkennen, wie es der Verfasser von 'Notae' tat. Vor allem aber geht es
dem heutigen Bearbeiter um etwas anderes als jenem. Er will das Werk auf
einen aktuellen Stand des Wissens bringen, jener das eigene Ingenium bei
passender Gelegenheit mit dem des durchaus nicht als überholt angesehenen
Klassikers messen. So sucht man sich für Notierungen (fast) durchweg
Schriften aus, die bereits besondere Autorität genießen. Diese Schriften
werden auch nicht gekürzt. Wozu der Neuherausgeber nichts weiter zu
sagen hat, das erscheint ohne Stellungnahme. 'Notae' sind anscheinend nur
sporadische Stellungnahmen, kein durchgehender Kommentar. Ich zähle
auf, wovon wir Kunde haben[126]:

> Masurius Sabinus, 'Ad Vitellium libri' *cum notis Cassii*
> Labeo, 'Posteriorum libri XXXX' (oder mehr) *cum notis Proculi*
> Labeo, 'Posteriorum libri XXXX' *cum notis Aristonis*
> Masurius Sabinus, 'Iuris civilis libri III' *cum notis Aristonis*
> Cassius, 'Iuris civilis libri (ca.) XX' *cum notis Aristonis*
> Julian, 'Digestorum libri LXXXX' *cum notis Mauriciani*
> Julian, 'Digestorum libri LXXXX' *cum notis Marcelli*
> Pomponius, 'Regularum liber singularis' *cum notis Marcelli*
> Julian, 'Digestorum libri LXXXX' *cum notis Cervidii Scaevolae*
> Marcellus, 'Digestorum libri XXXI' *cum notis Cervidii Scaevolae*
> Cerv. Skävola, 'Digestorum libri XXXX' *cum notis Tryphonini*
> Cerv. Skävola, 'Responsorum libri VI' *cum notis Tryphonini*
> Julian, 'Digestorum libri LXXXX' *cum notis Pauli*
> Cerv. Skävola, 'Responsorum libri VI' *cum notis Pauli*

---

[126] Nachweise bei LENEL, Pal. s. v. der einzelnen Autoren der 'Notae', dort jeweils unter
'Notae ad . . .'.

Papinian, 'Quaestionum libri XXXVII' *cum notis Pauli*
Papinian, 'Responsorum libri XVIIII' *cum notis Pauli*
Marcellus, 'Digestorum libri XXXI' *cum notis Ulpiani*
Papinian, 'Responsorum libri XVIIII' *cum notis Ulpiani*
Papinian, 'De adulteriis libri II' *cum notis Marciani.*

Gerade umgekehrt war die Gewichtung bei den kommentierten Epitomen. Hier erscheint schon im Titel der Kommentator als Hauptautor. Aus der älteren Schrift wird nur ausgewählt, was eines Kommentars für würdig befunden wird; der Auszug ist also durchgehend kommentiert. Von derartigen Schriften kennen wir[127]:

Servius, 'Reprehensa Scaevolae capita'
Javolen, 'Ex Cassio libri XV'
Javolen, 'Ex Plautio libri V'
Labeo, 'Posteriorum a Iavoleno epitomatorum libri X'
Javolen, 'Ex posterioribus Labeonis libri X' (wohl spätere Ausgabe jenes Werks)
Neraz, 'Ex Plautio libri'
Julian, 'Ex Minicio libri VI'
Julian, 'Ad Urseium Ferocem libri IIII'
Pomponius, 'Ex Plautio libri VII'
Gajus, 'Ex Q. Mucio libri'
Paulus, 'Ad Vitellium libri IIII'
Paulus, 'Ad Neratium libri IIII'[128].

---

[127] Nachweise VERF., 'Variae lectiones' — Zwei Juristenschriften, in: Studi in onore di Edoardo Volterra (Mailand 1971) V 65ff. Zu Gajus s. Gai. 1, 188. Zur Deutung von Sabins 'Libri ad Vitellium', einer Sammlung erbrechtlicher Problemata, als Widmungsschrift s. schon BREMER II 1 S. 375; weitere Beispiele: des M. Iunius Gracchanus 'De potestatibus libri ad Pomponium', Varros 'Isagogicus ad Pompeium', desselben 'Rerum divinarum libri XVI ad Caesarem pontificem maximum', des Granius Flaccus 'De indigitamentis ad Caesarem' (s. BREMER I 262) und Tuberos 'Liber ad C. Oppium' (Gell. 6, 9, 11). S. a. Quint. inst. praef. 1.

[128] Pauls 'Ad Vitellium libri IIII' waren, wie die Fragmente bei LENEL, Pal. I 1301f. und vor allem II 189f., deutlich zeigen, ein Kurzkommentar zu Sabins 'Ad Vitellium libri' (zu ihnen soeben Fußn. 127); weil das so üblich war, möchte man vermuten, daß das Grundwerk auch hier nur im Auszug wiederkehrte. Der Titel führt ohnehin irre, was aber darauf beruhen mag, daß er uns nur mißverstehend gekürzt überliefert ist. Die Digesteninskriptionen und der Index Florentinus kürzen oft. S. z. B. LENEL, Pal. I 575 Fußn. 1; II 271 Fußn. 1; u. Sp. 387 Nr. 29 g. E. Pauls 'Ad Neratium libri IIII' waren trotz der Bedenken, die REINHOLD GREINER, Opera Neratii — Drei Textgeschichten (Karlsruhe 1973), 139ff. dagegen angemeldet hat, wahrscheinlich doch ein Kurzkommentar zu einer ganz bestimmten Schrift, den 'Responsorum libri IIII' von Neraz. GREINER ist zu sehr von der Vorstellung beherrscht, ein Responsenwerk müsse die äußere Struktur von Rechtsbescheiden bewahren. Das ist zwar oft der Fall, besonders eindrucksvoll bei Skävola, aber z. B. keineswegs bei Papinian, ohne daß wir deshalb mit einer Überarbeitung rechnen dürften. Von einer 'typischen' Textstruktur zu sprechen (GREINER S. 148f.), scheint mir bei der geringen Zahl der aus Neraz' 'Responsa' überkommenen Fragmente (zwölf), unter denen man jedenfalls fünf verschiedene Strukturen unterscheiden kann (s. LENEL, Pal., s. v. Neraz Nr. 75—78 u. 82), bedenklich. Da die überlieferten Paulusinterpretamente (LE-

Dabei zeigt Julians Wechsel von 'Ex . . . ' zu 'Ad . . . ' offenbar steigendes
Selbstbewußtsein des Kommentators an. Bald danach, mit Laelius Felix
und Pomponius, beginnen die umfangreichen, das Grundwerk quantitativ
um ein Vielfaches übertreffenden Kommentierungen von Juristenschriften,
die alle *ad* haben; nur der bescheidene Pomponius hatte seinen Sabinus-
kommentar noch 'Ex Sabino libri XXXV' genannt[129]. An unmittelbare
Produkte des Unterrichts mag man hier nicht mehr glauben. Diese Großkommentare repräsentieren eine von Pomponius mitbegründete enzyklopädische Welle, die nur insofern mit der Schule zu tun zu haben scheint,
als der Unterricht die Lehrer dazu angeregt haben mag, umfassende Nach-
schlagewerke zu schaffen. Die Entstehung der kommentierten Epitomen
dagegen kann man sich kaum anders vorstellen denn als schriftliche Fixierung von Lehrvorträgen. Hier fällt nämlich auf, daß als Grundtext oft
unbedeutende Autoren gewählt wurden. Man griff zu den oben vorgestellten
Epigonen, und zwar taten das gerade Juristen mit nicht geringem Selbstbewußtsein wie Javolen, Neraz und Julian. Es scheint, als hätten sie sich
das Unterrichten dadurch erleichtert, daß sie ihrem Unterricht gut eingeführte, was ja oft heißt: mehr Gewicht auf die Vermittlung als Originalität
legende Darstellungen zugrunde legten, so wie im 18. Jh. KANT Philosophie
nach CHRISTIAN WOLFF oder man die Pandekten nach HELLFELD las[130].
Daß Julians Beschäftigung mit einem Minicius oder Urseius Ferox die
Frucht häuslicher Mußestunden gewesen wäre, kann man nicht glauben.

Das bedeutet aber, daß auch die Schulhäupter selbst unterrichteten,
auch ein Julian. Wer 'Quaestiones' bzw. 'Disputationes', bisweilen ausdrücklich 'publicae' zubenannt[131], veröffentlicht hatte, wie Fufidius, Celsus
filius, Afrikan, Mäcian, Cerv. Skävola, Papinian, Callistrat, Tryphonin,
Tertullian, Paulus und Ulpian[132] oder gar 'Institutiones' bzw. 'Pandectae',
wie Gajus, Callistrat, Paulus, Ulpian, Florentin, Marcian und Modestin[133],
von denen nahm man das auch bisher schon an[134]. Mit den vorher Genannten

---

NEL, Pal., s. v. Paulus Nr. 1023, 1027, 1029f., 1033f., 1036f., 1040, 1043, 1046 u. 1048)
den Neraztexten an Umfang im Durchschnitt knapp gleichkommen, müßte Paulus ihn
gleichzeitig epitomiert haben — sofern das Überlieferte wirklich einen repräsentativen
Querschnitt darstellt.

[129] VERF., a. a. O. (oben Fußn. 127) 66 Fußn. 63. Außerdem kennen wir folgende ausführ-
liche Kommentare zu Juristenschriften: Laelius Felix 'Ad Q. Mucium libri', Pomponius
'Lectionum ad Q. Mucium libri XXXVIIII' (dazu VERF., a. a. O. 72ff.), Paulus 'Ad
Plautium libri XVIII', Paulus 'Ad Sabinum libri XVI' und Ulpian 'Ad Sabinum libri LI'.

[130] s. ERNST LANDSBERG, Gesch. d. Deutschen Rechtswissenschaft III 1 (München 1898)
Text S. 309f. u. Noten S. 207f.

[131] So bei Skävolas 'Liber singularis' und im Falle Ulpians, s. Diokl. CJ 9, 41, 11 § 1.

[132] s. LENEL, Pal., s. vv. d. einzelnen Autoren unter 'Quaest'.

[133] Zum Inhalt der 'Pandectae'-Werke VERF., a. a. O. (oben Fußn. 127) 51f. Auch hier sind
die Nachweise im einzelnen bequem LENELS Pal. zu entnehmen.

[134] KUNKEL 334ff. verkürzt diesen Schluß zu Unrecht, wenn er den „professionellen" Rechtsunterricht von der Lehrtätigkeit der Pandektenjuristen „in kleinem, ausgesuchten Kreise"
(336 Fußn. 710) abtrennt, in den Rechtsschulen „eine Art von Debattierklubs mit korporativem Charakter" (341) erblickt, sogar Sabinus als professionellen Rechtslehrer nur
beginnen, durch „Protektion seiner vornehmen und einflußreichen Schüler" (S. 342) ihm

zusammen bleibt aber kaum einer mehr übrig, der sich durch seine Schriften nicht auch als Rechtslehrer ausgewiesen hätte. Und bei wem ein auf Rechtsunterricht hinweisender besonderer Buchtitel fehlt wie bei Proculus, von dem wir eben nur 'Epistulae' kennen, dort bringt der Inhalt dieses neutral betitelten Werkes die gewünschte Bestätigung[135]. Wenn man hiergegen die ganz allgemeine Überlegung eingewandt hat, die großen Juristen, die von den Kaisern gern in der Reichsverwaltung eingesetzt wurden, hätten schwerlich die für den Unterricht nötige Zeit erübrigen können[136], so ist darauf zu erwidern, daß die Statthalterschaften, die zur Entfernung von Rom und den Unterrichtsstätten zwangen, ja nicht nahtlos eine an die andere anschlossen. Auch wer viel draußen eingesetzt wurde, weilte zwischendurch immer wieder für längere Zeit in Rom. Neben Regierungsaufgaben in der Hauptstadt aber ließ sich, wenn Neigung dazu bestand, die eine oder andere Unterrichtsstunde doch wohl abzweigen. Standespersonen waren in der Antike im allgemeinen leichter abkömmlich als die heutige Arbeitswelt es zuläßt. Und mit gewiß auch damals schon zeitraubenden politischen Spitzenämtern wie der Prätorianerpräfektur wurden Juristen nur selten und nur Papinian über Jahre hinaus betraut[137].

5. Theoretischer und praktischer Rechtsunterricht. Die dem theoretischen Unterricht zuzuordnende Literatur

Beim Rechtsunterricht müssen wir allerdings ganz ähnlich wie bei der allgemeinen Bildungsaufnahme im antiken Rom[138] zwischen Elementar-

aber bald entwachsen läßt. „Der exklusive Unterricht bei den großen Juristen wurde gewiß nur wenigen . . . zuteil. Die große Masse wird sich . . . den professionellen Rechtslehrern zugewendet haben." (S. 344). Natürlich haben die interessantesten Juristen nicht nur gelehrt, und je berühmter einer wurde, um so öfter hinderten ihn andere Aufgaben am Unterrichten. Daraus weiterzuentwickeln, im Rom der hohen Kaiserzeit habe es einen scharf getrennten Zwei-Klassen-Rechtsunterricht gegeben, scheint mir die Grenze notwendiger und erlaubter Spekulationen zu überschreiten. Zutreffend ARNALDO BISCARDI, Postille gaiane, in: Gaio nel suo tempo (oben Fußn. 2) 15f.

[135] KRAMPE, a. a. O. 17ff.

[136] So FRANZ WIEACKER, Doppelexemplare der Institutionen Florentins, Marcians und Ulpians, in: RIDA (1. Serie) 3 (1949) 606f., was jedoch DERS., Textstufen (Göttingen 1960) 213, zurücknimmt. S. a. TH. KIPP, SZ 24 (1900) 394 (Rez.), zu BAVIERA S. 18 über Nerva pater. Zuletzt ATKINSON (oben Fußn. 51a) 48, die die Schriften der Juristen aber beiseite läßt. Etwas anders SCHULZ, Gesch. 208; u. KUNKEL, a. a. O. 336 oben, die nur den Elementarunterricht mit der sozialen Stellung eines Paulus oder Ulpian für unvereinbar halten. Aber die Frage, ob man Geld dafür nahm, ist von der Frage, ob und in welchem Umfang man unterrichtete, zu trennen. S. dazu unten Nr. 8. Immerhin waren unsere Juristen jedenfalls seit Julian so gut wie alle kaiserliche Gehaltsempfänger, was KUNKEL bei seiner aristokratischen Stilisierung dieser Herren zu wenig beachtet.

[137] Pauls Präfektur ist fragwürdig, LAWRENCE LEE HOWE, The Pretorian Prefect from Commodus to Diocletian (Chicago 1942) 105f.; CHASTAGNOL, a. a. O. (unten Fußn. 233) 45ff. u. 65, gedenkt seiner nicht einmal mehr. Und Ulpian hielt sich nur ein knappes Jahr, J. MODRZEJEWSKI u. T. ZAWADZKI, La date de la mort d'Ulpien et la préfecture du prétoire au début du règne d'Alexandre Sévère, in: RH 45 (1967) 565ff.; u. CHASTAGNOL 45f.

[138] Dazu statt aller HENRI-IRÉNÉE MARROU, Geschichte der Erziehung im klassischen Altertum (Freiburg i. Br. 1957) 389ff.

und höherem Unterricht unterscheiden, außerdem zwischen den verschiedenen Epochen. Bis in Ciceros Jugendjahre (ca. 95 v. Chr.) gehörten Grund-
kenntnisse im Recht, insbesondere Beherrschung der Zwölf Tafeln Wort für
Wort, zum allgemeinen Elementarunterricht[139]. Bei den Juristen bildete
man sich fort, indem man ihrer praktischen Arbeit beiwohnte:

Cicero, Orator §§ 142—144:

(C. verteidigt die Standesgemäßheit des Rhetorikunterrichts):

Cur igitur ius civile docere semper pulchrum fuit hominumque clarissi-
morum discipulis floruerunt domus . . . ? . . . 'At alterum factitatum est
(Jura), *alterum* (Rhetorik) *novum.' . . . Alteros enim respondentes audire*
sat erat, ut ii qui docerent nullum sibi ad eam rem tempus ipsi seponerent,
sed eodem tempore et discentibus satisfacerent et consulentibus. . . . Atque
illi (Juristen) *dicere melius quam praecipere, nos* (Rhetoren) *contra for-*
tasse possumus melius docere. 'At dignitatem docere non habet.' Certe, si
quasi in ludo; sed si monendo, si cohortando, si percontando, si com-
municando, si interdum (!) *etiam una legendo audiendo. . . . An quibus*
verbis sacrorum alienatio fiat docere honestum est, quibus ipsa sacra
retineri defendique possint non honestum est?

Aber Cicero sagt in 'De legibus' (51 v. Chr.) selbst, daß jenes Zwölf-Tafeln-
Lernen mittlerweile gründlich außer Übung gekommen ist[140]. Die Juristen
haben auch den juristischen Elementarunterricht übernommen, der unter
ihrer Leitung freilich anders ausgesehen haben wird als Ciceros Zwölf-
Tafeln-Pauken. Nicht alle stellten sich alsbald darauf ein:

Cicero, Brutus § 306:

Ego autem (90 v. Chr.) *iuris civilis studio multum operae dabam Q.*
Scaevolae Q. f. (der Augur, auch er Jurist), *qui quamquam nemini se*
ad docendum dabat, tamen consulentibus respondendo studiosos audiendi
docebat[141].

Im allgemeinen aber hatten sich die Juristen seit dem späten 2. Jh. v. Chr.
um die Lehrbarkeit ihres Handwerks gekümmert. Schon Cato filius werden
'Commentariorum iuris civilis libri XV' (oder mehr) zugeschrieben[142]. Von
M. Iunius Brutus (Prätor 140 v. Chr.?), einem der drei von Pomponius
fundatores iuris civilis Genannten, hören wir, daß er 'De iure civili libri
III' in Dialogform verfaßt hat[143]. Die 'Libri XVIII iuris civilis' von Q.

---

[139] Cic. leg. 2, 59 u. 2, 9. S. a. Plaut. Most. 229 u. Plut. Cato mai. 20, 4. Vgl. für Athen
Kratinos, Nomoi Fragm. 1.
[140] 2 § 59 *iam nemo discit*.
[141] Vgl. a. Cic. Lael. 1ff. ATKINSON (oben Fußn. 51a) 36ff.
[142] Nachweise bei BREMER, a. a. O. I 20ff.
[143] Dazu MARIO BRETONE, Publius Mucius et Brutus et Manilius qui fundaverunt ius civile,
in: Atti del secondo Congresso Internazionale della Società Italiana di Storia del Diritto
(Florenz 1971) 103ff.

Mucius pontifex stellten das Privatrecht erstmals *generatim* dar. Da Pomponius, der uns das berichtet[144], sie in 39 *libri* auch kommentiert hat und zahlreiche Bruchstücke davon in die Digesten aufgenommen wurden[145], können wir ihre Folge der Materien einigermaßen rekonstruieren[146]:

I	'De testamentis'	Laelius F. B. 1, Pomp. B. 1—3a
II	'De legatis'	Mucius B. 2— ?, Pomp. B. 3b—9
III	'Si intestato moritur'	Pomp. B. 10
IV	?	Pomp. B. 11—14a
V	'De stipulationibus'	Pomp. B. 14b—15
VI	'De tutelis'	Pomp. B. 16
VII	'Lex Aquilia'?	Pomp. B. 17
VIII	'De statuliberis'	Pomp. B. 18
IX	?	Pomp. B. 19—22
X	'De usucapionibus'. 'De servitutibus'	Pomp. B. 23—26
XI	?	Pomp. B. 27—30
XII	Emptio venditio	Pomp. B. 31
XIII	'De aqua'	Pomp. B. 32
XIV	'Negotium gestum cum eo qui in aliena potestate est'	Pomp. B. 33
XV	?	Pomp. B. 34
XVI	'De societate'	Mucius B. 14, Pomp. B. 35 u. 36
XVII	'De postliminio'	Pomp. B. 37
XVIII	'De furtis'	Mucius B. 16, Pomp. B. 38
XIX	?	Pomp. B. 39

Zu Servius sagt Pomponius, nachdem er über seine Bekehrung[147] berichtet hat (§ 43):

---

[144] § 41.

[145] LENEL, Pal. II 60ff. Außerdem haben wir einige Stücke aus dem ersten Buch eines Kommentars von Laelius Felix, LENEL Pal. I 557f.; sowie ein paar Zitate aus dem Originalwerk mit Buchangabe, LENEL, Pal. I 757f.

[146] Nach HUBERT KAUFHOLD, Seminarreferat in Göttingen bei FRANZ WIEACKER vom 20. Jan. 1966. Die römischen Ziffern bezeichnen die Folge der Themen, nicht zugleich die Bücher. Die rechts angegebenen Buchzahlen lassen sich am einfachsten an Hand von LENELS Pal. verifizieren. Mit dem von SCHULZ, Gesch. 112, offenbar mit Hilfe von Gajus komplettierten 'Grundplan' des 'Ius civile' stimmt obiger Befund weithin nicht überein, zumal in den späteren Abschnitten nicht. S. dazu schon HANS KRELLER, Res als Zentralbegriff des Institutionensystems, in: SZ 66 (1948) 573ff.; u. FRANZ WIEACKER, Griechische Wurzeln des Institutionensystems, in: SZ 70 (1953) 97ff., der selbst auf Spekulation aber auch nicht ganz verzichtet hat. Andererseits läßt MANFRED FUHRMANN, Das systematische Lehrbuch (Göttingen 1960) 187f., bei seiner allzu geringen Einschätzung der systematischen Leistungen eines Q. Mucius (und auch der anderen vorgajanischen Systematiker) die Schrift des Q. Mucius selbst (und ebenso die eines Sabinus, Cassius usf.) zu Unrecht ganz außer Betracht.

[147] Was Pomponius uns hier erzählt, klingt allzusehr nach einem bestimmten Schema. Auch bei Q. Aelius Tubero weiß er von einem verdächtig ähnlichen Schlüsselerlebnis zu berichten

... operam dedit iuri civili et plurimum eos, de quibus locuti sumus
(s. § 42: *Mucii auditores fuerunt complures, sed praecipuae auctoritatis*
Aquilius Gallus, Balbus Lucilius, S. Papirius, T. Iuventius), *audiit,*
institutus a Balbo Lucilio, instructus autem maxime a Gallo Aquilio,
qui fuit Cercinae (dazu § 42 Forts. d. vorigen Klammer: *ex quibus*
Gallum maximae auctoritatis apud populum fuisse Servius dicit. omnes
tamen hi a Servio Sulpicio nominantur ... nec versantur omnino scripta
eorum inter manus hominum).

Servius' Ausbildung als Jurist schildert auch Cicero:

Brutus § 154:

... discendi causa duobus peritissimis operam dedisset: L. Lucilio
Balbo et C. Aquilio Gallo. Galli hominis acuti et exercitati promptam et
paratam in agendo et in respondendo celeritatem subtilitate diligentiaque
superavit. Balbi docti et eruditi hominis in utraque re consideratam
tarditatem vicit expediendis conficiendisque rebus.

Balbus war also unpraktisch, aber gelehrt und scheint sich zumal aufs
Lehren verlegt zu haben. Ganz entsprechend unterscheidet Pomponius bei
der Ausbildung Labeos (§ 47):

... omnes hos (Trebaz, Cascellius, Ofilius und Tubero) *audivit,*
institutus est autem a Trebatio.

Instituere bezeichnete also den theoretischen Unterricht; *audire,* das
Pomponius mit *instruere* nur zu steigern scheint[148], die Anwesenheit bei der
praktischen Arbeit, in welchem Ausbildungsabschnitt die Auszubildenden
nicht bloß stumme Zuhörer waren, sondern das Geschehene mit dem Lehrer
auch erörterten, was man *disputare* nannte[149]. Aus diesem Teil der Lehrtätigkeit sind offenbar die Schriften mit dem Titel 'Disputationes' hervorgegangen. Auch in die 'Quaestiones' und 'Epistulae' betitelten Schriften wird
viel davon eingegangen sein. Und dem *instituere* sind natürlich die

---

(§ 46). Zumal von großen Philosophen erzählte man sich Bekehrungslegenden. So habe
sich Zenon, der Begründer der Stoa, erst nach einem Schiffbruch, bei dem er Hab und Gut
verloren habe, der Philosophie zugewandt, während er nach anderen Quellen mit
1000 Talenten in Griechenland ankam; s. MAX POHLENZ, Die Stoa (Göttingen 1948) I 23.
Ciceros abweichende Motivierung des Übertritts von Servius, Pro Murena § 29, ist freilich
auch nicht frei von Eitelkeit. Unentschieden MÜNZER, RE IV A 1 (1931) 852, 3ff., s. v.
Sulpicius 95. Skeptisch auch KRÜGER 66 Fußn. 21.

[148] Zu *instruere* PAUL JÖRS, Röm. Rechtswiss. z. Zt. d. Republik I (Berlin 1888) 237
Fußn. 2 a. E.

[149] S. z. B. Paulus über Skävola Dig. 28, 2, 19. Vgl. Agennius Urbicus, De controversiis agrorum = Corpus agrimensorum Romanorum, ed. C. THULIN S. 25 Z. 3ff. (aus Frontin?):
uno enim libro instituimus artificem, alio de arte disputavimus. — Eine dritte Ausbildungs-
stufe war die Assessur, die aber gleichzeitig schon eine erste Stufe des Berufslebens
darstellte. S. dazu OKKO BEHRENDS, Der assessor zur Zeit der klassischen Rechtswissenschaft, in: SZ 86 (1969) 192ff.

'Institutiones' betitelten Schriften zuzuordnen. Aber nur sie? Erst Gajus beginnt damit, und das in der Provinz[150]. In Rom taucht dieser Titel, wie es scheint, erstmals bei Paulus und Ulpian auf, deren 'Institutiones' nur mehr schmale zwei *libri* umfassen — sollte das die ganze theoretische Ausbildung gewesen sein? Das ist ausgeschlossen, auch unter den Severern. Die Zeit vor Paulus würden zudem nicht einmal solche schmalen Institutionenlehrbücher abdecken.

Aber wir haben ja die Darstellungen des Privatrechts mit dem Titel 'Ius civile' o. ä. Angeführt wurden schon Cato filius, Brutus und Q. Mucius pontifex sowie Sabinus und Cassius. Dazwischen liegen die 'Iuris partiti libri' von Ofilius[151], die vermutlich recht umfangreich waren und anscheinend noch Ulpian vorlagen[152] und die wohl auch Pomponius meint, wenn er § 44 sagt:

> Is (Ofilius) ... *libros de iure civili plurimos et qui omnem partem operis fundarent reliquit.*

Mit Cassius endet dieser Titel aber. Sollte damit auch das anspruchsvolle Lehrbuch aufgehört haben? Oder sollten sie von den ja erst nach Cassius so recht in Schwang gekommenen kommentierten Epitomen abgelöst worden sein? Diese enthielten viele Streitfragen, nicht nur durch das Hinzutreten des Kommentators; auch schon Plautius, Ursejus Ferox und wie sie sonst heißen, hatten sich vor allem durch Literaturberichte hervorgetan. Damit bestrittene Lehrveranstaltungen eigneten sich kaum für den ersten Unterricht im Recht, passen besser zum Vorgerücktenunterricht.

Der alte Titel 'Ius civile' bedeutete 'Bürgerliches Recht'; die so betitelten Schriften enthielten nur Privatrecht, das bis Sabinus durchaus nicht die einzige auch literarisch gepflegte juristische Disziplin war. Mindestens genauso wichtig nahm man 'Ius pontificium' und 'Ius augurale', literarisch sogar noch Capito[153]. Im Verlauf des 1. Jhs. n. Chr. aber, ja, sich deutlich ankündigend schon im 1. Jh. v. Chr., wurde das von den Gerichtsmagistraten geschaffene Privatrecht, das *ius honorarium*, immer wichtiger[154], und die Bedeutung von *ius civile* verengte sich auf das alte Privatrecht mit gesetzlicher Grundlage[155]. Für eine Darstellung der wichtigsten Institutionen des geltenden Privatrechts eignete sich der Titel nicht mehr. In diese Lücke trat anscheinend etwas Neues. Anscheinend erstmals Neraz veröffentlichte ein systematisch angeordnetes Privatrecht in knappen Sätzen und ohne Auseinandersetzung mit anderen Autoren, 15 *libri* stark: 'Regu-

---

[150] S. Verf., Römische Provinzialjurisprudenz, hier unten S. 294ff.

[151] Nachweise bei BREMER I 345ff.

[152] JÖRS, RE XV 1 (1903) 1477, s. v. Domitius 84.

[153] LENELS Pal. beschränkt sich aus das *ius civile*, jedenfalls für die ältere Zeit. S. aber BREMER I u. II 1 passim. Zu Capito II 1 S. 267ff., zu Sabinus S. 363ff.

[154] S. Cicero, De legibus 1, 17. Die ersten Kommentare zum Edikt stammen von Servius (schmale *II libri*, Pomponius § 44) und Ofilius (s. ebenda, offenbar wesentlich umfangreicher).

[155] MAX KASER, Das römische Privatrecht I (2. Aufl. München 1971) 201.

lae'[156], zu deutsch etwa 'Richtlinien' (aber natürlich nicht amtliche); eigentlich bedeutet *regula* 'Richtholz'. Damit hat Neraz einen großen Schritt weg von der noch im 'Ius civile' von Sabinus und Cassius allenthalben durchscheinenden kasuistischen Darstellungsweise zur Formulierung abstrakter Rechtsnormen hin getan; vielleicht wurden sie im Unterricht mündlich erläutert. Der nächste bekannte Verfasser von 'Regulae' ist Pomponius[157] mit einem 'Liber singularis', der immerhin die Ehre erfuhr, von Marcellus mit 'Notae' versehen zu werden. Insbesondere die Spätklassiker aber versuchen sich an diesem neuen Lehrbuchtyp und entwickeln ihn weiter. Von Cervidius Skävola, Paulus, Ulpian, Marcian, Modestin und Licinius Rufinus sind 'Regulae' von vier, zweimal sieben, fünf, zehn und zwölf Büchern bekannt, die nunmehr meist auch öffentliches Strafrecht, Appellationen, Gemeinderecht und Militärrecht einbeziehen; ebenso übrigens Marcians 'Institutionum libri XVI' und Modestins 'Pandectarum libri XII', wie die ausführlicheren Darstellungen dieser Juristen betitelt sind; und auch Papinians 'Definitionum libri II'[158], die aber wieder mehr den 'Regulae'-Werken gleichen.

Gegen die Deutung auch der 'Regulae'-Werke als Produkte des Unterrichts[159] hat PETER STEIN eingewandt[160], sie seien zu wenig diskursiv, insofern sie oft nur kahle Grundsätze enthalten ohne Begründung oder auch nur eine lockere Absicherung. Außerdem seien die darin enthaltenen Rechtssätze für einen Anfänger zu speziell. Es handle sich vielmehr um Hilfsmittel für, wie ich STEIN zusammenfassen darf, subalterne Funktionäre der Reichsverwaltung, denen die diskursiven, viele Zweifelsfragen ausbreitenden Kommentare zu anspruchsvoll waren. Als Beispiel führt er den *praefectus Aegypti* L. Munatius Felix an[161]. In einem Urteil berief sich dieser auf einen Rechtssatz, dessen Herkunft nicht angegeben wird, den Präfekten offenbar nicht kümmerte, dessen Anwendung er vielmehr damit rechtfertigt, daß er ihn als Richter schon öfter angewandt habe und er billig sei. In Wahrheit

---

[156] Die sieben erhaltenen Fragmente beisammen bei LENEL, Pal. I 774f. Zu System und Zweckbestimmung im einzelnen sofort.

[157] Beide den Kompilatoren unter dem Namen des Gajus vorgelegenen 'Regulae'-Werke (LENEL, Pal. I 251) sind apokryph und stammen erst aus dem 4. Jh. n. Chr. Die einzige aus dem 'Liber singularis' erhaltene Stelle, Dig. 1, 7, 21, repräsentiert einen Rechtszustand, den erst Diokletian eingeführt zu haben scheint. S. Cod. Just. 8, 47, 8 S. 2. Die hier eröffnete Möglichkeit lehnte Gai. 1, 101 noch ab (ebenso Gell. 5, 19, 10). Widersprüchlich KASER, a. a. O. 348 u. Fußn. 39, der sich mit der Problematik der nachklassischen 'Regulae'-Werke nicht befaßt hat. Zu den 'Libri' (drei oder mehr) s. VERF., Contrarius actus, in: Sympotica Franz Wieacker (Göttingen 1970) 151 Fußn. 166.

[158] Aus Pap. def. s. LENEL, Pal. s. h. a. Nr. 58—60; aus Mod. pand. Nr. 138—150 (die beiden letzten Bücher); aus Marci. inst. Nr. 162—180 (Buch 14); Mod. reg. Nr. 241—256 (Buch 8); Marci. reg. Nr. 222, 235f. u. 285f.; u. Skäv. reg. Nr. 202—212 (Buch 3 u. 4, also die ganze zweite Hälfte ?).

[159] S. statt vieler KRÜGER 141f.; u. SCHULZ, Gesch. 209f.

[160] Regulae iuris — from Juristic Rules to Legal Maxims (Edinburg 1966) 74ff. Im wesentlichen zustimmend WIEACKER, SZ 84 (1967) 439f.

[161] S. 81f. zu P. Ryl. 75.

handelte es sich um eine Bestimmung der *Lex Iulia de bonis cedendis*[162], was
STEIN entgangen zu sein scheint. Gewiß waren in nachklassischer Zeit
'Regulae' sehr begehrt. Vier pseudonyme Schriften aus dem 3. und 4. Jh.
n. Chr. haben diesen Titel: *Libri singulares* unter Gajus', Pauls und Ulpians
Namen und *libri* (drei oder mehr) unter dem des Gajus[163]. Nach ihnen hatte
wahrscheinlich wirklich hauptsächlich die Praxis gefragt. Und es sei auch
frei heraus gesagt, daß die Durchsicht der authentischen 'Regulae'-
Schriften den Hermogeniankenner bestürzende Ähnlichkeit wahrnehmen
läßt. Aber für solche klassischen oder nachklassischen Praktiker als
Verbraucher von Rechtsliteratur waren 15 *libri* viel zu viel. Ein einziges
ist in der Nachklassik die Regel; wenn man anspruchsvoll ist, fünf oder
sechs[164]. Aber auch die klassischen Juristen haben die Beamten nicht im
Stich gelassen. Ihnen gilt die 'De officio . . .'-Literatur, die sinnvollerweise
gezielt sich die jeweiligen Dezernate vornimmt und auch im Stil von den
'Regulae'-Werken weit entfernt ist. Insbesondere wird der Geltungsgrund
der Normen genannt. Dem Stil der 'Regulae' gleicht am meisten eine ältere
Schrift: Sabins 'Ius civile', das ähnlich apodiktisch stilisiert war[165]. Vor allem
aber kehrt die Folge der Materien von Nerazens 'Regulae', soweit wir das
noch verfolgen können, in den Institutionen des Gajus wieder[166]. Es ist
STEIN zuzugeben, daß apodiktische Stilisierung und Einbeziehung auch
entlegener Einzelheiten didaktisch nicht sehr empfehlenswert sind. Aber die
Klassiker waren alle didaktisch nicht sonderlich geschickt, wie der große
Erfolg eines anscheinend ungewollt verbreiteten Außenseiterbüchleins
bald zeigen sollte. Natürlich werden die 'Regulae'-Werke auch Justiz-
funktionären dienlich gewesen sein, so wie heutige juristische Leitfäden
mitunter wirklich und nicht nur nach dem im Vorwort geäußerten Wunsch
des Verfassers sich auch in der Hand des Praktikers bewähren. Aber darum
geht es hier nicht, sondern um die Frage, was den Anstoß zu diesem
Werktyp gab. Von Neraz, aber auch von Paulus und Ulpian sind nur spärliche Fragmente auf uns gekommen. Am meisten haben wir aus den Werken
Marcians und Modestins, gegen die vollständig erhaltenen Institutionen des
Gajus freilich immer noch bescheidene Bruchstücke. Bei Modestin nun hat
zwar die große Menge der erhaltenen Bruchstücke das gleiche Gepräge wie

---

[162] MAX KASER, Das römische Zivilprozeßrecht (München 1966) 316 u. Fußn. 5.
[163] S. oben Fußn. 157. Zu Pseudo-Paulus VERF., Ulpiani opinionum libri VI, in: TR 41
(1973) 309 f.
[164] Siehe unten S. 315 ff.
[165] STEIN selbst ist S. 92 ff. der Bedeutung von *regulae* im Elementarlehrbuch des Gajus
nachgegangen. Aus Sabins 'Ius civile' bringt nicht nur Gellius Originalfragmente (zusammengestellt bei LENEL, Pal. II 187 f.), sondern auch in den Kommentaren der Spätklassiker ist, wenngleich dem kurzen Blick verborgen, noch viel Sabinusgut erhalten, das
auszuheben schon LENEL erste, vorsichtige Schritte getan hat. S. aus Ulpians Kommentar
LENEL, Pal., s. v. Ulpianus Nr. 2531 pr. §§ 3 u. 5 (immer nur den Anfang); 2436;
2438; 2446; auch 2479 u. 2494; 2524; auch 2431 u. 2583 II; 2643; auch 2647 u. 2716 § 1;
2733 I: 2739 I; auch 2864; 2868 I § 2; 2870; auch 2897 § 3; 2903 I; 2949 III § 6;
u. 2960 I.
[166] GREINER, a. a. O. (oben Fußn. 128) 130 ff.

bei Neraz und den anderen. Dazwischen aber gibt es in einer Weise theoretisierende Stücke, mit denen ein Praktiker und bloßer Funktionär kaum etwas anfangen konnte:

Aus Buch 1:

Legis virtus haec est: imperare, vetare, permittere, punire (Dig. 1, 3, 7).

Ergo omne ius aut consensus fecit aut necessitas constituit aut firmavit consuetudo (Dig. 1, 3, 40)[167].

Nuptiae sunt coniunctio maris et feminae et consortium omnis vitae, divini et humani iuris communicatio (Dig. 23, 2, 1).

Aus Buch 2:

Filios familias non solum natura, verum et adoptiones faciunt (Dig. 1, 7, 1 pr.).

Obligamur aut re aut verbis aut simul utroque aut consensu aut lege aut iure honorario aut necessitate aut ex peccato (Dig. 44, 7, 52 pr.)[167].

Andere Stellen haben ganz wie oft Gajus aufdringlich lehrhafte Züge. Beispiele werden in der ersten Person Plural angeführt[168], also ein Lehrgespräch assoziiert. Auch unter den nur 20 Stücken aus Ulpian finden sich immerhin drei Stellen ähnlich lehrhaften Charakters[169]. Vor allem aber das berühmte Exordium Dig. 1, 1, 10, zu dem eine Parallele nur im Proömium von Ulpians Institutionen zu finden ist (Dig. 1, 1, 1 pr. § 1), vindiziert die Schrift dem angehenden Jünger des Rechts; und damit die ganze Gattung. So wenig man sich in diesen Schriften übrigens mit abweichenden Meinungen und Zitaten aufhielt, so wenig spielten sie ihrerseits in der juristischen Diskussion eine Rolle. Kein einziges dieser Unterrichtswerke findet sich bei einem anderen Juristen zitiert, auch nicht in den an sich diskussionsfreudigen Kommentaren usf. Ein „*manual of standing orders*"[170], das nicht zitierfähig war, wäre unbrauchbar gewesen. So sind denn auch die 'Libri de officio . . .' laufend zitiert worden, wie in ihnen auch Wert auf Nachweisung der Rechtssätze gelegt wurde. Auch die nachklassischen Paulussentenzen, die man sich in der Tat am besten als für die Praxis geschrieben vorstellen kann, in nachklassischer Zeit natürlich ohne Nachweisungen, werden von Anfang an überall zitiert, und zwar von der Praxis. Warum wurde den klassischen 'Regulae'-Werken diese Aufmerksamkeit nicht zuteil? Sie teilen dieses Schicksal mit den Institutionen- und Pandektenwerken. Das Nachleben all dieser Schriften beschränkt sich auf die eine

---

[167] Zum sachlichen Gehalt dieser Stellen TH. MAYER-MALY, Obligamur necessitate, in: SZ 83 (1966) 47ff.
[168] Dig. 17, 2, 4. Siehe ferner 46, 4, 1; 44, 7, 54; 50, 16, 102; 103; 50, 17, 196; u. 46, 3, 75.
[169] Dig. 50, 16, 213; 25, 1, 14; u. 28, 5, 51 § 2. Aus Marcian Dig. 8, 1, 1 u. 1, 8, 8 pr. § 1. Kuriositäten: 34, 5, 15 u. 46, 3, 44.
[170] STEIN, a. a. O. 81f.

oder andere Nachweisung in der Collatio, den Sinai-Scholien und in sonstigen Überbleibseln aus dem spätantiken Unterricht[171].

Freilich, leichte Kost, voraussetzungslos aus sich heraus verständlich, war diese ganze Literatur schwerlich. Dazu ist sie zu komprimiert. Der Unterricht selbst muß in lockererer Form stattgefunden haben. Bloße schriftliche Aufzeichnungen von Unterrichtsstunden in Buchform zu verbreiten, genügte den literarischen Ansprüchen der Juristen des 1. und 2. Jhs. offenbar nicht[172].

6. Das Aufkommen juristischer Elementarliteratur

Schließlich haben wir auch sie. Aber bezeichnenderweise sind die ersten Fälle allem Anschein nach nicht vom Autor selbst herausgegeben, also unautorisierte, bessere oder schlechtere Nachschriften von Lehrvorträgen. Im 'Liber singularis enchiridii' von Pomponius, den 'Institutionum libri IIII' des Gajus, aber auch in den Paulus zugeschriebenen 'Manualium libri III' finden sich durch spätere Abschreibeversehen nicht zu erklärende Fehler, Ungereimtheiten und Wiederholungen, die sich bei einem (gegebenenfalls mißverstandenen bzw. 'vereinfacht' wiedergegebenen) Lehrvortrag zwanglos erklären lassen, bei einem von vornherein als schriftliche Veröffentlichung konzipierten Werk aber kaum[173]. Daß in der

---

[171] Die sog. regula Pomponii (FIRA II 449); Coll. 2, 3 (auch die Collatio theoretisiert, wenn auch zu einem eigenartigen Zweck); Scholia Sinaitica § 13; P. Berol. Inv. 16976 verso 49—53; und Fragm. Pithoean. Modestini (FIRA II 450). Die außerjustinianische Überlieferung von Pauls und Ulpians 'Institutiones' ist ganz ähnlich; s. FIRA II 419f., 305f. u. 307; aber auch 617ff. (Fragm. Dosith.) u. 631ff. (De gradibus cognat.).

[172] Vgl. Cic. de orat. 1, 5.

[173] Dies kann in diesem Rahmen nicht für alle drei Fälle erschöpfend aufgezeigt werden. Für Gajus, der wortwörtlich nachgeschrieben worden zu sein scheint, sind die wesentlichen Argumente seit langem bekannt: HEINRICH DERNBURG, Die Institutionen des Gajus — Ein Collegienheft aus dem Jahre 161 nach Christi Geburt (Halle 1869) bes. 33—60, der freilich Edition durch den Autor selbst annimmt. S. dazu aber jetzt H. L. W. NELSON, Die textkritische Bedeutung der ägyptischen Gaiusfragmente, in: Symbolae iur. et hist. Martino David dedicatae (Leiden 1968) I 135ff., bes. 170. Ferner SCHULZ, Gesch. 192ff. Was z. B. KÜBLER, RE VII 1 (1910) 498ff. ab Z. 64, s. v. Gaius 2, gegen DERNBURGS These vorzubringen vermag, trifft fast alles nur die Veröffentlichung durch den Autor selbst, s. 498 Z. 64—499 Z. 22, 499 Z. 57ff., 500 Z. 17—23; die Querverweise (s. 499 Z. 40ff.) können Zutat der vom Autor allein auf leichtere Verständlichkeit hin überarbeiteten zweiten Auflage sein, wie NELSON im Veronensis (oder der Vorlage der Kompilatoren) erkannt hat. KÜBLER Sp. 500 Z. 1—4 u. 8—17 überzeugt überhaupt nicht. — Beim 'Liber singularis enchiridii' von Pomponius ist dagegen an Nachschrift in Stichworten und häusliche Redaktion durch einen Schüler zu denken. Siehe schon OKKO BEHRENDS, in: Gnomon 45 (1973) 796. Man beachte das ständige deinde. Die falsche Chronologie in §§ 35—38, wo bei der Redaktion übersehen wurde, daß sich hier mit dem chronologischen ausnahmsweise ein anderer Gesichtspunkt kreuzt: erst die Patrizier, von denen jedes der großen Geschlechter einen Juristen kriegt; dann die Plebejer. Das unbeholfene post hunc § 36 zur Überbrückung von 150 Jahren. Die übel entstellten Namen: § 37 C. für P. (Cornelius) Scipio Nasica (Corculum), Q. (Fabius) Mucius für Maximus (Cunctator, s. nur Gell. 10, 27, 3—5, verfehlt KUNKEL 8); § 38 P. Atilius für L. Acilius (richtig KUNKEL 10); § 40

Antike und gerade in der mittleren Kaiserzeit Lehrvorträge von begeisterten
Schülern unautorisiert herausgebracht wurden, bezeugt z. B. Quintilian.
Nachdem er sich um 90 n. Chr. von seiner 20 Jahre währenden Lehrtätigkeit in der Redekunst zurückgezogen hat, schreibt er in den frühen
neunziger Jahren ein Handbuch der Rhetorik, die berühmte 'Institutio
oratoria' in zwölf Büchern, worin er sich, wie er selbst sagt, erstmals auch
der Anfänger, also des Elementarunterrichts annimmt[174]. Dazu hat ihn,
wie er nicht ohne verhaltenen Stolz berichtet, auch veranlaßt, daß unter
seinem Namen bereits zwei 'Libri artis rhetoricae' umliefen. Das eine war
ein zweitägiger Kurs, den die jungen Hörer 'aufgeschnappt', d. h. nachgeschrieben hatten so gut sie es konnten; das andere eine mehrtägige Sache,
bei der den Meister allzusehr verehrende Jünglinge so gut sie konnten mit-
stenographiert hatten. In dem jetzt fertiggestellten Werk stimme einiges
mit dem in jenen Büchern Enthaltenen überein, vieles sei geändert, sehr
viel hinzugefügt, und vor allem das Ganze besser ausgearbeitet und
zusammengefügt[175]. Ganz ebenso könnte es Pomponius ergangen sein mit
dem in seinen frühen Jahren (s. oben) herausgekommenen 'Liber singularis
enchiridii'. Die gleichfalls unter seinem Namen den Kompilatoren vorgelegenen 'Enchiridii libri II', von denen für eine endgültige Beurteilung
zu wenig auf uns gekommen ist[176], könnten sehr wohl die vom Autor
besorgte Bearbeitung jener Schrift gewesen sein. Und bei Gajus ist anzunehmen, daß dessen 'Rerum cottidianarum libri VII' eine solche spätere
Überarbeitung durch den Autor selbst darstellten[177], wenn den Kompilatoren Justinians davon auch nur mehr eine drei *libri* umfassende aus-
wählende Epitome vorlag[178]. Mehr: auch die Institutionen selbst hatten
schon eine Bearbeitung durch den Autor erlebt, bei der sich Gajus aber
darauf beschränkt hatte, den Stil zu glätten, zu verdeutlichen und vom Stoff
ablenkende Exkurse wie die Erwähnung der alten Hausgenossenschaft zu
tilgen[179]. Für das Verständnis unschädliche formale Unstimmigkeiten
dagegen wie die uneinheitliche Benennung von Kaiser Antoninus Pius bis

---

Paulus für *A*. Verginius, Pansae für Pan*aitii*, Munianus für Mu*ci*anus; § 42 C. für *T*.
Iuventius; § 44 C. vorversetzt hinter Varus statt vor Cinna, Publicius statt *P*. Gellius;
§ 45 Volusius (wie Mäcian im 2. Jh.) statt Vol*cat*ius (und ein sachlicher Fehler); und § 51
Quartino statt Sur*d*ino. Die sachlichen Unstimmigkeiten und ihre Auflösung zusammen-
zustellen, muß ich an anderem Ort nachholen. — Zu den 'Manualia' Pseudo-Pauls VERF.,
Hermogenians iuris epitomae (Göttingen 1964) 48f., wobei ich mich jetzt für einen
Paulusschüler entscheiden würde. Gegen Authentizität dieser Schrift übrigens auch schon
GAETANO SCHERILLO, Pauli de iniuriis liber singularis, in: Studi in onore di Siro Solazzi
(Neapel 1948) 449 Fußn. 5a E.

[174] Prooem. 4f.

[175] Prooem. §§ 7f. Ähnlich Galen, s. THEODOR BIRT, Abriß des antiken Buchwesens, in: Handbuch der klass. Altertumswiss. I 3 (München 1913) 315; u. Solin, s. HERMANN WALTER,
Die 'Collectanea rerum memorabilium' des C. Iulius Solinus (Wiesbaden 1969) 25ff.

[176] Dig. 38, 10, 8; 26, 1, 13; u. 46, 3, 107. Jedenfalls dieses Fragment ist ausgesprochen lehr-
haft.

[177] S. vorerst VERF., a. a. O. (oben Fußn. 2) 63f.

[178] S. vorerst VERF., Gemischte Begriffe im römischen Recht, in: Index 1 (1970) 172f.

[179] NELSON, a. a. O. (oben Fußn. 173).

Buch 2 § 151a als noch lebenden, in § 195 und danach aber als verstorbenen Kaiser[180], oder die uneinheitliche und z. T. verrutschte Rubrizierung hat Gajus damals offenbar zurückgestellt und der gründlicheren Bearbeitung vorbehalten[181]. Vor allem ließ er systematische Unstimmigkeiten damals passieren. In Buch 2 sind die natürlichen Eigentumserwerbsarten (§§ 65 bis 79) eingeschoben, nachdem in § 62 mit dem Eigentumsverlust schon begonnen war[182]. In Buch 3 werden in den §§ 182—225 die in § 88 angekündigten Deliktsobligationen erst hinter dem Abschnitt *Quibus modis obligationes tollantur* (§§ 168—181) abgehandelt, welcher Lapsus Gajus in Buch 4 nicht noch einmal unterlaufen sollte, wo die Klagen aus Delikten von Gewaltunterworfenen (§§ 75—79) sofort an die Klagen aus ihren Verträgen (69—74a) anschließen und *Quibus modis actiones finiantur* logischerweise erst ganz am Schluß kommt (§§ 103—114). Insbesondere sind auch die mannigfachen z. T. wortwörtlichen Wiederholungen[183] und der Vortragsstil[184] beibehalten.

Trotz jener und vieler weiterer offenkundiger Mängel im Aufbau[185], dem System, ist es bis heute durchaus herrschende Meinung, Gajus habe die in seinen Institutionen angewandte Ordnung der Materien selbständig entwickelt[186]. Obwohl keine andere römische Juristenschrift auch nur annähernd so vollständig wie die Institutionen des Gajus auf uns ge-

---

[180] Die Juristen scheinen überhaupt bei Überarbeitungen auf Anpassung der Kaiserzitate keinen besonderen Wert gelegt zu haben. S. zu Ulpian JÖRS, RE V 1 (1903) 1505ff., s. v. Domitius 84.

[181] Im allgemeinen hält man die Rubriken für apokryph. S. z. B. W. STUDEMUND, Praefatio zu Gai., in: Collectio librorum iuris anteiustiniani I (4. Aufl. Berlin 1899) S. IX Fußn. 7. Die Frage bedarf erneuter Untersuchung.

[182] Schon OTTO GRADENWITZ, Natur und Sklave bei der Naturalis Obligatio, in: Festgabe der Jur. Fak. zu Königsberg für ihren Senior Johann Theodor Schirmer (Königsberg 1900) 175ff., hat daraus zutreffend geschlossen, den ganzen Abschnitt 2, 66—79 habe Gajus nachträglich eingefügt. S. a. PAUL KRÜGER, Zur Stellung von Gai. 2, 62—64, in: SZ 22 (1901) 49ff.; u. MANFRED FUHRMANN, Zur Entstehung des Veroneser Gaiustextes, in: SZ 73 (1956) 345ff.; aber auch VERF. (oben Fußn. 2) S. 63.

[183] DERNBURG 40ff. Zusammenfassend KÜBLER, RE VII 1 (1910) 498, 33—35, s. v. Gaius 2.

[184] DERNBURG 45ff. Zusammenfassend KÜBLER Z. 44—55.

[185] So liegt dem dritten Teil 'Actiones' (Buch 4) keine durchgehende Gliederung zugrunde, MANFRED FUHRMANN, Das systematische Lehrbuch (Göttingen 1960) 110. Auf andere Mängel im Aufbau macht FUHRMANN S. 106 oben, 106 unten, 107 unten, 108f. u. abschließend 121 a. E. aufmerksam. Zu Gajus' Begriffsbildung abschließend S. 119 oben.

[186] WIEACKER, a. a. O. (oben Fußn. 146) 93ff.; DERS., Über das Verhältnis der röm. Fachjurisprudenz zur griechisch-hellenistischen Theorie, in: Iura 20 (1969) 460ff.; HANS JOACHIM METTE, Ius civile in artem redactum (Göttingen 1954) 19ff.; FUHRMANN, a. a. O. (soeben Fußn. 185) 183ff.; zust. die Rez. v. F. B. WUBBE, SZ 78 (1961) 455f.; GAETANO SCHERILLO, Gaio e il sistema civilistico, in: Gaio nel suo tempo (Neapel 1966) 145ff., der aber gleichzeitig die wahrnehmbaren Verbindungen des Gajussystems zu Cassius und den Älteren sorgfältig registriert; s. schon DERS., Il sistema civilistico, in: Studi in onore di Vincenzo Arangio-Ruiz IV (Neapel 1953) 445ff.; HONORÉ, Gaius 97ff.; GYÖRGY DIOSDI, Gaius: Rechtsgelehrter oder Schulmeister? in: Études offertes à Jean Macqueron (Aix en Provence o. J. [1970]) 230ff. Ablehnend z. B. noch KÜBLER, RE VII 1 (1910) Sp. 497f., s. v. Gaius 2.

kommen ist[187], die Schulbücher der anderen Juristen der klassischen Zeit sogar meist besonders schütter, ließ man gelten, daß von Gajus auch geschaffen sei, was er so eindrucksvoll und erfolgreich der Nachwelt übergeben hat. Immerhin ließ sich die Ordnung der Materien in der Darstellung des Sabinus und, wenn auch weniger scharf, bei Cassius rekonstruieren[188], und beide weichen nicht nur untereinander, sondern noch stärker von Gajus ab[189]. Von sonstigen systematischen Bemühungen bei den Sabinianern weiß man nichts. Caelius Sabinus, Javolen, Valens und Julian scheinen keine neuen Versuche, eine überzeugende systematische Ordnung für die Darstellung des Privat- und Zivilprozeßrechts zu finden, mehr unternommen zu haben.

Dabei hatte man jedoch nicht in Betracht gezogen, daß die Bemühung um ein System über die Schulgrenzen hinweggegangen sein könnte. Erst GAETANO SCHERILLO entdeckte in Neraz' 'Regularum libri XV' das fehlende Bindeglied zwischen Cassius-System und Gajus[190]. In den sieben noch auf uns gekommenen kurzen Fragmenten aus den 'Regulae'[191] kommen die einzelnen Materien in ziemlich genau derselben Reihenfolge dran wie bei Gajus. Freilich haben wir nur Fragmente aus Buch 3 bis 6 und 10, d. i. zum Personen-, Sachen- und Erbrecht; außerdem ist die relative Geschwindigkeit, mit der beide Autoren bei Personen- bzw. Sacheneinschließlich Erbrecht vorgingen, nicht gleich: Entsprechen Buch 1 bei Gajus 1 bis 3 bei Neraz, so kommen auf das zweite gajanische 4 bis 10 bei Neraz, also mehr als doppelt so viel. Vor allem aber wissen wir nicht, wie es bei Neraz weiterging. Entsprachen den zwei restlichen Gajusbüchern die unbekannten fünf von Neraz, womit er zu seiner Anfangsgeschwindigkeit zurückgekehrt, sie sogar überschritten hätte? Oder hatte er den Stoff des letzten Buches bei Gajus, die *actiones*, nicht behandelt? Bei Gajus fällt auf, daß hier „die mittleren Begriffe der Systempyramide völlig (fehlen). Die einzelnen prozessualen Einrichtungen werden ohne das Bindemittel umfassender Aufgliederungen nebeneinander gestellt"[192]. Möglicher-

---

[187] Am vollständigsten noch die apokryphen 'Pauli sententiarum libri V', die einfach dem weiterentwickelten Digestensystem folgen, s. VERF., a. a. O. (oben Fußn. 173) 110; und ein Auszug aus dem 'Ulpiani regularum liber singularis', der nach dem Gajussystem vorging, SCHULZ, Gesch. 220ff. Wohl beide Schriften entstammen dem späten 3. Jh. n. Chr.

[188] Zum Sabinussystem s. bes. OTTO LENEL, Das Sabinussystem (Straßburg 1892); ferner BREMER II 1 S. 408ff.; PAOLO FREZZA, Osservazioni sopra il sistema di Sabino, in: Rivista italiana delle scienze giuridiche N. S. 8 (1933) 412ff.; u. dazu HUGO KRÜGER, SZ 55 (1935) 366ff.; u. SCHERILLO, a. a. O. (soeben Fußn. 186), dort auch zu Cassius u. v. a.

[189] S. bes. SCHERILLO a. a. O. Vor allem beginnen Q. Mucius, Sabinus und Cassius alle mit dem Erbrecht. Die Obligationen stehen nicht beisammen, s. bei Mucius (oben S. 223) V, VII, XII, XVI u. XVIII, bei Sabinus nach LENEL (soeben Fußn. 188) VI, VII u. X—XVI; u. bei Cassius LENEL, Pal. s. v. Iavol. Buch VII—IX (Kauf und Ersitzung, *locatio conductio*, Mandat und *condictio*) und XI (Stipulation und Schuldbefreiung).

[190] Adnotationes Gaianae II — Gaio e Nerazio, in: Antologia giuridica romanistica ed antiquaria I (Mailand 1968) 81ff. S. a. GREINER, a. a. O. (oben Fußn. 128) 130f.

[191] Beisammen bei LENEL, Pal. I 774f.

[192] FUHRMANN, a. a. O. (Fußn. 185) 110. S. a. schon KÜBLER, RE VII 1 (1910) Sp. 497 Z. 41ff., s. v. Gaius 2.

weise nahm das System bei Neraz im letzten Drittel auch eine ganz andere Richtung, wie wir das z. B. in Marcians 'Institutionum libri XVI' beobachten können, wo bis Buch 9 der Stoff der ersten beiden Bücher bei Gajus in ziemlich genau derselben Reihenfolge behandelt ist, von Buch 10 an die Darstellung aber Anklänge an den Schluß des 'Ius civile' von Cassius, Skävolas 'Regulae' und Modestins 'Pandectae' aufweist[193].

Außer Neraz kommen auch Pauls 'Regulae' (sieben Bücher) mit dem Gajussystem recht gut überein, wenngleich wir auch hiervon nur noch elf Fragmente haben[194], dabei keins aus dem letzten Buch, das den *actiones* gegolten haben könnte; zum Prozeßrecht konnten die Kompilatoren nur noch wenige Klassikertexte brauchen. Bei den 'Regularum libri XII' des Paulusschülers Licinius Rufinus scheint ebenfalls die gajanische Folge der Materien beobachtet gewesen zu sein, wenn auch das Personenrecht dann noch enger zusammengedrängt, Erb- und insbesondere Fideikommißrecht dagegen noch weiter ausgeweitet gewesen sein müßte[195]; da Licinius in

---

[193] S. zu Cassius LENEL, Pal., s. v. Iavol. Nr. 57—59 = Buch 14 von Javolens Auszug. Zu den übrigen Schriften Fußn. 158. SCHULZ, Gesch. 108f., hält Marcians Schrift (warum nur sie?) darum für ein nachklassisches Konglomerat. Wohl zustimmend WIEACKER, Textstufen 202f.; s. a. S. 205, 3. Abs. Die Bücher 10—16 behandelten aber Materien, die in den Institutionen Justinians nicht ausführlich vorkamen. Zurückhaltender KUNKEL 258 Fußn. 548. SCHULZ kennt nur Sabinus-, Digesten- und Institutionensystem. Was hier nicht hineinpaßt, gleicht er im einen Fall gewaltsam an wie Q. Mucius (s. oben Fußn. 146); im andern Fall wirft er es über Bord. Er beachtet dabei z. B. nicht, daß die Juristen das öffentliche Strafrecht überhaupt erst im späten 2. Jh. wieder in ihre Arbeit einbezogen, von da an aber meistens auch in den Gesamtdarstellungen untergebracht haben, auch wenn die Schrift nicht dem Digestensystem folgte. Auch ist ihm entgangen, daß in allen 'Regulae', 'Institutiones' oder 'Pandectae' betitelten Schriften am System experimentiert wurde. Zu vertrauensvoll zu Literaturmeinungen, denen er selbst soeben den Boden entzogen hat, GREINER, a. a. O. 132. Das nötigt ihn, den Quellen zu mißtrauen und die 'Regulae' von Neraz für apokryph zu erklären. Insoweit ablehnend auch FERDINANDO BONA, Rez. in: StDoc 40 (1974) 511ff. Zu GREINERS anderem Argument, daß niemand die 'Regulae' zitierte, s. schon oben im Text.

[194] LENEL, Pal. I Sp. 1221—1223 = Nr. 1425—1435. Ich rekonstruiere:

Buch I	Nr. 1425	'De adoptionibus' oder 'De statu personarum'
II	Nr. 1426/1427	'De testamentis'
	Nr. 1428	'De adquirenda vel omittenda hereditate'
III	Nr. 1429/1430	'De legatis'
	Nr. 1431	'De adquisitionibus rerum'
IV	Nr. 1432	'De adquisitionibus rerum'
V	—	
VI	Nr. 1433/1434	'De obligationibus'
	Nr. 1435	Prozeßrecht?
VII	—	

[195] LENEL, Pal. I Sp. 559—562. Ich rekonstruiere abweichend:

Buch I	Nr. 2	'De manumissionibus' oder 'De statu personarum'
	Nr. 1	'De iure nuptiarum'
	Nr. 3	'De usucapione'
Buch II	Nr. 4—6	'De testamentis'
Buch III	Nr. 7	'De tutelis?' 'De tutela testamentaria'?
Buch IV	Nr. 8 u. 10	'De legatis'

Buch 10 auf die Interdikte und in Buch 12 auf die Vollstreckung zu
sprechen kam, darf man hier auch den Teil *actiones* vermuten. Schließlich
folgt noch Pseudo-Ulpians 'Liber singularis regularum', der nur grob ins
3. oder frühe 4. Jh. datiert werden kann, dem Gajussystem[196]. Und ebenso
beginnt jedenfalls das anonyme Fragment eines juristischen Anfänger-
lehrbuchs aus dem 2. Jh. n. Chr., das dem Fragmentum Dositheanum
zugrunde lag[197]. Dagegen weichen die anderen 'Institutiones' betitelten
Werke, seien es die umfangreichen von Marcian und Florentin[198] bzw.
Modestins dicke 'Pandectae'[199], oder seien es die noch schmaleren
'Institutionum libri III' von Callistrat[200], 'Libri II' von Paulus[201] und Ulpian[202] oder die anderen 'Regulae'-Werke von Skävola[203], Ulpian[204] und

Buch IV   Nr. 9   'De fideicommissis'
Buch V   Nr. 11   'De fideicommissis'
Buch VI   Nr. 12   'De donationibus inter virum et uxorem'?
Buch VII   Nr. 13   Wieder Recht der letztwilligen Verfügungen
Buch VIII Nr. 14 u. 15 'De obligationibus'
Buch IX   —
Buch X   Nr. 16   'De interdictis'
Buch XI   —
Buch XII   Nr. 17   Vollstreckung

[196] SCHULZ, Gesch. 221. Die Datierung durch FRITZ SCHULZ, Die Epitome Ulpiani des Codex
Vaticanus Reginae 1128 (Bonn 1928) S. 9: zwischen 320 und 342, betrifft nur den gesondert
überlieferten Auszug daraus, der lediglich (gezielt) weggelassen zu haben scheint. Zum
Verhältnis des Auszugs zu Pseudo-Ulpian selbst bes. S. 18ff.

[197] S. FIRA II 617ff. Zitiert sind auf 17 kurze Paragraphen immerhin Proculus (§ 10),
Octaven (§ 12), Neraz (§ 15), Julian (ebenda), eine Kaiserkonstitution (§ 15 a. E.), *quidam*
und *plurimi* (§ 1). § 17 schildert den alten Census als für Stadtrom noch in Übung. Es ist
deshalb höchst zweifelhaft, ob man die Schrift, aus der das Fragment stammt, nach
Gajus datieren darf. So aber FUHRMANN, a. a. O. (oben Fußn. 185) 187 Fußn. 1: ,,im ausgehenden 2. Jh. entstanden". Über eine Fortführung des Census über Vespasian hinaus
gibt es sonst keine Quellen. Darf man deshalb mit KUBITSCHEK, RE III 2 (1899) 1918
Z. 26ff., s. v. Census, der das Fragment Dosith. nicht berücksichtigt, schließen, es habe
ihn tatsächlich nicht mehr gegeben?

[198] LENEL, Pal. I 171ff.

[199] LENEL, Pal. I 721—728. Das Erbrecht könnte mit eingesprengtem Freigelassenenrecht
(s. Nr. 125 aus Buch 7 u. 129 aus 9) bis Buch 9 gereicht und der Rest von Buch 9 und
Buch 10 das Obligationenrecht enthalten haben, vielleicht gefolgt von ein paar *regulae*
zum Prozeß; s. Nr. 131.

[200] LENEL, Pal. I 97. Vielleicht hatte Callistrat wie die Älteren mit dem Erbrecht begonnen.

[201] LENEL, Pal. I 1114. 'De dotibus' kommt jedenfalls erst in der zweiten Hälfte.

[202] LENEL, Pal. II 926—930.

[203] LENEL, Pal. II 285—287. Ich würde etwas abweichend wie folgt rekonstruieren: Buch I
Nr. 196 'De iure nuptiarum', Nr. 197—200 'De tutelis' und dann erst 195 'De servitutibus';
II 'De iure patronatus', III 'De municipiis' und IV 'De iudiciis publicis' und 'De appella-
tionibus'.

[204] LENEL, Pal. II 1013—1015. Das Erbrecht kommt am Schluß (Buch 6 u. 7) wie vermutlich
auch in den Institutionen, wo das Dotalrecht aber schon in der ersten Hälfte erscheint,
in den 'Regulae' erst in Buch 5. Auch in Florentins Institutionen kam das Erbrecht in
den letzten Büchern dran, aus denen wir Fragmente haben: 10 u. 11, und erschien das
Dotalrecht schon in Buch 3. Aber hier scheint der Titel 'De statu hominum' erst in Buch 9
untergebracht gewesen zu sein.

Modestin[205], ganz erheblich vom Gajussystem ab, und sie alle zugleich untereinander. Marcians 'Regulae' hatten überhaupt keine Ordnung der
Materien[206].

Zusammenfassend ist also festzuhalten, daß die Tradition des juristischen Elementarlehrbuchs in der Mitte des 2. Jhs. n. Chr. unfreiwillig
begonnen zu haben scheint. Lehrvorträge besonders erfolgreicher Rechtslehrer wurden unautorisiert herausgegeben, was dann den Autor veranlaßt
zu haben scheint, für eine verbesserte Ausgabe zu sorgen. Schließlich zog
das gründliche Neubearbeitungen nach sich. Erst einmal eingebürgert, hat
diese Literaturgattung am Ende auch die Angesehensten des Fachs, Paulus
und Ulpian, veranlaßt, sich daran zu beteiligen. Neu daran war vor allem,
daß man sich im Schriftwerk vorbehaltlos auf Anfängerniveau begab[207],
aus sich heraus verständliche Einführungsliteratur publizierte, die den
angehenden Juristen vom persönlichen Besuch eines ausbildenden Juristen
unabhängig machen mußte, jedenfalls für die erste Zeit[208]. Dagegen war das,
was die Nachwelt bei Gajus so lange in Bann gehalten hat, sein System,
anscheinend nicht wirklich neu, sondern entsprach, jedenfalls in weitem
Umfang, dem gängigsten der zahlreichen damals verwandten Lehrsysteme,
wie sie die klassische römische Rechtswissenschaft von Q. Mucius Skävola
bis Herennius Modestin in einer Mannigfalt ausprobierte, die wir heute
angesichts der Mühe, die die Rekonstruktion aus den hier besonders spärlich
überkommenen Fragmenten bereitet, zu leicht zu ignorieren geneigt sind.
Anders als bei den praktisch orientierten kasuistischen Schriften, wo seit
der Ediktredaktion mit dem Digestensystem eine konventionelle Reihung
der Materien allgemein anerkannt war[209], die lediglich in Einzelheiten noch
vervollkommnet wurde, hat bei den Lehrschriften die Arbeit am System
nie geruht. Gajus zum wichtigsten Systemdenker zu erheben und den
anderen Juristen der klassischen Zeit das Interesse dafür abzusprechen, ist
schon überholt, seitdem OTTO LENEL bei seiner Rekonstitution des präto-

---

[205] LENEL, Pal. I 732—740. Auch hier saß das Erbrecht weit hinten, erscheint das Dotalrecht
schon im ersten Buch, ebenso die Freilassungen. Aber in Buch 6 und 7 folgten noch einmal
Abschnitte 'De potestate dominorum', 'De iure patronatus' und 'De natalibus restituendis'.
Buch 8 enthielt (damals sinnvollerweise) öffentliches Recht, das bei Ulpian in beiden
Werken gefehlt zu haben scheint.

[206] LENEL, Pal. 680 (s. Fußn. 4)—688. Immerhin haben nur Buch 2 und 3 viel Erbrecht,
4 viel Freilassungsrecht.

[207] Vgl. Quint. inst. prooem. § 4, wo die anderen Rhetorikschriftsteller gerügt werden, weil ihre
Schriften zu anspruchsvoll sind.

[208] Petronius läßt den Kleiderhändler Echion bei Trimalchio das schon unter Nero für seinen
Sohn versuchen: *Emi ergo nunc puero aliquot libra rubricata, quia volo illum ad domusionem
aliquid de iure gustare. Habet haec res panem* (§ 46). Mir scheint damit eher eine Anmaßung
eines Emporkömmlings karikiert, als daß wir ein vertrauenswürdiges Zeugnis für frühes
Autodidaktentum im Recht hätten, wofür KUNKEL, a. a. O. 344 Fußn. 729, die Stelle
nimmt, übrigens mit unrichtiger Beziehung auf Trimalchio selbst. Echion ist wesentlich
abstoßender gezeichnet als Trimalchio, s. § 45.

[209] S. statt aller etwa SCHULZ, Gesch. 285. Zu seiner Fortentwicklung VERF., a. a. O. (oben
Fußn. 173 u. 163) 23 ff. u. 110 ff. bzw. 300 ff.

rischen Edikts[210] gezeigt hat, welche Fülle systematischer Überlegungen jedenfalls seiner hadrianischen Fassung zugrunde liegt.

7. Die Lokalitäten

Über die Örtlichkeiten des juristischen Unterrichts geben die Quellen zwar wenig, aber immerhin doch etwas her:

Juvenal, Saturae 1, 127f.:

> *ipse dies pulchro distinguitur ordine rerum:*
> *sportula, deinde forum iurisque peritus Apollo.*

Dazu haben wir folgende Scholien:

(1) *Totos dies sic consumunt divites, dum aut sportulam aut ad templum Apollinis ad tractandum vadunt.*

(2) *Aut quia iuxta Apollinis templum iuris periti sedebant et tractabant aut quia ibi bibliothecam iuris civilis et liberalium studiorum in templo Apollinis Palatini dedicavit Augustus. Nam hic est Apollo, cuius et Horatius* (Sat. 1, 9, 78) *meminit: ,,Sic me servavit Apollo."*

(3) *Hic est Apollo (inquit Probus), cuius et Horatius meminit: ,,Sic me servavit Apollo."* ... *iuris civilis et liberalium disciplinarum bibliothecam in templo Apollinis Palatini Augustus dedicavit* .... *ibi* ... *iuris studiosi conveniebant* ... *quod tam dubia iurisperitorum responsa sint (ut etiam inquit Probus) quam Apollinis[211].*

Gellius, Noctes Atticae 13, 13, 1—4:

Cum ... *in medium iam hominum et in lucem fori prodissem, quaesitum fuisse memini in plerisque Romae stationibus ius publice docentium aut respondentium, an* ... *posset, id autem non ex otiosa quaestione agitabatur, sed usus* ... *ita erat, ut* ... *Non pauci igitur existimabant* ... *Sed ego,* ... *cum hoc quaeri dubitarique animadvertissem,* ...

Tryphonin, Disputationes 11 (Dig. 23, 3, 78 § 4):

... Sed an ...,, videamus. Iulianus de ... tantum loquitur. Et ego dixi in auditorio ...

Marcian, De delatoribus (Dig. 40, 15, 1 § 4):

... Et Marcellus libro V De officio consulis scripsit posse. Ego quoque in auditorio publico idem secutus sum.

---

[210] Das Edictum perpetuum (Leipzig 1883), Erster Teil: Das Ediktsystem, in der 3. Aufl. (Leipzig 1927) S. 9—48.

[211] In der Ausgabe von PAUL WESSNER, Scholia in Iuvenalem vetustiora (Leipzig 1931) S. 13f. Das dritte, letzte Scholion stammt aus der Juvenalausgabe von LORENZO VALLA (Venedig 1486), der ihm handschriftlich vorgelegene, heute aber verlorene Scholien oft eigenmächtig überarbeitet hat; s. WESSNER S. XXff.

Rechtsunterricht und Publikumsverkehr der Juristen fanden also öffentlich statt in besonderen *stationes*[212] bzw. *auditoria*[213], also wohl geschlossenen, insbesondere überdachten, aber öffentlich zugänglichen Lokalen. Jedenfalls die praktische Tätigkeit des Respondierens, die mit dem Fortgeschrittenenunterricht zeitlich und räumlich verbunden war, war bei einem Apollo konzentriert. Das war aber kaum der palatinische Apollotempel mit seiner großen Bibliothek, wie das zweite Juvenalscholion erwägt und das dritte bestimmt behauptet. Zwar mag diese Bibliothek eine besondere juristische Abteilung gehabt haben[214]. Doch war damals die juristische Gutachtertätigkeit schwerlich schon mit Bücherstudium verbunden; konnte sich nur der spätantike Scholiast das nicht anders vorstellen. So wird auch der Rechtsunterricht noch nicht mit einer Bibliothek

[212] Was das vieldeutige Wort *statio* bei Gellius genau besagen soll, ist schwer zu entscheiden. Eine in den staatlichen Funktionszusammenhang fest eingegliederte Einrichtung mit baulichem Substrat wie die *stationes municipiorum* in Rom gegenüber dem Cäsartempel, die *arcarii Caesariani* in Rom (Fragm. Vat. 134), die *stationes fiscales* in den Provinzen (Carac. CJ 4, 31, 1; Alex. 10, 5, 1) oder die Poststationen? Oder einen weniger materialisierten Treffpunkt wie bei Juv. sat. 11, 4; Plin. ep. 1, 13, 2; 2, 9, 5 u. Ulp. 59 ed. Dig. 42, 4, 7 § 13? Oder eine Geschäftsstelle wie bei Ulp. 57 ed. Dig. 47, 10, 15 § 7? Auch 'Anlege- oder Ankerplatz' kann *statio* bedeuten. S. außer H. G. HEUMANN—E. SECKEL, Handlexikon zu den Quellen des röm. Rechts (9. Aufl. Jena 1907) s. h. v., A. FORCELLINI— J. FACCIOLATI, Totius Latinitatis lexicon IV (Padua 1805) s. h. v. Jedenfalls hatten *respondentes* und *docentes* feste Standorte doch wohl nicht im Freien. Einseitig ATKINSON (oben Fußn. 51a) 44f.

[213] Das Wort könnte in diesem Zusammenhang 'Gerichtssaal' bedeuten wie bei den *divi fratres* bei Ulp. 4 app. Dig. 49, 9, 1 und Skävola bei Ulp. 5 disp. Dig. 36, 1, 23 pr. (beide Male des Kaisers); Callistrat 1 ed. Dig. 4, 8, 41 (eines Schiedsrichters); Paulus 3 quaest. Dig. 12, 1, 40 (des Prätorianerpräfekten); Ulpian 9 ed. Dig. 4, 4, 18 §§ 1 u. 2 (wieder des Kaisers); Alexander Cod. Just. 7, 16, 4; und Paulussentenzen 1 Dig. 42, 1, 54 § 1 (beide Male des Appellationsrichters allgemein). Paulussentenzen 1 Dig. 1, 22, 5 bedeutet *auditorium* offenbar 'Anwaltsbüro'. Jene Bedeutung von *auditorium*, das eigentlich 'Hörsaal' bedeutete, IHM, Thesaurus linguae Latinae II (Leipzig 1900—1906) 1295ff., s. v. auditorium, begegnet bezeichnenderweise also erst seit dem späten 2. Jh. n. Chr. (danach oft), nachdem nämlich Antoninus Pius oder Mark Aurel die kaiserliche Rechtsprechung endgültig vom Forum in einen geschlossenen Raum verlegt und aus der öffentlichen Abstimmung des Konsiliums eine geheime Beratung gemacht hatte; WOLFGANG KUNKEL, Die Funktion des Konsiliums in der magistratischen Strafjustiz und im Kaisergericht, in: SZ 85 (1968) 319ff. Die Bezeichnung *auditorium* für 'kaiserlicher Gerichtssaal' (und danach erst 'Gerichtssaal' überhaupt) hat also ein euphemistisches Moment, d. h. scheint amtlich inspiriert zu sein. Abzulehnen daher KUBITSCHEK, RE II 2 (1896) 2278, 59f., s. v. Auditorium, der als semasiologisches Bindeglied 'Verhörsaal' vorschlägt. Es ist deshalb bedenklich, wenn KUNKEL 342f. Fußn. 727 seinerzeit die Bedeutung 'Gerichtssaal' für die Rechtstexte verabsolutierte und die bei Jovian 11. Jan. 364 Cod. Theod. 13, 3, 6; Theodosius II. 27. Feb. 425 Cod. Theod. 14, 9, 3 § 1; und Scholion Vaticanum zu Cod. Theod. 13, 3, 5 unbestritten Bedeutung 'Hörsaal' in Rechtstexten für spät erklärt. Gemeinsprache und Rechtssprache waren nicht zwei geschiedene Welten. Tryphonin und Marcian berichten von Stellungnahmen zu einer theoretischen Streitfrage. Ganz anders als Paulus Dig. 12, 1, 40 machen sie nicht den Eindruck, als sei ihre Stellungnahme in einer (ja nichtöffentlichen) Beratung eines gerichtlich zu entscheidenden Falles ergangen. Vgl. a. Paulus Dig. 4, 4, 38 pr. Zu schematisch auch IHM, a. a. O. 1296, 59.

[214] OTTO HIRSCHFELD, Die kaiserlichen Verwaltungsbeamten bis auf Diocletian (2. Aufl. Berlin 1905) 298ff., äußert sich zu dem Juvenalscholion nicht. Die anderen Quellen schweigen hierzu. Dem Scholion vertrauend MARROU, a. a. O. (oben Fußn. 138) 421 unten.

gekoppelt gewesen sein, Literaturstudium eingeschlossen haben. Seinen Unterricht auf der Grundlage eines alten Kompendiums wie Minicius, Ursejus Ferox oder CHRISTIAN WOLFF zu halten, versteht sich in aller Unbefangenheit nur, solange die Schüler noch nicht 'wissenschaftlich' lernen. Ebensowenig kann der Apollo Coelispex in der Tiberniederung zwischen Forum boarium, Circus maximus und Porta Trigemina, also in der Nähe des Hafens, gemeint sein, den HEINRICH DERNBURG durch gewagte Kombination der Juvenalscholien mit der neunten Satire von Horaz (Buch 1) erschloß[215]. Wenn im Juvenaltext *iuris peritus Apollo* sofort nach *forum* kommt und vor *triumphales* (Vers. 129), so wird man ihn in räumlicher Nähe von Gerichtsstätte und Triumphalstatuen suchen müssen. Seit 2 v. Chr. fanden die Prozesse aber auf dem Augustusforum statt, das eigens dafür errichtet worden war[216]; auch die Zivilprozesse[217]. Hier hatte Augustus auch Triumphalstatuen aufgestellt[218] und befand sich auch ein Apollostandbild[219]. Horaz hat das freilich nicht mehr erlebt, weshalb er hier am besten ganz beiseite bleibt[220].

Augustus scheint also auf seinem Forum den Juristen Räumlichkeiten für ihre Tätigkeiten des Respondierens und des Traktierens, also des die Beratung begleitenden Unterrichts zur Verfügung gestellt zu haben[221], so ähnlich wie im frühen 2. Jh. v. Chr. P. Cornelius Scipio Nasica Corculum auf Staatskosten ein Haus an der *via sacra* zur Verfügung gestellt wurde, *quo facilius consuli posset*[222], offenbar auch dies in unmittelbarer Nähe der Gerichtsstätten, die sich damals schon nicht mehr auf dem *comitium* unmittelbar nördlich des *forum Romanum* befunden zu haben scheinen, sondern auf dem *forum Romanum* selbst gegenüber dem Castortempel[223]. Die *via sacra* berührte beide Plätze.

---

[215] A. a. O. S. 11ff. u. Plan S. 32.

[216] Suet. Aug. 29, 1: *Fori exstruendi causa fuit hominum et iudiciorum multitudo, quae videbatur non sufficientibus duobus etiam tertium indigere. Itaque festinatius necdum perfecta Martis aede publicatum est cautumque, ut separatim in eo publica iudicia et sortitiones iudicum fierent.*

[217] S. Tabul. Hercul. 6, in: La parola del passato 1 (1946) 383; 13—15, in: La parola del passato 3 (1948) 168ff. Nr. 13 u. 14 bezeugen sogar ausdrücklich, daß sich hier das Tribunal des Stadtprätors befand. S. ferner Tabul. Pomp. 3 u. 4, in: Labeo 17 (1971) 146f. CARLO GIOFFREDI, I tribunali del Foro, in: StDoc 9 (1943) 227ff., kannte diese Quellen noch nicht. Trotzdem folgt ihm ohne weiteres MAX KASER, Das römische Zivilprozeßrecht (München 1966) 145f.

[218] Suet. Aug. 31, 5; Dio. 55, 10, 3; u. Ov. Fast. 5, 561ff.; s. a. Tabul. Pomp. 3 u. 4.

[219] Nat. 7, 183: *ante Apollinem eboreum qui est in foro Augusto.*

[220] Gemeinhin erklärt man sich Horazens letzten Vers damit, daß Apoll Schutzgott der Dichter war. Vielleicht meinte Horaz wirklich DERNBURGS Apollo Coelispex.

[221] Skeptisch KUNKEL 345, Fußn. 731. S. a. 346, Fußn. 732, widerlegt sofort Nr. 8g. E. Zu BAVIERA 16ff. freilich s. schon TH. KIPP, SZ 21 (1900) 392ff. (Rez.).

[222] Pomponius § 37.

[223] Seit dem 2. Jh. v. Chr. Ort jedenfalls der Strafprozesse, s. Liv. 26, 27, 9; 27, 50, 9. Vgl. den Fundort des 74 v. Chr. errichteten *tribunal Aurelium*: GIUSEPPE LUGLI, Roma antica — Il centro monumentale (Rom 1966) 100 u. Taf. III; u. ERNEST NASH, Pictorial Dictionary of Ancient Rome (2. Aufl. New York 1968) II 478ff.; die zwischen Marsyas-Statue und Phokas-Säule gefundene Inschrift des Fremdenprätors von ca. 15 v. Chr. L. Naevius

Waren auf diese Weise Räumlichkeiten jedenfalls für den juristischen Fortgeschrittenenunterricht geschaffen worden, die zur Zeit Juvenals, d. h. unter Domitians Regierung, noch in Funktion waren, dann werden es nicht nur zwei gewesen sein. Diese Räumlichkeiten waren schwerlich die materiellen Keimzellen der beiden Rechtsschulen. Und so spricht denn Gellius auch von *plerique stationes*, impliziert er eine unbestimmte Vielzahl. Auch die Möglichkeit, daß es nur j e zwei Lehr- und zwei Respondierstätten gegeben hätte, sonst nichts Wesentliches, ist mit jenem unbestimmten *plerique* kaum zu vereinbaren. Aber auch die Vorstellung, Unterricht und Publikumsverkehr hätten sich in den Privathäusern der einzelnen Juristen oder des Schulgründers institutionalisiert, paßt zu jenen Texten nicht, obwohl uns bis Horaz bezeugt ist, daß die Juristen weithin zu Hause konsultiert wurden[224]. Jedenfalls hatte der Übergang der *domus aliquando* C. *Cassii* um 80 n. Chr. an Ummidia Quadratilla, wovon wir bei Plinius d. J. hörten, auf das Schicksal der sabinianischen Rechtsschule offenbar keinerlei Einfluß.

8. Die finanzielle Seite

Vespasian *primus e fisco Latinis Graecisque rhetoribus annua centena constituit*[225]. Und Hadrian gründete nach griechischem Vorbild in Rom eine anspruchsvolle Bildungsanstalt, das Athenaeum, von Ps.-Aurelius Victor *ludus ingenuarum artium* genannt[226]. Die Kaiser pflegten in feierlichem Aufzug dort zu erscheinen, um sich Dichter und Spitzenredner anzuhören[227]. Auch hier wird man mit wohldotierten Lehrstühlen rechnen dürfen. Weiter hören wir von Antoninus Pius: *Rhetoribus et philosophis per omnes provincias et honores et salaria detulit*[228]. Und von Severus Alexander: *Rhetoribus, grammaticis, medicis, haruspicibus, mathematicis, mechanicis, architectis salaria instituit et auditoria decrevit et discipulos cum annonis pauperum filios modo ingenuos iussit*[229]. Und Mark Aurel errichtet in Athen einen Rhetorik- und vier philosophische Lehrstühle[230]. Warum sollten die Kaiser nicht auch für den Rechtsunterricht Gehälter ausgeworfen haben? Sollte damit die Entstehung der Juristenschulen zusammenhängen? Wir können

---

Surdinus: LUGLI 100 u. 155f.; u. vor allem die Reste eines steinernen *tribunal* bei NASH 482f. gegenüber dem Castortempel, das mit Ortsangaben von Horaz und Ovid am besten übereinzukommen scheint; s. LUGLI 100, Taf. III u. IV. Dort auch der alte Verlauf der *via sacra.*

[224] Cic. Verr. 2, 1, 120; Mur. 22; de or. 1, 199f. u. 3, 133; Tusc. 5, 112; Tibull 1, 4, 77f.; u. Horaz sat. 1, 1, 9f. Vgl. ATKINSON (oben Fußn. 51a) 40; s. a. 49f.

[225] Suet. Vesp. 18; s. a. Hieronymus, Chron. z. J. 2104: *Primus* (sc. Quintilian) *Romae publicam scholam et salarium e fisco accepit.*

[226] Aur. Vict. liber de Caes. 14, 2—4.

[227] SHA Pertinax 11, 3; Alex. Sev. 35, 2; u. Gord. I. 3, 4. S. a. Dio (-Xiph.) 58, 17, 4.

[228] SHA Anton. Pius 11, 3.

[229] SHA Alex. Sev. 44, 4.

[230] Dio. 71, 31, 3. Dazu MARROU, a. a. O. (oben Fußn. 138) 440f.

diese Möglichkeit mit ziemlicher Sicherheit ausschließen. Daß die Quellen
von juristischen Lehrstühlen schweigen, mag für sich wenig beweisen.
Indessen berichten die Quellen ja durchaus von den Juristen als kaiserlichen
Gehaltsempfängern, nur kriegen sie das nie für Forschung und Lehre,
sondern für die Ausübung von Verwaltungsfunktionen, insbesondere in
den kaiserlichen Kanzleien. Einmal, in der einläßlichen Julianinschrift von
Pupput, hören wir davon, daß der Kaiser — es war Hadrian — bloße
insignis doctrina mit Geld aufwog[231]. Das geschieht aber in der Weise, daß
das Quästorensalär verdoppelt wird. Hätte es einen juristischen Lehrstuhl
im Reich gegeben, so hätte ihn Julian bekommen und wir hätten davon
gehört, in dieser Inschrift und — wenn die Errichtung in die von ihnen behandelte Zeit gefallen wäre — bei Pomponius und Sueton[232].

Gegen besoldete juristische Professuren schon im 2. Jh. n. Chr. spricht
aber vor allem das noch immer von seiner republikanischen Tradition zehrende Ansehen des Faches Jurisprudenz, das Rhetorik, Philosophie und die
anderen von Severus Alexander besoldeten Fächer in Rom nie genossen
haben[233]. Bei Cassius ist Besoldung durch den Kaiser unvorstellbar, ebenso
wie kaum in Betracht kam, daß er Rhetoriklehrer geworden wäre. Und
dieses Ansehen kam auch der Lehrtätigkeit im Fach Recht zugute. Noch
Ulpian lehnte es ab, daß private Rechtslehrer eine ihnen etwa versprochene
Vergütung einklagen, was in den anderen Fächern, den *studia liberalia*,
längst ermöglicht worden war:

> De omnibus tribunalibus VIII, Tit. 'De extraordinariis cognitionibus'
> (Dig. 50, 13, 1 pr. §§ 4 u. 5):
>
> *Praeses provinciae de mercedibus ius dicere solet, sed praeceptoribus*
> *tantum studiorum liberalium[234]. ... An et philosophi professorum*
> *numero sint? Et non putem, non quia non religiosa res est, sed quia hoc*

---

[231] CIL VIII 24094. S. dazu DIETER NÖRR, Drei Miszellen zur Lebensgeschichte des Juristen
Salvius Julianus III: *propter insignem doctrinam*, in: Daube noster — Essays in legal
history for David Daube (Edinburg 1974) 242 ff.

[232] Er hat stets besondere Abschnitte über innere Maßnahmen, insbesondere kulturelle
Leistungen seiner Kaiser. Bei Vespasian z. B. cap. 8 bis 19. Pomponius' Bericht über die
finanzielle Lage des Sabinus (§ 50) ist mit einem kaiserlichen Gehalt unvereinbar.

[233] Dazu treffend JOHANNES CHRISTES, Bildung und Gesellschaft — Die Einschätzung der
Bildung und ihrer Vermittler in der griechisch-römischen Antike (Darmstadt 1975)
140 ff., zur Kaiserzeit 228 ff. Bei seiner Einschätzung des Rechtsunterrichts hat er sich
S. 232 f. u. 244 f. von KUNKEL nicht gelöst. Insbesondere verschweigt er, daß Ulpian eine
ritterliche Karriere durchlaufen hat und allenfalls als Prätorianerpräfekt kraft Amtes für
sein letztes Lebensjahr 222/23 n. Chr. in den Senat gelangt sein konnte. S. dazu HOWE,
a. a. O. (oben Fußn. 137) 48 f. u. 120 ff. Heute nimmt man nicht einmal einen solchen
kurzen Senatorenstatus Ulpians mehr an, s. ANDRÉ CHASTAGNOL, L'Histoire Auguste et
le rang des préfets du prétoire, in: DERS., Recherches sur l'Histoire Auguste = Antiquitas 4 (Bonn 1970) 45 ff. u. 65 m. weit. Nachw. 'De omnibus tribunalibus' entstand
dagegen unter Caracalla, HERMANN FITTING, Alter und Folge der Schriften römischer
Juristen (2. Aufl. Halle 1908) 119. Daß der Schluß der Ulpianstelle „zweifellos unecht"
sei, muß man heute neu begründen, wenn man es noch gelten lassen will.

[234] Auch die *ingenuae artes* bei Aurelius Victor erfaßten nicht die Jurisprudenz.

primum profiteri eos oportet mercennariam operam spernere. Proinde ne iuris quidem civilis professoribus ius dicent (sc. *extra ordinem cognoscentes*). *Est quidem res sanctissima civilis sapientia, sed quae pretio nummario non sit aestimanda nec dehonestanda dum in iudicio honor petitur, qui in ingressu sacramenti offerri debuit.*

So geschah es offenbar bei Sabinus. Früher hielt man den Satzschluß für eine spätere Zutat, weil man sich eine vorgefaßte Meinung gebildet hatte, die auch KUNKEL teilt. Er entnimmt der Stelle, Ulpian habe den professionellen Rechtsunterricht abgelehnt[235]. M. E. besagt sie das Gegenteil. Ulpian handelt vom Klagerecht. Geld zu nehmen, verachtet er nicht. Er nahm es selbst, jedenfalls vom Kaiser; vorher möglicherweise von Privaten. Mit der „alte(n) aristokratische(n) Auffassung der Jurisprudenz und des Rechtsunterrichts" ist es so weit mittlerweile nicht mehr her[236]. Der andere stolze materielle Verzicht, der den Rechtslehrern gemeinhin nachgerühmt wird, ist nämlich in Wahrheit nicht zweifelsfrei belegt. Seit Vespasian, Hadrian und vor allem Antoninus Pius, der das auf die Provinzen ausdehnte, erlangten immer mehr Freie Berufe Immunität von bürgerlichen Lasten wie Übernahme einer Vormundschaft, Einquartierung u. v. a.[237], die natürlich mit finanzieller Belastung, zumindest Haftungsrisiken, verbunden waren. Für Rechtslehrer scheint das aber nicht gegolten zu haben:

Fragm. Vat. 150:
Neque geometrae neque hi qui ius civile docent a tutelis excusantur.

Es gibt aber eine dem widersprechende Stelle:

Modestin, Παραίτησις ἐπιτροπῆς II (Dig. 27, 1, 6 § 12):
Νόμων δὲ διδάσκαλοι ἐν ἐπαρχίᾳ διδάσκοντες ἄφεσιν οὐχ ἕξουσιν, ἐν Ῥώμῃ δὲ διδάσκοντες ἀφίενται.

Die heutigen Rechtshistoriker halten die Modestinstelle für verfälscht[238] und schreiben seit MOMMSEN[239] die Stelle aus den 'Fragmenta Vaticana'

---

[235] S. 343 oben. Bei den Finanzen des Sabinus geriet KUNKEL S. 342 denn auch in Schwierigkeiten.

[236] KUNKEL 343. Vgl. demgegenüber z. B. die Feststellungen von OKKO BEHRENDS, Der assessor zur Zeit der klassischen Rechtswissenschaft, in: SZ 86 (1969) 216ff.

[237] Arcadius Charisius, 'De muneribus civilibus' Dig. 50, 4, 18 § 30. Antoninus Pius bei Mod. 2 excus. Dig. 27, 1, 6 §§ 2, 7, 8, 10 u. 11. S. a. d. übr. §§ bis 12; ferner Diokl. Cod. Just. 10, 53, 4.

[238] SCHULZ, Gesch. 143 Fußn. 3 u. 348 Fußn. 10; KUNKEL 345 Fußn. 731; u. BUND, Der Kleine Pauly IV (1972) 1359 Z. 45ff., s. v. Rechtsschulen, -unterricht. Zutreffend dagegen schon KÜBLER, RE I A 1 (1914) 397 Z. 14ff., s. v. Rechtsunterricht. Irreführend SCHULZ, der S. 143 behauptet, KÜBLER sei unentschieden, auf S. 348 ihn gar ganz für sich in Anspruch nimmt. Zutr. a. MARROU, a. a. O. 439. Überzogen ATKINSON 53.

[239] Codicis Vaticani N. 5766 in quo insunt iuris anteiustiniani fragmenta quae dicuntur Vaticana exemplum, in: Abhandl. Kgl. Akademie d. Wiss. Berlin, phil.-hist. Kl., a. d. J. 1859 (Berlin 1860) 394ff.

Ulpian zu, obwohl das durch die Handschrift nicht gedeckt ist. Letzteres dürfte deshalb nicht stimmen, weil das unmittelbar vorangehende Fragment (149) ohne zu differenzieren nur fünf Ärzte je *civitas* von den Vormundschaften befreit, was nur für Kleinstädte stimmt; Städte, in denen Recht gesprochen wurde, hatten sieben, und Provinzhauptstädte zehn Arztstellen[240]. Der Text scheint also einem obskuren, nur landstädtische Verhältnisse kennenden Werklein über die Befreiung von der Vormundschaft, deren es ja sehr viele gab[241], entnommen zu sein; und das muß dann auch für unsere Stelle gelten. Außerdem bleibt unerfindlich, wer die Modestinstelle aus welchem Anlaß geändert haben sollte. Über die Immunität der Rechtslehrer ist keine rechtsändernde Kaiserkonstitution ersichtlich[242]. Wäre eine in nachklassischer Zeit erlassen worden, so hätte man nicht allein die römischen, sondern wenigstens auch die Beryter, wenn nicht allein die Beryter Rechtslehrer befreit. Für die nachklassische Zeit ist das, was bei Modestin steht, ungereimt.

Eine letzte fiskalische Maßnahme zugunsten des Rechtsunterrichts nur in Rom hat Caracalla getroffen:

Ulpian, De officio praetoris tutelaris (Fragm. Vat. 204):

Proinde qui studiorum causa Romae sunt praecipue civilium, debent excusari, quamdiu iuris causa Romae agunt studii cura distracti. Et ita ... imperator Antoninus Augustus Caereali a censibus et a libellis[243] rescripsit.

Auch der Rechtsstudent in Rom war also von der Pflicht zur Übernahme von Vormundschaften befreit. Ist das bedenkloses Privilegienwesen, oder bedurfte es mittlerweile spezieller Anreize, damit die Jugend noch Jura studierte? Oder richtet sich die Maßnahme nicht gegen die Konkurrenz anderer Fächer, sondern nur anderer Studienorte als Rom? Gegen Beryt? Beide Maßnahmen begünstigten jedenfalls den Rechtsunterricht eigens in Rom, wo er ein halbes Jahrtausend beinahe unangefochten junge Talente ganz von selber angezogen hatte. Ein dreiviertel Jahrhundert später erlangen Beryter Studenten die gleiche Vergünstigung[243a].

---

[240] Mod. Dig. 27, 1, 6 § 2.

[241] Und sie gleichen sich fast aufs Haar. Es sind immer wieder dieselben Konstitutionen, die angeführt werden, wie zumal Fragm. Vat. 123—247 lehren. Vielleicht gab es auch auf diesem Feld Pseudoulpiane.

[242] Bezeichnenderweise sind die *doctores legum* (sic) erst im Mittelalter in Cod. Just. 10, 53, 6 eingefügt worden, s. PAUL KRÜGER, Codex Iustinianus — editio maior (Berlin 1877) a. h. l. Cod. Theod. 13, 3, 16 = Cod. Just. 10, 53, 11 (ergangen 414 n. Chr.) enthält die Rechtslehrer noch immer nicht. Verfehlt ATKINSON 58f.

[243] s. ARTUR STEIN, in: Prosopographia imperii Romani saec. I. II. III, 2. Aufl., Bd. 2 (Berlin 1936) s. l. C 674 = S. 149.

[243a] Cod. Just. 10, 50, 1 von Diokletian und Maximian, sofern die Inskription stimmt, also zwischen 286 u. 293.

II. Die sachlichen Gegensätze

1. Die einzelnen Streitfragen

Im folgenden sollen die bezeugten Kontroversen zwischen Sabinianern und Prokulianern im einzelnen schematisch dargestellt werden[244]. Dabei können wir uns nicht auf diejenigen Nachrichten beschränken, die gegensätzliche Rechtsmeinungen oder wenigstens eine von mehreren möglichen ausdrücklich einer Schule als Kollektiv zuschreiben. Berücksichtigt man nämlich jeweils sämtliche Quellen, die darüber berichten, wer alles zu einer Rechtsfrage in diesem oder jenem Sinne Stellung genommen hat, so zeigt sich, wie die sofort folgende Übersicht rasch lehrt (besonders die Nrn. 12, 26, 28, 29, 41 u. 52), daß für dieselbe Meinung die eine Quelle ein Kollektiv, die andere dagegen nur Individuen, führende Repräsentanten des Kollektivs, namhaft macht. Offenbar haben schon die römischen Juristen selber zwischen reinen Schulgegensätzen und Meinungsverschiedenheiten unter den Häuptern der beiden Schulen nicht scharf geschieden. Vielmehr scheint, ob von einem Schulgegensatz oder von einer Meinungsverschiedenheit zwischen einzelnen Juristen die Rede ist, davon abzuhängen, ob der Berichterstatter sich kurz fassen zu dürfen glaubte oder ob er es genauer nahm. Die oben S. 201 ff. gegebene Übersicht über die Nennungen der Schulen als Kollektiv bei den antiken Schriftstellern ergibt, nur die Nennungen in Betracht gezogen, wo das Kollektiv mit einer bestimmten Rechtsmeinung in Verbindung gebracht ist, daß einem Kollektiv hauptsächlich in den Institutionen des Gajus eine Meinung zugeschrieben wird: 39mal; 3mal in den hauptsächlich von ihnen abhängigen 'Institutiones' Justinians; ein weiteres Mal in einer Konstitution von ihm; 2mal bei Pseudo-Ulpian, der ja gleichfalls stark von Gajus abhängt[245]; einmal in Marcians 'Institutiones'; ein weiteres Mal in Gajus' Kommentar zum Provinzialedikt; und einmal bei einem Konsulenten Javolens. Demgegenüber kam die Kollektivbezeichnung in der übrigen juristischen Literatur insgesamt nur 6mal, zusammen mit LENELs zweifelhafter Lesung des *fragmentum de formula Fabiana* 7mal vor. Einmal verbargen sich hinter *quidam* bei Paulus die Sabinianer. Noch an fünf weiteren Stellen nennt dieser Jurist die Sabinianer kurz *quidam*[246]. In anderen Stellen läßt sich nicht mehr aus-

---

[244] Vgl. die Kataloge bei DIRKSEN (oben Fußn. 49) 50ff.; H. J. ROBY, Introduction to the Study of Justinian's Digest (Oxford 1884) S. CXXXIff.; LENEL, Pal. II 216; BAVIERA 38ff.; MORITZ VOIGT, Röm. Rechtsgeschichte II (Stuttgart 1899) 228ff.; KRÜGER 161f. Fußn. 8; KÜBLER RE I A 1 (1914) 385ff. s. v. Rechtsschulen; STEIN, S. 16ff.; u. KODRĘBSKI 173ff.

[245] FRITZ SCHULZ, Die Epitome Ulpiani des Codex Vaticanus Reginae 1128 (Bonn 1926) 12ff.

[246] 54 ed. Dig. 41, 2, 3 § 3 (s. sofort Nr. 5); 21 ed. Dig. 6, 1, 23 § 3 (Nr. 12a); u. 32 ed. Dig. 17, 1, 3 § 2 (Nr. 47), wo Paulus ihnen beistimmt; 75 ed. Dig. 7, 9, 8 (*quidam et Maecianus* — in der Sache vgl. Skäv. 2 resp. Dig. 24, 1, 58 pr.); u. conc. act. Dig. 44, 7, 34 pr. (s. unten Nr. 59).

machen, wen er mit *quidam* meint[247]. Man wird daher gut daran tun, bei der Entscheidung, ob eine bezeugte Kontroverse einen regelrechten Schulenstreit darstellt oder nicht, angesichts des zur Verfügung stehenden Materials nicht zu eng zu verfahren. Die Überlieferung bis Justinian hat besonders unbarmherzig die Namen früh- und hochklassischer Urheber von Rechtsmeinungen ausgelöscht[248]. Deshalb ist hier jede Kontroverse zu verzeichnen, die ernsthaft als Schulenstreit auch nur in Betracht kommt. Dabei wird vor allem darauf zu achten sein, ob auf beiden Seiten Juristen vorkommen, die zu ihrer Zeit die jeweilige Schule geprägt haben. Soweit diese Juristen in die Zeit der Schulengründung oder kurz danach fallen, ist das wohl weniger problematisch. Da wir jedoch mit der Übung rechnen müssen, daß die Späteren, wenn mehrere Juristen eine Meinung vertraten, nur die jüngste Autorität anführen, dürfen grundsätzlich auch solche Meinungsverschiedenheiten hier nicht ausgeschieden werden, die sich nach Ausweis der Überlieferung nur noch zwischen den letzten von Pomponius verzeichneten Schulhäuptern abspielten.

Untereinander sind die Kontroversen sachlich geordnet: Personenrecht (1—2), Sachenrecht einschließlich Schenkung (3—21), Erbrecht (22—34), Obligationenrecht (35—59) und Prozeßrecht (60—64). Der hier gewählten Reihenfolge der Quellenangaben, die einander grundsätzlich chronologisch folgen, jedoch unter Voranstellung der informativeren Quellen, entspricht die Folge der Namenszeilen unter den einzelnen Rechtsmeinungen. Links stehen die Sabinianer, rechts die Prokulianer. Ich gebe regelmäßig nur die neueste Literatur an, von der aus man sich rasch nach rückwärts orientieren kann. Nr. 2 I u. II, 43 I—VII etc. sind Schulengegensätze, die nur mehr in speziellen Einzelanwendungen faßbar sind. Nr. 8a, 9a, 12a usw. sind mit Nr. 8, 9, 12 usw. engzusammenhängende Streitfragen, die aber doch nur einzelne Juristen beschäftigt zu haben scheinen.

(1) Wann ist ein Knabe *pubes* und damit mündig?

Quellen: Gai. 1, 196
         Pseudo-Ulpian, 'Liber singularis regularum' 11, 28
         Justinian 6. Apr. 529 Cod. Just. 5, 60, 3
         Inst. 1, 22 pr.

---

[247] 36 ed. Dig. 24, 1, 36 § 1. Siehe ferner Gai. 2 rer. cott. Dig. 41, 3, 38 (*quidam veteres*); 3 manum. Dig. 40, 4, 57 (*sunt quidam, qui . . . crediderunt, . . . sed mihi traditum est hoc iure nos uti, ut . . .*); Skäv. 2 quaest. Dig. 21, 2, 69 § 3 (Vertreter einer Meinung von Sabinus und Julian, s. unten Nr. 45 I); 8 quaest. Dig. 29, 7, 14 pr. (zeitgenössische Vertreter einer Meinung von Sabinus und Julian, s. unten Nr. 25); Ulp. 4 ed. Dig. 2, 14, 7 § 14; 7 ed. Dig. 2, 10, 1 § 2; 29 ed. Dig. 15, 1, 42 (zeitgenössische Gegner einer Meinung von Sabinus und Cassius, s. unten Nr. 54); Mod. 9 diff. Dig. 32, 81 pr. u. 50, 16, 101 pr. Dazu unten S. 283 f.

[248] s. PAUL JÖRS, RE V 1 (1903) 1458 ff. ab Z. 60 s. v. Domitius 88; FRANZ WIEACKER, Textstufen klassischer Juristen (Göttingen 1960) 239, 271, 272, 291 f., 297, 301, 303, 326 u. 385.

Mit individueller Geschlechtsreife	Mit Ablauf des 14. Lebensjahrs	Wenn beides zusammentrifft
Sab., Cass., übr.		
Sabinianer	Prokulianer	
Sabinianer	Prokulianer	Priscus (?)
observatio	Justinian	
veteres	Justinian	

Lit.: Theo Mayer-Maly, Die Grundlagen der Aufstellung von Altersgrenzen durch das Recht, in: Ztschr. f. d. gesamte Familienrecht 17 (1970) 618 ff.
Stein S. 27.

(2 I) Wann muß der Frauenvormund einer *manumissio inter amicos* sein Beiwort geben?

Quelle: Fragm. Dositheanum (FIRA II 615 ff.) § 15

Wenn Geschäft wirksam wird	Bei Vornahme genügt
Julian	Neraz, *constitutio principalis*

(2 II) Ist eine letztwillige Freilassung bei überschuldeter Erbschaft auch ungültig, wenn der Erbe vermögend ist?

Quellen: Gai. 1 manum. Dig. 40, 4, 57
Iul. 64 dig. Dig. 40, 9, 5 pr.

Ungültig	Gültig
mihi traditum est, Jul. sowie Gajus	*quidam … crediderunt*
Julian	

Lit.: Antonio Metro, La Lex Aelia Sentia e le manomissioni fraudolente, in: Labeo 7 (1961) 174 f.

(3) Können Mehrere zugleich eine Sache ganz besitzen?

Quellen: Paul. 54 ed. Dig. 41, 2, 3 § 5
Ulp. 28 ed. Dig. 13, 6, 5 § 15
Iul. 49 dig. Dig. 43, 26, 19 pr.
Pomp. 29 Sab. Dig. 43, 26, 15 § 4

Vgl. ferner:
Ulp. 32 ed. Dig. 19, 1, 13 § 21
Ulp. 69 ed. Dig. 43, 17, 1 § 9 u. 3 pr.
Ulp. 71 ed. Dig. 43, 24, 11 § 12
Ulp. 72 ed. Dig. 41, 2, 13 §§ 7 u. 8

Ja	Nein
Trebaz, Sabinus	Labeo sowie Paulus
	Celsus
Julian?	
Pomponius (*placet*)	

Lit.: KASER, RP I 388f.

(4) Kann man ein Recht an einem fremden Grundstück besitzen?

Quellen: Iav. 5 ex post. Lab. Dig. 8, 1, 20
        Cels. 25 dig. Dig. 43, 19, 7
        Ulp. 17 ed. Dig. 8, 4, 2

Ja	Nein
Javolen	Labeo
Celsus	
Carac. sowie Ulp. (*dubitatio*)	*quidam?*

Lit.: GIUSEPPE GROSSO, Le servitù prediali nel diritto romano (Turin 1969) 209 ff.
     FRANZ HORAK, Rationes decidendi — Entscheidungsbegründungen bei den älteren römischen Juristen I (Aalen 1969) 152 ff.
     KASER, RP II 256 u. Fußn. 35.

(5) Genügt zum Erwerb bzw. Verlust des Besitzes an einer Sache, die der, dessen Besitzerwerb in Frage steht, faktisch bereits in seiner Gewalt hat, Verständigung bzw. Aneignungswille?

Quellen: Paul. 54 ed. Dig. 41, 2, 3 §§ 3 u. 18
        Ulp. 26 ed. Dig. 12, 1, 9 § 9
        Cels. 27 dig. Dig. 21, 2, 62 pr.
        Pomp. 32 Sab. Dig. 41, 1, 9 § 5
        Afr. 8 quaest. Dig. 17, 1, 34 pr.
        Gai. 2 rer. cott. Dig. 41, 1, 9 § 5
        Ulp. 16 ed. Dig. 6, 2, 9 § 1
        PS 2 Coll. 10, 7, 9

        Vgl. ferner:
        Gai. a. a. O. Dig. 41, 1, 9 § 6
        Pap. 1 def. Dig. 18, 1, 74
        Alexander 28. März 223 Cod. Just. 4, 48, 2

Lokomotion erforderlich	Verständigung . . . genügt
plerique veteres, Sab., Cass., *quidam* sowie Paulus	Nerva pater, Proculus
	Nerva, Proc., Marcell. sowie Ulp.
	Cels.
	Pomp.

Lokomotion erforderlich	Verständignng ... genügt
	Jul. sowie Afr.
	Gai.
	Ulp.
	Sentenzenverfasser
Vgl. ferner Pap.	Vgl. ferner Gai. u. Alex.

Lit.: GEOFFREY MAC CORMACK, The Role of Animus in the Classical Law of Possession,
in: SZ 86 (1969) 105 ff.
WILLIAM M. GORDON, Studies in the Transfer of Property by Traditio (Aberdeen
1970) 36 ff.
HERBERT HAUSMANINGER, Besitzerwerb solo animo, in: Festgabe für Arnold
Herdlitczka (Wien 1972) 113 ff.
STEIN S. 28 f. u. Fußn. 40.
Vgl. ferner VERF., Röm. Recht (Göttingen 1975) 164 f.

(6) Kann ein Mündel ohne Mitwirkung des Vormundes Besitz erwerben?

Quellen: Paul. 54 ed. Dig. 41, 2, 1 § 3 u. 41, 3, 4 § 2
Venul. 1 interdict. Dig. 43, 26, 22 § 1
Decius 28. März. 250 Cod. Just., 7, 32, 3
Paul. 15 Sab. Dig. 41, 2, 32 § 2
Marcian. 3 inst. Dig. 41, 1, 11

Nein	Ja
	Ofilius, Nerva filius sowie Paulus
	(*quae sententia recipi p. si ...*
	intellectum capiant)
	Labeo sowie Venulejus (?)
auctorum sententiae dissent.	Papinian sowie Decius
	Paulus
	Marcian

Lit.: HORAK, Rationes decidendi 149 ff.
KASER, RP I 392 u. Fußnn. 24 f.
DIETRICH V. SIMON, Konstantinisches Kaiserrecht (Frankfurt 1976) § 6.

(7) Kann sich ein Mündel ohne Mitwirkung des Vormunds seines Besitzes
entäußern?

Quellen: Marcian. 3 inst. Dig. 41, 1, 11
Ulp. 30 Sab. Dig. 41, 2, 29 a. E.

Nein	Ja
Sabinianer sowie Marcian	
Ulpian (?)	

Lit.: KASER, RP I 395 u. Fußn. 49.

(8) Vermittelt ein *servus fugitivus non ab alio possessus* Besitz?

    Quellen: Paul. 54 ed. Dig. 41, 2, 1 § 14
             Pomp. 3 Sab. Dig. 6, 2, 14
             Pomp. 31 Muc. Dig. 41, 1, 54 § 4 a. E.
             Gai. 8 ed. praet. urb. Dig. 40. 12. 25 § 2 a. E.
             Pap. 26 quaest. Dig. 41, 2, 47 a. E. (zu Nerva)
             Ulp. 54 ed. Dig. 47, 8, 2 § 25
             Hermog. 5 Dig. 41, 2, 50 § 1

Ja	Nein
Cassius, Julian	Nerva filius sowie Paulus
	Pomponius (trotzdem a^0 *publ.*)
Gajus	
Ulpian	
Hermogenian	

    Lit.: HANS-PETER BENÖHR, Der Besitzerwerb durch Gewaltabhängige im klass. röm.
           Recht (Berlin 1972) 41ff. u. 128ff.
         KARLHEINZ MISERA, SZ 91 (1974) 447ff. (Rez. B.).

(8a) Dauert der Besitz am *fugitivus ab alio non possessus* fort?

    Quellen: Paul. 54 ed. Dig. 41, 2, 1 § 14
             Paul. 15 Plaut. Dig. 41, 3, 15 § 1
             Ulp. 17 Sab. Fragm. Vat. 89 a. E.
             Gai. 26 ed. prov. Dig. 41, 2, 15
             PS 2, 31, 37 u. 4, 14, 3

Ja	Nur *utilitatis causa* zur Vollendung der Ersitzung
respondetur	Paulus
Plautius	
Julian sowie Ulpian	Pomponius?
Gajus	
Sentenzenverfasser	

(9) Welcher Schaden ist bei Gebäudeeinsturz vom Eigentümer liquidierbar?

    Quelle: Ulp. 53 ed. Dig. 39, 2, 15 § 32; s. a. § 35 S. 4

Ab Innehabung	Ab Einweisungsdekret	*modo modo*
Sabinus, Cassius	Labeo	Ulpian

    Lit.: KASER, RP I 407 f.

(9a) Verliert, wer das Gebäude aus Furcht vor Einsturz aufgibt, seine
Rechte?

Quelle: Ulp. 53 ed. Dig. 39, 2, 15 § 35

Ja	Nein
Cassius (aber *restituendus*)	Labeo

(10) Genügt für Ersitzung *bona fides* bei Übergabe, oder muß sie auch bei
Abschluß des Grundgeschäfts vorliegen?

Quellen: Ulp. 16. ed. Dig. 41, 3, 10 pr. u. 6, 2, 7 § 17
        Iul. 44 dig. Dig. 41, 4, 7 § 4
        Paul. 54 ed. Dig. 41, 4, 2 pr.
        Paul. 2 man. Dig. 41, 3, 48
        Paul. 15 Plaut. Dig. 41, 3, 15 § 3

Bei Übergabe genügt	Auch bei Abschl. d. Grundgesch.
Sab., Cass., Jul., sowie Ulp. (*optinuit*) Julian Paulus bei Stipulation	*quaeritur utrum* Paulus bei Kauf

Lit.:   KASER, RP I 423 u. Fußn. 53.

(11) Wann verliert Derelinquent sein Eigentum?

Quellen: Paul. 54 ed. Sig. 41, 7, 2 § 1
        Ulp. 41 Sab. Dig. 47, 2, 43 § 5
        Ulp. 12 ed. Dig. 41, 7, 1.

Sofort mit Dereliktion	Erst wenn Anderer s. aneignet
Julian sowie Paulus Sab., Cass. sowie Ulp. (*placet*)	Proculus

Lit.:   KASER, RP I 426 u. Fußn. 14.
      STEIN S. 28.

(12) Wer wird Eigentümer, wenn jemand fremden Stoff verarbeitet?

Quellen: Gai. 2, 77 u. 79 u. 2 rer. cott. Dig. 41, 1, 7 § 7
        Paul. 14 Sab. Dig. 41, 1, 24 u. 26 pr. S. 1 u. 2
        Ulp. 16 ed. Dig. 6, 1, 5 § 1 S. 1, 2 u. 6
        Inst. 2, 1 § 25
        Pomp. 14 u. 30 Sab. Dig. 24, 1, 31 § 1 u. 41, 1, 27 § 1

Stoffeigentümer	Verarbeitender	V. sofern nicht rück-gängig zu machen
Sab., Cass. u. a.	Prokulianer u. a. (res c.: Nv, Proc.) Serv., Lab., Proc.	*existimantes* sowie G. in r. c. Paulus Pomp. sowie Ulp.
Sabinianer	Prokulianer Pomponius (?)	*media sent.* sowie Just.

Lit.:   KASER, RP I 431 mit Fußnn. 53—57 u. II 291 mit Fußnn. 26—28.

(12a) Wer wird Eigentümer, wenn jemand eine fremde Tafel bemalt?

Quellen: Gai. 2, 78 u. 2 rer. cott. Dig. 41, 1, 9 § 2
        Paul. 21 ed. Dig. 6, 1, 23 § 3
        Inst. 2, 1 § 34

Vgl. ferner Paul. 14 Sab. Dig. 41, 1, 26 § 2: Färbung v. Wolle

Maler (!)	Tafeleigentümer (!)
Gajus (*vix idonea ratio*)	
quidam	Paulus
quidam sowie Justinian	*alii*

Beim Färben fremder Wolle verbleibt nach Labeo sowie Paulus das Produkt dem Eigentümer der Wolle, sogar beim teuren Purpur.

Lit.:   PAOLO MADDALENA, Tabula picta — ritorno a Jhering, in: Labeo 13 (1967) 68 ff.
      MAX KASER, Tabula picta, in: TR 36 (1968) 31 ff.

(13) Wer wird Eigentümer bei Verbindung oder Vermischung gleichwertiger Sachen?

Quellen: Pomp. 30 Sab. Dig. 41, 1, 27 pr. S. 1 u. § 2
        Ulp. 16 ed. Dig. 6, 1, 5 pr. u. § 1 S. 5 u. 6
        Gai. 2 rer. cott. Dig. 41, 1, 7 § 9

Vgl. ferner:
Ulp. a. a. O. § 3
Paul. 21 ed. Dig. 6, 1, 23 § 5 a. A.

Entsteht Miteigentum	Sondereigentum bleibt
Cass. sowie Pomp. (*aut cuius nomine ferruminata est*)	Proc. u. Peg. bei Verbindung
Pomp. sowie Ulp. (*si deduci non possit*)	
Gajus	

Lit.: PAOLO MADDALENA, Accedere e cedere nelle fonti classiche, in: Labeo 17 (1971) 169 ff.

ERNST HOLTHÖFER, Sachteil u. Sachzubehör im röm. u. im gemeinen Recht (Berlin 1972) 45 ff. u. 64 ff.

(14) Von wann an zählen *equi muli asini* zu den *res mancipi*?

Quelle: Gai. 2, 15

Von Geburt an	Erst wenn gezähmt
Sabinianer	Nerva *p.*, Proc., übr. Proker.

Lit.: GIOVANNI NICOSIA, Animalia quae collo dorsove domantur, in: Iura 18 (1967) 45 ff.

DERS., Il testo di Gai 2, 15 e la sua integrazione, in: Labeo 14 (1968) 167 ff.

ANTONIO GUARINO, Tagliacarte 5., in: ebd. S. 227 f.

STEIN S. 27 f.

(15) Verliert, wer *iter et actum* hat, aber nur das *iter* ausübt, den *actus*?

Quellen: Paul. 21 ed. Dig. 8, 6, 2
        Vgl. ferner:
        Ulp. 2 inst. Dig. 8, 3, 1 pr.
        Ulp. 17 ed. Dig. 8, 5, 4 § 1
        Ulp. 75 ed. Dig. 44, 2, 11 § 6

Nein	Ja
Sab., Cass., Octav. sowie Paulus	

Lit.: KASER, RP I 441 u. Fußn. 15.

(16) Aktiv- und Passivlegitimation des Nießbrauchers zur *vindicatio servitutis*

Quellen: Paul. 18 Sab. Dig. 7, 6, 1 pr.
        Ulp. 17 ed. Dig. 7, 6, 5 § 1

Ausgeschlossen	Mögl., aber nur qua Nießbraucher
	Lab., Nerva *p.*, Marcell. sowie Paulus
	Julian sowie Ulpian

Lit.: KASER, RP I 450 Fußn. 25.

(17) Bedingung, Befristung oder Betagung einer Servitut

Quelle: Pap. 7 quaest. Dig. 8, 1, 4 pr.

Honorarrechtlich zu schützen	Unbeachtlich?
Sab., Cass. sowie Pap.	

Lit.: KASER, RP I 443 Fußn. 36.

(18) Wie ist eine zweite Verpfändung derselben Sache zu verstehen?

Quellen: Paul. 5 Plaut. Dig. 20, 4, 13
Pomp. 35 Sab. (*De fiducia*: Exkurs) Dig. 20, 4, 4: bis *esset* Sab. ?
Afr. 8 quaest. Dig. 20, 4, 9 § 3
Gai. form. hyp. Dig. 20, 4, 11 § 4 u. 15 § 2
Marcell. 19 dig. Dig. 44, 2, 19
Paul. 3 quaest. Dig. 20, 3, 3
Ulp. 11 ed. Dig. 13, 7, 36 § 1 a. E.
Marcian form. hyp. Dig. 20, 4, 12 pr. u. § 5

Aufschiebend bedingt durch Befriedigung des Erstgl.	Sofort wirksam vorbehaltlich der Rechte des Erstgläubigers
	Nerva *p.*, Proc., Plaut. sowie Paul.
Sabinus	Pomponius?
Julian sowie Afrikan	
Gajus (Haftung des *superfluum* eigens zu vereinbaren)	
	Marcellus
	Aristo sowie Paulus
	Ulpian
	Papinian sowie Marcian

Lit.:   Max Kaser, Über mehrfache Verpfändung im röm. Recht, in: Studi in onore di Gius. Grosso I (Turin 1968) 27 ff.
Arnaldo Biscardi, Die mehrfache Verpfändung einer Sache vom attischen bis zum spätrömischen Recht, in: SZ 86 (1969) 146 ff.

(19) Steht die *exc⁰ legis Cinciae* nur dem schenkweise Versprechenden selbst oder auch seinem Bürgen, Delegatar usw. zu?

Quelle: Ulp. 26 ed. Fragm. Vat. 266

Nur dem Schenker	Jedem aus der Sch. Haftbaren
Sabinianer	Prokulianer sowie Ulpian

Lit.:   Gian Gualberto Archi, La donazione — Corso di dir. rom. (Mailand 1960) 150 ff.

(20) Ehegattenschenkung auf den Todesfall, Beschenkte(r) steht noch unter väterlicher Gewalt

Quelle: Ulp. 32 Sab. Dig. 24, 1, 11 § 3
Vgl. ferner Nr. 30

Gültig wenn Gewalt wegfällt bevor Schenker stirbt	Schlechthin ungültig
Sabinianer, Jul., Marcell sowie Ulp.	

Lit.:   Ludwig Mitteis, Römisches Privatrecht bis auf die Zeit Diokletians I (Leipzig 1908) 177 Fußn. 42.

(21) Schenkung auf den Todesfall nach Genesung kondizierbar?

Quelle: Paul. 6 ad legem Iul. et Pap. Dig. 39, 6, 35 § 3

Ja   Nein

Sabinianer sowie Paulus

Lit.: KASER, RP I 597 bei Fußn. 45 u. 764 mit Fußn. 4.

(22) Im Testament Vormund bestimmt, bevor Erbe(n) eingesetzt

Quelle: Gai. 2, 231

Gilt als nicht geschrieben   Wirksam

Sabinianer   Labeo, Proculus

Lit.: KASER, RP I 686 u. Fußn. 9.
      STEIN S. 24.

(23) Im Testament übergangener *suus* stirbt vor dem Testator

Quellen: Gai. 2, 123
         Ulp. 4 disp. Dig. 28, 3, 12 pr.
         Lex Rom. Visigot. Gai. 2, 3, 1

Testament trotzdem ungültig   Testament gültig

Sabinianer   Prokulianer
                                  Hadr., Carac. sowie Ulp. halten
                                      honorarrechtl. aufrecht
Gai. epit. Visigot.

Lit.: GERHARD DULCKEIT, SZ 57 (1937) 466f. u. Fußn. 1.

(23a) *Suus* in Testament mit Substitution bei der Erbeinsetzung übergangen,
bei der Substitution aber namentlich enterbt

Quellen: Ulp. 1 Sab. Dig. 28, 2, 3 § 6
         Pomp. 1 Sab. Dig. 28, 2, 8
         Afr. 4 quaest. Dig. 28, 2, 14 § 1

Erbeinsetzung unwirksam, Sub-   Sofern es hier überhaupt eine
  stitution aber wirksam und   abweichende prokulianische Mei-
  kommt zum Zuge   nung gab, was sehr fraglich ist,
                                     wäre nach Nr. 22, 23 u. 24 größere
Sab., Cass., Jul. sowie Ulp.   Toleranz zu erwarten, also Bezie-
Sab.? sowie Pomp.   hung der Enterbung auch auf die
Jul. sowie Afr. (*vulgo dicitur*)   Erbeinsetzung. Als Alternative
                                     könnte aber auch vertretbar ge-
                                     wesen sein, das gesamte Testament
                                     für ungültig zu erklären.

Lit.: CESARE TUMEDEI, Sulla regola 'eum gradum a quo filius praeteritus sit, non valere', in: Archivio giuridico 86 (1921) 100ff.
PASQUALE VOCI, Diritto ereditario romano II (2. Aufl. Mailand 1963) 639f.

(23b) Kommt Substitution zum Zuge, wenn Erbeinsetzung ganz fehlt?

Quelle: Ulp. 7 Sab. Dig. 28, 5, 19

Vgl. ferner unten Nr. 26

Nein   Ja

Aristo, Jav., Pomp., Arrian sowie Ulp.   Pegasus

Lit.: VOCI, Diritto ereditario rom. II 817.

(24) Wer zählt als *postumus*, so daß Testament hinfällig wird?

Quellen: Justinian 17. Nov. 530 Cod. Just. 6, 29, 3
Diokletian 18. Feb. 294 Cod. Just. 6, 29, 2

Lebend geboren genügt   Muß Schrei ausgestoßen haben

Sabinianer sowie Justinian   Teil der *veteres*
Diokletian?

Lit.: KARL-HEINZ SCHINDLER, Justinians Haltung zur Klassik — Versuch einer Darstellung an Hand seiner Kontroversen entscheidenden Konstitutionen (Köln 1966) 150.
GIAMBATTISTA IMPALLOMENI, In tema di vitalità e forma umana come requisiti essenziali alla personalità, in: Iura 22 (1971) 113f.

(25) Sind Kodizille, in denen der Erblasser dem Erben Vermächtnisse auferlegt oder erläßt, nachdem dieser vorverstorben ist, auch dann ungültig, wenn im Testament ein Substitut bestimmt worden war?

Quelle: Scaev. 8 quaest. Dig. 29, 7, 14 pr.

Gültig   Ungültig

Sabinus, Cassius sowie *quidam*   Proculus, Vivian(?) sowie Skäv.

Lit.: VOCI, Diritto ereditario rom. II 88ff.
STEIN S. 23f.

(26) Letztwillige Verfügung unter einer Bedingung, die zu erfüllen zur Zeit des Erbfalls unmöglich ist

Quellen: Alfen. 2 dig. a Paulo epit. Dig. 28, 5, 46
Gai. 3, 98
Pomp. 3 Sab. Dig. 35, 1, 6 § 1
Ulp. 6 u. 9 Sab. Dig. 35, 1, 3 u. 28, 7, 6
PS 1, 4B, 1
Inst. 2, 14 § 10

Unbedingt gültig	Verfügung kommt nicht z. Zuge
Servius sowie Alfen	
Sabinianer	Prokulianer
Serv., Lab., Sab., Cass. sow. Pomp.	Neraz
Ulpian	
Sentenzenverfasser	
Justinian	

Lit.: KASER, RP I 253 u. Fußn. 9.
   ALAN WATSON, The Law of Succession in the Later Roman Republic (Oxford 1971) 101 ff.
   STEIN S. 22 f.
   GEOFFREY MAC CORMACK, Impossible Conditions in Wills, in: RIDA 21 (1974) 263 ff.

(27) Wie ist das falzidische Viertel zu berechnen, wenn jemand infolge Kaduzität vom selben Erblasser zwei Erbteile erlangt?

Quelle: Paul. ad legem Falc. Dig. 35, 2, 1 § 14

Beide Erbt. zusammenzurechnen	Für jedes Erbteil getrennt
Cassius, Pius[249]	Proculus, Julian sowie Paulus

Lit.: VOCI, Diritto ereditario romano II 767 ff.

(28) Wann erwirbt der Vindikationslegatar Eigentum?

Quellen: Cels. 19 dig. Dig. 31, 20
   Iul. 32 u. 34 dig. Dig. 30, 81 § 6 u. 86 § 2
   Pomp. 6 Plaut. Dig. 12, 1, 8
   Gai. 2, 195
   Ulp. 44 ed. Dig. 38, 5, 1 § 6
   Ulp. 22 Sab. Dig. 30, 44 § 1
   Marcian. 2 reg. Dig. 34, 5, 15

Wenn Erbsch. angetreten wird	Erst wenn Legatar annimmt
	Proc., Celsus p. sowie Celsus f.
Jul.	
Jul. sowie Pomp.	
Sab., Cass., übr. Sabinianer	Nerva *p.*, Proc., übr. Prokulianer, Pius sowie Gajus
Julian sowie Ulpian	
Marcian	

Lit.: KASER, RP I 753.
   STEIN S. 25 f.

[249] Nicht Caracalla, s. HERMANN FITTING, Alter und Folge der Schriften römischer Juristen von Hadrian bis Alexander (2. Aufl. Halle 1908) 91.

(29) Wem gehört bei einem bedingten Vindikationslegat die Sache während der Schwebezeit?

Quellen: Gai. 2, 200
　　　　　Gai. 2 ed. prov. Dig. 9, 4, 15
　　　　　Ulp. 35 ed. Dig. 27, 9, 5 § 8

Dem Erben	Niemandem, Sache herrenlos
Sabinianer	Prokulianer
Sabinus, Cassius sowie Gajus Ulpian (*nemo dubitat*)	

Lit.: GIUSEPPE GROSSO, I legati nel diritto romano (2. Aufl. Turin 1962) 452 ff.
　　　VOCI, Diritto ereditario rom. II 388 ff.
　　　STEIN S. 25 f.

(30) Damnationslegat an einen, der in der Gewalt des Erben

Quellen: Gai. 2, 244
　　　　　Pseudo-Ulpian, 'Liber singularis regularum' 24, 23

　　　　　Vgl. ferner Ulp. 21 Sab. Dig. 30, 41 § 2

Gültig, wenn nur am *dies cedens* Gewalt beendet	Gültig nur, wenn Legat bedingt und am *dies cedens* Gewalt beendet	Schlechthin ungültig
Servius	Sabinus, Cassius Pseudo-Ulpian Vgl. ferner Ulpian	Prokulianer

Lit.: ANTONIO MASI, Studi sulla condizione nel dir. rom (Mailand 1966) 101 ff.
　　　HORAK, Rationes decidendi 134 ff.
　　　WATSON, The Law of Succession 159 f.
　　　STEIN S. 23.

(31) Kann der *heres necessarius* die Erbschaft *in iure* zedieren?

Quelle: Gai. 2, 37 u. 3, 87

Nein	Ja
Sabinianer	Prokulianer

Lit.: KASER, RP I 722.
　　　STEIN S. 24 f.

(32) Kann der Sklave einer ruhenden Erbschaft wirksam stipulieren?

Quellen: Gai. 3 verb. obl. Dig. 45, 3, 28 § 4
　　　　　Venul. 12 stip. Dig. 45, 3, 25
　　　　　Afr. 8 quaest. Dig. 12, 1, 41

Quellen: Pap. 27 quaest. Dig. 45, 3, 18 § 2
　　　　　Paul. 4 reg. Dig. 45, 3, 16
　　　　　Mod. 7 reg. Dig. 45, 3, 35
　　　　　Hermog. 6 Dig. 41, 1, 61

　　　　　Vgl. ferner:
　　　　　Iul. 13 dig. Dig. 44, 7, 16
　　　　　Paul. 3 ed. Dig. 2, 14, 27 § 10
　　　　　Paul. 12 Sab. Dig. 46, 4, 11 § 2

Ja	Nein
Cassius sowie Gajus	Proculus
Cassius sowie Venulejus	
Julian sowie Afrikan	
	Papinian
	Paulus
Modestin	
	Hermogenian?

Lit.: KASER, RP I 720 u. Fußnn. 5 u. 6.

(33) Wem kann ein Präzeptionslegat ausgesetzt werden? Mit welcher Klage ist es geltend zu machen?

Quelle:　Gai. 2, 217—223

Nur einem Miterben. Geltend zu machen grundsätzlich im Rahmen des a^0 fam. ercisc.	Jedermann. Geltend zu machen grundsätzlich mit der *rei vindi-catio*
Sabinianer	Prokulianer, Hadrian

Bei Außenstehendem Heilung nach dem SC Neronianum?

Nein	Ja
Sabinus	Julian, Sextus (Afr.?)

Lit.:　GIUSEPPE GROSSO, Iura 14 (1963) 284ff. (Rez.).
　　　　GLORIA GALLENO, Per praeceptionem, in: Synteleia Vincenzo Arangio-Ruiz (Neapel 1964) I 216ff.

(34) Schuldet Erbe bei Partitionslegat Anteil oder Schätzwert?

Quelle:　Pomp. 5 Sab. Dig. 30, 26 § 2 (ab *sed oportet* Just.)

Schätzwert	Anteil	Bedachter kann wählen
Sabinus, Cassius	Nerva *p.*, Proculus	Justinian

Lit.:　KASER, RP I 745 u. Fußn. 37.

(35) Wann ist eine *diebus certarum nundinarum* stipulierte Leistung fällig?

Quelle:　Venul. 4 stip. Dig. 45, 1, 138 pr.

Am ersten Tag der Messe	Am letzten Tag
Sabinus	Proculus sowie Venulejus

Lit.: STEIN S. 17.

(35a) Liegt bei einer Serie von Vermächtnissen *in annos singulos* der *dies cedens* zu Beginn oder zu Ende eines jeden Jahres?

Quelle:　Ulp. 23 Sab. Dig. 36, 2, 12 § 1

Am Anfang	Am Ende
Lab., Sab., Cass., Cels., Jul. sowie Ulp.	*quaestionis fuit*

(36) Wann ist eine unechte Vertragsstrafe fällig, wenn für die dadurch sichergestellte Handlung kein Termin bestimmt ist?

Quellen: Afr. 7 quaest. Dig. 44, 7, 23
　　　　　Pap. 2 quaest. Dig. 45, 1, 115 pr. — § 2
　　　　　Ulp. 13 ed. Dig. 4, 8, 21 § 12

　　　　　Vgl. ferner Lab. 4 post. a Iav. epit. Dig. 19, 2, 58 § 1

Sobald dadurch sichergestellte Handlung vorgenommen werden kann	*Post quoddam modicum tempus* auch nach Mahnung, wenn nur vor Klageerhebung	Erst wenn die dadurch sichergestellte Handlung selbst nicht mehr vorgenommen werden kann
Serv. (*mod. spatium*), Jul. sowie Afr. Muc.? Sab. sowie Pap.		Pegasus

Cels. sowie Ulp.

Vgl. ferner Labeo (sowie Jav.?)

Lit.:　PASQUALE VOCI, Una quaestio di Papiniano in tema di stipulatio poenae, D. 45, 1, 115, in: Scritti in memoria di A. Giuffrè I (Mailand 1967) 859ff.
　　　STEIN S. 17.
　　　ROLF KNÜTEL, Stipulatio poenae (Köln 1976) § 15 (non vidi).

(37) Muß eine vereinbarte Vertragsstrafe entrichtet werden, obwohl keiner der Vertragspartner Schuld daran hat, daß die durch die Strafe abgesicherte Handlung unterblieben ist?

Quellen: Afr. 7 quaest. Dig. 44, 7, 23
　　　　　Pap. 2 quaest. Dig. 45, 1, 115 § 2
　　　　　Ulp. 13 ed. Dig. 4, 8, 21 § 9 u. 23 §§ 1 u. 2

Nein	Grundsätzlich ja
Julian sowie Afrikan (Muc.?), Sab. sowie Pap. bei echter Vertragsstrafe; bei unechter auch Just.?	Pap. bei unechter Vertragsstr.?
Celsus? sowie Ulp.	Proc., Atil.

Lit.:   KNÜTEL, Stipulatio poenae §§ 24—31 (non vidi)

(38) Jemand läßt sich eine Leistung an sich und einen Dritten versprechen, der sie auf keinen Fall fordern kann.

Quellen: Gai. 3, 103
  Pomp. 4 Muc. Dig. 45, 1, 110 pr.
  Inst. 3, 19 § 4

Versprechensempfänger kann ganze Leistung fordern	Versprechensempfänger kann nur die Hälfte fordern, im übrigen Versprechen unwirksam
Sabinianer	Prokulianer Pomponius Justinian

Lit.:   KASER, RP I 543 Fußn. 49.
  STEIN S. 18.

(39) Erlischt, wenn der Hauptschuldner seinen Bürgen beerbt, die Verbindlichkeit des Bürgen?

Quellen: Scaev. quaest. publ. tract. Dig. 46, 3, 93 § 3
  Iul. 47 dig. Dig. 46, 1, 14
  Afr. 7 quaest. Dig. 46, 3, 38 § 5
  Pap. 27, 28 u. 37 quaest. Dig. 42, 6, 3 pr.; 46, 3, 95 § 3 u.
    46, 1, 50
  Ulp. 46 Sab. Dig. 46, 1, 5
  Diokl. 22. Dez. 294 Cod. Just. 8, 40, 24

  Vgl. ferner Nr. 58

Ja	Nein
Sabinus sowie Skävola Julian Julian sowie Afrikan Papinian, aber nicht konsequent Ulpian Diokletian	Proculus

Lit.:   PAOLO FREZZA, Le garanzie delle obbligazioni I — Le garanzie personali (Padua 1962) 151 ff.

(40) Ist der römische Litteralvertrag auch Nichtbürgern zugänglich?

Quelle: Gai. 3, 133

Nur *a re in personam*	Gar nicht
Sabinus, Cassius	Nerva *pater*

Lit.: ALAN WATSON, The Law of Obligations in the Later Roman Republic (Oxford 1968) 24 Fußn. 5 u. 32.

(41) Ist der Tausch ein Unterfall des Kaufs?

Quellen: Gai. 3, 141
Paul. 33 ed. Dig. 18, 1, 1 § 1 u. 19, 4, 1 pr.
Gord. 6. Nov. 238 Cod. Just. 4, 64, 1
Diokl. Cod. Just. 4, 64, 2—8

Vgl. ferner Cels. 8 dig. Dig. 12, 4, 16

Ja	Nein
Sabinianer, Caelius Sabinus	Prokulianer
Sabinus, Cassius	Nerva *p.*, Proculus sowie Paulus (*a⁰ in factum*)
	Gordian (*a⁰ ad exemplum aⁱˢ ex empto, condictio c.d.c.n.s.*)
	Diokletian (*a⁰ praescr. verbis, condictio c.d.c.n.c.*)
	Vgl. ferner Cels. (*cond. c.d.c.n.s.*)

Lit.: KASER, RP I 550 u. Fußn. 43.
C. ST. TOMULESCU, Paul. D. 18, 1, 1 pr. et la mancipatio — Considérations économiques et juridiques, in: RIDA 18 (1971) 721 f.

(42) Ist ein Werklieferungsvertrag (unechter eingeschlossen) Kauf oder Werkvertrag?

Quellen: Iav. 11 epist. Dig. 18, 1, 65
Gai. 3, 147 u. 2 rer. cott. Dig. 19, 2, 2 § 1
Pomp. 9 Sab. Dig. 18, 1, 20

Vgl. ferner Paul. 34 ed. Dig. 19, 2, 22 § 2

Kauf	Gemischter V.	Werkvertrag
Javolen (*puto, non . . .*)		
plerique	Cassius	*quaeritur, quaeri soleat*
Sabinus sowie Pomp.		

Lit.: KASER, RP I 548 u. Fußn. 33.

(43) Welche Klagen sind für Nebenabreden zum Kauf einschlägig?

(43 I) Wiederkauf

Quellen: Proc. 11 epist. Dig. 19, 5, 12
   Alexander Sev. 1. Sept. 222 Cod. Just. 4, 54, 2

A^0 ex vendito	A^0 in factum/praescriptis verbis
	Proculus (in factum)
Alexander	Alexander (vel p.v. vel ex v.)

Lit.: FRANK PETERS, Die Rücktrittsvorbehalte im röm. Kaufrecht (Köln 1973) 278ff.

(43 II) Vorkaufsrecht des Verkäufers

Quellen: Paul 33 ed. Dig. 19, 1, 21 § 5
   Hermog. 2 Dig. 18, 1, 75, 2. Fall

A^0 ex vendito

Paulus
Hermogenian

Lit.: PETERS, Die Rücktrittsvorbehalte 282ff.

(43 III) Kauf auf Probe

Quellen: Paul. 2 ed. Dig. 18, 5, 6
   Ulp. 1 ed. aed. Dig. 21, 1, 31 § 22

A^0 ex empto	A^0 in factum
Sabinus sowie Paulus	Paulus (aut . . . aut)
	Ulpian (ad redhib., betr. nur ädiliz. Gerichtsbarkeit)

Lit.: PETERS, Die Rücktrittsvorbehalte 84f. u. 264f.

(43 IV) Bessergebotsklausel

Quellen: Ulp. 28 Sab. Dig. 18, 2, 4 § 4
   Ulp. 71 ed. Dig. 43, 24, 11 § 10

A^0 venditi

Julian sowie Ulpian

Lit.: PETERS, Die Rücktrittsvorbehalte 266f.

(43 V) Verfallklausel

Quellen: Pomp. 9 Sab. Dig. 18, 1, 6 § 1
   Pap. 3 resp. Fragm. Vat. 14
   Ulp. 32 ed. Dig. 18, 3, 4 pr.

A⁰ ex vendito

Pomp. (*placet . . . nec contur-
bari debemus*)
Papinian (*cui non est contrarium*)
Sept. Sev. sowie Ulp. (*videamus, quemadmodum . . . agat
. . . sed iam decisa quaestio
est*)

Lit.: PETERS, Die Rücktrittsvorbehalte 267ff.

(43 VI) Kauf nebst Miet- oder Pachtvereinbarung

Quellen: Iav. 5 ex post. Lab. Dig. 18, 1, 79
Paul. 33 u. 34 ed. Dig. 19, 1, 21 § 4 u. 19, 2, 22 pr.
Ulp. 32 ed. Dig. 19, 1, 13 § 20
Hermog. 2 Dig. 18, 1, 75, 1. Fall

A⁰ ex vendito	Keine *a⁰ vend.* (*a⁰ in factum?* *ex locato?*)
Javolen	Trebaz, Labeo
Paulus	Paulus zuweilen *a⁰ ex locato*
Tubero, Servius sowie Ulpian	
Hermogenian	

Lit.: ROLF KNÜTEL, Kauf und Pacht bei Abzahlungsgeschäften im röm. Recht, in:
Studien im röm. Recht — Max Kaser zum 65. Geburtstag (Berlin 1973) 36ff.

(43 VII) Kauf nebst Dienst- oder Werkvereinbarung

Quellen: Iul. 3 Urs. Dig. 19, 1, 28
Pomp. 9 Sab. Dig. 19, 1, 6 § 1

A⁰ ex vendito

Julian
Pomponius

Lit.: KNÜTEL, Stipulatio poenae § 38 (non vidi).

(44) Kann auch, wenn der Vertrag unwirksam ist, mit den Vertragsklagen
(auf Rückgabe, Schadensersatz etc.) geklagt werden?

Quellen: Iav. 2 Plaut. Dig. 18, 4, 8
Pomp. 9 Sab. Dig. 18, 1, 4 u. 6 pr.
Paul. 14 Plaut. Dig. 18, 4, 7
Paul. 33 ed. Dig. 18, 1, 34 § 3 u. 19, 1, 21 pr.
Ulp. 25 ed. Dig. 11, 7, 8 § 1

Quellen: Ulp. 32 ed. Dig. 19, 1, 11 § 6, 1. Fall
      Mod. 5 reg. Dig. 18, 1, 62 § 1
      Lic. 8 reg. Dig. 18, 1, 70

      Vgl. schon Nr. 43 III—V

Ja	Nein
Javolen	
Pomponius	Celsus?
	Paulus b. Erbschaftskauf (*condictio*)
Pomponius sowie Paulus	
	Ulp. b. *res relig.* (*a⁰ in factum quasi ex empto*)
Julian sowie Ulpian	
Modestin	
Licinius	

Lit.: PETER STEIN, Fault in the Formation of Contract in Roman and Scotch Law
      (Edinburg 1958) 62ff.

      MAX KASER, Erbschaftskauf und Hoffnungskauf, in: Bullettino dell'Istituto di
      Diritto Romano 74 (1971) 50ff.

      JOSÉ LUIS MURGA, Una actio in factum de Ulpiano para la venta de sepulcros,
      in: RIDA 21 (1974) 299ff.

(45 I) Stehen dem Vertragspartner für Schadensersatz und sonstige neben dem Erfüllungsanspruch etwa bestehende Ansprüche nur eine Klage oder Vertrags- und außervertragliche Klage wahlweise zur Verfügung?

Quellen: Afr. 8 quaest. Dig. 19, 1, 30 pr. u. 3, 5, 48
      Vgl. aber auch dens. ebd. Dig. 19, 2, 35 § 1
      Scaev. 2 quaest. Dig. 21, 2, 69 § 3
      Paul. 5 Sab., 18 u. 30 ed. u. conc. act. Dig. 19, 1, 8 pr.;
      12, 2, 28 § 4; 16, 3, 13 § 1 u. 44, 7, 34 §§ 1 u. 2 S. 1 u. 2
      Paul. conc. act. Dig. 44, 7, 34 § 2 S. 3ff.
      Ulp. 30 Sab. Dig. 17, 2, 45 u. 47 pr.
      Ulp. 18 ed. Dig. 9, 2, 7 § 8 u. Coll. 12, 7, 9
      Ulp. 18 ed. Dig. 9, 2, 27 § 34
      Ulp. 32 ed. Dig. 19, 1, 11 § 6, 2. Fall
      Ulp. 32 ed. Dig. 12, 7, 2

Nur eine einzige Klage	Beide wahlweise
Julian sowie Afrikan (*condictio* bzw. *negot. gest.*)	Vgl. ab. a. Jul. sowie Afr. z. Zusammentreffen v. Vertrags- u. Teilungsklage

Nur eine einzige Klage	Beide wahlweise
quidam (*a⁰ auct.*), Servius sowie Skäv. (*a⁰ empti*)	
	Paulus (Vertragskl. u. *condictio*) *dicitur* sowie Paulus (Vertragskl. u. *a⁰ legis Aquiliae*)
	Ulp. (Vertragskl. u. *condictio*)
Sabinus (*a⁰ legis Aquiliae*)	Proc. sowie Ulp. (Vertragskl. u. *a⁰ legis Aquiliae*)
Mela (Vertragskl. oder *a⁰ legis Aquiliae*, je nach dem)	Ulpian (Vertragskl. und *a⁰ legis Aquiliae*)
Julian (Vertragskl.)	Ulp. (Vertragskl. u. *condictio*) Cass. sowie Ulp. (Vertragskl. u. *condictio*)

Lit.: VERF., Die Klagenkonkurrenz im röm. Recht (Göttingen 1972) 111 ff.

(45 II) Stehen, wenn ein Gebäude einzustürzen droht, die besonderen Rechtsmittel wegen Gebäudeeinsturzes auch dem Miteigentümer gegen seinen Genossen zu?

Quelle: Gai. 28 ed. prov. Dig. 39, 2, 32

Vgl. ferner Ulp. 18 ed. Dig. 9, 2, 19

Nein	Ja
Sabinianer sowie Gajus (*a⁰ comm. div.* bzw. *pro socio* genügt)	
	Vgl. Celsus fil. sowie Ulpian (*a⁰ leg. Aq.* auch gegen Genossen)

(46 I) Höhe des Kaufpreises festzusetzen dem Ermessen eines Dritten überlassen

Quellen: Gai. 3, 140
Just. 1. Aug. 530 Cod. Just. 4, 38, 15
Inst. 3, 23 § 1

Vertrag nichtig	Vertrag gültig
Labeo, Cassius	Ofilius, Proculus Justinian (aufschieb. bedingt)

Lit.: KARL-HEINZ SCHINDLER, Justinians Haltung zur Klassik (Köln 1966) 147 ff.
GIUSEPPE GROSSO, Obbligazioni — contenuto e requisiti della prestazione, obbligazioni alternative e generiche (3. Aufl. Turin 1966) 101 ff.
GUIDO PAOLO SOLINAS, A proposito dell'arbitrium boni viri, in: Studi in onore di G. Scherillo (Mailand 1972) II 561 ff.

(46 II) Werklohn dem Ermessen eines Dritten überlassen

Quellen: Cato, De agri cultura 144, 5—7 u. 145, 9
       Gai. 3, 142 f.
       Just. 1. Aug. 530 Cod. Just. 5, 38, 15 § 3
       Just. bei Gai. 10 ed. prov. Dig. 19, 2, 25 pr.
       Inst. 3, 23 § 1 a. E.

Vertrag nichtig	Vertrag gültig
	Cato (setzt voraus)
quaeritur	*quaeritur*
	Justinian (aufschieb. bedingt)

Lit.: Wie Nr. 46 I.

(46 III) Beteiligungsverhältnis an einer Gesellschaft dem Ermessen eines Dritten überlassen

Quellen: Proc. 5 epist. Dig. 17, 2, 76; 78 u. 80
       Cels. 15 dig. Dig. 17, 2, 75
       Paul. 4 quaest. Dig. 17, 2, 77 u. 79

Vertrag nichtig	Vertrag gültig
	Proculus
	Celsus filius (aufschieb. bedi.)
	Paulus

Lit.: FILIPPO GALLO, La dottrina di Proculo e quella di Paolo in materia di arbitraggio, in: Studi in onore di G. Grosso III (Turin 1970) 477 ff.

(47) Beauftragter überschreitet Limit

Quellen: Gai. 3, 161 u. 2 rer. cott. Dig. 17, 1, 4 (a. E. Just.)
       Paul. 33 ed. Dig. 17, 1, 3 § 2 u. 5 pr. — § 4 (tw. itp.)
       Inst. 3, 26 § 8

Auftraggeber frei	Muß zum angesetzten Preis nehmen
Sab., Cass. u. a. sowie Gajus	Proculus sowie Justinian
quidam sowie Paulus	Justinian
Sabinus, Cassius	Prokulianer sowie Justinian

Lit.: ALAN WATSON, Contract of Mandate in Roman Law (Oxdorf 1961) 185 ff.
     KASER, RP I 580 Fußn. 36.

(48) Erlischt Verbindlichkeit durch Leistung an Erfüllungs Statt?

Quelle: Gai. 3, 168

Ja, nämlich *ipso iure*	Nein, Schuldner hat aber Einrede
Sabinianer	Prokulianer

Lit.: Francesco Musumeci, Marciano e gli effetti della datio in solutum, in: Iura 20
(1969) 524ff. (*liberare* ist jedoch ambivalent, Verf., Klagenkonkurrenz
254ff.).
Stein S. 19.

(49) Wirkt Novation mit einem Gesamtgläubiger auch gegen die anderen?

Quellen: Venul. 3 stip. Dig. 46, 2, 31 § 1
Paul. 3 ed. Dig. 2, 14, 27 pr.

Ja	Verschafft nur persönl. Einrede
Venulejus	*quaeritur*
	Labeo sowie Paulus; beim ver-
	wandten *pactum in rem* ebenso
	Proc., Atil. u. Neraz

Lit.: Peter Apathy, Animus novandi — Das Willensmoment beim röm. Schulder-
neuerungsvertrag (Wien 1975) 228f.

(50) Muß, um nachträglich einen Sponsionsbürgen zu verpflichten, die
Hauptverbindlichkeit noviert werden?

Quellen: Gai. 3, 116 mit 177f.
Ulp. 46 Sab. Dig. 46, 2, 8 § 2
Ulp. 3 disp. Fragm. Argent. 3

Vgl. ferner:
Pomp. 5 Plaut. Dig. 46, 2, 24
Pomp. 9 ep. Dig. 4, 4, 50
Paul. 1 Ner. Dig. 46, 2, 32

Ja	Nein
Sabinianer	Prokulianer
	Celsus sowie Ulpian
	Ulpian
	Vgl. ferner Pomp (mit Plaut.?)
	Neraz sowie Paulus

Lit.: Peter Apathy, Zur Abgrenzung von Novation und Bürgschaft, in: RIDA 18
(1971) 381ff., bes. 401ff.
Ders., Animus novandi 189ff.

(51) Genügt es für eine Novation, daß ein Sponsionsbürge beigefügt oder
freigegeben wird?

Quelle: Gai. 3, 177f.

Ja	Nein
Sabinianer sowie Gajus	Prokulianer

Lit.: Stein S. 19.
Knütel, Stipulatio poenae § 32 II 3 (non vidi).

(52) Kommt ein Geschäft, das ein gemeinsamer Sklave auf Anordnung nur eines Eigentümers in keines Namen ausführt, nur mit diesem zustande oder mit allen Eigentümern?

Quellen: Gai. 3, 167a
   Pomp. 26 Sab. Dig. 45, 3, 6
   Ulp. 48 Sab. Dig. 45, 3, 5 S. 4 u. 7 pr.
   Just. 17. Nov. 530 Cod. Just. 4, 27, 2 § 2

Nur mit dem Anordnenden	Mit allen Eigentümern
Sabinianer	Prokulianer
Ofil., Sab., Cass. sowie Pomp.	

Ulpian (Stip., *hoc iure utimur*)
Justinian (Stip.)

Lit.: MARIO BRETONE, Servus communis (Neapel 1958) 87ff.
   SCHINDLER, Justinians Haltung zur Klassik 329ff.
   STEIN, S. 18f

(52a) Wie steht es, wenn der Sklave das Geschäft eigens für einen andern als den anordnenden Eigentümer ausführt?

Quellen: Iul. 44 dig. Dig. 41, 1, 37 § 6
   Ulp. 7 disp. Dig. 39, 5, 13
   Just. 17. Nov. 530 Cod. Just. 4, 27, 2

Mit Anordnendem	Geschäft nichtig	Mit Bezeichnetem
	Julian bei Schenkg.	
Ulpian bei Schenkg.	*quaerebatur*	
Justinian § 1 (Stip.)		Justinian § 2 a. E.

(*inter antiquam sapientiam quaerebatur ... ex omni latere magna pars auctorum multum effudit tractatum*)

Lit.: MAX KASER, Stellvertretung und „notwendige Entgeltlichkeit", in: SZ 91 (1974) 184 f. Fußn. 141.

(53) Haftet der Vater, wenn der mit einem Sondergut ausgestattete Haussohn eine Bürgschaft eingeht?

Quelle: Ulp. 29 ed. Dig. 15, 1, 3 § 9

   Vgl. ferner:
   Gai. 1 ed. prov. Dig. 2, 14, 28 § 2
   Ulp. 44 Sab. Dig. 39, 5, 7 pr. — § 2
   Ulp. 4 ed. Dig. 2, 14, 29

Ja in Höhe des Sonderguts	Nein
Sab., Cass. sowie Ulpian	*quaeritur*

(54) Haftet, wer einen Gewaltfreien adoptiert, auch für dessen vor der Annahme an Kindes Statt begründete Schulden?

Quelle: Ulp. 29 ed. Dig. 15, 1, 42

Nein	Ja in Höhe des Sonderguts
Sabinus, Cassius	*quidam* sowie Ulpian

Lit.: SIRO SOLAZZI, Studi sull'actio de peculio, in: DERS., Scritti di dir. rom. I (Neapel 1955) 178ff. (von 1905).

(55) Wie haften Geschäftsführer ohne Auftrag, Pfleger und Vormund, die erst nach begonnener Vermögensverwaltung freigelassen bzw. emanzipiert worden sind, wegen vorher getätigter Geschäfte, die mit den späteren zusammenhängen?

Quellen: Pap. 11 quaest. Dig. 26, 7, 37 §§ 1 u. 2
Paul. 9 ed. Dig. 3, 5, 17 u. 18 § 1
Paul. 2 Ner. Dig. 3, 5, 18 pr.
Ulp. 35 ed. Dig. 3, 5, 16

Haftung unabhängig vom Verbleib des Sonderguts; nicht für (schuldhafte) Schädigung; kein Konkurs	Haftung nur soweit dem Betroffenen das Sondergut verblieben; für Schäden nach Maßstab der *bona fides*
Sabinus, Cass. sowie Papinian	
Sab., Skäv. sowie Paulus	Proc., Peg., Neraz
Paulus	Neraz im verlor. Grundtext?
Ulpian	

Lit.: HANS HERMANN SEILER, Der Tatbestand der negotiorum gestio im röm. Recht (Köln 1968) 157.

(56) Was ist zur Schadensauslieferung eines Haussohnes erforderlich?

Quelle: Gai. 4, 79

Eine Manzipation	Drei Manzipationen
Sabinianer	Prokulianer

Lit.: FERNAND DE VISSCHER, Le régime romain de la noxalité (Brüssel 1947) 295ff.
REUVEN YARON, Si pater filium ter venum duit, in: TR 36 (1968) 57ff., bes. Fußn. 8.
STEIN S. 16f.

(57) Verliert, wer ein Delikt seines Sklaven nicht verhindert, die Befugnis der Schadensauslieferung?

Quellen: Afr. 8 quaest. Dig. 30, 110
Paul. 32 ed. Dig. 17, 1, 26 § 7
Ulp. 18 ed. Dig. 9, 4, 2 § 1 u. 6

Nein	Ja
Julian sowie Afrikan (Diebst.)	
	Neraz sowie Paulus (Diebstahl)
Jul., Marcell sowie Ulpian	Celsus filius für *lex Aquilia*
(Diebstahl u. *lex Aquilia*)	

Lit.: DE VISSCHER, Le régime 325ff.
     KASER, RP I 631 Fußn. 4.

(58) Erlischt der Ersatzanspruch aus der Tat eines Gewaltunterworfenen, wenn der Verletzte Gewalthaber wird?

Quelle: Gai. 4 ,78

Ja	Nein, ruht nur
Sabinianer	Prokulianer

Lit.: STEIN S. 19f.

(59 I) Kann, wer ein Geschäft unter widerrechtlichem Zwang getätigt und deswegen Verurteilung des andern Teils auf das Vierfache erwirkt hat, auch gegen das Geschäft selbst prätorischen Rechtsschutz in Anspruch nehmen?

Quelle: Ulp. 11 ed. Dig. 4, 2, 9 § 6 u. 14 § 9

Nein, entweder ... oder	Ja, beides kumulativ
Jul. sowie Ulp. u. Just.	Labeo[250]

Lit.: VERF., Die Klagenkonkurrenz 182 u. Fußn. 304.
     BERTHOLD KUPISCH, In integrum restitutio und vindicatio utilis bei Eigentumsübertragungen im klassischen römischen Recht (Berlin 1974) 121 Fußn. 297 u. 235.

(59 II) Stehen bei Unterschlagung durch den Vertragspartner dem Verletzten a^0 *furti* und Vertragsklage alternativ oder kumulativ zu?

Quellen: Iav. 15 Cass. Dig. 47, 2, 72 pr.
       Paul. 6 Sab. Dig. 17, 2, 46
       Paul. conc. act. Dig. 44, 7, 34 § 2 S. 1 u. 2
       Ulp. 30 Sab. Dig. 17, 2, 45

Alternativ	Kumulativ
Cassius sowie Javolen[251]	
	Paulus
	Ulpian

Lit.: VERF., Die Klagenkonkurrenz 87ff.

---

[250] Für Kumulation tritt Labeo außerdem ein bei Ulp. 57 ed. Dig. 47, 10, 15 § 46; u. Skäv. 4 quaest. Dig. 47, 6, 6 (dazu Klagenkonkurrenz S. 128ff.). Für Alternativität bei Ulp. 16 ed. Dig. 6, 1, 13; 76 ed. Dig. 44, 4, 4 § 7; u. 80 ed. Dig. 21, 2, 54 § 4. Ulpian folgt ihm fast immer.

[251] Entsprechend die Position der *quidam* bei Paulus conc. act. Dig. 44, 7, 34 pr. zur Kokurrenz von a^0 *iniuriarum* und *legis Aquiliae*, während Labeo, Papinian und Ulpian hier kumulierten, VERF., Klagenkonkurrenz 229 u. 264 f.

(59 III) Stehen bei Baumfällung dem Eigentümer Baumfällungsklage und a^0 *legis Aquiliae* alternativ oder kumulativ zu?

Quellen: Gai. 10 u. 13 ed. prov. Dig. 19, 2, 25 § 5 u. 47, 7, 9
Paul. 9 Sab. Dig. 47, 7, 1
Paul. 18 u. 22 ed. Dig. 12, 2, 28 § 6 u. 47, 7, 11
Hermog. 2 iur. ep. Dig. 44, 7, 32

Alternativ	Alt. mit Nachford.	Kumulativ
Gajus		
	Trebaz sowie Paul.	Labeo[250]
	Paulus	
magnae varietates		Hermog.?

Lit.: Verf., Die Klagenkonkurrenz 196 ff.

(59a) Wie haften mehrere für den Tod eines fremden Sklaven Verantwortliche, die unabhängig voneinander ihn beide tödlich verwundet haben?

Quellen: Iul. 86 dig. Dig. 9, 2, 51 §§ 1 u. 2
Ulp. 18 ed. Dig. 9, 2, 11 §§ 2 u. 3 u. 21 § 1

Beide wegen Tötung.	Der erste wegen Verletzung, der
Für Höchstwertberechnung vom	zweite wegen Tötung.
Zeitpunkt d. Tat auszugehen	Zeitpunkt d. Erfolgseintritts
Julian	*quis* (Alternative verzeichnet)
Jul. (sowie Ulp. bzgl. Zeitpunkt)	Cels., Marcell. (sowie Ulpian bzgl.
	Tötung oder Verletzung)

Lit.: Verf., Röm. Recht 57 f.

(60) Ist auch eine strengrechtliche Klage abzuweisen, wenn der Verklagte seine Pflicht zwar erst nach Klagerhebung, aber noch vor Fällung des Urteils erfüllt hat?

Quelle: Gai. 4, 114
Vgl. ferner Inst. 4, 6 § 31 sowie Nr. 37 u. 48

Omnia iudicia absolutoria sunt	Nein (vermutl. aber *exc⁰ doli*)
Sabinianer, Sabinus, Cassius	*Prokulianer*

Lit.: Max Kaser, Das röm. Zivilprozeßrecht (München 1966) 226 u. 258 Fußn. 12.
Stein S. 18.

(61 I) Ist eine strenge Klage abzuweisen, wenn die geforderte Sache zwischen Klagerhebung und Urteil ohne Verschulden des Verklagten untergegangen ist?

Quellen: Gai. 9 ed. prov. Dig. 16, 3, 14 § 1
Pomp. 26 Sab. Dig. 16, 3, 12 § 3
Paul. 5 Plaut. Dig. 42, 1, 8

Ja	Nein
Sab., Cass. sowie Gajus (*a⁰ dep.*)	
	Pomp. (*dep., stip., test.*)
Paulus (*stip.*)	

Lit.: MAX KASER, Restituere als Prozeßgegenstand (2. Aufl. München 1968) 205 ff. u. 214 f.

(61 II) Ist eine *actio in rem* abzuweisen, wenn die streitbefangene Sache zwischen Klagerhebung und Urteil ohne Verschulden des Verklagten untergeht?

Quellen: Pomp. 16 Sab. Dig. 6, 1, 51
   Gai. 7 ed. prov. Dig. 6, 1, 36 § 1
   Paul. 13 Sab. Dig. 12, 3, 2
   Paul. 20 ed. Dig. 5, 3, 40 pr.
   Paul. 21 ed. Dig. 6, 1, 16; 21; 27 § 1 S. 2 u. § 2 u. 33
   Ulp. 29 Sab. Dig. 21, 2, 21 § 3
   Ulp. 16 ed. Dig. 6, 1, 15 § 3

Ja	Nein
Pomp.	
Gajus	
Paulus	
Cassius sowie Paulus	Proculus
Treb., Jul., Pomp. sowie Paul.	
Ulpian	
Julian sowie Ulpian	

Lit.: SANDRO SCHIPANI, Responsabilità del convenuto per la cosa oggetto di azione reale (Turin 1971) 19 ff. u. 150 ff.
   MAX KASER, Labeo 18 (1972) 359 ff. (Rez.).
   FRITZ STURM, SZ 90 (1973) 441 f., 445 u. 452 (Rez.).

(62) Kann *in rem* verklagt werden, wer zwar nicht bei Klagerhebung besitzt, womöglich aber besitzen wird, wenn zu entscheiden ist?

Quellen: Gai. 7 ed. prov. Dig. 6, 1, 36 pr.
   Paul. 21 ed. Dig. 6, 1, 27 § 1 S. 3

Nein	Ja
Gajus	
	Proculus sowie Paulus

Lit.: MAX KASER, Labeo 18 (1972) 360 ff.

(63) Kann die Sondergutsklage erhoben werden, wenn bei Klagerhebung das Sondergut aufgezehrt, Auffüllung während des Prozesses aber möglich ist?

Quelle: Ulp. 29 u. 59 ed. Dig. 15, 1, 30 pr. u. 42, 4, 7 § 15

Nein	Ja
quaesitum est	Proculus, Pegasus sowie Ulpian

Lit.: KASER, Restituere 225 ff.

(64) In welchen Betrag ist der Verklagte bei strengrechtlichen Klagen auf *certa res* zu verurteilen?

Quellen: Iul. 36 dig. Dig. 30, 91 § 7
Paul. 5, 6 u. 17 Plaut. Dig. 42, 1, 8; 22, 1, 38 § 7 u. 12, 1, 31 pr.
Vgl. ferner Gai. 2, 280 u. PS 3, 8, 4

Kläger so zu stellen, wie er im Zeitpunkt des Urteils stünde, wenn bei Klagerhebung geleistet worden wäre	Wert des im Zeitpunkt der Klagerhebung Geschuldeten, also ohne Zwischenfrüchte und sonstige Zuwächse
Julian Sabinus, Cassius sowie Paulus Vgl. ferner Jul. u. d. Sent.verf.	Vgl. Hadrian

Lit.: KASER, RP I 518 u. Fußn. 47.

(64a) Ist der im Verzug befindliche Schuldner nur in den jetzigen Wert der Sache selbst, bei Geld einschließlich Verzugszinsen zu verurteilen oder sind dies übersteigender entgangener Gewinn und Schäden hinzuzurechnen?

Quellen: Paul. 33 ed. Dig. 19, 1, 21 § 3
Ulp. 28 Sab. Dig. 19, 1, 1 pr.
Ulp. 27 u. 30 ed. Dig. 13, 4, 2 § 8 S. 3—6 u. 12, 3, 3
Diocl. 17. Mai 293 Cod. Just. 4, 49, 10
Hermog. 2 iur. ep. Dig. 18, 6, 20

Auch entg. Gewinn u. Folgesch.	Nur Sache selbst
	Paulus
Ulpian Ulpian (puto) Diokletian	
	Hermogenian

Lit.: VERF., Röm. Recht — Ein Studienbuch (Göttingen 1975) 248 ff.
KNÜTEL, Stipulatio poenae § 30 II (non vidi).

Bei den folgenden Meinungsverschiedenheiten und kleineren Differenzen haben wir es dagegen nicht mehr mit regelrechten Schulgegensätzen zu tun, sondern mit Abweichungen zwischen einzelnen Juristen, die vollständig festzuhalten aber den Rahmen dieses Berichts sprengen würde. Was einem Schulenstreit nahesteht, wurde schon im Vorstehenden als Nr. 8a, 9a, 12a etc. einbezogen. Außerdem scheint mir ein solcher in folgenden Fällen zumindest unwahrscheinlich zu sein:

(1) Haften die Munizipalbehörden, die einen untauglichen Vormund bestellt haben, dem Mündel wie Fidejussions- oder wie Sponsionsbürgen?

Quelle: Ulp. 3 disp. Fragm. Argent. 12

Wie Fidejussionsbürgen	Wie Sponsionsbürgen
Julian, *Skävola sowie Ulpian*	Marcellus

Lit.: Pasquale Voci, La responsabilità dei contutori e degli amministratori cittadini — Contributo allo studio della mutua garanzia, in: Iura 21 (1970) 137f. Fußn. 198.
Valiño, Actiones utiles (1974) 371ff. (non vidi).

(2) Wie groß waren die Befugnisse des Geisteskrankenpflegers bei Erwerb einer Erbschaft?

Quellen: Proc. 8 epist. Dig. 31, 48 § 1
Gai. 15 ed. prov. Dig. 26, 8, 11
Pap. 15 u. 28 quaest. Dig. 37, 3, 1 u. 46, 3, 95 § 7
Ulp. 13 Sab. Dig. 38, 17, 21 § 11
Ulp. 2 off. proc. Dig. 36, 1, 36
Just. 1. Sept. 530 Cod. Just. 5, 70, 7 § 3

Lit.: Schindler, Justinians Haltung zur Klassik 227ff.

(3) Inwieweit waren Nacherbschaft nach vor Pubertät gestorbenem Mündel und eigener Erbteil verbunden?

Lit.: Kaser, RP I 689f.
Reinhold Greiner, Opera Neratii — Drei Textgeschichten (Karlsruhe 1973) 62ff.

(4) Wie viele Erbteile sind vorerst freizuhalten, wenn die Frau beim Tod des Mannes schwanger ist?

Quellen: Iul. 1 Urs. Dig. 46, 3, 36
Gai. 1 fideicomm. Dig. 34, 5, 7 pr.
Paul. 17 Plaut. Dig. 5, 1, 28 § 5 u. 5, 4, 3

Drei	Eines
Julian	
Gajus	
Sabinus, Cassius sowie Paulus	*iuris auctores quaesierunt*

Lit.: ANGEL LATORRE SÉGURA, Uxor praegnas relicta, in: Labeo 1 (1955) 195 ff.

(5) Muß man, um eine Erbschaft wirksam antreten zu können, die Höhe des Erbteils kennen?

Quellen: Marcell. 9 dig. Dig. 29, 2, 75
Ulp. 7 Sab. Dig. 29, 2, 21 § 3

Vgl. ferner Paul. 2 Sab. Dig. 29, 2, 22

Nein	Ja
	Marcellus
Cassius?, Julian sowie Ulpian	
	Vgl. ferner Paulus

(6) Hat der Enkel des Freilassers das prätorische Erbrecht nach dem Freigelassenen verwirkt, wenn der Vater den Freigelassenen wegen eines Kapitaldelikts (erfolglos) angeklagt hatte?

Quellen: Ulp. 11 Iul. Pap. Dig. 37, 14, 17 pr. u. § 1
Ulp. 45 ed. Dig. 38, 2, 16 § 4

Nein	Ja
Julian, Mark Aurel u. Verus nach erneuter Beratung, an der auch Mäcian beteiligt, sowie Ulpian	Proculus, Mäcian, Mark Aurel u. Verus an Cäsidia Longina
Mark Aurel u. Verus an Quintilla sowie Ulpian	

(7) Wieweit reicht ein vermachtes Wohn- oder Gebrauchsrecht?

Quellen: Pomp. 33 Sab. Dig. 7, 1, 32
Ulp. 17 Sab. Dig. 7, 8, 10 pr. — § 4 u. 12
Just. 1. Okt. 530 Cod. Just. 3, 33, 13
Inst. 2, 5 § 5

Lit.: GIUSEPPE GROSSO, Usufrutto e figure affini in dir. rom. (2. Aufl. Turin 1958) 494 ff.
SCHINDLER, Justinians Haltung z. Klassik 290 ff.

(8) Kann man auch ohne gültigen Erwerbsgrund ersitzen?

Quellen: Iav. 7 Cass. Dig. 41, 8, 5
Pomp. 32 Sab. Dig. 41, 5, 1 u. 41, 10, 4 § 2

Quellen: Pap. 23 quaest. Dig. 41, 8, 3
        Paul. 54 ed. Dig. 41, 8, 4
        Ulp. 31 Sab. Dig. 41, 3, 27
        Ulp. 6 disp. Dig. 41, 8, 1
        Ulp. 54 ed. Dig. 41, 8, 2
        Hermog. 5 iur. ep. Dig. 41, 8, 9

Lit.: VERF., Klagenkonkurrenz 227 f.

(9) Haftet der Verkäufer für einen Mangel im Recht, wenn die Eviktion unterbleibt?

Quellen: Afr. 8 quaest. Dig. 19, 1 30 § 1
        Pap. 3 resp. Fragm. Vat. 11 = Dig. 18, 6, 19 § 1 itp.
        Paul. 5 quaest. Dig. 19, 1, 43 u. 45

Ja	Nein
Julian sowie Afrikan	
Papinian	Justinian
Julian sowie Paulus	Ulpian

Lit.: VERF., Röm. Recht 231 ff.

Schließlich sind noch zwei Rechtsfragen anzuführen, die wohl gar nicht umstritten waren: Die Behandlung späterer Genehmigung einer gewaltsamen Vertreibung durch einen Dritten als Vertreibung (s. Ulpian 69 ed. Dig. 43, 16, 1 § 14) und die Wirkung der *cessio bonorum* gegenüber allen Gläubigern (s. Ulp. 59 ed. Dig. 42, 3, 4 § 1).

2. Die grundsätzlichen Positionen

Wer sich der Frage zuwendet, ob dem Schulgegensatz zwischen Sabinianern und Prokulianern eine unterschiedliche juristische Denkweise zugrundeliegt und wie dieser Unterschied gegebenenfalls zu kennzeichnen ist, beginnt zweckmäßigerweise damit, die Quellen vorzuführen, denen darüber etwas zu entnehmen sein könnte. Pomponius fügt in seinen Bericht über Beginn und Fortführung der Rechtsschulen zur Erklärung des Dualismus eine markante Charakterisierung der Jurisprudenz Labeos einer- und Capitos andererseits ein (oben S. 198 f.), mit der er dem Bedürfnis, den viele Generationen hindurch bis auf seine Zeit fortdauernden Gegensatz sachlich zu erklären, Genüge getan zu haben meint. Zu diesem Punkt haben wir aber noch ein paar ältere Notizen, an erster Stelle einen Brief von Capito selbst, geschrieben nach Labeos Tod (Gell. 13, 12, 1 u. 2):

Labeo Antisius legum atque morum populi Romani iurisque civilis doctus adprime fuit. Sed agitabat hominem libertas quaedam nimia atque vecors usque eo, ut divo Augusto iam principe et rem publicam obtinente ratum tamen pensumque nihil haberet nisi quod iussum sanctumque esse in Romanis antiquitatibus legisset. Cum a muliere quadam tribuni plebis adversum eum aditi Gallianum ad eum misissent, ut veniret et mulieri responderet, iussit eum, qui missus erat, redire et tribunis dicere ius eos non habere neque se neque alium quemquam vocandi, quoniam moribus maiorum tribuni plebis prensionem haberent, vocationem non haberent. Posse igitur eos venire et prendi se iubere, sed vocandi absentem ius non habere.

Und ein Nachruf auf Capito, der 22 n. Chr. starb, findet sich in den 'Annales' von Tacitus, der damit auch eine Würdigung Labeos verbindet (3, 75):

Obiere in eo anno viri inlustres Asinius Saloninus ... et Capito Ateius, de quo memoravi (1, 76 u. 79 sowie 3, 70), principem in civitate locum studiis civilibus adsecutus, sed avo centurione Sullano, patre praetorio. Consulatum ei adceleraverat Augustus, ut Labeonem Antistium isdem artibus praecellentem dignatione eius magistratus anteiret. Namque illa aetas duo pacis decora simul tulit. Sed Labeo incorrupta libertate et ob id fama celebratior, Capitonis obsequium dominantibus magis probabatur. Illi quod praeturam intra stetit commendatio ex iniuria, huic quod consulatum adeptus est odium ex invidia oriebatur.

Näheres wenigstens über Labeos wissenschaftliche Ausrichtung erfahren wir aber erst von dem Buntschriftsteller Gellius (13, 10, 1—3):

Labeo Antistius iuris quidem civilis disciplinam principali studio exercuit et consulentibus de iure publice responsitavit. Ceterarum quoque bonarum artium non expers fuit et in grammaticam sese atque dialecticam litterasque antiquiores altioresque penetraverat Latinarumque vocum origines rationesque percalluerat eaque praecipue scientia ad enodandos plerosque iuris laqueos utebatur. Sunt adeo libri post mortem eius editi, qui 'Posteriores' inscribuntur, quorum librorum tres continui: tricesimus octavus et tricesimus nonus et quadragesimus, pleni sunt id genus rerum ad enarrandam et inlustrandam linguam Latinam conducentium. Praeterea in libris, quos 'Ad praetoris edictum' scripsit, multa posuit partim lepide atque argute reperta. Sicuti hoc est, quod in quarto 'Ad edictum' libro scriptum legimus: „Soror“ inquit „appellata est quod quasi seorsum nascitur separaturque ab ea domo, in qua nata est, et in aliam familiam transgreditur."

Von Capito erfahren wir bei Tacitus, Gellius und Macrob noch, er sei ein guter Kenner des Sakralrechts und auch des *ius publicum* gewesen[252], was mit konventioneller Grundhaltung gut zusammenstimmt.

---

[252] Tac. ann. 3, 70; Gell. 10, 20, 2; u. Macrob. Sat. 7, 13, 11.

Indessen lassen sich diese verstreuten Nachrichten so einfach nicht auf einen gemeinsamen Nenner bringen. Zu verschieden ist das Interesse der einzelnen Schriftsteller an ihrem Gegenstand. Den aktiven Staatsdiener[253] Capito störte an Labeo vor allem ein Zug, der zwar den Herrschern zu schaffen machte, über die wissenschaftliche Leistung Labeos aber wenig aussagt, ja, eher von ihr ablenkt, sie verdeckt. Labeos republikanischer Eigensinn[254] war nicht nur politisch ungefährlich, ja, kraftlos, sondern sagt auch über den wissenschaftlichen Standort des getreu einer Familientradition geflissentlichen Opponenten wenig aus; lediglich: daß zwischen seinem Engagement in Forschung und Lehre zumal des Privatrechts und seinem Rückzug aus dem öffentlichen Leben wohl ein Zusammenhang besteht, sein fachliches Wirken in einem Maße vom unmittelbaren öffentlichen Wirken unabhängig, autonom wird, wie es bis dahin noch nicht vorexerziert worden war. Den Geschichtsschreiber Tacitus interessieren an dem Paar soziale Stellung und politische Einstellung; die fachliche Würdigung bleibt farblos oder vielmehr schablonenhaft. Sie sind „Zierden des Friedens", der eine wie der andere. Und auch wenn *fama celebratior* für Labeo nicht ausschließlich den fachlichen Ruf meint, werden wir gut daran tun, die monokausale Verknüpfung dieser Erscheinung mit Labeos *incorrupta libertas* mit Vorsicht aufzunehmen. Was wir wissen wollen, dürfen wir nur bei den gesellschaftlich bescheideneren, in erster Linie wissenschaftsgeschichtlich interessierten Pomponius bzw. seinem Nachschreiber[255] und Gellius zu erfahren hoffen. Zu Capito jedoch fällt auch ihnen wenig ein. Gellius kennzeichnet ihn kurz als *publici privatique iuris peritissimus*[256]. Und Pomponius bescheinigt ihm zwar zu seiner Zeit *maxima auctoritas* neben Labeo, und zwar nennt er Capito an erster Stelle. Darauf folgen aber nur noch die lapidaren Mitteilungen einmal des äußeren Umstands, daß Capito Konsul war, und dann, nachdem auf Labeos äußere Bewandtnisse etwa 20mal so viel Raum verwendet wurde: die inhaltliche Auskunft, daß Capito beim Überkommenen verharrte. Diese wenig erhebende Bewertung des eigenen wissenschaftlichen Stammvaters stimmt mit seiner sachlichen Auswertung bei der täglichen Arbeit durch Pomponius selbst und die anderen kaiserzeitlichen Juristen überein (oben S. 210). Erst in Sabinus erwuchs auch den Sabinianern ein Labeo vergleichbarer Heroe. Merkwürdigerweise geben uns aber die antiken Schriftsteller über Sabins wissenschaftliches Ethos keine zusammenfassende Auskunft, ganz anders als bei dem Heroen der anderen Seite. Dabei beschränkte sich der Nachruhm des Sabinus keineswegs auf Didaktik, Darstellungstechnik und Stoffanordnung, den gelungenen Wurf der 'Iuris civilis libri III', sondern die Späteren greifen fortlaufend auf seine Meinungen zu einzelnen Sachfragen zurück; nur

---

[253] Vgl. zumal Tac. ann. 1, 76 u. 79; WIEACKER (oben Fußn. 60) 342f.
[254] s. WIEACKER 345; zu *adceleraverat* bei Tacitus NICHOLAS HORSFALL, Labeo and Capito, in: Historia 23 (1974) 252ff.
[255] S. oben S. 229f.
[256] Noctes Atticae 10, 20, 2.

wissenschaftstheoretisch scheint er wenig markant gewesen zu sein[257] wie überhaupt alle Sabinianer bis hin zu Julian, während auf der Gegenseite nicht nur Labeo, sondern noch Celsus der Sohn methodologisch bis auf den heutigen Tag eher faßbar erscheint; bei Celsus lassen sich, obwohl von ihm wesentlich weniger Material auf uns gekommen ist als von Julian, zusammenhängende methodologische Überlegungen klarer ausmachen als bei Julian[258].

Pomponius rühmt Labeo nach, er habe sich auch mit den anderen „Weisheitsbemühungen" (operae sapientiae) gründlich beschäftigt; und Gellius präzisiert, daß es sich bei den übrigen „rechtschaffenen Künsten" (bonae artes), die Labeo auch beherrscht habe (non expers fuit), insbesondere um Grammatik, Dialektik und allgemeine Sprachwissenschaft handelte, mit deren Hilfe er so manchen juristischen Knoten gelöst habe. Tatsächlich findet sich in den von Labeo überkommenen Fragmenten und Nachrichten die Etymologie besonders häufig für juristische Definitionen bemüht. Auch die Gesetze der Wort- und grammatischen Formenbildung waren ihm vertraut[259]. Unter den Sprachwissenschaftlern aber befehdeten sich damals Anomalisten und Analogisten[260]. MARTIN SCHANZ hat daher 1884 die Vermutung ausgesprochen, „daß der Gegensatz zwischen Prokulianern und Sabinianern in einem Gegensatz zwischen Analogie und Anomalie in der Auffassung des Rechtes wurzelt. ... Labeo ist in der Behandlung des Rechts Analogist. ... Capito ist in der Behandlung des Rechts Anomalist"[261]. Die Rechtshistoriker begegneten diesem Übergriff eines Philologen ablehnend[262]. Das Quellenmaterial erlaubt es aber auch nicht, den

---

[257] Sein anschaulicher Vergleich einer Rechtsregel mit der causae coniectio (Dig. 50, 17, 1), der summarischen Sachdarstellung im Sakramentsprozeß, die der Ausbreitung des Tatsachenmaterials vorausgeschickt zu werden pflegte (Gai. 4, 15 u. Ps.-Ascon. in Verr. II 1 § 26), mit der Folgerung, daß auch bei der Rechtsregel ein kleiner Fehler die ganze Regel untauglich macht, zeugt von Anschauungskraft, aber schwerlich von einem weitertragenden methodischen Ansatz.

[258] Das große Interesse, das die moderne Wissenschaft Celsus entgegenbringt (WIEACKER, BRETONE und zuletzt H. HAUSMANINGER, P. Iuventius Celsus: Persönlichkeit und juristische Argumentation, z. B. unten in diesem Band S. 382—407), gilt vor allem seinen relativ vielen theoretischen Aussagen. Daneben ist zwar neuerdings auch Julians Methode zum Gegenstand der Forschung geworden (E. BUND, Salvius Iulianus. Leben und Werk, unten in diesem Band S. 408—454), aber aus ganz anderem Grund: nicht weil sich bei ihm theoretische Aussagen häuften, sondern im Gegenteil, weil bei dem erfolgreichen Praktiker die Suche nach unausgesprochenen, unausgearbeiteten, nicht bewußt in einen Zusammenhang gebrachten methodischen Maximen Erfolg verspricht. Zu Labeo vgl. zuletzt FRANZ HORAK, Rationes decidendi — Entscheidungsbegründungen bei den älteren römischen Juristen bis Labeo, Bd. 1 (Aalen 1969).

[259] Vgl. etwa PETER STEIN, Regulae iuris (Edinburgh 1966) 63ff.

[260] S. etwa EDUARD NORDEN, Die antike Kunstprosa (2. Aufl. Leipzig 1909) 184ff.; u. KARL BARWICK, Probleme der stoischen Sprachlehre und Rhetorik = Abhandlungen der sächs. Akademie d. Wiss. zu Leipzig, phil.-hist. Kl., Bd. 49, H. 3 (Berlin 1957) 29ff.

[261] Die Analogisten und Anomalisten im röm. Recht, in: Philologus 42 (1884) 309—318; s. a. DERS., Die Apollodoreer und die Theodoreer, in: Hermes 25 (1890) 53f.

[262] ERNST IMMANUEL BEKKER, Aus den Grenzmarken der geschichtl. Rechtswiss., SZ 6 (1885) 75ff.; OTTO KARLOWA, Röm. Rechtsgeschichte I (Leipzig 1885) 1030f.; PAUL JÖRS, RE I 2 (1894) 2555f. s. v. Antistius 34; KRÜGER, S. 155, Fußn. 9; BERNHARD KÜBLER, RE I A 1 (1914) 383f. s. v. Rechtsschulen.

Schulgegensatz zurückzuführen auf philosophische Gegensätze (hie Stoa, da Aristoteles)[263], politische (hie der alten *libertas* anhängende Republikaner, da Stützen des Prinzipats; oder hie konservativ, da fortschrittlich)[264], oder sozialökonomische: hie die Besitzbürger, da den gemeinen Mann begünstigend. So wurde die Meinung herrschend, nicht grundsätzliche Positionen oder Programme hätten den Schulgegensatz bestimmt, sondern die persönliche Rivalität zweier konkurrierender Häupter zweier wissenschaftlicher Klientelen, bei der sich sachliche Gegensätze nur zufällig von Fall zu Fall ergeben hätten[265].

Dieser provozierenden Absage an eine wissenschaftsgeschichtliche Fragestellung ist jüngst PETER STEIN entgegengetreten[266]. Er geht aus von der These von SCHANZ. Dieser hatte sich in seiner 10seitigen Miszelle auf eine Erörterung der einzelnen Streitfragen zwischen den Juristen nicht eingelassen. STEIN holt dies nach und konkretisiert die Argumentationsweise beider Schulen an Hand von 29 Kontroversen, dem auch die hier versuchte umfassendere Bestandsaufnahme nur wenig hinzuzufügen hat. Dabei stellt er zunächst klar, daß die Kontroversen sich freilich nicht dem einfachen Schema eines durchgehenden Kampfes zwischen kühner Analogie und Haften an überkommenen Sonderbarkeiten bzw. topischem, d. h. unsystematischem Entscheiden nach Billigkeitsgefühl im Einzelfall unterordnen lassen. Aber Labeo und die Prokulianer waren methodenbewußter, anders ausgedrückt: Ihre Ergebnisse sind sicherer ableitbar; die Teilsysteme, innerhalb deren sich die Argumentation zu bestimmten Problemfeldern bewegt, greifen weiter aus als bei den Sabinianern, die eingefahrenen Denkweisen, aber auch neuen Bedürfnissen eher entgegenkommen, wie es gerade opportun ist, auch wenn dadurch die logischen Teilsysteme kleiner sind, innerhalb deren die einzelnen Rechtssätze eindeutig ableitbar sind.

So belassen es die Sabinianer in der Streitfrage Nr. 1 wenigstens für die Knaben bei der überkommenen *inspectio corporis*, während die Prokulianer wie bei den Mädchen, bei denen die *inspectio* schon früh als anstößig empfunden wurde, auch für Knaben die rationellere feste Altersgrenze einführen wollen; beharren die Sabinianer bei dem offenbar alten Verbot für den Hauserben, die Erbschaft gerichtlich zu veräußern, während die Prokulianer alle Erben gleich behandeln (Nr. 31); fordern die Prokulianer für die Schadensauslieferung des Haussohns wie bei der Emanzipation drei Manzipationen, während die Sabinianer, indem sie eine genügen lassen, sich weniger weit von der einstigen formlosen Übergabe entfernen (Nr. 56);

---

[263] KÜBLER, a. a. O. 383. Hierzu ist allerdings darauf hinzuweisen, daß OKKO BEHRENDS in einer noch unveröffentlichten Studie, die mir selbst nicht vorliegt, einer philosophischen und sozial-ökonomischen Deutung des Schulengegensatzes wieder nähertritt.

[264] KÜBLER, 382f.

[265] KÜBLER, 385 m. weit. Nachw.; SCHULZ, S. 144.

[266] In dem vor Fußn. 1 angeführten Aufsatz. S. vorher schon DENS., The Relations between Grammar and Law in the Early Principate: The Beginnings of Analogy, in: La critica del testo — Atti del secondo Congresso internazionale della Società italiana di storia del Diritto (Florenz 1971) II 757ff.; aber auch HONORÉ, Gaius 36ff.

konzedieren die Sabinianer ganz unsystematisch den Ausländern die konstitutive Hausbuchung wenigstens ohne Personenwechsel (Nr. 40); tragen die Sabinianer den Bedürfnissen des Handels, auch über dem Verkäufer (noch) nicht gehörige Sachen Geschäfte abzuschließen, so weit Rechnung, daß sie für gutgläubigen Erwerb nicht mehr verlangen, daß der Erwerber auch bei Abschluß des Grundgeschäfts an das Eigentum des Veräußerers glaubte (Nr. 10); lassen sie den Hausvater bei einer Bürgschaft des Sohnes doch haften, obwohl jener grundsätzlich für dessen uneigennützige Geschäfte nicht einzustehen hat (Nr. 53); und schützen sie wenigstens honorarrechtlich die an sich unzulässige, aber im Rechtsverkehr mittlerweile offenbar benötigte Bedingung, Befristung oder Betagung einer Servitut (Nr. 17). Aus dem von Labeo schärfer konturierten Besitzbegriff folgt, daß mehrere eine Sache nicht ganz besitzen können (Nr. 3); man ein Recht nicht besitzen kann (4); die vom flüchtigen Sklaven mitgenommenen Sachen nicht besitzt (8) und ein Unmündiger selbständig Besitz erwerben und verlieren kann (6 u. 7), während bei Nr. 5 die Sabinianer an einem alten Sinnfälligkeitserfordernis festhielten, das die Prokulianer wohl im Hinblick darauf preisgaben, daß sie zwischen Entstehung eines Rechts und seiner Beweisbarkeit scharf schieden. Sie waren es auch, welche die Scheidung von Schadensersatz und Privatstrafe begründeten und durchsetzten (Nr. 59; s. a. 59a; Dig. 19, 1, 23; u. Nr. 47). Die Prokulianer halten sich strenger als die Sabinianer an den Wortlaut von Klagformeln (Nr. 60, 61, 64, 12[267] und wohl auch 13) und Rechtsgeschäften (Nr. 26, 29, 34, 37, 38 u. 52). Ein mehrdeutiges Rechtsgeschäft ist zuungunsten dessen, der es formuliert hat, auszulegen (Nr. 35 u. 36). Eine Obligation kann nur entstehen, wenn von Anfang an ein Schuldner und ein Gläubiger da sind (Nr. 25, 30 u. 32), während sie nicht etwa unweigerlich erlischt, wie die Sabinianer lehrten, sondern nur ruht, wenn Schuldner und Gläubiger in einer Weise zusammenfallen, die nicht endgültig sein muß (Nr. 58).

Kurzsichtigem Begriffsrealismus der Sabinianer tritt Proculus auch entgegen, wenn er die an die Hauptschuld angelehnte Bürgschaftsverpflichtung nicht unweigerlich untergehen läßt, sobald der Hauptschuldner seinen Bürgen beerbt (Nr. 39); oder wenn er zur Gültigkeit eines Vertrags nicht auf übermenschlichen, über der Parteiautonomie stehenden *essentialia negotii* besteht (Nr. 46; s. a. Nr. 45). Überhaupt wäre das methodische Rüstzeug der Prokulianer allzu verkürzt geschildert, charakterisierte man ihre Methode als rigoros; einzig bemüht um eindeutige Ableitungen ohne Bedacht auf die so gewonnenen, aus den Prämissen sozusagen von selbst sich ergebenden Rechtsfolgen. Bei der Auslegung von Rechtsgeschäften — zu denen nach römischer Anschauung allerdings auch die Klagformeln gehörten: beide heißen gleichermaßen *actiones*[268] —,

---

[267] Dazu FRANZ WIEACKER, Spezifikation — Schulprobleme und Sachprobleme, in: Festschrift für Ernst Rabel (Tübingen 1954) II 263ff.

[268] Das ergibt vor allem der Inhalt der 'Actionum libri' betitelten Schriften von Manius Manilius, s. LENEL, Pal. I 589f.; Ofilius, s. ebd. 795; und zumal von Venulejus, s. ebd. II 1207ff.

darf der Erklärende füglich beim Wort genommen werden, auch wenn er
die zu regelnde Situation verfehlt hat; die Sabinianer waren in diesem Fall
rasch bereit, auf den hypothetischen Parteiwillen umzuschalten (s. Nr. 25
u. 26). Daß folgerichtige Rechtsanwendung zu Härten führen kann, zeigten
auch die Besitzentscheidungen Nr. 3, 4 u. 8; die Entscheidungen zum
Obligationsbegriff (Nr. 25, 30 u. 32); und zeigt etwa Nr. 15. Diese Härten
sind aber sämtlich nicht schlechthin als unangemessen zu bezeichnen, denn
sie sind für die Betroffenen kalkulierbar. Einem Rigorismus, der unkalku-
lierbare Härten hinnimmt, die aus zu eng oder zu weit gefaßten, d. h. nicht
in allen Einzelheiten vorausbedachten Begriffen folgt, widerstreiten sie
gerade, indem sie differenzieren, problembegrenzten Begriffen und Regeln
den Vorzug geben gegenüber oft vorschneller natürlicher Betrachtungsweise
der Sabinianer: Wenn sie bei der Dereliktion offenbar mit Rücksicht auf
Haftungsfragen das Eigentum nicht sofort, sondern erst mit Aneignung
durch einen Anderen enden lassen (Nr. 11); ungezähmte Pferde, Esel und
Maulesel nicht zu den *res mancipi* rechnen (Nr. 14); auch den Nießbraucher
mit einer (seinem beschränkten Recht angepaßten) *vindicatio servitutis*
klagen und verklagt werden lassen (Nr. 16); das nachrangige Pfandrecht
als von seiner Vereinbarung an bestehendes Recht an der Sache selbst
entwickeln (Nr. 18[269], vgl. a. 20, 30 u. 32); bei der Gesamtgläubigerschaft
die Gesamtwirkung von Geschäften nur eines Gläubigers auf die Einziehung beschränken (Nr. 49); einen Sponsionsbürgen auch nachträglich
hinzutreten lassen (Nr. 50); oder schließlich die Noxalbefugnis auf diejenigen Fälle eingrenzen, in denen der Herr für den Schaden nicht selbst verantwortlich zu machen ist (Nr. 57). Überhaupt achteten die Prokulianer
darauf, die vorhandenen Rechtsinstitute und Klagen nicht ausufern zu
lassen zu bloßen Etiketten für alle möglichen, eigentlich nicht darunter
fallende Belange: wenn sie sich weigern, den Tausch als Unterfall des Kaufs
zu behandeln, wie es die Sabinianer unter historisch nicht unzutreffender
Berufung auf Exempel aus der Vorzeit tun (Nr. 41; s. a. 42—44); ebenso
war die Begrenzung der a^0 *legis Aquiliae* auf unmittelbare Schädigungen
durch aktives Tun, was die Entwicklung der Klage zur deliktischen
Generalklausel schon im Altertum verhinderte, erst das Werk Labeos und
der Prokulianer[270]. Wer nur sein Wegerecht ausübt und nicht das gleichzeitig bestehende Triftrecht, erhält sich nur das Wegerecht (Nr. 15).

Das alles bedeutet aber nicht, daß die Prokulianer neue Bedürfnisse,
den Rechtsschutz zu erweitern, ungerührt abschlägig beschieden hätten.
Was sie zivilrechtlich, im Rahmen der alten Institute, verweigern, ist
keineswegs endgültig abgelehnt, sondern wird oft kraft Honorarrechts
gewährt (s. Nr. 60, 48 u. 37; aber auch 41, 43 u. 44), welche Zweigleisigkeit

---

[269] Als Pfandrecht am Überschuß nach Verwertung der Sache durch den Erstpfandgläubiger
kannten es bereits die griechischen Rechte, s. ARNALDO BISCARDI, Die mehrfache Verpfändung einer Sache vom attischen bis zum spätrömischen Recht, in: SZ 86 (1968) 146ff.

[270] Vgl. ALAN WATSON, The Law of Obligations in the Later Roman Republic (Oxford 1965)
241ff.; und die bei KASER, RP I 621f., Fußn. 21ff., verzeichneten Quellen, die ganz
überwiegend auf Prokulianer zurückweisen.

immerhin bewußt hält, daß es sich um Neuerungen handelt. Daß die Prokulianer bei aller methodischen Stringenz nicht etwa starr am Gesetzeswortlaut oder alteingebürgerten Rechtsregeln hafteten, sondern sich auch bereitfinden konnten, vorsichtig[271] der *ratio legis* bzw. *iuris* Raum zu geben und die Norm oder den Rechtsgedanken demgemäß zu erweitern bzw. zu begrenzen, belegen die Streitfragen Nr. 19, 54 u. 55 (Erweiterung; im letzten Fall behalfen sich die Sabinianer mit einem Bündel individueller Maßnahmen) bzw. 22—24 und 33 (Reduktion). In den letztgenannten Fällen geben die Prokulianer dadurch dem Erblasserwillen etwas mehr Raum, wie sie auch in Nr. 46, 50 und 45 den Parteien mehr Freiheit einräumen als die Sabinianer. In diesen Zusammenhang gehört auch die Streitfrage Nr. 47: die Prokulianer halten gegen die Sabinianer den Auftraggeber auch dann an seinem Wort fest, wenn der Beauftragte zwar das ihm gesetzte Limit überschritten, es im Verhältnis zum Auftraggeber aber auf eigene Kosten gelten lassen will; die Gegenansicht der Sabinianer scheint vom Strafgedanken motiviert zu sein[272]. Bei Nr. 62 u. 63 stand bei den Prokulianern wohl der Gedanke der Prozeßökonomie Pate, dem sie sich nur bei strengrechtlichen Klagen verschlossen hatten (Nr. 60). Nr. 62 u. 63 war von den Sabinianern wohl erzieherisch gemeint: Der Kläger soll nicht auf Verdacht Klage erheben in der Hoffnung, daß die fehlende Voraussetzung sich während des Prozesses einstellen werde, sondern soll warten, bis sie feststeht; ob solche Hintergedanken die Adressaten erreichen, pflegt nicht untersucht zu werden. In Nr. 9 schließlich läßt Labeo zur Rechtswahrung Vigilanz genügen, während Sabinus und Cassius dem Rechtsgenossen obendrein strenges Vorgehen gegenüber dem Gegner auferlegen, was Cassius in besonders gelagerten Fällen zu zusätzlichen Maßnahmen nötigt, während Labeos Regel unverändert beibehalten werden kann (9a).

3. Das weitere Schicksal der beiden Schulen

Darstellungen der Geschichte der beiden Rechtsschulen pflegen mit der Annahme zu schließen, sie hätten nach Julian nicht fortbestanden[273]. Dessen überragende Autorität habe sich durchgesetzt, womit sich häufig

---

[271] Vgl. Neraz 6 membr. Dig. 1, 3, 21: *Rationes eorum quae constituuntur inquiri non oportet. Alioquin multa ex his quae certa sunt subvertuntur;* u. dazu Paul. 1 Ner. Dig. 32, 25 § 1; u. FRIEDRICH CARL VON SAVIGNY, Das System des heutigen Römischen Rechts I (Berlin 1840) 217ff., bes. 220.

[272] Auch in anderen Fällen kommen die Sabinianer vom Strafgedanken im Vertragsrecht nicht los, s. d. in meinem 'Röm. Recht', S. 57f. u. 241f. zusammengestellten Beispiele; andererseits das der prokulianischen Ansicht hier nahestehende heftige Plädoyer des Celsus für die Möglichkeit des Schuldners, seinen Verzug zu bereinigen, bei Paul. 17 Plaut. Dig. 45, 1, 91 § 3.

[273] S. statt vieler KÜBLER, a. a. O. Sp. 380f.; KUNKEL, 342; u. HONORÉ, Gaius 35f.; u. DENS., Julian's Circle, in: TR 32 (1964) 25ff. HONORÉ allerdings hat keine Mühe gescheut, Anhaltspunkte in den Quellen zusammenzutragen. Sie überzeugen mich nicht, ohne daß ich dies hier gehörig darlegen kann.

die Vorstellung verbindet, im wesentlichen hätten die sabinianischen Rechtsmeinungen den Sieg davongetragen. Dabei stützt man sich einmal auf ein argumentum e silentio: nach Pomponius und Gajus fehlen eindeutige Nachrichten über ein Fortbestehen der beiden Richtungen. Außerdem wird das große Ansehen der Person und der Meinungen Julians bei den Späteren ins Feld geführt. Das sind sehr allgemeine Überlegungen, die es auf Grund unserer vollständigeren Quellenaufnahme zu verifizieren gilt. Eine jener Behauptungen hat PETER STEIN bestritten: daß sich die sabinianischen Rechtsmeinungen im wesentlichen durchgesetzt hätten. Berücksichtigt man die gesamte spätere Rechtsentwicklung, bleibt man also insbesondere nicht bei Ulpian stehen, der die sabinianische Richtung fortgesetzt haben und dadurch, daß er das Gros der Überlieferung stellt, einen falschen Eindruck hinterlassen könnte, und läßt man deshalb schematisch die jüngste Stellungnahme den Ausschlag geben, so siegen bei 67 Streitfragen, über deren weiteres Schicksal über Gajus hinaus Nachrichten vorliegen (die römisch bezifferten Unternummern einzeln gezählt), 33mal die Sabinianer, 25mal die Prokulianer und 7mal eine Mittelmeinung; zwei enden unentschieden. Zählt man die einzelnen Juristen durch, und zwar wieder die römisch bezifferten Unternummern besonders einschließlich der Nummern 23b, 52a, 59a und 64a, die Schulstreitfragen sehr nahestehen, die einzelnen Juristen bei jeder Streitfrage nur einmal gerechnet, so kommt man bei Ulpian auf 25 Parteinahmen für die Sabinianer, 10 für die Prokulianer und 6 Mittelmeinungen; bei Paulus auf 10:15:6; bei Papinian 5:3:1; Pomponius 11:6:1; Venulejus 2:2; Marcian 2:2; Marcellus 2:3; Skävola 2:1; Modestin 1:0; und ebenso bei dem Paulusschüler Licinius Rufinus. Über die nur selten oder gar ein einziges Mal auftauchenden Juristen sagt diese Statistik nichts aus. Aber bei den drei am häufigsten vorkommenden: Ulpian, Paulus und Pomponius ist die statistische Präferenz Ulpians und des Pomponius für die Sabinianer und Pauls für die Prokulianer kaum Zufall. Bei Pomponius widerspricht sie gerade nicht, wie BAVIERA und HONORÉ auf Grund unvollständiger Übersicht über die Streitfragen annahmen (oben Fußn. 33), seinem familiären *Gaius noster* im Muciuskommentar[274]. Und Pauls sowie Ulpians Präferenz wird ebenfalls gestützt durch eine andere, hiervon unabhängige Beobachtung. Wenn sie andere Juristen unbestimmt und distanziert als *quidam* zitieren, dann sind das bei Ulpian auffallend regelmäßig, ob er ihnen beistimmt oder nicht, Vertreter einer prokulianischen Meinung[275] und bei Paulus umgekehrt einer sabi-

---

[274] Oben S. 203.

[275] S. 16 ed. Dig. 6, 1, 9 (*quidam ut Pegasus*); 18 ed. Coll. 12, 7, 10 (*inter quos et Proculum*); 17 ed. Dig. 8, 4, 2 (dazu Nr. 4); u. 29 ed. Dig. 15, 1, 42 (Nr. 54). Natürlich kann man nicht erwarten, daß *quidam* ausnahmslos eine ganz bestimmte Gruppe bezeichnet. 4 ed. Dig. 2, 14, 7 § 14 sind Gegner angesprochen, denen eine Differenzierung Labeos entgegengehalten wird. Den bekämpften Standpunkt kann ich allenfalls bei Paulus wiederentdekken: 3 ed. Dig. 2, 14, 27 § 4. Wer 7 ed. Dig. 2, 10, 1 § 2 gemeint sein könnte, vermag ich nicht zu sagen.

nianischen[276]. Ebenso verhält es sich bei Pauls Lehrer[277] Cervidius Skävola[278]. Bei diesem wirkten solche *quidam* z. T. eindeutig in der Gegenwart[279], und auch bei Paulus und Ulpian erscheinen nicht alle im Präteritum[280]. Daß die auch zur Zeit ihrer Hochblüte ja nie rein ausgeprägte Polarisierung der Juristenzunft im Zenit der klassischen Jurisprudenz vollständig aufgehört hätte, kann man also nicht weiterhin behaupten. Wenn diese Polarisierung nicht nur gesellschaftlich bedingt war, wie man zuletzt glaubte, sondern bei allen gesellschaftlichen Vorbedingungen und Implikationen im wesentlichen von unterschiedlichen fachlichen Grundauffassungen gespeist wurde, dann ging das auch die spätklassischen Ritterjuristen unmittelbar an. Paulus und Ulpian werden die Zentralfiguren dieser Polarisierung in der Spätklassik gewesen sein. Sie befleißigten sich ähnlicher Rivalität wie Celsus und Julian: zitieren einander nicht, polemisieren aber versteckt gegeneinander[281], und Ulpian übertrumpft den etwas älteren Paulus im Umfang vergleichbarer Schriften[282]. Eine Bestandsaufnahme aller sachlichen Gegensätze zwischen ihnen und Herausarbeitung ihres je besonderen juristischen Stils sind allerdings erst noch zu leisten.

Personenregister

---

[276] Oben Fußn. 246. Da das 'Vocabularium Iurisprudentiae Romanae' für den Buchstaben Q noch nicht vorliegt, mußte ich mich mit HEINRICH EDUARD DIRKSEN, Manuale Latinitatis fontium iuris civilis Romanorum (Berlin 1837) s. v. quidam § 3 und eigenen Zufallsfunden behelfen.

[277] S. statt aller HONORÉ, Gaius 4f.

[278] S. oben Fußn. 247. Außerdem 6 quaest. Dig. 28, 2, 29 § 1, wo mir ebenfalls unklar ist, wer mit den *quidam* gemeint sein mag. Mit der Streitfrage Nr. 23 darf die hier angesprochene Frage jedenfalls nicht verselbigt werden. Bei Gajus s. Gai. 1, 188 (*quidam ut Q. Mucius*); 2, 215 (einige derer, denen Gajus folgt, s. 213 u. 214); 3, 218 (*quidam putaverunt . . . sed Sabino placuit*); 2 rer. cott. Dig. 41, 3, 38 (*quidam veteres*, vgl. Gai. 2, 51); u. 3 manum. Dig. 40, 4, 57 (*quidam crediderunt . . . sed mihi traditum est*). S. ferner Fragmentum Dositheanum § 1: Umschreibung des *ius civile* im älteren Sinn von 'Privatrecht' schlechthin, wie es noch lebendig ist in den entsprechenden Buchtiteln von Sabinus und Cassius (s. oben S. 225), nicht mehr dagegen bei Neraz, s. Dig. 36, 3, 13 u. Fragm. Vat. 83.

[279] S. oben S. 204.

[280] Dig. 15, 1, 42; 2, 14, 7 § 14; u. 2, 10, 1 § 2 bei Ulpian. Dig. 41, 2, 3 § 3; 7, 9, 8; u. 44, 7, 34 pr. bei Paulus.

[281] S. Paulus 5 quaest. Dig. 19, 1, 43 u. 45 u. dazu VERF., Röm. Recht 232ff.

[282] Beim Sabinus- und beim Ediktkommentar, wo Ulpians geringer Vorsprung besonders auffällig ist.

Römische Provinzialjurisprudenz*

von DETLEF LIEBS, Freiburg i. Br.

Inhaltsübersicht

* Die Grundgedanken dieser Untersuchung hatte ich Anfang Juli 1970 Gelegenheit, im Historischen Kolloquium in Göttingen vorzutragen. Außerdem waren sie am 28. September 1970 Gegenstand einer Wissenschaftlichen Mitteilung auf dem 18. Deutschen Rechtshistorikertag in Salzburg.

Einleitung

„Die unumgänglich scheinende Notwendigkeit, die provinzialen Lebens-
bezirke nun in ihrem vollen Eigengewicht in die Geschichte des Reichs aufzunehmen", dieser mit Recht von Joseph Vogt an die allgemeine Geschichtsschreibung bereits für die Zeit des Tacitus erhobenen Forderung[1]
ist, so scheint es, der Chronist der römischen Rechtswissenschaft nicht unterworfen. Wenigstens die römische Jurisprudenz, so nimmt man bis heute
an, hat nennenswerte Leistungen nur in Rom vollbracht; die ausschließlich
stadtrömische Orientierung ist hier nicht nur erlaubt, sondern geboten.

Abkürzungen:

CIL	= Corpus inscriptionum Latinarum
Cod. Greg.	= Codex Gregorianus
Cod. Herm.	= Codex Hermogenianus
Cod. Just.	= Codex Justinianus
Cod. Theod.	= Codex Theodosianus
Coll.	= sog. Mosaicarum et Romanarum legum collatio, hrsgg. z. B. von Theodor Mommsen, in: Collectio librorum iuris anteiustiniani III (Berlin 1890) 107 ff.
Dig.	= Digesten
Fragm. Argent.	= Ulpiani disputationum fragmenta Argentoratensia, hrsgg. z. B. von R. Villers, in: Textes de droit romain, urspr. hrsgg. v. P. F. Girard u. F. Senn, 7. Aufl. I (Paris 1967) 452 ff.
Fragm. Vat.	= sog. Fragmenta Vaticana, hrsgg. z. B. von Theodor Mommsen, in: wie Coll., S. 1 ff.
Gai.	= Gaius, institutiones
Inst.	= Iustinianus, institutiones
Lenel, EP	= Otto Lenel, Das Edictum perpetuum (3. Aufl. Leipzig 1927)
Lenel, Pal.	= Otto Lenel, Palingenesia iuris civilis, 2 Bde. (Leipzig 1889; Nachdr. mit Suppl. Graz 1960)
PS	= Ps. Paulus, sententiae
PS Brev.	= Dasselbe, soweit nur durch die 'Lex Romana Visigothorum' überliefert
PSI	= Papiri della Società Italiana
RE	= Realencyclopädie der classischen Altertumswissenschaft, neue Bearb. hrsgg. von Georg Wissowa u. a. (Stuttgart 1894ff.)
RH	= Revue historique de droit français et étranger, sog. 4. Serie (Paris 1922ff.)
RIDA	= Revue Internationale des Droits de l'Antiquité (Brüssel 1948ff.)
Schulz, Gesch.	= Fritz Schulz, Geschichte der römischen Rechtswissenschaft (Weimar 1961)
SHA	= Scriptores historiae Augustae
StDoc	= Studia et documenta historiae et iuris (Rom 1935ff.)
SZ	= Zeitschrift der Savigny-Stiftung für Rechtsgeschichte, Romanistische Abteilung (Weimar 1880ff.)
TR	= Tijdschrift voor Rechtsgeschiedenis (Haarlem 1918ff., seit 1950 Groningen, Brüssel u. Haag)
ThLL	= Thesaurus linguae Latinae (Leipzig 1900ff.)
ZRG	= Zeitschrift für Rechtsgeschichte (Weimar 1864ff.)

---

[1] Tacitus und die Unparteilichkeit des Historikers, in: Würzburger Studien zur Altertumswissenschaft 9 = Studien zu Tacitus, Festschr. f. Carl Hosius (Stuttgart 1936) 12; Neudr.
in: Orbis. Ausgewählte Schriften zur Geschichte des Altertums, Freiburg–Basel–Wien
1960, 119; u. in Tacitus, hrsg. v. V. Pöschl, Wege der Forschung 97 (Darmstadt 1969), 50.

Die Provinzen haben zur kunstmäßigen Durchdringung des Rechtsstoffes nichts beigetragen, das der Aufzeichnung wert wäre.

Repräsentativ für dieses mehr oder weniger ausdrücklich und mit allenfalls geringfügigen Abweichungen heute allgemein geteilte Urteil ist der Abschnitt 'Römische Jurisprudenz in den Provinzen' in WOLFGANG KUNKELS Untersuchung über 'Herkunft und soziale Stellung der römischen Juristen'[2]. Das dort gezeichnete Bild ist nicht ermunternd. Zwar bestreitet niemand, daß es in den meisten Provinzen Rechtsberater und hie und da auch Rechtslehrer gab. Ihren Rang schätzt KUNKEL jedoch denkbar ungünstig ein[3]. Nach ihm liegen Welten zwischen dem Betrieb hier und der in der Hauptstadt zur gleichen Zeit blühenden Klassik.

Vor KUNKEL sind nur zwei Versuche, ein Gesamtbild zu gewinnen, zu nennen: F. P. BREMER[4], dessen bedenkenlose Bevölkerung von Beryt mit Pandektenjuristen auf Grund dürftigster und zudem einseitig ausgewählter Indizien die Erwägung anderer Wirkungsstätten der Pandektenjuristen als Rom bis heute diskreditiert hat[5]; und LUDWIG MITTEIS, der aber die Pandektenjuristen von vornherein beiseite gelassen und nur das urkundliche Material herangezogen hat[6]. So verfuhr dann auch KUNKEL selbst. Erwähnt sei schließlich noch WILHELM KALB, dessen sprachliche Durchprüfung der einzelnen Pandektenjuristen[7] ihn in mehreren Fällen zur Annahme provinzialer Herkunft führte[8] und bei dreien in der weitergehenden Annahme gipfelte, die betreffenden Schriften seien in der Provinz verfaßt: bei Gajus[9], Callistrat[10] und Tryphonin[11].

Für Tryphonin läßt sich das nicht aufrechterhalten. Zwar ist KALB nicht entgangen, daß er Schüler des hauptstädtischen Juristen Cervidius Scaevola war und im *consilium* des Kaisers Septimius Severus saß, wofür KALB einen nur vorübergehenden Romaufenthalt einräumt. So etwas mag

---

[2] Weimar 1952 (2., unveränd. Aufl. Köln 1967) 346—365. Vgl. auch MAX KASER, Römische Rechtsgeschichte (2. Aufl. Göttingen 1967) 157 ff.

[3] Ein wenig günstiger urteilt für Ägypten H. J. WOLFF, Faktoren der Rechtsbildung im hellenistisch-römischen Ägypten, in: SZ 70 (1953) 56 Fußn. 106. Ungünstig auch J. MODRZEJEWSKI, La règle de droit dans l'Egypte romaine, in: American studies in papyrology 7 = Proceedings of the twelfth international congress of papyrology (Toronto 1970) 346 u. Fußn. 187. Dort auch weitere Nachweise für Ägypten mit z. T. erheblich günstigerem Gesamturteil. Wie dem aber auch sei, Ägypten ist im 2. u. 3. Jh. n. Chr. im Zweifel ebensowenig repräsentativ für alle Provinzen des Reiches wie zur Zeit Justinians, s. Dig. const. Omnem § 7.

[4] Rechtslehrer und Rechtsschulen im römischen Kaiserreich (Berlin 1868) 71 ff.

[5] S. nur die Rezension von H. DEGENKOLB, in: Krit. Vierteljahresschrift f. Gesetzgebung u. Rechtswiss. 14 (1872) 517—531, bes. 527—529.

[6] Reichsrecht und Volksrecht in den östlichen Provinzen des römischen Kaiserreichs (Leipzig 1891, Nachdr. 1935) 189—201.

[7] Roms Juristen, nach ihrer Sprache dargestellt (Leipzig 1890).

[8] S. 57 ff.: Julian; 100 f.: Cerv. Scaevola; u. 111 f.: Papinian. S. a. S. 50 zu Neraz.

[9] S. 77 ff.

[10] 118 ff.

[11] 121 ff. Unentschieden S. 61 f. zu Terentius Clemens u. S. 140 f. zu Macer.

es gegeben haben, ist bei Kaiserjuristen aber wenig wahrscheinlich, solange Rom noch die einzige feste Residenz der Kaiser war. Außerdem gab Tryphonin Schriften seines Lehrers, mit Noten versehen, heraus, deren Verdächtigung durch FRITZ SCHULZ[12] abzulehnen ist[13]. Vor allem jedoch setzt Tryphonin in seinen 'Disputationes' durchweg stadtrömische Verhältnisse voraus, kennt insbesondere als Gerichtsherrn stets nur den *praetor* und allenfalls noch den *praefectus urbi*[14]. Allerdings weist sein Stil wirklich viele gänzlich aus dem Rahmen fallende Eigentümlichkeiten auf, und zwar fortlaufend, so daß man sie keinem Bearbeiter in die Schuhe schieben kann[15]. Doch erklären sich diese Eigentümlichkeiten hinreichend, wenn man mit der Möglichkeit bloßer Herkunft aus der Provinz rechnet. Daß Tryphonin nicht zitiert wurde, mag daran liegen, daß sein unter Caracalla abgefaßtes Hauptwerk, die 'Disputationes', die jedenfalls Justinian unvollständig vorlagen[16], auch nie vollendet und erst später veröffentlicht worden sind. Und Cod. Just. 1,9,1 endlich bezeugt zwar einen Syrienaufenthalt Tryphonins für das Jahr 213 n. Chr., ist an den noch kürzlichen Kaiserkonsiliar aber doch wohl in seiner Eigenschaft als Reichsbeamter ergangen[17].

Trotzdem läßt sich zeigen, daß wirklich eine ganze Reihe von Pandektenjuristen, und nicht unbedingt die geringsten, nicht in der Hauptstadt, sondern in der Provinz lebten und wirkten, mögen sie ihre Ausbildung anfangs auch, wie sollte es anders möglich gewesen sein, in Rom erhalten haben. Dabei ist jedoch zu präzisieren. Viele hauptstädtische Juristen führte der Staatsdienst in oder vielmehr durch die Provinzen, wie Javolen, Julian und Modestin[18]. Andere hatten zwar vielleicht selbst die Provinz nie gesehen, beschieden aber in mehr oder weniger starkem Umfang auch Anfragen, die aus der Provinz an sie gerichtet wurden, wie man das

---

[12] Überlieferungsgeschichte der 'Responsa' des Cervidius Scaevola, in: Symbolae Friburgenses in honorem O. Lenel zum 16. Dez. 1931 (Leipzig o. J.) 178 ff.

[13] So das Ergebnis einer von mir im Wintersemester 1967/68 in Göttingen geleiteten Digestenexegese zu Dig. 18, 7, 10. Auf Mitteilung meiner Gründe muß ich in diesem Zusammenhang verzichten.

[14] LENEL, Pal. II, Tryph. Fr. 4, 12 § 1, 34 § 6, 37, 46 § 4, 48 §§ 2 u. 3, 49 pr. u. § 1, 50 pr., 51, 52 § 4, 53, 62 § 2, 69 pr. Vgl. a. Fr. 6 § 3.

[15] So SCHULZ, Gesch. 296. Das Urteil von KUNKEL, a.a.O. 232 Fußn. 464: „Tryphonin steht m. E. in stilistischer Hinsicht ungefähr auf der gleichen Linie wie der Durchschnitt der Spätklassiker" ist mir schlechterdings unverständlich. OTTO LENEL pflegte von Tryphonin zu sagen, er mauschele (WIEACKER mündlich).

[16] LENEL, Pal. II 352 N. 1.

[17] Vgl. KUNKEL, a.a.O. 231. Dafür spricht auch, daß die Konstitution nicht, wie die vor 292 n. Chr. an Private gerichteten Reskripte stets, das Veröffentlichungsdatum, sondern das Ausstellungsdatum hat, wie schon damals bei Reskripten an Beamte üblich.

[18] Zu deren Ämterlaufbahn s. statt aller KUNKEL, a.a.O. 138 ff., 157 ff. u. 259 f. Zu Modestin weiter OKKO BEHRENDS, Der *assessor* zur Zeit der klassischen Rechtswissenschaft, in: SZ 86 (1969) 204 ff. Vielleicht gehört zu diesen auch Tryphonin, s. KUNKEL, a.a.O. 231.

etwa bei Cervidius Skävola[19] und Papinian[20] beobachtet hat. Wieder andere
verfaßten in der Hauptstadt Schriften, die vor allem in der Provinz benötigt
wurden. So schrieb Venulejus Saturninus, der unter Antoninus Pius und
Mark Aurel fünf Schriften mit insgesamt 42 *libri* veröffentlichte, 'IV
libri de officio proconsulis'[21]. Papinian wird ein Ἀστυνομικὸς μονόβιβλον
zugeschrieben[22], die Amtspflichten der Astynomen betreffend, eines Beamten der griechischen Stadtstaaten mit vor allem baupolizeilichen Aufgaben;
zwar nahm FRITZ SCHULZ nach anderen an, die von den Kompilatoren
benutzte Schrift sei eine griechische Epitome eines ursprünglich lateinisch
geschriebenen 'Liber (oder Libri) de officio quattuorvirorum viis in urbe
purgandis'[23], aber mit wenig überzeugender Begründung[24]. Sodann verfaßte
Paulus einen für die Provinz bestimmten 'Liber singularis de officio adsessorum'[25] sowie wieder 'II libri de officio proconsulis'[26] und Ulpian 'Libri
X . . .'[27]. Modestin schrieb, neben einem wie bei Papinian sonst ausschließlich lateinischen Oeuvre, sechs Bücher Παραίτησις ἐπιτρόπων, die schwerlich nur für den unteritalischen Markt gedacht waren[28]. Endlich stammen

---

[19] S. bes. JÖRS, RE III (1899) s. v. Cervidius 1, 1988 Z. 21ff. Unbegründet KUNKEL,
a.a.O. 373 Fußn. 778.

[20] A. A. SCHILLER, Provincial Cases in Papinian, in: Acta Juridica = Butterworth's South-
African law review 83 (1958) 221—243; und in: SCHILLER, An American Experience in
Roman Law (Göttingen 1971) 126ff.

[21] S. LENEL, Pal. II 1216. Zur Datierung s. Dig. 47, 18, 1 pr., wonach Venulejus, vermutlich
in 'De officio proconsulis', einem Reskript der *divi fratres*; und Dig. 12, 2, 13 § 5, wonach
er, wohl in 'De stipulationibus', einer Meinung des Marcellus (unter Pius und Mark Aurel)
beipflichtet. Außerdem verrät wohl das auffällige Schwanken bei der Anführung von Julian
in den verschiedenen privatrechtlichen Schriften des Venulejus, daß die einen vor, die
anderen nach dem Erscheinen von Julians 'Digesta' (150—160 n. Chr.) geschrieben wurden:
In 'De stipulationibus' zitiert Venulejus ihn — auf 6 Spalten in LENELS Pal. — immerhin
dreimal (LENEL, Pal. Ven. Nr. 54, 56 u. 57), in 'De interdictis' und 'Actiones' auf zusammen
ebenfalls 6 Spalten dagegen kein einziges Mal. Vgl. VERF., a.a.O. (unten Fußn. 60) 78f.,
Fußn. 110. S. a. H. FITTING, Alter u. Folge (2. Aufl. Halle 1908) 45ff., jedoch mit frag-
würdigen Identifizierungen S. 48f. Darin noch weiter gehend LENEL, Pal. II 1207 u.
Fußn. 2. Vgl. unten III 2.

[22] s. Dig. 43, 10, 1.

[23] Gesch. 315.

[24] ,,Es ist nicht glaublich, daß der 'echte Römer' Papinian ein juristisches Werk griechisch
geschrieben haben sollte", für das 3. Jh. n. Chr. sehr fragwürdig, s. etwa M. FUHRMANN,
Die lateinische Literatur der Spätantike, in: Antike und Abendland 13 (1967) 56ff. Nicht
besser ist sein Argument, die Astynomen seien ,,für einen Mann in seiner Stellung (welche ?
wann ?) das Gleichgültigste von der Welt" gewesen. Ähnlich, wenngleich zurückhaltender,
KUNKEL, a.a.O. 227 Fußn. 446. Vgl. jetzt auch V. GIUFFRE, Papiniano: fra tradizione ed
innovazione, unten in diesem Band (ANRW II 15) 632—666, bes. 640.

[25] Dazu OKKO BEHRENDS, a.a.O. 210ff. Vgl. auch C. A. MASCHI, La conclusione della giurisprudenza classica all'età dei Severi. Julius Paulus, unten in diesem Band (ANRW II 15)
667—707, bes. 685f.

[26] A.a.O. 210ff. S. LENEL, Pal. I 1145.

[27] S. LENEL, Pal. II 966—991.

[28] E. VOLTERRA, L'opera di Erennio Modestino de excusationibus, in: Studi in onore di
Gioacchino Scaduto (Padua 1970) III 581ff. Vgl. auch J. ALTMANN, Die Wiedergabe römischen Rechts in griechischer Sprache bei Modestinus de excusationibus, in: StDoc 21
(1955) 1—73.

mehrere hauptstädtische Juristen aus der Provinz, vor allem Julian[29], Ulpian[30] und anscheinend auch Papinian[31], also die drei bedeutendsten Schriftsteller der letzten hundert Jahre klassischer Jurisprudenz; und außerdem Pactumeius Clemens[32], Messius[33], Licinius Rufinus[34], Modestin[35] und

[29] Dazu eingehend zuletzt KUNKEL, a.a.O. 158ff. Vgl. E. BUND, Salvius Julianus, Leben und Werk, unten in diesem Band (ANRW II 15) 408—454, bes. 415ff.

[30] Dig. 50, 15, 1 pr. u. dazu etwa KUNKEL, a.a.O. 247ff. Vgl. bes. P. FREZZA, La cultura di Ulpiano, in: StDoc 34 (1968) 363ff., der insbesondere zeigt, daß Ulpians Bindung an die Heimat nie völlig aufhörte. Ulpian auch bezieht ziemlich häufig provinziale Verhältnisse in die Betrachtung ein: Fragm. Argent. § 12 aus Buch 3 der 'Disputationes'; Dig. 4, 6, 26 § 9 aus Buch 12 'Ad edictum'; aus Buch 14 Dig. 50, 17, 123 § 1, s. LENEL, EP 141 Fußn. 3; aus Buch 15 Dig. 1, 17, 1; aus Buch 17 Dig. 50, 16, 27 § 1; 6, 1, 41; 39, 6, 29; u. 6, 1, 77, s. LENEL, EP 188f., bes. Fußn. 6; aus Buch 25 Dig. 11, 7, 12 § 6; aus Buch 23 'Ad Sabinum' Dig. 33, 6, 9 pr; aus Buch 16 'Ad edictum' Dig. 6, 2, 9 § 6; aus Buch 35 Dig. 27, 9, 3 § 4, s. LENEL, EP 187; aus Buch 17 'Ad Sabinum' Dig. 7, 1, 7 § 2 u. Fragm. Vat. 61; aus Buch 1 'De censibus' Dig. 50,15,1; u. ö. Vgl. auch G. CRIFO, Ulpiano. Esperienze e responsabilità del giurista, unten in diesem Band (ANRW II 15) 708—789, bes. 734.

[31] SHA, vita Carac. 8, 2: *Papinianum amicissimum fuisse imperatori Severo ut aliqui loquuntur, adfinem etiam per secundam uxorem memoriae traditur*, zusammen mit den sprachlichen Beobachtungen von KALB (oben Fußn. 7) und H. LEIPOLD, Über die Sprache des Juristen Aem. Papinianus, Programm der K. Studienanstalt Passau f. d. Jahr 1890/91 (Passau 1891). KUNKEL, a.a.O. 225ff., treibt die Ars nesciendi hier zu weit und zitiert die Stelle S. 225 außerdem nicht ganz richtig: Zwischen *Severo* und *ut* hat er, ohne Anhalt in der Überlieferung, ein *et*, eine wohl unwillkürliche, jedenfalls unbegründete Emendation. Sein Einwand (nach anderen) gegen die SHA-Stelle, mit *secunda uxor* könne „auch die zweite Frau Papinians gemeint sein", trifft nur grammatisch zu. Semasiologisch kommt diese Deutung nicht ernsthaft in Betracht. War Papinian überhaupt verheiratet? Schon im 4. Jh. konnte der unbefangene Leser der SHA unter *secunda uxor* in diesem Zusammenhang nur die wohlbekannte zweite Frau von Severus verstehen; zu ihr s. etwa FLUSS, RE II A 2 (1923) s. v. Severus 13, 1945 Z. 30ff. u. 1946, 28ff. Und dessen war sich der Verfasser der Stelle im Zweifel bewußt. Vgl. a. D. NÖRR, Die Entstehung der longi temporis praescriptio. Studien zum Einfluß der Zeit im Recht und zur Rechtspolitik in der Kaiserzeit, Ges. f. Forschg. des Landes Nordrhein-Westfalen, Geisteswiss., 156 (Köln 1969) 75; u. ATKINSON (oben S. 206 Fußn. 51a) 54.

[32] KUNKEL, a.a.O. 154f.

[33] Dank einer erstmals 1933, z. B. in: L'année épigraphique 1932 (1933) Nr. 34, publizierten Inschrift, die KUNKEL, a.a.O. 229f., übersehen und auf die mich HANS-GEORG PFLAUM liebenswürdigerweise aufmerksam gemacht hat, wissen wir jetzt Genaueres über ihn: Sein voller Name ist P. Messius Saturninus, er stammt aus Pheradi Maius in Africa proconsularis, hat eine glänzende ritterliche Karriere durchlaufen und dabei insbesondere die Ämter eines *a studiis*, eines *advocatus fisci sacri auditorii* und schließlich eines *a declamationibus Latinis* bekleidet. S. im einzelnen H.-G. PFLAUM, Les carrières procuratoriennes équestres sous le Haut-Empire romain I (Paris 1960) 613ff. = Nr. 231; u. schon STEIN, RE Suppl. VII (1940) s. v. Messius 15a, 447. Allerdings scheint mir danach doch zweifelhaft, ob Messius uneingeschränkt als Jurist reklamiert werden darf. Die einzige Stelle, an der er genannt ist, Dig. 49, 14, 50, betrifft eine Fiskalsache, und das *ius fisci* scheint damals noch keine Spezialmaterie gerade nicht typisch der Juristen gewesen zu sein, s. unten II 5b, 3. Abs. Zwar hatte wohl auch Papinian seine Laufbahn als *advocatus fisci* begonnen, wenngleich die Philologen den dies bekundenden Einschub in einer jüngeren Handschrift der SHA, vita Carac. 8, 2, für apokryph halten (noch weiter geht T. D. BARNES, The Family und Career of Septimius Severus, in: Historia 16 [1967] 91f.); doch liegt seine Bedeutung als Jurist anderswo. PFLAUMS Deutung des Amtes *a declamationibus Latinis*, a.a.O. 617ff., muß also vorerst ebenfalls dahingestellt bleiben.

[34] KUNKEL, a.a.O. 255f.   [35] KUNKEL, a.a.O. 261.

Marinian[35a] und vermutlich auch Fabius Mela[36], Afrikan[37] und Tertullian[37a]. All diese Namen müssen für das hier gewählte Thema beiseite bleiben. Sie verschaffen den Provinzen kein Eigengewicht. Ihrer aller Residenz ist die Hauptstadt, der ständige geistige Austausch mit der hauptstädtischen Juristerei ungebrochen.

Bei folgenden Autoren aber — meist Pandektenjuristen — liegen genügend Anhaltspunkte dafür vor, daß ihre gewöhnliche Umgebung nicht Rom oder Italien, sondern ein Ort in der Provinz war: Gajus, Callistrat, Macer, der Sentenzenverfasser nebst anderen Usurpatoren des Namens Paulus wie der Verfasser des 'Liber singularis de poenis paganorum', ferner Hermogenian, Arcadius Charisius, der Verfasser der pseudoulpianischen 'Opiniones' und der Kompilator des syrisch-römischen Rechtsbuchs. Und bei vier weiteren ist provinziale Umgebung wenigstens zu vermuten: Papirius Justus, Claudius Saturninus, Florentin und Furius Anthianus.

I. Wahrscheinliche Provinzjuristen

1. Gajus

Der bedeutendste in dieser Liste ist Gajus. Und dessen Lokalisierung hat bekanntlich seit MOMMSENs viel beachteten 13 Seiten[38], also seit nunmehr 113 Jahren, die Wissenschaft immer wieder beschäftigt. Für die Provinz haben sich, um nur die Autoren zu nennen, die sich eingehender zu dieser Frage äußerten, ausgesprochen: MOMMSEN, GLASSON[39], BREMER[40],

---

[35a] Rechtslehrer in Rom im späteren 4. Jh. n. Chr., s. etwa A. H. M. JONES, J. R. MARTINDALE u. J. MORRIS, Prosopography of the Later Roman Empire (Cambridge 1971) udS. Marinianus 2.

[36] Vgl. KINKEL, a.a.O. 109 u. 116.

[37] Vgl. KUNKEL, a.a.O. 108 u. 172f. Für Tarruntenus Paternus schließlich vermutet KUNKEL, a.a.O. 109f. mit Fußn. 83 u. 220ff., Herkunft aus dem cisalpinischen Gallien.

[37a] Insofern er wohl doch mit dem Kirchenvater identisch ist. Dies hier näher zu begründen, muß ich mir versagen. S. einstweilen. A. BECK, Röm. Recht bei Tertullian und Cyprian (verm. Neudruck Aalen 1967) S. X f. u. 39 ff. m. weit. Nachw.; auch VERF., a.a.O. (unt. Fußn. 70) 137 Fußn. 114. KUNKEL, a.a.O. 239f., verkürzt die biogr. Möglichkeiten allzu sehr. Und T. D. BARNES, Tertullian (Oxford 1971) 22ff., geht nicht behutsam genug vor. So ist seine Datierung des Juristen auf Grund von Dig. 29, 2, 30 § 6 eine Generation vor dem Kirchenvater durchaus anfechtbar. Oder: 197 n. Chr., als Tertullian das 'Apologeticum' schrieb, lag Ulpians 'De officio proconsulis' noch längst nicht vor. Und apol. 4, 4 meint Tertullian ersichtlich kein formelles Gesetz, sondern bringt er nur die Strafpraxis auf eine kurze Formel — der Gedanke des *nulla poena sine lege* war dem Recht der Severer fremd. S. a. die Rez. von H. TRÄNKLE, in: Hist. Ztschr. 216 (1973) 129f.

[38] TH. MOMMSEN, Gajus ein Provinzialjurist?, in: Gesammelte Schriften II = Juristische Schriften II (Berlin 1905) 26—38; ursprünglich in: Jahrbücher des gemeinen Rechts 3 (1859) 1—15.

[39] E. GLASSON, Étude sur Gaius (2. Aufl. Paris 1885) 17ff. (1. Aufl. 1867).

[40] A. a. O. 77ff.

KUNTZE[41], KALB[42], KNIEP[43], HERMANN KROLL[44], NORDEBLAD[45], BIZOUKI-
DES[46], ARANGIO-RUIZ[47], GUARINO[48], H. J. WOLFF[48a], HONORÉ[49], WIE-
ACKER[50], REMO MARTINI[51] und OKKO BEHRENDS[52]. Ihnen stehen nur fünf
Namen gegenüber: HUSCHKE[53], DERNBURG[54], KÜBLER[55], KUNKEL[56] und
CASAVOLA[57].

Auch ich hatte mich vor jetzt sieben Jahren für Lokalisierung in Rom
entschieden[58]. Dazu hatten mich nicht zuletzt die zahlreichen Nachrichten
bei Gajus über das älteste römische Recht bewogen. Doch findet man dieses
antiquarische Interesse, von dem auch der Zwölftafelkommentar zeugt, bei
keinem hauptstädtischen Juristen wieder, auch bei Pomponius so nicht[59].
Es könnte deshalb gerade umgekehrt Indiz für außerrömischen Standort
sein. Auch Probus, Festus und Nonius Marcellus schrieben in der Provinz.

a) Das, wie ich mich inzwischen habe überzeugen lassen, stärkste
Argument für Lokalisierung des Gajus außerhalb Roms und seiner näheren
Umgebung ist das Echo, das er hier fand. Es fehlt fast vollständig. Nur
Pomponius, er zweifellos in der Hauptstadt tätig, sagt im 22. Buch seines
Kommentars zum 'Ius civile' des Q. Mucius Scaevola, Dig. 45,3,39: *et non
sine ratione est, quod Gaius noster dixit* . . . . Und das kann weder inter-
poliert noch auf einen anderen Gaius zu beziehen sein[60]. Hiervon abgesehen

---

[41] JOHANN EMIL KUNTZE, Der Provinzialjurist Gajus, wissenschaftlich abgeschätzt (Leipzig 1883).

[42] A.a.O. 73ff.

[43] F. KNIEP, Der Rechtsgelehrte Gajus und die Ediktskommentare (Jena 1910) 1ff.

[44] H. KROLL, Zur Gajusfrage, Diss. jur. Münster 1917.

[45] J. B. NORDEBLAD, Gajusstudien (Lund 1932).

[46] P. C. BIZOUKIDES, Gaius I (Leipzig u. Thessalonike 1937) 9ff. u. 21ff.; II (1938) 235ff.

[47] V. ARANGIO-RUIZ, Storia del diritto romano (1. Aufl. Neapel 1937) 271ff.

[48] VICENZO ARANGIO-RUIZ u. ANTONIO GUARINO, Breviarium iuris romani (Mailand 1943) 3f. (ebenso noch die 3. Aufl. 1962). S. a. A. GUARINO, Storia del diritto romano (4. Aufl. Neapel 1969) 516f.

[48a] Zur Geschichte des Gaiustextes, in: Studi in onore di V. Arangio-Ruiz IV (Neapel 1953) 193f. u. Fußn. 68 sowie mündlich.

[49] A. M. HONORÉ, Gaius (Oxford 1962), bes. 70ff.

[50] F. WIEACKER, SZ 81 (1964) 405f. (Rez. v. HONORÉ) und brieflich.

[51] R. MARTINI, Ricerche in tema di editto provinciale (Mailand 1969) 103ff.

[52] O. BEHRENDS, Die Prokuratur des klass. röm. Zivilrechts, in: SZ 88 (1971) 297ff.

[53] PH. E. HUSCHKE, im Vorwort zu seiner Gajusausgabe S. 8ff., jetzt in: Iurisprudentiae anteiustinianae quae supersunt, 6. Aufl. hrsgg. v. E. SECKEL und B. KÜBLER, I (Leipzig 1908) 116ff. (1. Aufl. ebd. 1861: 77ff.).

[54] H. DERNBURG, Die Institutionen des Gajus (Halle 1869) 80ff.

[55] B. KÜBLER, RE VII 1 (1910) s. v. Gaius 2, 489ff., bes. 503.

[56] A.a.O. 186—213.

[57] F. CASAVOLA, Gaio nel suo tempo, in: Gaio nel suo tempo. Atti del simposio romanistico = Biblioteca di Labeo III (Neapel 1966) 2ff.

[58] VERF., Gaius und Pomponius, erschienen ebendort (soeben Fußn. 57), S. 74.

[59] Ein verzerrtes Bild gibt C. A. MASCHI, Il diritto romano I: La prospettiva storica della giurisprudenza classica (2. Aufl. Mailand 1966).

[60] TH. MAYER-MALY, Gaius noster, in: Roczniki Teologiczno-Kanoniczne kuczci Ks. Stanisława Płodzienia = Annales de théologie et du droit canon (Lublin) Bd. 10 Heft 4 = Mélanges dédiés à Stanisław Płodzien (Lublin 1963) 55ff. S. a. HONORÉ (oben Fußn. 49)

hat jedoch ausweislich der insoweit jedenfalls einigermaßen repräsentativen Überlieferung keine der zahlreichen und mannigfaltigen Schriften des Gajus ein stadtrömischer Schriftsteller zur Kenntnis genommen. Bei der schier grenzenlosen Zitierfreudigkeit der Späteren schon in dem wenigen uns Überkommenen ist das sehr auffällig, wie seit je empfunden wurde. Die abenteuerlichsten Hypothesen sind aufgeboten worden, um das zu erklären. Gajus sei mit dem etwa hundert Jahre älteren C. Cassius Longinus identisch — Zitate jüngerer Kaiser seien interpoliert[61] — oder mit dem spärlich bezeugten[62], zeitlich allerdings passenden Laelius Felix[63]. Gaius sei das männliche Pseudonym einer Frau[64]. Gajus sei Sklave gewesen[65]. Oder: Christ, wie jüngst dargelegt[66], aber mit fast denselben Argumenten, wenngleich auf etwa zehnmal so wenig Raum, vor vierhundert Jahren schon einmal vorgetragen worden ist[67]. Nur KUNKELs Deutung dieser Nichtachtung[68] vermochte sich bisher zu behaupten[69]: Gajus sei nicht zitierfähig gewesen, als Jurist zu wenig schöpferisch, ein bloßer Pädagoge. Zu dieser Erklärung glaubte auch ich meine Zuflucht nehmen zu können und betonte die Minderwertigkeit des Gajus um so stärker, als ich empfand, daß ein bloß leichter Qualitätsabfall keine hinreichende Erklärung wäre[69a].

---

1 ff.; F. CASAVOLA, P. PESCANI u. O. ROBLEDA, alle in: Gaio nel suo tempo (oben Fußn. 57) S. 2, 83 Fußn. 4 u. S. 142ff.; zu Pomponius vgl. VERF., Variae lectiones, zwei Juristenschriften, in: Studi in onore di E. Volterra (Mailand 1972) V 52ff.; zur Datierung seines Muciuskommentars S. 78 Fußn. 110.

[61] ST. LONGINESCU, Gajus der Rechtsgelehrte, Diss. jur. Berlin 1896.

[62] Gell. 15, 27. Außerdem finden wir ihn noch von Paulus zitiert: 2 Plaut. Dig. 5, 3, 43 u. 17 Plaut. Dig. 5, 4, 3.

[63] T. F. v. O. (?), Gaius and His Works, in: The Cape Law Journal (Grahamstown) 13 (1896) 10—30; u. G. SCHERILLO, Adnotationes Gaianae, in: Antologia giuridica romanistica ed antiquaria I (Mailand 1968) 84—93. Was könnte die dabei zu unterstellende spätere Spaltung der Überlieferung veranlaßt haben? Im übrigen hat Gaius 'Libri ex Quinto Mucio' geschrieben, Laelius Felix dagegen 'Libri a d . . . .', eine nicht ganz unwichtige Variante, VERF, a.a.O. (oben Fußn. 60) 65ff. Schließlich hat Laelius, worauf schon A. GUARINO, in: Labeo 15 (1969) 242f., hingewiesen hat, das von beiden erwähnte, Hadrian vorgeführte Ägypterweib mit den Fünflingen selbst gesehen (Dig. 5, 4, 3: *se vidisse*), Gajus dagegen anscheinend nicht (Dig. 34, 5, 7 pr.: *et nostra quidem aetate Serapias Alexandrina mulier ad divum Hadrianum perducta est . . .*).

[64] R. SAMTER, War Gajus das männliche Pseudonym einer Frau?, in: Deutsche Juristenzeitung 13 (1908) 1386f.

[65] A. KOKOUREK, Qui erat Gajus?, in: Atti del congr. intern. di dir. rom., Bologna—Roma 1933, II (Pavia 1935) 495ff.

[66] V. BUDIL, Gaius moster, in: Studi in onore di G. Grosso III (Turin 1970) 305ff.

[67] ANTONIUS VACCA, Expositiones in pandectas (Lyon 1554) S. 6 unten.

[68] W. KUNKEL, Römische Rechtsgeschichte (Willsbach 1947) 79; i. d. 5. Aufl. (Köln 1967) S. 117.

[69] Zust. vor allem CASAVOLA, a.a.O. (s. oben Fußn. 57). Interessanterweise räumt KÜBLER dagegen ein: „das Rätsel ist vorläufig nicht zu lösen", B. KÜBLER, Geschichte des röm. Rechts (Leipzig 1925) 270.

[69a] Scharf ablehnend GYÖRGY DIÓSDI, Gaius: Rechtsgelehrter oder Schulmeister?, in: Études offertes à Jean Macqueron (Aix en Provence o. J. [1970]) 226 Fußn. 15. Indessen stilisiert DIÓSDI Gajus wiederum zu hoch. Er glaubt an Eifersucht der Spätklassiker. So pri-

Dem widerspricht zweierlei. Zwar ist es sein Lehrbuch, das Gajus bis auf den heutigen Tag berühmt gemacht hat. Außerdem[70] hat er aber ein Mehrfaches an unbestreitbar praxisbezogenen Schriften hinterlassen, zusammen etwa 100 *libri*[71]. Und zweitens: Weist man Gajus eine Lehrtätigkeit in Rom zu, so müßte man ihn schon der sabinianischen Rechtsschule zuordnen, die er *nostra schola* nennt[72]. KUNKEL entgeht dieser Konsequenz dadurch, daß er die beiden Rechtsschulen kennzeichnet als „eine Art von Debattierklubs mit korporativem Charakter. Ob mit ihnen ein organisierter Elementarunterricht irgendwie verbunden war, ist mindestens sehr zweifelhaft"[73]. Gegen diese Sicht sprechen aber zwei Befunde: die von Gellius[74] bezeugten, von KUNKEL in diesem Zusammenhang nicht gewürdigten[75] *stationes ius publice docentium aut respondentium*, wonach also *docere* und *respondere* in engem Zusammenhang geschah[76]; und die 'Libri institutionum' Pauls und Ulpians (je zwei Bücher), deren Bestimmung durch KUNKEL ebenfalls wenig befriedigt. Denn daß sie „auch im Zusammenhang mit einer Lehrtätigkeit in kleinem, ausgesuchtem Kreise entstanden sein" könnten[77], ist wenig glaublich[78], von einer Pauschalverdächtigung ganz zu schweigen. Es ist sogar problematisch, diese beiden Schriften, wie öfter zu lesen[79],

---

mitive Beweggründe, die eine ganze Zunft beherrscht haben sollen, scheint mir zumal bei Ulpian wenig wahrscheinlich, auch wenn dieser gegenüber dem Konkurrenzfach Philosophie in der Tat Animosität beweist, dies aber ausspricht, s. DIETER NÖRR, Ethik und Jurisprudenz in Sachen Schatzfund, in: Bullettino dell'Istituto di Diritto Romano 75 (1972) 28ff., bes. Fußn. 115. Vgl. jetzt auch G. DIÓSDI, Gaius, der Rechtsgelehrte, unten in diesem Band (ANRW II 15) 605—623, bes. 607—611.

[70] Die Gajus auch zugeschriebenen 'Liber singularis regularum' und 'Libri regularum' (mindestens drei) sind apokryph, VERF., Contrarius actus, in: Sympotica Franz Wieacker (Göttingen 1970) 151 Fußn. 166; u. oben S. 226 Fußn. 157.

[71] S. LENEL, Pal. I 181ff.

[72] Gai. 4, 79. Vgl. *praeceptores tui* in einer Anfrage an Javolen, Dig. 42, 5, 28 (1 epist.).

[73] A.a.O. 341.

[74] 13, 13, 1.

[75] Unbefriedigend auch SCHULZ, Gesch. 143 N. 5, sowie B. KÜBLER, RE I A 1 (1914), s. v. Rechtsschulen, Sp. 381f., während ALFRED PERNICE in seiner Bearbeitung der 'Geschichte und Quellen des röm. Rechts' von C. G. BRUNS, in: Encyklopädie der Rechtswissenschaft, hrsgg. von F. v. HOLTZENDORFF, 5. Aufl., I (Leipzig 1890) 151 u. Fußn. 1, auf den sich KÜBLER beruft, jene *stationes* zu würdigen nicht unterlassen hat.

[76] Zu scharf VERF., a.a.O. (oben Fußn. 58) 74. Zwar wird *aut* nicht nur auf die Personen, sondern auch auf die *stationes* zu beziehen sein, sonst hätte Gellius *et* sagen können. Aber beiderlei Stätten werden in einem Atemzug genannt, beide als gleichermaßen engagiert hingestellt.

[77] A.a.O. 336 N. 710. Ähnlich SCHULZ, Gesch. 144 halb unten.

[78] Zutr. schon BEHRENDS, a.a.O. (oben Fußn. 18) 210 Fußn. 86. Überhaupt gehören die Ausführungen KUNKELS auf S. 344ff. zu den weniger überzeugenden Partien seines Buches, vielfach bestimmt von letztlich persönlichen Vorstellungen über Standeszugehörigkeit der Juristen und standesgemäßes Verhalten. S. bes. S. 336 oben, 338 Mitte zu Trebaz, 341/42 zu Sabinus und 344.

[79] S. etwa BEHRENDS, a.a.O. 210. Vorsichtig abwägend F. WIEACKER, Textstufen klassischer Juristen, Abh. Akad. d. Wiss. Göttingen, phil.-hist. Kl. III 45 (Göttingen 1960) 213 u. 216.

dadurch herunterzuspielen, daß man sie an den Anfang der (ritterlichen) Karriere ihrer Autoren setzt. Das berühmte Fragment aus dem Werk Ulpians Dig. 1,1,1 § 1 stammt von keinem Anfänger[80].

Allerdings kennt gerade Pomponius mehrere Juristen, und darunter sogar einen Konsul und ein Schulhaupt, von denen bei den Späteren ebensowenig verlautet: Varius Lucullus[81], einen *alius* (d. h. nicht C. Cassius) Longinus[81a], Pactumeius Clemens, einer der Konsuln des Jahres 138 n. Chr.[82], und Tuscian, mit Aburnius Valens der Vorgänger Julians in der Führung der sabinianischen Rechtsschule[83]. Noch eine ganze Reihe weiterer Juristen, auch mit Respondierpraxis und sogar Kaiserkonsiliare, sind ebenso oder kaum minder knapp der Vergessenheit entgangen: Terenz Clemens, der Julian *noster* nannte[83a], kommt bei seinen Fachgenossen überhaupt nicht vor[83b]. Puteolanus, der Verfasser von 'Libri adsessoriorum'[84], die dem entsprechenden Werk des Sabinus auch zeitlich näher stehen werden als dem des Paulus, und Aufidius Chius, von Martial als Muster eines tüchtigen Prokurators geschildert und vermutlich Freigelassener[85], sind beide gleichfalls ein einziges Mal zitiert[86]. Campanus, der um 100 n. Chr. schrieb, ganze zweimal[87]. Und Laelius Felix, der unter Hadrian oder kurz danach 'Libri ad Q. Mucium' veröffentlichte, bewahrte nur der gelehrte Nichtjurist Gellius vor dem gleichen Schicksal[88]. Aburnius Valens ist ganze viermal zitiert[89]. Ebenso selten sind es Valerius Severus, Respondent und vermut-

---

[80] Vgl. a. Ulp. 8 omn. trib. Dig. 50, 13, 1 § 5. Zu *veram philosophiam, non simulatam affectantes* FREZZA, a.a.O. (oben Fußn. 30) 366ff. u. D. NÖRR, Iurisperitus sacerdos, in: Xenion. Festschr. f. Pan. J. Zepos (Athen 1973) I 555ff.

[81] Dig. 41, 1, 19.

[81a] Dig. 1, 2, 2 § 52. Vgl. KUNKEL, a.a.O. 131.

[82] Dig. 40, 7, 21 § 1. Zu Pactumeius im übrigen KUNKEL, a.a.O. 154ff.

[83] Dig. 1, 2, 2 § 53 sofern *Tuscianus* nicht auf einem bloßen Schreibfehler beruht, wie A. GUARINO, La genesi degli ordinamenti reppublicani, in: Annali del Seminario Giuridico dell'Università die Catania 1 (1947) 310f., annimmt. Vgl. KUNKEL, a.a.O. 153f.

[83a] 4 Iul. Pap. Dig. 28, 6, 6.

[83b] s. zu ihm W. KALB, Roms Juristen nach ihrer Sprache dargestellt (Leipzig 1890) 61f.

[84] Zu ihnen BEHRENDS, a.a.O. (oben Fußn. 18) 211f.

[85] KUNKEL, a.a.O. 135f.

[86] Von Ulpian in seinen 'Libri ad Sabinum': Fragm. Vat. 77, und zwar als Gewährsmann für eine Ansicht des Atilicinus. Daraus und aus dem Umstand, daß Ulpian anderthalb Jahrhunderte von Chius trennen, kann man wohl entnehmen, daß Ulpian eine schriftliche Äußerung des Chius meint.

[87] Dig. 38, 1, 47 (Valens) u. 40, 5, 34 § 1 (Pomponius). Dort setzt Campanus, so scheint es jedenfalls, den einstelligen *praetor fideicommissarius* voraus, was es erst seit Titus gab. Vgl. a. KUNKEL, a.a.O. 147ff.

[88] S. oben Fußn. 62.

[89] Außerdem aber hatten die Kompilatoren seine 'Libri VII de fideicommissis' selbst, woraus zahlreiche Fragmente in die Digesten aufgenommen sind. Zur Frage, mit welchem zweier inschriftlich bezeugter Aburnii Valentes der Jurist zu identifizieren ist, KUNKEL, a.a.O. 151ff., der N. 223 aber übersieht, daß mit den Julianzitaten auch mündliche Äußerungen des jüngeren Kollegen in der sabinianischen Rechtsschule gemeint gewesen sein können, da Valens nur sagt: *Iulianus recte putavit* (Dig. 32, 94) bzw. *Iulianus respondit* (Dig. 4, 4, 33).

lich einer der beiden Konsuln des Jahres 124 n. Chr.[90]; Fufidius, der um
die Mitte des 1. Jhs. n. Chr.[91] (anscheinend erstmals)[92] 'Libri quaestionum'
schrieb; und Papirius Fronto, wohl im späteren 2. Jh. n. Chr. Verfasser
von 'Libri responsorum'[93]. Der anscheinend gleichzeitig schreibende Publicius ist bloß noch dreimal erwähnt[94]; und der andere Konsul des Jahres
138 n. Chr. und Konsiliar des Pius, M. Vindius Verus, eben fünfmal[95]. Aber
die ersten drei haben anscheinend überhaupt nichts geschrieben[96]; und
wenn die anderen auch die Schriftstellerei nicht gänzlich unterlassen haben,
so ist doch bei keinem von ihnen mehr als eine Schrift wahrscheinlich,
wobei diese eine bei Aburnius Valens und anscheinend auch bei Campanus[97]
noch dazu einem begrenzten Spezialgebiet, dem Fideikommißrecht, galt,
bzw., bei Puteolanus, einer besonders bescheidenen Literaturgattung angehörte. Ihnen allen gegenüber wies das gajanische Oeuvre eine ungleich
reichere Fülle auf, sowohl was den äußeren Umfang, als auch was die
Weite des Interesses betrifft. Gajus, der den Spätklassikern auch zeitlich
näher stand als die meisten jener Juristen, so wenig zu zitieren, wie aus
den erhaltenen Fragmenten der Spätklassiker ersichtlich, würde, wenn
er in Rom gelebt hätte, bedeuten, daß man ihn geflissentlich verschwieg.

Nun werden die römischen Rechtsschulen[98] freilich unterschiedlich
ausgeprägte und auch unterschiedlich befähigte *ius docentes* gehabt

---

[90] KUNKEL, a.a.O. 154. Die Zitate bei LENEL, Pal. II 1207f.

[91] S. einerseits Dig. 40, 2, 25 (Gajus), wonach er vor oder gleichzeitig mit Nerva filius, dem
Vater des späteren Kaisers, gewirkt zu haben scheint (zu Nerva filius s. CHRISTIAN
MEIER bei KUNKEL, a.a.O. 378ff.). Andererseits Gai. 2, 154, wo Fufidius als Gewährsmann
für eine Meinung von Sabinus angeführt ist. Fufidius war wohl Sabinianer.

[92] Vgl. VERF., a.a.O. (oben Fußn. 60) 82.

[93] Dig. 50, 16, 220 § 1; 14, 2, 4 § 2 (beides Callistrat); 15, 1, 40 pr. u. 30, 114 § 7 (beides
Marcian). Einen — schwachen — Anhalt für die Datierung bietet allein die Nennung
neben Cervidius Scaevola in der letzten Stelle, womit übereinkommt, daß Marcian mit seinen Zitaten hinter Julian nur ganz selten zurückgeht.

[94] Dig. 31, 50 § 2 (Marcellus); 35, 1, 51 § 1 (Modestin: *P. scribit*) u. 38, 17, 2 § 8 (Ulpian), wo
er neben Afrikan genannt ist.

[95] LENEL, Pal. II 1223f., wohl den Sabinianern zuzuordnen, da Maecian ihn Dig. 35, 32 § 4
Vindius noster nennt. Oder geht das auf den Kollegen im *consilium principis* (s. SHA vita
Pii 12, 1)? S. HONORÉ, Gaius 7f.

[96] Von Varius Lucullus ist nur berichtet, daß er über eine Rechtsfrage *aliquando dubitasse*,
und Clemens erscheint nur als Gewährsmann des wenig jüngeren Pomponius für eine
Konstitution des Pius.

[97] Siehe F. P. BREMER, Iurisprudentiae antehadrianae quae supersunt II 2 (Leipzig 1901)
239. Anscheinend war er der erste Spezialist des Fideikommißrechts, Vorgänger eines
Aburnius Valens und Maecian. Vgl. KUNKEL, a.a.O. 148f.

[98] Daß sie zur Zeit der Spätklassiker nicht mehr bestanden hätten, ist eine zwar häufig geäußerte, aber unbegründete Vermutung. S. z. B. B. KÜBLER, RE I A 1 (1914) s. v. Rechtsschulen, 380 Z.57; TH. KIPP, Geschichte der Quellen des römischen Rechts (4. Aufl. Leipzig
1919) 114, mit Spekulationen über die Gründe. Differenzierend SCHULZ, Gesch. 144f.
Immerhin pflogen Paulus und Ulpian die gleiche Rivalität wie einst Celsus und Julian:
Sie zitieren einander nicht. Das Fehlen eindeutiger Nachrichten für die Spätklassik besagt
nicht viel, weil eine so mitteilsame Schrift wie die 'Institutiones' des Gajus aus der späteren
Zeit nicht noch einmal selbständig überliefert ist und Pomponius keinen Nachfolger gefunden hat.

haben, auch solche, die vornehmlich lehrten und publizierten und dafür
weniger oder gar nicht respondierten. Aber daß es dort zwei verschiedene
Klassen von *ius docentes* gegeben hätte, zitierfähige und nicht zitierfähige,
dagegen sprechen alle Quellen[99]. Gerade beim Zitieren waren die nach-
gajanischen Schriftsteller alles andere als wählerisch. Die Frage, ob Respondent oder nicht oder denn kaiserliches Patent oder nicht, spielte in spätklassischer Zeit beim Zitieren, worum es hier allein geht, keine oder wenigstens keine entscheidende Rolle. Nicht Originalität war in der Antike, gar
bei den Juristen, Bedingung für literarische Beachtung, sondern — zumal
bei Ulpian — zuvörderst ein äußeres Moment: Verfügbarkeit[100]. Ein einziger Fall kann dem des Gajus zur Seite gestellt werden: Callistrat. Ihn
versetzt aber auch KUNKEL in den griechisch redenden Osten des Reiches,
jedenfalls was seine Herkunft betrifft[101].

b) Die unmittelbarsten Kriterien für die Lokalisierung des Gajus sind
allerdings in den von ihm erhaltenen Fragmenten zu suchen, die nunmehr
auf unsere Frage hin sachlich und sprachlich zu durchmustern sind. Denn
die Frage der Gräzismen ist auch nach KUNKELs skeptischen Ausführungen[102] keineswegs der Unergiebigkeit überführt. Auf die Unzuverlässigkeit
der Überlieferung zu pochen[103], ist jedenfalls so lange methodisch unzulässig,
als dem überlieferten Text ein vernünftiger Sinn abzugewinnen ist. Der
große Philologe des Spät- und Vulgärlatein, EINAR LÖFSTEDT, verdankt
seine Entdeckungen vielfach ja gerade der Tatsache, daß er, den Verputz
alteingebürgerter Emendationen durchdringend, die Überlieferung erst einmal wieder ernstgenommen hat. Verfehlt ist jedenfalls die früher geübte[104]
und auch von KUNKEL noch für zulässig erachtete pauschale Emendation
aller gajanischen Verstöße gegen die Regeln der Consecutio temporum oder
jedes unmotivierten Moduswechsels, was beides gerade bei den Juristen so
häufig ist, daß man annehmen muß: Sie haben darauf bereits selbst nicht geach-
tet[105]. Insbesondere läßt sich auch das konsekutive *ut* mit dem Indikativ

---

[99] Vor allem Ulp. 8 omn. trib. Dig. 50, 13, 1 § 5. Vgl. a. Mod. 2 exc. Dig. 27, 1, 6 § 12. Fragm.
Vat. 150 (Autor in Wahrheit ungewiß, da die vormundschaftsrechtlichen Schriften auch
sehr unterschiedlicher Autoren bis in die Formulierung einander gleichen) widerspricht
Modestin nicht, sondern wird sich auf provinziale Verhältnisse beziehen, zutr. KÜBLER,
RE I A 1 (1914) s. v. Rechtsunterricht, 397; u. SCHULZ, Gesch. 348 (anders S. 143). Da-
gegen machte die Spätantike bekanntlich sehr wohl starre Rangunterschiede, s. außer
dem Zitiergesetz Valentinians III., Cod. Theod. 1, 4, 3 (426, Ravenna), noch Theod. II.,
Cod. Theod. 14, 9, 3 (425, Konstantinopel).

[100] Vgl. meine Beobachtungen in: Gaius und Pomponius (oben Fußn. 58) 74 Fußn. 107. Zu
Ulpians Art und Weise, die Literatur zu benutzen, eingehend JÖRS, RE V (1905) s. v.
Domitius 84, 1455ff.

[101] A.a.O. 235, ohne sich dazu zu äußern, ob Callistrat im Osten auch gewirkt hat. Im Kapitel
'Römische Jurisprudenz in den Provinzen' verwertet er Callistrat nicht.

[102] A.a.O. 205—211.

[103] KUNKEL, a.a.O. 206f.

[104] Nicht mehr von MARTIN DAVID, Gai institutiones, editio minor = Studia Gaiana I (1. Aufl.
Leiden 1948, 2. 1964); u. ed. maior = Studia Gaiana II (Leiden 1954ff.).

[105] Zur Consecutio temporum s. J. B. HOFMANN u. ANTON SZANTYR, Lateinische Syntax und
Stilistik (München 1965) 552. Zum Moduswechsel MARTIN DAVID u. H. L. W. NELSON,

nicht wegemendieren[106]. KUNKELS Retraktation der Arbeiten von LÖFSTEDT und NORDEBLAD[107] ist einseitig, da er nur prüft, was einem römischen Schriftsteller im 2. Jh. n. Chr. alles etwa zugemutet werden könnte. Dadurch wird die Beweislast unzulässig verschoben. Richtig lautet die Frage, ob Gajus' Sprache merklich abfällt von der anderer Juristen seiner Zeit, die erweislich in der Hauptstadt wirkten, also von Pomponius, Venulejus, Maecian oder Marcellus. Und diese Frage ist ohne Zögern zu bejahen, mögen einzelne Gelehrte beim Sammeln der Belege auch — verständlicherweise — des Guten zuviel getan haben. Und schon gar nicht wird die Beweiskraft solcher Belege dadurch beeinträchtigt, daß derselbe Gelehrte trotzdem ein nicht ungünstiges Gesamturteil über Gajus' Stil fällt[108], als sei ein mehrschichtiges Bild gleich widersprüchlich.

Wie wir bei Tryphonin gesehen haben, kann allerdings auch bei eindeutigen Gräzismen der Autor aus dem griechischen Sprachbereich bloß stammen und trotzdem in Rom geschrieben haben. Das sprachliche Argument ist allein nicht ausschlaggebend, obwohl man sich schwer vorstellen kann, daß jemand bei so alltäglichen Dingen wie der Tageszählung mitten in Rom auf seiner griechischen Zählweise beharrt und *post kalendas Ianuarias die tertio* (statt *ante diem tertium nonas Ianuarias*) schreibt[109].

c) Noch schwieriger ist die Frage, ob aus der sachlichen Aussage der gajanischen Fragmente Anhaltspunkte für die Lokalisierung des Autors gewonnen werden können. Denn das Bild ist verwirrend, ja widersprüchlich. Viele Stellen, und keineswegs nur aus einzelnen Schriften, setzen bei

Gai institutionum commentarii IV, philologischer Kommentar = Studia Gaiana III Bd. 1 (1. Liefrg. Leiden 1954) S. 17; u. etwa VERF., Hermogenians iuris epitomae. Zum Stand der römischen Jurisprudenz im Zeitalter Diokletians, Abh. Akad. Wiss. Göttingen, phil.-hist. Kl. III 57 (Göttingen 1964) 62 Fußn. 134. Abwegig GRUPE, SZ 16 (1905) 305. Vgl. a. die Beobachtung von KUNKEL, a.a.O. 232 Fußn. 464 Mitte.

[106] Dazu jetzt HOFMAN-SZANTYR, a.a.O. 639.

[107] Ungerechtfertigt und sogar irreführend ist auch die scharfe Rezension der 'Gajusstudien' von J. B. NORDEBLAD durch KÜBLER, SZ 54 (1934) 408f., insbesondere KÜBLERS Berufung auf ARTHUR S. HUNT, in: The Oxyrhynchus Papyri 17 (London 1927) 175, der meine, „die handschriftliche Verbreitung der Institutionen in Ägypten" spreche „für die Annahme, daß ihr Verfasser in Rom schrieb", was übersehen zu haben KÜBLER NORDEBLAD vorwirft. HUNT sagt dort ganz im Gegenteil, und etwas anderes wäre auch unverständig, daß der Fund eher für provinzialen Standort spricht, wenn HUNT auch — ebenfalls mit Recht — betont, daß diesem Argument kein großes Gewicht zukomme. Nur insofern bestätigt der Fund nach HUNT die von B. KÜBLER, RE VII (1912) s. v. Gaius 2, 503, geäußerte Ansicht, als er im Beweis liefert, daß das Lehrbuch des Gajus entgegen MOMMSENS Ansicht bereits im 3. Jh. weit verbreitet war. Aber das gilt natürlich nur für den Osten. Für den Westen beweist der Fund überhaupt nichts. Im Gegenteil, er macht es um so auffälliger, daß noch Modestin, den allenfalls wenige Jahrzehnte von der Entstehung der durch den Fund bezeugten Gajusausgabe trennen, in Rom Gajus nicht zur Kenntnis nimmt. Auch SIRO SOLAZZIS 'Glosse a Gaio' tun, zumindest vom heutigen Standpunkt aus, NORDEBLADS Untersuchungen keinerlei Abbruch. Diese Spur SOLAZZIS war doch wohl ein Irrweg. S. heute etwa P. PESCANI, Difesa minima di Gaio, in: Gaio nel suo tempo (oben Fußn. 57) 82ff.

[108] So aber KUNKEL, a.a.O. 207f.

[109] So Gajus Dig. 50, 16, 233 § 1 (1 XII tab.).

unbefangener Lektüre stadtrömische Verhältnisse voraus. Insbesondere ist immer wieder vom Prätor die Rede und nur in zweiter Linie und gelegentlich vom provinzialen Gerichtsmagistrat, dem Provinzstatthalter. Das gilt zumal von der bekanntesten und bestüberlieferten Schrift des Gajus, den Institutionen[110], und sogar vom Kommentar zum Provinzialedikt[111]. Und nicht nur in den 'Libri ad edictum praetoris urbani'(!) und 'ad edictum aedilium curulium'[112], sondern auch in den 'Libri II de fideicommissis' kommt überhaupt kein anderer Magistrat als der stadtrömische vor: der *praetor* (sc. *urbanus*)[113], die *aediles* (sc. *curules*)[114] und der *praetor* (sc. *fideicommissarius*)[115].

Weitere Stellen hat HUSCHKE zusammengetragen[116]: die Bedingungen *si navis ex Asia* oder *ex Africa venerit*[117], die aber nur gegen Standort in Kleinasien bzw. in der Provinz Africa sprechen; sodann die Fallbildungen *si inter eos qui Romae sunt talis fiat stipulatio: 'hodie Carthagine dare spondes?'* und *si is qui ita stipulatus fuerit: 'Ephesi dare spondes?', deinde Romae pure intendat*[118]; Beispiele, in denen ein *fundus Tusculanus* oder *vinum Campanum* vorkommen[119]. Weiter muß eingeräumt werden, daß Gajus sogar im Kommentar zum Provinzialedikt das Bodenrecht behandelt, als gehe es nur um italischen Boden[120], der durch ihn selbst anderwärts bezeugten[121] rechtlichen Sonderbehandlung der Provinzialgrundstücke uneinge-

---

[110] S. DERNBURG, a.a.O. (oben Fußn. 54) 85ff. Seine Ausführungen S. 91—93 fußen letztlich auf persönlichen Empfindungen und Vermutungen: Wir können nicht ermessen, von welcher Komplikation an eine Formelgestaltung als 'lästig' empfunden wurde. Nach Ausweis der *lex Rubria* konnte gerade auch den Nichtlateinern ziemlich viel zugemutet werden. Und wer will ermessen, ob die Provinzialen eine *fictio civitatis* als 'anstößig' oder 'verletzend' empfanden?

[111] Die Stellen sind vollständig aufgeführt bei REMO MARTINI, a.a.O. (oben Fußn. 51) 111 Fußn. 20, der S. 117 Fußn. 34 auch die *proconsul*-Stellen verzeichnet.

[112] Angabe XX 1 im Index auctorum der Dig. belegt nur, daß das den Kompilatoren von dieser Schrift vorliegende Exemplar mit dem Kommentar zum Provinzialedikt verbunden war. Vgl. zu solchen mehrere Werke zusammenfassenden Ausgaben in der Bibliothek der Kompilatoren G. ROTONDI, L'indice fiorentino delle pandette e l'ipotesi del Bluhme, in: Scritti giuridici II (Mailand 1922) 298ff. Eigentlich war der Kommentar zum ädilizischen Edikt eine selbständige Schrift, wie die Inskriptionen bezeugen, die ursprünglich auch als Seitenstück zum gajanischen Kommentar des Edikts des *praetor urbanus* gemeint gewesen sein kann. S. schon MOMMSEN, a.a.O. (oben Fußn. 38) 31.

[113] Dig. 39, 2, 19 § 1; 40, 12, 9 pr. u. § 2.

[114] Dig. 21, 1 28.

[115] Dig. 33, 2, 29 u. 36, 1, 65 §§ 7, 9, 10, 11 u. 14.

[116] A.a.O. (oben Fußn. 44) 118f.

[117] Ed. praet. urb. Dig. 28,5,33 u. 3 verb. obl. Dig. 46,1,72 bzw. 2 verb. obl. Dig. 45,1,141 § 7.

[118] 2 verb. obl. Dig. 45,1,141 § 4 bzw. Gai. 4, 53c.

[119] 8 ed. prov. Dig. 45,1,74; ed. praet. Dig. 35,1,17 pr. S. a. Gai. 4, 53d: *purpura Tyria*.

[120] Vgl. 7 ed. prov. Dig. 7,2,5, wo statt *tradideris* ursprünglich ersichtlich *mancipaveris* stand, mit Ps. Paul. 1 man. Fragm. Vat. 47a; u. Gai. 2, 14a a. E. u. 21. Ferner *dominium* das. Dig. 7,4,19 u. *dominus* Dig. 8,6,1.

[121] Gai. 2, 7; 2, 14a; 2, 21 u. 2, 27. Oder sollte Gajus in seinem Kommentar zum Provinzialedikt von einem Ort mit *ius Italicum*, das sich ja, jedenfalls z. T., auch auf das Bodenrecht erstreckte, ausgegangen sein? Vgl. die Aufstellungen Dig. 50,15,6—8.

denk. Und endlich rechnet Gajus mit Prozeßkonsumption[122], die nur in Rom eintrat. Dem stehen Stellen gegenüber, die gerade umgekehrt auf provinzialen Standort des Verfassers deuten. So stellt Gajus *Italia* entgegen die *ceterae provinciae*[123], womit zwar nur sprachlich, aber darum desto unbefangener Italien als grundsätzlich nur eine unter den Provinzen des Reiches bezeichnet ist (deren Besonderheiten im einzelnen unberührt); diese Sicht aber ist im Zeitalter der Antoninen provinzial, wie eine in Celeia, Provinz Noricum, um 160 n. Chr. gesetzte Inschrift bestätigt, mit der die *cives Romani ex Italia et aliis provinciis in Raetia consistentes* den scheidenden Provinzstatthalter T. Varius Clemens ehren[124]. Weiter spricht Gajus von Verurteilten, *quibus terra Italica et sua provincia interdicitur*[125], wo er also nicht nur provinziale Herkunft des Betroffenen, sondern wohl auch einen in der Provinz spielenden Prozeß voraussetzt. Dasselbe gilt, wenn von einer Klage eines *ego cum eo qui alterius provinciae sit* die Rede ist[126] oder von gestohlenen Sachen, die *saepe in aliis civitatibus subreptas in alias civitates vel in alias provincias destinant fures perferre* (Gai. 3, 184). Bei Aufzählung erlaubter Personenvereinigungen sind spezifisch römische Beispiele erst in zweiter Linie genannt[127]. Immer wieder ist die Rede von Vermächtnissen an *municipes*[128]. Schließlich sagt Gajus einmal *in foro causas dicentibus nefas ... videtur esse nulla praefatione facta iudici rem exponere*[129], welche Vorstellung schwerlich in Rom heimisch war, wo stets auch trockene Fachjuristen Prozeßvertretungen übernahmen.

Der Zahl nach sind das freilich weniger Stellen als jene zuerst genannten. Aber einmal kommen noch diejenigen Stellen hinzu, in denen sich Gajus so unbelehrt zeigt, wie es bei einem um das Recht bemühten, was Gajus zweifellos war, und ständig in Rom lebenden Juristen undenkbar ist: Einen neueren einschlägigen Senatsbeschluß kennt er gar nicht[130], nur vom Hörensagen erwähnt er einen anderen jüngeren Senatsbeschluß[131] und eine Kaiserkonstitution[132], die in Rom völlig gängige soziale Figur des *procurator*

---

[122] 3 verb. obl. Dig. 45,2,16. Vgl. a. das ausweislich Fragm. Vat. 47a in Dig. 7,1,6 § 1 (7 ed. prov.) vorausgesetzte *iudicium legitimum*. Konnte das *ius Italicum* auch diesbezüglich Gleichstellung mit Rom umschließen?

[123] Gai. 3, 121a u. 122.

[124] CIL III 5212, auf welche Inschrift F. GRELLE, Stipendium vel tributum (Neapel 1963) 70 Fußn. 66, aufmerksam macht.

[125] 17 ed. prov. Dig. 28,1,8 § 3.

[126] 4 ed. prov. Dig. 4,7,3 pr.

[127] 3 ed. prov. Dig. 3,4,1 pr. (abzulehnen also insoweit HUSCHKE, a.a.O. 118 unten).

[128] Ed. praet. (sic) Dig. 33,2,8; 35,1,17 § 4 u. 35,2,80 § 1. Vgl. a. Dig. 30,73 § 1.

[129] 1 XII tab. Dig. 1,2,1. S. dazu des näheren DIETER NÖRR, Divisio und partitio (Berlin 1972) 49f. m. weit. Nachw.

[130] Das SC Tertullianum (unter Hadrian) in Gai. 3, 23f. u.25ff.

[131] Gai. 1, 32b: *postea dicitur factum esse senatus consultum.*

[132] Gai. 2, 221: *quae sententia dicitur divi Hadriani constitutione confirmata esse.* S. jedoch auch Pomp. 26 Sab. Dig. 45, 3, 6 von einer Meinung des Sabinus und des Cassius; Skäv. 8 quaest. Dig. 29, 7, 14 pr. von einem Schulenstreit; u. Paulus ad legem Falc. Dig. 35, 2, 1 § 14 von einer Konstitution des Pius.

omnium rerum ist ihm nicht gegenwärtig[133], und mit der hauptstädtischen Kasuistik zur Rechtsregel *falsa demonstratio non nocet* ist er nicht vertraut[133a]. Dazu kommt nun noch eine andere Überlegung. Auch wenn Gajus in der Provinz wirkte, so muß er doch, wie gesagt, in Rom seine Ausbildung erhalten haben. Das juristische Weltbild war damals noch ganz auf die Hauptstadt zentriert. Hier allein gab es eine lange Tradition, deren natürliche Trägheit sich gerade auch bei der Bildung von Beispielsfällen ausgewirkt hat. Und allein Rom besaß diejenigen Gerichtsmagistrate, denen das Recht seine damalige Gestalt recht eigentlich verdankte, während die Gerichtshoheit in den Provinzen nicht nur unberühmt, sondern auch uneinheitlich war; der — in vier verschiedenen Versionen auftretende — Provinzstatthalter war ja nicht der einzige Inhaber römischer Gerichtsbarkeit, sondern abgesehen vom *iuridicus* hatten auch die großen und mittleren Bürgerstädte eigene Gerichte[134], von den Peregrinenstädten hier zu schweigen.

Sodann ist zu berücksichtigen, daß Gajus aus den Schriften der in Rom wirkenden Klassiker, vor allem eines Julian, in stärkerem Umfang geschöpft hat als aus den von ihm gegebenen Zitaten schon zu ersehen. Ohne ihn zu zitieren, hat er Julian jedenfalls noch folgende Stellen nahezu wortwörtlich entnommen[135]:

---

[133] OKKO BEHRENDS, a.a.O. (oben Fußn. 52) 235ff., 267ff., 276ff. u. 297ff., wenn auch gegenüber manchen Einzelheiten dieser Abhandlung Vorbehalte anzumelden sind, z. B. was den gesetzlichen Ursprung des *procurator omnium rerum* betrifft. Insbesondere kann u. E. *nos autem* in Gai. 2 (!), 7 nicht i. S. v. *nos provinciales* verstanden werden, sondern meint wohl schlicht 'wir gewöhnlichen Bürger'. Aber Gai. 1, 120 *quae et ipsa mancipi sunt qualia sunt Italica* empfinde ich für italisches Publikum als zu vorsichtig. Und Gai. 2 rer. cott. Dig. 41, 1, 9 § 6 ist vielleicht nicht zufällig umschlagsfreundlicher als die altväterlich auf Anwesenheit des Erwerbers beharrende Parallelstelle Pap. 1 def. Dig. 18, 1, 75. S. a. unten II 4a.

[133a] H. J. WIELING, Falsa demonstratio, in: SZ 87 (1970) 198ff.

[134] Dazu jetzt A. TORRENT, La iurisdictio de los magistrados municipales (Salamanca 1970); u. W. SIMSHÄUSER, Iuridici und Munizipalgerichtsbarkeit in Italien, Münchener Beiträge z. Papyrusforschg. u. ant. Rechtsgesch., 61 (München 1973). Vgl. a. W. V. HARRIS, Was Roman Law Imposed on the Italian Allies? in: Historia 21 (1972) 639ff.

[135] Allerdings könnte Gajus ursprünglich auch hier Julian korrekt zitiert und könnte das Zitat nur dem Rotstift der Kompilatoren zum Opfer gefallen sein. Vgl. die Beispiele erst von Tribonian getilgter Literaturnachweise bei F. WIEACKER, Textstufen (Göttingen 1960) 239 oben, 271, 272, 291f., 297, 301, 303, 326 u. 385. Jede der Überlieferung nach stillschweigende Entlehnung (vgl. etwa die Hermog. [oben Fußn. 105] 41 Fußn. 8—10 zusammengetragenen Fälle, zu denen ich mittlerweile noch 16 weitere gefunden habe) zu emendieren, ist aber wohl ebenso unberechtigt wie uneingeschränktes Vertrauen in die Überlieferung. Jedenfalls war man in der Antike bei Fragen des geistigen Eigentums weniger heikel als wir heute. S. HERMANN PETER, Wahrheit und Kunst — Geschichtsschreibung und Plagiat im klassischen Altertum (Leipzig 1911) 450ff.; E. STEMPLINGER, Das Plagiat in der griechischen Literatur (Leipzig 1912) pass.; KONRAT ZIEGLER, RE XX 2 (1950) s. v. Plagiat, 1962ff., 1968ff., 1978ff. u. 1993ff.; u. K. VISKY, Geistiges Eigentum der Verfasser im antiken Rom, in: Acta antiqua academiae scientiarum hungaricae 9 (1961) 108 oben. Vgl. a. W. KROLL, Studien zum Verständnis der römischen Literatur (Stuttgart 1964) 139ff.; u. A. REIFF, Interpretatio, imitatio, aemulatio — Begriff und Vorstellung literarischer Abhängigkeit bei den Römern, Diss. phil. Köln 1959.

Gai. 7 ed. prov. Dig. 41,1,45:

Communis servus si ex re alterius dominorum adquisierit, nihilo minus commune id erit. sed is, ex cuius re adquisitum fuerit, communi dividundo iudicio eam summam praecipere potest. nam fidei bonae convenit, ut unusquisque praecipuum habeat, quod ex re eius servus adquisierit. ...

Iul. 8 dig. Dig. 10,3,24 pr.:

Communis servus si ex re alterius dominorum adquisierit, nihilo minus commune id erit. sed is, ex cuius re adquisitum fuerit, communi dividundo iudicio eam summam percipere potest, quia fidei bonae convenit, ut unusquisque praecipuum habeat, quod ex re eius servus adquisierit.

Gai. 10 ed. prov. Dig. 17,1,27 § 5:

Si mandatu meo Titio credideris et mecum mandati egeris,
                           non
aliter condemnari debeo quam si actiones tuas, quas adversus Titium habes, mihi praestiteris. sed si cum Titio egeris, ego quidem non liberabor, sed in id dumtaxat tibi obligatus ero, quod a Titio servare non potueris.

Iul. 14 dig. Dig. 46,1,13:

Si mandatu meo Titio decem credideris et mecum mandati egeris, non liberabitur Titius. sed ego tibi non aliter condemnari debebo quam si actiones tuas, quas adversus Titium habes, mihi praestiteris. item si cum Titio egeris, ego   *non liberabor, sed in id dumtaxat tibi obligatus ero, quod a Titio servare non potueris.*

In folgenden weiteren Stellen schöpft er ebenfalls aus Julian, wenn auch nicht wortwörtlich, sondern nur in der Sache, wobei er im wesentlichen bei Julian vorgefundene Gedanken bloß breiter ausführt:

Gai. 23 ed. prov. Dig. 42,5,3:

Contractum autem non utique eo loco intellegitur, quo negotium gestum sit, sed quo solvenda est pecunia.

Iul. 3 Min. Dig. 44,7,21:

Contraxisse unusquisque in eo loco intellegitur, in quo   *ut solveret se obligavit.*

Gai. 1 fideic. Dig. 34,5,7 § 2:

§ 1: Cum quidam pluribus heredibus institutis unius fidei commississet, ut cum moreretur ... coheredibus ... restitueret eam partem hereditatis, quae ad eum pervenisset. ...
Quaesitum est, si coheredes ex disparibus partibus scripti sint, utrum partem suam in viriles partes restituere singulis debeat an pro portionibus hereditariis, ex quibus heredes

Iul. 39 dig. Dig. 36,1,24:

Quotiens pater familias unum vel duos heredes coheredibus suis restituere hereditatem iubet, intellegitur easdem partes in fideicommissis facere, quas in hereditate distribu-

scripti sint. et placuit, si testator ita restitui iussisset partem, si aliquam pecuniam dedissent, si quidem aequas partes iussi fuerint dare conveniens videri esse etiam ex fideicommisso aequas partes eis restitui oportere.

si vero dispares in ea pecunia distribuenda significavit testator, ut videantur hereditariis portionibus congruere, consentaneum esse etiam fideicommissum pro hereditariis partibus eis restitui debere.

enda fecerit. sed si iubeantur hi, quibus fideicommissum datur, pecuniam numerare atque ita fideicommissa recipere, ex quantitate pecuniae, quam dare iubentur, voluntas colligenda est patris familiae. nam si ex disparibus partibus heredes scripti aequas partes dare iubentur, propius est, ut viriles recipere debeant. si vero summa pecuniae dandae congruit portionibus, hereditarias portiones accipere debebunt.

Gai. 3 leg. Iul. Dig. 35,1,63 pr.:

Cum ita legatum sit 'si Titio non nubserit' vel ita 'si neque Titio neque Seio neque Maevio nubserit' et denique si plures personae comprehensae fuerint, magis placuit cuilibet eorum si nubserit, amissuram legatum nec videri tali condicione viduitatem iniunctam, cum alii cuilibet satis commode possit nubere.

Iul. bei Ter. Cl. 5 Dig. 35,1,64 pr.:

Hoc modo legato dato 'si Lucio Titio non nubserit' non esse legi locum Iulianus aiebat.

Aufschlußreich ist endlich auch ein Vergleich von Gai. 1 verb. obl. Dig. 46,1,70 pr. u. § 1, mit Iul. 54 dig. Dig. 46,1,16, bes. §§ 2 u. 5[136]. In einem letzten Fall von anscheinend stillschweigender Ausbeutung ist vielleicht nur das Zitat bei Gajus ausgefallen:

Gai. lb. sg. cas. Dig. 40,7,37:

Si ita scriptum sit: 'Stichum Titio do, ut eum manumittat. si non manumiserit, liber esto', statim Stichum liberum esse.

Pomp. 3 fideic. Dig. 40,5,34 § 2:

Servus legatus erat Calpurnio Flacco isque rogatus erat eum manumittere et si non manumisisset idem servus Titio legatus erat et is aeque rogatus erat ut eum manumitteret. si non manumisisset liber esse iussus erat. Sabinus dicit inutiliter legatum fore et ex testamento eum continuo liberum futurum.

---

[136] Dazu M. TALAMANCA, Alia causa e durior condicio come limite dell'obbligazione dell'adpromissor, in: Studi in onore di G. Grosso III (Turin 1970) 151ff.

All diese Konfrontationen verstärken den Eindruck, den bereits das Studium der gajanischen Tabula laudatoria[137] vermittelt: Gajus zehrt ganz überwiegend von sabinianischem Schulgut; seine Abhängigkeit von deren Texten reicht bis zur völligen Unselbständigkeit. Wäre die Überlieferung der aus dieser Rechtsschule hervorgegangenen Texte nicht so fragmentarisch, so würde wahrscheinlich noch viel mehr, eine noch dichtere Streuung der Schulentlehnungen zum Vorschein kommen. Das aber bedeutet, will man nicht über die hier entwickelte These hinausgehen und behaupten, daß die sabinianische Rechtsschule schon vor Gajus beachtliche proviziale Elemente aufwies: daß die Stellen aus dem gajanischen Oeuvre, die auf provinzialen Standort des Autors deuten, mehr verraten als die auf die Hauptstadt weisenden Stellen. Diese können gedankenlos übernommen oder eine künstliche Projektion in das Zentrum der damaligen römischen Rechtswelt sein. Auf diese oder jene Weise können ihre Bekundungen der Spontaneität ermangeln, was sie für uns wertlos macht[138].

d) Ein weiteres Indiz wenigstens für nichtlateinische, griechische Umgebung unseres Juristen ist, unbeschadet aller Ausführungen KUNKELS zu diesem Punkt[139], der überlieferte Name. Es kann dahingestellt bleiben, ob Gaius hier *praenomen, nomen gentile* oder *cognomen* des, da im Besitz des römischen Bürgerrechts und sich als Römer bzw. Lateiner fühlenden[140], deshalb auch einen römischen Namen tragenden Juristen war, wiewohl seine Deutung als *praenomen* immer noch am wahrscheinlichsten ist. Jedenfalls ist es beispiellos, daß wir einen so fruchtbaren und später so viel zitierten lateinischen Schriftsteller nur unter einem (dazu so wenig individualisierenden) Namen kennen. Das kann kein Überlieferungszufall, sondern wird darauf zurückzuführen sein, daß seine Schriften, deren keine selbst samt Titel auf uns gekommen ist, nur diesen einen Namen im Titel führten. Das aber kann nicht erst nachträglich geschehen sein, wie DERNBURG meinte, der diesen für die auch von ihm geteilte Romthese ungünstigen Befund mit der Hilfshypothese auszuräumen versuchte, der korrekte

---

[137] Bei HONORÉ, a.a.O. (oben Fußn. 49) 141 ff.

[138] Vgl. a. REMO MARTINI, a.a.O. (oben Fußn. 51) 106 ff., 110 ff. u. 123 ff., der sich angesichts des widersprüchlichen Befundes im Kommentar zum Provinzialedikt ebenfalls für Niederschrift in der Provinz entscheidet, verbunden mit der in der Tat naheliegenden Annahme, daß Gajus in Rom nicht allein seine Ausbildung erhalten, sondern auch schon mit Vorarbeiten für seine spätere Schriftstellerei begonnen habe. A. GUARINO, Gaio e l'edictum provinciale, in: Iura 20 (1969) 154 ff., weitergehende Aufstellungen MARTINIS mit Recht zurückweisend, erklärt demgegenüber den *praetor* im Kommentar zum Provinzialedikt dadurch, daß dieses noch in klassischer Zeit nicht vollständig ausgeschrieben, sondern noch immer weithin auf die städtischen Edikte verwiesen habe, Gajus jedoch zweckmäßigerweise die Stücke des prätorischen Edikts, auf die sich die Verweisung beziehe, in seine Kommentierung einbezogen habe und dadurch beinahe zwangsläufig vom Prätor als regulärem Gerichtsmagistrat ausgegangen sei.

[139] A.a.O. 194—200. Auch WIEACKER, SZ 81 (1964) 402 f. (Rez. von HONORÉ), spricht dem Namen Aussagekraft ab. Doch sind seine Hypothesen hier zu wenig wahrscheinlich. Vgl. a. 'Oströmische Gaiusexemplare', in: Festschrift Fritz Schulz (Weimar 1951) II 103 f. Fußn. 1.

[140] HONORÉ, a.a.O. 70 ff. m. Nachw.

Name sei auf den Titelblättern durch den Vulgärnamen verdrängt worden[141].
Bei einem so früh nach seinem Tode so weit verbreiteten Schriftsteller bleibt
dazu kaum Gelegenheit. Übrigens kannten schon die Klassiker, die über
die Existenz der Person ja sehr wohl im Bilde waren, ihn offenbar auch
nur unter dem Namen Gaius. So nennt ihn Pomponius an der einzigen
Stelle, wo Gajus in den Fragmenten der Klassiker erscheint: Dig. 45,3,39
aus Buch 22 'Ad Q. Mucium'. Und die Klassiker sahen sich, wie HONORÉ
entdeckt hat[142], veranlaßt, C. Cassius Longinus, einen der Heroen der sabinianischen Rechtsschule, fortan nicht mehr familiär Gaius, sondern Cassius
zu zitieren. Hatte sich Gajus aber auf dem Titelblatt seiner Schriften von
Anfang an kurzerhand Gaius, also mit einem einzigen Namen benannt,
dann kann er nicht in Rom, nicht im Zentrum des Lateinischen, sondern
muß im griechischsprachigen Reichsteil publiziert haben, dessen Schriftsteller regelmäßig nur einen Namen führen, auch wenn sie sich zufällig des
Lateinischen bedienen, wie das Beispiel des Apulejus von Madaura lehrt[143].

e) Als Indiz für Lokalisierung des Gajus fern dem Zentrum der römischen Jurisprudenz und mitten im griechischen Kulturbereich zu werten
ist auch das größte und folgenreichste Verdienst unseres Autors, seine konsequente paideutische Systematisierung des privatrechtlichen Stoffes. Wohl
sind sowohl einzelne Elemente als auch die Hauptgliederung seines Systems
älteren Ursprungs, ja waren sie bereits fester Besitz der Jurisprudenz. Die
Errichtung eines umfassend durchgegliederten und entschlossen auf Anfän-
gerkapazität ausgerichteten Gebäudes ist jedoch, soweit ist WIEACKER,
FUHRMANN und HONORÉ beizupflichten, wirklich die Leistung erst unseres
Gajus[144]. Die vielen Unvollkommenheiten seines Systems und ihre — jedenfalls z. T. — spätere Überwindung in den *res cottidianae* bekräftigen das[145].

---

[141] A.a.O. 94ff. Vgl. a. VERF., Gaius u. Pomp. (oben Fußn. 58) 66ff.

[142] A.a.O. 13ff.

[143] Apulejus lebte zwar nicht unmittelbar im griechischsprachigen Reichsteil, aber der
Sprachgrenze sehr nahe und war in beiden Sprachen gleichermaßen zu Hause. Er
schrieb z. T. griechisch. Die anderen beiden nur unter dem Namen Gaius bekannten
Schriftsteller, der Platoniker aus der 1. Hälfte des 2. Jhs. n. Chr. (zu ihm K. PRÄCHTER,
Zum Platoniker Gaios, in: Hermes 51 [1916] 510ff. = DERS., Kleine Schriften [Hildes-
heim–New York 1973] 81ff.; sowie DERS., RE Suppl. III [1918] s. v. Gaios, 535—537) und
der Theologe (um 200 n. Chr., zu ihm JÜLICHER, RE VII 1 [1910] s. v. Gaius 7, 509f.,
schrieben auch griechisch, wiewohl der Theologe der römischen Gemeinde angehörte, die
damals jedoch noch griechisch geprägt war, wie noch der Epitaph des Papstes Gajus
(282—295 n. Chr.) lehrt: G. B. DE ROSSI, Roma sotterranea III (Rom 1877) 114ff.

[144] M. FUHRMANN, Das systematische Lehrbuch (Göttingen 1960) 183ff.; zust. F. B. WUBBE,
SZ 78 (1961) 455f. (Rez.). F. WIEACKER, Über das Verhältnis der römischen Fachjurisprudenz zur griechisch-hellenistischen Theorie, in: Iura 20 (1969) 460ff. Ausdrücklich
an ältere Gliederungen im einzelnen knüpft Gajus z. B. an 3, 183 und 4, 1. Und seine Folge
der Materien im ganzen hatte, zumindest ungefähr, bereits Neraz (unter Trajan und Hadrian Schulhaupt der Proculianer) in seinen 'Libri XV regularum' beobachtet, s. MORITZ
VOIGT, Römische Rechtsgeschichte II (Stuttgart 1899) 279f.; und besonders R. GREINER,
Opera Neratii (Karlsruhe 1973) 130ff., dessen Schlußfolgerung, Neraz' 'Regulae' seien
apokryph, abzulehnen ist.

[145] Dazu HONORÉ, a.a.O. 97ff., 101ff. u. 113.

Diesem den griechischen Rhetorikdarstellungen verpflichteten und wie diese zuweilen übertriebenen Systemstreben[146] zu frönen, war sicherlich leichter bei fehlender ständiger örtlicher und persönlicher Berührung mit dem geistigen Mittelpunkt, leichter in einer Umgebung, wo die Anziehungskraft des im höheren allgemeinen Unterricht vermittelten Systemdenkens nicht durch eine täglich beobachtete abweichende Fachtradition erschüttert wurde.

f) Dieser Fachtradition zeigt sich Gajus noch in einem anderen Punkt unverbunden. Seine Urteile über althergebrachte Institutionen und anerkannte Rechtssätze sind immer wieder befremdlich unbekümmert. Die dezemvirale *quaestio lance et licio* nennt er eine *res tota ridicula*[147]. Zur unterschiedlichen Regelung der Eigentumsfrage bei Beschreiben fremden Schreibmaterials und Bemalen fremder *tabulae* vermeldet er: *cuius diversitatis vix idonea ratio redditur*[148]. Und eine Streitfrage unter den römischen Juristen findet er einmal nur der Worte *post multas varietates placet* für wert[149].

g) Noch auf einen letzten Punkt ist hinzuweisen. Hätte Gajus in Rom gewirkt, so hätte er, jedenfalls mit einem großen Teil seiner Schriften, am Markt vorbeigeschrieben. Was es mit den 'Libri ad edictum praetoris urbani' auf sich hatte, mag hier dahingestellt bleiben[150]; und ob zur Zeit des Gajus in der Hauptstadt, wo man immerhin den ja nicht kleinen[151] Kommentar Labeos hatte, für eine Neukommentierung der Zwölf Tafeln ein Bedürfnis bestand, zu dieser Frage lassen sich ebensowenig neue

---

[146] F. WIEACKER, Griechische Wurzeln des Institutionensystems, in: SZ 70 (1953) 93ff., bes. 121 Mitte; u. a.a.O. (soeben Fußn. 144) 448ff.; und HONORÉ, a.a.O. 108 oben. Zu den Mängeln des Systems M. KASER, Gaius und die Klassiker, in: SZ 70 (1953), 127ff.

[147] Gai. 3, 193, nur die bekannteste einer ganzen Reihe von Gajusstellen mit übermäßig scharfem Urteil. Weiteres Material: Gaius u. Pomp. 70f. Sämtliche Verba emphatica mitsamt den Verba minus emphatica bei Gajus und seinen Zeitgenossen verzeichnet HONORÉ in den Noten zu seinen Tabulae laudatoriae a.a.O. 134ff., jeweils unter Nota 4, 3. u. 4. Abs.

[148] Gai. 2, 78, welche Äußerung übrigens in der Überarbeitung dieser Stelle in den *res cottidianae* Dig. 41.1.9 § 2 interessanterweise nicht wiederkehrt. Vgl. a. 19 ed. prov. Dig. 11,7,9.

[149] 12 Iul. Pap. Dig. 31,55 § 1. Allgemein zu dieser Wendung VERF., Hermogenian (oben Fußn. 105) 39f. Fußn. 3; u.: Die Klagenkonkurrenz im römischen Recht. Zur Geschichte der Scheidung von Schadenersatz und Privatstrafe (Göttingen 1972) 227ff. Hier nicht berücksichtigt: Fragm. Dositheanum § 17.

[150] Es steht nicht einmal fest, ob die auf die Kompilatoren gelangten Kommentarteile, die nur einzelne, verstreute Ediktstitel betrafen, alles Erschienene waren oder nicht. Vgl. SCHULZ, Gesch. 235. In der Provinz jedenfalls gab es auch für diese Schrift wie für die 'Libri ad edictum aedilium curulium' ein Publikum. Denn zumal ein wohlhabenderen Provinzialrömer darf man sich nicht eingekapselt in ihre Provinziabsätze vorstellen, sondern in ständigem Kontakt mit der Hauptstadt, wo der Geschworenendienst abzuleisten war und häufig auch Prozesse geführt wurden. Solche Literatur mochte nützlich sein, um diese Prozesse zu Hause vorzubereiten oder auch nur von dort aus mitzuverfolgen.

[151] Im zweiten Buch seines Kommentars behandelte Labeo den Diebstahl, der in den Zwölf Tafeln in Taf. II geregelt war, nicht etwa erst in Taf. VIII, wo der Diebstahl in den gängigen Zusammenstellungen der Zwölftafelfragmente traditionell eingeordnet ist, letztlich allein auf Grund längst vergessener Spekulationen von H. E. DIRKSEN, Übersicht der bisherigen Versuche zur Kritik und Herstellung des Textes der Zwölf-Tafel-Fragmente (Leipzig 1824) 113ff. u. 559ff. S. VERF., Klagenkonkurrenz (oben Fußn. 149) 197f.

Gesichtspunkte beibringen[152]. Aber wenigstens für drei seiner Schriften war
der Markt in Rom, als Gajus auftrat, gesättigt, jedenfalls für das, was
Gajus zu bieten hatte: für die 'Libri XV ad legem Iuliam et Papiam', über
welchen Gegenstand wenige Jahre vorher zunächst der Juliankritiker Maurician sechs und dann der Julianschüler Terenz Clemens 20 Bücher
herausgebracht hatten[153]; die 'Libri III de verborum obligationibus',
welches Thema unter dem Titel 'De stipulationibus' soeben Pedius in mindestens zwei, Pomponius in mindestens acht und Venulejus in 19 Büchern
abgehandelt hatten[154]; und für die 'Libri II de fideicommissis', wozu
gerade Pomponius fünf, Aburnius Valens sieben und Maecian 16 Bücher
publiziert hatten[155]. Diesen Gajusschriften in Rom eine Marktlücke durch
die Annahme offenzuhalten, der juristische Büchermarkt sei dort wie etwa
der heutige Markt für Romane in zwei einander kaum berührende Märkte
aufgeteilt gewesen, einen für anspruchsvollere Leser und einen für den
juristischen Normalverbraucher, so daß etwa die augusteischen Ehegesetze
für dieses Publikum anders als für jenes zu bearbeiten gewesen wären,
diese Annahme, zu der ich seinerzeit meine Zuflucht nahm[156], ist denn doch
zu gekünstelt.

2. Callistrat

Callistrats Lokalisierung in die Provinz[157] hat, soweit ich sehe, bisher
niemand ernstlich angefochten. Trotzdem seien hier bisher noch nicht

---

[152] Vgl. KUNKEL, a.a.O. 187f. u. Fußn. 345.

[153] S. im einzelnen VERF., Gaius u. Pomp. (oben Fußn. 58) 75.

[154] Die zeitliche Abfolge dieser Schriften ist allerdings weniger sicher. Von den Schriften sowohl
des Gajus als auch des Venulejus läßt sich mit Sicherheit nur sagen, daß sie nach Erscheinen
von Julians 'Digesta' (150—160) geschrieben sind, s. LENEL, Pal. I 261 Fußn. 2, II 1219
Fußn. 1 u. 1220 Fußn. 1. Die Schrift des Pomponius ist einzig durch ein Zitat bei Ulpian
(Dig. 7,5,5 § 2) bezeugt, wo Pomponius anscheinend ebenfalls Julian zitierte, was im
Zweifel gleichfalls auf die 'Digesta' zu beziehen ist. Und von Pedius wissen wir gar nur,
daß in seinem Ediktkommentar Julian zitiert, der Pediuskommentar aber seinerseits
schon von Pomponius benutzt wurde, KUNKEL, a.a.O. 168. Sowohl Pedius als auch, mangels
sonstiger Anhaltspunkte nach der Streuung der in seinen Fragmenten anzutreffenden
Zitate (zusammengestellt bei HONORÉ, a.a.O. 179) zu urteilen, Venulejus, beide wird man
aber eher gleichzeitig mit als nach Julian ansetzen; und der etwas jüngere Pomponius
war seinerseits wahrscheinlich immer noch ein bis zwei Jahrzehnte älter als Gajus: VERF.,
Gaius u. Pomp. 64f.

[155] Die Gajusschrift entstand erst nach Pius' Tod, LENEL, Pal. I 237 Fußn. 1. Die Schrift des
Pomponius, die kein Julianzitat aufweist, ist wohl vor Julians 'Digesta' anzusetzen,
vgl. VERF., Variae lectiones (oben Fußn. 60) 78f. Fußn. 10; auch R. RÖHLE, Praetor
fideicommissarius, in: RIDA³ 15 (1968) 405ff., setzt die Schrift des Pomponius an den Anfang aller Schriften 'De fideicommissis'. Aburnius Valens war vor oder gleichzeitig mit
Julian Haupt der sabinianischen Rechtsschule, s. Dig. 1,2,2 § 53 a. E. Und Maecian
schrieb unter Pius, s. Dig. 40, 5,42.

[156] Gaius und Pomp. 75.

[157] v. KOTZ-DOBRŽ, RE Suppl. III (1918) s. v. Callistratus, 225f.; R. BONINI, I libri de cognitionibus di Callistrato (Mailand 1964) 13 oben, 6, 20 Fußn. 36 u. S. 27; u. VERF., Rez. in:
TR 34 (1966) 256 u. Fußn. 7.

beachtete Hinweise in seinen Fragmenten auf seinen Standort nachgetragen. Ordentlicher Magistrat ist bei ihm regelmäßig der Provinzstatthalter[158], welchem gegenüber der *praetor* nur ein einziges Mal vorkommt, und zwar im 'Edicti monitorium'[159], wohinein er aber aus der bei Abfassung der Schrift konsultierten Literatur leicht eingeflossen sein kann. Immer wieder ist von den Bewandtnissen der Landstädte die Rede[160]. Ferner sagt Callistrat bei Grundstücken für 'zu Eigentum gehören', 'Eigentümer' zuweilen *possidere* bzw. *possessor*[161], wenn auch daneben mehrmals *dominus*, z. T. im selben Fragment[162]. Entsprechend knüpft er bei der Eigentumsherausgabeklage für Grundstücke an *traditio* und *possessio* an:

2 ed. mon. Dig. 6,1,50 pr.:

Si ager ex emptionis causa ad aliquem pertineat, non recta hac actione agi poterit antequam traditus sit ager tuncque possessio amissa sit.

LENEL hatte das Fragment aus diesem Grunde der *a° Publiciana* zugeordnet[163]. Aber dagegen spricht sein Erscheinen im Digestentitel 6,1: *de rei vindicatione*, und nicht 6,2: *de Publiciana in rem actione*; denn die Kompilatoren haben ihre Exzerpte in aller Regel unter diejenige Rubrik gereiht, die der Rubrik entsprach, unter der die Stelle im Original gestanden hatte. Der Zwiespalt erklärt sich deshalb zwangloser, wenn Callistrat hier von der Eigentumsherausgabeklage für Provinzialgrundstücke des Provinzialedikts[164] handelte, wonach *traditio* zur Erlangung der *possessio* genannten, eigen-

---

[158] S. aus 'De cognitionibus' B. 1: Dig. 1,18,9; 1,18,19 pr.; 50,1,37 pr. u. 50,6,6 § 10; aus B. 5: Dig. 48,19,27 § 1; B. 6: Dig. 48,19,28 § 3; aus 'De iure fisci' B. 2: Dig. 49,14,2 § 6; aus den 'Quaestiones' B. 1: Dig. 48,19,35; u. B. 2: Dig. 47,9,7.

[159] Buch 3: Dig. 36,4,13. Auf Grund von Dig. 31,63 aus B. 4 erwog LENEL, Pal. I 96 Fußn. 4, die Materien folgten in dieser Schrift wie im Provinzialedikt und nicht wie im städtischen Edikt, wo das Begräbnisrecht, im Gegensatz zu dort, weiter vorn drankam. Diese Annahme wäre aber nur begründet, wenn die Ausführungen von Dig. 31,63 wirklich bei Erörterung des Begräbnisrechts gemacht worden wären. Doch ist das ungewiß, wie LENEL selbst zum Ausdruck gebracht hatte. Immerhin ist ihm einzuräumen, daß die anderen für B. 4 des 'Ed. mon.' in Frage kommenden Ediktrubriken (Tit. 28—ca. 42) noch schlechter passen.

[160] 'De cognitionibus' B. 2: Dig. 50,9,5 u. 50,10,7 pr.; B. 4: Dig. 27,1,17 § 3; u. B. 5: Dig. 50,2,12 u. 48,19,28 § 5; mit *aedilitas* in Dig. 27,1,17 § 4 ist ebenso wie mit *aediles* in Dig. 50,2,12 die munizipale Ädilität gemeint. 'De iure fisci' B. 2: Dig. 49,14,2 pr.

[161] 2 quaest. Dig. 47,9,7. Bei den anderen Digestenjuristen gibt es das nur selten, wenn nämlich ein ausnahmsweise einmal in der Provinz spielender Fall in Rede steht. S. Ulp. 2 fideicomm. Dig. 34, 1,14§ 3 (spielt in Africa); 4 de officio proconsulis (!) Dig. 50,4,6 § 5; u. Mod. 6 resp. Dig. 10,2,30 in einer Parteianfrage. Ausgesprochen häufig ist dagegen *possessio, possessiones* i. S. v. 'Besitzung, Besitzungen' s. etwa die (übrigen) Stellen bei BRETONE, Volgarismo e proprietà post-classica, in: Labeo 11 (1965) 194 Fußn. 2—4. Hier bezeichnet *possessio* jedoch stets die Sache selbst und besagt nichts über ihre Rechtsverhältnisse.

[162] Also wieder Dig. 47,9,7 sowie 2 inst. Dig. 11,7,41.

[163] Pal. I 96 u. Fußn. 2.

[164] Zu ihr O. LENEL, EP 188f.; M. KASER, Das römische Privatrecht (2. Aufl. München 1971) 439 u. 402f.; sowie D. NÖRR, Die Entstehung der longi temporis praescriptio (Köln 1969) 98ff.

tümerähnlichen Stellung genügte, die im Gegensatz zum *Publiciana*-Besitz
aber sofort endgültig war[165]. Schließlich deutet doch wohl auf provinziale
Verhältnisse, wenn Callistrat empfiehlt, eine rein militärrechtliche Regelung
Hadrians, die Bestrafung des Entweichenlassens Militärgefangener, auf
zivile Täter entsprechend anzuwenden:

5 cogn. Dig. 48,3,12 § 1:

*Si paganos evaserit custodia, idem puto exquirendum quod circa militum
personas explorandum rettuli.*

Für Rom jedenfalls lehrte Scaevola eine ganz andere Handhabung dieser
Tat. Sie unterfalle der *lex Iulia maiestatis*:

Scaev. 4 reg. ('*ad legem Iuliam maiestatis*') Dig. 48,4,4 pr.:

*... item qui confessum in iudicio reum et propter hoc in vincula con-
iectum emiserit* (sc. *hac lege tenetur*).

Offenbar war in Callistrats Provinz die weitverzweigte Kasuistik dieses
Gesetzes (und etwaiger neue Tatbestände anfügender Senatsbeschlüsse)[166]
zusammen mit dem *ordo iudiciorum publicorum* der Quästionengerichte[167]
nie oder nicht mehr bekannt. Es muß eine Provinz des griechischen
Sprachraums gewesen sein, wie die erwähnten sprachlichen Besonderheiten
Callistrats[167a] zusammen mit seinem Namen ergeben.

3. Macer

Auch bei Aemilius Macer, der unter Severus Alexander schrieb, ist die
Beweisführung für provinzialen Standort einfacher als bei Gajus. Ihm
flossen keine Reminiszenzen an die geistige Heimat der Jurisprudenz mehr
unwillkürlich in die Feder. Inzwischen war sie auch in der Provinz so
heimisch geworden, daß man sie dort nicht nur praktisch betrieb, sondern
auch bereits lehrte. Aus Karthago, das schon Apulejus eine Pflanzstätte
der Advokaten (*Camena togatorum*)[168] genannt hatte, kennen wir den *magi-*

---

[165] Zur Frage, ob es für Provinzialgrundstücke daneben eine vor Ablauf der *longi temporis
praescriptio* zu gewährende, der stadtrömischen *a⁰ Publiciana* vor Ablauf der Ersitzungs-
frist entsprechende Klage gab, Nörr, a.a.O. 97ff.

[166] Vgl. Verf., Hermog. 85f. zur *lex Cornelia testamentaria*.

[167] Grundsätzlich galten die *iudicia publica* auch in den Provinzen, wie die kyrenischen Edikte
des Augustus zeigen. Hier scheinen sie aber z. T. noch eher als in Rom von der Eigen-
kognition der Magistrate verdrängt worden zu sein. Vgl. U. Brasiello, Sulla desuetudine
dei iudicia publica, in: Studi in onore di E. Betti IV (Mailand 1962) 559ff. Gerade in diesem
Punkt mögen zudem große Unterschiede zwischen den einzelnen Provinzen bestanden
haben.

[167a] S. oben Fußn. 10; u. Bonini, a.a.O. 12f. m. weit. Lit.

[168] Flor. 20 a. E. Freilich wird unter *togatus* der vorwiegend oder ausschließlich rhetorisch
ausgebildete Sachwalter zu verstehen sein (Kunkel, a. a. O. 349 Fußn. 737, u. 353
Fußn. 744). Entsprechendes gilt von der *nutricula causidicorum Africa* bei Inv. Sat. 7. 148f.

ster iuris M. Picarius Turranianus[169]. Aus Salona den *magister iuris* Aurelius Fortunatus, der wohl ins 3. Jh. zu datieren ist[170]. Nicht nur für Beryt, sondern auch für Cäsarea, die Hauptstadt von Palästina, bezeugt uns Gregor der Wundertäter Unterricht im römischen Recht bereits für das frühe 3. Jh.[170a]. Und Modestin, der gleichfalls unter Severus Alexander schrieb, spricht allgemein von Rechtslehrern in der Provinz[171].

Die in Macers Schriften für seine Lokalisierung auswertbaren Anhaltspunkte ergeben ein ähnliches Bild wie bei Callistrat. Als Gerichtsmagistrat nennt er, gerade auch außerhalb seiner Schrift 'De officio praesidis', nur den Provinzstatthalter[172], den er bereits, sei er kaiserlich oder senatorisch, mit dem zusammenfassenden Namen *praeses provinciae* bezeichnet[173], neben welchem er auch den prokuratorischen Provinzstatthalter nicht eigens erwähnt[174]. Zweitens ist, ebenfalls auch außerhalb der Instruktionsschrift für den Provinzgouverneur, stets unbefangen nur von Landstädten[175] und

---

[169] CIL VIII 12 418.

[170] Wegen des Gentile Aurelius; natürlich kann die Inschrift auch noch jünger sein: CIL III 8822, ein kleines und auch nicht völlig sicher entziffertes Fragment. Bedenklich ist es dagegen, aus CIL III 10 531, Grabstein des *pragmaticus Aurelius Eufimianus*, und 15 166 (des 18jährig gestorbenen *scolesticus L. Septimius Fuscus*) auf Rechtsunterricht im 3. Jh. n. Chr. in Aquincum zu schließen, wie G. Diosdi, A jogtanítás nyomai pannóniában, in: Antik tanulmanyok = Studia antiqua 8 (1961) 99ff. (non vidi), tut. Zustimmend Szilágyi, RE Suppl. XI (1968) s. v. Aquincum, 126 Z. 11ff. Zu den von einem *scholasticus* zu erwartenden Rechtskenntnissen s. Axel Claus, ὁ σχολαστικός,, Diss. jur. Köln 1965, und J. O'Callaghan, Σχολαστικός en la correspondencia cristiana del siglo VI, in: Studi in onore di Ed. Volterra I (Mailand 1971) 83ff.

[170a] Panegyr. in Orig. § 62.

[171] 2 excus. Dig. 27,1,6 § 12.

[172] 1 app. Dig. 49,1,4 § 1; 2 iud. publ. Dig. 47,2,64 u. 48,16,15 § 5.

[173] S. 1 off. praes. Dig. 1,18,1: *praesidis nomen generale est eoque et proconsules et legati Caesaris et omnes provincias regentes praesides appellantur, proconsulis appellatio specialis est.* Demgegenüber haben die hauptstädtischen severischen Juristen grundsätzlich den republikanischen, inzwischen fast nurmehr terminologischen Unterschied zwischen *proconsul* und, *praeses* genanntem, *legatus Augusti* beibehalten, s. Pap. 1 resp. Dig. 1,18,20: *legatus Caesaris, id est praeses vel corrector provinciae*; Ulp. 35 ed, Dig. 27,9,3 § 1: *iussu magistratus vel praesidis*; 39 Sab. Dig. 26,5,1 pr.: *sive proconsul sive praeses sive etiam praefectus Aegypti*, Ulpian gebraucht das Wort *praeses provinciae* allerdings auch schon im weiteren, umfassenden Sinne, vor allem in 'De officio proconsulis': so Dig. 1,16,9 § 6 aus B. 2 u. dann von B. 3 bis kurz vor Schluß durchgehend und *proconsul* kaum mehr, s. Lenel, Pal. Ulp. Nr. 2159f., 2175, 2181—84 (§ 2), 2189, 2212f., 2224 pr., 2225, 2228 pr., 2231, 2233f., 2236f., 2239f., 2241 § 9, 2242 § 1, 2243 §§ 1 u. 14 u. 17, 2245f. (pr. u. § 2), u. 2250 einerseits und andererseits Nr. 2158, 2178 u. 2238. Ähnlich in 'De omnibus tribunalibus': s. Nr. 2254, 2268, 2289 pr., §§ 8f. u. 14f., 2290, 2293 u. 2295. Hauptstädtische Sehweise verrät doch wohl auch, wenn nicht nur Venulejus, sondern auch Paulus und noch Ulpian im Gegensatz zu Macer in erster Linie den *proconsul* als regulären Provinzstatthalter ansehen, der im Titel ihrer Schriften allein erscheint.

[174] 1 app. Dig. 49,1,4 § 1 heißt es zwar: *praeses provinciae aut procurator Caesaris*, doch ist hiermit gerade nicht nur der *procurator qui partibus praesidis fungitur* gemeint.

[175] 1 app. Dig. 2, 8,15:*qui in agro vel civitate rem soli possidet*; 2 app. Dig. 49,1,9: *rem publicam, cum pro libertate iudicatur, in integrum restitui (non) posse* (zur Sache vgl. Alex. CJ 11, 30, 3 u. Diocl. 303 CJ 2, 30, 4); u. 2 vicens. Dig. 35,2,68 pr. a. E.: *si rei publicae usus fructus legetur.*

decuriones[176] die Rede. Oder: nachdem Macer in aller Ausführlichkeit Ulpians Sterbetafel mitgeteilt hat, in der immerhin neun Altersstufen unterschieden werden, was z. B. für die Berechnung der Erbschaftssteuer (*vicesima hereditatis*) bei ausgesetzten Leibrenten bedeutsam war, fährt er kurzerhand fort: *solitum est tamen* . . . und läßt ganze drei Altersstufen genügen[177]. Das kann nicht auf die Hauptstadt, wo Ulpian wirkte, gemünzt sein[178]. Weiter belegt Macer kaiserliche Einrichtungen auffallend regelmäßig mit dem Attribut *sacer*, was man in Rom damals noch nicht tat[179]. Schließlich setzt auch er provinziales Bodenrecht voraus[180]. Stellen, die auf Rom deuten, finden sich demgegenüber nicht. Zwar referiert Macer in 'De officio praesidis' auch einen Senatsbeschluß über die in Rom zurückgelassenen Prozesse des mit dem Statthalter in die Provinz aufbrechenden Gefolges[181], aber dabei handelt es sich eben nur um Referat einer Rechtsquelle, die um der bloßen Vollständigkeit willen genannt sein mag.

KUNKEL bringt unseren Juristen mit einer senatorischen Familie von Aemilii Macri in Verbindung[182], von der aus dem späteren 2. und frühen 3. Jh. fünf Mitglieder aus anscheinend vier Generationen, darunter mehrere Konsuln mit entsprechenden Statthalterschaften zumal in Africa, bekannt sind[183], die einzigen aus dieser Zeit bekannten Träger des Namens

---

[176] 2 iud. publ. Dig. 48,19,10 § 2: *in personis tam plebeiorum quam decurionum*; u. das. Dig. 48,21,2 § 1: *si is, de cuius poena imperatori scriptum est, veluti quod decurio fuerit,* . . .

[177] 2 vicens. Dig. 35,2,68 pr., abgedruckt unten.

[178] Zur Bedeutung lokaler Gewohnheiten und Gewohnheitsrechts gerade im provinzialen Bereich s. das bei B. SCHMIEDEL, Consuetudo im klassischen und nachklassischen römischen Recht (Graz 1966) 21 ff., zusammengestellte Material, dessen Auswertung nur nicht überzeugt. S. d. Rez. von DIETER NÖRR, SZ 84 (1967), 454 ff.; u. dessen Aufsätze: Origo, in: TR 31, (1963) 525 ff. (595 f.); Zur Entstehung d. gewohnheitsrechtlichen Theorie, in: Festschr. W. Felgentraeger (Göttingen 1969) 353 ff.; u.: Ciceros Topica und die römische Rechtsquellenlehre, in: Romanitas 9 (1970) 419 ff., bes. 425 f.; sowie MODRZEJEWSKI, a.a.O. (oben Fußn. 3) 317 ff., bes. 347 ff.; u.: Grégoire le Thaumaturge et le droit romain, in: RH 49 (1971) 313 ff., bes. 319 ff.

[179] Ausweislich des 'Vocabularium iurisprudentiae romanae', s. v. *sacer* (1914) III 2, gebrauchen das Wort i. S. v. 'kaiserlich': Macer achtmal; Paulus, von dem etwa fünfundzwanzigmal soviel überliefert ist wie von Macer, dreimal; Ulpian, von dem wir fünfzigmal soviel besitzen, ebenfalls dreimal; ebenso Marcian, von dem immerhin noch viermal soviel wie von Macer auf uns gekommen ist; Modestin, von dem knapp ebensoviel lateinischer Text wie von Marcian erhalten ist, einmal; und endlich die pseudopaulinischen 'Sententiae', die gleichfalls der Provinz zuzurechnen sind, zweimal, welch niedrige Zahl damit zusammenhängt, daß in dieser Schrift Autoritäten nicht mehr zitiert sind.

[180] 1 app. Dig. 2,8,15 (zur Sicherheitsleistung des Appellierenden vgl. PS 5, 33 u. Diokl. 294 Cod. Just. 7,62,6 § 6) heißen die Grundeigentümer *possessores* (*immobilium rerum*) und nie *domini*. Vgl. MAX KASER, a. a. O. (oben Fußn. 164) 403 Fußn. 17. S. ferner zu 2 app. Dig. 49, 8, 1 § 4 O. BEHRENDS, Die Geschworenenverfassung (Göttingen 1970) 200 Fußn. 51, der mit Recht festgestellt hat, daß *si et mea* . . . *fuit* und *quo magis tu* . . . *habeas* mit den Verhältnissen in der Hauptstadt schwer zu vereinbaren ist, auch mit denen im übrigen Italien nebenbei bemerkt nicht. Freilich schließt BEHRENDS daraus vorschnell auf Glosseme. Zu 1 app. Dig. 2, 8, 15 § 1 *id est emphyteuticum* s. LENEL, EP 187.

[181] Dig. 1,18,16 aus Buch 1.

[182] A.a.O. 256 f.

[183] Es sind (Nachw. bei KUNKEL, a.a.O.): M. Aemilius Macer, 144 n. Chr. *legatus Augusti pro praetore Numidiae* und *consul designatus*; M. Aemilius Macer Saturninus, *consul*

Aemilius Macer. Da die den zwei ersten Mitgliedern der Familie (erste und zweite Generation) gewidmeten Inschriften, eine und 16, alle in Africa gesetzt sind und außerdem der zweite und der ältere der beiden Brüder der dritten Generation den Beinamen Saturninus führten, der wegen des in Africa besonders verbreiteten Saturnkults[184] nur hier sehr häufig war, hat LAMBRECHTS mit Grund die Vermutung ausgesprochen[185], die Familie stamme aus Africa[186]. Unser Jurist könnte also einem dort verbliebenen Zweig angehören. Zwar meinte KALB wiederum[187], bei Macer einen Gallizismus feststellen zu können: Zweimal gebraucht er *pro* i. S. v. *propter*[188]. Das kommt aber auch bei italischen Schriftstellern, jedenfalls bei Plautus, vor[189]. Die identifizierbaren Adressaten der von Macer zitierten Kaiserkonstitutionen schließlich führen nach Africa proconsularis[190], Achaia oder allenfalls Aquitanien[191], und im dritten Fall anscheinend nach Dalmatien[192].

4. Paulussentenzen und sonst Pseudopaulinisches

a) An vierter Stelle sind zwei Usurpatoren des Namens Paulus zu behandeln, und zwar zunächst der Verfasser der pseudopaulinischen 'Libri V sententiarum', dessen Lokalisierung in die Provinz bereits ERNST LEVY dargetan hat[193]. Darüber hinaus läßt sich der Ursprungsort hier vielleicht

suffectus 174 n. Chr. und vorher ebenfalls *legatus Numidiae*; dessen Söhne M. Aemilius Macer Saturninus d. J., *proconsul Achaiae* vor 212, und M. Aemilius Macer Dinarchus; und der 216 n. Chr. in Tusculum als *vir clarissimus* und *princeps iuventutis* anzutreffende M. Aemilius Macer Faustinianus.

[184] S. KUNKEL, a.a.O. 110 Fußn. 83.
[185] P. LAMBRECHTS, La composition du sénat d'Auguste jusqu'à la fin des Antonins (Antwerpen 1936) 114 = Nr. 684.
[186] Dem haben zwar E. GROAG, Die römischen Reichsbeamten von Achaia bis auf Diokletian (Wien 1939) 314 (dieser, ohne auf das Cognomen Saturninus einzugehen), und KUNKEL, a.a.O. 257, widersprochen, doch ohne spezielle Gegenargumente. Die Möglichkeit dieser Herkunft ist deshalb weiterhin zu vermerken.
[187] A.a.O. 140f.
[188] 2 app. Dig. 49,5,6 u. 49,8,1 § 4.
[189] HOFMANN—SZANTYR, a.a.O. (oben Fußn. 105) 270 halb unten.
[190] 1 off. proc. Dig. 1,21,4 erscheint M. Valerius Bradua Mauricus, Konsul 191 n. Chr., in seiner Eigenschaft als *proconsul Africae*, welches Amt er 205/06 n. Chr. bekleidet hat.
[191] 2 iud. publ. Dig. 48,21,2 pr. erscheint L. Iulius Iulianus, der unter Severus und Caracalla Prokonsul von Achaia und offenbar erst danach, nämlich, wie *AUG* statt *AUGG* in der betreffenden Inschrift ergibt, erst unter Caracallas Alleinherrschaft, also entgegen der gewöhnlichen Laufbahn *legatus Augusti pro praetore* von Aquitanien war. LEIVA PETERSEN, Prosopographia imperii romani, 2. Aufl., IV (Berlin 1952—66) Art. Iulius 367.
[192] 2 iud. publ. Dig. 1, 18,14 ist ein Reskript von Mark Aurel und Commodus an P. Iulius Scapula Tertullus genannt, der 177—180 n. Chr. anscheinend *legatus Augustorum* von Dalmatien war. LEIVA PETERSEN, a.a.O. Nr. 556.
[193] Vulgarization of Roman Law in the Early Middle Ages, in: Mediaevalia et humanistica 1 (1943) 22ff. (u. ö., z. B. Ges. Schr. [Köln u. Graz 1963] I 228ff.); ferner: 'Zur quellengeschichtlichen Bedeutung der Leidener Paulussentenzen', in: Pauli sententiarum fragmentum Leidense = Studia Gaiana IV (Leiden 1956) 71ff. od.: Ges. Schr. I 122ff. Zustimmende Stellungnahmen bei H. SCHELLENBERG, Die Interpretationen zu den Paulussentenzen (Göttingen 1965) 91 Anm. 10.

doch näher bestimmen. Mehrere Nachrichten weisen nämlich übereinstimmend nach Gallien. Erstens hören wir von den 'Sententiae' erstmals in
einer in Trier ergangenen Konstitution[194]. Zweitens scheinen die PS in
Gallien am verbreitetsten gewesen zu sein[195]. Und drittens enthalten sie
einen besonderen Straftatbestand, von dem wir außerhalb Galliens sonst
nichts vernehmen[196].

b) Im Gegensatz zu den 'Sententiae' ist der apokryphe Ursprung des
'Liber singularis de poenis paganorum'[197] noch nicht bemerkt worden, aber
wohl nur, weil die in bloß sechs kleinen Fragmenten erhaltene Schrift nicht
genügend Aufmerksamkeit auf sich zu ziehen vermocht hat. Man lese nur
etwa[198]:

Dig. 48,10,23:

Quid sit falsum quaeritur, et videtur id esse, si quis alienum chirographum
imitetur aut libellum vel rationes intercidat vel describat, non qui alias in
computatione vel in ratione mentitur.

Die für die stadtrömische Rechtstradition primäre *testatio* kommt hier
nicht vor. Nicht minder deutlich ist ein anderes Fragment, das gleichzeitig
den schon durch den Titel, der militärische Umgebung voraussetzt, indizierten provinzialen Blickwinkel des Verfassers verrät[199]. Er folgt hier
offenbar dem Provinzjuristen Callistrat, den er aber durchaus nicht lediglich unselbständig ausschreibt:

Ps. Paul. poen. pag. Coll. 12,6:	Call. 5 cogn. Dig. 48,19,28 § 12:
Incendiarii, qui	*Incendiarii capite puniuntur, qui*
in oppido praedae causa	*ob inimicitias vel praedae causa*
id(!) *admiserint, capite puniantur.*	*incenderint intra oppidum. et ple-*
qui casu(!)	*rumque vivi exuruntur. qui vero*
insulam aut villam non ex inimi-	*casam aut villam, aliquo lenius.*

[194] Cod. Theod. 1,4,2 vom 27. Sept. 328; das Datum nach O. SEECK, Regesten der Kaiser und
Päpste für die Jahre 311 bis 476 n. Chr. (Stuttgart 1919; Nachdr. Frankfurt/M. 1964)
179. Vgl. a. Val. III. 426, Cod. Theod. 1,4,3a. E.: aus Ravenna.

[195] Vgl. SCHELLENBERG, a.a.O. 18f u. 87.

[196] Im einzelnen VERF., a.a.O. (oben Fußn. 149) 204.

[197] VERF., a.a.O. 165. Außer den dort genannten Stellen vgl. noch *ad examinationem civilem*
remittendus bei Ulp. 8 off. proc. (!) Dig. 47,14,1 § 4, sowie ERNST LEVY, Weström. Vulgar-
recht, Das Obligationenrecht (Weimar 1956) 303. DERS., Paulus u. der Sentenzenverfasser,
in: SZ 50 (1930) 274ff., stellte den 'Lb. sg. poen. pag.' gerade als echt den als unecht zu
erweisenden 'Sententiae' gegenüber. Doch sind seine Ausführungen hierzu stark überzogen (s. im Folg.), unbeschadet dessen, daß der ganze Aufsatz später Epoche machen
sollte.

[198] Und vergleiche damit klassische Tatbestandsumschreibungen, insbesondere Marcian 14
inst. Dig. 48,10,1 und, spezieller, Paul. 3 resp. Dig. 48,10,16 § 2 oder auch PS Brev. 5,25,5.
Die Nennung des *chirographum* an erster Stelle ist wohl ein Indiz für hellenistische Umwelt
des Verfassers.

[199] *In oppido* sagt dagegen über den Standort des Verfassers nichts aus, vgl. Ulpian, Dig. 39,
1,1 § 14 aus Buch 52 'Ad edictum praetoris'.

citiis incenderint, levius. fortuita   *nam for-*
enim incendia   *tuita incendia, si, cum vitari pos-*
                            sent, per neglegentiam eorum apud
                            quos orta sunt damno vicinis fu-
        ad forum remittenda sunt,   *erunt, civiliter exercentur,*
ut   *damnum*   *ut qui iactura adfectus est damni*
vicinis sarciatur.   *disceptet vel modice vindicaretur.*

An einer anderen Stelle schöpft der Autor vermutlich aus Ulpians 'De officio proconsulis', obwohl er die zitierte Konstitution bei gleichem Inhalt und gleichem Adressaten statt Hadrian Antoninus Pius zuschreibt, von dem Äußerungen zu dieser Materie an sich nicht bekannt sind[200]:

Ps. Paul. poen. pag. Coll. 11,6,1 de abigeis:

> *Cum durius abigei damnantur, et ad gladium tradantur. itaque divus Pius ad concilium Baeticae rescripsit.*

Ulp. 8 off. proc. Coll. 11,7,1 u. 2 de abigeis:

> *De abigeis puniendis ita divus Hadrianus rescripsit concilio Baeticae: 'Abigei cum durissime puniuntur, ad gladium damnari solent. puniuntur autem durissime non ubique, sed ubi frequentius est hoc genus maleficii. alioquin et in opus et nonnumquam temporarium damnantur. ideoque puto apud vos quoque sufficere genus poenae, quod maximum huic maleficio inrogari solet, ut ad gladium abigei dentur. aut si quis tam notus et tam gravis in abigendo fuit, ut prius ex hoc crimine aliqua poena affectus sit, hunc in metallum dari oportere.'*

Einer dritten Stelle, der Fortsetzung dieser, dienen gar erst die selbst schon apokryphen Paulussentenzen als Quelle[201]:

Ps. Paul. poen. pag. Coll. 11,6,2:

> *Qui pecora, de quibus litigabat, abegit, ad forum remittendus est et, si victus fuerit, in duplum vel quadruplum condemnandus.*

PS 5,18,3 = Coll. 11,4,1:

> *Si ea pecora, de quibus quis litigat, abegerit, ad forum remittendus est atque ita convictus in duplum vel in quadruplum[202] furis more damnatur.*

---

[200] Links sind alle Worte gesperrt, die schon bei Ulpian vorkommen. Zu Pius statt Hadrian s. a. LEVY, a.a.O. 275.

[201] Diesen Rechtssatz brachte auch Ulpian 8 off. proc.: Dig. 47,14,1 § 4, jedoch ganz anders ausgedrückt.

[202] Überliefert ist *triplum*, auch in § 1, was LEVY, a.a.O. 277f., mit Recht emendiert hat.

Das Verfahren des Epitomators ist in allen drei Fällen gleich und ähnelt dem Hermogenians[203]: Die Stelle wird zusammengedrängt, indem möglichst viele, nicht unbedingt erhebliche Einzelheiten und Varianten weggelassen werden, was sie kahl und farblos macht. Dazu gehört in der ersten Stelle das Motiv der Feindschaft, wiewohl der Epitomator am Ende doch nicht dabei bleibt, es ganz beiseite zu lassen; und der in diesem, einem kriminalstrafrechtlichen Zusammenhang in der Tat entbehrliche Hinweis, daß Schadensersatz nur bei Fahrlässigkeit zu leisten ist[204], was Callistrat zudem recht umständlich ausgedrückt hatte. In der zweiten Stelle steht die Kargheit des verbliebenen Rechtssatzes, in dem aber die Unentschiedenheit der Konstitution durch *et* 'auch' bewahrt ist, in auffälligem Mißverhältnis zu der ebensoviel Text wie der Rechtssatz selbst beanspruchenden Herkunftsangabe, bei der nur Ulpians nochmalige Angabe des Gegenstandes der Konstitution (*de abigeis puniendis*) weggelassen ist. Von der Konstitution selbst dagegen gingen nicht nur deren zufällige Konkretismen, sondern auch die Angabe, wann die schwere Strafe angebracht ist, sowie Hadrians interessanter, dem gewöhnlichen antiken Menschen, wie Ulpians nicht mehr abgedruckter Kommentar zeigt, aber schwer zugänglicher Exkurs über eine Steigerung der einfachen Todesstrafe durch (lebenslange) Bergwerksstrafe verloren. Und in der dritten Stelle fehlen die Füllwörter *ea*, *quis* und *ita* (in der ersten: *vero* und *aliquo*) und das verdeutlichende *iuris more*. Sodann wird korrekte Bezeichnung ersetzt durch einen rasch sich einstellenden, pauschalen Ausdruck: Statt des korrekt wiederholenden *incenderint* heißt es in der ersten Stelle beziehungslos *id admiserint*, statt *qui iactura adfectus est* für 'der Geschädigte' kurz *vicinus*, welches Wort der Epitomator aber auch nicht etwa neu eingeführt hat; und statt des unvoreingenommenen *damni disceptet* das Ergebnis vorwegnehmend *damnum sarciatur*[205]. Weiter wird, in der dritten Stelle, aus einem *si*-Satz, wie er kasuistischer Stoffbehandlung entspricht, ein abstrakten Rechtsregeln angemessenerer *qui*-Satz. Und endlich wird auch der Satzbau elementarer. In der zweiten Stelle wird die Voranstellung des Haupt- und Nebensatz gemeinsamen Subjekts (*abigei*) aufgegeben und in der dritten aus dem Participium coniunctum *ita convictus* ein *si*-Satz[206]. Außerdem wird hier aus

---

[203] Vgl. VERF., Hermog. (oben Fußn. 105) 90f.

[204] Der Epitomator scheint dieses Erfordernis sogar abzulehnen, da er im Gegensatz zu seiner Vorlage allgemein *casu* sagt, was hier als 'nicht beabsichtigt' i. w. S., fahrlässige und nicht fahrlässige Verletzung gleichermaßen umfassend, zu verstehen ist, s. HEUMANNS Handlexikon zu den Quellen des römischen Rechts, 9. Aufl. bearb. v. E. SECKEL (Jena 1907) s. v. Casus 3c. Doch scheint das zusätzliche Merkmal *casu* des Epitomators aus (verderbtem?) *casam* bei Callistrat hervorgegangen zu sein, wie auch *lenius* ein durchaus nicht sinngleiches *levius* wurde: als würde auch fahrlässige Begehung mit, wenn auch leichteren, Kriminalstrafen geahndet, was dieser Text ja gerade ablehnt. Kurz, dem Verfasser des 'Lb. sg. poen. pag.' scheint Callistrat nur in verderbter Form vorgelegen zu haben, was er immerhin halbwegs glücklich bewältigt zu haben scheint.

[205] Was LEVY, a.a.O. 277 Fußn. 2, folgerichtig eliminiert.

[206] LEVY, a.a.O. 277, legt in diese Variante eine Bedeutungsverschiebung hinein, die durch nichts gerechtfertigt ist. Geradezu irreführend ist der Anfang des ersten Satzes auf dieser

einem schlichten Indikativ parallelisierend zum Satz vorher ein Gerundivum mit Notio necessitatis.

Bei all dem bleibt, wie zur zweiten Stelle schon hervorgehoben, auch die inhaltliche Aussage nicht genau dieselbe; auch in der ersten Stelle nicht, wo unser Epitomator sowohl die üblichste Konkretisierung der Todesstrafe (*plerumque vivi exuruntur*) als auch die Möglichkeit einer (milderen) Kriminalstrafe auch bei fahrlässiger Begehung (*vel modice vindicaretur*)[207] glatt verschwiegen hat.

5. Hermogenian und Arcadius Charisius[207a]

Zu Hermogenian hatte ich seinerzeit nur festgestellt, daß seine Muttersprache wahrscheinlich nicht Latein, sondern Griechisch war[208]. Aber auch

Seite: Auf einmal wird unterstellt, PS 5,20,3 gehe auf Paul. lb. sg. poen. pag. Coll. 12,6,1 zurück, was offen nicht gesagt ist und auch ernsthaft nicht behauptet werden kann.

[207] Vgl. Ulp. 8 off. proc. Coll. 12,5,2.

[207a] Vgl. demnächst auch E. POLAY, Arcadius Charisius, der nachklassische Jurist der Digesten, und die Hermogenian-Frage, in: dieses Werk = ANRW, III, Rubrik 'Recht', hrsg. v. H. TEMPORINI (Berlin–New York ca. 1978).

[208] Hermog. 106. Vgl. a. KALB, a.a.O. (oben Fußn. 7) 97 zu 1 ep. Dig. 5,1,53: *si . . . suscipere velle dicat* (gräzisierend bloßer Infinitiv statt AcI); 98 zu 6 ep. Dig. 49,14,46 § 6: *constitutus* i. S. v. καθεστώς; u. 144 zu 4 ep. Dig. 36,4,11 pr.: *si . . . in possessionem eius factus fueris.* Ferner KÜBLER, a.a.O. (oben Fußn. 55) 500 Z. 29ff.; u. HANS PETERS, SZ 32 (1911) 466. Speziell nach Syrien weist die besondere Erwähnung der καμηλασία 1 iur. ep. Dig. 50, 4, 1 § 2, s. A. H. M. JONES, The Later Roman Empire II (Oxford 1964) 593. — Schon meine Datierung der 'Iuris Epitomae' Hermogenians um 300 n. Chr. (Hermog. 13ff.) blieb freilich nicht unbestritten. Ablehnend nach wie vor M.-A. DE DOMINICIS (Triest), Rez. in: Iura 16 (1965) 247f.; u. dazu sein Schüler G. CERVENCA, Studi vari sulla restitutio in integrum (Mailand 1965) 151ff. Zweifelnd L. RAGGI, La restitutio in integrum nella cognitio extra ordinem (Mailand 1965) 199ff., bes. 209 Fußn. 70a. E.; R. BONINI, Rez. in: Labeo 12 (1966) 112ff.; u. HONORÉ, Rez. in: TR 34 (1966) 267f. Zustimmend A. D'ORS, Rez. in: StDoc 30 (1964) 422ff.; B. NICHOLAS, Rez. in: The classical review n. s. 15 (1965) S. 346f.; T. MAYER-MALY, Rez. in: SZ 82 (1965) 442f.; A. CENDERELLI, Ricerche sul codex Hermogenianus (Mailand 1965) 198ff.; und vor allem 'Intorno all'epoca di compilazione dei libri iuris epitomarum di Ermogeniano', in: Labeo 14 (1968) 187ff.; W. KUNKEL, Römische Rechtsgeschichte (5. Aufl. Köln 1967) 149 Fußn. 1; M. KASER, Römische Rechtsgeschichte (2. Aufl. Göttingen 1967) 227; u. F. WIEACKER, Le droit romain de la mort d'Alexandre Sévère à l'avènement de Dioclétien, in: RH 49 (1971) 218ff. Wenn dieses auch nicht der Ort ist, mit der gehörigen Gründlichkeit das im einzelnen auszuführen, so sei bei dieser Gelegenheit doch wenigstens darauf hingewiesen, daß noch . eine ganze Reihe in der Diskussion bisher nicht beachteter Anhaltspunkte für Datierung unter Diokletian und gegen das spätere 4. Jh. sprechen. So muß iur. ep. 1 Dig. 39, 4, 10 pr. vor Cod. Just. 6,62,4 S. 2 (333—336 n. Chr.) geschrieben sein, s. Hermog. 93f. Iur. ep. 1 Dig. 50,4,17 § 1 entspricht Cod. Just. 10,32,5 mit 10,62,4 (286 n. Chr.), aber nicht mehr Cod. Theod. 12,17,1 (324 n. Chr.). Dig. 50,4,1 § 1 (1 ep.) folgt bezüglich des Dezemprimats offenbar Cod. Just. 10,42,8 (wahrscheinlich 293 od. 294 n. Chr.) in Abweichung von Modestin und Charisius, s. unten II 3 c. Und Dig. 19,2,23 (2 ep., abwegig dazu Hermog. 99f.) ist vielleicht ein Abglanz von Diokletians starrem Festhalten an der Währungsparität; vgl. E. GENZMER, Die antiken Grundlagen der Lehre vom gerechten Preis und der laesio enormis, in: Deutsche Landesreferate zum II. Intern. Kongr. f. Rechtsvergleichung im Haag 1937 (Berlin 1937) 55ff. Die ganze Rubrik Cod. Just. 4, 44 stammt

als er seine 'Iuris epitomae' schrieb, war seine Umgebung offenbar noch die
Provinz. Die gewöhnliche Obrigkeit ist der *praeses*, wie es kurz, ohne den
verdeutlichenden Zusatz *provinciae*, heißt[209]. Und überhaupt herrschen
außerhauptstädtische Verhältnisse: Die gemeindlichen *munera* erlangen,
wie in der ganzen, weitgehend durch die Provinz bestimmten Nachklassik,
unverhältnismäßig großes Gewicht[210]. Und auch sonst ist häufig von muni-
zipalen Belangen die Rede[211]. Vor allem aber war, auch damals noch, in
Stadtrom eine Rechtsquellenlehre undenkbar, die das Hauptgewicht auf
das *ius gentium* legt und dem *ius civile* nur *quaedam excepta* übrig-
läßt[212].

wahrscheinlich aus dem Cod. Herm., CENDERELLI, a.a.O. 90f. Vgl. a. VERF., Konk. 58,
189ff. u. 194. Zu Cod. Theod. 11,30,16 (331 n. Chr.) und Charis. Dig. 1,11,1 § 1 im Vergleich mit Herm. Dig. 4,4,17 ist, ich wiederhole es, zu berücksichtigen, daß erst die der
Konstitution von 331 unmittelbar vorangegangene Entmachtung des Prätorianerpräfekten zusammen mit seiner Entfernung aus der Zentrale die von Charisius berichteten Zweifel
samt *exempla* hervorgerufen haben kann (s. jetzt Papyrus Yale 1606). Daß Hermogenian
in Dig. 4,4,17 nur an die *in integrum restitutio minorum* denke, wie CERVENCA, a.a.O.
151ff. meint (zust. BONINI, a.a.O. 124 Anm. 4), kann ich nicht finden. Der Vorschlag von
HONORÉ, a.a.O. 268, Sedulius, paschale opus, praef., auf die 'Iuris Epitomae' statt auf den
Cod. Herm. zu beziehen, stößt auf die Schwierigkeit, daß der Kirchenschriftsteller von
suum opus schlechthin spricht, also nur ein einziges Werk Hermogenians kennt. Und um
430 n. Chr. war der Cod. Herm. über die engeren Fachkreise hinaus allbekannt, von den
'Iuris epitomae' dagegen gibt es bis auf Justinian keine Resonanz. Vor allem aber nennt
Sedulius Hermogenian einen (*doctissimus*) *iuris lator*, eine Anspielung auf *legis lator*, vgl.
Sen. ep. 107,6: *ius latum omnibus*; Ps.-Quint., decl. 306 Abs. 3 S. 5: *vetus aetas simplicius
iura sibi tulerit*; u. Ennodius, opusc. 2, 92 (503 n. Chr.), wo der Papst *lator iuris* heißt,
insofern er innerkirchliches Recht setzt. Das sind die einzigen weiteren Belege für die
Wendung, s. PRIMMER, ThLL s. v. ius (1970) 684 Z. 9f.; u. O. HEY, ThLL s. v. fero
(1915) 547, 67ff. Ennodius kannte den sehr beliebten und verbreiteten Sedulius wahrscheinlich. Hermogenian wird also als 'Rechtsgeber', als fast Gesetzgeber tituliert.
Das aber wäre bei den in Anspruch und tatsächlicher Bedeutung bescheidenen 'Iuris
Epitomae' sichtbarlich zu hoch gegriffen. Zwischen einem *iuris lator* und einem *iuris
epitomator* klafft offenkundig ein zu großer Rangunterschied. Auch mit Hilfe der bekannten Dichotomie *ius/leges* schlicht i. S. v. Stoff-, Überlieferungsmassen läßt sich diese
Beziehung nicht retten, wurden die Codd. Greg. und Herm. doch bis zum Vorabend der
justinianischen Kompilation, zumindest bis ins späte 5. Jh. hinein, zum *ius* und nicht zu
den *leges* gerechnet, vgl. noch Interpr. zu Cod. Theod. 1,4,3. Vermutlich ist *iuris* aber gar
nicht in scharfem Gegensatz zu *legis* zu verstehen, sollte es nur unbestimmt Minderes als
lex ausdrücken; s. G. G. ARCHI, Giustiniano legislatore (Bologna 1970) 11ff. Sedulius
bezweckt mit dem Wortspiel nur eine nicht geistlose Erhöhung des eigenen Gewährs-
manns.

[209] 2 ep. Dig. 49,1,26; 5 ep. Dig. 39,4,10 pr.; u. 6 ep. Dig. 49,14,46 § 2.

[210] Dig. 50,1,16 u. 23; 50,2,8; 50,4,1 u. 17 u. 50,5,11. Auch die Kompilatoren haben den
Digestentitel *de muneribus et honoribus* (50, 4) abweichend von der schematischen Frag-
mentfolge (s. statt vieler SCHULZ, Gesch. 405f.) mit einem längeren Hermogenianfragment
eingeleitet.

[211] So noch 5 ep. Dig. 39,4,10; 6 ep. Dig. 43,6,2 (vgl. Marcian 4 reg. Dig. 1,8,8 § 2 u. Ulp. 68
ed. Dig. 1,8,9 § 4); u. 44,3,13 § 1. 1 iur. ep. Dig. 50,4,17 pr. nennt Hermogenian nur das
sacerdotium provinciae.

[212] 1 ep. Dig. 1,1,5, wo entgegen den Vulgathss. mit der littera Florentina *introducta* zu lesen
ist.

Aber Hermogenian als Provinzialjuristen zu bezeichnen, vermittelte ein schiefes Bild. Dieser Jurist gehörte vermutlich der Zentralbürokratie an[213], seit der Mitte des 3. Jhs. die einzige Pflegestätte für praktische Jurisprudenz mit Anschluß an die Klassik. Und nur weil die Reichsregierung seit dem Regierungsantritt Diokletians nur noch ausnahmsweise in Rom saß, lassen sich nicht schon alle außerhalb der verlassenen Hauptstadt entstandenen Werke als provinziale Arbeiten einstufen. Das gilt insbesondere von dem anderen namentlich bekannten nachklassischen Juristen, Aurelius Arcadius Charisius, der (noch?) nach 331 n. Chr. schrieb[214] und Chef der Reskriptkanzlei, also bei Hofe war, damals weit von Rom entfernt, und der sich vermutlich sogar im Titel wenigstens einer seiner Schriften werbend als *magister libellorum* bekannt hat[215]. Und daß er auch in einer Rom ferneren Umgebung schrieb, beleuchtet eine Stelle, in der er den Leumund einer Person mit den Worten: *cuius existimationis quisque in civitate sua est*[216] umschreibt. DELL'ORO[216a] identifiziert ihn mit dem *praeses provinciae Syriae* des Jahres 290[216b].

6. Sonst Pseudonyme und Anonyme

Zuletzt sind einige meist in erster Linie, wenn nicht ausschließlich an Kaiserkonstitutionen orientierte Hervorbringungen zu erwähnen, deren Autoren gleichwohl der kaiserlichen Kanzlei nicht angehört haben können, da sie sich entweder hinter einem klassischen Namen verstecken oder gar nicht erst mit Namen, und sei er auch falsch, hervortreten.

a) Die pseudoulpianischen 'Opinionum libri VI' sind, wie ich an anderer Stelle nachzuweisen versucht habe[217], zwischen 325 und 331 n. Chr. abgefaßt, schöpfen, vermutlich allein, aus Kaiserkonstitutionen und geben in der Sache das römische Recht mit denjenigen Abweichungen wieder, wie es außerhalb Italiens galt: Zur Erlangung der Immunität von städtischen

---

[213] S. jetzt VERF., a.a.O. (oben Fußn. 149) 194 Fußn. 386; u. schon Hermog. 23 ff.

[214] DELL'ORO, Aurelio Arcadio Carisio nel digesto e nel codice, in: Studi in onore di E. Betti (Mailand 1962) II 337 ff. Anders freilich A. H. M. JONES, The Later Roman Empire III (Oxford 1964) 3 Anm. 1: vor 308 n. Chr., weil Charisius Dig. 50,4,18 § 26 noch die Dekaproten behandelt, die 307/08 durch *praepositi paganorum* ersetzt worden seien. Ob das für das ganze Reich zutrifft, erscheint jedoch sehr zweifelhaft. S. des näheren VERF., TR 41 (1973) 288 ff. Über die weitgehenden Entsprechungen zwischen Dig. 1,11,1 § 1 (Char. off. praef. praet.) und Cod. Theod. 11,30,16 (331 n. Chr.), vgl. Hermog. 14 Fußn. 2, vermag ich mich schlechterdings nicht hinwegzusetzen. Andererseits scheint Charisius im 'Liber singularis de muneribus civilibus' (Dig. 50,4,18 §§ 7 u. 24) die massiven Begünstigungen des christlichen Klerus seit 313 n. Chr. (Cod. Theod. 16,2,2; 1; 6 u. 3) noch nicht zu kennen. S. a. JONES I S. 64.

[215] Sein Amt kennen wir durch die Inskription von Dig. 1,11,1, ein einzigartiger Fall, weshalb es naheliegt, anzunehmen, daß die Kompilatoren hier nicht aus eigenem Wissen eine Nachricht angebracht, sondern vom Titelblatt der Schrift übernommen haben.

[216] Lb. sg. test., Dig. 48,18,10 § 5.

[216a] A.a.O. (oben Fußn. 214) 334.

[216b] S. Cod. Just. 9,41,9 u. 11,55,1.

[217] Ulpiani opinionum libri VI, in: TR 41 (1973) S. 279 ff.

Leistungen sind fünf Kinder erforderlich[218] statt drei wie in Rom bzw. vier wie im übrigen Italien; Dienstbarkeiten werden durch Stipulation oder Zusatzvereinbarung zum konsensualen Kaufvertrag begründet[219] statt durch *in iure cessio* (bzw. *mancipatio*). Und der Grundstückseigentümer heißt zuweilen *possidens*[220], wenngleich in anderen Stellen auch *dominus*[221].

b) Durch die 'Lex Romana Visigothorum' sind uns Kommentare zum Codex Gregorianus, Hermogenianus und Theodosianus und zu den Paulussentenzen sowie ein Auszug der Gajusinstitutionen überliefert, die, vermutlich alle, im späteren 5. Jh. n. Chr. in Gallien entstanden sind[222].

c) Das sog. syrisch-römische Rechtsbuch ist eine unter dem Titel 'Gesetze und Befehle der siegreichen Kaiser Konstantin, Theodosius und Leo' u. ä. umlaufende Kompilation römischen Juristen- und vor allem auch nachklassischen Kaiserrechts aus etwa derselben Zeit, aber östlicher Provenienz[223].

II. Eigentümlichkeiten der Provinzschriftsteller

Bei diesen Schriften soll es zunächst bewenden. Prüfen wir jetzt, ob sie Eigentümlichkeiten aufweisen, die ihre Autoren von den hauptstädtischen Schriftstellern abheben.

1. Responsen

Zunächst ein negatives Charakteristikum. Von keinem unserer Autoren ist auch nur ein einziges *responsum* überliefert, auch nicht, was man

[218] B. 2 Dig. 50,4,3 §§ 6 u. 12 u. B. 3 Dig. 50,4,4 pr. Zur Befreiung von der Geschlechtsvormundschaft waren dagegen auch in der Provinz nur drei Kinder der freigeborenen (und vier der freigelassenen) römischen Bürgerin erforderlich, P. J. SIJPESTEIJN, Die χωρὶς κυρίου χρηματίζουσαι δικαίῳ τέκνων in den Papyri, in: Aegyptus 45 (1965) 171—189. Ausdrücklich P. Freib. 9.

[219] B. 6 Dig. 8,4,13 pr.

[220] B. 4 Dig. 4,3,33 u. B. 6 Dig. 8,4,13 pr. u. 8,5,15.

[221] B. 3 Dig. 1,18,7; B. 5 Dig. 4,7,11 u. B. 6 Dig. 8,4,13 § 1; 9,2,50 u. 10,1,8 pr. Doch qualifizierte bekanntlich schon Diokletian das Privatrecht am Provinzialboden gelegentlich als *dominium*; s. E. LEVY, West Roman Vulgar Law (Philadelphia 1951) 20 unten.

[222] Zum Theodosianuskommentar F. WIEACKER, Lateinische Kommentare zum Codex Theodosianus, in: Symbolae (oben Fußn. 12) 259ff., der mehrere, ursprünglich selbständige Kommentare unterscheidet, die zum größeren Teil in Gallien zu lokalisieren seien, wenn er auch einige wenige Italien zuweist, s. S. 266f. u. Fußn. 3. Zum Sentenzenkommentar H. SCHELLENBERG, a.a.O. (oben Fußn. 193) 62ff. u. 65f. Zur Gajusepitome G. G. ARCHI, L'epitome Gai (Mailand 1937) 72f. (erwägt Gallien, entscheidet die Frage allerdings nicht).

[223] Dazu W. SELB, Zur Bedeutung des syrisch-römischen Rechtsbuches (München 1964) pass., bes. 169 u. Fußn. 5, 170 Fußn. 8, 173 u. Fußn. 22, 176 u. Fußn. 35, 177, 185 u. Fußn. 77, 186 u. Fußn. 83, 188 u. Fußn. 90 usf. S. a. S. 224 u. 261ff.; DERS., Das syrisch-römische Rechtsbuch, ANRW III, Rubrik 'Recht', hrsg. v. H. TEMPORINI (Berlin–New York ca. 1978). Vgl. aber auch REUVEN YARON, Syro-Romana, in: Iura 17 (1966) 114ff.

wenigstens als *responsum* im untechnischen Sinne[224] bezeichnen könnte. Das überrascht jedoch keineswegs. Zwar nicht die Jurisprudenz selbst und auch nicht ihr Niederschlag in Literatur, wohl aber ihr vornehmster Ausdruck, die Responsenliteratur, blieb offenbar immer auf die Hauptstadt beschränkt. Hierfür fehlte den Provinzjuristen wohl das erforderliche Selbstbewußtsein oder schlicht die Autorität. Das Respondieren selbst war ihnen allerdings nicht unbekannt[225].

2. Berufung auf Autoritäten

a) Trotzdem wurden die Responsen der hauptstädtischen Juristen wie überhaupt ihr Schrifttum von den Provinzjuristen fleißig verwertet und auch zitiert. Letzteres taten sie nur vergleichsweise spärlich: überhaupt seltener und sich auf wenige, überragende Autoritäten beschränkend, den Bestand der jeweiligen Provinzbibliothek, wie HONORÉ ansprechend vermutet[226]. Bei Gajus ist die Tabula laudatoria immerhin erfreulich bunt[227]. Aber bei Callistrat, der unter Septimius Severus schrieb, finden sich in

---

[224] Eine Schöpfung von KUNKEL, a.a.O. 282f., zur Abstützung seiner Theorie vom *ius respondendi*, die jedoch stark belastet ist mit Spekulationen über die Sozialpolitik des Augustus. S. etwa S. 284f., 286 unten u. 289, wo doch Sabinus der einzige ist, dessen *ius respondendi* bezeugt ist. Vgl. a. KUNKELS 'Beweis' S. 325 oben; 366 unten: ,,Auch Männer aus den unteren Schichten der Bürgerschaft . . . mögen damals (sc. am Ende der Republik) . . . sich in die Responsen- und Kautelarpraxis eingedrängt (!) haben''; und darauf S. 367 oben: ,,Für das Rechtsleben . . . mußte diese Entfesselung der Jurisprudenz (?) beträchtliche Gefahren bringen.'' Beim Namen nennt KUNKEL trotz selten so guter Überlieferungslage wie am Ende der Republik nicht einen Unwürdigen. Augustus und seine Nachfolger bis ins späte 2. Jh. n. Chr. sind keine sozialpolitischen Restauratoren. S. 367 unten: ,,. . . eine Restauration der altrömischen Jurisprudenz. Durch die Schaffung des *ius respondendi* wurde die autoritative Gutachtertätigkeit auf eine kleine Zahl sozial hochgestellter und in ihren Leistungen zuverlässiger (wer sind die Unzuverlässigen?) Rechtskenner beschränkt. Noch einmal trat damit der Senatorenstand die Herrschaft in der römischen Jurisprudenz an, um sie rund anderthalb Jahrhunderte zu behalten.'' Gerade die Kaiser haben, was immer sie propagierten, Reichspolitik getrieben in immer wieder entflammtem Gegensatz zum stadtrömisch orientierten, nicht unbedingt uneigennützig dem gemeinen Besten dienenden, seit den Gracchen geradezu politisch abgewirtschafteten Senat. Es ist nicht glaublich, daß Augustus durch das *ius respondendi* die vornehmste Tätigkeit der Juristen auf die Vertreter dieses Standes wieder habe beschränken wollen; und daß seine Nachfolger, sofern sie wohlberaten waren, daran festgehalten hätten. Die Quellen geben KUNKEL Unrecht, s. zuletzt F. WIEACKER, Augustus und die Juristen seiner Zeit, in: TR 37 (1969) 336ff. u. 346ff., der allerdings Gai. 1, 7 (s. S. 337 oben u. schon Textstufen 38) nicht gerecht wird, welche Quellen zusammen mit Dig. 1,2,2 § 49 doch auf eine Reform des faktisch wohl schon vorher in gewissem Maße exklusiv wirkenden *ius respondendi* im Sinne größerer Reglementierung hindeutet.

[225] EGON WEISS, Recitatio und Responsum im römischen Prozeß, in: SZ 33 (1912) 212ff., bes. 233ff. u. 224. Ein weiteres Beispiel erwähnt H. J. WOLFF, Written and Unwritten Marriages in Hellenistic and Postclassical Roman Law (Haverford 1939) 61ff. Zu dem bei SCHULZ, Gesch. 134 Fußn. 7, erwähnten Innocenz s. VERF., a.a.O. (oben Fußn. 149) 226.

[226] StDoc 35 (1969) 421. Vgl. Hor. ep. 1,20,10ff., wonach in Rom unverkäufliche Restauflagen immer noch in der Provinz abgesetzt werden konnten.

[227] S. HONORÉ, a.a.O. 141ff.

seinen Fragmenten, die bei LENEL volle 24 Spalten füllen, nur drei Labeo-
und je zwei Sabinus- und Julianzitate sowie, ebenfalls zweimal, der rätselhafte Papirius Fronto[228]. Macer gar zitiert auf 13 Spalten lediglich Paulus
(dreimal) und Ulpian (fünfmal)[229]. Und Arcadius Charisius nennt auf vier
Spalten einmal Modestin[230].

b) Kaiserkonstitutionen dagegen werden von Gajus und Callistrat in
reichem, von diesem in überreichem Maße angeführt; streckenweise bestehen
seine Schriften nur aus aneinandergereihten Konstitutionenzitaten[231]. Macer
und Arcadius Charisius dagegen sind, wie wir sogleich sehen werden, immerhin noch so selbständig, einer kaiserlichen Rechtsauskunft auch einmal zu
widersprechen. Bei Hermogenian und den Pseudonymen dann hört das
Zitieren ganz auf. Nur noch hie und da findet sich eine Konstitution angeführt, wobei meist nicht einmal der Name des betreffenden Kaisers genannt
ist.

3. Selbsteinschätzung

a) Wiewohl sein Latein, wie schon die wenigen, im folgenden vor-
zuführenden Stellen gewahren lassen, ziemlich unbeholfen ist, fühlte sich
Callistrat doch als, wenn auch in der Provinz beheimateter, Römer:

Aus Buch 1 'De cognitionibus', Dig. 50,6,6 pr.:

*Semper in civitate nostra senectus venerabilis fuit, namque maiores nostri
paene eundem honorem senibus quem magistratibus tribuebant. circa
munera quoque municipalia subeunda idem honor senectuti tributus est.*

Aus Buch 3, Dig. 50,11,2:

*Si quis ipsos cultores agrorum vel piscatores deferre utensilia in civitate
iusserit ut ipsi ea distrahant, destituetur annonae praebitio, cum . . .
denique summae prudentiae et auctoritatis apud Graecos Plato . . .*

---

[228] Verzeichnet bei v. KOTZ-DOBRŽ, RE Suppl. 3 (1918), s. v. Callistratus 228f.
[229] Paulus: 1 app. Dig. 49,4,2 § 3 u. 2 mil. Dig. 38,12,1 u. 49,16,13 § 5. Und Ulpian: 1 app.
Dig. 2,8,15 § 1; 2 vicens. Dig. 35, 2,68 pr. (zweimal) u. § 1; u. 2 off. praes. Dig. 50,5,5.
Außerdem die Militärschriftsteller (s. sofort) Tarruntenus Paternus (1 mil. Dig. 49,16,12
§ 1) und Arrius Menander: 2 mil. Dig. 38,12,1; Dig. 49,16,13 §§ 5 u. 6 u. 48,19,14. Außerdem
nennt er 2 vicens. Dig. 35,2,68 § 1 *quidam*; und 1 publ. Dig. 48,5,25 § 2 *plerique*. Schließlich zitiert er achtundzwanzigmal Kaiserkonstitutionen. Hier nennt er den Kaiser aber
nur in der Hälfte der Fälle: einmal Hadrian, je zweimal Pius, Mark Aurel mit Commodus
und Septimius Severus, sechsmal Severus mit Caracalla und einmal Severus Alexander.
[230] Lb. sg. mun. Dig. 50,4,18 § 26.
[231] Zumal die kaiserrechtlichen Schriften, s. bes. 2 fisc. Dig. 49,14,2 u. 23; 1 cogn. Dig. 50,6,6,
bes. §§ 4—7; 4 cogn. Dig. 22,5,3 §§ 1—4; u. 5 cogn. Dig. 48,19,27 u. 42, 1, 33.Vgl.aber auch
etwa Ulp. 8 off. proc. Dig. 48,18,1. Zu Callistrats Verhältnis zum Kaiserrecht s. ferner
3 cogn. Dig. 42,1,32, wonach bemerkenswerterweise ein gegen vorgebrachte Kaiserkonstitutionen verstoßendes Urteil dann nicht von vornherein unwirksam ist, wenn der Richter,
obwohl zu Unrecht, die Konstitutionen für nicht einschlägig hielt. Vgl. allgemein Macer
2 app. Dig. 49,8,1 § 2.

Aus Buch 6, Dig. 48,19,28 § 116:

Maiores nostri in omni supplicio severius servos quam liberos, famosos quam integrae famae homines punierunt.

Das., Dig. 48,22,18 pr.:

Relegatus morari non potest Romae etsi id sententia comprehensum non est, quia communis patria est. neque in ea civitate in qua moratur princeps vel per quam transit. iis enim solis permissum est principem intueri qui Romam ingredi possunt, quia princeps pater patriae est.

Und aus Buch 2 der 'Quaestiones', Dig. 50,16,220 § 3:

... natura nos quoque docet parentes pios qui liberorum procreandorum animo et voto uxores ducunt[232] filiorum appellatione omnes qui ex nobis descendunt contineri. nec enim dulciore nomine possumus nepotes nostros quam filii appellare, etenim idcirco filios filiasve concepimus atque edimus, ut ex prole eorum earumve diuturnitatis nobis memoriam in aevum relinquamus.

b) Lebendige juristische Erörterung gibt es vor allem bei Macer, dessen Darstellungsstil nur wenig ärmer ist als der der hauptstädtischen Juristen und der dementsprechend mit ihnen durchaus von gleich zu gleich argumentiert. Einmal tritt er einem Zweifel des Paulus entgegen:

Aus Buch 1 'De appellationibus', Dig. 49,4,2 § 3:

Si pro eo, qui capite puniri iussus est, necessaria persona appellet, an tertia die audiri possit Paulus dubitat. sed dicendem est hanc quoque personam ut in propria causa secunda die appellare debere, quia qui sua interesse dicit propriam causam defendit.

Die Appellation in eigener Sache mußte spätestens einen Tag nach Urteilsverkündigung eingelegt werden; in fremder Sache hatte man bis zum übernächsten Tag Zeit. Wenn nun die Angehörigen eines zum Tode Verurteilten appellieren, tun sie das in eigener oder in fremder Sache? Mit etwas kleinlicher, aber sehr römischer Begründung kommt Macer zu dem für die Betroffenen ungünstigeren Ergebnis.

Ein andermal setzt Macer, wie schon erwähnt, einem *hoc iure utimur* Ulpians eine abweichende, und zwar stark vereinfachende Gewohnheit entgegen:

Aus Buch 2 'Ad legem vicensimae hereditatium', Dig. 35,2,68 pr.:

Computationi in alimentis faciendae hanc formam esse Ulpianus scribit, ut a prima aetate usque ad annum vicesimum quantitas alimentorum

---

[232] Vgl. Gell. 1,6; Liv. epit. 59; u. CJ 6,40,2 u. 3.

triginta annorum computetur eiusque quantitatis Falcidia praestetur, ab annis vero viginti usque ad annum vicesimum quintum annorum viginti octo, ab annis viginti quinque usque ad annos triginta annorum viginti quinque, ab annis triginta usque ad annos triginta quinque annorum viginti duo, ab annis triginta quinque usque ad annos quadraginta annorum viginti. ab annis quadraginta usque ad annos quinquaginta tot annorum computatio fit, quot aetati eius ad annum sexagesimum deerit remisso uno anno. ab anno vero quinquagesimo usque ad annum quinquagesimum quintum annorum novem, ab annis quinquaginta quinque usque ad annum sexagesimum annorum septem, ab annis sexaginta, cuiuscumque aetatis sit, annorum quinque. eoque nos iure uti Ulpianus ait et circa computationem usus fructus faciendam. solitum est tamen a prima aetate usque ad annum trigesimum computationem annorum triginta fieri, ab annis vero triginta tot annorum computationem inire quot ad annum sexagesimum deesse videntur, ab annis autem sexaginta annorum quinque.

Ulpian hatte eine neunstufige Sterbetafel, zur Berechnung der falcidischen Quart, aufgestellt. Macer braucht sie nur mehr dreistufig, zur Berechnung der fünfprozentigen Erbschaftssteuer. In beiden Fällen ist die Rechenaufgabe dieselbe: Eine Leibrente, mit der der Erbe belastet ist, ist vom Gesamtwert der Erbschaft abzuziehen und dazu zunächst in ihren Kapitalwert umzurechnen.

Einmal gar widerspricht Macer einem Reskript von Septimius Severus und Caracalla, wenn er das auch zurückhaltend ausdrückt:

Aus Buch 2 'De appellationibus', Dig. 49,13,1 § 1:

Tutor quoque in negotio pupilli appellatione interposita si decesserit, heredem eius causas appellationis reddere necesse est, etiamsi rationes tutelae heres reddiderit, quia sufficit mortis tempore ad causas appellationis reddendas obligatum fuisse. sed divi Severus et Antoninus rescripserunt non cogendum tutorem post rationes redditas causas appellationum reddere.

Ein Vormund, der für sein Mündel einen Prozeß führte, starb nach Einlegung, aber vor Durchführung der Appellation. Wenn der Erbe des Vormunds dessen Nachfolger (oder dem herangewachsenen Mündel) Rechnung gelegt hat, ist er nach Septimius Severus aller Pflichten ledig, nach Macer dagegen nicht: Den schwebenden Prozeß muß er zu Ende führen. Solche Meinungsverschiedenheiten zwischen Kaiser und Jurist sind in der Spätklassik an sich selten; nur von Paulus, der überhaupt gern Autoritäten kritisiert[234], haben wir eine größere Zahl

---

[234] Besonders deutlich bei Pauls Bearbeitung der 'Pithana' von Labeo, s. LENEL, Pal. I 528—534.

einschlägiger Stellen[235]. Inwieweit solcher Widerspruch Anhänger fand, steht auf einem anderen Blatt[236]. Jedenfalls war es nicht grundsätzlich unzulässig, eine Rechtsansicht zu vertreten, die von einem vorliegenden Kaiserreskript abwich[237], unbeschadet der Existenz eines Straftatbestandes *si iudex constitutiones principum neglexerit*[238].

Trotzdem nennt, wie ebenfalls bereits gezeigt wurde, gerade Macer die Kaiserkonstitutionen regelmäßig *sacrae constitutiones*, wie außer ihm nur noch der Sentenzenverfasser. Bei Paulus, Ulpian, Marcian und Modestin war das eine seltene Ausnahme.

c) Nach Macer läßt sich erst bei Charisius wieder eine gewisse Selbständigkeit feststellen:

Aus dem 'Liber singularis de muneribus civilibus', Dig. 50,4,18 § 26:

Mixta (sc. sunt) munera decaprotiae et icosaprotiae, ut Herennius Modestinus et notando et disputando bene et optima ratione decrevit. nam decaproti et icosaproti tributa exigentes et corporale ministerium gerunt et pro omnibus defectorum[239] fiscalia detrimenta resarciunt, ut merito inter mixta hoc munus numerari debeat.

Mit seinem Rückgriff auf Modestin wendet er sich nämlich in der Sache gegen Diokletian, der in einem Reskript gesagt hatte:

An Longinus, CJ 10,42,8:

Nec ... vel decaprotiae munera corporalia sunt, sed tantum patrimonii esse non ambigitur.

Das bedeutete, daß die gegenüber persönlichen *munera* vorzubringenden zahlreichen Exkusationsgründe entfielen, was im Interesse des Fiskus lag.

---

[235] Besonders aus seinen 'Libri VI imperialium sententiarum in cognitionibus prolatarum' (zur Überlieferung der Schrift SCHULZ, Gesch. 181ff.), s. LENEL, Pal. I 1111f. u. 959—965. Ferner etwa 'Lb. sg. de usuris', Dig. 22,1,17 pr.; Lb. sg. ad legem Falcidiam Dig. 35,2,1 § 14. S. a. BERGER, RE X 1 (1917) s. v. Iulius 382, 697 Z. 58ff. Allgemein P. KRÜGER, Geschichte der Quellen und Litteratur des römischen Rechts (2. Aufl. München 1912) 109. Für die Zeit der Hochklassik s. etwa Marcian 1 inst. Dig. 38,2,22 (dazu Pap. 11 quaest. Dig. 36,1,52), wo von einer Meinungsverschiedenheit zwischen Julian und Hadrian berichtet wird. Ebenso bei Gai. 2,217ff., s. oben S. 257. S. ferner S. 255 Nr. 28.

[236] So folgte Hermogenian, dem in Dig. 49,1,27 der Macertext offenbar vorgelegen hatte, nicht seinem Gewährsmann, sondern dem Kaisern, s. VERF., Hermog. 75f.

[237] So seinerzeit JOSEF FINESTRES Y DE MONSALVO, In Hermogeniani iuris epitomarum libros VI commentarius (Cervera 1757) II 897; u. anscheinend noch W. LITEWSKI, Zur Appellation in Zivilsachen II, in: RIDA³ 14 (1967) 347f.: Mit *sed divi* rell. korrigiere sich Macer selbst. Aber dann hätte er im Vorsatz schwerlich *necesse est, etiamsi ... quia ...* stehen gelassen. Vgl. 1 publ. Dig. 48,5,33 pr.

[238] So formuliert ihn, sicher unvollständig, Marcian 14 inst. Dig. 48,10,1 § 3. S. a. PS Brev. 5, 25,4. Lit.: F. M. DE ROBERTIS, Le sentenze contra constitutiones e le sanzioni penali a carico del giudicante, in: SZ 62 (1942) 255ff.; u. MARIO LAURIA, Ius, visioni romane e moderne (2. Aufl. Neapel 1962) 133ff.

[239] *Defectorum* ist Emendation (CUJAZ), die Hss. haben *defunctorum*.

Obwohl Charisius Diokletians abweichende Meinung nicht nennt, hat er als
Chef der Reskriptkanzlei die Ausfertigung eines nicht weit zurückliegenden
Vorgängers vermutlich doch gekannt. Die kanzleiinterne Überlieferung
ungeachtet war sie damals sowohl im Cod. Herm. suo titulo greifbar[240] als
auch eingearbeitet in die 'Iuris epitomae' Hermogenians[241], wie sie dann
übrigens auch der Opinionenverfasser berücksichtigt hat[242]. Es geschah
offenbar nicht von ungefähr, daß Charisius gerade hier einen Juristen,
einen der bekanntesten fünf und seinerzeit ebenfalls in kaiserlichem Dienst,
zitierte, und dazu mit so nachdrücklichen Worten. Diese Selbständigkeit gab
es bei Hermogenian nicht[243]. Bei den Provinzialen war sie überhaupt selten.

4. Provinzialismen

Im ganzen stellen all diese Schriften korrekt das jeweils geltende
Reichsrecht dar. Spuren von Verformungen des Reichsrechts oder von
provinzialem Sonderrecht[244] sind verhältnismäßig selten.

a) Bei Gajus wurden einzelne besonders markante Provinzialismen
schon vorgeführt (oben I 1 c, 3. Abs.). Hier wäre nun an sich sein ganzes
Werk nach Ausprägungen seiner Distanz von der Hauptstadt zu durchmustern. Doch wollen wir uns vorerst mit einer einzigen, kleineren Schrift
begnügen, deren Titel, ja deren ganze Existenz bislang als anstößig empfunden werden mußte[244a]: der 'Liber singularis de (sic) formula hypo-

---

[240] Das ist aus ihrem heutigen Fundort, Cod. Just. 10,42,8, zu schließen: In der Inskription
sind die *Caesares* mit aufgeführt, was erst von 293 ab geschah, weshalb Justinian die
Konstitution nicht aus dem Codex Gregorianus, sondern aus dem Cod. Herm. bezogen
haben muß. Zu den Quellen der Codexkommission Justinians und ihrer Verwertung s.
vor allem G. ROTONDI, Studi sulle fonti del codice Giustinianeo, in: Scritti (oben Fußn.
112) I 110ff. Danach hatte der Cod. Herm. vermutlich nur einen allgemeinen Titel 'De
muneribus'.

[241] Buch 1 Dig. 50,4,1 § 1.

[242] Dig. 49,18,2 § 1. Zu alldem des näheren VERF., Gemischte Begriffe im römischen Recht,
in: Index 1 (1970) 154f. u. 171f.

[243] Vgl. meine Zusammenfassung Hermog. 90f. u. 105f. Durchweg wenig rühmliche Anflüge
von selbständiger Argumentation S. 45 unten, 66f., 70, 79 unten und 101ff.

[244] Für die Provinz Ägypten mit seinem reichen papyrologischen Material s. jetzt zusammenfassend MODRZEJEWSKI, a.a.O. (oben Fußn. 3) 337ff., 345ff. u. bes. 365ff., welcher Liste
noch die Erbteilungsverträge hinzuzufügen wären, vgl. VERF., Hermog. (oben Fußn. 105)
97f.; ferner E. SEIDL, Die Stipulation im ägyptischen Provinzialrecht, in: Studi in onore
di G. Scherillo (Mailand 1972) II 627ff. Zur Provinz Arabia H. J. WOLFF, Römisches
Provinzialrecht in der Provinz Arabia: in dieses Werk (ANRW) Teil II, im vorhergehenden Band. Zur Provinz Dacia St. TOMULESCU, Le droit romain dans les triptyques de
Transsylvanie, in: RIDA³ 18 (1971) 691ff. Zu Hermogenian vgl. VERF., Hermog. 95f. u.
97f. Zu Furius Anthianus unten Fußn. 327. Zu Italien im 3. u. 2. Jh. v. Chr. s. W. V.
HARRIS, oben Fußn. 134.

[244a] S. vor allem F. EBRARD, Die Digestenfragmente ad formulam hypothecariam (Leipzig
1917); SCHULZ, Gesch. 250ff.; u. noch WIEACKER, Textstufen 168; u. M. KASER, Mehrfache Verpfändung im römischen Recht, in: Studi in onore di G. Grosso I (Turin 1968) 55f.

thecaria'. So oder ähnlich ('Ad f. h.', Marcian) lauten die römischen Pfand-
rechtsmonographien, deren drei bezeugt sind: außer von Gajus von den
Spätklassikern Paulus und Marcian, ebenfalls *libri singulares*. Wenn die
strenge Mißbilligung des Wortes *hypotheca* in den römischen Juristenschriften heute auch nicht mehr aufrechterhalten werden kann[244b], so paßt
die Einführung des Terminus in die römische Rechtssprache, eine Tat des
Gajus, doch schlecht nach Rom, und noch schlechter die Bezeichnung *formula hypothecaria* für die *actio (quasi) Serviana*[244c]. Ja, dem Pfandrecht
überhaupt eine Einzeldarstellung so lange vor der *constitutio Antoniniana* zu
widmem, entsprach mehr den Bedürfnissen der Provinz, wo der Realkredit
den Personalkredit wie in allen großflächigen Rechtsgemeinschaften schon
immer überwog. In der Hauptstadt dauerte damals, typisch für auf engem
Raum konzentrierte Rechtsgemeinschaften mit überschaubarer Bonität
der Finanzaristokratie, die Vorherrschaft des Personalkredits gegenüber
dem Realkredit noch an, und außerdem vollzog sich letzterer hauptsächlich
in der Form der *fiducia*. In Julians 'Digesta', dem repräsentativen kasuistischen Werk der Zeit, nahm das Bürgschaftsrecht vier *libri* ein: 53 und 88
bis 90, während für das Pfandrecht nur kleine Bruchteile der Bücher 11
und 49 und nur für die *fiducia* ein größerer Bruchteil von Buch 13 aufge-
wendet wurden. Erst seit dem 3. Jh. beschäftigen Fragen des Realkredits
die Juristen auch in Rom mehr, und im Cod. Just., insoweit Spiegel der
Codd. Greg. und Herm., d. h. der Praxis im wesentlichen des 3. Jhs. n. Chr.,
und mit Material aus dem ganzen Reich, ist das Verhältnis umgekehrt.
Der Bürgschaft gehört ein einziger Titel (8, 40) mit 25 vorkonstantinischen
Konstitutionen, während sich das Pfandrecht über 22 Titel (4, 24 u. 8,
13—34 ausgenommen Tit. 21) entfaltet mit zusammen 130 vorkonstantinischen Konstitutionen.

Betrachtet man nun die einzelnen Fragmente der Schrift, so fällt gleich
beim ersten eine Auseinandersetzung mit volksrechtlicher Rechtsanschau-
ung auf, wie sie sonst etwa bei dem Provinzialjuristen Callistrat begegnet
(Dig. 22, 4, 5) und zumal in den vorkonstantinischen Kaiserkonstitutionen,
nicht aber im Rom des 2. Jhs. n. Chr.:

Dig. 20, 1, 4—22, 4, 4:

*Contrahitur hypotheca per pactum conventum, cum quis paciscatur, ut
res eius propter aliquam obligationem sint hypothecae nomine obligatae,
nec ad rem pertinet quibus fit verbis, sicuti est et in his obligationibus
quae consensu contrahuntur. et ideo et sine scriptura si convenit ut
hypotheca sit et probari poterit, res obligata erit de qua conveniunt. fiunt*

[244b] HERBERT WAGNER, Voraussetzungen, Vorstufen und Anfänge der römischen General-
verpfändung (Marburg 1968) 19 ff. S. a. M. KASER, Das römische Privatrecht I (2. Aufl.
München 1971) 463.

[244c] Auch jene Bezeichnung geht auf Gajus zurück. S. dazu WAGNER, a.a.O. 22 ff.; u. KASER,
a.a.O., die das beide schon zutr. damit erklären, daß die Schrift sich an ein provinziales
Publikum wandte. Trotzdem hält WAGNER noch an KUNKELs Lokalisierung des Gajus
nach Rom fest.

enim de his scripturae, ut quod actum est per eas facilius probari possit,
et sine his autem valet quod actum est si habeat probationem, sicut et
nuptiae sunt licet testationes in scriptis habitae non sunt.

Solch wortreiche Belehrung über die Bedeutung der Schriftform nach
römischem Recht, die es sich mit der Zurückweisung hellenistischer Rechts-
vorstellungen[244d] nicht leicht macht, sich nicht einfach hinter dem römischen
Grundsatz verschanzt, sondern geduldig auf die abgewehrte Rechtsauffassung eingeht, ist mit hellenistischer Umgebung, also provinzialem
Standort des überlieferten Autors besser erklärt als mit der Hilfsannahme
eines nachklassischen Bearbeiters.

Gleich im nächsten Fragment, Dig. 20, 1, 15 § 1, wird vom vertraglichen Generalpfandrecht, den übrigen Juristen des 2. Jhs. n. Chr. noch
gänzlich unbekannt[244e], gesagt: *quae cottidie inseri solet cautionibus*, was am
ehesten mit dem hellenistischen Generalhypallagma in Verbindung zu
bringen ist[244f]. Und in § 2 ist von einer den hauptstädtischen Quellen ebensowenig geläufigen Geschäftspraxis bei Bestellung eines nachrangigen Pfandrechts die Rede: (sc. *debitores*) *praedicere solent alii nulli rem obligatam esse*
quam forte Lucio Titio, welchen Passus BISCARDI einem nachklassischen östlichen Bearbeiter der Schrift zuweisen zu müssen glaubt[244g], weil er auffällig
zusammenstimmt mit einer Inschrift aus Ephesos aus hellenistischer Zeit[244h].

b) Bei Callistrat war zu beobachten, daß er die elastischere militärrechtliche Regelung empfahl, wo an sich eine Bestimmung der *lex Iulia maiestatis* anzuwenden gewesen wäre. Und einmal treffen wir ihn dabei an, wie
er empfiehlt, sich nicht auf einen durch Konstitutionen eingeführten Straf-
ausschließungsgrund zu verlassen, sondern die Straffreiheit beim Kaiser
eigens zu erbitten:

Aus Buch 1 der 'Quaestiones', Dig. 48,10,15 § 1:

Pr.: *Divus Claudius edicto praecepit adiciendum legi Corneliae ut, si*
quis, cum alterius testamentum vel codicillos scriberet, legatum sibi sua
manu scripserit, proinde teneatur ac si commisisset in legem Corne-
liam ...

[244d] L. MITTEIS, Reichsrecht (oben Fußn. 6) 361; u. F. PRINGSHEIM, Id quod actum est, in:
SZ 78 (1961) 73 u. Fußn. 251.

[244e] HERBERT WAGNER, Zur Freiheitserteilung an den einem Generalpfandnexus unterlie-
genden Sklaven, in: StDoc 33 (1967) 163ff., u. a.a.O. (oben Fußn. 244b) 5ff. u. 36. WAGNERS
Annahme dort, Julian habe in Dig. 41,3,33 § 5 die zu ersitzenden Sachen aus generell
obligierten Pfandverbänden im Auge gehabt, ist danach nicht zweifelsfrei.

[244f] Dazu A. B. SCHWARZ, Hypothek und Hypallagma (Leipzig 1911) 48ff.; u. WAGNER,
a.a.O. (Fußn. 244b) 6 Fußn. 46.

[244g] Die mehrfache Verpfändung einer Sache vom attischen bis zum spätrömischen Recht,
in: SZ 86 (1969) 167f.

[244h] Sylloge inscriptionum graec., hrsgg. v. W. DITTENBERGER I (3. Aufl. Leipzig 1915) Nr.
364 Z. 35ff.; u. dazu BISCARDI, a.a.O. 163f. — 10 ed. prov. Dig. 18,1,35 setzt sich Gajus
ausführlich mit der *arrha* beim Kauf auseinander. Dazu M. TALAMANCA, L'arra della
compravendita (Mailand 1953) 69ff.

Plane constitutionibus principalibus cavetur ut, si testator specialiter subscriptione sua declaraverit dictasse servo alicuius ut domino eius legatum ab heredibus suis daretur, id valere; nec generalem subscriptionem testatoris valere . . . et ideo legatum pro non scripto habendum, et servo qui etiam sibi legatum adscripsit veniam dari. ego tutius esse puto veniam petendam ab imperatore, scilicet eo quod relictum est abstinentibus.

Ein Testamentsschreiber, der ein Vermächtnis an sich selbst niederschreibt, war, mag er das auch *dictante testatore* getan haben, nach einem Edikt von Claudius der Testamentsfälschung schuldig, gleichgültig, ob dem Täter diese Strafbestimmung bekannt war oder nicht[245]. Mehrere Konstitutionen schränkten diese Bestimmung aber wieder ein. Die Selbstbedenkung sollte gültig sein, wenn der Testator die betreffende Klausel noch einmal eigens unterschrieben hatte. Und war der Testamentsschreiber ein (fremder) Sklave gewesen, der außer seinem Herrn auch sich selbst, wenn auch indirekt damit noch einmal seinen Herrn, bedachte, so sollte, wenn nur die allgemeine Unterschrift vorlag, die Bedenkung zwar ungültig sein, der Sklave aber straffrei ausgehen.

Auch die Auseinandersetzung mit volks- und vulgärrechtlichen Anschauungen fehlt bei Callistrat nicht:

Aus Buch 2 der 'Quaestiones', Dig. 22,4,5:

Si res gesta sine litterarum quoque consignatione veritate factum suum praebeat, non ideo minus valebit quod instrumentum nullum de ea intercessit.

Das., Dig. 40,12,37:

Conventio privata neque servum quemquam neque libertum alicuius facere potest[245a].

c) Macer erklärte, es ist in diesem Zusammenhang noch einmal darauf hinzuweisen, sogar in Kenntnis der hauptstädtischen Bestimmung eine sehr viel einfachere Sterbetafel für maßgeblich.

d) Für die Lokalisierung des Sentenzenverfassers wurde benutzt, daß er einen vom Reichsrecht einschließlich 'Edictum Theoderici' nie zur Kenntnis genommenen, besonderen Straftatbestand kennt, das Fällen fremder Obstbäume. Und die 'Sententiae' bezeugen auch eine regelrechte Verformung des Reichsrechts. Das Verbot des *ne bis in idem* galt im römischen Recht zwar nicht uneingeschränkt und stets fraglos. Aber in spätklassischer

---

[245] Dazu W. WALDSTEIN, Untersuchungen zum Römischen Begnadigungsrecht. Abolitio, indulgentia, venia, Comment. Aenipontanae, 18 (Innsbruck 1964) 140ff. Vgl. bes. Alex. 223 Cod. Just. 9,23,3.

[245a] S. oben Fußn. 244d.

Zeit war ihm in allen wichtigen Verfahrensarten, auch im Quästionen- und
Kognitionsprozeß, von genau umschriebenen Ausnahmen abgesehen, Geltung verschafft, und die Reichszentrale hielt daran jedenfalls bis Diokletian
fest[246]. Nach den Paulussentenzen aber können nach erfolgtem Freispruch
nur der frühere (private) Ankläger und sein Sohn nicht erneut an-
klagen:

PS Brev. 1,6(B) *'De reis institutis'*, 1—3:

*De his criminibus, de quibus quis absolutus est, ab eo qui accusavit
refricari accusatio non potest. Filius accusatoris si hoc crimen quod pater
intendit post liberatum reum persequi velit, ab accusatione removendus
est. Crimen in quo alius destitit vel victus discessit, alius obicere non
prohibetur.*

e) Die interessantesten Einblicke in das im 4. Jh. n. Chr. in der römischen Provinz herrschende Rechtsdenken und vor allem auch in das Rechtsleben selbst: was hier praktische Bedeutung hat und die Rechtsgenossen
interessiert und bedrückt, geben uns die pseudoulpianischen Opinionen
dank der Tatsache, daß ihr Verfasser vor allem die Gerichte beschäftigende
Fälle verarbeitet und dabei die Kunst des Abstrahierens nur sparsam
geübt hat. Im ganzen zwar liefern sie ein ähnliches Bild wie die Kaiserkonstitutionen, vor allem die Reskripte, die aus vorkonstantinischer Zeit
ja in großer Zahl überliefert sind und aus denen der Opinionenverfasser
vermutlich vor allem schöpfte, wenn auch nur ganz selten die jeweilige
Vorlage einer Opinionenstelle ausgemacht werden kann[247]. Nur hin und
wieder werden wirkliche juristische Probleme entwickelt[248]. Oft geht es
einfach darum, im römischen Rechtssystem Unbewanderte über ganz elementare Dinge zu belehren und schlicht zu sagen, was geht und was nicht
geht:

Aus Buch 1, Titel: *'De pactis* et transactionibus', Dig. 2,14,52 §§ 1—3:

*Si inter debitorem et eum, qui fundum pigneratum a creditore quasi
debitoris negotium gereret emerit, placuit ut habita compensatione fruc-
tuum solutoque quod reliquum deberetur fundus debitori restitueretur,
etiam heres pacto quod defunctus fecit fidem praestare debet.*

---

[246] Im einzelnen VERF., Die Herkunft der 'Regel' bis de eadem re ne sit actio, in: SZ 84 (1967)
124ff.; u.: Die Klagenkonsumption des römischen Rechts, in: SZ 86 (1969) 173ff.; sowie
P. LANDAU, Ursprünge und Entwicklung des Verbotes doppelter Strafverfolgung wegen
desselben Verbrechens in der Geschichte des kanonischen Rechts, in: SZ Kan. Abt. 56
(1970) 124ff.

[247] Nämlich ganze fünfmal, wobei der letzte Fall ganz ungewiß ist: Pius bei Ulp. 14 ed. Dig.
49,1,14 pr. liegt op. 6 Dig. 5,2,29 pr. zugrunde; *divi fratres* bei Scaev. 1 resp. Dig. 2,15,3 pr.
möglicherweise Dig. 5,2,29 § 2; Diokl. Cod. Just. 10,32,5 Opin. 3 Dig. 50,4,3 § 5; Konst.
324 Cod. Theod. 12,17,1 Opin. 3 Dig. 50,4,3 § 6; und vielleicht Alex. Cod. Just. 5,39,2
wenigstens zu einem Teil Dig. 26,9,2.

[248] Dazu könnte man vielleicht rechnen aus Buch 1 Dig. 26,9,2; aus Buch 3 Dig. 50,8,3 pr.;
aus Buch 5 Dig. 48,23,2; 49,15,21 u. 1,7,25 pr.; und aus Buch 6 Dig. 5,2,29 pr. u. 13,7,27.

Pactum ut, si quas summas propter tributiones praedii pignori nexi factas creditor solvisset, a debitore reciperet et ut tributa eiusdem praedii debitor penderet, iustum ideoque servandum est.
De inofficioso patris testamento acturis, ut eis certa quantitas quoad viveret heres praestaretur, pactus est. produci ad perpetuam praestationem id pactum postulabatur. rescriptum est neque iure ullo neque aequitate tale desiderium admitti.

Ebenda, Dig. 2,15,9 pr. u. §§ 1 u. 3:

Qui cum tutoribus suis de sola portione administratae tutelae suae egerat et transegerat, adversus eosdem tutores ex persona fratris sui, cui heres extiterat, agens praescriptione factae transactionis non summovetur. transactio quaecumque fit de his tantum, de quibus inter convenientes placuit, interposita creditur.
Ei, qui nondum certus ad se querellam contra patris testamentum pertinere de aliis causis cum adversariis pacto transegit, tantum in his interpositum pactum nocebit de quibus inter eos actum esse probatur. nam ea, quorum actiones competere ei postea compertum est, iniquum est peremi pacto[249].

Aus Buch 3, Titel: 'De cura aedificiorum', Dig. 50,17,61:

Domum suam reficere unicuique licet, dum non officiat invito alteri, in quo ius non habet.

Aus Buch 5, Titel: 'De *in integrum restitu*tione maio*rum XXX annis*', Dig. 4,6,40 § 1:

Quod eo tempore, quo in insula aliquis fuit ex poena ei irrogata cuius restitutionem impetravit, ab alio usurpatum ex bonis quae non erant adempta probatum fuerit, suae causae restituendum est.

Ebenda, Titel: '*De alienatione iudicii mutandi causa facta*', Dig. 4,7,11:

Cum miles postulabat suo nomine litigare de possessionibus, quas sibi donatas esse dicebat, responsum est, si iudicii mutandi causa donatio facta fuerit priorem dominum experiri oportere, ut rem magis quam litem in militem transtulisse credatur.

Ebenda, Titel: '*De iudiciis*', Dig. 5,1,81:

Qui neque iurisdictioni praeest neque a principe potestate aliqua praeditus est neque ab eo qui ius dandorum iudicum habet datus est nec est compromisso sumptus vel ex aliqua lege confirmatus est, iudex esse non potuit.

---

[249] *His ... probatur* und *id ... docetur* sind wohl Glossemata, wie grundsätzlich seit alters erkannt, wenn auch die Meinungen darüber, was im einzelnen zu athetieren und was zu bewahren ist, auseinandergehen.

Ebenda, Titel: 'De adoptionibus et emancipationibus', Dig. 1,5,27:

Eum, qui se libertinum esse fatetur, nec adoptando patronus ingenuum facere potuit.

Ebenda, Dig. 1,7,25 § 1:

Neque adoptare neque adrogare quis absens nec per alium eiusmodi sollemnitatem peragere potest.

Aus Buch 6, Titel: 'De adquirendo vel amittendo rerum dominio', Dig. 9,2,50:

Qui domum alienam invito domino demolit et eo loco balneas exstruxit, praeter naturale ius, quod superficies ad dominum soli pertinet, etiam damni dati nomine actioni subicitur.

Ebenda, Dig. 10,1,8 pr.:

Si irruptione fluminis fines agri confudit inundatio ideoque usurpandi quibusdam loca, in quibus ius non habent, occasionem praestat, praeses provinciae alieno eos abstinere et domino suum restitui terminosque per mensorem declarari iubet.

Dazu gehört insbesondere auch die Bekämpfung der Vorstellung, schriftlich niedergelegte Vereinbarungen und Zusagen seien ohne weiteres verbindlich:

Aus Buch 1, Titel: *'De pactis* et transactionibus', Dig. 2,14,52 pr.:

Epistula, qua quis coheredem sibi aliquem esse cavit, petitionem nullam adversus possessores rerum hereditariarum dabit.

Ebenda, Dig. 2,15,9 § 2:

Qui per fallaciam coheredis ignorans universa, quae in vero erant, instrumentum transactionis sine Aquiliana stipulatione interposuit, non tam paciscitur quam decipitur.

Sparsamer als beim Durchschnitt der Konstitutionen wird in den Opinionen jedoch, wie die vorgeführten Stellen zeigen, meist auf eine Begründung oder auch nur schrittweise Herleitung des Ergebnisses[250] verzichtet und nur die nackte Rechtsfolge mitgeteilt, darin den anderen nach-

---

[250] S. etwa aus Buch 1 Dig. 2,15,9 § 1 (asyndetisch nachgeschobene Begründung zum pr.) u. § 3 *nam ea . . . pacto:* aus Buch 2 Dig. 50,5,1 pr. *sed si . . . obeant;* aus Buch 3 Dig. 50,8,2 § 1 S. 1; § 7 *quia . . . potest* u. Fr. 3 pr. *quia suum periculum agnovit;* aus Buch 4 Dig. 3,5 44 § 2 *quamvis . . . versari;* aus Buch 5 Dig. 4,4,40 pr. *quia . . .;* 27,9,9 *si fraudem . . . successor eius;* 1,7,25 pr. *adversus factum suum;* 49,15,21 pr. *ignorantia mariti . . .;* § 1 *quam . . . amiserant;* 4,7,11 *ut rem . . .* u. 12,1,26 *exemplo eo . . . fuerit;* und aus Buch 6 Dig. 5,2,29 § 3 *quoniam . . . potest;* 6,1,54 *inter . . . interest;* 8,4,13 pr. *quamvis . . . exposcit* u. 8,5,15 *quia . . . habuit.*

klassischen Schriften wie Paulussentenzen, Hermogenians 'Iuris epitomae' und den fälschlich Paulus und Ulpian zugeschriebenen 'Libri singulares regularum' ähnlich.

Zwei Eigentümlichkeiten der Opinionen stechen besonders hervor. Einmal sind zwei volle *libri*, also ein ganzes Drittel der Schrift, dem Munizipalrecht gewidmet, den Pflichten der städtischen Bürger gegenüber ihrer Gemeinde und der Munizipalverwaltung, wofür also die Opinionen eine besonders ergiebige Fundgrube darstellen; und das haben die Kompilatoren auch genutzt[251]. Und zweitens lesen sich viele Stellen nicht wie nüchterner juristischer Text, sondern eher wie Hilferufe der Provinzbürger an die Recht und Ordnung nicht mehr hinreichend garantierende Obrigkeit, vor allem den Provinzgouverneur:

Aus Buch 1, Titel: 'De officio praesidis', Dig. 50,13,2; 1,18,6 pr. — § 7; § 9 u. 47,9,10:

De usu aquae, de rivis novis inciviliter institutis, item de equis alienis a sciente possessis fetuque earum et de damno dato per immissos in praedium suum universos homines eos, qui in plurium praedia distribui debuerunt, si modo id non ex auctoritate eius qui iubere potuit factum est, praesidem provinciae doceri oportere responsum est, ut is secundum rei aequitatem et iurisdictionis ordinem convenientem formam rei det.

Illicitas exactiones et violentia factas et extortas metu venditiones et cautiones vel sine pretii numeratione, prohibeat praeses provinciae, item ne quis iniquum lucrum aut damnum sentiat, praeses provinciae provideat.

Veritas rerum erroribus gestarum non vitiatur. et ideo praeses provinciae id sequatur quod convenit eum ex fide eorum quae probabuntur.

Ne potentiores viri humiliores iniuriis adficiant neve defensores eorum calumniosis criminibus insectentur innocentes, ad religionem praesidis provinciae pertinet.

Illicita ministeria sub praetextu adiuvantium militares viros ad concutiendos homines procedentia prohibere et deprehensa coercere praeses provinciae curet, et sub specie tributorum illicitas exactiones fieri prohibeat.

Neque licita negotiatione aliquos prohiberi neque prohibita exerceri neque innocentibus poenas irrogari ad sollicitudinem suam praeses provinciae revocet.

Ne tenuis vitae homines sub praetextu adventus officiorum vel militum, lumine unico vel brevi suppellectili ad aliorum usus translatis, iniuriis vexentur, praeses provinciae providebit.

Ne quid sub nomine militum, quod ad utilitates eorum in commune non pertinet, a quibusdam propria sibi commoda inique vindicantibus committatur, praeses provinciae provideat.

---

[251] Vor allem in Dig. 50,5; 50,8 u. 50,10 erscheinen die 'Opinionen' oft.

Sicuti medico imputari eventus mortalitatis non debet, ita quod per imperitiam commisit, imputari ei debet. praetextu humanae fragilitatis delictum decipientis in periculo homines innoxium esse non debet.

Praeses provinciae si multam quam irrogavit ex praesentibus facultatibus eorum, quibus eam dixit, redigi non posse deprehenderit, necessitate solutionis moderetur reprehensa exactorum illicita avaritia.

Ne piscatores nocte lumine ostenso fallant navigantes, quasi in portum aliquem delaturi, eoque modo in periculum naves et qui in eis sunt deducant sibique execrandam praedam parent, praesidis provinciae religiosa constantia efficiat.

Aus Buch 3, Titel: '*De operibus publicis*', Dig. 50,10,2 § 2:

Ne eius nomine, cuius liberalitate opus exstructum est, eraso aliorum nomina inscribantur et propterea revocentur similes civium in patrias liberalitates, praeses provinciae auctoritatem suam interponat.

Aus Buch 5, Titel: '*De metu aut vi extortis*', Dig. 4,2,23 §§ 1—3 S. 1:

Si iusto metu perterritus (cognitionem ad quam ut vinctus iret potens adversarius minabatur) id quod habere licebat compulsus vendidit, res suae aequitati per praesidem provinciae restituitur.

Si faenerator inciviliter custodiendo athletam et a certaminibus prohibendo cavere compulerit ultra quantitatem debitae pecuniae, his probatis competens iudex rem suae aequitati restitui decernat.

Si quis, quod adversario non debebat, delegante eo per vim apparitione praesidis interveniente sine notione iudicis coactus est dare, iudex inciviliter extorta restitui ab eo qui rei damnum praestiterit iubeat.

Unverhältnismäßig oft werden mitten in zivilrechtliche Erörterungen die konkurrierenden kriminalstrafrechtlichen Möglichkeiten eingeblendet:

Aus Buch 4, Titel: '*De calumniatoribus*', Dig. 3,6,8:

Si ab eo qui innocens fuit sub specie criminis alicuius, quod in eo probatum non est, pecuniam acceptam is cuius de ea re notio est edoctus fuerit, id quod illicite extortum est secundum edicti formam, quod de his est qui pecuniam ut negotium facerent aut non facerent accepisse dicerentur, restitui iubeat et ei qui id commisit pro modo delicti poenam irroget.

Aus Buch 5, Titel: '*De metu aut vi extortis*', Dig. 47,13,1:

Si simulato praesidis iussu concussio intervenit, ablatum eiusmodi terrore restitui praeses provinciae iubet et delictum coercet.

Ebenda, Dig. 50,13,3:

Si medicus, cui curandos suos oculos qui eis laborabat commiserat, periculum amittendorum eorum per adversa medicamenta inferendo compulit, ut ei possessiones suas contra fidem bonam aeger venderet, incivile factum praeses provinciae coerceat remque restitui iubeat.

Ebenda, Titel: 'De minoribus XXV annis', Dig. 27,9,9:

Quamvis antecessor praesidis decrevisset ea praedia venumdari, quae tutor pupilli subiecto nomine alterius emptoris ipse sibi comparabat, tamen, si fraudem et dolum contra senatus consulti auctoritatem et fidem tutori commissam deprehendisset successor eius, aestimabit, quatenus tam callidum commentum etiam in exemplum coercere debeat.

Zu welchen ganz konkreten Fragen in den Opinionen Stellung genommen wird, hing anscheinend weniger von einem vorbedachten Plan ab als davon, was in dem verarbeiteten Reskriptmaterial stand. So kam etwa die Unausgewogenheit zustande, daß zum Vergleich über eine *querella inofficiosi testamenti* allein in den erhaltenen Bruchstücken viermal Stellung genommen ist[252]. Repräsentativ für die große Bedeutung des Heeres im spätantiken Staat ist es dagegen, wenn in unseren Fragmenten nicht weniger als zehn soldatenrechtliche Fälle vorkommen[253].

Endlich fällt in den Opinionen auf — aber das mag von ungeschickter Verarbeitung der Vorlage rühren —, daß mehrmals Rechtsfolgen bloß auf die *aequitas* gestützt, wo in Wahrheit schlicht seit alters geltende, unumstrittene Rechtssätze angewandt werden[254]:

Aus Buch 1, Dig. 2,15,9 § 3 (s. oben S. 44):

Aus Buch 4, Titel: *'De negotiis gestis'*, Dig. 3,5,44 § 2:

Titius pecuniam creditoribus hereditariis solvit existimans sororem suam defuncto heredem testamento extitisse. quamvis animo gerendi sororis negotia id fecisset, veritate tamen filiorum defuncti, qui sui heredes patri sublato testamento erant, gessisset. quia aequum est in damno eum non versari, actione negotiorum gestorum id eum petere placuit.

Aus Buch 6, Titel: 'De adquirendo vel amittendo rerum dominio', Dig. 27,9,10:

Illicite post senatus consultum pupilli vel adulescentis praedio venumdato, si eo nomine apud iudicem tutelae vel utilis actionis aestimatio facta est eaque soluta, vindicato praedii ex aequitate inhibetur.

Ebenda, Titel: 'De portionibus hereditariis', Dig. 10,2,50:

Quae pater filio emancipato studiorum causa peregre agenti subministravit, si non credendi animo pater misisse fuerit comprobatus sed pietate

---

[252] Nämlich B. 1 Dig. 2,14,52 § 3; 2,15,9 § 3; B. 6, Dig. 5,2,27 pr. u. 5,2,29 § 2.

[253] B. 1 Dig. 37,15,1 pr. u. § 3; B. 3 Dig. 49, 18,2 u. 50,4,b4 § 3; B. 4 Dig. 47,11,2; B.5 Dig. 4,6,40 pr.; 4,7,11; 12,1,26; u. 49,15,21 pr. a. E.; u. B. 6 Dig. 5,2,27 § 2.

[254] Gerechtfertigt dagegen in B. 3 ('De administratione rerum ad civitates pertinentium') Dig. 50,8,2 § 9. Vgl. a. B. 1 Dig. 2,14,52 § 3 (abgedruckt oben).

debita ductus, in rationem portionis quae ex defuncti bonis ad eundem filium pertinuit computari aequitas non patitur.

5. Das Gesamtwerk der einzelnen Schriftsteller

a) Betrachten wir nun das Oeuvre der einzelnen Juristen, so schneidet wieder Gajus am besten ab, entfernt er sich von dem in der Hauptstadt Anzutreffenden nicht allzu sehr. Die Falliteratur fehlt allerdings, trotz des 'Liber singularis de casibus', einer Sammlung von eher sonderbaren als praktischen Fällen[255]. Und auf der anderen Seite bietet Gajus erstmals ausgesprochene Anfängerlehrbücher, genauer: ein Lehrbuch in mehreren Bearbeitungen, die 'Libri IV institutionum' (und nicht, wie mit dem Anspruch auf Authentizität häufig behauptet, schlicht: 'Commentarii IV')[256] und deren (durch den Autor)[257] stark vermehrte und verbesserte Neufassung, die 'Libri VII rerum cottidianarum sive aureorum'[258]. Die übrigen neun Zehntel seines Werkes bieten jedoch ein vertrautes Bild: Kommentare und Einzeldarstellungen, darunter allerdings erstmals ein Kommentar zum Provinzialedikt und eine Monographie über Pfandrecht, auch dies ein von den Spätklassikern (Paulus und Marcian) aufgenommener Anstoß[258a].

b) Anders sieht es bei Callistrat aus. Von ihm haben wir zwar sogar ein kasuistisches Werk, nämlich 'Quaestiones' in zwei *libri*. Ferner bietet er auch eine Art Ediktkommentar, wenn auch ungewohnt schmal: sechs *libri*, und mit origineller Variierung des Titels, der bei ihm lautet 'Edicti monitorium'[259]. Dieses Wort, als Substantiv ἅπαξ λεγόμενον, stellt ersichtlich einen Latinisierungsversuch des griechischen ὑπόμνημα in der Bedeutung von 'Kommentar' dar[260]; der Titel ist also schlicht 'Ediktkommentar' zu übersetzen. Und kommentiert ist das Provinzialedikt[260a]. Nun hatte damals

---

[255] S. d. Fragmente bei LENEL, Pal. I 181.

[256] Nach den Zwischenüberschriften des Codex Veronensis und den Querverweisungen innerhalb der Institutionen. Aber hier nennt Gajus auch seine sonstigen Schriften sämtlich *commentarii*. Und dasselbe tat z. B. auch Ulpian, s. 32 ed. PSI 1449 recto Z. 8.

[257] Das bezweifelte man in der 1. Hälfte dieses Jhs., s. d. LitBer. bei FUHRMANN, Zur Entstehung des Veroneser Gaius-Textes, in: SZ 73 (1956) 342 Fußn. 3. Die beigebrachten Gründe sind aber mittlerweile sämtlich widerlegt, wenn auch ungeachtet dessen die These selbst in den Lehrbüchern weitertradiert wird. S. VERF., Gaius und Pomp. (oben Fußn. 58) 63 f.; u. H. L. W. NELSON, Die textkritische Bedeutung der ägyptischen Gaiusfragmente, in: Symbolae iuridicae et historicae Martino David ded. (Leiden 1968) I 174 Fußn.

[258] Von denen den Kompilatoren wiederum nur ein Auszug in drei Büchern vorlag, VERF., Gemischte Begriffe (oben Fußn. 242) 172 f. (Anm. 101).

[258a] S. oben S. 9 f. u. 20.

[259] HERBERT PERNICE, Miscellanea zu Rechtsgeschichte und Texteskritik I (Prag 1870) 92 ff., bes. 102 f.; gefolgt von O. KARLOWA, Römische Rechtsgeschichte I (Leipzig 1885) 653; und V. KOTZ-DOBRŽ, RE Suppl. III (1918) s. v. Callistratus 226 f. Demgemäß lauten die Inskriptionen regelmäßig *edicti monitorii libro*.

[260] Zutr. V. REICHMANN, ThLL s. v. monitorium (1959). Verfehlt SCHULZ, Gesch. 238 f.; u. VERF., Rez. Bonini (oben Fußn. 157) 257.

[260a] LENEL, Pal. I 96 Fußn. 4; u. V. KOTZ-DOBRŽ, a.a.O.

das griechische ὑπόμνημα gerade auch als Buchtitel seine festen lateinischen Entsprechungen: *actum* (ὑπομνήματα = *acta*) und *commentarius, commentarium*[260b]. Jedoch bezeichnete gerade auch *commentarius* als lateinischer Buchtitel damals noch nicht speziell den Kommentar; jede Prosaschrift ohne besondere stilistische Ansprüche konnte so genannt werden[260c]. In der juristischen Literatur nennt z. B. Gajus fast alle seine Schriften und gerade auch die Institutionen *commentarii*[260d]. Die großen juristischen Kommentare dagegen hießen kurz 'Libri ad ...', einmal 'Libri lectionum ad...'[260e]. Somit bleibt die vereinzelte Prägung *monitorium* befremdlich und hat denn auch die kühnsten Spekulationen ausgelöst[260f]. Der Buchtitel 'Edicti monitorium' zeugt von einem augenfälligen Abstand von den Gepflogenheiten in Rom.

Nicht so deutlich ist das bei der dritten Schrift Callistrats, seinen 'Institutionum libri III', obwohl auch hier ein sicheres römisches Vorbild damals noch fehlte. Die Institutionen Pauls und Ulpians sind vermutlich jünger, und Marcians wie auch Florentins Schriften sind es mit Sicherheit, was für diesen freilich erst noch zu zeigen ist. Callistrat steht mit seinen Institutionen also in der unmittelbaren Nachfolge des Gajus. Das bedeutete aber nicht Unselbständigkeit, denn Callistrat folgte nicht dem Gajussystem[260g], wie das übrigens auch die anderen Institutionenwerke nicht taten. Es ist sogar allgemein festzustellen, daß auch die Schriften mit dem Titel 'Ius civile', 'Regulae' und 'Pandectae', also alle Gesamtdarstellungen (vornehmlich) des Privatrechts, keinem einheitlichen System folgten, auch die Schriften gleichen Titels untereinander nicht[260h], obwohl partielle Übereinstimmungen in der Folge der Materialien natürlich vorkamen[260i].

Weiter kennen wir von Callistrat die mit Recht gerühmten 'Libri VI de cognitionibus', wenn man das Lob auch auf die Wahl des Gegenstandes beschränken sollte: die *cognitio extra ordinem*[261]. Damit ist nicht allein Prozeßrecht gemeint; vielmehr betrifft auch diese Schrift hauptsächlich

---

[260b] Vgl. Ps.-Kyrill, Glossae graeco-latinae, s. v. ὑπόμνημα (Corpus glossariorum Latinorum II, ed. G. Goetz — G. Gundermann [Leipzig 1888] 467, 5): *commentarium, actum, monumentum*. H. Oppermann, Caesar der Schriftsteller (Leipzig 1933) 1ff.

[260c] F. Boemer, Der commentarius, in: Hermes 81 (1953) 210ff.; s. a. Schulz, Gesch. 193 Fußn. 1.

[260d] Casavola, a.a.O. (oben Fußn. 57) 5ff.

[260e] Des Pomponius 'Lectiones ad Q. Mucium' in 39 Büchern. S. dazu Verf., Variae lectiones (oben Fußn. 60) 72ff.

[260f] Aufgezählt bei v. Kotz-Dobrž, a.a.O. 226f. S. ferner H. Krüger, Verweisungsedikte, in: SZ 37 (1916) 230ff.

[260g] S. Lenel, Pal. I 97 u. Fußn. 1.

[260h] Es scheint, als seien die Verfasser von Gesamtdarstellungen fortlaufend bestrebt gewesen, ein noch überzeugenderes System zu finden, als es der Vorgänger hatte. Die Frage bedarf noch näherer Untersuchung. Zum System des Q. Mucius s. vorläufig Schulz, Gesch. 111ff. (in vielem zu berichtigen). Zu dem des C. Cassius F. d'Ippolito, Ideologia e diritto in Gaio Cassio Longino (Neapel 1969) 89ff., der allzu rasch Übereinstimmung mit dem Sabinussystem annimmt.

[260i] S. oben S. 222ff.

[261] Verf., Rez. Bonini 258ff.

materielles Recht, und zwar grosso modo diejenigen Materien, die seit Augustus zu den traditionellen Materien hinzugekommen und in dieser besonderen Prozeßform geltend zu machen waren, und die wir im Unterschied zum *ius civile* und zum *ius honorarium* 'ius novum' oder 'Kaiserrecht' nennen[262]. Diese Materien waren in der bisherigen römischen Rechtsliteratur zwar nicht völlig vernachlässigt worden; die etwa 40 Jahre älteren 'Libri IV de officio proconsulis' von Venulejus haben bereits im wesentlichen den gleichen Gegenstand. Callistrat aber widmet ihm ebensoviel Raum wie den klassischen Materien, die in den Ediktkommentaren herkömmlicherweise ja beide behandelt wurden. Nicht einmal der — wenig — jüngere Ulpian hält diese Relation ein. Sie beträgt bei ihm etwa eins zu acht[263].

Am selbständigsten bei der Wahl seines Gegenstandes ist Callistrat in seinen 'Libri IV de iure fisci et populi', das Reichsfinanzrecht, wobei das Recht des *aerarium populi Romani*, wiewohl im Titel der Schrift ausdrücklich einbezogen[264], nur eine untergeordnete Rolle spielt. Das *ius fisci* war ebenso wie die *cognitio extra ordinem* reines Kaiserrecht, das nur in wieder einem anderen Verfahren, und vor einem ganz anderen Gericht geltend zu machen war[265]. Diese Materie hatte vor Callistrat noch kein Jurist aufgegriffen. Die anderen Schriften gleichen Titels sind jünger, und ebenso das entsprechende Kapitel des Digestensystems[266]. Damit ist nicht gesagt, daß das Fiskalrecht vor Callistrat überhaupt keine literarische Behandlung erfahren hätte. Für die Beamten des Fiskus gab es seit Augustus einen einschlägigen 'Liber mandatorum', dessen Ordnung der Untermaterien Callistrat ja auch, jedenfalls am Anfang seiner Schrift, übernommen hat[267]. Und der etwa zwei Jahrzehnte als diese ältere Gnomon des Idios Logos[268]

---

[262] VERF., a.a.O. 258f. u. Fußn. 27. S. a. A. A. SCHILLER, Bureaucracy and the Roman Law, in: Seminar 7 (1949) 41ff. = SCHILLER, Experience (oben Fußn. 20) 107ff., m. weit. Nachw.

[263] 'De officio proconsulis' umfaßt zehn *libri*, und ebenso viele seine Schrift 'De omnibus tribunalibus' (dazu VERF., a.a.O. 263 Fußn. 44); sein Ediktkommentar, aus dem zudem die Materien des *ius civile* tunlichst ausgesondert und für den Sabinuskommentar aufgespart sind: 81 *libri*.

[264] Ebenso PS 5, 12, während die entsprechenden Titel im Cod. Herm. (s. PAUL KRÜGER, Collectio librorum iuris anteiustiniani III [Berlin 1890] 244), Cod. Theod. (10, 1), Cod. Just. (10, 1) und in den 'Digesten' (49, 14) nur 'De iure fisci' überschrieben waren. Danach ist auch bei der Monographie des Paulus der vollere Titel zu vermuten, obgleich sowohl Dig. Ind. auct. XXV 22 als auch Dig. 34,9,10, das einzige Fragment, nur 'De iure fisci' haben. Auch Callistrats Schrift ist im Index (XVII 3) und in 6 der 7 Fragmente kurz *de iure fisci* genannt.

[265] VERF., a.a.O. 262 u. Fußn. 36.

[266] S. LENEL, Pal. II 1255f. IV 10. Reihe. Zum Digestensystem etwa SCHULZ, Gesch. 285.

[267] Das ergibt ein Systemvergleich mit dem Gnomon des Idios Logos: E. SEIDL, Rez. v. S. RICCOBONO JR., Il Gnomon dell' Idios Logos (Palermo 1950), in: Iura 3 (1952) 380f.

[268] Dazu statt vieler SALVATORE RICCOBONO JR., Il Gnomon dell'Idios Logos (Palermo 1950); und: Das röm. Reichsrecht u. der Gnomon des Idios Logos (Erlangen 1957). S. vor allem auch seine Bewertung durch J. MODRZEJEWSKI, a.a.O. (oben Fußn. 3) 338 Fußn. 137 ç. E. m. Nachw. abweichender Stimmen.

zeigt, daß jener 'Liber mandatorum' auch eine bescheidene Hilfsliteratur hervorgerufen hat. Indessen war diese, ebenso wie der 'Liber mandatorum' selbst, nur zum internen Dienstgebrauch bestimmt[269]. Die Juristen scheinen sich erst auf die Schrift Callistrats hin auch dem Gebiet des *ius fisci* zugewandt zu haben. Denn erst nach Callistrat schreiben Paulus und Marcian[270] ihre Monographien und widmen Ulpian in seinen 'Disputationes' und Modestin in seinen 'Responsa' der Materie einen besonderen Titel[271], alles mit Sicherheit erst nach Septimius Severus, wenn z. T. auch alsbald unter Caracalla zu datierende Schriften[272].

c) Von Aemilius Macer, der unter Severus Alexander schrieb[273], kennen wir fünf Schriften, alle gleichen Umfangs, nämlich zu je zwei *libri*; und alles, wie wir nicht ganz passend zu sagen pflegen, Monographien. Keiner Erläuterung bedarf der Titel 'De officio praesidis'. Und ebensowenig ist an ihrer besonderen Eignung für die Provinz zu zweifeln bei den Titeln 'De appellationibus' und — nach der Constitutio Antoniniana — 'Ad legem vicesimae hereditatium'. Nur über eine provinziale Schrift 'De iudiciis publicis' könnte man sich wundern, hat doch sogar, könnte man meinen, in Rom soeben Paulus dieses Verfahren in Kapitalsachen totgesagt[274]. Indessen: Erstens wissen wir nicht, ob das nicht doch nur für die Hauptstadt mit ihrer Fülle konkurrierender Extraordinargerichte zutraf, in einzelnen Provinzen dagegen sich der alte *ordo iudiciorum publicorum* noch länger erhalten hatte. Und zweitens hatte Macer möglicherweise die *cognitio extra ordinem*, vor allem soweit sie die *iudicia publica* beerbt hatte, einbezogen. In der Provinz hatte das seinen guten Sinn. Denn dort standen beide Verfahren, das ordentliche Kriminalverfahren vor auf komplizierte Weise ermittelter Geschworenenbank und die *cognitio extra ordinem*, unter der Oberleitung desselben Statthalters. Zumal empfahl sich dieses Vorgehen, wenn man, wie Macer im Gegensatz zu Ulpian, das materielle (Kriminal-)Strafrecht in der Instruktionsschrift für den Provinzstatthalter ausklammerte. Am provinzialen Ursprung gerade dieser Schrift ist jedenfalls nicht zu zweifeln[275].

Am interessantesten ist die letzte Schrift Macers: die 'Libri II de re militari'. Werke dieses Titels gibt es in der römischen Literatur seit alters. Bekannt sind sechs: von Cato d. Ä. (mehrere *libri*)[276]; dem eben noch republikanischen Öffentlichrechtler mit antiquarischer Schlagseite Cincius

---

[269] Ungerechtfertigt jedoch KUNKEL, a.a.O. 371f. u. Fußn. 776, der dieses Erzeugnis als repräsentativ für die Rechtsliteratur in der Provinz hinstellt.

[270] Zu dessen Schrift vgl. VERF., Hermog. 74 Fußn. 201.

[271] S. LENEL, Pal. II 1255f.

[272] Zur Datierung der einzelnen Schriften s. d. Angaben in LENELS Pal. (jeweils z. d. einz. Schriften).

[273] 2 app. Dig. 49,13,1 pr. sagt er *imperator noster Alexander*.

[274] Lb. sg. publ. iud. Dig. 48,1,8. Vgl. Dio 52,20 § 5. Dazu U. BRASIELLO, Sulla desuetudine de i iudicia publica, in: Studi in onore di E. Betti (Mailand 1962) IV 559ff.

[275] S. bes. Dig. 48,16,15 § 5 u. 48,19,10 § 2, beide aus B. 2.

[276] S. M. SCHANZ, Gesch. d. röm. Lit. I, 4. Aufl. bearb. v. C. HOSIUS (München 1927) 184.

(mindestens sechs Bücher)[277]; dem Enzyklopädisten z. Z. des Tiberius, P. Cornelius Celsus[278]; dem Techniker und Militärschriftsteller unter den Flaviern und Trajan, Frontin[279]; dem Vorsteher der Kanzlei *ab epistulis latinis* und Prätorianerpräfekten unter Mark Aurel und Commodus, Tarruntenus Paternus (vier *libri*)[280]; und von Arrius Menander, Konsiliar von Septimius Severus (ebenfalls vier *libri*)[281]. Bis auf Cincius, der als Vorbild ohnehin ausscheidet[281a], haben all diese Autoren aber sonst keine juristischen Schriften hinterlassen. Auch sticht z. T. schon die Abgrenzung des Gegenstandes, bei Paternus jedenfalls die Art der Darstellung durch ihre Kargheit deutlich ab von dem bei den hauptstädtischen Juristen gewohnten Stil, der einer lebendigen Argumentation jedenfalls nicht verschlossen war. Paternus und Menander scheinen zudem diejenigen privatrechtlichen Einzelmaterien des nachmaligen Rechtsgebiets *res militaris*, die auch von den hauptstädtischen Spätklassikern behandelt worden sind: *testamentum militis* und *peculium castrense*, gerade ausgespart zu haben[282].

Trotz des gleichlautenden Titels behandelten die sechs genannten Schriften aber sehr verschiedene Dinge. Obwohl wir von den Werken Catos, des Celsus und Frontins nicht viel mehr wissen, als daß es sie gab, können wir auf Grund der sonstigen Interessenrichtung ihrer Verfasser und der Art, wie sie von den Späteren, vor allem Vegetius, angeführt werden, doch sagen, daß sie nicht oder allenfalls am Rande das Militärrecht zum Gegenstand hatten, etwa in dem Umfang, wie Schriften 'De re rustica' auch etwas Landwirtschaftsrecht enthielten. Zuvörderst galten sie dem Kriegswesen und standen damit in der Tradition der griechischen Militärhandbücher eines Äneas oder Kineas. Ganz anders Cincius, Paternus und Menander. Obwohl auch aus deren Schriften nur Bruchstücke auf uns gelangt sind und z. T. nur ganz wenige, können wir doch ebenso bestimmt auf Grund anderweitiger Nachrichten sagen, daß sie das Militärrecht behan-

---

[277] Aus dem Gell. 16, 4 zitiert. Alles von Cincius Überkommene hat zusammengestellt F. P. BREMER, Iurisprudentiae antehadrianae quae supersunt I (Leipzig 1896) 252ff.

[278] Bezeugt von Quint. 12,11,24 u. Veg. mil. 1,8.

[279] Und zwar neben den Strategemata, s. SCHANZ-HOSIUS II (München 1935) 797.

[280] Wie aus Dig. Index auctorum XXXII zu ersehen. Die in die Digesten gelangten Fragmente und Zitate bei LENEL, Pal. II 335f. Weiteres Gut aus Paternus mutmaßt SCHANZ, Zu den Quellen des Vegetius, in: Hermes 16 (1881) 137ff. in: mil. 1, 27; 2, 4; u. 2, 20. Zur Person s. H. E. DIRKSEN, Der Rechtsgelehrte und Taktiker Paternus, in: Hinterlassene Schriften (Leipzig 1871) II 412ff.; L. L. HOWE, The Pretorian Prefect from Commodus to Diocletian (Chicago 1942) 65; u. KUNKEL, a.a.O. 219ff.

[281] Index XXVII. Seine Fragmente bei LENEL, Pal. I 695ff. Zur Person KUNKEL, a.a.O. 233f.

[281a] Nach ihm finden sich militärrechtliche Erörterungen ähnlich altertümlichen Stils noch einmal in Buch 11 der 'Memorialia' von Mas. Sabinus (s. Gell. 5,6,13), in welcher Schrift auch andere öffentlich- und vor allem sakralrechtliche Gegenstände behandelt waren, BREMER, a.a.O. (oben Fußn. 97) II 1 (1898) 367ff., wie denn überhaupt Sabinus der letzte Jurist ist, der das Sakralrecht noch mitbehandelt hatte.

[282] Bei Menander, der von den Kompilatoren längst nicht so spärlich wie Paternus ausgebeutet wurde, ist das Fehlen von Fragmenten zu diesen Materien jedenfalls auffällig. Man beachte auch, daß beide sich in den Fragmenten der späteren Juristen, denen sie als hohe kaiserliche Beamte bekannt waren (s. Ulp. Dig. 4,4,11 § 2), außer in Macers Spezialschrift kein einziges Mal zitiert finden; die behandelten Fragen überschnitten sich offenbar kaum.

delten, wenn auch wohl im weitesten Sinne: die Wehrordnung. Von Paternus, bei dem man wegen seines kargen Stils, seiner seltenen Anführung bei späteren Juristen[283] und vor allem wegen der geringen Zahl der überkommenen Fragmente: je eines aus Buch 1 und 2[284], am ehesten zweifeln könnte, ob seine Schrift juristischen Inhalts war, bezeugt das ausdrücklich Vegetius in seiner 'Epitoma rei militaris' (1,8) mit den Worten: *Paternus diligentissimus iuris militaris adsertor.*

Und doch stehen sie alle drei unter den Juristen abseits, auch Cincius mit seinem ganzen Oeuvre[285]. Was sie behandelten, hat die anderen Juristen nicht beschäftigt. Die in der Jurisprudenz etablierten Zeitgenossen sowohl des Cincius als auch des Paternus haben das Militärrecht beiseitegelassen. Erst bei den Spätklassikern Papinian, Paulus und Ulpian, von denen Papinian und Ulpian Prätorianerpräfekten waren — Papinian war der erste zünftige Jurist in diesem Amt[286] —, beginnt sich das langsam zu ändern: Papinians 'Responsa' enthielten in Buch 19 auch militärrechtliche Erörterungen, wahrscheinlich einen ganzen Titel 'De re militari'[287]; Paulus schrieb einen 'Liber singularis de poenis militum'[288]; und wenigstens einen solchen Titel scheint es auch in Ulpians 'Disputationes' gegeben zu haben[289], wie er übrigens nachmals auch in den Paulussentenzen bezeugt ist (und sonst keiner zum Militärrecht): 5,31, das Kapitel Strafrecht (5,14—31) beschließend. Aber erst Macer widmete, ohne Spezialist gerade nur des Militärrechts zu sein, dem der Jurisprudenz neu gewonnenen Rechtsgebiet eine ganze Schrift. Und dabei rundete er zugleich seinen Umfang ab, indem er es um zwei traditionelle Juristenmaterien: *peculium castrense* und *testamentum militis*, also das private Militärrecht, erweiterte. Zwar ging ein Teil dieses Erwerbs: der Komplex *testamentum militis*, wegen seiner engen Verzahnung mit dem Erbrecht später wieder verloren. Aber der Abschnitt *peculium castrense* blieb dem Kapitel *res militaris* erhalten, wie die jüngeren Rechtsbücher zeigen[290]. Anscheinend hat erst Macer dem ganzen Kapitel

---

[283] Einmal bei Macer, während dieser den gleich umfangreichen und nur wenig jüngeren Menander viermal anführt, dessen Person auch Ulpian einmal nennt. Entsprechend haben die Kompilatoren von Menander etwa achtmal so viel Text verwertet wie von Paternus.

[284] Dig. 50,6,7 u. 49,16,7.

[285] Also einschließlich seiner übrigen Schriften: 'De comitiis', 'De consulum potestate', 'De officio iurisconsulti', 'De fastis', 'De verbis priscis' und des 'Mystagogicon'. Cincius ist uns nur durch die Antiquare (Festus, Gellius, Servius, Macrob und Lydus) bekannt. Vgl. SCHULZ, Gesch. 54, wo mit Recht auf Cic. Balb. 45 u. leg. 1, 14 hingewiesen ist.

[286] Dazu HOWE, a.a.O. (oben Fußn. 280) 44ff.

[287] Mit Erörterungen zur Diensttauglichkeit, zur Besoldung und zum *peculium castrense*. S. LENEL, Pal. I 945. Vermutlich ist auch Dig. 50,5,7 aus Buch 36 der 'Quaestiones' einem entsprechenden Titel entnommen. Unbefriedigend LENEL, Pal. I 879 u. Fußn. 7.

[288] Fragmente und Zitate (zweimal Macer) bei LENEL, Pal. I 1178. Im Gegensatz zu den Paulus ebenfalls zugeschriebenen *libri singulares* 'De poenis paganorum' (dazu oben) und wohl auch 'De poenis omnium legum' (vgl. Dig. 48,9,10 daraus mit Ven. 2 publ. Dig. 29,5,13) besteht gegenüber diesem 'Lb. sg.' kein Verdacht. Zur Frage der Authentizität der zahlreichen paulinischen 'Libri singulares' VERF., a.a.O. (oben Fußn. 149) 164ff.

[289] Vgl. LENEL, Pal. II 419: B. 8.

[290] Auch Papinian hatte ihn schon einbezogen, s. oben Fußn. 287 sowie LENEL, Pal. I 879, zu 35 quaest.

seinen festen Platz in den späteren Konstitutionenkodizes (und danach in den Digesten) gesichert. Schon der Codex Gregorianus hatte, wie ROTONDI rekonstruiert hat[291], ein Kapitel 'De re militari', eingeleitet von einem Titel 'Qui militare possunt vel non'[292] und gefolgt jedenfalls noch von zwei Titeln: 'De castrensi peculio'[293] und 'De primipilo'[294], welches ganze Kapitel noch mitten im Privatrecht lokalisiert war[295]. Im Codex Theodosianus schwillt dieses Kapitel, das hier noch immer ein Fremdkörper im Privatrecht ist, auf den Umfang eines Buches (des siebenten) an[296]. Und in den justinianischen Rechtsbüchern bekommt es dann seinen Platz hinten im öffentlichen Recht: Cod. Just. 12,33—48 + 62 und Dig. 49,16—18. Macers Schrift 'De re militari' war also zwar keine Pioniertat wie Callistrats 'De iure fisci', hatte aber doch die Bedeutung eines Marksteins in der Geschichte der römischen Rechtsliteratur.

d) Zu den übrigen Provinzjuristen kann ich mich kurz fassen. Bemerkenswert ist vielleicht der immer einheitlichere geringe Umfang der Schriften. Bei Gesamtdarstellungen beträgt er fünf oder sechs *libri* wie im Falle der Paulussentenzen, Hermogenians und der Ulpianopinionen; sonst einen einzigen *liber singularis* wie beim pseudopaulinischen 'De poenis paganorum' und bei Arcadius Charisius, der die römische Rechtsliteratur noch einmal, wenn auch geringfügig, bereichert hat. Er erst bezog in die *de-officio*-Literatur das Dezernat des Prätorianerpräfekten ein, was dann ebenfalls dauernder Besitz der Rechtsbücher wurde[297].

6. Zusammenfassung

Bei aller Vielfalt im übrigen — wie sollte es bei so vielen und verschiedenen, vor allem nicht in gleichem Maße romanisierten Provinzen

[291] A.a.O. (oben Fußn. 240) 149f.

[292] Aus welchem Cod. Just. 12, 33 hervorgegangen ist, dessen erste beiden Konstitutionen aus dem Codex Gregorianus stammen, den zweiten Teil der Rubrik des Cod. Just. (*et de servis* . . .) aber nicht mit abdecken.

[293] Daher Cod. Just. 12,36, der beinahe allein gregorianisches Material enthält. Nur Konstitution 6 stammt aus späterer Zeit, und allein sie deckt *et praefectianorum* in der Rubrik des Cod. Just. ab, hat also offenbar diesen Zusatz veranlaßt.

[294] S. heute Cod. Just. 12, 62: alle vier Konstitutionen aus dem Cod. Greg. ROTONDI, a.a.O. 149f. u. Fußn. 5.

[295] ROTONDI, a.a.O. 151f. Vgl. a. S. 167f.

[296] Zum Komplex *peculium castrense* scheint der Cod. Theod. überhaupt kein Material enthalten zu haben, in dem ja überhaupt das öffentliche Recht vorwiegt. Ob er beim Erbrecht einen Titel 'De testamento militis' hatte, läßt sich nicht mit Sicherheit verneinen, da wir von der betreffenden Partie (Buch 4, Anfang) nur mehr den Breviarauszug haben. Der betreffende Titel des Cod. Just. (6, 21) enthält immerhin eine dem Cod. Theod. entnommene Konstitution (15), während der Titel 'De peculio castrensi' (Cod. Just. 12, 36) keine einzige hat.

[297] S. Cod. Theod. 1, 5; Cod. Just. 1, 26 u. 27; u. Dig. 1, 11. Möglicherweise hatte allerdings schon der Codex Gregorianus eine entsprechende Rubrik gehabt, da Cod. Just. 1, 26 auch drei aus ihm stammende Konstitutionen enthält. S. aber ROTONDI, a.a.O. 148.

anders sein — können wir also ein paar den Provinzschriftstellern gemeinsame Besonderheiten verzeichnen. Erstens orientieren sie sich an den
Kaiserkonstitutionen sehr viel stärker, als es in Rom jemals der Fall war,
und interessieren sie sich besonders für die neuen, kaiserrechtlichen Materien, z. T. erstmals in der Geschichte der Jurisprudenz. Zweitens sind die
Schriften viel bescheidener instrumentiert und ist das Gesamtwerk des
einzelnen Autors viel gleichförmiger als bei ähnlichen Charakteren in Rom;
am Ende ist eine kurze Gesamtdarstellung alles, was von dem einzelnen
Schriftsteller bekannt ist. Und drittens strahlte die Provinzialjurisprudenz
auf die Hauptstadt immerhin insofern aus, als sie zu ein paar neuen Literatursparten den Anstoß gab: die Institutionenliteratur und die Literatur
de iure fisci.

III. Mutmaßliche Provinzjuristen

Halten wir, im Besitz dieser Eigentümlichkeiten, erst einmal inne.
Unter den kleineren Pandektenjuristen gibt es einige bisher nicht einzuordnende Autoren, alles, der Überlieferung nach, Männer eines einzigen
Werkes. Möglicherweise ist der eine oder andere von ihnen unserer neuen
Gruppe der Provinzschriftsteller zuzugesellen. Nachdem all die bisher
Behandelten Rom nunmehr abzusprechen sind, paßt manch einer dieser
Einbuchschriftsteller in die hauptstädtische Gesellschaft nicht mehr recht
hinein.

1. Papirius Justus

Papirius Justus ist bekannt durch eine 'De constitutionibus' betitelte
Schrift in zwanzig Büchern[298], eine Sammlung von Reskripten jedenfalls
der *divi fratres* und Mark Aurels als Alleinherrscher[299]. Die Reskripte sind
nur ausnahmsweise wortwörtlich angeführt[300], eingeleitet von ein und

---

[298] Zu *de* (so 13 von 16 Inskriptionen) vgl. VERF., Variae lectiones (oben Fußn. 60) 85f.
Die erhaltenen Fragmente sind beisammen bei LENEL, Pal. I 947ff. Dazu SCARLATA
FAZIO, Brevi osservazioni sull'opera di Papirio Giusto 'Constitutionum l. XX', in: StDoc. 5
(1939) 414ff.; A. BERGER, RE XVIII 1 (1949) s. v. Papirius 56, 1059ff.; E. VOLTERRA,
L'ouvrage de Papirius Justus constitutionum libri XX, in: Symb. David (oben Fußn. 257)
I 215ff.; DERS. Il problema del testo delle costituzioni imperiali, in: La critica
del testo, atti del secondo congresso internazionale della Società Italiana di storia del
diritto (Florenz 1971) 960ff; u. G. FRANCIOSI, I libri viginti constitutionum di Papirio
Giusto, in Studi in on. di G. Grosso V (Turin 1972) 149ff.

[299] Eine Datierung der Schrift danach, welche Kaiser das Attribut *divus* haben, ist hier
nicht möglich, da Justus Dig. 50,8,12 § 3 nicht einmal Hadrian *divus* nennt. Nicht
schlüssig daher BERGER, a.a.O. 1061, 46ff.; u. FRANCIOSI, a.a.O. 173f.

[300] Drei der erhaltenen 44 Reskripte: Dig. 18,1,71; 48,12,3 pr. u. 1 S. 2. Dazu VOLTERRA,
a.a.O. 216—218.

derselben stereotypen Formel, der korrekten Eingangsformel von Kaiser-
reskripten: *Imperatores* (z. B.) *Antoninus et Verus Augusti* (z. B.) *Iulio Vero
rescripserunt*, woran sich die Inhaltsangabe im AcI anschloß: oder, bei
wörtlichem Zitat: *. . . in haec verba rescripserunt*. Achtmal (von 18) fehlt
Augustus, was wohl erst auf die Kompilatoren zurückgeht. Ebenso dürfte
erst ihnen zuzuschreiben sein, daß regelmäßig auch der Adressat fehlt[301];
und vielleicht auch, wenn bei mehrere Konstitutionen enthaltenden Fragmenten die volle, allenfalls um die eben genannten Angaben verkürzte
Eingangsformel nur vor dem ersten Reskript steht, die folgenden — in den
erhaltenen Fragmenten wechselt der Kaiser nicht — dagegen nur mehr
mit einem kurzen *item rescripserunt*[302] eingeleitet sind[303]. Die erhaltenen
Fragmente beschäftigen sich zum größten Teil mit Munizipalrecht[304].

Von den Kompilatoren wurde die Schrift auffällig ungleichmäßig exzerpiert: aus dem ersten Buch acht Fragmente mit zusammen fünfzehn
Reskripten[305], aus dem zweiten Buch neun Fragmente mit achtundzwanzig
Reskripten, und dann nur noch aus dem achten Buch ein Fragment mit
einem einzigen Reskript, übrigens das einzige von Mark Aurel allein. Eine
so ungleichmäßige Streuung der Exzerpte begegnet nur bei sehr wenigen
Schriften: außer hier bei Mauricians 'Libri VI ad legem Iuliam et Papiam',
bei der entsprechenden Schrift von Marcellus (nicht dagegen bei den restlichen vier Werken dieses Titels), bei Callistrats 'Libri VI edicti monitorii'
und, nicht ganz so deutlich, bei Pauls 'Libri XXIII brevium'[306]. Die Auswertung all dieser Schriften nimmt, früher oder später, allmählich ab und

---

[301] Außer den beiden am Ende dieses Abschnitts genannten findet sich noch in Dig. 18,1,71
ein Sextius Verus, von dem sonst nichts bekannt ist. Vermutlich war aber auch er Reichsbeamter, gehört er zu den von GROAG, RE II A 2 (1923) s. v. Sextius 26, 38 u. 41,
2046f., 2052f., behandelten Sextiern des 2. Jhs. n. Chr. Unzutr. VOLTERRA, a.a.O. 219
oben, s. im Text.

[302] Einzige Ausnahme ist: Dig. 49,1,21 § 2, das gar keine Eingangsformel hat. Dig. 48,12,3
§ 1 wird *scripserunt* und Dig. 49,1,21 §§ 1 u. 3 *idem* zu *rescripserunt* bzw. *item* zu emendieren sein, ebenso wie es Dig. 8,2,14 *Verus* statt *Severus* heißen muß.

[303] Die volle Formel in Dig. 50,1,38 §§ 2 u. 6 deutet darauf hin, daß hier ursprünglich drei
Fragmente vorlagen. In Dig. 50,8 unterblieb bekanntlich die nachträgliche Zusammen-
fügung demselben Buch entnommener Fragmente, also auch von Fr. 11—13. Vgl. BERGER
a.a.O. 1060f. Z. 52ff.; u. FRANCIOSI, a.a.O. 165ff., der jedoch (s. S. 164 Mitte, 167 oben
u. 168 oben) von der Vorstellung auszugehen scheint, an sich entspreche je ein Fragment
von Justus je einem Reskript; näher liegt jedoch, *item rescripserunt* als Ankündigung
jeweils eines neuen Reskripts zu verstehen, was F. in der Sache auch immer wieder einräumen muß.

[304] LENEL, a.a.O. Nr. 4 pr. u. § 1, 8 § 2 u. 9—17. Aber auch in den übrigen Reskripten sind
meist außerhauptstädtische Verhältnisse vorausgesetzt, s. *consuetudo regionis* in LENEL
Nr. 3; *decurio, ordo* u. *civitas* in Nr. 4, obwohl ebendort in § 2 auch an den *praefectus annonae*
verwiesen wird; u. *praeses, res publica* u. *curator annonae* in Nr. 8. Allerdings läßt sich von
den Verhältnissen in den Reskripten nicht ohne weiteres auf die Verhältnisse ihres Samm-
lers und Herausgebers schließen. Vgl. FRANCIOSI, a.a.O. 176.

[305] Vermutlich verbirgt sich hinter Dig. 49,1,21 § 2 noch ein weiteres, für die Wiedergabe
nach Schema nur zu lang gewesenes Reskript.

[306] Am besten in LENELS Pal. (z. d. jeweiligen Schriften) zu verfolgen, nur daß man die bei
LENEL mitberücksichtigte außerjuristische Überlieferung und die Zitate außer Betracht
lassen muß.

hört schließlich vorzeitig ganz auf. Die an sich naheliegende Annahme, den Kompilatoren hätten diese Schriften nur unvollständig vorgelegen[307], würde nur mit einem abrupten Abbruch der Verwertung zusammenstimmen. Da diese Schriften außerdem gemeinsam nur die Eigenschaft haben, daß sie alle zu den weniger bedeutenden ihrer Gattung gehören, wird einfach das Interesse der Kompilatoren an ihrer weiteren Auswertung erlahmt und schließlich erloschen sein[308]. Wenn im Fall des Papirius Justus das Interesse doch etwas plötzlicher als in jenen Schriften endete und vor dem endgültigen Erlahmen erst noch einmal zunahm, nämlich beim zweiten Buch, so wird das daran liegen, daß hier viel Material zum von den hauptstädtischen Juristen spärlich bedachten Munizipalrecht zu finden war. Das bedeutet, daß das Werk des Papirius Justus das spezifische Munizipalrecht, also die Komplexe *munera* und *honores*, in Buch 2 behandelt hatte, daß also sein Werk nach Materien geordnet war und nicht bloß chronologisch, zu welcher Annahme jenes Fragment aus dem achten Buch verleiten könnte[309]. Und daraus folgt dann weiter, daß die Sammlung wirklich vor allem Reskripte der *divi fratres* enthielt, Berücksichtigung auch noch des Commodus wenig wahrscheinlich ist[310].

Damals nun, in den sechziger Jahren des 2. Jhs. n. Chr., begannen die Juristen in Rom erst, sich, statt allein auf ihre Vorgänger, gelegentlich auch auf Kaiserkonstitutionen zu berufen[311]. Insbesondere die anspruchslose Machart des ganzen Werkes aber paßt schlecht in die Hauptstadt[311a] mit ihrem von den Klassikern verwöhnten Publikum. Es ist deshalb wohl auch

---

[307] Vgl. VERF., Variae lectiones (oben Fußn. 60) 65 Fußn. 59; u. Gemischte Begriffe (oben Fußn. 242) 172f.

[308] Bei zwei weiteren Schriften scheint mir dies ebenfalls der nächstliegende Grund ihrer kärglichen Nutzung durch die Kompilatoren zu sein: dem soeben ausführlich behandelten Tarruntenus Paternus und bei Tertullians 'Libri VIII quaestionum'.

[309] So in der Tat P. E. HUSCHKE, Über den Gregorianus und Hermogenianus codex, in: ZRG 6 (1867) 327f.; u. nach ihm u. a. PAUL KRÜGER, a.a.O. (oben Fußn. 235) 214f.; SCARLATA FAZIO, a.a.O.; u. BERGER, a.a.O. 1061, 26ff., wogegen LENEL, Pal. I 947 Fußn. 1, mit Recht den einheitlichen Gegenstand aller aus Buch 2 erhaltenen 28 Reskripte ins Feld geführt hat. Bei chronologischer Reihenfolge hätte ein Zusammentreffen von auch nur zwei Reskripten zu demselben Gegenstand ein seltener Zufall sein müssen. Noch heute aber läßt sich an mehreren Stellen beobachten, daß im Gegenteil Konstitutionen zu sehr speziellen Fragen regelmäßig beisammenstanden: VOLTERRA, a.a.O. 219ff. S. außerdem FRANCIOSI, a.a.O. 153ff. u. 168ff. Die gedankenlos chronologische Ordnung hätte schließlich die praktische Brauchbarkeit des Werkes, das ja seinen Markt gehabt haben muß, wenn es bis auf Justinian gelangte, stark beeinträchtigt.

[310] BERGER, a.a.O. 1961f., rechnet damit, daß auch Reskripte von Commodus enthalten waren, was ihn aber zur Annahme über Jahrzehnte sich hinziehender Entstehung nötigt. An Material wird es jedenfalls nicht gemangelt haben. — Zur augenscheinlichen Außerachtlassung anderer Konstitutionen als Reskripte (auffällig ist jedenfalls das Fehlen der sonst häufiger zitierten *mandata*) s. VOLTERRA, a.a.O. 218.

[311] Wie zu verfolgen ist bei G. GUALANDI, Legislazione imperiale e giurisprudenza I (Mailand 1963) 319ff. S. vor allem die spärliche Ausbeute bei Maecian (S. 364), Marcellus (365—367), Maurician (388), Pomponius (471—474), Cerv. Scaevola (475—478) u. Venulejus (604).

[311a] Nicht Stich hält FRANCIOSIS Annahme, a.a.O., 165f., Marcian habe 1 iud. publ. Dig. 50, 1, 8 aus Justus 1 const. Dig. 48, 12, 3 pr. geschöpft.

kein Zufall, daß beide identifizierbaren Adressaten der Reskripte nach Syrien weisen[311b]: C. Avidius Cassius, der Adressat des Mark-Aurel-Reskriptes aus Buch 8, Dig. 2,14,60, war bei Verus' Tod *legatus Augusti pro praetore Syriae*, dann Statthalter von ganz Asien und blieb im Osten bis zu Empörung und Tod im Jahre 175[312]. Und Cn. Iulius Verus, der Adressat des Dig. 48,16,18 pr. (B. 2) referierten Reskripts der *divi fratres*, war unter Verus ebenfalls Legat von Syrien, etwa von 163—166. Wo er in den übrigen Regierungsjahren des Verus war, wissen wir allerdings nicht[313].

2. Claudius Saturninus

Claudius Saturninus kennen wir aus den 'Digesten' als Verfasser eines 'Liber singularis de poenis paganorum'. Das einzige — immerhin längere — Fragment daraus[314] weist einen arg schematischen Darstellungsstil auf, was sich mit zahlreichen sachlichen Ungereimtheiten paart. Das alles ist so schlimm, daß BONINI die Schrift einem Juristen nicht einmal von bescheidenen Qualitäten belassen und einem Literaten mit all-round-Kenntnissen zugeschrieben hat[315]. Solche aber nahmen sich, damit hat KUNKEL recht, vor allem in der Provinz u. a. auch der Jurisprudenz an, nämlich überall dort, wo es besser ausgebildete Leute nicht gab, was immer noch vielerorts der Fall gewesen ist[316].

3. Florentin

Florentin ist, ebenfalls hauptsächlich durch die 'Digesten', bekannt als Verfasser von zwölf 'Libri institutionum'. In den erhaltenen Fragmenten,

[311b] S. schon P. COLLINET, Beyrouth, centre d'affichage et de dépôt des constitutions impériales, in: Syria 5 (1924) 370f., der jedoch zu weit geht. Vgl. VERF., Hermog. 25 Fußn. 82; jedoch auch H. J. WOLFF, Vorgregorianische Reskriptsammlungen, in: SZ 69 (1952) 150. Jedenfalls die Möglichkeit ist nicht von der Hand zu weisen, daß der Cod. Greg. für die Zeit Mark Aurels aus Iustus schöpfte. S. a. FRANCIOSI, a.a.O. 177ff.

[312] Zu ihm P. v. ROHDEN, RE II (1896) s. v. Avidius 1, 2378ff.; u. A. STEIN, Prosopographia Imperii Romani, 2. Aufl., I (Berlin 1933) 282ff. S. a. FRANCIOSI, a.a.O. 158ff.

[313] Zu ihm GROAG, RE X 1 (1917) s. v. Iulius 525, bes. 852, Z. 41ff.; u. LEIVA PETERSEN, Prosop. IV (Berlin 1952—1966) 287f., bes. a. E. FRANCIOSI, a.a.O. 157, geht ohne weiteres davon aus, Iulius Verus habe das Reskript während seiner syrischen Statthalterschaft empfangen, ohne daß ersichtlich wird, warum die übrigen Regierungsjahre von Lucius Verus ausscheiden.

[314] Dig. 48,19. 16.

[315] D. 48, 19, 16 (Claudius Saturninus de poenis paganorum), in: Rivista italiana per le scienze giuridiche, 3. ser., 10 (1962) 119ff.: dem bei Tert. cor. 7, 6 erwähnten *commentator*, einem Kenner des Kranzwesens, wie Tertullian uns wissen läßt. Nach BONINI war beides, das Digestenfragment und die Abhandlung über Kränze, in einer und derselben Schrift vereinigt, die enzyklopädischen Charakter gehabt habe, mit welcher Hypothese BONINI aber tragfähigen Boden verläßt.

[316] S. z. B. Greg. Thaum., Panegyr. ad Orig. 5, 56ff. Zu Ägypten s. MODRZEJEWSKI, a.a.O. (oben Fußn. 3).

vier LENEL-Spalten, zitiert er je einmal Aquilius Gallus[317], Trebaz[318], Trajan[319] und Antoninus Pius (als *divus*)[320] und benutzt stillschweigend je
einmal Pomponius und Paulus:

Flor. 9 inst. Dig. 1,5,4 § 2:

*Servi ex eo appellati sunt,
quod imperatores captivos
vendere ac per hoc servare nec occidere solent. . . .*

Pomp. lb. sg. ench. Dig. 50,16,239
§ 1:

*Servorum appellatio ex eo fluxit,
quod imperatores nostri captivos
vendere ac per hoc servare nec occidere solent.*

Flor. 10 inst. Dig. 38,2,28 pr.:

*Si in libertinum animadversum
erit, patronis eius ius, quod in
bonis eius habituri essent, si is in
quem animadversum est sua morte
decessisset, eripiendum non est. sed
reliquam partem bonorum, quae ad
manumissorem iure civili non pertineat, fisco esse vindicandam placet.*

Paul. lb. sg. port. Dig. 48,20,7 § 1:

*Si in libertinum animadversum
erit, patrono eius ius*[321], *quod in
bonis illius habiturus esset, si is in
quem animadversum est sua morte
decessisset, eripiendum non erit.
reliqua pars bonorum, quae ad
manumissorem non per-
tinebit, fisco erit vindicanda.*

Daß hier Florentin aus Paulus schöpft und nicht umgekehrt, ergeben die
bei aller offensichtlichen Abhängigkeit doch vorhandenen Abweichungen:
Vor allem Florentins *placet*, aber auch das bei der honorarrechtlichen *bonorum possessio* irreführende *iure civile*, ist offenbar, ebenso wie *sed* am Anfang
dieses Satzes, zur besseren Kontrastierung unüberlegt eingefügt; Plural
statt Singular entspricht der allen juristischen Kompilatoren eigenen Ver-
allgemeinerungstendenz, und Präsens statt Futur der Vereinfachungs-
tendenz[322].

In dem im griechischen Osten entstandenen griechischen Ulpiankom-
mentar, von dem wir in den Sinaischolien ein Fragment besitzen[323], ist
Florentin bekanntlich zitiert (§ 35), bei einem ausgesprochen unberühmten
und zudem nach dem Zitiergesetz vor Gericht einmal wirklich nicht mehr
zitierfähigen Autor sehr auffällig.

---

[317] In der bekannten Stelle Dig. 46,4,18 § 1 (B. 8).

[318] Dig. 41,1,16 (B. 6).

[319] Dig. 29,1,24 (B. 10).

[320] Wieder Dig. 41,1,16. Außerdem heißt es Dig. 38,2,28 (B. 10) ohne Namensnennung *placet*.
Dazu sofort.

[321] F liest hier *is*, was MOMMSEN, der die Florentinstelle nicht vor Augen hatte, mit den
Vulgathss. zu *id* emendierte.

[322] Vgl. a. Dig. 28,6,37 mit Paul. 14 resp. Dig. 31,87 § 2; Dig. 50,16,209 mit Ulp. 13 ed. Dig. 4,
8,27 § 5; u. Dig. 30, 116 § 1 mit Ulp. 21 Sab. Dig. 30, 34 § 11.

[323] Dazu SCHULZ, Gesch. 411 ff.

4. Furius Anthianus

Furius Anthianus nennt der Index auctorum der 'Digesten' zuerst Anthus[324], ein Sklavenname[325], weshalb wir es mit einem einstigen Sklaven zu tun haben müssen, der einem Furius gehörte[326] und, von diesem freigelassen, fortan Furius Anthianus hieß. Er schrieb einen Ediktkommentar von auffällig passendem, in Rom seit der Republik nicht mehr bezeugtem Umfang: fünf Bücher[327].

Es lohnt sich, die spärlichen Überbleibsel von Anthians Werk näher zu betrachten: drei kurze Fragmente. Das erste steht in den 'Digesten' und stand vermutlich auch ursprünglich im Titel *de pactis*:

Dig. 2,14,62:

Si reus, postquam pactus sit a se non peti pecuniam ideoque coepit id pactum fideiussori quoque prodesse, pactus sit ut a se peti liceat, an utilitas prioris pacti sublata sit fideiussori quaesitum est. sed verius est semel adquisitam fideiussori pacti exceptionem ulterius ei invito extorqueri non posse.

Genau entgegengesetzt hatte sich Paulus geäußert:

'Ad edictum' Buch 2, Titel: *'De pactis'*, Dig. 2,14,27 § 2 S. 1—4:

Pactus, ne peteret, postea convenit ut peteret. prius pactum per posterius elidetur, non quidem ipso iure sicut tollitur stipulatio per stipulationem si hoc actum est, quia in stipulationibus ius continetur, in pactis factum versatur. et ideo replicatione exceptio elidetur. eadem ratione contingit ne fideiussoribus prius pactum prosit.

Diese Meinungsverschiedenheit zwischen Paulus und Anthian darf nicht durch Texteingriffe aus der Welt geschafft werden[328]. Im Gegenteil, Anthians . . . *quaesitum est. sed verius est* erlaubt die Vermutung, daß er Pauls Meinung gekannt, jedoch an ihr Anstoß genommen hat. Jedenfalls entscheidet er sich bewußt, in Kenntnis der Alternative, für die entgegen-

---

[324] Ind. XXXVI: Ἄνθου ἤτοι Φωρίου Ἀνθιανοῦ

[325] JULIUS BAUMGART, Die römischen Sklavennamen (Diss. phil. Breslau 1936) 39 Fußn. 42: nur Sklaven.

[326] Deren aus dem 2. u. 3. Jh. n. Chr. mehrere bekannt sind, s. A. STEIN u. GROAG, Prosopogr. F Nr. 469, 578, 580, 581, 583 u. 584. Vgl. a. Nr. 572.

[327] S. schon 'Hermog.' 113 u. 'Variae lectiones' (oben Fußn. 60) 65 Fußn. 59. Auch aus inneren Gründen hat die Schrift entgegen SCHULZ, Gesch. 250, schwerlich mehr als fünf Bücher umfaßt. Denn Dig. 6,1,80 aus dem ersten Buch ist wahrscheinlicher dem Kapitel *rei vindicatio* entnommen, unter welchem Digestentitel es heute noch steht, als *de satisdando*, wohin es LENEL, Pal. I 180, zweifelnd setzte. Die *rei vindicatio* aber kam im Edikt erst in § 69 bei insgesamt 292 (mit dem Ädilenedikt: 296) §§ dran.

[328] So noch P. FREZZA, Le garanzie I (Padua 1962) 109f., der bei Anthian *ideoque . . . prodesse* streicht und annimmt, der Jurist sei von Kenntnisnahme des Verzichtpaktums durch den Bürgen ausgegangen, bei Paulus dagegen hätte der Bürge noch keine Kenntnis erlangt. Vorsichtig dawider R. KNÜTEL, Contrarius consensus. Studien zur Vertragsaufhebung im römischen Recht, Forschg. zum röm. Recht, 24 (Köln 1968) 114 Fußn. 45.

gesetzte Ansicht und begründet das auch: *semel adquisita exceptio invito fideiussori extorqueri non potest*; und in der Tat ist der darin anklingende Gedanke eines Vertrags zu Lasten Dritter hier einschlägig. Allerdings stellt Anthian nicht die weitere Frage, ob und wieso die vom Bürgen ohne sein Zutun, möglicherweise sogar ohne sein Wissen, erworbene Position schutzwürdig ist. Paulus aber verneint dies nicht etwa, sondern gewinnt sein Ergebnis konstruktiv, eine logische Folge des Akzessorietätsgrundsatzes, dessen Berechtigung im vorliegenden Fall er nicht überprüft[329]. Sein Ergebnis erlangt dadurch den Charakter des Zufälligen, was er mit *contingit* auch selbst andeutet. Wie er hat übrigens 1930, trotz der — freilich sämtlich nicht unmittelbar einschlägigen — §§ 767 Abs. 1 S. 3, 768 Abs. 2 und 1137 Abs. 2 BGB, das deutsche Reichsgericht entschieden[330], was der gegenwärtige Präsident des deutschen Bundesgerichtshofes m. E. mit Recht „nicht unbedenklich" nennt[331]. Wie immer man sich dazu aber stellen mag, von grundsätzlicher unlebendiger Unterordnung wie bei einem Callistrat, Hermogenian oder gar den Pseudonymen kann bei Anthian keine Rede sein.

Die gleiche Sicherheit in der Lösung von Rechtsfragen im Geiste der klassischen Juristen zeigt die zweite Stelle, zu der wir eine Parallelstelle nicht haben[332]:

Dig. 4,3,40 ('*De dolo malo*'):

Is qui decepit aliquem ut hereditatem non idoneam adiret, de dolo tenebitur, nisi fortasse ipse creditor erat et solus erat. tunc enim sufficit contra eum doli mali exceptio.

Interessant ist auch die dritte Stelle, die im Digestentitel 'De rei vindicatione' steht, von LENEL[333] (zweifelnd) unter die Rubrik 'De satisdando' gestellt, vielleicht aber auch einem Einleitungsabschnitt zum 15. Ediktstitel 'De his quae cuiusque in bonis sunt'[334] entnommen ist[335]:

---

[329] Eine bei Paulus auch sonst anzutreffende Eigenart, s. etwa R. KNÜTEL, a.a.O. 108 ff. u. 117. Möglicherweise spielte auch der Gedanke des *contrarius actus* eine Rolle. Differenzierend Pap. 13 quaest. Dig. 37, 11, 11 § 2; u. Paul (!) lb. sg. ads. lib. Dig. 34, 4, 15. Vgl. a. TH. KIPP, a.a.O. (oben Fußn. 98) 136: „(ein) zuweilen überlogischer Denker".

[330] Urteil vom 7. Februar 1930, in: Höchstrichterliche Rechtsprechung, Jahrg. 1930, Nr. 971 a. E.

[331] ROBERT FISCHER, in: Das Bürgerliche Gesetzbuch, Kommentar hrsgg. von Reichsgerichtsräten und Bundesrichtern, 11. Aufl., II. Bd. 2. Tl. (Berlin 1960) Anm. 10 zu § 767. Hätte im konkreten, vom Reichsgericht entschiedenen Fall, dessen Tatbestand leider nicht mitgeteilt ist, die „Erleichterung" für den Schuldner in der Annahme oder Vereinbarung einer anderen als der geschuldeten Leistung, z. B. Hingabe von Wechseln an Erfüllungs Statt, bestanden, so wäre dem Reichsgericht für diesen Fall wohl trotzdem zuzustimmen. Vgl. a. § 82 Abs. 2 der deutschen Vergleichsordnung u. § 193 S. 2 der Konkursordnung.

[332] Vgl. immerhin Julian 'Ad Urseium Ferocem' B. 3, Dig. 17,1,32.

[333] Pal. I 180 u. EP 136 u. Fußn. 4.

[334] Vgl. LENEL, EP 37 f.

[335] Gemessen am Fortschreiten der übrigen Ediktkommentare käme man, wäre das Fragment dem Satisdationstitel entnommen, auf einen Gesamtumfang von äußerstenfalls 6 *libri*; hätte es ursprünglich Tit. 15 eingeleitet, auf höchstens 5 *libri*. Die 5 *libri* des Index sind damit bestätigt.

Dig. 6,1,80:

In rem actionem pati non compellimur, quia licet alicui dicere se non possidere, ita ut, si possit adversarius convincere rem ab adversario possideri, transferat ad se possessionem per iudicem, licet suam esse non adprobaverit.

Dem insoweit zumindest bis Diokletian[336] geltenden Reichsrecht widerspricht jedenfalls *si possit* . . . Denn nach klassischem Recht mußte der Kläger, dem die Einlassung auf eine *a° in rem* verweigert wurde, zunächst, bei beweglichen Sachen, mit der *a° ad exhibendum*, bei Grundstücken mit dem *interdictum quem fundum* usw.[337] vorgehen; und hatte er in diesem Prozeß den Besitz des Gegners bewiesen, so konnte sich dieser, wie vermutet wird[338], noch immer auf die *a° in rem* einlassen, konnte sich aber auch in den Geldwert verurteilen lassen und die Sache behalten. Nun tappt man bisher allerdings bei der Frage, für welche Zeit und für welchen Leserkreis Anthian geschrieben hat, völlig im Dunkeln. Ihn ohne weiteres den Klassikern zuzugesellen, wie man bisher bei Verwertung der drei Stellen und besonders auch dieser stillschweigend tat, verbietet m. E. der nicht nur überhaupt für Rom einzigartig schmale Umfang seines Ediktkommentars, sondern auch, daß dieser Umfang genau demjenigen entspricht, der sich von Gajus über Callistrat, Paulussentenzen und Hermogenian bis hin zu den Ulpianopinionen für der Provinz zugedachte Gesamtdarstellungen herausgebildet hatte: zwischen vier und sieben *libri*, ein in Rom für ähnlich umfassende Themen viel zu kleiner, jedenfalls nicht bezeugter Umfang. Andererseits firmiert Anthians Schrift noch als Kommentar zum Edikt, was an sich Kommentierung von dessen Formeln einschloß; müßte also vor deren offizieller Verdammung im Jahre 342 n. Chr.[339] geschrieben sein, auch nicht zu knapp davor. Da außerdem der Geist der klassischen Jurisprudenz bei ihm noch lebendig ist, möchte ich ihn spätestens unmittelbar nach der letzten Klassikergeneration eines Modestin ansetzen. Ebensowohl könnte er aber Zeitgenosse Callistrats oder Macers gewesen sein.

Zieht man all das in Betracht, so ist zu fragen, ob unsere Stelle den Anfang oder Mitte des 3. Jhs. n. Chr. in der Provinz geltenden Rechtszustand richtig — wenn auch nicht notwendig vollständig — wiedergibt. Vor allem fällt auf, daß der nach klassischem Recht notwendige Umweg über die *a° ad exhibendum* usw. nicht in Betracht gezogen ist, es im Gegenteil den Anschein hat, als entscheide der angerufene Richter selbst, ob der Beklagte die Sache besitzt. Und außerdem fehlt die Möglichkeit der Geldkondemnation aus der *a° ad exhibendum*. Die Geldkondemnation wurde

---

[336] Vgl. Cod. Just. 3, 42, 7 (286 n. Chr.) u. 8 (293). S. a. SIMSHÄUSER, a.a.O. (oben Fußn. 134) 20f., vor allem auch bei Fußn. 66, u. 14f. bei Fußn. 45.

[337] S. statt aller A. BERGER, RE IX 2 (1916) s. v. interdictum, 1658ff.

[338] MAX KASER, Römisches Zivilprozeßrecht (München 1966) 206 u. Fußn. 12 u. a. (s. dort).

[339] Cod. Just. 2. 57, 1.

allerdings im Verlauf der Währungskrise des 3. Jhs. abgelöst durch die Sachkondemnation[340]. Aber die *a° ad exhibendum* begegnet in ihrer Funktion als Aushilfe oder Ersatz für eine (noch) nicht zustandegekommene *rei vindicatio* noch bei Diokletian[336]. Allen Anzeichen nach müßte sie also auch Anthian in dieser Funktion noch gekannt haben. Die Frage spitzt sich somit darauf zu, ob die Stelle dahin verstanden werden kann, daß Zweiteilung des Verfahrens und *a° ad exhibendum* usw. nur deshalb nicht genannt sind, weil sie, als die Einlassungsfreiheit grundsätzlich nicht berührende Einzelheiten, außer Betracht bleiben konnten, m. a. W. ob diese vorbereitenden Rechtsbehelfe in unserem Text stillschweigend impliziert sein können; immerhin mochten sie unter der Herrschaft der Sachkondemnation ohne Alternative ebenso zur *translatio possessionis* führen, wie in unserem Text beschrieben. Denn ob die Einlassungsfreiheit nach geschehener *a° ad exhibendum* usw. wirklich fortbestand, ist letztlich offen. Daß unser Text so zu verstehen sei, kann nicht ausgeschlossen werden. Das bedeutet indessen noch nicht, daß mehr für Echtheit unseres Textes spräche. Mit *ita ut . . .* haben die Kompilatoren öfter ihre rechtsändernden Zusätze eingeleitet[341], und auch abgesehen davon ist der Text wenig glatt[342]. Aber auf Grund der wenigen aus Anthian auf uns gekommenen Proben läßt sich schlechterdings nicht entscheiden, ob diese Unebenheiten unserem Juristen zuzutrauen sind oder nicht. Die Frage läßt sich sonach kaum entscheiden, wenn eine justinianische Interpolation auch etwas wahrscheinlicher ist[343].

5. Pseudonyme

Schließlich ist festzuhalten, daß auch von den hier noch nicht behandelten pseudonymen Schriften alle für eine Lokalisierung in die Provinz wenigstens in Betracht kommen; jedenfalls enthalten sie keine Hinweise für eine Lokalisierung nach Rom: der unter Ulpians Namen umlaufende 'Liber singularis regularum'[344]; die unter Pauls Namen verbreiteten 'Manu-

---

[340] VERF., a.a.O. (oben Fußn. 149) 57f.
[341] Vgl. etwa Dig. 4,2,14 § 9 [*quod cum durum videbatur, ita temperandum est, ut . . .*]; 9,2,27 § 11 [*sed haec ita, . . .*], vgl. Collatio 12,7,9; Dig. 22,3,25 [*res ita temperanda est, ut . . .*]; 32, 22 pr. [*sed hoc ita locum habebit, . . .*]; u. 40,8,9 [*id est ut . . .*].
[342] Der passiv Beteiligte steht zunächst in der 1. Pers. Plural, dann heißt er *aliquis*, dann *adversarius*, wie aber zugleich auch der aktiv Beteiligte heißt.
[343] So bisher uneingeschränkt die allgemeine Meinung, s. vor allem: L. SEUFFERT, Poenae temere litigantium, in: Archiv f. d. civ. Praxis 67 (1884) 333—347; M. WLASSAK, Der Gerichtsmagistrat im gesetzlichen Spruchverfahren, in: SZ 25 (1904) 141ff.; u. KASER, a.a.O. (oben Fußn. 338) 466 Fußn. 57.
[344] Von dem eine Epitome selbständig überliefert ist. Dazu, noch immer unübertroffen, FRITZ SCHULZ, Die Epitome Ulpiani (Bonn 1926). Zu E. SCHÖNBAUER, Tituli ex corpore Ulpiani in neuer Analyse, in: Studi in onore di P. de Francisci (Mailand 1956) III 303ff., s. etwa MAYER—MALY, Studien zur Elementarliteratur über die usucapio, in: Studi in on. di E. Betti (Mailand 1962) III 458f.

alium libri III'[345], 'Liber singularis de adulteriis'[346], 'regularum'[347] und 'De variis lectionibus'[348]; und die pseudogajanischen 'Libri regularum'[349]. Schließlich soll nicht verschwiegen werden, daß auch der Paulus zugeschriebene, bisher nicht näher untersuchte[350] 'Liber singularis de iure patronatus' Paulus abzusprechen und der Provinz zuzuweisen sein könnte. Das größte der drei Digestenfragmente lautet:

Dig. 25,3,9:

> *In bonis superstitum libertorum nullum omnino ius patroni liberive patronorum habent, nisi si tam esse infirmos tamque pauperes praesidibus probaverint, ut merito menstruis alimentis a libertis suis adiuvari debeant. idque ius ita plurimis principum constitutionibus manifestatur.*

Der gewöhnliche Gerichtsmagistrat ist der *praes*. Und die Unterhaltspflicht des Freigelassenen gegenüber dem verarmten Patron[351] als *ius in bonis liberti superstitis* hinzustellen, ist gekünstelt, Paulus schwer zuzutrauen.

Schluß

Blicken wir noch einmal zurück. Die in den Provinzen des römischen Reichs praktizierte Juristerei ist so ungünstig nicht einzuschätzen, wie KUNKEL meint, der überhaupt in den Trägern der römischen Jurisprudenz allzu oft Aristokraten und Italiker vermutet[352]. Die meisten großen Neuerer,

---

[345] Dazu VERF., Hermog. 48f.

[346] Dazu F. WIEACKER, Textstufen 421f.

[347] Dazu R. RÖHLE, Der liber singularis regularum des Paulus, in: Labeo 12 (1966) 218ff. Vgl. a. VERF., TR 41 (1973) S. 309f.

[348] Dazu VERF., Variae lectiones (oben Fußn. 60) 83ff.

[349] S. oben Fußn. 70.

[350] SCHULZ, Gesch. 231 u. 325, gefolgt von WIEACKER, Textstufen 64 u. 87, u. A. GUARINO, Storia del diritto romano (3. Aufl. Neapel 1963) 391, identifiziert die Schrift mit dem nur durch den Index Flor. bezeugten 'Liber singularis de iure patronatus quod ex lege Iulia et Papia venit'. Dem stehen aber zwei Einwände entgegen. Erstens führt der Index Flor. beide Schriften an, und zwar hintereinander (XXV 62 u. 63); und zweitens lassen die aus unserem 'Liber singularis' erhaltenen Fragmente (außer obigen Dig. 38,1,17 u. 28) eine Beziehung zu den augusteischen Ehegesetzen nicht erkennen.

[351] Außer hier bezeugt von Ulpian, 2 off. cons. Dig. 25,3,5 § 18; und Septimius Severus, Cod. Just. 6,3,1 (204 n. Chr.).

[352] S. (außer oben Fußn. 224) a.a.O. 7 unten; 10 unten, wo auf Grund von Cic. Brut. 81: *et iuris et litterarum et antiquitatis bene peritus* Q. Fabius Labeo mit zweifelhaftem Recht „als Jurist" reklamiert wird; 13 Fußn. 24 (s. aber 366 Fußn. 770); 120f., wo auch C. Caninius Rebulus ohne weiteres als Jurist geführt ist (s. dann S. 305); 123ff. (dazu C. KRAMPE, Proculi Epistulae [Karlsruhe] 1970, 5f.); 152; 155f.; 163f. zu Julians Italikertum; 229f. zu Messius (s. oben Fußn. 33); 255f. zu Licinius Rufinus; 241 zu P. Pinnius Justus, der aus dem pontischen Amastris stammt: ,,Vielleicht stammte er aber aus dieser dorthin verschlagenen italischen Familie"; S. 248 zu Ulpian: ,,Aber man darf wohl vermuten, daß in der wichtigen Handelsstadt Tyros ... Kaufmannsfamilien stadtrömischer oder italischer Abkunft ansässig gewesen und vielleicht in den Bürgerverband der Stadt eingetreten sind. Die Möglichkeit, daß der Jurist aus solchen Kreisen stammte, kann schwerlich bestrit-

man könnte beinahe sagen alle, die der Zunft einen neuen Anstoß gegeben haben, stammen im Gegenteil keineswegs aus der römischen Aristokratie, sondern kamen von unten oder von außen, stiegen als erste ihrer Familie (allenfalls, wie P. Sempronius Sophus[353]: wieder) auf: angefangen bei Cn. Flavius[354] und Ti. Coruncanius über die drei *fundatores iuris civilis* P. Mucius Skävola, M. Iunius Brutus und M. Manilius[355] (bei Q. Mucius, dem Sohn des P., mit Fortsetzung in der nächsten Generation) bis hin zu Ofilius, Labeo, Sabinus, Julian, Papinian und schließlich Ulpian[356], deren Ämterlaufbahnen meist nur spiegeln, welche Karriere die Führungsschicht der jeweiligen Zeit zu absolvieren pflegte[357]. Im 2. Jh. n. Chr. hatte sich nicht

ten werden", wenn sie dann auch „nicht sehr wahrscheinlich" genannt wird; 261 zu Modestin: ,,Italische Herkunft ist jedenfalls dem Namen nach durchaus möglich. Stammte er aber, was im ganzen gesehen doch wahrscheinlicher ist, aus der Provinzialbevölkerung, so muß mit der Zugehörigkeit seiner Familie zu einer verhältnismäßig früh romanisierten Schicht gerechnet werden"; 268 zu einem Aurelius in einer griechischen Inschrift aus dem 3. Jh.: ,,Der lange Stammbaum beweist wohl vornehme Abkunft. Mindestens der Vater war bereits römischer Bürger, vielleicht aber auch der Großvater oder selbst ein fernerer Vorfahre"; ferner 308: ,,Die Oberschicht der klassischen Jurisprudenz ergänzte sich . . . noch bis zur Mitte des zweiten Jahrhunderts im wesentlichen aus dem Senatorenstand, und dann aus dem Ritterstand", wo Karriere und Herkunft verwechselt zu sein scheinen. Denn verläßliche Nachrichten haben wir allenfalls über die Karriere der Juristen selber. Und deren senatorische oder auch ritterliche Karriere kann erst die Folge ihrer Leistung als Juristen gewesen sein. Auf der anderen Seite wertet KUNKEL Hinweise auf Leistungen der Provinz oder auch nur auf Herkunft aus der Provinz nicht aus, s. schon oben Fußn. 101 u. a.a.O. S. 240 unten zu Tertullian bei zunächst immerhin als zwiespältig anerkanntem Befund. Zu S. 315 Fußn. 657 vgl. A. N. SHERWIN-WHITE, in: Journal of Roman Studies 43 (1953) 172, letzter Abs. S. a. d. Rez. des Buches von KUNKEL durch F. VITTINGHOFF, in: Gnomon 25 (1953) bes. S. 234ff.; u. F. PRINGSHEIM, Stipulationsklausel, in: Gesammelte Abhandlungen (Heidelberg 1961) II 250 Fußn. 233. Zur sozialen Mobilität der Provinzbeamten unter Augustus s. jetzt R. SZRAMKIEWICZ, Les gouverneurs de province à l'époque augustéenne, contribution à l'histoire administrative et sociale du principat (Thèse Paris II 1971) 471ff., 501ff., 547ff. u. 570ff. des Typoskripts.

[353] Zu ihm KUNKEL, a.a.O. 6f.; u., auch zu seinem Cognomen Sophus, wohl demnächst J. G. WOLF.

[354] Zu ihm jetzt J. G. WOLF in seinem Vortrag 'Ius Flavianum' am 29. Sept. 1970 auf dem 18. Dt. Rechtshistorikertag in Salzburg.

[355] Zu ihnen allen jetzt F. WIEACKER, Die römischen Juristen in der politischen Gesellschaft des 2. vorchr. Jhs., in: Sein u. Werden im Recht, Festg. f. U. v. Lübtow (Berlin 1970) 183ff.

[356] Ulpians große Neuerung ist dem wissenschaftlichen Anspruch nach bescheidener, für die Rechtspraxis im Reiche aber vermutlich bedeutsamer gewesen als so manches viel gefeierte Ereignis: die Verstärkung der Literatur 'De officio . . .', der KUNKEL, a.a.O. 374, mit der Bezeichnung ,,Leitfäden für die einzelnen Jurisdiktionsbeamten" nicht gerecht wird. S. VERF., a.a.O. (oben Fußn. 157) 261f.

[357] Und das war bis zum 2. Jh. n. Chr. eine senatorische, danach nur mehr eine ritterliche Laufbahn, s. etwa A. CHASTAGNOL, L'évolution de l'ordre sénatorial aux IIIe et IVe s. de notre ère, in: RH 48 (1970) 305ff. Von den beiden zuletzt Genannten wie überhaupt von den Spätklassikern mit Ritterlaufbahn kennen wir nur Ämter, zu denen sie erst ihr juristisches Können befähigt hat, d. h. sie alle scheinen ihre schließlich sehr hohe soziale Stellung erst durch die Jurisprudenz erlangt zu haben. Wohl kann jeweils bereits der Vater den Ritterzensus gehabt haben, und das ist am Ende sogar wahrscheinlicher. Aber vom Ritter in einer Provinzstadt zum kaiserlichen Präfekten und *trecenarius* bestand ein

nur überall im Reich, wo man nicht griechisch sprach, die lateinische
Sprache endgültig durchgesetzt, sondern auch das römische Recht für
dauernd eingebürgert, und dieses ohne ernsthaften Konkurrenten. Und mit
ihm schlug auch die römische Jurisprudenz außerhalb Roms und Italiens
Wurzeln, so daß sie von der zweiten Hälfte des 2. Jhs. an auch fern ihrem
Ursprungsort eine eigene, nicht unansehnliche Literatur hervorzubringen
imstande war, ja vom frühen 3. Jh. an mit Rom wetteifern konnte: Für
die frühen dreißiger Jahre des 3. Jhs. bezeugt uns Gregor der Wundertäter
ein παιδευτήριον τῶν νόμων Ῥωμαϊκῶν[358] mit lateinischer Unterrichts-
sprache im fernen, aber immerhin bereits seit Augustus des *ius Italicum*
teilhaftigen Beryt, das damals im 3. Jh., jedenfalls für die östliche Reichsbevölkerung und dort anscheinend ohne seinesgleichen, eine ernsthafte
Alternative zu den Ausbildungsstätten Roms war[359] und in dieser Eigenschaft im Laufe der folgenden Jahrhunderte die alte Hauptstadt sogar in
den Schatten stellte. Diese Blüte einer immer und überall besonders schwer
zu verpflanzenden Kunst wie der Rechtswissenschaft auf Kolonialboden
ist bemerkenswerter als die Blüte von seit dem Hellenismus allgegenwär-
tigen Wissenschaften wie Philologie und Rhetorik oder etwa der Baukunst.
Und sollte wirklich gänzlich unbeachtlich sein, daß alle Spuren über die Herkunft der großen spätklassischen Juristen, nämlich Papinians (s. oben
Fußn. 31), Ulpians (Fußn. 30), Tryphonins (bei Fußn. 11—17) und
Modestins (Fußn. 35) in die nähere oder weitere Umgebung von Beryt
führen, wo sie auch ihre ersten Bildungseindrücke empfangen haben
werden[360]? Auf keinen Fall läßt sich als willkürlich abtun, wenn die
vom frühen 3. Jh. an bezeugte besondere Pflege des römischen Rechts
in Beryt, deren vor dem 5. Jh. lebende Träger uns namentlich nicht
überliefert sind, mit Namen, und zumal dem des Gajus, aber auch anderer
Institutionenverfasser in Verbindung gebracht worden ist[361]. Auch wenn
die Überlieferung uns nicht ausdrücklich verrät, wer den Ruhm von
Beryt begründet hat, so läßt sich doch sagen, daß keine Kulturblüte aus
dem Nichts entsteht; daß es zumindest wahrscheinlich ist, wenn die Begründer und vielleicht auch der eine und andere aus der zweiten und dritten

großer sozialer Abstand. Nicht belegt ist jedenfalls KUNKELs Angabe a.a.O. S. 308, die
Oberschicht der klassischen Jurisprudenz habe sich „dann aus der Ritterschaft ergänzt".

[358] Nämlich seit 15 v. Chr., s. etwa BENZINGER, RE III (1899) s. v. Berytos, 322, 10ff.

[359] Greg. Thaum., Panegyr. ad Orig. 5, 62ff., u. dazu MODRZEJEWSKI, Grégoire a.a.O. (oben
Fußn. 178) 315f., der auch mit Recht präzisiert, daß dieses Zeugnis schon für Anfang
der dreißiger Jahre gilt. Vgl. ferner ATKINSON (oben S. 206 Fußn. 51a) 53ff. KUNKEL,
a.a.O. 36f., nimmt es nicht ernst genug. Dabei scheint ihm Diokl. Cod. Just. 10,50,1 (vor
293, da in der Inskription die Caesaren fehlen) entgangen zu sein. Vgl. a. S. 377, wo vom
„Aufschwung der Rechtsschulen von Berytos und Byzanz" erst „im vierten und fünften
Jahrhundert" die Rede ist.

[360] Für Ulpian folgt das ziemlich sicher aus den Beobachtungen von FREZZA, a.a.O. (oben
Fußn. 30). Zu Paulus s. KUNKEL, a.a.O. 245 Fußn. 507; M. WURM, Apokeryxis, Abdicatio
und Exheredatio (München 1972) 82ff.; aber auch A. H. M. HONORÉ, The Severan Lawyers — a Preliminary Survey, in: StDoc 28 (1962) 216ff.; u. A. BIRLEY, Septimius
Severus — the African Emperor (London 1971) 237.

[361] Gerecht WIEACKER, SZ 81 (1964) 406 oben.

Generation Spuren seiner geistigen Leistung in der von Justinian gesichteten literarischen Überlieferung hinterlassen hätte. Das Fehlen ausdrücklicher Zeugnisse enthebt den Historiker nicht der Pflicht, die vorhandenen Spuren so gut es geht zu einem Bild zusammenzufügen, wobei selbstredend dasjenige am meisten für sich hat, das die meisten Erscheinungen zu erfassen und widerspruchslos zu ordnen vermag. Und da ist eine Teilhabe der Provinzen an den Leistungen der römischen Jurisprudenz seit dem späten 2. Jh. n. Chr. glaubwürdiger als KUNKELs Bild einer fast bis zuletzt behaupteten aristokratischen Geschlossenheit des Juristenstandes: Die „von Augustus angebahnte soziale Entwicklung der Jurisprudenz . . . : Die Heraushebung einer kleinen aristokratischen Gruppe von autoritativen Juristen führte zur Ausbildung einer von wenigen Männern getragenen Hochkultur des Rechts". Und noch in der Spätklassik „führte eine kleine Gruppe von Männern die aristokratische und echt römische Tradition der Respondierjuristen fort", wodurch für KUNKEL „auch das Aussterben der klassischen Jurisprudenz verständlicher (wird), wenn man sich vergegenwärtigt, auf wie schmaler personeller Basis diese Hochkultur des römischen Rechts bis zuletzt ruhte[362]".

Jene demgegenüber von uns wahrgenommene rechtzeitige Verwurzelung der römischen Jurisprudenz einschließlich literarischer Tätigkeit auch in der Provinz und namentlich in Beryt war die Bedingung für ihr Überleben, wenngleich in bescheidenerer Form. Sie rettete die römische Rechtswissenschaft zunächst über die Reichskrise des späteren 3. Jhs. hinweg, währenddeeren die literarische Produktion in der Hauptstadt rasch und vollständig versiegte, wenn das vielleicht auch nicht ganz so plötzlich geschah, wie häufig, etwas dramatisierend, geschrieben steht. Dabei wird nämlich meist nicht genügend beachtet, einmal: daß noch Modestin mindestens einen einigermaßen ebenbürtigen Zeitgenossen gehabt zu haben scheint, nämlich Licinius Rufinus, den Paulusschüler[363]; genauer läßt er sich freilich nicht datieren, weder durch eines seiner Ämter[364] noch mit Hilfe der aus seinen 'Libri XII regularum' überkommenen kurzen siebzehn Fragmente, von denen Dig. 24,1,41: *imperator Antoninus constituit* den einzigen, wenig ergiebigen Anhaltspunkt liefert. Und sodann sind zwei noch schlechter zu datierende, darüber aber nicht aus dem Blick zu verlierende Namen zu verzeichnen: Julius Aquila, der immerhin 'Responsa' publizierte, eine Schrift, die nicht nur den Umfang eines Normalliber gehabt haben wird[365]; und Rutilius Maximus, von dem die Kompilatoren einen 'Liber

---

[362] A.a.O. 376 u. 369. S. a. 368: „lebte die aristokratische Tradition der Vergangenheit bis an das Ende der severischen Periode fort" u. 377: „aristokratische(n) Stil der klassischen Jurisprudenz".

[363] S. *instruas* in Dig. 40,13,4 u. KRÜGER, a.a.O. (oben Fußn. 235) 239.

[364] KUNKEL, a.a.O. 225f.

[365] Die Inskription beider Fragmente, Dig. 26,7,34 u. 26,10,12, sagt kurz: *libro responsorum*. Das bei einem einzigen *liber* umfassenden Werken stereotype *singularis* fehlt hier also. Und außerdem fehlt Dig. Index XXXII jegliche Buchangabe. Das gibt es nur noch

singularis ad legem Falcidiam' auswerteten[366]. Auch standen der Reichszentrale ja nach wie vor genügend tüchtige, uns nur namentlich nicht mehr
bekannte Juristen zur Verfügung, ohne die die Fortführung der Reskript-
praxis nicht zu bewältigen gewesen wäre[367], wenngleich die Reskriptüber-
lieferung für die Jahre 249 bis 256 und, noch deutlicher, 261 bis 282
bedenklich schmal ist[368]. Die merklich größere Aktivität der Kanzlei in
den ja nicht minder turbulenten Jahren 256 bis 260 und 283/284 ist vielleicht das Verdienst der noch immer hauptsächlich in Rom residierenden
Kaisersöhne und Caesaren Valerian d. J. (256—258)[368a], Salonius (258—260)
und Carinus (283/284)[368b]. Unter Diokletian dann, der erst Hauptresidenz
und -kanzleien endgültig weg aus Rom in den Osten des Reiches verlegte,
setzte die personell mit der Reichszentrale verbundene Fachschriftstellerei
noch einmal kurz ein; nun aber kommen ihre Träger anscheinend alle
aus der Provinz und wirken insbesondere auch überall sonst, nur
nicht in Rom. In Hermogenian, wahrscheinlich Kanzleijurist Diokletians[369]
und 304 n. Chr. Prätorianerpräfekt von dessen Mitkaiser Maximian[370],
und in Arcadius Charisius, *magister libellorum* Konstantins oder eines
seiner Söhne, beide mit den Merkmalen der Provinzialjuristen, haben wir
in Wahrheit Reichsjuristen vor uns. Freilich, welch veränderte Lage!
Unter eigenem Namen zu publizieren, leisteten sie sich erst, nachdem sie

---

in einem einzigen weiteren Fall, bei Rutilius Maximus: Dig. Index XXXVI, doch s. sofort
Fußn. 366.

[366] Das einzige daraus erhaltene Fragment, Dig. 30,125, ist *libro singulari* inskribiert. Zur
wenigstens relativen Datierung dieser Schriftsteller ist der Index auct. übrigens hier
unbrauchbar, obwohl darin von Angabe III an chronologische Ordnung angestrebt ist.
Denn bei vielen, zumal den kleineren Autoren tappte der Hersteller des Index selber im
Dunkeln, wie die Einordnung von Menander (hinter Paulus und Ulpian) und Tarruntenus
Paternus (hinter Modestin) zeigt. Proculus bringt er vor Labeo usf.

[367] Dazu jetzt WIEACKER, a.a.O. (oben Fußn. 208) 201 ff.; u. GÜNTHER SCHNEBELT, Reskripte
der Soldatenkaiser, Diss. jur. Freiburg i. Br. 1972.

[368] S. den Appendix I in der kleinen Ausgabe des Cod. Just. von PAUL KRÜGER = Corpus
iuris civilis, editio stereotypa, II (9. Aufl. Berlin 1915) 493 ff. Wir gehen dabei davon aus,
daß die Streuung des in den Cod. Just. aufgenommenen Materials etwa der Streuung in
seiner für den fraglichen Zeitraum ausschließlich benutzten Quelle, dem Cod. Greg., und
dort wiederum der Streuung des vorgefundenen, d. h. des vorhandenen Materials entsprach.

[368a] S. Cod. Just. 6, 42, 15: *Romae*. Cod. Just. 5,3,5/9,9,18 v. 15. Mai 258: *Antiochiae*, stammt
ersichtlich aus der Kanzlei Valerians d. Ä.

[368b] S. Cod. Just. 8,53,5: *Romae*. Cod. Just. 5,52,2 v. 18. März 284: *Emesae* stammt wohl aus
der Kanzlei Numerians.

[369] S. oben Fußn. 213 u. sofort Fußn. 370.

[370] Hermog. 31 ff. Die Kritik (s. oben Fußn. 208) hat meine Identifizierungen, vor allem die
des Juristen mit dem Prätorianerpräfekten, z. T. mit Skepsis aufgenommen, sogar dessen
Existenz wieder bezweifelt. Gewiß, wir kennen ihn nur aus der Sabinuslegende. Doch,
und das zu wiederholen besteht Anlaß, stütze ich mich für den Prätorianerpräfekten
Hermogenian nicht auf schlichten Legendentext, sondern auf ein darin wörtlich ein-
gelegtes Reskript Kaiser Maximians, das angesichts der besseren Konservierung seines
Textes und zumal wegen seines Inhalts Glaubwürdigkeit beanspruchen kann. In dem
Reskript wird der Prätorianerpräfekt Hermogenian als Ratgeber Maximians bei der
Christenverfolgung angeführt. Im allgemeinen ist man mit Identifizierungen weniger
zurückhaltend.

sich der Reichszentrale zugehörig bekannt hatten[371]. Wer sich sonst noch literarisch hervortat, versteckte sich hinter einem klassischen Namen wie der wohl kurz vor Diokletian anzusetzende[372] Sentenzenverfasser und viele sonst[373].

Die andere, ernstere Krise brach über die römische Jurisprudenz und das ganze Rechtswesen des Reiches mit der konstantinischen Revolution herein, deren Urheber zwar natürlich nicht die vielhundertjährige Rechtstradition einfach preisgab — im allgemeinen wurde an ihr auch unter Konstantin unverändert festgehalten[373a] —, der aber eine Fülle eigenwilliger, den Sinnzusammenhang der Gesamtrechtsordnung vielfach sprengender Neuerungen schuf[374]. Und diese Krise sollte das ganze 4. Jh. andauern und

---

[371] Hermogenian durch vorherige Publizierung des Codex Hermogenianus, und Charisius offenbar im Titel seiner (ersten?) Schrift 'De officio praefecti praetorio', s. oben Fußn. 215.

[372] So HANS JULIUS WOLFF, Rez. v. LEVY, Pauli Sententiae, a Palingenesia, in: Traditio 3 (1945) 414f. S. a. VERF., Hermog. 110. Andere Ansätze bei SCHELLENBERG, a.a.O. (oben Fußn. 162) 91 Anm. 9. Sicherer Terminus ante quem ist der 18. Juli 294, an welchem Tag (oder am 18. März) Cod. Just. 7,62,6 erging, s. die Subskriptionen der mit dieser ursprünglich zusammenhängenden Konstitutionen Cod. Just. 3,3,2 u. 3,11,1. § 6 von Cod. Just. 7,62,6 hebt die PS 5,33 behandelte Regelung auf.

[373] Mit Recht betont WIEACKER, a.a.O. (oben Fußn. 208) 218, daß zum praktischen Weiterleben der römischen Rechtskunst bis Diokletian auch die im 3. Jh. im ganzen noch intakte Schule wesentlich beigetragen haben muß. Allerdings vermag ich in Scaevolas 'Responsa' und Gajus' 'Res cottidianae' Zeugnisse ihrer Tätigkeit nicht zu erblicken, sondern halte beide Schriften im Gegenteil für authentisch. Aber vielleicht kann etwa ein Florentin hierfür eintreten. Ebensowenig kann ich mich WIEACKERS Qualifizierung der in der Reichskanzlei praktizierten Jurisprudenz als esoterisch anschließen, wurde gerade damit doch das römische Recht ins ganze Reich getragen. Die in den Konstitutionen erörterten Rechtsfragen sind im Vergleich zu den Erörterungen in den Juristenschriften i. d. R. merklich elementarer, schon weil die Anfragen mitten aus der Reichsbevölkerung kamen. Von den in den Klassikerschriften bisweilen in der Tat esoterisch anmutenden Subtilitäten vor allem zum Schuld- und Erbrecht ist in den Konstitutionen nur noch verhältnismäßig wenig aktuell. Die neue, seit 212 stark vergrößerte Rechtsgemeinschaft hatte im ganzen handfestere Probleme, und eben die spiegeln sich in den Konstitutionen, auch schon vor Konstantin, wie zumal der starke Zuwachs öffentlichrechtlicher, vor allem gemeinderechtlicher und die entsprechende Abnahme erb-, privatdelikts- und vertragsrechtlicher Konstitutionen zeigt. Näher für den Sonderbereich der Klagenkonkurrenz VERF., Klagenkonkurrenz 31 u. 239 Fußn. 249; u. allgemein GÜNTHER SCHNEBELT, a.a.O. passim.

[373a] Dazu mit vielen Einzelbeispielen demnächst DIETRICH V. SIMON in seiner Habilitationsschrift.

[374] So wird einerseits die Ehescheidung nahezu ausgeschlossen: Cod. Theod. 3,16,1 v. J. 331, schon 339 aber der vorher nur mit Vermögensstrafen zu ahndende Ehebruch mit der Strafe des Säckens bedroht. Oder: Am 1. 1. 320 schreitet er in dem auch inschriftlich erhaltenen *edictum de accusationibus* gegen Denunzianten und zumal (IV) ihre eigene Herrschaft denunzierende Sklaven ein, die gar nicht erst gehört, sondern sofort gekreuzigt werden sollen. Ein gutes Jahr vorher hatte er solchen Sklaven noch die Freiheit versprochen: Cod. Theod. 9,21,2 v. 20. Nov. 318 (nach SEECK, Regesten 167); und sechs Jahre danach sollte er es in einem anderen Fall wieder tun: Cod. Theod. 9,9,1 vom 29. Mai 326, um eine Frau, die sich dem eigenen Sklaven hingibt, mit dem Feuertod bestrafen zu können (vorher lief nur für die Frau, die sich mit einem fremden Sklaven einließ, Gefahr, dessen Herren Sklavin zu werden). Peinlich berührt die Verschärfung der Strafe für Verwandtenmord am 16. Nov. 318, Cod. Theod. 9,15,1 (Säckung). Er läßt zu, daß

erfaßte schließlich sogar die Libellkanzlei. Bis in die Mitte des 4. Jhs. hinein sind ihre Chefs, die *magistri libellorum,* ausgewiesen durch noch andere Beschäftigung mit dem Recht: Arcadius Charisius war, wie wir sahen, sogar juristischer Fachschriftsteller; C. Caelius Saturninus Dogmatius unter Konstantin hatte seine Laufbahn wie Papinian, Messius und vielleicht auch Paulus als *advocatus fisci* und kaiserlicher Konsiliar begonnen[374a]; und Sextilius Agesilaus Aedesius (Mitte des 4. Jhs.) war zuvor immerhin Anwalt am africanischen Obergericht und am Kaisergericht gewesen[374b]. Dagegen scheint der stellvertretende Kanzleichef (*proximus libellorum*) Constantius' II., Thalassius, lediglich die übliche Rhetorikausbildung mitgebracht zu haben[374c]; und Anatolius unter Julian dem Abtrünnigen, ein persönlicher Freund des Herrschers, wird ebenso am ehesten unter den bloßen Rhetorikabsolventen zu suchen sein[374d]. In Marinianus freilich haben wir dann unter Gratian wieder einen Juristen in der Reichsverwaltung: Zunächst Rechtslehrer in Rom begegnet er 383 n. Chr. als *vicarius Hispaniae*[374e]. Und ebenso hatte der schließliche *consularis Syriae* um 389 n. Chr., Eutrop, Jurisprudenz studiert[374f]. Auch aus dieser Krise hat noch einmal die Provinz, und zwar diesmal bezeugtermaßen Beryt, ein letztes Aufblühen der römischen Rechtswissenschaft im 5. Jh. gebracht, das dann wiederum die — inzwischen in den Osten verlegte — Zentrale befruchtete

---

Eltern ihre neugeborenen Kinder in die Sklaverei verkaufen: Fragm. Vat. 34 v. 31. Juli 313; 33 u. Cod. Theod. 5,10,1 (vgl. demgegenüber noch Diocl. Cod. Just. 4,43,1), zumal, wenn es zur Beschaffung der Steuern geschieht (s. Cod. Theod. 11.27.2 u. vgl. Zos. 2,38; dazu L. MITTEIS, Reichsrecht [oben Fußn. 6] 357ff.; EHRHARDT, Constantin d. Gr. Religionspolitik u. Gesetzgebung, in: SZ 72 [1955] 134ff.; TH. MAYER-MALY, Das Notverkaufsrecht des Hausvaters, in: SZ 75 [1958] 116ff., bes. 120ff.; M. KASER, Das römische Privatrecht II [München 1959] 89 u. 144; A. CHASTAGNOL, Zosime II 38 et l'Histoire Auguste, in: Bonner Historia-Augusta-Colloquium 1964—1965, Antiquitas IV 3 [Bonn 1966] 43ff. u. J. MODRZEJEWSKI, a.a.O. [oben Fußn. 3] 363). Kindesräuber aber bedroht er gleichzeitig mit grausam verschärften Strafen: Cod. Theod. 9,18,1 vom 1. Aug. 315. S. ferner Cod. Just. 2,57,1 (342); Cod. Theod. 12,1,3 (316); 5 (317); 6 (319); 9 (324); 12 (325); 16 (329) u. v. a. Günstiger urteilt JOSEPH VOGT, Zur Frage des christlichen Einflusses auf die Gesetzgebung Konstantins des Großen, in: Festschr. f. L. Wenger II (München 1945) 118ff. Zutr. ARNOLD EHRHARDT, a.a.O. 161: „Beginnen wir mit der Feststellung, daß Constantin heftig und grausam war. Wo er die Gelegenheit dazu hatte, ließ er seiner Leidenschaft die Zügel schießen" u. 165: „mit jener nervösen Ungeduld erfüllt, die für Constantin typisch"; abzulehnen jedoch EHRHARDTS „heidnischer Registraturbeamter" S. 157 und seine sonstigen Versuche, von den schlimmsten Gesetzen Constantin reinzuwaschen.

[374a] S. A. H. M. JONES, a.a.O. (oben Fußn. 35a) s. v. Saturninus 9, wo auch seine weiteren juristischen Ämter verzeichnet sind.

[374b] A.a.O. s. v. Aedesius 7: *causarum non ignobilis Africani tribunalis orator et in consistorio principum.* Später wurde er noch u. a. *magister cognitionum sacrarum* und *vicarius praefectorum per Hispanias vice sacrarum cognitionum.*

[374c] A.a.O. s. v. Thalassius 2.

[374d] A.a.O. s. v. Anatolius 5.

[374e] A.a.O. s. v. Marinianus 2. Dagegen war der *ex vicariis iuris doctor* Erotius, Mitglied der zweiten Theodosianuskommission (s. Cod. Theod. 1,1,6), wie das *ex* besagt, nur Titularbeamter.

[374f] Liban. or. 4, 13ff.

und in dem Gesetzgebungswerk Justinians gipfelte[375]. Im Osten brachte das die dauernde Konservierung eines ansehnlichen Teiles der klassischen Rechtswissenschaft ein, wenn auch der Versuch, sie gleichzeitig wieder für die Praxis nutzbar zu machen, vergeblich war[376]. Im Westen dagegen lebte sie zunächst einmal viele hundert Jahre, wenn wir von den Konstitutionen absehen, nur in ihrer provinzialen Komponente fort: in Gajus und den Paulussentenzen bzw. ihren Derivaten[377].

Personenregister

Ädesius s. Sextilius
Afrikan 294
Agesilaus s. Sextilius
Anatolius 360
Anthianus s. Furius
Arcadius s. Charisius
Arrius Menander 342
Aufidius Chius 298
Aurelius Eufimianus 313[170]
Aurelius Fortunatus 313

Brutus 355

Cälius Saturninus Dogmatius 360
Callistrat 290, 300, 310ff., 316f., 323f., 324f., 330f., 338ff., 346f.
Campanus 298f.
Carinus 358
Cassius 296, 308
Cato d. Ä. 341f.

Cervidius Skävola 291f.
Charisius 321, 324, 327f., 358f.
Cincius 341ff.
Claudius Saturninus 348
Clemens s. Pactumeius
Cornelius Celsus 342
Coruncanius 355

Diokletian 358
Dogmatius s. Cälius

Erotius 360[374e]
Eutrop 360

Fabius Mela 294
Cn. Flavius 355
Florentin 348f.
Frontin 342
Fufidius 299
Furius Anthianus 350ff.

---

[375] Zur Leistung der Beryter Professoren des 5. Jhs. n. Chr. s. jetzt DIETER SIMON, Aus dem Kodexunterricht des Thalelaios B: Die Heroen, in: SZ 87 (1970) 315ff. Für Rom und den Westen zur gleichen Zeit s. E. VOLTERRA, Appunti sulle scuole postclassiche occidentali, in: Annali di storia del diritto 1 (Mailand 1957) 51ff.; u. F. WIEACKER, Recht und Gesellschaft in der Spätantike (Stuttgart 1964) 94ff.

[376] S. etwa F. EBRARD, Die Entstehung des Corpus iuris nach den acht Einführungsgesetzen des Kaisers Justinian, in: Schweizer Beiträge zur Allgemeinen Geschichte 5 (1947) 28ff.; u. A. STEINWENTER, Was beweisen die Papyri für die praktische Geltung des justinianischen Gesetzgebungswerkes? in: Aegyptus 32 (1952) 131ff. Neuerdings H. J. WOLFF, Das Vulgarrechtsproblem und die Papyri, in: SZ 91 (1974) 54ff.

[377] Schon seit dem 5. Jh. (und bis ins 11.), wie vor allem der einheitliche Quellenkreis in den späteren westlichen Kompilationen bezüglich der Überlieferungsmasse Ius bezeugt: in der sog. 'Consultatio veteris cuiusdam iurisconsulti', der 'Lex Romana Visigothorum' und der 'Lex Romana Burgundionum'. Aber auch selbständige Kunde haben wir nur noch von den Paulussentenzen und ihrer *interpretatio*: durch Nachträge zur 'Lex Rom. Vis.'; und von Gajus: durch den Gajus von Autun.

Seneca iurisconsultus

von Rudolf Düll, München

Inhaltsübersicht

L. Annaeus Seneca, Sohn des berühmten Rhetors der augusteischen Zeit M. Annaeus Seneca, ist als bedeutender Philosoph der stoischen Richtung, als verdienter Staatsmann, als geistreicher Schriftsteller, als hervorragender Satiriker, als Erzieher des Kaisers Nero und als Dramendichter in die Geschichte eingegangen. In allen seinen Werken zeigt er sich als ein Mann mit überragender universeller Bildung, als Mahner sittlich-ernster Lebensführung und nimmt unter seinen Zeitgenossen die hervorragendste Stelle ein[1]. Er wirkte im Zeitalter des Respondierjuristen Proculus und besaß ausgezeichnete Rechtskenntnisse, wenn er auch nicht als Respondierjurist der Vorklassik tätig war. Dazwischen bezeichnet er sich selbst als *iurisconsultus*. Seneca genoß in Rom die übliche rhetorische Ausbildung, nahm am öffentlichen Leben teil und wirkte als Quaestor, Praetor, Konsul und im römischen Senat. Besonderen Einfluß auf die Staatsgeschäfte hatte er in der neronischen Zeit. Von Kaiser Claudius wurde er wegen angeblicher Beteiligung an der Livilla-Affaire nach Corsica verbannt[2], nach 8 Jahren

---

[1] Th. Birt, Römische Charakterköpfe (Leipzig 1913), S. 221, 235/6; zur Würdigung Senecas s. ferner in diesem Werk (ANRW), Teil II, Rubrik 'Sprache und Literatur', hrsg. v. W. Haase (Berlin–New York 1976ff.), die Beiträge von K. Abel ('Seneca im geistigen Ringen seiner Zeit'), A. Setaioli ('Seneca e lo stile'), O. Hiltbrunner ('Seneca als Tragödiendichter'), J. Dingel ('Senecas Tragödien: Vorbilder und poetische Aspekte'), A. MacGregor u. R. Wertis (The Manuscripts of Seneca's Tragedies: A. Survey'), sowie Teil II, Rubrik 'Philosophie und Wissenschaften', hrsg. v. W. Haase (Berlin–New York 1977 [ca.]), die Beiträge von P. Grimal, ('Sénèque et le stoïcisme romain') und G. F. Chesnut ('Religion and Philosophy in Roman Stoicism').

[2] Birt, a. O., S. 226.

aber zurückgerufen und mit öffentlichen Ämtern betraut. Gleichwohl konnte
er dem Kaiser, mit dem er noch fünf Jahre zusammenarbeitete, seine lang-
jährige Verbannung nicht verzeihen, und das ist wohl der Grund für das
Entstehen seiner scharfen Satire, der 'Apocolocyntosis'. Seine Hoffnung
auf eine günstige Entwicklung des seiner Erziehung anvertrauten jungen
Nero erfüllte sich leider nicht. In die pisonische Verschwörung verwickelt
endete er mit Freitod sein Leben als Opfer eines entarteten Despotismus.

Seneca flicht in seine Schriften sehr häufig juristische Ausführungen
ein, die er mit großer Sorgfalt behandelt. Diese sind für eine Reihe von
Rechtsgebieten von Bedeutung. Dazu können wir aus seinen Werken zwei
Hauptgruppen unterscheiden. Auf der einen Seite die überaus geistreiche
Satire 'Apocolocyntosis', wo Seneca die negativen Seiten des Kaisers in
Rechtssachen scharf geißelt und ihm das Ideal eines regierenden Fürsten,
der für Recht und Wohl des Staates als Vorbild gelten darf, gegenüberstellt.
Auf der anderen Seite berührt Seneca in seinen philosophischen Schriften
eine Reihe rechtlich interessanter Probleme mit Sachkunde und überrascht
uns auch mit lichtvollen Einblicken in rechtsgeschichtlich bedeutsame Entwicklungen.

I. Senecas 'Apocolocyntosis' in rechtlicher Sicht und Sinn der Satire

Seiner Spottschrift auf den Kaiser Claudius gab Seneca statt Vergötterung (ἀποθέωσις) den Namen ἀποκολοκύντωσις, wobei er an eine
'Verkürbissung' des Kaisers denkt. Wie er sich als Satiriker diesen Vorgang
vorstellt, werden wir am Ende dieses Abschnitts näher darlegen.

Seneca war ein viel zu kluger Mann, als daß er den Kaiser Claudius
in der ganzen Linie seiner Regierungsakte zu einer lächerlichen Figur hingestellt hätte, denn er wußte genau, daß das Regime dieses Fürsten eine
Reihe recht guter und nützlicher Taten und Unternehmungen in sich
schloß[3]. Sehr human zeigt sich z. B. Claudius auch dadurch, daß er einem
Sklaven, den sein Herr bei schwerer Krankheit verstieß, zur Freiheit ver-
half (Modestin, D. 40,8,2: *servo, quem pro derelicto ob gravem infirmitatem
habuit, ex edicto D. Claudii competit libertas*). Seneca spricht sich auch nicht
abfällig über des Kaisers wissenschaftliche Verdienste aus und auch nicht
über seine grundsätzliche Beharrlichkeit in der Ausübung der Jurisdiktion,
wo er Tage und Nächte in der heißesten Zeit aushielt und, freilich nach
seiner Art, sich bemühte, die Rechtsstreitigkeiten zu schlichten. Was aber
Seneca als Selbstverständlichkeit im gutgeleiteten Staatswesen ansah, war
seine Forderung nach Autorität des Rechts und vorbildlicher Pflichterfül-
lung jener Staatsorgane, welche für dessen Durchführung zuständig waren.

---

[3] TH. BIRT, a. O., S. 223ff. Vgl. auch E. MANNI, Dall'avvento di Claudio all'acclamazione
di Vespasiano, ANRW II 2, hrsg. v. H. TEMPORINI (Berlin–New York 1975), S. 131—148.

Jurisdiktion und Judikation sollten ihr Bestes geben. Aber Kaiser Claudius war auf diesen Gebieten gerade das Gegenteil einer Idealfigur. Er verstieß gegen die elementarsten Grundsätze einer ordentlichen Rechtspflege, urteilte oft ganz nach Laune und Willkür, im Verkehr mit den Parteien läßt er die beiden Teile oft nicht einmal zu Wort kommen, läßt sich zu Jähzorn hinreißen (*irascitur, excandescit*), obwohl er von Senecas Schrift 'De ira', die großes Aufsehen erregte, stark beeindruckt gewesen sein soll[4]. Er fällt als Strafrichter Todesurteile, ohne die Beschuldigten überhaupt zu Wort kommen zu lassen. Auf dem Gebiet der Ziviljurisdiktion machte er sich in der Öffentlichkeit unendlich lächerlich[5], so daß es mit seiner *dignitas* sehr schlecht bestellt war. Noch auf dem Weg zur Vergötterung läßt Seneca den Kaiser in solcher Verfassung auftreten: der Göttin Febris, die ihm nicht Genehmes ins Gesicht sagt, droht er mit Abführung und Tod:

> *excandescit hoc loco Claudius et quanto potest murmure irascitur ...*
> *.. Febrim duci iubebat.* (apoc. 6)

Und in apoc. 11 muß er sich von Augustus sagen lassen:

> *dic mihi quare quemquam ex his quos quasve occidisti, antequam de causa cognosceres, antequam audires, damnasti? hoc ubi fieri solet? in caelo non fit ....*

und weiter:

> *... summatim: tria verba cito dicat et servum me ducat.*

Mit letzterem Vorwurf ist an die Ziviljurisdiktion des Kaisers gedacht. Hier spielt das *carmen praetoris* mit den drei solennen Worten *do—dico—addico* (*tria verba*)[6] eine wichtige Rolle, auf die wir unten noch zurückkommen. Es handelt sich hier, wenn das *addico* in Frage kommt, um den Endabschluß des Rechtsstreits bzw. eines Rechtsakts vor dem Beamten. Es fragt sich nun, was mit dem *servum ducere* hier gemeint ist.

Es gab in Rom Fälle, wo ein freigelassener Sklave aus bestimmten Gründen wieder in den Sklavenstand versetzt werden konnte, z. B. wegen Undankbarkeit. Derlei Fälle z. B. Gaius D. 40,12,26: *qui ex libertate in servitutem petit*; Ulp. D. 40,12,31: *servum manumissum in servitutem petere*; Paulus D. 38,2,9: *qui in servitutem libertum paternum petierit*. Dabei wird auch des *duci* gedacht: Julian D. 40,12,30: *duobus petentibus ... in servitutem duci servum debere*.

Nach Sachlage setzen aber diese Stellen das vorherige Bestehen einer *servus*-Eigenschaft voraus, was bei der Senecastelle nicht der Fall ist. Daher muß der Sinn dieses Duktionsbefehls anders erklärt werden. Er liegt m. E.

---

[4] BIRT, a. O., S. 221.
[5] BIRT, a. O., S. 222, 232/3.
[6] R. DÜLL, Eröffnungsakt in iure und die tria verba praetoris, SZ 57, 1937, S. 76ff.

im Folgenden: der Strafjudikation des Kaisers wird die Ziviljurisdiktion gegenübergestellt. In beiden geht der Kaiser willkürlich vor. In beiden Fällen geht es um eine Exekution: der Kaiser läßt Todesurteile vollstrecken ohne weitere Untersuchungen (*damnas antequam cognosceres*), und analog handelt er in Zivilsachen, wo er die Vollstreckung gegen den Schuldner ohne Rechtfertigung in Gang bringen läßt durch die *legisactio per manus iniectionem*[7]: der Kaiser gewährt willkürlich durch seine *verba legitima* seine *addictio* zur Personalexekution gegen den Schuldner, der als *addictus* nun wie ein *servus* dem *duci* des Gläubigers preisgegeben wird und nach dem Zwölftafelrecht mit Tod oder Sklaverei zu rechnen hat (Gellius 20,1,47: *nisi dissolverent, ... a praetore, quibus erant iudicati, addicebantur*).

Wie ernste und verantwortungsbewußte *iurisconsulti* auf das Willkürsystem des Claudius reagierten, illustriert Seneca in apoc. 12:

> *iurisconsulti e tenebris procedebant, pallidi, graciles, vix animam habentes, tanquam qui tum maxime revivescerent. ex his unus cum vidisset capita conferentes et fortunas suas deplorantes causidicos, accedit et ait: dicebam vobis: non semper Saturnalia erunt.*

Die Zeit der Narrenstreiche ist nun zu Ende, meinen die Rechtsgelehrten, das haben wir schon längst gewünscht!

Vom Chor des Trauerzugs werden in apoc. 12 die Strophen vernehmlich, die des Kaisers Verhandlungsstil beleuchten:

> *... deflete virum, quo non alius*
> *potuit citius discere causas*
> *una tantum parte audita,*
> *saepe ne utra. quis nunc iudex*
> *toto lites audiet anno? ...*

Claudius wird zur Unterwelt befördert, und zum Schluß (apoc. 14) fällt der Hadesrichter Aeacus in einem Verfahren, das er absichtlich im Stil des Kaisers leitet, das Urteil: der spielwütige Claudius erhält eine neue Strafe zudiktiert, die der Danaidenstrafe nachgebildet ist: er soll sein Würfelspiel mit einem Würfelbecher ohne Boden immer nutzlos fortsetzen.

Nun folgt aber noch ein wichtiges Nachspiel: C. Caesar (Caligula) erscheint und verklagt den Claudius vor Aeacus wegen tätlicher Angriffe auf sich und fordert sein Herrenrecht über ihn (*in servitutem illum petere coepit*: apoc. 15). Seinem Antrag wird stattgegeben, und Caligula schenkt seinen Sklaven dem Aeacus (*Caesar illum Aeaco donat*). Dieser übergibt ihn seinem Freigelassenen Menander mit der Weisung, ihn bei gerichtlichen Untersuchungen zu verwenden (*is Menandro liberto suo tradidit, ut a cognitionibus esset*). Mit diesem Satz schließt Senecas Satire.

Claudius soll also unter Leitung des durch seine Gerechtigkeitsliebe berühmten Aeacus (apoc. 14: *homo iustissimus*) als dessen Sklave in der

---

[7] G. BRUNS, Fontes iuris romani antiqui[7] (Tübingen 1909), S. 20/1.

Gerichtsapparition des Unterweltrichters für immer das zu erlernen haben, was er als *princeps* nie gelernt hat: das richtige *iudicare*.

So will Seneca als verantwortungsbewußter Philosoph noch erzieherisch wirken. Die von ihm vertretenen Grundsätze haben sich im gleichen Sinn für die römischen Juristen als vorbildlich erwiesen. In D. 1,18,19 übernimmt der Jurist Callistratus die Gedankenwelt des stoischen Philosophen Seneca:

> *Observandum est ius reddenti, ut in adeundo quidem facilem se praebeat, sed contemni non patiatur. unde mandatis adicitur, ne praesides provinciarum in ulteriorem familiaritatem provinciales admittant: nam ex conversatione aequali contemptio dignitatis nascitur. sed et in cognoscendo neque excandescere adversus eos, quos malos putat, neque precibus calamitosorum inlacrimari oportet: id enim non est constantis et recti iudicis, cuius animi motum vultus detegit. et summatim ita ius reddi debet, ut auctoritatem dignitatis ingenio suo augeat.*

Ein solches Bild eines idealen Richters und pflichtbewußten Jurisdiktionsbeamten schwebt Seneca in seiner Satire vor. *Ira, excandescere, contempta dignitas* sind ihm bei jedem Richter, zumal beim obersten Leiter der Rechtspflege, ein Greuel.

Zum Schluß dieses Abschnittes sei aber noch Senecas 'Verkürbissung' des Kaisers gedacht. In der Spottschrift findet sich darüber keine Zeile. Trotzdem brauchen wir uns m. E. hier gar nicht weiter mit dem Gedanken an einen etwa verlorengegangenen Teil der Senecasatire zu befassen[8]. Stellen wir folgende Hauptgesichtspunkte der Schrift in den Mittelpunkt, gelangen wir zu dem von Seneca gesehenen Ergebnis:

Dieser in Lugudunum an der Rhone geborene 'Gallier', meint Seneca witzig, habe, wie einst Brennus, von Rom Besitz ergriffen, wie es sich ja für einen echten Gallier auch gehöre, und dort sich heimisch gemacht:

> (apoc. 6): *Lugudini natus ... Gallus germanus: itaque, quod Gallum facere oportebat, Romam cepit.*

In Rom habe er aber ein absolutistisches Regime geführt, wie der Hahn (*gallus*) auf dem Mist:

> (apoc. 7): *... Claudius ... intellexit neminem Romae sibi parem fuisse ... gallum in suo sterquilino plurimum posse.*

Um weiteres *stercus* in Rom und Umgebung habe sich aber Claudius wiederum sehr verdient gemacht: denn in seiner Jurisdiktionstätigkeit habe er ganze Berge von Unrat ausgeräumt und sich dabei weit mehr bemühen müssen als Hercules in seiner Arbeit zur Reinigung des Augiasstalls, was er dem Hercules mit Stolz verkündet:

---

[8] BIRT, a. O., S. 235.

(apoc. 7): *ego eram, qui Tiburi ante templum tuum ius dicebam totis diebus mense Iulio et Augusto. Tu scis, quantum illic miseriarum tulerim, cum causidicos audirem diem et noctem, in quos si incidisses, valde fortis licet tibi videaris, maluisses cloacas Augeae purgare: multo plus ego stercoris exhausi.*

Nun ist es aber mit des Kaisers Großtaten für die *stercus*-Produktion noch nicht zu Ende! In der Unterwelt hat er bei solchem Räumungsdienst ständig mitzuarbeiten, hier als Helfer in der Cognition des Hadesrichters Aeacus (apoc. 15: *ut a cognitionibus esset*). Und hier fällt fortwährend viel mehr und reichlicher solcher Unrat an, und Claudius kann sich hier in seinem gewohnten Element fühlen.

Aus den Kräften solcher Dungstätten kann aber, nach antiker Auffassung der griechischen Physiker und des Aristoteles, aus dem Urstoff, dem faulenden Dung, neues Leben entstehen[9]. Und das ist hier der Fall! Ein neues und verklärtes Gebilde rankt hervor, das sichtbar zum Schmuck der Dungstätten wird: die Kürbispflanze! Zu allen Zeiten hat der Kürbis seinen besten Nährboden auf Dungstätten und Misthaufen gefunden. Mit diesem Bild ist die Apotheose des Kaisers umrissen: die dem *stercus* entspringende größte Feldfrucht, die wir kennen, ist in ihrem Ausmaß auch einem Kaiser adäquat!

Wenn nun Seneca in apoc. 15 Claudius in der Unterwelt unter Aufsicht des Menander stellt, so darf mit Sicherheit angenommen werden, daß der Dichter Seneca an den gefeierten griechischen Komödiendichter denkt, den ein Hadesrichter zu seiner Erheiterung auch recht gut brauchen kann, und dabei vielleicht an eine den Alten wohlbekannte Episode aus einem verlorengegangenen Stück dieses Dichters, die zu dieser Situation paßt. Menander werden über hundert Lustspiele zugeschrieben; wir kennen aber nur wenige Fragmente aus seinen Werken. Denkbar wäre etwa, daß Menander in einem Lustspiel als Gegenstück zur schaumgeborenen Göttin der Schönheit ein albernes sumpfgeborenes Wesen auftreten ließ. Menander und Aeacus sind fast Landsleute. Aeacus, Patron des Menander, gilt als äginetischer Heros[10], Menander war gebürtiger Athener der frühhellenistischen Zeit. Im Fall der Vergötterung des Kaisers bringt Seneca den witzigen Einfall, diese als Anhang an die 'Metamorphosen' des Ovid anzufügen (apoc. 9), und hier meint er vielleicht, daß die Verkürbissung eine ähnliche Rolle bei einem Werk des Menander spielen könne.

So ist dem Spötter Seneca der Ort der Vergötterung des Claudius nicht der Himmel, sondern der Misthaufen, aus dem durch göttliche Kräfte das verklärte neue Gebilde, der Kürbis, in überragender Größe heranreift. Auf solchem Nährboden kann er immer weiterleben. Und so kommt es zur ἀποκολοκύντωσις.

---

[9] W. Nestle, Aristoteles, Hauptwerke (Leipzig 1934), S. 388ff.

[10] W. Göll, Illustr. Mythologie (Leipzig 1896), S. 134; Toepffer, RE I (1894), 923—926, s. v. Aiakos Nr. 1.

II. Rechtlich Bedeutsames aus Senecas philosophischen Schriften

1. Zur *voluntas*-Lehre

Die sogenannte *voluntas*-Lehre hat in der Forschung der römischen Rechtswissenschaft zu lebhaften Auseinandersetzungen geführt, die bis heute noch in Fluß sind[11]. Hier handelt es sich um die Stellung der römischen Juristen zu der Frage, wie Rechtsgeschäfte zu beurteilen sind, wenn die bei einer Willenserklärung gebrauchten Worte und der nach Sachlage beabsichtigte Sinn des Rechtsgeschäfts zu Meinungsverschiedenheiten führen, wobei man geneigt sein kann, dem Worte den Vorzug zu geben als dem formal Objektiven oder dem subjektiv wirklich Gewollten, das aus den Umständen des Falles gefolgert werden kann. Es ist klar, daß in der älteren Zeit die formale Beurteilung die Oberhand hatte, weil sich dies schon aus dem Gebrauch der Legisaktionen ergeben mußte, daß aber die subjektive Seite immer mehr Bedeutung erlangen mußte, wo die Gedanken von *aequum et bonum* in steigendem Maß das Recht durchsetzten. Ein deutlicher Wendepunkt auf diesem Gebiet war die causa-Curiana-Entscheidung des Zentumviralgerichts vom Jahr 93 v. Chr., wo sich in einem Erbschaftsstreit die subjektivistische Richtung entscheidend durchsetzte. Fortschrittlich eingestellte Männer, wie Cicero und sein Freund, der Jurist Trebatius, billigten diese neue Richtung in vollem Maß. Kein Wunder, daß auch Labeo, der Schüler des Trebatius, der große Jurist der Frühklassik, dieser neuen Richtung sich anschloß und den *verba* eines Rechtsgeschäfts als entscheidend die *mens*, den *animus* des Erklärers gegenüberstellte. Zu dieser *voluntas*-Lehre wird im Schrifttum die Ansicht einer nur langsamen Loslösung vom Formalismus vertreten. Es wird geltend gemacht, daß für die Frühklassik eine wohl deutliche, aber noch unvollkommene subjektivistische Entwicklung anzunehmen sei, für die Hochklassik eine weitere Steigerung, für die byzantinische Zeit aber eine stark betonte, beinahe übersteigerte Subjektivistik.

Jedenfalls läßt sich zum *voluntas*-Problem bei der Erblassererklärung seit der causa Curiana bis hinein zur Hochklassik die konsequente Beibehaltung der subjektiven Linie feststellen. Dies zeigt Javolen D. 35,1,40,5, wo wir lesen:

> *Labeo Trebatii sententiam probat, quia haec mens testantis fuisset .. et ego et Proculus probamus.*

Javolen war Lehrer Julians und wirkte bis ins zweite Jahrhundert n. Chr.[12]

---

[11] P. JOERS—W. KUNKEL, Römisches Privatrecht² (Berlin 1935, § 49,2) und das dort angegebene Schrifttum. S. auch R. DÜLL, Kritische Vierteljahresschrift für Gesetzgebung und Rechtswissenschaft 64 (= 3. Folge, 28), 1936, S. 54ff., 59ff.; ebd. 65 (= 3. Folge, 29), 1938, S. 406.

[12] JOERS—KUNKEL, a. O., § 19,2.

Mit ganz der gleichen Einstellung geht der juristisch geschulte Seneca, ein Zeitgenosse des Proculus, bei Behandlung philosophischer Probleme zu Werk. Dies ergeben folgende Stellen:

In de benef. 5,19 wertet er das Problem ausdrücklich aus der Sicht des Rechtsgelehrten und führt zur Schenkungsabsicht des Gewährers eines *beneficium* aus: *sed ut dialogorum altercatione seposita tanquam iurisconsultus respondeam: mens spectanda est dantis. Beneficium ei dedit, cui datum voluit.* Und in de benef. 1,6 lesen wir:

> *non quid fiat aut quid detur refert, sed qua mente: beneficium non in eo quod fit aut datur consistit, sed in ipso dantis aut facientis animo.*

2. Zu *ius, iurisdictio*

Zu den für das römische Recht so bedeutsamen Begriffen wie *ius* und *iurisdictio* ist Seneca eine wichtige Quelle. Seiner klaren antithetischen Ausdrucksgabe verdanken wir die Bestätigung der Richtigkeit von Hinweisen republikanischer Schriftsteller. So nennt uns Cicero in de leg. 3,3,8 ein Gesetzesbruchstück zum prätorischen Amt, wo der Prätor als *iuris disceptator* und als *iuris civilis custos* bezeichnet ist und seine Tätigkeit als *iudicare iudicarive iubere*. Das *disceptare* charakterisiert Cicero, pro Caecina 2,6 als *honoraria opera amici*, was deutlich erkennen läßt, daß der Jurisdiktionsbeamte in erster Linie auf die Beilegung eines Streits hinwirkte, sich also um die Wiederherstellung des Rechtsfriedens im Staat bemühte. Ganz zweifelsfrei beleuchtet Seneca diese amtliche Tätigkeit in de benef. 4,28:

> *ius fori omnibus dicitur: pace etiam homicidae fruuntur: sua repetunt etiam qui aliena rapuerunt.*

Diese klare Gegenüberstellung *ius fori* — *pax* führt zur Folgerung, daß man im römischen *ius* im innersten Kern den Rechtsfrieden verkörpert sieht. *Ius* und *pax*, *iungere* und *pangere* stehen in der gleichen Linie: im *ius dicere* steckt die Vorstellung der Anordnung des Rechtsfriedens, im *ius reddere* jene der Wiederherstellung desselben[13].

Diese Darstellung Senecas deckt sich vollkommen mit dem bei Quintilian, decl. 274 i. f. vorgetragenen Gedanken: *forum, quod mihi templum quoddam p a c i s videtur, in quo iura exercentur*[14]. Im genannten *iudicet iudicarive iubeat* des prätorischen Amtes sind zwei Phasen seiner Tätigkeit aufgezeigt: Das Nächstliegende und weitaus Häufigste ist, daß sich die Parteien vor der Autorität des Gütebeamten in einem Friedensgeding einigten, dem der Prätor seine Zustimmung gab (*addicit*). Damit ist regel-

---

[13] R. Düll, Der Gütegedanke im römischen Zivilprozeßrecht (München 1931), S. 124ff., 134ff., 137ff., 144; dazu Id., Iudicet iudicarive iubeat, SZ 71 (1954), S. 348ff., 352ff.; Id., Zur Diszeptationstätigkeit des römischen Jurisdiktionsmagistrats, SZ 80 (1963), S. 394/5.

[14] R. Düll, Bruchstücke verschollener römischer Gesetze und Rechtssätze, Studi in onore di Gaetano Scherillo, Bd. II (Milano 1972), S. 689.

mäßig das Streitende herbeigeführt durch das *iudicare* des Prätors. Nun hat der römische Freistaat, schon gleich nach Vertreibung der Könige, die demokratische Idee der Provokation aus dem Solonischen Recht über-nommen[15], was bedeutete, daß römische Bürger nach dem Vorbild Athens das Recht haben sollten, gegenüber der in Aussicht gestellten Entscheidung des Beamten eine für sie verbindliche Entscheidung des Rechtsstreits durch einen freigewählten Mitbürger als privaten Richter zu erhalten. In diesem Falle mußte der Prätor statt seines *iudicare* ein *iudicari iubere* in die Wege leiten. Damit trat die zweitgenannte Phase der Streiterledigung in Er-scheinung. Aus dem Güteverfahren wird ein *iudicium*, eine *lis*, und der Prätor mußte Vorsorge treffen, daß sich die Parteien dem Urteil des von ihnen gemeinsam gewählten Privatrichters vertraglich unterwarfen, und er mußte diesem Richter den Judikationsbefehl erteilen. So wurde die *lis* feierlich vor Zeugen in Gang gebracht (*litis contestatio*), unter vertraglicher Einigung der Parteien und dem Judikationsbefehl des Beamten. Mit dem *addico* zu diesem Vertrag endete die amtliche Tätigkeit des Prätors für diesen Abschnitt. Nun war es Sache der Parteien, ihren Streitfall durch ihren Privatrichter öffentlich untersuchen und entscheiden zu lassen. Mit dessen Urteil (*sententia*) war der Streit endgültig entschieden, weil das Urteil auf die vertragliche Einigung der Parteien gegründet war. Bei diesem Modus der Streitabwicklung konnte kein Zweifel bestehen, daß der Prätor als *custos iuris civilis* Einfluß auf die Prozeßentscheidung des privaten Richters anstreben mußte. Denn es mußte ihm nicht nur darauf ankommen, daß der Streit endgültig erledigt wurde, sondern auch darauf, daß das Urteil des privaten Richters die Grundsätze des vom Prätor praktizierten *ius civile* beachtete. Dieser Gedanke erhielt seine volle Ausgestaltung im spä-teren Formularprozeß durch die genaue schriftliche Anweisung an den privaten Richter. Aber auch schon im Legisaktionsverfahren kam dieses Bestreben des Prätors zur Wirkung dadurch, daß im Verfahren vor dem Privatrichter sich jedenfalls e i n e Partei auf die *in iure* vom Prätor zum Ausdruck gebrachte Rechtsauffassung berufen haben wird. In diesem Sinn verfuhr man noch im Verfahren vor dem Zentumviralgericht, wo die *legisactio sacramento* gesetzlicher Abwicklungsmodus blieb (Gaius 4,31). Analog lag es bei der *legisactio per iudicis arbitrive postulationem* (Gaius 4,17a), wo auf das Ergebnis der Tätigkeit des Klärungsrichters der präto-rischen Apparition hingewiesen werden konnte, wenn dieses nicht schon zum gütlichen Abschluß des Streites *in iure* geführt haben sollte.

Aus dem Dargelegten ergibt sich, daß das römische Zivilstreitverfahren sich keineswegs in dem Sinn abspielte, daß dem stets notwendigen Güte-verfahren *in iure* ein Verfahren vor dem privaten Richter (*apud iudicem, in iudicio*) hätte folgen müssen. Eine Zweiteilung in diesem Sinn hätte schon dem praktischen Blick römischen Rechtsdenkens widersprochen. Das

---

[15] R. DÜLL, SZ 71, S. 349ff. (s. ob. Anm. 13). Vgl. auch A. W. LINTOTT, Provocatio. From the Struggle of the Orders to the Principate, ANRW I 2, hrsg. v. H. TEMPORINI (Berlin—New York 1972), S. 226—267.

Verfahren *in iure* führte in den weitaus meisten Fällen über ein vom Beamten begutachtetes Friedensgeding zur vertraglichen Einigung, der der Prätor zustimmte (*addicit*), und damit zum Streit-Ende. Es kam nicht zu *lis* und *litiscontestatio*. Nur da, wo die Parteien auf ihr demokratisches Recht als römische Bürger pochten, die Entscheidung durch freigewählte Privatrichter herbeizuführen, mußte der Prätor die Streitformalien anordnen, die *litiscontestatio* veranlassen und den Judikationsbefehl erteilen und diesem Streitlösungsvertrag seine Zustimmung geben (*addicere*). In diesem Streit werden nach antiken Belegen Gedanken an die alte Selbsthilfe (*arma, pugna, milites, bellum*) lebendig[16]. Diese Art der Streitbeendigung ließ man auch nach dem Untergang der römischen Republik aus Gründen der Staatsraison im Formularprozeß unangetastet, und dieses Verfahren läßt sich in Rom bis zum Anfang des 3. Jahrhunderts n. Chr. nachweisen[17]. Doch seit dem Beginn des Prinzipats verlor es immer mehr an Bedeutung, weil durch die *extraordinaria cognitio* und das aufkommende Beamtenrichtertum dem *iudicium* freigewählter Privatrichter immer mehr Grenzen gezogen wurden. Dazu kam, daß der *princeps* die *iurisdictio fori* in zunehmendem Maß selbst übernahm, vielleicht eingedenk des Vorbilds, das schon Julius Caesar als Diktator im Stil des Großkönigs Alexander gegeben hatte (Seneca, de benef. 5,24). Eine solche Tätigkeit des *princeps* mußte notwendig zum Wegfall des *iudicium* alter Prägung führen: denn den modus des *iudicari iubere* beherrschte der demokratische Gedanke der Unterstellung des Jurisdiktionsträgers unter die Souveränität des römischen Volkes, während sich im Prinzipat die Lage ins Gegenteil verkehrt hatte. So bildete sich der Grundsatz aus: *quod principi placuit, legis habet vigorem . . . quodcumque cognoscens decrevit, . . . legem esse constat* (Ulpian D. 1,4,1 pr; 1). Die Folge mußte sein: der *princeps* wird alleiniger und endgültiger *iudex*.

Aus der überragenden Stellung des prätorischen Amts als *custos iuris civilis* mußte von Anfang an folgen, daß der Prätor einem Mißbrauch des Provokationsrechts Schranken setzte und dahin wirkte, daß man bei unzweifelhafter Rechtslage ein *iudicium* überhaupt nicht in Gang brachte und daß der Streit *in iure* sein Ende erreichte[18]. Weiterhin baute man zur Förderung des im Mittelpunkt stehenden Gütegedankens in das Streitverfahren Risikomomente ein: der Verlust der Wettsumme bei der *l. a. sacramento* mußte die Streitlust in der *lis* dämpfen, und dies auch noch in der Zeit des Formularprozesses für die Streitsachen vor dem Zentumviralgericht (Gaius 4,31). In gleicher Richtung muß es gewirkt haben, wenn im Legisaktionenverfahren schon der geringste Verstoß im Gebrauch der Formelworte zum Prozeßverlust führte (Gaius 4,11; 30). Im Schriftformelprozeß mußte die mit der Verurteilung verbundene *poena dupli*, *poena quadrupli* und *infamiae*, die bestimmten Aktionen eigen waren, abschreckend wirken, dazu die unter Umständen empfindlich treffende Geldkondem-

---

[16] R. Düll, Gütegedanke, S. 142 (s. ob. Anm. 13).
[17] L. Wenger, Institutionen des römischen Zivilprozeßrechts (München 1925), S. 48, n. 69.
[18] R. Düll, SZ 71, S. 354 (s. ob. Anm. 13).

nation der *litis aestimatio* (Gaius 4,48). Diese letztere war vermutlich schon
dem alten Legisaktionenverfahren eigen, um schon da das Risikomoment
zu verankern. Die genannte Gaiusstelle enthält das von HUSCHKE eingesetzte
sed nicht, was bedeuten würde, daß die Geldkondemnation stets üblich war[19].
Das System der Geldkondemnation läßt sich auch schwer in dem Sinn erklären, daß es sich um eine Lösungssumme für angerichteten Schaden
handelte[20], weil man damit ein rechtlich zugelassenes Verfahren mit einem
zivilrechtlichen Verschulden verquickt hätte. So erscheint es wahrscheinlich,
hier an ein gesetzgeberisch gewünschtes Risikomoment zu denken, das
indirekt zur Förderung des prätorischen Friedensgedankens beitragen
sollte. Der teilweise noch vertretenen absurden Ansicht, das System der
Geldkondemnation habe bei Klagen auf Herausgabe von Sachen zur
Zwangsenteignung des Klägers geführt, muß entgegengehalten werden,
daß derlei nirgends bestätigt ist, daß vielmehr der Jurisdiktionsträger
jederzeit kraft seines Imperiums eine geschuldete Sachleistung erzwingen
konnte (. . . *non facere quod extremum in iurisdictione est: velut si quis rem
mobilem vindicari a se passus non est, sed duci eam vel ferri passus est,* s.
Ulp. D. 2,3,1,1)[21].

3. Zu den *tria verba praetoris*

    Aus antiken Berichten ist uns bekannt, daß der Prätor bestimmte
solenne Formelworte, sein *carmen,* bei Amtshandlungen auszusprechen
hatte, die Worte *do—dico—addico.* Über deren Bedeutung und ihre Abgrenzung herrschte lange Zeit Dunkelheit, und auch heute steht noch manche
Frage offen. Jedenfalls nahm man bis in die neueste Zeit an, dieser Formalismus habe nur für die alten Legisaktionen gegolten. Seneca belehrt uns
hier eines Besseren. Als ziemlich sicher darf angenommen werden: der
Prätor bekundet im *do* den amtlichen Zulassungsakt, im *dico* den befehlen-
den Schlichtungsakt, im *addico* den Beispruchs- und Zustimmungsakt[22].
    Die Stellen, wo Seneca der *tria verba* gedenkt, sind folgende:

apoc. 11:   in der schon zum ersten Abschnitt ausgeführten Stelle läßt
             Seneca den Augustus zu Claudius sagen: *tria verba cito dicat
             et servum me ducat.*
    Damit wird, wie wir oben gesehen haben, das *addicere* zur beantragten
Vollstreckung gegen den rechtskräftig verurteilten Schuldner ausgesprochen.
Claudius hatte aber, wie oben ausgeführt, nicht das mindeste Recht zu
einer solchen Amtshandlung. Aus dieser Stelle darf man wohl annehmen,
daß es üblich war, wenn das *addicere* in Frage kam, die beiden ersten Formelworte beizusetzen.

---

[19] WENGER, a. O., S. 137, n. 19.   [20] WENGER, a. O., S. 135/6.
[21] WENGER, a. O., S. 101, 234; DÜLL, Güteged., S. 66 ff., 68 (s. ob. Anm. 13).
[22] DÜLL, SZ 57 (1937), S. 76 ff., 80 ff.

de tranqu. animi 3: *an ille plus praestat, qui inter peregrinos et cives,*
aut urbanus praetor praeeuntibus assessoribus tria
verba pronuntiat, quam qui docet quid sit iustitia,
quid pietas, quid sapientia . . . . . .

Aus dieser Stelle geht hervor, daß in der Zeit Senecas diese Formelworte
in dem seit Augustus grundsätzlich allein geltenden Formularprozeß beibehalten wurden und weiter, daß auch der Peregrinenprätor sie in seinen
Prozeß übernommen hatte. In dem von Seneca gebrauchten Hinweis wird
der gerichtlichen Praxis die Rechtslehre und die Philosophie gegenübergestellt und ein Verfahren gekennzeichnet, wo der Jurisdiktionsbeamte auf
den Vortrag der *assessores* seine *verba legitima* in aller Deutlichkeit verlaut-
bart. Die *tria verba* sind auf das prätorische Friedensamt zugeschnitten und
deshalb auch in der Fremdenprätur in Übung. Denn im Verfahren vor diesen
Jurisdiktionsbeamten steht deren Friedens- und Gütetätigkeit im Mittelpunkt, deren Abschluß das *addicere* ist, sei es gegenüber der zustandegekommenen gütlichen Vereinbarung über das Streit-Ende vor dem Gütebeamten oder gegenüber einer vertraglichen Einigung über Führung der
lis in der *litiscontestatio*.

4. Zu *iudex* und *arbiter*

Iudex und *arbiter* sind die in einem römischen Zivilprozeß unter römischen Bürgern mit Entscheidungsfunktion ausgestatteten Privatrichter.
Sie werden aber erst dann tätig, wenn der Rechtsstreit, der beim Beamten
der Jurisdiktion anlief (Verfahren *in iure*), nicht schon hier durch die
gütliche Vermittlungstätigkeit des Prätors sein Ende erreicht hatte. Denn
die Diszeptationstätigkeit des Beamten der *iurisdictio* führte in den meisten
Fällen schon zu einer von beiden Parteien angenommenen vertraglichen
Friedensvereinbarung, welcher der Prätors seine Zustimmung gab (*addicit*)[23].
Nun hatte sich in frührepublikanischer römischer Zeit die demokratische
Idee der Solonischen Gesetzgebung Eingang verschafft, daß sich der römische Bürger letzten Endes nicht von einem Beamten, sondern von einem
von ihm und seinem Prozeßgegner frei gewählten Privatmann, einem Mitbürger, soll richten lassen dürfen, was man *provocatio ad iudicem* nannte[24].
Machten römische Bürger von diesem Recht Gebrauch, so kam es zur
streitigen Auseinandersetzung, zur *lis*, wozu auf das eingangs Ausgeführte
verwiesen sei.

Mit *iudex* wird aber im römischen Sprachgebrauch auch der Jurisdiktionsbeamte, der Prätor, bezeichnet, dessen Entscheidung mit *iudicare*,
iudicatio umschrieben wird (Cicero, de leg. 3,3,8). Die Bezeichnung *iudex*
für den Beamten der Jurisdiktion findet sich auch in den Rechtsquellen[25]

---

[23] DÜLL, SZ 71 (1954), S. 354/5. [24] DÜLL, a. O., S. 349ff., 352ff.
[25] H. G. HEUMANN—E. SECKEL, Handlexikon zu den Quellen des römischen Rechts[9] (Jena
1907), S. 292.

und auch da, wo der Kaiser die Jurisdiktion ausübt, wird er als *iudex* bezeichnet. So auch bei Seneca apoc. 12: *quis nunc iudex toto lites audiet anno?*

Endlich kann *iudex* und *arbiter* schon in der Frühzeit die Bedeutung eines Hilfsbeamten des Jurisdiktionsträgers haben, der dem Prätor bei seiner Amtsführung zur Verfügung steht. Dafür ist die Überlieferung in Gaius 4,17a in der Ergänzung des neuen Gaiusfundes von Bedeutung, denn aus dieser Ergänzung zu der bisher völlig unklar überlieferten *legisactio per iudicis arbitrive postulationem*[26] kann entnommen werden, daß ein *iudex* bzw. *arbiter* schon auf einseitigen Antrag des Klägers vom Prätor erbeten bzw. gegeben wurde. Die Antragsformel hieß hier: *te praetor iudicem arbitrumve postulo uti des.* Dasselbe bestätigen die *notae iuris* des Valerius Probus[27].

Dieser *iudex* bzw. *arbiter* kann aber nicht der zur Endentscheidung nach der *litis contestatio* in Vereinbarung beider Parteien tätige Privatrichter sein, denn das Verfahren steht hier erst am Anfang; diesen Richter gibt der Prätor auf einseitigen Antrag des Klägers; von einer *lis* ist noch lange keine Rede und noch weniger von einer Zustimmung des Beklagten. Es kann sich bei diesem *iudex* bzw. *arbiter* daher nur um einen Hilfsbeamten der prätorischen Amtskanzlei handeln, der im Sinn der Grundsätze des Leiters der Jurisdiktion dazu berufen ist, die Sache zu klären und sodann auf gütliche Erledigung hinzuwirken. Dahin weisen auch die von Gaius hier genannten Aktionen, wo es sich um die Klage aus einer Stipulation bzw. um Erbauseinandersetzungsbegehren unter Miterben handelt: in solchen Fällen lag die Frage der Klärung und befriedigenden Auseinandersetzung für beide Teile im Vordergrund.

Wenn wir nun im folgenden aus dem Mund von Seneca über die Tätigkeit von *iudex* und *arbiter* Grundsätzliches erfahren, so bezieht sich dies auf den seit Augustus regulär in Zivilsachen geltenden Formularprozeß.

Der Oberbegriff *iudex* schließt den *arbiter* mit ein; *arbiter* ist ein besonderer Typ des Privatrichters, der Mann des freien Ermessens, der ein weitherziges Urteil fällen konnte und namentlich auch für die Klärung von Rechtsverhältnissen, Auseinandersetzungen und friedliche Lösungen des Streitfalls tätig war[28]. Zu diesem Problem gibt Seneca lichtvolle Hinweise:

de benef. 3,7: *melior videtur condicio causae bonae, si ad iudicem quam si ad arbitrum mittitur: quia illum formula includit, et certos, quos non excedat, terminos ponit; huius libera et nullis adstricta vinculis religio et detrahere aliquid potest et adicere et sententiam suam, non prout lex aut iustitia suadet, sed prout humanitas aut misericordia impulit, regere.*

---

[26] S. auch L. WENGER, a. O., S. 123.

[27] P. E. HUSCHKE, Jurisprudentiae Antejustinianeae quae supersunt (Leipzig 1879), S. 139.

[28] JOERS—KUNKEL—WENGER, a. O., S. 368; R. SOHM—L. MITTEIS—L. WENGER, Institutionen des römischen Rechts[17] (München–Leipzig 1923), S. 694ff.; L. WENGER, a. O., S. 138ff.

de clem. 2,7:   *clementia liberum arbitrium habet: non sub formula, sed ex aequo et bono iudicat. et absolvere illi licet et, quanti vult, aestimare litem.*

Diese Stellen zeigen ein anschauliches Bild einerseits des formelgebundenen *iudex* und der freien Stellung des *arbiter*, zu *arbitrium* und zu den *actiones arbitrariae*, wo das Hinwirken auf die gütliche Erledigung des Streites ohne *condemnatio* des Beklagten deutlich wird. Mit dem *absolvere licet* ist zum Ausdruck gebracht, daß sich der *arbiter* vornehmlich um die Befriedigung des Klägers bemüht, ohne den Beklagten verurteilen zu müssen: der Kläger soll seine *satisfactio* erhalten. So führt beispielsweise der *arbiter* die Restitution einer Sache durch gütliche Einwirkung herbei, bringt die Streitsache zum Abschluß und spricht den Beklagten frei[29]. Damit ist der *arbiter* in der Lage, die formalen Einengungen der *formula*, besonders die Geldkondemnation, durch ein freizügiges Verfahren zu überwinden. So kann er auch dem Schuldner einen mehrfachen Wertersatz oder Infamie ersparen, von besonderen Deliktsfällen abgesehen (s. Gaius 4,182; Ulpian D. 3,2,4,5; Paulus D. 3,2,7). Auch in der Frage der *litis aestimatio*, des *quanti ea res est*, hat er völlig freie Hand und kann bei hoher Einschätzung einen starken Druck auf die Friedensbereitschaft des Beklagten ausüben. So erscheint Seneca der *arbiter* als Instrument der Menschlichkeit und Milde.

5. Zum Gedanken der *clausula rebus sic stantibus*

In de benef. 4,39 schreibt Seneca folgendes:

Sponsum descendam, quia promisi: sed non, si spondere in incertum iubebis, si fisco obligabis. Subest, inquam, tacita exceptio, si potero, si debebo, si haec ita erunt. Effice, ut idem status sit, cum exigitur, qui fuit cum promitterem. Destituere levitas non erit, si quid intervenit novi. Quid miraris, cum condicio promittentis mutata sit, mutatum esse consilium? Eadem mihi omnia praesta et idem sum. Vadimonium promittimus: tamen deserti non in omnes datur actio deserentes. Vis maior excusat.

Seneca stellt hier folgenden Rechtsfall zur Erörterung, in den er sich selbst als Beklagten versetzt denkt. Die Sache stellt er sich als *in iure* vertagt vor, wobei er als Beklagter durch *vadimonium* versprach, sich an einem bestimmten Tag zur Fortsetzung der Verhandlung wieder beim Prätor einzufinden (s. Gaius 4,184). Der Rechtsfall betrifft eine vorangegangene Verpflichtungserklärung Senecas an seinen Gegner, daß er ihm als Bürge

---

[29] SOHM—MITTEIS—WENGER, a. O., S. 696 ff., 698 ff.; DÜLL, Gütegedanke (1931), S. 56 ff., 41 ff., 77 ff., 89 ff., 169.

dienlich sein wolle. Dies sein Versprechen will er auch halten, daher schreibt er: *sponsum descendam, quia promisi:* ich werde, meint er, zum Prätor aufs Forum hinunterkommen, um meine Sponsionserklärung abzugeben, weil ich es versprochen habe. Ich werde sie aber nicht abgeben, meint er, wenn du von mir verlangst, daß ich mich ins Ungewisse hinein verpflichten solle, wenn du mich etwa dem Fiskus verpflichten würdest. Denn verbunden mit meiner Zusage ist, ich sage es ausdrücklich, ein stillschweigender Rechtsschutz zu meinen Gunsten in dem Sinn, daß ich die Leistung erbringen kann und muß und daß die gegenwärtigen Umstände[30] weiterhin die gleichen bleiben. Sorge du dafür, daß der Stand der Sache der gleiche ist im Zeitpunkt, wo die Leistung verlangt wird, wie er im Zeitpunkt meiner Zusage gewesen ist! Ein Abgehen meinerseits vom gegebenen Wort ist keinesfalls als wankelmütiger Vertragsbruch anzusehen, wenn irgendein neuer Umstand eingetreten ist. Wundert es dich, daß ein Entschluß geändert worden ist, wenn sich die Rechtslage des Versprechenden geändert hat? Leiste mir alle die (früheren) Voraussetzungen und ich bin der gleiche wie zuvor (d. h.: ich halte dann am Versprechen fest). Wir sichern uns die Weiterverhandlung unserer Rechtssache gegenseitig zu: wenn ich aber meine Zusage (der Bürgschaft) zurücknehme, wird nicht gegen alle, die sich ihrer Verpflichtung entziehen, eine Klage gewährt. Höhere Gewalt entschuldigt hier.

Seneca setzt hier den Eintritt veränderter Umstände nach Vertragsschluß mit *vis maior* in die gleiche Linie. Mit dem Hinweis auf die *tacita exceptio* bringt er zum Ausdruck, daß ihm vom Jurisdiktionsmagistrat im Fall des veränderten *status causae* die *exceptio* als Schutzbescheid zu seinen Gunsten gewährt würde, womit der Rechtsstreit zu seinen Gunsten enden würde. Der Begriff *vis maior*, den Seneca auch an anderen Stellen gebraucht (z. B. de benef. 2,18), ist also schon den frühklassischen Juristen geläufig[31], und die dazwischen vertretene gegenteilige Ansicht, es handle sich um eine byzantinistische Bildung[32], ist durch unsere Senecastelle widerlegt. Unter *vis maior* verstanden die römischen Juristen den unabwendbaren Zufall, für den keine Haftung des Schuldners besteht[33].

Die neue Lage, an die hier Seneca beim Rücktritt denkt, ist dadurch gegeben, daß das Schuldverhältnis, in welches der Bürge einzutreten versprochen hatte, keinen klar berechenbaren Inhalt hatte, auf den man sich einstellen wollte, sondern einen unübersehbaren Gefahrenbereich brächte, für den man einem Schuldner eine Haftung ebensowenig zumuten könne wie für *vis maior*. Dieser Gefahrenbereich liegt besonders dann vor, wenn der Bürge in die Rolle eines Fiskalschuldners käme. Was das bedeutet, kann aus Folgendem ersehen werden.

---

[30] *haec* ist absol. Plural im Sinn von gegenwärtige Zustände, vgl. H. GEORGES, Lat.-D. Handwörterbuch (Leipzig 1879), I, Sp. 2821.
[31] JOERS—KUNKEL, a. O., § 109,2a.
[32] SOHM—MITTEIS—WENGER, a. O., S. 382, N. 8.
[33] SOHM—MITTEIS—WENGER, a. O.

Schon in der republikanischen Zeit hatte die römische Finanzverwaltung der Staatskasse (*aerarium*) Staatsschuldnern gegenüber besondere Vorrechte. So wurden den *praediatores*, den Käufern von Staatsgütern, sehr strenge Bedingungen gestellt, wobei Sicherungsübereignungen und Pfandrechte eine wichtige Rolle spielten[34], und auch die *publicani* wurden wegen ihrer Forderungen durch die *legisactio per pignoris capionem* begünstigt (Gaius 4,28). Als nun unter Claudius der kaiserliche *fiscus* in eine Art Reichsfinanzverwaltung umgestaltet wurde[35], entwickelte man das *ius fisci* analog weiter. Mit der Materie begannen sich die römischen Juristen zu befassen und in D. 49,14 sind die Grundsätze 'de iure fisci' niedergelegt, dazu in einem Ulpian zugeschriebenen Fragment 'de iure fisci' und in Kaiserkonstitutionen. Da ergibt sich folgendes Bild: ein Fiskalschuldner wird den *privilegia fiscalia* unterworfen (Ulpian D. 49,14,6 pr., 1; 33) und unter Umständen den *poenae fiscales* ausgeliefert (Modestin D. 49,14,17; 46,9), dazu hat er *usurae fiscales* zu entrichten (Ulpian D. 49,14,6 pr.) und muß immer damit rechnen, einer Pfandnahme des Fiskus gewärtig zu sein (fr. de iure fisci 5): *bona eorum qui cum fisco contrahunt, lege . . . . . velut pignoris iure obligantur, non solum ea quae habent, sed et ea, quae postea habituri sunt.* Und im Reskript des Caracalla (Cod. J. 8,14,2) erfahren wir: *certum est eius, qui cum fisco contrahit, bona velut pignoris titulo obligari quamvis specialiter id non exprimitur.* Ebenso Hermogenian D. 49,14,46,3: *fiscus semper habet ius pignoris.*

In solcher neuen Lage erblickt Seneca mit Recht einen unübersehbaren Gefahrenbereich, für den man ihm eine Haftung ebensowenig zumuten könne wie für *vis maior*, so daß er ein Recht habe, von seiner Zusage zurückzutreten.

Der von Seneca vorgetragene Fall ist wohl die älteste juristische Auseinandersetzung zur Frage der Aushaltung eines Vertrags bei Eintritt wesentlich veränderter Umstände. In den uns bekannten römischen Rechtsquellen erfahren wir über dieses Problem nichts. Seneca sieht die Lösung im einseitigen Rücktritt, der sich auf höhere Gewalt stützt, weil ein unabwendbarer Zufall in Frage kommt, für den der Schuldner nicht aufzukommen habe. Damit wird Seneca zum Vorläufer der im älteren gemeinen Recht entwickelten Theorie der *clausula rebus sic stantibus* und der modernen Lehre von der Geschäftsgrundlage[36]. Nach dieser wird noch der Gesichtspunkt der Zumutbarkeit nach Treu und Glauben herangezogen und ein Abgehen vom gegebenen Wort nur dann zugestanden, wenn die erhebliche Veränderung der Lage auf Ereignissen beruht, die außerhalb des Machtbereichs des Schuldners liegen[37]. Legen wir diese Formulierung der

---

[34] SALKOWSKI, Institutionen[9] (Leipzig 1907), S. 367.

[35] W. WÄGNER—O. E. SCHMIDT, Rom. Geschichte und Kultur des römischen Volkes[10] (Berlin 1923), S. 477.

[36] L. ENNECCERUS—H. G. LEHMANN, Lehrbuch des bürgerlichen Rechts[13] (Tübingen 1949), Schuldrecht, Bd. I, S. 166ff.

[37] ENNECCERUS—LEHMANN, a. O., S. 171.

modernen Privatrechtswissenschaft unserem Fall zugrunde, so könnte die
Entscheidung keine andere sein als die, welche uns Seneca gegeben hat.

Zum Schluß darf noch darauf hingewiesen werden, daß auch der Name
des Annaeus Seneca als Rechtsschöpfer in die Digesten Aufnahme gefunden
hat. Im Jahre seines Konsulats (wohl 56 n. Chr.) hat sich Seneca um die
Fortbildung des Rechts des Universalfideikommisses verdient gemacht
durch das Senatusconsultum Trebellianum, dessen Förderer er zusammen
mit seinem Amtskollegen Trebellius Maximus war: *factum est enim senatus*
consultum temporibus Neronis octavo calendas Septembres Annaeo Seneca et
Trebellio Maximo consulibus (Ulpian D. 36,1,1,1). Auch in den Institutionen
Justinians (J. 2,23,4) und bei Gaius 2,253 wird er im gleichen Zusammenhang genannt.

Publius Iuventius Celsus:
Persönlichkeit und juristische Argumentation

von Herbert Hausmaninger, Wien

Inhalt

I. Einleitung

Versuche, die substantiellen und methodischen Beiträge einzelner römischer Juristen zur Entwicklung ihrer Rechtsordnung zu ermitteln und zu Gesamtprofilen klassischer Juristenpersönlichkeiten zu vereinigen, zählen zu den Hoffnungsgebieten romanistischer Forschung. Ein solcher Individualisierungsprozeß fordert allerdings nicht nur sorgfältige Analyse aller Entscheidungen, Argumente, dogmatischen Figuren und methodischen Gesichtspunkte eines bestimmten Juristen, sondern letztlich die ebenso gründliche Untersuchung seiner Zeitgenossen, Vorgänger und Nachfolger, da erst in der Kontrastierung spezifische Eigenheiten erkennbar werden.

Die Schwierigkeiten dieses Unternehmens wirken wenn nicht abschrekkend so doch stark verzögernd. Sie rechtfertigen m. E. die Vorlage von Teilergebnissen eigener und fremder Arbeit in der Form eines zusammenfassenden und weiterführenden Forschungsberichtes.

II. Lebenslauf

Zur Person des P. Iuventius Celsus T. Aufidius Hoenius Severianus sind nur spärliche Daten überliefert[1]. 107 n. Chr. war Celsus Prätor, 129 zum zweiten Mal Konsul. Wir finden ihn auch als *legatus pro praetore* in Thracia, als *proconsul* in Asia, sowie als Mitglied von Hadrians *consilium* bezeugt.

In die Rechtswissenschaft dürfte Celsus von seinem Vater eingeführt worden sein[2], der nach dem Bericht des Pomponius der prokulianischen Rechtsschule vorstand. Nach demselben Bericht hat Celsus schließlich gemeinsam mit Neraz die Leitung dieser Schule übernommen[3].

Nach Cassius Dio 67,13 hat Celsus in jungen Jahren an einer Verschwörung gegen Domitian (81—96 n. Chr.) teilgenommen, sich jedoch durch geschickte Verstellung der Strafe zu entziehen gewußt[4]. Der jüngere Plinius[5] äußert sich einmal irritiert über ein Auftreten des Prätors Celsus im Senat, wo er seinen Opponenten Licinius Nepos heftig angegriffen habe (*multis et vehementer increpuit*). Keiner der Streitenden habe an Beleidigungen gespart (*neuter contumeliis temperavit*). Es sei jedoch der unangenehme Eindruck eines Schaukampfes entstanden: *nam et Celsus Nepoti ex libello respondit, et Celso Nepos ex pugillaribus*, schreibt Plinius und deutet dies dahingehend, daß jeder im vorhinein über die Argumente des Gegners informiert gewesen sei[6].

Kann man aus diesen Mitteilungen irgendwelche Schlüsse auf persönliche Eigenschaften des Celsus ziehen, etwa daß er mutig, listig, grob, rhetorisch nicht ganz auf der Höhe gewesen sei?[7] Ich würde meinen, daß diese Basis doch zu schmal und unsicher wäre, um Aussagen über Charakterzüge zu tragen.

---

[1] Dazu vor allem W. KUNKEL, Herkunft und soziale Stellung der römischen Juristen (Weimar 1952) 146f. In D 5,3,20,6 wird der Name des Celsus mit zwei Abweichungen geschrieben: Titius statt Titus, Oenus statt Hoenius. L. GIANTURCO, Alcuni appunti su Celso, in: Studi Fadda 5 (Neapel 1906) 36 liest Titius (dagegen KUNKEL a. a. O. Anm. 210) und Oenius (kein Einwand bei KUNKEL a. a. O. Anm. 207).

[2] Vgl. Cels. D 31,20 *Et Proculo placebat et a patre sic accepi* . . .

[3] D 1,2,2,53 . . . *successit* . . . *Pegaso Celsus, patri Celso Celsus filius et Priscus Neratius* . . .

[4] Gegen diese Darstellung macht allerdings L. GIANTURCO, a. a. O. (oben Anm. 1) 37ff. erhebliche Bedenken geltend.

[5] Epist. 6,5. Dazu ausführlich R. HANSLIK, RE 8 A 1 (1955) Sp. 375f. s. v. Varenus Rufus. Vgl. auch U. KOLLATZ, Vis ac potestas legis (Diss. Frankfurt 1963) 86ff.

[6] KOLLATZ, a. a. O. 89 vermutet, Celsus habe seinen Bericht an Trajan als Unterlage benützt.

[7] TH. MAYER-MALY, Vom Rechtsbegriff der Römer, Österr. Zeitschrift f. öffentl. Recht 9 (1958) 160: ,,Von seiner Art, selbständig vorzugehen, auch Gefahren nicht zu scheuen, zeugt schon die Beteiligung an einer Verschwörung gegen Domitian. Sein ungezügeltes Temperament bewirkte wohl die Feindschaft manches Zeitgenossen. Der jüngere Plinius jedenfalls ist auf ihn recht schlecht zu sprechen, . . . hat . . . kein Lob für ihn, sondern gibt sich angewidert . . . Er vermerkt die Gehässigkeit der Auseinandersetzung . . . und

III. Werküberlieferung

Glücklicherweise spricht Celsus selbst in seinem Werk viel deutlicher zu uns. Dieses juristische Oeuvre ist in genügender Breite überliefert und doch noch gut überschaubar. Von den 42 Spalten in LENELS Palingenesie stammt etwas weniger als die Hälfte unmittelbar aus den 'Digesta' des Celsus[8], der Rest gibt Meinungen des Celsus wieder, die in den Schriften anderer Juristen referiert werden, vorwiegend bei Ulpian[9]. Gerade Ulpian gibt erfreulich ausführliche, oft sogar wörtliche Berichte, die den Gedankengang des Celsus gut erkennen lassen. Soweit der Aufbau des celsinischen Digestenwerkes rekonstruierbar ist[10], folgt es der Ediktsordnung (libri 1—27) und einer stereotypen Reihe von leges und SCta (libri 28—39), also dem üblichen Aufbau klassischer Problemliteratur[11]. Aus einigen Doppelzitaten wird ersichtlich, daß Celsus für seine 'Digesta' auf den Stoff älterer eigener Sammlungen von problemata ('Commentarii', 'Epistulae', 'Quaestiones') zurückgegriffen hat[12]. Seine Digesten sind eine bunte Mischung von Traktaten, Responsen und Episteln, die oft sprachlich gar nicht umgestaltet worden sind, sondern ihre ursprüngliche Gutachtens- und Briefform (samt Anrede des Adressaten) beibehalten haben[13]. Um so unmittelbarer spricht aus ihnen ein Temperament, ein Ausdrucksstil, eine Argumentationsweise, die Celsus von seinen Fachgenossen merklich unterscheidet.

---

rhetorische Mängel (Celsus Nepoti ex libello respondit), die es übrigens unwahrscheinlich machen, daß Celsus 'mehr als andere römische Juristen an seiner rhetorischen Bildung festgehalten' habe.'' — MAYER-MALY wendet sich hier gegen F. PRINGSHEIM, Bonum et aequum, SZ 52 (1932) 83 = Ges. Abh. I (Heidelberg 1961) 176.

[8] Etwa 19 Spalten.

[9] Die 279 Nummern in LENELS Palingenesie verteilen sich wie folgt:

Celsustext 138	(davon 1 Text in Verbindung mit Celsuszitat in Pomponius)	
Celsuszitate in Ulpian 118	(davon 3 in Verbindung mit Celsustext, 1 Zitat in Verbindung mit Celsustext in C. Just. 4,5,10)	
,, ,, Pomponius 9		
,, ,, Paulus 6		
,, ,, Marcian 4		
,, ,, Maecian 1		
,, ,, Julian 1	(D 28,2,13 pr. itp.)	
,, ,, Justinian 2	(C 6,22,10,3 und Inst. 2,20,12)	

[10] O. LENEL, Palingenesia iuris civilis I (Leipzig 1889) Sp. 127—170. F. STELLA MARANCA, Intorno ai frammenti di Celso (Rom 1915).

[11] F. SCHULZ, Geschichte der römischen Rechtswissenschaft (Weimar 1961) 281ff., 289.

[12] Alle fünf überlieferten Belege stammen aus Ulpian: D 4,4,3,1; D 34,2,19,6; D 28,5,9,2; D 34,2,19,3; D 12,1,1,1. Dazu SCHULZ, a. a. O. 289.

[13] Am deutlichsten ist die Responsenform in D 31,30 erhalten: Quidam in testamento ita scripsit . . . quaesitum est, an hoc legatum valeat. Iuventius Celsus respondit . . . Vgl. auch D 8,6,6,1; D 23,3,60; D 31,22. Zur Briefform D 28,1,27 Domitius Labeo Celso suo salutem...; D 29,7,18 Plotiana Celso suo salutem . . .

IV. Persönlichkeitsbild nach WIEACKER und BRETONE

In einer gehaltvollen Studie über 'Amoenitates Iuventianae' hat F. WIEACKER 1962 zu zeigen versucht[14], daß in der aggressiven Polemik des Celsus, in seiner scharfen Kritik fremder Rechtsmeinungen mit Ausdrücken wie *ridiculum, stultum, ineptum et vitiosum* usw. ein lebhaftes cholerisches Temperament durchbreche. Mit diesen Temperamentsausbrüchen oft eng verknüpft finde sich bei Celsus ein eigenwilliger Argumentationsstil, der die *deductio ad absurdum* besonders bevorzuge[15]. In dieser Argumentationsfigur, so meint WIEACKER, wirke Celsus freilich nicht immer weitblickend, treffend, gründlich oder harmonisch ausgereift[16]. Überzeugungskraft werde gelegentlich durch Temperament ersetzt[17], Schärfe der Polemik müsse bisweilen einem schwachen oder einseitigen Gedanken Würze geben[18]. Das Denken des Celsus sei zwar originell, drastischanschaulich und energisch selbstbewußt gewesen[19], aber auch sprunghaft und advokatorisch[20]. Celsus habe einerseits großartige Maximen zur Gesetzesauslegung nach dem Gesamtsinn (D 1,3,17 und 24) sowie die glänzende Definition des *ius* als *ars boni et aequi* (D 1,1,1 pr.) formuliert[21], habe andererseits jedoch „spontan und ohne die innere Harmonie einer einheitlichen Grundauffassung argumentiert"[22].

Zu diesem Celsusbild WIEACKERS hat 1963 M. BRETONE Stellung genommen[23]. Er billigt WIEACKERS Ausführungen zum polemisch-aggressiven Temperament des Juristen, dem die *deductio ad absurdum* als Argumentationsfigur besonders gut entspreche, schränkt jedoch insoweit ein, als er in der *deductio ad absurdum* ein Kernstück der Argumentation fast aller Klassiker erblickt, das bei Celsus lediglich in besonderer polemischer Färbung auftrete[24]. BRETONE hält wie WIEACKER den celsinischen Stil von republikanisch-frühklassischen Vorbildern her beeinflußt, wendet sich jedoch gegen WIEACKERS Ansicht, das Verharren des Celsus in einer altprokulianischen Besitzkonzeption in D 41,2,18,1 erweise im Vergleich zum celsinischen Verständnis der *in iure cessio* in Vat. 75,5 den Mangel einer einheitlichen Grundauffassung[25]. Für BRETONE schwebt der Satz *ius est ars*

---

[14] Iura 13 (1962) 1—21.
[15] a. a. O. 9 ff., 19.
[16] a. a. O. 21.
[17] a. a. O. 8.
[18] a. a. O. 12.
[19] a. a. O. 19.
[20] a. a. O. 21.
[21] a. a. O. 19 f.
[22] a. a. O. 18.
[23] Note minime su Celsus filius, Labeo 9 (1963) 331—345, fast unverändert neu abgedruckt in: Tecniche e ideologie dei giuristi romani (Neapel 1971) 91 ff.
[24] Labeo 9 (1963) 337 f.
[25] a. a. O. 339 ff.

boni et aequi als Ablehnung jeder formalistischen Rechtsbetrachtung dem gesamten Celsuswerk als Leitgedanke vor[26].

V. Zitierweise und Selbstbewußtsein des Celsus

Eine kritische Auseinandersetzung mit den Ergebnissen WIEACKERS und BRETONES, verbunden mit dem Versuch, den bisher sichtbaren geistigen Schattenriß des Celsus noch ein wenig deutlicher zu profilieren, soll von den polemischen Äußerungen des Juristen ihren Ausgang nehmen.

Schon WIEACKER hat einschränkend festgestellt, daß *ridiculum* vereinzelt auch bei anderen Juristen vorkommt[27]. Dazu erscheint mir ferner beachtlich, daß selbst Celsus *ridiculum* immer nur abstrakt, ohne Nennung eines bestimmten Fachkollegen gebraucht[28]. Bei *stultum* bzw. *stolidum* bekundet er zwar nicht dieselbe Zurückhaltung, er bezeichnet einmal sogar eine Rechtsansicht des Sabinus als dumm[29]. Für den Gipfelpunkt vernichtender Kritik in D 28,5,60,1 *quod totum et ineptum et vitiosum est* zieht sich Celsus jedoch wieder hinter ein anonymes '*quidam*' zurück. Er verwendet auch kein *absurdum est* mit Namensnennung[30]. Dagegen gebraucht er gerne *falsum est*, wenn er die Meinung eines bestimmten Juristen ablehnen will[31]. Aber *falsum est* findet sich auch im Sprachschatz anderer Klassiker, etwa bei Javolenus[32] oder Paulus[33], bei letzterem noch häufiger als bei Celsus.

Man kann vielleicht schon an diesem Punkt der Untersuchung sagen, daß die Polemik des Celsus, mag sie auch das Durchschnittsmaß übersteigen, doch innerhalb gewisser Grenzen bleibt. Dieser Eindruck verstärkt sich, wenn man sieht, daß Celsus auch freundlicher, ja geradezu verbindlich

---

[26] a. a. O. 343 ff.

[27] a. a. O. (oben Anm. 14) 5: Pap. D 35,1,100; Pedius in Paul. D 21,1,44 pr.; Paul. D 35,2,65; Jul. D 40,12,30; Ulp. D 48,22,7,22; Gai. 3,193.

[28] Vgl. D 41,2,18,1 *illud enim ridiculum est dicere*, D 47,2,68,2 *quid tam ridiculum est quam existimare*. Zu D 28,1,27 *plus enim quam ridiculum est dubitare* siehe unten Anm. 29. Zwar meint WIEACKER, a. a. O. 7, Celsus habe in D 3,5,9,1 die Meinung des Proculus ausdrücklich als *ridiculum* bezeichnet, doch scheint mir zweifelhaft, ob Ulpian (*sed istam sententiam Celsus eleganter deridet*) das als elegant empfunden hätte.

[29] Die Qualifikation der Meinung des Sabinus als *stolida* in Vat. 75,5 dürfte schon Celsus, nicht erst Ulpian vorgenommen haben. Die Anfrage des bedauernswerten Domitius, die von Celsus in D 28,1,27 als dumm und lächerlich abgetan wird (*non intellego quid sit, de quo me consulueris, aut valide stulta est consultatio tua: plus enim quam ridiculum est dubitare . . .*), stammt von einem Laien.

[30] Vgl. D 4,8,21,11.

[31] So die des Proculus (Coll. 12,7,10), Labeo (D 15,1,6), Nerva (D 2 1,2,29 pr.), Servius (D 30,63). Vgl. auch das Urteil des Celsus über die *regula Catoniana* (*quae definitio in quibusdam falsa est* D 34,7,1 pr.).

[32] Dreimal gegen Ansichten Labeos (D 23,3,80; D 39,2,60; D 47,10 44).

[33] Fünfmal gegen Labeo (D 8,5,21; D 31,49,2; D 32,31; D 41,1,65,2; D 50,16,244), ferner ohne Namensnennung in D 46,7,11 (*quidam*) und D 41,2,3,14.

kritisieren kann, etwa in D 33,10,7,2 *sed etsi magnopere me Tuberonis et ratio et auctoritas movet, non tamen a Servio dissentio* ... Daß dies nicht ironisch, sondern ernst gemeint ist, geht aus dem Sachzusammenhang eindeutig hervor. Den Respekt des Celsus für Tubero lassen außerdem affirmative Zitate in anderen Digestenstellen erkennen[34].

Eine weitere Korrektur erfährt unsere Perspektive, wenn wir den literarischen Kontroversen des Celsus seine positiven Zitate anderer Juristenmeinungen gegenüberstellen. Unter den Opfern celsinischer Scharfzüngigkeit nimmt mit Abstand Proculus den ersten Rang ein[35]. Aber auch bei diesem von Celsus meistkritisierten Fachgenossen stehen fünf oder sechs negativen Stellungnahmen immerhin vier neutrale bis positive Zitate gegenüber[36]. Daß Celsus auch Sabinus nicht schlechthin als Dummkopf betrachtet hat, geht gleichfalls aus einer Anzahl zustimmender Äußerungen hervor: Während in bezug auf Proculus die negative Kritik knapp überwiegt, stehen hinsichtlich Sabinus einem einzigen *stolidum* (Vat. 75,5) fünf positive Urteile des Celsus gegenüber[37]. Ein ähnliches Verhältnis ergibt sich für Labeo: Eine seiner Ansichten bezeichnet Celsus als *falsum* (D 15,1,6), dagegen stehen jedoch nicht weniger als sechs Zitate, in denen Celsus Labeos Rechtsmeinungen akzeptiert[38]. Neben ablehnenden Urteilen wie *ridiculum, stultum, ineptum* ist Celsus durchaus auch eines *verum est*[39], *recte placet*[40], *bene censuit*[41] fähig[42].

Das klare Überwiegen positiver Zitate darf allerdings seinerseits nicht überbewertet werden. Celsus hätte ein besonders widerwärtiger Fachvertreter sein müssen, hätte er sich über seine Kollegen und Vorgänger überwiegend negativ geäußert. Gerade dieser Eindruck könnte jedoch bei isolierter Betrachtung celsinischer Polemik entstehen. Im Zusammenhang mit maßvollerer Kritik und positiver Einschätzung fremder Meinungen durch Celsus wird jedoch deutlich, daß er nicht ein Mann ist, der den Kollegen am liebsten dann zitiert, wenn er ihn widerlegen oder lächerlich machen kann.

Das zeigt sich auch, wenn man die Stellung des Celsus im Verhältnis der beiden Rechtsschulen zueinander betrachtet. Es ist nur natürlich —

---

[34] D 15,1,5,4; D 32,43; D 45,1,72 pr.

[35] Ulp. D 3,5,9,1 *sed istam sententiam Celsus eleganter deridet*; Ulp. Coll. 12,7,10 *sed id falsum esse Celsus ait*; Ulp. D 4,8,23 *sed ipse recte putat*; Cels. D 16,3,32 *Proculo displicebat, mihi verissimum videtur*. Kritisch auch Cels. D 19,1,38,2.

[36] D 8,1,10 (*Proculus ait*), D 32,79,1 (*Proculus ait*); D 28,5,60,2 (*verum est, quod Proculo placet*); D 31,20 (*et Proculo placebat et a patre sic accepi*).

[37] D 8,5,19 *idque ait Sabino placuisse*; D 8,6,12 *quod et Sabino recte placet*; D 8,1,9 *sicuti Sabino quoque videbatur*; D 33,7,12,20 *et ita Sabinum et Cassium existimare*.

[38] D 3,5,9,1; D 18,2,13 pr.; D 28,5,60 pr.; D 30,10,7 pr.; D 32,43; D 45,1,67,1.

[39] *verum est, quod Q. Mucio placet* (D 18,1,59), *quod Proculo placet* (D 28,5,60,2), *quod Nerva diceret ... mihi verissimum videtur* (D 16,3,32).

[40] D 8,6,12 *quod et Sabino recte placet*.

[41] D 17,1,48 pr. *hoc bene censuit Scaevola*.

[42] Vgl. auch D 19,1,38,1 ... *Sextus Aelius, Drusus dixerunt, quorum et mihi iustissima videtur esse sententia*.

und von A. M. HONORÉ konkret nachgewiesen worden[43], — daß ein Sabi-
nianer eher die Autoren seiner Schule zitiert als die der anderen, während
ein Prokulianer in seinen Werken vorwiegend prokulianische Stimmen zu
Wort kommen läßt. Celsus war gemeinsam mit Neraz Schuloberhaupt der
Prokulianer. Ein Blick auf HONORÉs Tabula laudatoria[44] zeigt, daß Celsus
Labeo zehnmal, Proculus elfmal, Celsus pater dreimal, Nerva und Neraz
je zweimal nennt, Sabinus dagegen siebenmal und Cassius einmal. Das
Verhältnis prokulianischer zu sabinianischen Zitaten ist unter Einrechnung
Labeos[45] 28:8, will man die Zählung erst mit Proculus beginnen, so immer-
hin auch noch 18:8. Celsus wäre demnach ein typischer Prokulianer. Aller-
dings nur, solange keine qualitative Analyse dieser Zitate vorliegt.

Das Ergebnis einer solchen Auswertung hat bereits oben ergeben, daß
Proculus von Celsus zwar am häufigsten erwähnt wird, dabei aber auch am
schlechtesten abschneidet[46]. Wir dürfen darin nicht gleich eine Respekt-
losigkeit des Celsus oder den Ausdruck eines Geltungstriebes sehen, des
Bedürfnisses etwa, klüger zu scheinen als der berühmte Vorgänger Proculus
und dessen Schule. Celsus hat immerhin über Proculus auch Positives zu
sagen und erweist der wissenschaftlichen Ahnenreihe seiner Schule durchaus
Reverenz, wenn er sich häufig und fast durchwegs zustimmend auf Labeo
beruft. Hätte Celsus Originalität um jeden Preis angestrebt, so hätte er
nicht nur Labeo, den Stammvater der eigenen Schule, sondern wohl auch
Sabinus, den bedeutendsten Vertreter der anderen Richtung, strenger
Kritik unterziehen müssen. Doch Celsus zitiert Labeo und Sabinus gleichermaßen oft und beinahe ausschließlich affirmativ. Das kann nur heißen, daß
er auch die wissenschaftliche Leistung des Sabinus hoch einschätzt. Inwieweit gerade Celsus traditionelle Schulgegensätze überwindet, mag vorläufig
dahingestellt bleiben[47]. Im Verhalten des Celsus ist jedenfalls kein über-
steigertes Originalitäts- oder Emanzipationsstreben zu sehen, sondern
eher ein Ausdruck kompromißloser wissenschaftlicher Ehrlichkeit. Bei
aller unbestreitbaren Freude am gelegentlichen Nachweis von Denk-
schwächen[48] bei Freund und Feind weiß er doch gewisse Proportionen zu
wahren.

---

[43] Gaius (Oxford 1962) 21ff.

[44] a. a. O. 138.

[45] Pomponius D 1,2,2,47 und 52 führt den Schulkonflikt auf Labeo und Capito zurück,
zustimmend zuletzt P. STEIN, The Two Schools of Jurists in the Early Roman Principate,
Cambr. Law Journal 31 (1972) 8ff., sowie ausführlich A. M. HONORÉ, a. a. O. (oben Anm.
43) 18ff.

[46] Oben Anm. 35 und 36.

[47] Zur Überbrückung des Schulstreites über die Anwendung der *regula Catoniana* durch
Celsus D 34,7,1 siehe H. HAUSMANINGER, Celsus und die regula Catoniana, TS 36 (1968)
469ff. Zur Charakterisierung der beiden Schulen zuletzt P. STEIN, a. a. O. (oben Anm. 45)
8ff.

[48] Vgl. die Aufzählung großer Namen in D 18,2,13 pr.: Q. Mucius, Brutus, Labeo und Sabinus
werden bemüht, Celsus schließt sich ihrer Meinung an, allerdings mit dem boshaften Nachsatz, er müsse sich doch wundern, daß bisher niemandem aufgefallen sei . . . (*mirari se a
nemine animadversum . . .*).

In dieser Frage nach dem wissenschaftlichen Selbstbewußtsein des Celsus kommt schließlich auch der relativ hohen Zahl von Erwähnungen fremder Meinungen einige Bedeutung zu. Vergleicht man unter diesem Gesichtspunkt den so oft als grob und unbequem abgestempelten Celsus mit dem als eher verbindlich charakterisierten[49] und geradezu als Idealmaß klassischen Stils gepriesenen[50] Julian, so muß es wohl überraschen, daß die Zitierfreudigkeit des Celsus etwa fünfmal so hoch liegt wie die Julians[51]. Auch den Vergleich mit anderen Hochklassikern hat Celsus nicht zu scheuen. Er zitiert fast doppelt so oft wie Neraz und Marcellus und um einiges häufiger als Maecian[52], wird allerdings seinerseits von mehreren anderen Juristen übertroffen[53].

Kann derart mit einiger Sicherheit behauptet werden, daß persönliches Selbstbewußtsein und Geltungsstreben bei Celsus nicht in dem Maße anzutreffen sind, wie auf Grund aggressiv-polemischer Ausdrücke (*ridiculum*, *stultum* usw.) zu erwarten gewesen wäre, so ergibt sich ein zusätzlicher Aspekt aus einem bisher in diesem Zusammenhang unbeachteten Umstand: Ulpian kennzeichnet die Argumentation des Celsus wiederholt als elegant.

VI. 'Elegantia'

Zur *elegantia iuris* sind in den letzten Jahren etliche elegante Essays geschrieben worden[54]. Sie zeigen, wie schwierig es ist, diesem Thema ohne Untersuchung aller einschlägigen Texte neue Aspekte abzugewinnen. Zu sehr vermengen sich im weitgespannten Begriff der Eleganz formale mit inhaltlichen Gesichtspunkten, als daß einem Betrachter dieser Werturteile mehr als bloß geringe Akzentverschiebungen gegenüber den Arbeiten seiner Vorgänger gelingen könnten.

Was betrachtet ein römischer Jurist als elegant, wenn er die Werke seiner Vorgänger kritisch mustert? Sicher nicht nur die glückliche Wahl des Ausdrucks, sondern insbesondere auch Gedankenschärfe und die Fähig-

---

[49] WIEACKER, a. a. O. (oben Anm. 14) 21.

[50] E. BUND, Untersuchungen zur Methode Julians (Köln–Graz 1965) 180.

[51] Nach A. M. HONORÉ, a. a. O. (oben Anm. 43) 138 und 156 zitiert Celsus 68mal auf 43 Spalten der LENELschen Palingenesie, Julian 64mal auf 184 Spalten.

[52] Neraz: 18 Zitate auf 22 Spalten, Marcellus 39 Zitate auf 49 Spalten, Maecian 17 Zitate auf 14 Spalten.

[53] So von Javolen (208 Zitate auf 39 Spalten) und Pomponius (304 Zitate auf 144 Spalten).

[54] In zeitlicher Reihenfolge M. RADIN, Eleganter, Law Quarterly Review 46 (1930) 311ff.; G. SCIASCIA, Elegantiae iuris, Bulletino dell'Istituto di Diritto Romano 51/52 (1948) 372ff.; M. PHILONENKO, Elegantia, in: Studi in onore di P. De Francisci II (Mailand 1956) 515ff.; P. STEIN, Elegance in Law, Law Quarterly Review 77 (1961) 242ff.; H. ANKUM, Elegantia iuris, in: Plus est en vous (Festschrift f. A. Pitlo, Haarlem 1970) 137ff.; DERS., Julianus eleganter ait, in: Flores legum (Festschrift f. H. J. Scheltema, Groningen 1971) 1ff.

keit, in schlagender oder subtiler Weise Rechtsgedanken zu illustrieren[55], vielleicht auch über sie hinauszuwachsen[56].

Das Substantiv *elegantia* kommt in den Juristenschriften nicht vor. Die Digesten enthalten dreimal das Adjektiv *elegans*, 45mal das Adverb *eleganter*; *non ineleganter* wird siebenmal verwendet[57].

Der Ausdruck *eleganter* wird ganz überwiegend von Ulpian gebraucht: In insgesamt 40 Stellen bezeichnet Ulpian zumeist Formulierungen von Rechtsmeinungen namentlich genannter Juristen als elegant. Am häufigsten zitiert er Pomponius (achtmal), Julian (sechsmal), Celsus (fünfmal), Marcellus (dreimal) und Scaevola (dreimal). Die relative Häufigkeit (bezogen auf die Gesamtzahl der Erwähnungen eines Juristen durch Ulpian) ergibt folgende Reihung[58]: Celsus knapp vor Pomponius, etwa doppelt so oft wie Marcellus und dreimal so oft wie Julian. Das Verhältnis verschiebt sich weiter zugunsten des Celsus, wenn man ein bisher unbeachtetes Celsuszitat Ulpians mit *non ineleganter* hinzuzählt (D 4,4,3,1).

Es überrascht einigermaßen, gerade Ulpian in der Rolle des *arbiter elegantiarum* anzutreffen[59]. Und daß Ulpian (absolut gesehen) am häufigsten Aussagen des Pomponius elegant nennt, paßt ebenfalls wenig zum Gesamtbild, das wir bisher von diesem Juristen gewonnen haben[60].

---

[55] M. RADIN, a. a. O. 312 „*elegantia is a quality of ideas or of presentation, as well as of words, and it marks an ingeniousness, wit, a touch of paradox.*" Ibid. 319: "*. . . . the elegance in the majority of cases involved is that of ideas.*" P. STEIN, a. a. O. 244 "*In the majority of cases, elegance to the jurists was not a matter of words, but of ideas. An opinion was elegant, if it combined simplicity of application with an awareness of the realities of the situation.*" Ibid. 245 "*A question or distinction is elegant, when it pinpoints in a dramatic or subtle way the exact limits of a rule.*"

[56] P. STEIN, a. a. O. 245 "*ability to transcend traditional categories.*"

[57] Die Texte sind bei H. ANKUM, Elegantia iuris, a. a. O. 143f aufgezählt.

[58] Nach A. M. HONORÉ, Gaius (Oxford 1962) 40 zitiert Ulpian Celsus 165mal, Pomponius 314mal, Marcellus 191mal, Julian 544mal.

[59] Schon M. RADIN, a. a. O. 323 wundert sich, warum Paulus den Ausdruck *eleganter* nie verwendet. P. STEIN verweist a. a. O. 248 darauf, daß Paulus immerhin dreimal (richtig zweimal, siehe ANKUM, Elegantia iuris, a. a. O. 145 Anm. 41) die Qualifikation *non ineleganter* gebraucht. Er meint vielleicht nicht zu Unrecht, daß Paulus "*himself excelled in just those ingenious points which Ulpian found so elegant, and he was, perhaps, less impressed by that quality in others.*"

[60] D. LIEBS, Gaius und Pomponius, in: Gaio nel suo tempo (Neapel 1966) 73 attestiert Pomponius zwar auf Grund seiner Zitierweise ein hohes Maß an Urteilsvermögen (er habe die stärkere Beachtung von Octavenus bei seinen Nachfolgern bewirkt und insbesondere die Berücksichtigung Aristos durch die Spätklassik sichergestellt), insgesamt jedoch nur bescheidenes Niveau. Zuletzt versucht H. ANKUM, Towards a Rehabilitation of Pomponius, in: Daube Noster. Essays in Legal History for D. Daube (Edinburgh and London 1974) 1ff. eine 'Ehrenrettung' des Pomponius: Er sei von den Spätklassikern hoch geschätzt worden, die ihn häufig zitiert, dabei kaum kritisiert, sondern vielmehr mit bewundernder Zustimmung (*recte, belle, eleganter*) bedacht hätten. Die Generalisierungen ANKUMS müssen jedoch im wesentlichen auf die Frage nach der Zitierweise Ulpians reduziert werden: Ulpian führt als Einziger Pomponius absolut und relativ gesehen häufig an, nämlich mit 314 Erwähnungen nach Julian (544) und vor Marcellus (191), Celsus (165), Sabinus (101) usw. Paulus hingegen erwähnt Pomponius nur 13mal hinter Julian (110), Sabinus (58), Cassius (45), Proculus (41), Neraz (39), Marcellus (18). Daß Ulpian den

Wäre es möglich, daß das Attribut *eleganter* bei Ulpian mehr eine routinierte Floskel als ein echtes, reflektiertes Werturteil darstellt, so wie wir heute gelegentlich leichthin oder gar mit innerem Vorbehalt Gedanken als 'interessant', 'anregend', 'reizvoll', Arbeiten als 'verdienstvoll' bezeichnen? Beachtlich scheint dabei, daß Ulpian insgesamt eher trocken referiert. Die Mehrzahl seiner Celsuszitate beschränkt sich auf ein schlichtes *Celsus ait* oder *scribit* (gelegentlich auch *putat, tractat, refert, probat* usw.). Nur ausnahmsweise qualifiziert er sein Referat: *Celsi sententia vera est* (viermal)[61], *habet rationem* (zweimal)[62], *rationabilis est* (einmal)[63], *probabilis videtur* (einmal)[64], *probabilius est* (einmal)[65], oder *Celsus recte putat* (zweimal)[66], *recte scribit* (zweimal)[67], *suptilius tractat* (einmal)[68]. Gegen diesen Hintergrund hebt sich die fünfmalige Charakterisierung von Celsusaussagen als 'elegant' (und einmal als 'nicht unelegant') ziemlich deutlich ab.

An D 1,1,1 pr. . . . . *ut eleganter Celsus definit, ius est ars boni et aequi* könnte Ulpian sowohl die gelungene sprichworthafte Fassung wie auch das kühne Paradoxon beeindruckt haben, *ius* und *bonum et aequum* in einer Definition vereinigt zu finden (dazu unten S. 401).

D 7,2,1,3 = Vat. 77 . . . *ut Celsus et Iulianus eleganter aiunt, ususfructus cottidie constituitur et legatur* entstammt einer ausführlichen und komplizierten Erörterung von Fragen der Akkreszenz beim *ususfructus*[69]. Das Fragment handelt von einem Nießbrauch, der durch Vindikationslegat mehreren Mitlegataren ohne Quotenbestimmung vermacht wurde. Fällt ein Mitlegatar durch Tod oder Verzicht aus, wächst sein Recht den Mitlegataren an. Anders als beim Vindikationslegat von Eigentum kann Akkreszenz eines vermachten Nießbrauchsanteils auch noch nach dem Zeitpunkt des Vermächtniserwerbs eintreten. Die Juristen gehen offenbar von der faktischen Realisierung der Früchteteilung aus, zu der sich die Mitlegatare jeweils treffen und durch die von Mal zu Mal der Umfang des Anteils bestimmt wird, den der erschienene Berechtigte erhält[70]. Das Prinzip '*ususfructus cottidie constituitur*' enthält nicht nur eine sachlich ansprechende Differenzierung der Akkreszenzregelung bei Vindikationslegaten von Eigen-

---

Pomponius nur viermal negativ zitiert, bedürfte der ergänzenden Beobachtung, daß Ulpian auch andere Juristen fast ausschließlich positiv referiert. Von den 22 Texten schließlich, die eine Aussage des Pomponius als *recte, belle, eleganter* qualifizieren, stammen 20 von Ulpian.

[61] D 11,1,9,4; D 12,6,17; D 30,14 pr.; D 47,2,14 pr.
[62] D 14,5,4,5; D 34,2,19,3.
[63] D 5,1,2,3.
[64] D 43,12,1,3.
[65] D 9,2,11,3.
[66] D 4,8,23; D 28,7,2,1.
[67] D 5,3,18,1; D 39,2,15,25.
[68] D 12,4,3,8.
[69] Zur Parallelüberlieferung F. Wieacker, Textstufen klassischer Juristen (Göttingen 1960) 289ff.
[70] G. Grosso, Usufrutto (2. Aufl. Turin 1958) 347f., zuletzt G. Wesener, Julians Lehre vom usus fructus, SZ 81 (1964) 104f. mit weiterer Lit.

tum und Nießbrauch, sondern besticht vor allem durch knappe und doch anschauliche Formulierung[71].

D 70,2,18,4 steht in einer Erörterung Ulpians über Ansprüche, die ein Miterbe, der Erbschaftsschulden bezahlt hat, gegen seine Miterben mit der *a° familiae erciscundae* geltendmachen kann. Für unteilbare Schulden haften Miterben *in solidum*, d. h. ein Miterbe bezahlt die Schuld zur Gänze und nimmt sodann Regreß gegen seine Miterben. Celsus sieht auch einen anderen Weg: Wenn etwa ein Pfand, an dem ein Miterbe besonderes Interesse hat (möglicherweise wegen seines ideellen Wertes), vom Gläubiger nur gegen Sicherheitsleistung *in solidum* freigegeben würde und der interessierte Miterbe diese Leistung nicht erbringen kann (mangelnde Liquidität) oder will (Risiko der Regreßforderung), läßt ihn Celsus bereits vorweg die *a° familiae erciscundae* anstellen und damit den *coheres* zur Zahlung der ganzen Schuld zwingen. Dieser technische Kunstgriff erscheint insbesondere dann sinnvoll, wenn der klagende Miterbe nur zu einer geringen Quote eingesetzt ist. *Celsus etiam illud eleganter adicit coheredem et si non solvit habere familiae erciscundae iudicium, ut cogatur coheres solvere* . . . meint wohl eher Eleganz des Gedankens als der Formulierung[72].

In D 4,4,3,1 . . . *non ineleganter Celsus tractat* . . . wird der Jurist vom Prätor Flavius Respectus konsultiert. Ein *minor* hatte gegen den Erben seines ehemaligen *tutor* die *a° tutelae* angestrengt. Während des Prozesses hatte er die Altersgrenze von 25 Jahren überschritten, der Erbe war in der Folge (offenbar wegen ungeschickter Prozeßführung des *minor*) freigesprochen worden. Der Kläger begehrte nun *restitutio in integrum*.

Der Fall wäre unproblematisch, wenn das Urteil zur Zeit der Minderjährigkeit ergangen wäre. Um eine *restitutio* gegen ein Urteil zu erlangen, das erst nach erreichter Großjährigkeit ergangen ist, muß der Kläger nach Celsus beweisen, daß der Prozeß vom Beklagten geradezu in der tückischen Absicht (*calliditate*) verschleppt worden ist, ihm die Restitutionsmöglichkeit abzuschneiden.

Der Traktat des Celsus wird von Ulpian nur gerafft wiedergegeben. Als 'nicht unelegant' könnte Ulpian vor allem die Begründung des Celsus empfunden haben, die er wörtlich zitiert: *neque enim extremo, inquit, iudicii die videtur solum deceptus hic minor, sed totum hoc structum, ut maiore eo facto ⟨adversarius⟩ liberaretur*: man dürfe nicht isoliert den Urteilszeitpunkt betrachten, sondern müsse den Gesamtverlauf des Prozesses berücksichtigen.

Auch in D 4,8,21,11 bezeichnet Ulpian mit *eleganter tractat* die Entwicklung und Darstellung eines Gedankenganges als elegant:

> *Sed si in aliquem locum inhonestum adesse iusserit, puta in popinam vel in lupanarium, ut Vivianus ait, sine dubio impune ei non parebitur:*

---

[71] Auch F. WIEACKER, a. a. O. (oben Anm. 69) 297 hebt die „von Ulpian zu Recht gerühmte Eleganz des Prinzips" hervor.

[72] Woran Celsus anknüpft (*adicit*), ist leider nicht erkennbar. Der vorangehende § 3 handelt von einem anderen Sachverhalt und kann nicht gemeint sein. Sachlich würde der Text hinter § 7 passen.

*quam sententiam et Celsus libro secundo digestorum probat. unde eleganter
tractat, si is sit locus, in quem alter ex litigatoribus honeste venire non
possit, alter possit, et is non venerit, qui sine sua turpitudine eo venire
possit, is venerit, qui inhoneste venerat, an committatur poena compromissi [an] quasi opera non praebita. et recte putat non committi: absurdum
enim esse iussum in alterius persona ratum esse, in alterius non.*

Wenn ein *arbiter* zwei ehrbare römische Bürger auffordert, zum Schieds-
gericht in einem Freudenhaus zu erscheinen, so ist diese Vorladung sicher
contra bonos mores und darf straflos ignoriert werden. Wie aber, wenn einem
vornehmen Römer ein weniger gesellschaftsfähiger Streitpartner gegenübersteht, etwa ein Kuppler, für den es durchaus nicht unehrenhaft ist, ein
lupanarium zu betreten? Der Kavalier überwindet sich, nimmt die Schande
in Kauf und leistet der Vorladung Folge. Der Kuppler hingegen bleibt aus.
Soll dann nicht die *poena compromissi*, die Strafstipulation, die er für den
Fall des Nichterscheinens geleistet hat, durch sein Fernbleiben fällig werden? Celsus weist diesen Gedanken als absurd zurück: Der Kavalier ist
selbst schuld, wenn er einer für ihn sittenwidrigen Vorladung nachkommt.
Diese ist für ihn unverbindlich[73]. Daraus folgt aber auch, daß sie für seinen
Gegner nicht verbindlich sein kann. Ein an beide Parteien gerichteter
Befehl kann nicht für die eine gültig, für die andere ungültig sein.

Man kann sich gut vorstellen, was Ulpian an dieser Erörterung und
Entscheidung des Celsus elegant gefunden hat: die in knapper Sprache
geschickt pointierte Problemstellung und das überraschend zur Lösung
herangezogene abstrakte Prinzip.

Mit ähnlich offensichtlichem Genuß berichtet Ulpian in D 3,5,9,1, wie
Celsus auf elegante Weise eine Ansicht des Proculus ins Lächerliche zieht.

*Is autem qui negotiorum gestorum agit non solum si effectum habuit
negotium quod gessit, actione ista utetur, sed sufficit, si utiliter gessit,
etsi effectum non habuit negotium. et ideo si insulam fulsit vel servum
aegrum curavit, etiamsi insula exusta est vel servus obiit, aget negotiorum
gestorum: idque et Labeo probat. sed ut Celsus refert, Proculus apud eum
notat non semper debere dari. quid enim si eam insulam fulsit, quam
dominus quasi impar sumptui dereliquerit vel quam sibi necessariam non
putavit? oneravit, inquit, dominum secundum Labeonis sententiam, cum
unicuique liceat et damni infecti nomine rem derelinquere. sed istam sententiam Celsus eleganter deridet: is enim negotiorum gestorum, inquit, habet
actionem, qui utiliter negotia gessit: non autem utiliter negotia gerit, qui rem
non necessariam vel quae oneratura est patrem familias adgreditur ...*

Labeo hatte festgestellt, daß der Geschäftsherr zum Ersatz der Aufwendungen eines *negotiorum gestor* verpflichtet sei, auch wenn der Erfolg
letztlich ausfällt: Wer ein baufälliges Haus stützt oder einen kranken Sklaven behandelt, kann Kostenersatz verlangen, mag auch das Haus später

---

[73] So hat schon Vivianus entschieden: *sine dubio impune ei non parebitur.* Vgl. auch Ulpian
D 4,8,21,7 *non debent autem obtemperare litigatores, si arbiter aliquid non honestum iusserit.*

verbrannt, der Sklave gestorben sein. Proculus hat dazu angemerkt, daß dieser Aufwand des Geschäftsführers jedoch nicht immer ersetzt werden müsse: Wie solle man nämlich entscheiden, wenn der *negotiorum gestor* etwa ein Haus stützt, das der Eigentümer verlassen hat, weil er es nicht mehr instandhalten kann oder will? Die Auffassung Labeos würde nach Proculus für einen solchen *dominus*, der das Haus absichtlich verfallen läßt, eine unzumutbare Belastung bedeuten.

Hier setzt nun Celsus mit spöttisch-lehrhaftem Tonfall ein: Die Klage aus Geschäftsführung steht demjenigen zu, der eine nützliche Geschäftsführung vorgenommen hat. Keine nützliche Geschäftsführung liegt vor, wenn ein Geschäft nicht notwendig ist oder den Eigentümer belastet.

Wenn Proculus mit Ausnahmen operiert, die man von den Leitfällen Labeos machen müsse, und von unzulässiger Belastung des Eigentümers spricht, unterstellt er diesem offenbar einen 'objektiven' *utilitas*-Begriff, der den Willen und die konkreten Bedürfnisse des *dominus negotii* außer acht läßt und deshalb in krassen Fällen durchbrochen werden muß.

Dagegen wendet sich Celsus[74]. Obwohl er die Sachentscheidung des Proculus durchaus billigt, findet er dessen Gedankengang verkehrt und die Begründung lächerlich. Der unglückliche Proculus hat nicht gesehen, worauf es ankommt, und es bleibt Celsus vorbehalten, das wesentliche abstrakte Entscheidungskriterium herauszustellen: *utiliter gerere* kann und will von vornherein keine Geschäftsführung decken, die den Interessen des Geschäftsherren zuwiderläuft. Wenn man den Leitgedanken *utilitas* richtig interpretiert, bedarf es keines mühsamen Forttastens von Fall zu Fall, keiner unbeholfen kasuistischen Aussage *non semper debere dari*.

Ulpians ausführliche Gegenüberstellung läßt die sprachlich und sachlich gleichermaßen geschickte Erwägung des Celsus hervortreten. Wir können uns Ulpians Urteil anschließen, daß auch ein celsinisches *absurdum esse* (D 4,8,21,11 oben S. 392f.) und *deridere* elegant sein kann[75]. Damit wäre WIEACKERS Bild vom polternden Polemiker Celsus der notwendigen Korrektur unterzogen. Inwieweit die Sachargumentation des Juristen durch jenen emotionalen Überschuß, den WIEACKER so anschaulich zu schildern weiß, gefärbt und damit in ihrer Überzeugungskraft getrübt erscheint, bedarf ebenfalls der Überprüfung.

VII. Überzeugungskraft der celsinischen 'argumenta ad absurdum'

D 41,2,18,1 (Celsus 23 dig.)

> *Si furioso, quem suae mentis esse existimas, eo quod forte in conspectu inumbratae quietis fuit constitutus, rem tradideris, licet ille non*

---

[74] H. H. SEILER, Der Tatbestand der negotiorum gestio im römischen Recht (Köln–Graz 1968) 56 Anm. 27 hält m. E. zu Unrecht die Aussage des Celsus für nicht eindeutig.

[75] P. STEIN a. a. O. (oben Anm. 54) 246 spricht von einer "*off-beat elegance touched occasionally with mischief.*"

erit adeptus possessionem, tu possidere desinis: sufficit quippe dimittere possessionem, etiamsi non transferas. illud enim ridiculum est dicere, quod non aliter vult quis dimittere, quam si transferat: immo vult dimittere, quia existimat se transferre.

Jemand will Besitz an einen Geisteskranken übertragen, den er nicht als solchen erkennt. Hat er durch Hingabe der Sache den Besitz verloren, obwohl der *furiosus* nicht fähig ist, ihn zu erwerben? Celsus bejaht: Es ist ja lächerlich zu sagen, daß jemand den Besitz nicht anders aufgeben will, als wenn er ihn überträgt. Er will ihn vielmehr aufgeben, weil er ihn zu übertragen glaubt.

WIEACKER hält diese Entscheidung für rechtspolitisch bedenklich und spricht deshalb dem celsinischen *argumentum ad absurdum* die Evidenz ab („weil die Gegenmeinung keineswegs einen offenbar unvernünftigen Sinn ergibt[76]“). Die von Celsus verspottete Gegenmeinung[77] wollte dem Veräußerer den Besitz erhalten, um ihm Vorteile des Interdiktenschutzes und eine etwaige Ersitzungslage zu bewahren. Sie setzt sich mit gequälter Konstruktion[78] über den klassischen Besitzbegriff hinweg. WIEACKER hält sie selbst nicht für 'geistreich' und anerkennt, daß Celsus mit *immo vult dimittere quia existimat . . .* „ins Schwarze trifft". Er verschiebt dann jedoch — wie mir scheint in unzulässiger Weise — die Betrachtungsebene, indem er eine für Celsus nicht akzeptable Korrektur des geltenden Rechtes postuliert. Celsus argumentiert hier rechtsdogmatisch, nicht rechtspolitisch; vom Standpunkt der klassischen Besitzlehre ist seine Überlegung unanfechtbar[79].

D 28,5,60,1 (Celsus 16 dig.)

Si quis ita heredem instituerit: 'Titius qua ex parte mihi socius est in vectigali salinarum, pro ea parte mihi heres esto', quidam putant, si asse descripto id adiectum sit, ut maxime socius fuerit Titius, non esse heredem, sed si qua pars vacua relicta fuerit, ex ea heredem esse. quod totum et ineptum et vitiosum est: quid enim vetat asse descripto utiliter Titium ex parte forte quarta, ex qua socius erat, heredem institutum esse?

Jemand setzt neben anderen Erben einen gewissen Titius ein, der in einer Salinenpacht sein Gesellschafter ist. Titius soll im Verhältnis seines Gesellschaftsanteils erben. An dieser indirekten Quotenbezeichnung haben *quidam* Anstoß genommen: anstatt den Gesellschaftsanteil zu ermitteln, behandeln sie den Fall offenbar wie eine Erbeinsetzung *sine parte* und berufen Titius auf jenen Teil des Nachlasses, der nach Verteilung exakt

---

[76] a. a. O. (oben Anm. 14) 17.

[77] Vgl. Ulp. D 41,2,34 pr. *ergo nec amittet possessionem, qui quodammodo sub condicione recessit de possessione.*

[78] BRETONE, a. a. O. (oben Anm. 23) 343 sieht die Spätklassiker „*costretti a percorrere una strada tortuosa*".

[79] Auch BRETONE, a. a. O. 341 hält die Lösung des Celsus für „*più 'logica' dal punto di vista possessorio*".

bezeichneter Quoten etwa noch übrigbleibt[80]. Ist der Nachlaß durch die ziffernmäßig bezeichneten Erbquoten bereits erschöpft, wird Titius von den *quidam* abgewiesen[81].

Celsus hält diese Entscheidung für ganz läppisch und verkehrt: der Gesellschaftsanteil ist zu ermitteln und auch dann zu berücksichtigen, wenn der Nachlaß bereits durch die anderen Quoten erschöpft ist[82].

WIEACKER[83] bezeichnet die Auslegung der *quidam* als ungeschickt, die Polemik des Celsus als wenig einnehmend; sie ersetze Überzeugungskraft durch Temperament. WIEACKER geht dabei von der „offenbaren Absicht des Erblassers, dem Titius seinen eigenen Gesellschaftsanteil an der Salinenpacht zu hinterlassen" aus.

Celsus sieht den Fall anders: der Erblasser hat nicht seinen Anteil vermacht, sondern verfügt, daß Titius in demselben Verhältnis, in dem er zu Lebzeiten des Erblassers an dessen Betrieb beteiligt war, auch an dessen Nachlaß teilhaben solle. Wenn Titius zu ¼ Salinenpächter war, soll er zu ¼ Erbe sein. Der Wortlaut des Testators kann als Motivation der Einsetzung eines *extraneus* verstanden werden, nicht als *heredis institutio ex re certa*.

Da die Argumentation der *quidam* nicht eindeutig erkennbar ist, kann die Überzeugungskraft der celsinischen Entgegnung nicht vorbehaltlos verteidigt werden[84]. WIEACKERS Bedenken reichen jedenfalls m. E. nicht aus, sie zu diskreditieren.

D 47,2,68,2 (Celsus 12 dig.)

> *Infans apud furem adolevit: tam adulescentis furtum fecit ille quam infantis, et unum tamen furtum est: ideoque dupli tenetur, quanti umquam apud eum plurimi fuit. nam quod semel dumtaxat furti agi cum eo potest, quid refert propositae quaestioni? quippe, si subreptus furi foret ac rursus a fure altero eum recuperasset, etiam si duo furta fecisset, non amplius quam semel cum eo furti agi posset. nec dubitaverim, quin adulescentis potius quam infantis aestimationem fieri oporteret. et quid tam ridiculum est quam meliorem furis condicionem esse propter continuationem furti existimare?*

---

[80] Vgl. Sabinus u. Labeo in D 28,5,17 pr. *duos ex quadrantibus heredes scripsit, tertium sine parte: quod assi deest, feret. hoc et Labeo.*

[81] Celsus/Ulpian D 28,5,17,3 und Paulus D 37,11,12 geben bei Erbeinsetzung *sine parte* neben Erbschaftsquoten, die den Nachlaß ausschöpfen würden, die halbe Erbschaft den quotenmäßig berufenen Erben, die andere Hälfte dem *sine parte* Eingesetzten.

[82] Für diesen Fall sieht Ulp. D 28,5,13,4 anteilige Quotenkürzung vor: *si excesserit in divisione 12 uncias, aeque pro rata decrescet.*

[83] a. a. O. (oben Anm. 14) 8.

[84] Möglicherweise haben die *quidam* dieselbe Auslegung des Testamentswortlautes wie WIEACKER vorgenommen und sich dann an die Regelung der Frühklassiker gehalten, eine Erbeinsetzung *detracta fundi mentione quasi sine partibus* anzunehmen. Daß *asse expleto* eine Erbeinsetzung *sine parte* als Berufung auf ein neues As zu betrachten ist, hat vielleicht erst Celsus eingeführt (D 28,5,17,3). Celsus geht auf die von WIEACKER unterstellte Deutungsmöglichkeit nicht ein, sondern behandelt die *quidam* so, als hätten sie eine unbestimmte aber bestimmbare Quotenbezeichnung als Erbeinsetzung *sine parte* betrachtet.

Ein gestohlenes Sklavenkind wächst beim Dieb auf. Es erhebt sich die Frage, welcher Zeitpunkt für die Wertberechnung der *a° furti* maßgeblich sein soll. Celsus entscheidet für den Höchstwert, den die Sache je im Diebstahlszeitraum gehabt habe. Die Begründung, die er in einem fiktiven Parallelfall gibt (und die von WIEACKER als minderwertig ausgeschieden, d. h. einem nachklassischen Bearbeiter zugeschrieben wird[85]), lautet etwa:

Dem Dieb des *infans* wird dieser von einem Dritten gestohlen, das Kind wächst bei diesem Dritten auf, dann stiehlt es der ursprüngliche Dieb zurück. Obwohl dieser damit zwei Diebstähle begangen hat, kann ihn der Eigentümer nur einmal klagen. Es besteht aber kein Zweifel, daß dabei der höhere Wert des *adulescens* zu veranschlagen ist.

Dasselbe soll gelten, wenn keine zweite Diebstahlshandlung vorliegt, denn es ist nicht einzusehen, warum eine *continuatio furti* billiger zu stehen kommen soll, als ein wiederholter Diebstahl der erwähnten Art.

WIEACKER betrachtet diese Vorstellung und Behandlung des *furtum* als selbstverständlich[86] und sieht deshalb die Erläuterung des Celsus am Beispiel zweier gesonderter Entziehungsakte für höchst überflüssig an. Entwicklungsgeschichtlich dürfte die Sache jedoch eher so liegen, daß für die Zeit des Celsus die Betrachtungsweise des *furtum* als Dauerdelikt noch keineswegs Allgemeingut war[87]; daß es also sehr wohl einer anschaulichen Begründung bedurfte, um den Gedanken durchzusetzen. Das Argument des Celsus ist vielleicht nicht zwingend, erscheint jedoch durchaus einleuchtend[88]. Die Hauptlast der Begründung trägt hier im übrigen nicht das

---

[85] WIEACKER, a. a. O. (oben Anm. 14) 10 hält zumindest [*et unum tamen furtum est*] und [*nam quod semel ... fieri oportet*] für itp., F. PRINGSHEIM, Jus aequum und jus strictum, SZ 42 (1921) 659 bekämpft *quid refert*, G. BESELER, Beiträge zur Kritik der römischen Rechtsquellen 4 (Tübingen 1920) 230 verdächtigt [*quod semel ... quippe*] und [*nec dubitaverim ... fin.*]; dagegen für Echtheit E. KALINKA, Digestenkritik und Philologie, SZ 47 (1927) 333ff., der Substanz nach auch H. F. JOLOWICZ, Digest XLVII, 2 de furtis (Cambridge 1940) 105, kein Einwand bei D. DAUBE, Zur Palingenesie einiger Klassikerfragmente, SZ 76 (1959) 161.

[86] a. a. O. 11 mit temperamentvollem *arg. ad absurdum*: „Undenkbar, daß Celsus selbst nötig fand, etwa an einem solchen Fall des Doppeldiebstahls zu exemplifizieren, daß auch bei *duo furta* nur eine Klage stattfinde! Das ganze Problem mußte für ihn sinnlos sein ...“

[87] Vgl. Pomp. D 47,2,9 pr. *Ei, qui furti actionem habet, adsidua contrectatione furis non magis furti actio nasci potest, ne in id quidem, in quod crevisset postea res subrepta.* Noch Ulpian verweist auf eine Kontroverse in D 47,2,50 pr. *quia et tunc furtum eius factum esse verius est ...* Die Konstruktion wird durch den Wortlaut der *a° furti* gefordert: *quanti ea res est cum furtum factum est.* Keinen Beweis für die Auffassung des *furtum* als Dauerdelikt macht die von WIEACKER a. a. O. 10 Anm. 22a angeführte Digestenstelle 13,1,20 *durare condicionem veteres voluerunt, quia videtur, qui primo invito domino rem contrectaverit, semper in restituenda ea, quam nec debuit auferre, moram facere.*

[88] Es mutet eigenartig an, wenn WIEACKER a. a. O. (oben Abm. 14) 12 bei der Besprechung einer Strafklage rügt, die Auffassung des Celsus sei advokatorisch, da sie nur emotional an das Strafbedürfnis appelliere und Aufwendungen des Diebes bei der Aufzucht des gestohlenen *infans* ignoriere. G. BESELER, a. a. O. (oben Anm. 85) argumentiert mit der Beobachtung gegen die Echtheit des Textes, daß der *infans* wertvoller sein könnte als der *adulescens*, wenn letzterer etwa unheilbar erkrankt wäre.

argumentum ad absurdum, sondern eine anknüpfende Argumentation, eine Ähnlichkeitsrelation, die durch den zusätzlichen Appell an die Evidenz bloß verstärkt werden soll: Es wäre doch lächerlich, meint Celsus, den ersten Fall anders zu behandeln als den zweiten.

WIEACKER hält den Gedankengang der Stelle für so schwach und einseitig, daß er lieber einen Celsusbearbeiter annehmen möchte, der dieselben charakteristischen Wendungen gebraucht hätte, wie Celsus selbst, nämlich *quippe, refert*, vielleicht sogar *ridiculum*[89].

Mit dieser Behauptung stellt WIEACKER unvermittelt unsere textkritischen Ausgangspositionen in Frage, ohne allerdings in den übrigen Textanalysen seiner Arbeit die entsprechenden Konsequenzen daraus zu ziehen. Nach welchem Maßstab sollten wir nun etwa ein logisch schwaches *ridiculum* des Celsus von einem logisch schwachen *ridiculum* eines Bearbeiters unterscheiden?

Es ist gerade ein Hauptverdienst von WIEACKERs Studie, den polemischen Argumentationsstil des Celsus als persönliche Eigenart dieses Juristen erfolgreich gegen textkritische Verdächtigungen zu verteidigen[90]. Für die Annahme eines celsinisierenden Bearbeiters fehlt jeder Anhaltspunkt. Die Überlieferungsgeschichte zeigt, daß das Celsuswerk sehr bald durch die 'Digesta' Julians überstrahlt und erst durch Ulpian 'wiederentdeckt' worden ist. 'Modernere' Werke mußten sich für nachklassische Bearbeiter als weit lohnendere Objekte darbieten.

Insgesamt ist festzustellen, daß die Argumentation in D 47,2,68,2 durchaus Celsusniveau aufweist und auch die anderen *argumenta ad absurdum* der Celsusdigesten stärkeres logisches Gewicht haben, als ihnen WIEACKER zugestehen will. BRETONE hat für diese Denkfigur noch weiteres Textmaterial angeführt[91]. Es ergänzt das Bild, ohne es zu verändern.

WIEACKER selbst, sodann BRETONE und zuletzt LIEBS setzen das Absurditätsargument des Celsus in Beziehung zum Argumentationsstil anderer klassischer Juristen. WIEACKER weist darauf hin, daß hypothetische Unwerturteile („es wäre lachhaft, absurd") auch bei anderen Klassikern vorkommen[92]. Die polemische Schärfe, mit der das *argumentum ad absurdum* bei Celsus formuliert werde, sei „Erbe frühklassischer Eristik" (a. a. O. 13), es sei „denkbar, daß Celsus altprokulianische Derbheit und Unbekümmertheit affektiert hätte" (a. a. O. 18). BRETONE will zwar die Polemik, nicht aber das *argumentum ad absurdum* als typisch frühklassisch anerkennen: letzteres sei zentrales Element in der Diskussion so gut wie aller Klassiker[93].

---

[89] a. a. O. 10ff., bes. 12.

[90] a. a. O. (oben Anm. 14) 2ff. gegen G. BESELER und F. SCHULZ.

[91] a. a. O. (oben Anm. 23) 335 und Anm. 15 die rhetorischen Fragen: *quam enim aliam originem hic habet?* (D 50,1,1,2) *quid enim minus verum est?* (D 42,1,39) und *quid enim, si quis ita legaverit . . .? an cavillamur?* (D 34,7,1,1).

[92] a. a. O. 5. Dazu bemerkt BRETONE, a. a. O. 334 zu Recht, daß die Form *ridiculum esset* im Vokabular des Celsus nicht aufscheint.

[93] a. a. O. 337 mit Überblick über die *alioquin*-Stellen des 'Vocabularium Jurisprudentiae Romanae' in Anm. 22.

Ähnlich beobachtet D. LIEBS, daß fast alle Zeitgenossen des Gaius mit Ausdrücken wie *absurdum* und *ridiculum* argumentieren[94]. Seine Texte zeigen jedoch klar einen unübersehbaren Schwerpunkt dieser Entscheidungsbegründungen bei Celsus.

Es bedarf keiner Hervorhebung, daß Celsus auch andere Argumente und Entscheidungsbegründungen zur Verfügung stehen, von denen erst künftige Untersuchungen erweisen werden, inwiefern relative Häufung oder besondere Verwendung weitere Individualitätsmerkmale dieses Juristen ergeben können.

Im folgenden Abschnitt soll jener Topos untersucht werden, den BRETONE als Leitmotiv des gesamten Celsuswerkes zu erkennen glaubt: das *bonum et aequum*.

VIII. 'Bonum et aequum'

Wie bereits oben S. 385 f. ausgeführt, wendet sich BRETONE gegen WIEACKERS Urteil, Celsus habe „spontan und ohne die innere Harmonie einer einheitlichen Grundauffassung" argumentiert, und behauptet seinerseits, die berühmte Celsusdefinition des *ius* als *ars boni et aequi* (D 1,1,1 pr.) stelle als Absage an jede formalistische Jurisprudenz das Grundprinzip der Arbeit dieses Juristen dar.

Gegen diese Annahme drängen sich Zweifel auf. Darf eine elegante Formulierung, die im (uns unbekannten) Argumentationskontext des Celsus unter Umständen nur eine Einzelentscheidung getragen hat, vielleicht sogar bloß *obiter dictum* geblieben ist, ohne weiteres als Grundauffassung eines Juristen postuliert werden?

BRETONE findet, daß sich viele Celsusentscheidungen ausdrücklich oder implizit auf dieses Prinzip zurückführen ließen. Er zählt dabei insbesondere auch Texte mit *aequitas* und *bona fides* auf. Nun bezeichnen diese Begriffe wohl Vorstellungen, die dem *bonum et aequum* nahestehen[95], doch sollte nicht vorschnell generalisiert werden. Wenn ein Jurist aus der *bona fides* argumentiert oder einen Lösungsvorschlag auf *aequitas* gründet, ist damit noch nicht dargetan, daß er *ius* schlechthin als *ars boni et aequi* verstehen würde. BRETONE konnte den Entscheidungen, die er für seine These aufzählt, nicht im einzelnen nachgehen, ein solches Unternehmen würde auch den Rahmen dieser Untersuchung sprengen. Hier soll lediglich versucht werden, die Funktion des *bonum et aequum* in der Argumentation des Celsus zu präzisieren und Bedenken gegen seine Überdehnung anzumelden.

---

[94] Gaius und Pomponius, in: Gaio nel suo tempo (Neapel 1966) 70.
[95] F. PRINGSHEIM, Aequitas und bona fides, in: Ges. Abh. I (Heidelberg 1961) 154ff.

Die Wortverbindung *bonum et aequum* kommt bei Celsus dreimal vor[96]: Außer in D 1,1,1 pr. noch in D 45,1,91,3 und in D 12,1,32. Die aussagekräftigste dieser Stellen ist zweifellos

D 45,1,91,3 (Paulus 17 ad Plautium)

> *Sequitur videre de eo, quod veteres constituerunt, quotiens culpa intervenit debitoris, perpetuari obligationem, quemadmodum intellegendum sit. et quidem si effecerit promissor, quo minus solvere possit, expeditum intellectum habet constitutio: si vero moratus sit tantum, haesitatur, an, si postea in mora non fuerit, extinguatur superior mora. et Celsus adulescens scribit eum, qui moram fecit in solvendo Sticho quem promiserat, posse emendare eam moram postea offerendo: esse enim hanc quaestionem de bono et aequo: in quo genere plerumque sub auctoritate iuris scientiae perniciose, inquit, erratur. et sane probabilis haec sententia est, quam quidem et Iulianus sequitur: nam dum quaeritur de damno et par utriusque causa sit, quare non potentior sit qui teneat, quam qui persequitur?*

Das ausführliche Referat des Paulus stellt die Begründung des Celsus gegen jeden Interpolationsverdacht sicher. Celsus *adulescens* klingt geringschätzig, doch Paulus stimmt der Celsusentscheidung zu. Umgekehrt zitiert Paulus so selten aus Celsus[97], daß man zögern muß, *adulescens* als Ausdruck der Anerkennung („schon als Jüngling hat Celsus geschrieben...") zu deuten. Man wird vielleicht eine komplexe Einstellung des Paulus zu Celsus annehmen können: Er schätzt ihn nicht sehr, kann ihm jedoch in diesem Punkt sachlich die Anerkennung nicht versagen, mokiert sich dafür über seinen jugendlich überschwenglichen Argumentationsstil[98].

Paulus bespricht im 17. Buch seines Kommentars zu Plautius die *perpetuatio obligationis*, die auf eine *constitutio* der *veteres* zurückgeht, und versucht, ihren Geltungsbereich abzugrenzen (*quemadmodum intellegendum sit*). Er findet in seiner Vorlage Zweifel (*haesitatur*), ob ein Schuldner, der in Verzug geraten ist, diesen Verzug tilgen könne. Die Antwort des Plautius ist nicht überliefert, sie wird wohl negativ ausgefallen sein. Celsus bejaht mit Emphase[99] die Möglichkeit eines *moram emendare*[100]. Ihre Zulässigkeit

---

[96] Zu allen drei Texten TH. MAYER-MALY, Vom Rechtsbegriff der Römer, Österr. Zeitschr. f. öff. Recht 9 (1958/59) 156 ff.

[97] Nur neunmal, gegenüber 165 Celsuszitaten Ulpians. Paulus zitiert jedoch Julian 110mal, Sabinus 58mal, Neraz 39mal usw. Siehe die Tabelle A. M. HONORÉS, Gaius (Oxford 1962) S. 40.

[98] Von den zwei Ausdrücken, mit denen A. M. HONORÉ, Julian's Circle, TR 32 (1964) 4 Anm. 28 die Einstellung des Paulus gegenüber Celsus charakterisiert, dürfte *"contempt"* eher zu stark sein, *"patronizing"* wohl das Richtige treffen.

[99] Übertrieben WIEACKER, a. a. O. (oben Anm. 14) 20 „maßlose Polemik", MAYER-MALY, a. a. O. (oben Anm. 96) 19 „Beschimpfungen".

[100] Der Ausdruck ist singulär; *moram purgare* kommt in Paulus D 45,1,73,2 und Ulp. D 46,2 8 pr. sowie in Ulp. D 46,2,14 pr. vor. Dazu M. KASER, Zur jur. Terminologie der Römer, in: Studi Biondi I (Mailand 1965) 123.

sei eine Frage des *bonum et aequum*. Es hängt für ihn offenbar von den Umständen ab, ob der Gläubiger eine verspätet angebotene Leistung annehmen muß. Verweigert er die Annahme des Sklaven Stichus grundlos[101], erlischt die *mora debitoris*, und es tritt *mora creditoris* ein. Daß der jugendliche Celsus die Nichtberücksichtigung des *bonum et aequum* durch die (wohl zeitgenössische) Jurisprudenz als „verderblichen Irrtum" bezeichnet, wird noch von Paulus als Pathos des Gerechtigkeitsgefühls belächelt. *Plerumque* pauschaliert den Positivismusvorwurf an die Juristen, die in professionellem Hochmut ihren Blick auf die *iuris scientia* beschränken, ohne dem *bonum et aequum* Rechnung zu tragen. *Ius* und *bonum et aequum* treten in dieser Polemik als getrennte Bereiche auf, die Celsus zu verbinden trachtet.

In seiner grundlegenden Studie 'Bonum et aequum' hat F. PRINGS-HEIM[102] die Entwicklung dieses Begriffs gezeichnet, der schon früh literarisch belegt ist und als Standard anständigen Verhaltens den *leges* oder dem *ius* an die Seite gestellt wird. (Vgl. Plaut. Men. 580 *qui neque leges neque aequom bonum usquam colunt*; Ter. Heaut. 642 *qui neque ius neque bonum atque aequum sciunt*). Die Rhetorik hat versucht, das *bonum et aequum* in den Rechtsbegriff zu integrieren (vgl. Rhet. Herenn. 2,13,19 *ex his partibus constat ius: natura, lege, consuetudine, iudicato, aequo et bono, pacto* sowie ibid. 2,13,20 *ex aequo et bono ius constat*). Die Juristen rezipieren das *bonum et aequum* als Haftungsmaßstab eines besonderen Klagetyps, verwenden jedoch darüber hinaus nach Ansicht PRINGSHEIMS den Ausdruck kaum. Erst die Byzantiner hätten ihn vielfach in klassische Texte mittels Interpolation hineingetragen.

Selbst PRINGSHEIMS strenge Textkritik läßt jedoch für Celsus eine Ausnahme gelten: dieser habe vermutlich mehr als andere Juristen an seiner rhetorischen Bildung festgehalten[103].

D 1,1,1 pr. (Ulpian 1 inst.)

> *Iuri operam daturum prius nosse oportet, unde nomen iuris descendat. est autem a iustitia appellatum: nam, ut eleganter Celsus definit, ius est ars boni et aequi.*

Die modernen Urteile über diesen Satz reichen von „oberflächliche, nichtssagende Formel"[104] bis „Rechtsbegriff . . . von einer eminent dynamischen Schwungkraft"[105]. Im Lichte der greifbareren Aussage von D 45,1,91,3 wird man einen mittleren Weg wählen können. Gesichert erscheint, daß *bonum et aequum* für Celsus nicht bloß leere Phrase ist, sondern eine Wertvorstellung, für deren Berücksichtigung innerhalb des *ius* der Jurist kämpferisch eingetreten ist. Allerdings, wie Paulus vermerkt, in jugendlichem

---

[101] Vgl. die *iusta causa non accipiendi* in Paul. D 13,5,17.
[102] Gesammelte Abhandlungen I (Heidelberg 1961) 173 ff.
[103] a. a. O. 176.
[104] F. SCHULZ, Geschichte der römischen Rechtswissenschaft (Weimar 1961) 160.
[105] U. v. LÜBTOW, De iustitia et iure, in: SZ 66 (1948) 523. Eine Auswahl aus der weiteren Literatur zu dieser Digestenstelle verzeichnet M. KASER, Das römische Privatrecht I (2. Aufl. München 1972) 194 Anm. 2.

Überschwang, mit Pauschalvorwürfen, die in diesem Umfang wohl nicht akzeptabel waren.

Wenn Ulpian die Definition des *ius* als *ars boni et aequi* elegant empfindet, dann drückt dies vielleicht spätklassische Billigung einer Tendenz aus, die Celsus als Neuerung in die Rechtswissenschaft einführen wollte. Die Definition des *ius* als *ars boni et aequi* konnte zur Zeit des Celsus nicht den Tatsachen entsprechen, sie mußte auch noch für Ulpian jenes Maß an zumindest scheinbarer Paradoxität, jenen Überraschungseffekt besitzen, ohne den er sie wohl nicht als elegant qualifiziert hätte[106].

D 12,1,32 (Celsus 5 dig.)

> *Si et me et Titium mutuam pecuniam rogaveris et ego meum debitorem tibi promittere iusserim, tu stipulatus sis, cum putares eum Titii debitorem esse, an mihi obligaris? subsisto, si quidem nullum negotium mecum contraxisti: sed propius est, ut obligari te existimem, non quia pecuniam tibi credidi (hoc enim nisi inter consentientes fieri non potest): sed quia pecunia mea quae ad te pervenit, eam mihi a te reddi bonum et aequum est.*

Der Text ist schwierig, die Literatur ebenso wie zu D 1,1,1 pr. beinahe unübersehbar[107]. Die Begründung der Entscheidung aus dem Gedanken des *bonum et aequum* wird zumeist als justinianische Zutat verstanden: Es sei unvorstellbar, daß eine *condictio* als Klage des *ius strictum* von einem Klassiker auf dieses Prinzip zurückgeführt worden wäre[108].

Dieser textkritische Standpunkt scheint jedoch überholt zu sein. Daß die Kompilatoren das Bereicherungsrecht stärker mit den Gedanken der *aequitas, bona fides, natura* usw. verknüpft haben, schließt nicht aus, daß sie dabei von klassischen Ansätzen ausgegangen sind[109]. Die Entscheidung des Celsus bedarf sicher der Begründung. Gerade für Celsus ist *bonum et aequum* als Argumentationsfigur erwiesen. Es liegt kein zwingender Grund vor, sie ihm in D 12,1,32 abzusprechen[110].

Celsus ist der erste und bis zu den Spätklassikern auch der einzige Jurist, der mit dem *bonum et aequum* argumentiert. Eine Aussage über den Stellenwert dieser Argumentationsfigur in seinem Lehrgebäude leistet daher einen Beitrag zur methodischen Individualisierung des Juristen. Erst die Nachprüfung anderer expliziter oder erschließbarer Entscheidungsbegründungen des Celsus wird jedoch diesbezüglich ein ausgewogenes Urteil erlauben. Daß Celsus nicht ohne weiteres bereit ist, das positive

---

[106] Zu *elegantia* als Werturteil Ulpians oben S. 390 ff.

[107] Die wichtigsten Beiträge führt M. KASER, Das römische Privatrecht I (2. Aufl., München 1972) 651 Anm. 44 an.

[108] F. PRINGSHEIM, Bonum et aequum, in: Ges. Abh. I (Heidelberg 1961) 212f., 220. F. SCHWARZ, Die Grundlage der Condictio im klassischen römischen Recht (München–Köln 1952) 245ff., 304ff.

[109] So hält zuletzt M. KASER, SZ 83 (1966) 464 *naturali aequitate motus* in D 12,4,3,7 für möglicherweise celsinisch.

[110] Für Echtheit der Begründung bereits TH. MAYER-MALY, a. a. O. (oben Anm. 96) 162 und U. v. LÜBTOW, Beiträge zur Lehre von der condictio (Berlin 1952) 39.

Recht unter Berufung auf das *bonum et aequum* zu korrigieren, ist an mehreren Stellen erkennbar.

In der Frage des Besitzverlustes bei irrtümlicher *traditio* an einen Geisteskranken D 41,2,18,1 hat Celsus — wie auch BRETONE lobend hervorhebt — die Logik des geltenden Rechtes höher veranschlagt als rechtspolitische Desiderata[111].

In D 41,3,27 hat sich Celsus vehement gegen die Putativtitelersitzung ausgesprochen[112]. In offenbarer Polemik gegen Neraz[113] D 41,10,5,1 wendet er sich gegen Versuche, die etablierte Dogmatik der *causa usucapionis* durch stärkere Betonung der *bona fides* aufzulockern.

Bonum et aequum ist für Celsus eine Kategorie, die er sparsam und gezielt zur Bekämpfung mißbräuchlicher Rechtsanwendung einsetzt. Mit scharfem Blick für die Grenzsituationen der Rechtsordnung sieht er die Schwächen und Gefahren eines formalistisch applizierten *ius strictum*. Er verfällt deshalb jedoch noch nicht ins andere Extrem einer Billigkeitsjustiz. *Ius* ist für ihn eine *ars*, eine *techne*, die sich zwar programmatisch die Erkenntnis und Verwirklichung einer gerechten Ordnung zum Ziel setzt, dieses Ziel aber auf dem Weg exakter methodischer Erwägungen realisieren will, durch vollendete Beherrschung juristischer Technik im Umgang mit ausgeprägten dogmatischen Figuren einer positiven Rechtsordnung.

Dieser Befund wird durch die celsinische Lehre zur Gesetzesauslegung bekräftigt.

IX. 'Voluntas legis'[114]

Bei der Zusammenstellung des Digestentitels 1, 3 (*de legibus senatusque consultis et longa consuetudine*) haben die Kompilatoren Justinians unter

---

[111] Siehe oben S. 394f.

[112] (*Ulpianus libro trigensimo primo ad Sabinum*). *Celsus libro trigensimo quarto errare eos ait, qui existimarent, cuius rei quisque bona fide adeptus sit possessionem, pro suo usucapere eum posse nihil referre, emerit nec ne, donatum sit nec ne, si modo emptum vel donatum sibi existimaverit, quia neque pro legato neque pro donato neque pro dote usucapio valeat, si nulla donatio, nulla dos, nullum legatum sit. idem et in litis aestimatione placet, ut, nisi vere quis litis aestimationem subierit, usucapere non possit.* Dazu TH. MAYER-MALY, Das Putativtitelproblem bei der usucapio, Forsch. zum röm. Recht 14 (Graz–Köln 1962) 30ff., H. HAUSMANINGER, Die bona fides des Ersitzungsbesitzers im klassischen römischen Recht, Wiener rechtsgeschichtl. Arbeiten 8 (Wien–München 1964), 48ff.

[113] (*Neratius libro quinto membranarum*). *Sed id, quod quis, cum suum esse existimaret, possederit, usucapiet, etiamsi falsa fuerit eius existimatio. quod tamen ita interpretandum est, ut probabilis error possidentis usucapioni non obstet, veluti si ob id aliquid possideam, quod servum meum aut eius, cuius in locum hereditario iure successi, emisse id falso existimem, quia in alieni facti ignorantia tolerabilis error est.* Dazu HAUSMANINGER, a. a. O. 44f.

[114] Dieser Abschnitt beruht weitgehend auf Ergebnissen meiner Untersuchung 'Zur Gesetzesinterpretation des Celsus', in: Studi G. Grosso V (Turin 1972) 245—277. Zur Gesetzesauslegung allgemein siehe zuletzt D. MEDICUS, Der historische Normzweck bei den römischen Klassikern, in: Studien zum römischen Recht (Festschrift M. Kaser, Berlin 1973) 57ff.

insgesamt 41 Fragmenten Celsus nicht weniger als siebenmal mit abstrakten Aussagen zur Rechtsquellenlehre und Interpretationsmethode zu Wort kommen lassen. Er ist damit in diesem Titel mehr als zehnmal so stark vertreten, wie seinem Gesamtdurchschnitt bei der Digestenexzerption entspräche[115]. Die Vermutung liegt nahe, daß Celsus die Aufmerksamkeit Tribonians durch spezifische sprachliche und sachliche Vorzüge seiner rechtstheoretischen Aussagen gewonnen hat.

Von den sieben Celsustexten des Titels D 1,3 sind vier der Gesetzes-auslegung gewidmet: D 1,3,17—19 und 24. Sie entstammen verschiedenen Teilen der celsinischen 'Digesta' (nämlich dem 26., 29., 33. und 9. Buch) und sind von den Kompilatoren wohl durchwegs aus konkreteren Zusammen-hängen gelöst worden. Auf die ursprünglichen Anlaßfälle dieser generell-abstrakten Reflexionen des Celsus kommt es jedoch nicht so sehr an. Es läßt sich zeigen, daß sie aufeinander abgestimmt und im übrigen Entschei-dungsmaterial des Celsus wirksam sind. Sie erweisen die Existenz einer celsinischen Interpretationslehre, wenngleich diese durch den Juristen nicht zusammenhängend dargestellt worden ist.

D 1,3,17 (Celsus 26 dig.)

> *Scire leges non hoc est verba earum tenere, sed vim ac potestatem.*

D 1,3,24 (Celsus 9 dig.)

> *Incivile est nisi tota lege perspecta una aliqua particula eius pro-posita iudicare vel respondere.*

D 1,3,19 (Celsus 33 dig.)

> *In ambigua voce legis ea potius accipienda est significatio, quae vitio caret [praesertim cum etiam voluntas legis ex hoc colligi possit].*

D 1,3,18 (Celsus 29 dig.)

> *Benignius leges interpretandae sunt, quo voluntas earum conservetur.*

In der letztgenannten Stelle nimmt Celsus den (bekannten oder hypo-thetisch vorausgesetzten) Willen des Gesetzgebers zur Basis einer korri-gierenden Auslegung des verfehlten Gesetzeswortlautes[116]. Er zeigt damit,

---

[115] Nach H. J. ROBY, Introduction to the Study of Justinian's Digest (Cambridge 1886) 162 entfallen auf Celsus 141 von insgesamt 9142 Digestenfragmenten.

[116] Celsus kommentiert im 29. Buch seiner 'Digesta' die *lex Aelia Sentia.* Vielleicht liegt seiner abstrakten Aussage ein ähnlicher Sachverhalt wie Paulus D 37,14,6,2 zugrunde: *Quamvis nulla persona lege excipiatur, tamen intellegendum est de his legem sentire, qui liberos tollere possunt. itaque si castratum libertum iure iurando quis adegerit, dicendum est non puniri patronum hac lege.* Die *lex Aelia Sentia* bedroht den Patron mit Strafen, der bei der Freilassung einer Sklavin von dieser das eidliche Versprechen der Ehe- und/oder Kinder-losigkeit erzwungen hat. Ob männliche Sklaven in der *lex* genannt oder durch Analogie einbezogen worden sind, ist unklar. Für Paulus fallen sie jedenfalls unter den Gesetzes-

wie weit er bereit ist, der *voluntas legis* Vorrang vor den *verba* einzuräumen[117]. Aus der *voluntas legis* ist wohl auch die *vis ac potestas*[118] (Sinn, Geltungskraft) des Fragments D 1,3,27 zu ermitteln. Diese wird sich zwar meist im Rahmen der *verba* fixieren lassen, im Konfliktsfall soll jedoch der Wille des Gesetzgebers auch dann Anwendung finden, wenn er in den *verba legis* nur mangelhaft zum Ausdruck gebracht worden ist. Daß Celsus mit *voluntas legis* nicht zeitgenössische Zweckmäßigkeit, sondern die Absicht des historischen Gesetzgebers meint, geht aus D 1,3,19 hervor: Bei zweideutigem Gesetzeswortlaut ist jene Auslegung zu wählen, die frei von Mängeln ist. Gerade daß Celsus hier nicht wie sonst auf die *voluntas legis* als Kriterium verweist, macht deutlich, daß er nicht aktualisierend interpretiert, sondern nach einem subsidiären Auslegungsgesichtspunkt (*vitio caret*) sucht, wenn der Wille des historischen Gesetzgebers nicht bekannt ist[119]. In diesem Kontext ist vielleicht auch die Polemik von D 1,3,24 zu sehen: Wer Teile einer gesetzlichen Anordnung aus dem Zusammenhang löst und selbständig interpretiert, wird damit seine eigenen Zwecke verfolgen, nicht aber den Intentionen des Gesetzgebers gerecht werden[120].

Das Bemühen des Celsus um den Willen des historischen Gesetzgebers wird auch in seinen konkreten Entscheidungen zur *lex Aquilia* sichtbar. In D 9,4,2,1 kontrastiert er die Motive der 12 Tafeln und der *lex Aquilia* bezüglich abweichender Regelungen der Noxalhaftung[121]. In D 9,2,13,2 interpretiert er den Gesetzesterminus *erus = dominus* unter Berufung auf den Willen des Gesetzgebers extensiv, so daß er auch die ruhende Erbschaft erfaßt[122]. Auch die kühne Ausdehnung des Tatbestandes *rumpere* (Körperverletzung)[123] zur umfassenden Bedeutung *corrumpere*

wortlaut, den der Jurist zugunsten des zeugungsunfähigen *libertus* unter Berufung auf den Willen des Gesetzes korrigiert, der auf Bekämpfung der Kinderlosigkeit gerichtet sei.

[117] Für die Klassizität des Entscheidungskriteriums *benignitas* überzeugend F. WUBBE, Benignus redivivus, in: Symbolae M. David I (Leiden 1968) 237ff. und zuletzt DERS., Benigna interpretatio als Entscheidungskriterium, in: Festgabe f. A. Herdlitczka (München/Salzburg 1972) 295ff. Zu den Texten mit *benignior interpretatio* HAUSMANINGER, a. a. O. (oben Anm. 114) 256ff.

[118] Dazu vor allem U. KOLLATZ, Vis ac potestas legis (Diss. Frankfurt 1963) 27ff. HAUSMANINGER, a. a. O. (oben Anm. 114) 247ff.

[119] HAUSMANINGER, a. a. O. (oben Anm. 114) 252ff.

[120] HAUSMANINGER, a. a. O. (oben Anm. 114) 250ff. Siehe zu D 1,3,17 und 24 auch die Ausführungen E. BETTIS über die hermeneutischen Kanones der 'Autonomie' und 'Totalität' in: Festschrift E. Rabel II (Tübingen 1954) 99ff.

[121] *Celsus tamen differentiam facit inter legem Aquiliam et legem duodecim tabularum ... utriusque legis reddit rationem, duodecim tabularum, quasi voluerit servos dominis in hac re non obtemperare, Aquiliae, quasi ignoverit servo, qui domino paruit, periturus si non fecisset.* HAUSMANINGER, a. a. O. 263.

[122] *ait Celsus legem domino damna salva esse voluisse: dominus ergo hereditas habebitur ...* HAUSMANINGER, a. a. O. 264f.

[123] Von dieser Grundbedeutung geht noch Ulpian D 9,2,27,17 aus: *Rupisse eum utique accipiemus, qui vulneraverit, vel virgis vel loris vel pugnis cecidit, vel telo vel quo alio, ut scinderet alicui corpus, vel tumorem fecerit...*

(jede Sachbeschädigung)[124] versucht Celsus unter Hinweis auf die Technik des Gesetzgebers zu rechtfertigen: D 9,2,27,16 *non esse novum, ut lex specialiter quibusdam enumeratis generale subiciat verbum, quo specialia complectatur* ... Schon der Gesetzgeber habe *rumpere* als Oberbegriff verstanden und damit die vorher angeführten Einzeltatbestände *urere* und *frangere* mit umfaßt. Celsus argumentiert hier gegen Juristen, die *rumpere* eng auslegen wollen, da sie meinen, *urere* und *frangere* erschienen ansonsten überflüssig. Tatsächlich hat die *lex Aquilia* und ihr folgend die republikanische Jurisprudenz *rumpere* allerdings als begrenzten Einzeltatbestand gesehen, und Celsus verfehlt somit den Willen des Gesetzgebers. Seine Berufung auf die *voluntas legis* muß deshalb jedoch noch nicht als bewußte Unterschiebung angesehen werden.

Festhalten am Willen des historischen Gesetzgebers zeigt auch die enge Auslegung des Tatbestandes *occidere* im 1. Kapitel der *lex Aquilia* durch Celsus. D 9,2,7,6 *Celsus autem multum interesse dicit, occiderit an mortis causam praestiterit* ... Obwohl der allgemeine Sprachgebrauch unter *occidere* jede Art von Töten verstand, blieben die Juristen einer alten Grundbedeutung treu, vgl. Jul. D 9,2,51 pr. ... *occidisse dicitur vulgo quidem, qui mortis causam quolibet modo praebuit: sed lege Aquilia is demum teneri visus est, qui adhibita vi et quasi manu causam mortis praebuisset, tracta videlicet interpretatione vocis a caedendo et a caede*[125].

Celsus, der die Abgrenzung *occidere* — *mortis causam praestare* als abstraktes Prinzip formuliert, hatte freilich keinen praktischen Anlaß, *occidere* extensiv auszulegen, da der Prätor längst für Fälle mittelbarer Tötung *actiones in factum* bereithielt. Daß wir keine Celsusentscheidung kennen, die im Gegensatz zur praktischen Vernunft den Willen des historischen Gesetzgebers für verbindlich hält, tut nichts zur Sache. Wir wissen aus anderen Sachzusammenhängen, daß Celsus auch unbequeme dogmatische Konsequenzen zu ziehen bereit ist[126]. Auch daß Celsus wohl nur über beschränkte und wenig verläßliche Mittel verfügt hat, den tatsächlichen Willen des Gesetzgebers zu ermitteln, fällt nicht schwer ins Gewicht. Denn auch ein bloß hypothetischer Regreß auf den historischen Normzweck impliziert, daß der Jurist sich für verpflichtet hält, die Worte des Gesetzes so zu verstehen, wie sie der Gesetzgeber verstanden hat, und sich nicht für legitimiert erachtet, die *voluntas legis* aktualisierend nach modernen Utilitätserwägungen auszulegen. Wenn neuestens D. MEDICUS generell feststellt, daß bei den römischen Juristen keine ernsthafte Suche nach dem Willen

---

[124] Ulp. D 9,2,27,13 *rupisse verbum fere omnes veteres sic intellexerunt 'corruperit'*. Siehe auch Gaius Inst. 3,217 *si quid enim ustum aut ruptum aut fractum fuerit, actio hoc capite constituitur, quamquam potuerit sola rupti appellatio in omnes istas causas sufficere; ruptum enim intellegitur, quod quoquo modo corruptum est; unde non solum usta aut rupta aut fracta, sed etiam scissa et collisa et effusa et quoquo modo vitiata aut perempta atque deteriora facta hoc verbo continentur.*

[125] Siehe auch Ulp. D 9,2,7,1 *Occisum autem accipere debemus, sive gladio sive etiam fuste vel alio telo vel manibus (si forte strangulavit eum) vel calce petiit vel capite vel qualiter qualiter.*

[126] Vgl. oben S. 394 f. zu D 41,2,18,1.

des historischen Gesetzgebers angestellt werde[127], so trifft dies jedenfalls für Celsus nicht zu[128].

In den Formulierungen des Celsus zur Gesetzesinterpretation klingt stärker als bei anderen Klassikern das Gedankengut der Rhetorik an[129]. Das bedeutet jedoch keineswegs geistige Unselbständigkeit des Juristen. Ganz im Gegenteil: es ist ein Zeichen von Mut und Originalität für einen Juristen dieser Zeit, kritisch modifizierend Elemente der rhetorischen Statuslehre zu entlehnen, um mit ihrer Hilfe über kasuistische Argumentation hinaus zu abstrakten Interpretationsprinzipien und einer theoretisch vertieften juristischen Lehre von der Gesetzesauslegung zu gelangen. Dies wäre abschließend als weiteres individualisierendes Merkmal zur Persönlichkeit und Methode des Celsus hervorzuheben.

X. Ausblick

Die Liste offengebliebener Desiderata ist länger als die Bilanz des bisher Erreichten. So sind vor allem die Gesichtspunkte zu ermitteln, von denen sich Celsus bei der Interpretation von Rechtsgeschäften leiten läßt. Man wird seine Entscheidungsbegründungen untersuchen und seinen dogmatischen Leistungen (Erfindungen) nachspüren müssen. Sein Verhältnis zu Vorgängern und Zeitgenossen bedarf ebenso der Präzisierung wie seine Wirkung auf die Spätklassiker und Justinian. Der vorläufige Charakter des vorgelegten Zwischenberichtes läßt es angezeigt erscheinen, nicht mit einer Zusammenfassung zu schließen, sondern mit der Hoffnung, in absehbarer Zeit weitere Ergebnisse zur Individualisierung des Celsus beitragen zu können.

[127] a. a. O. (oben Anm. 114) 77 mit Beifall für B. VONGLIS, La lettre et l'ésprit de la loi dans la jurisprudence classique et la rhétorique (Paris 1968) 172f.

[128] MEDICUS, a. a. O. (oben Anm. 114) 80 spart unter Hinweis auf meine damals noch nicht publizierte, jedoch in meiner Rezension von VONGLIS in SZ 85 (1968) 480 Anm. 11 angekündigte Abhandlung die Gesetzesinterpretation des Celsus ausdrücklich aus seiner Arbeit aus.

[129] So bereits F. PRINGSHEIM, oben Anm. 103. Zum Einfluß der Rhetorik auf die Gesetzesauslegung römischer Juristen allgemein U. WESEL, Rhetorische Statuslehre und Gesetzesauslegung der römischen Juristen, Annales Univ. Saraviensis 29 (Köln–Berlin–Bonn–München 1967) und B. VONGLIS, oben Anm. 127. Zu beiden meine Rezensionen in SZ 85 (1968) 469 ff., 477 ff.

Salvius Iulianus, Leben und Werk

von ELMAR BUND, Freiburg i. Br.

Inhalt

I. Die Lebensgeschichte Julians

In einem Querschnitt durch die klassische Jurisprudenz der Römer
darf der berühmteste der Hochklassiker, Salvius Iulianus, nicht fehlen.
Zwar gibt es bereits mehrere umfassende Biographien Julians[1]. Ihre Ent-

---

[1] BUHL, Salvius Julianus, I. Teil. Einleitung. Personenrecht (1886); BOULARD, Salvius
Julianus. Son œuvre, ses doctrines sur la personnalité juridique (1902); GUARINO, Salvius
Iulianus. Profilo biobibliografico (1945), Nachdruck in: Labeo 10 (1964) 364ff. Für die
neueste Diskussion wichtig NÖRR, Drei Miszellen zur Lebensgeschichte des Juristen Salvius Iulianus, Daube Noster. Essays in Legal History for David Daube (1974) 233ff.

stehung liegt indessen einige Jahrzehnte zurück, und die neuere Literatur zu Julian ist so umfangreich, daß es notwendig erscheint, kritisch die Summe dessen zu ziehen, was wir über Julian wissen.

Die jüngste Monographie zu Julian[2] ist neueren Datums, aber sie befaßt sich mit der Biographie des Juristen und der Geschichte seiner Werke nur am Rande und ohne den Anspruch, zu diesen Dingen etwas Abschließendes zu sagen. Der große Umfang der Literatur zu Julian und ihr Reichtum an Kontroversen rührt daher, daß das von dem überragenden Werk induzierte Interesse an der Persönlichkeit des Juristen recht zahlreiche literarische[3] und epigraphische[4] Zeugnisse findet, die sich mit größerer oder geringerer Gewißheit auf Julian beziehen lassen.

1. Geburt

Umstritten ist bereits das Geburtsjahr des Juristen. Die Ansätze bewegen sich zwischen dem Ende der 70er Jahre und 110 n. Chr.

Vertreter der Auffassung, die die Geburt Julians in die letzten Jahrzehnte des ersten Jahrhunderts verlegt[5], nehmen zum Fixpunkt einen in der Historia Augusta überlieferten Stammbaum der Kaisers Didius Iulianus.

HA 9.1.1—2:

1. Didio Iuliano, qui post Pertinacem Imperium adeptus est, proavus fuit ⟨S⟩alvius Iulianus, bis consul, praefectus urbi et iuris consultus, quod magis eum nobilem fecit, 2. mater Clara ⟨A⟩emilia, pater Petronius Didius Severus, fr(atre)s Didius Proculus et Nummius Albinus, avunculus Salvius Iulianus, avus paternus Insubris Mediolanensis, maternus ex Adrumetina colonia.

Diese Schriften werden im folgenden nur mit den Namen der Autoren (GUARINO mit der Seitenzahl der Originalausgabe) zitiert. Größere Lexikonartikel: PFAFF, Salvius Nr. 14, RE 1 A.2 (1914) 2023ff.; ORESTANO, Giuliano Salvio, NNDI 7 (1961) 913f.

2 BUND, Untersuchungen zur Methode Julians (= Forschungen zum Römischen Recht, 20. Abhandlung 1965).

3 HA 1.18.1; 3.12.1; 9.1.1—2; Eutrop. brev. 8.17; Aur. Vict. 19.1—2; Marc. Aur., In semet ipsum 4.50; Fronto, Ad M. Caes. 4.1—2; Aristid. 48.9 KEIL; Suda s. v. Domophilos. Biographisch ergiebige Quellen der juristischen Literatur: D (37.14) 17.p = O. LENEL, Palingenesia Iuris civilis, Leipzig 1889, Iul. 400; (40.2) 5 = Iul. 586; (46.3) 36 = Iul. 886; (1.2) 2.53 Pomp lb. sg. enchir.; c. Tanta/Δέδωκεν § 18; C (4.5) 10.1; (6.61) 5; Epitome legum. ZACH., Ius Graeco-Romanum II 280.

4 CIL 8.24094 = ILS 8973, Inschrift zur Statue eines Salvius Iulianus in Pupput; ILT 799 = ILA 244, Weihinschrift eines von Salvius Iulianus dedizierten Tempels in Thuburbo maius; CIL 6.375 = ILS 2104, CIL 16.95 und die Fasti Ostienses (Notizie degli Scavi ser. 6, vol. 15 [1940] 361 nennen die Konsuln des Jahres 148; ebenso P. Mich. 3 [1936] 153f.); CIL 6.30865 = ILS 9042, 10.7457 = ILS 8377 und 15.7240 nennen einen Salvius Iulianus als Konsul von 175; CIL 6.850 nennt einen Salvius Iulianus als *curator aedium sacrarum* des Jahres 150; CIL 13.8195 = ILS 2.7776, Bonner Grabinschrift für einen mit Salvius Iulianus befreundeten Philosophen; CIL 5.714*, eine Fälschung, die Mailand als die Vaterstadt Julians angibt.

5 BUHL 14; GUARINO 17, 25 „*prima del 90, forse intorno all'80*".

Didius Iulianus ist 133[6] oder 137[7] geboren. Geht man davon aus, daß sein Urgroßvater, der Jurist, etwa 50 Jahre älter war, so gelangt man zu einem Geburtsdatum in den 80er Jahren. Selbst wenn man annimmt[8], daß der Kaiser mit dem Juristen nur über weibliche und erstgeborene Aszendenten verwandt ist, Julian selbst im Alter von 17 Jahren, seine Tochter und seine Enkelin mit 12 Jahren[9] geheiratet haben, läßt sich das Geburtsdatum nicht weiter als zum Jahre 96 an die Jahrhundertwende heranrücken. Ein Bedürfnis nach relativ später Festsetzung des Geburtsjahres besteht aber für die Autoren, die andere Zeugnisse[10] für zuverlässig halten, wonach der Jurist im Jahre 148 erstmals[11], 175 zum zweiten Male[12] Konsul und im Jahre 168/169 Statthalter von Afrika[13] war.

Angesichts dessen ist zu prüfen, ob man wirklich von dem in der 'Vita Didii' angegebenen Verwandtschaftsverhältnis ausgehen muß.

Eine andere spätantike Quelle, das 'Breviarium' des Eutropius, bezeichnet den Kaiser als Enkel oder Neffen des Juristen:

Eutrop. brev. 8.17:

Post eum (sc. *Pertinacem*) *Salvius Iulianus rem publicam invasit, vir nobilis et iure peritissimus, nepos Salvi Iuliani, qui sub divo Hadriano perpetuum conposuit edictum . . .*

Im allgemeinen ist Eutropius gegenüber den früheren Kaiserviten der 'Historia Augusta'[14] die schlechtere Quelle, so daß die meisten Autoren seinen Bericht aufgrund der Vita Didii 1.1—2 verworfen haben. Indessen ist der dort mitgeteilte Stammbaum nicht frei von dem Verdacht, er könnte, gerade was den Juristen Julian betrifft, zurecht gemacht sein, um dem Kaiser die Abstammung von einem Senator der hadrianischen Zeit zu bescheinigen. Merkwürdig ist nämlich, daß ein Urgroßvater namentlich und mit Daten seiner Laufbahn genannt wird, während beide Großväter anonym bleiben. Da aber eine irgendwie geartete Verwandtschaft zwischen dem Juristen und dem Kaiser der Wahrheit entsprechen wird[15], identifizieren

---

[6] Cass. Dio 73.17.5.

[7] HA 9.9.3. Zu Didius Julianus vgl. WOTAWA RE 5.1 (1903) 412ff., s. v. Didius Nr. 8.

[8] NÖRR 234.

[9] Das durchschnittliche Heiratsalter der Frauen lag bei 14 Jahren. Frühere Eheschließung war nicht selten. Vgl. FRIEDLÄNDER, Sittengeschichte[9,10] 4 (1921) 133ff. m. inschriftl. Material; BRUNT, Italian Manpower (1971) 136ff.

[10] Auf sie wird unten S. 411f. eingegangen.

[11] s. u. Anm. 141.

[12] s. u. S. 429 (bei Anm. 162).

[13] ILT 799 = ILA 244, s. u. Anm. 27.

[14] Für die relative Glaubwürdigkeit der 'Vita Didii' K. FUCHS, Geschichte des Kaisers L. Septimius Severus (1884) 3ff.; MOMMSEN, Die Scriptores historiae Augustae, Hermes 25 (1890) 246 = Ges. Schr. 7, Berlin 1909, 319; neuerdings SYME, Bonner Historia Augusta-Colloquium 1966/67 (1968) 131ff., dem sich BARNES, Bonner HA-Colloquium 1968/69 (1970) 46 anschließt.

[15] Auch Aurelius Victor 19.1—2 bzw. seine Vorlage bringen den Juristen mit dem Kaiser in verwandtschaftlichen Zusammenhang, der bei Aurelius Victor selbst zur Verwechslung

manche Autoren den Juristen mit dem im Stammbaum der 'Historia Augusta' genannten *avunculus*[16].

Für die heutige Diskussion verengt sich, wenn man von GUARINOS These[17] absieht, der Zeitraum, in den die Geburt Julians fallen kann, auf die Jahre zwischen etwa 100 und 110 n. Chr. Die hierher gehörigen Auffassungen gehen von epigraphischen Zeugnissen aus, vor allem von der Inschrift auf dem Sockel einer Statue, die in Pupput, dem heutigen Souk el Abiod in Tunesien, einem Salvius Iulianus errichtet wurde.

CIL 8.24094 = ILS 8973

L(ucio) Octavio Cornelio, P(ublii) f(ilio), Salvio Iuliano
Aemiliano, decemviro, quaestori Imp-
(eratoris) Hadriani, cui divos Hadrianus soli
salarium quaesturae duplicavit
propter insignem doctrinam, trib(uno) pl-
(ebis), pr(aetori), praefecto aerar(ii) Saturni, item mil(itaris), co(n)s-
(uli), pont(ifici), sodali Hadrianali, sodali
Antoniniano, curatori aedium
sacrarum, legato Imp(eratoris) Antonini
Aug(usti) Pii Germaniae Inferioris, lega-
to Imp(eratorum) Antonini Aug(usti) et Veri (Aug-
(usti) Hispaniae Citerioris, proco(n)s-
(uli) provinciae Africae patrono;
d(ecreto) d(ecurionum),   p(ecunia) p(ublica).

Die Inschrift wurde 1899 von PAUL GAUCKLER entdeckt und ediert[17a]. Epigraphiker und Romanisten bezogen sie auf den Juristen Julian[18]. Dies ist die herrschende Auffassung[19] geblieben. Sie kann für sich in Anspruch nehmen, daß der in der Inschrift von Pupput berichtete cursus honorum durch andere epigraphische Zeugnisse bestätigt wird. Einen *consul ordinarius* Salvius Iulianus verzeichnen die 'Fasti Ostienses'[20] für das Jahr 148. Eine andere, uns nur durch eine Abschrift aus dem 15. Jahrhundert erhaltene Inschrift[21] nennt ebenfalls das in den 'Fasti Ostienses' bezeugte

geworden ist: *At Didius (an Salvius?* fügt der Codex Oxoniensis ein) *Iulianus fretus praetorianis, quos in societatem promissis magnificentioribus perpulerat, ex praefectura vigilum ad insignia dominatus proecessit. 2. Genus ei pernobile iurisque urbani praestans scientia; quippe qui primus edictum, quod varie inconditeque a praetoribus promebatur, in ordinem composuerit.*

[16] NÖRR 235; BARNES (o. Anm. 14) 50; KUNKEL, Herkunft und soziale Stellung der römischen Juristen[2] (1967) 161; SYME, Ammianus and the Historia Augusta (1968) 93.

[17] S. o. Anm. 5.

[17a] Comptes rendus de l'Acad. des inscriptions et belles-lettres, 4me série, tome 27 (1899) 367ff.

[18] Repräsentativ für beide Wissenschaften MOMMSEN, SZ 23 (1902) 54ff. = Ges. Schr. 2 (1905) 1ff.

[19] NÖRR 237; KUNKEL, Herkunft[2] (1967) 157 u. DERS., Iura 1 (1950) 201.

[20] G. CALZA, in: Notizie degli Scavi, ser. 6, vol. 15 (1940) 361ff., Foto T. XV.

[21] CIL 6.375 = ILS 2104.

eponyme Konsulnpaar von 148. Es erscheint ferner in einem Militärdiplom dieses Jahres[22] und in einer Geburtsurkunde aus Kairo[23]. Der Konsul des Jahres 148 könnte mit unserem Juristen identisch sein, wenn man seine Geburt nicht sehr früh ansetzt.

Eine weitere Stütze findet die Identitätsthese, wenn man nach Bestätigungen für das in der Inschrift von Pupput genannte Amt eines *curator aedium sacrarum* forscht. Eine Inschrift[24] nennt als Inhaber dieses Amtes im Jahre 150 einen Salvius Iulianus. Der zeitliche Abstand zum Konsulatsjahr stimmt mit dem um die Mitte des 2. Jahrhunderts üblichen Zwischenraum von 1—2 Jahren[25] überein.

Auch der afrikanische Prokonsulat des Julian von Pupput findet eine inschriftliche Bestätigung. Es handelt sich um die auf Ende 168 bis Februar 169 datierbare[26] Widmungsinschrift des Kapitols von Thuburbo maius (heute Henchir-Kasbat, 50 km südl. Tunis)[27].

ILT 699 = ILA 244

Io[vi] O[pti]mo [M]a[xi]mo, Iun[o]ni R[e]ginae, Miner-
vae A[ug.] s[a]c.,
[2] p]ro [salute imp. Caes. M. Au]r-
[eli Anto]nini [Au]g. Armeniaci Medici Parthici Maxi-
m[i, p]ontif. m[a]x., tri[b.] pot. XX[I]II, i[mp. V,
c]o[s. III, p.p.
[3] et L.]Aureli Ve[ri Au]g. A[r]men[i-
aci Medici Pa]rthici Maximi, trib. pot. V[IIII], imp.
V., cos. I[II, p.p., d]ivi Ant[o]nini Pii fi]l[ior]um,
[4] di]v[i] Hadriani nepotum, divi Tr[aiani Par]th[i]ci
[pr]onepotu[m], divi Nervae abnepotum libe[roru]mq. et
dom[us eorum,
[5] Ca]p[i]toli[um] .....v ...tum i..........
..........nt, [p]ublico sumptu fisci c.........lsit,
municipium [Aelium
[6] Hadrianu[m Aug. Thu]b. Maius p.p.
p]erfecit, dedicant]e L. Octavio Cornelio Salvio Iuli-
ano Aemilia[no pro]cos. |||| (Schrift ausgeschlagen)

Nach dieser Inschrift wäre Julian 20 Jahre nach seinem Konsulat Prokonsul von Afrika geworden. Dies bedeutet eine etwa 5jährige Verspätung

---

[22] CIL 16.95.

[23] P. Mich. 3 (1936) 153f.

[24] CIL 6.850.

[25] Nachweise bei KUNKEL, Herkunft² (1967) 196 n 11.

[26] S. u. bei Anm. 159.

[27] Editionen: Bull. Archéolog. du Comité (1914) CLXXVII u. (1915) CLIIIf.; A. MERLIN u. R. CAGNAT, Inscriptions Latines d'Afrique, Paris 1923, 70 Nr. 244; A. MERLIN, Inscriptions Latines de la Tunisie, Paris 1944, Nr. 699.

gegenüber dem damaligen, bei 15—16 Jahren liegenden Durchschnittswert[28], hält sich also im Bereich des Wahrscheinlichen.

Gegen die Identitätsthese wendet GUARINO[29] ein, daß die Inschrift von Pupput trotz ausführlicher Daten über die Laufbahn den Gelehrten nicht als *iurisconsultus* bezeichnet. Dies ist jedoch kein wirklicher Stein des Anstoßes. Es gibt auch andere hochklassische Juristen, die ohne Bezugnahme auf ihren Juristenberuf inschriftlich belegt sind[30]. Eine Lücke allerdings enthält der von der herrschenden Meinung angetretene Identitätsnachweis, und auf sie gründet GUARINO sein bestes Argument. Das Praenomen in der Inschrift von Pupput lautet Lucius, während andere Quellen für das Jahr 148 einen Konsul Salvius Iulianus mit dem Praenomen Publius bezeugen[31]. Indessen läßt sich ein Beweis der Nichtidentität damit nicht führen; denn der Julian von Pupput und Thuburbo maius war ein Polyonymus. Es ist ein gesichertes Ergebnis der Epigraphik[32], daß vielnamige Persönlichkeiten des 2. Jahrhunderts, die mehrere Gentilia und Praenomina führen, bisweilen nur mit einem Praenomen und nicht immer mit dem nämlichen in Erscheinung treten.

Die Identität des Julian von Pupput mit dem Juristen bleibt somit nicht nur möglich, sondern sogar wahrscheinlich; wahrscheinlicher jedenfalls als die Nichtidentität. Denn es wäre sehr seltsam, wenn die in den afrikanischen Inschriften genannte senatorische Persönlichkeit, wäre sie etwa der Sohn Julians[33] oder ein anderer Träger des Namens gewesen, in der historischen Überlieferung keine Spuren hinterlassen hätte.

Kann man nach alledem die These, die die Geburt Julians beträchtlich vor der Jahrhundertwende ansetzt, als sehr unwahrscheinlich verwerfen, so fällt es schwerer, zwischen den verbleibenden Auffassungen zu entscheiden, die das Geburtsjahr um 100[34] oder aber um 110[35] vermuten.

Die Verfechter eines Geburtsdatums vor 105 berufen sich gerne auf eine Anekdote, die der jüngere Plinius von Javolen zu berichten weiß, den Julian selbst als seinen praeceptor bezeichnet.

---

[28] Nachw. bei KUNKEL, Iura 1 (1950) 196 n 13.

[29] 18 und in späteren Schriften, vor allem Atti Verona 2 (1951) 167ff., Studi Albertario 1 (1953) 623ff., Labeo 5 (1959) 67ff. Dagegen KUNKEL, Iura 1 (1950) 192ff.; BERGER, Studi Albertario 1 (1953) 603ff. Diese Gegenäußerungen sollten genügen. Die besondere Mißbilligung GUARINOS finden aber Autoren, die seine These als nicht mehr widerlegungsbedürftig erwähnen, so BARNES, Bonner HA-Colloquium 1968/69 (1970) 48 n 21, (dazu GUARINO, Index 3 [1973] 421ff.) und BUND (s. o. Anm. 2) 2 n 5 (dazu GUARINO, Labeo 12 [1966] 394f.).

[30] Nachw. bei BERGER, Studi Albertario 1 (1953) 606.

[31] CIL 6.375 = ILS 2104 u. P. Mich. 3 (1936) 153f. CIL 10. 7457 nennt einen P. Salvius Iulianus als Konsul des Jahres 175; er braucht mit dem Juristen nicht identisch zu sein; s. u. bei Anm. 162.

[32] DEGRASSI, Epigraphica 3 (1941) 23f.; KUNKEL, Iura 1 (1950) 197.

[33] So GUARINO 19f., 25, zuletzt DERS., Storia del diritto romano[5] (1975) 476.

[34] BOULARD 16, 20; KUNKEL, Herkunft[2] (1967) 158; HONORÉ, Gaius (1962) 49, 69 u. DERS., Tijdschrift 32 (1964) 35 (103 n. Chr.); NÖRR 236.

[35] ALFÖLDY, Epigraph. Studien 5 (1968) 110; BARNES, Bonner HA-Colloquium 1968/69 (1970) 49: "... *should be assigned to 109 or 110, or at all events put no earlier than 107 or 108.*"

D (40.2) 5 = Iul 586:

An apud se manumittere possit is qui consilium praebeat, saepe quae-
situm est. ego, [quum] ⟨qui⟩ meminissem Iavolenum praeceptorem meum
et in Africa et in Syria servos suos manumisisse, cum consilium praeberet,
exemplum eius secutus et in praetura et consulatu meo quosdam ex servis
meis vindicta liberavi et quibusdam praetoribus consulentibus me idem
suasi.

Die Schlüsse, die aus dem Pliniusbrief gezogen werden, sind so fragwürdig, daß die Stelle hier wiedergegeben sei:

Plin. ep. 6.15:

1. *Mirificae rei non interfuisti; ne ego quidem, sed me recens fabula*
excepit. Passennus Paulus, splendidus eques Romanus et in primis eru-
ditus, scribit elegos. Gentilicium hoc illi: est enim municeps Properti
atque etiam inter maiores suos Propertium numerat. 2. Is cum recitaret,
ita coepit dicere: ,,Prisce, iubes . . .'' Ad hoc Iavolenus Priscus (aderat
enim ut Paulo amicissimus): ,,Ego vero non iubeo.'' Cogita qui risus
hominum, qui ioci. 3. Est omnino Priscus dubiae sanitatis, interest
tamen officiis, adhibetur consiliis atque etiam ius civile publice respondet:
quo magis quod tunc fecit et ridiculum et notabile fuit.   4. Interim
Paulo aliena deliratio aliquantum frigoris attulit. Tam sollicite re-
citaturis providendum est, non solum ut sint ipsi sani verum etiam ut
sanos adhibeant. Vale.

Nach dem Bericht des Plinius hatte Javolen mit seinem Zwischenruf
großen Heiterkeitserfolg. Ihn auszulösen, war Altersschwachsinn oder auch
nur geistige Müdigkeit[36] nicht erforderlich. Javolen mag ein Mann von kau-
zigem Humor gewesen sein[37], offensichtlich einer mit begrenztem Respekt
vor der feierlichen Atmosphäre einer Dichterlesung. Das Urteil der *dubia*
sanitas kann daher rühren, daß Plinius in solchen Dingen wenig Spaß
verstand. Er selbst gibt zu, daß Javolen Geschäften nachging, zu Konsilien
zugezogen wurde und als Respondent auftrat.

Ernster zu nehmen ist der Umstand, daß Javolen in der 'Vita Hadriani'[38] nicht als Mitglied des Konsiliums genannt wird. Aber auch dies kann
andere Ursachen als hohes Alter oder Tod haben. Sollte der selbstbewußte
Jurist auch bei der Rezitation von Gedichten des Kaisers zu Späßen auf-
gelegt gewesen sein, wäre dies dem nachtragenden Hadrian Grund genug
gewesen, auf den Rat Javolens zu verzichten.

Als letztes Indiz für ein relativ frühes Geburtsjahr führt NÖRR[39] eine
Stelle aus Mark Aurel[40] an. Dort werden einige Persönlichkeiten genannt,

---

[36] Zuletzt NÖRR 235.
[37] Vgl. SHERWIN-WHITE, The Letters of Pliny, Oxford, 1966, 370.
[38] HA 1.18.1 Text s. u. Anm. 145.
[39] 236.
[40] In semet ipsum 4.50 Ἰδιωτικὸν μέν, ὅμως δὲ ἀνυστικὸν βοήθημα πρὸς θανάτου κατα-
φρόνησιν ἡ ἀναπόλησις τῶν γλισχρῶς ἐνδιατριψάντων τῷ ζῆν. Τί οὖν αὐτοῖς πλέον ἢ

die ein besonders hohes Alter erreichten, unter anderem auch ein Iulianus, der aber nicht sicher zu identifizieren ist. Auch das Abfassungsdatum dieser Stelle bleibt ungewiß[41].

Die These des Geburtsdatums um 110 n. Chr. stützt sich vor allem darauf, daß Julian im Jahre 148, bei einem Geburtsdatum um 100 n. Chr. also mit 48 Jahren und damit „zu spät", zum Konsulat gelangt ist. Dieses Argument ist durch NÖRR[42] schlüssig widerlegt. Das Normalalter lag bei 40—42 Jahren[43]. Eine gewisse Verspätung der Karriere erklärt sich aber bei Julian dadurch, daß er, soviel wir wissen, der erste Senator seiner Familie war[44]. Wenn er mit 48 Jahren sogleich *consul ordinarius* wurde, war dies als besondere Auszeichnung zu betrachten. Es entsprach nicht der Übung der Prinzipatszeit, daß besondere Verdienste und Fähigkeiten, wie Julian sie zweifellos aufzuweisen hatte, den *cursus honorum* beschleunigt hätten[45].

So halten sich die Argumente in etwa die Waage. Es läßt sich nichts Gewisseres aussagen, als daß Julian zwischen 100 und 110 n. Chr. geboren sein muß.

2. Herkunft

Die 'Vita Didii Iuliani' nennt zwei Orte, an denen Vorfahren des Kaisers ansässig waren, Mediolanum als den Wohnsitz des väterlichen, Hadrumetum als den des mütterlichen Großvaters. Unterstützt durch eine gefälschte Inschrift[46] sah eine ältere Auffassung in Mailand die Vaterstadt des Juristen Julian[47]. Sie wurde aufgegeben, nachdem BORGHESI[48] den Fälschungsnachweis geführt hatte. Die meisten Gelehrten nahmen nun an, Julian stamme aus Hadrumetum. Eine Bestärkung dieser Ansicht zog man aus der Inschrift von Pupput[49]. Ihr Beweiswert ist aber sehr gering, da außer der Geburt des Statthalters von Afrika in Pupput noch viele Gründe denkbar sind, die die Einwohner bewogen haben mögen, ihm ein Denkmal zu setzen, und es lohnt sich nicht, den Erwägungen MOMMSENS[49] nachzugehen, ob

---

τοῖς ἀώροις; Πάντως πού ποτε κεῖνται Καδικιανός, Φάβιος, Ἰουλιανός, Λέπιδος, ἢ εἴ τις τοιοῦτος, οἳ πολλοὺς ἐξήνεγκαν, εἶτα ἐξηνέχθησαν. Ὅλον μικρόν ἐστι τὸ διάστημα καὶ τοῦτο δι' ὅσων καὶ μεθ' οἵων ἐξαντλούμενον καὶ ἐν οἵῳ σωματίῳ.

[41] Vgl. SERRAO, Atti del III Congr. Internaz. di Epigrafia 3 (1959) 402; NÖRR n 37 m. weiteren Nachw.

[42] 235.

[43] Nach MORRIS, Listy Filologické 87 (1964) 325ff., 331ff. waren von 174 Konsuln der Prinzipatszeit, deren Lebensalter bekannt ist, 40 älter als 42 Jahre.

[44] MOMMSEN, SZ 23 (1902) 56 = Ges. Schr. 2, 3; KUNKEL, Herkunft[2] (1967) 164. GROAG, Wiener Studien 47 (1929) 146 zählt Julian zu den ganz wenigen Konsuln des Principats, die den Konsulat lediglich ihrer fachlichen (militärischen oder juristischen) Tüchtigkeit zu vedanken hatten. Kritisch dazu BARNES, Bonner HA-Colloquium 1968/69 (1970) 57.

[45] MORRIS, Listy Filologické 88 (1965) 28f.

[46] CIL 5.714*.

[47] Nachw. bei BUHL 12 n 2.

[48] Oeuvres 7, 527ff.

[49] So MOMMSEN, SZ 23 (1902) 54ff. = Ges. Schr. 2, 1ff.

Pupput vielleicht ein *vicus* von Hadrumetum gewesen sein könnte. Entscheidend bleibt, ob wir der Nachricht der 'Vita Didii' über die Herkunft des mütterlichen Zweiges der Kaiserfamilie aus Hadrumetum vertrauen können. KUNKEL[50] kommt zu einem positiven Ergebnis. In seinen unverdächtigen Teilen läßt sich der Stammbaum des Kaisers inschriftlich belegen[51]. So gibt es keinen Grund, die 'Vita Didii' für unglaubwürdig zu halten, wenn sie als Heimat der mütterlichen Vorfahren des Kaisers Hadrumetum angibt. Da Salvius Iulianus zu den Vorfahren der Clara Aemilia zählt, stammt er sehr wahrscheinlich aus Hadrumetum. Salvii sind allerdings seit Augustus in Brixia bezeugt[52]. Daraus aber gegen die 'Vita Didii' den Schluß zu ziehen, daß Julian aus Brixia stamme[53], halte ich nicht für gerechtfertigt.

Hadrumetum[54], das heutige Sousse, liegt am Golf von Hammamet, etwa 140 km südlich von Karthago. Es war als tyrische Kolonie gegründet worden[55]. Im dritten punischen Krieg hatte es sich auf die Seite der Römer geschlagen, die ihm 146 den Besitzstand als *civitas libera et immunis* garantierten[56]. Nach der Schlacht von Thapsus mußte Hadrumetum an Caesar, gegen den es Partei ergriffen hatte, eine hohe Kontribution zahlen und verlor seinen unabhängigen Status[57]. In einer von Plinius[58] mitgeteilten Liste afrikanischer *oppida libera*, die auf das Jahr 36 v. Chr. zurückgeht, erscheint Hadrumetum wieder. Im einzelnen ist die Geschichte der Stadtverfassung in augusteischer Zeit ungeklärt[59]. Inschriftlich überliefert[60] ist der Name einer römischen Kolonie, die unter Traian in Hadrumetum gegründet wurde: Colonia Concordia Ulpia Traiana Augusta Frugifera. Möglicherweise hatte schon vorher eine unter Caesar oder Augustus gegründete Bürgerkolonie zusammen mit der alten punischen Stadt eine Doppelgemeinde gebildet[61]. Zu Julians Zeit war Hadrumetum eine blühende Handelsstadt mit bedeutendem, vor allem Getreide und Öl produzierendem

---

[50] Herkunft[2] (1967) 161 ff.

[51] Nachweise bei KUNKEL, Herkunft[2] (1967) 162.

[52] CIL 5.4353.

[53] Von BARNES, Bonner HA-Colloquium 1968/69 (1970) 51 als Alternative zur Herkunft aus Hadrumetum erwogen, und zwar unter der Voraussetzung, daß Julian der Großonkel des Kaisers Didius Iulianus sei.

[54] Vgl. GSELL, Histoire ancienne de l'Afrique du Nord 7 (Paris [2]1930); FOUCHER, Hadrumetum (= Publications de l'Université de Tunis, Fac. des Lettres, 1ère sér. vol. 10 [1964]).

[55] Sall. Iug. 19.1 *Postea Phoenices, alii multitudinis domi minuendae gratia, pars imperi cupidine, sollicitata plebe et aliis novarum rerum avidis, Hipponem Hadrumetum Leptim aliasque urbis in ora marituma condidere, eaeque brevi multum auctae pars originibus suis praesidio, aliae decori fuere.*

[56] Appian. Punica 94; Lex agragria von 111 v. Chr., CIL 1.200 l. 79 = BRUNS, Fontes [7](1909) 86, wo der Name der Stadt sicher ergänzt werden kann: ... *extraque eum agrum, quei ager intra finis populorum liberorum Uticensium H[adrumetinorum T]ampsitanorum Leptitanorum Aquilitanorum Usalitanorum Teudalensium, quem in ameicitiam populei Romani proximum [venerunt, fuit;* ...

[57] Bell. Afr. 89; 97.2.   [58] NH 5.25.

[59] Vgl. FOUCHER (o. Anm. 54) 106 ff.

[60] CIL 6.1687 = ILS 6111.

[61] So KUNKEL, Herkunft [2](1967) 163, 164 n 265 m. Nachw. Zweifeld FOUCHER (o. Anm. 54) 108.

Hinterland, berühmt durch seine Pferdezucht[62]. Hier residierte der *legatus* des Prokonsuls von Afrika[63]. Einen weiteren Aufschwung nahm Hadrumetum zur Zeit der Severer[64].

3. Bildungsgang

Aus dem Bildungsgang Julians ist uns nur bekannt, daß Javolenus Priscus sein juristischer Lehrer war. Die Nachricht hierüber verdanken wir Julian selbst[65]. Javolen war ein ausgezeichneter Rechtsgutachter und fruchtbarer juristischer Schriftsteller, der die Gattung der Problemliteratur pflegte[66]. Nach dem Bericht des Pomponius[67] folgte er Caelius Sabinus als Haupt der sabinianischen Schule nach. Inschriftlich[68] ist seine Ämterlaufbahn überliefert: Er war Legat der *legio IV Fabia* und im Jahre 83/84[69] der *legio III Augusta*, *iuridicus* der Provinz Britannia, Legat der Statthalter von Germania superior[70] und Syrien, schließlich Prokonsul von Africa. Sein Konsulat fiel in das Jahr 86. Er war auch, wie die meisten hervorragenden Konsulare, *pontifex*. Bemerkenswert an diesem *cursus honorum* sind wichtige Militärkommandos und mehrfache Beziehungen zu Africa. Die III. Legion stand ursprünglich dem Prokonsul von Africa zur Verfügung. Seit Caligula wurde sie einem *legatus Augusti pro praetore* unterstellt. Er hatte im Umkreis der Garnison gewisse statthalterliche Befugnisse, die die des Prokonsuls verdrängten[71]. Die Tätigkeit Javolens in Julians Heimat hat zu der bei BUHL[72]

---

[62] Zur Wirtschaftsgeschichte der Stadt in vorseverischer Zeit vgl. FOUCHER (o. Anm. 54) 141 ff.

[63] Vgl. FOUCHER (o. Anm. 54) 109 ff.   [64] Vgl. FOUCHER (o. Anm. 54) 211 ff.

[65] S. o. S. 5 (nach Anm. 35).

[66] Von Javolen sind 'Epistulae' in 14 Büchern und Bearbeitungen von 'Labeos Posteriores', von Cassius und Plautius überliefert, vgl. KRÜGER, Quellen [2](1912) 177.

[67] D (1.2) 2.53 *Cassio Caelius Sabinus successit, qui plurimum temporibus Vespasiani potuit: Proculo Pegasus, qui temporibus Vespasiani praefectus urbi fuit: Caelio Sabino Priscus Iavolenus:* . . .

[68] CIL 3.9960, 8.23165, 8.27854.

[69] CIL 8.23165, eine Inschrift aus Thiges.

[70] Im Jahre 90, CIL 16.36.

[71] Tac. hist. 4.48.1 . . . *legio in Africa auxiliaque tutandis imperii finibus sub divo Augusto Tiberioque principibus proconsuli parebant. mox C. Caesar, turbidus animi ac Marcum Silanum obtinentem Africam metuens, ablatam proconsuli legionem misso in eam rem legato tradidit. 2. Aequatus inter duos beneficiorum numerus, et mixtis utriusque mandatis discordia quaesita auctaque pravo certamine. legatorum vis adolevit diuturnitate officii, vel quia minoribus maior aemulandi cura, proconsulum splendidissimus quisque securitati magis quam potentiae consulebant.*
Cass. Dio 59.20.7: 'Επειδή τε Λούκιος Πίσων ὁ τῆς τε Πλαγκίνης καὶ τοῦ Γναίου Πίσωνος υἱὸς ἄρξαι τῆς 'Αφρικῆς ἔτυχεν, ἐφοβήθη μὴ νεωτερίσῃ τι ὑπὸ μεγαλαυχίας, ἄλλως τε καὶ ὅτι δύναμιν πολλὴν καὶ πολιτικὴν καὶ ξενικὴν ἕξειν ἔμελλε, καὶ δίχα τὸ ἔθνος νείμας ἑτέρῳ τό τε στρατιωτικὸν καὶ τοὺς Νομάδας τοὺς περὶ αὐτὸ προσέταξε· καὶ ἐξ ἐκείνου καὶ δεῦρο τοῦτο γίγνεται.
Dazu THOMASSON, Die Statthalter der römischen Provinzen Nordafrikas von Augustus bis Diocletianus 1 (1960) 10 ff.

[72] 19.

ausgesponnenen Vermutung geführt, daß Javolen seinen Schüler während seiner Amtszeit in Africa kennenlernte. Dies ist jedoch ausgeschlossen, da der Prokonsulat Javolens in die Jahre vor 98/99 oder um die Wende zum 2. Jahrhundert fällt[73]. Wahrscheinlich ist jedoch, daß Javolen als numidischer Militärbefehlshaber und Prokonsul, der mit der Oberschicht der in der Provinz ansässigen Römer zu verkehren pflegte, die Familie Julians gekannt hat. So mochte Javolen einer der ersten einflußreichen Männer gewesen sein, die der junge Julian nach seiner Übersiedlung nach Rom aufsuchte.

Die allgemeine Bildung Julians wird die zu seiner Zeit übliche gewesen sein. Indizien in seinen Schriften[74] weisen darauf hin, daß Kenntnisse in stoischer Philosophie und besonders Logik über den Durchschnitt seiner Bildungsschicht hinaus gingen. Auch persönliche Beziehungen zu einem Philosophen[75] sind bezeugt.

4. Laufbahn

Die Ämterlaufbahn Julians ist uns durch die Inschrift von Pupput überliefert. Abgesehen von drei Priesterämtern (*pontifex, sodalis Hadrianalis, sodalis Antoninianus*), die der Erwähnung des Konsulats angefügt sind und in verschiedene Zeiten fallen, ist die Aufzählung chronologisch:

> *X vir (stlitibus iudicandis)*
> *quaestor Imperatoris Hadriani*
> *tribunus plebis*
> *praetor*
> *praefectus aerarii Saturni*
> *praefectus aerarii militaris*
> *consul*
> *curator aedium sacrarum*
> *Legatus Imperatoris Antonini Augusti Pii Germaniae inferioris*
> *Legatus imperatorum Antonini Augusti et Veri Augusti Hispaniae citerioris*
> *proconsul Africae.*

Diesem Bericht zufolge begann Julian seine Karriere unauffällig als *decemvir stlitibus iudicandis*. Seit Augustus waren die *decemviri* Vorsitzende

---

[73] So THOMASSON (o. Anm. 71) 2,55: Kurz vor oder bald nach Marius Priscus, der spätestens 98/99 *procos. Africae* war.

[74] Zusammenstellung bei BUHL 15. S. auch u. S. 31 bei Anm. 256.

[75] CIL 13.8.195 = ILS 7776, eine Bonner Grabinschrift für Q. Aelius Euaretus philosophus, *amicus* des Statthalters von Germania inferior, Salvius Iulianus; eine Stelle des Suda s. v. Damophilos (φιλόσοφος σοφιστής, ὃν ἀνεθρέψατο Ἰουλιανὸς ὁ ἐπὶ Μάρκου τοῦ βασιλέως ὕπατος) kann man nur dann auf den Juristen Julian beziehen, wenn man diesen für den Konsul von 175 hält. Dazu u. S. 429 (bei Anm. 162).

von Ausschüssen des Centumviralgerichts, das insbesondere für Erbschafts-
sachen zuständig war.

Mit der Quästur beginnt Julians Tätigkeit als Beamter in den römischen
Zentralbehörden. Der junge Jurist muß Hadrian schon vor seiner Quästur
aufgefallen sein, denn die *quaestores Augusti* wurden, wie ihre Bezeichnung
quaestores candidati principis und die Herkunft ihres Amtes aus dem der
prokonsularischen Adjutanten[76] zeigt, vom Kaiser selbst ausgesucht[77].
Sie hatten die Anträge des Kaisers im Senat zu verlesen[78]. Diese Tätigkeit
kann ihre Zeit nicht erschöpft haben. Aus ihr und der Geschichte des Amtes
ist zu vermuten, daß die kaiserlichen Quästoren Hilfsarbeiter des Kaisers
ohne Ressortzugehörigkeit waren und dem Kaiser bei allen Initiativen und
Verlautbarungen assistierten, die unmittelbar von ihm ausgingen. Nach dem
Bericht der Inschrift ordnete Hadrian an, daß Julian als einzigem der
Quästoren *propter insignem doctrinam* doppeltes Gehalt gezahlt wurde.
Manche Autoren haben diese Auszeichnung ohne weiteres auf die besonderen
Leistungen Julians bei der Redaktion des 'Edictum perpetuum' bezogen[79].
GUARINO[80] hat insoweit zutreffend darauf aufmerksam gemacht, daß dieser
Zusammenhang weder selbstverständlich noch zwingend ist. Einem
Quästor die Redaktion des Edikts anzuvertrauen, wäre eine sehr unge-
wöhnliche Maßnahme gewesen[81]. Sie würde sich schlecht in die Politik
Hadrians fügen, der senatorische Empfindlichkeiten tunlichst nicht ver-
letzte. '*Doctrina*' braucht sich der Wortbedeutung nach nicht auf Rechts-
kenntnisse zu beziehen; das Wort bezeichnet vor allem die theoretische,
insbesondere (im weiten antiken Sinne) philosophische Gelehrsamkeit[82].
Daß es die juristische Bildung bezeichnen kann, ist indessen durch Pomponius[83] belegt. Welche Kenntnisse seines Quästors haben nun auf den
Kaiser solchen Eindruck gemacht, daß er das Gehalt verdoppelte? Man
sollte meinen, es waren juristische. NÖRR[84] hat hieran Zweifel angemeldet.
Er macht auf einen anderen Fall aufmerksam, in dem Hadrian ebenfalls
ein Gehalt verdoppelte. Begünstigt von der Anordnung war der ägyptische
Zauberer Pachrates, von dem der Große Pariser Zauberpapyrus[85] zu berichten weiß, daß er Hadrian seine Künste vorführte und dafür mit Verdoppe-

---

[76] MOMMSEN, Röm. Staatsrecht ³2 (1887) 569.

[77] MOMMSEN, Röm. Staatsrecht ³2 (1887) 529f.

[78] D (1.10) 4; Symm. ep. 2.80. Vgl. MOMMSEN, Röm. Staatsrecht ³2 (1887) 521ff., 927ff.;
WESENER, RE 24 (1963) 801ff.

[79] So MOMMSEN, SZ 23 (1902) 56 = Ges. Schr. 2,3; BOULARD 27; GIRARD, NRH 34 (1910)
23ff. = Mélanges de droit romain 1 (1912) 232ff.

[80] 20f.

[81] Vgl. APPLETON, NRH 34 (1910) 740ff.; MERLIN, Mém. Acad. Inscr. 43.2 (1951) 110ff.
SERRAO, Atti III Congr. Internaz. Epigr. (1959) 409.

[82] GEORGES s. v. doctrina u. das Material des Thes. L. L. 5.1784ff. s.h.v.

[83] D (1.2) 2.47 *Labeo ingenii qualitate et fiducia doctrinae, qui et ceteris operis sapientiae ope-*
ram dederat, plurima innovare instituit.

[84] 242ff.

[85] P. Mag. Gr. I 148 Bl. 27 v. 2445ff.

lung des Gehaltes (ὀψώνιον) belohnt wurde. Nörr hält es für erwägenswert, daß Hadrian seinen Quästor ebenfalls für die Befriedigung des kaiserlichen Kuriositätenhungers belohnte. Als Anhaltspunkt dient eine Bemerkung Julians[86] über eine Geburt von Fünflingen, die ihm in Ägypten bezeugt worden sei. Da Hadrian 130/131 in Ägypten war, und Julian, dessen Quästur in dieses Jahr gefallen sein mag[87], ihn begleitet haben wird, liegt es nach Nörr nahe, daß Julian für Nachforschungen nach Mehrfachgeburten belohnt wurde und diese Belohnung wie Pachrates einer Sultanslaune des Kaisers verdankt. So hübsch und amüsant die Kombination ist — sie beruht auf der anfechtbaren Grundthese: Was dem Zauberer und Krokodilreiter recht ist, ist dem Quästor billig. Das neugierige Interesse für Merkwürdigkeiten und Magie ist eine der Facetten im Charakter des Kaisers, den die 'Epitome de Caesaribus'[88] als *varius multiplex multiformis* beschreibt[89]. Die ernste Sorge um innere Reformen, zumal auf dem Gebiet des Rechtswesens, ist eine andere, die man nicht durch die Bemerkung relativieren sollte, sie sei von der späteren Panegyrik[90] hervorgehoben worden[91]. Hadrians Reisen waren nicht in erster Linie Vergnügungs- und Bildungsreisen. Sie waren notwendig, um die Provinzen und die dort stehenden Truppen zu integrieren[92]. Die Haupttätigkeit der kaiserlichen Quästoren dürfte diesen Aufgaben gegolten haben, wenn auch nicht auszuschließen ist, daß sie gelegentlich einen Auftrag erfüllten, der sich auf die privaten Neigungen Hadrians bezog. Den Quästor Julian, der ja nicht irgendein Beamter, sondern der bedeutendste Jurist seiner Zeit war, gerade für solche Nebendinge mit Verdoppelung des Gehalts zu belohnen, müßte Hadrian unangemessen erschienen sein.

---

[86] D (46.3) 36 Iul 1 UrsFer = Iul 886. . . . *et esse mulierem Romae Alexandrinam ab Aegypto' quae quinque simul peperit et tum habebat incolumes, et hoc (hic* MOMMSEN*) et in Aegypto adfirmatum est mihi.*

[87] Wenn Julian als 42jähriger 148 Konsul war, mußte er bei normaler Karriere 131 Quästor gewesen sein.

[88] 14.6. Vgl. auch Tertull. Apol. 8 u. HA 1.14.8—11 *Fuit enim poematum et litterarum nimium studiosissimus. 9. Arithmeticae, geometriae, picturae peritissimus. iam psallendi et cantandi scientiam prae se ferebat. in voluptatibus nimius. nam et de suis dilectis multa versibus composuit. [amatoria carmina scripsit.] 10. idem armorum peritissimus, gladiatoria quoque arma tractavit. 11. idem severus laetus, comis gravis, lascivus cunctator, tenax liberalis, simulator ⟨dissimulator⟩, saevus clemens et semper in omnibus varius.*

[89] Zum Charakter Hadrians s. HENDERSON, The Life and Principate of the Emperor Hadrian (1923) 3f., 239ff., 265ff.; SALZMANN, Hadrian und das Problem seiner Persönlichkeit, Neue Jahrbücher f. Wiss. Jug. Bild. 2 (1926) 520ff.; D'ORGEVAL, L'empereur Hadrien (1950) 17ff.

[90] NÖRR n 133 verweist auf Paneg. Lat. 2.11.6.

[91] Zu Hadrians Rechtspolitik s. PRINGSHEIM, The Legal Policy and Reforms of Hadrian, JRSt 24 (1934) 141ff. = Ges. Abh. 2, 90ff.; WIEACKER, Studien zur hadrianischen Justizpolitik, Freiburger Rechtsgeschichtliche Abhandlungen 5 (1935) 43ff.; D'ORGEVAL, L'empereur Hadrien. Oeuvre législative et administrative (1950); H. VOGT, Hadrians Justizpolitik im Spiegel der römischen Reichsmünzen, Festschr. Fritz Schulz 2 (1951) 193ff.

[92] S. nur HEUSS, Römische Geschichte ³(1971) 347f.

Die Zahlung eines *salarium* beweist, daß Julian als Quästor den Kaiser auf einer Reise begleitet haben muß, wenn man davon ausgeht, daß Hadrian es bei der von Augustus[93] eingerichteten Ordnung belassen hat, die ein *salarium* nur (an Stelle der republikanischen Naturalausstattung) für Beamte auf Reisen oder in den Provinzen vorsah. Da jedoch das Staatswesen gerade unter Hadrian einen wichtigen Schritt zum Beamtenstaat machte, ist dieser Schluß mit der Unsicherheit behaftet, daß auch die in Rom weilenden Inhaber der republikanischen *munera* seit Hadrian besoldet worden sein könnten.

Dem Volkstribunat, den Julian anschließend bekleidete, war durch den Prinzipat der Großteil seiner früheren Bedeutung genommen worden[94]. Trotzdem war er nicht zur bloßen Titulatur geworden[95]. Im *cursus honorum* war er eine alternativ zur plebeischen Aedilität übliche Station. Möglicherweise erfolgte Julians Wahl zum *tribunus plebis* auf Kommendation durch Hadrian[96].

Die Prätur Julians düfte, nachdem die Quästur auszuscheiden ist[97], das Amt gewesen sein, in dem er von Hadrian den Auftrag erhielt, das 'Edictum perpetuum' abschließend zu redigieren. Nimmt man dies an, so erscheint beinahe zwingend, daß Julian *praetor urbanus* war. Die ganz in der Linie der hadrianischen Justizpolitik liegende für alle späteren Prätoren bindende Fixierung des Ediktstextes ließ sich bewerkstelligen, ohne amtierende Magistrate unnötig zu brüskieren, wenn ein Mann des kaiserlichen Vertrauens mit der Redaktion betraut wurde, während dieser selbst das zuständige Amt innehatte.

Von der durch Hadrian angeordneten und von Julian ausgeführten Ediktsredaktion berichten zwei Quellen, die unmittelbar auf der Kaisergeschichte aus dem 4. Jahrhundert[98] beruhen, Eutropius und Aurelius Victor[99]. Hieronymus, der hier auf Eutropius fußt, erwähnt in seiner Weltgeschichte, daß Salvius Julianus *perpetuum composuit edictum*[100]. Byzantinische Quellen[101] gedenken der Ediktsredaktion, ohne sich auf einen Zeitpunkt festzulegen, nennen aber die Namen des Kaisers und des von ihm beauftragten Juristen. Besonderes Gewicht hat die Darstellung, die

---

[93] Cass. Dio 52.23.1; 53.15.5. Eine Neuerung Hadrians für die in Rom tätigen Beamten erwägt KORNEMANN, Klio 6 (1906) 181 n 1.

[94] Plin. ep. 1.23.

[95] Zu den dem *tribunus plebis* in der Kaiserzeit verbliebenen Funktionen MOMMSEN, Röm. Staatsrecht ³2 (1887) 272ff.

[96] Die Kaiser übten in vielen Fällen ein bindendes Vorschlagsrecht auch für den Volkstribunat aus. Ob für alle 10 *tribuni plebis*, bleibt offen, s. MOMMSEN, Röm. Staatsrecht ³2 (1887) 927.

[97] S. o. S. 419 Anm. 81.

[98] Vgl. statt aller BARNES, Bonner HA-Colloquium 1968/69 (1970) 13ff. m. Nachw. älterer Lit.

[99] S. o. S. 410 u. Anm. 15.

[100] Ad a. Abr. 2147, J. P. MIGNE, Patrol. Lat. XXVII, Paris 1849, 617/18.

[101] C. Tanta/Δέδωκεν 18; C (4.5) 10.1 (a. 530); Epitome legum, ZACHARIAE, Ius Graeco-Romanum II 280. Die letztere Quelle nennt einen Servius Cornelius als Mitarbeiter Julians. Dazu BOULARD 47ff.

Justinians Einführungsgesetz zu den Digesten diesem Ereignis widmet. Er schärft die kaiserliche Autorität als einzige Rechtsquelle ein und beruft sich auf die hadrianische Ediktsredaktion als eine Vorstufe:

c. Tanta 18:

... *cum et ipse Iulianus legum et edicti perpetui suptilissimus conditor in suis libris hoc rettulit, ut, si quid imperfectum inveniatur, ab imperiali sanctione hoc repleatur. et non ipse solus, sed et divus Hadrianus in compositione edicti et senatus consulto, quod eam secutum est, hoc apertissime definivit, ut, si quid in edicto positum non invenitur, hoc ad eius regulas eiusque coniecturas et imitationes possit nova instruere auctoritas.*

c) Δέδωκεν 18:

... καὶ πρός γε 'Αδριανὸς ὁ τῆς εὐσεβοῦς λήξεως, ὅτε τὰ παρὰ τῶν πραιτόρων κατ' ἔτος ἕκαστον νομοθετούμενα ἐν βραχεῖ τινὶ συνῆγε βιβλίῳ, τὸν κράτιστον 'Ιουλιανὸν πρὸς τοῦτο παραλαβὼν κατὰ τὸν λόγον, ὃν ἐν κοινῷ διεξῆλθεν ἐπὶ τῆς πρεσβυτέρας 'Ρώμης, αὐτὸ δὴ τοῦτο φησίν, ὡς εἴ τι παρὰ τὸ διατεταγμένον ἀνακύψειεν, προσῆκόν ἐστιν τοὺς ἐν ἀρχαῖς τοῦτο πειρᾶσθαι διαιρεῖν καὶ θεραπεύειν κατὰ τὴν ἐκ τῶν ἤδη διατεταγμένων ἀκολουθίαν.

Die beiden Fassungen sind unabhängig voneinander[102] und beruhen auf verschiedenen Vorlagen. Die griechische Fassung ist reicher an Einzelheiten. Schließlich erwähnen zwei Konstitutionen im 'Theodosianus'[103] das *edictum divi Hadriani*; Julians Name wird nicht genannt.

Obwohl die endgültige Redaktion des prätorischen Edikts durch Julian besser bezeugt ist als manche andere Tatsache aus der Geschichte der Rechtsquellen, hat GUARINO[104] Zweifel an ihrer Historizität angemeldet. Auf seine Thesen sei kurz eingegangen, obwohl sie von verschiedenen Autoren[105] hinreichend erörtert und widerlegt worden sind.

GUARINO hält die spätantiken Quellen, die von der Ediktsredaktion berichten, für unzuverlässig, ohne nachzuweisen, warum gerade die von ihm inkriminierten Stellen keinen Glauben verdienen. Andererseits vermißt er Nachrichten in den Schriften klassischer Juristen, besonders bei

---

[102] Vgl. EBRARD, SZ 40 (1919) 122; WIEACKER, Freiburger Rechtsgeschichtl. Abhandlungen 5 (1935) 73.

[103] CTh (11.36) 26, (4.4) 7.

[104] 26f.; Atti Verona 2 (1951) 167ff.; Studi Albertario 1 (1953) 623ff.; Labeo 1 (1955) 201ff.; Labeo 5 (1959) 77f. (gegen SERRAO); L'ordinamento giuridico romano (1956) 154ff.; Storia del diritto romano 5(1975) 431; zuletzt: La formazione dell''Edictum perpetuum', oben in diesem Werk (ANRW), Bd. II 13, hrsg. v. H. TEMPORINI (Berlin–New York 1976).

[105] Ausführlich BERGER, Studi Albertario 1 (1953) 611ff.; vgl. ferner D'ORGEVAL, RHD 26 (1948) 301ff. (Rezension der Monographie GUARINOS); CHIAZZESE, Introduzione storica, allo studio del diritto romano 3(1948) 200 n 1; DE FRANCISCI, RIDA 4 (1950) 319ff.; FREZZA, Corso di storia del diritto romano (1954) 351f.; SERRAO, Atti III Congr. Internaz. Epigr. (1959) 404.

Pomponius[106] und Gaius[107]. Diese argumenta e silentio stehen auf besonders schwachen Füßen. Das Fragment aus dem 'Enchiridium' des Pomponius endet mit einer dürren Aufzählung der Häupter der Rechtsschulen. Nur bei Caelius Sabinus, Pegasus, Celsus f. und Neraz ist sie durch Erwähnung eines Amtes oder des regierenden Kaisers erweitert. Mit Julian schließt die Aufzählung. In seinen Institutionen (1.2) zählt Gaius kommentarlos die Quellen des geltenden Rechts auf. Auch hier ist nicht einzusehen, warum er gerade bei den *edicta eorum qui ius edicendi habent* auf Hadrian und Julian zu sprechen kommen mußte. In 1.5 nennt er unter den Arten der Kaiserkonstitutionen die *edicta*, ohne sich auf Beispiele einzulassen.

GUARINO zufolge hat die 'Legende' vom Ediktsredaktor Julian folgenden Wahrheitskern: Die rechtsschöpferische Kraft des Honorarrechts war schon vor Hadrian im Schwinden begriffen. Julian war ein bedeutender Jurist im *consilium* Hadrians, seine 'Digesta' waren das für die Nachwelt maßgebende Werk der Hochklassik. Hadrian verstärkte den kaiserlichen Einfluß auf die senatorischen Provinzen. Er brachte wahrscheinlich ein *senatus consultum* ein, das den Provinzialstatthaltern Änderungen des Provinzialedikts verbot. Mit dieser Einschätzung der historischen Kräfte, die zur Zeit Hadrians auf das *ius honorarium* wirkten, trifft GUARINO sicher das Richtige. Es wäre aber, selbst wenn die Fixierung des prätorischen Edikts durch Hadrian nicht ausdrücklich bezeugt wäre, ganz unwahrscheinlich, wenn Hadrian sich mit einem Änderungsverbot begnügt hätte, das sich auf das *edictum provinciale* beschränkte. Nach GUARINO hörte das prätorische Edikt sang- und klanglos auf, sich zu entwickeln. Von dieser Auffassung ist die herrschende Meinung gar nicht so weit entfernt, wenn man sie von der Übertreibung befreit, die bei manchen Autoren in der Charakterisierung der julianischen Redaktionsarbeit als 'Kodifikation' liegt. Gewiß war die Festlegung des endgültigen Ediktstextes keine Gesetzgebungsarbeit mit den Ansprüchen der Kodifikationen der Neuzeit. Solche lagen gänzlich außerhalb der Grenzen römischer Rechtspolitik. Da aber künftigen Prätoren die Änderung des Edikts verboten werden sollte, lag es nahe, den in Jahrhunderten agglomerierten Ediktsstoff zu sichten, entbehrlich Gewordenes zu streichen und einzelne als vordringlich empfundene Neuerungen anzubringen. In diesem Rahmen konnte sich die Redaktionstätigkeit Julians bewegen. Die Quellen beschreiben sie als *edictum ordinare*[108],

---

[106] D (1.2) 2.53 *Cassio Caelius Sabinus successit, qui plurimum temporibus Vespasiani potuit: Proculo Pegasus, qui temporibus Vespasiani praefectus urbi fuit: Caelio Sabino Priscus Iavolenus: Pegaso Celsus: patri Celso Celsus filius et Priscus Neratius, qui utrique consules fuerunt, Celsus quidem et iterum: Iavoleno Prisco Aburnius Valens et Tuscianus, item Salvius Iulianus.*

[107] Inst. 1.2. *Constant autem iura populi Romani ex legibus, plebiscitis, senatus consultis, constitutionibus principum, edictis eorum, qui ius edicendi habent, responsis prudentium.* 5. *Constitutio principis est, quod imperator decreto vel edicto vel epistula constituit. nec umquam dubitatum est, quin id legis vicem obtineat, cum ipse imperator per legen imperium accipiat.*

[108] C (4.5) 10.1 (Iust. a. 530) ... *Papinianus autem ipsi qui utrumque persolvit electionem donat, qui et antequam dependat ipse habet electionem quod velit praestare, et huiusmodi sententiae*

condere[109], *componere*[110]; *quod varie inconditeque a praetoribus promebatur, in ordinem componere*[111]; συλλέγεσθαι καὶ κατὰ τάξιν ὑποτίτλειν τὰ νομικά[112]. Der große zeitliche Abstand, in dem diese Berichte zur Ediktsredaktion stehen, verbietet es, Einzelzüge der Redaktionsarbeit erschließen zu wollen, von denen die Verfasser nichts wissen konnten. Die in den Quellen zutage tretende Vorstellung, daß die Tätigkeit Julians vor allem eine Ordnung schaffende gewesen sei, dürfte im wesentlichen zutreffen. An eine grundstürzende Umgestaltung der seit Generationen gewachsenen Stoffanordnung ist freilich nicht zu denken[113]. Aber auch ohne die traditionelle Materienfolge zu berühren, gab es genug zusammenzufassen und auszuscheiden. Insbesondere ist an die schon von WLASSAK[114] gemachte und von späteren Autoren[115] bestätigte Beobachtung zu erinnern, daß die im julianischen Edikt bei den einschlägigen Ediktsklauseln stehenden Klagformelmuster ursprünglich einen Anhang zum Klauseltext bildeten. Daß bei solchen Verfahren Überholtes ausgeschieden wurde, ist selbstverständlich. Auch gewisse durch Auslegung des Edikts nahegelegte Textänderungen müßte man selbst dann annehmen, wenn sie nicht in Einzelfällen durch Vergleich mit dem vorjulianischen Edikt nachweisbar wären[116]. Diese Textänderungen liefen, wie KASER[117] gezeigt hat, meist auf eine Vereinfachung hinaus.

Die Neufassung des Edikts bot auch die Gelegenheit, Klauseln hinzuzufügen, die rechtspolitisch wünschenswert erschienen. In dem Bemühen, die von Julian in das Edikt eingefügten Teile ausfindig zu machen, ging die Forschung von den Namen der Ediktsklauseln aus. So hat noch BUHL[118] ernsthaft erwogen, ob das *interdictum Salvianum*, ein Besitzinterdikt, das dem Verpächter den Zugriff auf ihm verpfändetes Inventar gestattet, von Julian herrühren könne. Da mittlerweile der Ursprung des Interdikts in der jüngeren Republik nachgewiesen wurde[119], ist diese Möglichkeit auszuschließen. Die römische Rechtsliteratur bezeichnet nur eine Klausel als Neuerung Julians. Es ist das *edictum de coniungendis cum emancipato liberis*.

---

sublimissimum testem adducit Salvium Iulianum summae auctoritatis hominem et praetorii edicti ordinatorem.

[109] C. Tanta/Δέδωκεν 18, s. o. S. 422.

[110] Eutrop. brev. 8.17, o. S. 410.

[111] Aur. Victor 19.2, o. Anm. 15.

[112] Epitome legum, ZACHARIAE, Ius Graeco-Romanum II 280.

[113] Vgl. nur LENEL, Das Edictum Perpetuum ³(1927) 18 und das wohlabgewogene Urteil DE FRANCISCIS, RIDA 4 (1950) 322.

[114] Edikt und Klageform (1882) 22.

[115] GIRARD, Festschr. Bekker (1907) 21ff., erweitert in Mélanges de droit Romain 1 (1912) 177ff. (bes. 200f.); WEISS, SZ 50 (1930) 259.

[116] Zusammenstellung und Diskussion bei WEISS, SZ 50 (1930) 262ff. u. KASER, Festschr. Fritz Schulz 2 (1951) 25ff.

[117] A. a. O. 68.

[118] 27.

[119] KASER, SZ 64 (1944), 393f. u. DERS., Röm. Privatrecht ²1 (1971) 472 n 22 m. w. Nachw.

D (37.8) 3 Marcell 3 dig:

... nepoti tamen retento in potestate bonorum possessio dari debet, quoniam, si pater eius emancipatus praeteritus esset, simul cum eo bonorum possessionem accipere posset propter id caput edicti, quod a Iuliano introductum est, [id est ex nova clausula] nec debet deterioris esse condicionis, quia pater eius exheredatus sit.

D (37.9) 1.13 Ulp 41 ed:

Si pater nuru praegnate filium emancipaverit, non in totum repelli uterus debet: namque natus solet patri ex novo edicto iungi: et generaliter quibus casibus patri iungitur natus, admittendus est venter in possessionem.

Das Edikt teilt die *bonorum possessio* hälftig zwischen dem emanzipierten Sohn und dem von diesem Sohn stammenden, in der *potestas* des Erblassers verbliebenen Enkel. Bei Ulpian erscheint es als *novum edictum*; nur Marcell führt es auf Julian zurück. Die Ausdrucksweise beider Quellen impliziert, daß man von anderen *capita*, die Julian eingeführt hätte, nichts wußte[120]. Die gemeinrechtliche Bezeichnung *nova clausula Juliani* beruht insofern nicht auf klassischem Sprachgebrauch, als die überflüssige Erläuterung *id est ex nova clausula* in D (37.8) 3 ein Glossem oder ein kompilatorischer Zusatz sein dürfte[121]. Die Erwähnung Julians hingegen ist klassisch. Schon BIONDI[122] hat zwar Zweifel an der Echtheit geäußert. Er geht davon aus, daß die Klassiker von Ediktsneuerungen (die aber alle nicht in der Einführung ganzer capita bestehen!) stets ohne Erwähnung Julians berichten. D (13.4) 2.8 und D (38.3) 3 hält er insoweit für interpoliert. Sein eigentliches Argument, das Julian-Zitat bei Marcell unterbreche ungeschickt und unmotiviert die Entscheidungsbegründung Marcells, vermag nicht zu überzeugen. Der eifrige Kommentator Julians wird seinen berühmten Zeitgenossen bei sich bietender Gelegenheit gerne erwähnt haben, auch wenn der Begründungszusammenhang dies nicht unbedingt forderte. Radikaler ist die Textkritik COSENTINIS[123]. Er tilgt das ganze Textstück von *quoniam — exheredatus sit*. Nach COSENTINI hätte Marcell mit dem Vergleichsfall des übergangenen *filius emancipatus* nicht argumentieren dürfen. Diese Beweisführung erscheint nicht schlüssig[124]. Es bleibt also dabei, daß das *edictum de coniungendis cum emancipato liberis* das einzige Kapitel war, das Julian neu eingeführt hat. Eine Novellierung größeren Ausmaßes hat somit im Zuge der Ediktsredaktion nicht stattgefunden. KASERS Untersuchung zum Ediktsstil hat auch keine stilistische Vereinheitlichung ergeben[125].

---

[120] WEISS, SZ 50 (1930) 261; ähnlich KASER, Festschr. Fritz Schulz 2 (1951) 66.
[121] WEISS a. a. O. 260.
[122] Sulla dottrina romana dell'actio arbitraria (1911) 50 n 5 = APal. 1 (1916) 64.
[123] Studi Solazzi (1948) 219 ff.
[124] Gegen COSENTINI: KASER, Festschr. Fritz Schulz 2 (1951) 66 n 2; BERGER, Studi Albertario 1 (1953) 19; SERRAO, Atti III Congr. Internaz. Epigr. 1(959) 410 n 78.
[125] A. a. O. 68.

Auch die Datierung der Ediktsredaktion ist umstritten. Eine einzige Quelle, die Weltchronik des Heiligen Hieronymus[126], ordnet die Nachricht, daß Salvius Julianus *perpetuum composuit edictum*, einem bestimmten Zeitraum, dem Jahre 2147 nach Abraham zu. Es entspricht dem Jahr 131 nach Christus[127]. Die Datierung hat eine gewisse innere Wahrscheinlichkeit, wenn man annimmt, daß Julian um 100 geboren wurde und 131 als *quaestor* mit der Ediktsredaktion betraut wurde; er hätte dann 148 suo anno den Konsulat erreicht. Möglicherweise waren dies die Erwägungen des Hieronymus, der in seiner Vorlage, dem hier allein in Betracht kommenden 'Breviarium' Eutrops, keine Datierung vorfand. Die Autorität sicherer Kenntnis kann aber Hieronymus nicht für sich beanspruchen. Das früher von vielen Rechtshistorikern[128] für bare Münze genommene Datum von 131 wird denn auch in der neueren Literatur mit Skepsis betrachtet, nachdem MOMMSEN[129] dargetan hat, daß es sich um einen Zusatz des Hieronymus handelt. Entscheidend spricht gegen 131, daß Hadrian in diesem Jahr in Ägypten war[130] und Julian ihn als Quästor begleitete.

Manche Autoren[131] glauben, im *senatus consultum Iuventianum* aus dem Jahre 129 einen terminus ante quem zu finden. Sie gehen davon aus, daß Julian im 6. Buch der Digesten, wo er von der *hereditatis petitio* handelt und das *senatus consultum* gleichwohl unerwähnt läßt[132], dieses noch nicht kannte, die Niederschrift der 'Digesta' aber erst nach der Neubekanntmachung des Edikts begann. Alle Prämissen dieser These sind hypothetisch. Auf sie wird im Zusammenhang mit der Abfassung des 'Digesta' näher einzugehen sein[133]. Im Ergebnis jedenfalls ist ein Redaktionsdatum vor 129 mehr als unwahrscheinlich, da Hadrian die wichtige Aufgabe nicht einem jungen, noch unbewährten Manne zugewiesen haben wird[134].

Folgt man der Annahme, daß Julian das Edikt als Prätor redigierte, so gelangt man in die späten Dreißiger Jahre. Eine normale Zwischenzeit von 11 Jahren zwischen Prätur und Konsulat (148) würde zum Jahr 137 führen[135]. Indessen steht nicht fest, daß Julian den Konsulat suo anno erreichte. Ein Spielraum von wenigen Jahren ergibt sich aus der Lebensgeschichte Hadrians. Der Justinianische Bericht über die Ediktsredaktion[136] läßt erkennen, daß Hadrian in der endgültigen Neubekanntmachung des Edikts eine wichtige Ausgabe sah, an der er selbst Anteil nahm. So wird man

---

[126] Ad a. Abr. 2147, MIGNE, Patrolog. Lat. XXVII (1849) 617/18.

[127] Zur Zeitrechnung bei Hieronymus vgl. GIRARD, Mélanges 1 (1912) 224 n 1 (225).

[128] Nachw. bei BOULARD 41 n 5.

[129] Über den Chronographen vom Jahre 354, Abh. d. phil.-hist. Klasse der Kgl. Sächs. Ges. d. Wiss. 1 (1850) 673.

[130] Cass. Dio 69.11,12.

[131] FITTING, Alter und Folge der Schriften römischer Juristen von Hadrian bis Alexander [2](1908) 25; KRÜGER, Quellen [1](1888) 168; anders [2](1912) 185.

[132] D (5.3) 33.1 = Iul. 86 (5.3) 30 = Iul. 83; (5.3) 31 = Iul 84; (5.3) 54.2 = Iul. 89.

[133] s. u. S. 432 ff.

[134] Ausführliche Widerlegung bei SERRAO (o. Anm. 124) 404 ff.

[135] Für dieses Datum SERRAO (o. Anm. 124) 410.

[136] C. Tanta/Δέδωκεν 18, a. a. O., o. S. 422.424.

zu den letzten Lebensjahren des Kaisers kommen, die er nach der 134 erfolgten Rückkehr von der Orientreise in Rom verbrachte. Die Ediktsredaktion ist daher im Zeitraum von 135—138 anzusetzen[137].

Nach der Prätur hatte Julian die Ämter eines *praefectus aerarii Saturni*[138] und eines *praefectus aerarii militaris*[139] inne. Die Vorsteher der allgemeinen Staatskasse und der Veteranenversorgungskasse wurden vom Kaiser auf drei Jahre ernannt, so daß Julian mehr als die Hälfte der Zeit bis zum Konsulat in diesen Ämtern tätig war.

Es wurde bereits ausgeführt[140], daß der Jurist Salvius Iulianus mit dem Konsul des Jahres 148 identisch ist. Dieser Konsulat war ein ordentlicher, und es war Julians erster[141], da nicht nur in den Konsularfasten[142], sondern auch in den anderen einschlägigen Quellen[143] die Iterationsziffer fehlt. GUARINO[144] hält gleichwohl den Konsulat im Jahre 148 für den zweiten des Juristen. Er beruft sich — nicht ganz überzeugend — darauf, daß seit Konstantin die Iterationsziffer weggelassen wird.

Während der Regierungszeit Hadrians war Julian Mitglied des von diesem Kaiser zur ständigen, regelmäßig tagenden Einrichtung gemachten *consilium principis*[145]. Die Funktion dieses Staatsrats war die eines obersten Gerichtshofes, der die kaiserlichen Reskripte vorbereitete[146]. In dieser Stellung dürfte Julian den größten Einfluß auf die Rechtsfortbildung seiner Zeit genommen haben.

Die Ernennung zum *sodalis Hadrianalis* wird erfolgt sein, nachdem der zunächst widerstrebende Senat[147] auf Antrag des Antoninus Pius die Divinisation Hadrians verfügt hatte[148]. Der Pontifikat Julians erscheint in der

---

[137] So BOULARD 43. H. VOGT zieht in Festschr. Fritz Schulz 2 (1951) 200 aufgrund der Häufigkeit der Iustitia-Münzprägungen unter Hadrian die Jahre 134—148 in Betracht.

[138] Vgl. MOMMSEN, Röm. Staatsrecht ³2 (1887) 557f., 1012.

[139] Vgl. MOMMSEN, a. a. O. 1010.

[140] o. S. 411 (bei Anm. 18).

[141] s. KUNKEL, Iura 1 (1959) 195.

[142] Notizie Scavi ser. 6 vol. 15 (1940) 361.

[143] CIL 6.375 (Hier könnte man allerdings die Iterationsziffer am nicht erhaltenen Zeilenende ergänzen.); CIL 16.95; P. Mich. 3 (1936) 153f.

[144] 25.

[145] HA 1.18.1 *Cum iudicaret, in consilio habuit non amicos suos aut comites solum sed iuris consultos et praecipue Iu⟨ven⟩tium Celsum, Salvium Iulianum, Neratium Priscum aliosque, quos tamen senatus omnis probasset.* Cass. Dio 69.7.1. ἔπραττε δὲ καὶ διὰ τοῦ βουλευτηρίου πάντα τὰ μεγάλα καὶ ἀναγκαιότατα, καὶ ἐδίκαζε μετὰ τῶν πρώτων τοτὲ μὲν ἐν τῷ παλατίῳ τοτὲ δὲ ἐν τῇ ἀγορᾷ τῷ τε Πανθείῳ καὶ ἄλλοθι πολλαχόθι, ἀπὸ βήματος, ὥστε δημοσιεύεσθαι τὰ γιγνόμενα. Vgl. J. CROOK, Consilium principis. Imperial Councils and Counsellors from Augustus to Diocletian, Cambridge 1955.

[146] S. PRINGSHEIM, JRSt 24 (1934) 156 = Ges.Abh. 1.95; D'ORGEVAL, L'empereur Hadrien (1950) 59ff.

[147] HA 1.27. Das Verhältnis Hadrians zum Senat war belastet durch die Hinrichtung von vier Konsularen zu Beginn seiner Regierung (HA 1.9.3) und den ungeklärten Hergang seiner Adoption durch den sterbenden Trajan (HA 1.4.8ff.).

[148] Die 'vita Pii' (HA 3.5.2) erwähnt die Einrichtung der Priesterschaft in unmittelbarem Zusammenhang mit der Widmung eines Hadrian darstellenden *clipeus*.

Inschrift von Pupput[149] außerhalb der chronologischen Reihenfolge. Wahrscheinlich wurde Julian bald nach seinem Konsulat in dieses höchste erreichbare Priesteramt berufen[150]. *Pontifex maximus* war seit Augustus der Kaiser. Durch eine Inschrift[151] auf das Jahr 150 datierbar ist das Amt eines *curator aedium sacrarum*. Der Abstand von einem Jahr zum Ende des Konsulatsjahres war in jener Zeit üblich[152].

Da Julian die Jahre bis zu seinen Statthalterschaften in Rom verfügbar war, liegt es nahe, den prominenten Juristen auch unter Antoninus Pius im kaiserlichen *consilium* zu vermuten. Leider ist die einschlägige Stelle in der 'Historia Augusta' verstümmelt.

HA 3.12.1:

Multa de iure sanxit ususque est iuris peritis Vindio Vero, Salvio Iuliano et Fulvio Valente, Volusio M⟨a⟩eciano, Ulpio Marcello et Diaboleno.

Von einem Juristen Salvius Valens ist nichts bekannt; dies gilt auch von dem rätselhaften Diabolenus, den in Iavolenus (sc. Priscus) zu verbessern bedeuten würde, daß der Autor sich um eine Generation vertan hat. Während MOMMSEN[153] vorschlug, *Salvio* durch *Fulvio* zu ersetzen[154], neigen neuere Kritiker des Textes[155] dazu, hinter *Salvio* ⟨*Iuliano et Fulvio*⟩ einzuschieben. Die innere Wahrscheinlichkeit der Vermutung, daß Julian auch zum *consilium* des Antoninus Pius gehörte, wird noch erhöht durch seine Ernennung zum *sodalis Antoninianus*. Er wird wohl unmittelbar nach dem Tode des Kaisers (161) Mitglied des neugeschaffenen Priesterkollegiums geworden sein.

Der langen Reihe stadtrömischer Ämter folgen in der Aufzählung der Inschrift drei Statthalterschaften. Die erste ist die von Germania inferior, einer damals ruhigen Provinz. Für die Statthalterschaft von Hispania citerior kommen die Jahre 161 bis 168 in Betracht[156]. Die Amtszeit Julians dauerte drei Jahre. An Ansehen stand die Statthalterschaft in der kaiserlichen Provinz Hispania citerior nur der syrischen nach[157]. So bedeutete der anschließende Prokonsulat in Africa keine weitere Rangerhöhung, mag aber den Juristen wegen seiner Verbundenheit mit Land und Leuten besonders befriedigt haben. Durch die Inschrift von Thuburbo maius[158] ist die Statt-

---

[149] o. S. 411.

[150] KUNKELS Vermutung (Iura 1 [1950] 196 n 10), die Erwähnung des Pontifikats unmittelbar nach dem Konsulat beruhe auf zeitlicher Nachbarschaft, erscheint mir fraglich. Ebenso gut kann der Verfasser der Inschrift beabsichtigt haben, das höchste weltliche dem höchsten priesterlichen Amt an die Seite zu stellen.

[151] CIL 6.850.

[152] Beispiele bei KUNKEL, Iura 1 (1950) 196 n 11.

[153] SZ 9 (1870) 90 n 21.

[154] L. Fulvius C. f. Popinia. Aburnius Valens (CIL 6.1421) mag mit dem Pandektenjuristen Aburnius Valens identisch sein. Hierzu vgl. KUNKEL, Herkunft² (1967) 151.

[155] GUARINO 4; SYME, Bonner HA-Colloquium 1966/67 (1968) 138; BARNES, Bonner HA-Colloquium 1968/69 (1970) 49 n 45.

[156] S. ALFÖLDY, Fasti Hispanienses (1969) 33.

[157] ALFÖLDY a. a. O. 200ff.   [158] ILT 699 = ILA 244, s. o. S. 412.

halterschaft Julians auf 168/169 datierbar. Nach der heute akzeptierten Lesung Poinssots[159] klafft in der zweiten Zeile zwischen den Teilen *XX* und *II* der Iterationsziffer zur *tribunicia potestas* Marc Aurels eine schmale Lücke, so daß *XX[I]II* zu lesen ist. Dann aber war der gleichzeitige Tribunat des Lucius Verus (3. Zeile) der *V[IIII]*. Er begann am 10. Dezember 168; im Februar 169 starb Lucius Verus[160]. Mit 19 Jahren ist das Intervall zwischen Konsulat und Prokonsulat bei Julian überdurchschnittlich lang. Der häufigste Wert lag zu seiner Zeit bei 14 bis 16 Jahren[161].

Ob der nunmehr an der Schwelle des Greisenalters angelangte Julian in den Jahren nach seinem Prokonsulat noch weitere Ämter bekleidet hat, ist zu erwägen, aber epigraphisch nicht gesichert. Das Amt des *praefectus urbi* und ein zweiter Konsulat, von denen die 'Vita Didii'[162] spricht, könnten in der Zeit nach 169 liegen. Da Julian bereits ordentlicher Konsul gewesen war, kommt ein Suffektkonsulat nicht in Betracht[163]. In dem hier zu berücksichtigenden Zeitraum nennen die Konsularfasten nur im Jahr 175 einen ordentlichen Konsul Salvius Iulianus[164]. War er der Jurist oder ein jüngerer Verwandter, vielleicht sein Sohn? Wer das erstere annimmt[165], muß sich über das Fehlen der Iterationsziffer hinwegsetzen mit dem Hinweis auf Fälle, in denen sie nachweislich weggelassen wurde[166]. Auch die Reihenfolge der Konsuln von 175 — der erstmalig zum Konsulat gelangte Kollege Lucius Calpurnius Piso steht vor Julian — spricht gegen die Identität des Juristen mit dem Konsul von 175. Freilich lassen sich auch für eine irreguläre Reihung der Konsuln urkundliche Belege beibringen[167]. Außerdem waren nach dem Zeugnis des Gellius[168] Kinderzahl und Nobilität für die Reihenfolge von Bedeutung, so daß die Voranstellung des Patriziers Lucius Calpurnius Piso nicht durch ein Versehen erklärt zu werden braucht.

Auf ein in der romanistischen Literatur noch nicht gewürdigtes Argument, das für einen zweiten Konsulat Julians im Jahre 175 streitet, hat Nörr[169] aufmerksam gemacht. Es ist eine Stelle aus dem zweiten Hieros Logos des Aelius Aristides[170]. In dem nach 170 niedergeschriebenen[171]

---

[159] Bei Merlin, Mém. Acad. Inscript. 43.2 (1951) 93f.
[160] Galenus 14.650 u. 19.18; BGU II 94 Nr. 434; dazu Rohden, RE 3.2 (1899) 1853f.
[161] s. Merlin (o. Anm. 159) 104.
[162] HA 9.1.1, s. o. S. 409.
[163] Vgl. Birley, Bonner HA-Colloquium 1968/69 (1970) 67.
[164] Degrassi, I Fasti consolari dell'impero romano (1952) 49f.
[165] Nörr 237ff.
[166] Nörr 242.
[167] Nachw. bei Nörr 241 n 89.
[168] NA 2.15.3ff.
[169] 238; vgl. Bowersock, Greek Sophists in the Roman Empire (1969) 79.
[170] Aristid. 48.9 Keil νῦν δὲ ἐνθένδε ποθὲν ἀρξώμεθα, ὡς ἐπειδὴ ἐγενόμεθα ἐν τῷ ἱερῷ, τῇ πρώτῃ τῶν νυκτῶν φανεὶς ὁ θεὸς τῷ τροφεῖ μου ἐν τῷ Σαλβίου τοῦ νῦν ὑπάτου σχήματι. ὅστις δὲ ὁ Σάλβιος, οὔπω τότε γε ᾔδειμεν· ὁ δ' ἐτύγχανε προσεδρεύων τῷ θεῷ κατ' ἐκεῖνον τὸν χρόνον. ἔφη δ' οὖν ὁ τροφεὺς ὡς ἐν τούτῳ δὴ τῷ σχήματι διαλεχθείη πρὸς αὐτὸν περὶ τῶν λόγων τῶν ἐμῶν ἄλλα τε δή, οἶμαι, καὶ ὅτι ἐπισημήναιτο ὡδὶ λέγων· ἱεροὶ λόγοι.
[171] W. Schmid, RE 3.1 (1895) 888.

Passus berichtet Aristides, daß er im August 147[172], begleitet von seinem
Erzieher Zosimos, in Pergamon Heilung suchte. Im Traum erschien dem
Zosimos der Gott Asklepios in der Person des Salvius, τοῦ νῦν ὑπάτου, der
145 ebenfalls als Patient in Pergamon war. Es ist nicht ausgeschlossen, in
diesem Salvius, der, um Asklepios zu gleichen, ein Mann reiferen Alters sein
mußte, den Juristen Julian zu sehen. Ob dies freilich ausreicht, um die
Zweifel an einem zweiten Konsulat Julians im Jahre 175 zu beheben, erscheint recht ungewiß. Daß Julian ein hohes Alter erreichte, könnte man
bestätigt sehen durch die Bemerkung Marc Aurels[173], der neben anderen
Personen einen Ἰουλιανός als Beispiel dafür nennt, daß sehr alt zu werden
keine besondere Gunst des Schicksals sei.

In der historischen Überlieferung ist dies die letzte Spur, die Julian
hinterlassen haben könnte. Ein Salvius Julianus, von dem berichtet
wird[174], daß er 180 eine Armee führte und von Commodus als angeblicher
Verschwörer beseitigt wurde, kann nicht mit dem Juristen identisch sein.
Das Todesjahr Julians ist ungewiß. Wenn man vom afrikanischen Prokonsulat als letztem sicher bezeugtem Datum ausgeht, muß es nach 170
liegen, und es kann aus Gründen des Lebensalters kaum nach 185 anzusetzen sein. Erwägungen der älteren Literatur[175], die aus der Erwähnung
Julians in einem Reskript der Divi fratres[176] den schon immer umstrittenen
Schluß zog, Julian habe Lucius Verus nicht überlebt, sind durch die Inschrift von Thuburbo maius[177] gegenstandslos geworden.

Überblickt man die Laufbahn Julians, so fällt auf, daß der Schwerpunkt seines öffentlichen Wirkens in Ämtern der zentralen Reichsverwaltung
liegt, wo er Stabstätigkeiten nachzugehen hatte. Die Statthalterschaften
liegen am Ende seines Lebens und sind von geringerem Gewicht. Der andernorts[178] gezogene Vergleich mit einem hohen Ministerialbeamten hat subjektiv
verständliche, wenn auch sachlich nicht gerechtfertigte Entrüstung[179]
ausgelöst. Der Vergleich ist auch insoweit gerechtfertigt, als Julian seinen
glänzenden Aufstieg nicht seiner Herkunft oder politischen Nützlichkeit,

---

[172] Vgl. BEHR, Aelius Aristides and The Sacred Tales (1968) 224. Dazu würde passen, daß
Fronto und Mark Aurel in einem vielleicht in die Jahre 140—143 fallenden Briefwechsel
(Fronto, Ad Marc. Caes. 4.1 u. 2 [HAINES 1, 70ff.]) einen mit beiden befreundeten kranken
Iulianus erwähnen.

[173] In semet ipsum 4.50, Text o. Anm. 40. Dazu SERRAO, Atti III Congr. Internaz. Epigr.
(1959) 402; NÖRR 239 n 71.

[174] Cass. Dio 72.5; HA 7.3.2.

[175] In Auswahl: MOMMSEN, SZ 23 (1902) 59 n 4 = Gas. Schr. 2, 6 n 2; BUHL 24; FERRINI, Opere
2, 502. Weitere Nachw. bei SERRAO (o. Anm. 173) 401 n 32 u. BOULARD 35.

[176] Ulpian D (37.14) 17.p = Iul. 400 ... plurimum etiam iuris auctorum, sed et Salvii Iuliani
amici nostri clarissimi viri hanc sententiam fuisse.

[177] s. o. S. 412.

[178] BUND (o. Anm. 2) 183.

[179] GUARINO, Labeo 12 (1966) 395. Ich weiß nicht, welche Erfahrungen GUARINO mit seiner
Ministerialbürokratie gemacht hat. Es ist aber daran zu erinnern, daß die neuere Geschichte
von vorzüglichen, ebenso gebildeten wie charakterlich integren Männern in hohen Zentral-
ämtern zu berichten weiß: vgl. hierzu WIEACKER, Tijdschr. 36 (1968) 145.

sondern fachlichen, im Zentrum der politischen Macht gebührend gewürdigten Leistungen verdankt.

Noch ein zweites Merkmal der denkwürdigen Karriere verdient Beachtung. Julian verkörpert den im Prinzipat häufiger und seit Hadrian institutionalisiert[180] auftretenden Typ des reinen Zivilbeamten. Mit militärischen Aufgaben von Bedeutung hat er nie zu tun gehabt. Niedergermanien und Hispania citerior waren zu seiner Zeit befriedete Provinzen. Africa proconsularis wurde durch gelegentliche Barbareneinfälle beunruhigt, aber die militärische Verantwortung wurde dem Statthalter durch den Legaten mit eigener Zuständigkeit abgenommen[181].

II. Die Schriften Julians

1. Die 'Digesta'

Unter den Schriften Julians nehmen an Umfang wie an sachlichem Gewicht seine 90 Bücher umfassenden 'Digesta'[182] den vordersten Platz ein[183]. Sie sind eine nach im wesentlichen traditioneller Anordnung gegliederte Sammlung von Rechtsproblemen, deren Erörterung auf verschiedene Anlässe zurückgeht. Wir finden Gutachten für Magistrate und Parteien neben theoretisch im Rechtsunterricht oder in der Studierstube aufgeworfenen Problemen[184], die meist, aber nicht immer kasuistisch behandelt werden. Das Material ist nicht, wie etwa in Scaevolas Digesten, in der Rohform wiedergegeben, sondern literarisch überarbeitet. In den justinianischen Digesten sind 372 Fragmente überliefert. LENELs Palingensie, die die zahlreichen Zitate bei späteren Juristen, vor allem Ulpian, hinzunimmt, weist 839 Fragmente auf. Im ersten, die Bücher 1 bis 58 umfassenden Teil[185] folgt die Gliederung der 'Digesta' dem Ediktsystem, ohne sich auf honorarrechtliche Fragen zu beschränken. Wenn der Zusammenhang es anbietet, schiebt Julian Probleme des *ius civile* ein. Schon LENEL[186] hat darauf aufmerksam gemacht, daß Julian in den Büchern 6 bis 9 von der Materienfolge des Edikts zugunsten einer systematischeren Anordnung abweicht,

---

[180] Vgl. HIRSCHFELD, Die kaiserlichen Verwaltungsbeamten ²(1905) 426f.

[181] S. o. S. 417 (bei Anm. 71).

[182] Über *digesta* als Gattung der klassischen Rechtsliteratur s. MOMMSEN, ZRG 7 (1868) 40ff. = Ges. Schr. 2, 90ff.; PERNICE, Miscellanea zu Rechtsgeschichte und Texteskritik (1870) 1ff.; KUNTZE, Exkurse über römisches Recht ²(1880) 347; JÖRS, RE 5.1 (1903) 486; P. KRÜGER, SZ 7 (1886) 94ff.; DERS., Quellen ²(1912) 143 n 21.

[183] Der Index Florentinus verzeichnet sie an erster Stelle: Ἰουλιανοῦ *digeston* βιβλία ἐνενήκοντα.

[184] Die anderen klassischen Digestenwerke (von Alfenus Varus, Aristo [oder Pomponius], Celsus, Marcellus und Scaevola) sind in der Herkunft des Materials den julianischen Digesten teils verwandt (bes. die 'Digesta' des Celsus), teils homogener; Scaevolas 'Digesten' bestehen nur aus *responsa* im engeren Sinne.

[185] 736 Fragmente bei LENEL, Pal.

[186] Das Edictum Perpetuum ³(1927) 12.

während die Kommentare von Gaius und Paulus auch hier genau dem Edikt folgen. Im zweiten Teil der 'Digesta' behandelt Julian *leges* und *senatus consulta*[187].

Wegen seiner Anordnung hat man den ersten Teil der 'Digesta' als Ediktskommentar charakterisiert[188]. Zwar läßt sich an einigen Fragen Julians nachweisen, daß sie sich auf bestimmte Ediktsworte beziehen[189], und an vielen Stellen gibt Julian dem Prätor Auslegungshilfen[190]; es fehlen aber Fragmente, wie sie für Ulpians Kommentar charakteristisch sind, in denen der Wortlaut des Edikts stückweise wiedergegeben und anschließend kommentiert wird. Ob dies, wie KRÜGER[191] vermutet, nur darauf beruht, daß die Kompilatoren solche Stellen, deren sie in den spätklassischen Gloß-kommentaren genug fanden, gestrichen haben, mag man bezweifeln[192]. Die These, daß Julian vor seinen Digesten einen Ediktskommentar publizierte, ist in der älteren Literatur[193] verschiedentlich vertreten und von GUARINO[194] erneut aufgestellt worden. Die deutlichste Spur des verschollenen Ediktskommentars sehen diese Autoren in einem Digestenfragment[195], das Iulianus *libro primo ad edictum* inskribiert ist. LENEL[196] hat die Inskription als bewußte Fälschung der Kompilatoren erwiesen; andere Autoren[197] sind ihm darin gefolgt. Daß der Text rechtsändernd interpoliert ist, gibt auch GUARINO zu[198]. Als unverfrorene Erfindung der Kompilatoren an hervorgehobener Stelle sind die Änderungen in diesem Digestenfragment nicht ohne Beispiel[199].

Die Zeit, zu der Julian seine 'Digesta' abgefaßt und publiziert hat, war Gegenstand heftigen Meinungsstreits. Die 'Digesta' sind so umfangreich, daß sie mancherlei Anhaltspunkte liefern.

In D (40.2) 5 = Pal. 586 erwähnt Julian seinen eigenen Konsulat. Nimmt man an, daß Julian mit dem Konsul des Jahres 148 identisch ist, und dies sein erster Konsulat war, ist dieser Text nach 148 verfaßt[200].

---

[187] 103 Fragmente bei LENEL, Pal.

[188] PERNICE, Miscellanea zur Rechtsgeschichte und Texteskritik (1870) 84.

[189] Beispiele bei GUARINO 70.

[190] Beispiele bei BUHL 94.

[191] Quellen [2](1912) 184.

[192] Scharf ablehnend SCHULZ, Gesch. d. röm. Rechtswissenschaft (1961) 290.

[193] ACCARIAS, Précis de droit romain [4]1 (1886) 54 n 2; BUONAMICI, Sull'indice degli autori e dei libri che servirono alla compilazione delle Pandette (1901) 14; MAYNZ, Cours de droit romain [5]1 (1891) 288.

[194] 70ff.

[195] D (3.2) 1.

[196] SZ 2 (1881) 56ff.; DERS., Das Edictum Perpetuum [3](1927) 77. LENEL ordnet das Fragment dem 6. Buch des ulpianischen Ediktskommentars zu (Pal. 2, 441).

[197] BUHL 67; APPLETON, Des interpolations dans les Pandectes (1894) 13; BOULARD 69; ROTONDI, Scritti giur. 2, 114f.; ARANGIO-RUIZ, Responsabilità contrattuale (1927) 43 u. n 3; KASER, SZ 73 (1956) 245.

[198] 71.

[199] Vgl. die bekannten Interpolationen in D (21.1) 1. p u. D (30) 1.

[200] DÉNOYEZ, Le défendeur à la pétition d'hérédité privée en droit romain (1953) 101 vermutet, der Konsulat sei beim Erscheinen des schon früher (um 142) verfaßten 42. Buches eingefügt worden.

Eine langwierige Kontroverse knüpft sich an D (5.3) 33.1 = Pal. 86. In diesem Text wie auch in anderen Fragmenten aus dem 6. Buch[201], die von der Haftung des Erbschaftsbesitzers handeln, erwähnt Julian das 129 erlassene *SC Iuventianum* nicht, obwohl es, seine Anwendbarkeit auf die privatrechtliche *hereditatis petitio* vorausgesetzt, einschlägig wäre. FITTING[202], für den die Anwendbarkeit des *SC* auf Erbschaftsklagen Privater außer Frage stand, wies auf diesen Sachverhalt hin und schloß daraus, daß die 'Digesta' zumindest bis zum 6. Buch vor 129 verfaßt sein müßten. Seiner Auffassung schlossen sich namhafte Romanisten an[203]. Sie blieb ein halbes Jahrhundert herrschend, bis APPLETON[204] nachwies, daß das *senatus consultum Iuventianum* nur die *vindicatio caducorum* durch den Fiskus zu regeln beabsichtige und erst durch die klassische Jurisprudenz auf die *hereditatis petitio* Privater ausgedehnt wurde, wobei aber Julian für restriktive Auslegung eintrat.

BESELER[205] ging noch einen Schritt weiter und behauptete, daß der Anwendungsbereich des *senatus consultum Iuventianum* die ganze klassische Zeit hindurch auf den Fiskalprozeß beschränkt blieb. APPLETON[206] stimmte ihm im wesentlichen zu. Diese extreme Position wird heute nicht mehr aufrecht erhalten. Die Erkenntnis APPLETONS vom ursprünglichen Regelungsbereich des *SC* darf aber als gesichert gelten[207]. Damit aber ist das Schweigen Julians hinlänglich erklärt und als Datierungsgrundlage entwertet.

Ulpian[208] zitiert in einem auch in den 'Fragmenta Vaticana' überlieferten Fragment Julian, der seinerseits Pomponius angeführt habe. Aus anderen Quellen[209] ergibt sich, daß Ulpian eine Stelle im 35. Buch der 'Digesta' Julians und eine Stelle des Pomponius aus dessen 5. Buch 'Ad Sabinum' meint. Auch ein anderes Digestenfragment Ulpians[210] zeigt die Benutzung des pomponischen Sabinuskommentars durch Julian. Nun wendet aber Pomponius[211] in diesem Werk die *nova clausula Iuliani*[212] an. Daraus ergibt sich, daß Pomponius' Sabinuskommentar und Julians 'Digesta'[213] jünger als das zwischen 135 und 138[214] neu gefaßte Edikt sind.

---

[201] D (5.3) 30 = Iul 83; D (5.3) 31 = Iul 84; D (5.3) 54.2 = Iul 89.

[202] Alter und Folge der Schriften römischer Juristen von Hadrian bis Alexander ¹(1860) 4ff.; ²(1908) 25ff.

[203] MOMMSEN, ZRG 9 (1870) 89 = Ges. Schr. 2, 12; BUHL 100ff.; BOULARD 108ff.; GIRARD, NRH 34 (1910) = Mélanges de droit romain 1 (1912) 219ff.; DE FRANCISCI, Rendiconti dell' Istituto Lombardo 41 (1908) 446.

[204] La date des Digesta de Julien, NRH 34 (1910) 731ff.; DERS., Les pouvoirs du fils de famille sur son pécule castrans et la date des Digesta de Julien, NRH 35 (1911) 593ff.

[205] Beitr. 4 (1920) 13ff.

[206] RHD 9 (1930) 1ff.; 621ff.

[207] Vgl. statt aller KASER, Röm. Privatrecht ²1 (1971) 739.

[208] D (7.2) 8 = FVat 88 = Iul 508.

[209] FVat 87; D (7.1) 12.2,3; (7.8) 4.1, fr. 7, fr. 8.1; (7.4) 6. Dazu FITTING (o. Anm. 202) ²36.

[210] D (17.2) 63.9 = Iul 236.

[211] D (38.6) 5.p.   [212] S. o. S. 425 (bei Anm. 120).

[213] Zum Altersverhältnis zwischen Pomponius' 'Libri ad Sabinum' und Julians 'Digesta' vgl. statt aller BUHL 51 u. GUARINO 102.

[214] S. o. S. 427 (bei Anm. 137).

Sprechen die bisher angestellten Erwägungen für die Abfassung der Digesten nach 148, so scheint D (38.2) 22 dem entgegenzustehen. In diesem Fragment berichtet Marcian von einer Entscheidung Julians aus dem 27. Buch der 'Digesta', die, wenn auch nicht im Ergebnis, so doch in der Begründung von einem Reskript Hadrians abweicht. FITTING[215] schloß daraus, daß Julian das 27. Buch der 'Digesta' vor dem Erlaß des Reskripts verfaßte. Diese Folgerung beruht auf der unbewiesenen Prämisse, daß die hochklassischen Juristen kaiserliche Reskripte stets auf gleich oder ähnlich liegende Fälle anwandten. Da Julian und der Kaiser im Ergebnis übereinstimmen, muß FITTINGS Voraussetzung um so mehr in Zweifel gezogen werden[216].

Bessere Datierungsgrundlagen bilden Texte, in denen der Jurist ein Reskript oder *senatus consultum* offensichtlich anwendet und so einen terminus post quem liefert. In D (4.2) 18 zitiert Julian ein Reskript des Antoninus Pius[217]. Auch andere Anhaltspunkte führen zur Publikation der 'Digesta' unter diesem Kaiser[218].

Sofern die diskutierten Indizien überhaupt zuverlässig sind, beweisen sie lediglich etwas für die Abfassungszeit des betreffenden Buches der 'Digesta'. Ob diese als Ganzes oder sukzessiv[219] veröffentlicht worden sind, wissen wir nicht. Aus der Lebensgeschichte Julians wird wahrscheinlich, daß er sein Hauptwerk verfaßte, bevor er (frühestens 151, nach der *cura aedium sacrarum*[220]) seine Tätigkeit in den Provinzen aufnahm, wo die Niederschrift oder auch nur Schlußredaktion eines Werkes, das alle Gebiete des Privatrechts umfaßte, fern den hauptstädtischen Archiven sehr unbequem gewesen sein muß.

2. Die 'Libri ex Minicio'

Zu den kleineren Schriften Julians zählen die 'Libri ex Minicio'[221]. So jedenfalls sind die meisten Fragmente inskribiert. Drei Fragmente[222] und der 'Index Florentinus' nennen 'Libri ad Minicium'. Es sind 40 Fragmente erhalten[223]. Nach den unter dem Namen Julians überlieferten Frag-

---

[215] (o. Anm. 202) [2] 26f.; DERS., Das *castrense peculium* (1870) 96ff., 125ff.

[216] S. APPLETON, NRH 35 (1911) 593ff., 601ff.; GUARINO 79ff.

[217] Hierzu GUARINO 95ff.

[218] S. GUARINO 99ff.

[219] Am weitesten ins Detail wagt sich DÉNOYEZ, Le défendeur à la pétition d'hérédité privée en droit romain (1953) 99ff. Er nimmt an, Julian habe die 'Digesten' 134 begonnen und bei einer Produktion von 5 bis 6 Büchern pro Jahr 150 oder 151 abgeschlossen. Kritisch dazu KRELLER, SZ 71 (1954) 443f. u. KASER, SZ 72 (1955) 105 n 47.

[220] S. o. S. 428 (bei Anm. 151).

[221] Vgl. BUHL 53ff.; RICCOBONO, Bull. 7 (1894) 225ff.; 8 (1895) 169ff.; BREMER, Iurispr. Antehadr. 2.2. (1901) 273; BOULARD 72ff.; P. KRÜGER, Quellen [2] (1912) 175; H. KRÜGER, Studi Bonfante 2 (1930) 332ff.; GUARINO 32ff.; SCHULZ, Gesch. d. röm. Rechtswissenschaft (1961) 273f.; STEINWENTER, RE 15.2 (1932) 1809f.

[222] D (2.14) 56 = Iul 876; D (3.3) 76 = Iul 872; D (4.4) 10 = Iul 856.

[223] LENEL, Pal., Iul 843—882.

menten umfaßte das Werk sechs Bücher. Ulpian[224] zitiert aber einen *liber decimus apud Minicium*. Die meisten Herausgeber[225] — nicht aber LENEL in der Palengenesie[226] — nehmen an, daß X für V verschrieben wurde. Man sollte indessen die Möglichkeit, daß den Kompilatoren nicht mehr alle Bücher *ex Minicio* vorgelegen haben, nicht ausschließen[227]. Eine kompliziertere Erklärung bietet GUARINO[228] an. Er vermutet, daß Julian sich im 4., vom Kaufrecht handelnden Buch seines Minicius-Kommentars auf ein 10. Buch des Minicius bezog und die Verwechslung Ulpian zuzuschreiben ist. Aus der Entsprechung zwischen dem 10. Buch des Minicius und dem 4. Julians schließt GUARINO, der die Angabe des 'Index Floretinus' für richtig hält, auf einen Umfang des originalen minizischen Werkes von etwa 15 Büchern.

Der ursprüngliche Charakter der 'Libri ex Minicio' ist unter der nachklassischen Bearbeitung, die das Werk erfahren hat, nur schwer zu erkennen. Die Meinungen hierüber gehen auseinander, sowohl was das Verhältnis von Julians Bemerkungen zum Text des Minicius, als auch was den Inhalt des letzteren betrifft. Die ältere Literatur nahm überwiegend an, daß Julian den vollständigen Text des Minicius herausgegeben und mit eigenen *notae* versehen habe[229]. Neuere Autoren[230] denken an ein Hypomnema Julians, das nur einzelne Lemmata aus Minicius (daher der Titel 'Libri ex Minicio') wiedergab und in der Hauptsache aus Bemerkungen Julians bestand. Was den Charakter der minizischen Schrift angeht, so hat die ursprünglich von BREMER[231] vertretene Ansicht, es habe sich um einen Sabinus-Kommentar gehandelt, keine Anhänger mehr. Es besteht Einigkeit darüber, daß Julian eine Responsensammlung kommentiert hat. Welche Respondenten sich unter dem häufig subjektlosen *respondi(t)* des überlieferten Textes verbergen, ist freilich kontrovers[232]. Sabinus, Cassius, Minicius selbst, möglicherweise noch weitere Juristen kommen in Betracht. Eine begründete Entscheidung dieser Fragen könnte nur nach genauer exegetischer Analyse der 40 Fragmente gefällt werden, wie sie mit meisterhafter Gründlichkeit, aber unter den Voraussetzungen des vergangenen Jahrhunderts und daher der Nachprüfung bedürftig von RICCOBONO[233] geleistet wurde.

Von der Person des Minicius wissen wir nichts anderes, als das, was uns Justinians 'Digesta' überliefern; und dies ist wenig genug. Immerhin geht aus D (12.1) 22 = Pal. 867 hervor, daß Minicius ein Schüler des Sabinus

---

[224] D (19.1) 11.15 = Iul 882.
[225] So HALOANDER, GOTHOFREDUS, MOMMSEN, Dig. Mil. Ebenso KRÜGER, Quellen ²(1912) 175 n 125; SCHULZ, Gesch. d. röm. Rechtswissenschaft (1961) 273.
[226] 2, 484 n 5.
[227] So KARLOWA, Röm. Rechtsgesch. 1 (1885) 701; LENEL, Pal. 1, 484 n 5; BUHL 53; RICCOBONO, Bull 7 (1894) 227; BREMER, Iurispr. Antehadr. 2.2 (1901) 273; BOULARD 73.
[228] 34f.
[229] So BUHL 55; RICCOBONO, Bull 7 (1894) 226; 8 (1895) 268, 278; KRÜGER, Quellen ²(1912) 175.
[230] GUARINO 34; SCHULZ, Gesch. d. röm. Rechtswiss. (1961) 273.
[231] Die Rechtslehrer und Rechtsschulen im röm. Kaiserreich. (1868) 49f.
[232] Hierzu ausführlich GUARINO 39ff.
[233] Studi critici sulle fonti del diritto romano, Iulianus ad Minicium, Bull 7 (1894) 225ff.; 8 (1895) 169ff.

war. Dies schließt die Identität mit Lucius Minicius Natalis (sen.), dem Adressaten eines trajanischen Reskripts[234], Suffektkonsul von 106 und 119/120 Prokonsul von Afrika, wohl aus[235]. Pomponius nennt ihn im 'Enchiridium' nicht, zitiert ihn aber in D (19.1) 6.4, abgesehen von Ulpian D (19.1) 11.15 der einzigen Stelle, an der sein Name außerhalb der Fragmente von Julians 'Libri ex Minicio' erscheint.

Für das Abfassungsdatum bieten sich keine Indizien derart, wie sie der Diskussion um Julians 'Digesta' zugrunde liegen. Lediglich Anlage und Inhalt der Schrift erlauben Spekulationen über das zeitliche Verhältnis zu den 'Digesta'. Die Annahme, daß die Kommentierung eines relativ unbedeutenden Juristen der eigenen Schule dem opus magnum der 'Digesta' zeitlich voranging[236], hat viel für sich. Man darf die 'Libri ex Minicio' nur nicht als Jugendschrift oder Anfängerarbeit qualifizieren. Die wohlabgewogene, bisweilen[237] auch von der sabinianischen Lehre abweichende, wenngleich dem Lehrer Javolen folgende Stellungnahme Julians schließt dies, wie RICCOBONO[238] und BOULARD[239] gegen BUHL[240] zu Recht eingewandt haben, aus. Wenn man aber die Abfassung der 'Digesten' im Zeitraum von 148 bis 151 ansetzt[241], steht RICCOBONOS zutreffendes Urteil über den gereiften Inhalt der Schrift dem Umstand nicht entgegen, daß sie vor den 'Digesten' verfaßt sein kann.

3. Die 'Libri ad Urseium Ferocem'

Ähnliche Probleme wie die 'Libri ex Minicio' stellen die vier Bücher ad Urseium Ferocem[242]. Auch bei ihnen schwanken die Angaben über Titel und Umfang. Der 'Index Florentinus' führt 'Ad Urseium βιβλία τέσσαρα' auf. Nur eines[243] der 46 erhaltenen Fragmente[244] ist ad Ferocem inskribiert, die übrigen ad Urseium Ferocem. In Coll. 12.7.9 zitiert Ulpian: libro X Urseius refert Sabinum respondisse. Wir wissen nicht, ob damit Julians 'Libri ad Urseium Ferocem' gemeint sind.

Die Schrift gehört derselben Literaturgattung an wie Julians 'Libri ex Minicio'. Wörtlich wiedergegebenen Auszügen aus der Responsensammlung des Urseius fügt Julian eigene Bemerkungen an. Sie sind, wie drei

---

[234] Ulpian D (2.12) 9.

[235] So PIR 2, 378f.; GUARINO 37; KRÜGER, Quellen ²(1912) 174; STEINWENTER, RE 15.2 (1932) 1809f.; KUNKEL, Herkunft ²(1967) 12.

[236] So BUHL 53; GUARINO 45ff.

[237] D (23.3) 49 = Iul 870; D (17.1) 33 = Iul 868.

[238] Bull 8 (1895) 272, 294.

[239] 85ff.

[240] s. o. Anm. 236.

[241] s. o. S. 434 (bei Anm. 220).

[242] Vgl. BAVIERA, Scritti giur. 1.95; FERRINI, Opere 2, 550; BUHL 58ff.; BREMER, Iurispr. Antehadr. 2.2 (1901) 170ff.; KRÜGER, Quellen ²(1912) 174f.; GUARINO 47ff.; SCHULZ, Gesch. d. röm. Rechtswiss. (1961) 271f.; MAYER-MALY, RE 9 A 1 (1961) 1056f.

[243] D (19.2) 10 = Iul 918.

[244] LENEL, Pal., Iul 883—928.

ungestört überlieferte Fragmente[245] zeigen, durch die Worte *Iulianus notat* vom Exzerpt getrennt. In den übrigen Fragmenten gibt ein nach-klassischer Bearbeiter die Entscheidung Julians (meist in indirekter Rede) wieder.

Die Person des Urseius Ferox bleibt wie die des Minicius im Dunkel[246]. Außerhalb der Fragmente aus Julians 'Libri ad Urseium Ferocem' wird er nur an fünf Stellen[247] erwähnt. Auf den Inhalt der Schrift, besonders auf den Zitaten aus anderen Juristen (Sabinus 10mal, Cassius 4mal, Proculus 9mal) fußen Versuche, Urseius einer der Rechtsschulen zuzuordnen[248] oder seine Unabhängigkeit[249] von ihnen festzustellen. Ihnen gegenüber macht GUARINO[250] zutreffend darauf aufmerksam, daß Schulzugehörigkeit, wie vor allem das glänzende Beispiel Javolens zeigt, nicht zu bedeuten brauchte, daß der Jurist sich nur mit Schriften der eigenen Schule befaßte und nur die Meinung der eigenen Schule gelten ließ. Damit aber ist — entgegen der Behauptung GUARINOS[251] — nocht nicht gesagt, daß Urseius Ferox ein Sabinianer und Schüler Javolens gewesen sein muß.

Einige Quellen[252] erlauben Schlüsse auf die Zeit, in der Urseius gelebt hat. Aus ihnen ergibt sich, daß Urseius wahrscheinlich der Zeit Vespasians oder Traians, unter Umständen noch Hadrians angehört[253].

Ein Indiz für die Abfassungszeit der 'Libri ad Urseium Ferocem' liefert D (46.3) 36 = Pal. 886, die Stelle, an der Julian von den ägyptischen Fünflingen[254] und davon, daß die Mutter bereits in Rom sei, berichtet. Die 'Libri ad Urseium Ferocem' sind demnach nach der Rückkehr Hadrians und Julians von der Ägyptenreise (134) verfaßt. Die Erwägungen, die bei den 'Libri ex Minicio' anzustellen waren[255], lassen auch hier vermuten, daß Julian die Schrift vor seinen 'Digesta' veröffentlicht hat.

---

[245] D (46.3) 36 = Iul 886; D (30) 104 = Iul 888; D (23.3) 48.1 = Iul 892.

[246] Vgl. MAYER-MALY, RE 9 A 1 (1961) 1056f., s. v. Urseius Ferox, KUNKEL, Herkunft ²(1967) 145f.

[247] D (7.4) 10.5; (9.2) 27.1; (39.3) 11.2; (44.5) 1.10.

[248] Prokulianer: BREMER, Die Rechtslehrer und Rechtsschulen im röm. Kaiserreich (1868) 71, von ihm selbst in Iurispr. Antehadr. 2.2. (1901) 170ff. nicht mehr aufrecht erhalten. Sabinianer: CUIACIUS, Opera 6.475; VOIGT, Über das Aelius- und Sabinussystem, Ber. d. philol.-hist. Klasse der Kgl. Sächs. Ges. d. Wiss. 7 (1865) 354; PERNICE, Miscellanea zu Rechtsgeschichte und Textkritik (1870) 56; KARLOWA, Röm. Rechtsgeschichte 1 (1885) 695; BAVIERA, Le due scuole dei giureconsulti romani (1898) 31f.; COSTA, Storia del dir. rom. 1 (1909) 73.

[249] So BOULARD 88; KRÜGER, Quellen ²(1912) 174; DE FRANCISCI, Storia del diritto romano ²2.1 (1938) 484.

[250] 52.

[251] a. a. O.

[252] Ulpian D (44.5) 1.10 . . . *Cassiu[s] ⟨m⟩ existimasse Urseiu[m] ⟨s⟩ refert.* (vgl. D (9.2) 27.1: *Proculum existimasse Urseius refert*), dazu LENEL Pal. 2, 1202 n 1; FERRINI, AG 37 (1886) 331 = Opere 2, 505; BOULARD 89ff.; BREMER, Iurisprud. Antehadr. 2.2 (1901) 171; KRÜGER, Quellen ²(1912) 175 n 123. D (24.3) 59 = Iul 895 . . . *Sabinus dicebat . . . Gaius* (sc. Cassius Longinus) *idem.* D (39.6) 21 = Iul 904 . . . *plerique, in quibus Priscus quoque . . .*

[253] So KUNKEL, Herkunft ²(1967) 145f.; Näheres bei GUARINO 50f.

[254] s. o. Anm. 86.

[255] s. o. S. 436 (bei Anm. 236).

4. Der 'Liber singularis de ambiguitatibus'

Die umstrittenste Schrift Julians ist der 'Liber singularis de ambiguitatibus'[256]. Der Titel verweist auf den rhetorischen *status ambiguitatis*[257].
Dieser ist dadurch gekennzeichnet, daß ein Wort oder Satz mehrere Deutungen zuläßt. Um lexikalische und syntaktische Mehrdeutigkeit geht
es in dieser Schrift. Mit den von Justinian als *ambiguitates* bezeichneten
Kontroversen der Klassiker[258] hat sie nichts zu tun. Wir besitzen aus ihr
nur drei Fragmente[259]. Sie sind nicht frei vom Verdacht nachklassischer
Bearbeitung[260]. Manche Autoren[261] halten deshalb und wegen seines unge-
wöhnlichen Inhalts den 'Liber singularis de ambiguitatibus' zur Gänze für
nachklassisch. Dieses Urteil gründet sich nicht nur auf einzelne als unklassisch zu erweisende Stellen, sondern auch auf den Gesamteindruck, den die
eigenartige Schrift erweckt. Schon BUHL[262] hat die charakteristischen Merkmale gut beschrieben, indem er sagt, daß sich die Fragmente in kasuistischer
Weise mit der Auslegung zweideutiger Erbeinsetzungen, Vermächtnisse
und Stipulationen befassen, und daß Titel wie Gegenstand an die Stoiker
erinnern. Stoisch-megarischer Logik entsprechen in der Tat aussagenogische
Erwägungen, besonders zu den heute so genannten 'De Morganschen Gesetzen'[263] im dritten Fragment. Mit der im zweiten Fragment aufgeworfenen Frage, wann ein maskulines Wort auch feminine Individuen mit-
bezeichnet, hat sich auch die stoische Sprachtheorie befaßt. Den praktisch-
juristischen Anknüpfungspunkt zur Erörterung derartiger philosophischer
Schulprobleme bieten Formulierungsfragen, wie sie beim Entwerfen von
Testamenten und Stipulationen auftreten. Der Verfasser der drei Fragmente
legt die von ihm vorgelegten Klauseln nur zu dem Zweck aus, um den Leser
zu belehren, wie die Klausel in eindeutiger Weise zu fassen sei. So hat der
'Liber singularis de ambiguitatibus' neben dem logikwissenschaftlichen

---

[256] Vgl. BREMER, Die Rechtslehrer und Rechtschulen im röm. Kaiserreich (1868) 47; BUHL
66f.; BOULARD 71f.; HIMMELSCHEIN, Symbolae Friburgenses (1935) 409ff.; GUARINO
31f. und DERS., Labeo 12 (1966) 394f.; SCHULZ, Gesch. d. röm. Rechtswiss. (1961) 291;
BUND (o. Anm. 2) 106 n 3; GANDOLFI, Studi sull'interpretazione degli atti negoziali in dir.
rom. (1966) 7—11; MAYER-MALY, Temis 11 (1967) 147ff.; J. MIQUEL, Stoische Logik,
SZ 87 (1970) 103ff.; TORRENT,Salvius Iulianus liber singularis de ambiguitatibus (1971),
dazu LEMOSSE, RHD 50 (1972) 458ff. u. HORAK, SZ 90 (1973) 411ff.

[257] Vgl. Cic. inv. 2.116—121; Quint. inst. 7.9. Weitere Nachw. bei VOIGT, Ius naturale 4
(1875) 358ff.

[258] s. SCHINDLER, Justinians Haltung zur Klassik (1966) 2 m. w. Nachw.

[259] D (28.6) 31 = Iul 1; D (32) 62 = Iul 2; D (34.5) 13 = Iul 3.

[260] s. neben den Zitaten des Index Interpolatinum zu Iul 1 HIMMELSCHEIN (o. Anm. 256)
409f.; BESELER, SZ 66 (1948) 364; HORAK (o. Anm. 256) 413f. Zu Iul 2: HIMMELSCHEIN
(o. Anm. 256) 416; COING, Studi Arangio-Ruiz 1, 376; KÜBLER, SZ 59 (1939) 576f.; HORAK
(o. Anm. 256) 416. Zu Iul 3: SCHINDLER (o. Anm. 258) 158; MIQUEL (o. Anm. 256) 104ff.;
HORAK (o. Anm. 256) 417ff.

[261] HIMMELSCHEIN (o. Anm. 256); GUARINO 31f.; SCHULZ (o. Anm. 256) 291. Vorsichtiger
WIEACKER, Textstufen klassischer Juristen (1960) 175 n 248 (176); zweifelnd HORAK (o.
Anm. 256) 420f.

[262] 66f.

[263] Hierzu MIQUEL, SZ 87 (1970) 103ff.

auch kautelaren Charakter und bildet damit in der klassischen Rechtsliteratur eine Gattung für sich. Dies scheint mir aber nicht auszureichen,
um das ganze Werk als nachklassisch zu qualifizieren[264]. Ein Werk mit den
beschriebenen Eigenschaften könnte durchaus, wie schon BUHL[265] vermutet
hat, aus der Feder des jungen, Schulproblemen noch verhafteten Julian
stammen[266]. MAYER-MALY[267] findet einen Widerspruch darin, die Schrift
wegen ihres schulmäßigen und kautelaren Charakters als Jugendwerk zu
qualifizieren. Er ist der Auffassung, gerade das Kautelare fordere, ,,wenn es
gut gelingen soll, einige Erfahrung, auch Ausgewogenheit". Das ist richtig,
aber als ausgewogen wird man die Fragmente des 'Liber singularis de ambiguitatibus' wohl kaum bezeichnen können. Außerdem leidet MAYER-MALYS
Erwägung an einem Anachronismus. Der heutige Jurist befaßt sich in der
Tat erst dann mit kautelaren Fragen, nachdem er den materiellen Rechts-
stoff beherrschen gelernt hat. Für die Ausbildung des römischen vom Rechts-
behelf und der Klagformel ausgehenden Juristen war es dagegen sinnvoll,
mit der Formulierung einzelner Geschäfts- und Prozeßklauseln zu beginnen[268]. Im übrigen enthält MAYER-MALYS Beitrag zum 'Liber singularis
de ambiguitatibus' manche wertvolle Beobachtung, die für die Echtheit
der Schrift spricht. Sein Bemühen, das Werk in Anlage und Stil den julianischen 'Digesta' anzunähern, scheint mir allerdings nicht immer überzeugend[269]. Nach wie vor dürfte der Unterschied zu den Werken des reifen Julian
am plausibelsten durch die Hypothese einer Frühschrift zu erklären sein.

5. Die 'Quästiones' Afrikans

Eine Aufzählung der Werke Julians wäre unvollständig ohne einen
Hinweis auf die 'Quästiones' Afrikans[270]. Von der neun Bücher umfassenden
Schrift sind 121 Fragmente[271] erhalten. Nur in dreien[272] wird Julian nament-

---

[264] Von einer Schrift Julians gehen aus: REGGI, Studi Parmensi 2 (1952) 126; VOCI, Diritto
ereditario romano ²2.2 (1963) 688; GANDOLFI, Studi sull'interpretazione degli atti negoziali
in dir. rom. (1966) 7ff.; BUND (o. Anm. 2) 86f.; MAYER-MALY, Temis 11 (1967) 147ff.;
MIQUEL, SZ 87 (1970) 103ff. Zweifelnd HORAK, SZ 90 (1973) 420f.

[265] 67.

[266] So auch REGGI (o. Anm. 264) und BUND (o. Anm. 264).   [267] Temis 11 (1967) 150.

[268] Hierin gleicht die römische Jurisprudenz der mittelalterlichen englischen, s. SCHULZ,
Prinzipien d. röm. Rechts (1934) 29, der MAITLAND (Select Essays in Anglo-American
Legal History 2 [1908] 549) zitiert: "*Legal remedies, legal procedure, these are the all-import-
ant topics for the student. These being mastered, a knowledge of substantive law will come of
itself. Not the nature of rights but the nature of writs must be this theme . . . so thougt our
forefathers.*"

[269] Skeptisch HORAK, SZ 90 (1973) 420.

[270] Vgl. BOULARD 113ff. m. Nachw. der älteren Lit.; aus ihr noch unentbehrlich: BUHL 73ff.
u. SZ 2 (1881) 186ff.; MOMMSEN ZRG 9 (1870) 90ff. = Ges. Schr. 2,14ff.; KALB, Roms
Juristen nach ihrer Sprache dargestellt (1880) 66, dazu SCHULZE, SZ 12 (1892) 114; DE
MEDIO, AG 68 (1902) 201ff. Vgl. ferner SCHULZ, Gesch. d. röm. Rechtswiss. (1961) 291f.;
WIEACKER, Textstufen klassischer Juristen (1960) 63.

[271] LENEL, Pal. Afr 2—122; neu ediert in SZ 51 (1931) 1ff.

[272] D (12.1) 23 = Afr 6; D (16.1) 19.p = Afr 24; D (13.7) 31 = Afr 108.

lich zitiert. In zahlreichen anderen läßt sich aber aus dem Inhalt erschließen[273], daß als Subjekt zu *ait, respondit, putavit* und dergleichen Julian zu denken ist. Basilikenscholien des Dorotheus nennen zu einigen dieser Stellen Julian[274] als den Urheber der Entscheidung. Dies kann auf Konjektur beruhen, aber auch auf einem oströmischen Exemplar der 'Quästiones', das den Namen Julians enthielt. Für die Sonderung der Entscheidungen Julians von den an sie anknüpfenden Gedanken Afrikans lassen sich allgemeingültige Kriterien nicht aufstellen. Insbesondere die sprachliche Einkleidung in direkte oder indirekte Rede bietet keine durchweg verläßliche Grundlage[275]. Exegetische Einzeluntersuchungen führen aber zur Beobachtung eines Stil- und Niveauunterschieds zwischen dem souverän entscheidenden, ursprünglich denkenden Julian und dem im ganzen mehr abhängigen, von der Neigung zu Quisquilien und Weitschweifigkeit nicht freien Afrikan[276]. Nicht alles, was in den afrikanischen 'Quästiones' nicht dem Standard Julians genügt, ist nachklassisch. Manches wird auf das Konto Afrikans zu buchen sein. Unbegründet ist die von FRITZ SCHULZ[277] gehegte Vermutung, bei den 'Quästiones' handle es sich um einen nachklassischen Auszug aus den 'Epistulae' Afrikans.

Über die Person Afrikans ist sehr wenig bekannt[278]. Daß er Julians Schüler war, schließen wir aus einer Ulpianstelle[279] und seinen 'Quästiones'. Wahrscheinlich ist er identisch mit dem Sextus Caecilius, den Gellius[280] im Gespräch mit dem Philosophen Favorinus als Kenner der Zwölf Tafeln auftreten läßt. Möglicherweise stammt er aus Thuburbo minus, wo Sexti Caecilii inschriftlich bezeugt sind[281].

III. Julians Wirkung in seiner Zeit und auf die Nachwelt

Innerhalb der Jurisprudenz der Kaiserzeit nimmt Julian einen der ersten Plätze, vielleicht den vordersten, sicher aber den zentralen Punkt im Gefüge der klassischen Jurisprudenz ein. Seine Epoche wird mit Fug

---

[273] Nachw. bei BOULARD 116f.

[274] Nachw. bei MOMMSEN, ZRG 9 (1870) 93 = Ges. Schr. 2,16; BUHL, SZ 2 (1881) 197; BOULARD 118 n 1.

[275] So schon BUHL 82. Optimistischer WACKE (D VI).

[276] So BUND (o. Anm. 2) 8, 181. Selbständiges Urteil Afrikans bis zum Gegensatz zu Julian betont WACKE C 4 und D VI anläßlich der Exegese von D (19.2) 33 = Afr 100 I; was dieses Fragment betrifft, hat WACKE recht.

[277] Gesch. d. röm. Rechtswiss. (1961) 292.

[278] JÖRS, RE 3, 1 (1897) 1192f.; KRÜGER, Quellen ²(1912) 194ff.; HONORÉ, Tijdschr. 32 (1964) 9ff.; KUNKEL, Herkunft ²(1967) 172f.

[279] D (25.3) 3.4. Hier ist der volle Name Sextus Caecilius Africanus überliefert.

[280] NA 20.1.

[281] Vgl. W. HÜTTL, Antoninus Pius 1 (1936), 82 n 37; GROAG, PIR ²2 Nr. 17; KUNKEL, Herkunft ²(1967) 172f.

als die der Hochklassik gekennzeichnet. Unter seinen Zeitgenossen mag ihn der eine oder andere an Scharfsinn und Originalität erreichen oder gar übertreffen; an ergiebiger Wirkung auf die Rechtspraxis seiner Zeit und der kommenden Generationen bis in die Tage der Severer überragt Julian alle.

1. Julian und die Juristengeneration vor ihm

Es entspricht der Eigenart rechtspraktischen Bemühens überhaupt und der zünftig eingebundenen Arbeitsweise der römischen Juristen im besonderen, daß Julians Werk nicht als isolierter Gipfel, sondern eher als Wellenberg im Strom der Entwicklung gewürdigt werden muß. Die Arbeit der großen Frühklassiker war getan. Javolenus Priscus sah Julian noch in voller Aktivität; ihm schloß er sich als Schüler an[282]. Es bedarf kaum der Erwähnung, daß Julian die Ergebnisse der Frühklassik in ihrer ganzen Breite überschaute. Sie waren ihm so selbstverständlich, daß er die Autoren jener Epoche in seinen 'Digesta' nur selten zitiert[283]. Auch Javolen erwähnt Julian nur an wenigen Stellen namentlich. Der Meinung des Lehrers schließt er sich freilich ganz überwiegend als einem nicht diskussionsbedürftigen Ausgangspunkt an[283]; dem stehen einige wenige Stellen gegenüber, an denen er von ihm abweicht[284]. Im Umgang mit früheren Autoren verfährt Julian ebenso wie Javolen; er haftet nicht an den Meinungen der eigenen Schule, wenn ein Vertreter der anderen bessere Gründe anführt.

Vor allem Labeo findet bei Julian zustimmende Erwähnung[285]. Die Unabhängigkeit Julians von den Schulmeinungen ist so ausgeprägt, daß es schwierig ist, ihn allein nach seinen Schriften den Sabinianern zuzuordnen. Den Ausschlag gibt der Bericht des Pomponius in seinem 'Enchiridium'[286]. DONELLUS[287], der Pomponius offenbar anders auslegte, hielt Julian aufgrund seiner unsabinianischen Stellungnahme zu einem Ersitzungsproblem[288] für einen Prokulianer.

Wenn man von Gaius absieht, der sich mit anachronistischem Eifer zur Schule der Sabinianer bekennt[289], hören wir von keinem Juristen, der Julian überlebt hat, daß er einer der beiden Rechtsschulen angehört hätte. Dies beruht auf dem sowohl ausgleichenden wie auch überragende Autorität

---

[282] S. o. S. 417 (bei Anm. 65).
[283] Nachweise bei BUHL 39; BOULARD 129.
[284] Vgl. D (23.3) 44.1 = Iul 268 mit D (23.3) 57 = Iav 147; D (28.7) 13 = Iul 442 mit D (19.2) 62 p = Iav 166.
[285] Nachweise bei BUHL 37f.
[286] D (1.2) 2.53, so Anm. 106.
[287] Comment. iur. civ. 2.25.5 (Opera 1 [Lucca, 1762] 1137) *Iulianus fuit in diversa haeresi. Fuit enim Proculianus, ut auctor est Pomponius in l.2 circa fin. D. de orig. iur.*
[288] D (41.4) 9 = Iul 914; D (41.4) 10 = Iul 856, gegenüber Paulus D (41.3) 4.16, der Sabinus und Cassius zitiert.
[289] Vgl. die bei KRÜGER, Quellen ²(1912) 161 n 8 (162) nachgewiesenen Stellen. Julianzitate bei Gaius führt BUHL 129f. auf.

ausstrahlenden Wirken Julians, war aber durch die Haltung Javolens schon vorbereitet.

Nach dem Bericht des Pomponius[290] stand Julian zusammen mit Aburnius Valens und Tuscianus oder nach diesen der sabinianischen Schule vor. Auf prokulianischer Seite waren zu Julians Zeit Neratius Priscus, dann der jüngere Celsus die Schulhäupter. Beide waren wie Julian Mitglieder von Hadrians *consilium*[291]. Mit diesen Exponenten der prokulianischen Schule stimmte Julian in vielen Sachfragen überein[292]. In anderen, weniger zahlreichen, war Julian entgegengesetzter Meinung. Namentliche Zitate von Neraz und Celsus finden wir bei Julian nicht; umgekehrt fehlen auch Julian-Zitate bei seinen Kontrahenten. Man muß dies nicht als ein persönlicher Abneigung entspringendes 'Totschweigen' deuten[294]. Auch trifft nicht zu, daß außerhalb des Lehrer-Schüler-Verhältnisses ein namentliches Anführen anderer Meinungen unter Zeitgenossen überhaupt nicht üblich gewesen wäre. Denn Pomponius wird von Julian an drei Stellen zitiert[295], und Pomponius bezieht sich verschiedentlich auf Julian.[296] Auch Gaius zitiert Julian häufig[297], ohne allerdings bei diesem Erwähnung zu finden. Venuleius Saturninus, der unter den Divi fratres Prätor war und damit mehr der auf Julian folgenden Zeit angehört, hat Julians 'Digesta' mit und ohne Quellenangabe benutzt[298]. Ist es ein Zufall, daß gerade Pomponius und Gaius, die in gewisser Hinsicht Randsiedler der klassischen Jurisprudenz sind[299], in dem hier interessierenden Punkte sich zu Julian anders verhalten als die Respondierjuristen und Konsiliare Neraz und Celsus? Es mag — die Lückenhaftigkeit der Überlieferung einmal beiseite gelassen — unter den Vertretern der letzteren Kategorie die Gepflogenheit bestanden haben, sich nicht zustimmend oder ablehnend in literarischen Äußerungen zu erwähnen, vielleicht um das kaiserliche *consilium* nach außen als einheitlichen Spruchkörper zu betonen und Meinungsabweichungen unter den Konsiliaren wenigstens nicht ausdrücklich zu verlautbaren. Diese Zurückhaltung brauchte nicht im Freundes- und Schülerkreise Julians zu gelten, wo sachliche Übereinstimmung die Regel war.

---

[290] D (1.2) 2.53, s. o. S. 423 Anm. 106. HONORÉ, Tijdschr. 32 (1964) 31 deutet den Bericht als Zeugnis für gleichzeitige Vorstandschaft.

[291] HA 1.18.1, s. o. Anm. 145.

[292] Nachweise bei BUHL 42f., 45ff.

[293] Nachweise bei BUHL 43f., 47ff.

[294] Im Verhältnis zu dem persönlich schwierigen Celsus wäre dies nicht allzu weit hergeholt. Das aggressive Temperament des Celsus wird sichtbar in einem Brief des Plinius (ep. 6.5.4ff.) und im Argumentationsstil seiner 'Digesten'; hierzu WIEACKER, Iura 13 (1962) 1ff.

[295] D (17.2) 63.9 = Iul 236; D (28.5) 42 = Iul 440 II; FVat 88 = Iul 508.

[296] Nachweise bei BUHL 49f.

[297] Nachweise bei BUHL 129f.

[298] Nachweise bei BUHL 129.

[299] Gaius und Pomponius waren anscheinend nicht als Rechtsgutachter tätig; sie bekunden abweichend von den anderen Klassikern rechtshistorisches Interesse. Vgl. KUNKEL, Herkunft ²(1967) 188 m. Nachw.

2. Der Juristenkreis um Julian

Zum Freundeskreis ist Aburnius Valens zu zählen, ein ungefährer Altersgenosse[300] Julians, der vielleicht noch vor diesem der sabinianischen Schule vorstand[301]. Wahrscheinlich gehörte er zum *consilium* des Antoninus Pius[302]. Er zitiert Julian zweimal[303] in seinen 'Libri fideicommissorum'. Auch von dem ebenfalls etwa gleichaltrigen und dem *consilium* des Antoninus Pius angehörigen[302] Vindius Verus[304] besitzen wir ein Julian-Zitat[305].

Nahe Beziehungen zu Julian sind bei Volusius Maecianus[306] nachweisbar, der unter Antoninus Pius[302] und unter den Divi fratres[307] dem kaiserlichen *consilium* angehörte. Er zitiert Julian häufig[308] und nennt ihn verschiedentlich *noster*. Der Altersunterschied rechtfertigt die Vermutung, daß er ein Schüler Julians war[309].

Bei Terentius Clemens[310], der ebenfalls Julian als *noster* zitiert[311] und sich seinen Auffassungen öfter anschließt[312], hat BUHL[313] die Schülerschaft bezweifelt, weil er einmal äußert: ... *et ego didici et Iulianus existimat*[314]. Dies scheint nicht zwingend. Terentius Clemens kann sehr wohl einen anderen Lehrer gehabt haben, bevor er sich Julian anschloß[315]. Außerdem läßt sich Terentius' Äußerung auch der Sinn: *et ego a Iuliano dicici* beilegen[316]. Afrikans bereits erwähnte[317] Schülerschaft ist unbestritten. Dagegen fehlt es an Indizien dafür, Mauricianus, den zur Zeit des Antoninus Pius lebenden Verfasser von *notae* zu Julian[318], zu den Schülern rechnen zu können.

---

[300] Zum Altersverhältnis HONORÉ, Tijdschr. 32 (1964) 35.

[301] Pomponius D (1.2) 2.53, s. o. Anm. 106.
   HONORÉ, Gaius (1962) 27 u. DERS., Tijdschr. 32 (1964) 33 nimmt an, daß der Pandektenjurist Valens ein Sohn des von Pomponius erwähnten Sabinianers war. Zu der Streitfrage vgl. KUNKEL, Herkunft ²(1967) 151f.

[302] HA 3.12.1, s. o. S. 428 (bei Anm. 153).

[303] D (32) 94 = Val. 10 (nicht bei LENEL, Iul.); D (4.4) 33 = Val 18, Iul 548.

[304] Zu seiner Person vgl. KUNKEL Herkunft ²(1967) 167f.

[305] FVat 77. Schülerschaft schließt HONORÉ, Tijdschr. 32 (1964) 38f. aus.

[306] Zu seiner Person vgl. KUNKEL, Herkunft 2 (1967) 174ff.

[307] D (37.14) 17 p, s. o. Anm. 176.

[308] Nachweise bei BUHL 128.

[309] Er war nicht sehr groß, s. KUNKEL, Herkunft ²(1967) 174 n 219; HONORÉ, Tijdschr. 32 (1964) 39. An die Celsus- und Aristozitate bei Maecian knüpft HONORÉ, Tijdschr. 32 (1964) 38f. die Vermutung, daß dieser (ursprünglich ?) Prokulianer war.

[310] Zu seiner Person vgl. KUNKEL, Herkunft ²(1967) 177ff.

[311] D (28.6) 6 = Iul 784.

[312] Nachweise bei BUHL 128.

[313] 128.

[314] D (7.7) 5 = Iul 516.

[315] Zutreffend KUNKEL, Herkunft ²(1967) 177 n 310.

[316] So HONORÉ, Tijdschr. 32 (1964) 18.

[317] s. o. S. 440 (bei Anm. 279).

[318] s. u. S. 446 (bei Anm. 347).

3. Julian als Rechtsdogmatiker und Schriftsteller

Julians Bedeutung als Rechtsgutachter und juristischer Schriftsteller liegt vor allem in der Fülle neuer Lösungen, die er erarbeitet oder denen er zum Durchbruch verholfen hat. Lebte Julian in der produktivsten Zeit der römischen Jurisprudenz[319], so ist er zu seiner Zeit der Jurist, der der Rechtspraxis die meisten Neuerungen angeboten hat[320]. Der größere Teil von ihnen wurde spätestens in der Severer-Zeit herrschende Lehre. Die Durchsetzungskraft der julianischen Lösungen beruht auf ihrer Praktikabilität und der Vermeidung jeder Überspitzung und Einseitigkeit. Julian scheut sich nicht, bei Gelegenheit der kasuistischen Arbeit auch allgemeine[321] und systematisierende[322] Sätze aufzustellen. Ein großer Teil der sprichwörtlichen Regeln des römischen Rechts verdankt seine Formulierung Julian. In dogmatischen Grundfragen[321] ist er eher konservativ[323]. Er erwartet den Fortschritt in der Rechtsanwendung nicht von einer Umgestaltung der Prinzipien. So verbindet sich in Julian rührige Initiative im Einzelnen und Konkreten mit behutsamem Bewahren der hergebrachten Grundlinien.

Julians Schriftstellerei ist auf allen Gebieten der Ziviljurisprudenz so ausgebreitet, daß schon wiederholt die reizvolle Aufgabe in Angriff genommen wurde, das julianische Privatrecht im Zusammenhang darzustellen. Angesichts der Fülle des Materials sind diese Unternehmungen über das Personenrecht nicht hinausgediehen[324].

Die Sprache Julians harrt noch einer modernen Bearbeitung von philologischer Seite[325]. Die Rechtshistoriker, die sich näher mit Julian befaßt haben, sind sich über die unaffektierte Klarheit und Natürlichkeit seiner Schreibweise einig[326]. Eine sprachliche Analyse der julianischen Schriften mit Hilfe von Datenverarbeitungsmaschinen hat LOTHAR MÜLLER durchgeführt[327].

---

[319] Vgl. BUHL 39.

[320] Tabellarische Übersicht bei BOULARD 146—174. Ferner sei auf folgende Abhandlungen zu von Julian besonders geförderten Problemen verwiesen: WLASSAK, Vindikation und Vindikationslegat, SZ 31 (1910) 196ff., 236ff.; 239ff.; 251ff., 288ff., dazu GROSSO, I legati nel dir. rom. 2(1962) 364ff.; F. SCHULZ, Die Lehre vom Concursus Causarum im klass. u. justinian. Recht, SZ 38 (1917) 114ff., 126ff., 130ff., 154ff., 199ff.; NÖRR, Die Entwicklung des Utilitätsgedankens im röm. Haftungsrecht, SZ 73 (1956) 68ff., 91ff.; MAYER-MALY, Das Putativtitelproblem bei der usucapio (1962) 30ff.; WESENER, Julians Lehre vom ususfructus, SZ 81 (1964) 83ff.

[321] Nachweise bei BUHL 108ff.

[322] Nachweise bei BUND (o. Anm. 2) 57 n 50.

[323] Kennzeichnend sein Verharren bei der Auffassung des *ususfructus* als *pars dominii* in D (45.1) 58 = Iul 715 u. D (45.1) 56.7 = Iul 697; hierzu WESENER, SZ 81 (1964) 90ff., 108.

[324] BUHL 145ff.; BOULARD 201ff.

[325] Die Schrift von KALB, Roms Juristen nach ihrer Sprache dargestellt (1890) 57ff., ist, besonders in ihrem Bemühen, Afrizismen zu entdecken, veraltet. Im Ansatz verfehlt (s. FRAENKEL, SZ 47 [1927] 397ff.) ist der Versuch von RECHNITZ, Studien zu Salvius Iulianus (1925), Juliantexte an den Maßstäben der antiken Kunstprosa zu messen und so Interpolationen nachzuweisen.

[326] So BUHL 108; BOULARD 128; KRÜGER, Quellen 2(1912) 186.

[327] Die Arbeit ist noch nicht erschienen.

Zur Methode Julians finden sich bereits bei Buhl[328] treffende Bemerkungen und Listen methodologisch zusammengehöriger Stellen. Boulard[329] hat der Methode ein eigenes Kapitel gewidmet, Seidl in seiner Römischen Rechtsgeschichte[330] und in einem Aufsatz[331] methodologische Fragen bei Julian behandelt. Der Analogie bei Julian (oder dem, was der Verfasser dafür hält) ist Reggi in einer umfangreichen Abhandlung[332] nachgegangen. In einer thematisch breiter angelegten, aber gleichwohl auf einen Ausschnitt aus der methodologischen Problematik beschränkten Monographie habe ich selbst zur Methode Julians Stellung genommen[333].

Für Julians Argumentationsweise kennzeichnend ist ihre methodische Vielfalt und das Fehlen jedes Schematismus in der Beweisführung. Mit Vorliebe verwendet Julian Vergleichsfälle in der verschiedensten Art ihrer Verknüpfung mit dem zu entscheidenden Fall. Wer jedes Argumentieren mit Ähnlichkeiten Analogie nennt, findet daher bei Julian im Überfluß Beispiele analoger Rechtsfindung[334]. Faßt man dagegen den Analogiebegriff enger und beschränkt ihn auf das bei Aristoteles als παράδειγμα[335] bezeichnete und in der philosophischen und in der rechtsmethodologischen Literatur als Analogieschluß beschriebene Argumentationsverfahren, so schrumpft die Zahl der Texte, in denen Julian eine Analogie möglicherweise ausführt, sehr zusammen[336].

Die Entscheidungsbegründungen Julians sind keineswegs immer stringent. Die altertümliche, als wirkliche Begründung ganz ungeeignete Denkform der Fiktion[337] verwendet Julian ausgiebig und erzielt mit ihr die besten Lösungen. Da seine Argumente nur auf den betreffenden Fall gemünzt sind, dürfen sie nicht ohne weiteres auf andere Fälle angewandt werden. Wenn sie sich bisweilen widerstreiten, so liegt darin für Julian nichts Befremdliches. Vom Erfordernis der Widerspruchsfreiheit geht er offensichtlich nicht aus. Dem entspricht es, daß er sehr selten aus dem Systemzusammenhang argumentiert. Unbefangen setzt er sich über systematische und dogmatische Konsequenzen hinweg, wenn es ihm richtig erscheint[337]. Die Praktikabilität des Ergebnisses genügt ihm bisweilen, um eine Lösung einer anderen vorzuziehen[339]. Dies alles ist um so bemerkenswerter, als

---

[328] 103ff.
[329] 176ff.
[330] 3(1971) 82ff.
[331] Festgabe für Ulrich von Lübtow (1970) 215.
[332] L'interpretazione analogica in Salvio Giuliano, Studi Parmensi 2 (1951) 105ff.; 3 (1953) 467ff.
[333] s. o. Anm. 2.
[334] So vor allem Reggi.
[335] An. pr. 2.24 = 68 b, 38ff.; vgl. auch Rhet. 1.2.19 = 1357 b, 25ff., 2.20.3 = 1393 a, 27ff.
[336] Näheres bei Bund (o. Anm. 2) 97ff. Zu der Streitfrage, ob römische Juristen den Gedankengang, der die Analogie i. e. S. kennzeichnet, vollzogen, aber nicht vollständig niederschrieben, vgl. Horak, Rationes decidendi 1 (1969) 243ff. und hierzu Bund, Iura 21 (1970) 207f.
[337] s. Bund (o. Anm. 2) 122ff.
[338] Nachweise bei Bund (o. Anm. 2) 23 n 83.
[339] Nachweise bei Bund (o. Anm. 2) 192 n 50.

es Julian, vom praktischen Scharfsinn ganz zu schweigen, an theoretisch-
philosophischer Bildung nicht fehlte[340]. Wenn man den 'Liber singularis de
ambiguitatibus'[341] ausnimmt, so zeigen seine Schriften, daß er von einer
'Verwissenschaftlichung' der Jurisprudenz seiner Zeit nicht viel hielt.

Die Mannigfaltigkeit und unterschiedliche Güte der julianischen Entscheidungsbegründungen lassen seine Methode, ganz im Gegensatz zu seinen
ausgewogenen, nach Einfachheit strebenden Lösungen, nicht als klassisch
erscheinen, wenn man in der Vereinfachung auf wenige große Linien ein
bestimmendes Merkmal des Klassischen sieht[342].

4. Die Nachwirkung Julians

Von allen Juristen der Hochklassik hat Julian am nachhaltigsten auf
die Jurisprudenz des späteren 2. und des 3. Jahrhunderts gewirkt.

Bereits ein jüngerer Zeitgenosse, Ulpius Marcellus[343], veröffentlichte
notae zu Julians 'Digesta'[344]. Sie sind zum großen Teil kritisch, nicht ohne
Originalität und zeugen vom dogmatischen Scharfsinn ihres Urhebers.
Oft erschöpfen sie sich in Distinktionen und mitunter pendantischen Ergän-
zungen[345]. Nur ganz selten hält Marcell Julian eines seines Erachtens im
Ergebnis billigere Lösung entgegen[346].

Ob der ebenfalls noch zu Julians Lebzeiten wirkende Iunius Mauricianus[347] *notae* zu Julian publizierte, ist zweifelhaft[348]. Die von Buhl[349]
angeführten Zitate bei Ulpian[350] können auch anderen Schriften des Mauricianus entnommen sein.

Nur zwei Fragmente[351] besitzen wir aus den *notae* Cervidius Scaevolas
zu Julians 'Digesta'. Fritz Schulz[352] gibt zu bedenken, daß auch sie aus
anderen Schriften Scaevolas exzerpiert sein könnten. Jedoch sind diese

---

[340] S. o. S. 9 u. Bund (o. Anm. 2) 183, 106 n 3.

[341] S. o. S. 31 (bei Anm. 256).

[342] Zum Begriff des Klassischen vgl. Wieacker, Über das Klassische in der röm. Jurisprudenz
(1950) u. die dort n 2 angeführte Lit.; ferner Gadamer, Wahrheit und Methode (1960)
269 ff.

[343] Zu seiner Person vgl. Krüger, Quellen ²(1912) 213; Honoré, Tijdschr. 32 (1964) 24 ff.;
Kunkel, Herkunft ²(1967) 213 f.

[344] Lenel hat die 58 Fragmente (Aufzählung Pal. 1, 633 n 6) nicht gesondert, sondern nur im
Zusammenhang mit Julians Fragmenten ediert.

[345] Nachweise bei Bund (o. Anm. 2) 181 n 41. Ausführlich zum Inhalt der Anmerkungen
Marcells Buhl 114 ff.

[346] D (37.4) 17 = Iul 368 (Echtheit zweifelhaft); D (42.4) 3 p = Iul 630.

[347] Vgl. Buhl 114; Krüger, Quellen ²(1912) 198; Kunkel, Herkunft ²(1967) 176.

[348] So Lenel, Pal. 1, 692; Karlowa, Röm. Rechtsgeschichte 1 (1885) 711; Schulz, Gesch. d.
röm. Rechtswiss. (1961) 276 n 1.

[349] 114.

[350] D (2.14) 7.2 = Iul 15; D (5.3) 36 p = Iul 81; D (7.1) 25.1 = Iul 498; FVat 75 = Iul 502.

[351] D (2.14) 54 = Iul 363; D (18.6) 11 = Iul. 110

[352] Geschichte d. röm. Rechtswiss. (1961) 277.

Fragmente immerhin als *notae* des Scaevola inskribiert. Dieser befaßte sich auch andernorts[353] ausgiebig mit Julian.

Als solche inskribiert sind auch die etwas zahlreicheren Fragmente[354] aus den *notae* des Paulus. Sie zeigen, wie auch Zitate in anderen Schriften des Paulus, daß dieser sich eingehend und überwiegend zustimmend mit Julian auseinandergesetzt hat.

Papinian zitiert Julian häufig[355]. Dies verdient um so mehr Beachtung, als es sich bei den Schriften Papinians um Problemliteratur handelt. Für die Großkommentare von Ulpian und Paulus ist Julian bekanntermaßen die ergiebigste Quelle aus hochklassischer Zeit. Diese Kommentare lassen erkennen, daß Julians Meinung sich in den meisten Kontroversen durchgesetzt hat. Auch andere Spätklassiker, so Tryphonin[356], Licinnius Rufinus[357], Marcian[358], Callistratus[359], Modestin[360], möglicherweise auch Tertullian[361] beziehen sich auf Julian. Noch Hermogenian, der nicht mehr zu den Klassikern zu rechnende späteste Jurist, den wir mit Namen kennen[362], hat die 'Digesta' Julians mehrfach benutzt, ohne allerdings seine Quelle zu nennen[363].

Auch bei den anonymen Nachklassikern des 4. und (im Osten) 5. Jahrhunderts scheinen sich Julians Werke großer Beliebtheit erfreut zu haben. Die 'Digesta' Julians wurden — nicht ohne Eingriffe in den Text — neu herausgegeben[364]. SOLAZZI[365] glaubte, Spuren eines griechischen oder gräzisierenden Kommentars feststellen zu können. H. J. WOLFF vermutet in nachklassischen Veränderungen des Ulpianischen Sabiniuskommentars die Hand eines 'Juliankenners'[366].

In der westlichen Reichshälfte allerdings waren die Schriften Julians im 5. Jahrhundert den Praktikern nicht mehr zugänglich. Das Zitiergesetz von 426[367] nennt als juristische Autoren, deren Werke vor Gericht verwendet

---

[353] Nachweise bei BUHL 130f.
[354] Aufzählung bei LENEL, Pal. 1, 1143; Edition nur im Zusammenhang mit den 'Digesten' Julians.
[355] Nachw. bei BUHL 131.
[356] Nachw. bei BUHL 132.
[357] Nachw. bei BUHL 132.
[358] Nachw. bei BUHL 132.
[359] Nachw. bei BUHL 132.
[360] Nachw. bei BUHL 133.
[361] Nachw. bei BUHL 132.
[362] Vgl. LIEBS, Hermogenians iuris epitomae (1964).   [363] Nachw. bei BUHL 133.
[364] Lit. zur Überlieferungsgeschichte der 'Digesta' Julians: KÜBLER, Krit. Vierteljschr. 23 (1930) 191; PRINGSHEIM, SZ 50 (1930) 411, 421; STEINWENTER, Studi Bonfante 2 (1930) 437f.; H. J. WOLFF, Studi Riccobono 3 (1935) 465, DERS., Seminar 7 (1949) 67ff.; D'ORS, Annuario 16 (1945) 260; KRELLER, Scritti Ferrini (Milano) 4 (1949) 148ff.; WIEACKER, Textstufen klassischer Juristen (1960) 175 n 248; SCHULZ, Gesch. d. röm. Rechtswiss. (1961) 290f.
[365] Studi Besta 1 (1938) 17ff.
[366] Festschr. Fritz Schulz 2 (1951) 161ff.; hierzu WIEACKER, Textstufen klassischer Juristen (1960) 284.
[367] CTh (1.4) 3 *Papiniani, Pauli, Gai, Ulpiani atque Modestini scripta universa firmamus ita, ut Gaium quae Paulum, Ulpianum et ceteros comitetur auctoritas lectionesque ex omni eius*

werden durften, nur die Spätklassiker Papinian, Ulpian, Paulus und Modestin, außerdem Gaius, dessen weitverbreitetes Lehrbuch sich auch im nachklassischen Westen behaupten konnte. Die westgotische Interpretatio zum Zitiergesetz[368] vermerkt, daß die Schriften von Scaevola, Sabinus, Julian und Marcellus nicht mehr im Original, sondern nur noch in Zitaten bei den Zitierjuristen zugänglich seien. In der Fassung, die das Zitiergesetz 438 erhielt, waren alle Klassiker, auf die die Zitierjuristen verwiesen, vor Gericht zitierfähig. Diese Bestimmung ist ein Zugeständnis an gelehrte Bestrebungen. Die Verbreitung der klassischen Schriften im Westen dürfte 438 etwa dieselbe gewesen sein wie beim Erlaß des ursprünglichen Zitiergesetzes. Die vorjustinianischen nachklassischen Sammelwerke lassen mit statistischer Wahrscheinlichkeit erkennen, daß in der Praxis des Westens nur mehr Schriften der fünf Zitierjuristen greifbar waren[369].

Julians Werke haben also das 4. und 5. Jahrhundert nur dank der Wiederbelebung der Rechtswissenschaft in der östlichen Reichshälfte überdauert. Dort allerdings wurde Julian, wie die Erwähnung seiner Person in Kaiserkonstitutionen[370] und die Verwendung seiner Schriften in der Kompilation ausweisen, die Ehre zuteil, die dem großen Hochklassiker gebührt.

Bibliographie

Abkürzungen

AG	Archivio giuridico
ANRW	Aufstieg und Niedergang der römischen Welt, hrg. v. H. TEMPORINI—W. HAASE, Berlin–New York 1972ff.
Bull.	Bullettino dell'Istituto del Diritto romano
JRSt	Journal of Roman Studies
NNDI	Novissimo Digesto Italiano
NRH	Nouvelle revue historique de droit français et étranger (1877—1921)
RE	Paulys Realenzyclopädie der classischen Altertumswissenschaft
RHD	Revue historique de droit français et étranger (seit 1922)
RIDA	Revue internationale des droits de l'antiquité

---

corpore recitentur. [eorum quoque scientiam, quorum tractatus atque sententias praedicti omnes suis operibus miscuerunt, ratam esse censemus, ut Scaevolae, Sabini, Iuliani atque Marcelli omniumque, quos illi celebrarunt, si tamen eorum libri propter antiquitatis incertum codicum collatione firmentur.] ubi autem diversae sententiae proferuntur, potior numerus vincat auctorum, . . . Der eckig eingeklammerte Satz wurde 438 eingefügt, wie GRADENWITZ, SZ 34 (1913) 280f. nachgewiesen hat.

[368] . . . *Scaevola, Sabinus, Iulianus atque Marcellus in suis corporibus non inveniuntur, sed in praefatorum* (d. h. der fünf Zitierjuristen) *opere tenentur inserti* . . .

[369] Zum Schwund der Rechtsliteratur in frühnachklassischer Zeit ausführlich WIEACKER, Textstufen klassischer Juristen (1960) 144ff.

[370] Neben justinianischen Konstitutionen (s. o. S. 422 bei Anm. 102) ist eine Konstitution von Leo und Anthemius (a. 473) zu nennen: C (6.61) 5.1 . . . *non piget nos . . .aequitati convenientem Iuliani tantae existimationis viri etque disertissimi iuris periti opinionem sequi.*

SDHI	Studia et Documenta Historiae et Iuris
SZ	Zeitschrift der Savigny-Stiftung für Rechtsgeschichte, Romanistische Abteilung
Tijdschr.	Tijdschrift voor Rechtsgeschiedenis
ZRG	Zeitschrift für Rechtsgeschichte

ACCARIAS, C.: Précis de droit romain 1, Paris 1886.

ALFÖLDY, G.: Senatoren in der römischen Provinz Dalmatia, in: Epigraphische Studien 5, Düsseldorf 1968, S. 95 ff.

ALFÖLDY, G.: Fasti Hispanienses, Wiesbaden 1969.

APPLETON, CH.: La date des Digesta de Julien, in: NRH 34 (1910) S. 731 ff.

APPLETON, CH.: Les pouvoirs du fils de famille sur son pécule castrans et la date des Digesta de Julien, in: NRH 35 (1911) S. 593 ff.

APPLETON, CH.: Le vrai et le faux sénatus-consulte Juventien, in: RHD 9 (1930) 1 ff.; 621 ff.

APPLETON, CH.: Des interpolations dans les Pandectes, Paris 1894.

ARANGIO-RUIZ, V.: Responsabilità contrattuale, Napoli 1927.

BARNES, T. D.: A Senator from Hadrumentum and Three Others, in: Bonner Histo⁻ ria-Augusta-Colloquium 1968—69, Antiquitas IV 7, Bonn 1970, S. 46 ff.

BAVIERA, G.: Le due scuole dei giureconsulti romani, Firenze 1898.

BEHR, CH. A.: Aelius Aristides and the Sacred Tales, Amsterdam 1968.

BERGER, A.: Due note su Salvio Giuliano, in: Studi in mem. di Emilio Albertario, 1, Milano 1953, 603 ff.

BESELER, G. VON: Beiträge zur Kritik der römischen Rechtsquellen, Heft 6, in: SZ 66 (1948) 265 ff.

BESELER, G. VON: Beiträge zur Kritik der römischen Rechtsquellen, Heft 4, Tübingen 1920.

BIRLEY, A. R.: Some Notes on HA Severus 1—4, in: Bonner Historia-Augusta-Colloquium 1968/69, Antiquitas IV 7, Bonn 1970, 59 ff.

BORGHESI, B. C.: Oeuvres complètes, Paris 1862 ff.

BOULARD, L.: Salvius Julianus, Paris 1902.

BOWERSOCK, G. W.: Greek Sophists in the Roman Empire, Oxford 1969.

BREMER, F. P.: Die Rechtslehrer und Rechtsschulen im römischen Kaiserreich, Berlin 1868.

BREMER, F. P.: Iurisprudentiae antehadrianae quae supersunt, 2,2, Leipzig 1901.

BRUNT, P. A.: Italian Manpower, Oxford 1971.

BUHL, H.: Salvius Julianus, Heidelberg 1886.

BUHL, H.: Africans 'Quaestionen' und ihr Verhältnis zu Julian, in: SZ 2 (1881) 180 ff.

BUND, E.: Untersuchungen zur Methode Julians, Forschungen zum römischen Recht, Bd. 20, Köln/Graz 1965.

BUND, E.: Rec. HORAK: Rationes decidendi, in: Iura 21 (1970) 200 ff.

BUONAMICI, G.: Sull'Indice (Syntagma) degli autori e dei libri che servirono alla compilazione delle Pandette, Annali delle Università Toscane vol. 23, Pisa 1901.

CHIAZZESE, L.: Introduzione storica allo studio del diritto romano, 3. Aufl. Palermo 1948.

COING, H.: Zur Methode der republikanischen Jurisprudenz: Zur Entstehung der grammatisch-logischen Auslegung, in: Studi in onore di V. Arangio-Ruiz, 1, Napoli 1953, 365 ff.

COSENTINI, CH.: Brevi note sull'origine dell' 'edictum de coniugendis cum emancipato liberis eius', in: Studi in mem. Siro Solazzi, Napoli 1948, 219 ff.

COSTA, E.: Storia del diritto romano, 1, Milano, Torino, Roma 1909, 73 ff.

CUIACIUS, J.: Opera, Venedig/Modena 1758—1783.

De Francisci, P.: Contributo alla bibliografia di S. Giuliano, in: Rendiconti dell'Istituto Lombardo 41 (1908) 442ff.

De Francisci, P.: Nuovi appunto intorno a Salvio Giuliano, in: Rendiconti dell'Istituto Lombardo 42 (1909) 654ff.

De Francisci, P.: Per la storia dell'editto perpetuo nel periodo postclassico, in: RIDA 4 (1950) 319ff.

De Francisci, P.: Storia del diritto romano, 2. Aufl. Milano 1938.

Degrassi, A.: Note epigrafiche, in: Epigraphica 3 (1941) 23f.

Degrassi, A.: I Fasti consolari dell'impero romano dal 30 avanti Cristo al 613 dopo Cristo, Rom 1952.

Dell'Oro, A.: La posizione delle 'constitutiones principum' in Giuliano, in: Studi in onore di G. Grosso, 2, Torino 1968, 365ff.

De Medio, A.: Note in alcuni frammenti di Africano interpolati, in: AG 68 (1902) 201ff.

Dénoyez, J.: Le sénatus-consulte Juventien, Nancy 1926.

Dénoyez, J.: Le défendeur à la pétition d'hérédité privée en droit romain, Publ. de l'Institut de Droit Romain de l'Université de Paris vl. 10, Paris 1953.

D'Orgeval, B.: L'empereur Hadrien, Paris 1950.

D'Orgeval, B.: Essai sur l'œuvre législative et administrative de l'empereur Hadrien, Paris 1947.

D'Orgeval, B.: La carrière de Salvius Julianus et la codification de l'Édit, in: RHD 26 (1948) 301ff.

D'Ors, A.: In diem addictio, in: Annuario de Historia del Derecho Español 16 (1945) 193ff.

D'Ors, A.: Epigrafia juridica griega y romana (IX) 1966—1968, in: SDHI 35 (1969) 501ff.

Ebrard, F.: Das zeitliche Rangverhältnis der Konstitutionen De confirmatione Digestorum 'Tanta' und 'Δέδωκεν', in: SZ 40 (1919) 113ff.

Ferrini, C.: Rec. Buhl: Salvius Julianus, in: Opere 2, Milano 1929, 498ff.

Fitting, H.: Alter und Folge der Schriften römischer Juristen von Hadrian bis Alexander, Halle 1908.

Fitting, H.: Das castrense peculium in seiner Geschichte, Halle 1871.

Fraenkel, E.: Rec. Rechnitz: Studien zu Salvius Julianus, in: SZ 47 (1927) 397ff.

Frezza, P.: Corso di storia del diritto romano, Roma 1954, 351f.

Friedländer, L.: Darstellungen aus der Sittengeschichte Roms in der Zeit von Augustus bis zum Ausgang der Antonine, 9./10. Auflage, 4, Leipzig 1921.

Foucher, L.: Hadrumetum, in: Publications de l'Université de Tunis 1ère sér. vol. 10, Tunis 1964.

Fuchs, K.: Geschichte des Kaisers L. Septimus Severus, Wien 1884.

Gadamer, H.-G.: Wahrheit und Methode, Tübingen 1960.

Gandolfi, G.: Studi sull'interpretazione degli atti negoziali in diritto romano, Pubbl. della Facoltà di Giurisprudenza dell'Univ. di Milano ser. 2 vol. 2, Milano 1966.

Gauckler, P.: Note sur un nouveau proconsul d'Afrique, le jurisconsulte L. Octavius Cornelius Salvius Iulianus Aemilianus, in: Comptes rendus Acad. inscr. (1899) 367ff.

Girard, P. F.: Un document sur l'édit anterieur à Julien. Valerius Probus, de litteris singularibus, 5, 1—24, in: Aus römischem und bürgerlichem Recht. E. I. Bekker überreicht, Weimar 1907, ND Aalen 1970, 21ff. = Mélanges de droit romain 1, Paris 1912, 177ff.

Girard, P. F.: La date de l'édit de Julien in: NRH 34 (1910) 5ff. = Mélanges de droit romain 1, 324ff.

Girard, P. F.: L'édit perpetuel, in: NRH 28 (1904) 117ff.

Gradenwitz, O.: Interpolation im Theodosianus?, in: SZ 34 (1913) 274ff.

GROAG, E.:	Zum Konsulat in der Kaiserzeit, in: Wiener Studien, Zeitschrift für klassische Philologie 47 (1929) 143 ff.
GROAG, E.:	Sex. Caecilius Aemilianus, in: PIR 2. Aufl., 3, Berlin 1943, Nr. 17.
GROSSO, G.:	I legati nel diritto romano, 2. Aufl. Torino 1962.
GSELL, ST.:	La République romaine et les rois indigènes, in: Histoire ancienne de l'Afrique du Nord, 7, Paris 1930, 2. Aufl.
GUARINO, A.:	Opinioni codificate ?, in: Labeo 1 (1955) 201 ff.
GUARINO, A.:	L'ordinamento giuridico romano, Napoli 1956.
GUARINO, A.:	La leggenda sulla codificazione dell'editto e la sua genesi, in: Atti del congresso internaz. di dir. rom. e storia del diritto, 2, Verona 1951, 167 ff.
GUARINO, A.:	La formazione dell' 'Edictum perpetuum', oben in diesem Werk (ANRW), Bd. II 13, hrsg. v. H. TEMPORINI, Berlin–New York 1976.
GUARINO, A.:	La pista dell'avunculus, in: Index 3 (1973) 421 ff.
GUARINO, A.:	Salvius Julianus. Profilio bio-bibliografico, Catania 1946, Nachdruck in: Labeo 10 (1964) 364 ff.
GUARINO, A.:	L'esaurimento del ius honorarium e la pretesa codificazione dell'editto, in: Studi in mem. di E. Albertario 1, Milano 1953, 623 ff.
GUARINO, A.:	Storia del diritto romano, 5. Aufl. Napoli 1975.
GUARINO, A.:	Alla ricerca di Salvio Giuliano, in: Labeo 5 (1959) 67 ff.
GUARINO, A.:	La compilazione dei Digesta Justiniani, in: Atti Accad. sc. mor. e. pol. Napoli 79 (1968) 527 ff.
GUARINO, A.:	Rec. BUND, Untersuchungen zur Methode Julians, in: Labeo 12 (1966) 394 ff.
HEINECCIUS, J. G.:	De Salvio Juliano, Halle 1733.
HEINECCIUS, J. G.:	Historia edictorum et edicti perpetui, Halle 1771.
HENDERSON, W.:	The Life and Principate of the Emperor Hadrian, Oxford 1923.
HEUSS, A.:	Römische Geschichte, Braunschweig 1971.
HIMMELSCHEIN, J.:	Studien zu der antiken Hermeneutica iuris, in: Symbolae Friburgenses in honorem O. Lenel, Leipzig 1935, 373 ff.
HIRSCHFELD, O.:	Die Kaiserlichen Verwaltungsbeamten, Berlin 1905.
HONORÉ, A. M.:	Gaius, Oxford 1962.
HONORÉ, A. M.:	Julian's Circle, in: Tijdschr. 32 (1964) 1 ff.
HORAK, F.:	Entscheidungsbegründungen bei den älteren römischen Juristen bis Labeo, Rationes decidendi 1, Innsbruck 1969.
HORAK, F.:	Rec. TORRENT, Salvius Julianus, in: SZ 90, (1973) 411 ff.
HÜTTL, W.:	Römische Reichsbeamte und Offiziere unter Antoninus Pius, Prag 1933.
JÖRS, P.:	Digesta, in: RE Suppl. 1 (1903) 484 ff.
JÖRS, P.:	Caecilius, Nr. 29, in: RE 3, 1 (1897) 1192 ff.
KALB, W.:	Roms Juristen nach ihrer Sprache dargestellt, Leipzig 1890.
KARLOWA, O.:	Römische Rechtsgeschichte 1, Leipzig 1885.
KASER, M.:	Zum Ediktsstil, in: Festschrift Fritz Schulz, 2, Weimar 1951, 21 ff.
KASER, M.:	Römisches Privatrecht, 8. Aufl., München 1974.
KASER, M.:	Zum römischen Fremdbesitz, in: SZ 64 (1944) 389 ff.
KASER, M.:	Infamia und ignominia in den römischen Rechtsquellen, in: SZ 73 (1956) 220 ff.
KASER, M.:	Die Passivlegitimation zur hereditatis petitio, in: SZ 72 (1955) 90 ff.
KIPP, TH.:	Geschichte der Quellen des römischen Rechts, Leipzig u. Erlangen 1919.
KORNEMANN, E.:	Der Jurist Salvius Julianus und der Kaiser Didius Julianus, in: Klio 6 (1906) 178 ff.
KRELLER, H.:	Rec. DÉNOYEZ, J.: Le défendeur à la pétition d'hérédité en droit romain, in: SZ 71 (1954) 439 ff.

KRELLER, H.:	Spatium quoddam temporis. Eine Studie über den Ursprung von Parallelstellen in den Digesten, in: Scritti Ferrini, 4, Milano 1949, 148 ff.
KRÜGER, H.:	Römische Juristen und ihre Werke, in: Studi in onore di P. Bonfante, 2, Milano 1930, 332 ff.
KRÜGER, P.:	Über die Zusammensetzung der Digestenwerke, in: SZ 7 (1886) 94 ff.
KRÜGER, P.:	Geschichte der Quellen und Litteratur des römischen Rechts, Systematisches Handbuch der deutschen Rechtswiss., I 2, 1. Aufl. München/Leipzig 1888, 2. Aufl. Leipzig 1912.
KÜBLER, B.:	Exegetische und kritische Bemerkungen zu einigen Digestenstellen, in: SZ 59 (1939) 569 ff.
KÜBLER, B.:	Rec. Gedächtnisschrift für Emil Seckel, in: Kritische Vierteljahresschrift 23 (1930) 187 ff.
KUNKEL, W.:	Über Lebenszeit und Laufbahn des Juristen Iulianus, in: Iura 1 (1950) 192 ff.
KUNKEL, W.:	Herkunft und soziale Stellung der römischen Juristen, Forschungen zum röm. Recht, 4, 2. Aufl. Weimar 1967.
KUNTZE, J. E.:	Exkurse über römisches Recht, Institutionen und Geschichte des römischen Rechts, 2, Leipzig 1880.
LEINWEBER, A.:	Die heriditatis petitio, Berlin 1899.
LEMOSSE, M.:	Rec. TORRENT: Salvius Julianus, in: RHD 50 (1972) 458 ff.
LENEL, O.:	Das Edictum Perpetuum, 3. Aufl. Leipzig 1927.
LENEL, O.:	Beiträge zur Kunde des Edicts und der Edictscommentare, in: SZ 2 (1881) 14 ff.
LIEBS, D.:	Hermogenians iuris epitomae, Göttingen 1964.
LONGO, G.:	L'hereditatis petitio, Padova 1933.
MAYER-MALY, TH.:	Das Putativtitelproblem bei der usucapio, Graz–Köln 1962.
MAYER-MALY, TH.:	Zu Julians 'liber singularis de ambiguitatibus', in: Temis 11 (1967) (= Estudios Sánchez del Rio) 147 ff.
MAYNZ, CH.:	Cours de droit romain, 5. Aufl. Bruxelles 1891.
MERLIN, A.:	Le iurisconsulte Salvius Julianus proconsul d'Afrique, in: Mém. Acad. Inscript. 43.2 (1951) 93 ff.
MOMMSEN, TH.:	Die Bedeutung des Wortes 'digesta', in: ZRG 7 (1868) 480 ff.
MOMMSEN, TH.:	Salvius Julianus, in: SZ 23 (1902) 54 ff. = Ges. Schriften 2, Berlin 1905, 1 ff.
MOMMSEN, TH.:	Römisches Staatsrecht ³2, Leipzig 1887.
MOMMSEN, TH.:	Über den Chronographen vom Jahre 354, in: Abhandlungen der phil.-hist. Klasse der Kgl. Sächs. Ges. der Wiss. 1, Leipzig 1850, 673 ff.
MOMMSEN, TH.:	Über Julians Digesten, in: ZRG 9 (1870) 82 ff. = Ges. Schriften 2, Berlin 1905, 7 ff.
MORRIS, J.:	Leges Annales under the Principate. 1. Legal and Constitutional, in: Listy Filologické 87 (1964) 316 ff.
MORRIS, J.:	Leges Annales under the Principate. Political Effects, in: Listy Filologické 88 (1965) 22 ff.
NABER, J. C.:	Ab Ulpiano interpolatus Julianus, Observatiunculae de iure Romano XIV, Mnemosyne 11 (1892) 101 ff.
NÖRR, D.:	Drei Miszellen zur Lebensgeschichte des Juristen Salvius Julianus, in: Daube Noster, Essays in Legal History for David Daube, Edinburgh–London 1974, 233 ff.
NÖRR, D.:	Die Entwicklung des Utilitätsgedankens im römischen Haftungsrecht, in: SZ 73 (1956) 68 ff.
ORESTANO, R.:	Giuliano Salvio, in: NNDI 7 (1961) 913 ff.

PERNICE, H.:   Die Bedeutung des Wortes 'Digesta', in: Miscellanea zur Rechts-
                          geschichte und Texteskritik, Prag 1870, 1ff.
PFAFF, J.:   Salvius Nr. 14, in: RE 1 A 2 (1914) 2023ff.
PFLAUM, H. G.:   La valeur de la source inspiratrice de la vita Pii à la lumière des
                          personnalités nommément citées, in: Historia-Augusta-Colloquium
                          1964/65, Antiquitas IV 3, Bonn 1966, 148ff.
PRINGSHEIM, F.:   The Legal Policy and Reforms of Hadrian, in: JRSt 23 (1934) 141ff.
PRINGSHEIM, F.:   Eigentumsübergang beim Kauf, in: SZ 50 (1930) 333ff.

RECHNITZ, W.:   Studien zu Salvius Julianus, Weimar 1925.
REGGI, R.:   L'interpretazione analogica in Salvio Giuliano, in: Studi Parmensi 2
                          (1951) 103ff. u. 3 (1953) 467ff.
RICCOBONO, S.:   Studi critici sulle fonti del diritto Romano, Βιβλία ἕξ Julianus ad
                          Minicium, in: Bull. 7 (1894) 225ff.; in: Bull. 8 (1895) 169ff.
ROHDEN, P. v.:   Ceionius Nr. 8, in: RE 3.2 (1898) 1832ff.
ROTONDI, G.:   La misura della responsabilità nell' actio depositi, in: Scritti giur.
                          2 (1922) 91ff.

SALZMANN, E.:   Hadrian und das Problem seiner Persönlichkeit, in: Neue Jahrbücher
                          für Wiss. u. Jugendbild. 2 (1926) 520ff.
SANTALUCIA, B.:   I legati ad effeto liberatorio fino a Giuliano, in: Labeo 13 (1967) 151ff.
SCHINDLER, K.-H.:   Justinians Haltung zur Klassik, Köln–Graz 1966.
SCHMID, W.:   Aristeides, Nr. 24, in: RE 2.1 (1895) 886ff.
SCHULZ, F.:   Geschichte der römischen Rechtswissenschaft, Weimar 1961.
SCHULZ, F.:   Prinzipien des römischen Rechts, Berlin 1954.
SCHULZ, F.:   Die Lehre vom concursus causarum im klass. und justinian. Recht,
                          in: SZ 28 (1917) 114ff.
SCHULZE, E. TH.:   Zum Sprachgebrauche der römischen Juristen, in: SZ 12 (1892) 100ff.
SEIDL, E.:   Römische Rechtsgeschichte, 3. Aufl. Köln, Bonn, Berlin 1971.
SEIDL, E.:   Wege zu Julian, in: Sein und Werden im Recht. Festgabe für Ulrich
                          v. Lübtow, Berlin 1970, 215ff.
SERRAO, F.:   Il giurista Salvio Giuliano nell'iscrizione di Thuburbo Maius, in: Atti
                          del III Congresso Internaz. di epigrafia greca e latina, 3, Roma 1959,
                          395ff.
SOLAZZI, S.:   Le tracce di un commento agli scritti di Salvio Giuliano, in: Studi
                          di storia e diritto in onore di E. Besta, 1, Milano 1939, 17ff.
STEINWENTER, A.:   Minicius Nr. 3, in: RE 15.2 (1932) 1809f.
STEINWENTER, A.:   Zur Lehre vom Gewohnheitsrechte, in: Studi in onore di Bonfante 2,
                          Milano 1930, 419ff.
SYME, R.:   Ammianus and the Historia Augusta, Oxford 1968.
SYME, R.:   Three Jurists, in: Bonner Historia-Augusta-Colloquium 1968/69,
                          Antiquitas IV 7, Bonn 1970, 309ff.
SYME, R.:   Ignotus, the Good Biographer, in: Bonner Historia-Augusta-Collo-
                          quium 1966/67, Antiquitas IV 4, Bonn 1968, 131ff.
THOMASSON, B. E.:   Die Statthalter der römischen Provinzen Nordafrikas von Augustus
                          bis Diocletianus, Bd. 2, Skrifter utgivna av Svenska Institutet i
                          Rom. Acta Instituti Romani Regni Sueciae Ser. in — 8°, 9, Lund 1960.
TORRENT, A.:   Salvius Julianus liber singularis de ambiguitatibus, Salamanca 1971.
TORRENT, A.:   Rec. BUND: Untersuchungen zur Methode Julians, in: Annuario de
                          Historia del Derecho Español 36 (1966) 614ff.

VOCI, P.:   Diritto ereditario romano, 2. Aufl. Milano 1963.
VOGT, H.:   Hadrians Justizpolitik im Spiegel der römischen Reichsmünzen, in:
                          Festschr. f. Fritz Schulz, 2, Weimar 1951, 193ff.
VOIGT, M.:   Ius naturale, 4, Leipzig 1875.
VOIGT, M.:   Über das Aelius- und Sabinussystem, in: Ber. d. phil.-hist. Klasse der
                          Kgl. Sächs. Ges. d. Wiss. 7, Leipzig 1864, 354ff.

WACKE, A.:   Afrikans Verhältnis zu Julian und die Haftung für höhere Gewalt, in: ANRW II 15, hier unten 455 ff.

WEISS, E.:   Vorjulianische Ediktsredaktionen, in: SZ 50 (1930) 249 ff.

WENGER, L.:   Quellen des römischen Rechts, Wien 1953.

WESENER, G.:   Julians Lehre vom usus fructus, in: SZ 81 (1964) 83 ff.

WESENER, G.:   Quaestor, in: RE 42 (1963) 801 ff.

WIEACKER, F.:   Studien zur hadrianischen Justizpolitik, in: Freiburger Rechtsgeschichtliche Abhandlungen 5 (1935) 43 ff.

WIEACKER, F.:   Rec. BUND: Untersuchungen zur Methode Julians, in: Tijdschr. 36 (1968) 137 ff.

WIEACKER, F.:   Textstufen klassischer Juristen, Göttingen 1960.

WIEACKER, F.:   Amoenitates Iuventianae. Zur Charakteristik des Juristen Celsus, in: Iura 13 (1962) 1 ff.

WIEACKER, F.:   Über das Klassische in der römischen Jurisprudenz, Tübingen 1950.

WITTMANN, R.:   Rec. ALFÖLDY, Fasti Hispanienses, in: SZ 89 (1972) 408 ff.

WLASSAK, M.:   Edikt und Klageform, Jena 1882.

WLASSAK, M.:   Vindikation und Vindikationslegat, in: SZ 31 (1910) 196 ff.

WOLFF, H. J.:   Zur Überlieferungsgeschichte von Ulpians libri ad Sabinum, in: Festschrift Fritz Schulz, 2, Weimar 1951, 145 ff.

WOLFF, H. J.:   Julian und die celsinische Durchgangstheorie, in: Mélanges Ph. Meylan, 1, Lausanne 1963, 409 ff.

WOLFF, H. J.:   Concerning the Transmission of Julian's Digesta, in: Seminar 7 (1949) 67 ff.

WOLFF, H. J.:   Die Pupillarsubsitution. Eine Untersuchung zur Geschichte des 'heres'-Begriffs und der römischen Rechtswissenschaft, in: Studi in onore di S. Riccobono, 3, Palermo 1936, 405 ff.

Dig. 19, 2, 33:
Afrikans Verhältnis zu Julian und die Haftung für höhere Gewalt

von Andreas Wacke, Köln

Inhaltsübersicht

Vorbemerkungen

Während noch SAVIGNY in den klassischen römischen Juristen gleichsam 'fungible Personen' sah, die sich alle der gleichen wissenschaftlichen Methode verpflichtet fühlten[1], betrachtet es die neuere romanistische Forschung zunehmend als ihre Aufgabe, die individuellen Persönlichkeitszüge der einzelnen Klassiker, die Eigentümlichkeiten ihres Denkens und ihrer Darstellungsart freizulegen[2]. In diesem Untersuchungsprogramm bildet das Verhältnis des Hochklassikers Afrikan zu seinem überragenden Lehrer Julian eine offene Frage. Zu ihrer Klärung vermag vielleicht der folgende Afrikantext beizutragen. Dieses schwierige Fragment ist aber noch

[1] F. K. VON SAVIGNY, Vom Beruf unserer Zeit für Gesetzgebung und Rechtswissenschaft (1814) 157, vgl. 29, wieder abgedruckt in: Thibaut und Savigny, ein programmatischer Rechtsstreit, hrsg. von JACQUES STERN (Berlin 1914, Neudr. München 1959) 163, vgl. 88: „Unter den Römern zur Zeit des Papinian war ein Gesetzbuch möglich, weil ihre gesamte juristische Literatur selbst ein organisches Ganzes war: man könnte ... sagen, daß damals die einzelnen Juristen fungible Personen waren." Dazu krit. FRITZ SCHULZ, Prinzipien des römischen Rechts (München 1934, Neudr. Berlin 1954) 72f.; F. WIEACKER, Vom römischen Recht [2] (München 1961) 129. Eher verdienten die größtenteils anonymen Justizfunktionäre unter dem Dominat diese Bezeichnung; vgl. TH. MAYER-MALY, Rechtswissenschaft (Darmstadt 1972) 22.
Hieran anknüpfend bezeichneten H. THIEME, Aus der Vorgeschichte des Bürgerlichen Gesetzbuches, Deutsche Juristenzeitung 39 (1934) 968ff. und G. WESENBERG/G. WESENER, Neuere deutsche Privatrechtsgeschichte [2] (Lahr 1969) 172 auch die mit dem Entwurf eines BGB betrauten Kommissionsmitglieder als „fungible Personen". Im Vergleich zu anderen Gesetzgebungswerken, die wie das peußische Allgemeine Landrecht von CARL GOTTLIEB SVAREZ (1794), das österreichische ABGB FRANZ VON ZEILLERS (1811) oder das Schweizer Zivilgesetzbuch EUGEN HUBERS (1907—1912) den individuellen Stilbildungswillen einer herausragenden Persönlichkeit tragen, erscheint dieses Urteil über das vorwiegend von Praktikern geschaffene deutsche BGB als zutreffend; vgl. die treffende Charakterisierung durch F. WIEACKER, Privatrechtsgeschichte der Neuzeit [2] (Göttingen 1967) 472ff., bes. 474.
[2] Nach F. WIEACKER, Inchiesta: Conversazioni sul metodo, Labeo 19 (1973) 194 kann hierfür nicht genug getan werden und sind die in den letzten Jahren darüber vorgelegten Untersuchungen zu den wichtigsten Fortschritten in der Romanistik zu zählen. — Die Aufgabe konnte bisher wohl am besten für den originellsten Hochklassiker P. Iuventius Celsus gelöst werden, den jüngeren Zeitgenossen und Gegenspieler Julians. Über ihn F. WIEACKER, Amoenitates Iuventianae, Zur Charakteristik des Juristen Celsus, Iura 13 (1962) 1ff.; M. BRETONE, Note minime su Celsus filius, Labeo 9 (1963) 331ff.; H. HAUSMANINGER, Gesetzesinterpretation des Celsus, Studi Grosso V (Turin 1972) 243ff. (vgl. DERS., P. Iuventius Celsus — Persönlichkeit und juristische Argumentation, oben in diesem Band [ANRW II 15] 382ff.); B. ALBANESE, Tre Studi Celsini, Annali Palermo 34 (1973) 75ff. — Um eine Charakterisierung der Methode einzelner Klassiker ist neuerdings besonders ERWIN SEIDL bemüht, so in seiner Römischen Rechtsgeschichte[3] (Köln 1971) §§ 12 und 14; ferner bes. zu Tryphonin und Callistratus: ID., in: Tryphoninus und Callistratus, Eranion Maridakis I (1963) 231ff., zu Julian: Wege zu Julian, in: Festg. von Lübtow (Berlin 1970) 215ff., zu Labeo: Labeos geistiges Profil, in: Studi Voltera I (Mailand 1971) 63ff. Weitere neuere Lit. (bis ca. 1965) zu einzelnen Juristen bei W. KUNKEL (u. A. 4) 408ff. Zum Sonderproblem der Gaius-Forschung s. etwa A. M. HONORÉ, Gaius (Oxford 1962; dazu die Besprechungen, angeführt bei W. KUNKEL 411 m. weit. Ang.); ferner das Sammelwerk 'Gaio nel suo tempo', Atti del simposio romanistico (Napoli 1966) und G. DIÓSDI, Gaius, der Rechtsgelehrte, unten in diesem Band (ANRW II 15) 605ff. (mit einer Bibliographie von R. WITTMANN, 623ff.).

aus drei anderen Gründen lehrreich: Erstens gehört es zu den wenigen Digestenstellen, die die Enteignung eines Grundstücks betreffen und damit über das in jeder Epoche neu zu überdenkende Spannungsverhältnis zwischen Privatnutzen und Allgemeinwohl Aufschluß geben. Zweitens verschafft der Text einen Einblick in die bewegliche, undogmatische Argumentationsweise, in der die römischen Juristen ihre Rechtsfälle entschieden. Und drittens kann man aus ihm erfahren, wieweit die römische Prozeßpraxis von Standesrücksichten beherrscht war, und erhält somit einige rechtshistorische Hinweise über das damalige Verhältnis von Recht und Gesellschaft. Daher sei es mir erlaubt, dieses internationale Gemeinschaftswerk zu Ehren von JOSEPH VOGT um den Versuch einer exemplarischen Digestenexegese anzureichern. Die Teilnahme an einer praktischen Übung über ausgewählte Digestenstellen gehört nämlich noch heute zur Universitätsausbildung eines jeden wahrhaft gebildeten Juristen[3].

A. Text

Der besseren Übersichtlichkeit halber untergliedern wir den Text nach Sinnabschnitten:

D. 19,2,33 ('Africanus libro octavo quaestionum')

(1) *Si fundus, quem mihi locaveris, publicatus sit, teneri te actione ex conducto, ut mihi frui liceat; quamvis per te non stet, quo minus id praestes:*

(2) *quemadmodum, inquit, si insulam aedificandam locasses et solum corruisset: nihilo minus teneberis.*

(3a) *Nam et si vendideris mihi fundum isque priusquam vacuus traderetur publicatus fuerit, tenearis ex empto:*

(3b) *quod hactenus verum erit, ut pretium restituas, non ut etiam id praestes, si quid pluris mea intersit eum vacuum mihi tradi.*

(4 = 1) *Similiter igitur et circa conductionem servandum puto, ut mercedem quam praestiterim restituas, eius scilicet temporis, quo fruitus non fuerim: nec ultra actione ex conducto praestare cogeris.*

(5a) *Nam et si colonus tuus fundo frui a te aut ab eo prohibetur, quem tu prohibere ne id faciat possis, tantum ei praestabis, quanti eius interfuerit frui: in quo etiam lucrum eius continebitur:*

---

[3] Der nachfolgende Text (von überdurchschnittlichem Schwierigkeitsgrad) bildete in den vergangenen Jahren in Tübingen zweimal das Thema einer Hausarbeit. Didaktische Anleitungen zur Anfertigung von Digestenexegesen enthalten UWE WESEL, Die Hausarbeit in der Digestenexegese (München 1966; dazu M. KASER, SZ 84 [1967] 611f.) und jetzt FRITZ STURM, in: H. SCHLOSSER / F. STURM / H. WEBER, Die rechtsgeschichtliche Exegese (München 1972; dazu meine Besprechung in SZ 91 [1974]). — Wegen der hier verwendeten üblichen Abkürzungen sei verwiesen auf das Verzeichnis bei M. KASER, Das röm. Privatrecht I² (München 1971), II (1959); dieses Werk wird künftig zitiert als: RP.

(5 b)   *sin vero ab eo interpellabitur, quem tu prohibere propter vim
maiorem aut potentiam eius non poteris, nihil amplius ei quam mercedem
remittere aut reddere debebis.*

B. Übersetzung

Africanus im 8. Buch seiner Quästionen:

(1)   Wenn das Grundstück, das du mir verpachtet hast, vom Staat
zwangsweise eingezogen wurde, werdest du mir mit der Pachtklage auf
Gestattung des Fruchtgenusses haften; obgleich es nicht an dir liege,
daß du ihn nicht gewährst:

(2)   ebenso wie wenn — sagt(e) er — du die Errichtung eines Miets-
hauses bestellt hattest und der Baugrund eingestürzt sei: nichtsdestoweniger wirst du haften.

(3 a)   Denn auch wenn du mir ein Grundstück verkauft hast und dieses,
bevor es geräumt übergeben wurde, enteignet wird, kannst du aus dem
Kauf haften:

(3 b)   Was insoweit richtig sein wird, daß du den Preis zurückerstat-
test, nicht aber auch dasjenige gewähren mußt, um wieviel mehr mir
an der geräumten Übergabe gelegen ist.

(4 = 1)   Ähnlich muß man es — glaube ich — auch bei der Pacht
halten; (nämlich) daß du den von mir geleisteten Zins zurückgibst, für
die Zeit freilich nur, in der ich keine Nutzungen gezogen habe: darüber
hinaus aber wirst du nichts auf die Pachtklage gewähren müssen.

(5 a)   Denn auch wenn dein Pächter am Fruchtgenuß von dir oder von
jemandem gehindert wird, den du von solchem Tun abhalten kannst,
wirst du ihm soviel gewähren, wieviel ihm am Fruchtgenuß gelegen
war; worin auch sein Gewinn enthalten sein wird:

(5 b)   Wenn er aber von jemandem gestört wird, den du davon wegen
seiner physischen oder gesellschaftlichen Überlegenheit nicht abhalten
kannst, wirst du ihm lediglich den Zins erlassen oder zurückgeben
müssen.

C. Die beteiligten Juristen

1. Das Leben des Afrikan

Der Autor des Fragments, Sextus Caecilius Africanus[4], ist ein jüngerer
Zeitgenosse und vermutlich Schüler des bedeutenden hochklassischen

---

[4] Der volle Name begegnet bei Ulpian D. 15, 3, 3, 4; zu ihm PAUL KRÜGER, Geschichte der
Quellen und Litteratur des röm. Rechts ² (München 1912) 194f. A. 26. — Schrifttum

Juristen Salvius Iulianus[5]. Von seinen Lebensumständen wissen wir sehr wenig[6]. Er ist offenbar identisch mit dem von Gellius (Noctes Atticae 20,1) hochgerühmten Rechtsgelehrten Sextus Caecilius, der in einem Streitgespräch mit dem Philosophen Favorinus über das um 450 v. Chr. erlassene Zwölftafelgesetz disputierte und es gegen dessen Angriffe verteidigte. Da Gellius von ihm in der Vergangenheitsform spricht, war er zur Zeit der Veröffentlichung der 'Noctes Atticae' (vor 175 n. Chr.) anscheinend bereits verstorben. Anzeichen für von ihm ausgeübte Staatsämter fehlen. Offenbar betätigte er sich als Rechtslehrer, vermutlich in der Nachfolge von Julian und Gaius in der Rechtsschule der Sabinianer[7]. Der Spätklassiker Iulius Paulus kann seinem Hörerkreis angehört haben[8]. Die späteren Juristen zitierten ihn verhältnismäßig selten[9].

2. Das Werk des Afrikan

Auf die von Afrikan ausgeübte Lehrtätigkeit weist vor allem die Tatsache hin, daß er neun Bücher 'Quaestiones' verfaßte[10]. Bei dieser

---

über Africanus: H. Buhl, Africans Quaestionen und ihr Verhältnis zu Julian, SZ 2 (1881) romanist. Abteilung 180ff.; P. Jörs, Art. Caecilius Africanus, in: Pauly / Wissowa, RE III 1 (1897) 1192ff.; H. Fitting, Alter und Folge der Schriften röm. Juristen (1908, Neudr. Osnabrück 1965) 31f.; P. Krüger a. a. O. 194ff.; L. Wenger, Die Quellen des röm. Rechts (Wien 1953) 505; A. M. Honoré, Julian's Circle, TRG 32 (1964) 1ff., 9ff.; H. Hübner, Art. Caecilius Africanus, Lexikon der Alten Welt (Zürich 1965) 527; W. Kunkel, Herkunft und soziale Stellung der röm. Juristen [2] (Zürich 1967) 172f.; K. Aviter, D. 20, 4, 9, 3 und einige Bemerkungen über Sex. Caecilius Africanus, Studi Grosso II (Turin 1968) 11ff. Zu seinem Werk u. A. 10.

[5] Nach Ulp. D. 25, 3, 3, 4 hat ihm Julian in einer familienrechtlichen Frage ein *responsum* erteilt.

[6] Einzelheiten zu seiner (mutmaßlich nordafrikanischen) Herkunft bei W. Kunkel, Herkunft (o. A. 4) 172f.

[7] A. M. Honoré, TRG 32 (1964) 17.

[8] A. M. Honoré, Gaius, 4, vgl. S. 17.

[9] Ulpian 6mal, Paulus 3mal, Papinian 1mal; Nachweise bei A. M. Honoré, Gaius 12; die Texte bei O. Lenel, Paling. (u. A. 10) 35f. — Die wenigen von Afrikan selbst zitierten Juristen (außer Julian nur Aquilius Gallus, Atilicinus und Fufidius je einmal; Mela und Servius je 3mal) sind angeführt in der von A. M. Honoré, Gaius (o. A. 2) 134 erstellten 'Tabula laudatoria'.

[10] O. Lenel, Palingenesia iuris civilis I (Leipzig 1889, Neudr. Graz 1960) Sp. 1—35. Krit. Neuausgabe von Dems., Afrikans Quaestionen, SZ 51 (1931) 1—53. Fritz Schulz, Geschichte der röm. Rechtswissenschaft (Weimar 1961) 292 überschätzt das Ausmaß der nachklassischen Veränderungen dieser Schrift; s. gegen ihn E. Bund (u. A. 20) 8 A. 19. Die gleiche Behauptung von W. Kalb, Roms Juristen nach ihrer Sprache dargestellt (Leipzig 1890) 66ff., ,,daß den Kompilatoren Justinians die Quästionen Afrikans nur in einer späteren Überarbeitung vorlagen'', widerlegt schon E. Th. Schulze, Zum Sprachgebrauche der röm. Juristen, SZ 12 (1892) 114ff.; zust. O. Lenel, SZ 51, 3. Zu der im allgemeinen geringeren nachklassischen Überarbeitung der anspruchsvolleren Problemliteratur im Vergleich zu der mehr praktisch ausgerichteten Kommentarliteratur s. F. Wieacker, Textstufen klassischer Juristen (Göttingen 1960) 175. Der auszulegende Text stammt aus Afrikans 8. Buch, von dem uns am meisten überliefert ist (9 Spalten in

Literaturgattung handelt es sich vorwiegend um Rechtsfälle, die im akademischen Unterricht mit den Schülern diskutiert wurden; hierin den 'Disputationes' verwandt, während die 'Responsa' hauptsächlich praktische Fälle zum Gegenstand haben. Diesen 'problematischen Schriften'[11] ist gemeinsam, daß die Erörterung jeweils von einem konkreten Fallproblem ausgeht, im Gegensatz zu der stärker systematisch ausgerichteten Kommentarliteratur. Während in den 'Responsa' der Jurist sich jedoch meist auf eine knappe Beantwortung der ihm gestellten praktischen Rechtsfrage beschränkt[12], knüpft er daran in den 'Quaestiones' den Lehrbedürfnissen entsprechend nicht selten Erläuterungen, Fallvariationen oder regelhafte Konklusionen (hier sub 5) an[13].

Die Entstehungszeit der Quästionen Afrikans[14] läßt sich aus ihrem Inhalt ziemlich genau erschließen. Einerseits wird in ihnen wiederholt eine Klausel vorausgesetzt, die erst Julian bei seiner abschließenden Gesamtredaktion um 130 n. Chr. in das prätorische Edikt eingefügt hat[15]. Andererseits ist dem Autor ein von Antoninus Pius erlassenes Reskript sicherlich noch nicht bekannt[16]. Die Quästionen müssen daher zwischen 130 und 161 n. Chr. (dem Ende der Regierungszeit des Ant. Pius) entstanden sein.

3. Leben und Werk des Julian

Ihrem Inhalt nach, der keine bestimmte Stoffanordnung erkennen läßt[17] und oft als schwer verständlich bezeichnet wurde[18], gehen die in den

der Palingenesie, während etwa vom 4. und 7. Buch je 5 Spalten, vom 1. Buch gar nur $1/2$ Spalte erhalten blieben), s. K. AYITER (o. A. 4) 13.

[11] Zu ihnen SCHULZ, Geschichte 281ff.

[12] Beispielhaft die lapidaren, meist begründungslosen 'Responsen' des Cervidius Scaevola, etwa D. 20, 5, 11: *respondi posse*.

[13] Beispielhaft die besonders ausführlichen Quästionen des Iulius Paulus, etwa D. 46, 1, 71 pr. Daß auch Afrikan verhältnismäßig reichlich Begründungen anführt, bemerkt E. SEIDL, Prolegomena zu einer Methodenlehre der Römer, Gedächtnisschrift Rud. Schmidt (Köln 1966) 359.

[14] Dazu H. BUHL (o. A. 4), SZ 2 (1881) 189f.; DERS., Salvius Iulianus (Heidelberg 1886) 85; H. FITTING (o. A. 4) 32.

[15] D. 37, 5, 18 und 19 aus Afrikans 4. und 5. Buch. Zu dieser erbrechtlichen *nova clausula Iuliani* s. M. KASER, RP I² 699 mit A. 18.

[16] Wie Iul.-Afr. (l. 5. quaest.) D. 30, 108, 13 im Vergleich zu der einfacheren und eleganteren Lösung des Piusreskripts (bei Ulp. D. 30, 77 und Saev. D. 32, 37, 3) beweist. So mit Recht die o. A. 14 Zitierten und jetzt allgemeine Ansicht; s. die Nachweise bei A. WACKE, Das fideicommissum a debitore relictum, TRG 39 (1971) 259 A. 10 (zur Sache ebenda S. 257ff.). Anders ohne Begründung P. KRÜGER (o. A. 4) 196 f. A. 34. Gegen dessen Vermutung, die Quästionen seien erst nach Julians Tode verfaßt, s. jetzt A. M. HONORÉ (o. A. 4) 16.

[17] H. BUHL, SZ 2, 193; DERS., Iulianus (o. A. 14) 84f.; O. LENEL, Paling. (o. A. 10) Sp. 2f. A. 1. Als ursprünglicher Zusammenhang des Fragments 33 läßt sich gleichwohl noch die *locatio conductio*, zumindest der Bereich der *bonae fidei iudicia*, ausmachen, s. O. LENEL a. a. O. Sp. 28f. Nr. 100, SZ 51, 43f.

[18] Z. B. TH. KIPP, Geschichte der Quellen des römischen Rechts⁴ (Leipzig 1919) 126; L. WENGER (o. A. 4) a. a. O.

Quästionen behandelten Rechtsfälle entsprechend allgemeiner Überzeugung[19] zum größten Teil auf Afrikans Lehrer Julian zurück (vgl. hier das *inquit* sub 2). Salvius Iulianus[20] gilt neben P. Iuventius Celsus[21] als der bedeutendste Jurist der römischen Hochklassik. Um 100 n. Chr. in Hadrumetum (Nordafrika) geboren, führte ihn die Ämterlaufbahn unter Ant. Pius 148 n. Chr. bis zum Konsulat und anschließend zum Statthalter mehrerer Provinzen. Als Schüler Javolens (D. 40, 2, 5) wirkte er seit Hadrian im Vorstand der Rechtsschule der Sabinianer. Wegen seiner außerordentlichen Tüchtigkeit belohnte ihn Hadrian mit einer Verdoppelung des Quästorengehalts[22]; insbesondere aber betraute er ihn mit der endgültigen Redaktion der — nunmehr 'Edictum perpetuum' genannten — Jurisdiktionsedikte. Von seinen Werken sind 90 Bücher 'Digesta' hervorzuheben. Er ist der von den Spätklassikern am häufigsten zitierte Jurist[23].

4. Afrikans Verhältnis zu Julian

Die Frage nach der geistigen Originalität Afrikans bzw. nach dem Ausmaß seiner gedanklichen Abhängigkeit von dem julianischen Vorbild ist für die Auslegung des vorliegenden Fragments besonders von Belang. In dessen Fortgang sub 3b und 4 meldet sich nämlich Afrikan mit *quod hactenus verum erit* und *puto* selbst zu Wort, indem er die Rechtsansicht seines am Anfang in indirekter Rede zitierten Lehrers Julian kritisiert und einschränkt. Gerade mit Bezug auf diesen Text hat man aber behauptet, die beiden Juristen seien hier wie auch sonst stets einer Meinung gewesen; eine Korrektur Julians durch seinen getreuen Schüler und Interpreten

---

[19] Gründe dafür bei Th. MOMMSEN, Über Julians Digesten, Zeitschr. f. Rechtsgeschichte 9 (1870) 82ff., hier 90 ff.= Ges. Schriften II (Berlin 1905, Neudr. Zürich 1965) 14ff.; H. BUHL a. a. O. (o. A. 14); O. KARLOWA, Römische Rechtsgeschichte I (Leipzig 1885) 713f. Zweifelnd jetzt wieder K. AYITER (o. A. 4) 15ff.

[20] Über ihn etwa neuerdings H. HÜBNER (o. A. 4) 2694; H. H. SEILER, in: Der kleine Pauly II (1968) 1518; E. BUND, Untersuchungen zur Methode Julians (Köln 1965; dazu Th. MAYER-MALY, SZ 84 [1967] 448ff.; F. WIEACKER, TRG 36 [1968] 137ff.); E. SEIDL, Wege zu Julian, Festg. von Lübtow (Berlin 1970) 215ff. Zu den Einzelheiten seiner Herkunft und zu seiner Verwandtschaft mit Didius Iulianus bes. W. KUNKEL (o. A. 4) 157ff. mit neuerer Lit. S. 410 (darunter mehrere Abhandlungen von ANTONIO GUARINO). Zuletzt A. GUARINO, La pista dell'avunculus, in: Index 3 (Camerino/Napoli 1973) 421ff.; krit. zu: T. D. BARNES, A Senator from Hadrumetum, in: Bonner Historia-Augusta-Colloquium 1968—69 = Antiquitas, Reihe IV (Bonn 1970) 45ff.; jetzt auch E. BUND, Salvius Julianus, Leben und Werk, ob. in diesem Band (ANRW II 15) 408ff.

[21] Zu ihm o. A. 2.

[22] Derart großzügig erwies sich der Kaiser freilich auch anderen Personen gegenüber. S. jetzt D. NÖRR, Drei Miszellen zur Lebensgeschichte des Juristen Salvius Julianus, in: Daube Noster. Essays in Legal History for David Daube (Edingurgh–London 1974) 233—252.

[23] Ulpian z. B. zitiert ihn nicht weniger als 544mal; vgl. die Tabelle bei A. M. HONORÉ, Gaius (o. A. 2) 40; DERS., (o. A. 4) 13.

Afrikan sei völlig ungewöhnlich und daher unglaubwürdig[24]. Dem wäre zuzustimmen, wenn die 'Quaestiones' nichts anderes wären als bloße Zusammenstellungen julianischer Fallentscheidungen[25] oder gar nur ein von Afrikan lediglich herausgegebenes Werk des Julian[26]. Beides trifft indessen nicht zu. Denn erstens stützte sich Afrikan aller Wahrscheinlichkeit nach nicht auf ein von Julian verfaßtes Manuskript[27]: Den zahlreichen *verba dicendi*, mit denen er seinen Lehrer zitiert (*ait, dicebat, existimavit, inquit, negavit, notat, placebat, putabat* oder *putavit, respondit*)[28] entspricht bezeichnenderweise kein einziges *scribit*[29]! Afrikan kann also sein Material nur aus den mündlichen Unterweisungen seines Lehrers entlehnt haben[30]. Sein Werk hat aber auch nicht etwa den bloß referierenden Charakter einer Vorlesungsnachschrift. Mit einer solchen wäre es nicht vereinbar, daß Afrikan an mehreren Stellen (wie hier sub 3b oder noch deutlicher in D. 32, 64) mit *puto* oder *ego existimabam* in der ersten Person selber Stellung nimmt[31]. Dabei bringt er nicht nur Zusätze an, sondern vertritt gelegentlich auch abweichende Ansichten[32]. Die betont zurückhaltende Art, in der er seine Kritik an Julian vorträgt[33], erschwert allerdings den Versuch, die Meinungen beider Juristen zu sondern (zumal dort, wo der Text ohne nähere Angaben einfach in direkter Rede abgefaßt ist)[34]. Diese Aufgabe

---

[24] F. HAYMANN, SZ 48 (1928) 407f.; M. KASER, Periculum locatoris, SZ 74 (1957) 181; ihm folgend N. PALAZZOLO, Evizione della cosa locata e responsabilità del locatore, Bull. 68 (1965) 292ff., 299.

[25] So P. JÖRS—W. KUNKEL, Röm. Privatrecht³ (Berlin 1949) 32; A. M. HONORÉ (o. A. 7) 9; ähnlich M. KASER, Röm. Rechtsgeschichte² (Göttingen 1967) 190. S. schon H. BUHL, Iulianus (o. A. 14) 67f., 81: Julian der eigentliche Urheber, Afrikan nur Sammler und Bearbeiter.

[26] So H. H. SEILER a. a. O. (o. A. 20). Demgemäß enthält Der kleine Pauly über Africanus nicht einmal ein eigenes Stichwort, vgl. zu den Caecilii Bd. I Sp. 985ff. Vgl. jedoch ausführlich P. JÖRS, Art. Caecilius Africanus, in: RE III 1 (1897) 1192ff.

[27] Ebenso auf Grund anderer Überlegungen A. M. HONORÉ (o. A. 7) 16: Danach sind Julians unpublizierte Schriften vermutlich über seinen anderen Schüler Ulpius Marcellus an den Spätklassiker Ulpian gelangt, s. S. 13ff., 16f.

[28] Insgesamt über 120mal. Genaue Nachweise bei A. M. HONORÉ, Gaius (o. A. 2) 135f.; vgl. schon P. JÖRS (o. A. 26).

[29] H. BUHL, SZ 2, 199; DERS., Iulianus (o. A. 14) 77; P. JÖRS in: RE III 1, 1194.

[30] P. JÖRS a. a. O. Weitere hierauf hindeutende Wendungen bei H. BUHL, SZ 2, 191f.

[31] Seine eigene Ansicht äußert Afrikan dergestalt annähernd 20mal, vgl. A. M. HONORÉ, Gaius (o. A. 2) 136 (sub 6) — im Vergleich zu den vielen Julianzitaten (o. A. 28) also nicht sehr häufig.

[32] So mit Recht die herrschende Lehre, etwa TH. KIPP a. a. O. (o. A. 18): „größtenteils julianische Entscheidungen mit eigenen kritischen Bemerkungen"; O. KARLOWA a. a. O. (o. A. 19): verschiedentlich dissentierende oder modifizierende eigene Erörterungen. Ebenso L. WENGER a. a. O. (o. A. 4); G. DULCKEIT / F. SCHWARZ, Römische Rechtsgeschichte⁵ (München 1970) 243. Quellenbelege bei TH. MOMMSEN (o. A. 19) A. 26; O. KARLOWA a. a. O.; P. JÖRS 1194.

[33] S. etwa D. 19, 2, 35, 1: *recte quidem notat* (scil. *Iulianus*), *sed tamen etiam Servi sententiam veram esse puto* ... Oder D. 47, 2, 62, 7: *Haec ita puto vera esse*. Ähnlich das *quod hactenus verum erit* unseres Fragments (sub 3b). Ferner die Einschränkung in D. 30, 110 Satz 2.

[34] Vgl. P. KRÜGER (o. A. 4) 195f. A. 27.

kann nur in der einzelnen Exegese geleistet werden[35]. Manche Textstücke scheinen sogar einschließlich des Fallproblems ganz auf Afrikan selbst zurückzugehen[36]. Das Werk dürfte demnach aus Afrikans eigener Lehrtätigkeit hervorgegangen sein, deren Inhalt sich freilich eng an das von ihm selbst bei Julian Gelernte anlehnte. Da die Juristen 'Quästionen' erst in reiferem Alter abzufassen pflegten[37] und auch Afrikan die Ansichten seines Lehrers zumeist in der Vergangenheitsform zitiert[38], fällt nach alledem jedoch die Annahme schwer, daß der um eine Generation jüngere Afrikan (vgl. u. A. 114) Zeit seines Lebens über ein ängstliches *iurare in verba magistri*[39] nicht hinausgekommen sei. Man würde seinem Werk nicht gerecht, wollte man in ihm nicht mehr sehen als nur *"his masters voice"*.

D. Interpretation

I. Überblick

Der Text läßt sich — wie schon bei seiner Wiedergabe angedeutet — in fünf Abschnitte untergliedern: Den Ausgangsfall (1) bildet die zwangsweise Einziehung eines verpachteten Grundstücks durch den Staat. In bezug auf die Frage, inwiefern der Verpächter dem Pächter für dieses Ereignis haften muß, verweist der Text zunächst auf eine Parallele zum Werkvertrag (2). Hierauf folgt ein zweiter Parallelfall aus dem Kaufrecht (3a). Auf Grund des dabei gewonnenen Ergebnisses (3b) kehrt die Problemerörterung sub (4) zu dem Ausgangsfall zurück. Den Abschluß bildet eine regelhafte Zusammenfassung des vom Verpächter zu vertretenden Haftungsumfangs (5a + b).

Wie sich aus der indirekten Rede und dem *inquit* ergibt, geht der Inhalt der ersten beiden Abschnitte auf Afrikans Lehrer Julian zurück.

---

[35] Vgl. E. Bund (o. A. 20) 8, mit beifallswert ausgewogenem Urteil.

[36] Etwa der für das Verhältnis der röm. Juristen zu den philosophischen Lehrmeinungen und Fangschlüssen höchst aufschlußreiche Text D. 35, 2, 88 pr.—2; dazu A. Wacke, Die Rechtswirkungen der lex Falcidia, in: Studien im röm. Recht (Max Kaser gewidmet, Berlin 1973), 209ff., 245ff. Die dort mit *dixi* eingeleitete Antwort deutet darauf hin, daß der Jurist seine Entscheidung während der Disputation im Rechtsunterricht entwickelt hat; s. F. Schulz, Geschichte (o. A. 10) 284. — Die von H. Buhl, Iulianus (o. A. 14) aufgestellte Vermutung für eine generelle Urheberschaft Julians ist hiernach zweifelhaft.

[37] Vgl. A. M. Honoré, The Severan Lawyers: a Preliminary Survey, SDHI 28 (1962) 202f.; TRG 32 (1964) (o. A. 4) 18 A. 76.

[38] Vgl. die Wendungen oben vor Anm. 28; dazu A. M. Honoré, Gaius (o. A. 2) S. XVf.; Ders. (o. A. 4) 2. Aber auch die im Präsens angeführten Lehrmeinungen kann Julian bei früherer Gelegenheit geäußert haben; noch heute zitieren wir vor Jahren im Schrifttum publizierte Rechtsansichten üblicherweise im Präsens.

[39] Mit dieser sprichwörtlich gewordenen Redensart spottet Horaz, Epistulae 1, 1, 14 über Philosophenschüler, die die Lehren ihres Meisters ebenso nachbeteten wie die Gladiatoren vor dem Wettkampf die Eidesformel ihres Fechtmeisters nachzusprechen hatten. Ebenso spöttisch Mephisto in Goethes Faust (Schülerszene): „Am besten ist's, wenn ihr nur einen hört, und auf des Meisters Worte schwört."

Afrikan selbst nimmt hierzu spätestens mit *quod hactenus verum erit* (3b)
und *puto* (4) in direkter Rede Stellung. Ihm ist dementsprechend auch die
zusammenfassende Regel sub (5) zuzuschreiben. Die Autorschaft des Kauffalles (3a) läßt sich dagegen nicht von vornherein zweifelsfrei bestimmen
und muß daher einstweilen offenbleiben (dazu unten IV 2).

II. Der Ausgangsfall

1. Die *locatio conductio*

Der Themafall stammt aus dem Bereich der *locatio conductio*, einem
komplexen Vertragsgebilde, das unsere heutigen synallagmatischen Ver-
tragstypen Miete und Pacht, Dienstvertrag und Werkvertrag umfaßt[40].
Locator ist dabei derjenige, der etwas 'wohin stellt', also dem Vertrags-
gegner die faktische Verfügungsmacht über etwas 'einräumt'. *Conductor*
heißt sein Kontrahent, der das verdungene Objekt 'mit sich führt', also
in seine faktische Verfügungsgewalt nimmt[41]. Wie schon aus dieser sehr
allgemein gehaltenen Terminologie hervorgeht, betrachten die Römer die
locatio conductio als einen einheitlichen Vertrag. Das zeigt sich noch
deutlicher an der unvollkommenen Systematik ihrer Darstellungen, sowie
vor allem an der Art des Rechtsschutzes: Zur Verfolgung seiner Rechte
erhält nämlich der *locator* stets die *actio locati*, der *conductor* die *actio
conducti*. Der im Einzelfall verdungene Vertragsgegenstand wird dabei freilich in der *demonstratio* der Klagformel jeweils genauer umschrieben. Hieraus ergibt sich bereits eine Untergliederung des einheitlichen Vertragsgebildes in seine drei Haupttypen, die auch die Römer empfunden
haben[42].

In unserem Ausgangsfall ist Vertragsobjekt ein Grundstück (*fundus*),
das der *locator* nicht nur gebrauchen, sondern auch mit Gewinn bewirt-
schaften darf (vgl. das sub 5a erwähnte *lucrum*). Also handelt es sich um
einen Pachtvertrag. Dementsprechend wird der *conductor* sub (5a) auch
colonus genannt, während der Wohnungsmieter *inquilinus* heißt.

2. Die *publicatio*

Die Landpacht wurde in Rom — vermutlich nach dem Vorbild der
auf die Amtsdauer des Zensors beschränkten Verpachtung von Staatsgütern — auch unter Privatleuten üblicherweise auf fünf Jahre abgeschlos-

---

[40] Zum folgenden M. KASER, RP I² 562f.
[41] Auf Grundstücke wurde *conducere* wohl erst später übertragen; vgl. HORST KAUFMANN,
Die altröm. Miete (Köln 1964) 235ff.
[42] Hierzu L. AMIRANTE, Ricerche in tema di locazione, Bull. 62 (1959) 9—119.; dazu kritisch
bes. M. KASER in Jura 11 (1960) 229ff.

sen (*lustrum, quinquennium*)[43]. Vor Ablauf dieser vereinbarten Pachtzeit wurde hier das dem Pächter übergebene Grundstück vom Staat eingezogen (*publicatus est*). Es fragt sich zunächst, welcher Vorgang unter dieser *publicatio* in unserem Fall zu verstehen ist.

Publicare ('veröffentlichen') bedeutet zunächst etwas verlautbaren, etwa gesetzliche Vorschriften[44]. Hier paßt indessen nur die zweite Bedeutung: eine Sache zu einer *res publica* machen, also in öffentliches Eigentum überführen[45]. Zwei Gründe kommen dafür in Betracht: entweder eine Vermögenskonfiskation (*publicatio bonorum*)[46] als gegen den Verpächter gerichtete Strafmaßnahme, oder aber eine Enteignung im öffentlichen Interesse[47]. Demgemäß ist die Frage für unseren Text umstritten[48]; für die Auslegung ist sie aber von fundamentaler Bedeutung.

[43] M. KASER, RP I² 568 mit A. 47.

[44] V. SCHWIND, Zur Frage der Publikation im röm. Recht (München 1940); A. BERGER, Encyclopedic Dictionary of Roman Law (Philadelphia 1953, neu 1968) 661 s. v. publicatio legis.

[45] H. G. HEUMANN / E. SECKEL, Handlexikon zu den Quellen des röm. Rechts⁹ (Jena 1907 Neudr. Graz 1958) 476. Vgl. Ulp. D. 50, 16, 15: *Bona . . . sola ea publica sunt, quae populi Romani sunt. Publicum* = Gemeindeeigentum, Staatsvermögen (auf alten Inschriften noch *poplicum* oder *poblicum*) ist von *populus* abgeleitet.

[46] TH. MOMMSEN, Röm. Strafrecht (Leipzig 1899, Neudruck Darmstadt 1961) 1005 ff., 1021 ff.; U. BRASIELLO, La repressione penale in diritto romano (Neapel 1937) 105 ff., 324 ff.; HEINRICH SEIDEL, Die Konfiskationen des römischen Rechts (Diss. iur. Göttingen 1955, 406 S. Maschinenschrift; inhaltsreich und lesenswert); M. FUHRMANN, Artt. proscriptio und publicatio, RE XXIII 2 (1959) 2440 ff., 2484; dazu teilw. kritisch W. WALDSTEIN, Art. bona damnatorum, RE Suppl. 10 (1965) 96 ff. m. weit. Lit.; DERS., Zum Fall der *dos Licinniae*, Index 3 (1973) (= Omaggio a Max Kaser) 343 ff.

[47] PICCINELLI, Della espropriazione per causa di pubblica utilità nel diritto romano (Firenze 1882); J. W. JONES, Expropriation in Roman Law, in: Law Quarterly Review 45 (1929) 512—527; V. SCIALOJA, Teoria della proprietà nel diritto romano I (Roma 1933) 320 ff.; F. M. DE ROBERTIS, La espropriazione per pubblica utilità nel diritto romano (Bari 1936); dazu die ausführlichen Rezensionen von F. WIEACKER, SZ 57 (1937) 471— 478; U. BRASIELLO, Bull. 44 (1936/37) 475—489 und R. DÜLL, Krit. Vierteljahresschrift 66 (= 3. F. 30, 1939) 341—352. Neuerdings wieder F. M. DE ROBERTIS, Sulla espropriazione per pubblica utilità nel diritto romano, Studi Zanobini V (Milano 1965) 143 ff.; Überblick bei M. KASER, RP I² 404 f. A. 4 m. weit. Lit. Zu den Eigentumsbeschränkungen bes. MANFRED JUST, Die constitutiones principum und ihr Einfluß auf die Fortentwicklung des Sachen- und Schuldrechts in der Früh- und Hochklassik (vervielf. Habilitationsschrift Würzburg 1970) 124—162. Zur mittelalterlichen Rechtsentwicklung U. NICOLINI, La proprietà, il Principe e l'espropriazione per pubblica utilità (Varese 1940, ristampa Milano 1952).

[48] Für eine Konfiskation als Strafmaßnahme in neuerer Zeit P. BONFANTE, Corso di diritto romano II 1 (Roma 1926, rist. Milano 1966) 244; M. BUSSMANN (u. A. 137) 102 u. A. 1; F. WIEACKER, SZ 57 (1937) 475 (zweifelnd, ohne Gründe); P. KRÜCKMANN, Periculum emptoris, SZ 60 (1940) 77 ff. Ältere Autoren bei CH. F. GLÜCK, Pandecten 17 (1815) 135 A. 52 und M. KONSTANTINOVITCH, Le periculum rei venditae (Thèse Lyon 1923) 127 A. 3. Diese früher viel vertretene Ansicht wird von den beiden zuletzt angeführten Autoren kritisiert. — Für eine Enteignung dagegen heute wohl die überwiegende Meinung: E. SECKEL / E. LEVY, Die Gefahrtragung im klassischen röm. Recht, SZ 47 (1927) 221; H. R. HOETINK, Periculum est emptoris (Haarlem 1928) 99 ff., 104 ff.; F. M. DE ROBERTIS (1936, o. A. 47) 156 ff., 176, 274; zustimmend (gegen F. WIEACKER): R. DÜLL (o. A. 47) 349 f.; E. BETTI, Periculum. Problema del rischio contrattuale in diritto romano classico

a) Konfiskation oder Enteignung?

Die Konfiskation des gesamten Vermögens einer Person setzt die Verurteilung wegen eines schweren Verbrechens voraus; vor allem wegen Hoch- und Landesverrats (*perduellio*), seit Cäsar auch wegen Mordes (*parricidium*). Schon in der römischen Republik galt die Regel: Wer sein Leben verwirkt, verwirkt auch seine Freiheit, sein Bürgerrecht und sein Vermögen[49]. Gegen die Annahme einer solchen Strafsanktion in unserem Falle sprechen jedoch mehrere Gründe. Erstens wird mit *quamvis per te non stet, quo minus id praestes* ein Verschulden des Verpächters am Verlust des Grundstücks ausdrücklich verneint[50], die *publicatio* vielmehr als ein Fall von *vis maior* hingestellt (ausdrücklich sub 5), dessen Eintritt der Verpächter ebensowenig zu verantworten hat wie den Erdsturz in dem darauf folgenden Werkvertragsbeispiel (2). Eine gegen den Verpächter verhängte wohlverdiente Strafe aber ist kein Fall von höherer Gewalt. Zwar kann man mit KRÜCKMANN[51] das Verschulden an der Straftat, welches den Staat zum Vermögenseinzug berechtigt, von dem zivilrechtlichen Verschulden gegenüber dem Vertragspartner wohl unterscheiden. Bei nachgewiesener Schuld des Verpächters an dem Verbrechen und einigermaßen geordneten strafrechtlichen und strafprozessualen Verhältnissen läßt sich jedoch auch ein privatrechtliches Verschulden gegenüber dem Pächter entgegen KRÜCKMANN nicht leugnen. Es besteht dann nicht nur ein Kausalzusammenhang[52] zwischen der Straftat und der dem Verpächter infolge seiner Verurteilung unmöglich werdenden vertraglichen Leistungspflicht, sondern diese Folge ist auch voraussehbar[53]. Die Annahme von KRÜCKMANN setzt voraus, daß schon die Klassiker die zivilrechtliche Zurechnung aus den Gesichtspunkten des 'Normzwecks' oder des 'Rechtswidrigkeitszusammenhangs' beschränkten. Dies aber trifft anscheinend nicht zu. Vielmehr finden sich eindeutige Belege für eine Argumentation aus dem *versari in re illicita*: Wer sich unerlaubt verhält, haftet für sämtliche daraus resultierenden Folgen[54]. So

---

e giustinianeo, Jus 5 (Milano 1954) 364 = Studi De Francisci I (Milano 1956) 173; TH. MAYER-MALY, Locatio conductio (Wien 1956) 164; M. KASER, Periculum Locatoris, SZ 74 (1957) 155ff., hier 178; K.-H. BELOW, Die Haftung für lucrum cessans im röm. Recht (München 1964) 110; wohl auch H. HONSELL (u. A. 61) 122.

[49] H. SEIDEL (o. A. 46) 45. Eine Übersicht über die politischen Konfiskationstatbestände ebenda S. 71ff. (passim), über die unpolitischen S. 361ff.

[50] Zu *stare per aliquem, quo minus* s. H. G. HEUMANN / E. SECKEL (o. A. 45) 552.

[51] SZ 60 (1940) 79; ebenso U. BRASIELLO 486.

[52] Gegenteiliger Ansicht ohne Begründung U. BRASIELLO 486.

[53] Davon geht auch Paulus D. 48, 20, 7, 2 aus: Eine *adoptio fraudis causa facta* liegt danach bereits vor, wenn jemand aus Furcht vor einer drohenden Anklage ein Kind annimmt, um diesem einen Teil seines Vermögens zuzuschanzen und es auf diese Weise vor der Konfiskation zu retten, vgl. u. A. 63.

[54] Vgl. Iav. D. 24, 3, 66 pr.: Nach der Katastrophe des zum *hostis* erklärten Gaius Gracchus 121 v. Chr. verbrannte und plünderte der Mob dessen Besitzungen. Dabei gingen auch Mitgiftgegenstände seiner Frau Licinnia zugrunde oder verloren. Der Jurist P. Mucius rechnete diesen Verlust dem C. Gracchus zum Verschulden an und hielt daher den *fiscus* als Rechtsnachfolger zum Ersatz verpflichtet, weil C. Gracchus den Aufruhr selbst ange-

unvorhergesehen schuldlos wie im Parallelfall der Erdsturz trifft den Verpächter daher nur eine Enteignung, nicht eine Strafmaßnahme. Die Beschränkung der Haftung auf die bloße Erstattung der empfangenen Gegenleistung wäre deshalb im Pachtfall (4) wie im Kaufvertragsbeispiel (3b) nach klassischer Auffassung unangemessen[55]; dagegen paßt sie sehr gut zur schuldlosen Enteignung. *Quamvis per te non stet*, ,,obgleich es nicht an dir liegt, du nichts dafür kannst", hätte der Jurist bei einer zu Recht erfolgten Verurteilung des Verpächters wegen eines Verbrechens somit schwerlich schreiben können; es sei denn, er dächte an einen Fall von falscher Anschuldigung und offensichtlicher Rechtsbeugung[56].

Freilich liefert die römische Geschichte leider zahlreiche Beispiele für Strafprozesse und Konfiskationen aus reiner Willkür[57]. Oft genügte die Zugehörigkeit zu einer dem Herrscher unerwünschten politischen Partei, der Verdacht der Teilnahme an einer Verschwörung oder etwa das Bekenntnis zum Christentum, um unter einem Vorwand mit Tod oder Verbannung und Vermögensverlust bestraft zu werden[58]. Die heutigen rechtsstaatlichen

---

zettelt hatte, *quia Gracchi culpa ea seditio facta esset*. Dazu W. KUNKEL, Diligentia, SZ 45 (1925) 290 m. A. 2; H. H. PFLÜGER, Zur Lehre von der Haftung des Schuldners nach römischem Recht, SZ 65 (1947) 147f. (für Unechtheit); D. DAUBE, Licinnia's Dowry, Studi Biondi I (Mailand 1965) 209ff.; F. WIEACKER, Die römischen Juristen in der politischen Gesellschaft des zweiten vorchristlichen Jahrhunderts, Festgabe von Lübtow (Berlin 1970) 211ff., 213; zuletzt zum Fall der *dos Licinniae* W. WALDSTEIN, Index 3 (1973) 343ff., 352ff.; K. L. STREICHER, Periculum dotis (Berlin 1973) 28ff. (Ein verwandtes aktuelles Problem bildet heute die Haftung für Demonstrationsschäden.) — Als Parallele wird hierzu seit J. GOTHOFREDUS Gai. D. 19, 2, 25, 4 angeführt: Dem Pächter wird es im Verhältnis zum Verpächter als *culpa* angerechnet, wenn ihm die Nachbarn aus persönlicher Feindschaft Bäume abschlagen. ,,Die Provokation der Nachbarn bedeutet *culpa* gegenüber dem Verpächtereigentum": F. WIEACKER (s. o.) 213 A. 171; ferner D. DAUBE a. a. O. und ID., Utiliter agere, Iura 11 (1960) 108f. — Der Verstoß gegen Vertragsklauseln (kein Feuer zu halten oder kein Heu einzulagern) führt dementsprechend zur Haftung des Pächters, selbst wenn ihn an der eigentlichen Schadensentstehung kein weiteres Verschulden trifft: D. 19, 2, 11, 1/4; 12.

[55] Ebenso im Ergebnis F. M. DE ROBERTIS (o. A. 47) 158f.

[56] Die Unrechtmäßigkeit eines von dritter Seite erfolgten Eingriffs in das Pachtverhältnis bezieht Afrikan in dem folgenden Fragment D. 19, 2, 35 pr. in der Tat in seine Erörterung mit ein: *locator fundi cogatur ferre iniuriam eius, quem prohibere non possit.*

[57] Die Proskriptionen Sullas und der Triumvirn waren praktisch Todesurteile der mit unbeschränkter Strafgewalt ausgestatteten Magistrate, gefällt ,,nicht bloß mit Ausschluß der Öffentlichkeit, sondern auch unter Abschneiden jedes rechtlichen Gehörs": TH. MOMMSEN, Röm. Staatsrecht II[3] (Leipzig 1887, Neudr. Darmstadt 1963) 736. Unter dem Schreckensregiment des Tiberius (14—37 n. Chr.) wurden täglich bis zu 20 Personen — Männer, Frauen und Kinder — hingerichtet, anschließend die 'Seufzertreppe' der Gemonien hinabgestürzt und mit dem Haken in den Tiber geschleift. Da die Tötung von Jungfrauen nach alter Sitte verboten war, wurden sie zuerst von den Henkern geschändet und dann erdrosselt. Das Denunziantentum blühte, Angeber und Zeugen erhielten Belohnungen. Selbst nach dem Tod des Kaisers wurden seine Urteile noch vollstreckt. Vgl. Sueton, Tiberius 61f., 75. Sein Nachfolger Caligula wütete in den vier Jahren seiner Regierung (37—41 n. Chr.) fast noch schlimmer. Vgl. weiter u. A. 79.

[58] Besonders abstoßende Beispiele für einen häufig mißbrauchten Konfiskationstatbestand, die sogenannte Majestätsbeleidigung des Kaisers durch Wort und Schrift, durch Verunglimpfung der Kaiserbildnisse (etwa bei Mitnahme von Münzen mit dem Kaiserbild

Grundsätze darf man für die damalige Zeit nicht voraussetzen; der Satz
nullum crimen, nulla poena sine lege ist im römischen Strafrecht ebensowenig
verankert[59] wie die Unschuldsvermutung *in dubio pro reo*[60]. Da die Möglichkeit einer zu Unrecht erfolgten Verurteilung nicht ganz ausgeschlossen
werden kann, bringt das Argument aus dem mangelnden Verschulden des
Verpächters gegen die Annahme einer Strafmaßnahme daher allein noch
keinen vollen Beweis[61].

Bei einer Konfiskation des gesamten Vermögens als Folge eines kapi-
talen Strafurteils hätte Afrikan jedoch statt *si fundus, quem mihi locaveris*
vermutlich genauer *si bona locatoris publicata sint* geschrieben[62]. Außerdem
wäre der im Text vorausgesetzte Ersatzanspruch des Pächters gegen den
zu einer Kapitalstrafe verurteilten Verpächter nicht durchsetzbar; der
Jurist wäre dann mit dem Fall wohl kaum konfrontiert worden[63]. Vor

---

ins Bordell), durch Anmaßung kaiserlicher Vorrechte oder respektlose Zukunftsbefragung
bei H. SEIDEL (o. A. 46) 184—198. Zum *crimen maiestatis* jetzt die Monographie von R. A.
BAUMAN, The crimen maiestatis in the Roman Republic and Augustan Principate (Jo-
hannesburg 1967); dazu W. WALDSTEIN, SZ 87 (1970) 513ff.

[59] Vgl. (bes. zur kaiserlichen Kognitionsgerichtsbarkeit) M. KASER (o. A. 25) 127. Ebenda
S. 121ff. Überblick über Strafrecht und Strafgerichtsbarkeit. Im ordentlichen Geschwo-
renenprozeß stützte man sich zwar auf Gesetze, aber die Forderung nach möglichst wertfreien 'deskriptiven' Straftatbeständen wurde erst in der Neuzeit aufgestellt (E. BELING,
Die Lehre vom Verbrechen, 1906). Zur Geschichte des Postulats *nullum crimen sine lege*
s. GEORG DAHM, Deutsches Recht[2] (Stuttgart 1963) 514f.: Ansatzweise in der englischen
Magna Charta (1215) verwirklicht, gelangte der Grundsatz über Amerika nach Frankreich
(Erklärung der Menschen- und Bürgerrechte 1789, franz. Verfassung 1793). In Deutschland fand der Grundsatz schon im aufgeklärten Absolutismus Anerkennung; so 1787 im
ersten naturrechtlichen Strafgesetzbuch Josephs II. für Österreich (sog. Josephina);
dann 1794 im preuß. ALR. Die lateinische Fassung prägte der Kriminalist ANSELM VON
FEUERBACH (1775—1833). FRANZ VON LISZT (1851—1919) nannte diese Vorschrift des § 2
StGB die „Magna Charta des Verbrechers".

[60] Vgl. P. HOLTAPPELS, Die Entwicklungsgeschichte des Grundsatzes 'in dubio pro reo'
(Hamburg 1965). Die auf Aristoteles zurückgehende Maxime, lieber einen Schuldigen
unbestraft lassen als einen Unschuldigen zu verurteilen, findet sich zwar in einem Reskript
Trajans (98—117 n. Chr.), wiedergegeben bei Ulpian D. 48, 19, 5 pr. In der prozessualen
Praxis hatte die Überredungskunst der Rhetoren jedoch einen großen, zuweilen verhäng-
nisvollen Einfluß.

[61] Ebenso H. HONSELL, Quod interest im bonae fidei iudicium (München 1969) 122 u. A. 20.

[62] Die Konfiskationen betrafen in aller Regel das ganze Vermögen, gelegentlich eine Quote,
aber nur in seltenen Ausnahmen einzelne Gegenstände, z. B. Bücher und Schriften sowie
Versammlungs- und Kultstätten fremder, unerwünschter Glaubensgemeinschaften (sie
wurden nach der Einziehung meist vernichtet oder zerstört); ferner Häuser, in denen ver-
botene Glücksspiele abgehalten wurden, oder geschmuggelte Waren und die dazu verwendeten Fahrzeuge, s. H. SEIDEL (o. A. 46) 58f., 61—65, 331.

[63] Das räumt selbst U. BRASIELLO 486 ein. Von einer Haftung der Erben des zum Tode
Verurteilten verlautet nichts; sie verträge sich schlecht mit der Konfiskation und scheidet
praktisch schon deswegen aus, weil niemand die Erbschaft antreten würde, bloß um die
Schulden des Verurteilten zu übernehmen. Die Forderungen richten sich vielmehr gegen
den Staat als Vermögensübernehmer. — Eine Teilkonfiskation, an die U. BRASIELLO denkt
und die es seit Caesar gibt (Sueton, Caesar 42), erfaßte statt des Grundstücks nur eine
ideelle Vermögensquote und scheidet daher nach dem Sachverhalt aus. — Daß Kindern
des Verurteilten eine Quote gnadenhalber belassen wurde, hat andere Gründe; W. WALD-

allem aber fragt man sich, welchen Anlaß der Staat gehabt haben sollte, mit dem straffällig gewordenen Verpächter zugleich auch den unschuldigen Pächter zu 'bestrafen', indem er diesen von dem Grundstück vertrieb. Für eine Rechtspflicht des konfiszierenden Staates zur Anerkennung von Pachtverträgen spricht vielmehr, daß die *publicatio bonorum* als Universalsukzession erbrechtlichen Grundsätzen folgt[64]. Als Gesamtrechtsnachfolge ist die

---

STEIN, RE Suppl. X (1965) 104, 114; H. SEIDEL (o. A. 46) 66ff.: Da wirtschaftlich die ganze Familie an dem *de iure* dem *pater familias* allein gehörenden Vermögen partizipierte, kam sie durch eine gegen ihn verhängte Konfiskation in arge Bedrängnis; eine solche finanzielle Sippenhaftung sollte vermieden werden. Bei mehreren Kindern kann durch den Gnadenerweis das ganze Vermögen ausgeschöpft werden, so daß dem *fiscus* nichts übrig bleibt. Hadrian (Paul. D. 48, 20, 7, 3) rechtfertigt dies mit der bemerkenswerten Erwägung, daß er das Reich lieber durch Vermehrung von Menschen als durch Mengen Geldes bereichern wolle. Nach Callist. D. 48, 20, 1, 1 erhält daher auch der *nasciturus* einen Anteil. Zur Berücksichtigung der Adoptivkinder schon o. A. 53.

[64] TH. MOMMSEN (o. A. 46) a. a. O.; H. SEIDEL (o. A. 46) 297: „gewissermaßen ein öffentlichrechtlicher Erbfall", unter Hinweis auf Ulp. (12. Sab., de suis heredibus) D. 38, 16, 1, 3: *Interdum etiam filius suus heres excluditur fisco praelato, ut puta si perduellionis fuerit damnatus pater post mortem suam: . . . ut nec iura sepulchrorum hic filius habeat.* Konkrete Belege für den Eintritt des Staates in Miet- und Pachtverträge scheinen jedoch zu fehlen, vgl. U. BRASIELLO a. a. O. Den Übergang von Dienstbarkeiten lehrt Paulus D. 8, 3, 23, 2, *quia cum sua condicione quisque fundus publicaretur.* Nur Einzelrechtsnachfolger sind an Miet- und Pachtverträge nicht gebunden; denn 'Kauf bricht Miete' in Rom: M. KASER, RP I² 567, A. 44. Die hierzu vorliegenden Quellen betreffen jedoch nur den Speziesverkauf, vgl. TH. MAYER-MALY, Locatio conductio 42ff. (dazu M. KASER, SZ 73 [1956] 426f. A. 10); A. TORRENT, Excepciones pactadas a la regla 'emptio tollit locatum', Estudios Sánchez del Río (Saragossa 1967) 263ff. Daß der Staat die auf dem eingezogenen Vermögen lastenden Verbindlichkeiten zu übernehmen und die Gläubiger zu befriedigen hatte, weist gegen die bisher herrschende Meinung jetzt W. WALDSTEIN überzeugend nach, RE Suppl. X (1965) 104ff., 115ff.; Index 3 (1973) 344ff. Daß der Fiskus als Universalsukzessor betrachtet wurde, folgt auch aus Caracalla C. 9, 12, 2; Paul. D. 49, 14, 48, 1: W. WALDSTEIN, RE Suppl. X (1965) 118f.; Call./Ulp. D. 49, 14, 3, 7/6: G. ÜRÖGDI, Art. fiscus, RE Suppl. X (1965) 222ff., 227. Ant. Pius verbietet es daher, daß ein Beklagter sein Vermögen dem Kaiser schenkt, weil der *fiscus* dann den Prozeß übernehmen müßte; Marcian D. 49, 14, 22, 2; F. DE MARINI AVONZO, I limiti alla disponibilità della res litigiosa nel diritto romano (Milano 1967) 366ff. — Bei der *missio in possessionem rei servandae causa* in der zivilprozessualen Vollstreckung erhält der Prätor die vom Schuldner abgeschlossenen Miet- und Pachtverträge aufrecht, Ulp. D. 42, 5, 8, 1. Unverpachtete Grundstücke können der eingewiesene Gläubiger, eventuell auch der *curator bonorum* ihrerseits verpachten (M. KASER, Röm. Zivilprozeßrecht 305f. A. 51, 69); auf wie lange Zeit, steht nach Ulp. D. 42, 5, 8, 3 in ihrem Ermessen. Eine solche Verpachtung wirkte demnach vermutlich auch gegenüber dem *emptor bonorum* (und in Parallele dazu gegenüber dem *sector*, u. A. 65); denn für ganz kurze Übergangsfristen hätte sich — zumal angesichts des üblichen *lustrum* — wohl schwerlich ein geeigneter Pächter gefunden. Auch staatliche Verpachtungen konnten über die Amtsdauer des handelnden Magistrats hinauswirken; vgl. im einzelnen TH. MOMMSEN, Röm. Staatsrecht³ (o. A. 57) I 631ff., II 1 S. 457ff., II 2 S. 1122ff. Den Gutsherren lag an langfristigen Verpachtungen, da kurzfristige Pächter nichts für die Fruchtbarkeit des Bodens taten und weggingen, wenn er ausgelaugt war. Ein von einem zuverlässigen Pächter dauernd bestelltes Landgut war jedenfalls wertvoller als ein verwahrlostes. Ein Eigenbedarf des Staates kommt bei der Konfiskation nicht in Betracht (wohl bei der Enteignung); dem *fiscus* liegt nur an den Nutzungen. Daß er eingezogenes, aber nicht in Eigenbewirtschaftung übernommenes Grundvermögen durch Verpachtung nutzt, nimmt auch H. SEIDEL (o. A. 46) 298f., 314 an. An einem unnötigen Wechsel des

Vermögenskonfiskation also gar kein Unmöglichkeitsfall, der es verdient hätte, an die Seite des Erdsturzes gestellt zu werden. Als Universalsukzessor tritt der Fiskus oder der *sector*, der von ihm im Falle einer *venditio bonorum* das konfiszierte Vermögen als ganzes erwirbt[65], vielmehr zunächst in die Rechte und Pflichten des Verpächters ein. Würden diese Rechtsnachfolger später den Pächter vertreiben, dann setzten sie sich selber dem auf das positive Interesse[66] gerichteten Ersatzanspruch des Pächters aus; nicht aber träfe diese Haftung — wie im Text vorausgesetzt — den *tu* als den einstigen Verpächter[67]. Bei einer etwaigen Einzelrechtsnachfolge — etwa im Falle einer Versteigerung des Grundstücks — pflegt sich der Fiskus überdies auszubedingen, daß der Pächter nicht vertrieben werden dürfe, weil sich der Fiskus diesem nicht regreßpflichtig machen will[68]. An der weiteren ordnungsgemäßen Bewirtschaftung konfiszierter Landgüter hatte der Staat aber auch faktisch ein großes Interesse: Bildete doch die Landflucht mit ihrer Folge der Verödung weiter Landstriche schon zur Zeit der gracchischen Bodenreformbewegung und dann wieder besonders unter dem

Pächters aber konnte der Staat kein Interesse haben; schon Columella I 7, 3 riet davon ab, vgl. H. Brockmeyer, Der Kolonat bei römischen Juristen, Historia 20 (1971) 738; Ders., Arbeitsorganisation und ökonomisches Denken in der Gutswirtschaft des röm. Reiches (Diss. phil. Bochum 1968) 274f. (dazu W. Richter, Gnomon 43 [1971] 578ff.).

[65] F. Klingmüller, Art. sectio bonorum, RE 2 A (1921) 982; M. Kaser, Röm. Zivilprozeßrecht 301f., A. 7; eingehend Leopold Heyrovský, Über die rechtliche Grundlage der leges contractus bei Rechtsgeschäften zwischen dem röm. Staat und Privaten (Leipzig 1881) 26—42, 59ff. Dieses Verfahren ist das ursprüngliche. Seit Septimius Severus, vielleicht schon seit den *divi fratres*, verwaltet der Staat die eingezogenen Vermögen selbst durch einen besonderen *procurator ad bona damnatorum*, der auch die Schulden abzuwickeln hatte: W. Waldstein, RE Suppl. X (1965) 118.

[66] Und nicht — wie im Text sub 3 b, 4 und 5 b — auf bloße Erstattung der vorausempfangenen Gegenleistung.

[67] Statt *teneri te actione ex conducto* müßte es dann heißen *teneri fiscum*.

[68] Nach Pap.-Paul D. 49, 14, 50 gilt dies zugunsten des *fiscus* sogar als stillschweigend vereinbart: *colonum percipere fructus debere, ... ne fiscus colono teneretur, quod ei frui non licuisset, atque si hoc ipsum in emendo convenisset.* Manche haben hierin ein Fiskalprivileg gesehen, so schon F. F. Sintenis in der Übersetzung des Corpus iuris zur Stelle von C. E. Otto / B. Schilling IV (Leipzig 1832) 1101 A. 85; bes. S. Bolla, Die Entwicklung des Fiskus zum Privatrechtssubjekt (Prag 1938) 88f.; vgl. Th. Mayer-Maly, Locatio conductio 51f. m. weit. Nachw. zum Streitstand. Da sich aber auch Privatleute als Verkäufer durch entsprechende Vertrauensklauseln vor Regreßansprüchen ihrer Mieter oder Pächter zu sichern pflegten (Mayer-Maly 42ff.), kann man in der Anerkennung einer stillschweigenden Vereinbarung (als *pactum adiectum*) auch eine vernünftige gewohnheitsrechtliche Weiterbildung erblicken, die für alle Verkäufer galt, die den Käufer auf bestehende Mietverhältnisse aufmerksam machten — ähnlich wie sie auch für dem Käufer bekannte Rechtsmängel nicht haften müssen. Mayer-Maly 51ff. begrenzt den faktischen Eintritt des Käufers in das Pachtverhältnis unnötigerweise auf das laufende Erntejahr; in A. 58 bemerkt er jedoch selber zu Recht, daß die angeführte Motivation (*ne fiscus colono teneretur*) gegen eine solche Begrenzung spricht. Zur *tacita conventio* als Einfallstor für gewohnheitsrechtliche Neubildungen auf Grund einer ständigen Geschäftspraxis vgl. meinen Beitrag, Zur Lehre vom *pactum tacitum* und zur Aushilfsfunktion der *exceptio doli*. Stillschweigender Verzicht und Verwirkung nach klassischem Recht, Teil I und II, SZ 90 (1973) 220—261, und SZ 91 (1974) 251—284, hier bes. S. 277ff. sub V. Ergebnisse und Folgerungen.

Dominat ein gravierendes soziales Problem[69]. Wegen des chronischen Mangels an geeigneten Pächtern machte man die Bebauung von Staatsland daher z. B. in Ägypten durch ein System der Zwangspacht den benachbarten Gemeinden und Einzelpersonen, die ihre eigene Scholle ja nicht im Stich lassen konnten, zur Pflicht[70]. In unserem Fall aber wurde das weitere *frui licere* dem Pächter infolge der *publicatio* unmöglich: Der Staat wollte daher nicht nur dem Verpächter rechtlich das Eigentum entziehen; er hatte es vielmehr tatsächlich auf Substanz und Nutzung des Grundstückes abgesehen. Nach alledem kann somit nur eine mit einer Nutzungsänderung verbundene **Enteignung** in Betracht kommen.

Der Parallelfall aus dem Kaufrecht (3) kann ebenfalls nur eine Enteignung betreffen. Denn da der Staat das Vermögen nicht ohne die darauf lastenden Schulden konfiszieren konnte (o. A. 64), mußte er einen vom Verurteilten zuvor abgeschlossenen Verkauf des Grundstücks anerkennen und dieses dem Käufer Zug um Zug gegen Erbringung der versprochenen Gegenleistung übereignen. Dem Strafzweck war völlig genügt, wenn dem Staat anstelle des Grundstücks der zugunsten des Verurteilten entstandene Kaufpreisanspruch verfiel. Im Gegensatz zur Enteignung bedurfte es dazu keines zusätzlichen Eingriffs in die Rechte des Grundstückserwerbers.

b) Enteignung gegen Entschädigung?

Ob die Enteignung in beiden Fällen mit oder ohne Entschädigung durchgeführt wurde, ist damit noch nicht entschieden[71]. Als Rechtsinstitut in unserem heutigen Verständnis war eine Enteignung im öffentlichen Interesse dem römischen Recht unbekannt[72]. Daß privates Eigentum nur zum Wohle der Allgemeinheit, nur gegen angemessene Entschädigung und nur in einem geordneten Verfahren entzogen werden darf, erscheint uns heute selbstverständlich. Doch sind diese drei Erfordernisse im wesentlichen erst eine neuzeitliche Errungenschaft im Anschluß an die Französische Revolution[73]. Der römische Staat war dagegen rechtlich nicht gehindert,

---

[69] Vgl. etwa G. Dulckeit / F. Schwarz (o. A. 32) § 18 I 4, II 4; § 38 II 4. Aber auch zur Zeit Trajans werden Grundstücke über Generationen hinweg (sogar trotz Vertragsbruchs) immer an dieselben Pächterfamilien vergeben; vermutlich herrschte bereits damals ein Mangel an Pächtern: M. Vandoni, Beiträge zum Pachtrecht der Prinzipatzeit aus der Mailänder Papyrussammlung, JJP 15 (1965) 145ff., 150; vgl. E. Seidl, Festschr. Schnorr v. Carolsfeld (Köln 1973) 460 A. 18; Ders., Röm. Privatrecht (1963) 170. Verödete Ländereien konnte sich seit Vespasian und Pertinax jedermann aneignen, falls er sie sofort bestellte; s. M. Just (o. A. 47) 161f.

[70] G. Poethke, Epimerismos. Betrachtungen zur Zwangspacht in Ägypten während der Prinzipatzeit (Brüssel 1969; dazu R. Seider, Gnomon 43 [1971] 718ff.); H.-Chr. Kuhnke, Οὐσιακὴ γῆ, Domänenland in den Papyri (Diss. Köln 1971) 44ff. Zur Schollengebundenheit des Pächters und seinem *ius emigrandi* ferner Th. Mayer-Maly 216ff., E. Seidl, a. a. O.

[71] Die — für unseren Fall oben abgelehnte — Konfiskation war stets eine entschädigungslose Einziehung: H. Seidel (o. A. 46) 320ff.

[72] Zum folg. M. Kaser, RP I² 404f. und die Lit. o. A. 47.

[73] Dazu J. G. Hedemann, Fortschritte des Zivilrechts im 19. Jahrhundert II 1 (Köln 1930, neu Frankfurt 1968) 225ff.; G. Wesenberg / G. Wesener (o. A. 1) 162f.

auf das Vermögen seiner Bürger entschädigungslos zuzugreifen. Eine institutionelle Garantie des Eigentums, vor allem auch eine Entschädigungsgarantie gegenüber magistratischen Befugnissen, liegt außerhalb der römischen Vorstellung[74]. Dem *imperium* und der Koerzitionsgewalt des Magistrats, versinnbildlicht in den ihm von den Liktoren vorangetragenen Rutenbündeln (*fasces*), war der *civis Romanus* und noch mehr der Provinzeinwohner bedingungslos unterworfen. Ihre Schranken fanden diese für die jeweilige Amtsdauer 'absolut' eingeräumten Befugnisse nur in dem Interzessionsrecht der Volkstribunen, sowie bei den kollegial besetzten Ämtern in dem Vetorecht des Amtskollegen. Eine Anfechtung der von den Amtsträgern erlassenen Verfügungen in einem Verwaltungs- oder Gerichtsverfahren war den Betroffenen dagegen verschlossen[75]. Hieraus erklärt sich auch die unvollkommene juristische Durchbildung der Enteignung wie allen 'Verwaltungsrechts', das die römischen Juristen zusammen mit weiten Teilen des Strafrechts mehr der Politik als der Jurisprudenz zurechnen[76]. Der hoheitliche Akt steht für sie außerhalb der Privatrechtssphäre und widerstrebt daher auch einer Einordnung in die juristischen Kategorien 'rechtmäßig' oder 'rechtswidrig'[77]. So wird verständlich, wie die Enteignung im vorliegenden Text als ein Fall von höherer Gewalt (5b) dem Naturereignis des Erdsturzes (2) an die Seite gestellt werden kann.

Trotz dieser rechtlich so gut wie unumschränkten Befugnisse haben sich die römischen Behörden jedoch, wie die Geschichte lehrt, der Requiration von privatem Grundeigentum — insbesondere der entschädigungslosen — im allgemeinen enthalten[78], wenngleich uns auch von abschreckenden Beispielen hemmungsloser Habgier berichtet wird[79]. Soweit möglich ver-

---

[74] F. WIEACKER, SZ 57, 474.

[75] Keine Verwaltungsgerichtsbarkeit in Rom: M. KASER, Röm. Zivilprozeßrecht (München 1966) 2.

[76] Vgl. (bes. zum Strafrecht) M. KASER, Röm. Rechtsgeschichte² (1967) 121ff.

[77] Zu einigen Fällen privatrechtlicher Haftung für 'Staatsunrecht' s. immerhin TH. MAYER-MALY, SZ 74 (1957) 363ff.

[78] Augustus wagte es beispielsweise nicht, beim Bau seines neuen Forums die Nachbarn zu enteignen, obschon der Platz zu eng war und der Architekt Schwierigkeiten hatte; Sueton, Augustus 56; vgl. M. JUST (o. A. 47) 145f. — Frontinus, De aquis Urbis Romae 127f. rühmt der Altvorderen *aequitas*: Sie hätten nicht einmal zum gemeinen Nutzen Privatleuten etwas „entrissen"; war ein Eigentümer zum Verkauf der zum Wasserleitungsbau benötigten Teilfäche nicht bereit, so kaufte man ihm das ganze Grundstück ab und veräußerte am Schluß die nicht benötigten Parzellen weiter. Bei Livius 40, 51 vereitelt ein zum Verkauf nicht bereiter Grundeigentümer den geplanten Bau einer Wasserleitung tatsächlich. Die 'lex Iulia agraria' von 59 v. Chr. (bei Cass. Dio 38, 1) schließt den Zwangskauf von Privatland ausdrücklich aus. — Zu den römischen Freiheitsrechten lesenswert F. SCHULZ, Prinzipien (o. A. 1) 95ff. Ferner CH. WIRSZUBSKI, Libertas als politische Idee in Rom (Darmstadt 1967).

[79] Der u. a. durch seine Erbschleicherei und Spielwut bekannte Caligula bat z. B. einmal beim Würfelspiel einen Mitspieler, seine Partie kurzfristig zu übernehmen, trat ins Atrium seines Palastes hinaus und befahl, zwei gerade vorübergehende wohlhabende römische Ritter zu verhaften und ihre Güter zu konfiszieren. Vergnügt kehrte er zum Spiel zurück und brüstete sich sarkastisch, noch nie größeres Glück beim Spiel gehabt zu haben. — Der als Sänger im Theater auftretende Nero bemerkte unter seinen Zuhörern eine Dame,

suchten sie jedoch, die für öffentliche Bauvorhaben (Straßen, Aquädukte, stadtrömische Bauprogramme) benötigten Landflächen den Eigentümern — notfalls unter politischem Druck — abzukaufen. Die notwendigen finanziellen Mittel fehlten dem Staat nur selten. Dieses *emere ab invito*[80] ist unserer heutigen Enteignung daher noch am ehesten vergleichbar. Grundlage für den Verkaufszwang bildete die Amtsgewalt (*coercitio*) des anordnenden Magistrats.

In den Provinzen konnte der Staat das Grundeigentum allerdings entschädigungslos entziehen. Man rechtfertigte dies mit der Lehre, daß der gesamte Provinzialboden in einer Art Obereigentum des römischen Staates stehe (daher *ager publicus* genannt), der den Einwohnern nur gegen eine Zinszahlung (*stipendium, tributum*) zu Besitz und Nutzung (*possessio vel ususfructus*, Gaius 2, 7) zugewiesen sei. Der *ager publicus* heißt daher *ager stipendiarius* in den älteren, senatorischen, und *ager tributarius* in den jüngeren, kaiserlichen Provinzen; je nach dem Begünstigten dieser Abgabe[81]. Von der Einziehung provinzieller Ländereien machten die Kaiser insbesondere zum Zweck der Ansiedlung ausgedienter Soldaten Gebrauch. Für das römische Weltreich, das ständig eine große Zahl von Legionären unter Waffen halten mußte, war die Versorgung der Kriegsveteranen eine wichtige Aufgabe der Militär- und Sozialpolitik. In seinem Rechenschaftsbericht (Res gestae, 16) rühmt sich Augustus, als einziger die Munizipien für solche Landassignationen an Veteranen entschädigt zu haben[82]; dies zeigt, daß

die ein Kleid in der allein dem Kaiser vorbehaltenen purpurnen Farbe trug. Er ließ sie auf der Stelle entkleiden und beraubte sie nicht nur des Gewandes, sondern ihres gesamten Vermögens. Auch stiftete er dazu an, wenige Gramm des verbotenen Färbemittels am Markttag in den Handel zu bringen, und beschlagnahmte daraufhin die Magazine aller Kaufleute. (Die Verletzung des kaiserlichen Privilegs zum Tragen der kostbaren Purpurfarbe galt als Majestätsbeleidigung, s. H. SEIDEL [o. A. 46] 192ff. und o. A. 58; vgl. auch M. REINHOLD, History of Purple as a Status Symbol in Antiquity, Collection Latomus 116 [Bruxelles 1970].) — Tiberius ließ zahlreiche hochgestellte Persönlichkeiten in den Provinzen auf schamloseste unbegründete Beschuldigungen hin enteignen. Einigen von ihnen wurde nichts anderes vorgeworfen, als daß sie ihr Vermögen großenteils in Bargeld liegen hätten. (Um die zeitweilige Geldknappheit zu beheben, hatte Tiberius nämlich verfügt, bestimmte Teile großer Vermögen in Grundstücken anzulegen.) — Der von Sammelleidenschaft besessene Augustus soll einige Leute nur deshalb in die Proskriptionslisten aufgenommen haben, um sich ihrer kostbaren korinthischen Vasen, die er liebte, zu bemächtigen. — All dies berichtet Sueton, Caligula 41, Nero 32, Tiberius 48f., Augustus 70. Weitere Fälle bei H. SEIDEL (o. A. 46) 318f.

[80] Dazu — außer den o. A. 47 Angeführten — A. BERGER (o. A. 44) 453 s. v. Emptio ab invito m. weit. Lit. — Die Theorie des Zwangskaufs war im 19. Jh. in Preußen für die Enteignung durchaus herrschend: CARL ROCHOLL, Rechtsfälle aus der Praxis des Reichsgerichts I (1883) 1ff. Sie gilt noch heute in Frankreich: M. FERID, Franz. Zivilrecht I (Frankfurt 1971) RN 2 A 76 (a. E.), 2 F 105.

[81] M. KASER, Röm. Rechtsgeschichte[2] (1967) 118.

[82] Er soll dafür die Riesensumme von 600 Mill. Sesterzen aufgewandt haben. Schon nach der Schlacht von Philippi (42 v. Chr.) hatten 170.000 Mann Anspruch auf Versorgung mit Land; am Ende seiner Regierung spricht Augustus von 300.000, die er zu befriedigen hatte. 28 Militärkolonien legte Augustus nach der Schlacht von Actium (31 v. Chr.) in Italien, später eine große Anzahl anderer in den Provinzen an. Daß freilich weder die Gutsbesitzer, die von ihren Ländereien vertrieben wurden, noch die Veteranen, die sich

er hierin mehr den Ausdruck kaiserlicher Gnade sah und nicht in Anerkennung einer rechtlichen Verpflichtung handelte. Sulla und die Triumvirn hatten sich das Land für ihre Militärkolonien gewaltsam durch Proskriptionen und Güterkonfiskationen beschafft[83].

In den 'Digesten' sind, soweit ersichtlich, außer dem vorliegenden nur noch zwei weitere Enteignungsfälle überliefert; beide betreffen gerade die Gründung von Veteranensiedlungen: In Paulus D. 21, 2, 11 pr.[84] hatte ein Römer Lucius Titius im rechtsrheinischen Germanien Grundstücke gekauft und teilweise bezahlt (sowie offenbar auch übergeben erhalten[85]). Sein auf den Restkaufpreis verklagter Erbe verweigerte die Zahlung, weil diese Grundstücke inzwischen auf kaiserlichen Befehl teils zwangsweise veräußert, teils Veteranen als Belohnung zugewiesen worden waren. Wäre der Besitzer in diesem Falle voll entschädigt worden, dann hätte er keinen Grund gehabt, die Zahlung des Restkaufgeldes zu verweigern; also ist eine Entschädigung offenbar nicht erfolgt[86]. In dem anderen Fall bei Ulpian D. 6, 1, 15, 2[87] erhielt der auf Herausgabe verklagte Besitzer als Entschädigung für die Landassignation an Soldaten nur eine Kleinigkeit *honoris gratia*, also gnadenhalber ohne Rechtsanspruch. Diesen Fall behandelt der Jurist interessanterweise im Zusammenhang mit dem notwendigen Verkauf (etwa verderblicher Ware)[88], der als Unmöglichkeitsfall den Beklagten zwar

---

größere Belohnungen erhofft hatten, mit diesen Maßnahmen ganz zufrieden waren, berichtet Sueton, Augustus 13.

[83] E. KORNEMANN, Art. Coloniae, RE 4 (1900) 563.

[84] *Lucius Titius praedia in Germania trans Rhenum emit et partem pretii intulit: cum in residuam quantitatem heres emptoris conveniretur, quaestionem rettulit dicens has possessiones ex praecepto principali partim distractas, partim veteranis in praemia adsignatas: quaero, an huius rei periculum ad venditorem pertinere possit. Paulus respondit futuros casus* (lies: *futuras causas?) evictionis post contractam emptionem ad venditorem non pertinere et ideo secundum ea quae proponuntur pretium praediorum peti posse.* — Dazu E. SECKEL/E. LEVY, Die Gefahrtragung beim Kauf im klassischen römischen Recht, SZ 47 (1927) 231f.; H. R. HOETINK (o. A. 48) 117ff.; F. M. DE ROBERTIS (1936, o. A. 47) 148ff.; PH. MEYLAN, Paul. D. 21. 2. 11 pr. et la question des risques dans le contrat de vente, RIDA 3 (1949) 195ff.; neuerdings H.-P. BENÖHR, Das sog. Synallagma in den Konsensualkontrakten des klass. röm. Rechts (Hamburg 1965) 88; A. CALONGE, Evicción (Salamanca 1968) 98ff.; alle mit reicher Lit.

[85] So die herrschende Lehre: A. BECHMANN, Der Kauf nach gemeinem Recht III 1 (Leipzig 1905) 166; P. KRÜCKMANN, SZ 60 (1940) 78; A. CALONGE 100 mit A. 274; P. JÖRS— W. KUNKEL (o. A. 25) 229 A. 11; weit. Ang. bei H.-P. BENÖHR 88 A. 13. Dafür spricht der Umstand, daß der Käufer L. Titius inzwischen verstorben war, also einige Zeit verstrichen gewesen sein muß. Vor allem läßt sich nur so dieser Text mit D. 19, 2, 33 (3. Fall) vereinigen, s. u. nach A. 141. Anders ohne Begründung M. KONSTANTINOVITCH (o. A. 48) 272.

[86] Im Ergebnis übereinstimmend H. R. HOETINK (o. A. 48) 121.

[87] *Item si forte ager fuit qui petitus est et militibus adsignatus est modico honoris gratia possessori dato, an hoc restituere debeat? et puto praestaturum.* Dazu DE MARINI AVONZO (o. A. 64) 187f. A. 48.

[88] Ebenda § 1: *Si quis rem ex necessitate distraxit, fortassis huic officio iudicis succurretur, ut pretium dumtaxat debeat restituere. nam et si fructus perceptos distraxit, ne corrumpantur, aeque non amplius quam pretium praestabit.* — Zu der von G. BESELER und E. ALBERTARIO zu Unrecht angegriffenen *distractio ex necessitate* siehe U. NICOLINI (o. A. 47) 229f.,

von seiner Leistungspflicht befreit, aber zur Erstattung des 'stellvertretenden Commodum' verpflichtet (vgl. heute § 281 BGB).

In unserem Falle ist von einem stellvertretenden *commodum* nicht die Rede. Seckel/Levy nehmen deshalb eine entschädigungslose Enteignung an[89]. Dem ist zuzustimmen, obschon ihr *argumentum e silentio* allein nicht viel beweist[90]. Gegen eine Entschädigung spricht aber vor allem die Parallele zu dem Werkvertragsbeispiel (2), in dem das zu bebauende Areal durch Erdbeben ersatzlos untergeht. Anderenfalls wären beide Sachverhalte nicht miteinander vergleichbar.

Geht man von rechtlich geordneten Zuständen aus, dann muß man bei der entschädigungslosen Enteignung in unserem Falle mit Seckel/Levy somit ebenfalls an ein Provinzialgrundstück denken. Die Bezeichnung *publicare* für den Enteignungsakt erscheint dann zwar auf den ersten Blick als widerspruchsvoll, da ja das enteignete Objekt — wie ausgeführt — schon vorher *ager publicus* war. Aber die Doktrin vom *ager publicus* erschöpft sich praktisch in der Rechtfertigung gewisser staatlicher Vorrechte, wie der Zinspflicht und der Eingriffsgewalt des Statthalters. Ein echtes privates Vollrecht am Provinzialboden schließt diese Lehre dagegen nicht aus. Es wird zwar nicht 'Eigentum' (nach *ius civile*) genannt, steht ihm aber (sozusagen als Eigentum nach *ius gentium*) für den privatrechtlichen Verkehr in fast allen Beziehungen gleich[91]. Wie wir an Ulp. D. 6, 1, 15, 2 sehen (o. A. 87), gibt es dafür sogar einen petitorischen Rechtsschutz[92]. Die im Text behandelten, von der *fides* beherrschten und damit ebenfalls im *ius gentium* wurzelnden[93] gegenseitigen Verträge *locatio conductio* und *emptio venditio* über ein Provinzialgrundstück waren unbedenklich zulässig.

S. Schipani, Responsabilità del convenuto per la cosa oggetto di azione reale (Torino 1971) 83 A. 12: Der notwendige Verkauf steht im Gegensatz zum *dolo desinere possidere*, für das der Vindikationsbeklagte verantwortlich ist. Zum Exkusationseffekt der notstandsartigen *necessitas* als Gegenbegriff zur rechtserheblichen *voluntas*, insbesondere zum *dolus*, s. jetzt Th. Mayer-Maly, Topik der necessitas, Études Macqueron (Aix 1970) 477ff., dort 486 A. 63 weitere Abhandlungen dieses Autors zur *necessitas*.

[89] SZ 47 (1927) 221. Anders H. R. Hoetink (o. A. 48) 106ff., 117, 121.

[90] Ob ein Pächter Ansprüche auf das stellvertretende *commodum* geltend machen könnte, ist zweifelhaft. Mit einer Nutzung des Entschädigungskapitals für die restliche Pachtdauer wäre ihm auch schwerlich gedient. Die rechtliche Problematik des Falles ist aber zweifellos schärfer, die Entscheidung für die Parteien weit einschneidender, wenn man von einer Enteignung o h n e Entschädigung ausgeht.

[91] M. Kaser, Typen der römischen Bodenrechte in der späteren Republik, SZ 62 (1942) 1ff., hier 76ff. Anstelle der Ersitzung (*usucapio*) führte man die *longi temporis praescriptio* ein. Dazu D. Nörr, Die Entstehung der longi temporis praescriptio. Studien zum Einfluß der Zeit im Recht und zur Rechtspolitik in der Kaiserzeit, Ges. für Forsch. des Landes NRW, Geisteswiss. CLVI (Köln 1969). Er berichtet S. 59ff. anschaulich über den Streit zweier Kolonien um Landparzellen, die von der staatlichen Verteilung ausgenommen worden waren (sog. *subsiciva*).

[92] O. Lenel, Paling. (o. A. 6) II 508 A. 4, Ders., Edictum perpetuum[3] (Leipzig 1927, neu: Aalen 1956) 185 A. 2 bezieht den Text auf die Restitutionsklausel der *rei vindicatio*. Doch gehört er wohl eher zu einer ihr nachgebildeten *actio* des Provinzialrechts; zu deren Formel s. M. Kaser a. a. O. 79 A. 252 und RP I[2] 439.

[93] Kaser, RP I[2] 203.

Wie das Beispiel der Landzuweisung an Veteranen lehrt, die dadurch
für ihre langjährigen Kriegsdienste entschädigt wurden, ist es bei der
publicatio gleichfalls nicht ausgeschlossen, daß das enteignete Grundstück
anschließend wieder in Privateigentum überführt wird; ebenso wie auch
heute die Enteignung zugunsten eines privatrechtlich organisierten Rechts-
trägers ausgesprochen werden kann. Die Landassignation verschaffte volles
(quiritisches) Eigentum anfangs nur dann, wenn sie auf Grund eines Volks-
gesetzes erfolgte[94]. Später erwarb man auch aus der Hand des Kaisers
originär unangreifbares Eigentum[95]. Durch die Beschlagnahme und nachfolgende Widmung wird dem Verpächter die Leistung somit unmöglich,
ebenso wie im Werkvertragsbeispiel (2) das Naturereignis des Bergsturzes
die Ausführung des Werkes vereitelt: *perire videtur res quae in publicum
redigitur*[96].

3. Die Rechtsfolgen der Enteignung

Die Rechtsfolge der Enteignung lautet nach Satz (1) des Fragments,
der Verpächter müsse dem Pächter *ex conducto* haften, *ut mihi frui liceat*.
Die Bedeutung dieser Worte ist im Schrifttum gleichfalls umstritten; es
finden sich drei Meinungen. Die über Jahrhunderte hinweg herrschende
Ansicht, welche KASER zuletzt eingehend begründet hat[97], hält den Verpächter lediglich zur verhältnismäßigen Erstattung des eventuell vorweg
empfangenen Pachtzinses für verpflichtet (Erstattungshaftung). Dies habe
auch Julian schon gelehrt: Seine in Satz (1) nur unvollkommen zum Ausdruck gelangte Meinung habe Afrikan in Satz (4) in diesem Sinne lediglich
interpretierend erläutert und präzisiert. SECKEL/LEVY nahmen demgegenüber erstmals eine Meinungsverschiedenheit zwischen Julian und Afrikan
an[98]: Julian habe sich für eine Haftung des Verpächters auf das Erfüllungsinteresse ausgesprochen (Interessehaftung). Dem sei Afrikan unter Hinweis

---

[94] Dies sind die zahlreichen *leges agrariae* aus der Republik und dem frühen Prinzipat; zu
ihnen VANČURA, RE 12 (1924) 1150 ff. Zu den im übrigen teilweise umstrittenen Wirkungen der *adsignatio* s. F. SCHWARZ, Iura 3 (1952) 297; M. KASER, Iura 4 (1953) 343;
F. GRELLE, 'Adsignatio' e 'publica persona' nella terminologia dei gromatici, Synteleia
Arangio-Ruiz II (Napoli 1964) 1136 ff.

[95] Call. D. 49, 14, 5, 1; für staatliche Versteigerungen bes. fr. vat. 73 = C. 10, 3, 5 (a. 369);
dazu E. RABEL, Grundzüge des römischen Privatrechts² (Basel 1955) § 28 a. E.; M. KASER,
RP II 204 A. 74, vgl. 198 A. 14.

[96] So J. CUIACIUS, angeführt bei G. HARTMANN (u. A. 129) 432.

[97] SZ 74 (1957) 177 ff.; vgl. RP I² 566 A. 37. Ihm folgen N. PALAZZOLO (o. A. 24); entgegen
seiner früheren Ansicht (u. A. 98) auch TH. MAYER-MALY, SZ 74, 370; ferner D. MEDICUS,
Id quod interest (Köln 1962) 45 A. 3 f., 134; K.-H. BELOW (o. A. 48, a. E.); zuletzt G. PRO-
VERA, SDHI 37 (1971) 460 f. (gegen H. HONSELL, u. A. 98). Die älteren Autoren (von der
Glosse bis zu FR. MOMMSEN) sind angeführt bei H. HONSELL (o. A. 61) 122 f. A. 23. Dazu
noch F. HAYMANN, Zur Klassizität des 'periculum emptoris', SZ 48 (1928) 406 ff.

[98] SZ 47 (1927) 219 ff. Ihnen folgte ursprünglich TH. MAYER-MALY, Locatio conductio
(Wien, 1956) 163 ff.; jetzt auch H. HONSELL (o. A. 61) 122 ff. Gegen diese Ansicht wendet
sich M. KASER (o. A. 97).

auf die Konsequenzen des Kauffalles (3) entgegengetreten; er habe auch im Pachtfall die Haftung auf bloße Zinserstattung reduziert. Eine dritte Ansicht schließlich, die zu einer Zeit extremer Quellenkritik aufgestellt wurde, hält den *locator (venditor)* in allen drei Fällen zum vollen Ersatz des Erfüllungs-interesses für verpflichtet und die Einschränkung im zweiten Teil des Textes (von 3a bis Schluß) für interpoliert[99]. Hält man solch radikale Textveränderungen durch die Nachklassiker oder die Kompilatoren Justi-nians mit der heute herrschenden Ansicht für wenig glaubwürdig[100], so bleibt nur die Wahl zwischen der ersten und der zweiten Ansicht. Eine Entscheidung zwischen ihnen läßt sich abschließend erst nach der Betrach-tung sämtlicher drei Beispielsfälle treffen. Doch enthält schon der erste Satz zwei wertvolle Indizien, die dafür sprechen, der z w e i t e n Ansicht den Vorzug zu geben:

a) Zunächst enthält die Wendung *teneri te actione ex conducto, ut mihi frui liceat* eine deutliche Umschreibung des vom Verpächter zu ersetzenden Erfüllungsinteresses[101]. Auf den ersten Blick scheint dieser Satz zwar die Verpflichtung zu einer unmöglichen Leistung auszudrücken; denn Gebrauch und Nutzung an einem enteigneten Grundstück kann keine Privatperson mehr prästieren. Da wegen des im klassischen Formularprozeß herrschenden Prinzips der *condemnatio pecuniaria* aber der Schuldner in jedem Falle in Geld verurteilt werden mußte, war ein unerfüllbares und unvollstreckbares Urteil nicht zu befürchten[102]. *Teneri te, ut mihi frui liceat* umschreibt daher den Maßstab, nach dem sich der *iudex* bei der Bemessung der Kondemna-tionssumme zu richten hat[103]: Der Kläger soll so gestellt werden, wie wenn

---

[99] G. Beseler, Beiträge zur Kritik der römischen Rechtsquellen III (1913) 47; Ders., Romanistische Studien, TRG 8 (1928) 301f.; F. Costa, La locazione di cose (Firenze 1915, rist. Roma 1966) 38; P. Huvelin, RHD⁴ 3 (1924) 322ff., 326; Ch. Appleton, Les risques dans la vente et les fausses interpolations, RHD⁴ 5 (1926) 402f.

[100] Gegen G. Beseler und P. Huvelin s. E. Seckel / E. Levy 220, M. Kaser (o. A. 97) und vor allem H. R. Hoetink (o. A. 48) 81ff. — Zur heutigen konservativen Tendenz in der Quellenbehandlung grundlegend M. Kaser, Zur Methodologie der röm. Rechtsquellen-forschung (Wien 1972) passim, Ders., Zur Glaubwürdigkeit der röm. Rechtsquellen (Über die Grenzen der Interpolationenkritik), in: La critica del testo I (Firenze 1971) 291ff.; auch F. Wieacker, Zur gegenwärtigen Lage der romanistischen Textkritik, ebenda Bd. II 1099ff. Ferner M. Kaser, Römische Rechtsgeschichte² 256ff., RP I² S. VI und 191ff.; D. Liebs, Die Klagenkonkurrenz im römischen Recht (Göttingen 1972) 32ff.; auch H. J. Wieling, Testamentsauslegung im röm. Recht (München 1972) 2f.

[101] Das haben die o. A. 99 angeführten Autoren insoweit zutreffend erkannt. Ebenso H. Hon-sell 124 gegen M. Kaser, SZ 74, 182, dem D. Medicus (o. A. 97) 134 folgt, mit freilich nicht beweiskräftigem Hinweis auf die im Fortgang sub (3b) erwähnte bloße Erstattungs-haftung. Zum *frui licere* als Inhalt der Verpächterpflicht jedoch M. Kaser, RP I² 566 A. 33.

[102] D. Medicus (o. A. 97) 133. Zur Funktion der Leistungsunmöglichkeit im Formularprozeß Ders., Zur Funktion der Leistungsunmöglichkeit im römischen Recht, SZ 86 (1969) 67ff.

[103] Anders M. Kaser a. a. O. Er stützt sich auf Servius-Ulpian D. 19, 2, 15, 2; einen schwie-rigen Text (s. die Lit. bei M. Kaser, RP I² 566 A. 37), in dem es am Schluß heißt: *sed et si ager terrae motu ita corruerit, ut nusquam sit, damno domini esse: oportere enim agrum praestari conductori, ut frui possit.* In gewissen Fällen höherer Gewalt wird der Pächter von der Zinspflicht anteilig befreit (deutlich Ulpian, ebenda § 7). Die *actio conducti* auf

er das Grundstück vereinbarungsgemäß bis zum Ende der Pachtzeit hätte nutzen können. Das wird bestätigt durch die wörtlich fast gleichlautende Entscheidung bei Ulpian D. 19, 2, 9 pr. für den Fall, daß die vermietete oder verpachtete Sache von einem Dritten evinziert wird: *Pomponius ait nihilo minus eum (locatorem) teneri ex conducto ei qui conduxit, ut ei praestetur frui quod conduxit licere.* Nach der Eviktion hat der *conductor* nämlich ebenfalls Anspruch auf das Erfüllungsinteresse[104]. Daher spricht manches dafür, daß sich Julian für seine Entscheidung außer dem Werkvertragsbeispiel (2) auch die Eviktionshaftung des *locator* zum Vorbild genommen hat[105]. Wie nahe diese Parallele lag, ergibt sich daraus, daß Paulus D. 21, 2, 11 pr. (o. A. 84) für den Fall der Enteignung eines Provinzialgrundstückes ausdrücklich von den *futuros casus* (oder *futuras causas?*) *evictionis* spricht. Dieser Sprachgebrauch fällt um so weniger auf[106], als die Quellen den mit *evincere* synonymen Ausdruck *vindicare* auch für die Einziehung der dem Staatsschatz für verfallen erklärten Gegenstände in einem Verwaltungsverfahren oder Fiskalprozeß verwenden, entsprechend *confiscari* oder dem hier begegnenden *publicari*[107].

Hätten dagegen beide Juristen übereinstimmend von vornherein lediglich an die Zinsrückzahlungspflicht des Verpächters gedacht[108], dann fragt

---

Zinserstattung steht ihm dann zu, wie der Text (§ 2) insoweit korrekt sagt, wegen der Nichtgewährung des *frui* (Haftungsbegründung). In unserem Text geht die Klage dagegen auf Gewährung des *frui (ut mihi frui liceat)*; damit wird entgegen M. KASER also das Klageziel umschrieben, richtig H. HONSELL 124. Zu dem im übrigen „reichlich unklaren Text" (G. BESELER, Romanistische Studien, TRG 8 [1928] 301) s. neuerdings etwa J. MIQUEL, Periculum locatoris, SZ 81 (1964) 173ff.; A. WATSON, The Law of Obligations in the Later Roman Republic (Oxford 1965) 110ff.; R. SEAGER, Of Vis and Weeds, SDHI 31 (1965) 330ff.; F. HORAK (u. A. 148) 103f.; J. A. ANKUM, Remissio mercedis, in: Uit het Recht (Festschrift P. J. Verdam, Deventer 1971) 97f.; alle mit weit. Lit. Gegen die von E. SECKEL/E. LEVY, SZ 47, 222, A. 3 für Servius angenommene Garantiehaftung spricht, daß sich Afrikan in D. 19, 2, 35 pr. gerade für seine mildere Ansicht auf den angeblich strengeren Servius beruft; richtig insoweit F. HAYMANN, SZ 48, 406f.

104 Deutlich Ulpian D. 19, 2, 15, 8 und Tryphonin D. 19, 2, 8, die von *quod (quanti) interest* reden. Dazu H. HONSELL 130ff. Zweifelnd zu Pomp.-Ulp. D. 19, 2, 9 pr. D. MEDICUS (o. A. 97) 133f. Aber in dem S. 131ff. von ihm behandelten Text Iul.-Marci. D. 18, 1, 45 (a. E.: *tenetur, ut aurum quod vendidit praestet*) trifft den Verkäufer des als golden ausgegebenen Messinggefäßes gleichfalls eine Garantiehaftung für seine Zusicherung; richtig jetzt H. HONSELL 96ff.

105 So schon M. KASER, Das Ziel der 'actio empti' nach Eviktion, SZ 54 (1934) 168f.; P. KRÜCKMANN, Periculum emptoris, SZ 60 (1940) 76f.; jetzt H. HONSELL 124f.; ältere Autoren bei M. KONSTANTINOVITCH (o. A. 48) 135. Anders freilich M. KASER, SZ 74 (1957) 178; ihm folgt H.-P. BENÖHR (o. A. 84) 87. Aber in dem anschließenden Fragment D. 19, 2, 35 pr. a. E. kommt Afrikan auf die Eviktionshaftung sogar selbst zu sprechen; vgl. u. A. 121.

106 Entgegen den im 'Index interpolationum' angeführten Autoren: BESELER, HAYMANN, GUARNERI, KONSTANTINOVITCH; bes. F. SCHULZ, KritVjSchr. 50 (1912) 50.

107 H. G. HEUMANN / E. SECKEL (o. A. 45) S. 627 s. v. vindicare 2a (a. E.); z. B. Marci. D. 49, 16, 9 pr.: *fisco vindicatur praedium illicite comparatum.* Allg. G. PROVERA, La vindicatio caducorum (Torino 1964); dazu M. KASER, Iura 16 (1965) 169ff.

108 So M. KASER, SZ 74, 181. Die dabei vorausgesetzte *praenumerando*-Zahlung des Zinses wäre aber bei der Bodenpacht (im Gegensatz zur Wohnungsmiete) ungewöhnlich: TH.

man sich, warum Afrikan nicht gleich geschrieben hat: *teneri te actione ex conducto, ut mercedem restituas*[109]. Der Zusatz *ut mihi frui liceat* wäre dann nicht nur überflüssig, sondern geradezu irreführend. Denn von seiner Primärleistungspflicht, dem *frui licere*, würde der Verpächter dann ja gerade frei. Die Alternative zwischen Interessehaftung und bloßer Erstattungshaftung hat aber Julian in der Regel sorgfältig beachtet[110]; eine solch ungeschickte, mißverständliche Formulierung ist ihm daher schwerlich zuzutrauen. Auch die sehr vorsichtige, zurückhaltende Art, in der Afrikan später mit *quod hactenus verum erit*[111] und *puto* Stellung nimmt (3b, 4), deutet eher darauf hin, daß er sich hier mit seinem früheren Lehrer Julian nicht einer Meinung weiß; denn sonst hätte er sich selbstbewußter ausdrücken können. Daß Afrikan die Lehren Julians nicht unkritisch übernahm, wurde gegen HAYMANN und KASER (o. A. 24) einleitend ausgeführt (oben III 4). Daß aber auch das weitgehend unkodifizierte klassische Recht für Meinungsverschiedenheiten unter den Juristen einen verhältnismäßig großen Raum ließ, bezeichnet KASER heute sogar selbst als einen der Fixpunkte, von dem die moderne, konservative Betrachtung der römischen Rechtsquellen auszugehen hat[112]. Derartige Kontroversen sind vor allem dort wahrscheinlich,

MAYER-MALY (o. A. 98) 139, 166; vgl. auch M. KASER, RP I² 567 A. 42. Die Festsetzung der Zahlungszeit bei der *locatio conductio* ist im wesentlichen eine Machtfrage. Im Vergleich zu dem städtischen Proletariat, das die Masse der Wohnungsmieter bildete, hatten die Landpächter aber noch eine sozial relativ gehobene Stellung. Das zeigt sich u. a. an der unterschiedlichen Geltendmachung des Vermieter- und des Verpächterpfandrechts, s. M. KASER, RP I² 472. Bei angenommener Vorauszahlung des Zinses als Regel hätte für dieses Pfandrecht kein Bedürfnis bestanden; ebensowenig wie für den Anspruch des Pächters auf Zinsnachlaß nach Mißernten und Naturkatastrophen (*remissio mercedis*). Die Pächter waren mit den Zahlungen offenbar häufig im Rückstand, vgl. die *reliqua* in Lab.-Iav. D. 34, 3, 17. Das Kolonatssystem war anscheinend schon früh keine besonders rentable Wirtschaftsform: Die permanente Verschuldung führte zur wirtschaftlichen Abhängigkeit von den Grundbesitzern, die wesentlich zur Entwicklung des späteren 'abhängigen Kolonates' beitrug, vgl. H. BROCKMEYER, Der Kolonat bei römischen Juristen, Historia 20 (1971) 732ff. (740f.); DERS., o. A. 64 a. E. In den Papyri wird der Geld- oder Naturalzins in der Regel ein oder zwei Monate nach der Ernte fällig; aber auch Ratenzahlungen sind (bes. beim Geldzins) häufig; s. im einzelnen J. HERRMANN, Studien zur Bodenpacht im Recht der Papyri (München 1958) 107ff., 113f.; DIETER HENNIG, Unters. zur Bodenpacht im ptol.-röm. Ägypten (Diss. phil. München 1967) 22ff.; zu besonders vereinbarten Vorleistungen des Pächters V. GEGINAT, Prodoma in den Papyri (Diss. Köln 1964) 22ff., passim. Zum gleichfalls postnumerando zu entrichtenden Pachtzins im attischen und althebräischen Recht s. D. BEHREND, Attische Pachturkunden (München 1970) 117f.; GISELA PRENZEL, Pacht im antiken hebr. Recht (1971) 16f., 31, 67 A. 2. Bei der Teilpacht (*colonia partiaria*) insbesondere kommt eine Entrichtung des Naturalzinses vor der Ernte naturgemäß nicht in Betracht.

[109] H. HONSELL 123.

[110] H. HONSELL 124 unter Hinweis auf Iul.-Ulp. D. 19, 1, 11, 18 und 13 pr. Nach Ulp. D. 19, 2, 19, 1 ist die Unterscheidung schon Servius und den Frühklassikern geläufig. Ebenso unter Hinweis auf Servius in D. 19, 2, 30 pr und 35, 1 auch M. KASER, SZ 74, 186.

[111] „Warum nicht *verum est?*" fragt G. BESELER, Beitr. III 47. Aber das Futur *verum erit* ist eben viel vorsichtiger. Ähnlich zurückhaltend formuliert auch Julian seine kritischen Noten zu Urseius Ferox, s. D. 28, 5, 8; 46, 3, 36; E. BUND (o. A. 20) 14f.

[112] Glaubwürdigkeit (o. A. 100) 301ff.; RP I² 192f. Zum strittigen Recht der Römer grundlegend A. B. SCHWARZ, Das strittige Recht der römischen Juristen, Festschrift Schulz II

wo es um die Ausfüllung von Blankettbegriffen geht, wie hier der *bona fides* als Maßstab für die *actio conducti*[113]. Zwischen Julian und dem schätzungsweise zwanzig Jahre jüngeren Afrikan[114] sind sachliche Differenzen in dieser Frage daher nicht von vornherein von der Hand zu weisen.

b) Für eine Interessehaftung des Verpächters spricht weiter, daß der Text ein Verschulden auf seiner Seite beim Verlust des Grundstücks ausdrücklich verneint: Der Konzessivsatz *quamvis per te non stet, quo minus id praestes* stellt die Haftung als regelwidrige Ausnahme hin. Die bloße Erstattungshaftung setzte jedoch niemals Verschulden voraus; sie ist vielmehr kennzeichnend für die Fälle der Gefahrtragung[115]. Auch daß die Rückforderung der eventuell bereits erbrachten Gegenleistung (entgegen § 323 Abs. III BGB) mit der *actio conducti* statt mit der *condictio* zu erfolgen hat, die Vertragsklage damit eine bereicherungsrechtliche Funktion übernimmt, hatte über hundert Jahre vor Julian schon Fabius Mela, ein Zeitgenosse des Frühklassikers Marcus Antistius Labeo[116], gelehrt[117]; dies war ganz unstreitig. Der Konzessivsatz ist folglich nur sinnvoll, wenn man von einer Interessehaftung ausgeht: Julian entschied sich für eine Garantiehaftung des Verpächters; deshalb mußte er das Fehlen seines Verschuldens besonders betonen[118].

Eine Garantiehaftung des *locator* ist mit der *bona fides* auch durchaus vereinbar[119]. Beispielsweise übernimmt, wer Weinfässer vermietet, stillschweigend die Garantie für deren Dichtigkeit[120]. Für Rechtsmängel hat der *locator* nach herrschender Lehre gleichfalls ohne Rücksicht auf Verschulden einzustehen[121]; und daß sich Julian hier die Rechtsmängelhaftung

(Weimar 1951) 201ff.; Ip., Die justinianische Reform des Pubertätsbeginns und die Beilegung juristischer Kontroversen, SZ 69 (1952) 345ff.

[113] Vgl. M. Kaser, RP I² 183.

[114] Julian ist um 100, Afrikan um 120 n. Chr. geboren; vgl. W. Kunkel, Über Lebenszeit und Laufbahn des Juristen Julian, Iura 1 (1950) 201f., Honoré, TRG 32 (1964) 17.

[115] Vgl. etwa Serv.-Ulp. D. 19, 2, 15, 2 und die o. A. 103 angeführte Lit. zum *periculum locatoris*.

[116] W. Kunkel, Herkunft (o. A. 4) 116.

[117] Ulp. D. 19, 2, 19, 6: Brennt das gemietete Haus ab, fordert der *conductor* den im voraus entrichteten Zins für die restliche Mietzeit *ex conducto* zurück; nicht mit der *condictio*, denn er hat nicht *per errorem sine causa* geleistet (wie es wäre, wenn er von vornherein zuviel gezahlt hätte). Die nachträgliche Unmöglichkeit bringt die Vertrags-*causa* also nach römischer Auffassung nicht in Wegfall, sondern gestaltet sie nur inhaltlich um, so wie heute der gesetzliche Rücktritt gemäß §§ 325, 327, 346ff. BGB.

[118] Zutr. H. Honsell 123f.

[119] Anders F. Haymann, Zur Klassizität des 'periculum emptoris', SZ 48 (1928) 406: „Für einen von der *bona fides* der Formel geleiteten Klassiker völlig unwahrscheinlich, da rechtsteleologisch ganz unbegründet." Aber nach Ulp. D. 19, 2, 9, 2 hielt gerade Julian auch ein *pactum adiectum* für gültig, wonach der Pächter durch höhere Gewalt verursachte Schäden zu vertreten habe.

[120] Cassius-Ulp. D. 19, 2, 19, 1 (Anfang); Labeo-Sabinus-Minicius-Pomponius D. 19, 1, 6, 4 (Ende); M. Kaser, SZ 74, 164f. Zur Garantie für die Tauglichkeit vermieteter Sklaven ebenda 161ff.

[121] M. Kaser 166ff., RP I² 566, A. 36; H. Honsell 130ff. Pomponius-Ulpian D. 19, 2, 9 pr. heben die Haftung trotz Unkenntnis des *locator* ausdrücklich hervor; vgl. auch o. A. 105.

zum Vorbild nahm, haben wir soeben schon aus anderen Gründen vermutet (oben a). Da Pachtverträge stets auf begrenzte Zeit (in der Regel fünf Jahre, oben 2) abgeschlossen wurden, ist eine Garantie dem Verpächter auch durchaus zumutbar, denn sein Risiko ist kalkulierbar. Bezieht sich die Pacht auf ein Provinzialgrundstück, also einen *ager publicus*, dann ist die Gefahr einer entschädigungslosen Enteignung auch nicht unvorhersehbar (vgl. oben vor 3). Der nachträgliche Wegfall des Eigentums trifft in die Sphäre des Verpächters, der zur Gewährung von Gebrauch und Fruchtgenuß während der vereinbarten Vertragszeit verpflichtet ist; es liegt daher nicht ganz fern, ihm hierfür ebenfalls eine Garantiehaftung anzusinnen[122]. Nach Julian übernimmt der Verpächter somit die Gewähr für die ungestörte Pacht auf die verabredete Zeit; den Verlust des Eigentums — obschon unverschuldet — hat er zu vertreten.

III. Der erste Vergleichsfall

Weitere Klärung der umstrittenen Haftungsfrage verspricht eine Betrachtung des zum Vergleich angeführten Werkvertragsfalles (2): Der *locator* gab die Errichtung eines Zinshauses (*insula*)[123] in Auftrag; trotz Einsturz des Baugrundes[124] soll er haften. Ob der *conductor* mit den Bauarbeiten bereits begonnen hatte oder nicht, wird nicht mitgeteilt; anscheinend kommt es den Juristen darauf nicht an. Sicherlich war das Werk noch nicht vollendet[125]. Auch der Ausgangsfall betrifft ja unbestreitbar ein noch

---

Nur Afrikan D. 19, 2, 35 pr. a. E. stellt auf die Bösgläubigkeit des Verpächters ab, insoweit von fragwürdiger Echtheit, s. H. HONSELL 131 A. 75. Auf diesen Text stützt sich für seine gegenteilige Ansicht jetzt N. PALAZZOLO, Bull. 68, 293 ff., passim. Vielleicht waren sich schon die Klassiker hierüber nicht ganz einig.

[122] M. KASER, SZ 74, 177 weist demgegenüber noch auf die ungünstige soziale Stellung der römischen Mieter und Pächter hin, die z. B. im Rechtssinne nicht einmal Besitzer sind (u. A. 163). Eine Garantie der Verpächter für Fälle höherer Gewalt erscheint ihm danach unglaubhaft. Aber der Schutz der wirtschaftlich Schwachen ist nun einmal zu jeder Zeit das Anliegen vornehm denkender Juristen. Das Argument aus der ungünstigen sozialen Lage der Pächter ist deshalb umkehrbar und somit nicht beweiskräftig. Einem heutigen Kleinbauern, der seinen Betrieb aus Altersgründen verpachtet, bürdete man mit einer solchen Garantie gewiß „eine Last von unerhörter Härte auf" (KASER). Bei den unvorstellbaren Reichtümern der führenden römischen Schichten konnte sie ein Latifundienbesitzer dagegen weit eher verkraften, ohne in seiner Existenz gefährdet zu werden. Daß Julian nicht im Interesse dieser begüterten Schicht urteilt, der er vermutlich selbst angehört, ist hiernach um so beachtlicher.

[123] Der Ausdruck erklärt sich aus dem eine solche ʻMietskaserneʼ in der Regel umgrenzenden Straßengeviert. E. FIECHTER, Art. insula, RE IX 2 (1916) 1593 f.; A. WOTSCHITZKY, Insula, I: Terminologische Untersuchungen, Serta philol. Aenipontana, Innsbrucker Beitr. zur Kulturwiss. 7/8 (1962) 363—375.

[124] Infolge Erdbebens (*terrae motus*) oder Erdsturzes (*labes*). Die Vergütungspflicht des Bestellers war in diesem Fall seit dem Frühklassiker Sabinus anerkannt, s. Javolen D. 19, 2, 59; anderer Ansicht war vor ihm noch Labeo nach D. 19, 2, 62. Lit.: M. KASER, RP I² 571.

[125] Anders ohne Begründung E. SECKEL / E. LEVY 223.

nicht beendigtes Pachtverhältnis[126]. Der Werkbesteller haftet nichtsdestoweniger (*nihilo minus*), obschon er den Einbruch des Geländes nicht zu vertreten hat[127]: d. h. er schuldet dasselbe, was bei glücklicher Vollendung des Hauses zu leisten wäre, also den vollen Werklohn[128]. Die Verwandtschaft mit dem Ausgangsfall wird damit ganz deutlich: Dem *fundum publicari* setzt Julian das *solum corruere*, der rechtlichen Unmöglichkeit setzt er die tatsächliche gleich[129], zwischen Fortdauer des Rechts und Fortdauer des Objekts macht er keinen Unterschied. Für die Beschaffenheit des Baugrundes hat der Werkbesteller ebenso zu garantieren wie der Verpächter für die fortdauernde Nutzungsmöglichkeit des Grundstücks[130]; in beiden Fällen trifft den *locator* die Gewähr sogar für höhere Gewalt.

Gegen diese Auslegung wendet sich KASER[131]. Zutreffend findet er in dem Werkvertragsfall die Gefahrtragungspflicht des Bestellers normiert: Dessen Vergütungspflicht bleibt bestehen, obschon er das Werk nicht erhält. Beherzige man diesen Umstand, werde nach KASER aber die Interessehaftung des Verpächters im Ausgangsfall höchst fragwürdig. Der Jurist hätte alsdann zwei ganz verschiedene Fälle mit unterschiedlichen Rechtsfolgen auf einen Nenner zu bringen versucht. An den unverschuldeten Untergang hätte er nämlich bei (1) eine Garantie- und Interessehaftung, bei (2) dagegen die bloße Gefahrtragungsfolge geknüpft. Eine solche Ungeschicklichkeit sei Julian nicht zuzutrauen. Das Bedenken verschwinde aber augenblicklich, nähme man an, daß Julian auch im Pachtfall nur an

---

[126] P. OERTMANN, Der Zufall bei der Werkverdingung, Grünhuts Z. 24 (1897) 1ff., hier 27. Deutlich Satz (4): *eius temporis, quo fruitus non fuerim*. Hinsichtlich des Sachverhalts halte ich diesen Schluß vom Ausgangs- auf den Vergleichsfall für zulässig (anders für die Rechtsfolgeseite, s. u. IV 2).

[127] FR. MOMMSEN, Beiträge zum Obligationenrecht I (Braunschweig 1853) 379ff. nahm demgegenüber u. a. an, der Besteller habe in zurechenbarer Weise einen zum Bau ungeeigneten Platz angewiesen. Gegen „eine so weitgehende Kühnheit in der Hinzudichtung unausgesprochener Voraussetzungen" jedoch G. HARTMANN (u. A. 129) 427ff., 434; P. OERTMANN 27: Das *quamvis per te non stet* gilt sinngemäß auch für den Werkvertragsfall.

[128] P. OERTMANN 26. Das ist heute für das klassische Recht so gut wie unstreitig, s. M. KASER a. a. O. (o. A. 124). Für bloße Teilvergütung ohne Begründung nur R. RÖHLE, Das Problem der Gefahrtragung im Bereich des römischen Dienst- und Werkvertrages, SDHI 34 (1968) 209, 222. Bei den Pandektisten war die Frage umstritten, s. E. SECKEL / E. LEVY 223 A. 5. Die von § 645 BGB abweichende klassische Regelung ist wohl darauf zurückzuführen, daß die Römer die Werkherstellung als eine unteilbare Leistung betrachteten, vgl. Gaius D. 35, 2, 80, 1 (dazu A. WACKE [o. A. 36] 232 A. 120, 233ff.). Auch die Gegenleistung kann dann nur entweder ganz oder gar nicht geschuldet werden. Anders verteilt sich dementsprechend die Gefahr, wenn das Werk nicht im ganzen (*aversione*), sondern nach Maßeinheiten (*in pedes mensurasve*) abzunehmen ist, s. Florentinus D. 19, 2, 36; R. RÖHLE 209ff.

[129] Ebenso Julian D. 30, 84, 4. Mißglückt ist daher der Versuch von G. HARTMANN, Der juristische Casus und seine Prästation, Jherings Jahrb. 22 (1884; auch separat) 437ff., zwischen rechtlichem und faktischem Zufall zu differenzieren; dagegen M. KONSTANTINOVITCH (o. A. 48) 137ff., 141.

[130] Dem Recht des Pächters zum *frui* entspricht das des Unternehmers zum *aedificare*.

[131] SZ 74 (1957) 179ff.

die Zinserstattung gedacht habe. Beide Fälle handelten dann einhellig von der Entgeltsgefahr.

Dieser gewichtige Einwand ist jedoch nicht stichhaltig[132]. Bei (2) erhält der Unternehmer, wie KASER zutreffend erkennt, mit der *actio conducti* seinen vollen Werklohn. Dieses aber ist sein Erfüllungsanspruch, also sein positives Interesse[133]. Bei (1) hätte dagegen die *actio conducti* — ginge sie auch nach Julian nur auf Zinsrückerstattung — eine bloß bereicherungsrechtliche Funktion (vgl. o. vor A. 117). Hat der Pächter nichts vorausbezahlt, erhält er auch nichts zurück: Die *actio conducti* des Werkunternehmers dagegen ist, falls der Besteller den Werklohn im voraus entrichtet, wegen Erfüllung erloschen; eine Rückforderung scheidet aus, da der Besteller die Gefahr trägt. Man muß sich hierzu vergegenwärtigen, daß die Geldvergütung bei der Pacht vom *conductor*, beim Werkvertrag dagegen vom *locator* geschuldet wird[134]. Mit KASER von der Entgeltsgefahr zu reden, führt daher leicht zu Mißverständnissen; denn in beiden Fällen bedeutet sie etwas Verschiedenes: Bei (2) bleibt der Vergütungsanspruch des Werkunternehmers bestehen, bei (1) soll dagegen nach KASER die Zinspflicht des Pächters gerade entfallen. Wegen des grundverschiedenen Inhalts der *actio conducti* ließen sich beide Fälle also dann nicht vereinigen[135]. Sollen sie vergleichbar sein, muß vielmehr auch bei (1) die Vertragsklage des Pächters auf Erfüllung gerichtet sein. Daß Julian den Verpächter auf das positive Interesse haften ließ, wird durch den mit *quemadmodum* angeschlossenen Werkvertragsfall somit bewiesen. Das Gemeinsame der beiden Fälle ist — wie erwähnt — die dem *locator* auferlegte Garantie für die Fortexistenz des Grundstücks unter Einschluß höherer Gewalt.

IV. Der zweite Vergleichsfall

1. Die Gefahrtragung beim Kauf

Während der erste Vergleichsfall im Bereich der *locatio conductio* blieb und damit die römische Auffassung von der Einheitlichkeit dieses

---

[132] H. HONSELL (o. A. 61) 123.

[133] Daß der Unternehmer nie mehr fordern kann als seinen Lohn, ein weitergehender Anspruch für ihn nicht in Frage kommt, räumt M. KASER 179 selbst ein.

[134] M. KASER, RP I² 563.

[135] Dies haben bereits A. BOLZE, Zufall bei der Werkverdingung, AcP 57 (1874) 86ff., hier S. 93 A. 19 und F. HAYMANN, Textkritische Studien zum römischen Obligationenrecht, SZ 41 (1920) 64f., 158f. zutreffend erkannt. Beide sahen sich zu einer Umdeutung von Sachverhalt und Entscheidung des zweiten Falles veranlaßt und hielten den Vermieter oder Bauunternehmer einer erst noch zu errichtenden *insula* lediglich zur Rückzahlung der im voraus empfangenen Gegenleistung für verpflichtet. Dazu paßt aber schon nicht das *nihilo minus*; denn die Rückzahlungspflicht entstünde wegen, aber nicht trotz der Unmöglichkeit. Hiergegen P. OERTMANN (o. A. 126) 26; E. SECKEL / E. LEVY, SZ 47, 224 A. 3; sowie KASER selbst SZ 74, 190f. A. 140. Wie F. HAYMANN freilich neuerdings wieder E. BETTI (o. A. 48) a. a. O. Unklar E. SEIDL (u. A. 162) 107.

komplexen Vertragsgebildes demonstrierte (vgl. oben II 1), greift der zweite
Vergleichsfall (3) auf den verwandten Vertragstyp des Kaufes über[136]:
Das verkaufte Grundstück wurde enteignet, ehe es dem Käufer 'fremd-
besitzerfrei' übergeben worden war (*priusquam vacuus traderetur*)[137]. In der
Diskussion über die Gefahrtragung beim Kauf nimmt dieser Fall einen
breiten Raum ein[138]. Nach römischem Recht geht die Gefahr des Unter-
gangs der verkauften Sache mit der Perfektion des Kaufes auf den Käufer
über, *perfecta emptione periculum ad emptorem respicit* (Paulus D. 18, 6, 8
pr.). 'Perfekt' wird der Kauf regelmäßig mit Vertragsabschluß, in einigen
Fällen später, etwa wenn die Ware erst herzustellen, zu bearbeiten oder
aus einem Vorrat auszusondern ist[139]. Solange der Verkäufer die Sache in
seinem Gewahrsam hat, ist er trotz Gefahrübergangs freilich für niederen
Zufall (z. B. Diebstahl) wegen seiner *custodia*-Pflicht dem Käufer verantwortlich[140]; das *periculum emptoris* reduziert sich damit auf die Fälle
höherer Gewalt. Um einen solchen Fall handelt es sich hier bei der hoheit-
lichen Enteignung. Wenn der Verkäufer nach (3 b) gleichwohl den schon
empfangenen Preis zurückzahlen muß, die Gefahr also noch trägt, dann
war der Kauf mangels Übergabe offensichtlich noch nicht perfekt[141].
Dementsprechend bleibt nach Paulus D. 21, 2, 11 pr. (o. A. 84), wo die
Übergabe vermutlich bereits stattgefunden hat (A. 85), der Käufer zur
Preiszahlung verpflichtet; nach der Übergabe trägt also er die Gefahr, weil
die künftigen *casus* oder *causae evictionis* den Verkäufer nicht treffen[142].

---

[136] Zur *familiaritas* von *emptio venditio* und *locatio conductio* s. Gaius 3, 142, 145—147;
D. 19, 2, 2 pr.—1. Th. MAYER-MALY, Locatio conductio 63ff.; U. VON LÜBTOW, Catos
leges venditioni et locationi dictae, Symbolae Taubenschlag III (= Eos 48, 3; Breslau
1957) 238f. Beides sind von der *bona fides* beherrschte, konsensuale und synallagmatische
Austauschverträge. Der Schluß von den Regeln des Kaufvertrages auf die der *locatio
conductio* begegnet öfters, z. B. Paul. D. 19, 2, 22, 3. Ursprünglich waren Miete und Pacht
vom Kauf wohl nicht scharf geschieden, vgl. M. KASER, RP I² 564, A. 11ff.

[137] Zur Verpflichtung des Verkäufers zum *vacuam possessionem tradere*: M. BUSSMANN, L'obligation de délivrance du vendeur (Diss. Lausanne 1933) 93ff., 100ff. (zur Stelle).

[138] Besonders ausführlich M. KONSTANTINOVITCH (o. A. 48) 122—160 (aber mit unannehm-
baren Konsequenzen) und R. H. HOETINK (o. A. 48) 79—126.

[139] M. KASER, RP I² 552f. m. weit. Nachw.

[140] Paulus D. 18, 6, 3; M. KASER a. a. O. und 508.

[141] Diese grundlegende Erkenntnis ist E. SECKEL / E. LEVY 224ff. zu verdanken. Die Erheb-
lichkeit der Tradition für die Perfektion des Grundstückskaufs bezweifelt jetzt wieder
H.-P. BENÖHR (o. A. 84) 88. Ebenso schon F. SCHULZ, KrVjSchr. 50 (1912) 50, der deswegen S. 47f. einen unvereinbaren Widerspruch zwischen D. 19, 2, 33 und anderen
Digestenstellen annimmt; er glaubt, Julian-Afrikan verträten eine Sondermeinung. Daß
indessen beide Juristen der Lehre vom *periculum emptoris* anhingen, folgt für Julian aus
D. 18, 5, 5, 2 (dazu R. KNÜTEL, Contrarius consensus [Köln 1968] 25ff.) und für Afrikan
aus D. 46, 3, 39 a. E. Eine Sonderregelung für den Fall der nachträglichen rechtlichen
Unmöglichkeit vermutet jetzt wieder H. HONSELL 125 im Anschluß an P. JÖRS—
W. KUNKEL (o. A. 25) 229 A. 10. Gegen eine Garantiehaftung des Verkäufers s. jedoch
unten bei A. 149.

[142] Übereinstimmend Severus Alexander C. 4, 48, 1: *Auctor ex his tantum causis tenetur, quae
ex praecedente tempore causam evictionis parant.*

Zur Leistung des Erfüllungsinteresses ist der Verkäufer dagegen in unserem Fall zumindest nach Afrikan nicht verpflichtet: *non ut etiam id praestes, si quid pluris mea intersit vacuum mihi tradi.*

2. Die Funktion des zweiten Vergleichsfalles

Was soll nun dieser zweite Vergleichsfall für den Ausgangsfall beweisen? Daß auch er von Julian herrühre, nahm man bisher durchweg an[143]; daß er dagegen von Afrikan stammen könnte, wurde — soweit ersichtlich — nirgends erwogen. Der Kauffall kann zwei Funktionen haben: Er könnte als zweiter Beispielsfall dazu gedacht sein, das für den Themafall gefundene Ergebnis weiter zu unterstützen. Möglicherweise soll er aber gerade umgekehrt zur W i d e r l e g u n g der Ausgangsentscheidung dienen. Sicher ist zunächst, daß uns ab (3b): *quod hactenus verum erit* Afrikans persönliche Stellungnahme vorliegt. Für (3a) läßt sich dagegen nur zeigen, daß Julian dem Käufer konsequenterweise Anspruch auf das positive Interesse gewährt haben m ü ß t e, weil sich nur so der Fall in seine Argumentationskette bruchlos einfügen würde[144]. Belegen ließe sich diese Annahme freilich weder mit dem vorliegenden[145] noch mit anderen Texten[146]. Und schon gar nicht kann man, wie dies beim Werkvertragsbeispiel (2) zutraf, umgekehrt mit dem Kauffall beweisen, daß auch im Themafall eine Garantiehaftung angenommen werden müsse.

Deshalb spricht mehr dafür, dem Kauffall die z w e i t e Funktion zuzuweisen[147]. Er gehört also von Anfang an zur Beweisführung A f r i k a n s. Dieser Jurist kleidet seine Kritik in eine vornehme Art der *deductio ad absurdum*[148]. Er sagt nicht direkt, daß Julian mit seiner Garantielehre Unrecht hat, sondern stellt heraus, inwieweit er Recht hat: nämlich daß der *locator* jedenfalls *ex conducto* haftet, ebenso wie der *venditor ex empto*, wenn auch beide nur auf Rückerstattung. Dazu bildet Afrikan den Kauffall, dessen Überzeugungskraft so groß gewesen sein muß, daß er auch dem kritisierten Julian selbst eingeleuchtet haben müßte: Mag auch der Verkäufer beim

---

[143] Für eine Entscheidungsbegründung durch Julian mittels 'doppelter Analogie' z. B. TH. MAYER-MALY (o. A. 98) 164.

[144] So E. LEVY 225 (entgegen E. SECKEL); jetzt H. HONSELL 125.

[145] *Tenearis ex empto* betrifft nur den Haftungsgrund; das Klageziel ist hier — anders als im Pachtfall (o. A. 103) — nicht angegeben.

[146] E. LEVY 225; M. KASER, SZ 74, 181.

[147] *Nam et si* soll nur die grundsätzliche Vergleichbarkeit mit dem Ausgangsfall ausdrücken; anders TH. MAYER-MALY (o. A. 98) 165. Der Konjunktiv *tenearis* ist nicht mehr indirekte Rede, sondern potentialis, vgl. E. SECKEL / E. LEVY 220 A. 3.

[148] Zum Absurditätsbeweis als Argumentationsfigur etwa M. KASER, Glaubwürdigkeit (o. A. 100) 334; D. DAUBE, Roman Law: Linguistic, Social and Philosophical Aspects (Edinburgh 1969) 176ff.; F. HORAK, Rationes decidendi I (Aalen 1969) 267ff., 294; auch F. RABER, Zum pretium affectionis, Festg. Herdlitczka (München 1972) 200 und A. WACKE, Zur causa der Stipulation, TRG 40 (1972) 250.

nicht perfekten Kauf die Gefahr tragen, so ist ihm doch eine Garantiehaftung für Fälle höherer Gewalt — hierin muß man KASER Recht geben[149] — durchaus unzumutbar.

Für die bei den Römern beliebte Beweisführung durch Fallvergleich[150], wofür der vorliegende Text ein hervorragendes Beispiel liefert, eignen sich nur Vergleichsfälle, die gegenüber dem zu entscheidenden Ausgangsfall einen höheren Evidenzgrad aufweisen[151]. Beim Werkvertragsfall war eine höhere Evidenz angesichts des Konsenses der Hochklassiker über die Rechtsfolge gegeben: Die volle Einstandspflicht des Bauherrn für die Fortexistenz des Baugrundes läßt sich als Gefahrtragung, aber auch als Garantiehaftung deuten[152]. Beim Kauffall jedoch, wo beide Gesichtspunkte auseinanderfallen, spricht die Evidenz umgekehrt gegen eine Garantie und für bloße Gefahrtragungsregelung. Ein Schluß von der Rechtsfolge des Ausgangs- auf die des Vergleichsfalles ('von oben nach unten'; vgl. o. A. 144) widerspräche aber dem Sinn der fallvergleichenden Methode und liefe darauf hinaus, das zu Beweisende aus sich selbst heraus zu beweisen. Zulässig sind vielmehr nur Rückschlüsse vom Vergleichs- auf den Ausgangsfall ('von unten nach oben').

Hätte Julian seine Beweiskette mit dem gegen ihn selbst sprechenden Kaufvertragsbeispiel abgeschlossen, dann hätten ihm somit an seiner Entscheidung des Pachtfalles selbst Bedenken kommen müssen. Denn eine Garantiehaftung wurde beim Kauf weder von ihm noch von anderen Juristen vertreten. Und da der Kauffall gar nicht Julian, sondern seinem Kritiker Afrikan zuzurechnen ist, darf man aus dem Fehlen positiver Zeug-

---

[149] SZ 74, 180f.

[150] Zum problemorientierten 'topischen' Schlußverfahren, besonders aus Nachbar- und Gegenfällen, grundlegend M. KASER, Zur Methode der röm. Rechtsfindung (Nachrichten der Akademie Göttingen 1962 Nr. 2) 47ff., hier S. 59. M. KASER überschätzt freilich etwas die Rolle der Intuition, also die spontane, auf verfeinertes Sachgefühl und gefestigte Erfahrung gestützte Entscheidungsgewinnung durch unmittelbares Erschauen der richtigen Lösung; besonders soweit sie seiner Ansicht nach „des rationalen Argumentierens nicht bedarf" (S. 54ff.), so daß sich die Ergebnisse den geübten römischen Juristen „ohne bewußte Denkarbeit erschließen" (S. 58). Hiergegen die berechtigten Vorbehalte von TH. MAYER-MALY, Der Jurist und die Evidenz, Internationale Festschrift Verdross (Wien 1971) 259ff. (S. 263f., 267 A. 37) sowie W. WALDSTEIN, Topik und Intuition in der röm. Rechtswissenschaft, Festg. Herdlitczka (o. A. 148) 237ff., bes. 248ff. Zu der von TH. VIEHWEG nach dem 2. Weltkrieg ausgelösten Topik-Diskussion, die im rechtstheoretischen Schrifttum auf lebhaften Widerhall stieß, kritisch F. HORAK (o. A. 148) 45ff.; G. OTTE, 20 Jahre Topik-Diskussion, in: Rechtstheorie 1 (1970) 183ff.; W. WALDSTEIN a. a. O.; F. WIEACKER, Zur Topikdiskussion in der zeitgenössischen deutschen Rechtswissenschaft, in: Xenion (Festschrift Zepos, Athen 1973) I 391ff.

[151] Die Wendung *evidentius apparere* begegnet gerade bei Afrikan öfters, um die vorgetragene Meinung durch den Hinweis auf eine noch unzweideutigere Parallelentscheidung zu erhärten, s. H. BUHL, Iulianus (o. A. 14) 75f.; vgl. VIR II 618. Zur Bedeutung der Evidenz für die Jurisprudenz jüngst allg. TH. MAYER-MALY a. a. O.; DERS., Aequitas evidens, Festg. von Lübtow (Berlin 1970) 339ff. und Index 3 (1973) 362ff.

[152] H. HONSELL 123.

nisse für eine Garantiehaftung beim Kauf nicht etwa folgern, daß Julian auch im Pachtfall eine Garantiehaftung verneint habe[153].

V. Die Folgerungen Afrikans

1. Der Rückschluß auf den Ausgangsfall

Von dem für den Kauffall gefundenen unstreitigen Ergebnis schließt Afrikan nun (sub 4) zurück auf den Ausgangsfall[154]: Dem Pächter gibt er ebenso wie dem Käufer nur den Anspruch auf Rückzahlung der etwa vorausentrichteten Geldleistung (*ut mercedem quam praestiterim restituas*), soweit er das Grundstück infolge der Enteignung nicht mehr hat nutzen können (*eius temporis, quo fruitus non fuerim*). Eine Pflicht zum Ersatz des Erfüllungsinteresses und damit eine Garantiehaftung des Verpächters wird von ihm jedoch im Gegensatz zu Julian ausdrücklich verneint (*nec ultra actione ex conducto praestare cogeris*)[155].

Garantie und Gefahrtragung des Verpächters, anfängliche und nachträgliche Rechtsmängel bei der *locatio conductio* hat Julian mithin noch nicht deutlich unterschieden. Er grenzte die Sphären der Vertragspartner voneinander ab und wies die Enteignung als einen Umstand, der nicht der Sphäre des Conductors angehört, in die Garantiesphäre des Locators. Auf dieser Basis allein begreift man seinen Hinweis auf das Werkvertragsbeispiel (vgl. o. III). Beim verwandten Typ des Kaufvertrages, von dem sich sein Kritiker Afrikan leiten läßt, war dagegen der Unterschied von Interessehaftung und bloßer Gefahrtragung schon früher geläufig (vgl. o. A. 110): Beim nicht perfekten Kauf trägt zwar der Verkäufer noch die Gefahr; eine Interessehaftung kann ihm jedoch nur ausnahmsweise angesonnen werden, insbesondere für anfängliche Rechtsmängel im Falle der Eviktion, nicht aber für Eingriffe von hoher Hand.

Es läge im Zuge dieser Argumentation Afrikans, auch für den durch Einsturz des Baugrundes unausführbar gewordenen Werkvertrag (2) wie in § 645 BGB eine bloße Teilvergütungspflicht des Bestellers anzunehmen (vgl. o. A. 128): Entspricht dem *frui* das *aedificare* (o. A. 130), wäre eine Vergütungspflicht nur insoweit gerechtfertigt, wie der Unternehmer schon gebaut hat. Als bloßes Argument in der Beweiskette Julians kommt es Afrikan auf eine Korrektur der Lösung des Werkvertragsfalles jedoch nicht an; er kehrt nicht mehr zu ihm zurück[156].

---

[153] So jedoch M. KASER (o. A. 149). Der Beweiswert derartiger *argumenta e silentio* ist freilich ohnehin recht begrenzt; vgl. o. bei A. 90.

[154] *Circa conductionem* halten E. SECKEL / E. LEVY, SZ 47, 220 A. 5 ungerechtfertigterweise für ein Glossem. Ohne diese Worte bliebe unklar, worauf sich das Textstück (4) bezieht.

[155] Von G. BESELER und P. HUVELIN für interpoliert erklärt; vgl. o. A. 99 und die Nachw. bei K.-H. BELOW (o. A. 48) 112 A. 1. Dagegen zu Recht die o. A. 100 Angeführten.

[156] *Nihilo minus teneberis* (2) ist zwar nicht mehr indirekte Rede; eine Meinungsverschiedenheit zwischen Julian und Afrikan scheint im Werkvertragsfall danach nicht bestanden zu

2. Afrikans abschließende Stellungnahme

In seiner abschließenden Stellungnahme sub 5a und b hält Afrikan[157] in einer zusammenfassenden Regel[158] fest, wann seiner Ansicht nach eine Interessehaftung und wann eine bloße Erstattungshaftung des Verpächters angemessen ist. Der Jurist unterscheidet dabei, von wem die Störung des Pächters im Fruchtgenuß ausgeht: Hindert der Verpächter selbst ihn an der vertragsgerechten Nutzung des Grundstücks, oder unternimmt dies eine Person, deren Eingriff der Verpächter abwehren kann, so soll er ihm soviel ersetzen müssen, „wieviel ihm am Fruchtgenuß gelegen ist" (*quanti eius interfuerit frui*). Dieses Interesse des Pächters umfaßt auch seinen Gewinn (*in quo etiam lucrum eius continebitur*). Die Erwähnung des entgangenen Gewinns paßt sehr gut in den Zusammenhang[159] und ist entgegen BELOW[160] keineswegs unecht. Im Gegensatz zu Kauf und Miete wird nämlich die Pacht typischerweise in der Absicht der Gewinnerwirtschaftung abgeschlossen; das *lucrum* wird deshalb hier häufiger erwähnt als anderswo. Mit der Anführung dieses wertausfüllungsbedürftigen Begriffs durfte sich der Jurist begnügen; die Ermittlung und Schätzung des Gewinnes im Einzelfall überließ er hier wie auch sonst dem prozeßentscheidenden Richter[161].

Die Haftung des Verpächters für die Störungen eines Dritten, die der Verpächter verhindern kann (*quem prohibere potuit*), geht über die Ein-

---

haben. Andererseits ist der Haftungsumfang nicht näher angegeben; auch wollen manche in *tenereris* verbessern, s. K.-H. BELOW (o. A. 48) 110f. A. 4 (dagegen u. A. 186).

[157] Vgl. E. BUND (o. A. 20) 196. Anders TH. MAYER-MALY, Locatio conductio 163f., der phantasievoll und etwas zu selbstsicher einzelne Worte dieses Stückes Julian, andere wieder Afrikan zuweisen will; dagegen KASER, SZ 74, 159 A. 14.

[158] Deswegen der Wechsel der ich-du-Konstruktion und die Bezeichnung des Pächters, der anfangs *ego* hieß, mit *colonus tuus*. Entgegen L. MITTEIS, Über den Ausdruck potentiores in den Digesten, Mélanges Girard II (Paris 1912) 233 ist dies kein Interpolationsindiz. Afrikan will damit andeuten, daß das Folgende allgemeine Bedeutung hat und über den konkreten Ausgangsfall hinausgeht. Der Wechsel in der Personenbezeichnung bei der Einführung eines neuen Falles findet sich in den Quellen überdies häufig; er belebt die Darstellung und bereitete dem antiken Leser offenbar keine Verständnisschwierigkeiten. L. MITTEIS verdächtigt darüber hinaus sogar den ganzen Schluß als „höchst überflüssig", da die Argumentation schon im Eingang der Stelle ausreichend dargestellt sei. Dem wird nur beipflichten, wer von dem Grundsatz ausgeht, „daß alles nicht unbedingt Nötige in einem Klassikertext unecht sein müsse"; vgl. F. HORAK (o. A. 148) 104. Die Abweichung Afrikans von Julian verlangte geradezu eine eingehende Begründung.

[159] Denn schon am Anfang (1) war die Interessehaftung behandelt und bejaht. Das *quanti eius interfuerit frui* in (5a) ist also inhaltsgleich mit dem *teneri ut mihi frui liceat* in (1); s. o. A. 101. Anders M. KASER, SZ 74, 181f. A. 108, der von seinem Standpunkt aus (o. A. 97, 131ff.) folgerichtig annimmt, daß vor (5a) ein Zwischenstück durch Streichung ausgefallen sei; vgl. K.-H. BELOW 112. Vorzugswürdig ist jedoch diejenige Auslegung, die ohne die Annahme einer späteren Textveränderung auskommt. Die Vermutung von H. HONSELL 125, die Kompilatoren hätten weitere Hinweise auf die Kontroverse zwischen Julian und Afrikan gestrichen, ist reine Hypothese.

[160] Lucrum cessans (o. A. 48) 112ff. Dagegen zu Recht G. IMPALLOMENI, Iura 16 (1965) 230; H. HONSELL 127f. m. weit. Nachw. A. 61; fundierte Kritik auch bei D. MEDICUS, SZ 82 (1965) 393ff., 395f.; für Echtheit allg. bereits DERS. (o. A. 97) 308f.

[161] Zum Vorstehenden H. HONSELL 128; vgl. 140f. und S. XIV.

standspflicht für den 'Erfüllungsgehilfen' in § 278 BGB weit hinaus, wie
ERWIN SEIDL zutreffend erkannte[162]. Als Dritte, für die gehaftet werden
muß, sah SEIDL diejenigen Personen an, die zum 'Machtbereich' des Verpächters gehören. Man muß aber auch darüber noch hinausgehen. Wird
der Pächter von einer beliebigen, dem Verpächter bisher völlig unbekannten
Person von dem Grundstück vertrieben, so hat er aus eigenem Recht gar
keine Möglichkeit, Besitz und Nutzung des Grundstücks wiederzuerlangen.
Die Besitzschutzinterdikte stehen nicht ihm, sondern nur dem Verpächter
zu, der allein im Rechtssinne Besitzer (*possessor*) ist[163]. Das gleiche gilt für
die Ansprüche aus dem Eigentum. Dem Pächter bleibt somit nur übrig,
den Verpächter mit der Pachtklage dazu anzuhalten, seine Rechtsmittel
gegen den Dritten anzustrengen, um ihm auf diese Weise zur Wieder-
einräumung von Besitz und Fruchtgenuß zu verhelfen. Verweigert ihm der
Verpächter diesen Rechtsbeistand ohne triftigen Grund, ist dessen Verurteilung in das Interesse vollauf gerechtfertigt[164]. Die Nichtwahrnehmung
der gebotenen Rechtsschutzmaßnahme ist dolos[165] und widerstreitet daher
der pachtrechtlichen *bona fides*.

3. *Vis maior* und *potentia*

Die Interessehaftung des Verpächters reduziert sich dementsprechend
auf eine bloße Erstattungshaftung, soweit eine gerichtliche Belangung des
Dritten nicht möglich oder dem Verpächter nicht zuzumuten ist[166]. Dieses

---

[162] Studien zum kausalen Rechtsdenken (Festgabe Müller-Erzbach, München 1954) 108f.
unter Hinweis auf eine ungedruckte Erlanger Diss. von PAUL DREHER (1953). Der zu enge
Begriff des 'Erfüllungsgehilfen' muß deshalb weit ausgelegt werden. Der Begriff ist
gebildet in Anlehnung an Gai. D. 19, 2, 25, 7; aber schon die Einstandspflicht des Pächters für seine Leute (bes. Alf. D. 19, 2, 30, 4) geht darüber hinaus, s. U. v. LÜBTOW, Die
Haftung des Pächters nach D. 19, 2, 30, 4, Studi Betti III (Mailand 1962) 367ff., bes.
371 m. A. 10.

[163] M. KASER, RP² I 389f.

[164] Übereinstimmend Paulus D. 19, 2, 24, 4, bes. a. E.: *utiliter ex conducto agit is . . ., sive
prohibeatur frui a domino vel ab extraneo quem dominus prohibere potest.* Dazu H. HONSELL
129f., zust. D. MEDICUS, SZ 88, 451 gegen K.-H. BELOW 105ff.

[165] Vgl. Ulp D. 17, 1, 44: *Dolus est, si quis nolit persequi quod persequi potest.* Weitere Pflicht-
verletzungen durch Unterlassen, die als *dolus* gelten, in (Jul.-)Ulp. D. 16, 3, 1 §§ 22/47;
26, 7, 7 pr.; vgl. auch 3, 5, 5, 14. Die Zweifel von M. KASER, SZ 74, 159 A. 15, 176 A. 88
und K. H. BELOW 113, ob die Haftung für 'ommissive Schuld' bereits klassisch sei, dürften
damit ausgeräumt sein. Nach Tryph. D. 23, 5, 16 kann die Nichtbelangung des gutgläubigen Ersitzungsbesitzers zumindest auf *neglegentia* beruhen; dazu K. L. STREICHER,
Periculum dotis (Berlin 1973) 37ff.; krit. A. WACKE, TRG 43 (1975/76) 250f. m. A. 18.

[166] Der Verpächter muß dann *mercedem remittere aut reddere*, wie der Text sub (5b) sehr
präzise sagt. Im Regelfall der postnumerando-Zahlung (o. A. 108) ist der Pachtzins nur
versprochen, der Pächter hat dann also Anspruch auf Befreiung von der Zinspflicht.
Nach G. BESELER, Beitr. III 47 sei dieser Anspruch auf Zinserlaß unecht, denn es werde
schon *ipso iure* nichts mehr geschuldet; zust. K.-H. BELOW 114. Hiergegen wendet
H. HONSELL 127 ein, zumindest habe der Anschein einer Verbindlichkeit fortbestanden;
deshalb habe der Pächter die Erklärung verlangen können, daß er nichts mehr schulde.

Schlußstück des Textes (5 b) gilt freilich seit LUDWIG MITTEIS[167] vor allem wegen der schwer verständlichen Worte *propter vim maiorem aut potentiam eius* für unecht. *Vis maior* bezeichne nach MITTEIS stets das die Unmöglichkeit verursachende Ereignis selbst, niemals aber die 'Qualität eines Menschen'. Beziehe man *eius* jedoch nur auf *potentia*, so sei es vollends unsinnig zu sagen, daß man jemanden wegen einer höheren Gewalt nicht abhalten könne. Das verdächtige Wort *potentia* aber sei auch sachlich unhaltbar. Denn wozu gebe es Gerichte und Polizei, wenn man sich gegen starke Leute nicht zur Wehr setzen könne? Und was sei das schließlich für eine Rechtsordnung, die einen Rechtssatz auf ihrer eigenen Unzulänglichkeit aufbaue?

Diese gewichtigen Bedenken rechtfertigen die vorgebrachten Echtheitszweifel jedoch nicht. Erstens ist es sehr gut vorstellbar, daß der Verpächter 'wegen einer höheren Gewalt' weder den Störer vor dem zuständigen Gericht belangen noch dem Pächter sonst seinen Beistand leisten kann; etwa wegen Krankheit (*morbus sonticus, valetudo adversa*), einer Naturkatastrophe[168] (*tempestas, vis fluminis*), Stillstand der Rechtspflege u. dgl. Das Edikt des Prätors zählt bereits eine Reihe derartiger Ausnahmesituationen auf, die eine Partei entschuldigen, wenn sie derentwegen ihrer Gestellungspflicht vor Gericht nicht nachgekommen ist[169]. Dieselben Entschuldigungsgründe sind

---

Aber bei der häufigen Bekräftigung der Vertragspflichten durch Stipulation, die sich schon zwecks Bürgenhinzuziehung und Vertragsstrafevereinbarung empfahl (Paul. D. 46, 1, 58 pr.; 45, 1, 89; 19, 2, 54, 1; TH. MAYER-MALY, Loc. cond. 140, 149f.), kommt ein Wegfall der Zinspflicht von Rechts wegen nicht in Betracht; zumal wenn der Anspruch des Verpächters auf Wiederverschaffung des Besitzes nicht an der Unmöglichkeit, sondern nur an der Unzumutbarkeit der Durchsetzung scheitert. Unfolgerichtig auch TH. MAYER-MALY 164/166 und 139 A. 8. — Die Pflicht zum *mercedem remittere* kann dem Verpächter auch durch Befreiungsvermächtnis aufgegeben werden; Paul. D. 19, 2, 24, 5; dazu H.-P. BENÖHR (o. A. 84) 105; N. PALAZZOLO, Iura 16 (1965) 124ff., 132ff., B. SANTALUCIA, I legati ad effetto liberatorio fino a Giuliano, Labeo 13 (1967) 190f. (Fn.).

[167] Über den Ausdruck *potentiores* in den Digesten, Mélanges Girard II (Paris 1912) 225ff. (232f.); zust. zahlreiche weitere Autoren, angeführt bei M. KASER, SZ 74, 158f. A. 14 und K.-H. BELOW 112f. A. 3. — Die kurze Abhandlung von L. MITTEIS gehört zu den ersten Wortmonographien oder 'schwarzen Listen', über die TH. MAYER-MALY, Topik der necessitas, Études Macqueron (Aix 1970) 478 treffend bemerkt, daß sie erstaunlicherweise geschrieben wurden, um zu ermitteln, wie die Klassiker angeblich nicht geschrieben haben, statt wie sie wirklich geschrieben haben. L. MITTEIS 228 räumt übrigens ein, daß die Interpolation des Wortes *potentia* „nicht in allen Fällen vollkommen sicher nachweisbar ist". Für die Mehrzahl der Stellen sei der Nachweis jedoch erbracht, und dieser Umstand verstärke den Verdacht auch bezüglich der übrigen, an und für sich unanstößigen Texte. Dies ist das Eingeständnis eines in der textkritischen Literatur häufig anzutreffenden Zirkelschlusses („da *potentia* unecht sein kann, ist es immer unecht"); vgl. F. WIEACKER, Textstufen (o. A. 10) 13f.; M. KASER, Glaubwürdigkeit (o. A. 100) 326f.; weit. Nachw.: A. WACKE, Zur Lehre vom pactum tacitum und zur Aushilfsfunktion der exceptio doli, SZ 90 (1973) 225 A. 25.

[168] „Wegen eines unabwendbaren Naturereignisses" übersetzte schon F. F. SINTENIS in: C. E. OTTO / B. SCHILLING, Corpus iuris (verdeutscht) II (Leipzig 1831) 449.

[169] O. LENEL, Edictum perpetuum³ (o. A. 92) 501f. Zu diesen bereits frühklassischen 'Katastrophenlisten' als Beispielsfällen für *vis maior* s. TH. MAYER-MALY, RE 9 A, 339ff. und ID., Höhere Gewalt: Falltypen und Begriffsbildung, in: Festschrift Steinwenter, Grazer

daher auch dem Verpächter zuzubilligen, wenn er ihretwegen gegen den Störer nicht gerichtlich oder außergerichtlich vorgehen kann.

Zweitens gibt der Text aber auch dann einen guten Sinn, wenn man *eius* auf die vorhergehenden Worte *vim maiorem* mitbezieht. Der Verpächter kann den Störer *propter vim maiorem eius* nicht abhalten, z. B. den Chef einer Räuberbande oder Führer einer feindlichen Söldnertruppe[170], gegen die physischer Widerstand zwecklos wäre. Zwar gilt der Grundsatz: *vim vi repellere licet*[171]; gegen eine gewaltsame Vertreibung darf man sich mit Gewalt zur Wehr setzen. Der Pächter kann aber vom Verpächter billigerweise nicht verlangen, daß er ihm gegen derart übermächtige Gegner zu Hilfe eile, denen gegenüber jeder verständige Mensch auf die Ausübung seines Notwehrrechtes verzichtet. *Vis maior* hat also im vorliegenden Kontext noch die komparative Bedeutung des ursprünglichen Wortsinnes und meint „*semplicemente . . . un rapporto tra due forze*"[172], also nichts weiter als 'wegen seiner größeren Stärke'[173]. Derart untechnische Verwendungen[174] eines Rechtsbegriffes überraschen nicht, denn die Terminologie der Klassiker ist bekanntlich noch sehr beweglich[175]. Auch sind singuläre Wendungen durchaus kein Interpolationsindiz[176].

Die Erwähnung der *vis maior* zusammen mit der *potentia* in bezug auf eine Person ist entgegen MITTEIS überdies keineswegs derart ausgefallen. Schon Cicero sagt in 'Pro Murena' 59, der Ankläger im Strafprozeß soll weder seinen überragenden gesellschaftlichen Einfluß noch seine physische Überlegenheit ausspielen, er solle nichts durch seine herausragende Autorität oder durch übermäßige Parteilichkeit bewirken[177]. Dementsprechend wird auch in unserem Text zwischen *vis maior* als physischer Überlegenheit und *potentia* als erhöhter Rechtsmacht — vielleicht eines Dekurionen — durchaus sinnvoll unterschieden[178]. Die *potentia* ist gerade im Zusammenhang mit der *publicatio* des Ausgangsfalles zu sehen. Der Verpächter ist

---

Rechts- und Staatswiss. Studien 3 (Köln–Graz 1958) 58ff. (dazu D. NÖRR, SZ 76 [1959] 634).

[170] Derartige Beispiele begegnen in Servius-Ulp. D. 19, 2, 15, 2; vgl. M. KASER, SZ 74, 169ff.; ferner Ulp. D. 19, 2, 9, 4.

[171] Cass.-Ulp. D. 43, 16, 1, 27; Paul. D. 9, 2, 45, 4; Pomp.-Ulp. D. 4, 2, 12, 1; M. KASER, RP² I 505, A. 13; A. S. HARTKAMP, Der Zwang im römischen Privatrecht (Amsterdam 1971) 24ff. *Vis* bedeutet hier „die von einer Person ausgehende Gewalttätigkeit", H. G. HEUMANN / E. SECKEL s. h. v., 1b. Die *vis maior* als 'unwiderstehliche Gewalt' kann daher entgegen L. MITTEIS durchaus auch von einer Person ausgehen.

[172] So mit Recht G. I. LUZZATTO, Caso fortuito e forza maggiore (Milano 1938) 217 (nicht zugänglich; zitiert nach K.-H. BELOW 113 A. 6, dessen Kritik nicht überzeugt).

[173] Zutreffend E. SEIDL (o. A. 162) 110. Vgl. auch D. DAUBE, The Defence of Superior Orders in Roman Law (Oxford 1956) 18f.; skeptisch dazu M. KASER, SZ 74, 433.

[174] G. I. LUZZATTO, a. a. O.; TH. MAYER-MALY, RE 9 A, 345; vgl. Festschr. Steinwenter 66 A. 62. Auf das konkrete Element im Begriff *vis maior* weist zutr. D. NÖRR hin (o. A. 169).

[175] Vgl. vorliegend M. KASER, SZ 74, 171.

[176] Entgegen TH. MAYER-MALY, o. A. 174, Locatio conductio 166 (und vielen anderen).

[177] *Nolo accusator in iudicium potentiam adferat, non vim maiorem aliquam, non auctoritatem excellentem, non nimiam gratiam.* Dazu J. M. KELLY 49 (u. A. 182).

[178] Insoweit zutr. TH. MAYER-MALY, Locatio conductio 166. Entgegen seiner Ansicht braucht dies aber nicht unklassisch zu sein.

nach Afrikan also nicht nur dann von der Interessehaftung frei, wenn
— wie bei rechtmäßiger Enteignung — Ansprüche gegen den enteignenden
Amtsträger von vornherein ausscheiden, sondern auch dann, wenn — wie
bei rechtswidrigen Übergriffen — solche zwar von Rechts wegen bestehen
mögen, aber ihre Durchsetzung dem Verpächter wegen seiner sozialen
Unterlegenheit nicht zugemutet werden kann[179]. Der Pächter darf vom
Verpächter nicht die Verwirklichung von Rechtsansprüchen erzwingen, von
deren Durchsetzung er selber — falls sie ihm zustünden — aus verständlicher Furcht vor irgendwelchen Repressalien der Gegenpartei mutmaßlich
ebenfalls Abstand nehmen würde.

Die vorerwähnte Kritik von L. MITTEIS an dieser Regelung ist von
seiner damaligen Gegenwartserfahrung (vom Jahre 1912) befangen, wie
E. SEIDL (o. A. 172) zu Recht hervorhebt. MITTEIS ging nicht nur von den
gesicherten Rechtsverhältnissen vor dem Ersten Weltkrieg aus, sondern
auch von der abstrakten Gleichheit der Individuen. Gewiß ist auch zur
Zeit Afrikans mit straffer Verwaltungsführung und geordneter Gerichtsbarkeit zu rechnen[180]. Damit ist jedoch vereinbar, daß schon die klassischen
Juristen die begreifliche Scheu berücksichtigten, durch die sich der einfache
Bürgersmann (insbesondere als Bewohner einer Provinz) daran gehindert
sah, eine sozial hochgestellte, einflußreiche Persönlichkeit auf Schadensersatz zu verklagen. Daß bereits die Klassiker auf die Furcht vor schika-
nösen Gegenmaßnahmen der so zur Rechenschaft gezogenen Potentaten
in Ansätzen Rücksicht nahmen, unterliegt keinem Zweifel; schon das Edikt
des Prätors sah beispielsweise besondere Abhilfen für den Fall vor, daß der
Besitzer eine Sache zwecks Vereitelung des Herausgabeprozesses an einen
potentior veräußerte[181].

Das Ausmaß der Einwirkung derartiger Standesrücksichten auf den
römischen Prozeß haben neuere Monographien herauszuarbeiten versucht[182].

---

[179] Vgl. auch TH. MAYER-MALY, SZ 74, 372.

[180] TH. MAYER-MALY a. a. O. (o. A. 178).

[181] O. LENEL (o. A. 169) 125ff.; M. KASER, Röm. Zivilprozeßrecht (1966) 227. — L. MITTEIS
(o. A. 158) 228f. wollte einem Klassiker, „der doch das Bewußtsein hatte, in einem
Rechtsstaat zu leben", die Behauptung nicht zutrauen, daß man gegen mächtige Leute
vor Gericht nicht aufkommen könne. Eine Veräußerung der vindizierten Sache an eine
Person von Rang und Ansehen habe den Kläger daher nicht ohne weiteres geschädigt.
Diese unhistorische Kritik an dem Edikt übersieht, daß schon aus Furcht vor den Rache-
gelüsten des einflußreichen Gegners der Kläger vor einer Durchsetzung seines Rechts
zurückschrecken kann. Wer hierin nur das resignierende Eingeständnis von der Unfähigkeit der Justiz erblickt (vgl. K.-H. BELOW 114) wird dem *potentior*-Problem mithin nicht
gerecht. Statt zu resignieren waren im Gegenteil die klassischen Juristen ebenso wie in
der Nachklassik die Kaiser um Abhilfe bemüht; vgl. zu dem hierzu seit Konstantin
eingesetzten *defensor civitatis* M. KASER, Röm. Zivilprozeßrecht 437f.; 513 A. 17, 521.
Zum verwandten Verbot der Veräußerung eines Gemeinschaftsbruchteiles an einen *potentior* entsprechend der *lex Licinnia* nach Marcian D. 4, 7, 12 s. außer L. MITTEIS 230 die
Lit. bei M. KASER, RP² I 142 A. 6 sowie neuestens F. M. DE ROBERTIS, La 'lex Licinnia'
in D. 4, 7, 12, Studi Grosso V (1972) 113ff. Zu D. 2, 9, 1, 1 (L. MITTEIS 230ff.) jetzt
F. HORAK (o. A. 148) 184f.

[182] J. M. KELLY, Roman Litigation (Oxford 1966); dazu M. KASER, SZ 84 (1967) 510ff.; krit.
auch A. S. HARTKAMP, Zwang (o. A. 171) 279ff. m. weit. Rezensionen 280 A. 13, 283

Wir können hierzu abschließend nur feststellen, daß die römischen Klassiker von den realen Rechtsverwirklichungschancen offenbar vielfach eine konkretere Anschauung hatten als die Pandektisten des 19. Jahrhunderts und die Verfasser des BGB, welche das Prozeßrecht vom materiellen Recht scharf trennten und das von der Lebenswirklichkeit abstrahierte Rechtssubjekt zum Zurechnungsendpunkt eines Systems von Sollenssätzen machten. Der von ihnen nicht wahrgenommene Einfluß der gesellschaftlichen Schichtung auf die Rechtsverwirklichung wurde demgegenüber bereits im (spät)antiken Problem der *potentiores*, der *honestiores* und *humiliores* sichtbar; er zeigt sich heute besonders in den jüngsten Rechtsgebieten wie dem Arbeitsrecht[183], dem Kartellrecht oder dem Verbraucherschutz. Wegen der Berücksichtigung dieses Gesichtspunktes der sozialen Machtlage erscheint uns Afrikans Entscheidung trotz ihrer Zeitbedingtheiten gerade heutzutage als besonders fortschrittlich und modern.

VI. Textkritik — zur Echtheitsfrage

Die zahlreichen, zum Teil recht engherzigen philologischen Angriffe vieler Autoren gegen einzelne Wörter in unserem Text hat BELOW zuletzt mit Fleiß zusammengestellt[184]. Wir brauchen diese mühevolle Kleinarbeit hier nicht zu wiederholen. Der größte Teil von den Argumenten der Textkritiker wurde bereits im Verlauf der bisherigen Untersuchung entkräftet. Bei einigem guten Willen zum Verständnis des Textes ergibt — wie sich gezeigt hat — jede einzelne Passage im Zusammenhang gelesen einen sehr guten Sinn. Deshalb ist in Wahrheit so gut wie nichts an dem Text verfälscht; er ist im Gegenteil makellos und untadelig.

Die Kompilatoren Justinians werden den Text wie die meisten Autoren späterer Epochen[185] 'eindimensional' in dem Sinn verstanden haben, daß Afrikan in seiner Stellungnahme zu Julian dessen unklare Äußerung zum Haftungsumfang des Verpächters lediglich präzisierend erläutert habe. Daß uns hier jedoch in Wahrheit eine sachliche Kontroverse zwischen den beiden Juristen über das Ausmaß der Verpächterhaftung vorliegt, wurde erst durch die neuere rein historische Quellenerforschung erkannt, nachdem mit der Befreiung des römischen Rechts von seiner aktuellen Geltung der

---

A. 27. — P. GARNSEY, Social Status and Legal Privilege in the Roman Empire (Oxford 1970); dazu D. NÖRR, SZ 88 (1971) 408ff.; J. M. KELLY, Law Quarterly Review 1971, 140ff. — J. GAUDEMET, Les abus des potentes au Bas Empire, in: The Irish Jurist 1 (1966) 128ff. Ferner J. A. ANKUM (o. A. 103) 96, 105 A. 7; TH. MAYER-MALY, SZ 74, 364, A. 5; zu den *honestiores* und *humiliores* auch J. A. CROOK, Law and Life of Rome (London 1967) nach Register.

183 Darauf machen G. WESENBERG / G. WESENER (o. A. 73) 9, 154 aufmerksam. Die Betriebsunfallversicherung wurde beispielsweise geschaffen, weil der geschädigte Arbeiter aus Furcht vor einer Kündigung oft Hemmungen hat, seinen Arbeitgeber auf Ersatz zu verklagen.

184 Lucrum cessans (o. A. 48) 110ff., bes. 114.

185 Diese sind angeführt bei H. HONSELL 122f. (vgl. o. A. 97).

Weg zu einer unbefangenen Betrachtung der Überlieferung freigemacht war. Die Entdeckung dieser Meinungsverschiedenheit ist — trotz der von KASER hieran geäußerten Zweifel (vgl. o. II 2; III) — ein bleibendes Ver-- dienst von SECKEL/LEVY (o. A. 98). So bietet der Text zugleich ein anschauliches Beispiel für eine *duplex interpretatio*.

In bezug auf das Verhältnis von Afrikan zu Julian ist schließlich davor zu warnen, Quästionenfragmente in direkter Rede einfach Julian zuzuweisen und sie deswegen sogar in indirekte Rede umzuformulieren[186]. Bei direkter Rede spricht vielmehr eine Vermutung für die persönliche Urheberschaft Afrikans[187]. Auf Julian geht vom vorliegenden Text an Substanz nicht mehr zurück, als die ersten beiden Sätze durch ihre indirekte Rede anzeigen. Afrikans Zitierweise ist also im Durchschnitt nicht weniger zuverlässig als diejenige anderer juristischer Klassiker. Gegenüber seinem älteren Lehrer Julian insbesondere darf man ihm größere Selbständigkeit zutrauen, als in letzter Zeit vielfach angenommen wurde.

VII. Rechtsvergleich

1. Die Wirkungen der Enteignung auf bestehende Schuldverträge

Das Privateigentum ist heute jedem Bürger durch die Verfassung garantiert (Art. 14 GG). Solche verfassungsrechtlichen Eigentumsschutzklauseln begegnen erstmals in den Verfassungen der nordamerikanischen Einzelstaaten vom Ende des 18. Jahrhunderts, auf dem europäischen Kontinent in der französischen Erklärung der Menschen- und Bürgerrechte von 1789, in Deutschland erst in Art. 164 der Paulskirchenverfassung von 1848[188]. Für die Enteignung, besonders für die Frage der Entschädigung, schuf Napoleon als erster im Jahre 1809 ein geregeltes Verfahren[189].

---

[186] Vermeintliche Verstöße gegen Satzbau und guten Stil sind durch eine veränderte Interpunktion oft leicht zu beheben. Zum Beispiel ist *nihilo minus teneberis* in (2) entgegen den o. A. 156 Angeführten ohne weiteres zu halten, wenn man davor statt eines Kommas einen Doppelpunkt setzt.

[187] Entgegengesetzt H. BUHL, Iulianus 84 (vgl. o. A. 36 a. E.). Dort S. 82f. zahlreiche Beispiele für den oft unvermittelten Wechsel von direkter und indirekter Rede. Den Verdacht von P. JÖRS, RE 3, 1194f. gegen derartige Stellen hat die Exegese unseres Textes jedenfalls nicht bestätigt.

[188] WERNER WEBER, Eigentum und Enteignung, in: F. L. NEUMANN/H. C. NIPPERDEY/U. SCHEUNER, Die Grundrechte II (Berlin 1954, neu 1968) 331ff. Zur Entwicklungsgeschichte bes. W. WEBER / F. WIEACKER, Eigentum und Enteignung (Hamburg 1935) 34ff.; R. SCHLATTER, Private Property. The History of an Idea (London 1951); F. A. MANN, in: Hundert Jahre deutsches Rechtsleben, Festschrift Deutscher Juristentag II (Karlsruhe 1960) 291ff.; RUD. VIERHAUS, Eigentum und Verfassung. Zur Eigentumsdiskussion im ausgehenden 18. Jh. (Göttingen 1972). Weit. Lit. o. A. 47/73. Zur Geschichte der Grund- und Menschenrechte allg. M. KRIELE, Zur Geschichte der Grund- und Menschenrechte, in: Öffentliches Recht und Politik, Festschrift für H.-U. Scupin (Berlin 1973), 187ff.

[189] Dazu J. W. HEDEMANN und G. WESENBERG, o. A. 73. Als Enteignungsvoraussetzung wurde ursprünglich die *nécessité publique* gefordert, diese dann aber in die *utilité publique*

Groß ist demgegenüber die Zahl von Expropriationen, die aus politischen Gründen im Zusammenhang mit den staatsrechtlichen Umwälzungen unseres Jahrhunderts ohne Entschädigung und oft willkürlich vorgenommen wurden; man denke nur an die Ruhrbesetzung, die Judenverfolgung, die aufgezwungenen Reparationsleistungen nach den beiden Weltkriegen sowie die Vertreibungen aus den deutschen Ostgebieten[190]. Derartig tiefgreifende, unvorhersehbare Sozialkatastrophen führen zivilrechtlich zur Entlastung wegen Wegfalls der Geschäftsgrundlage. Für Julian lag dagegen die entschädigungslose Enteignung eines Provinzialgrundstücks durch den römischen Staat (ebenso wie die Naturkatastrophe des Bergrutsches) noch in der Garantiesphäre des Verpächters (Werkbestellers). Aber auch er betrachtete sie vermutlich als Grenzfälle, da er eine Begründung für erforderlich hielt.

Das BGB folgt insoweit Julian, als es die rechtliche und die tatsächliche Unmöglichkeit der Leistung ebenfalls gleichstellt[191]. Ferner spricht das Gesetz absichtlich von Vertretenmüssen, nicht von Verschulden, um anzudeuten, daß der Schuldner auch für unverschuldete Ereignisse verantwortlich sein kann[192].

In der strengeren Durchführung des Verschuldensgrundsatzes folgt das BGB jedoch Afrikan. Für während der Pachtzeit auftretende Rechtsmängel haftet der Verpächter gemäß §§ 541, 538, 581 II BGB auf Schadensersatz wegen Nichterfüllung nur, sofern er sie zu vertreten hat. Andernfalls kommt gemäß § 537 BGB ebenso wie nach Afrikan nur eine Zinsermäßigung (oder anteilige -befreiung) in Betracht. Nur für anfängliche Mängel trifft den Verpächter nach § 538 BGB eine Garantiepflicht — aber auch diese mit Ausnahme der höheren Gewalt. Der völlige Entzug der Pachtsache ist nicht einmal ein Mangel im Sinne dieser mietrechtlichen Spezialvorschriften; insoweit gelten — auch für den Kaufvertrag — die allgemeinen Regeln der §§ 275, 323ff. BGB über die Leistungsunmöglichkeit[193]. Die Enteignung ist heute geradezu der Schulfall einer nicht zu vertretenden rechtlichen Unmöglichkeit; Afrikans Ansicht hat sich damit voll durchgesetzt[194].

---

abgeschwächt. Zu der schon im klass. röm. Recht bestehenden Verwandtschaft von *necessitas* und *utilitas* s. TH. MAYER-MALY, o. A. 88.

[190] HEINR. SEIDEL (o. A. 46) 6—16 hat das erschreckende Ausmaß dieser politischen Konfiskationen aufmerksam geschildert. — Für eine Beschlagnahme durch den Feind kraft Kriegsrechts als modernrechtliche Parallele zu dem Afrikantext zahlreiche ältere Autoren, angeführt bei CH. F. GLÜCK, Pandecten 17 (Erlangen 1815) 138 m. A. 54.

[191] Vgl. o. A. 129; W. FIKENTSCHER, Schuldrecht[3] (Berlin 1971) § 42 IV 1.

[192] Vgl. o. II 3 b a. E. (nach A. 122) und W. FIKENTSCHER § 53 I.

[193] J. ESSER, Schuldrecht II[4] (Karlsruhe 1971) § 70 II 1.

[194] Seine auf die Pachtzeit berechneten Investitionen hätte der Pächter nach Afrikan allerdings umsonst aufgebracht. Sie wären heute im Enteignungsverfahren gesondert zu entschädigen; vgl. Art. 52f. EGBGB. Die Verpflichtung des Verpächters zum Ersatz der Feldbestellungskosten gemäß § 592 BGB bei vorzeitiger Beendigung der Pacht ist ein spezieller Verwendungsersatzanspruch. Im Falle der Enteignung kommt die Verwendung jedoch nicht dem Verpächter zugute.

2. Die Gefahrtragung beim Werkvertrag

Die Stoffgefahr des Werkbestellers ist in § 645 BGB normiert. Sie schließt die Gefahr für den Baugrund ein[195]. In Abweichung vom klassischen Recht hat der Unternehmer jedoch nur Anspruch auf einen der geleisteten Arbeit entsprechenden Teil der Vergütung. Die Gewährung der vollen Gegenleistung hielten die Gesetzesverfasser zu Recht nicht für angemessen. Diese Haftungsreduzierung ist nämlich bereits — wie gezeigt (o. V 1, a. E.) — die gebotene Konsequenz des von Afrikan begonnenen Ansatzes.

3. Die Zumutbarkeit der Rechtsverfolgung

Soweit Afrikan schließlich auf die Zumutbarkeit der Rechtsverfolgung gegen den Drittstörer abstellt, führt seine Lehre sogar bereits über das noch von der abstrakten Gleichheit der Individuen beherrschte Bürgerliche Gesetzbuch hinaus (s. oben V 3)[196].

---

[195] H. TH. SOERGEL / K. BALLERSTEDT, [10](Stuttgart 1969), RN 2 zu § 645 BGB.
[196] [Manuskript abgeschlossen im November 1973.]

Pomponius
oder „Zum Geschichtsverständnis der römischen Juristen"

von DIETER NÖRR, München

Inhaltsverzeichnis

I. Zum Verhältnis der römischen Juristen zur Geschichte
und zur Historiographie

1. Forschungsstand und Problemstellung[1]

Die Beziehungen der römischen Rechtswissenschaft zur Philosophie, Rhetorik und Grammatik stehen seit langem und mit Recht im Zentrum des Interesses der rechtshistorischen Forschung. Demgegenüber beginnt erst sehr langsam die Frage nach der Einstellung der römischen Juristen zur Geschichte Kontur zu gewinnen. Hierbei sind zwei — miteinander zusammenhängende — Problemkreise zu unterscheiden. Zum einen geht es um die vor allem von S. MAZZARINO erörterten Beziehungen von Rechtswissenschaft und Historiographie[2], zum anderen um das 'historische Bewußtsein' der römischen Juristen. Einer unbefangenen Erforschung des Geschichtsverständnisses der römischen Juristen scheint bis heute noch die Autorität des bekannten Satzes von F. SCHULZ entgegenzustehen, in dem dieser „das vollständige Fehlen rechtsgeschichtlicher Betrachtung" in der römischen Jurisprudenz konstatiert hatte[3]. Es fehlt nicht ganz an Stimmen, die — im Ergebnis sicherlich zu Recht — ein derart pauschales Verdikt über die römische Jurisprudenz ablehnen. So stellt U. v. LÜBTOW in einer Auseinandersetzung mit O. SPENGLER fest, daß die römischen Juristen historischen Sinn und geschichtliches Bewußtsein hatten. Wenn ihnen auch noch der Entwicklungsgedanke gefehlt habe, so begriffen sie doch die Zeit als Einheit der vergangenen, gegenwärtigen und zukünftigen Geschlechter[4]. Der intensivste und ausführlichste Verfechter einer 'prospettiva storica'[5] der römischen Jurisprudenz ist C. A. MASCHI. In seinem umfangreichen Werke zur historischen Perspektive des römischen Rechts erörtert er methodologische Fragen (u. a. die historische Betrachtungsweise in der Wissenschaft überhaupt, das Verhältnis von Recht und Geschichte, die

---

[1] Die folgende Untersuchung ist — vor allem in den Teilen III und IV — die erste von mehreren geplanten Studien über das Geschichtsverständnis der römischen Juristen. Soweit die Literatur im Anhang aufgeführt ist, wird sie in Text und Anmerkungen nur mit dem Namen des Autors zitiert. — Im wesentlichen abgeschlossen im April 1974; einige spätere Nachträge.

[2] Vgl. vor allem: Il pensiero storico-classico II 1, Rom–Bari, 1968, 278ff., 302ff.; DERS., Intorno ai rapporti fra annalistica e diritto, Atti II congr. int. SISD 1967 (Florenz 1971), 441ff.; M. BRETONE, 3ff., 11ff., 58ff.

[3] Prinzipien des römischen Rechts, München–Leipzig 1934, 69ff.; vgl. auch DERS., Geschichte der römischen Rechtswissenschaft, 85, 158f.; ähnlich G. GROSSO, Meditazioni sulle tendenze e sulle concezioni dei Romani, Festschr. Schulz II, Weimar 1951, 172ff.; A. GUARINO, Le origini quiritarie, Neapel 1973, 27. Vgl. auch M. KASER, Römisches Privatrecht (= RPR) I, München 1971[2], 182f., und R. v. JHERING, Geist des römischen Rechts I[5], Leipzig 1891, 90ff.

[4] Reflexionen über Sein und Werden in der Rechtsgeschichte, Berlin 1954, 23 passim.

[5] So der Untertitel seines im Literaturverzeichnis zitierten Buches; vgl. dort 27ff., 85ff. die Auseinandersetzung mit F. SCHULZ.

Kategorien, unter denen man das historische Bewußtsein der römischen Jurisprudenz zu untersuchen hat) und beschreibt eingehend das 'Enchiridium' des Pomponius, die historischen Teile in den 'Institutionen' des Gaius und historische Bemerkungen in den 'Libri ad edictum' des Paulus und Ulpians. Trotz aller noch anzumerkenden methodischen Bedenken bleibt seine Arbeit eine Fundgrube historischen Materials für weitere Forschungen[6]. Wertvolle — wenn auch aus thematischen Gründen knapp ausgeführte — Modifikationen der These von F. SCHULZ finden sich bei R. ORESTANO[7], M. KASER[8] und W. KUNKEL[9]. Während KASER trotz grundsätzlicher Anerkennung der historischen Perspektive den Gegenwartsbezug der römischen Rechtswissenschaft betont, neigt ORESTANO anscheinend stärker der Meinung zu, daß den römischen Juristen die Historizität der Rechts bewußt war, daß sie gerade auch bei der ständigen Arbeit am Recht von einer bestimmten historischen Auffassung geleitet wurden. Mit antiquarischen Neigungen der klassischen Juristen rechnet auch KUNKEL.

Es bedürfte hier nicht zu erbringender methodischer Anstrengungen und intensiver und umfassender Interpretation des rechtshistorischen Materials, um nicht nur das 'ob', sondern vor allem das 'wie' des historischen Bewußtseins der römischen Juristen zu entscheiden. Die Untersuchung der Einstellung des Pomponius zur Geschichte (u. IV) ist als — vielleicht modellhafter — Beitrag zu diesem Thema gedacht. Die hier folgenden Bemerkungen haben das bescheidene Ziel, auf einige Aspekte der Fragestellung hinzuweisen.

Wir haben bisher unbefangen vom 'historischen Bewußtsein' gesprochen. Eine Analyse dieser Wortzusammenstellung würde leicht in (geschichts-)philosophische oder gar in anthropologische Abgründe führen. Doch glaube ich, daß man — wenigstens zur Untersuchung der römischen Jurisprudenz, soweit sie einem Rechtshistoriker obliegt — mit wenigen und überdies teilweise trivialen Umschreibungen auskommt. Zu den Trivialitäten dürfte die Feststellung gehören, daß 'irgendeine' Einstellung zur Zeit und zur Vergangenheit ein anthropologisches Grundelement ist, dem man aber zu viel Gewicht beimäße, wenn man es als 'historisches Bewußtsein' anspräche[10]. Dem üblichen Sprachgebrauch dürfte es auch wider-

---

[6] Sowohl in den nachklassischen Auflagen klassischer Werke (vgl. nur den Veronenser Gaius-Text) als auch bei der Kompilation (vgl. nur Coll. 7.3.2 mit D. 9.2.5 pr) sind historische Partien weggefallen; s. hierzu C. A. MASCHI, 770ff.; R. ORESTANO, Introduzione allo studio del diritto romano, Turin 1961², 116ff.; P. JÖRS, Römische Rechtswissenschaft zur Zeit der Republik I, Berlin 1888, 11.

[7] a.a.O. 112ff., 120ff.; s. auch die Besprechung der 1. Auflage des Buches von MASCHI durch R. ORESTANO, Iura 9, 1958, 240ff.

[8] SZ 86, 1969, 504ff.: Besprechung der 2. Auflage von MASCHI.

[9] 188 A. 345.

[10] Unklar U. v. LÜBTOW a.a.O. — Zur Problematik des antiken Geschichtsverständnisses und des Begriffes 'historisches Bewußtsein' vgl. A. BORST und CHR. MEIER, in: Geschichte

sprechen, wenn bereits die Arbeit an und mit Material, das aus der Vergangenheit stammt, als historisches Bewußtsein qualifiziert würde. In der
Gegenwart angewandte Normen sind in der Vergangenheit produziert und
für die Zukunft bestimmt. Das gilt — bei allen Nuancen im einzelnen —
sowohl für Gesetze im strengen Sinn als auch für Juristenrecht. Es wäre
somit ein zumindest schiefer Gebrauch des Ausdruckes 'historisches Bewußtsein', wenn man allein die Zitierung und Verwendung vergangener Rechtsinstitute, Normen und Rechtsmeinungen durch die klassische Jurisprudenz
als Indiz für ein bestehendes historisches Bewußtsein ansehen würde.
Vielmehr würde gerade die unbefangene, naive Anwendung alten Rechts
als gegenwärtigen Rechts die Meinung von F. SCHULZ über das Fehlen historischen Sinnes bei den römischen Juristen stützen. Mit KASER und ORES-
TANO sehe ich es als den Grundfehler des Werkes von MASCHI an, daß dieser
zwar theoretisch zwischen *prospettiva e interesse storico* und *tradizione,
valutazione del precedente, utilizzazione consapevole del passato* oder
zwischen der *prospettiva storica della giurisprudenza* und der *storicità del
diritto* unterscheidet[11], in der praktischen Ausarbeitung aber allein aus der
Verwendung historischen Materials auf die *prospettiva storica* innerhalb der
römischen Jurisprudenz schließt.

Unter den vielen möglichen Aspekten, die man mit dem Ausdruck
'historisches Bewußtsein' umschreiben könnte, dürften für die Untersuchung der römischen Jurisprudenz folgende im Vordergrund stehen:
Zumindest ein Ansatz zu einem Geschichtsverständnis liegt dann vor, wenn
die Juristen — um es so auszudrücken — nicht von der Gleichzeitigkeit
der Rechtseinrichtungen ausgehen, vergangenes und veraltetes Recht nicht
einfach durch Übergehen eliminieren oder durch unreflektierte Anpassung
an die Gegenwart modernisieren[12], sondern das 'Einst' (*olim*) oder die Meinung der *veteres* bewußt dem andersartigen, gegenwärtigen Zustand
gegenüberstellen[13]. Eine weitere Stufe würden Reflexionen über die Gründe
des Wandels der Institutionen darstellen; dabei wäre die Erkenntnis der
Kontinuität im Wandel eine besondere Nuance. Als dritte Stufe des historischen Bewußtseins könnte man schließlich das Erfassen der 'Historizität'
des Rechts, seiner Bedingtheit und Relativität, ansehen. Auf dieser Stufe
könnte die Gegenüberstellung von Vergangenheit und Gegenwart möglicherweise auch zu historischen Bewertungen führen. An die drei Grundtypen
der Bewertung: Vorbildlichkeit der Vergangenheit, Abwertung der Vergangenheit zugunsten der Gegenwart und — dem modernen Historismus
am nächsten kommend — 'immanente' Beurteilung jeder Epoche in ihrer
zeitlichen Bedingtheit, schließen sich eine Reihe von Nuancen und (mögli-

---

— Ereignis und Erzählung (ed. R. KOSELLECK und W.-D. STEMPEL), München 1973,
   443ff., 257.
[11] 13ff., 107ff.
[12] So aber F. SCHULZ, Prinzipien, 69f. — Zur praktischen Verwendung von Argumenten aus
    der Geschichte (vor allem für die Politik) vgl. nur A. DEMANDT, Geschichte als Argument,
    Konstanz 1972.
[13] Vgl. die Belege bei MASCHI, 32ff.

cherweise) auch widersprüchliche Haltungen an, deren Schematisierung sich hier erübrigt[13a].

2. Juristen als Historiker

Den einleitenden Abschnitt wollen wir mit einigen Hinweisen abrunden, die das Interesse der römischen Juristen an der Vergangenheit zeigen und damit auch die Existenz eines — noch näher zu präzisierenden — Geschichtsverständnisses gleichsam a priori plausibel machen[14]. Sicherlich beziehen sie sich zum größeren Teil auf die spätrepublikanische Jurisprudenz, die — etwa im Bereich des *ius publicum* und des Sakralrechts — besonderen Anlaß hatte, 'historisch' zu arbeiten. Doch dürfte daraus nicht ohne weiteres auf die völlige Ungültigkeit dieser Zeugnisse für die klassische Jurisprudenz geschlossen werden. Denn einmal finden sich konkrete Anhaltspunkte für das Weiterleben sowohl der republikanischen Literaturgattungen als auch der historischen *exempla* in der klassischen Rechtsliteratur. Zum anderen wäre es angesichts des häufig beschworenen Traditionalismus der römischen Rechtswissenschaft, der trotz aller Veränderungen im einzelnen weithin die Kontinuität der Denkarten und Methoden garantierte, eine noch des Beweises bedürftige Hypothese, daß gerade im Bereich des Geschichtsverständnisses ein fundamentaler Wandel zwischen den *veteres* und den Klassikern stattfand.

An erster Stelle sind die bekannten Worte des Crassus über die Annehmlichkeiten des juristischen Studiums zu nennen[15]. Unter den Ergötzlichkeiten, die es gewährt, nennt er auch die Beschäftigung mit den *antiquitates*, die sich automatisch aus der Beschäftigung mit dem *ius civile* und seinen Quellen ergebe (Cic. De or. 1.43.193): *Accedit vero, quo facilius percipi cognoscique ius civile possit, quod minime plerique arbitrantur, mira quaedam in cognoscendo suavitas et delectatio. Nam, sive quem [haec] Aeliana studia delectant, plurima est et in omni iure civili et in pontificum libris et in XII tabulis antiquitatis effigies, quod et verborum vetustas prisca cognoscitur et actionum genera quaedam maiorum consuetudinem vitamque declarant; ...*

Wenn auch die präzise Struktur des in diesen Worten ausgedrückten historischen Sinnes offenbleiben soll, so lassen doch schon die wenigen hier

---

[13a] Selbstverständlich dürfen wir ein historisches Bewußtsein im Sinne der dialektischen Geschichtstheorie (s. nur R. SCHÄFFLER, Einführung in die Geschichtsphilosophie, Darmstadt 1973, 51 ff.) nicht erwarten.

[14] ORESTANO, a.a.O. betont mit Recht den Unterschied von *coscienza storica* und *storiografia*. Doch kann man trotzdem in der Verwendung (rein) historischen Materials Ansätze für ein — noch näher zu präzisierendes — historisches Bewußtsein sehen. Anderes würde nur gelten, wenn man diesen Begriff allein von der modernen historischen Auffassung her definierte. Allerdings sind — was den Ausdruck des jeweiligen Geschichtsverständnisses betrifft — die literarischen Gattungsgesetze zu beachten.

[15] Vgl. nur F. D. SANIO, 216; M. FUHRMANN 94 A. 27. Eigentümlicherweise werden die Worte des Crassus weder von SCHULZ noch von MASCHI erörtert. Vgl. auch Cic. Brut. 21. 81 u. ö.

zitierten Sätze erkennen, daß Cicero (Crassus) keineswegs von einer a-per-
spektivischen Gleichzeitigkeit der Institutionen in Gegenwart und Vergangenheit ausgehen. Es besteht auch kein Anlaß zu der Annahme, daß es
sich bei der Zuweisung antiquarischer Studien an die Jurisprudenz um eine
paradoxe oder provozierende Behauptung handelt[16].

Wenn sich heute das Interesse auf die Geschichte der juristischen Methode konzentriert, so wird doch der historische Teil der Methodenlehre noch
weitgehend vernachlässigt. Dabei war es sogar den Zeitgenossen der
klassischen Jurisprudenz durchaus bewußt, daß zur juristischen Analyse
auch die Untersuchung der *origo* der Rechtsinstitute gehört. Neben einer
knappen Notiz bei Gellius, die den Juristen auf der Suche nach der *causa*
einer Rechtssitte zeigt (6.4.1ff.), ist vor allem die Beschreibung der juristischen Methode Aristos durch Plinius (Ep. 1.22.3) zu erwähnen[17]; zur Erforschung der *rationes* für die Entscheidung einer Rechtsfrage gehört auch
die Untersuchung von *origo causaeque primae*, die zu den verschiedenen
rationes führen: *et tamen plerumque haesitat, dubitat diversitate rationum,
quas acri magnoque iudicio ab origine causisque primis repetit, discernit,
expendit.*

Die Bewertung der weiteren hier aufzuzählenden Indizien leidet
darunter, daß es angesichts der Quellenlage häufig schwierig ist, historische,
antiquarische sowie staats- und sakralrechtliche Werke definitorisch zu
erfassen und voneinander zu unterscheiden[18]. Vielleicht kann man mit

---

[16] Nach den Worten des Crassus liegt das Provozierende allenfalls in der Behauptung, daß
die Erlernung der Jurisprudenz eine angenehme Beschäftigung sei. Vgl. auch den
Widerspruch des Antonius in De or. 1.58.246ff.

[17] S. auch A. N. SHERWIN-WHITE, The letters of Pliny, Oxford 1966, 136ff. — Bekanntlich
führte die Suche nach den *origines* auch zu den Etymologien. Zu untersuchen wäre das
Verhältnis der *origo*-Forschung zur platonischen Ideenlehre (Identifizierung von Ursprung
und Idee; s. dazu nur K. R. POPPER, Die offene Gesellschaft und ihre Feinde [UTB 473],
München 1975⁴, I 297 passim). Demgegenüber würde die Betonung des *processus* eher an
die aristotelische Entelechie erinnern.

[18] Vgl. zum Problem nur M. GELZER, Kl. Schriften III, Wiesbaden 1964, 93ff.; F. KLINGNER,
Römische Geisteswelt, München 1965⁵, 66ff.; S. MAZZARINO, Note sul tribunato . . ., In-
dex 3, 1972, 180f., 188f. (Quellen und Lit.); DERS., Atti a.a.O. (o.A.2) 441ff.; A. MOMI-
GLIANO, Contributo alla storia degli studi classici, Rom 1955, 69ff.; DERS., Secondo contributo . . ., 1960, 284, 424; E. RAWSON, Cicero the Historian and Cicero the Antiquarian,
JRS 62, 1972, 33ff.; K.-E. PETZOLD, Die beiden ersten römisch-karthagischen Verträge . . ., Aufstieg und Niedergang der römischen Welt (= ANRW) I 1, Berlin–New
York 1972, 386ff.; M. FUHRMANN, 93; K. HANELL, Zur Problematik der älteren
römischen Geschichtsschreibung, in: Histoire et Historiens dans l'antiquité, Entretiens sur l'antiquité classique (Fond. Hardt), IV, Genf 1956, 147ff.; R. SYME, The
Senator as Historian, ebda. 187. Weitere Angaben bei D. TIMPE, Fabius Pictor . . .,
ANRW I 2, Berlin–New York 1972, 928ff. Von juristischer Seite vgl. die Bemerkungen
von F. SCHULZ zum *ius publicum* und zum Sakralrecht (14 passim); die kritischen Bemerkungen A. GUARINOS (a. a. O., o. A. 3) zu den Thesen MAZZARINOS; s. auch A. GUARINO.
L'ordinamento giuridico romano, Neapel 1956², 276ff.; zuletzt vor allem BRETONE, 3ff.
passim, und F. SERRAO, Interpretazione della legge, Enciclopedia del Diritto, Mailand
1972, 241, 247. Das Material findet sich am besten in den Sammlungen HUSCHKES und
BREMERS. Zur öffentlichrechtlichen Literatur der republikanischen Zeit s. auch DELL'ORO,
I libri de officio, Mailand 1960, 3ff.

A. Momigliano für die historischen Werke das Kriterium des chronologischen Aufbaus, für die antiquarischen dagegen das des systematischen Aufbaus festlegen. Unter diesen Umständen wären die publizistischen und sakralrechtlichen Schriften eher den antiquarischen Werken zuzuweisen. Allerdings ist die Grenzziehung im einzelnen recht problematisch. Bereits die Pontifikalannalen, die wohl das Vorbild und zum Teil auch die Quelle der annalistischen Werke darstellen, enthielten infolge der Aufnahme von *exempla* durchaus auch juristische, vor allem auch sakralrechtliche Partien[19]. In den Schriften über die Vorgeschichte konnte möglicherweise sogar die Institutionengeschichte vor den *res gestae* die Überhand gewinnen[20]. Sollte die römische historiographische Literatur der republikanischen Zeit — ähnlich der griechischen — Exkurse über Sitten und Institutionen enthalten haben, so läge die Verbindung zum antiquarischen Schrifttum auf der Hand. Schließlich ist — zumindest nach der These S. Mazzarinos[21] — eine eigenständige publizistische (öffentlichrechtliche) Literatur erst in den revolutionären Kämpfen der Gracchenzeit entstanden, so daß die Quellen für das *ius publicum* früherer Zeit anderswo, in den Pontifikalannalen und in den historischen Werken, zu suchen sind. Damit erhebt sich die Frage, ob sich die Werke der Jurisprudenz (vor allem im Bereich des öffentlichen und des Sakralrechts), sei es nach ihrem Inhalt, sei es aber auch vor allem nach ihrer Methode und ihrer Einstellung zur Vergangenheit, von denjenigen der eigentlichen Historiographie und der *antiquitates* wirklich grundlegend unterschieden.

Unter diesem Aspekt gewinnt die Personenidentität von Historikern, Antiquaren und juristischen Schriftstellern besondere Bedeutung[22]. Da

[19] Vgl. hierzu mit weiteren Angaben D. Timpe a.a.O. 949f., 964f.; H. D. Jocelyn, The Poems of Q. Ennius, ANRW I 2, Berlin–New York 1972, 1008ff.; B. Kübler, SZ 50, 1930, 623ff. (Rez. Westrup). Ein Beispiel ist etwa Cic. Rab. perd. 15 zu Labienus, der die *suppliciorum et verborum acerbitates* aus den *annalium monumenta* und den *regum commentarii* (zu diesen s. nur S. Tondo, Introduzione alle 'leges regiae', SDHI, 37, 1971, 1ff.) gesammelt hatte. Vgl. im übrigen auch Liv. 27. 8. 9: *annalium exempla*, und die Definition der *annales maximi* bei Serv. Ad Verg. Aen. 1. 373. Weitere Beispiele bei Gelzer a.a.O. 96. Daß gegenüber der annalistischen Tradition Mißtrauen am Platze ist, hat zuletzt wieder Ernst Meyer, Römische Annalistik, ANRW I 2, Berlin–New York 1972, 970ff. gezeigt.

[20] S. etwa die 'Origines' Catos. Aber auch die 'Annalen' des Fabius Pictor (und des Cassius Hemina) enthielten institutionengeschichtliches Material; vgl. nur Klingner a. a. O. 71, 73ff., 76; Timpe a. a. O. passim. Die 'Libri Fabii Pictoris' (bei Gell. 10. 15. 1ff.), aus denen Gellius Tabu-Vorschriften zu Lasten des *flamen Dialis* zitiert, dürften sich nicht auf das historische Werk des Q. Fab. Pictor, sondern auf die 'Libri iuris pontificii' des Servius Fab. Pictor beziehen. Vgl. auch Cic. Brut. 21. 81; F. Schulz, 40, 47; Kl. Pauly-Wissowa II 495 (Fabius Nr. 47); Timpe a. a. O. 965 A. 97. Bekanntlich ist auch die 'Archäologie' des Dionys v. Hal. eine wichtige, wenn auch nicht gerade zuverlässige Quelle für die altrömischen Institutionen.

[21] Atti (o. A. 2) 465 passim; Il pensiero storico ... II 1, 187f. Nach ihm vertrat Sempronius Tuditanus (Lib. magistr.) die Seite der Optimaten, Junius Congus Gracchanus (De potestatibus) diejenige der *populares*. Vgl. dazu auch F. de Martino, Storia della costituzione romana III, Neapel 1973², 316 (mit Lit.); Bretone 11ff. passim.

[22] Vgl. auch R. Schottländer, Römisches Gesellschaftsdenken, Weimar 1969, 201f.

hier eine umfassende Darstellung nicht angestrebt wird, dürften einige Beispiele genügen[23]. Von dem älteren Cato ist bekannt, daß er sich sowohl als Historiker als auch als juristischer Schriftsteller betätigte[24]. Ähnliches gilt von dem Philosophen, Historiker und Juristen Publius Rutilius Rufus[25]. Welche Konsequenzen man aus der zu vermutenden Herausgabe der Pontifikalannalen durch den Juristen P. Mucius Scaevola Pontifex zu ziehen hat[26], bleibe hier dahingestellt. Bedeutsam war anscheinend die historiographische Leistung des Coelius Antipater[27]. Von ihm berichtet Pomponius (D. 1.2.2.40): *et Coelius Antipater, qui historias conscripsit, sed plus eloquentiae quam scientiae iuris operam dedit.* Seine Rechtskunde wird durch Cicero bestätigt (Brut. 26.102). Allerdings kann gerade er nur in einem sehr allgemeinen Sinne als Beispiel für das juristische Interesse an der Historie verwandt werden; das nicht so sehr, weil man an seiner Zuordnung zur Jurisprudenz zweifeln müßte[28], sondern weil der heroisch-pathetische Stil seines für die Folgezeit höchst einflußreichen Geschichtswerkes[29] im juristischen Schrifttum keine Parallele findet. Von dem jüngeren Tubero sind 'Historiae' in mindestens 14 Büchern bezeugt[30]. Generell ist zu vermuten, daß nicht nur das antiquarische, sondern auch das publizistische und sakralrechtliche Schrifttum die Annalistik verwendet hat[31].

Deutlicher noch sind die Kontakte des juristischen mit dem antiquarischen Schrifttum (im engeren Sinne). Varro, der bekanntlich die wichtigste antiquarische Quelle für die Folgezeit war[32], benutzte das ältere antiquarische

---

[23] Vgl. MAZZARINO, Il pensiero storico . . . II 1, 202ff.; Belege auch bei F. SCHULZ, 54 passim.

[24] Anders SCHULZ 55 A. 1; vgl. aber Pomp. D. 1. 2. 2. 38; BRETONE, 8.

[25] Pomp. 1. 2. 2. 40; vgl. KL. PAULY-WISSOWA IV, 1472 (Nr. 8); F. WIEACKER, D. röm. Juristen in der polit. Gesellschaft des 2. vorchristl. Jhds, Sein und Werden im Recht (Festg. v. LÜBTOW), Berlin 1970, 197f; HENDRIKSON, The Memoirs of Rutilius Rufus, Class. Phil. 28, 1933, 153ff. Nach K. BÜCHNER, Römische Geschichte . . ., ANRW I 2, Berlin–New York 1972, 766 (mit Lit.), gehört er zu den Erfindern der Autobiographie.

[26] s. nur Cic. De or. 2. 12. 52; KL. PAULY-WISSOWA I 359; S. MAZZARINO, Note sul tribunato . . ., Index 3, 1972, 180f.; TIMPE a. a. O., 928 A. 2.

[27] Vgl. zu ihm KLINGNER a. a. O. 80f.; MASCHI 122f.; SCHULZ 56; KUNKEL 13, 366 A. 770 (dort auch zur Frage, ob er Freigelassener war); A. D. LEEMAN, Orationis Ratio, Amsterdam 1963, I 74ff. passim; W. D. LEBEK, Verba Prisca, Göttingen 1970, 217ff.; F. D' IPPOLITO, Ideologia e diritto in Gaio Cassio Longino, Neapel 1969, 77f.; KL. PAULY-WISSOWA I 1239 (mit weiterer Lit.); WIEACKER a. a. O. 198f.; E. M. JENKINSON, Genus scripturae leve, ANRW I 3, Berlin–New York 1973, 711f.; W. RICHTER, Manierismus des Sallust, ebenda 772. Fragmente bei M. PETER, HRR I 147ff.

[28] So SCHULZ a. a. O.; WIEACKER a. a. O. Zur Frage, ob er als Rhetorik-Lehrer tätig war, s. JENKINSON a. a. O.

[29] KLINGNER a. a. O.: Heldengedicht in Prosa. Vgl. auch E. NORDEN, Antike Kunstprosa, Leipzig 1898, Neudruck Darmstadt 1971, I 176f.; s. auch Cic. De or. 2. 13. 54. Anders W. RICHTER a. a. O.

[30] PETER HRR 311. Vgl. LEEMAN a. a. O. 180; LEBEK a. a. O. 149ff.; s. aber auch R. WERNER, Auseinandersetzung . . . ., Gymansium 75, 1968, 509ff.

[31] Vgl. nur MAZZARINO, Il pensiero storico . . . II 2, 6f. zu Veranius Flaccus. Offen bleiben müssen hier die Beziehungen zur privatrechtlichen Literatur.

[32] Vgl. zu Varro F. DELLA CORTE, Varrone, Genua 1970²; die Abhandlungen in: Varron, Entr. sur l'antiquité classique IX (Fond. Hardt), Genf 1969; zuletzt etwa die Übersicht bei H. DAHLMANN, Varroniana, ANRW I 3, Berlin–New York 1973, 3ff.

und juristische Schrifttum[33]. Leider ist uns über den Inhalt seines relativ umfangreichen Werkes über das *ius civile* ('De iure civili libri XV') nichts Konkretes bekannt. Soweit die Schriften Varros (und das in großem Umfang) öffentlichrechtliches und sakralrechtliches Material enthalten, treffen sie sich mit den entsprechenden Schriften der 'Publizisten'[34]. Gerade die Existenz der 'De iure civili libri' Varros ist ein Argument dafür, daß die (historische) Einstellung der *iuris consulti* im strengen Sinne[35] von der der Publizisten und Sakralrechtler nicht grundlegend verschieden war. Es liegt auf der Hand, daß diejenigen Juristen, die zum Pontifikalkollegium gehörten, das Pontifikalrecht kannten und in seinen Kategorien dachten[36]. Von den Juristen der späten Republik und der Kaiserzeit können folgende als Kenner des öffentlichen Rechts oder des Sakralrechts genannt werden: Servius Sulpicius Rufus ('De sacris detestandis'), der jüngere Tubero (Gell. 14.7.13; Pomp. D. 1.2.2.46), C. Trebatius Testa ('De religionibus'), M. Antistius Labeo ('De iure pontificio'), C. Ateius Capito ('Coniectanea', 'De pontificio iure', 'De iure sacrificiorum', 'Epistulae')[38], Masurius Sabinus ('Fasti', 'De indigenis', 'Memoralia')[39]. Wenn auch aus — teilweise — evidenten Gründen die Beschäftigung mit diesen Rechtsgebieten in der hohen Prinzipatszeit nachläßt[40], so sind doch als 'Epigonen' Aristo (Plin. ep. 8.14) und Laelius Felix zu erwähnen (Gell. 15.27). Es wird vielleicht zu wenig beachtet, daß auch das spätklassische verwaltungsrechtliche Schrifttum anscheinend bewußt an die frühere publizistische Literatur angeknüpft

---

[33] Zur Abhängigkeit vom juristischen Schrifttum s. nur LL 5. 42, 48, 55; 6. 33, 95 (Junius Gracchanus); 7. 105 (Manilius); 5. 83; 6. 30; 7. 105 (Q. Mucius Scaevola). Zur möglichen Abhängigkeit von Aelius Paetus s. FUHRMANN 107. Zum Verhältnis der juristischen zur antiquarischen Literatur vgl. auch E. NORDEN, Aus altrömischen Priesterbüchern, Lund 1939, 75 A. 1, 284 (auch zu Verrius Flaccus). Über die Abhängigkeit Varros von alten Glossarien und Dichterkommentaren s. die Erörterung A. TRAGLIAS, Dottrine etimologiche . . ., in: Varron (o. A. 32), 46ff.

[34] Zu nennen sind etwa C. Sempronius Tuditanus, M. Iunius Gracchanus, Cincius (der sich auch — rechtsvergleichend (?) — mit 12-Tafel-Problemen befaßte [Fest. 347]; vgl. aber neuerdings S. TONDO, Leges regiae e paricidas, Florenz 1973, 120ff.), Valerius Messalla; vgl. dazu nur BRETONE, 17f. Varro selbst schrieb eine Schrift 'De off. senatus'. Zur Qualifizierung der 'Augural-Juristen' als 'Verfassungsrechtler' s. O. BEHRENDS (Rez. Bretone), Gnomon 45, 1973, 794. Beachtenswert ist es, daß dergleichen Schriften erst in der späten Republik von Aristokraten verfaßt wurden. Ein Ennius wird als Verfasser einer *doctrina auguralis* erwähnt (Suet. De gramm. 1); vgl. dazu JOCELYN a. a. O. (A. 19) 996. — Zu möglichen griechischen Vorbildern D. NÖRR, SZ 92, 1975, 401 (Rez. ANRW).

[35] S. Cic. De leg. 1.4.14; Pro Balbo 19. 45.

[36] Vgl. nur Cic. de leg. 2.21.52f. zu P. Mucius Scaevola; Macr. Sat. 1.16 zu Q. Mucius Scaevola.

[37] S. auch Cic. Brut. 42.156; vgl. H. E. DIRKSEN, Hinterlassene Schriften I, Leipzig 1871, 51f.

[38] MAZZARINO (Il pensiero storico . . . . . II 1, 529f.) zieht eine Linie von Varro über Capito zu Pomponius. Vgl. hierzu auch DIRKSEN a. a. O. 52ff.

[39] Vgl. auch DIRKSEN a. a. O. 55ff. Zur Rolle des Sabinus bei der Erforschung der *origo* des Arvalkultes s. G. RADKE, Acca Larentia und die fratres Arvales . . ., ANRW I 2, Berlin–New York 1972, 424 (mit Quellen).

[40] s. SANIO 29 A. 57; SCHULZ, 163f.

hat; ein gewichtiges Indiz dafür ist die auffällige Häufung historischer Notizen gerade in diesem Schrifttum[41].

Diese Liste enthält neben einigen 'Außenseitern' (wie gerade Aristo und Laelius Felix) die wichtigsten Namen der spätrepublikanischen und frühkaiserzeitlichen Jurisprudenz. Es geht also nicht an, die mit der antiquarischen Literatur verbundene publizistische und sakralrechtliche Literatur als für das Gesamtbild der römischen Rechtswissenschaft unwesentlich beiseitezuschieben. Hierzu neigt vor allem — wohl unter dem Eindruck der Überlieferung (vor allem auch des 'Enchiridium') — die Darstellung von F. Schulz.

Unsere recht globale Übersicht verbietet allzu weitgehende und allzu differenzierte Schlüsse. Mit Sicherheit läßt sich sagen, daß die historischen und antiquarischen Studien der Juristen ein Beleg dafür sind, daß sie — was das Niveau ihres 'historischen Bewußtseins' betrifft — auf der Höhe ihrer Zeit stehen. Über die Art dieses Bewußtseins läßt sich hier wenigstens soviel sagen, daß nach ihrer Auffassung die historische Forschung zumindest auch der Untersuchung der *origines* und der *causae* zu dienen hat[42]. Hierbei dürfte sie eher gegenwartsbezogenen als antiquarischen Interessen folgen[43].

Einer eigenen Untersuchung bedürfte die Frage, inwieweit die Ergebnisse, die aus der Analyse des öffentlich- und sakralrechtlichen Schrifttums gewonnen werden können, auf das privatrechtliche Schrifttum übertragen werden dürfen. Wer eine solche Übertragung grundsätzlich verneint, müßte die These aufstellen, daß beide Literaturgruppen verschiedenen literarischen Gattungen zuzuordnen sind — mit der Folge, daß (historische) Kategorien, die in der einen am Platze sind, in der anderen fehlen müßten. Näher liegt aber die Hypothese, daß die wenigen erhaltenen Äußerungen aus dem privatrechtlichen Schrifttum (vor allem der späten Republik und der frühen Kaiserzeit) nicht als 'Ausnahmen', sondern als Indizien für ein weit reicheres Material zu betrachten sind, das die Zeiten — insbesondere die Zeit der justinianischen Kodifikation — nicht überdauert hat[44].

---

[41] S. etwa Ulp. D. 1.13.1 (de off. quaestoris); dort werden u. a. Iunius Gracchanus und Trebatius zitiert; Paul. D. 1.15.1. Vgl. auch Bretone 16; Maschi 141ff.; A. Magdelain, Remarques sur la perduellio, Historia 22, 1973, 408f.; A. W. Lintott, Provocatio ..., ANRW I 2, Berlin–New York, 1972, 235. — Zum spätklassischen verwaltungsrechtlichen Schrifttum s. nur dell'Oro a. a. O. 10ff.; Schulz, 164ff.; Bretone, 32ff. Von Suetons 'Liber de institutione officiorum' ist nichts erhalten.

[42] Vgl. zur Ätiologie nur Mazzarino, Il pensiero storico .... II 1, 302ff. Bekanntlich dient auch die etymologische Analyse einem ähnlichen Zweck.

[43] Vgl. auch Momigliano, Contributo ...... (o. A. 18), 1955, 69.

[44] Vgl. nur Caelius Sabinus bei Gell. 6.4 (*servi pilleati*); Servius Sulpicius bei Gell. 4.3 (*cautio rei uxoriae*) und bei Tryph. D. 49. 15. 12 pr. *(postliminium)*; Servius Sulpicius und Neraz bei Gell. 4.4.1.ff. (*sponsalia*; dazu zuletzt M. Kaser, Die Stipulationsklausel *quanti ea res erit*, SZ 90, 1973, 216f. mit Lit.). Zum Zusammenhang der Jurisprudenz der frühen Kaiserzeit mit der der späten Republik s. auch: F. Wieacker, Über das Verhältnis der röm. Fachjurisprudenz zur griech.-hell. Theorie, Iura 20, 1969, 476f.

3. Offene Fragen

Aus dem Gesagten ergeben sich bereits einige Aufgaben für die künftige Forschung. Sie wird sich etwa folgenden Problemen zuwenden müssen: einer exakteren Umschreibung der Kategorien, die eine vernünftige Antwort auf die Frage nach dem Geschichtsverständnis der Juristen erlauben können, der Untersuchung der historischen und antiquarischen Werke (vor allem der späten Republik) unter dem Aspekt, welche Ansätze für eine juristische Erörterung sie bieten, der Analyse des Verhältnisses des öffentlich- und sakralrechtlichen Schrifttums zur historisch-antiquarischen Literatur, der Sammlung und Bewertung der historischen Notizen im privatrechtlichen Schrifttum. Darauf aufbauend könnte man fragen, ob in den verschiedenen Epochen[45] oder gar in den verschiedenen Rechtsschulen[46] besondere Einstellungen zur Vergangenheit (und Gegenwart) festzustellen sind.

Die interessanteste und schwierigste Frage geht dahin, ob und inwieweit der 'historische' Aspekt der römischen Jurisprudenz ihre juristischen Wertungen und Methoden beeinflußte. Da die (Neu-)Belebung der antiquarischen Forschungen in der Mitte des ersten Jahrhunderts v. Chr. anscheinend mit politischen Zielen konservativer Kreise verknüpft war[47], wäre danach zu fragen, inwieweit der berühmte und selten präzisierte Konservativismus der römischen Juristen sich nicht nur in der Teilhabe an diesen Bestrebungen äußerte, sondern von ihnen auch beeinflußt war. In der Verwendung der Etymologien zur Erkenntnis von Ursprung, Grund und Wesen der Dinge treffen sich Historiker[48] und Juristen. Zwar wird die Benutzung der etymologischen Methode in der Regel dem Einfluß der stoischen Philosophie zugeschrieben — und es soll hier auch nicht bestritten werden, daß die Methode und die Beliebtheit der Etymologien auf solche Einflüsse hindeuten. Immerhin liegen Wort- und Sacherklärungen durch (Volks-)Etymologien so nahe, daß mit einer 'vorwissenschaftlichen' Herkunft — wie bei den Griechen[49] so auch bei den Römern — zu rechnen

---

[45] Vgl. nur MASCHI, 13ff., 93ff. zum Unterschied der vor- und nachhadrianischen Zeit: anders allerdings KASER, SZ 86, 504ff. (Rez. MASCHI).

[46] Wenn man den von P. STEIN (The two schools of jurists . . ., Cambr. Law Journ. 31, 1972, 9ff. passim) benutzten Kriterien folgt, könnte man zu der Vermutung kommen, daß die Prokulianer als Rationalisten und (in gewissem Sinne) Systematiker eher ahistorisch sind als die pragmatisch und traditionell denkenden Sabinianer. Doch vgl. nur Neraz bei Ulp. D. 12.4.3.5; Paul. D. 24.1.63; Gell. 4.4.1ff., sowie Celsus D. 50.16.98.1f. Vor allem sind uns sowohl Labeo als auch Capito (und Sabinus) als juristisch-antiquarische Schriftsteller begegnet, während der Sabinianer Julian wohl keine historischen Interessen gehabt hat. Wenigstens prima facie ist ein Schulgegensatz in dieser Frage unwahrscheinlich. — Vgl. auch D. LIEBS, Die Rechtsschulen der Sabinianer und Proculianer, oben in diesem Band (ANRW II 15) 197ff.

[47] Vgl. nur RAWSON a. a. O. (o. A. 18) 35f.

[48] Vgl. nur O. GIGON, Studien zur antiken Philosophie, Berlin–New York 1972, 275ff., zur Rolle, die Etymologien und Ätiologien bei der Rekonstruktion der römischen Urgeschichte spielten.

[49] Vgl. nur VERDENIUS und GIGON in: La notion du divin, Entr. sur l'antiquité classique (Fond. Hardt) I, Genf 1954, 159f. (abgedruckt auch bei GIGON, Studien [s. vor. Anm.],

ist[50]. Wie dem auch sei, so ist doch keinesfalls auszuschließen, daß die Juristen an etymologische Erörterungen eher durch ihre antiquarisch-historischen Studien als durch ihre philosophischen Interessen herangeführt wurden.

Ein weiteres Beispiel ist die kasuistische, an *exempla* orientierte Methode der römischen Jurisprudenz; sie erhält vielleicht durch die — nicht unbedingt auf eine Abhängigkeit hindeutende — Parallele des antiquarischen Schrifttums einen neuen Aspekt. Was die Methode der Gesetzesauslegung der römischen Juristen betrifft, so wurde neuerdings festgestellt[51], daß die Frage nach dem historischen Normzweck eine geringe Rolle spielte. Doch scheint mir diese Feststellung weder für noch gegen das Vorhandensein eines 'historischen Verständnisses' der Rechtsordnung zu sprechen. Denn hinter dieser Zurückhaltung kann sowohl der — eher moderne — Gedanke stehen, daß die Rechtsordnung sich mit dem Wandel der sozialen und wirtschaftlichen Verhältnisse ändert[52] und deshalb auch ein Gesetz nach den Bedürfnissen der Gegenwart auszulegen ist, als auch die a-perspektivische Vorstellung von der „Gleichzeitigkeit" aller Rechtsinstitute. Dazu kommt, daß für Gesetze, die aus einer Reihung von 'Sätzen' bestehen, andere Interpretationsmethoden möglich und notwendig sind als für das *ius*, das sich einer entsprechenden Fixierung in Sätzen widersetzt. Daraus könnte sich ergeben, daß die Methodik der römischen Juristen im Bereich des Gesetzesrechts eine andere war als im Bereich des *ius civile* (im engeren Sinne). Während bei der Auslegung der Gesetze anscheinend die Frage nach der Entstehung des Gesetzes nur geringere praktische Bedeutung hatte, könnte die Frage nach der *origo* im Bereich des *ius civile* ein wichtiger Bestandteil der juristischen Diskussion gewesen sein[53].

Doch wollen wir hier abbrechen. Wenn auch die genannten 'problemorientierten' Forschungsansätze ihr gutes Recht haben, so scheint mir doch für unsere Fragestellung die 'biographische' Methode derzeit besser geeignet zu sein. Möglicherweise entspringt diese Meinung der modernen Vorliebe für Biographien[54], der (bewußt oder unbewußt) auch die Romanisten mit ihrer heutigen Vorliebe für die Untersuchung der Lebensverhältnisse und der Methoden einzelner Juristen unterworfen sind. Doch glaube ich, daß das Material und die Fragestellung einer systematischen Bearbeitung nur

---

62f.) zu den Etymologien bei Homer und Hesiod. Zu den Volksetymologien s. H. STEIN-THAL, Geschichte der Sprachwissenschaft, Neudruck Hildesheim 1971, I 5ff.

[50] Die Worterklärungen bei Cato (Origines I 14, II 23 JORDAN) könnten durchaus vorwissenschaftlich sein.

[51] s. D. MEDICUS, Der historische Normzweck . . ., in: Studien im römischen Recht (Festschr. Kaser), Berlin 1973, 57ff., vgl. aber auch F. EBEL, Über Legaldefinitionen, Berlin 1974, 157 A. 39.

[52] S. nur u. III.

[53] S. o. bei A. 17. Möglicherweise deutet auch Quintilian einen Unterschied zwischen *lex* und *ius* an, wenn er die Existenz von *leges contrariae iure ipso* ablehnt (inst. 7.7.2), das *ius controversum* aber für legitim hält (inst. 12.3.8). — Zu *ius* und *lex* s. jetzt auch J. BLEICKEN, Lex Publica, Berlin 1975, 179ff., 408f.

[54] Vgl. zu ihr und ihren Motiven A. MOMIGLIANO, The development of Greek Biography, Cambridge (Mass.) 1971, 1ff. Das berühmte Wort F. C. v. SAVIGNYs (Vom Beruf unserer Zeit für Gesetzgebung und Rechtswissenschaft, Heidelberg 1814, 157) über die römischen Juristen als fungible Personen darf hier nicht fehlen.

unter Schwierigkeiten zugänglich sind. Gerade im Bereich des Privatrechts sind es nur wenige Juristen, bei denen uns die Quellen überhaupt ein mehr als punktuelles Bild von ihrem Geschichtsverständnis zu entwerfen erlauben[55]. Was die übrigen Juristen betrifft, so kann man nur dort, wo die — relativ günstige — Quellenlage an sich eine Aussage ermöglichen müßte (etwa bei Julian), mit aller Vorsicht aus dem Fehlen historischer Notizen auf das Fehlen historischer Interessen schließen.

Aber auch das Thema selbst würde bei einer systematischen Betrachtungsweise allzu leicht im Schematismus erstarren. Das historische Bewußtsein ist — selbst in dem oben umschriebenen simplifizierenden Sinne — nicht nur ein höchst differenziertes Objekt, so daß es möglicherweise eines wiederum übermäßig differenzierten 'Systems' der Darstellung bedürfte. Vielmehr ist damit zu rechnen, daß eine widerspruchsfreie Darstellung dieses Objekts überhaupt nicht möglich ist, daß der einzelne (Jurist) — je nach Zeitlage, Situation, Zweck — eine andere Einstellung haben konnte. Diese 'Differenziertheit' oder 'Widersprüchlichkeit' läßt sich leichter biographisch, bei Erörterungen der einzelnen Juristen-Individualitäten erfassen.

Unter diesen Aspekten soll hier versucht werden, das Geschichtsverständnis des Sextus Pomponius zu analysieren. Als Verfasser sowohl eines rechtshistorischen Grundrisses (des 'Enchiridium') als auch eines umfangreichen für die praktische Jurisprudenz bestimmten Schrifttums drängt er sich als Untersuchungsobjekt für das hier interessierende Thema fast auf. Vorweg — allerdings nicht ohne Rücksicht auf dieses Thema — sind den Zwecken des vorliegenden Sammelwerkes gemäß (teils referierend, teils kritisierend, teils weiterführend) einige neuere Arbeiten zu Pomponius zu erörtern.

II. Pomponius in der neueren Forschung

1. Die Stellung des Pomponius in der römischen Rechtswissenschaft

Es gibt wohl kaum einen römischen Juristen, dem sich die Forschung in den letzten Jahren mit gleicher Intensität zugewandt hat wie dem Pomponius[56]. Für diese Bevorzugung lassen sich einige Gründe vorbringen. Die in D. 1.2.2 überlieferte rechtsgeschichtliche Darstellung des Pomponius ist nicht nur eines der umfangreichsten zusammenhängenden Fragmente, die wir aus der klassischen Rechtsliteratur besitzen; vor allem wegen seines Inhalts nimmt es in dem überlieferten juristischen Schrifttum eine

---

[55] Zu nennen sind etwa Labeo, Sabinus, Cassius, Caecilius Africanus, Pomponius, Gaius, Ulpian, Paulus. Die Verschiedenheit des Geschichtsverständnisses der Juristen wird auch von BRETONE, 230ff. betont.

[56] Für die ältere Literatur vgl. WESENBERG, 2416; ORESTANO, 271f.; KUNKEL, 170f.

einzigartige Stellung ein. Es ist kein anderes Werk aus der römischen Rechtsliteratur bekannt, in dem ein Jurist historisch über die juristische Tätigkeit reflektiert[57]. Was das übrige Werk des Pomponius betrifft, so ist er einer der produktivsten juristischen Schriftsteller überhaupt gewesen. Sein Ediktskommentar, der den Kompilatoren anscheinend nicht mehr vorlag, umfaßte wohl über 150 Bücher; damit war er weit umfangreicher als die schon an sich recht umfangreichen Kommentare der Spätklassiker Ulpian und Paulus. Die Schriften zum 'Ius civile' des Q. Mucius und des Masurius Sabinus umfassen 39 bzw. 35 Bücher. Aus mindestens 41 Büchern bestanden die 'Variae lectiones'. Dazu kommt noch eine Reihe kleinerer Schriften[58].

Zumindest was die enzyklopädische Ausrichtung betrifft, nimmt Pomponius die spätklassische Jurisprudenz vorweg. Dazu kommt, daß bei ihm die Kasuistik eine geringere Rolle spielt als etwa bei seinem Zeitgenossen Julian, daß er anscheinend keine Staatsämter bekleidet und wahrscheinlich auch nicht das *ius respondendi* besessen hat. Das führt dazu, daß er häufig neben Gaius gestellt und der akademischen, sammelnden, ordnenden und lehrenden 'Nebenströmung' der hochklassischen Jurisprudenz zugewiesen wird[59]. Die Unmöglichkeit, ihn mit Sicherheit einer der juristischen Schulen zuzuordnen, läßt ihn — etwa im Verhältnis zu Gaius — als 'modern' erscheinen. Nicht zuletzt die Tatsache, daß sich Pomponius jeder schematischen Einordnung entzieht, vermag das ihm entgegengebrachte Interesse zu erklären und zu rechtfertigen.

2. Lebensumstände

Über die näheren Lebensumstände des Sextus Pomponius ist so gut wie nichts bekannt[60]. Wie bereits erwähnt, schweigen die Quellen über Staatsämter, *ius respondendi* und Gutachtertätigkeit[61]. Man nimmt daher in der Regel an, daß sich Pomponius ausschließlich als juristischer Schriftsteller (vielleicht auch als Lehrer) betätigt hat. Seine schriftstellerische Tätigkeit erstreckt sich auf die Regierungsjahre der Kaiser Hadrian, Antoninus Pius und Mark Aurel; daher dürfte seine Geburtszeit etwa im ersten Jahrzehnt des 2. Jhds. n. Chr. liegen[62].

---

[57] Vgl. nur das Urteil von L. LOMBARDI, 5 ff.

[58] S. die Angaben bei SCHULZ (vgl. das Register S. 431).

[59] S. nur W. KUNKEL, Römische Rechtsgeschichte, Köln–Wien 1973[7], 111 f.; M. KASER, Römische Rechtsgeschichte, Göttingen 1967[2], 191.

[60] S. nur die Diskussion bei KUNKEL, 170 f. Nach H. RIX, Gentilnamensystem, ANRW I 2, Berlin–New York, 1972, 715, geht der Name anscheinend über das Etruskische (*Pumpu*) auf das Oskische (*Pompo*, nach **pompe* 'fünf') zurück. Für die unmittelbare Herkunft des Pomponius ergibt sich aber selbstverständlich aus dieser Ableitung nichts.

[61] Anscheinend geht P. PESCANI, Difesa minima di Gaio, Gaio nel suo tempo, Neapel 1966, 84 A. 5 von einem *ius respondendi* des Pomponius aus.

[62] Vgl. hierzu FITTING, 33 ff. Die früher bisweilen vertretene Meinung, daß es zwei Juristen des Namens Pomponius gegeben habe, ist aus dem modernen Schrifttum verschwunden;

Auch neuere Forschungen haben hier keine weiteren Fakten zutage gebracht. Zwar hat sich A. M. HONORÉ bei seiner Untersuchung der Biographie des Gaius auch ausführlich mit Pomponius befaßt und geglaubt, eine Reihe neuer Lebensdaten feststellen zu können; doch bewegen sich seine Überlegungen weithin im Raum geistreicher Spekulationen[63]. So ist nach HONORÉ die Lebensgeschichte des Pomponius eng mit der Lebensgeschichte des Gaius verbunden. Es gibt hierfür nur ein — im übrigen nicht unbestrittenes — Indiz, das aber auch nicht mehr als die Existenz solcher Beziehungen beweisen kann. Nach heute wohl herrschender Meinung hat Pomponius in D. 45.3.39 (22 Ad Q. Muc.) — und das als einziger unter allen klassischen Juristen — den Gaius zitiert, wobei er durch die Bezeichnung als „Gaius noster" einen engeren Kontakt mit ihm angedeutet haben könnte: ... et non sine ratione est, quod Gaius noster dixit, condici id in utroque casu posse domino[64]. Weitere verwertbare Zeugnisse existieren nicht. Damit fehlt auch den übrigen Annahmen HONORÉS die Beweisbarkeit. Nach ihm ist Pomponius der jüngere Zeitgenosse des Gaius und etwa 115 geboren[65]. Er soll ursprünglich Prokulianer gewesen sein; HONORÉ identifiziert als seine Lehrer Neratius Priscus und Iuventius Celsus[66]. Die Abfas-

---

vgl. zu ihr nur TH. MOMMSEN, Juristische Schriften II, 21ff. — Aus Pomp. D. 40.5.20 (7 ep.) läßt sich nichts über das Lebensalter und die Geburtszeit des Juristen entnehmen, da es der Fragesteller, nicht Pomponius, ist, der sich seiner discendi cupiditas im 78. Lebensjahr rühmt. Unrichtig etwa H. LEVY-BRUHL, Examen d'un criterium grammatical de datation . . ., Études Girard I, Paris 1912, 109 A. 4 (mit weiteren Angaben); dort auch 108ff. einiges zur Lebenszeit des Juristen und zur Datierung seiner Werke.

[63] Es darf hierzu auf die Rezensionen von F. WIEACKER (SZ 81, 1964, 401ff.), M. KASER (Gnomon 35, 1963, 479ff.), TH. MAYER-MALY (T 32, 1964, 95ff.) und D. MEDICUS (Gymnasium 72, 1965, 118ff.) verwiesen werden.

[64] Bisweilen wird zwar die Beziehung auf den Institutionenverfasser Gaius bejaht, der Text selbst aber für justinianisch erklärt; nach anderer Auffassung schließlich bezieht er sich auf C. Cassius. Für einen Verweis des Pomponius auf Gaius sprechen sich etwa aus: H. FITTING, 3, 52; O. LENEL, Palingenesie I 251 A. 1; A. M. HONORÉ 1ff.; TH. MAYER-MALY, Roczniki Teologiczno-Kanoniczne 10, 1963, 55ff. (nicht gesehen; s. aber seinen Bericht in T 32, 98f.); D. LIEBS (1), 68; O. ROBLEDA, Osservazioni, in: Gaio nel suo tempo, Neapel 1966, 142f.; anders W. KUNKEL, 187 A. 341; P. PESCANI a. a. O. 83 A. 4; zweifelnd F. CASAVOLA, ebenda, 2. — Was Inst. 2.2.18 (Sed Juliano et Sexto placuit . . . . . .) betrifft, so läßt es sich nicht feststellen, ob der dort genannte Sextus unser Jurist oder Africanus ist; vgl. dazu etwa TH. MOMMSEN, Juristische Schriften II 25; LEVY-BRUHL a. a. O. 114 A. 114.

[65] HONORÉ, 69; s. auch DERS., Julian's Circle, T 32, 1964, 6, 14. Anders beispielsweise LIEBS (1), 65.

[66] HONORÉ, 21ff. Dagegen etwa WIEACKER, SZ 81, 409f.; D. MEDICUS a. a. O. 119. Vor allem scheint mir der Gebrauch der verbalen Zeitformen bei der Zitierung von Juristen kein sicheres Kriterium — weder für ihre Zeitfolge noch für ihre wissenschaftliche Abhängigkeit — zu sein (ähnlich schon LEVY-BRUHL a. a. O. 99f.). Nach HONORÉ soll sich das Imperfekt vor allem auf die mündliche Unterweisung oder Tradition beziehen. Doch läßt sich aus der tabula laudatoria bei HONORÉ, 170, entnehmen, daß Pomponius diese Zeitform für die veteres sowie für Servius und Ofilius verwendet, daß er sich überdies mit ihr auf seine von HONORÉ vermuteten Lehrer nur recht selten bezieht. Mir erscheint es als durchaus zweifelhaft, ob man Pomponius überhaupt einer der Rechtsschulen zuweisen kann; vgl. etwa seine von beiden Schulen abweichende Meinung in D. 30.26.2 (5 ad Sab.); ähnlich auch FITTING, 33ff.; anders LIEBS, Römisches Recht (UTB 465), Göttingen 1975,

sung eines Sabinus-Kommentars erklärt HONORÉ damit, daß Pomponius
später zu den Sabinianern konvertierte; dort sei er in den vierziger Jahren
Kollege und Rivale des Gaius als Lehrer an der Schule gewesen. Möglicherweise habe er sogar Gaius in die Emigration in die Provinzen getrieben[67].

Demgegenüber ist festzuhalten, daß zwar besondere Beziehungen des
Pomponius zu Gaius denkbar sind, daß ein Indiz für eine Rivalität zwischen
beiden Juristen allenfalls darin gefunden werden kann, daß sie — neben
Laelius Felix als einzige — einen Kommentar zum 'Ius civile' des Q. Mucius
geschrieben haben[68]. Für eine nur einigermaßen sichere Zuweisung des
Pomponius zu einer der beiden Rechtsschulen fehlen die Beweise.

3. Literargeschichtliche Probleme: das 'Enchiridium'

a) Allgemeines, Datierung, Werkcharakter, Doppelüberlieferung, Aufbau

Wenn wir uns im folgenden zuerst den literargeschichtlichen Problemen
zuwenden, die in den letzten Jahren die romanistische Literatur beschäf-
tigten, so darf mit dem interessantesten Werk, dem 'Enchiridium', begonnen werden. Es ist hier nicht notwendig, die heute noch weithin gültige
zusammenfassende Darstellung von F. SCHULZ zu wiederholen[69]. Gültig
bleibt vor allem ihr Ausgangspunkt: die grundsätzliche Klassizität des —
vielleicht zu Unterrichtszwecken abgefaßten — Werkes[70]. Allerdings ist der

---

56 (anscheinend Sabinianer). Im übrigen ist auch die Abfassung eines Kommentars zum
ius civile des Sabinus kein zwingendes Argument für eine entsprechende Schulzugehörigkeit (s. auch TH. MAYER-MALY T 32, 99). So hat auch der Sabinianer Javolenus Priscus
die hinterlassenen Schriften Labeos epitomiert und — nicht nur kritisch (s. etwa D. 32.29)
— kommentiert. Das Argument der einzigartigen Stellung Labeos trifft auch für das
ius civile des Sabinus zu. Vgl. nur die Belege in: Rechtskritik in der römischen Antike,
Abh. Bay. Ak. d. W., Phil.-hist. Kl., 1974, 86.

67 HONORÉ, 25f., 57f., 81ff.

68 Wenn man mit LENEL (a. a. O.) das *Gaius-noster*-Zitat in D. 45.3.39 auf die sonst nur
aus dem Selbstzitat des Gaius (Inst. 1.188) bekannten 'Libri ex Q. Mucio' bezieht, so muß
Pomponius wenigstens das 22. Buch seines Mucius-Kommentars nach dem einschlägigen
Passus des Gaius geschrieben haben. Doch ist eine solche Beziehung nicht nachweisbar.

69 203ff.; vgl. auch 136ff.; dort auch ältere Literatur. Für die Literatur aus der Zeit vor
der Mitte des vergangenen Jahrhunderts darf auf F. OSANN, Pomponii de origine iuris
fragmentum, Gießen 1848, XIVff. verwiesen werden; s. auch SANIO, VIII.

70 Vgl. auch W. KUNKEL, Das Wesen des *ius respondendi*, SZ 66, 1949, 435; G. WESENBERG,
RE 21, 2416ff.; WIEACKER, Augustus und die Juristen, T 37, 1969, 339 A. 9. —
F. SCHULIN (Ad pandectarum titulum de origine iuris commentatio, Basel 1876) hatte
aus der Konfrontation mit Joh. Lydus, De magist. I 26, 34, 48 entnommen, daß in
dem fr. 2 von D. 1.2 nicht nur das 'Enchiridium' des Pomponius, sondern auch der
12-Tafel-Kommentar des Gaius verwendet worden sei. Vgl. dazu etwa O. KARLOWA,
Römische Rechtsgeschichte I, Leipzig 1885, 719 A. 3; SANIO, 88f. Nach F. EBRARD (Die
Lehre von Rechtsschulen ..., SZ 45, 1925, 117ff.) und ALV. D'ORS (Las citas de Gayo en
Juan Lido, AHDE 21/2, 1951/52, 1276ff.) handelt es sich beim 'Enchiridium' um ein nachklassisches Werk; dagegen etwa — außer F. SCHULZ a. a. O. — P. KRETSCHMAR, Kritik
der Interpolationenkritik, SZ 62, 1939, 166ff.; BRETONE 122; MASCHI, 119ff. Allerdings

in den 'Digesten' überlieferte Text in einem so schlechten Zustand, daß nachklassische Eingriffe, die wahrscheinlich weniger die Substanz als die Form betrafen, recht sicher sind[71].

Für die Datierung enthält das Werk drei wichtige Hinweise — wobei ich auf das Fehlen der Erwähnung der Ediktsredaktion kein allzu großes Gewicht legen würde[72]. Als letzter Jurist wird Julian erwähnt. Von Celsus wird berichtet, daß er *consul iterum* war; der zweite Konsulat des Juristen fällt in das Jahr 129. Hadrian wird (2.49 h.t.) als *optimus princeps* bezeichnet, eine Titulatur, die üblicherweise nur von einem lebenden Prinzeps gebraucht wird. Diese Tatsachen verweisen in die letzten Lebensjahre Hadrians[73].

Ein möglicher, sich auf literarische Usancen stützender Einwand gegen diese Datierung könnte sich allenfalls aus der Tatsache ergeben, daß Pomponius in fr. 2.53 eine Reihe von Juristen nennt, die anscheinend in den dreißiger Jahren des 2. Jhs. — also in der Zeit, in der das 'Enchiridium' entstanden sein soll — noch am Leben waren. Dabei geht es nicht nur um Julian — der noch in der Zeit Mark Aurels tätig war. Mit großer Wahrscheinlichkeit erreichte die Regierungszeit des Antoninus Pius der neben Julian als Schulhaupt der Sabinianer genannte Aburnius Valens. Wie heute wohl allgemein angenommen wird, versteckt er sich hinter dem kaiserlichen Konsiliar (Salvius) Valens der 'Vita Pii' (HA 12.1)[74]. Celsus war nach seinem

steht eine sichere Klärung der Frage noch aus, warum Joh. Lydus Stellen, die im wesentlichen mit dem Text des Pomponius in D. 1.2.2.22f. übereinstimmen, als aus dem 12-Tafel-Kommentar des Gaius entnommen erwähnt. Sieht man von einem Versehen des Joh. Lydus ab, so ist damit zu rechnen, daß Gaius und Pomponius ähnliche Vorlagen benutzt haben.

[71] So rechnet SCHULZ mit einer Epitomierung (ähnlich LIEBS [1], 66; vgl. auch schon P. JÖRS, Römische Rechtswissenschaft .... I, Berlin 1888, 8ff.). Dagegen scheint WIEACKER, 150, 163 auch mit nachklassischen, oströmischen Zusätzen zu rechnen. Doch findet sich hierfür in dem überlieferten Text kein Beweis. Allerdings ist über die Einzelheiten der wohl von WIEACKER vor allem angegriffenen Rechtsquellenlehre des Pomponius hier nicht zu handeln; vgl. nur L. BOVE, La consuetudine in diritto romano I, Neapel 1971, 116. — Möglicherweise lassen sich die Unebenheiten des Textes wenigstens teilweise auch aus der Herkunft von einer Vorlesungsnachschrift erklären; vgl. LIEBS (2), 63 A. 50 u. O. BEHRENDS, Gnomon 45, 1973, 796f. (mit Verweis auf Quint. Inst. 1 pr. 7).

[72] Anders etwa LIEBS (2), 78 A. 110. Für die Zeitgenossen hatte die Ediktsredaktion möglicherweise nicht die Bedeutung, die wir ihr heute zumessen. Bezeichnenderweise wird sie in der Ehreninschrift für Julian (CIL VIII 24094) nicht genannt. Es ist auch schwer auszumachen, wo sie — nach dem übrigen Inhalt des historischen Berichts — hätte erwähnt werden sollen (in § 10 oder § 53?). Zum Problem der Ediktsredaktion s. die Literatur in D. NÖRR, Drei Miszellen zur Lebensgeschichte des Juristen Salvius Julianus, Daube Noster (Essays in Legal History...), Edinburgh, London 1974, 251 A. 109. Demnächst auch A. GUARINO, La formazione dell''Edictum perpetuum', ANRW II 13/14 hrsg. v. H. TEMPORINI, Berlin–New York 1976f.

[73] Unrichtig FITTING 35. — HONORÉ (56ff.) hält auch eine Entstehung zur Zeit des Antoninus Pius für möglich. Dazu wird er wohl vor allem durch seine Prämisse, die Festlegung des Geburtsdatums des Juristen auf ca. 115, veranlaßt.

[74] Vgl. nur H.-G. PFLAUM, La valeur de la source inspiratrice de la Vita Pii ...., Historia-Augusta-Colloquium 1964/65 (Bonn 1966), 148f. Valens zitiert auch Julian (nach FITTING [p. 33] das Buch 39 der Digesten); s. D. 32.94; 4.4.33. S. dazu auch KUNKEL 151ff.

Konsulat vom Jahre 129 noch Statthalter Asiens[75]. Neraz müßte — gleichgültig ob man ihn mit dem Konsul von 87 oder 97[76] identifiziert — in den dreißiger Jahren des 2. Jahrhunderts schon recht betagt gewesen sein. Immerhin hat M. MEINHART[77] gezeigt, daß er das *SC Tertullianum* gekannt hatte; da dieser Senatsbeschluß auf einen Suffekt-Konsul Tertullus aus dem Jahre 133 verweisen dürfte, muß Neraz in den dreißiger Jahren noch gelebt haben. Der im Text weiterhin genannte Tuscianus ist rätselhaft[78].

Pomponius folgte im 3. Teil seines historischen Berichts (*de auctorum successione*) möglicherweise dem Vorbild wissenschaftsgeschichtlicher Darstellungen, wie sie seit dem Hellenismus üblich waren[79]. Für sie ist es charakteristisch, daß sich die Historie der jeweiligen Wissenschaft in eine Folge von Biographien auflöst. Dabei werden die Biographien auch und vor allem zur Schilderung wissenschaftlicher Lehrmeinungen verwendet. Bei Pomponius finden sich jedoch für letzteres — vielleicht wegen der besonderen Natur des juristischen Gegenstandes — allenfalls Andeutungen[80]. Der Gegensatz zur Verbindung von Philosophiegeschichte und Dogmatik im Werke des Diogenes Laertios — der aber wohl auf ältere Vorbilder zurückgeht — ist evident. Dagegen folgt Pomponius in einem anderen Punkte den gängigen wissenschaftsgeschichtlichen Darstellungen: Haben sich innerhalb der jeweiligen Wissenschaft Schulen gebildet, so wird die Biographie mit der Diadoche, der Angabe der Schulhäupter, verbunden. Dergleichen biographisch aufgebaute Darstellungen zur Wissenschaftsgeschichte gibt es etwa für die Philosophie[81], Rhetorik[82], Grammatik[83], Medizin[84].

---

[75] Nach W. ECK, Senatoren von Vespasian bis Hadrian, München 1970, 88 A. 65, 203, und CH. HABICHT, Pergamon VIII 3, 56ff., im Jahre 129/30.

[76] Vgl. dazu KUNKEL, 144; R. SYME, Governors of Pannonia inferior, Historia 14, 1965, 350; F. GRELLE, L'autonomia cittadina fra Traiano e Adriano, Neapel 1972, 156ff.

[77] Die Entstehung des SC Tertullianum . . ., SZ 83, 1966, 100ff., 125ff.; s. Ulp. D. 44.2.11 pr.

[78] Vgl. nur KUNKEL, 153f.

[79] S. dazu nur F. SCHULZ, 204 (mit Nachweisen); F. LEO, Geschichte der griechischen und römischen Biographie, Leipzig 1901; T. JANSON, Latin Prose Prefaces, Stockholm 1964, 46 passim; M. FUHRMANN, Das systematische Lehrbuch, Göttingen 1960, 141ff.; H. DAHLMANN, Zu Varros Literaturforschung . . ., in: Varron (s. o. A. 32), 10ff. (zu Varro, Horaz u. a.); J. BOLLACK in dem oben (A. 10) zitierten Sammelband, 11ff.

[80] Vgl. etwa seine Äußerungen zu Q. Mucius Scaevola und zu Labeo (D. 1.2.2.41, 47).

[81] Vgl. nochmals die Philosophenbiographien des Diogenes Laertios. Diese zum größten Teil verschollene Literaturgattung geht — nach Ansätzen im frühen Peripatos (vgl. Aristoteles Metaph. I 983aff.; Theophrast, Physikōn doxai) — mindestens bis ins 2. Jh. v. Chr. (vgl. Sotion v. Alexandria) zurück. S. nur A. LESKY, Geschichte der griechischen Literatur, Berlin–München 1963², 910f.; F. ÜBERWEG—K. PRAECHTER, Philosophie des Altertums, Basel–Stuttgart 1926¹², 11ff., 18ff.; weitere Angaben bei E. M. JENKINSON a. a. O. (A. 27), 703ff. Vgl. auch FIRA I, Leges, 79 (*rescriptum Hadriani de schola Epicurea*), Pap. Oxyr. X 1241 (Liste der Vorsteher der alexandrinischen Bibliothek).

[82] S. nur Cicero, Brutus; Quintilian, Inst. 3.1.1ff.; Suet. De rhet.; s. im übrigen auch die Geschichte der *declamationes* bei Sen. Rhet. 1 pr. und die Literaturgeschichte bei Quint. Inst. 10.1.1ff.

[83] Suet. De gramm.; zur Architektur vgl. Vitruv 2.1.5f.

[84] Celsus, De med. praef.; vgl. FUHRMANN a. a. O. 86. Einer besonderen Untersuchung bedürften die Werke Galens.

Nach einem diese Literatur beherrschenden Gattungsgesetz sind noch lebende Vertreter der jeweiligen *artes* von der wissenschaftsgeschichtlichen Darstellung ausgeschlossen[85]. So nennt Sueton in der Schrift 'De grammaticis' als letzten Verterter der *ars* den Valerius Probus (Tod Ende des 1. Jhs. n. Chr.), in 'De rhetoricis' anscheinend Quintilian[86]. Nimmt man eine Entstehungszeit des 'Enchiridium' in den dreißiger Jahren des 2. Jhs. an, so hätte Pomponius Julian, Aburnius Valens, möglicherweise auch Celsus und Neraz nicht erwähnen dürfen. Unterstellt man die Befolgung des Gattungsgesetzes durch Pomponius und überdies eine Lebensdauer Julians bis in die siebziger Jahre, so käme man zu einem extrem späten Entstehungsdatum des 'Enchiridium'.

Doch selbst wenn man Julian beiseite läßt, dessen Name möglicherweise erst später hinzugefügt wurde[87], so ergäben sich bei einer Datierung in nach-hadrianische Zeit kaum lösbare Widersprüche. Wie bereits erwähnt, bezieht sich die Titulatur *optimus princeps*[88] — wie sie Pomponius (2.49) für Hadrian gebraucht — auf den lebenden Kaiser. Soweit ich es überblicke, gibt es hiervon in der juristischen Literatur nur scheinbare Ausnahmen[89]. Will man nicht zu dem Hilfsmittel einer Überarbeitung (sei es durch Pomponius selbst, sei es später) greifen, so bleiben zwei Möglichkeiten: Entweder verletzte Pomponius ein literarisches Gattungsgesetz (Folge: Entstehung in den letzten Jahren Hadrians bleibt möglich)[90] oder die bei der Kaisertitulatur herrschenden Usancen (Folge: Entstehung zur Zeit des Antoninus Pius oder sogar später). Trotz der von FITTING herausgestellten Ungenauigkeiten der Juristen bei der Kaisertitulatur spricht wohl mehr für

---

[85] S. nur W. PETERSON in der Ausgabe des 10. Buches der Institutionen Quintilians (Oxford 1903²) zu 10.1.94, 96, 104; s. auch 2.1.21. Charakteristisch ist die adulatorische Ausnahme zugunsten Domitians (10.1.91).

[86] Vgl. das Excerpt aus dem Chronikon des Hieronymos, zit. bei ROTH p. 272; s. demnächst W. SUERBAUM, Sueton als Literarhistoriker und Literarkritiker, ANRW II, Rubrik 'Sprache und Literatur' hrsg. v. W. HAASE, Berlin-New York 1976f.

[87] Vgl. nur die Worte: . . . . . . *item Salvius Julianus*. Zur Lebenszeit Julians s. nur Daube noster (o. A. 72), 233ff.

[88] Dazu etwa ANDREAS ALFÖLDI, Die monarchische Repräsentation im römischen Kaiserreich, Darmstadt 1970, 208; TH. MOMMSEN, Juristische Schriften II 157 A. 7.

[89] Vgl. hierzu FITTING, 1ff. (9). Wenn sich Gaius in Inst. 1.102 auf eine *epistula optimi imperatoris Antonini* bezieht, dagegen in 2.195 (vgl. auch D. 30.96) von einer *constitutio divi Pii Antonini* spricht, so ist das ein Problem der Entstehungs- und Textgeschichte der Institutionen, nicht aber der Kaisertitulatur. An den weitaus meisten Stellen nennt Gaius den Kaiser *imperator noster* (s. nur D. 30.73.1 und die Belege bei G. GUALANDI, Legislazione imperiale e giurisprudenza I, Mailand 1963, 58f.). Die Bezeichnung des Trajan in Inst. Just. 2.12 pr. als *optimus princeps* ist ein Zeugnis für den Beinamen dieses Kaisers (vgl. nur A. HEUSS, Römische Geschichte, Braunschweig 1971³, 346; R. PARIBENI, Optimus Princeps, Messina 1926); sie hat also mit der normalen Kaisertitulatur nichts zu tun. In D. 7.8.22 pr. spricht Pomponius vom verstorbenen Hadrian als *divus Hadrianus*. Immerhin läßt er gerade im 'Enchiridium' bisweilen das Epitheton *divus* weg; vgl. 2.48 (Nerva; Tiberius war nicht konsekriert), 52 (Vespasian). Zu erwähnen ist schließlich, daß *optimus princeps* selten (wie in fr. 2.49) isoliert, sondern fast immer in Verbindung mit *noster* auftritt; s. die Belege im VIR I 597.

[90] Vgl. zur Geltung literarischer Formgesetze nur die Diskussionsbeiträge von BRINK und SCHRÖTER in: Varron (o. A. 32), 21f.

die erste Möglichkeit; damit bliebe es bei der traditionellen Datierung. Mit dieser Annahme verbindet sich die Warnung, den Juristen Pomponius allzu eng und schematisch an literarische Vorbilder und Gattungen zu binden.

Was den Werkcharakter des Enchiridium betrifft[91], so soll hier seine Zuweisung zur eisagogischen Literatur nicht bestritten werden. Immerhin zeigt das von M. FUHRMANN[92] festgestellte Schema der Lehrbücher der *artes*, daß derartige historische Einführungen keineswegs zu den Essentialia gehörten. Wie aber etwa Celsus ('De medicina') und die 'Institutionen' Quintilians zeigen, sind sie aus ihnen auch nicht grundsätzlich ausgeschlossen.

Den Kompilatoren lagen zwei Exemplare des Werkes vor, einmal die 'Libri duo encheiridii'[93], zum anderen der 'Liber singularis encheiridii'[94]. Die Doppelüberlieferung zu erklären, wird mit verschiedenen Hypothesen versucht, unter denen wohl die Annahme einer nachklassischen Epitome die meisten Anhänger hat. Doch ist auch die Hypothese mehrerer Ausgaben des Werkes nicht endgültig widerlegt[95]. In letzter Zeit haben sich A. GUARINO und M. BRETONE[96] eingehender mit diesem Problem befaßt. Nach GUARINO stellt der 'Liber singularis' einen — inhaltlich im wesentlichen echten — '*estratto*' des historischen Teils der 'Libri duo' dar. Wie er selbst sieht, haben die Kompilatoren aber aus dem 'Liber singularis' auch (Vulgär-) Philosophisches (D. 1.1.2) und Worterklärungen (D. 50.16.239) entnommen, so daß der '*estratto*' mehr als das historische Kapitel enthalten haben muß.

Geistreich, aber kaum beweisbar ist die These BRETONES[97]. Er geht von dem 'Liber singularis regularum' aus, dessen Klassizität vor allem durch die Existenz von 'Notae' des Marcellus mit ausreichender Sicherheit bewiesen wird[98]. Wie er feststellt, haben die beiden Fragmente aus dem 2. Buch

---

[91] Zum Titel s. nur Gell. pr. 7. LIEBS a. a. O. (o. A. 66) denkt an das Vorbild des entsprechend titulierten Werkes von Epiktet. — Als Kuriosität sei die Verwendung als Freigelassenen-(Sklaven-)Namen erwähnt; s. Ann. ép. 1972 Nr. 55.

[92] Das systematische Lehrbuch, 86.

[93] So auch allein der Index Florentinus; vgl. D. 26. 1.12; 38.10.8; 46.3.107; LENEL, Palingenesie II 44.

[94] D. 1.1.2; 1.2.2; 50.16.239.

[95] Vgl. die Aufzählung bei BRETONE, 111ff. (zuerst erschienen in: Linee dell'Enchiridion di Pomponio, Corso Bari, 1965) und GUARINO, 102ff. Für eine Epitome vor allem F. SCHULZ 205; ebenso auch LIEBS (1) 66. Für mehrere Ausgaben des Werkes etwa P. JÖRS, Römische Rechtswissenschaft . . . I, Berlin 1888, 8ff.

[96] Vgl. die vorige Anm. sowie A. GUARINO, Storia del diritto romano, Mailand 1963³, 384.

[97] Gegen sie außer GUARINO auch LIEBS (1) 66 A. 40. Der Einwand GUARINOS, es sei nicht verständlich, warum dann nicht die 'Libri duo' den 'Liber singularis encheiridii' und den 'Liber singularis regularum' 'vom Markt' verdrängt hatten, ist kaum durchschlagend; man könnte ihn im übrigen — leicht verändert — auch seiner eigenen These entgegenhalten.

[98] Anders SCHULZ, 210; B. SCHMIDLIN, Die römischen Rechtsregeln, Köln–Wien 1970, 120f.; zuletzt R. GREINER, Opera Neratii, Karlsruhe 1973, 115ff. Vgl. demgegenüber P. STEIN, Regulae iuris, Edinburgh 1966, 83ff.; D. NÖRR, Spruchregel und Generalisierung, SZ 89, 1972, 75. Vgl. auch die Sammlung der (wenigen) Fragmente bei LENEL, Paling. II 85f. — Nach WIEACKER (219) ergibt sich aus dem Vergleich von D. 28.1.16 pr. mit Inst. Just. 2.19.4 a. E., daß den Kompilatoren zwei Exemplare der 'Regulae' vorlagen. Das ist sicherlich möglich. Doch könnte man auch annehmen, daß dieser Teil von Inst. 2.19.4

der 'Libri duo encheiridii' ähnlichen Charakter wie diejenigen des 'Liber singularis regularum'. Dagegen enthält das einzige überlieferte Fragment aus dem 1. Buch der 'Libri duo' eine Worterklärung und steht deshalb einem der Fragmente des 'Liber singularis' nahe (D. 50.16.239). Daraus könnte man den Schluß ziehen, daß die 'Libri duo encheiridii' eine Zusammenfassung des 'Liber singularis encheiridii' und des 'Liber singularis regularum' unter einem Titel darstellten. Das 1. Buch habe rechtsphilosophischen, historischen und semasiologischen Inhalt gehabt, das 2. Buch generalisierende Sätze, 'kasuistische Regeln'[99] enthalten. Eine Parallele zu einer solchen Zusammenfassung sieht BRETONE in den 'Libri XX epistularum et variarum lectionum' des Pomponius (s. aber u. II 4 b). Diese in sich schlüssige These BRETONES ist zwar mit dem Quellenstande vereinbar; doch sind die Quellen so dürftig, daß sie weder zu beweisen noch zu widerlegen ist.

Wenn wir uns im folgenden auf die historische Partie des 'Enchiridium' beschränken, so ist vorweg festzustellen, daß sich in der überlieferten juristischen Literatur keine vergleichbare Schrift findet. Anregungen aus der außerjuristischen Literatur lassen sich zwar im einzelnen vermuten und belegen. Doch werden wir sehen, daß sie die Gesamtstruktur des Werkes nicht ausreichend erklären können. Der Aufbau des Traktats ist schon öfter beschrieben worden[100]. Wie auch der Digestentitel erkennen läßt, der vielleicht aus der Schrift des Pomponius entnommen wurde[101], enthielt sie drei Teile: 1. *iuris origo et processus* (Entstehung des Rechts und Entwicklung der Rechtsquellen) §§ 1—12; 2. *magistratuum nomina et origo* (Geschichte der Magistratur, vorzüglich, aber nicht ausschließlich unter dem Aspekt der *iurisdictio*), §§ 13—34; 3. *auctorum successio* (an den Juristen-Persönlichkeiten orientierte Geschichte der Rechtswissenschaft und der Rechtsschulen) §§ 35—53. Die beiden ersten Teile werden durch eine die historische Entwicklung zusammenfassende systematisierende Aussage abgeschlossen[102]. Eine solche fehlt im dritten Teil — vielleicht weil Pomponius die Entwicklung der Rechtswissenschaft für noch nicht abgeschlossen hielt. Der auch in Einzelheiten anzutreffende Schematismus des Werkes

— ebenso wie der Anfang des Paragraphen — aus Flor. inst. lib. 10 stammt (D. 28.5.50.1). Möglicherweise hat Florentinus die 'Regulae' benutzt; doch ist es auch denkbar, daß Pomponius und Florentinus auf eine gemeinsame Vorlage zurückgegriffen hatten.

[99] Im Sinne SCHMIDLINS a. a. O. 207 passim.

[100] S. nur F. SCHULZ, 203 ff.; FUHRMANN, 103 f., sowie u. IV 1.

[101] '*De origine iuris et omnium magistratuum et successione prudentium*'. Nach A. SOUBIE, Recherches sur les origines des rubriques du Digeste, Tarbes 1960, 157 ff. ist der Digestentitel 1.2 aus didaktischen Gründen geschaffen worden.

[102] D. 1.2.2.12: *Ita in civitate nostra aut iure, id est lege, constituitur, aut est proprium ius civile, quod sine scripto in sola prudentium interpretatione consistit, aut sunt legis actiones, quae formam agendi continent, aut plebi scitum, quod sine auctoritate patrum est constitutum, aut est magistratuum edictum, unde ius honorarium nascitur, aut senatus consultum, quod solum senatu constituente inducitur sine lege, aut est principalis constitutio, id est ut quod ipse princeps constituit pro lege servetur.* — D. 1.2.2.34: *Ergo ex his omnibus decem tribuni plebis, consules duo, decem et octo praetores, sex aediles in civitate iura reddebant.* — Zur Kontaminierung des historischen und des systematisierenden Ansatzes s. nur D. NÖRR, Divisio und Partitio, Berlin 1972, 8 mit weiteren Angaben.

wird nach der Beobachtung BRETONES[103] dadurch abgemildert, daß die
Werkteile durch die Betonung des Vorrangs der Jurisprudenz miteinander
verklammert sind.

b) Vorbilder und Quellen

Bei der Frage nach den Vorbildern und Quellen sind zwei — miteinander zusammenhängende — Themenkreise zu unterscheiden. Einmal
geht es um die Frage, woher Pomponius das in seinem historischen Traktat
bearbeitete Material hat, zum andern um seine Einordnung in die literarischen *genera*. Trotz einer Reihe von wichtigen Einzelbeobachtungen ist
man bisher über den Forschungsstand, wie er bei F. SCHULZ verzeichnet
ist, nicht wesentlich hinausgekommen. Die von ihm angeregte neue Ausgabe und Analyse des Traktats bleibt ein Desiderat. Auch die folgenden
— meist eher destruktiven — Bemerkungen sind fragmentarisch.

Für die Herkunft des Materials[104] werden in der Literatur in erster
Linie Varro und Cicero genannt; doch rechnet man auch mit der Benutzung
anderer juristischer und antiquarischer Schriften von den 'Tripertita' des
Aelius Paetus bis zu den 'Coniectanea' Capitos.

Bekanntlich war Varro die große Fundgrube für die gesamte ihm nachfolgende antiquarische Literatur[105]. Es liegt daher nahe, daß auch Pomponius ihn — sei es unmittelbar, sei es mittelbar — benutzt hat. Doch dürfte
die von F. D. SANIO behauptete und anscheinend auch von F. SCHULZ
akzeptierte umfassende Verwertung der 'Libri XV de iure civili' Varros
unwahrscheinlich sein. Von diesem Werk ist nichts überliefert. Nach seinem
Titel war es eher eine systematische als eine historische Darstellung — womit
allerdings die Aufnahme historischer Notizen nicht ausgeschlossen ist. Im

---

[103] 142ff.; vgl. § 13: *Post originem iuris et processum cognitum consequens est, ut de magistratuum nominibus et origine cognoscamus, quia, ut exposuimus, per eos qui iuri dicundo
praesunt effectus rei accipitur: quantum est enim ius in civitate esse, nisi sint, qui iura
regere possint? post hoc dein de auctorum successione dicemus, quod constare non potest ius,
nisi sit aliquis iuris peritus, per quem possit cottidie in melius produci.* — Vgl. auch § 5.
Zum Schematismus des Werkes s. nur FUHRMANN, 105 u. ö.

[104] Vgl. dazu in letzter Zeit (außer F. SCHULZ) etwa MASCHI, 121; BRETONE, 181ff. (zuerst
in Labeo 16, 1970, 174ff.); FUHRMANN, 103ff.; F. D'IPPOLITO, Sextus Aelius 'Catus',
Labeo 17, 1971, 281; O. BEHRENDS, Gnomon 45, 1973, 797; WIEACKER a. a. O. (A. 25),
194. Ältere Forschungsresultate finden sich F. OSANN, Pomponii de origine iuris fragmentum, Gießen 1848. Wichtige Einzelbeobachtungen enthält F. D. SANIO, Varroniana
in den Schriften der römischen Juristen, Leipzig, 1867; allerdings leidet dieses Werk unter
einem gewissen 'Pan-Varronianismus', der den Autor dazu bringt, recht gewagte Verbindungen zwischen Varro und Pomponius herzustellen. Vgl. dazu zuletzt A. CENDERELLI,
Varroniana, Mailand 1973, 10ff.; dort auch passim zu den juristischen Teilen des Gesamt-
werks Varros (mit Lit.). Vgl. vor allem 6ff. zu den 'Libri iuris civilis'. — Wohl allein
aus inhaltlichen Gründen führt etwa A. CONDEMI in seiner Ausgabe der Antiquitates
rerum divinarum Libri I u. II (Bologna 1965) den Satz: *Actiones apud collegium pontificium erant, ex quibus constituebatur, quis quoquo anno praeesset privatis* (Pomp. D. 1.2.2.6)
auf Varro zurück (p. 50) — ebenso übrigens auch (p. 44) Gai. Inst. 1.112.

[105] Vgl. nur o. A. 32 mit Hinweisen.

übrigen gibt es nicht die geringsten Indizien dafür, daß diese Schrift Varros — im Gegensatz zu allen bekannten Werken über das *ius civile* — eine Geschichte der Rechtsquellen, der Magistrate und der juristischen Tätigkeit enthielt[106].

Mit diesen Hinweisen ist selbstverständlich die These von der Benutzung der Schriften Varros durch Pomponius nicht generell widerlegt. Will man sie überprüfen, so empfiehlt es sich wegen der Quellenlage, einige Stichproben im Bereich der Worterklärungen und Etymologien zu machen. Aus der umfassenden und komplizierten Diskussion zur Varronischen Etymologie[107] genügt für uns die Feststellung, daß Varro zwar — in teils harmonisierender, teils kompromißhafter, teils widersprüchlicher Weise — mit verschiedenen philologischen Methoden arbeitete; dabei geht es ihm nicht so sehr um die bloße Erklärung des Wortsinnes, als um die — möglicherweise auch den gegenwärtigen Wortsinn noch bestimmende — *origo* der Wörter. Gerade unter diesem Aspekt dürfte ein Vergleich mit den Worterklärungen und Etymologien des Pomponius nützlich sein. Wir beschränken uns dabei nicht auf das aus dem 'Enchiridium' stammende Fragment D. 50.16.239, sondern ziehen auch Fragmente aus anderen Schriften hinzu.

Pomponius definiert in D. 50.16.239.3 den Begriff des *munus publicum* folgendermaßen: '*munus publicum*' est officium privati hominis, ex quo commodum ad singulos universosque cives remque eorum imperio magistratus extraordinarium pervenit. Demgegenüber gibt Varro — für *munus* allein — einige 'genetische Definitionen' (LL 5. 179): *Munus, quod mutuo animo qui sunt dant officii causa; alterum munus quod muniendi causa imperatum, a quo etiam municipes, qui una munus fungi debent, dicti*[108].

In D. 50.16.239.5 versucht Pomponius seinerseits eine 'genetische' Erklärung (von *decurio*): '*Decuriones*' *quidam dictos aiunt ex eo, quod initio, cum coloniae deducerentur, decima pars eorum qui ducerentur consilii publici gratia conscribi solita sit*. Anders — weniger nach der Methode als nach dem Inhalt — ist die Erklärung Varros; während Pomponius sich auf die Gründung von Kolonien beruft, bezieht sich Varro auf die altrömische Verfassung (LL 5.91): .... *Itaque primi singularum decuriarum Decuriones dicti, qui ab eo in singulis turmis sunt etiam nunc terni*. Zwar besteht zwischen

---

[106] Recht fraglich ist es auch, ob Varro die dem Pomponius eigentümliche Vorstellung vom *processus* hatte (s. i. f. und u. IV 1). Was den Schematismus betrifft, so gehört er wohl zum Werktypus.

[107] Vgl. nur die Vorträge von A. TRAGLIA (Dottrine etimologiche . . .) und R. SCHRÖTER (Die varronische Etymologie) in dem genannten Sammelband (o. A. 32), jeweils mit der sich anschließenden Diskussion. Dort auch (s. insbesondere den Beitrag von J. COLLART, [Analogie et anomalie] 119ff.; aus früherer Zeit vor allem A. DIHLE, Analogie und Attizismus, Hermes 85, 1957, 170ff.) zu den hier nicht weiter interessierenden Problembereichen: Analogie-Anomalie, Alexandrinische Wissenschaft — Stoa, Attizismus—Asianismus. Zum Werk 'De lingua latina' vgl. zuletzt etwa F. DELLA CORTE, Varrone, Genua 1970², 177ff. Die i. f. benutzten Varro-Stellen werden auch von CENDERELLI a. a. O. passim (s. den Index 173ff.) kurz erörtert.

[108] Methodisch — nicht inhaltlich — wie Pomponius etwa Festus 167 (BRUNS, p. 16); vgl. auch Gell. 16.3.6.

den beiden Erklärungen kein kontradiktorischer Gegensatz, da auch Varro für die Decurionen der Kolonien die Erklärung des Pomponius hätte akzeptieren können, ohne mit sich selbst in Widerspruch zu kommen; doch ist zumindest eine Abhängigkeit des Pomponius von ihm nicht feststellbar.

Engere Parallelen finden sich bei der Erklärung von *urbs*[109] und *oppidum* (Pomp. D. 50.16.239.6 u. 7): '*Urbs*' *ab urbo appellata est: urbare est aratro definire. Et Varus ait urbum appellari curvaturam aratri, quod in urbe condenda adhiberi solet.* '*Oppidum*' *ab ope dicitur, quod eius rei causa moenia sint constituta.*

Die Definition von '*urbs*' ist eine nicht ungeschickte, aber nur fragmentarische Kurzfassung des Inhalts von LL 5.143: *Oppida condebant in Latio Etrusco ritu multi, id est iunctis bobus, tauro et vacca, interiore aratro circumagebant sulcum . . . . Post ea qui fiebat orbis, Urbis principium . . . . Quare et oppida, quae prius erant circumducta aratro ab orbe et urvo Urbes . . . .* Varro ist nicht nur viel ausführlicher (vgl. auch die hier nicht abgedruckten Textteile), sondern stellt auch die Verbindung zu '*orbis*' her; dagegen fehlt bei ihm das Verbum '*urbare*'. Nicht nur der Hinweis auf Alfenus Varus, sondern auch der Text des Pomponius selbst machen somit eine unmittelbare Abhängigkeit des Pomponius von Varro unwahrscheinlich.

Dem steht auch die varronische Erklärung von '*oppidum*' nicht entgegen (5.141): . . . . *Oppidum ab Opi dictum, quod munitur opis causa ubi sint, et quod opus est ad vitam gerendam ubi habitent tuto. Oppida quod operi muniebant, moenia.* Auch hier fügt die Erklärung Varros dem — im übrigen naheliegenden — Hinweis auf '*ops*' noch die Beziehung auf '*opus*' hinzu und erweitert das Definitionsfeld durch die Hereinnahme von *munire* und *moenia*. Dagegen fehlt bei Pomponius nicht nur die Ableitung aus '*opus*'; vielmehr verweist auch der von ihm zur Erklärung verwendete Ausdruck '*moenia*' nur auf *oppidum* zurück, wird aber nicht zur Weiterführung und Verdeutlichung benutzt[110].

Völlig verschieden sind die Erklärungen, die Varro und Pomponius (bzw. die *quidam* bei Pomponius) für die Worte *territorium* und *consul* geben. Varro LL 5.21: *Terra dicta ab eo, ut Aelius scribit, quod teritur*[111]

---

[109] Von Pomponius aus Varus entnommen. Da ein Interesse des Alfenus Varus an Etymologien auch sonst belegt ist (Gell. 7.5.1; s. auch D. 50.16.87), ist eine Korrektur in „Varro" nicht angebracht. Damit stellt sich die weitere Frage, ob Pomponius nicht eher von den Schriften der älteren Juristen als von Varro oder anderen Antiquaren abhängig ist. — Zu bemerken ist, daß die Reihenfolge, in der *urbs* und *oppidum* verwendet werden, bei Varro und Pomponius verschieden ist. Weiteres Material im übrigen bei SANIO, 47, 228ff.

[110] Vgl. hierzu die spöttische Bemerkung Ciceros ('De gloria;' nach Festus 222, LINDSAY): *Oppidorum originem optime refert (Cato) Cicero lib. I de gloria eamque appellationem usurpatione appellatam esse existimat, quod opem darent, adiciens, ut . . . . imitemur ineptias Stoicorum.* Allerdings könnte die Bemerkung eventuell auch von — dem im übrigen meist aus dem Text getilgten — Cato stammen, der aber seinerseits mit Etymologien gearbeitet hat (s. Orig. I 14; II 23, Jordan). Vgl. die Emendation bei ORELLI IV 989.

[111] Es handelt sich hier um Aelius Gallus ('De verborum quae ad ius pertinent significatione'; s. D. 50.16.15; dazu Varro LL 5.22), nicht um Aelius Paetus.

.... *ab eo colonis locus communis, qui prope oppidum relinquitur, territorium quod maxime teritur.* — Pomp. D. 50.16.239.8: *'Territorium' est universitas agrorum intra fines cuiusque civitatis: quod ab eo dictum quidam aiunt, quod magistratus eius loci intra eos fines terrendi, id est summovendi ius habent.*

Varro, De vita pop. Rom. II 68 (RIPOSATI): .... *quod consulerent senatui, consules.* — Pomp. D. 1.2.2.16: *(consules) dicti sunt ab eo, quod plurimum rei publicae consulerent.*

Wendet man sich den übrigen Werken des Pomponius zu, so ergibt sich ein ähnliches Bild: Bevorzugung von Erklärungen des Wortsinnes im Verhältnis zur Etymologie, selten Ähnlichkeiten mit varronischen Definitionen, Unwahrscheinlichkeit einer unmittelbaren Benutzung Varros. So weist Pomponius in D. 50.16.89 pr (6 Ad Sab.) die *boves* dem *genus* der *armenta* zu: *boves magis 'armentorum' quam 'iumentorum' generis appellantur*. Allenfalls wenn man von der varronischen Herkunft der Worterklärungen des Pomponius anderweitig schon überzeugt ist, kann man hierin eine Anspielung auf Varro LL 5.96 sehen: .... *Armenta quod boves ideo maxime parabantur, ut inde eligerent ad arandum* .... Während Pomponius in D. 50.16.118 (2 ad Q. Muc.) die übliche Abgrenzung von *hostis* und *latro aut praedo* vornimmt[112], interessiert sich Varro (LL 5.3; s. auch Festus bei Paul. Diac. 102, BRUNS p. 11) für die frühere Gleichsetzung von *hostis* und *peregrinus*. Was den Begriff der *usurae* betrifft, so gibt Pomponius (50.16.121; 6 ad Q. Muc.) eine juristische Erklärung: *Usura pecuniae, quam percipimus, in fructu non est, quia non ex ipso corpore, sed ex alia causa est, id est nova obligatione.* Demgegenüber arbeitet Varro mit einer 'stoisierenden'(?) Etymologie (LL 5.183):..... *a quo usura quod in sorte accedebat, impendium appellatum; quae cum accederet ad sortem usu, usura dicta, ut sors quod suum fit sorte.*

Die inhaltliche Bedeutung von *'tugurium'* erklärt — nach dem überlieferten Text — Pomponius eigenständig; für die Herkunft des Wortes verweist er auf Ofilius (D. 50.16.180; 30 ad Sab.): *'Tugurii' appellatione omne aedificium, quod rusticae magis custodiae convenit quam urbanis aedibus, significatur. Ofilius ait tugurium a tecto tamquam tegularium esse dictum, ut toga, quod ea tegamur.* — Die eher triviale Verbindung mit *toga (tegere)* findet sich auch bei Varro (LL 5.114). Näher steht der Erklärung des Ofilius ein — allerdings verstümmelter — Festus-Text, der wohl seinerseits wieder auf Valerius Messalla zurückgeht (Festus 365, BRUNS p. 43): *(Tugu)ria a tecto appellantur (domicilia rusticorum) sordida, quo nomine (Messalla in explana)tione XII ait etiam ..... (signifi)cari*[113]. Diese Stelle könnte ein weiterer Beleg dafür sein, daß Pomponius sich zumindest bisweilen die

---

[112] *Hostes hi sunt, qui nobis aut quibus nos publice bellum decrevimus: ceteri latrones aut praedones sunt.*

[113] Vgl. auch 12 Tafeln VII 3b; Isid. Orig. 15.12.2. Auf die (Abhängigkeits-)Beziehungen von Varro, Valerius Messalla, Verrius Flaccus, Festus ist hier nicht weiter einzugehen. Immerhin spricht vielleicht manches für eine Linie: Valerius Messalla—Ofilius—Pomponius. Vgl. aber auch D. 50.16.239.6 (Alfenus Varus).

Erkenntnisse der alten Antiquare durch die republikanische Rechtsliteratur vermitteln ließ. Auch andere, hier nicht im einzelnen zu analysierende Stellen zeigen, daß er — wenigstens nach der durch den Filter der justinianischen Kompilation gegangenen Überlieferung — inhaltliche Erklärungen gegenüber Etymologien bevorzugte[114].

Einige weitere Beobachtungen zur (an sich erst später zu erörternden) Struktur des 'Enchiridium' bestätigen die Vorbehalte gegen einen übermächtigen Einfluß Varros auf Pomponius. So beginnt Varro das 2. Buch 'De re rustica', das über die Tierzucht handelt, mit folgendem Schema (II 1): *quae esset origo, quae dignitas, quae ars.* Im Rahmen der *origo* behandelt Varro die Entstehung der Landwirtschaft, wobei sich die Darstellung auf die Entwicklung (*gradus*) in den prähistorischen Zeiten konzentriert (II 1. 3ff.). Bei Erörterung der *dignitas* geht es um eine mit Beispielen angereicherte Lobpreisung des Hirtenwesens und der Viehzucht (II 1. 6ff.). Die *scientia pastoralis* wird in der für Varro typischen pedantischen Form in *partes* zerlegt (II 1. 11ff.), deren Inhalt kurz umschrieben wird.

Es bedürfte großer Kühnheit, in einem solchen Schema Parallelen zum Aufbau des historischen Abrisses bei Pomponius zu erkennen. *Origo* und *processus* müßten dem ersten Teil entsprechen, der unter dem Titel *origo* auch die ersten Entwicklungsstufen umfaßt — allerdings eben nicht bis in die Gegenwart wie bei Pomponius. Schwierigkeiten macht die '*dignitas*'; hier müßte man die Amtsstellung (*magistratus*) mit der *dignitas* parallelisieren, wobei man nicht nur die bei Varro anzutreffende Wortbedeutung verändern, sondern auch den historischen Aspekt der Darstellung des Pomponius außer acht lassen würde. Ähnliches gilt für die *ars* (*scientia*). Während in der Schrift Varros eine exzessive Einteilung der *ars* folgt, bringt Pomponius zwar auch an dritter Stelle die Wissenschaft — aber eben in historischer Perspektive. Sollte Pomponius das Schema Varros benutzt haben, so würde seine Umformung des Schemas schon fast manieristische Züge tragen[115].

Wie bereits angedeutet, ist Varro auf pedantische und weitverzweigte Systematik aus[116]. Es braucht nur an seine Liste der 288 möglichen philosophischen Lehrmeinungen erinnert zu werden (Augustin. de civ. dei 19.1ff.). Pomponius dagegen beschränkt sich — trotz eines gewissen Schematismus — auf relativ einfache Einteilungen; vor allem findet sich nach meiner Kenntnis bei Varro nicht die Art der Kombination systematischer und historischer Aspekte, wie sie für Pomponius charakteristisch ist[117]. Weiterhin ist

---

[114] Vgl. nur D. 50.16.119 (3 ad Q. Muc.; s. demgegenüber Festus bei Paul. Diac. 99; BRUNS p. 10); 162 pr. (2 ad Sab.; dazu u. 583f.); 166.1 (6 ad Sab.); 171 (s. auch D. 25.2.4; 16 ad Sab.).

[115] (Nur) insoweit entspricht die systematische, nicht evolutionäre Rechtsquellenlehre des Gaius dem Stile Varros; zu ihr zuletzt BRETONE 31, 131ff.

[116] Vgl. vor allem M. FUHRMANN, Das systematische Lehrbuch, 162ff., sowie B. CARDAUNS, Gnomon 49,1975,548ff. (Rez. SKYDSGAARD).

[117] Sie fehlt etwa auch bei Autoren wie Diogenes Laertios und Celsus. Dort wird zwar auch die geschichtliche Darstellung mit der systematischen verbunden; aber die Stadien der

auffällig, daß Varros Interesse sich mit besonderer Intensität auf das frühe Rom, auf das Rom der Königszeit, konzentriert[118]. Demgegenüber ist die Darstellung gerade des Königtums bei Pomponius recht kursorisch (und fehlerhaft)[119]. Daß sich gewisse Parallelen zwischen Varro und Pomponius bei der Frage nach dem *prōtos heuretēs* finden[120], ist wegen der weiten Verbreitung dieser Fragestellung ohne Beweiswert.

Trotz der schlechten Quellenlage läßt sich als Ergebnis feststellen, daß es keinerlei *praesumptio Varroniana* für die Herkunft des Materials bei Pomponius geben kann.

Als weitere Quelle für Pomponius wird Cicero genannt; da dieser vielleicht selbst aus Varro geschöpft hat[121], wird die Frage nach den Abhängigkeiten möglicherweise recht kompliziert. Bei einer kursorischen Übersicht über die Quellen läßt sich zeigen, daß gewisse Abhängigkeiten des Pomponius von Cicero vorhanden sind, daß aber nicht mit einer umfassenden Verwertung des Werkes Ciceros durch ihn gerechnet werden darf.

In vielen Texten erörtern Cicero und Pomponius dieselben Gegenstände auf recht verschiedene Weise[122]. Sicherlich ist die Beweiskraft der Vergleichsstellen wegen der möglichen verschiedenen Zwecke der Werke ungleich; doch überrascht besonders die Unabhängigkeit des Pomponius von den staatstheoretischen Schriften Ciceros. Demgegenüber hat man immer wieder auf Stellen hingewiesen, die eine Cicero-Lektüre des Pomponius wahrscheinlich machen[123]. So dürfte Pomponius die Rede Ciceros 'Pro Ligario' gekannt haben (D. 1.2.2.46; vgl. aber u. A. 131a): .... *exstat eius* (sc. *Ciceronis*) *oratio satis pulcherrima, quae inscribitur pro Quinto Ligario.*

Entwicklung sind nicht das Einteilungskriterium für die Systematik (und umgekehrt). Zum Aufbau der Schrift 'De poetis' vgl. die Überlegungen Dahlmanns in: Varron (o. A. 32), 10ff.

[118] S. nur R. Schröter (95f.), Bréguet (102f.); Waszink (107f.) in dem o. A. 32 genannten Sammelband; dort auch zur möglichen Anregung durch Poseidonios (s. auch K. Reinhardt RE XXII 1, 626f.).

[119] Vgl. die Verwechslung von Tarquinius Priscus und Tarquinius Superbus in 2.2 h. t.; s. Cic. De rep. 2.19.34; Liv. 1.34.

[120] S. H. Dahlmann, Varroniana, ANRW I 3, Berlin–New York 1973, 11, 22f.; Pomp. D. 1.2.2.38 passim.

[121] S. nur die Beiträge von H. Dahlmann und F. della Corte in: Varron (o. A. 32), 13ff.; 28f.; Rawson a. a. O. (o. A. 18), 36f. (zur schweren Identifizierbarkeit der Herkunft des antiquarischen Materials bei Cicero). Anders als Varro hat Cicero anscheinend kein besonderes Interesse für die 'Urzeit' gehabt.

[122] S. nur Cic. De off. 2. 12. 41; Pomp. D. 1. 2. 2. 1f. zum alten Königtum; Cic. De off. 3. 10. 41; Pomp. D. 1. 8. 11 (2 var. lect.) zu Romulus und Remus; Cic. de rep. 2. 36. 61ff.; Pomp. D. 1. 2. 2. 4. 24 zu den 12 Tafeln; Cic. De rep. 3. 1. 2ff.; Pomp. D. 1. 2. 2. 14ff. zu den *magistratus*. Weitere Vergleiche bei Sanio, 17ff. (vor allem De rep. 3. 22; De leg. 2. 4f.). Ein direkter Widerspruch liegt darin, daß nach Pomponius Brutus sieben Bücher hinterlassen hat (D. 1. 2. 2. 39), während Cicero (De or. 2. 55. 223f.) ausdrücklich von nur drei 'echten' Büchern dieses Autors spricht. Allerdings wird diese Stelle häufig emendiert (vgl. die Anmerkung in der Mommsen—Krüger'schen Digesten-Ausgabe).

[123] Vgl. die Belege bei Bretone, 188, die 'Notae' in der Mommsen—Krüger'schen Digesten-Ausgabe, sowie H. E. Dirksen, Hinterl. Schr. I, Leipzig 1871, 2ff.

Häufiger noch wurde der Hinweis des Pomponius auf Cicero in D. 1.2.
2.40 erörtert[124]: ...... *etiam Lucius Crassus frater Publii Mucii, qui
Mucianus dictus est: hunc Cicero ait iurisconsultorum disertissimum.* Nach
dem Digestentext ist dieses Urteil wohl auf Publius Licinius Crassus
Mucianus zu beziehen, der aber möglicherweise mit dem auch juristisch
gebildeten Redner Lucius Licinius Crassus verwechselt oder besser kon-
taminiert wurde. Was die Belege bei Cicero betrifft, so nennt er selbst im
'Brutus' (39.145) den Redner Crassus *eloquentium iuris peritissimus,* den
Q. Mucius Scaevola Pontifex, den Bruder des Crassus Mucianus, *iuris
peritorum eloquentissimus.* Dasselbe Urteil über Scaevola findet sich auch in
de or. 1.39.180 — hier ausgesprochen von dem Redner Crassus selbst.
Sollte Pomponius den Text Ciceros in der Hand gehabt haben, so fällt es
schwer, ihm ein solches Versehen zuzutrauen. Da der Digestentext auch
im übrigen viele Ungenauigkeiten enthält, die man wohl nicht alle dem
Pomponius selbst zuschreiben möchte[125], liegt die Hypothese einer späteren
Verkürzung oder Verstümmelung des Pomponius-Textes nahe. Lehnt man
sie ab, so dürfte seine — ungenaue — Kenntnis vom Urteil Ciceros wohl
auf einer mündlichen Tradition beruhen[126]; bekanntlich waren Urteile in
ähnlicher Form auch über andere Gelehrte in Umlauf[127]. Für die zuletzt
genannte Annahme spricht, daß — wie wir im folgenden sehen werden —
auch andere Indizien zumindest eine Lektüre des 'Brutus' durch Pomponius unwahrscheinlich machen. Demgegenüber würde eine mündliche
Überlieferung das Mißverständnis des Pomponius erklären können. In jedem
Fall zeigen die Beispiele, daß zumindest ein systematisches und umfassen-
des Cicero-Studium des Pomponius nicht erkennbar ist.

Diese Vermutung wird auch nicht durch die Tatsache erschüttert, daß
Pomponius eine Reihe von Juristen erwähnt, mit denen sich auch Cicero
an den verschiedensten Stellen seiner Werke beschäftigte. Daraus hat man
bisweilen den Schluß gezogen, daß Pomponius seine Kenntnisse der früh-
und hochrepublikanischen Jurisprudenz den Schriften Ciceros verdankte[128].
Wiederum soll nicht geleugnet werden, daß sich manche Nachrichten über

---

[124] Vgl. zuletzt BRETONE, 186ff. S. auch Vell. Pat. 2. 9. 3: ... *nam Q. Mucius iuris scientia
quam proprie eloquentiae nomine celebrior fuit.*

[125] In dem hier interessierenden § 40 findet sich ein weiterer Fehler: P. Rutilius Rufus wird als
proconsul von Asien bezeichnet, während er in dieser Provinz nur als Legat tätig war.
Weitere Beispiele im Text; s. auch JÖRS, Römische Rechtswissenschaft ... I, 10f., 284
A. 1 passim; WIEACKER a. a. O. (A. 25), 196, 199ff. Daß das Urteil über Crassus Mucianus
in § 40 aus einer nicht überlieferten Schrift Ciceros stammt, ist mehr als unwahrscheinlich.

[126] So läßt Celsus (D. 50. 16. 96; vgl. aber auch Cic. Top. 7. 32) erkennen, daß er von einer
Meinung Ciceros nur vom Hörensagen weiß (*aiunt*). S. auch Pap. D. 48.4.8.

[127] Vgl. das Urteil des Juristen Capito über den Grammatiker L. Ateius (Suet. De grammat.
10): ... *inter grammaticos rhetorem, inter rhetores grammaticum fuisse ait.* S. auch Cic.
Brutus 40.148f.

[128] Vgl. vor allem die Schriften 'De oratore' und 'Brutus'. Weitere Belege etwa in 'De re publica'
(s. nur 1. 18. 30), 'De legibus' (s. etwa 2. 23. 59), 'Laelius' (2. 6. 27.1 01), aber auch in anderen
philosophischen Schriften, in Reden und Briefen. Eine verhältnismäßig rasche Übersicht
gewährt das Onomasticon Tullianum der Cicero-Ausgabe von ORELLI (VII 2). — Auch
F. SCHULZ (55 u. ö.) geht anscheinend von einer Cicero-Lektüre des Pomponius aus.

die Juristen — unmittelbar oder mittelbar — auf Cicero zurückführen lassen[129]. Eine weitergehende These wird dagegen durch die Quellen nicht gestützt.

Was die juristischen Zeitgenossen Ciceros betrifft, so konnte Pomponius aus den Werken Ciceros von ihnen allenfalls recht fragmentarische Kenntnisse erhalten. Die *auditores Servii* sind Cicero anscheinend unbekannt. Nicht einmal Alfenus Varus wird von ihm genannt. Ofilius erscheint nur in seinem Briefwechsel[130]. Dasselbe gilt für Trebatius (dem überdies noch die 'Topica' gewidmet sind) und Cornelius Maximus[131]. Der jüngere Tubero wird — selbstverständlich (D. 1.2.2.46) — in der Rede 'Pro Ligario'[131a], möglicherweise auch in den 'Libri iuris civilis' (s. u.) genannt. Nicht erwähnt werden Volcatius[132] und sein Schüler Aulus Cascellius, der wohl ein Zeitgenosse Ciceros war[133]. Das ist um so auffälliger, als Cicero in 'Pro Balbo' (45; a. 56) von einem älteren Cascellius spricht, der als Kenner des *ius praediatorium* bekannt und möglicherweise ein naher Verwandter unseres Juristen war. Die Gründe für diese 'Unterlassungen' Ciceros interessieren hier nicht. Eine Regel des Inhalts, daß er Zeitgenossen nicht zu zitieren pflegt, läßt sich nicht feststellen. So nennt er in Brut. 48.179 seinen Altersgenossen, den Juristen P. Orbius; im übrigen lebten viele der im 'Brutus' erwähnten *oratores* in der Lebenszeit Ciceros. Auch die Annahme, daß er die rhetorischen Fähigkeiten der nicht zitierten Juristen, um die es ihm in 'De oratore' und im 'Brutus' vor allem geht, nicht allzu hoch einschätzte, gibt keine überzeugende Erklärung. Juristen wie Cascellius, der jüngere Tubero, aber auch Trebatius und Ofilius dürften rhetorisch ausgebildet gewesen sein[134].

Umgekehrt ist es auffällig, daß ein großer Teil der im 'Brutus' als Juristen (und Redner) aufgeführten Personen bei Pomponius fehlt[135]. Gerade wenn man aus dem (allerdings fehlerhaften) Cicero-Zitat in D. 1.2. 2.40[136] entnimmt, daß Pomponius den 'Brutus' Ciceros gelesen hat, ist dieser Sachverhalt schwer erklärbar. Gründe dafür, warum Pomponius die

---

[129] Vgl. nochmals die Cicero-Zitate in D. 1. 2. 2. 40, 46.

[130] Vgl. Ad fam. 7. 21 und die weiteren Belege bei ORELLI, VII 2, 428.

[131] S. Ad fam. 7. 8. 2.

[131a] Im Gegensatz zu Pomp. D. 1. 2. 2. 46 spricht allerdings Cicero (Pro Lig.; anders Caes. BC 1. 31) nicht von der Krankheit des jüngeren Tubero bei dem Landungsversuch in Afrika. Im übrigen ist der Bericht des Pomponius — im Vergleich mit der Rede Ciceros — recht ungenau. Vgl. die Schilderung von F. MÜNZER in RE XIII 1 (1926), 519ff. (Ligarius), sowie K. KUMANIECKI, Prozeß des Ligarius, Hermes 95, 1967, 434ff. Vgl. auch u. Anm. 152.

[132] S. KUNKEL, 20f.; Plin. n. h. 8. 40. 144.

[133] Vgl. KUNKEL, 25ff.

[134] Vgl. Pomp. D. 1. 2. 2. 45f.

[135] Eine Liste dürfte sich erübrigen; vgl. nur Brutus 81, 98, 109, 129, 175, 178, 222, 264. Nur aus Briefen Ciceros sind die Rechtskundigen Precianus (Ad Fam. 7. 8. 2) und L. Valerius (Ad fam. 1. 10) bekannt. Allenfalls könnte man in Brut. 151 eine Anregung zu D. 1.2.2.43 (a. A.) erkennen. Andererseits scheint Pomponius nicht der von Cicero (Brutus 152f.) angenommenen Rangordnung der Juristen Q. Mucius Scaevola und Servius Sulpicius zu folgen.

[136] S. o. bei A. 124.

bei Cicero genannten Namen nicht in sein Verzeichnis aufgenommen hat, lassen sich nicht angeben. Kein Kriterium dürfte es sein, daß von ihnen keine juristischen Äußerungen überliefert sind; denn einmal sind keineswegs alle im 'Enchiridium' genannten Juristen als Schriftsteller bekannt, zum anderen erwähnt Pomponius nicht einmal den C. Livius Drusus, den Sohn des Konsuls von 147, von dem noch Celsus ein *responsum* zitiert hat (D. 19.1.38.1)[137]. Gerade die fehlende Nennung dieses Angehörigen der Generation der *veteres* zeigt, daß das Vorgehen des Pomponius nicht durch seine Meinung gerechtfertigt sein kann, daß die von ihm nicht erwähnten Juristen in Wahrheit eher *oratores* gewesen seien. Im übrigen nennt er den Titus (Gaius) Iuventius[138], der von Cicero (Brut. 48.178f.) in einem Atemzuge mit den — von Pomponius unterschlagenen — Juristen und *oratores* Q. Lucretius Vispillo, T. Annius und P. Orbius erwähnt wird. Diese Umstände lassen — wie das Fehlzitat Ciceros (Brut. 39.145) in Pomp. 1.2.2.40 — vermuten, daß Pomponius den 'Brutus' Ciceros nicht benutzt hat.

Doch selbst wenn man sich auf die übrigen Schriften Ciceros beschränkt, sind — neben vielen, aber angesichts der sozialen Rolle und historischen Bedeutung der zitierten Juristen nicht allzu verwunderlichen Parallelen — manche Diskrepanzen feststellbar; sie könnte man allenfalls (und das nicht durchwegs) mit dem Hinweis auf verlorengegangene Werke Ciceros beiseiteschieben. Obwohl sich Cicero etwa in seinem Brief an Papirius Paetus ausführlich mit der patrizischen Herkunft der Papirii beschäftigte (Ad fam. 9.21), nennt er weder hier noch anderswo den Sextus (Publius) Papirius des 'Ius Papirianum'; Pomponius muß hier also einer anderen Quelle folgen (D. 1.2.2.2, 36). Recht oft tritt in den Werken Ciceros der Jurist Sextus Aelius auf[139]; doch werden seine 'Tripertita', die für Pomponius eine wichtige Rolle spielten, von Cicero nicht erwähnt[140]. Auffällig ist auch, daß P. Sempronius Sophus, der als einer der ersten Plebejer in das Pontifikalkollegium aufgenommen wurde, in den erhaltenen Schriften Ciceros nirgends erscheint[141]. Demgegenüber rühmt Cicero seinen mütterlichen Oheim, den Juristen C. Visellius Aculeo (De or. 1.43.191; Brut. 76, 264); von ihm ist bei Pomponius keine Rede. Möglicherweise hat ihn allerdings nur der Familiensinn Ciceros unter die bedeutendsten Juristen seiner Epoche versetzt. Ein gewisses — allerdings nicht allzu schwerwiegendes — Indiz gegen einen großen Einfluß Ciceros auf Pomponius ist schließ-

---

[137] D. 19. 1. 38. 1: *Si per emptorem steterit, quo minus ei mancipium traderetur, pro cibariis per arbitrium indemnitatem posse servari Sextus Aelius, Drusus dixerunt, quorum et mihi iustissima videtur esse sententia.* Allerdings muß dieses *responsum* nicht unbedingt aus einem eigenen Werk des Livius Drusus stammen: vgl. zu ihm Cic. Brut. 28. 109; Tusc. 5. 112; Val. Max. 8. 7. 4; WIEACKER a. a. O. (A. 25) 197.

[138] Zum Namen s. KUNKEL, 22f. Aus D. 1. 2. 2. 42 ergibt sich, daß sich Pomponius hier auf eine Schrift des Servius Sulpicius stützt.

[139] Vgl. nur De or. 1. 45. 198; 3. 33. 133; dazu O. BEHRENDS, SZ 92, 1975, 313 A. 17 (Rez. NOCERA); Brut. 20. 78.

[140] S. u. bei A. 158. — Ob man mit JÖRS, Römische Rechtswissenschaft . . . I, 105 A. 1, in De or. 1. 43. 193 eine Anspielung auf dieses Werk vermuten darf, ist zweifelhaft.

[141] Vgl. Pomp. D. 1. 2. 2. 37; Liv. 10. 6ff.; KUNKEL 6f.; WIEACKER a. a. O. (A. 25) 190.

lich auch ihre verschiedene Haltung zu den Etymologien. Wie wir gesehen haben, werden sie von Pomponius zur Erklärung juristischer Termini benutzt, während Cicero ihnen skeptisch gegenübersteht[142].

Neuerdings hat M. BRETONE[143] — mit aller Vorsicht — die Hypothese aufgestellt, daß Pomponius bei Abfassung des historischen Teils des 'Enchiridium' das so gut wie unbekannte Werk Ciceros 'De iure civili in artem redigendo' „nicht übergangen hat" (*non abbia trascurato*). Von den Zeugnissen, die wir über dieses Werk haben[144], kommt als Beleg allenfalls eine Gellius-Stelle in Betracht (1.22.7): *M. autem Cicero in libro, qui inscriptus est de iure civili in artem redigendo, verba haec posuit: nec vero scientia iuris maioribus suis Q. Aelius Tubero defuit, doctrina etiam superfuit.* Da es sich bei diesem Satz um eine historische Bemerkung handeln könnte, bestünde eine gewisse Wahrscheinlichkeit dafür, daß diese Schrift weitere historische Notizen enthielt und damit als Quelle für Pomponius in Betracht kam.

Für die Quellenfrage hat es gewisse Bedeutung, daß BRETONE den hier genannten Q. Aelius Tubero für den älteren, den *homo eruditissimus ac Stoicus* Ciceros (Pro Mur. 36.75), *ille stoicus Panaetii*[145] *auditor* des Pomponius (D. 1.2.2.40), hält, nicht den jüngeren Tubero, von dessen Übergang von der Rhetorik zur Jurisprudenz Pomponius in D. 1.2.2.46 erzählt. Denn mit der Erwähnung eines Vertreters der hochrepublikanischen Jurisprudenz wäre ein Indiz dafür gewonnen, daß die 'Libri iuris civilis' Ciceros über die Jurisprudenz der *veteres* berichteten. Diese Hypothese wird aber nur scheinbar durch die Bemerkung des Gellius (im weiteren Verlauf der zitierten Stelle) bestätigt, daß der von ihm zitierte Tubero ein glänzender Kenner der stoischen Dialektik war: *disciplinas enim Tubero stoicas dialecticas percalluerat.* Denn dieses Urteil kann nicht nur für den älteren Tubero, sondern auch für den jüngeren gelten, der in der berühmten Digestenstelle Cels. D. 33.10.7.2 wahrscheinlich stoische Überlegungen aufnimmt[146]. Gegen diese

---

[142] Cic. De gloria (s. o. A. 110); vgl. auch die Ausführungen des (wie Cicero) der skeptischen Akademie angehörenden Cotta in De nat. deor. 3. 24. 62; RAWSON, a. a. O. (o. A. 18), 37.

[143] 183ff.; zuerst veröffentlicht in Labeo 16, 1970, 177ff. — Zum Bericht des Pomponius über den jüngeren Tubero (D. 1. 2. 2. 46) s. o. A. 131a; s. auch o. bei A. 30 zu den 'Historiae'.

[144] Vgl. auch Quint. Inst. 12. 3. 10 und den Grammatiker Charisius p. 175, 18—19 B (HUSCHKE, Jurispr. Antejust. p. 17).

[145] Anders der wohl verstümmelte Digestentext: *Pansae*; vgl. BRETONE 183 A. 1.

[146] Man muß also nicht auf einen — im übrigen nicht ausgeschlossenen — Irrtum des Gellius rekurrieren. Ein näheres Eingehen auf dieses schwierige Fragment ist hier nicht möglich. Herr Dr. R. WITTMANN, dem ich auch an dieser Stelle für Rat und Hilfe danken möchte, weist mich darauf hin, daß D. 33. 10. 7. 2 nichts mit der *thesei-physei*-Lehre, sondern mit der Diskussion über die *ambiguitas* der Wörter zu tun hat. Die nächste Parallele sei Gellius 11. 12 (StVF II 152); vgl. auch Varro LL 6. 56 (= StVF II 143); während Tubero Chrysipp folge, übernehme Celsus — teilweise mit wörtlichen Anklängen — Gedanken des Diodoros Kronos, eines Vertreters der megarischen Schule. Diese spielte bei der Entwicklung der stoischen Logik bekanntlich eine große Rolle (vgl. nur B. MATES, Stoic Logic, Berkeley 1961, sowie Diog. Laert. VII 25). Immerhin ist nicht zu vergessen, daß sich auch Aristoteles eingehend mit der *ambiguitas* beschäftigte (vgl. nur Top. 106a). Stoische Herkunft der Äußerung Tuberos vermutet auch P. FREZZA, Iura 9, 1958, 213. (Rez. BIONDI). Aus der reichen Literatur zur Digestenstelle seien zitiert: F. EISELE, Civilistische

Hypothese spricht vor allem, daß der Text Ciceros ausdrücklich auf die
gelehrten *maiores* des dort genannten Tubero verweist. Hielte man ihn für
den älteren Träger des Namens, so hinge dieser Verweis — zumindest nach
der uns bekannten Familiengeschichte der Tuberones — in der Luft. Auf
den jüngeren Tubero bezogen dagegen würde diese Notiz gut passen. Er
war verwandt mit dem älteren Tubero, dem Juristen und Philosophen; sein
Vater L. Aelius Tubero beschäftigte sich mit historischen Studien, die
philosophischen Interessen des Vaters werden durch die Widmung eines
Werkes des Skeptikers Ainesidemos bezeugt[147].

Trotzdem glaubt Bretone die Entscheidung für den älteren Tubero
aus der Untersuchung der Lebensdaten des jüngeren Juristen gewinnen zu
können. Doch scheint mir seine Argumentation nicht zwingend zu sein.

Die Entstehungszeit der Schrift 'De arte civili' Ciceros ist unbekannt;
es spricht aber nichts dagegen, sie seinen letzten Lebensjahren zuzuweisen[148]. Über den jüngeren Tubero berichtet Pomponius (D. 1.2.2.46): *Post
hos quoque Tubero fuit, qui Ofilio operam dedit: fuit autem patricius et
transiit a causis agendis ad ius civile, maxime postquam Quintum Ligarium
accusavit nec optinuit apud Gaium Caesarem. is est Quintus Ligarius, qui
cum Africae oram teneret, infirmum Tuberonem applicare non permisit nec
aquam haurire, quo nomine eum accusavit et Cicero defendit: exstat eius
oratio satis pulcherrima, quae inscribitur pro Quinto Ligario. Tubero doctissimus quidem habitus est iuris publici et privati et complures utriusque operis
libros reliquit: sermone etiam antiquo usus affectavit scribere et ideo parum
libri eius grati habentur.* Da der Ligarius-Prozeß im Jahre 46 v. Chr. stattgefunden hat, konnte nach Meinung Bretones Tubero bis zum Jahre 43,
dem Todesjahr Ciceros, nicht das Ansehen gewinnen, das eine derartige
Lobeshymne gerechtfertigt hätte, die den „jungen Juristen" im Ergebnis
dem Servius Sulpicius gleichstellte[149].

Lassen wir die Möglichkeit beiseite, daß sich Cicero über den jüngeren
Tubero „emphatisch" äußerte[150]. Im übrigen dürfte er spätestens in den

---

Kleinigkeiten, Jherings Jahrbücher 23, 1885, 33ff.; F. Wieacker a. a. O. (o. A. 44) 451;
F. Horak, Rationes decidendi I, Aalen 1969, 225ff.; U. John, Die Auslegung des Legats
von Sachgesamtheiten . . ., Karlsruhe 1970, 78ff.; P. Pescani, Potentior est quam vox
mens dicentis, Iura, 22, 1971, 121ff.; F. Casavola, Il modello del parlante, Atti Acc.
Napoli, 1971, 485ff.; H. J. Wieling, Testamentsauslegung im römischen Recht, München
1972, 38ff.; U. Kollatz, Vis ac potestas legis, Diss. Frankfurt 1963, 119ff., 144ff.; eine
Abhandlung J. Miquels ist in Vorbereitung. Zur aristotelischen Sprachtheorie unter
juristischem Aspekt vgl. A. Giuliani, La definizione aristotelica della giustizia, Perugia
1971, 38ff.

147 s. Kl. Pauly-Wissowa I 88. — Es ist ausgeschlossen, daß Cicero mit *maiores sui* die
älteren Juristen gemeint hat. Wie Cicero auf diese Bezug nimmt, zeigt etwa Brut. 41. 152.
— Unter *doctrina* versteht Gellius im übrigen die außerjuristische Gelehrsamkeit.

148 Vgl. Bretone, 184f. Ein Indiz dafür ist es, daß der Crassus Ciceros (De or. 1. 42. 190;
1. 45. 199) die Beschäftigung mit dem Recht vor allem den „Altersjahren" zuweist.

149 S. nur De off. 2. 19. 65 und die weiteren Belege bei Bretone, 87.

150 Zum Schwelgen Ciceros in Superlativen s. F. Schulz, 53; zu seiner Neigung, seine Freunde
übertreibend zu loben, A. E. Douglas, The intellectual background of Cicero's Rhetorica,
ANRW I 3, Berlin–New York 1973, 121.

siebziger Jahren des 1. Jhs. geboren sein; denn sein Sohn war Konsul
im Jahre 11 v. Chr.[151] und muß daher seinerseits wohl Ende der fünfziger
Jahre geboren sein. Zur Zeit des Ligarius-Prozesses war der jüngere
Tubero ein *iuvenis* (Quint. Inst. 11.1.80; vgl. Varro, Ant. rer. hum. 17.62),
nicht unbedingt ein 'Jüngling'. Was die Nachricht über die Gründe seiner
Konversion von der Rhetorik zur Jurisprudenz betrifft, so ist fraglich, ob
man die Begründung mit dem Verlust des Prozesses gegen Ligarius, die
man mit dem 'Damaskus-Erlebnis' des Servius Sulpicius vergleichen
könnte[152], allzu ernst nehmen darf, ob sie nicht eher eine pointierte „Kausal"-
Anekdote als ein historischer Bericht ist. Im übrigen läßt auch Pomponius
erkennen, daß sich Tubero schon früher mit der Jurisprudenz befaßt hatte[153].
Schließlich vergleicht auch die preisende Erwähnung des Tubero diesen
nicht mit den Juristen seiner oder der vorhergehenden Epoche, sondern
mit seinen Vorfahren; unter diesen Umständen läßt sich eine Gleichsetzung
des 'jungen Juristen' mit Servius Sulpicius nicht behaupten.

Auch ein letztes Argument, die Benutzung der Vergangenheitsform
(*fuit*) in dem von Gellius überlieferten Cicero-Text, spricht wohl nicht gegen
den jüngeren Tubero. Zwar dürfte dieser den Redner überlebt haben[154];
doch läßt sich über den die Vergangenheitsform tragenden Kontext nicht
einmal spekulieren. Immerhin zeigt die Art, wie Cicero in dem etwa 46
v. Chr. entstandenen 'Brutus' von Servius Sulpicius redet, daß aus
der Verwendung des Perfekts keine sicheren Schlüsse gezogen werden
können[155].

Da der Hinweis auf die *maiores sui* für den jüngeren Tubero spricht
und sich keine triftigen Einwände gegen diese Identifizierung erheben lassen,
fällt auch der Gellius-Text als Indiz für eine Benutzung des 'zivilrechtlichen Werkes' Ciceros durch Pomponius hinweg. In welchem Zusammenhang Cicero auch immer von Tubero gesprochen hat — um eine historische
Notiz handelt es sich nicht. Überdies spricht ein weiteres Argument gegen
eine umfangreiche historische Einleitung in dem verlorengegangenen juristischen Werk Ciceros. Zwar können Gesamtdarstellungen der *artes* auch
historische Partien enthalten; wesentlich sind sie ihnen nicht[156]. So fehlt
auch in dem berühmten Projekt des — wohl den Standpunkt Ciceros
wiedergebenden — Crassus über die 'kunstgemäße' Darstellung des *ius
civile*[157] trotz der recht ausführlichen Darstellung jeder Hinweis auf eine
historische Einleitung. Das macht es unwahrscheinlich, daß Cicero bei der
Verwirklichung dieses Projektes anders vorgegangen ist.

---

[151] S. nur KUNKEL, 37.
[152] D. 1. 2. 2. 43. Cicero, der recht häufig über Servius Sulpicius und auch über Q. Mucius
Scaevola spricht, weiß davon nichts. Handelt es sich um eine (legendarische?) Schul-
tradition der Cassianer? Vgl. D. 1. 2. 2. 51.
[153] Vgl. die Worte: *maxime postquam* . . .
[154] S. nur T. R. S. BROUGHTON, The Magistrates of the Roman Republic, Suppl., New York
1960, 2.
[155] Brut. 41. 151f.
[156] S. nur die Belege bei M. FUHRMANN, Das systematische Lehrbuch, Göttingen 1960.
[157] Cic. De or. 1. 42. 188ff.; vgl. auch Brut. 41. 152.

Um Mißverständnisse zu vermeiden, soll nochmals betont werden, daß
es keineswegs der Zweck der vorstehenden Darlegungen war, die — unmittelbare oder mittelbare — Verwertung von Varro und Cicero durch Pomponius schlechthin auszuschließen. Nur kommen neben ihnen eine ganze
Reihe anderer Autoren in Betracht[157a]. Nicht zu vergessen sind vor allem
die Juristen. Wie erst in letzter Zeit mit aller Deutlichkeit erkannt wurde,
nahm sich Pomponius anscheinend für die Einteilung der Rechtsquellenlehre teilweise die 'Tripertita' des Sextus Aelius Paetus Catus zum Vorbild
(12 Tafeln, *interpretatio, legis actiones*)[158]. Historische Notizen konnte er
bei vielen Juristen — nicht nur bei den Publizisten und Sakralrechtlern —
finden. So hat er etwa die Notiz über die *auditores Mucii* aus einer Schrift
des Servius Sulpicius (D. 1.2.2.42), einzelne Etymologien aus Schriften des
Alfenus Varus und des Ofilius entnommen (D. 50.16.180; 239). Dazu kommen Historiker und Antiquare; diese konnte er — wie Gellius den Varro
(13.13; s. auch 13.12.6) — im Original gelesen, ebenso gut aber auch
mittels Chrestomathien, Breviarien, Exempla-Sammlungen etc. benutzt
haben[159]. Unter diesen Umständen könnte die Frage nach der Herkunft
des Materials, aus dem Pomponius geschöpft hat, in der hier und üblicherweise gestellten Form sinnlos sein. Sinnvoll ist sie nur insoweit, als man sie
als Vorfrage begreift — etwa um Abhängigkeiten in der Bewertung der
Vergangenheit, bei der Lösung von Streitfragen u. ä. festzustellen. Was
dagegen das Material als solches betrifft, so darf man Pomponius wohl
genügend Originalität zutrauen, daß er — wie andere Literaten seiner
Epoche — aus verschiedenen Werken das zusammensuchte, was er benötigte.

Es gab in Rom eine Reihe von Bibliotheken, in denen Pomponius
historisches Material finden konnte. Von ihrer Benutzung durch seine
Zeitgenossen berichtet Gellius. In der *bibliotheca templi Traiani* fand man
alte prätorische Edikte (11.17.1), der *bibliotheca domus Tiberianae* entnahm
Gellius (13.20.1) ein Buch, das anscheinend die Reden eines Mitglieds der
familia Porcia enthielt, in der *bibliotheca in templo Pacis* fand er alte
Grammatiker und Antiquare[160]. Die Bibliothek in Tibur enthielt römische

[157a] So konstatiert P. KRETSCHMAR, Kritik der Interpolationskritik, SZ 59, 1939, 168, Parallelen zur Epitome des Florus, eines Zeitgenossen des Pomponius, führt sie aber auf eine
gemeinsame Vorlage (Varro) zurück. — Zu Florus vgl. jetzt W. DEN BOER, Some Minor
Roman Historians, Leiden 1972, 1 ff; L. BESSONE Ideologia e datazione dell' 'Epitoma' di
Floro, ANRW II, Rubrik 'Sprache und Literatur', hrsg. v. W. HAASE, Berlin–New York 1976 f.
[158] Vgl. nur BRETONE, 126 ff.; FUHRMANN, 106; G. G. ARCHI, 16 f., 47 ff. (dort auch zur Frage,
ob direkte Benutzung vorliegt). Vgl. im übrigen auch D. DAUBE, The influence of interpretation on writing, Buffalo Law Rev. 20, 1971, 51 f. Zur Person des Sextus Aelius Paetus,
des Konsuls von 198 v. Chr., vgl. nur KUNKEL 8 f.; SCHULZ, 25; WIEACKER a. a. O. (A. 25)
192 f.
[159] Vgl. auch SANIO, 33 ff. Zum parallelen Problem, ob Gaius philologische Glossenwerke
benutzte, s. E. NORDEN, Aus altrömischen Priesterbüchern, Lund 1939, 75, 284. Gegen die
Überschätzung der Handbuchliteratur allerdings O. GIGON, Studien zur antiken Philosophie, Berlin–New York 1972, 273. Zur Methode des Exzerpierens s. J. E. SKYDS-
GAARD, Varro the Scholar, Kopenhagen 1968, 101 ff.
[160] 5.21.9; 16.8.2. Vgl. auch die *bibliothecae antiquariorum* bei Tac. Dialog. 37.2. Auch an eine
Privatbibliothek ist zu denken. Wenn auch über den juristischen Büchermarkt nicht viel

Annalisten und griechische Philosophen (Gell. 9.14.3; 19.5.4). Eine Ehreninschrift aus Praeneste berichtet von einem römischen Ritter, der *procurator Augusti bybliothecarum iuris publici privati* war[161]. Auf diese Bibliothek des Augustus beim Apollo-Tempel dürfte sich auch Juvenal (1.127ff.) beziehen[162]. In der Regierungszeit des Antoninus Pius war der Jurist Maecian *procurator bibliothecarum*[163]. Warum sollte Pomponius, dessen Interesse an *antiquitates* evident ist, der noch heute wegen seines Fleißes gerühmt wird, dessen rechtshistorische Darstellung — wie man ihr Niveau auch immer einschätzen mag — Originalität zeigt, nicht das Material aus den verschiedensten Werken zusammengestellt haben und damit zumindest für die 'Mikrostruktur' des 'Enchiridium' allein verantwortlich sein?

Eine andere Frage ist es, ob er auch die 'Gesamtstruktur' des 'Enchiridium' erfunden hat oder ob er sich — ganz oder teilweise — dabei an übliche Literaturgattungen anlehnen konnte. Nimmt man die einzelnen Teile des Enchiridium für sich, so läßt sich nicht bezweifeln, daß in der antiken Literatur eine Reihe von Parallelen zu finden sind. Dabei macht der erste Teil, die Rechtsquellenlehre, die größten Schwierigkeiten. Die bereits genannten 'Tripertita' konnten hier allenfalls einen Anknüpfungspunkt geben. Sicherlich fand sich kultur- und damit auch rechtsgeschichtliches Material in der Annalistik, sowie im sonstigen historischen und antiquarischen Schrifttum[164]; doch erklärt diese Tatsache nicht die 'Form' der Darstellung des Pomponius. Die einzige mir bekannte rechtshistorische Darstellung aus der römischen Literatur ist der berühmte 'gesetzesgeschichtliche' Exkurs des Tacitus (ann. 3.26.1ff.); doch bedarf es nicht eines hier nicht zu erbringenden eindringlichen Vergleiches beider Darstellungen, um zu erkennen, daß sie sich grundsätzlich unterscheiden[165]. So läßt sich nur feststellen, daß es bereits vor Pomponius Skizzen der Rechtsentwicklung gab. Doch dürften sie weder allzu häufig gewesen sein[166], noch sind sie als direkte Vorbilder für Pomponius erkennbar.

Was die Geschichte der *magistratus* betrifft, so haben wir gesehen, daß es hierzu vor allem in spätrepublikanischer Zeit Literatur gegeben hat, aus der Pomponius — wie vor ihm etwa Tacitus, nach ihm Ulpian[167] —

---

bekannt ist, so dürfte er doch nach Cic. de fin. 1.4.12 und Petr. Sat. 46.7 eine gewisse Ausdehnung besessen haben. — Zu den Bibliotheken s. nur C. WENDEL, RAC II, 1954, 231ff.

[161] CIL XIV 2916; s. M. LAURIA, Ius, Neapel 1967³, 237.

[162] Vgl. das Servius-Scholion z. St.

[163] CIL XIV 5347; vgl. KUNKEL, 174; E. LEVY, Gesammelte Schriften I, Köln–Graz 1963, 96ff.

[164] S. o. I 2.

[165] Vgl. zum Exkurs des Tacitus NÖRR, Rechtskritik (o. A. 66), 63f. passim, mit weiteren Nachweisen. Zu den Quellen s. R. SYME, Tacitus II, Oxford 1958, 708ff. Zu überlegen wäre, ob es sich auch bei Pomponius um eine Art von 'Exkurs' handeln könnte. — Auch Sueton, der (ältere) Zeitgenosse des Pomponius, befaßte sich in nicht erhaltenen Teilen der 'Prata'(?) mit den *leges* und *mores* der Römer (s. Suda s. v. Τράγκυλλος); ob auch mit ihrer Entwicklung, ist fraglich. S. im übrigen auch Sen. ep. 90. 4ff. (zu Poseidonios).

[166] Anderes gilt selbstverständlich von der bloßen Darstellung rechtlicher Institutionen — ohne ihre geschichtliche Entwicklung.

[167] Tac. Ann. 11. 22. 4; Ulp. D. 1. 13. 1 (jeweils zu den *quaestores*). Vgl. o. 514ff.

geschöpft haben könnte. Offen bleibt, ob er auch hier auf zusammenfassende Darstellungen zurückgreifen konnte oder ob nicht gerade die Art der Zusammenstellung (Kürze und Knappheit [nicht unbedingt Präzision], Kombination des historischen und des systematischen Aspekts) sein eigener Beitrag ist. Beachtlich ist, daß Pomponius (oder seine unmittelbare Vorlage) diesen Teil nicht nur mindestens bis in die Zeit Nervas fortgeführt (D. 1.2. 2.32), sondern ihn auch deutlich unter dem Aspekt der Rechtspflege formuliert hat (2.13., 34 h. t.). Daß schließlich die Geschichte der Rechtswissenschaft in der Literatur zu den *artes* und zur Philosophie Parallelen findet, wurde bereits gesagt[168]. Unmittelbare Vorbilder sind aber auch hier nicht erkennbar.

Konnte Pomponius somit an bestimmte Werktypen für die Einzelteile seiner historischen Darstellung anknüpfen, so ist es doch viel schwieriger, Parallelen für die keineswegs unorganische Verbindung dieser Werktypen zu finden (s. D. 1.2.2.13; zit. o. A. 103). Der von Pomponius verwendeten Disposition kommt wohl am nächsten das Schema, das den Schriften Suetons über die Grammatiker und Rhetoren und — nach H. DAHLMANN[169] — der Literaturform *peri technitôn* schlechthin zugrunde liegt. So stellt Sueton in 'De grammaticis' vor die eher anekdotischen Kurzbiographien (5ff.) einige Kapitel zum *initium* und *studium* der Grammatik in Rom (1—4). Eine ähnliche Funktion hat das erste Kapitel aus 'De rhetoricis'. Quintilian (inst. 3.1 und 2) variiert das Schema, indem er zuerst über die Rhetoren und dann über das *initium* der Rhetorik berichtet. Für diese *protheoria* zur *enumeratio* der Vertreter einer *ars* ist es nach DAHLMANN charakteristisch, daß sie — auf peripatetischer Grundlage — zuerst über 'praeartistische Vorstufen', dann über das *initium (archē)* der *ars*, ihre *auxesis, instructio, incrementum*, schließlich über ihre *akmē (flos, teleiotes, perfectio)* berichtet. Die Schilderung des Verfalls gehört an sich nicht in das Schema[170]. Nach der *akmē* folgen Aussagen über den *technites*, seinen Namen und seine *officia (erga)*. Die *enumeratio* beschränkt sich dann auf die Vertreter der *ars* zur Zeit der *akmē*.

Zumindest was das *initium* und das *incrementum* betrifft, kann man Andeutungen dieses Schemas bei Pomponius finden. So darf etwa für das *initium* auf Tiberius Coruncanius verwiesen werden, *qui primus profiteri coepit*, oder auf die Bezeichnung der 'Tripertita' des Aelius als *cunabula iuris* (D. 1.2.2.35, 38), für das *incrementum* auf *Publius Mucius et Brutus et Manilius, qui fundaverunt ius civile* (2.39), und auf Quintus Mucius Scaevola, der das *ius civile primus constituit generatim* (2.41). Vorbehaltlich

---

[168] S. o. 514.

[169] Zu Varros Literaturforschung . . ., in: Varron (o. A. 32), 10ff. DAHLMANN glaubt auch, daß Varros 'De poetis' diesem Schema folgte. Die Vorbildlichkeit gerade einer Schrift Varros für Pomponius ist damit keineswegs erwiesen — vor allem wenn es richtig ist, daß es sich hierbei um ein allgemeines Schema handelte. Zur Einteilung: *origo, dignitas, ars* vgl. o. nach A. 114. S. auch W. SUERBAUM, a. a. O. (o. A. 86).

[170] Vgl. auch die Bemerkungen von A. MICHEL und C. O. BRINK (Varron, 29) zu den Ausführungen DAHLMANNS.

einer genaueren Analyse ist aber festzustellen, daß das Schema allenfalls auf die *pars 'de successione auctorum'* paßt und daß es auch dort nur mit Mühe erkennbar ist. Daß Pomponius seine eigene Zeit als die *akmē* der Jurisprudenz ansah, läßt sich allenfalls vermuten. Auch sind die beiden Teile: Entstehung und Entwicklung der *ars* und Aufzählung ihrer Vertreter nicht deutlich voneinander getrennt. Für die hier in erster Linie interessierende Frage nach der Herkunft der Kombination der Teile — zu deren Beantwortung man noch die rechtsphilosophischen und worterklärenden Partien des 'Liber singularis' berücksichtigen müßte — würden wir auch bei einem genaueren Vergleich der Schrift des Pomponius mit den sonstigen 'artistischen' Schriften kaum eine Auskunft erhalten.

Die Quellenlage erlaubt uns somit kein sicheres Urteil — weder über die Gründe der Verbindung verschiedener Werktypen noch über die mögliche Originalität des Pomponius. Immerhin können wir bis zum Beweis des Gegenteils die Hypothese vertreten, daß Pomponius der *inventor* dieser Kombination war. Über die Gründe für die Struktur seines Werkes läßt sich nur spekulieren. So könnte man Pomponius etwa als Exponenten einer in der lateinischen Literatur allgemein und gerade in seiner Zeit weit verbreiteten Strömung bezeichnen, die sich in der Verwendung literarischer Mischformen gefiel[171]. Näher als die Annahme einer (fast irrationalen) Abhängigkeit des Pomponius von solchen Strömungen liegt aber die Vermutung, daß die Verbindung der drei Teile: Geschichte der Rechtsquellen, Geschichte der Magistrate, Geschichte der Jurisprudenz, und damit die Erfindung einer bis heute grundlegend gebliebenen Systematik der 'äußeren Rechtsgeschichte'[172] auf den Zweck des Werkes selbst zurückzuführen ist: die knappe, aber umfassende Darstellung der Rechtsentwicklung und der sie unmittelbar beeinflussenden Kräfte (Magistrate und Juristen). Insoweit können wir somit dem Gaius, dem (möglichen) Erfinder des Institutionensystems, den Pomponius als Erfinder des Systems der 'äußeren Rechtsgeschichte' zur Seite stellen.

c) Einzelfragen

Es ist nicht der Zweck dieser Abhandlung, umfassend über die Interpretation einzelner Stellen aus dem 'Enchiridium' zu berichten. Der Kommentar zu diesem Werk ist noch zu schreiben. Zwei Themenkreise sind hier eng und gleichsam 'zirkulär' miteinander verbunden. Das Enchiridium ist die wichtigste Quelle für die Geschichte der römischen Jurisprudenz und eine wichtige Quelle für die Geschichte des römischen Rechts und der römischen Magistratur. Ihrer Erkenntnis dient jede Einzelanalyse. Zugleich ermöglicht aber erst die Interpretation der einzelnen Stellen ein Urteil über die Qualität des 'Enchiridium' als historischer Quelle — nicht nur für die

---

[171] Vgl. nur — in einem anderen Zusammenhang — A. D. LEEMAN, Orationis Ratio I, Amsterdam 1963, 215; s. auch T. JANSON, Roman Prose Prefaces, 8.
[172] S. auch SANIO, VIII.

Zeit des Pomponius selbst, sondern auch für die von ihm geschilderten vergangenen Zustände. Insoweit könnte das 'Enchiridium' auch die Frage beantworten helfen, wie groß die Kenntnis der klassischen Juristen von der Vergangenheit war[173]. An dieser Stelle genügt es, einige Themen zu erwähnen, bei deren Erörterung die Interpretation des Pomponius-Textes im Mittelpunkt steht, sowie einige fragmentarische Notizen über vermutete und wirkliche *errores* im Text des Pomponius vorzulegen — ohne daß dabei die Herkunft dieser Irrtümer zur Diskussion stünde. Dabei beschränken wir uns im wesentlichen auf die Diskussion von Schriften, die in den letzten Jahren erschienen sind; Vollständigkeit der Literatur- und Inhaltsangaben wird nicht erstrebt.

Die Einzigartigkeit des Textes für die Geschichte der Rechtswissenschaft macht es verständlich, daß das Interesse sich auf den dritten Teil, die *successio auctorum* konzentriert[174]. So ist es fast selbstverständlich, daß sich der Versuch F. WIEACKERS, die Position der „römischen Juristen in der politischen Gesellschaft des 2. vorchristlichen Jahrhunderts" festzustellen (s. o. A. 25), weithin auf eine kritische Analyse des Pomponius-Fragmentes stützt. In zwei weiteren bedeutsamen Aufsätzen geht es um die Verwendung des Wortes *interpretatio* durch Pomponius. M. FUHRMANN[175] gibt einen Überblick über die außerjuristische (zeitlich gesehen auch weithin vorjuristische) Verwendung des Wortes. Er kommt dabei zu dem Ergebnis (90), „daß der Ausdruck *interpretari* spätestens seit ciceronischer Zeit für zwei einander radikal entgegengesetzte Arten deutender Vermittlung gebraucht wurde: für die Auslegung zeichenhafter Hinweise, die geheimen Impulsen folgte oder deren Praktiken sich jedenfalls in erheblichem Maße der Kontrolle entzogen, sowie für die schematische Wiedergabe von Texten durch möglichst genau entsprechende Formulierungen". Daraus folge aber, daß Pomponius dort, wo er die Tätigkeit der alten Jurisprudenz (vor den *veteres*) als *interpretatio* bezeichnet, ein Wort gebraucht, das an sich nur für die spätrepublikanische und kaiserzeitliche Rechtswissenschaft verwendet werden dürfe. Für die 'Tripertita' des Aelius Paetus — die Pomponius nach FUHRMANN kaum unmittelbar benutzt hat — ergebe

---

[173] S. nur MASCHI XX, der im übrigen — wie andere Autoren auch — im Grundsatz über die Vorstellungen des Pomponius von der Vergangenheit positiv urteilt (s. nur 32 ff.).

[174] Vgl. aber etwa zu D. 1. 2. 2. 7 (Gnaeus Flavius) — außer der angekündigten Abhandlung von J. G. WOLF (s. SZ 89, 1972, 524) — J. VERNACCHIA, Gneo Flavio, Archivi e Cultura, 1970, 35 ff. (54 f. passim); G. NOCERA, „Jurisprudentia", Rom 1973, 75 ff.; zu 2. 4. (Gesandtschaft nach Griechenland; s. auch Plin. n. h. 34. 11) zuletzt F. WIEACKER, Solon und die XII Tafeln, Studi Volterra III, 761 ff., 782 ff. (wohl hellenistische Legende); E. BAYER, Rom und die Westgriechen..., ANRW I 1, Berlin–New York 1972, 324 f. Zur Zahl der *praetores* (2. 32 f. h. t.) vgl. J. MORRIS, Leges annales under the Principate, LF 87, 1964, 322 f.

[175] Sympotica Wieacker, 1970, 80 ff. (vor allem 101 ff.); dazu — teilweise kritisch — ARCHI SZ 87, 1970, 47 ff. Aus früherer Zeit vgl. A. A. SCHILLER, Roman Interpretatio and Anglo-American Interpretation and Construction, Virginia Law Rev. 27, 1940/41, 733 ff. (jetzt in 'An American Experience in Roman Law', 1971, 56 ff.). Vgl. zur *interpretatio* der *veteres* jetzt auch M. KASER, Die Beziehung von Lex und Ius, Studi in mem. di G. Donatuti II, Mailand 1973, 544 ff.; allgemein auch F. SERRAO, a. a. O. (o. A. 18) 242 passim.

sich daraus, daß der Teil, der von Pomponius als *interpretatio* bezeichnet werde, ursprünglich so nicht geheißen habe.

Allerdings ist diese Folgerung — wie auch G. G. ARCHI festgestellt hat[176] — mit dem Text von D. 1.2.2.38 schwer vereinbar; denn aus ihm ergibt sich nicht nur mit großer Wahrscheinlichkeit, daß die 'Tripertita' zur Zeit des Pomponius noch greifbar waren, sondern auch — mit vielleicht etwas geringerer Wahrscheinlichkeit —, daß Pomponius sie kannte. Beides würde aber für die Authentizität des Ausdruckes 'interpretatio' als Bezeichnung des zweiten Teiles dieser Schrift sprechen: *tripertita autem dicitur, quoniam lege duodecim tabularum praeposita iungitur interpretatio, deinde subtexitur legis actio.* Auf der anderen Seite ist es aber kaum möglich, die Darlegungen FUHRMANNS über die späte Entstehung des klassischen Rechtsbegriffes der *interpretatio* beiseite zu schieben. Dieser Widerspruch würde sich auflösen, wenn man für die *interpretatio* der 'Tripertita' die 'ursprüngliche' Bedeutung annehmen könnte. Eine solche Hypothese erscheint mir nicht als unwahrscheinlich.

Es kann von einem Satze G. DEVOTOS in diesem Sammelwerke ausgegangen werden[177]: „*Il latino si altera più fra Tarquinio il Superbo e Appio Claudio il Cieco, che fra Appio Claudio e Carlomagno*". Daraus ergibt sich, daß der 12-Tafel-Text um die Wende des 3. zum 2. Jahrhundert weithin unverständlich geworden war, also einer *interpretatio* im Sinne einer Deutung (um nicht zu sagen: einer Übersetzung) eines sich der unmittelbaren Verständlichkeit entziehenden Textes bedurfte. Es darf an die unbestrittene Tatsache erinnert werden, daß die überlieferten 12-Tafel-Fragmente nicht mehr ihre ursprüngliche sprachliche Gestalt haben. Dabei ist zu vermuten, daß sich die Darstellung der juristischen Arbeit an den 12 Tafeln eher an diese 'Deutung' (*interpretatio*) anschloß als an die den dritten Teil der 'Tripertita' ausmachenden *legis actiones*. Schließlich könnte man noch erwägen, ob es nicht gerade Sextus Aelius war, der mit seiner *interpretatio* den modernisierten XII-Tafel-Text schuf und damit den 'Urtext' aus dem praktischen Rechtsleben verdrängte. Diese Erwägung wird dadurch gestützt, daß die Quellen sonst keinen Anhaltspunkt für den Anlaß der Modernisierung des Urtextes geben.

Vorwiegend mit dem juristischen Gebrauch des Ausdruckes *interpretatio* beschäftigt sich der zitierte Aufsatz von G. G. ARCHI. Wenn Pomponius von der *interpretatio* der 12 Tafeln durch die frühe Jurisprudenz spreche, so dürfe man damit nicht die Vorstellung der modernen Gesetzesinterpretation verbinden. Vielmehr habe das aus der *interpretatio* entstandene *ius civile* eine gewisse Selbständigkeit gegenüber dem Gesetz gehabt; es sei diesem nicht hierarchisch untergeordnet gewesen. Die *interpretatio* sei entstanden „*per la necessità di inserire la lex nella sua concretizzazione*

---

[176] SZ 87, 1970, 1ff.; s. vor allem 10ff., 14ff., 47ff.; s. auch Varro LL 5. 22.

[177] Storia politica e storia linguistica, I 2, 461. — Zur Sprache der XII Tafeln letzthin etwa G. RADKE, Beobachtungen zu den leges XII tab., Sein und Werden im Recht (Festg. U. v. Lübtow), Berlin 1970, 223ff. — Die eben skizzierte Hypothese ließe sich auch mit Material und Argumenten aus dem erwähnten Aufsatz von FUHRMANN (vor allem 92ff.) absichern.

storica, che ha preso il nome di 'lex XII Tabularum', nella realtà giuridica romana'' (p. 15). Anders werde der Ausdruck *interpretatio* von Pomponius dort gebraucht, wo er an die Rechtsanwendung in der Gegenwart denkt[178]. Soweit es ARCHI um die relative Autonomie der *interpretatio* im Vergleich zum Gesetzestext geht, darf erwähnt werden, daß auch Cicero von einer an keinen Text geknüpften *interpretatio (iuris)* spricht (De rep. 5.2.3): *(nihil esse tam) regale quam explanationem aequitatis, in qua iuris erat interpretatio, quod ius privati petere solebant a regibus* ...... Mit modernen methodologischen Differenzierungen[179] könnte man sagen, daß es bei der *interpretatio* nicht (allein) um die Auslegung des Normtextes, sondern eher um die Konkretisierung des — nicht unbedingt schriftlich festgelegten — Norminhaltes geht.

Mit dem alten *ius civile* und der *interpretatio prudentium* hängt ein weiteres Thema zusammen, das in den letzten Jahren zu mehreren Beiträgen geführt hat, die Auslegung von D. 1.2.2.39: *post hoc fuerunt Publius Mucius et Brutus et Manilius, qui fundaverunt ius civile.* Problematisch ist die Bedeutung des Wortes *fundare.* Es kann nicht den Beginn der juristischen Tätigkeit bedeuten, da Pomponius schon vorher von Juristen spricht, deren Beschäftigung mit dem Recht ebenfalls unter die Kategorie des *ius civile* (wie es Pomponius versteht) fällt. Schwierig ist auch die Abgrenzung zu dem Urteil über Q. Mucius Scaevola, dessen besondere Leistung bei der 'Verwissenschaftlichung' des *ius civile* von Pomponius hervorgehoben wird[180]. E. PÓLAY beschäftigt sich vor allem mit dem Verhältnis der drei Juristen zu Q. Mucius Scaevola, der zwar auf ihrer Arbeit aufbaute, aber — unter griechischem Einfluß stehend — eine stärkere Systematisierung des Rechts anstrebte. Doch bestünde eher ein quantitativer als ein qualitativer Unterschied. Ebenso wie F. WIEACKER leugnet auch P. STEIN einen entsprechenden Bruch zwischen den drei 'Gründern' und ihren Vorgängern. Die von ihm geschilderten Unterschiede beziehen sich danach vor allem auf das 'Äußere' der juristischen Arbeit (Säkularisierung, Veröffentlichung der *responsa* etc.); Q. Mucius Scaevola setzte sich nach STEIN von ihnen durch die Verwendung griechischer Wissenschaftsmethoden ab. Weit ernster genommen wird das *fundare* von M. BRETONE. Pomponius meine mit seiner Äußerung, daß sich mit den drei Juristen in der Mitte des 2. Jhs. die das *ius civile* ausmachende *interpretatio prudentium* vom 12-Tafel-Text gelöst hat, daß sie selbständig wird. G. G. ARCHI, der — wie gesagt — von der ursprünglichen (relativen) Autonomie der *interpretatio* ausgeht, modifiziert diese Auslegung dahin, daß sich die Selbständigkeit vergrößerte, daß sich

---

[178] p. 19; vgl. D. 50 16. 120 (dazu u. IV 4); 246. 1 h. t.

[179] s. FRIEDRICH MÜLLER, Juristische Methodik, Berlin 1971, 97f. passim. Vgl. auch o. I 3 bei A. 52.

[180] Vgl. hierzu E. PÓLAY, Publius Mucius et Brutus ... fundaverunt ius civile, Acta Jur. et Polit. Szeged 1962, IX 3 (ungarisch, mit deutschem und russischem Resümee); GUARINO, 104ff.; BRETONE, 163ff. (zuerst in Atti II congr. intern. SISD 1967 [Florenz] [1971] I, 103ff.); P. STEIN, Regulae iuris, Edinburgh 1966, 26ff.; ARCHI a. a. O. 17 A. 20; WIEACKER a. a. O. (A. 25) 183 A. 2. — Vgl. demgegenüber Cic. Brut. 151ff.

die juristische Tätigkeit vor allem von den *verba legis* stärker auf die *ratio legis* hin bewegte.

Die Thesen BRETONES und ARCHIS könnten nur aus einem — nach der Quellenlage schwer erhältlichen — Gesamtbild der frühen Rechtswissenschaft abgeleitet werden. Durch den Pomponius-Text, wie auch durch den normalen Wortsinn von *fundare*, sind sie nicht gerechtfertigt. In seiner Kritik an den Ausführungen von BRETONE wendet sich daher A. GUARINO zu Recht gegen eine Überbewertung der auch in der Vergangenheit fast zu einem Mythos gewordenen Worte des Pomponius. Mit ihm bin ich der Meinung, daß weder die beiden anderen Stellen, in denen Pomponius im 'Enchiridium' das Verb *fundare* gebraucht (§§ 4 u. 44), noch auch der sonstige Sprachgebrauch[181] eine so schwerwiegende Interpretation tragen. Mehr als die Feststellung der 'Konsolidierung', der Verfestigung, Ausarbeitung, die Rechtssicherheit erhöhenden Konkretisierung des *ius civile* wird man in den Worten des Pomponius nicht suchen dürfen.

Weiterhin ist Pomponius eine der wichtigsten Quellen für zwei — 'berufssoziologisch' und rechtspolitisch — entscheidende Phänomene der frühen und hohen Prinzipatszeit: für das *ius respondendi* und für die Bildung der juristischen *sectae*. Vom *ius respondendi*, auf das noch kurz einzugehen sein wird (s. u. IV 2), gibt uns der Pomponius-Text ein relativ reiches, wenn auch schwer verständliches und widersprüchliches Bild. Dagegen beschränkt er sich bei der Darstellung der Schulen im wesentlichen auf äußerliche Fakten: eine knappe Schilderung der Entstehung der Schulen und der Reihenfolge der Schulhäupter bis in hadrianische Zeit. Was den inhaltlichen Gegensatz zwischen den Schulen betrifft, so läßt er sich allenfalls implizit und überdies recht vage aus seinen Äußerungen über Labeo und Capito und die Weiterführung ihrer Gegensätze durch ihre 'Nachfolger' entnehmen[182]. Zumindest nach Meinung des Pomponius werden Capito und die ihm folgende Schule der Sabinianer als konservativ, Labeo und die ihm folgenden Prokulianer als progressiv einzustufen sein.

Die Dürftigkeit dieser Ausführungen macht es verständlich, daß man sie entweder nur teilweise akzeptierte oder überhaupt beiseite schob. Nach der heute herrschenden Meinung dürfte der Schulgegensatz auf sozialen Gründen beruhen, wobei (u. a.) mit dem Gefolgschaftswesen zusammenhängende römische Traditionen, persönliche Gegensätze und Konkurrenzverhältnisse genannt werden[183]. Doch fehlt es auch in letzter Zeit nicht an Versuchen, die Schulgegensätze inhaltlich festzulegen. Während A. M. HONORÉ[184] nach

---

[181] Vgl. vor allem Cic. De rep. 5. 1. 1; s. auch Liv. 3. 56. 1; 3. 60. 1.

[182] Vgl. die Worte *eas dissensiones* in D. 1. 2. 2. 48, die man — bei strikter Interpretation — auf die *dissensio* zwischen Capito und Labeo zurückbeziehen muß. Offen bleibt, ob das *adhuc* sich auf die 'absolute' oder die 'relative' Gegenwart bezieht. Da letzteres wahrscheinlicher ist, ist der Informationswert der Stelle für die Zeit des Pomponius nicht allzu groß.

[183] s. nur die Lehrbücher der römischen Rechtsgeschichte von G. DULCKEIT—F. SCHWARZ— W. WALDSTEIN, A. GUARINO, M. KASER, W. KUNKEL, E. SEIDL.

[184] 18ff., 35ff.; mit Recht kritisch dazu WIEACKER, SZ 81, 407f.

politischen Antagonismen fahndete, glaubt P. STEIN[185] methodische Unterschiede feststellen zu können; in Schlagworten gefaßt seien die Prokulianer Rationalisten, betonten sie die Begrifflichkeit und das System, während die Sabinianer eher Pragmatiker seien, die vor allem die Tradition (*usus*) hochhielten. Beachtlich ist der Hinweis STEINS, daß der Beginn der Rechtsschulen durchaus von tiefergreifenden sachlichen Gegensätzen begleitet sein konnte, während ihr Weiterbestehen möglicherweise eher ein soziales Problem darstellt.

Unter Verzicht auf eine eingehende Diskussion darf hier auf eine noch nicht (ausreichend) beachtete Parallele aus der zeitgenössischen Rhetorik aufmerksam gemacht werden. Es ist bemerkenswert, daß auch Quintilian (Inst. or. 3.1.17ff.) bei seiner Schilderung der rhetorischen Schulen der *Apollodorei* und *Theodorei* über den Inhalt des Schulgegensatzes keine Aussagen macht. Er selbst gehört — nach seiner eigenen polemisch pointierten Äußerung — keiner Schule an (22): *neque enim me cuiusquam sectae velut quadam superstitione imbutus addixi*. Beim Vergleich der *sectae* der Rhetoren und Juristen sind folgende Umstände auffällig: Beide sind etwa zu gleicher Zeit entstanden; damit wird die Erklärung des juristischen Schulgegensatzes aus der römischen Tradition zumindest relativiert. Ein prinzipieller Gegensatz zwischen den Schulen der *Apollodorei* und der *Theodorei* existiert nicht; beide Schulen vertreten die attizistische Richtung und unterscheiden sich mehr in System-Fragen[186]. Dem entspricht es, daß auch für die juristischen Schulen ein grundsätzlicher Gegensatz geleugnet wird und daß man dazu neigt, den Gegensatz im Methodischen zu suchen[187]. Schließlich verweist Quintilian hinsichtlich der Benennung der Schulen auf das Vorbild der Philosophen-Schulen: *hi diversas opiniones tradiderunt appellatique inde Apollodorei ac Theodorei ad morem certas in philosophia sectas sequendi*. Für die Namensgebung der Juristenschulen mag dasselbe Vorbild wirksam gewesen sein[188].

In folgenden Arbeiten über einzelne Juristen ging es speziell um die Interpretation des 'Enchiridium' (wobei bereits genannte Schriften nicht nochmals erwähnt seien): S. Aelius Paetus wurde nicht nur unter dem Aspekt seines Einflusses auf die Schrift des Pomponius und auf die spätere Jurisprudenz schlechthin betrachtet[189], sondern auch einer Verdoppelung

---

[185] The two schools of Jurists . . ., Cambridge Law Journal 31, 1972, 8ff.; anders noch Regulae iuris, 66f. Vgl. auch H. E. DIRKSEN, Beiträge zur Kunde des römischen Rechts, Leipzig 1825, 46ff.; J. KODRĘBSKI, Sabinianie i Prokulianie, Łódź 1974, 308ff. (Resümee); DERS., Rechtsunterricht und Rechtsschulen in Rom am Ausgang der Republik und in der frühen Kaiserzeit, ob. in diesem Band (ANRW II 15) 177ff.

[186] Apollodor: geschlossenes System, vor allem auch strenge Definitionen; Theodor: offenes System. Vgl. KL. PAULY-WISSOWA I 439 mit weiteren Angaben; dazu noch M. FUHRMANN, Einführung in die antike Dichtungstheorie, Darmstadt 1973, 167f.; E. CIZEK, L'époque de Néron et ses controverses idéologiques, Leiden 1972, 270 passim; B. P. REARDON, Courants littéraires grecs des IIe et IIIe siècles après J.-C., Paris 1971, 79 A. 59 (mit Lit.).

[187] So vor allem STEIN, Cambridge Law Journal 31, 8ff.

[188] Zum Namen der Rechtsschulen s. auch NÖRR, Rechtskritik (o. A. 66), 86 A. 33.

[189] D'IPPOLITO Labeo 17, 1971, 271f

unterzogen. Mit scharfsinnigen Argumenten versuchte A. WATSON[190] den Sextus Aelius des 'Ius Aelianum' (D. 1.2.2.7) von dem Sextus Aelius der 'Tripertita' (2.38 h. t.) zu unterscheiden. Wenn auch eine grundsätzliche Stellungnahme zu dieser These eine Untersuchung der frührömischen Rechtswissenschaft und des frührömischen Prozesses voraussetzen würde, so läßt sich doch feststellen, daß ein wesentliches Argument WATSONS nicht schlüssig ist. WATSON hält es für widersprüchlich, daß nach 2.7 h. t. das 'Ius Aelianum' *non post multum temporis spatium* nach dem 'Ius Flavianum' verfaßt wurde, während in 2.38 nur die 'Tripertita' (nicht das 'Ius Aelianum') genannt werden und Sextus Aelius als nach (*deinde*) Tiberius Coruncanius wirkend erscheint; überdies könne ein Zeitraum von etwa einem Jahrhundert nicht als 'kurzer Zeitraum' angesprochen werden. Diese Argumentation verkennt nicht nur, daß das 'Ius Aelianum' wegen des Sachzusammenhanges (*actiones*) und vielleicht auch wegen des Namens ('Ius Papirianum—Flavianum—Aelianum') in § 7 auftritt. Wichtiger ist, daß — wie etwa ein Blick auf §§ 37f. zeigt — die Exaktheit der (relativen) Chronologie nicht gerade zu den Vorzügen des 'Enchiridium' gehört[191].

Mit den in D. 1.2.2.44 genannten *auditores Servii* beschäftigte sich F. CASAVOLA[192], wobei es ihm vor allem um die Rolle und die Charakterisierung des Aufidius Namusa geht. Die von Pomponius zur Charakterisierung der Stellung der Juristen verwandten Prädikate (*auctoritas* u. a.) wurden von CH. KRAMPE untersucht[193]. Von den — teilweise schon früher bemerkten — *errores* fanden in letzter Zeit der angebliche Konsulat des älteren Tubero (2.40 h. t.)[194], die unklare Beziehung des ciceronianischen Lobes: *iuris consultorum disertissimus* (ebenfalls in 2.40)[195] und die unrichtige Benennung des Volcatius, des Lehrers des Cascellius (2.45)[196], Beachtung. Der Kuriosität halber sei erwähnt, daß die eigentümliche Vorliebe des Pomponius-Textes für die fälschliche Verwendung des Gaius-Namens (2.37, 42, 44) noch keine Erklärung gefunden hat[197].

---

[190] 'Ius Aelianum' and 'Tripertita', Labeo 19, 1973, 26ff.

[191] Ist im übrigen die Einführung von neuen *genera agendi* (D. 1. 2. 2. 7) bereits für den Anfang des 3. Jhs. denkbar? Zu chronologischen Ungenauigkeiten des Pomponius s. auch WIEACKER a. a. O. (A. 25) 196, 199ff. — Zum Verhältnis von 2. 2 und 2. 36 h. t. s. S. TONDO, Leges regiae e paricidas, Florenz 1973, 32 passim.

[192] Auditores Servii, Atti II congr. intern. SISD 1967 (1971), 153ff.

[193] Proculi Epistulae, Karlsruhe 1970, 5f.

[194] BRETONE, 148 A. 1; SCHULZ 55; für die frühere Literatur vgl. P. JÖRS, Römische Rechtswissenschaft... I, 1888, 10 (mit Nachweisen). Zur Identifizierung des in D. 1. 2. 2. 37 genannten Scipio vgl. WIEACKER a. a. O. (A. 25) 196. — Ähnliche schwere Irrtümer finden sich aber auch bei dem „Historiker" Cornelius Nepos (vgl. E. M. JENKINSON a. a. O. [o. A. 27] 713f.) sowie in der 'Epitome' des Florus, des Zeitgenossen des Pomponius (vgl. W. S. TEUFFEL, Geschichte der röm. Lit., Leipzig–Berlin 1916[6], § 348). Namens-Irrtümer sind auch bei Tacitus nicht auszuschließen; s. R. SYME, Ten Studies in Tacitus, Oxford 1970, 58ff. Vgl. auch die Verwechslung der Metelli in Gell. 1. 6. 1.

[195] BRETONE, 186ff.; s. auch o. bei A. 124. Zur Bücherzahl des Werkes des Brutus s. o. A. 122.

[196] Vgl. Plin. n. h. 8. 40. 144; s. TH. MAYER-MALY, RE IX A 1 (1961), 757f. (Volcatius Nr. 10).

[197] F. SCHULIN, Ad pandectarum titulum de origine iuris commentatio, 1876, 20ff. hat sie zur Stütze seiner These verwandt, daß Teile des dem Pomponius zugeschriebenen Textes in Wirklichkeit von Gaius stammen.

4. Andere Schriften des Pomponius

a) Zur Chronologie der Schriften

Wenn wir uns jetzt den übrigen Schriften des Pomponius zuwenden,
so wollen wir — vor allem angesichts der letzten Untersuchung von
D. Liebs — auf eine umfassende Erörterung der Chronologie der Werke
verzichten[198]. Dagegen sollen methodische Probleme der Datierung etwas
ausführlicher erörtert werden. Da in den Schriften des Pomponius nur recht
selten Kaiserkonstitutionen zitiert sind, pflegt man die Datierung aus dem
Vergleich mit den Digesten Julians zu entnehmen — wobei nicht immer
die chronologische Unsicherheit gerade dieses Werkes ausreichend beachtet
wird[199]. Der Konsens über die zeitliche Reihenfolge ist nicht allzu groß.
Außer dem 'Enchiridium' werden die kleineren Werke ('De fideicommissis'
und 'De senatus consultis') der Zeit Hadrians zugewiesen, während der
'Liber singularis regularum' spätestens unter Antoninus Pius verfaßt sein
soll. Die 'Libri ad Q. Mucium' — nach Liebs (trotzdem) ein frühes Werk —
und die 'Libri ex Plautio' seien unter Pius geschrieben, die 'Variae lectiones' unter Mark Aurel. Besonders schwierig ist die Datierung der 'Libri ad
Sabinum'. Vielleicht wurden sie unter Hadrian begonnen und unter Antoninus Pius vollendet; die Digesten Julians werden in ihnen anscheinend
nicht verwendet[200]. Noch weniger Anhaltspunkte gibt es für den Ediktskommentar; in der Literatur werden die Jahrzehnte von Hadrian bis in
die sechziger Jahre genannt. Bei den 'Epistulae' schwankt man zwischen
Pius und Mark Aurel.

Größere Exaktheit dürfte kaum zu erreichen sein; es ist eher fraglich,
ob die genannten zeitlichen Fixierungen nicht schon zu präzise sind. Das
möge kurz an den wegen des Rückgriffs des Pomponius auf die *veteres*
besonders interessierenden 'Libri 39 ad Q. Mucium' gezeigt werden. Gleichsam als Motto können einige Worte K. Lattes dienen[201]: „Ein antikes Buch
ist nie in dem Sinne abgeschlossen wie bei uns, wo der Druck einen Ein-
schnitt macht . . . . In der Antike arbeiten die Leute noch an ihren

---

[198] Liebs (2) 78 A. 110; vgl. im übrigen Fitting, 33ff.; W. Felgentraeger, Die Literatur
zur Echtheitsfrage . . ., Symb. Frib. Lenel, 1931, 369; R. Orestano, 271f.; A. Guarino,
Storia del diritto romano, Neapel 1963³, 384f. und — mit nicht überall geglückten Präzi-
sierungsversuchen (s. nur M. Kaser, Gnomon 35, 1963, 481f.) — Honoré, 53ff.

[199] Vgl. dazu E. Bund, Untersuchungen zur Methode Julians, Köln–Graz 1965, 3f., und die
Literatur in: Daube Noster (o. A. 72), 248 A. 52.

[200] Zum Julian-Zitat in D. 41. 3. 31. 6 s. Liebs a. a. O.; anders und schwerlich haltbar Fitting, 35 Anm. f.

[201] In: Varron (o. A. 32), 177f.; richtig auch Bund a. a. O. S. zum Problem Wieacker,
72ff. mit Lit. — Wie problematisch die Hypothese eines einzigen der weiteren Überlieferung zugrundeliegenden Exemplars ist, zeigt das Beispiel von Ciceros 'De gloria';
s. dazu P. Fedeli, Il 'de officiis' di Cicerone, ANRW I 4, Berlin–New York 1973, 408ff.
und meine Bespr. in SZ 92, 1975, 401ff. Vgl. im übrigen auch G. Pasquali, Storia
della tradizione e critica del testo, Florenz 1952², 397ff., sowie Quint. Inst. 1 pr. 7f.;
Ovid. Trist. I 7.22; III 14.23.

Büchern weiter, während ein Teil schon in den Händen von Freunden oder
des Publikums ist."

Folgende Daten stehen zur Verfügung: In D. 7.8.22 pr (lib. 5) wird von
einer Entscheidung des *divus Hadrianus* berichtet. In D. 34.2.10 (ebenfalls
lib. 5) geht Pomponius von einer Rechtslage aus, die mit dem in Inst. Just.
2.20.4 erwähnten Reskript des Antoninus Pius nicht zu vereinigen ist.
Julian wird in den recht zahlreichen Fragmenten dieses Werkes (19 Spalten
bei O. LENEL, Palingenesia) nicht zitiert. Geht man von dem — häufiger
eingenommenen — Standpunkt aus, daß die 'Digesten' Julians etwa in
den Jahren 150—160 geschrieben wurden, so ergäbe sich ein möglicher
terminus ante quem. Ist man überdies — wie LIEBS — der Meinung, daß
innere Gründe für eine relativ frühe Entstehungszeit sprechen, so käme
man in die Anfangsjahre des Antoninus Pius.

Dieser 'optimistischen' Betrachtungsweise könnte man — ohne in
Übertreibungen zu verfallen — eine agnostische gegenüberstellen. Die
Erwähnung des *divus Hadrianus* im 5. Buch zeigt mit Sicherheit nur, daß
das Wort *divus* nach dem Tode Hadrians geschrieben wurde. Damit ist
nicht gesagt, daß das 5. Buch nicht in Hadrians Zeit verfaßt und später
überarbeitet sein könnte. Setzt man es in die Zeit des Pius, so ist damit
wiederum keineswegs sicher, daß die Bücher 1—4, soweit sie vorhanden
sind, in der uns vorliegenden Form v o r dem 5. Buch, so wie es uns
seinerseits vorliegt, geschrieben wurden. Wenn ein Reskript des Antoninus
Pius nicht erwähnt wird, so k a n n die betreffende Stelle vor seinem Erlaß
geschrieben sein. Doch ist auch diese Folgerung nicht zwingend, da andere
Erklärungen möglich sind (Unkenntnis, Ablehnung des Reskripts [damit
eher Problem der Rechtsquellenlehre], Ungenauigkeit [beim Verfassen des
5. Buches oder bei seiner Überarbeitung]). Überdies vermag das einschlägige
Fragment (D. 34.2.10) allenfalls für sich selbst, nicht aber für den Zeitpunkt
der Bücher 1—4 oder über den der Bücher 6—39 schlüssige Auskunft zu
geben. Auch die fehlende Zitierung Julians muß nicht unbedingt durch
chronologische Erwägungen gerechtfertigt werden. Sieht man von möglichen Zufällen der Überlieferung ab, so fällt auf, daß von den Juristen
nach Labeo nur Proculus und Celsus je zweimal, Pegasus und Aristo je
einmal zitiert sind; es fehlen alle Sabinianer[202]. Unter diesen Umständen
können aus dem Fehlen Julians keine weitreichenden Schlüsse gezogen
werden.

Dazu kommt, daß die Entstehungsverhältnisse gerade bei den 'Digesten' Julians so kompliziert sind, daß sie kaum als Fundament für weitere
Hypothesen dienen können[203]. Sicherlich geben die Fragmente D. 5.3.33.1
(6 dig.) und 38.2.22 (27 dig.) gewisse, keinesfalls aber eindeutige Indizien
dafür, daß die betreffenden Stellen zur Zeit Hadrians, möglicherweise vor

---

[202] Daraus hat HONORÉ geschlossen, daß Pomponius zur Zeit der Abfassung dieses Werkes
Prokulianer war; s. o. II 2.
[203] Vgl. nur BUND a. a. O., der p. 3 A. 8 die zur Verfügung stehenden Daten zusammenstellt.
Allzu kurzschlüssig FITTING, 25 ff. und HONORÉ, 48 ff.

dem Jahre 129 geschrieben wurden (Nichterwähnung des SC Iuventianum und eines Reskripts Hadrians). Auch verweisen D. 40.2.5 (42 dig.) und 4.2.18 (64 dig.) auf die Zeit des Antoninus Pius, wobei die zuerst genannte Stelle durch die Erwähnung des Konsulats des Juristen noch den (zusätzlichen) terminus post quem 148 erhält. Geht man davon aus, daß die hier genannten Bücher auch zu der durch diese Angaben indizierten Zeit geschrieben wurden, so kommt ein Entstehungszeitraum von etwa drei Jahrzehnten in Betracht. Da die 'Digesten' Julians bekanntlich einer bestimmten Ordnung folgen, müßte man weiter vermuten, daß sich Julian nach der Herausgabe etwa des 6. Buches vor dem Jahre 129 nicht mehr mit der *hereditatis petitio* beschäftigte oder zumindest die Früchte seiner Beschäftigung nicht mehr in sein Werk aufnahm. Aus dieser Überlegung würde sich die weitere Konsequenz ergeben, daß — in Folge der länger dauernden Beschäftigung mit den Materien — zu den später behandelten Materien mehr Stoff verarbeitet sein müßte als zu den früheren. Selbst wenn man unterstellt, daß frühere Bücher noch zur Zeit Hadrians geschrieben wurden, so ist gerade wegen der langen Entstehungszeit des ganzen Werkes mit späteren Überarbeitungen zu rechnen.

Dazu kommen weitere nicht zu beantwortende Fragen: Wurden die einzelnen *libri* sukzessive oder das gesamte Werk in einem Zuge herausgegeben? Oder wurde das Gesamtwerk nach Fertigstellung von Buch 90 in überarbeiteter Form herausgegeben, nachdem schon früher einzelne Bücher im Verkehr waren? Hat es überhaupt jemals eine Ausgabe gegeben, die man als die „maßgebliche" bezeichnen kann, oder liefen Handschriften aus den verschiedensten Entstehungsstadien um? Unterstellt, daß eine irgendwie fixierte maßgebliche Ausgabe existierte, war es diejenige, die etwa Pomponius benutzte (oder gar die Kompilatoren)[204]?

Auf eine weitere, eher groteske Konsequenz des allzu großen Vertrauens in die Daten soll noch hingewiesen werden. In den 'Libri ad Sabinum' zitiert Pomponius den Julian einmal, wobei es keineswegs sicher ist, ob er dabei gerade die 'Digesten' Julians benutzt hat (s. D. 41.3.31.6). Umgekehrt hat Julian wahrscheinlich den Sabinus-Kommentar des Pomponius verwertet — und zwar im 14. und 35. Buch seiner 'Digesten' (Ulp. D. 17.2.63.9; FV 86ff.)[205]. Benutzt man die Daten mechanisch, so müßte Anfang der dreißiger Jahre der Sabinus-Kommentar — ganz oder teilweise (bis zum 15. Buch) — vorgelegen haben. Da sich außerdem aus dem Hinweis des Pomponius auf die *Clausula nova* Julians (D. 38.6.5) ergeben soll, daß das 4. Buch nach der Ediktsredaktion entstanden ist, so müßte es nach 130 geschrieben worden sein. Wurden weiterhin die juristischen Werke

---

[204] Aus dem Gesagten ergibt sich, daß ich der sich aus den wenigen Belegen scheinbar ergebenden 'linearen' Entstehungsweise (Buch 6 vor 129, Buch 27 unter Hadrian, Buch 42 nach 148, Buch 64 noch unter Antoninus Pius) nicht traue. Es könnte sich um einen Überlieferungszufall handeln.

[205] Gegen die Benutzung gerade dieses Werkes durch Julian könnte allenfalls sprechen, daß Ulpian hier — anders als sonst im Sabinus-Kommentar — den Pomponius-Text nur nach dem Referat Julians benutzt.

geschlossen herausgegeben, so müßte Pomponius den gesamten Sabinus-Kommentar etwa am Anfang der dreißiger Jahre verfaßt haben. Wurden dagegen einzelne Bücher verbreitet, so könnte man wiederum fragen, warum Pomponius nicht die ersten Bücher der julianischen 'Digesten' verwandte. Daran schlösse sich die Frage an, warum er sie bei der Abfassung der 'Libri ad Mucium' außer Acht gelassen hat; sollen diese doch — nach der Erwähnung des *divus Hadrianus* in D. 7.8.22 pr — erst nach dem Tode Hadrians verfaßt worden sein. Die Unsicherheit über die Prämissen erlaubt eine infinite Menge von Fragen und sie beantwortender Hypothesen.

Aus dem Gesagten ergibt sich für die Entstehungzeit der 'Libri ad Q. Mucium' folgendes: Pomponius hat sich mit ihnen wahrscheinlich in der Regierungszeit des Antoninus Pius beschäftigt, während Indizien gegen eine Bearbeitung zur Zeit Mark Aurels sprechen. Möglicherweise lassen sich innere Momente dafür anführen, daß das Werk einem relativ frühen Stadium des wissenschaftlichen Lebenslaufes des Juristen angehört[206]. Alle übrigen Feststellungen würden nicht einmal den Standard einer nur plausiblen Hypothese erreichen.

b) 'Variae lectiones', 'Epistulae'

Was die einzelnen Schriften selbst betrifft, so ist der wichtigste neuere quellengeschichtliche Beitrag die Untersuchung der 'Variae lectiones' durch D. LIEBS[207]. Nach dem Florentiner Digesten-Index haben den Kompilatoren 20 Bücher 'Epistulae' und 15 Bücher 'Variae lectiones' vorgelegen. Was letztere betrifft, so ergibt sich aus Zitaten bei anderen Juristen, daß das Werk ursprünglich mindestens 41 Bücher umfaßte (Ulp. D. 8.5.8.6). Ebenfalls lassen spätere Juristenzitate erkennen, daß Pomponius mindestens 12 Bücher 'Epistulae' hinterlassen hat. Durch diese Zitate wird überdies die Klassizität beider Werke bestätigt. Die literargeschichtlichen Schwierigkeiten rühren daher, daß die Kompilatoren in vier Fällen ein Werk mit dem Titel 'Epistularum et variarum lectionum libri XX' zitieren, das bis zum 17. Buch bezeugt ist (D. 4.4.50; 4.8.18; 40.13.3; 50.12.14). In zwei Fragmenten scheint deutlich die Briefform durch (D. 4.4.50; 40.13.3).

Daraus wird von der wohl herrschenden Meinung geschlossen, daß die Kompilatoren über ein Werk unter dem Titel 'Epistularum et variarum lectionum libri XX' verfügten, das seinerseits eine kontaminierende Epitome der ursprünglichen 15 Bücher 'Epistularum' und 41 (oder mehr) Bücher 'Variarum lectionum' darstellte. F. WIEACKER rechnet mit der weiteren Möglichkeit, daß das Werk mit dem Doppeltitel eine zweite Auflage der 'Epistulae' war. Doch scheint sich mir eine banalere Lösung des

---

[206] s. LIEBS a. a. O.

[207] Studi Volterra V 51 ff. Vgl. auch die Literatur bei LIEBS (2) 55. S. etwa F. SCHULZ 280, 292 f.; FITTING, 40 ff.; LENEL, Paling. II, 52 A. 1; 53 A. 3; 151 A. 2; BRETONE 119 f.; DI MARZO, 222; WIEACKER, 65, 87. Zur Literaturform der Epistulae vgl. zuletzt CH. KRAMPE, Proculi Epistulae, Karlsruhe 1970, 13 ff. Zum Lehrbrief in der Antike vgl. I. SYKUTRIS, RE Suppl. 5, 202 ff.

Problems anzubieten. Den Kompilatoren lagen die 'Epistulae' in 20 Büchern und von den 'Variae lectiones' 15 Bücher — nach LIEBS (55 ff.) eine Epitome, nicht ein Teilstück des ursprünglichen Werkes — vor. Beide Werke waren in einer Handschrift vereinigt, wobei die 'Epistulae' vor den 'Variae lectiones' standen (vgl. die Reihenfolge der Titel im Florentiner Index). Bei der Exzerpierung gerieten vier Fragmente der 'Epistulae' versehentlich unter den (Gesamt-)Titel der beiden in der Handschrift vereinigten Werke: 'Epistularum et variarum lectionum libri XX' (wobei die Zahl sich auf die 'Epistulae' bezieht). Diese Hypothese erspart die — nicht ausgeschlossene, aber nicht gerade plausible — Prämisse, daß den Kompilatoren von den 'Variae lectiones' zwei — jeweils dem ursprünglichen Werk nicht entsprechende — Ausgaben vorlagen: einmal eine Epitome in Verbindung mit den 'Epistulae', zum anderen eine Epitome in den 'Libri 15'. Sie erklärt weiterhin die Tatsache, warum die Kompilatoren nur bei einer recht kleinen Zahl von Fragmenten den Doppeltitel verwenden; hätte ihnen ein doppeltituliertes Werk gleichsam als 'Original' vorgelegen, so wäre ein umgekehrtes Zahlenverhältnis zu erwarten[208]. Schließlich erklärt sie auch das Fehlen des 'Doppel-Titels' im Florentiner Index. Im übrigen ist diese Hypothese sowohl mit der Form der unter dem Doppeltitel überlieferten Fragmente als auch mit ihrer Stellung in den Massen vereinbar[209].

Hinsichtlich des Inhalts des Werkes kommt LIEBS[210] zu dem Ergebnis, daß das Wort *lectio* nicht auf eine Exzerptensammlung deutet; das Werk enthält nicht 'Lesefrüchte', sondern 'Lesestoff'. Das wird vor allem dadurch bewiesen, daß Pomponius in dem Werk prinzipiell eigene, nicht fremde Meinungen vorträgt.

c) 'Libri ad Sabinum'

Pomponius, dem man eine gewisse Originalität bei der Erfindung von neuen Werktypen nicht absprechen kann[211], scheint auch der Erste gewesen zu sein, der einen Kommentar zu den 'Iuris civilis libri tres' des Sabinus verfaßt hat[212]. Fraglich ist, ob es sich dabei um einen 'lemmatischen' Kommentar handelte[213]. Dies wird von F. SCHULZ behauptet, von E. SEIDL und D. LIEBS aber bestritten.

---

[208] Sicherlich wären andere Erklärungsmöglichkeiten denkbar. Vgl. zu den Titeln der Juristenschriften nur LIEBS (2), 72.

[209] S. dazu LIEBS (2), 55 A. 21. Da die Schrift exzerpiert wurde, ist die Briefform nicht überall mehr erkennbar. Wenn auch etwa bei den Epistulae des Proculus (s. KRAMPE a. a. O., vor allem 17 ff.; dazu F. HORAK, SZ 90, 1973, 403 ff.) die Zahl der Fragmente, in denen die Briefform noch deutlich ist, prozentual höher ist, so gibt es doch auch in diesem Werke genügend Fälle, in denen die Briefform verloren gegangen ist.

[210] Vor allem 68 ff.; etwas anders SCHULZ, 280.

[211] Kritisch dazu F. SCHULZ, 262 f.

[212] Vgl. zu diesem Werk nur SCHULZ, 186 ff. Der Literaturtypus der *notae* spricht dagegen, in Aristo's 'Notae ad Sabinum' ein gleichartiges Werk zu sehen.

[213] Vgl. zu dieser Werkgattung SCHULZ, 225 (s. auch 262 ff. zu den Libri ad Sab. des Pomponius): selbständige Erläuterungsschrift, die ihre Erläuterungen an Lemmata des kom-

In der Tat ist das Vorliegen eines lemmatischen Kommentars (im engeren Sinne) unwahrscheinlich. Wie LIEBS richtig gesehen hat, spricht gegen die Charakterisierung juristischer Kommentare als 'lemmatisch', daß die Juristen den kommentierten Text — sei es wörtlich, sei es in indirekter Rede — soweit er noch aktuell war, zu inkorporieren suchten, daß sie außerdem den Grundtext eher als „Anknüpfungspunkt für die Darlegung der Rechtsansichten des Kommentators" benutzten, als daß sie ihn Wort für Wort kommentierten. Was den Sabinus-Kommentar des Pomponius speziell betrifft, so ist einmal auf die von SEIDL und LIEBS herausgestellte „freie Assoziierung" von Fällen zu verweisen, deren Zusammenhang mit dem Text nicht mehr allzu eng ist, zum anderen darauf, daß nur einmal mit (relativer) Sicherheit und nur in wenigen Fällen mit einer gewissen Wahrscheinlichkeit ein wörtliches Zitat des Sabinus in direkter Rede belegt ist (D. 22.6.3; 34.2.1.1; 41.3.39; 41.4.6.2); demgegenüber wird Sabinus an anderen Stellen in indirekter Rede zitiert (D. 8.2.25.1; 18.1.20; 25.2.8.1; 36.3.10: *respondit* oder *ait*). Nicht selten wird seine Meinung nicht dem Text vorangestellt, sondern im Rahmen der juristischen Diskussion erwähnt[214]. Dabei ist es allerdings bisweilen zweifelhaft, ob Pomponius seine Notiz über die Meinung des Sabinus jeweils aus dessen 'Libri iuris civilis' entnommen hat; zumindest in D. 19.1.6.4[215] verdankt er sie einem Referat des Minicius.

Nicht ganz ohne Bedeutung für die Frage des Werkcharakters könnte auch das Titelproblem sein. Im Index Florentinus, in den Digesten-Inskriptionen und in Paulus-Zitaten erscheint der Kommentar unter dem Titel 'Ad Sabinum libri'. Von Ulpian wird dieser Titel nur sechsmal verwendet; im übrigen spricht er von 'Ex Sabino libri'. Wenn auch nicht auszuschließen ist, daß das Werk von vornherein unter beiden Titeln umlief, so hat doch die These von LIEBS[216] manches für sich, daß der ursprüngliche Titel 'Ex Sabino libri' lautete. Denn analog dem Gesetz von der lectio difficilior ist — angesichts der späteren Üblichkeit von 'Libri ad ......' — eine Veränderung des *ex* zu *ad* leichter vorstellbar als der umgekehrte Vorgang[217]. Geht man weiterhin von der Vermutung von LIEBS aus, daß das Wort *ex* — etwa in Schriften wie denen des Javolen 'Ex Cassio' oder 'Ex

---

mentierten Textes anknüpft. Dabei stehen Text und Kommentar in verschiedenen Buchrollen. Die Verbindung wird durch die Lemmata hergestellt. Die kommentierten Textstücke werden entweder vollständig oder mit ihren Anfangsworten mitgeteilt. Vgl. zum Problem auch E. SEIDL, Die Methode der Kommentatoren in der röm. Rechtsgeschichte, Studi Betti IV, 1962, 117ff., 128f (zu Pomp. ad Sab.); LIEBS (2), 73 A. 92.

[214] Vgl. D. 30. 26. 2 (*Sabinus et Cassius, Proculus et Nerva*); 35. 1. 6. 1 (*Neratius, Servius, Labeo, Sabinus et Cassius*); 41. 1. 28 (*Labeo et Sabinus, Proculus*); 45. 3. 6 (*Ofilius, Cassius et Sabinus*).

[215] *... quod et in locatis doliis praestandum Sabinum respondisse Minicius refert.*

[216] (2), 66 A. 63; s. zum Problem auch F. SCHULZ, 263; WIEACKER, 65; allgemein auch A. GUARINO, „Libri ad", Syntel. Arangio-Ruiz II, Neapel 1964, 768ff. — jeweils mit weiteren Angaben.

[217] Doppeltitel finden sich auch bei den *libri* des Javolen und des Pomponius zu Plautius und den *libri* Julians zu Minicius; für sie dürfte Ähnliches gelten.

posterioribus Labeonis'[218] — eine „von namhaften Juristen gefertigte (und gleichzeitig kommentierende)" Epitome anzeigt und versteht sie in dem Sinne, daß der Kommentar sich nicht auf den ganzen Text der Vorlage bezog, so könnte man daraus entnehmen, daß Pomponius nicht die Absicht hatte, den gesamten Sabinus-Text zu interpretieren — oder auch nur, daß zu seiner Zeit derartige Kommentare üblicherweise diese Absicht nicht hatten und Pomponius bei der Titulierung dem gewohnten Sprachgebrauch folgte. Doch sind diese Hypothesen kaum beweisbar.

Die wichtigsten neueren Äußerungen über die Vertrauenswürdigkeit der überlieferten Fragmente finden sich in den 'Textstufen' F. WIEACKERS[219]. Die Beurteilung wird dadurch erschwert, daß keine Doppelüberlieferungen außerhalb der Kodifikation vorhanden sind. Das ist ein Indiz für die geringe Verbreitung des durch die 'Libri ad Sabinum' Ulpians und des Paulus vom Markt verdrängten Werkes. Zugleich könnte man aus dieser Feststellung auch folgern, daß in der Zeit zwischen dem Ende der Klassik und der Kompilation ein geringes Interesse an Textveränderungen bestand. WIEACKER kommt — vor allem aufgrund der Analyse von D. 45.1.5 pr[220] — zu dem Ergebnis, daß das Werk spätestens vor der Mitte des 4. Jahrhunderts einer trivialisierenden und rhetorisierenden Bearbeitung unterzogen wurde. Die Stellungnahme zu diesem wohl nicht ganz unproblematischen Urteil hängt so sehr von der heute wieder viel diskutierten Frage ab, wieviel Rhetorik und Schematismus man den klassischen Juristen schlecht-

---

218 Weitere Beispiele ebenda 65 ff. Angesichts der Quellenlage ist diese Vermutung von LIEBS schwer beweisbar. Über die von ihm zum Vergleich genannten Schriften des Aristoteles (Diog. Laert. 5. 22) 'Ta ek tōn nomōn Platōnos' und 'ta ek tēs politeiās' ist zu wenig bekannt. Nach R. STARK (Aristoteles-Studien, München 1972², 162) — der auch aristotelische 'Problēmata ek tōn Demokritou' nennt (p. 168) — handelt es sich um Exzerpte. — Da der Text der Vorlage gesondert blieb, also nicht in den Kommentar unmittelbar aufgenommen wurde, ist es etwas verwirrend, wenn man von einer Epitome des Textes spricht. Ob eine solche vorliegt, ergibt sich in der Regel direkt aus dem Titel — wie die entsprechenden Werke Javolens und des Paulus zeigen. Wie LIEBS selbst sieht, ist überdies eine wirkliche Epitome bei dem schon recht knappen Werk des Masurius Sabinus schwer vorstellbar. Nicht haltbar erscheint mir die weitere Vermutung von LIEBS, daß Julian 'selbstbewußt' bei seiner kommentierenden Epitome zu Urseius Ferox (zu ihrer Datierung NÖRR a. a. O. [o. A. 72], 252 A. 129) die Präposition ad benutzte, um damit seinen Anteil an dem Werke zu betonen. Abgesehen davon, daß es schwer verständlich ist, warum gerade die Präposition ad diese Funktion erfüllen soll, ist — wenn überhaupt — das Gegenteil richtig; wie die 'Libri' (oder 'Commentarii') Labeos 'ad XII tabulas' und 'ad praetoris edictum' zeigen, erhebt die Verwendung der Präposition ad die Vorlage eher zu einem autoritativen Text. Da aber Gellius (4. 2. 3) den kaufrechtlichen Kommentar des Caelius Sabinus als 'Libri d e edicto aedilium curulium' bezeichnet, sollte man vielleicht in die Verwendung der Präpositionen nicht allzu viel hineininterpretieren.

219 329 ff.; s. auch SCHULZ, 263 f. mit weiteren Angaben.

220 Zu diesem Text existiert eine Doppelüberlieferung in Inst. Just. 3. 18 pr 4. Der Schluß von fr. 5 pr erinnert an Cic. Top. 8. 33 (über die *res infinita* der *formulae stipulationum [aut iudiciorum]*). Weitere von WIEACKER analysierte Stellen sind D. 33. 5. 6 und 28. 5. 29; zu der zuletzt genannten Stelle jetzt auch F. HORAK, Rationes decidendi I, Aalen 1969, 100; H. J. WIELING, Testamentsauslegung im römischen Recht, München 1972, 36 f. (der in der auf den ersten Blick sehr formalistischen Auslegung Labeos einen 'rechtspolitischen' Sinn erkennt).

hin (und Pomponius im besonderen) zutrauen darf, daß von einer isolierten Erörterung an dieser Stelle abgesehen werden darf[221].

d) 'Libri ad Q. Mucium'

Für unsere Fragestellung von speziellem Interesse sind die 'Ad Q. Mucium lectionum libri XXXIX' — als ein Symptom des für Pomponius (und seine Zeit) charakteristischen Interesses an den Anfängen des (juristischen) Schrifttums[222]. Zwar läßt sich das zeitliche Verhältnis dieses Werkes zu den beiden anderen Schriften zum 'Ius civile' des Q. Mucius Scaevola, den 'Libri ad Quintum Mucium' des Laelius Felix[223] und den 'Libri ex Mucio' des Gaius (Selbstzitat in Inst. 1.128), nicht mit Sicherheit feststellen; immerhin spricht manches dafür, daß wenigstens das Werk des Gaius später entstanden ist als das des Pomponius[224], und nur die Unsicherheit über die Lebenszeit des Laelius Felix dagegen, daß Pomponius hier wiederum als Erfinder eines neuen — allerdings nicht sehr folgenreichen — Werktypus auftaucht. Auffällig und für die Charakterisierung der den Literaten nahestehenden Juristen vielleicht wesentlich ist es, daß dieser Werktypus anscheinend nur bei Juristen erscheint, die mit größter Wahrscheinlichkeit nicht der 'Oberschicht' angehörten.

Wie beim Sabinus-Kommentar ist es auch beim Mucius-Kommentar des Pomponius zweifelhaft, ob man ihn als 'lemmatisch' bezeichnen darf.

---

[221] Vgl. allgemein M. KASER, Zur Methodologie der römischen Rechtsquellenforschung, SB Ak. Wien, 1972, vor allem 47 ff.; s. auch die Stellungnahme WIEACKERS in Labeo 19, 1973, 193 f. und in SZ 91, 1974, 1 ff.

[222] Vgl. nur WIEACKER, 158; allgemein SCHULZ, 252 ff. (mit weiteren Nachweisen); MASCHI, 137 ff.; vor allem aber DI MARZO, Saggi critici sui libri di Pomponio 'ad Q. Mucium', Palermo 1899; Neudruck Labeo 7, 1961, 218 ff., 352 ff. (hier zitiert nach dem Neudruck). Das Werk enthält eine sorgfältige Analyse der Fragmente aus den ersten zwölf Büchern. Sein Zweck ist die Scheidung der Worte des Mucius und des Pomponius und die Herstellung des echten Textes. Wie bereits SCHULZ (254 A. 2) sagte, wäre eine neue Auflage erwünscht. Zum Titel (*lectio* und Verwendung der Präposition *ad*) s. LIEBS (2), 72 ff. Zur Chronologie s. o. nach A. 201. Eine kurze Analyse des 'Ius civile' des Mucius findet sich bei WIEACKER a. a. O. (A. 44) 463 ff.

[223] Zit. bei Gell. 15. 27. Abgesehen von zwei Paulus-Zitaten (D. 5. 3. 43; 5. 4. 3; zu diesen zuletzt 'Rechtskritik' [o. A. 66], 135 f.) ist von diesem Schriftsteller, der vielleicht mehr antiquarische und 'anekdotische' Neigungen als juristische Interessen hatte, nichts bekannt. Zwar kann ein Urteil über ihn nicht allein aufgrund der Zitate bei Gellius gefällt werden, die entsprechend den Interessen des Gellius ausgewählt sind. Doch wurde sein Werk im späteren juristischen Schrifttum kaum berücksichtigt, was allerdings nicht nur mit seinem Inhalt, sondern — ähnlich wie möglicherweise bei Gaius — auch mit der sozialen Stellung des Autors zusammenhängen könnte. Seine Erörterung der *comitia* (bei Gell. 15. 27; s. LENEL, Paling, I, 537) dürfte durch das *testamentum calatis comitiis* veranlaßt sein; vgl. nur die Bücher 1 u. 2 des Pomponius-Kommentars Ad Q. Mucium (LENEL, Paling. II, 59 f.) und SCHULZ, 111 ff. (zum Mucius-System). Laelius Felix ist Zeitgenosse Hadrians und gehörte vielleicht zu den im Bereich des kaiserlichen Hofes sich versammelnden Literaten. Zu den Herkunftsfragen s. zuletzt (etwas phantastisch) G. SCHERILLO, 'Adnotationes gaianae', Antologia Giuridica Romanistica ed antiquaria I, Mailand 1968, 84 ff. Vgl. im übrigen KUNKEL, 170.

[224] Anders nur HONORÉ, 56 ff.; s. dazu o. II 2.

Sicherlich gibt es eine recht große Anzahl von Stellen, in denen entweder ein Mucius-Zitat bezeugt oder relativ sicher zu erschließen ist[225]. Doch dürfte ein Text wie D. 34.2.34 (9 Ad Q. Muc.)[226] mit aller Deutlichkeit zeigen, daß die lemmatische Form keineswegs strikt durchgehalten wird. Das *principium* beginnt mit einem wörtlichen Zitat des Quintus Mucius. Dann folgt — durch *Pomponius* eingeleitet — ein variantenreicher Traktat des Pomponius. Der nächste Satz wird mit *Item scribit Quintus Mucius* eingeleitet, wobei der Inhalt in indirekter Rede wiedergegeben wird. An ihn schließt sich wieder eine differenzierende Äußerung des Pomponius an. In § 2 des Fragmentes wird schließlich die Meinung des Scaevola in den — ihr zustimmenden — Satz des Pomponius aufgenommen. Während also der Mucius-Text im *principium* als Lemma taugt, ist das für § 1 schon bedenklicher, für § 2 aber ausgeschlossen. Daraus ergibt sich, daß der Ausdruck 'lemmatischer Kommentar' auch für die 'Lectiones ad Q. Mucium' des Pomponius irreführend ist.

Der Kommentar wird von D. LIEBS[227] zutreffend beschrieben: Es handelt sich um ungewöhnlich lange, von den Kompilatoren häufig kaum gekürzte Fragmente, die schwer in Paragraphen zu gliedern sind. Die Kommentierung des Pomponius ist einem Lehr-Traktat ähnlich; der geringen Bedeutung der Kasuistik steht die Menge dogmatischer Äußerungen und kritischer Stellungnahmen zu juristischen *opiniones* gegenüber[228].

5. Zur juristischen Qualifikation des Pomponius

Noch nicht ausreichend erforscht ist das Problem, wie Pomponius juristisch arbeitete. Unter diesen Umständen ist auch die — ihrem Wesen nach etwas arrogante — Frage nach seiner juristischen Qualität kaum beantwortbar. Das Urteil über ihn wird vor allem durch seine eigentümliche Stellung innerhalb der römischen Rechtswissenschaft beeinflußt: 'Diachronisch' betrachtet, ist er der Lebenszeit nach Zeitgenosse der Hochklassiker, seinem Wirken nach Zeitgenosse der Spätklassiker. 'Synchronisch' betrachtet, zeigt er gewisse Züge der als geringer bewerteten didaktischen

---

[225] Vgl. außer den Stellen bei SCHULZ, 253 A. 7 (wobei D. 47. 2. 77. 1 zweifelhaft ist) noch D. 24. 1. 51; 28. 3. 16; 40. 12. 28; 47. 2. 77 pr. Andere Texte sprechen eher für ein Zitat in indirekter Rede (etwa D. 34. 2. 33; 46. 3. 81. 1).

[226] Ein wörtliches Zitat muß wegen der Länge der Stelle unterbleiben. Vgl. auch WIELING a. a. O. 37f., 44 passim; HORAK a. a. O. 100.

[227] (2) 72ff.

[228] Für die hier nicht besprochenen übrigen Werke des Pomponius darf auf die Ausführungen von F. SCHULZ verwiesen werden. Der umfangreiche Ediktskommentar (wohl etwa 150 Bücher) ist nur durch die Zitate in den Ediktskommentaren des Paulus und — vor allem — des Ulpian bekannt, die ihn anscheinend vom Markt verdrängten. Untersuchenswert wäre die Frage, wie der Ediktskommentar des Pomponius von den Spätklassikern 'ausgeschlachtet' wurde. Ansätze dazu bei L. LABRUNA, Vim fieri veto, Camerino 1971, 143f. passim. Ähnliche Probleme könnten sich beim Sabinus-Kommentar ergeben; s. nur Ulp. D. 17. 2. 69; FV 88.

Literatur[229] und steht — was seine Leistungen in der eigentlich juristischen Arbeit betrifft — im Schatten der Hochklassiker, vor allem Julians. Aus beidem mag sich die meist etwas zurückhaltende Beurteilung seiner juristischen Leistungen erklären, für die allerdings die extreme Äußerung von D. LIEBS[230] über das „bescheidene Niveau" des Juristen nicht charakteristisch ist. Neuerdings finden sich im übrigen Ansätze zu einer betont positiven Bewertung[231].

Relativ gut Bescheid wissen wir — vor allem dank den Arbeiten von H. FITTING (33ff.) und von A. M. HONORÉ (171ff.) — über das Ausmaß seiner Benutzung älterer juristischer Schrifttums. Gerade für die Beurteilung seiner Einstellung zur Vergangenheit ist es bedeutsam, daß er besonderes Gewicht auf die Meinungen der republikanischen Juristen legte. Es ist nicht ausgeschlossen, daß er diese — teilweise — erst wieder in die juristische Diskussion seiner Gegenwart eingeführt hat[232]. Da er häufiger sowohl seine Kenntnis als auch seine Unkenntnis des juristischen Schrifttums der *veteres* ausdrücklich dokumentiert (s. D. 1.2.2.36, 38, 39, 42, 44 u. ö.), ist es wahrscheinlich, daß er die ältere Literatur weithin selbständig benutzt hat[233]. Zeigt sich hierin schon die Originalität des Pomponius, so auch in seiner häufigen Qualifikation als Vorläufer der Spätklassiker — wobei die Bewertung dieser Originalität dahinstehen kann. Sein Kommentar 'Ad Sabinum' war „bahnbrechend" (F. WIEACKER, 329), sein Kommentar zum Edikt übertraf zumindest nach seinem Umfang (und nach der Fülle des verarbeiteten Materials) alle Vorläufer (und Nachfolger). Über die zu vermutende Originalität des 'Enchiridium' haben wir ausführlich gesprochen. Was die Werkgattungen und die Verwertung der Literatur betrifft, so kann man von ihm sagen: *plurima innovare instituit*[234]. Für seine Selbständigkeit spricht weiterhin, daß er sich — trotz möglicher Schulzugehörig-

---

[229] Damit hängen die beliebten Vergleiche des Pomponius mit Gaius zusammen; s. zuletzt usführlich D. LIEBS, Gaius und P omponius, in: Gaio nel suo tempo, 1966, 61ff. Vgl. auch P. PESCANI, Difesa minima di Gaio, ebda. 84f. passim; F. CASAVOLA, Gaio nel suo tempo, ebda., 9ff.; WIEACKER, SZ 85, 1968, 498 (Rez. des zitierten Sammelwerkes) — jeweils mit Betonung der Unterschiede. Anders MASCHI 135.

[230] (1) 73; positiver jetzt in 'Römisches Recht' (UTB 465), Göttingen 1975, 55f. Vgl. auch die Literatur bei LIEBS (2) 63 A. 49.

[231] Vgl. ORESTANO 271f.; vor allem aber den Titel des Aufsatzes von H. ANKUM: Towards a rehabilitation of Pomponius, in: Daube noster, 1974, 1ff. (Resümee in RHD 50, 1972, 681f.). Um ein fundiertes Urteil zu gewinnen, müßte man Punkt für Punkt die Stellung des Pomponius im Rahmen der Rechtswissenschaft seiner Zeit untersuchen. Was etwa das Recht der *negotiorum gestio* betrifft, so lassen Stellen wie D. 3.5.5.8; 3.5.14 Scharfsinn, Originalität, zugleich aber auch die Neigung zur Analyse von Grenzfällen erkennen. Andererseits könnte ein Vergleich mit D. 3.5.9.1 zeigen, daß Pomponius sich nicht auf der Höhe der juristischen Diskussion seiner Zeit befindet.

[232] LIEBS (1) 68f.

[233] LIEBS (2) 77 A. 107 hält es für möglich, daß er die Äußerungen früherer Juristen häufig aus Labeo entnahm. Vgl. auch P. KRÜGER, Geschichte der Quellen und Litteratur des römischen Rechts, Leipzig 1912², 56, 65f. Das mag bisweilen zutreffen, doch würde eine direkte Benutzung der Quellen wohl eher dem 'wissenschaftlichen Charakter' des Pomponius entsprechen. Vgl. auch o. II 3 b a. E.

[234] Vgl. sein Urteil über Labeo, D. 1.2.2.47.

keit — in Fragen der Kontroversen zwischen den Rechtsschulen neutral
verhält. Er ist insoweit mit Aristo oder Julian vergleichbar; der mit ihm
häufiger verglichene Gaius verhält sich meist anders[235].

Schwerer zu beurteilen ist die Methode, die Pomponius zur Schilderung
juristischer Sachverhalte und zur Lösung juristischer Probleme benutzte.
Hier wird man wohl zwischen den einzelnen Werken — und vielleicht auch
den Epochen seines Lebens — zu unterscheiden haben. Im Mucius-Kommentar, der — ebenso wie die entsprechenden Schriften des Laelius Felix
und des Gaius — von den Fachleuten nicht oder kaum zitiert wird, haben
wir einen vorwiegend theoretisierenden und schematisierenden Traktat
erkannt. Bisweilen drängt sich der Eindruck der Pedanterie und Kleinlich-
keit[236] und einer sich in der Erschöpfung aller möglicher Alternativen
äußernden Kompletomanie (D. 32.85) oder schließlich einer gewissen Schulmeisterlichkeit auf (D. 33.1.7). Allerdings ist zu beachten, daß diese Charakterisierung vor allem auf der Verwendung von erbrechtlichen Fragmenten
beruht. Bei der Auslegung von Testamentsklauseln neigten aber auch
Juristen, deren Ansehen in der modernen Romanistik unumstritten ist, zur
Pedanterie[237].

Auch im Sabinus-Kommentar finden sich solche — deshalb gern als
unecht verdächtigten — Traktate (s. nur D. 45.1.5 pr); doch überwiegt in
ihm weit die durch Auseinandersetzung mit anderen Juristen angereicherte
Kasuistik, so daß es schwer fällt, ihn methodisch etwa von dem entsprechenden Kommentar Ulpians zu unterscheiden. Ähnliches mag für den
Ediktskommentar gegolten haben. Unter diesen Umständen ist es fraglich,
ob das — hier im übrigen abgewogene Urteil von D. LIEBS[238] — in der
vorgetragenen Allgemeinheit (d. h. für alle Werke) gültig ist. LIEBS arbeitet
zur Charakterisierung des Werkstils des Pomponius mit Begriffen wie:
(Neigung zum) Differenzieren, (zum) spekulativen, nicht durch praktische
Tätigkeit veranlaßten Finden neuer Fallvariationen, Liebe zum Detail,
lehrhafte Breite, Eigenwilligkeit bis zur engherzigen Schulmeisterlichkeit
(insoweit allerdings vor allem für die früheren Schriften).

Die Schwierigkeit einer objektiven Bewertung des Juristen (vom
modernen Standpunkt aus) legt die Frage nahe, wie es mit seinem Einfluß
auf die späte Jurisprudenz bestellt war[239]. Von Julian wird Pomponius nur
zweimal — möglicherweise als Referent für die Meinungen des Sabinus —
zitiert[240]. Noch zu Lebzeiten des Pomponius oder kurz nach seinem Tode

---

[235] S. nur LIEBS (1) 66f.; FITTING. 34.

[236] Vgl. auch LIEBS (2) 79 A. 111. Ein Beispiel für 'kleinliche' Erwägungen ist D. 34.2.10
(5 ad Q. Muc.); dazu außer der Literatur bei M. KASER RPR I 330 A. 10 noch DI MARZO,
354ff.

[237] Vgl. zu Labeo, Proculus und Javolen etwa H. J. WIELING, Testamentsauslegung im römischen Recht, 1972, 35 passim, 84f.

[238] (2) 77ff.

[239] Vgl. dazu vor allem HONORÉ, 40, 131ff.; LIEBS (2), 78 A. 109; ANKUM, 2ff.

[240] D. 17.2.63.9; FV 86ff.; dazu D. NÖRR, Spruchregel und Generalisierung (Anhang), SZ 89,
1972, 91ff.

werden seine Schriften von Marcellus[241] und von Cervidius Scaevola benutzt, also von führenden Juristen der Mitte des 2. Jahrhunderts. Besonderes Interesse fand Pomponius bei dem zitierfreudigen Ulpian[242]. Nach der Zusammenstellung von A. M. HONORÉ nennt er ihn 314mal. Damit wird er allein von der Zitatenmenge aus den Werken Julians übertroffen, läßt aber Juristen wie Marcellus, Celsus und Sabinus weit hinter sich zurück. Diese Vorliebe Ulpians hängt sicherlich auch, aber nicht nur mit dem enzyklopädischen Charakter der Schriften des Pomponius zusammen, der den Zwecken, vielleicht auch den Neigungen Ulpians besonders entgegenkam.

Wie H. ANKUM letzthin feststellte, wurde Pomponius von den Spät- klassikern aber nicht nur als Materiallieferant benutzt; vielmehr quali- fizierten sie in vielen Fällen seine Ausführungen positiv, mit lobenden Worten wie: *recte, belle, eleganter.* Von diesen — nach ANKUM — im ganzen 22 Texten stammen 20 von Ulpian, immerhin aber auch 2 von Paulus (D. 23.2.44.5; 47.10.18.2) — der Pomponius gerade im Verhältnis zu Ulpian nach den überlieferten Fragmenten sonst recht selten zitiert (nur 13mal). Sicherlich sind die mit der Statistik verbundenen Gefahren zu berücksichtigen. So sind von Ulpian unverhältnismäßig mehr Werke überliefert als von allen anderen Juristen; angesichts gewisser Ähnlichkeiten zwischen Ulpian und Pomponius (in Methode, Ziel und Denkweise) ist es nicht so fernliegend, bei Ulpian eine 'idiosynkratische' Neigung für Pomponius zu unterstellen. Trotzdem spricht die Menge der Zitate aus dem Werk des Pomponius in den Schriften der ihm folgenden Juristengenerationen dafür, daß diese ihm weniger abweisend gegenüberstanden als manche modernen Romanisten[243].

6. Neuere Untersuchungen zur 'Weltanschauung' des Pomponius

Wir haben uns bisher mit dem Lebenslauf des Pomponius, mit literar- geschichtlichen Problemen, schließlich — wenn auch nur knapp — mit seinen juristischen Qualitäten beschäftigt. Es bleibt die einer nicht nur modischen, sondern auch legitimen Forschungsrichtung verpflichtete Frage nach seiner 'Ideologie' oder 'Weltanschauung'. Da das 'Enchiridium' das einzige zusammenhängende Schriftwerk eines klassischen Juristen ist, in dem zwar nicht allzu tiefsinnig, aber doch in einer aus der Zusammen- stellung der Fakten erkennbaren Weise über die juristische Tätigkeit reflek- tiert wird, liegt es nahe, diesen Ansatz an Pomponius zu versuchen[244],

---

[241] Vgl. die 'Notae'. Zweifelhaft ist insoweit Ulp. D. 4.3.21.

[242] Unter Berücksichtigung des erhaltenen Materials dürfte sich ergeben, daß Ulpian etwa doppelt so viel wie Paulus zitiert. Vgl. die Liste bei HONORÉ, 40.

[243] Nur der Kuriosität halber sei auf die Erwähnung des Pomponius als 'Repräsentanten des römischen Rechts' in einem (mittelbyzantinischen) Dialog des Theodoros Prodromos hin- gewiesen. Vgl. C. SANFILIPPO, Annali Catania 6/7, 1951/53, 99ff.; WIEACKER, 163 A. 193.

[244] Außer Africanus (s. u. III a. E.) mag auch Cassius ein geeignetes Objekt für diese Frage- stellung sein. Hier ist besonders an seine von Tacitus (Ann. 14.42ff.) überlieferte Rede zu erinnern. Vgl. dazu einstweilen F. D'IPPOLITO, Ideologia e diritto in Gaio Cassio Longino. Neapel 1969; NÖRR, Rechtskritik (o. A. 66), 61.

wobei die Übertragbarkeit der dabei gewonnenen Ergebnisse auf die römische Jurisprudenz schlechthin zunächst offen bleibt. Bevor wir uns im folgenden ausführlicher mit einem Teilaspekt befassen, der Frage nach dem Verhältnis des Pomponius zur Vergangenheit und Gegenwart, ist kurz auf die in letzter Zeit mehrfach erörterte 'Lehre' des Pomponius über die Rolle der Jurisprudenz bei der Formierung des Rechts hinzuweisen. Soweit sich diese Frage mit der uns interessierenden nach dem 'historischen Bewußtsein' des Pomponius überschneidet, wird sie uns auch im folgenden noch beschäftigen.

Außer M. BRETONE haben diesem Thema vor allem zwei Autoren interessante Überlegungen gewidmet. Wie wir gesehen haben, kommt M. FUHRMANN[245] bei seiner wortgeschichtlichen Untersuchung zu dem Ergebnis, daß Pomponius anachronistisch die Tätigkeit der archaischen Jurisprudenz als *interpretatio* bezeichnet. Ist das richtig, so ergeben sich daraus zwei Konsequenzen: Einmal verwendet Pomponius unbekümmert die für die Jurisprudenz seiner Gegenwart geschaffenen Begriffe zur Beschreibung einer Tätigkeit, die mit der *interpretatio* der zeitgenössischen Jurisprudenz möglicherweise nicht allzu viel gemein hatte; man könnte insoweit von einer unhistorischen Betrachtungsweise des Pomponius sprechen. Wichtiger ist, daß Pomponius damit auch die Kontinuität der juristischen Tätigkeit betont, die nach seiner Auffassung ungebrochen von der *interpretatio* der 12 Tafeln bis zur Gegenwart verläuft.

Mit der Betonung der Kontinuität befinden wir uns im speziellen Themenbereich von LOMBARDI und BRETONE. Am Beginn seiner umfassenden Untersuchung des Juristenrechts, für das das römische Recht ein wichtiges Exempel ist, stellt L. LOMBARDI[246] die Frage nach der *„reflessione teorica"* der römischen Juristen über das Juristenrecht. Für Pomponius stehe das Juristenrecht, das *proprium ius civile* (D. 1.2.2.5, 12), im Zentrum der Rechtsordnung: *Quod constare non potest ius, nisi sit aliquis iuris peritus, per quem possit cottidie in melius produci*[247]. Seine Legitimation erhält das Juristenrecht durch das Wissen der Juristen vom Recht (*scientia*), ein Element, das dem 'akademischen' Juristen Pomponius besonders am Her-

---

[245] Sympotica WIEACKER, 1970, 80ff.; vgl. dazu o. II 3 c.

[246] Saggio di diritto giurisprudenziale, Mailand 1967, 5ff.; s. hierzu auch WIEACKER, SZ 85, 1968, 489ff.

[247] 2.13 h. t. Vgl. auch die berechtigte Verteidigung dieser Lesart (statt *in medium produci*) durch LOMBARDI a. a. O. 6 A. 4. Man könnte auf Parallelen bei Seneca (de clem. 1. 1. 6: ... *tempore ipso in maius meliusque procedunt* — wobei es hier primär um die Tugenden geht) und vor allem bei Tacitus (ann. 3.34.1ff.; Rede des Valerius Messalinus über die Notwendigkeit von Reformen) hinweisen: *multa duritiae veterum in melius et laetius mutata*. Vgl. auch Val. Max. 4. 1. 10 (Gebet des Zensors). LOMBARDI (a. a. O. 8 A. 7) diskutiert auch den Text der §§ 7 u. 13. Daß auch Ambrosius (ep. 18.23: *quid quod omnia postea in melius profecerunt?*) eine ähnliche Formulierung verwendet, ist sicherlich kein Indiz für eine späte Entstehung des 'Enchiridium'-Textes. Zur Fortschrittsidee bei Ambrosius s. A. DEMANDT, Geschichte als Argument, Konstanz 1972, 41ff. — Einschränkend interpretiert D. 1.2.2.13 W. FLUME, Gewohnheitsrecht und römisches Recht, Vorträge Ak. Düsseldorf, 1975, 21; doch berücksichtigt er nicht die neueren Untersuchungen zu Pomponius.

zen lag, und durch ihre soziale, sich in Ämtern, im *ius respondendi* (u. ä.) dokumentierende Stellung (*auctoritas*).

Die Gedankengänge FUHRMANNs und LOMBARDIs sind mit den früheren, ausführlicheren BRETONES[248] wohl vereinbar. Der Aufbau der Rechtsquellenlehre im 'Enchiridium' zeige, daß Pomponius — im Gegensatz zu Gaius, der eine zugleich statische und legalistische Rechtslehre hat[249] — die römische Rechtsordnung sowohl unter dem historischen Aspekt von *origo* und *processus* als auch unter dem Aspekt der durch die juristische Tätigkeit gewährleisteten Kontinuität betrachtet. Das Juristenrecht sei nicht nur eine (selbständige) Rechtsquelle unter anderen, sondern Integrationsfaktor für die gesamte Rechtsordnung. Die rechtsgeschichtliche Betrachtung des Pomponius stellt nach BRETONE — mit ihrer Betonung der Bedeutung und der Autonomie der Jurisprudenz — einmal eine Reaktion auf die Gefahren dar, die dieser autonomen Jurisprudenz im 2. Jahrhundert von seiten der beginnenden bürokratischen Jurisprudenz und von seiten des Kaisertums drohen[250]. Da Pomponius überdies im Rahmen der *successio auctorum* die Autorität der Juristen weniger mit ihrer sozialen Stellung[251] als mit *scientia* und *ingenium* begründet, versucht er damit zugleich und vor allem der aus der Oberschicht abwandernden Jurisprudenz eine neue, auf Erkenntnis und Fähigkeiten beruhende Autoritätsbasis zu geben. Sowohl für den 'Akademiker' Pomponius als auch für die Stellung der römischen Rechtswissenschaft der hohen Kaiserzeit im Rahmen der *artes* ist es nach meiner Auffassung charakteristisch, daß er die Bewertungskriterien *ingenium* und *doctrina* (D. 1.2.2.47) aus der literarischen Kritik (im weiteren Sinne) entnimmt[252].

III. Typen des Geschichtsverständnisses im Zeitalter der hochklassischen Jurisprudenz

Um der auch im modernen rechtshistorischen Schrifttum häufig aktualisierten Gefahr zu entgehen, die römische Jurisprudenz als isolierte Erschei-

---

[248] Vor allem 126ff. (zuerst in Labeo 11, 1965, 7ff.). Vgl. auch die Rezensionen von P. STEIN, Index 3, 1972, 547f., und von O. BEHRENDS, Gnomon 45, 1973, 796f. Die Kritik BRETONES an LOMBARDI (a. a. O. 224ff.) betrifft die hier interessierenden Fragen nur am Rande.

[249] Gai. Inst. 1.2ff. (*vice legis*); BRETONE, 30f., 127ff.

[250] In diesem Rahmen erörtert BRETONE (145ff.) auch das *ius respondendi*; s. dazu o. II 3 c und u. IV 2.

[251] *dignitas, honos*; vgl. Cicero, De off. 2.19.65. Dazu etwas anders LOMBARDI a. a. O. 10 A. 9.

[252] S. dazu nur M. FUHRMANN, Einführung in die antike Dichtungstheorie, Darmstadt 1973, 132f. — Unter dem Aspekt der auf Geist und Fähigkeiten beruhenden Autorität der Juristen führt BRETONE (178ff.) auch Inst. Just. 2.23.1 über Marcian auf Pomponius zurück. Die Stelle zeige die Rolle, die Pomponius den Juristen bei der Entwicklung des Kaiserrechts (hier der Kodizille und Fideikommisse) zuweist.

nung und damit — und das wäre noch der geringste Nachteil — unvollständig zu interpretieren, werden wir zuerst versuchen, mit der gebotenen Vereinfachung den Hintergrund zu zeichnen, vor dem Pomponius seine Rolle als Historiker (im weiteren Sinne) spielte. Es wäre vorschnell, wenn man der hier interessierenden Epoche nur einen möglichen Typus des historischen Bewußtseins, der Einstellung zur Vergangenheit und Gegenwart, zuschreiben würde. Das naheliegende Beispiel der Rhetorik zeigt, daß sich in derselben Epoche — wenn auch bisweilen mit verschiedenem Gewicht — Attizismus, Asianismus, Archaismus, Modernismus, Klassizismus (mit ihren verschiedenen Varianten und Kontaminationen) treffen konnten[253]. Was für den 'Zeitgeist' gilt, kann aber auch für den 'individuellen Geist' gelten, der die Widersprüche seiner Zeit widerspiegelt. Unter diesen Aspekten sollen im folgenden einige mögliche Typen des Geschichtsverständnisses nach Quellen geschildert werden, die etwa in den Jahrzehnten von 100 bis 170 entstanden sind. Es handelt sich um einen Zeitraum, in dessen Verlauf möglicherweise eine Richtung, die des Archaismus, die anderen etwas zurückdrängte, in dem aber anscheinend kein grundlegender Wandel der Vorstellungsmöglichkeiten stattfand. Der Plastizität halber wollen wir die verschiedenen Ansätze des Geschichtsverständnisses an Personen schildern. Sicherlich tut ihnen die folgende grobe Charakterisierung als Individualitäten oder als literarischen Figuren Unrecht[254]. Da es uns hier weder um biographische noch um literaturhistorische Feinheiten geht, dürften gewisse Vereinfachungen und Schematisierungen erlaubt sein.

---

[253] Vgl. nur A. D. LEEMAN, Orationis Ratio I, Amsterdam 1963, 219ff. passim; E. NORDEN, Die antike Kunstprosa, Neudruck Darmstadt 1971, I 251ff. passim. Bedenken gegenüber der Verwendung des Begriffes 'Attizismus' in der neueren Forschung bei A. E. DOUGLAS, The Intellectual Background of Cicero's Rhetorica, ANRW I 3, Berlin–New York 1973, 119ff.; vgl. auch REARDON a. a. O. (o. A. 186) 81ff. In dem uns interessierenden Rahmen können Begriffe wie Asianismus etc. undifferenziert, als Typen, verwendet werden.

[254] Das gilt vor allem von den Personen im Dialog des Tacitus, die weit differenzierter und zugleich widersprüchlicher sind, als wir sie hier schildern. Vgl. nur die recht verschiedenen Interpretationen, die ihnen K. VON FRITZ und K. VRETSKA zuteil werden lassen (vgl. Tacitus, Wege der Forschung 97, 1669, ed. V. Pöschl, 298ff.; 361ff.). Zu den Problemen, die der 'Dialogus' aufwirft, vgl. die Aufsätze von K. VON FRITZ, K. KEYSSNER, R. GÜNGERICH, K. VRETSKA, C. W. MENDELL in dem genannten Sammelbande, sowie R. SYME, Tacitus, Oxford 1958, I 100ff., II 670ff. und A. D. LEEMAN a. a. O. 219ff. Mit der herrschenden Auffassung gehen wir von der — hier im übrigen nicht allzu bedeutsamen — Autorschaft des Tacitus (anders etwa E. PARATORE, Il problema degli pseudepigrapha, Atti II congr. internat. SISD 1967, Florenz 1971, 649ff.) und von der Entstehungszeit um 105 n. Chr. aus. Eine andere Auffassung setzt die Entstehung des Werkes nicht ganz so lange nach der Zeit des (fiktiven) Gesprächs (ca. 75 n. Chr.); vgl. nur MENDELL a. a. O. 479f. sowie letzthin L. KOENEN, Eine Berechnung der Regierungszeit des Augustus . . ., Z. f. Papyrologie u. Epigraphik, 13, 1974, 228ff. Zur Entstehungszeit s. die Literatur bei GÜNGERICH a. a. O. 349, sowie die Diskussion in: Histoire et Historiens, Entr. de l'ant. class. (Fond. Hardt) IV, 1956, 203 passim. Das viel erörterte Problem der Secundus-Rede sowie die Diskussion über Wert und Unwert der Poesie können hier außer Betracht bleiben.

Entgegen dem ersten Anschein spielt für unsere Hintergrundszeichnung der anonyme Jurist bei Gell. 16.10, der für F. SCHULZ[255] eine Schlüsselfigur war, keine allzu große Rolle. Zwar könnte man nach dem Gellius-Text unterstellen, daß der von diesem als *ius civile callens* bezeichnete Jurist das juristische Niveau hatte, das ihn zu einer mit den klassischen Juristen seiner Zeit vergleichbaren Figur machen könnte. Doch ist nicht nur die Generalisierbarkeit, sondern auch die Vermutung problematisch, daß man seine despektierlichen Äußerungen über die Vergangenheit sehr ernstzunehmen hat. Täte man das, so wäre allerdings seine Haltung von derjenigen des Pomponius recht weit entfernt.

Gellius berichtet[256], daß er eines müßigen Tages mit einigen Freunden die Annalen des Ennius gelesen habe[257]. Da der dort auftretende Ausdruck *proletarius* nicht verstanden wurde, fragte man einen der Teilnehmer, einen *familiaris* des Gellius und kundigen Juristen, was es mit dem Wort auf sich habe. Als dieser antwortete, er sei Jurist, nicht Grammatiker (*se iuris, non rei grammaticae peritum*)[258], verweist ihn Gellius auf den bekannten 12-Tafel-Satz (I 4): *Adsiduo vindex adsiduus esto. Proletario (iam civi, cui), quis volet, vindex esto.* Darauf dieser: *Ego vero . . . . dicere atque interpretari hoc deberem, si ius Faunorum et Aboriginum didicissem. Sed enim cum proletarii et adsidui et sanates et vades et subvades et viginti quinque asses et taliones furtorumque quaestio cum lance et licio evanuerint omnisque illa duodecim tabularum antiquitas nisi in legis actionibus centumviralium causarum lege Aebutia lata consopita sit, studium scientiamque ego praestare debeo iuris et legum vocumque earum, quibus utimur.* Es bedarf eines vorbeigehenden gelehrten Poeten, des Iulius Paulus, um das Rätsel zu lösen.

Statt einer eingehenden Analyse sollen hier kurz einige Fakten aufgezählt werden, die die — sei es von Banausentum, sei es von praktischer Vernunft getragene — Verachtung des anonymen Juristen für die *antiquitates* zwar nicht widerlegen, so doch relativieren. Die geläufige Verwendung

---

[255] Prinzipien, 70; dagegen mit Recht MASCHI, 87f.; vgl. auch G. CRIFÒ, La legge delle XII Tavole, ANRW I 2, Berlin–New York 1972, 120 A. 38. — Eine eingehende Interpretation des Textes erscheint in der Festschrift für M. KASER, München 1976, 57 ff.

[256] Auf die Frage, ob es sich um eine fiktive Erzählung handelt, ist hier nicht einzugehen (vgl. zum Problem etwa H. E. DIRKSEN, Hinterlassene Schriften, I, Leipzig 1871, 21 ff.). Die ähnliche Struktur der Erzählung in Gell. 4.1 und 5.21 könnte ein — allerdings nicht zwingendes — Argument für eine Fiktion sein. Dagegen spricht die Qualifikation des anonymen Juristen als *familiaris* des Gellius — zusammen mit der fehlenden Nennung seines Namens — eher für die Historizität.

[257] Zur Chronologie der 'Noctes Atticae' s. etwa L. FRIEDLÄNDER, Sittengeschichte, Leipzig 1910[8], IV 111, sowie KL. PAULY-WISSOWA II 727f. (mit weiterer Lit.). Mit gewisser Wahrscheinlichkeit läßt sich sagen, daß an der Stelle Meinungen vertreten werden, die etwa um die Jahrhundertmitte formuliert wurden; vgl. auch die Erwähnung des Julius Paulus, der wohl älter war als Gellius. Das schließt selbstverständlich nicht aus, daß sie auch zu anderen Zeiten geäußert wurden.

[258] Aus dieser Bezeichnung ergibt sich, daß die Annahme MASCHIS, es habe sich um einen *causidicus* gehandelt, unhaltbar ist. Selbst wenn man die Worte des Gellius als Kritik an der Unkenntnis des *familiaris* interpretiert, so lassen sie nach meiner Auffassung doch seine juristischen Qualitäten als solche unberührt.

der antiquarischen Termini durch den Juristen könnte zeigen, daß er durchaus antiquarische Kenntnisse hatte[259]; doch ist nicht auszuschließen, daß er diese Worte nur auswendig gelernt hat — wofür seine Unkenntnis der Bedeutung von *proletarius* sprechen könnte. Wenn man großes Vertrauen in Indizien hat, könnte man sogar aus seiner Teilnahme an der Ennius-Lektüre auf Interesse an der archaischen Literatur schließen; seine Harmonisierung mit der verächtlichen Äußerung über das archaische Recht wäre schwierig, aber doch immerhin möglich. Weiterhin gehört die Kritik an den 12 Tafeln zu den beliebten Topoi der antiken Literatur[260]. Kritik schließt aber Interesse ein. Selbst wenn man die Äußerung des Anonymus im Sinne des absoluten Desinteresses interpretierte, wäre es fraglich, ob sie die Anschauungen aller oder auch nur der Mehrheit der zeitgenössischen Juristen wiedergibt. Wichtiger ist noch, daß sich aus hier nicht weiter zu erörternden Gründen das Schema des Gesprächs zwischen Gellius und dem Juristen in den 'Noctes Atticae' häufiger findet[261]. Dabei spielt die Rolle des anonymen Juristen meist der wegen seiner Unbildung verspottete Grammatiker. Der Grammatiker wird nach der Bedeutung irgendeines alten Wortes gefragt. Seine Unkenntnis erklärt er mit seiner mangelnden Kompetenz — bisweilen verbunden mit Ausfällen gegen das Altertum. Auf die Notwendigkeit der Kenntnis des Wortes wird er durch Dichterzitate, in denen sie erscheinen und für deren Auslegung er kompetent sein müßte, hingewiesen. Man wird aus diesen Anekdoten allenfalls für den einzelnen Grammatiker Schlüsse über seine Einstellung zur Vergangenheit ziehen dürfen, nicht aber für die *ars* als solche, die — trotz einiger Parteigänger des Modernismus — nicht antihistorisch eingestellt ist. Ähnliches könnte für die Jurisprudenz gelten.

Neben den nicht ungebildeten, aber in seiner Einstellung gegenüber den archaischen Rechtszuständen von einer (möglichen) Mischung von Verachtung und Desinteresse geleiteten anonymen Juristen wollen wir Gellius selbst stellen, den — vielleicht etwas jüngeren — Zeitgenossen des Pomponius. Sein Interesse konzentriert sich auf die Vergangenheit, nicht auf den Vergleich von Gegenwart und Vergangenheit. Je älter etwas (ein Schriftsteller, ein Wort) ist, desto größer sein Wert. Dabei ist häufig kaum zu unterscheiden, ob in der Vergangenheit Vorbilder gesucht werden, die in der Gegenwart wirken sollen, ob sie Sehnsüchte befriedigen soll, oder ob sie als Kuriositätenkabinett benutzt wird. Wie gerade auch das — dem modernen Historiker wohlbekannte — 'schlechte Gewissen' des Gellius zeigt, darf man mit einer widerspruchsfreien Haltung nicht rechnen. Einige

---

[259] Vgl. die Beurteilung Apers im 'Dialogus' (2.2): . . . . . *omni eruditione imbutus contemnebat potius litteras quam nesciebat*. Wie Cic. De or. 2.1.4 zeigt (zu Antonius und Crassus), bewegen sich solche Äußerungen im Bereich einer verbreiteten Topologie.

[260] Vgl. nur die Beispiele in: Rechtskritik (o. A. 66), 66f.

[261] Vgl. nur Gell. 4.1; 5.21 u. a. Leichte Varianten sind sicherlich nicht ausgeschlossen. So ist es z. B. bemerkenswert, daß gegen die Grammatiker scharf polemisiert wird, während der anonyme Jurist und *familiaris* von einer solchen Polemik verschont bleibt.

— im übrigen durchaus nicht originelle, sondern mit der literarischen Tradition zusammenstimmende — Äußerungen des Gellius mögen ihn charakterisieren[262].

Nach seinen literarischen Neigungen steht Gellius zwischen Archaismus und Klassizismus, nach seinem 'historischen Bewußtsein' ist er ein Vertreter der antiquarischen Richtung. Die Dialektik des Alten, das durch das Hervorholen aus der Vergessenheit zum Neuen wird, ist ihm durchaus geläufig (11.7.1f.): *Verbis uti aut nimis obsoletis exculcatisque aut insolentibus novitatisque durae et inlepidae par esse delictum videtur. Sed molestius equidem culpatiusque esse arbitror verba nova, incognita, inaudita dicere quam involgata et sordentia. Nova autem videri dico etiam ea, quae sunt inusitata et desita, etsi sunt vetusta.*

Beifällig zitiert er die Worte Favorins, die dieser an einen *adulescens veterum verborum cupidissimus* richtete (1.10.4): *Vive ergo moribus praeteritis, loquere verbis praesentibus.* Eine wahre Rechtfertigungsschrift für die Beschäftigung mit den *antiquitates* ist die *praefatio* zu den 'Noctes Atticae'. Gellius betont, daß sein Werk in der Freizeit verfaßt und für die Freizeit gedacht sei (pr. 1, 12, 14, 23). Indem er sich gegen die nutzlose Vielwisserei der Griechen wendet (pr. 11), betont er den Nutzen (vor allem für das *ius augurium* und das *ius pontificium*)[263] und die Notwendigkeit seiner Sammeltätigkeit für die allgemeine Bildung (*eruditio*), für die Kenntnis der *artes* und schließlich auch für die *oratio* (pr. 12f.; 16). Sieht man von dem zuletzt genannten Zweck ab, der möglicherweise 'praktisch' sein konnte, so sind — trotz aller verbalen Vorbehalte — zweckfreie Bildung und Vergnügen die Ziele, die Gellius mit seinen antiquarischen Notizen anstrebt. Von dem Pathos der Rückwendung zu einer besseren Vergangenheit ist bei ihm fast nichts zu spüren. Das — vereinfachende — Gesamturteil dürfte lauten: Die Kenntnis von der möglichst weit zurückliegenden Vergangenheit ist — ohne Rücksicht auf ihre historischen Bedingungen — Selbstwert für sich; der Hinweis auf den Nutzen für die Gegenwart ist eine apologetische Phrase.

Weiterhin wollen wir auf der Suche nach den Typen des historischen Bewußtseins die drei Redner im 'Dialogus' des Tacitus betrachten. Das Bild ist hier verständlicherweise weit reicher und differenzierter. Zwar beschäftigt sich der 'Dialogus' mit dem im 1. Jh. n. Chr. viel erörterten

[262] Eine eingehende Analyse des Gellius ist nicht beabsichtigt. Vgl. zuletzt etwa Leeman a. a. O. 364ff.; R. Marache, La critique de langue latine et le développement du goût archaïsant, Rennes 1952; A. Ronconi, Gellio, critico e grammatico, ANRW II, Rubrik 'Sprache und Literatur', hrsg. v. W. Haase, Berlin–New York 1976f.; s. auch den o. A. 255 angekündigten Aufsatz. Ähnliche Widersprüche finden sich auch bei dem jüngeren Plinius; vgl. Ep. 6.21 mit Ep. 8.12. Zur Kritik an der attizistischen Jagd auf ausgefallene Wörter (Lukian, Sextus Empiricus) s. A. Dihle, Analogie und Attizismus, Hermes 85, 1957, 172.

[263] pr. 13. Vgl. auch die bekannten Stellen über die in *ius vocatio* des *quaestor* (Gell. 13.13) und das *manum conserere* (20.10.1). — Bekanntlich ist die Diskussion über 'Nutzen' und 'Vergnügen' in der antiken Bildungstheorie weit verbreitet; s. nur M. Fuhrmann, Einführung in die antike Dichtungstheorie, 115, 133f. passim.

Thema[264] des wirklichen oder vermeintlichen Verfalls der Rhetorik. Doch ist es wohl nicht allzu gewagt, die dabei zum Ausdruck kommenden kultur-kritischen Äußerungen zu verallgemeinern.

Der erste Redner, Aper, kann schlagwortartig als Modernist bezeichnet werden. Er beschränkt sich nicht auf die Verteidigung der Gegenwart, sondern verspottet die Vergangenheit und stellt sie im Rang weit hinter die Moderne[265]. Wegen dieser Aggressivität gegen die Vergangenheit schlägt seine an sich vorhandene historisch-relativierende Einstellung nicht voll durch. Nach seiner Auffassung sind die Redner des 2. Jhs. v. Chr. *horridi et impoliti et rudes et informes*[266]. Die Gegenüberstellung der Finessen des modernen Stils (der *novi rhetores*)[267] und der pedantischen Grobheit der Alten bringt sicherlich noch keine präzise historische Perspektive. Ansätze zu ihr dienen weniger dem Verständnis der Vergangenheit als der Recht-fertigung der Gegenwart. Die Redekunst müsse sich der Zeit anpassen (18.2): . . . . *mutari cum temporibus formas quoque et genera dicendi*[268]. Es gebe keinen Maßstab für die beste Redekunst (18.3). Bei den Alten suche man ihn vergebens, da auch sie sich unterschieden und miteinander im Streit standen[269]. Man dürfe aus der Verschiedenheit der Stile nicht auf Depravation schließen (18.3): . . . . *nec statim deterius esse quod diversum est*. Die historische Betrachtungsweise verstärkt sich, wenn er nach den Grün-den des Unterschieds von alter und neuer Rhetorik[270] und der Vorliebe für die Alten fragt[271].

Die von Aper eingenommene Haltung, die unter Berufung auf das Recht der Gegenwart und den historischen Wandel die Vergangenheit zurücksetzt oder gar schmäht, ist anscheinend für den Modernismus typisch. In zurückhaltender Form findet sie sich in der Rede des Valerius Messa-

---

[264] Zur Diskussion über den Verfall der Rhetorik im 1. Jh. n. Chr. s. Petron. Sat. 1ff.; Quint. De causis corruptae eloquentiae; (Longinus) peri hypsous (a. E.). Zum 'Dialogus' des Tacitus und seiner Stellung in der Geschichte der kaiserzeitlichen Rhetorik vgl. F. ARNALDI—P. SMIRAGLIA, Problematica del 'Dialogus de oratoribus', N. BARBU, De vita Romana in Taciti Dialogo de oratoribus, und A. MICHEL, Rhétorique et philosophie au second siècle ap. J.-C., ANRW II, Rubrik 'Sprache u. Literatur', hrsg. v. W. HAASE, Berlin–New York 1976f.

[265] Vgl. nur 1.4: . . . . *multum vexata et irrita vetustate nostrorum temporum eloquentiam anti-quorum ingeniis anteferret.*

[266] 18.1; s. auch 21.1ff.: . . . . . . *me in quibusdam antiquorum vix risum, in quibusdam vix somnum tenere.* S. auch 8.1; 20.3; 21.4, 7; 22.3, 5; 23.1, 3.

[267] 14.4; vgl. 20.1ff.

[268] S. auch 19.2. Vgl. hierzu das recht radikale Urteil Epikurs über nicht mehr zeitgemäße Gesetze bei Diog. Laert. X 153 (Kyriai doxai 38). Zum in der Antike verschieden ver-wendeten Topos der 'Veränderlichkeit der Gesetze' s. nur: Rechtskritik (o. A. 66), 19ff.; vgl. auch unten zur Maternus-Rede und zu Gell. 20.1.

[269] S. nur die Reihe: Cato, C. Gracchus, Crassus, Cicero, Corvinus in 18.2. Vgl. auch 18.4f.; 22.1ff.

[270] Genannt werden etwa: die allgemein verbreitete rhetorische und philosophische (Halb-)Bildung (19.2ff.) und die Veränderung der Gerichtsverfassung (s. auch 20.1ff.). Zu den Adressaten der *orationes* vgl. 5.7; 10.7.

[271] 18.3: *vitio autem malignitatis humanae vetera semper in laude, praesentia in fastidio esse.* S. auch Quint. Inst. 3.1.21: . . . . . . *ad posteros enim virtus durabit, non perveniet invidia.*

linus über die Milderung des strengen früheren Rechts[272], schärfer formuliert in der berühmten Rede des Claudius über die gallischen Senatoren[273]
und der Rede des Vitellius über die Legitimierung der nach römischer Auffassung blutschänderischen Ehe zwischen Claudius und seiner Nichte
Agrippina[274]. Ihr entspricht es, wenn sich Seneca, der berühmteste der
Modernisten, über die 12 Tafeln mokiert[275]. Es darf auch noch einmal an
den anonymen Juristen bei Gellius erinnert werden; nimmt man allerdings
seine Worte ernst, so ist sein Desinteresse an der Vergangenheit ebenso
groß wie ihre polemische Zurückweisung.

Bei allem ist es beachtenswert, daß die modernistische Haltung, wie
sie Aper vertritt, sich keineswegs widerspruchsfrei darstellt. So enthüllt er
die Schwäche seiner Position, wenn er — mit einem sophistischen Kunstgriff arbeitend — behauptet, daß man etwa Cicero (ebenso wie Demo-
sthenes) nicht zu den alten Rednern zählen dürfe[276], und damit den allerdings nicht durchgehaltenen Versuch macht, das Problem durch eine neue
Definition aus der Welt zu schaffen. Er selbst kennt die Alten gut[277]. Nach
Auffassung der Teilnehmer am Dialog kann die Herabsetzung der Vergangenheit durch ihn nicht ganz ernst gemeint sein (24.1ff.). Ein deutlicher
Widerspruch liegt auch darin, daß er zwar die Gründe für den historischen
Wandel und die Rechtfertigung der Gegenwart gleichsam aus historischer
Perspektive vorträgt, daß er aber der geschmähten Vergangenheit (in pole-
mischer Absicht) diese historische Perspektive verweigert[278]. Nicht zuletzt
diese Widersprüche sind es, die zeigen, daß eine konsequent modernistische
Attitude nicht möglich war[279].

Den ahistorischen Klassizisten vertritt Vipstanus Messalla (25.1ff.) —
radikaler noch als der Klassizist Quintilian, der ein Mitgehen mit der Zeit
nicht völlig ausschließt[280]. Sicherlich bestünden nicht nur zu verschiedenen

---

[272] Tac. Ann. 3.34.1ff.; vgl. vor allem die Worte: . . . . . . *multa duritiae veterum in melius et
laetius mutata.* S. dazu etwa R. SYME, The Senator as Historian, in: Histoire et Historiens
(o. A. 18) 199f.

[273] Tac. Ann. 11.24; CIL XIII 1669 (FIRA I, leges, 43). Dazu etwa F. VITTINGHOFF, Zur
Rede des Kaisers Claudius . . . ., Hermes 82, 1954, 348ff.; zuletzt D. FLACH, Die Rede
des Claudius . . . ., Hermes 101, 1973, 313ff. (mit Lit.). Vgl. 11.24.7: . . . . . . *inveterascet
hoc quoque, et quod hodie exemplis tuemur, inter exempla erit.*

[274] Tac. Ann. 12.5.3ff.; vgl. 6.8: . . . . . *morem accomodari, prout conducat, et fore hoc quoque
in iis quae mox usurpentur.*

[275] S. Nat. quaest. 4.7 zum *fructus excantare.*

[276] 16.4ff.; vgl. dazu K. VON FRITZ a. a. O. 311ff. Ähnlich argumentiert Horaz in Ep. 2.34ff.

[277] Vgl. auch 2.2; zit. o. A. 259.

[278] Ansätze zu ihr immerhin in 19.2ff. (über den Geschmackswandel); vgl. auch 21.9 zu Corvinus. S. im übrigen auch die Worte Senecas (bei Gell. 12.2.7) zu Cicero: *non fuit Ciceronis
hoc vitium, sed temporis.*

[279] Vgl. auch LEEMAN a. a. O. 264ff. zu Seneca.

[280] S. nur Inst. 10.1.122, 125ff. (zu Seneca). Zum Verhältnis des Tacitus zu Quintilian s. nur
GÜNGERICH a. a. O. 349ff.; SYME, Tacitus I, 114f. Zum Klassizismus des Dionys v. Hali-
karnaß und des Autors von 'Peri hypsous' vgl. M. FUHRMANN, Einführung in die antike
Dichtungstheorie, 168ff. passim, und demnächst G. MARTANO, Una pagina dell'estetica
classica nell'età del principato: Il 'Peri Hypsous', ANRW II, Rubrik 'Sprache und Literatur', hrsg. v. W. HAASE, Berlin–New York 1976f.

Zeiten, sondern sogar zur selben Zeit *plures formae dicendi*. Doch seien die guten Redner nicht dem *genus*, sondern nur der *species* nach verschieden. Es gebe einen allgemein gültigen Kanon, an dem jede Zeit zu messen sei. Er werde am besten in der klassischen Epoche der römischen Rhetorik — durch Cicero — erfüllt. Mißt man einmal die 'Vorklassiker', zum anderen die 'Modernisten' an diesem Maßstab, so erhalten jene von Vipstanus Messalla ein noch recht positives Urteil, werden diese als Phänomene des Verfalls betrachtet[281]. Es besteht die Rangordnung: Klassiker, Vorklassiker, Moderne.

Dem klassizistischen Ansatz entspricht es auch, daß die Ursachen für die als Verfall betrachteten Veränderungen im Bereich des Moralischen, vor allem der Erziehung, gesucht werden (28.1ff.): ...... *non inopia hominum, sed desidia iuventutis et negligentia parentum et inscientia praecipientium et oblivione moris antiqui*. Es folgt die breite Schilderung der zum Vorbild der Gegenwart erhobenen alten Erziehung, deren Einzelheiten hier nicht weiter interessieren[282]. Konsequenterweise wird behauptet, daß allein die Verbesserung der Ausbildung des Redners die Rhetorik wieder auf den vorigen Stand bringen kann. Daß der Gegenwart hier eine Chance eingeräumt wird, ist ein Symptom des dem Klassizismus nicht fremden Optimismus. Messalla ist somit ein Vertreter des absoluten Standards der Redekunst. Daß er zugleich als *laudator temporis acti* erscheint, ergibt sich aus seiner These, daß in der Vergangenheit die beste Redekunst entwickelt wurde. Als solche dürfte die Vergangenheit keinen besonderen Wert an sich tragen — wobei man allerdings zweifeln darf, ob Messalla diese Konsequenz auch gezogen hätte[283]. Immerhin wird er von Maternus als Feind der *antiquarii* bezeichnet; auch unterscheidet er sich von den Archaisten (etwa des 2. Jhs. n. Chr.) deutlich dadurch, daß er die Zeit der 'Reife' den Anfängen vorzieht.

Als pessimistischer, resignierender Beobachter, der aber Vergangenheit und Gegenwart nach ihren jeweiligen Voraussetzungen zu beurteilen sucht, wird der dritte Redner, Curiatius Maternus, gezeichnet. Nach seinen allerdings nur fragmentarisch erhaltenen Ausführungen (36.1ff.) trennt er schärfer als seine Partner Werturteil und Analyse. Zweifellos schätzt Maternus die Redekunst der Vergangenheit weit höher ein als die der Gegenwart[284]. Doch haben auch die Modernen das erreicht, was in ihrer Zeit möglich ist[285].

---

[281] s. 25.7; 26.1ff.; vgl. auch 42.2.

[282] Bekanntlich wird in ihr auch die alte Diskussion über das Verhältnis von Jurisprudenz und Rhetorik und über die dem guten Rhetor notwendigen Kenntnisse des Rechts aufgenommen; vgl. 28.6; 31.7f.; 32.3,8.

[283] Vgl. nur seine Bewertung der 'archaischen' Redner, die er den modernen vorzieht. — Auch der Klassizist Dionys v. Harlikarnaß ('Über die alten Redner') ist 'Optimist'; vgl. sein Schema: einstige Größe — Verfall — Wiederherstellung. Dazu nur FUHRMANN a. a. O. Zu bemerken ist, daß auch ein 'Archaist' den klassischen Maßstab gelten lassen kann; vgl. Gell. 17.1; s. auch 12.1.1ff.

[284] Vgl. auch 16.3; 24.1; 27.1.

[285] 36.2: *nam etsi horum quoque temporum oratores ea consecuti sunt, quae composita et quieta et beata re publica tribui fas erat, tamen* ..... — Bekanntlich finden sich selbst bei dem sonst so konservativen älteren Plinius Fortschrittsvorstellungen; s. O. GIGON, Studien

Es liegt nicht an ihnen, sondern an der historischen Situation, daß sie hinter ihren Vorgängern zurückstehen. Die berühmte Untersuchung über die Gründe des Verfalls der Redekunst in der Gegenwart und die kompensatorischen Vorzüge der Gegenwart im Verhältnis zur Vergangenheit braucht hier im einzelnen nicht analysiert zu werden[286]. Die große Rhetorik der Vergangenheit gehört notwendig in eine unglückliche, von Wirren und Unruhen zerrissene Epoche. Die ruhige und glückliche Gegenwart könne dem Redner nur ein bescheidenes Betätigungsfeld geben. Wenn alles gut steht, so ist der *orator* ebenso überflüssig wie der Arzt (41.1 ff.). Das Fazit trägt die Züge ironischer Melancholie (41.5): *nunc, quoniam nemo eodem tempore assequi potest magnam famam et magnam quietem, bono saeculi sui quisque citra obtrectationem alterius utatur.*

Im Suchen nach den Gründen des Verfalls, in der Ablehnung vorschneller moralischer Wertungen, im Verständnis der Gegenwart nach ihren Bedingungen tritt Maternus als historisch-relativierender Betrachter auf. Was die Stimmung seiner Ausführungen betrifft, so beurteilt er die Gegenwart resignierend, die Vergangenheit mit Sehnsucht und Abscheu zugleich. Wie Aper umschreibt er das Gesetz des historischen Wandels[287]. Im Gegensatz zu ihm wendet er es sowohl auf die Gegenwart als auch auf die Vergangenheit an und kann überdies seine optimistische Einstellung nicht teilen.

Es ist selbstverständlich, daß sich diese Haltung — sei es auch nur in einzelnen Zügen — auch sonst in den Äußerungen der Epoche findet. So läßt der Historiker Tacitus in seiner berühmten Skizze der Gesetzgebungsgeschichte[288] erkennen, daß er die jeweils vorhergehende Epoche der nachfolgenden vorzieht, daß er aber die Wandlungen für historisch begründet hält. Mehr Gerechtigkeit noch gegenüber der Gegenwart zeigt er in den Worten, mit denen er die Geschichte der Luxusgesetze und die Gründe für ihr Fehlen in der Gegenwart beschließt (Ann. 3.55.4): .... *nisi forte rebus cunctis inest quidam velut orbis, ut quem ad modum temporum vices, ita morum vertantur; nec omnia aput priores meliora, sed nostra quoque aetas multa laudis et artium imitanda posteris tulit.*

Eine Sammlung der Äußerungen zur *mutatio temporum* und der mit ihr zu erklärenden *mutatio morum, artium* etc. — zur Verteidigung der Gegenwart gegenüber der Vergangenheit — ist hier nicht am Platz[289]. Nur auf die den Rechtshistoriker besonders interessierende Rede des Juristen

---

zur antiken Philosophie, Berlin 1972, 388f. Selbstverständlich kann ein 'Modernist' auch pessimistische Gedanken entwickeln; s. Sen. Ad Luc. 90.40; Nat. quaest. 3.27.

[286] Vgl. nur KEYSSNER a. a. O. 325 ff. Bemerkenswert ist die mehrfach anzutreffende Begründung mit der gegenwärtigen Gerichtsverfassung und -praxis; vgl. 36.7; 37.4; 38.1 ff.; 39.1 ff.

[287] Vgl. nur die Worte in 19.2 f.

[288] Ann. 3.25 ff.; vgl. dazu 'Rechtskritik' (o. A. 66) 63f., 75 mit weiteren Angaben.

[289] S. auch Cic. De or. 1.58.246 f.; Varro LL 9.15; vgl. auch die Belege bei J.-C. FREDOUILLE, Tertullien et la conversion de la culture antique, Paris 1972, 258 ff. — Anders Ulp. D. 50.17.123.1; s. auch SB 7969.

Sextus Caecilius Africanus[290] bei Gellius (20.1) ist wenigstens hinzuweisen. In einer Diskussion mit Favorin über den Wert des 12-Tafel-Gesetzes beschränkt sich der Jurist nicht nur auf eine Apologie des alten Gesetz-gebungswerkes, auf die Erklärung seiner Rechtssätze mit rationalen und historischen Argumenten — beides letztlich mündend in einen Preis des alten Rechts und in eine (wenigstens implizite) Ablehnung der Gegen-wart[291]. Vielmehr deutet er auch — obgleich eher formelhaft, als die Gründe analysierend[292] — die historische Relativität des Rechts an (Gell. 20.1.22):

...... *non enim profecto ignoras legum oportunitates et medelas pro tempo-rum moribus et pro rerum publicarum generibus ac pro utilitatum praesentium rationibus proque vitiorum, quibus medendum est, fervoribus mutari atque flecti neque uno statu consistere, quin, ut facies caeli et maris, ita rerum atque fortunae tempestatibus varientur.*

Gewisse Parallelen zur Haltung des Maternus sind nicht zu übersehen. Doch ist (modisch gesprochen) das Reflexionsniveau des Juristen (zumin-dest nach dem Text des Gellius) weit niedriger als das des Maternus. Seine Bevorzugung der Vergangenheit ist simpler, ebenso seine Ablehnung der Gegenwart. Die Parallelisierung der Rechtsänderungen mit sozialen Ände-rungen beschränkt sich auf die Verwendung von klischeeartigen Argumenten (vgl. etwa den Topos der *utilitas*). Archaisierender Perspektive entspricht es überdies, daß die Diskussion sich vorzugsweise im Bereich der 12 Tafeln bewegt, während die zur Gegenwart führenden Epochen fast unbeachtet bleiben[293].

Wir wollen versuchen, das Geschichtsverständnis des Pomponius vor dem Hintergrund dieser als Typen skizzierten Figuren zu zeichnen: des anonymen Juristen bei Gellius, der die *antiquitates* (desinteressiert?) ver-achtet, des Gellius selbst, als eines Antiquars mit schlechtem Gewissen, des Modernisten Aper, des Klassizisten Messalla, des die Vergangenheit und die Gegenwart pessimistisch und historisch zugleich betrachtenden Maternus, des unklar historisch denkenden und sich nach der Vergangenheit sehnenden Caecilius Africanus.

---

[290] Die Identität des Digesten-Juristen mit dem bei Gellius erwähnten Juristen ist kaum zu bezweifeln; vgl. auch CRIFÒ a. a. O. 120 A. 138; anders wohl H. E. DIRKSEN, Historische Schriften I, Leipzig 1871, 62f. — Zur 'Bildung' Afrikans zuletzt P. CERAMI, Considera-zioni sulla cultura e sulla logica di Cecilio Africano, Iura 22, 1971, 127ff.; A. WACKE, Die Rechtswirkungen der lex Falcidia, Studien im röm. Recht (Festg. M. Kaser), Berlin 1973, 245ff.; DERS., Dig. 19.2.33: Afrikans Verhältnis zu Julian und die Haftung für höhere Gewalt, oben in diesem Band (ANRW II 15), 455ff. Vgl. auch sein (ironisches?) Homer-Zitat in Ulp. D. 48.5.14.1. Zu Gell. 20.1 s. im übrigen NÖRR, Rechtskritik (o. A. 66), 66ff. passim.

[291] S. nur 20.1.23 (zum Luxus; dazu Tac. Ann. 3.34); 20.1.53 (*de testimoniis falsis*).

[292] Vgl. immerhin 20.1.31ff. zur *iniuria*.

[293] Vgl. auch das Schema der griechischen Orts-Historie; s. K. HANELL, Die Problematik der älteren römischen Geschichtsschreibung, in: Histoire et Historiens (o. A. 18), 165. Auch Fabius Pictor, der erste römische Historiker, scheint die Urzeit ausführlich, die Folgezeit knapp und erst die Zeitgeschichte breit behandelt zu haben; s. D. TIMPE, Fabius Pictor ..., ANRW I 2, Berlin–New York 1972, 933ff.

IV. Das Geschichtsverständnis des Pomponius

> "The words of a dead man
> are modified in the guts
> of the living."
>
> (W. H. AUDEN)

Bevor wir versuchen, das Geschichtsverständnis des Pomponius zu analysieren, sind einige Vorbemerkungen notwendig[294]. Angesichts einmal des schlechten Zustandes des 'Enchiridium'-Textes, zum anderen der Tatsache, daß uns alle Schriften des Pomponius gefiltert durch die Kompilatoren überliefert sind, kann unser Untersuchungsobjekt nur ein Persönlichkeitsfragment des historischen Pomponius darstellen. Aber was von seinem Werk gilt, gilt ebenso und mehr noch von der (juristischen) Literatur seiner und der ihm direkt vorhergehenden Epoche. Der schlechte Überlieferungszustand verhindert eine einigermaßen sichere Einordnung gerade des 'Historikers' Pomponius. Doch selbst wenn man eine (utopische) perfekte Quellenlage unterstellen würde, wäre es zweifelhaft, in welchem Sinne man von einem 'Verstehen' der Persönlichkeit des Pomponius sprechen könnte. Sieht man von dieser Aporie ab, so dürfte es im übrigen keine allzu anmaßende Feststellung sein, daß das im Zentrum unserer Betrachtung stehende 'Enchiridium' — sei es aus Überlieferungsgründen, sei es wegen des Werkcharakters, sei es schließlich wegen der mangelnden geistigen Potenz des Autors — keineswegs besonders tiefe Einsichten in das Wesen und die Ursachen der geschichtlichen Erscheinungen und des historischen Wandels liefert — wobei wir hier von seiner Zuverlässigkeit als historischer Quelle völlig absehen. Trotz — oder vielleicht gerade wegen — der Simplizität der historischen Auffassungen müssen wir uns davor hüten, Pomponius in das Prokrustesbett einer schlagwortartigen Charakterisierung einzuzwängen. Es ist nicht auszuschließen, daß die Quellen — je nach Wertungsmaßstab — differenzierte oder zwiespältige Persönlichkeitszüge erkennen lassen[295].

1. Origo atque processus

Pomponius betrachtet die Entwicklung des *ius* unter den Aspekten von *origo* und *processus* (D. 1.2.2 pr): *Necessarium itaque nobis videtur ipsius*

---

[294] Vgl. zu diesem Abschnitt das Resümee meines auf der 17. Tagung der Societé internationale de l'histoire des droits de l'antiquité („de Visscher") in Bordeaux 1971 gehaltenen Vortrags in RIDA 3. S., 19, 1971, 517f. Doch unterscheidet sich die vorliegende Ausarbeitung nicht nur in der Ausführlichkeit von dem damaligen Vortrag.

[295] Um Wiederholungen zu vermeiden, darf hier generell auf unsere literargeschichtliche Betrachtung des 'Enchiridium' (o. II 3) verwiesen werden, vor allem auf die Ausführungen zu den Quellen und Vorbildern. Aus dem Literaturverzeichnis sind besonders die Schriften BRETONES und FUHRMANNS zu nennen.

iuris originem atque processum demonstrare[296]. Was den Begriff der *origo* betrifft, so sei daran erinnert, daß die Untersuchung der Anfänge (der Sprache, der *artes*, der Institutionen) ein wesentliches Ziel der antiken wissenschaftlichen, nicht nur der im eigentlichen Sinne antiquarischen Literatur war. Auch die Historiographie wandte — soweit sie sich nicht mit der Gegenwart und der unmittelbar zurückliegenden Vergangenheit beschäftigte — den *origines* eher größeres Interesse zu als der 'Zwischenzeit' zwischen den Anfängen und der Gegenwart[297]. Schließlich bestand die Tendenz, die *origines* nicht aus einem historischen Irgendwo langsam und unmerklich hervorgehen zu lassen, sondern sie gleichsam auf einer 'tabularasa-Situation'[298] zu fixieren. Die Frage nach der *origo* war dem Pomponius somit weitgehend vorgegeben. Interessanter — und trotz gewisser Vorbilder origineller — ist das Ziel des Pomponius, mit der Schilderung der *origo* auch diejenige des *processus* zu verbinden.

Es wäre verlockend, diesen Ansatz des Pomponius in den Zusammenhang mit antiken geschichtsphilosophischen Theorien zu stellen. So gab es eine Auffassung, die zum Verständnis des geschichtlichen Ablaufes organische Analogien (vgl. etwa die Lebensaltertheorie) verwandte. Mit ihr konnte eine 'zyklische' Theorie verbunden werden, nach der der geschichtliche Wandel zum Untergang und zum Neubeginn führte[299]. Doch dürfte es die

---

[296] Vgl. auch § 13 (zu den *magistratus*), sowie vor allem § 35 (zur Jurisprudenz): . . . . . *ut appareat, a quibus et qualibus haec iura orta et tradita sunt.*

[297] Zur Einteilung bei Fabius Pictor o. A. 293. Nach TIMPE (a. a. O., 953 u. ö.) hat Cato in seinen 'Origines' die Zwischenzeit überhaupt ausgelassen.

[298] s. FUHRMANN, 103; s. auch oben bei A. 17.

[299] Ausführlichere Literaturangaben sind hier überflüssig. Besonders verwiesen sei auf S. MAZZARINO, Das Ende der antiken Welt, München 1961, 11 ff.; DERS., Il pensiero storico classico, II 2, Roma–Bari 1966, 359 ff., 412 ff. (dort Auseinandersetzung mit der Literatur); neuerdings etwa A. DEMANDT, Geschichte als Argument, Konstanz 1972; K. THRAEDE, RAC VIII, 1970, s. v. Fortschritt; M. SORDI (L'idea di crisi e di rinnovamento . . .) und M. RUCH (Le thème de la croissance organique . . .), ANRW I 2, Berlin–New York 1972, 781 ff.; 827 ff.; E. KOESTERMANN (Das Problem der römischen Dekadenz . . .), ebda I 3, 1973, 781 ff.; E. R. DODDS, The Ancient Concept of Progress and Other Essays . . . , Oxford 1973, 1 ff. Weitere Lit. zum Lebensaltervergleich bei G. ALFÖLDY, Der Hl. Cyprian und die Krise des röm. Reiches, Historia 22, 1973, 496 A. 103, W. DEN BOER, Some Minor Roman Historians, Leiden 1973, 3 A. 5 und bei R. HÄUSSLER, Der Lebensaltervergleich im Geschichtsdenken der römischen Kaiserzeit, ANRW II, Rubrik 'Sprache und Literatur', hrsg. v. W. HAASE, Berlin–New York 1976 f. MAZZARINO bemerkt mit Recht, daß man zwischen kosmologischen Zyklen (Pythagoras, Stoa) und historischen Zyklen (etwa dem Verfassungszyklus des Aristoteles) zu unterscheiden hat. Daneben stellt er fest, daß es ein modernes Vorurteil sei, der 'heidnischen' Antike lediglich ein zyklisches Geschichtsverständnis zuzuschreiben; vielmehr erscheine daneben eine lineare Geschichtsauffassung, die allerdings nicht mit der Idee des ständigen Fortschritts vermischt werden darf; vgl. dazu auch F. VITTINGHOFF, Zum geschichtlichen Selbstverständnis der Spätantike, Hist. Z. 198, 1964, 529 ff. (571). Demgegenüber betont SORDI die Bedeutung der *doctrina etrusca*, RUCH die immanente römischen Vorstellungen auch des römischen Geschichtsverständnisses. — Die Römer scheinen sich erst spät mit der Vorstellung vertraut gemacht zu haben, daß auch das 'ewige Rom' dem Zyklus unterworfen sein könnte (s. nur RUCH a. a. O. 840 f.). Bekannt ist die zwiespältige Haltung des Polybios, der im 6. Buch einmal in der in Rom verwirklichten gemischten Verfassung

Knappheit und Nüchternheit der Darstellung des Pomponius verbieten, hier ein allzu differenziertes Gemälde zu malen. Von einem zyklischen Wechsel ist bei ihm keine Rede. Das mag mit dem Gegenstand seines Werkes zusammenhängen. Es ist aber auch denkbar, daß er dem römischen Geschichtsverständnis, wie es bis in die späte Republik vorherrscht[300], folgt und die Idee verdrängt, daß auch Rom dem Gesetz des Verfalls unterworfen ist.

Nicht nur vom geschichtsphilosophischen Aspekt aus, sondern auch inhaltlich erinnert sein Ansatz insoweit an die berühmten Worte, mit denen Cicero seine Geschichte Roms beginnt (De rep. 2.1.3; s. auch 2.16.30): *Facilius autem quod est propositum* (sc. *repetendi populi Romani originem*) *consequar, si nostram rem publicam et nascentem et crescentem et adultam et iam firmam atque robustam ostendero.* Diese Worte und die weiteren Ausführungen des Cicero zeigen, daß die Lebensaltertheorie[301] ihn nicht zur Konsequenz des notwendigen Verfalls führt. Wenn die Staatslenker sich richtig verhalten, dann steht nach seiner Auffassung einer Dauerhaftigkeit des Staates nichts im Wege[302].

Etwas ambivalenter ist die Auffassung des Florus, eines Zeitgenossen des Pomponius (s. o. A. 157a). Auch er vertritt eine das Greisenalter wenigstens momentan aussparende Lebensaltertheorie (Ep. pr. 4): *Si quis ergo populum R. quasi unum hominem consideret totamque eius aetatem percenseat, ut coeperit, utque adoleverit, ut quasi ad quandam iuventae frugem pervenerit, ut postea velut consenuerit, quattuor gradus processusque eius inveniet.* Zwar drohte Rom in der Prinzipatszeit das Greisenalter; doch sei es unter Trajan zu zweiter Jugend erwacht (8): *a Caesare Augusto in saeculum nostrum haut multo minus anni ducenti, quibus inertia Caesarum quasi consenuit atque decoxit, nisi quod sub Traiano principe movit lacertos et praeter spem omnium senectus imperii quasi reddita iuventute revirescit.*

Gerade die Verwendung des auch von Florus gebrauchten Ausdrucks *processus* durch Pomponius läßt es als möglich erscheinen, daß dieser eine mehr oder weniger bestimmte Auffassung vom 'geschichtlichen Werden' hatte. Allerdings ist es fraglich, ob das Wort *processus* von ihm 'neutral'

---

einen Garanten für die Stabilität sah, dann aber doch die Zukunft Roms pessimistisch betrachtete (6.9.12f.). Vgl. dazu nur A. LESKY, Geschichte der griechischen Literatur, Bern–München 1963², 829f.; K.-E. PETZOLD, Gnomon 42, 1970, 381ff. (Rez. EISEN); D. MUSTI, Polibio negli studi dell'ultimo ventennio, ANRW I 2, Berlin–New York 1972, 1117ff. (jeweils mit weiteren Angaben). Zur anscheinend besonders einflußreichen Theorie des Poseidonios s. nur K. REINHARDT, RE XXII 1, 625f. Nicht bis in die hier interessierende Zeit reicht die unvollendete Darstellung EDELSTEINS, The Idea of Progress in Antiquity, Baltimore 1967. Zum Fortschritt der *artes* — der mit moralischem Niedergang verbunden sein kann (s. DODDS a. a. O. 20 passim) — vgl. im übrigen auch Lukrez V 1448ff., sowie die Bemerkungen bei A. E. DOUGLAS, The Intellectual background of Cicero's Rhetorica . . ., ANRW I 3, Berlin–New York 1973, 108ff.

[300] s. RUCH a. a. O. 827ff.

[301] Zu ihren Quellen s. nur RUCH a. a. O. 838f. (mit weiterer Lit.).

[302] De rep. 1.28.44; 1.45.69; 2.33.57; 3.23.34; s. auch Tusc. 4.1. S. dazu G. I. D. AALDERS, Die Theorie der gemischten Verfassung im Altertum, Amsterdam 1968, 109ff.

verstanden wird oder ob es einen 'optimistischen' Unterton hat. Obgleich hierüber keine sicheren Ergebnisse zu gewinnen sind, so sprechen doch gewisse Parallelen dafür, daß das Wort in seiner Zeit möglicherweise optimistisch gefärbt ist. Wenn auch eine Wortgeschichte nicht angestrebt wird, so sollen doch einige wenige Belege vorgeführt werden.

Bei Varro erscheint zwar nicht das Substantiv *processus*, aber doch das Verb *procedere*. Im Rahmen der bereits erörterten Schilderung der *origo* der Tierzucht[303] übernimmt er Ausführungen des Peripatetikers Dikaiarch (De re rust. 2.1.3ff.): *necesse est humanae vitae ab summa memoria gradatim descendisse ad hanc aetatem, ut scribit Dicaearchus, et summum gradum fuisse naturalem, cum viverent homines ex iis rebus, quae inviolata ultro ferret terra; ex hac vita in secundam descendisse pastoriciam . . . . tertio denique gradu a vita pastorali ad agri culturam descenderunt, in qua ex duobus gradibus superioribus retinuerunt multa, et quo descenderant, ibi processerunt longe, dum ad nos perveniret.*

Man wird nicht irregehen, wenn man Dikaiarch (und Varro) eine gewisse Sehnsucht nach der paradiesischen Urzeit zuspricht, von der die Menschheit zu Viehzucht und dann zur Agrikultur „herabstieg" (*descendere*), um dann lange Zeit bis zur Gegenwart fortzuschreiten (*procedere*). Aus der wortspielähnlichen Verwendung von *descendere* und *procedere* geht zumindest hervor, daß Varro das *procedere* allenfalls ironisch im Sinne eines Fortschreitens zum 'Besseren' anspricht. Bemerkenswert ist übrigens, daß Varro — in Übereinstimmung mit auch sonst feststellbaren Tendenzen in der antiken Historiographie, aber im Gegensatz zu Pomponius — den langen Weg von der frühen Epoche, die die Agrikultur erfand, bis zur Gegenwart erwähnt, aber nicht eingehender schildert.

Wie bei Varro ist es bei dem eben zitierten Florus zweifelhaft, ob die *quattuor gradus et processus* im Sinne eines Fortschritts zum Besseren zu interpretieren sind. Zwar führen sie im Falle Roms zur zweiten Jugend; doch durchbricht Rom hier die Regel, nach der das Greisenalter die letzte Stufe darstellt[304].

An anderen Stellen wird die positive Wertung des Wortes deutlicher. In dieser Verwendung erscheint es wohl zuerst bei Einzelpersonen, die 'Fortschritte' in einer *ars* gemacht haben. Wenn Brutus im Gespräch mit Cicero (Cic. Brut. 65.232) diesen auffordert: . . . . *gradus tuos et quasi processus dicendi*[305] — seinen Werdegang als Redner — zu schildern, so wäre eine neutrale oder gar negative Tönung des Wortes ungereimt. Auf Kultur-

---

[303] S. o. II 3 b. — Zu Dikaiarchs Verehrung des 'Altertums' s. DODDS a. a. O. 16 f.

[304] Da die Kaiserideologie nach hellenistischen Vorbildern dazu neigte, mit dem Regierungsantritt eines Kaisers ein neues Zeitalter beginnen zu lassen (s. nur Oppian, Halieut. 2,670 u. passim; DODDS a. a. O. 21 ff.; D. NÖRR, SZ 83, 1966, 432 [Rez. G. CHALON] zum Edikt des Tiberius Julius Alexander), konnte die strikte Durchführung sowohl einer Zyklen- als auch einer Verfallstheorie mit den offiziellen Auffassungen in Konflikt geraten.

[305] Das *quasi* könnte zeigen, daß das Wort *processus* in diesem Sinne noch nicht gebräuchlich war. Vgl. auch Brut. 78.272., Sen. De benef., 1.11.5; Suet., De gramm. 10. Cicero (de rep. 2.1.3; 2.16.30; Tusc. 4.1) verwendet die Verben *crescere* und *progredi* (*progressio*).

erscheinungen (hier die Philosophie und die *artes*) hat nach unseren Quellen den Ausdruck wohl zuerst Seneca angewandt[306]: *fuit sine dubio, ut dicitis, vetus illa sapientia cum maxime nascens rudis non minus quam ceterae artes, quarum in processu subtilitas crevit. Sed ne opus quidem ad huc erat remediis diligentibus. Nondum in tantum nequitia surrexerat nec tam late se sparserat; poterant vitiis simplicibus obstare remedia simplicia.* Wenn Seneca davon spricht, daß mit dem *processus* auch die *subtilitas* der *artes* wächst, so läßt sich ein positiver Sinn von *processus* sicherlich konstatieren. Allerdings ist auch hier eine gewisse Ambivalenz spürbar; denn der *processus* in den *artes* ist verbunden mit einem Verfall der Sitten. Kultur und Ethik gehen verschiedene Wege.

Für eine optimistische Wertung des *processus* spricht schließlich der ähnliche (griechische) Sprachgebrauch eines Zeitgenossen des Pomponius, des Peripatetikers Aristokles von Messene, des Lehrers des Alexanders von Aphrodisias[307]. Unter Verwendung einer dem lateinischen *procedere* entsprechenden Terminologie[308] trägt dieser eine zugleich systematische und historische (mit Dardanos beginnende) Kulturtheorie vor, die etwa folgende Stufen kennt: Wirtschaft, Künste, Politik und Recht, Naturphilosophie, Metaphysik.

Sicherlich bleiben gewisse Zweifel; doch liegt es wohl näher, daß Pomponius die zu einer beständigen Bereicherung und Differenzierung der Rechtsquellen (aber auch der Magistrate und Jurisprudenz) führende Entwicklung als Fortschritt im positiv-optimistischen Sinne aufgefaßt hat. Damit ist eine negative Bewertung der Vergangenheit nicht notwendig verbunden. Pomponius unterscheidet sich — wenigstens nach unseren Quellen — von dem historisch interessierten Labeo dadurch, daß dieser sich um die *origines*, anscheinend aber nicht um den *processus* kümmerte

---

[306] Sen. Ad Luc. 95.14. Der Direktion des Thesaurus sei für die Erlaubnis zur Benutzung des Zettelmaterials gedankt. — Zum Fortschritt von *artes* und *sapientia* bei Seneca s. auch Nat. quaest. 7.25; ad Luc. 64.7, sowie Dodds a. a. O.

[307] Vgl. zu ihm Mazzarino a. a. O. 420f. (dort auch 456 zu möglichen Vorgängern); KL. Pauly-Wissowa I 567f.; H. Heiland, Aristoclis Messenii Reliquiae, Diss. Gießen, 1925. Der hier einschlägige Text scheint aus den 10 Büchern 'Peri philosophias' (Heiland, p. 23ff.) zu stammen, über die Johannes Philoponos (In Nicomach. Isag. Arithm. Scholia, α) berichtet. Unter diesen Umständen ist es nicht ganz sicher, wenn auch recht wahrscheinlich, daß die hier interessierenden Worte von Aristokles stammen, der seinerseits aber weithin Gedanken des Aristoteles wiedergibt. Vgl. nur F. Trabucco, Il problema del 'de philosophia' di Aristocle . . ., Acme 11, 1958, 97ff.; ferner zu dem erwähnten Aristokles-Text, der auch als Aristoteles-Fragment in Anspruch genommen worden ist ('Peri philosophias', Frg. 8 Ross), mit der These, daß Johannes Philoponos a. a. O. nicht einen verlorenen Dialog des Aristoteles, sondern eine Stelle der erhaltenen 'Metaphysik' zitiert, W. Haase, Ein vermeintliches Aristoteles-Fragment bei Johannes Philoponos, in: Synusia. Festgabe f. Wolfgang Schadewaldt . . . hrsg. v. H. Flashar u. K. Gaiser, Pfullingen 1965, 323ff. (vgl. L. G. Westerink, REG 78, 1965, 697; A.-H. Chroust, Aristotle. New Light on his Life and on some of his Lost Works II, London 1973, 368, 467f.).

[308] Vgl. nur die Worte: *mechris tou kalou kai asteiou proïousas* und *hodōi proïontes* (p. 24, Heiland).

und — wie viele andere Juristen auch — die Geschichte im übrigen nur als
Fundstätte für *auctoritates* und *exempla* benutzte. Von Sextus Caecilius
Africanus[309], der zwar den geschichtlichen Wandel anerkennt, aber der
Vergangenheit nachtrauert, hebt sich Pomponius durch die Nüchternheit
ab, mit der er Vergangenheit und Gegenwart betrachtet.

Versucht man das Wesen des *processus* näher zu präzisieren, so lassen
manche Stellen fast eine deterministische Auffassung erkennen[310]. Für sie
ist es charakteristisch, daß Pomponius — mit einer an Cicero erinnernden
Terminologie[311] — mehrfach den Übergang zur nächsten Stufe der Entwicklung unter die Kategorie der 'Notwendigkeit' subsumiert[312]. Dabei
liegt die Idee des irrationalen Fatums sehr ferne. Vielmehr ist die Notwendigkeit kausal — eher als teleologisch — bestimmt. Da die Gesetze
interpretiert werden müssen, bedarf es der *disputatio fori* (D. 1.2.2.5). Da
die Volksgesetzgebung infolge des Bevölkerungszuwachses nicht mehr funk-
tionierte, mußte der Senat mit den Senatsbeschlüssen eingreifen (2.9 h. t.).
Allein bei der Gesetzgebung des *princeps* klingt eine 'fatalistische' — in
der Diktion an Tacitus erinnernde[313] — Wendung an (2.11 h. t.): *Novissime
sicut ad pauciores iuris constituendi vias transisse ipsis rebus dictantibus
videbatur per partes, evenit, ut necesse esset rei publicae per unum consuli
(nam senatus non perinde omnes provincias probe gerere poterat): igitur con-
stituto principe datum est ei ius, ut quod constituisset, ratum esset.* Der in
dem Hinweis auf die Unfähigkeit des Senats zur Provinzialverwaltung liegende rationalisierende Ansatz trifft zwar (wenigstens teilweise) für die Entstehung des Prinzipats zu; doch reicht er nicht aus, die Entstehung des
Kaiserrechts zu begründen, von der die Pomponius-Stelle handelt.

Fast mechanistisch wird die Kausalerklärung, wenn Pomponius — und
das auffallend häufig — quantitative Vorgänge betont[314]. Hierfür ist der
bereits den republikanischen Historiographen bekannte[314a] Topos der *civitas*

---

[309] Bei Gellius 20.1; vgl. o. III a. E.

[310] S. auch FUHRMANN 104.— Es bleibe dahingestellt, ob sich diese Determinierung mit einer
aristotelischen Interpretation des *processus* vereinbaren ließe (vgl. auch o. A. 17).

[311] Pro Rosc. Amer. 48.193 (s. auch 47.136): *dum necesse erat, resque ipsa cogebat, unus omnia
poterat* (Begründung der Diktatur Sullas). Ob hier allein oder vorwiegend auf das Gemeinwohl angespielt wird, erscheint mir zweifelhaft; so aber TH. MAYER-MALY, Necessitas
constituit ius, Studi Grosso I, 1968, 186f.; DERS., Obligamur necessitate, SZ 83, 1966,
49; vgl. auch SANIO 9. D. 1.2.2.9, 11 lassen eine solche Interpretation zu, D. 1.2.2.5 aber
nicht. Eine bewußte oder unbewußte Ambivalenz des Ausdrucks ist denkbar.

[312] D. 1.2.2.5: Entstehung der *disputatio fori*; § 9: Entstehung der Rechtsetzungsbefugnis des
Senats und (§ 11) des Prinzeps. — Zum Begriff der *disputatio fori* vgl. auch Jul. D. 9.2.51.2,
Cic. Tusc. 3.56f., sowie A. MICHEL, Rhétorique et philosophie dans les traités de Cicéron,
ANRW I 3, Berlin–New York 1973, 195.

[313] *urgentibus imperii fatis* (Germ. 33). Dazu etwa J. KROYMANN, Fatum, Fors, Fortuna u.
Verwandtes . . ., in: Tacitus (Wege der Forschung 97, 1969, ed. V. Pöschl), 143 mit
weiteren Angaben; demnächst auch W. PÖTSCHER, Das römische Fatum — Begriff und
Verwendung, ANRW II, Rubrik 'Religion', hrsg. v. W. HAASE, Berlin–New York 1976.
Vgl. zum Pomponius-Text auch WIEACKER, 388 A. 309, und BRETONE, 29 (der zurecht
die Beziehung auf die *lex de imperio* betont).

[314] S. auch FUHRMANN 104, A. 61; BRETONE, 135, A. 26.

[314a] S. Cato (Origines) bei Gell. 18.12.7; Sall. Cat. 6.3; vgl. auch RUCH a. a. O. 827ff.

aucta charakteristisch (§§ 2,7; s. auch 9,18). Als historische Gründe quantitativer Art fungieren auch die Vermehrung der in Rom lebenden Peregrinen (§ 28), der Zahl der Provinzen (§ 32; s. auch § 11), des Staatsschatzes (§ 22), sowie die Verlängerung des für den Zensus notwendigen Zeitraums (§ 17). Daneben werden auch andere Umstände als verursachende Faktoren genannt, so die Vertreibung der Könige für den darauf folgenden (fast) gesetzlosen Zustand (§ 3), die Unvollständigkeit des *ius Flavianum* für die Entstehung des *ius Aelianum* (§ 7), die Notwendigkeit der Rechtspflege für die Schaffung der entsprechenden Magistraturen (§ 13), die *utilitas* für die Schaffung außerordentlicher Ämter (§ 23).

Erstaunlich für einen antiken Schriftsteller ist die Zurückhaltung, mit der Pomponius moralische Ursachen nennt; wenn es doch geschieht (vgl. §§ 8, 25 zur *discordia*), so in fast unbeteiligter Weise. Dem entspricht es, daß die recht knappe und nüchterne Schilderung der Urzeit ohne jeden sehnsüchtig-moralisierenden Ton von dem gesetzesfreien Zustand und der Herrschaft der Könige handelt[315]. Der Gegensatz zur idealisierenden Darstellung (etwa) Sallusts[316] ist besonders auffällig. Diese Abstinenz mag auf den Gesetzen der von Pomponius übernommenen oder kreïerten Werkgattung, auf seiner juristischen Profession oder auf seinem Charakter beruhen. Demgegenüber ist es nicht auffällig, daß Pomponius nach den 'Ursachen' der historischen Erscheinungen fragt; hier ordnet er sich in eine in der Antike weit verbreitete Strömung ein[317].

2. Historische Werturteile

Der Zurückhaltung des Pomponius gegenüber moralischen Kausalfaktoren entspricht es, daß er ausdrückliche Bewertungen der von ihm geschilderten Vorgänge fast völlig vermeidet[318]. Verglichen mit dem pessimistisch-pathetischen Exkurs des Tacitus zur Geschichte der Gesetzgebung in Rom (Ann. 3.25ff.) ist die rechtsgeschichtliche Darstellung des Pomponius frei von Emotionen. Das bedeutet keineswegs, daß er die historischen Vorgänge — sei es an sich, sei es im Hinblick auf die Gegenwart — nicht bewertet hätte. Nur muß seine Einstellung zu den geschilderten Phäno-

---

[315] D. 1.2.2.1: *Et quidem initio civitatis nostrae populus sine lege certa, sine iure certo primum agere instituit omniaque manu a regibus gubernabantur.*
[316] Cat. 2.1: *Igitur initio reges . . . . divorsi pars ingenium, alii corpus exercebant: etiam tum vita hominum sine cupiditate agitabatur; sua quoique satis placebant.* Ähnlich (allerdings ohne Bezug auf die Königsherrschaft) Tac. Ann. 3.26; vgl. auch Liv. 2.3.2. F. Cancelli (Sull'origine del diritto . . ., SDHI 37, 1971, 328ff.), der zu Unrecht hier auch den Pomponius einordnet, vermutet den Einfluß des Poseidonios. Vgl. Sen. ep. 90.4ff.
[317] Vgl. zu Polybios nur M. Gelzer, Die pragmatische Geschichtsschreibung des Polybios, in: Kleine Schriften, Wiesbaden 1964, III 155ff.; zu Poseidonios die Fragmente in der Ausgabe von L. Edelstein und J. G. Kidd, Cambridge 1972, 26ff., sowie K. Reinhardt, RE XXII 1, 1953, 597 passim; zu Varro Sanio, 214 u. ö.
[318] Eine Ausnahme ist die — vielleicht annalistischer Tradition folgende (so Fuhrmann, 104) — Verurteilung der *nimia atque aspera dominatio* der Dezemvirn (§ 24).

menen aus der Art der Darstellung, der Auswahl des Dargestellten und der Gesamtstruktur der Schrift entnommen werden. Dabei sind Unsicherheiten in Kauf zu nehmen.

Legt man das 'Enchiridium' zugrunde, so lassen sich die Wertmaßstäbe des Pomponius noch am ehesten aus seiner Einstellung zur Rechtsordnung (als ganzer), zum Kaisertum und zur Jurisprudenz entnehmen.

Was seine Bewertungskriterien für die Rechtsordnung betrifft, so ist es auffällig, daß Pomponius, dem als praktischen Juristen die Argumentation mit der *humanitas* und der *aequitas* alles andere als fremd ist[319], nirgends mit diesem Standard als Postulat oder Motor der Rechtsentwicklung arbeitet. Vielmehr steht im 'Enchiridium' ein ganz anderer Wert im Vordergrund: die Gewißheit, Offenheit (Transparenz) und Ordnung des Rechts, kurz die Rechtssicherheit. Das Bedürfnis nach Rechtssicherheit führte sowohl zu den 12 Tafeln (D. 1.2.2.3f.) als auch zum prätorischen Edikt (§ 10)[320]. Doch wird die Stabilisierung des Rechts nicht nur durch normsetzende Akte erstrebt. Sextus Papirius ordnete die *leges regiae*[321]. Nicht nur die Dezemvirn sollten den Staat durch Gesetze stabilisieren (*fundare*)[322]; auch die Tätigkeit der Juristen Publius Mucius, Brutus und Manilius (§ 39) und Ofilius (§ 44) wird unter die Kategorie des *fundare* gestellt. Es scheint so, daß Pomponius hier nicht nur neutral die die Rechtssicherheit fördernden Vorgänge beschreibt, sondern sie auch — den Tendenzen seiner Epoche entsprechend[323] — positiv wertet. Dafür spricht auch, daß er als erster Jurist die Gattung der großen Kommentarwerke benutzt; auch sie dürften der Stabilisierung des Rechts gedient haben.

Auffällig — etwa im Verhältnis zu seinem Zeitgenossen S. Caecilius Africanus — ist die bereits erwähnte Tatsache, daß bei Pomponius kaum Anzeichen für eine besondere Wertschätzung des alten Rechts, auch nicht der 12 Tafeln, erkennbar sind. Allein die zum Sturze der Dezemvirn führende Affäre der Verginia (§ 24) gibt Anlaß zu einem positiv getönten Hinweis auf das *vetus ius* und die *vetustissima iuris observantia* — wobei die Begriffe aber aus der Perspektive nicht des Pomponius, sondern des Vaters der Verginia gebraucht werden. Die Nüchternheit, mit der der 'Rechtshistoriker' Pomponius das alte Recht betrachtet, zeigt deutlich, daß histo-

---

[319] Vgl. nur die Belege bei HONORÉ, 172. S. auch u. IV 5 (zur stoischen Ethik).
[320] Vgl. in §§ 3f. die Worte: .... *omnes leges hae exoleverunt iterumque coepit populus Romanus incerto magis iure et consuetudine aliqua uti quam per latam legem* .... *Postea ne diutius hoc fieret, placuit publica auctoritate decem constitui viros, per quos peterentur leges a Graecis civitatibus et civitas fundaretur legibus: quas in tabulas eboreas perscriptas pro rostris composuerunt, ut possint leges apertius percipi:* .... Vgl. auch § 1: .... *sine lege certa, sine iure certo* ....
[321] D. 1.2.2.2: .... *is liber, ut diximus, appellatur ius civile Papirianum, non quia Papirius de suo quicquam ibi adiecit, sed quod leges sine ordine latas in unum composuit.*
[322] D. 1.2.2.4; zu *fundare* vgl. auch o. II 3 c.
[323] D. NÖRR, Zur Entstehung der gewohnheitsrechtlichen Theorie, Festschrift Felgenträger, Göttingen 1969, 361ff.

risches Interesse und Verehrung für das Altertum keineswegs zusammenfallen müssen[324].

Etwas reichhaltigeres, wenn auch nicht völlig eindeutiges Material
enthält das 'Enchiridium' für die Frage nach der Einstellung des Juristen
zum Kaisertum. Offene Kritik wird man im überlieferten Text angesichts
des Zeitpunkts der Entstehung des 'Enchiridium' und seiner Aufnahme in
die 'Digesten' nicht erwarten dürfen. Aber auch wenn man nach Indizien
für — im übrigen nicht gerade wahrscheinliche — republikanische oder
generell oppositionelle Neigungen des Pomponius sucht, ist das Ergebnis
mager[325].

Daß das Schwergewicht der rechtshistorischen Darstellung auf der Zeit
der Republik ruht, ist — sowohl angesichts der Werkgattung als auch der
literarischen Tendenzen der Epoche — allenfalls ein Zeichen dafür, daß
gewisse, in der Gegenwart nicht erfüllbare Sehnsüchte existierten; politi-
scher Protest ist darin nicht zu sehen. Daß die Darstellung bruchlos von der
Republik in die Kaiserzeit hinübergeht und die Kontinuität der Rechtsentwicklung betont wird[326], zeugt eher von einem Versuch der Legitimation
der Gegenwart als von dem Wunsch, in die Vergangenheit zurückzukehren.

Die Erwähnung des Brutus, des Gründers der Republik (§§ 15, 24), ist
als solche sicherlich kein Indiz für eine oppositionelle Haltung[327]. Daß er
die Könige vertrieben hat, wird nur beiläufig erwähnt[328]. Auf seine Rolle
als 'Befreier' wird nur insoweit angespielt, als er als erster im Freiheits-
prozeß die *vindiciae secundum libertatem* gegeben haben soll[329]. Sicherlich
könnte man durch die Tatsache der nur indirekten Erwähnung des älteren
Brutus und seiner Befreiungstat versucht sein, Schlüsse auf die politische Einstellung des Pomponius zu ziehen. Davor warnt der Umstand, daß es ausgeschlossen ist, zwischen den möglichen Motiven des Pomponius: Desinteresse,
Angst, Loyalität oder versteckter Opposition eine sinnvolle Auswahl zu treffen.

---

[324] Noch weiter geht Gaius, der keineswegs allzu viel Respekt vor dem Altertum hat. Vgl.
nur inst. 3.189ff.; 4.30.

[325] Es darf nochmals an die — kaum beweisbaren — Thesen HONORÉS (35ff., 38f.) über die
politische Zuordnung der Rechtsschulen erinnert werden, vgl. o. II 3 c.

[326] Vgl. nochmals BRETONE, 126f.

[327] S. nur Flor. ep. 1.3.9.

[328] D. 1.2.2.15: *Isdem temporibus et tribunum celerum fuisse constat: is autem erat qui equitibus
praeerat et veluti secundum locum a regibus optinebat: quo in numero fuit Iunius Brutus,
qui auctor fuit regis eiciendi.*

[329] D. 1.2.2.24: .... *utpote cum Brutus, qui primus Romae consul fuit, vindicias secundum
libertatem dixisset in persona Vindicis Vitelliorum servi,* .... Anders Liv.
2.5.9f.; 3.44.5, 12: nach ihm war Vindicius der erste *in libertatem* Vindizierte. G. FRAN-
CIOSI, Il processo di libertà in diritto romano, Neapel 1961, 13 passim, hält die Affäre
der Verginia für legendarisch; vgl. auch O. BEHRENDS, Die römische Geschworenenverfassung, Göttingen 1970, 148ff. u. M. BIANCHINI, Sui rapporti fra 'provocatio' ed 'intercessio', Studi Scherillo I, Mailand 1972, 98f. (mit Lit.). Im übrigen fällt wieder einmal
die chronologische Ungenauigkeit des Pomponius auf. Die etwa ein halbes Jahrhundert
zurückliegende Rechtsschöpfung der *vindiciae secundum libertatem* wird von ihm (durch
Verginius) als *vetustissima observantia iuris* bezeichnet.

Trotzdem soll nicht geleugnet werden, daß die Verginia-Affäre unter dem Aspekt der Gegenwart interpretiert werden könnte. Die ganze Stelle — von der Anspielung auf die *nimia atque aspera dominatio* der Dezemvirn[330], der Nennung des Brutus und der *vindiciae secundum libertatem* bis zur Behauptung, daß die *res publica suum statum recepit* — könnte als etwas verspätete, wenn auch nicht völlig unzeitgemäße Kritik am Kaisertum verstanden werden. Hinzukommt, daß Pomponius das *ius provocandi* gegen die Konsuln und die Zeitbeschränkung der Diktatur unter dem Aspekt der Einschränkung unbeschränkter Macht erörtert (§§ 16, 18) — ein Gesichtspunkt, der ebenfalls für eine latente Kritik am Kaisertum sprechen könnte.

Doch darf man diese schwachen Indizien nicht überbewerten. Die Regierungszeit der 'Tyrannen' Nero und (vor allem) Domitian war noch in frischer Erinnerung; so ist zu vermuten, daß sich die Anspielungen — wenn man sie als solche interpretiert — eher auf die Herrschaft der schlechten *principes* als auf den Prinzipat als solchen beziehen. Weiterhin gab es zwar bis in die 2. Hälfte des 1. Jhs. noch eine von den Erinnerungen an die Republik zehrende senatorische Opposition[331], die von den Kaisern als Gefahr empfunden wurde. Im 2. Jh. fällt diese Gefahr weg, und es bleiben literarische Reminiszenzen und unbestimmte Sehnsüchte, von denen auch die Kaiser selbst nicht frei waren[332]. Daß Pomponius irgendwelche Kontakte oder Sympathien zur Senatsopposition hatte, ist nicht nur angesichts der Zeit und seiner zu vermutenden sozialen Herkunft fast ausgeschlossen. Vielmehr spricht er in einer — für seine Verhältnisse — recht deutlichen Sprache von der Unfähigkeit des Senats als einem Grunde für die Entstehung des Prinzipats (§ 11): . . . *nam senatus non perinde omnes provincias probe gerere poterat.*

Selbst wenn man eine 'literarische Vorliebe' des Pomponius für die Republik unterstellt, so gibt er ihr nur einen recht zurückhaltenden Ausdruck. Die Vertreibung der Könige wird nur als Faktum erwähnt, die Ermordung Caesars überhaupt nicht[333]. Nach den überlieferten Schriften des Pomponius hat er das Kaisertum — wenn auch ohne Devotion und Enthusiasmus — akzeptiert. Die Notwendigkeit der Monarchie wird in

---

[330] S. auch den Gebrauch von *dominatio* (häufig in Verbindung mit *libertas* [Hist. 4.8]) bei Tacitus; vgl. die Belege im Lex. Tac. von GERBER–GREEF.

[331] S. nur R. MACMULLEN, Enemies of the Roman Order, Cambridge (Mass.) 1966, 1ff. mit weiteren Hinweisen. Doch ist auch hier von einer Wiederherstellung der Republik kaum mehr die Rede; vgl. nur CIZEK a. a. O. (o. A. 186) 415f. passim.

[332] Vgl. zu Mark Aurel, dem wohl nicht viel jüngeren Zeitgenossen des Pomponius, S. MAZZARINO, Trattato di storia romana II, Rom 1956, 208f. Zum 'Republikanertum' in der Epoche Trajans s. nur DEN BOER a. a. O. (o. A. 299) 15.

[333] C. Julius Caesar wird — neutral — im Rahmen der Ligarius-Affäre (D. 1.2.2.46) und als Freund des Ofilius erwähnt (2.44). — Keine versteckte Kritik am Kaisertum ist darin zu sehen, daß Pomponius die *praefecti praetorio* den *magistratus legitimi* entgegensetzt (§ 19; vgl. auch § 33); denn dem Ausdruck *legitimus* fehlt in dieser Zeit jedes 'Legitimitätspathos'; vgl. nur die Belege bei HEUMANN–SECKEL, Handwörterbuch, s. v., sowie TH. MOMMSEN, Iudicium legitimum, Juristische Schriften III, Berlin 1907, 356ff.

Wendungen bestätigt, die an frühere Äußerungen der beiden Seneca[334] und des Tacitus erinnern[335]: *Novissime sicut ad pauciores iuris constituendi vias transisse ipsis rebus dictantibus videbatur per partes, evenit, ut necesse esset rei publicae per unum consuli* . . . .

Die loyale Haltung des Pomponius läßt sich auch aus seinem Bericht über Labeo entnehmen, den BRETONE[336] nicht zu Unrecht eine 'figura emblematica' für Pomponius nennt. Während der Zeitgenosse des Pomponius Gellius nicht nur durch das Zitat der tadelnden 'Epistula' des Capito[337], sondern auch durch seine eigenen Worte zu erkennen gibt, daß er — bei aller Hochachtung vor dem Juristen — dessen politische Haltung ablehnt (Gell. 13.12), wird von Pomponius das ihm sicherlich bekannte Republikanertum des Juristen nicht nur verschwiegen, sondern geradezu verhüllt. Das ergibt sich vor allem aus einem Vergleich der Erzählungen des Tacitus und des Pomponius über die Gründe, aus denen der Konsulat des Juristen scheiterte[338].

Nach Tacitus hat Augustus den regimetreuen Capito vorzeitig zum Konsulat gebracht, damit er den als Juristen ihm überlegenen Labeo wenigstens durch die Ehrenstellung überflügelte (Ann. 3.75.1f.): . . . . . *consulatum ei* (sc. *Capitoni*) *adceleraverat Augustus, ut Labeonem Antistium isdem artibus praecellentem dignatione eius magistratus anteiret. namque illa aetas duo pacis decora simul tulit: sed Labeo incorrupta libertate, et ob id fama celebratior, Capitonis obsequium dominantibus magis probatur. illi, quod praeturam intra stetit, commendatio ex iniuria, huic, quod consulatum adeptus est, odium ex invidia oriebatur.* Aus dem Text des Tacitus läßt sich zwar nicht entnehmen, ob Augustus — wie Pomponius behauptet — dem Labeo ebenfalls den Konsulat angeboten hatte; doch ist der Text in diesem Punkt so unklar abgefaßt, daß er zumindest ein solches Angebot nicht ausschließt.

---

[334] Sen. (rhetor) Lact. Div. inst. 7.14.15 (aus den 'Historien'): *amissa enim libertate* . . . .*ita consenuit, tamquam sustentare se ipsa non valeret, nisi adminiculo regentium niteretur.* Sen. (phil.), De clem. 1.4.2f. S. dazu FUHRMANN, 104 (mit Bemerkungen zum Einfluß der Annalistik auf Pomponius).

[335] Hist. 1.1.1: . . . . *postquam bellatum apud Actium atque omnem potentiam ad unum conferri pacis interfuit* . . . . Sollten Vorlagen für Pomponius existieren, so legen die zitierten Wendungen es nahe, diese in den ihm unmittelbar vorausgehenden Generationen zu suchen.

[336] 180; vgl. auch HONORÉ, 37. Immerhin kritisiert er an einer Stelle die *mera subtilitas* des Juristen (vgl. u. A. 446).

[337] Vgl. zu ihm A. GUARINO, Ineptiae iuris Romani II (Atti Acc. Pontan. 1973, 7ff. des S.-A.): Verteidigung gegen die Behauptung, Capito sei der *delator* Ovids gewesen. S. jetzt auch N. HORSFALL, Labeo und Capito, Historia 23, 1974, 252ff. und F. GUIZZI, Il principato tra 'res publica' e potere assoluto, Neapel 1974, 24ff. Zur Einstellung Capitos gegenüber Caesar vgl. Gell. 4.10.

[338] Vgl. BRETONE, 235 (mit Lit.); zuletzt etwa GUARINO a. a. O. u. O. BEHRENDS (Rez. BRETONE), Gnomon 45, 1973, 795. Wenn die Berichte auch nicht identisch sind, so sind sie doch miteinander vereinbar, so daß auch die Erzählung des Pomponius in dem, was er sagt (nicht in dem, was er verschweigt), zuverlässig sein dürfte. Anders wohl HONORÉ, 21ff.

Demgegenüber berichtet Pomponius, daß Capito Konsul geworden sei, während Labeo den ihm angebotenen Suffektkonsulat ausgeschlagen habe (D. 1.2.2.47) ..... *ex his Ateius consul fuit: Labeo noluit, cum offeretur ei ab Augusto consulatus, quo suffectus fieret, honorem suscipere, sed plurimum studiis operam dedit: et totum annum ita diviserat, ut Romae sex mensibus cum studiosis esset, sex mensibus secederet et conscribendis libris operam daret.*

Pomponius scheint die Ablehnung des Konsulats durch Labeo mit dessen wissenschaftlicher Tätigkeit zu begründen. Vertraut man den stilistischen Nuancen (vgl. die Worte: *quo suffectus fieret*), so könnte man — zwischen den Zeilen lesend — auch das Labeo kränkende und ihn gegenüber Capito zurücksetzende Angebot eines Suffekt-Konsulats als Begründung der Ablehnung auffassen. Daß in Wahrheit auch Capito nur *consul suffectus* war[339], bliebe dann in der Darstellung des Pomponius unbeachtet.

Die Scheu des Pomponius, die Gegnerschaft von Juristen gegen die neue Ordnung zu erwähnen, zeigt sich auch bei seinem Bericht über Cascellius (D. 1.2.2.45). Er vermerkt zwar, daß auch Cascellius den ihm von Augustus angebotenen Konsulat nicht annehmen wollte. Von seiner aus anderen Quellen bekannten oppositionellen Haltung ist aber keine Rede[340]. Nur scheinbar im Widerspruch zu diesem tendenziösen Verschweigen durch Pomponius steht seine Notiz über die Verbannung des Cassius durch Nero (§ 51). Nicht nur wurde der Jurist durch Vespasian rehabilitiert; wichtiger ist, daß er zu einem 'Tyrannen' in Opposition stand.

Die loyale Haltung des Pomponius zeigt sich auch darin, daß er in der recht knappen Darstellung der Juristen in der Prinzipatszeit nicht nur ihre politische Bedeutung herausstellt[341], sondern gerade auch ihre engen Beziehungen zum 'Caesar' betont[342]. Das ist um so auffälliger, als er — nach der relativ breiten Darstellung der wissenschaftlichen Fähigkeiten Labeos — über die fachlichen Qualitäten der Juristen kein Wort mehr verliert.

Auch in dem sehr umstrittenen und unklaren Bericht des Pomponius über das *ius respondendi* kommt seine loyale Haltung zum Kaisertum zum Ausdruck. Dabei interessieren uns hier nicht die viel erörterten Fragen nach Entstehung, Zweck und Inhalt dieses Instituts[343]. Vielmehr beschränken

---

[339] s. KUNKEL, 114. — Möglicherweise spielt Pomponius in D. 1.2.2.47 auf den Topos der richtigen Mischung von praktischer Tätigkeit und theoretischem Nachdenken an; vgl. die Belege bei CIZEK a. a. O. (o. A. 186) 128 A. 1.

[340] Vgl. Val. Max. 6.2.12; s. KUNKEL, 25ff. Ebensowenig erwähnt er die aus der Rede Ciceros 'Pro Ligario' leicht zu entnehmenden politischen Hintergründe des Streites zwischen Tubero und Ligarius; beide waren bekanntlich Pompeianer. — Allerdings darf man sich die Fronten zwischen den Anhängern des Prinzipats und der Republik nicht allzu starr denken; so zitiert auch Horaz, der Freund des Augustus, lobend den Aulus Cascellius (Ars poet. 369ff.).

[341] D. 1.2.2.47ff.; KUNKEL, 123ff. passim.

[342] D. 1.2.2.44, 48; Ofilius und Nerva jeweils als *Caesari familiarissimus*. Möglicherweise will Pomponius auch besondere Beziehungen des Sabinus zu Tiberius andeuten (§§ 48, 50).

[343] D. 1.2.2.48ff. Die Literatur dazu ist fast unübersehbar. Vgl. nur KUNKEL, 218ff. (mit Literaturnachträgen S. 412); seitdem etwa BRETONE, 144ff., 236; HONORÉ, 82ff.; F. WIEACKER, Augustus und die Juristen seiner Zeit, T 37, 1969, 336ff., 346ff.; GUIZZI a. a. O. 164ff. — Zur Wendung *ex auctoritate principis* (s. W. KUNKEL, Das Wesen des *ius respon-*

wir uns auf den engen Aspekt unseres Themas. Während Gaius[344] eher beiläufig und gleichsam „autoritär"[345] das *ius respondendi* erwähnt, betont Pomponius — nicht zuletzt durch die berühmte Anekdote über Hadrian[346] — die enge Verbindung, die durch das *ius respondendi* zwischen dem Kaiser und der Jurisprudenz hergestellt wurde. Nach der einleuchtenden Interpretation von BRETONE versucht er — man möchte sagen: durch einen dialektischen Kunstgriff — trotz der Verleihung durch den Kaiser die Autonomie der Jurisprudenz zu wahren, indem er zwischen der Verleihung als Privileg (*beneficium*) und der Verleihung kraft objektiver Voraussetzungen (wissenschaftliche Qualität) unterscheidet. Wenn man der Darstellung des Pomponius trauen darf, so wurde das *ius respondendi* bis zu Tiberius und wiederum (spätestens) seit Hadrian in Anerkennung der juristischen Fähigkeiten und damit unter grundsätzlicher Wahrung der Autonomie der Jurisprudenz verliehen, in der Zwischenzeit dagegen als Privileg (vgl. das *ius liberorum*) behandelt. Als die *viri praetorii* Hadrian um das *ius respondendi* als Privileg baten, lehnte er in seiner Antwort den Privilegiencharakter ab und betonte die objektiven Voraussetzungen der Verleihung:

.... *hoc non peti, sed praestari solere et ideo, si quis fiduciam sui haberet, delectari se <si> populo ad respondendum se praepararet.*

Eine andere Frage ist es, ob dieser — vielleicht der (offiziellen) Meinung Hadrians entsprechende — Versuch des Pomponius, die juristische Autonomie zu retten, gelingen konnte. Möglicherweise spielte Hadrian in seiner herablassend-freundlichen Ablehnung der Bitte der *viri praetorii* auf die Responsenpraxis der Republik an, in der die gutachterliche Tätigkeit — keiner offiziellen Verleihung bedürfend — auf der *fiducia sui* beruhte[347]. Für eine solche Anspielung könnte die Parallele der Hadrianischen 'Oratio de Italicensibus' (Gell. 16.13) sprechen, in der — vielleicht bewußt anachronistisch — die *coloniae* gegenüber den *municipia* herabgesetzt und damit möglicherweise ebenfalls republikanische Wertungen benutzt werden, um gegenwärtige Ansprüche zurückzuweisen[348]. Wie dem auch sei, so verbirgt sich hinter dieser freiheitlichen Äußerung Hadrians doch allzu offensichtlich die der Autonomie der Juristen feindlich gesonnene Tendenz des

---

dendi, SZ 66, 1949, 440f.) vgl. Suet. Tib. 11.4; REYNOLDS—GOODCHILD, Libya Antiqua 2, 1965, 103ff.

[344] Gai. inst. 1.7: *Responsa prudentium sunt sententiae et opiniones eorum, quibus permissum est iura condere* ....

[345] So wenigstens BRETONE a. a. O. 145 mit Hinweis auf das *permissum*.

[346] D. 1.2.2.39.

[347] Vgl. die Worte des Pomponius in D. 1.2.2.49: *et, ut obiter sciamus, ante tempora Augusti publice respondendi ius non a principibus dabatur, sed qui fiduciam studiorum suorum habebant, consulentibus respondebant* ....

[348] Gell. 16.13.4: *de cuius opinationis tam promiscae erroribus divus Hadrianus in oratione, quam de Italicensibus, unde ipse ortus fuit, in senatu habuit, peritissime disseruit mirarique se ostendit, quod et ipsi Italicenses et quaedam item alia municipia antiqua, in quibus Uticenses nominat, cum suis moribus legibusque uti possent, in ius coloniarum mutari gestiverint* .... Vgl. nur F. GRELLE, L'autonomia cittadina fra Traiano e Adriano, Neapel 1972, 65ff.

ius respondendi. Wesentlich war allein, daß es vom Kaiser verliehen wurde. Wenn Hadrian auch dem Anschein nach durch die Ablehnung des Privilegiencharakters auf seine diskretionäre Gewalt verzichtete, so stärkte er in Wahrheit doch eher seine Stellung gegenüber den am *ius respondendi* interessierten Juristen; denn während er bisher dem sicherlich bisweilen peinlichen Zwang unterlag, Bitten um das Privileg abzulehnen, die ihm aus politischen oder anderen Gründen ungelegen waren, konnte er jetzt frei über die Verleihung entscheiden. Ob auch Pomponius diesen möglichen Hintergrund des hadrianischen Reskripts erkannte, muß offenbleiben. Eine Kritik am *ius respondendi* darf man bei ihm nicht suchen.

Wie die Beurteilung der Rechtsordnung im allgemeinen auf das der Gegenwart des Pomponius naheliegende Kriterium der Rechtssicherheit hinausläuft, so wird auch seine Beurteilung des Kaisertums — trotz möglicher sentimentaler Reminiszenzen an die Republik — durchaus von der Anerkennung der gegenwärtigen Situation getragen. Was schließlich das Verhältnis der Jurisprudenz zum Kaisertum betrifft, so haben wir bereits einiges vorweggenommen (s. vor allem II 6). BRETONE[349] hat mit Recht hervorgehoben, daß für Pomponius die Jurisprudenz der entscheidende rechtsbildende Faktor war; zugleich hat er die wahrscheinlichen Motive des Pomponius, die diesen zur Betonung der Rolle der Jurisprudenz führten, glänzend analysiert (vor allem Abwehr des Typus des bürokratischen Juristen und Verteidigung der Jurisprudenz als autonomer Institution)[350]. Das von ihm entworfene Bild kann hier allenfalls in Nuancen ergänzt oder verändert werden.

Entsprechend dem zur Beurteilung des Kaisertums durch Pomponius Gesagten ist hervorzuheben, daß die Betonung der Autonomie der Jurisprudenz in einem von Pomponius nicht bereinigten Widerspruch zur loyalen Abhängigkeit von der vom Kaiser beherrschten staatlichen Ordnung der Epoche steht. Weiterhin stellt sich das kaum lösbare Problem, inwieweit Pomponius mit seiner Bewertung der Jurisprudenz einen seine Zeit beherrschenden Gedanken ausspricht; es ist nicht völlig ausgeschlossen, daß er nur als Vertreter der Berufsinteressen der Juristen oder gar als individualistischer Außenseiter zu betrachten ist. Immerhin steht seine Darstellung in auffälligem Widerspruch zu der schon häufiger erwähnten historischen Zeichnung der Entwicklung des römischen Rechts durch Tacitus (Ann. 3.25.1ff.)[351] — der die Skizze der Rechtsgeschichte zu einer Skizze der Gesetzgebungsgeschichte reduziert.

Ohne hier die Frage nach den Gründen dieser Verengung zu vertiefen, könnte man den Exkurs in den 'Annalen' sowohl auf eine den Juristen schmeichelhafte, als auch sie verletzende Weise, als auch schließlich mit

---

[349] Vor allem 136ff. Vgl. D. 1.2.2.13 (zitiert o. A. 103; vgl. auch A. 247). Auffällig ist die ständige Betonung der *auctoritas* der Juristen; s. dazu o. II 6 u. FUHRMANN, 108f., sowie D. 50.16.120.

[350] Vgl. dazu o. II 6.

[351] Entstanden wohl nicht allzu lange vor dem 'Enchiridium'; vgl. zur Datierung der 'Annalen' R. SYME, Tacitus, Oxford 1958, II 456ff.

einer für Tacitus peinlichen Tendenz interpretieren. Beginnt man mit der letztgenannten Möglichkeit, so ist das bekannte Faktum zu erwähnen, daß die Traktate über Gesetze und Sitten der Länder ein griechischer Werktypus sind[352]; in ungeschickter Nachahmung hätte Tacitus diesen Typus auf Rom übertragen, ohne die Besonderheit der römischen Rechtsordnung, die Rolle der Juristen, zu bedenken. Diese Interpretation ist mit der anderen vereinbar, die das Selbstbewußtsein der Juristen kränken könnte. Für den Nichtjuristen Tacitus wäre die Rolle der Jurisprudenz bei der Entwicklung des römischen Rechts weit unbedeutender, als es dem durch Pomponius ausgesprochenen Selbstgefühl der Juristen entspräche. Diese Interpretation könnte — angesichts der bekannten Juristenfeindlichkeit des Claudius (s. nur Seneca, Apocol. 12) — durch die Hypothese abgestützt werden, daß Tacitus bei dem rechtshistorischen Exkurs vor allem Schriften des Claudius benutzte[353]. Eine für die römische Jurisprudenz wenigstens implizit positive Interpretation des Exkurses müßte von der Tatsache ausgehen, daß Tacitus allein die Geschichte der Gesetzgebung als Geschichte der Nutzlosigkeit und Korruption schildert. Insoweit könnte man in der betont negativen Schilderung der Gesetzgebung einen stillschweigenden Hinweis auf die wahre und echte Quelle des römischen Rechts in der Jurisprudenz erblicken. Ein Indiz für die mögliche Richtigkeit dieser Interpretation wäre die hohe Achtung des Tacitus vor den großen Juristen des ersten Jahrhunderts, Labeo und Cassius[354].

Der Haltung des Pomponius würde sicherlich allein die zuletzt genannte Interpretation entsprechen. Auffällig ist, daß Pomponius im 'Enchiridium' die Juristen stärker als Vertreter einer durch *scientia* und *ingenium* ausgezeichneten Profession, nicht so sehr als Vertreter einer besonderen sozialen Schicht schildert[355]. Zwar ist er an der sozialen Stellung der Juristen nicht schlechthin desinteressiert; zitiert er doch ihre Ämter und ihr Verhältnis zum Kaiser. Trotzdem gibt er — ganz im Gegensatz zu unserer Vorstellung von der klassischen Jurisprudenz — zu erkennen, daß der Beruf des Juristen weniger in seiner praktischen öffentlichen Tätigkeit als in Wissenschaft und Lehre liegt. Auch dafür nur einige Beispiele: Sieht man von der mit der juristischen Tätigkeit nur lose zusammenhängenden politischen Karriere der Juristen ab, so wird ihre praktische juristische Tätigkeit allenfalls in der frühen Republik erwähnt (D. 1.2.2.35 ff.). In der Folgezeit ist die Geschichte der Jurisprudenz im wesentlichen eine Geschichte der auf die Juristen zurückgehenden Literatur, seit Beginn der Kaiserzeit eine Geschichte der Rechtsschulen. Der — im Rahmen der *origo iuris* vorgetragene — Bericht über die Entstehung der Jurisprudenz (zum Zwecke

---

[352] Vgl. nur 'Rechtskritik' (o. A. 66), 19f. passim.

[353] Zum Problem s. SYME a. a. O. 709. Zu den Quellen der römisch-rechtlichen Notizen bei Tacitus vgl. im übrigen DIRKSEN a. a. O. (o. A. 37) 204 ff.

[354] Tac. Ann. 3.75 (zu Labeo); 12.11; 13.41; 14.42 ff.; 16.7 (zu Cassius).

[355] Vielleicht etwas zu pronunciert BRETONE a. a. O.; s. auch LOMBARDI, 5 ff. Es darf nochmals auf die an rhetorische Quellen erinnernde (s. nur Quint. Inst. 10.1.86 passim) Betonung von *ingenium* und *doctrina* (*scientia*, *ars*) erinnert werden; s. D. 1.2.2.47.

der Interpretation der 12 Tafeln, § 5) und damit auch ihre Einsetzung als 'Rechtsquelle' steht relativ verbindungslos neben der eigentlichen Geschichte der Jurisprudenz im 3. Teil des 'Enchiridium'. Besonders hervorzuheben sind § 35[356], wo Pomponius die fehlende Öffentlichkeit des Rechts im Ergebnis mit dem Fehlen eines öffentlichen Rechtsunterrichts identifiziert, und § 47, wo Pomponius den Labeo halbjährlich zwischen Forschung und Lehre wechseln läßt — während von einer praktischen Tätigkeit Labeos keine Rede ist.

Diese „*mentalità accademica*" (L. LOMBARDI) des Pomponius zeigt sich auch in der Häufung von Worten wie *scientia, profiteri, audire, instructus, institutus*, in der Betonung der *sectae* und in seinen literargeschichtlichen Bemühungen[357]. Was die Darstellung des Pomponius betrifft, so gilt auch für die Jurisprudenz der Satz SYMES[358]: "*The professors came to dominate the age.*"

3. Zwecke und Motive

Der Versuch, im folgenden Zwecke und Motive des Pomponius zu präzisieren, steht — wenigstens teilweise — unter der 'behaviouristischen' Prämisse, daß menschliches Verhalten reaktiv ist, daß es eine mehr oder weniger feststehende Antwort auf äußere Anstöße darstellt. Erst diese Prämisse verleiht der 'Motivforschung' ihr fast dogmatisches Gewicht. Denn sie zwingt zur Suche nach äußeren Ursachen, die die jeweilige Reaktion motivieren. Es ist offensichtlich, daß demzufolge Unzulänglichkeiten der Interpretation entweder auf Irrtümer bei der Konstatierung von Motiven oder auf die Unmöglichkeit zurückgehen, die Motive festzustellen. Stimmt diese Prämisse nicht, so leidet die Interpretation des Verhaltens unseres Untersuchungsobjektes unter der Verkennung eines ganz anderen, viel wesentlicheren Faktors, den man zugleich modisch und trivial als 'Spontaneität' bezeichnen könnte. Negativ formuliert bedeutete das: Selbst wenn wir das System der Motive darstellen könnten, wäre damit nicht unbedingt das Verhalten des Juristen Pomponius erklärt.

Schieben wir diese hier nur anzudeutenden methodischen Bedenklichkeiten beiseite, so dürfen wir mit einer 'zynischen' Interpretation der gelehrten Produktion des Pomponius beginnen. Wer in dieser Epoche an höchster Stelle Aufmerksamkeit erregen wollte, tat gut daran, seine Bildung zu pflegen und zu dokumentieren. Für das Interesse Hadrians an allem, was

---

[356] D. 1.2.2.35: . . . . *et quidem ex omnibus, qui scientiam nancti sunt, ante Tiberium Coruncanium publice professum neminem traditur: ceteri autem ad hunc vel in latenti ius civile retinere cogitabant solumque consultatoribus vacare potius quam discere volentibus se praestabant.*

[357] Einzelheiten u. IV 5.

[358] Tacitus II 505. — Ähnlich REARDON a. a. O. (o. A. 186) 92 zu Herodes Atticus.

mit den *antiquitates* zu tun hat, bedarf es keiner Belege[359]. Von Antoninus Pius berichtet sein Nachfolger und Adoptivsohn Mark Aurel (Eis heaut. I 16.21), daß er jeden anerkannte, der Kenntnis in den Gesetzen und Sitten und anderen praktischen Angelegenheiten hatte[360]. Unter diesen Umständen konnte die Beschäftigung mit den juristischen Antiquitäten der Karriere förderlich sein.

Doch sind sicher auch weniger vordergründige Tendenzen erkennbar. Möglicherweise ging es Pomponius gar nicht so sehr oder allein um das Verhältnis der Jurisprudenz zum Kaisertum, sondern um ihre Stellung innerhalb des Wissenschaftssystems (*philosophia* und *artes*). Wir haben bereits mehrmals darauf hingewiesen, daß sowohl die Tendenz zur Einordnung der Jurisprudenz unter die *artes* als auch die Konkurrenz unter den *artes* bisweilen ein brauchbares Interpretationsschema für das Verhalten der Juristen (und auch mancher Literaten) darstellt[361]. Recht pauschal betrachtet zieht sich eine Linie von der Problemstellung Ciceros (die Konstituierung der Jurisprudenz als *ars*) über das Gelehrtentum Labeos und die celsinische Formel von der *ars boni et aequi* (Ulp. D. 1.1.1 pr) bis zur Bekräftigung Ulpians, daß die Jurisprudenz die *vera philosophia* sei (D. 1.1.1.1). Die Anerkennung durch die anderen *artes* ließ anscheinend recht lange auf sich warten. Noch von Quintilian wird die *iuris scientia* niemals als *ars* bezeichnet. Zum ersten Mal taucht sie im Katalog der *artes* bei dem Mediziner Galen (122—199) auf (Prot. 14). Zeichen für die wachsende Anerkennung sind aber auch schon die Äußerungen des Plinius über Aristo[362] und des Gellius über die Gelehrsamkeit von Juristen wie Labeo und Caecilius Africanus[363].

Das 'Enchiridium' des Pomponius ordnet sich passend in diese Auseinandersetzung ein. Mit der *successio auctorum* adoptiert Pomponius zugunsten der Jurisprudenz eine den *artes* und der Philosophie eigentümliche Werkgattung[364]. Damit verschafft er ihr eine sich aus der Schulgründung und der wissenschaftlichen Tradition ergebende (neue) Autorität. Nicht nur ist Pomponius selbst ein gelehrter Jurist; es ist auch auffällig, wie häufig er die philosophische und rhetorische Bildung zur Qualifizierung der Juristen

---

[359] Vgl. nur H. BARDON, Les empereurs et les lettres latines, Paris 1940, 393ff. Nach HA (Hadrian) 16.6 zog er den Antipater, Cato, Ennius dem Sallust, Cicero, Vergil vor.

[360] . . . . ἐξ ἱστορίας νόμων ἢ ἐθῶν ἢ ἄλλων τινῶν πραγμάτων. ,,Historia" bedeutet hier sicher nicht (allein) die Geschichte im modernen Sinne. Weitere Belege über die Versuche der Untertanen, durch Bildung Karriere zu machen, in BIDR 75, 1972, 38 (s. die folg. Anm.).

[361] Vgl. Iurisperitus sacerdos, Festschrift Zepos I, Athen 1973, 555f. (Angesichts der Darstellung des Pomponius würde ich den Beginn dieser Tendenz [S. 570] heute etwas vordatieren); Ethik u. Jurisprudenz in Sachen Schatzfund, BIDR 75, 1972, 11f.; Rechtskritik (o. A. 66), 81 passim. Auf die Gründe dieser Erscheinung, die vor allem in der sozialen Herkunft der Juristen dieser Zeit, möglicherweise aber auch in der Veränderung des Rechtsunterrichts zu suchen sind, ist hier nicht einzugehen. — Zum Verhältnis der Jurisprudenz zu den *artes* (vor allem bei Cicero) vgl. zuletzt J. CHRISTES, Bildung und Gesellschaft, Darmstadt 1975. 140ff., 244 A. 339 mit etwas anderer Akzentuierung.

[362] Ep. 1.22; Text s. o. I 2 bei Anm. 17.

[363] Gell. 13.12.1; 20.1.1.

[364] Vgl. o. II 3 a.

37*

benutzt. Die Seltenheit des Hinweises auf besondere, wenigstens andeutungsweise charakterisierte juristische Qualifikationen[365] läßt vermuten, daß er
den juristischen Qualitäten als ausreichend für die Erhebung der Jurisprudenz zur *ars* nicht traute, daß er es für notwendig hielt, die Juristen mit
fachfremden Federn zu schmücken. So nimmt er P. Sempronius als Juristen
in Anspruch, der als einziger vom römischen Volke den Beinamen 'Sophus'
erhielt[366], und betont die philosophische und (oder) rhetorische Bildung
vieler — vor allem republikanischer — Juristen[367]. Es ist nicht zuletzt die
Gelehrsamkeit, die Labeo zu einer Zentralfigur für Pomponius macht.
Schließlich weist Pomponius immer wieder auf die für eine *ars* charakteristische Lehrbarkeit der Jurisprudenz hin[368]. Daß Pomponius auch das *ingenium* (D. 1.2.2.47) des Juristen herausstellte, eine Qualität, die bei der Diskussion über die für einen guten Rhetor notwendigen Eigenschaften stets
eine zentrale Rolle spielte[369], wurde bereits erwähnt.

Nicht einmal hypothetisch zu lösen ist das Problem, ob Pomponius
mit der Apologie oder Propagierung der autonomen Jurisprudenz unmittelbare politische Zwecke verfolgte. Unterstellt man die Richtigkeit der
These SYMES[370], daß Tacitus seine Annalen als Warnung an und vor
Hadrian konzipiert haben könnte, so ist eine solche unmittelbare politische
Tendenz nicht auszuschließen. Jedenfalls dürften die politischen Wertungen
des Pomponius, seine Betonung der Funktion der Rechtssicherheit, seine
Loyalität gegenüber dem Kaisertum, seine Auffassung von der dominie-
renden Rolle der Jurisprudenz im Rechtsleben zeigen, daß die Darstellung
eine politische Stellungnahme enthält, daß er also keineswegs allein aus anti-
quarischem Interesse sich mit der Geschichte des Rechts und der Rechtswissenschaft beschäftigte. Die Verfolgung praktischer Ziele[371] ist für einen
guten Teil der antiken Historiographie charakteristisch[372]. Somit ist es

---

[365] Ausnahmen sind etwa der Hinweis auf die Methode des Q. Mucius Scaevola (D. 1.2.2.41)
und die Gegenüberstellung von Labeo und Capito (2.47 h. t.).

[366] D. 1.2.2.37; vgl. zu ihm KUNKEL, 6f. Nach A. ALFÖLDI, Les cognomina des magistrats
de la République romaine, Mélanges Piganiol II, Paris 1966, 718 dürfte allerdings um das
Jahr 300 v. Chr. ein griechischer Beiname eher einen komischen Klang gehabt haben
(Hinweis von Dr. R. WITTMANN). Zu Atilius Sapiens s. D. 1.2.2.38.

[367] 2.40ff. h. t. Vgl. nur die beiden Tuberones, Coelius Antipater, 'Lucius' Crassus, Servius
Sulpicius.

[368] Vgl. nur LOMBARDI, 8ff. Auch bei den Diskussionen Ciceros über die *ars*-Qualität der
Jurisprudenz steht das Lehr-System im Mittelpunkt (de or. 1.41.185ff.; etwas anders
Brut. 41.152f.). Das erklärt vielleicht auch die Erfolglosigkeit seines *ius civile in artem
redactum* bei den 'klassischen' Juristen, deren Interesse an einem Lehr-System offensichtlich nicht allzu groß war.

[369] S. nur das Lexikon Quintilianeum (BONNELL) s. v.

[370] a. a. O. 577ff. Zur möglichen politischen Bedeutung der Beschäftigung mit den *antiquitates* in dieser Epoche vgl. A. GRELLE, L'autonomia cittadina fra Traiano e Adriano,
Neapel 1972, 110f.

[371] So für Pomponius schon SANIO, 224, wenn auch mit anderer Tendenz.

[372] Zur pragmatischen Geschichtsschreibung s. nur GELZER a. a. O. (o. A. 317) 155! ff. zu
Polybios etwa K.-E. PETZOLD, Studien zur Methode des Polybios und zu ihrer historischen
Auswertung, München 1969, 1ff.; DERS., Die beiden ersten römisch-karthagischen Ver-
träge . . . ., ANRW I 1, Berlin–New York 1972, 366 (s. etwa Polyb. 12.25 b; Thuk. 1.22.4).

sicherlich keine leere Floskel, wenn er am Beginn seines rechtshistorischen Berichts schreibt, daß es 'notwendig' (*necessarium*) sei, Entstehung und Fortentwicklung des Rechts kennenzulernen[373].

Zur praktischen Tendenz paßt auch die bereits häufiger bemerkte eigentümliche Verschränkung der historischen und systematischen Betrachtungsweise im 'Enchiridium'[374]. So schildert Pomponius in den §§ 1 bis 11 *origo* und *processus* der Rechtsquellen; in § 12 werden sie nochmals systematisch als geltendes Recht vorgestellt[375]. Ähnliches gilt für die Geschichte der Magistraturen in §§ 14—33, bei der § 34 eine zusammenfassende Aufzählung enthält[376]. Die geschichtliche Darstellung stellt also nur die Basis für den Nachweis der für seine Zeit aktuellen Rechtsquellen und Magistraturen dar. Ähnliches gilt aber auch für die Geschichte der Rechtswissenschaft und der Rechtsschulen, mit denen Pomponius die über die Rechtswissenschaft handelnde *pars* abschließt. Quintilian (Inst. 3.1.1ff.) begann seine Aufzählung der *scriptores artis rhetoricae* mit Hinweisen auf die Meinungsstreitigkeiten unter den Lehrern dieser *ars*[377]. Wenn sich auch Pomponius über den Zweck seiner Geschichte der Rechtswissenschaften nicht ausläßt, so konnte er doch seine Darstellung damit rechtfertigen, daß die Gründe für die *dissensiones* der Juristen (D. 1.2.2.48) erst durch die Schilderung der Schulgegensätze verständlich werden. Schließlich ist es wohl auch kein Überlieferungszufall, daß Pomponius in seiner Aufzählung diejenigen Juristen nicht erwähnt, die ausschließlich

---

vgl. im übrigen auch H. STRASBURGER, Die Wesensbestimmung der Geschichte durch die antike Geschichtsschreibung, SB Wiss. Ges. Frankfurt, 1966². Zur praktischen Bedeutung der 'archaiologia' für die Sophistik und die Rhetorik s. R. PFEIFFER, Geschichte der klassischen Philologie, Hamburg 1970, 174f. Es ist anzunehmen, daß eine monistische Interpretation des antiquarischen Schrifttums im Sinne von Bildung und Unterhaltung generell — selbst für das 2. Jh. n. Chr. — unangemessen wäre.

[373] Zum Wortgebrauch von *necessarium* s. auch D. 50.16.123 (s. u. IV 4), wo es die praktische Notwendigkeit grammatikalischer Kenntnisse bezeichnet. S. dazu auch R. ORESTANO, Introduzione allo studio del diritto romano, Turin 1961², 116ff. — Im Gegensatz zu Pomponius wird in der Einleitung des Gaius zum 12-Tafel-Kommentar (D 1.2.1) das ästhetische und zugleich didaktische Interesse an der Geschichte den Vordergrund gestellt (vgl. auch Quint. Inst. 3.1.3). Insoweit richtig F. CASAVOLA, Gaio nel suo tempo, in dem gleichnamigen Sammelband (Neapel 1966), 9ff., der nur nicht ausreichend beachtet, daß Gaius hier traditionelle Klischees verwendet (s. D. NÖRR, Divisio und partitio, Berlin 1972, 49f.), und daher seine Worte allzu gewichtig nimmt. Zum Gegensatz des Pomponius und des Gaius bei der Rechtsquellenlehre s. BRETONE, 31f.

[374] NÖRR, Divisio und partitio, 8 mit weiteren Angaben.

[375] D. 1.2.2.12; zitiert o. A. 102. — Die *legis actiones* nehmen sich hier freilich (zumindest nach modernen Vorstellungen von den Rechtsquellen) etwas wunderlich aus; vgl. aber die 'Tripertita' des Aelius Paetus.

[376] D. 1.2.2.34; zitiert o. A. 102. — Gewisse Schwierigkeiten macht das Imperfekt (*reddebant*); denn die von Pomponius genannten Zahlen der jeweiligen Amtsträger sprechen dafür, daß er die Gegenwart im Auge hat. Zu denken ist entweder an eine Änderung in späterer Zeit oder an eine Anspielung auf die zur Zeit des Pomponius bereits verbreitete *extra-ordinaria cognitio*.

[377] Auch die bekannte Geschichte der griechischen und römischen Literatur bei Quintilian (inst. 10.1.1ff.) hat den praktischen Zweck, dem Schüler die stilistischen Vorbilder zu vermitteln.

im Gebiet des Sakralrechts und des öffentlichen Rechts gearbeitet hatten. Sie waren für das gegenwärtige Rechtsleben ohne Bedeutung.

4. Historische Notizen des Pomponius außerhalb des 'Enchiridium'

Der Kirchenvater Origenes schreibt an einer Stelle über die christliche Lehre[378]: *nos omnia quae scripta sunt, non pro narratione antiquitatis, sed pro disciplina et utilitate didicimus.* Daß auch Pomponius diese Worte für seine Methode gebrauchen könnte, zeigen vor allem die historischen Notizen in den der praktischen Jurisprudenz gewidmeten Werken. Zu ihnen zählen wir — wenn auch mit gewissen Bedenken — den „Lehrkommentar" 'Ad Q. Mucium', da sein Inhalt sich in dieser Beziehung nicht wesentlich von den anderen Schriften unterscheidet. Einige Beispiele — vor allem zur Benutzung der 12 Tafeln[379] — mögen genügen. Dabei ist zweierlei vorauszuschikken. Einmal ist es für uns gleichgültig, ob Pomponius über die Verwendung der 12-Tafel-Interpretation für gegenwärtige Zwecke nur referiert oder ob er diese Beziehung selbständig herstellt[380]. Zum andern ist zu berücksichtigen, daß — etwa im Erbrecht, im Noxalrecht, beim *statuliber* und beim *tignum iunctum* — die 12 Tafeln sei es unmittelbar, sei es über die *interpretatio* praktiziertes Recht enthielten. Als solches wurden sie von den Juristen selbstverständlich unter dem Aspekt der gegenwärtigen Rechtsordnung behandelt[381]. So ist es sicherlich nicht auffällig, wenn Pomponius bei der Erörterung der Folgen der *capitis deminutio* auf das Erbrecht der 12 Tafeln eingeht (D. 38.16.11; 10 ad Q. Muc.): *Capitis deminutione pereunt legitimae hereditates, quae ex lege duodecim tabularum veniunt, sive vivo aliquo sive antequam adeatur hereditas eius capitis minutio intercessit, quoniam desinit suus heres vel adgnatus recte dici: quae autem ex legibus novis aut ex senatus consultis, non utique*[382]. Uns interessieren vor allem die Fälle, in

---

[378] Hom. in ex. 2.1; GCS 29, 155.

[379] Vgl. HONORÉ, 174.

[380] So ist es etwa in Pomp. D. 40.7.21 pr (7 Ex Plaut.; s. auch Pomp. D. 40.4.8, 5 Ad Sab.) nicht mit Sicherheit auszumachen, ob es Labeo, Plautius oder Pomponius war, von dem die Verweisung auf die *interpretatio* der 12 Tafeln stammt. Für das Verständnis der Methode der alten Jurisprudenz wäre möglicherweise eine Untersuchung der Reste der *interpretatio* nützlich.

[381] S. nur Gai. Inst. 2.200; Pomp. (Q. Mucius–Labeo–Aristo–Celsus) D. 40.7.29.1 (18 Ad Q. Muc.); Ulp. (–Cels.) D. 9.4.2; Paul. (–Neraz) D. 24.1.63 u. ö. Vgl. auch GRELLE a. a. O. 110.

[382] Die Identifizierung der *leges novae* und der *SCa* ist nicht einfach. E. VOLTERRA (Atti II congr. intern. SISD 1967, Florenz 1971, II 849) denkt bei den *leges novae* an die Kaiserkonstitutionen. Doch wären auch die augusteischen Gesetze in Betracht zu ziehen, die bekanntlich erbrechtliche Regelungen enthielten (vgl. aber immerhin Gai. 3.51). Wenn man die Rechtslage zur Zeit des Textes betrachtet, so kommt man bei den *SCa* zuerst auf das *SC Tertullianum*; doch berichtet Gaius auch von anderen erbrechtlichen Senatsbeschlüssen (s. nur Inst. 3.63 [65]); vgl. auch M. MEINHART, Die Datierung des SC Tertullianum, mit einem Beitrag zur Gaiusforschung, SZ 83, 1966, 129 ff. Doch braucht dieser Frage hier nicht weiter nachgegangen zu werden. — Zu prüfen wäre vielleicht, inwieweit Pomponius bei seinen 'völkerrechtlichen' Texten (D. 49.15.5; 50.7.18) gegenwärtige

denen die 12 Tafeln (oder die *interpretatio*) aktualisiert wurden, obwohl vom geltenden Recht her dazu kein zwingender Anlaß bestand.

In Pomp. D. 40.7.21 pr (7 Ex Plautio)[383] geht es um die Auslegung folgender Testamentsklausel: „*Calenus dispensator meus, si rationes diligenter tractasse videbitur, liber esto* . . .". Drei Fragen werden erörtert: die Beschaffenheit der *diligentia*, der Adressat der Rechnungslegung und — hier allein interessierend — die Bedeutung von *videbitur*. Bei arglistig-wörtlicher Auslegung könnte der Erbe auf den Gedanken kommen, die Rechnungslegung durch Verweigerung der Mitwirkung zu vereiteln. Daher wird — mit einem vielleicht nicht ganz überzeugenden[384] Hinweis auf die 12 Tafeln — festgelegt, daß die Fähigkeit des Sklaven zur Rechnungslegung entscheidet: *et quod ita scripta est 'videbitur', pro hoc accipi debet 'videri poterit': sic et verba legis duodecim tabularum veteres interpretati sunt 'si aqua pluvia nocet', id est 'si nocere poterit'*. Wie es bei der *actio aquae pluviae arcendae* nicht darauf ankommt, daß gegenwärtig das vom Grundstück des Nachbarn kommende Regenwasser schädigt, und eine schädliche Anlage (*opus*) zur Klagerhebung genügt, so wird auch beim Sklaven nicht auf die Aktualität, sondern auf die 'Potentialität' der Rechnungslegung abgestellt. Man wird kaum sagen können, daß der Rekurs auf die 12 Tafeln hier zwingend oder auch nur naheliegend ist. Um so stärker tritt die Tendenz der Aktualisierung hervor.

Ebenfalls um eine Testamentsklausel geht es in D. 50.16.162 pr (2 Ad Sab.): *In vulgari substitutione, qua ei qui 'supremus' morietur heres substituitur, recte substitutus etiam unico intellegitur, exemplo duodecim tabularum, ex quibus 'proximus' adgnatus et solus habetur*[385]. In dem bekannten 12-Tafel-Satz zur gesetzlichen Erbfolge heißt es (V 3.4): *Si intestatus moritur, cui suus heres nec escit, adgnatus proximus familiam habeto*. Eine am Worte klammernde Auslegung konnte die Anwendbarkeit des Satzes anzweifeln, wenn überhaupt nur ein Agnat existierte, das Wort *proximus* also ins Leere ging. Doch war bereits die Interpretation der *veteres* zu dem Ergebnis gelangt, daß auch der einzige Agnat der *agnatus proximus* ist. Dieses *exem-*

Probleme im Auge hat. Dabei ist die Renaissance des Fetialrechts in der Prinzipatszeit als Indiz für das Postulat der Weitergeltung alter völkerrechtlicher Normen zu berücksichtigen; s. nur Mark Aurel als Fetialen nach Cass. Dio 72.33.3. Allgemein dazu K.-H. ZIEGLER, Das Völkerrecht der römischen Republik, ANRW I 2, Berlin–New York 1972, 112.

[383] Vgl. zur Stelle etwa P. VOCI, Diritto ereditario romano II², Mailand 1963, 917f. (mit Hinweisen auf die Bedingungslehre); G. DONATUTI, Lo statulibero, Mailand 1940, 97, 279. F. HORAK, Rationes decidendi I, Aalen 1969, 88, hält Labeo für den Urheber des Hinweises auf die 12 Tafeln. Das ist nach der Textgestalt nicht unmöglich, aber unwahrscheinlich.

[384] Ein Einwand wäre, daß es beim 12-Tafel-Satz um die objektive Möglichkeit der Schädigung, bei der Testamentsklausel dagegen um die subjektive Fähigkeit zur Rechnungslegung geht.

[385] Dazu etwa M. KASER, Römisches Privatrecht (= RPR) I, München 1971², 688 A. 33. S. hierzu auch Inst. Just. 3.2.5 — nach der plausiblen Annahme C. FERRINIS (Opere II, Mailand 1929, 379) aus den *res cottidianae* stammend.

plum verwendet Pomponius zur Auslegung der — vielleicht typischen — Klausel der Vulgarsubstitution. Auch von einem *supremus heres* kann man an sich nur sprechen, wenn mehrere Erben eingesetzt waren. Trotzdem läßt Pomponius auch den *unicus heres* als *supremus heres* gelten.

Besonders charakteristisch für die Aktualisierungstendenz des Pomponius ist seine Beschäftigung mit dem längst obsoleten Streit unter den Juristen des 2. Jhs. v. Chr. über die Auslegung des Wortes *erit* in der *lex Atinia* (zur *usucapio*): *Quod subruptum erit, eius rei aeterna auctoritas esto*[386]. Dabei ging es um die Frage, ob das Gesetz sich nur auf diejenigen Entwendungen bezog, die nach seinem Erlaß geschehen waren, oder ob es auch rückwirkende Kraft hatte. Diese späterhin auch Nichtjuristen beschäftigende[387] Frage wurde — wenn sich überhaupt eine herrschende Meinung bilden konnte — nach den Grundsätzen der lateinischen Grammatik in dem Sinne entschieden, daß sich das *erit* sowohl auf die Vergangenheit als auch auf die Zukunft bezieht. Pomponius[388] weiß von dem Streit aus den 'Libri iuris civilis' des Q. Mucius Scaevola. Er bespricht das Problem im (ursprünglichen) Zusammenhang der *usucapio*[389]. Obwohl der Sinn des *erit* in der *lex Atinia* für die Gegenwart belanglos war, betont er die Notwendigkeit (*necessarium*) der Kenntnis der grammatikalischen Nuance. Als Beispiel bringt er die Klausel, mit der der Testator im Testament Kodizille 'konfirmiert'[390]: *quod in codicillis scriptum erit*. Auch hier könnte man bei einer nur futurischen Auslegung des *erit* meinen, daß bereits errichtete Kodizille von der Klausel nicht erfaßt werden. Pomponius betont

---

[386] Gell. 17.7.1ff. Vgl. zur Frage der Rückwirkung G. BROGGINI, Coniectanea, Mailand 1966, 362ff. (mit Lit.); A. WATSON, The law of property in the later Roman republic, Oxford 1968, 24ff.; U. KOLLATZ a. a. O. (o. A. 146), 104f. Über die *lex Atinia* ist hier nicht weiter zu handeln; vgl. nur die Literatur bei KASER a. a. O. 137, 419 sowie G. DIÓSDI, Ownership in Ancient and Preclassical Roman Law, Budapest 1970, 144f. — Die unter den Juristen, deren ältester (Manilius) kaum früher als nach der Wende zum 2. Jh. v. Chr. geboren sein dürfte, geführte Diskussion zeigt, daß die *lex* kaum dem 3. Jh. angehören kann — wenn man den *veteres* nicht die Erörterung rein akademischer Fragen zutrauen will.

[387] S. nur P. Nigidius Figulus bei Gell. 17.7.4ff.

[388] D. 50.16.123: *Verbum 'erit' interdum etiam praeteritum nec solum futurum tempus demonstrat. quod est nobis necessarium scire et cum codicilli ita confirmati testamento fuerint: 'quod in codicillis scriptum erit', utrumne futuri temporis demonstratio fiat an etiam praeteriti, si ante scriptos codicillos quis relinquat. quod quidem ex voluntate scribentis interpretandum est.* — Die im Text folgende Erörterung des Präsens interessiert hier nicht.

[389] 26 ad Q. Muc.; s. LENEL, Paling., II 73. — Gellius hat möglicherweise nur mittelbare Kenntnisse, etwa aus dem von ihm zitierten 23. Buch der Kommentare des Nigidius. Ein Indiz dafür ist, daß er die Fundstelle bei Mucius nicht nennt; dazu H. E. DIRKSEN, Hinterl. Schriften I, Leipzig 1871, 47ff.

[390] Vgl. dazu die Angaben bei M. KASER, Römisches Privatrecht (= RPR) I², München 1971, 694. — Zu D. 50.16.123 s. auch U. WESEL, Rhetorische Statuslehre und Gesetzesauslegung der römischen Juristen, Köln–Berlin–Bonn–München, 1967, 73ff. (75). Es wäre zu überlegen, ob nicht dieser Juristenstreit zur bekannten 'Verb-Verdopplung' (*est erit* u. ä.; s. nur FIRA I [Leges] Nr. 8 c. 19; Nr. 11 c. II 5; D. 23.2.44 pr) der römischen Gesetzessprache führte — ein Phänomen, das möglicherweise den älteren Texten noch fremd ist.

demgegenüber, daß sich das *erit* auch auf die Vergangenheit bezieht, relativiert aber diese objektive Interpretation durch den Hinweis auf die *voluntas* des Testators.

Gerade dieser Text scheint mir besonders deutlich das Bestreben des Pomponius zu zeigen, ein historisches Faktum (hier eine längst, seit mindestens dreihundert Jahren von der Praxis her uninteressant gewordene juristische Diskussion) als *exemplum* für ein ganz anderes Rechtsgebiet aufzunehmen und für die Gegenwart fruchtbar zu machen. Dabei ist zu beachten, daß anscheinend auch andere Juristen bisweilen ähnlich arbeiteten[391].

Näher charakterisiert wird diese Tendenz des Pomponius durch drei Merkmale, die sich wenigstens zum Teil auch im 'Enchiridium' finden und somit die *unità spirituale* des Gesamtwerkes des Pomponius erkennen lassen. Zum einen wurde bereits angedeutet, daß die Verbindung, die Pomponius zwischen der Gegenwart und der Vergangenheit herstellt, keineswegs unbedingt zwingend ist. Anders ausgedrückt: Dieselbe Problemlösung hätte man auch erreichen können, ohne die Vergangenheit zu bemühen. Doch würde eine negative Bewertung dieses Vorgehens auf zwei kaum haltbaren Prämissen beruhen: Ein 'Zuviel' an Argumenten bei juristischen Argumentationen sei verwerflich; die rationale Begründung habe in den Augen der römischen Juristen dasselbe oder ein größeres Gewicht wie die Begründung aus der Tradition. Hält man diese Prämissen für unrichtig, so ist gegen die 'historische' Methode des Pomponius wohl nichts einzuwenden.

Das zweite hier zu nennende Merkmal ist das auch in den 'praktischen' Schriften des Pomponius erkennbare Bedürfnis, die Kontinuität der juristischen Interpretation von der Republik bis in die Gegenwart deutlich zu machen. Diesem Bedürfnis ist es sicherlich — neben anderen Motiven — zuzuschreiben, daß Pomponius möglicherweise als erster die 'Libri iuris civilis' des Q. Mucius Scaevola, (fast) mit Sicherheit als erster das entsprechende Werk des Masurius Sabinus kommentiert hat. Was die Lösung praktischer Fragen betrifft, so tritt diese Tendenz an einer Stelle wie D. 40.7.29.1 besonders klar hervor[392]. Es geht um das Problem, ob der Sklave, der testamentarisch unter der Bedingung freigelassen ist, eine gewisse Summe an den Erben zu zahlen, durch Leistung an denjenigen, der im Erbschaftsprozeß zu Unrecht gesiegt hatte, frei wird. Pomponius läßt mit Nennung der Juristen Q. Mucius Scaevola, Labeo, Aristo und Celsus gleichsam zwei Jahrhunderte juristischer Bemühungen Revue passieren. Dabei scheint — wenigstens nach dem Text — Aristo das ent-

---

[391] Vgl. Gai. inst. 2.200, woraus man entnehmen könnte, daß sich die Sabinianer — anders als die Prokulianer — bei der Auslegung des bedingten Vindikationslegats auf eine Analogie aus der 'Interpretatio' der 12 Tafeln beriefen. S. im übrigen auch Aristo bei Pomp. D. 40. 7.29.1; Ven. Sat. D. 48.2.12. Zum Problem, ob ein Unterschied der Rechtsschulen hinsichtlich der Benutzung der Vergangenheit besteht, s. o. A. 46.

[392] 18 ad Q. Muc. Einzelheiten aus dem sehr langen Fragment interessieren hier nicht. Vgl. nur KASER a. a. O. 114 A. 47; F. HORAK, Rationes decidendi I, Aalen 1969, 88, 113f. (mit Textkritik).

scheidende Argument mit der Berufung auf den 12-Tafel-Satz zum *statu-liber* gefunden zu haben[393].

Das dritte Merkmal ist die auch im 'Enchiridium' dokumentierte Verbindung von historischem Interesse und nüchterner Betrachtung der Vergangenheit. Allein auf diese Weise war es im übrigen Pomponius möglich, die Vergangenheit zu aktualisieren. Ein Beispiel hierfür ist die umstrittene Ulpian-Stelle aus der 'Collatio', in der es um das Tötungsrecht bei nächtlichem und bei bewaffnetem Diebstahl geht[394]. Trotz aller Schwierigkeiten der Stelle ergibt sich aus ihr mit ausreichender Sicherheit, daß Pomponius die Geltung des 12-Tafel-Satzes über das Recht zur Tötung des *fur nocturnus* und des *fur telo se defendens* bezweifelte. Seine Argumente werden nicht genannt. Da aber wohl weder die lex Aquilia noch die lex Cornelia de sica-riis[395] Bestimmungen über das Tötungsrecht enthielten, sondern diese Frage implizit der *interpretatio* überließen, dürften sich die Zweifel des Pomponius wohl eher auf allgemeine Überlegungen, vor allem auf die Tendenzen zur Einschränkung der Tatbestände der Selbsthilfe und ihrer Umwandlung in Notwehrtatbestände, gestützt haben. Für uns ist es wichtiger, daß es gerade der historisch interessierte Pomponius ist, der die Geltung eines alten Rechtssatzes zur Diskussion stellt. Da die Rechtslage selbst zur Zeit Ulpians noch nicht völlig geklärt war, dürfte Pomponius überdies mit diesem seinem Zweifel keineswegs etwas ausgesprochen haben, was sich für seine Zeit gleichsam von selbst verstand[396].

Mit diesem Text kommen wir zu einem letzten Argument für die These, daß — zumindest auch — praktische Bedürfnisse hinter der Beschäftigung mit dem alten Recht standen. Es gehört zu den vielen Unsicherheiten der römischen Rechtsquellenlehre, daß sich häufig nicht mit Gewißheit feststellen läßt, ob eine Norm (oder ein Institut) noch in Geltung ist. Auch wenn man nicht in die Diskussion der noch ungelösten Streitfragen der *desuetudo*-Lehre eintreten will[397], so läßt sich wenigstens feststellen, daß der

---

[393] VII 12; vgl. Ulp. 2.4.: *sub hac condicione liber esse iussus, 'si decem milia heredi dederit', etsi ab herede abalienatus sit, emptori dando pecuniam ad libertatem perveniet: idque lex duodecim tabularum iubet.*

[394] 8 ad ed.; Coll. 7.3.2f.: *Sed et quemcumque alium ferro se petentem qui occiderit, non videbitur iniuria occidisse. Proinde si furem nocturnum, quem lex duodecim tabularum omnimodo permittit occidere, aut diurnum, quem aeque lex permittit, sed ita demum, si se telo defendat, videamus, an lege Aquilia teneatur. Et Pomponius dubitat, num haec lex non sit in usu. Et si quis noctu furem occiderit, non dubitamus, quin lege Aquilia non teneatur: sin autem, cum posset adprehendere, maluit occidere, magis est, ut iniuria fecisse videatur: ergo etiam lege Cornelia tenebitur.* — Vgl. nur Darstellung und Literaturangaben bei Wieacker, 234ff.; Kaser RPR I 505 A. 13; U. v. Lübtow, Untersuchungen zur 'lex Aquilia de damno iniuria dato', Berlin 1971, 88ff.

[395] S. zu ihr J. D. Cloud, The primary purpose of the lex Cornelia de sicariis, SZ 86, 1969, 258ff. mit Lit.

[396] In der Parallelüberlieferung der Digesten (D. 9.2.5 pr) ist charakteristischerweise von den 12 Tafeln keine Rede mehr. Wie bereits erwähnt, ist diese Lücke ein Argument für die Vermutung, daß bei der Kompilation 'historische' Texte ausgeschieden wurden.

[397] Dazu etwa B. Schmiedel, Consuetudo im klassischen und nachklassischen römischen Recht, Graz–Köln 1966, 96ff.; A. A. Schiller, An American Experience in Roman Law,

Vorgang des 'Außerkrafttretens' von Gesetzen durch 'Nichtgebrauch und Vergessen' der römischen Antike durchaus vertraut war. Doch gab es weder eindeutige Kriterien darüber, wie die *desuetudo* einzutreten hat (oder wie ihr Eintreten festzustellen war), noch anscheinend auch eine eindeutige Fixierung der 'endgültigen' Wirkung der *desuetudo*. In republikanischer Zeit hat es anscheinend Fälle gegeben, in denen man sich auf eine Rechtsnorm berief, die lange Zeit nicht mehr angewandt worden war, die also außer Gebrauch (*desuetudo*) gekommen war[398]. Es ist nicht ausgeschlossen, daß eine ähnliche Praxis auch in der Prinzipatszeit bestand[399]. Wie dem auch sei, so konnten Unsicherheiten dieser Art, die sich ähnlich auch auf das alte *ius civile* (im Sinne des Pomponius) erstreckten[400], antiquarische Studien als für die Gegenwart praktisch legitimieren[401].

5. Zum Bildungsinteresse des Pomponius

Sicherlich ist nicht an allen Stellen, an denen sich Pomponius mit der Vergangenheit beschäftigt, ein Versuch der Aktualisierung erkennbar. Das kann, muß aber nicht, mit dem Zustand der Quellen zusammenhängen. Beispielsweise könnte es sich bei einem Text wie D. 50.16.120 (5 Ad Muc.) ebenso um ein historisches Referat, wie um einen Hinweis auf geltendes 12-Tafel-Recht handeln: *Verbis legis duodecim tabularum his 'uti legassit suae rei, ita ius esto' latissima potestas tributa videtur et heredis instituendi et legata et libertates dandi, tutelas quoque constituendi. Sed id interpretatione coangustatum est vel legum vel auctoritate iura constituentium.*

Es wurde bereits häufiger festgestellt und wird auch durch unsere Untersuchung belegt, daß Pomponius ein mit der Bildung seiner Zeit wohl vertrauter Jurist ist, der sicherlich dazu neigte, diese Bildung nützlich zu

---

Göttingen 1971, 52ff.; L. BOVE, La consuetudine in diritto romano I, Neapel 1971, 91ff.; KASER, RPR I, 196 (mit weit. Lit.); FLUME a. a. O. (o. A. 244) 8, 19ff.; eigene Bemerkungen in SZ 84, 1967, 463 (Rez. Schmiedel) und in 'Rechtskritik' (o. A. 66), 73 A. 100, 75 A. 111 (zu den *leges sumptuariae*).

[398] A. PERNICE, Parerga X, SZ 22, 1901, 76f.; W. KUNKEL, Gesetzesrecht u. Gewohnheitsrecht in der Verfassung der römischen Republik, Romanitas XI 9, 1970, 370 (zu Liv. 37.8). Vgl. die Verwendung des Wortes *exolescere*, das — neben *in desuetudinem abire* — für die *desuetudo*-Lehre charakteristisch ist (s. auch Pomp. D. 1.2.2.3). Zum Rückgriff auf die *perduellio* vgl. A. MAGDELAIN, Remarques sur la perduellio, Historia 22, 1973, 411.

[399] Beispiele sind schwer zu finden. Zu denken ist etwa an die Wiederaufnahme der rituellen Bestrafung der 'unkeuschen' Vestalin durch Domitian (Suet. 18.3; Dio 67.3.; Plin. ep. 4.11), die offensichtlich in der Öffentlichkeit als Unrecht empfunden wurde (anders anscheinend Iuv. IV 9f.). Allerdings wiederholte sich dieser Vorgang auch in der Folgezeit (vgl. die Belege bei TH. MOMMSEN, Strafrecht, Nachdruck Graz 1955, 20 A. 2; 24 A. 3, sowie F. GUIZZI, Aspetti giuridici del sacerdozio romano (il sacerdocio di Vesta), Neapel 1968, 141ff.). — Vgl. auch o. A. 382 (zum Fetialrecht) und R. WITTMANN, Die Körperverletzung an Freien im klassischen römischen Recht, München 1972, 26 A. 5 (zur *iniuria*-Buße).

[400] Ein Beispiel dafür ist vielleicht Sabinus bei Gell. 5.9.11ff.; dazu 'Rechtskritik' (o. A. 66), 103.

[401] s. auch M. KASER, SZ 86, 1969, 507 (Rez. Maschi), zur virtuellen Gültigkeit alten Rechts; vgl. auch u. IV 6 zur Varro-Lektüre des Gellius (13.13.1ff.).

machen, den man aber nicht allzu pedantisch auf diese Tendenz festlegen darf[402]. Bei aller zu vermutenden Gegenwartsbezogenheit selbst des 'Enchiridium' steht das reine Interesse auch, wenn auch nicht allein, im Hintergrund der rechtshistorischen Darstellung. Es ist kein Zufall — und dürfte wohl auch nicht ohne weiteres mit den Vorlagen des Pomponius zusammenhängen —, daß er im Rahmen der Geschichte der Jurisprudenz genauer und ausführlicher das 2. und 1. Jh. v. Chr. als das 1. Jh. n. Chr. beschreibt. Auch die — möglicherweise ihm zuzuschreibende[403] — Erfindung eines Kommentars zum 'Ius civile' des Q. Mucius muß zugleich unter diesem Aspekt gesehen werden. Obwohl er sich dort mit Q. Mucius in der Art und Weise auseinandersetzt, wie es die römischen Juristen beim *ius controversum* schlechthin zu tun pflegten, obwohl man ihm sogar eine gewisse schulmeisterliche Attitüde im Verhältnis zu den *veteres* vorwerfen könnte[404], so ist es doch auffällig, daß dieser von der juristischen Nachwelt anscheinend niemals zitierte Lehrkommentar weit weniger (praxisnahe) Kasuistik enthält als die übrigen Werke des Pomponius.

In die Richtung des Bildungsinteresses deutet vor allem die Freude am Anekdotischen, die man als illegitimen Zweig der nicht nur der römischen Jurisprudenz eigentümlichen Methode der Begründung durch *exempla* bezeichnen kann. Bisweilen haben Anekdoten den Zweck, die Ursprünge gewisser Rechtsinstitute und die Anlässe zu Gesetzgebungsakten[405] zu erklären. Sicherlich kann man die Argumentation des Gellius[406] zur notwendigen Kenntnis alter *verba* übernehmen und auch den Anekdoten ein mittelbar praktisches Interesse zuweisen: ... *quoniam, in medio rerum et hominum vitam qui colunt, ignorare non oportet verba actionum civilium celebriora.* Doch steht das Bildungsinteresse, das in dieser Zeit von der Freude am *iucundum* nicht zu trennen ist (s. nur Gell. praef.), hier sicherlich im Vordergrund. Besonders anekdotenreich und hierin den Schriften des Sueton 'De grammaticis' und 'De rhetoribus' vergleichbar ist das 'Enchiridium'[407]. Wie M. FUHRMANN (105f.) mit Recht betont, ist auch die Institutionengeschichte im ersten Teil des 'Enchiridium' vor allem an Einzelpersonen entwickelt, wobei Anekdotisches auffällt. Diese Verbindung

---

[402] Vgl. auch den — allerdings vom Fragesteller verwandten — 'Topos der Bildungsbeflissenheit' (LIEBS (2), 56 A. 24) in Pomp. D. 40.5.20 (7 ep.). Vgl. auch Pap.Coll. 4.8.1. Während es sich bei Pomponius um einen praktischen Rechtsfall handeln kann, scheint die Frage bei Papinian 'akademisch' zu sein. S. demgegenüber Kallikles in Plat. Gorg. 40, 484c.

[403] S. o. II 4d.

[404] S. nur LIEBS (2) 72ff., 76 A. 101. Ähnlich verhält sich Paulus D. 41.2.3.23.

[405] Dazu zuletzt D. MEDICUS, Der historische Normzweck ..., Studien im römischen Recht (Festgabe Kaser), Berlin 1973, 61ff.

[406] Gell. 20.10.1ff. (6) (zur Erklärung der Wendung: *ex iure manum consertum*); s. auch praef. 13. Zu Anekdoten in Philosophiegeschichte und Rhetorik vgl. J. BOLLACK und M. FUHRMANN in dem oben (A. 10) genannten Sammelwerk, 21ff.; 449ff.; s. auch K. STIERLE ebenda 347ff. (Theorie des *exemplum*).

[407] Vgl. D. 1.2.2.24 (Verginia); § 36 (Appius Claudius); § 43 (Servius Sulpicius); § 46 (Tubero); § 47 (Labeo); § 48ff. (Sabinus); s. im übrigen auch §§ 7, 37, 45.

von Institutionengeschichte und Biographie (im weiteren Sinne) ist nicht allein für Pomponius charakteristisch.

Doch nicht allein im 'Enchiridium', sondern auch in den der praktischen Jurisprudenz gewidmeten Schriften des Pomponius schlägt die Vorliebe für Anekdoten durch. So wird die Erwähnung der Kapitalstrafe für den Verletzer der Stadtmauern mit der Erzählung der Tötung des Remus durch Romulus weniger begründet als ausgeschmückt[408]. In D. 28.5.52 (12 Var. lect.) berichtet Pomponius über das salomonische Urteil des Tiberius in einem Fall der Einsetzung eines Sklaven, von dem der Erblasser annahm, daß er frei sei[409]. Immerhin hat Julian (41.h.t. i. V.m. 42.h.t.) diese Entscheidung anscheinend praktisch verwertet. Weitere Beispiele sind der Menander-Fall[410], der — im Hinblick auf die Unbefangenheit, mit der Pomponius den *postliminium*-Begriff seiner Epoche voraussetzt — die Grenzen der historischen Perspektive des Pomponius zeigt, die Erzählung über die Auslieferung des Hostilius Mancinus an die Numantiner[411] und der Fall des 'Senators in Frauenkleidern', über den Pomponius nach Mucius anläßlich des Legats der *vestis muliebris* spricht[412]. Vielleicht kann man hier noch die 'misogyne'[413] Begründung für die *praesumtio Muciana* nennen, deren auf Mucius zurückgehende vorsichtige Formulierung Pomponius vergröbernd präzisiert (D. 24.1.51; 5 ad Muc.): *Quintus Mucius ait, cum in controversiam venit, unde ad mulierem quid pervenerit, et verius et honestius est quod non demonstratur unde habeat existimari a viro aut qui in potestate eius esset ad eam pervenisse. evitandi autem turpis quaestus gratia circa uxorem hoc videtur Quintus Mucius probasse.*

Wie erwähnt, hat Pomponius mit der Wiedergabe dieser Geschichten, die er vielleicht zum Teil in den 'Libri iuris civilis' des Q. Mucius Scaevola entdeckt hat, auch praktische Ziele verfolgt. Doch harmoniert ihre Herkunft

---

[408] D. 1.8.11 (2 var. lect.): *Si quis violaverit muros, capite punitur, sicuti si quis transcendet scalis admotis vel alia qualibet ratione. nam cives Romanos alia quam per portas egredi non licet, cum illud hostile et abominandum sit: nam et Romuli frater Remus occisus traditur ob id, quod murum transcendere voluerit.*

[409] D. 28.5.42: *Et hoc Tiberius Caesar constituit in persona Parthenii, qui tamquam ingenuus heres srciptus adierat hereditatem, cum esset Caesaris servus: nam divisa hereditas est inter Tiberium et eum qui Parthenio substitutus erat, ut refert Sextus Pomponius.* Es ist an dieser Stelle gleichgültig, wem man die Autorschaft von fr. 42 zuzuschreiben hat. Zu dieser sehr umstrittenen Stelle s. nur LIEBS a. a. O. 58 A. 29 mit Lit.; s. auch WIELING, Testamentsauslegung im römischen Recht, 139f.

[410] D. 49.15.5.3 (37 ad Muc.); s. auch Cic. pro Balbo 11.28; De or. 1.40.182. Dazu nur BRETONE, 165f., 235f. (zu neuerer Lit.) u. WIEACKER a. a. O. (o. A. 25) 208ff.

[411] D. 50.17.18 (37 ad. Muc.); vgl. auch Modestin, D. 49.15.4. Weitere Quellen und Lit. bei M. BRETONE, 176f.; 235f.; F. WIEACKER a. a. O. (o. A. 25) 204ff.; A. GUARINO, L'abrogazione di Ottavio (Atti Napoli 81, 1970, 264 A. 131); K.-H. ZIEGLER a. a. O. (o. A. 382) 108. BRETONE glaubt, daß auch Inst. Just. 2.25 pr über Marcian auf Pomponius zurückgeht (178ff.).

[412] D. 34.2.33 (4 ad Muc.); s. dazu nur U. JOHN, Die Auslegung des Legats von Sachgesamtheiten, Karlsruhe 1970, 102ff. (mit Lit.); A. GUARINO, Ineptiae iuris romani II, Atti Acc. Pontaniana 1973, 4f. des S.A.; DI MARZO 243f.

[413] F. SCHULZ, 254 A. 1 mit Interpolationsvermutungen zum Schutze des Ansehens der Klassiker.

aus reizvoller republikanischer Vergangenheit zu gut mit den antiquarischen Interessen der Epoche — die ebenfalls dazu neigte, dieses ihr Interesse mit praktischen Gründen zu bekleiden —, als daß man nicht der Interpretation zuneigen möchte, daß Pomponius hier (auch) seinem „antiquarischen Urtrieb" (F. MEINECKE)[414] nachgegeben hätte. Diese im übrigen triviale Vermutung der (Teil-)Identität der literarischen Persönlichkeit des Pomponius mit den seine Epoche beherrschenden Tendenzen wird durch eine ganze Reihe von Argumenten bestätigt.

Zu seinen historischen Interessen paßt es, daß er im 'Enchiridium' an vielen Stellen auf die Frage eingeht, ob von einem bestimmten Autor noch Werke vorhanden sind. So wird — um nur Beispiele zu nennen — erwähnt, daß nach der Tradition Appius Claudius ein nicht mehr existierendes Buch 'De usurpationibus' geschrieben hat (D. 1.2.2.36), daß von Tiberius Coruncanius keine Schrift mehr existiert (§ 38), daß über die Authentizität gewisser Werke des Sextus Aelius Streit besteht (§ 38). Das geht so weit, daß es bisweilen den Anschein hat, für Pomponius sei die literarische Tätigkeit der Juristen Kriterium für die Aufnahme in das 'Enchiridium'[415].

Mit seinen Zeitgenossen trifft er sich in der Vorliebe für linguistische Fragen[416]. Sein Interesse an der Grammatik zeigt sich nicht nur im Bericht über die Erfindung des Buchstabens R durch Appius Claudius (§ 36), sondern auch in den sprachlichen Diskussionen anläßlich der Erörterung praktischer juristischer Fragen[417].

Aus dem Bereich der Philosophie zeigt er Kenntnisse in den drei *partes* (Diog. Laert. VII 39) Logik, Physik und Ethik. An die stoische Methode, die Definition mit einer *divisio* (oder *partitio*) zu verbinden, erinnert sein System der *stipulationes*[418]. Denkbar sind auch — allerdings

---

[414] Entstehung des Historismus, München 1946², 37, 329. Heute mag es wissenschaftlicher klingen, mit der modernen Verhaltenslehre (K. LORENZ) vom „angeborenen Neugierverhalten" zu sprechen, dem man auch den antiquarischen Trieb subsumieren kann.

[415] S. nur D. 1.2.2.44: *Ab hoc* (sc. *Servio Sulpicio*) *plurimi profecerunt, fere tamen hi libros conscripserunt:* . . .

[416] Über die Etymologien des Pomponius haben wir bereits anläßlich der Untersuchung seiner möglichen Abhängigkeit von Varro ausführlich gesprochen (s. o. II 3b). Es ist auffällig, daß sich die Etymologien auf die 'Libri ad Q. Mucium' und auf das 'Enchiridium' konzentrieren, daß sie in den übrigen Werken — vor allem in den 'Libri ad Sabinum' — nach unserem Quellenstand aber nicht erörtert werden. Im 'Enchiridium' versuchte sich Pomponius vor allem an der etymologischen Erklärung der Magistratsbezeichnungen; s. D. 1.2.2.16, 20, 21, vgl. auch 10.

[417] Vgl. — außer o. IV. 4 — etwa die Erklärung von *quisque* in D. 28.5.29 (5 ad Sab. [nach Labeo]; vgl. zur Stelle HORAK, Rationes decidendi I, 100; WIEACKER, 331), die Abgrenzung von *exhibere* und *praesentiam praestare* (D. 50.16.246 pr; 16 ep.); weitere Beispiele bei BRETONE, 122 A. 29. Zu D. 38.16.12 (30 ad Q. Muc.: *filius* als *agnatus proximus*) s. nur KASER RPR I 88 A. 21 mit weiteren Nachweisen.

[418] D. 45.1.5 pr; 26 ad Sab.; vgl. dazu o. bei A. 220. Beispiele für Einteilungsschemata bei NÖRR, Divisio und partitio, 51.

nicht sehr signifikante — Anspielungen auf den Satz vom Widerspruch[419] und auf die — stoische (?) — Sprachlehre[420]. Der stoischen Physik steht die berühmte Bestandteilslehre des Pomponius nahe[421]. Kaum einer bestimmten Schule allein wird man den Satz: *nam hoc natura aequum est neminem cum alterius detrimento fieri locupletiorem*[422] und den von Pomponius rezipierten Begriff des *ius gentium* zuschreiben dürfen[423].

Daß Pomponius philosophisch gebildet war, macht ihn unter seinen Zeitgenossen keineswegs zu einer isolierten Figur[424]. Allenfalls ist es denkbar, daß er — als Vorläufer der Spätklassik — philosophische Anregungen leichter und häufiger aufnahm als manche der zeitgenössischen Juristen.

Was den Stil des Pomponius betrifft, so sei in erster Linie an das — von mir hier nicht nachprüfbare — Urteil von E. TH. SCHULZE[425] erinnert, der bei Pomponius starke Einflüsse der Umgangssprache konstatierte; auch bei archaisierenden Wendungen sei es nicht sicher, ob diese kontinuierliche Bestandteile der Umgangssprache oder Wiederaufnahme früherer Sprachgewohnheiten darstellten. Wenn sich danach auch Pomponius in

---

[419] Vgl. D. 50.17.7 (3 ad Sab.); dazu F. WIEACKER, 330; D. NÖRR, Spruchregel u. Generalisierung, SZ 89, 1972, 47ff. (mit weit. Angaben); A. CARCATERRA, Dialettica e Giurisprudenza, SDHI 38, 1972, 314.

[420] Ulp.-Pomp. D. 30.4 pr: ... *rerum enim vocabula immutabilia sunt, hominum mutabilia.* Anspielung auf die platonische Ideenlehre (Identität von Namen und Wesen; vgl. nur POPPER a. a. O. [o. A. 17] 59f.) oder die stoische Physis-Lehre? Für letzteres F. EISELE, Civilistische Kleinigkeiten, Jher. Jahrb. 23, 1885, 34ff. STROUX (Römische Rechtswissenschaft und Rhetorik, Potsdam 1949, 90 A. 16) verweist auf Varro LL 8.21 und den Analogie-Anomalie-Streit. Allerdings geht es bei Varro primär nicht um die Namen, sondern um die Deklination (Unterschied von *declinatio voluntaria* und *naturalis*). Vgl. auch Cic. de rep. 3.2.3 (*numerus* als *res immutabilis et aeterna*). Die Herkunft des Gedankens des Pomponius bedürfte genauerer Untersuchung. — Vgl. LEWIS CARROL, Alice hinter den Spiegeln (übers. v. CHR. ENZENSBERGER, Frankfurt 1963, 198f.): „Es fragt sich nur", sagte Alice, „ob man Wörter einfach etwas anderes heißen lassen kann." „Es fragt sich nur", sagte Goggelmoggel, „wer der Stärkere ist, weiter nichts."

[421] D. 41.3.30; 30 ad Sab. Vgl. HORAK, Rationes Decidendi I, 232 A. 24; G. GROSSO, Rationes decidendi, Index II, 1971, 118f.; E. HOLTHÖFER, Sachteil und Sachzubehör, Berlin-New York 1972, 20ff. passim. HOLTHÖFER stellt mit Recht fest, daß sich Pomponius hier an ontologischen, nicht an 'nomologischen' Befunden orientiert. Zur organologischen Bestandteilslehre des Poseidonios s. K. REINHARDT, RE XXII 1, 1953, 642, 649ff.

[422] D. 12.6.14; 50.17.206. Dazu zuletzt etwa LIEBS (2) 64; HONORÉ, 38. Auf stoische Einflüsse könnte Cic. de off. 3.5.23 passim deuten.

[423] Vgl. D. 1.1.2 und SCHULZ 162.

[424] Vgl. zu Julian die Belege in 'Daube Noster' (o. A. 72), 242ff.; allgemein dazu 'Rechtskritik' (o. A. 66), 134ff. passim. Vgl. auch die Grabinschrift bei G. E. BEAN—T. B. MITFORD, Journeys in Rough Cilicia, Öst. Ak. d. W. 1970, Nr. 49 (zum Unterricht in Berytos); zur Datierung der Inschrift J. F. GILLIAM, ZPE 13, 1974, 147ff.

[425] Zum Sprachgebrauch der röm. Juristen, SZ 12, 1892, 112ff.; vgl. auch W. KALB, Roms Juristen nach ihrer Sprache dargestellt, Leipzig 1892, 63ff. — Zum *genus tenue* des Juristenstils äußern sich etwa F. SCHULZ, 332ff.; F. WIEACKER, Amoenitates Juventianae, Iura 13, 1962, 3; LIEBS (1), 70f. (dort auch zum Stil des Pomponius). Allerdings ist zu bezweifeln, ob die 'rhetorische' Kategorie überhaupt auf den Juristenstil anwendbar ist, da das juristische Schrifttum nicht zur Literatur (im engeren Sinne) gehört. Vgl. etwa Cic. Orator, 5.20; Quint. inst. 12.10.59.

Nuancen von seinen Vorgängern abhebt, so war sein Stil doch nicht prinzipiell von dem der übrigen Juristen seiner Epoche unterschieden. Geringfügig — und kaum als Interpolationsindizien verwendbar[426] — sind die Einflüsse der Rhetorik. Selbst das 'Enchiridium' enthält kaum rhetorische Ornamente[427]; vielmehr ist sein Stil vom rhetorischen Standard aus dürftig. Das ist auch nicht weiter erstaunlich, da das literarische *genus*, dem man dieses Werk zuordnen kann (Geschichte der *artes*, vielleicht auch antiquarisches Schrifttum), kaum eine exzessive Verwertung rhetorischer Mittel gestattete[428]. Selbst die Sparsamkeit bei der Verwendung griechischer Ausdrücke[429] könnte mit der nüchternen Stilhaltung des Pomponius zusammenhängen. Allenfalls wäre die Verwendung ausgefallener Buchtitel (Enchiridium, Variae lectiones, Lectiones ad Q. Mucium) als Zeugnis für eine gewisse Affinität des Pomponius zu modernistischen oder asianischen Strömungen seiner Zeit zu interpretieren[430].

Daß sich Pomponius mit Stilfragen beschäftigte und einen affektierten Stil wohl ablehnte, zeigt seine Bemerkung über den Stil des jüngeren Tubero (D. 1.2.2.46): ... *sermone etiam antiquo usus affectavit scribere et ideo parum libri eius grati habentur*[431]. Dieses durchaus klassizistische

---

[426] Vgl. zu Pomponius nur WIEACKER, 330 f.; allgemein M. KASER, Zur Methodologie der römischen Rechtsquellenforschung, SB Wien 1972, 56 ff.

[427] Beispiele bei SCHULZ, 205 A. 5. Zum Stil des Pomponius (außer LIEBS o. A. 425) WIEACKER, T. 37, 339. Es ist nicht anzunehmen, daß die Schmucklosigkeit des Enchiridium auf einer Epitomierung beruht.

[428] Vgl. LEEMAN, Orationis Ratio I, 382. Auch die fachwissenschaftlichen Werke des älteren Plinius sind — wenn man von den *praefationes* absieht — ohne Schmuck; s. nur LEEMAN a. a. O. 257. Zur Historiographie im engeren Sinne kann man die Schrift des Pomponius nicht zählen. Zu Stilfragen innerhalb der Historiographie s. nur F. WEHRLI, Theoria und Humanitas, Zürich–München 1972, 132 ff. (aus 'Eunomia', Festg. Howald, 1947, 54 ff.); RAWSON a. a. O. (o. A. 18); O. GIGON, Studien zur antiken Philosophie, Berlin–New York 1972, 367 (aus Wiener Studien 56, 1956, 215 f.); H. STRASBURGER a. a. O. (o. A. 372) 11 ff.

[429] s. nur HONORÉ, 73 f. — Gellius lehnt anscheinend Gräzismen grundsätzlich ab (vgl. 16.7. u. ö.).

[430] Vgl. nur Gell. praef. 3.7; Plin. n. h. praef. 24. S. hierzu BRETONE, 122 und vor allem LIEBS (2), 52 ff., 69 ff.; vgl. etwa den Hinweis auf Seneca, ep. 45.1: *lectio certa prodest, varia delectat*.

[431] Vgl. zu diesem Urteil E. NORDEN, Die antike Kunstprosa, vom VI. Jahrhundert v. Chr. bis in die Zeit der Renaissance, Leipzig 1898, Nachdruck Darmstadt 1971, II 581. — Vergleicht man mit dem Urteil des Pomponius über den jüngeren Tubero dasjenige Ciceros (Brut. 31.117) über den älteren, so stellt sich die Frage, ob nicht Pomponius hier wiederum einer Verwechslung zum Opfer gefallen ist (vgl. o. bei A. 194 zum vermeintlichen Konsulat des älteren Tubero). Das wenige, was wir von den juristischen Schriften des jüngeren Tubero kennen (LENEL, Paling. II 347 ff.; Gell. 14.7.13; 14.8.2), läßt keine sicheren Aussagen über seinen Stil zu; ein wörtliches Zitat findet sich allenfalls bei Cels. D. 33.10.7.2 (wo vielleicht das Wort *quorsum* eine gewisse altertümliche Nuance haben könnte). Zwar existiert ein — archaisierenden Stil dokumentierendes — Fragment aus dem 'Liber ad Oppium' eines Aelius Tubero (Gell. 6.9.11 nach Probus); doch ist dessen Autor kaum identifizierbar (W. S. TEUFFELS Geschichte der römischen Literatur, Leipzig–Berlin 1916⁶, § 208, 1 denkt an den jüngeren Tubero). Immerhin gibt es Indizien dafür, daß der jüngere Tubero als Historiker den 'klassischen Stil' des Thukydides ablehnte. Vgl. Dionys. v. Hal. (der ihm wahrscheinlich seine 'Archaiologie' gewidmet hatte), de Thucyd. 50 (nach LEEMAN a. a. O. 180 f.). Vgl. zum Stil des Historikers Tubero M. SCHANZ—C. HOSIUS, Römische

Urteil des Pomponius läßt erkennen, daß mit historischem Interesse keine archaisierende Stilhaltung verbunden sein muß. Wendet man die alte Sentenz: *talis hominibus fuit oratio qualis vita*[432] analog auf Pomponius an, so lassen seine stilistischen Standards keine Vorliebe für das Ausgefallene vermuten, sondern eher eine klassizistische Haltung.

6. Versuch einer Synthese

Wir haben bisher in Einzelheiten dargestellt, wie sich die historische Komponente im Werke des Pomponius belegen läßt und in welchem Zusammenhange sie mit seiner wissenschaftlichen Gesamtpersönlichkeit und den Tendenzen seiner Epoche steht. Im folgenden bleibt der Versuch, diese Einzelheiten zu einem wenn auch nur skizzierten Gesamtbild zusammenzuschließen. Dabei ist die bekannte Tatsache im Auge zu behalten, daß die römische Geschichtsschreibung schlechthin die Tendenz hatte, die Vergangenheit zu 'vergegenwärtigen'[433]. Dementsprechend huldigt auch Pomponius als 'Historiker' nicht primär dem zweckfreien Erkenntnisinteresse, der wissenschaftlichen Neugier oder dem Trieb zum Sammeln von Kuriositäten. Man kann es auch so ausdrücken, daß es ihm in der Regel erfolgreich gelingt, diesen genannten Interessen eine praktische Färbung zu verleihen.

Die Ambivalenz der möglichen Betrachtungsweisen zeigt sich etwa, wenn man versucht, den Rückgriff auf die 'Libri iuris civilis' des Q. Mucius Scaevola zu interpretieren. Man kann ihn nicht nur mit dem allgemeinen Hinweis auf die Freude der Epoche am Archaischen[434], sondern sehr viel konkreter mit der Rückkehr der zeitgenössischen Philosophen zu den

Literaturgeschichte I, München 1927, 321ff., sowie die Angaben o. 512 A. 30. Da unter diesen Umständen das Urteil des Pomponius auf den jüngeren Tubero passen würde, dürfte eine Korrektur nicht angebracht sein. — Dem Gellius waren Schriften des Tubero noch zugänglich (vgl. 14.2.20); ob Pomponius ihn gelesen hat, läßt sich nicht mit Sicherheit sagen. Mit dem Urteil des Pomponius über Tubero vergleiche man das Urteil des Gellius über Nigidius, das — bei ähnlichem Inhalt — wohl keine negative Färbung enthält (19.4.3; Vergleich mit Varro): ... *Nigidianae autem commentationes non proinde in volgus exeunt, et obscuritas subtilitasque earum tamquam parum utilis derelicta est.* Vgl. auch 17.7.4ff. — Zur 'Sprichwörtlichkeit' der Tuberones (bezogen auf den älteren Tubero) vgl. Sen. ad Luc. 104.21; Tac. ann. 16.22.10.

[432] Sen. ep. 14.1; vgl. Leeman a. a. O. 220 passim.

[433] Vgl. nur F. Klingner, Römische Geisteswelt, München 1965[5], 66ff. (69): „Die Vergangenheit erstreckt sich wirkend in die Gegenwart hinein ..." Vgl. auch S. Mazzarino, Il pensiero storico classico II 2, Rom–Bari 1966, 366ff.; F. Sartori, Considerazioni di storiografia antica, Historia 22, 1973, 1ff. Von der durch Mazzarino (a. a. O. 141, 367) bei Plutarch und Sextus Empiricus diagnostizierten Krise der Historiographie ist im übrigen bei Pomponius nichts zu spüren. Zu Florus vgl. den Boer a. a. O. (o. A. 299) 9 passim. Zur Legitimierung der römischen Herrschaft als Zweck der Historiographie s. Reardon a. a. O. (o. A. 186) 206 (nach Gabba). Vgl. im übrigen auch die Angaben o. A. 372.

[434] S. nur S. Dill, Roman Society from Nero to Marcus Aurelius, London 1925, 170; A. Lesky, Geschichte der griechischen Literatur, Bern–München 1963[2], 875ff. (zu Plutarch) und passim; Norden, Antike Kunstprosa, I 344ff.; Leeman, Orationis Ratio I, 364f. passim. Vgl. etwa auch Mark Aurel ad Front. 4.4; Herod. I 2.2.

'Gründern' der philosophischen Schulen in Beziehung setzen[435]. Auch Pomponius begnügte sich nicht mehr mit der 'Tradition', sondern kehrte zu Q. Mucius Scaevola zurück, den man — unter gewissen Vorbehalten — mit den am Anfang der Schulen stehenden Philosophen vergleichen kann. Zwar ist zu vermuten, daß es den Philosophen-Schulen bei diesem Rückgriff in einem weiteren Sinne auch um die praktische Lebensbewältigung ging, daß 'gegenwärtige Interessen' auf dem Spiel standen — wobei die nähere Definition des Begriffes hier auf sich beruhen kann. Doch ist es schwer zu entscheiden, ob der Rückgriff allein die allgemeine 'Einstellung zur Welt' betraf, oder ob er zur Lösung praktischer Lebensfragen tauglich und bestimmt war — worüber etwa eine Untersuchung der philosophischen Ethik des 2. Jhs. Auskunft geben könnte. Das Problem liegt bei dem Juristen Pomponius einfacher. Zwar muß es offenbleiben, ob die Rückwendung zu den *veteres* eine primär literarische, nur sekundär juristische war, oder ob das — in den 'Zeitgeist' gut passende — Zurückgreifen vor allem vom Interesse an dem juristischen Material getragen war; mit Sicherheit und als Regel läßt sich feststellen, daß die aus dem Studium der *veteres* gewonnenen Erkenntnisse in die Praxis umgesetzt wurden.

Das Gesagte läßt sich durch einen Vergleich mit Gellius verdeutlichen, bei dem — trotz aller aktualisierenden Rechtfertigungsversuche — das antiquarische Interesse weit überwog[436]. In 13.13.1ff. berichtet er von einer Diskussion der in Rom *ius publice docentium aut respondentium*[437] über die Frage, *an quaestor populi Romani a praetore in ius vocari posset*. Wie Gellius mit kaum verhehltem Stolz berichtet, hat er die Frage mit Hilfe seiner Varro-Lektüre im bejahenden Sinne gelöst (Varro 21 Rer. hum.). Die praktische Folge seiner Lektüre war: *Quaestor ..... in ius ad praetorem vocatus est*. Zwar wird hier offensichtlich eine gegenwärtige Rechtsfrage durch den Rückgriff auf einen alten Autor entschieden. Doch hat Gellius sicherlich nicht Varro gelesen, um ihn zur Beantwortung von Rechtsfragen zu verwerten[438] — wenn er auch diesen Nebenerfolg seiner Lektüre gerne akzeptierte. Dagegen wäre es bei Pomponius durchaus denkbar, daß seine Lektüre der *veteres* von vornherein auf die Entscheidung gegenwärtiger Rechtsfragen gerichtet war[439].

Verhüllter, aber trotzdem wohl erkennbar, sind die gegenwärtigen Interessen im 'Enchiridium'[440]. So könnte man mit dem auch heute ver-

---

[435] Vgl. nur F. ÜBERWEG—K. PRAECHTER, Philosophie des Altertums, Basel–Stuttgart 1926[12], 486f. zur Rückwendung zu den Gründern der Stoa (s. auch 495 zu Epiktet); 503 zum Rückgriff auf den alten Kynismus; 529f. zur Rückkehr der Akademie zu Platon. Zum Rückgriff auf den 'echten' Aristoteles (Aspasios) GIGON a. a. O. 306 (aus Hermes 87, 1959, 144f.).

[436] S. o. III.

[437] S. zu diesem Ausdruck nur KUNKEL, 339 A. 719. Zum Sachproblem der Stelle vgl. zuletzt O. BEHRENDS, Der Zwölftafelprozeß, Göttingen 1974, 20ff.

[438] Vgl. nur seine Worte in 13.13.4: ... *ego, qui tum adsiduus in libris M. Varronis fui*, ...; vgl. auch Gell. 20.10.1ff.

[439] Vgl. hierzu die Bemerkungen über das Problem der *desuetudo*; s. o. IV 4 a. E.

[440] Vgl. o. IV 1 u. 2. Auch die antiquarischen Exkurse des Tacitus könnten gegenwärtige Zwecke verfolgen (s. nur SYME, Tacitus I 311f.): Die Erinnerung an die Republik soll

wendeten Argument, daß die Herkunft eines Instituts seine Funktion erklären kann, vielleicht auch eines der Motive des Pomponius für die Geschichte
der Rechtsquellen und der Magistrate fassen. Was die Geschichte der
Rechtswissenschaft betrifft, so darf man sich wohl nicht allein auf pragmatische Motive festlegen. Vielmehr dürfte das — hier nur festzustellende,
nicht zu erklärende — Bedürfnis nach einer Fixierung der gegenwärtigen
Jurisprudenz in der Geschichte der Jurisprudenz die Suche nach der Vergangenheit geleitet haben. Wie die römischen Geschichtsschreiber der republikanischen Zeit durch das erwachende Bewußtsein von der Geschichtlichkeit Roms zur Erforschung und Rekonstruktion des frühen Rom getrieben
wurden, so vielleicht auch Pomponius — in einer anderen Epoche und
unter anderen Voraussetzungen — zur teils historischen, teils legendarisch
konstruierten Erzählung von der Entstehung der Rechtswissenschaft in
der frühen und hohen Republik.

Diese Überlegungen schließen andere, konkretere Zwecke nicht aus. Zu
denken ist einmal an das der antiken Historiographie eigentümliche Ziel[441],
die *aemulatio* durch die Gegenwart, hier durch die zeitgenössischen Juristen,
herauszufordern. Weiterhin könnte ähnlich wie bei Quintilian[442] das Motiv
im Spiele gewesen sein, die Gründe für die *dissensiones opinionum*, für das
ius controversum, zu erklären[443]. Doch ist auch mit politischen und sozialen
Motiven zu rechnen. Von ihnen hat BRETONE vor allem den Kampf um die
autonome Jurisprudenz gegenüber der sich entwickelnden bürokratischen
Jurisprudenz herauszuarbeiten gesucht, der — zumindest was Pomponius
betrifft — allerdings kaum zu Loyalitätsschwankungen gegenüber dem
Kaisertum geführt hat. Daneben haben wir eine zweite soziale Tendenz
vermutet, die Auseinandersetzung der Jurisprudenz mit den übrigen *artes*.
Doch darf die Hervorhebung der praktischen Tendenzen im Werke des
Pomponius nicht dazu führen, sein 'interesseloses Wohlgefallen' an den
antiquitates schlechthin zu negieren.

Wir haben mehrfach gesehen, daß Pomponius sowohl nach seinen
politischen Anschauungen als auch als Jurist von einer rückwärtsgewandten
Ideologie frei war. Die Erinnerung an die römische Republik oder an die
12 Tafeln, die den S. Caecilius (Africanus) (bei Gell. 20.1.1ff.) zu Lobes-

---

erhalten bleiben; die Angehörigen des Senatorenstandes sind über ihre Stellung zu belehren (vgl. auch Dial. 32.3; Plin. ep. 8.14 [an Aristo]; s. aber auch schon aus republikanischer
Zeit den 'Eisagogikos' des Varro für Pompeius; Gell. 14.7.1ff.); der Autor dokumentiert
seine Zugehörigkeit zur Tradition. Zumindest der zuletzt genannte Punkt läßt sich auch
auf Pomponius übertragen. Auch bei den philosophischen Diadochen-Listen geht es nach
J. BOLLACK (in dem o. A. 10 zitierten Sammelwerk, 24) um ,,die Dynamik einer bindenden
Idee", der sich der einzelne legitimerweise unterwerfen darf.

[441] S. nur LEEMAN a. a. O. 179; M. FUHRMANN, Einführung in die antike Dichtungstheorie,
Darmstadt 1973, 170f., 176f.

[442] S. inst. 3.1.1ff. Es ist bezeichnend, daß Quintilian seine 'Literaturgeschichte' nicht zweck-
frei, sondern im Rahmen der Erörterung der *copia verborum* vorträgt (10.1.1ff.). Dagegen
sind aus dem 'Enchiridium' zwar historische *exempla* zu gewinnen (vgl. auch Quint.
10.1.34), nicht aber juristische im eigentlichen Sinne.

[443] S. vor allem D. 1.2.2.47f.

hymnen hinreißt[444], erweckt in ihm anscheinend keine Emotionen. Dem entspricht es, daß er als Historiker das Schwergewicht eher auf den *processus* als auf die *origo* legt. Die Vergangenheit kann nach seiner Auffassung Interesse, Aktualisierung, möglicherweise auch Nacheiferung beanspruchen; von den seiner Epoche keineswegs fremden, auf die Wiederherstellung des Alten gerichteten Tendenzen[445] blieb er anscheinend unberührt. Die Rechtsfortbildung des Prätors findet offenbar seinen Beifall (D. 19.5.11; 39 ad Q. Muc.): *Quia actionum non plenus numerus esset, ideo plerumque actiones in factum desiderantur. sed et eas actiones, quae legibus proditae sunt, si lex iusta ac necessaria sit, supplet praetor in eo quod legi deest: quod facit in lege Aquilia reddendo actiones in factum accomodatas legi Aquiliae, idque utilitas eius legis exigit*[446].

Im Gegensatz zur Einstellung der Archaisten in Rhetorik und Literatur findet sich bei ihm auch kein Indiz für die Herabsetzung der modernen Juristen im Verhältnis zu den *veteres*; der Vorwurf des Tacitus (Ann. 2.88) trifft ihn nicht: ..... *dum veteres extollimus, recentium incuriosi*. Ein Beleg für diese Haltung ist es, daß er in seinem Kommentar zu Q. Mucius diesen berühmtesten Angehörigen der Epoche der *veteres* unbefangen kritisiert (s. o. A. 236). Am deutlichsten wird sie bei der Bewertung des Juristen Labeo, der — unbeschadet einzelner kritischer Äußerungen[447] — am ehesten das Ideal des Pomponius verwirklicht. Ihn stellt er als von Talent und Gelehrsamkeit getragenen N e u e r e r heraus[448]: *Labeo ingenii qualitate et fiducia doctrinae, qui et ceteris operis sapientiae operam dederat, plurima innovare instituit.*

Wie man auch immer die juristischen Fähigkeiten des Pomponius und seine Rolle in der Geschichte der Rechtswissenschaft einschätzen mag — seiner historischen Einstellung nach ist er frei von vielem, was wir seiner Epoche heute als Fehler anzurechnen pflegen. Will man ihn schlagwortartig

---

[444] Es ist vielleicht kein Zufall, daß zumindest im überlieferten Text des Pomponius die berühmte Formel von den 12 Tafeln als *fons omnis publici privatique iuris* fehlt. Vgl. Cic. de or. 1. 44.195; Liv. 3.34.6.

[445] S. nur MAZZARINO, Trattato II, 217, zum vergeblichen Versuch des Antoninus Pius, den alten Götterkult wiederherzustellen. Daß Antoninus 'unprätentiös' am Alten haftete, sagt Mark Aurel (eis heaut. 1.16.21).

[446] Dazu zuletzt W. SELB, Actiones in factum ..., Festschrift Demelius, Wien 1973, 228f.

[447] Vgl. Pomp. D. 41.3.32.2 (32 ad Sab.; s. auch D. 41.4.6.1) zur *mera subtilitas* des Labeo. Z. St. vgl. F. HORAK, Rationes decidendi I, Aalen 1969, 122f.; F. v. SAVIGNY, Recht des Besitzes[7], Nachdruck Darmstadt 1967, 262. Vgl. auch Ulp. D. 34.3.1; dazu etwa KASER, RPR I 747 A. 26; G. GROSSO, I legati nel diritto romano. Parte generale, Turin 1962[2], 223f. Zum Gebrauch von *subtilis* im kritischen Sinne vgl. Julian D. 9.2.51.2; Gai. inst. 3.49; 4.30; weiteres in 'Rechtskritik' (o. A. 66, 115). Zur 'kritischen' Verwendung von *subtilis* in der philosophischen Literatur vgl. A. MICHEL, Rhétorique et philosophie ..., ANRW I 3, Berlin–New York 1973, 146f., 159. Was den Pomponius-Text betrifft, so ist eine justinianische Interpolation so gut wie ausgeschlossen, da aus der kritischen Einstellung zur Entscheidung Labeos keine praktischen Konsequenzen gezogen werden.

[448] D. 1.2.2.47; s. nur P. STEIN, Regulae iuris, Edinburgh 1966, 64f.; DERS., The two schools of Jurists ..., Cambridge Law Journ. 31, 1972, 8ff. Vgl. damit das Urteil Capitos über den allzu „konservativen" und eigenwilligen Labeo bei Gell. 13.12.1ff.; dazu BRETONE, 21.

charakterisieren, so hat er mit dem Aper des 'Dialogus' die positive Einstellung zur Gegenwart gemein (allerdings ohne dessen eher affektierte
Beschimpfungen der Vergangenheit), mit dem Maternus des 'Dialogus' den
klassizistischen Glauben an nicht historisch relativierbare Qualitäten (allerdings ohne dessen Moralismus und Anti-Modernismus). Mit Gellius verbindet ihn (nur) das Interesse an den *antiquitates*. Sowohl modernistisch
als auch — möglicherweise — klassizistisch ist sein Optimismus. Er zeigt
sich nicht nur in der Betonung des *processus iuris*, sondern vor allem in
seiner Äußerung über die Verbesserungsbedürftigkeit und Verbesserungs-
fähigkeit des Rechts — verbunden mit dem Vertrauen in die Rechtswissenschaft (D. 1.2.2.13)[449]. . . . . . *Quod constare non potest ius, nisi sit aliquis
iurisperitus, per quem possit cottidie in melius produci.*

Das Vertrauen darauf, daß die Gegenwart — unter sorgfältiger Verwertung der Tradition — ihrerseits mit der Vergangenheit Vergleichbares
leisten kann, wird auch nach heutiger Auffassung durchaus durch den
Zustand der Jurisprudenz im 2. Jh. gerechtfertigt. Im übrigen ist zu
bedenken, daß eine gegenwartsfreundliche Stimmung bis zur Regierungszeit
Mark Aurels weit verbreitet war. Noch in den letzten Jahren Domitians
hat sich Quintilian optimistisch über den gegenwärtigen Zustand der
Rhetorik geäußert, der künftige Historiker zu Lobeshymnen veranlassen
wird (Inst. 10.1.122): *habebunt qui post nos de oratoribus scribent, magnam
eos, qui nunc vigent, materiam vere laudandi: sunt enim summa hodie, quibus
illustratur forum, ingenia*[450]. Der zur Zeit Hadrians schreibende Florus
(Epit. pr. 8) verkündet eine zweite Jugend Roms[451]. In der Mitte der
fünfziger Jahre hält Aristides seinen berühmten Panegyrikos auf Rom.
Selbst nach Abstrich der dem Werkcharakter entsprechenden Übertreibungen bleibt genug des anscheinend ehrlichen Vertrauens in die Zukunft
Roms übrig[452]. Wieweit die pessimistische Stimmung im rechtsgeschichtlichen Exkurs des Tacitus (Ann. 3.26ff.) mit seiner persönlichen Situation
(Herkunft, Charakter, Einsichten) zusammenhängt, bleibe dahingestellt.
Mit der nüchtern-positiven Haltung des Pomponius, der die Gegenwart
ohne Groll und die Zukunft ohne Angst zu betrachten scheint, hat sie nichts
gemein.

---

[449] Vgl. o. A. 247. Es darf nochmals auf die Rede des Valerius Messalinus bei Tacitus ann.
3.34.1ff. hingewiesen werden: *. . . multa duritiae veterum in melius et laetius mutata.* Der
Stil des Valerius Messalinus soll mit dem seines berühmten Vaters vergleichbar gewesen
sein (*imago paternae facundiae*), den man wohl als Klassizisten, allenfalls als gemäßigten
Modernisten bezeichnen kann; vgl. dazu LEEMAN a. a. O. 221ff. Zur Vereinbarkeit von
Klassizismus und Kritik an den klassischen Mustern M. FUHRMANN a. a. O. (o. A. 441)
173 passim.

[450] Demgegenüber ist das taciteische 'Lob' der Gegenwart (anläßlich des Berichts über die
Luxusgesetze; ann. 3.55) viel zwiespältiger.

[451] S. nur GRELLE, L'autonomia cittadina fra Traiano et Adriano, 28; DEN BOER a. a. O.
(o. A. 299) 18. Vgl. damit die Resignation Mark Aurels (eis heaut. 7.3). S. hierzu — und
zur „Petrifizierung" der Wissenschaften im 2. u. 3. Jh. — DODDS a. a. O. (o. A. 299) 23f.

[452] Vgl. auch J. H. OLIVER, The Ruling Power, TAPhS 1953, 894.

Neuere und wichtige ältere Literatur zu Sextus Pomponius

H. ANKUM, Towards a Rehabilitation of Pomponius, in: Daube Noster (Essays in Legal History . . .), Edinburgh u. London 1974, 1 ff.

G. G. ARCHI, Interpretatio iuris — interpretatio legis — interpretatio legum, Zeitschrift der Savigny-Stiftung (Rom. Abt.) (= SZ) 87, 1970, 1 ff.

M. BRETONE, Tecniche e ideologie dei giuristi romani, Neapel 1971 (Aufsatzsammlung; vgl. vor allem: Pensiero politico e diritto pubblico (1 ff.); L'enchiridion di Pomponio (109 ff.; s. Labeo 11, 1965, 1 ff. und 'Linee dell'Enchridion di Pomponio', Corso Bari 1965); La fondazione del ius civile nel manuale Pomponiano (161 ff.; s. Atti II Congr. Internaz. della Soc. Ital. di Storia del Diritto [= SISD] 1967, Florenz 1971, I 103 ff.), Pomponio Lettore di Cicerone (181 ff.; s. Labeo 16, 1970, 177 ff.). — Neudruck 1975.

S. DI MARZO, Saggi critici sui libri di Pomponio ,,ad Quintum Mucium", Palermo 1899 (Neudruck in Labeo 7, 1961, 218 ff., 352 ff.).

H. FITTING, Alter und Folge der Schriften römischer Juristen, Halle 1908², 33 ff.

M. FUHRMANN, Interpretatio, Sympotica F. Wieacker, Göttingen 1970, 80 ff.

A. GUARINO, Noterelle Pomponiane, Labeo 15, 1969, 102 ff.

A. M. HONORÉ, Gaius, Oxford 1962, 1 ff. passim (vgl. vor allem die tabula laudatoria p. 170 ff.).

W. KUNKEL, Herkunft und soziale Stellung der römischen Juristen, Graz–Wien–Köln 1967², 170 f., 281 ff.

O. LENEL, Palingenesia iuris civilis II, Leipzig 1889, Neudruck Graz 1960, 15 ff.

D. LIEBS, Gaius und Pomponius, in: Gaio nel suo tempo, Neapel 1966, 61 ff. (= LIEBS (1)).

D. LIEBS, Variae Lectiones, Studi in onore di E. Volterra V, Mailand 1971, 51 ff. (= LIEBS (2)).

L. LOMBARDI, Saggio sul diritto giurisprudenziale, Mailand 1967, 5 ff.

C. A. MASCHI, Il diritto romano I (La prospettiva storica della giurisprudenza classica), Mailand 1966², 119 ff.

R. ORESTANO, Pomponio Sesto, Novissimo Digesto Italiano XIII, Turin 1966, 271 f. (mit Bibliographie).

F. OSANN, Pomponii de origine iuris fragmentum, Gießen 1848.

F. D. SANIO, Varroniana in den Schriften der römischen Juristen (vornehmlich an dem Enchiridion des Pomponius nachzuweisen versucht), Leipzig 1867 (p. VII ff. Überblick über die alte Literatur).

F. SCHULIN, Ad pandectarum titulum de origine iuris commentatio, Basel 1876.

F. SCHULZ, Geschichte der römischen Rechtswissenschaft, Weimar 1961, 203 ff. passim.

G. WESENBERG, Pomponius, in: RE XXI 2, Stuttgart 1952, 2416 ff. (mit Bibliographie).

F. WIEACKER, Textstufen klassischer Juristen, Göttingen 1960, 219, 329 ff. passim.

Quellenregister

I. Juristische Quellen

A. Vorjuristisches Recht

Collatio legum rom. et mos.		Gai institutiones	
4.8	588[402]	1.2 ff.	553[249]
7.3	499[6], 586	1.7	575[344]
		1.102	515[89]
Fragmenta Vaticana		1.112	518[104]
86 ff.	542, 548[228], 550[240]	1.128	547

II. Literarische Quellen

III. Inschriften und Papyri

Gaius, der Rechtsgelehrte

von György Diósdi †, Budapest

(mit einer Bibliographie von Roland Wittmann, München)

Inhaltsübersicht:

I. Das Gaiusproblem

1. Die Nachwelt ist über die Person, den Lebenslauf der römischen Juristen ziemlich dürftig und ungenau unterrichtet. Kein Bild, keine Büste eines Rechtsgelehrten ist uns überliefert. Die Laufbahn, sogar die Person hervorragender, auch politisch bedeutender Juristen wie z. B. Salvius Iulianus sind einigermaßen umstritten[1].

Dies ist umso unbegreiflicher, da die römischen Rechtsgelehrten zumeist wichtige und bekannte Männer waren. Papinian, Paulus oder Ulpian bekleideten das höchste Amt in der Reichsverwaltung, das Amt des *praefectus praetorio*. Die Juristen waren aber — selbst wenn sie nicht zu den Staatsmännern gehörten — in breiten Kreisen bekannt und hochgeschätzt. Plinius der jüngere gedenkt mit großer Ehrfurcht des Cassius: *Laetor etiam quod domus aliquando C. Cassi, huius qui Cassianae scholae princeps et parens fuit, serviet domino non minori*[2]. Es ist vielleicht noch bedeutungsvoller, daß Juvenal in einer Satire auf Celsus anspielt: *... componunt ipsae per se formantque libellos, principium atque locos Celso dictare*

---

[1] Vgl. W. Kunkel, Herkunft und soziale Stellung der römischen Juristen (Weimar, 1952) S. 157 ff. und etwa: A. M. Honoré, Gaius. A Biography (Oxford, 1962) S. 46 ff.

[2] Plinius, Epist. 7,24,8. Vgl. F. Schulz, Geschichte der römischen Rechtswissenschaft (Weimar, 1961), S. 141, Anm. 5.

paratae[3]. Offenbar mußte der Hinweis dem gebildeten Leser eindeutig verständlich sein.

Es ist jedoch selbst unter solchen Umständen auffallend, daß gerade über die Person desjenigen klassischen Juristen nichts überliefert ist, dessen Institutionenwerk als die einzige grundsätzlich unversehrt erhalten gebliebene Klassikerschrift gilt. Man kennt bloß sein ziemlich gewöhnliches *praenomen*: Gaius[4]. Unsere Quellen verschweigen nicht allein seinen vollständigen Namen, sondern lassen auch sein Leben, seine Herkunft und seine Laufbahn im Dunkeln.

Der Kern des Gaiusproblems liegt aber darin, daß er von seinen Zeitgenossen und von den Spätklassikern — abgesehen von einer einzigen, umstrittenen Ausnahme[5] — kein einziges Mal erwähnt wird. Es scheint deshalb, er habe in vollständiger Vergessenheit gelebt und gearbeitet. Das nachklassische Zeitalter feiert hingegen denselben Gaius als einen der größten Rechtsgelehrten. Im Zitiergesetz Justinians erscheint er als einer der fünf 'kanonisierten' Juristen, und seine Schriften sind nunmehr verbindlich für die Gerichtspraxis. Justinian nennt ihn geradeswegs *Gaius noster*[6].

2. So kann es nicht verwundern, daß über Gaius ein äußerst reiches Schrifttum entstanden ist. Man hat vielfach versucht, seine Herkunft, seinen Lebenslauf zu rekonstruieren, das rätselhafte Schicksal seiner Schriften zu erklären. Es wurde 1965 in Neapel eigens ein Gaius-Symposium veranstaltet, das zu einer erneuten und fruchtbaren Diskussion Gelegenheit bot. Es wuchs zwar dadurch die Gaius-Literatur um mehrere interessante und wichtige Beiträge, das Gaiusproblem blieb aber, nach wie vor, ungelöst[7].

Eine eingehende Erörterung des Gaiusproblems, eine Zusammenfassung der fast unübersehbar gewordenen Literatur und eine gründliche Analyse der überlieferten gaianischen Schriften würde wohl eine umfangreiche Monographie fordern. Es kann daher in dem vorliegenden Bericht keine Vollständigkeit erstrebt werden. Mein Zweck ist bedeutend beschränkter und bescheidener. Ich versuche hier bloß, über die Gaiusfrage ein möglichst unbefangenes und mehr oder minder objektives Bild zu bieten.

---

[3] Iuvenalis, Sat. 6,244—245.

[4] Vgl. KUNKEL, a. a. O. S. 187. Der Name kann allerdings auch als ein *gentile* oder *cognomen* gedeutet werden. Siehe: ebenda S. 200.

[5] Pomponius D. 45,3,39: . . . *sed qua actione id reciperare possumus, quaeremus. Et non sine ratione est, quod Gaius noster dixit, condici id in utroque casu posse domino.* Der Ausdruck *Gaius noster* wird von der herrschenden Ansicht für interpoliert gehalten. Siehe nur: KUNKEL, a. a. O. S. 187. Anm. 341. Jüngst hat HONORÉ scharfsinnig für die Echtheit des Textes argumentiert: a. a. O. S. 1ff. Doch selbst wenn tatsächlich Pomponius hier die Meinung unseres Juristen zitiert, ändert dieser Text nichts an der Tatsache, daß Gaius im allgemeinen unerwähnt bleibt. Das Rätsel harrt also weiterhin der Lösung.

[6] Imperatoriam 6: *Quas ex omnibus antiquorum institutionibus et praecipue ex commentariis Gaii nostri . . . compositas . . .*

[7] Das Material der Konferenz wurde in einem Band veröffentlicht: Gaio nel suo tempo. Atti del simposio romanistico (Napoli, 1966).

Die Gaius-Literatur ist nämlich von zwei, für die Wissenschaft nicht ganz ungefährlichen Zügen gekennzeichnet. Fast alle Verfasser — in gewissem Maße auch ich selbst[8] — haben zur Gaiusfrage polemisch Stellung genommen. Die Ausführungen werden deutlich von Sympathie oder Antipathie gegenüber Gaius geleitet. Unser Rechtsgelehrter wird abwechselnd getadelt, verurteilt oder gepriesen, je nach der Einstellung des Verfassers. Es ist fast unbegreiflich, welche heftigen Leidenschaften diese scheinbar harmlose philologische Frage hervorgerufen hat. Es steht jedoch wohl außer Zweifel, daß durch eine derartige subjektive Beurteilung der wissenschaftliche Wert der verschiedenen Schriften in nicht geringem Maße beeinträchtigt wird.

Der zweite, ebenfalls nicht ganz ungefährliche Zug des Schrifttums besteht in dem hypothetischen Charakter vieler Theorien über Gaius. Man begegnet zahlreichen mehr oder minder kühnen Vermutungen, die nicht selten in die Form eines gesicherten Ergebnisses gekleidet sind.

Es empfiehlt sich deshalb die äußerste Vorsicht und Zurückhaltung. Um den Leser womöglich zuverlässig zu informieren, versuche ich, das bloß Wahrscheinliche von dem Sicheren und das zumindest Wahrscheinliche von dem Unwahrscheinlichen sorgfältig zu scheiden. Hypothesen können wohl nicht gänzlich vermieden werden, doch soll immerhin offen und klar gesagt werden, wenn es sich um eine bloße Vermutung handelt.

II. Seine Person, sein Leben

1. Wie erwähnt, ist Gaius allem Anschein nach ein *praenomen*. Der Umstand, daß sein vollständiger Name nicht überliefert ist und deshalb seine Identifizierung mit irgendeiner bekannten oder inschriftlich bezeugten Person schlechthin unmöglich ist, wird von der Literatur im allgemeinen als eine Besonderheit gedeutet. Es ist aber eigentlich eben nicht selten, daß römische Juristen nur mit einem Namen bezeichnet sind und nicht identifiziert werden können[9]. Laut KUNKEL ist zum Beispiel der Name des bekannten Rechtsgelehrten Proculus ein *cognomen* oder möglicherweise ein *praenomen*[10]. Niemand wollte jedoch meines Wissens den Lebenslauf des

---

[8] Siehe meinen Aufsatz: Gaius: Rechtsgelehrter oder Schulmeister?, Etudes Macqueron (Aix-en-Provence, 1970) S. 225 ff. (im folgenden abgekürzt: DIÓSDI, Gaius). Die polemische Literatur hauptsächlich: Bibliographie, I 1, 3, 6, 8, 13, 16, 21—23, 29—31, 38, 43.

[9] Laut KUNKEL, a. a. O. sind folgende Juristen mit nur einem Namen bekannt: Blaesus (S. 115), Proculus (S. 123), Pegasus (S. 133), Vivianus (S. 146), Campanus (S. 147), Florentinus (S. 217), Callistratus (S. 235).

[10] KUNKEL, a. a. O. 123. Er deutet zwar den Namen als ein *cognomen*, doch stellt er fest (Anm. 129): ,,Proculus ist ein alter Individualname, der in der Frühzeit Roms auch noch als Pränomen nachweisbar ist." Folglich ist Proculus eigentlich ebenso oder ebensowenig ein *praenomen* wie Gaius (auch dies mag ein *cognomen* gewesen sein; vgl. Anm. 4). Dennoch findet KUNKEL (a. a. O. S. 187) den Fall des Gaius für alleinstehend. Es leuchtet

Proculus vermutungsweise erschließen; es gibt im Schrifttum überhaupt kein Proculus-Problem. Die Herkunft und die vermutete Biographie des Gaius hingegen sind seit langem das traditionelle Übungsfeld des Scharfsinns und der Phantasie vieler Romanisten. Diese einseitig anmutende Einstellung läßt sich allerdings nur teilweise durch die große rechtsgeschichtliche und textgeschichtliche Bedeutung der gaianischen Institutionen rechtfertigen. Wie in allen Bereichen des Lebens mag auch hier eine Art Mode mitgespielt haben.

Man hat recht vieles über Gaius vermutet. Selbst MOMMSEN konnte der Versuchung nicht widerstehen, und er stellte die Hypothese auf, Gaius sei ein Provinzialjurist gewesen[11]. Seine These wurde vornehmlich von KUNKEL überzeugend widerlegt[12]. Andere schlugen sogar vor, daß sich hinter dem Namen Gaius ein Peregrine, ein Sklave oder etwa eine Frau verberge[13]. Schließlich hat man sogar seine Existenz geleugnet, indem man ihn mit dem bekannten Juristen Caius Cassius Longinus identifizieren wollte[14]. Neulich hat HONORÉ geradeswegs die Biographie unseres Juristen geschrieben. Er versuchte, die Chronologie seiner Schriften und seines Lebenslaufes festzustellen und die These zu beweisen, daß Gaius einen bedeutenden Teil seines Lebens in einer Art freiwilligen Exils in einer Provinz verbracht habe[15]. Seine scharfsinnigen Ausführungen bleiben aber, wie das von seinen Rezensenten mit Recht hervorgehoben wurde, bloße Vermutungen — und seine Biographie eine spannende Lektüre[16].

2. Es wird selbst aus diesem flüchtigen Überblick ersichtlich, daß wohl noch niemandem gelungen ist, den Lebenslauf des Gaius ausfindig zu machen. Einigermaßen zuverlässige Anhaltspunkte können allein aus Erwähnungen zeitgenössischer Ereignisse in seinen Schriften geschöpft werden. Es ist sicher, daß Gaius über die Regierungszeit Hadrians berich-

---

mir nicht recht ein, welcher Unterschied diesbezüglich zwischen ihm und etwa Florentinus bestehen sollte, da wir ja über den letzteren ebenfalls nicht mehr wissen als sein *cognomen* (siehe: KUNKEL, a. a. O. S. 217).

[11] TH. MOMMSEN, Gaius als Provinzialjurist (Ges. Schriften II, Berlin, 1905) S. 26ff. KNIEP hat sich seiner Lehre angeschlossen, aber entgegen MOMMSEN Gaius nach Byzantion versetzt: F. KNIEP, Der Rechtsgelehrte Gajus und die Ediktskommentare (Jena, 1910) S. 16ff.

[12] KUNKEL, a. a. O. S. 190ff. Abweichend D. LIEBS, Römische Provinzialjurisprudenz, oben in diesem Band, S. 288ff,

[13] Eine Zusammenfassung der verschiedenen Hypothesen bei: L. WENGER, Die Quellen des römischen Rechts (Wien, 1953) S. 506, Anm. 190 und S. 507. Anm, 192. Aus dem älteren Schrifttum: B. KÜBLER in: PAULY-WISSOWA VII (1912) S. 489ff.

[14] Am eindrucksvollsten hat diese Theorie LONGINESCU entfaltet: S. G. LONGINESCU, Gaius der Rechtsgelehrte (Berlin, 1896). Da aber diese Hypothese zur Chronologie der gaianischen Schriften gar nicht paßte, mußte er grundlegende Bearbeitungen der überlieferten Texte annehmen.

[15] HONORÉ, a. a. O., insbesondere S. 70ff.

[16] Vgl. etwa: G. G. ARCHI, Stud. et Doc. Hist. Iur. 29 (1963) S. 424ff.; P. FREZZA, Iura 15 (1964) S. 270ff.; TH. MAYER-MALY, Tijdschr. voor rechtsgeschiedenis 32 (1964) S. 95ff.; A. SCHIAVONE, Labeo 10 (1964) S. 445ff.; F. WIEACKER, Sav. Zeitschr. Rom. 81 (1964) S. 401ff.

tet: *et nostra quidem aetate Serapias Alexandrina mulier ad divum Hadrianum perducta est, cum quinque liberis, quos uno fetu enixa est*, liest man in einem ihm zugeschriebenen Digestenfragment[17]. Hadrian ist im Jahre 138 gestorben. Es bleibt freilich eine offene Frage, in welchem Jahr sich dies ereignete und wie alt damals Gaius selbst sein mochte. Es ist ja möglich, daß er noch als ein Jüngling über die Frau mit den Fünflingen gehört hat. Allerdings mußte Gaius spätestens vor 120—125 geboren sein. Sein Tod erfolgte nach 178, da er noch eine kurze Monographie über das in diesem Jahr erlassene *senatusconsultum Orphitianum* veröffentlicht hat[18]. HONORÉ meint, Gaius habe etwa von 112 bis 180 gelebt[19]. Dies ist aufgrund des Gesagten leicht möglich, aber leider nicht nachweisbar, ebensowenig wie die geistvoll zusammengestellte genaue Chronologie der Werke von Gaius[20]. Was Sicheres über sein Leben zu wissen ist, beschränkt sich auf die beiden erwähnten, wohl zuverlässigen Angaben.

Es ist leider nicht zu ermitteln, ob er in Rom oder in einer Provinz tätig war. Die Wahrscheinlichkeit spricht eher für die Hauptstadt. Sein bekanntes Beispiel: *si navis ex Asia venerit* mochte nur in Rom — oder vielleicht in einer westlichen Provinz — sinnvoll sein[21].

3. Man glaubt fest, daß Gaius ein Rechtslehrer gewesen sei. Die Annahme ist freilich wahrscheinlich, aber es gibt eigentlich keine zwingenden Beweise dafür[22]. Er ist zwar vornehmlich als Verfasser eines Lehrbuches, der 'Institutionen', bekannt; dies bedeutet aber nicht unbedingt, daß er sich ausschließlich oder auch nur überwiegend der Lehrtätigkeit gewidmet hat. Mehrere römische Juristen haben Institutionenwerke geschrieben, ohne Professoren gewesen zu sein. Das bekannteste Beispiel ist der Staatsmann Ulpian, der sicherlich niemals den Beruf eines Professors ausgeübt hat. Man vergißt außerdem leicht, daß Gaius nicht nur

---

[17] D. 34,5,7, pr. = O. LENEL, Palingenesia iuris civilis, I (Leipzig 1889, Nachdr. mit Suppl. Graz 1960), Spalte 237f. (Nr. 392). (Dieses Werk im folgenden zitiert: Palingenesia.)

[18] Siehe: Palingenesia Spalte 261 (D. 38,17,9).

[19] HONORÉ, a. a. O. S. 68f.

[20] Ebenda. Seine Ausführungen sind bloße Möglichkeiten, die manchmal auf recht willkürliche Berechnungen gegründet sind, wie z. B. das vermutete Arbeitstempo Julians in der Abfassung seiner Digesten: HONORÉ, a. a. O. S. 53.

[21] D. 46,1,72. Dazu: HONORÉ, a. a. O. S. 95. Aus einem anderen Beispiel: *si navis ex Africa venerit* (D. 45,1, 141,7), schließt er darauf, Gaius habe inzwischen seinen Wohnort gewechselt. In Asien habe man das erste Beispiel nicht mehr anwenden können. In der Tat bleiben beide Ausdrücke sinnvoll, wenn man annimmt, daß das Buch in Rom geschrieben wurde.

[22] Der feste Glaube, daß Gaius kein *ius respondendi* verliehen worden sei (vgl. statt aller: KUNKEL, a. a. O. S. 318), ist ebenfalls eine bloße Annahme. D. 39,4,5 (Palingenesia 47) spricht sogar vielleicht gegen die herrschende Auffassung. Die Wendung: *Quaerentibus autem nobis* . . . weist nämlich entweder auf ein *responsum* des Gaius hin, oder — was weniger wahrscheinlich ist — war Gaius selbst der Antragsteller. Wie dem auch sei, es gibt weder für noch gegen die herrschende Ansicht entscheidende Beweise. Die Bedeutung der Frage, und selbst die des *ius respondendi* im allgemeinen, darf wohl nicht überschätzt werden.

ein Lehrbuch, sondern auch andere Werke geschrieben hat, die zu verschiedenen Literaturgattungen gehören[23].

Es sind jedoch zwei Umstände zu erwägen, die es tatsächlich nahelegen, daß Gaius vielleicht doch hauptsächlich im Bereich des Rechtsunterrichts tätig war. Erstens erinnern zahlreiche Wendungen der Institutionen an den mündlichen Vorlesungsstil: *Superest ut exponamus ... Videamus nunc ... Nunc transeamus ad obligationes ...* usw.[24]. Außerdem erwecken zwei seiner anderen Werke den Eindruck, daß sie ebenfalls Unterrichtszwecken gedient haben. Es handelt sich um die sogenannten 'Res cottidianae' und den Zwölftafelkommentar, die vermutlich nicht praktischen Zwecken dienten, sondern entweder Lehrstoff oder theoretische Schriften waren[25].

Wenn man sich aber vor Augen hält, daß der didaktische Charakter der beiden letztgenannten Werke bloß zu vermuten ist und daß aus gewissen Wendungen in den 'Institutionen' nicht mehr folgt, als daß der Verfasser wahrscheinlich auch eine Lehrtätigkeit ausgeübt hat, so wird es klar, daß man Gaius nicht ohne weiteres als einen Rechtslehrer bezeichnen darf. Die herrschende Meinung scheint hier Wahrscheinliches mit Sicherem zu verwechseln, und die Behauptung, Gaius sei ein Rechtslehrer gewesen, gehört zu den Axiomen der Gaiusforschung. Ich glaube, daß man im zweiten Jahrhundert Lehrtätigkeit und andersgeartete rechtswissenschaftliche Tätigkeit nicht dermaßen scharf getrennt hat, wie dies heute aufgrund modernisierender Vorstellungen vielfach angenommen wird[26]. Gaius mochte wahrscheinlich auch eine didaktische Tätigkeit ausgeübt haben, doch ist der Abgrund zwischen ihm und anderen Juristen nicht so tief, wie es auf den ersten Blick scheinen mag.

---

[23] CASAVOLA behauptet zu Unrecht, daß sämtliche Werke des Gaius *commentarii* waren, d. h. laut seiner willkürlichen Auslegung, didaktische Schriften, „*corsi di lezioni*": F. CASAVOLA, Gaio nel suo tempo S. 5. Dagegen mit guten Gründen: G. G. ARCHI, ebenda S. 12 ff.

[24] Gai. 1,116; 1,124; 3,88.

[25] Bei den 'Res cottidianae' ist der didaktische Charakter offensichtlich. In den überlieferten Bruchstücken des Zwölftafelkommentars überwiegen die Wortdeutungen, es werden aber gelegentlich auch praktische Fälle erörtert (D. 48,5,44). Vgl. auch weiter unten: III.

[26] KASER hat vor zwanzig Jahren in einer Abhandlung Gaius den Klassikern gegenübergestellt: M. KASER, Gaius und die Klassiker, Sav. Zeitschr. Rom. 70 (1953) S. 127 ff. Dagegen: A. GUARINO in: Scritti Jovene (vgl. Bibliographie I 16) und J. C. VAN OVEN, Gaius der Hochklassiker, Tijdschr. voor rechtsgeschiedenis 23 (1955) S. 240 ff. Die Kritiken haben KASER zu einer Revision seiner Ansicht veranlaßt. Jetzt gibt er bereits zu, daß Gaius ein Klassiker war, doch gehörte seiner Ansicht nach Gaius (und auch Pomponius) zu den 'akademischen' bzw. 'Schul'-Juristen, im Gegensatz zu den 'respondierenden' Juristen. Vgl. M. KASER, Gaio nel suo tempo S. 42 ff. und etwa: DERS., Das römische Privatrecht[2] I (München, 1971) passim. Ähnlich: F. CASAVOLA, Gaio nel suo tempo S. 3. ARCHI hat sich mit Recht gegen die scharfe Gegenüberstellung gewendet: „*Pretendere di risolvere il quadro del II. sec. come un antitesi tra giuristi creatori e giuristi accademici a me sembra impoverire gli strumenti di comprensione di una realtà ben più complessa e forse un proiettare nel passato certe suggestioni proprie ad ambienti diversi e più recenti*". (G. G. ARCHI, Gaio nel suo tempo S. 13).

4. Die Vorsicht erfordert, daß man die Bezeichnung 'Rechtslehrer' (oder eleganter gesagt: 'Professor') für Gaius mit einer gewissen Zurückhaltung anwende. Ein negativer Schluß ergibt sich aber mit ziemlicher Sicherheit. Gaius war nämlich allem Anscheine nach kein Staatsmann und mochte im öffentlichen Leben keine wichtige Rolle gespielt haben. Entgegen dem Typ der Politiker bzw. Bürokratenjuristen wie Julian, Papinian oder Ulpian bekleidete Gaius wahrscheinlich keine hohen Ämter und wird von der Zentralverwaltung des Reiches ferngeblieben sein. Ansonsten würde man über seine Person doch besser unterrichtet sein und zumindest seinen vollständigen Namen kennen. Seine überlieferten Schriften bestätigen diesen Schluß. Man begegnet keiner Äußerung, die darauf deuten würde, daß Gaius einen wichtigen Posten hatte, wogegen bei den Politiker-Juristen solche Hinweise nicht fehlen. In dieser Beziehung besteht also tatsächlich ein gewisser Unterschied zwischen Gaius und dem politischen Juristentyp. Freilich wäre es unzulässig, jenen Unterschied in irgendwelchem Sinne pejorativ zu deuten. Es handelt sich keineswegs um Sympathie oder Abneigung gegenüber akademischer Gelehrsamkeit oder öffentlicher Tätigkeit in der kaiserlichen Bürokratie[27].

Im Grunde genommen ist das alles, was man mit einiger Wahrscheinlichkeit über das Leben und die Person des Gaius ermitteln kann. Es ist allenfalls sicher, daß er bereits in den letzten Regierungsjahren Hadrians als Jurist gewirkt hat oder zumindest ein Jüngling war und daß er bis etwa 179 tätig blieb. Es ist außerdem sehr wahrscheinlich, daß sein Hauptbetätigungsfeld der Rechtsunterricht war. Schließlich ist es fast sicher, daß er in der höheren Reichsverwaltung keine Rolle spielte.

III. Seine Werke, die Überlieferung

1. Obwohl KNIEP davor gewarnt hat[28], lebt Gaius noch heute im Bewußtsein der Romanisten als der Verfasser des Institutionenwerkes. Er wird aufgrund seines Lehrbuches beurteilt, getadelt oder gepriesen; seine anderen Schriften bleiben im Hintergrund. Psychologisch ist dies leicht begreiflich, wissenschaftlich aber kaum zu rechtfertigen. Gewiß ist für uns

---

[27] Es wäre töricht, die sogenannten 'akademischen' oder 'Schul'-Juristen, die ebenso Professoren waren, wie die heutigen Romanisten, mit Geringschätzung zu betrachten. Der entgegengesetzte Fehler ist freilich ebenfalls zu vermeiden. Die für den heutigen Rechtsgelehrten beneidenswerte große Autorität eines Staatsmannes wie Papinian oder Ulpian darf weder imponieren, noch darf man ihn für einen Mann halten, der um der politischen Karriere willen seine wissenschaftliche Selbständigkeit preisgegeben hat.

[28] „Und wenn man, wie das wohl geschehen, Gajus hauptsächlich nach diesem seinem Lehrbuche beurteilt hat, so dürfte man ihm kaum gerecht geworden sein. Auch seine übrige schriftstellerische Tätigkeit ist in Betracht zu ziehen; vor allen Dingen das Hauptwerk seines Lebens, der Kommentar zum Provinzialedikt" (KNIEP, a. a. O., Vorwort).

das Institutionenwerk, die einzige überlieferte Klassikerschrift, von hervorragender Bedeutung. In den Digesten sind uns aber zahlreiche Fragmente
auch anderer gaianischer Werke überliefert. Wenn es sich um die Person
und die wissenschaftliche Tätigkeit des Juristen handelt, müssen seine anderen Schriften unbedingt herangezogen werden. Es versteht sich von selbst,
daß ein Gelehrter in einem monographischen Werk seine Eigenart besser
entfaltet und seinen persönlichen Ansichten schärfer Ausdruck gibt als in
einem Elementarlehrbuch[29].

Die Werke des Gaius wird man annähernd in drei Literaturgattungen
einteilen dürfen. Die erste Gruppe wird von den didaktischen — genauer:
theoretischen — Schriften gebildet, den 'Institutionen', den 'Res cottidianae' und dem Zwölftafelkommentar. Die zweite besteht aus den Ediktskommentaren. Die dritte Gruppe schließlich enthält verschiedene Monographien. Textgeschichtlich gibt es lediglich zwei Typen. Die Institutionen
sind selbständig, frei von justinianischer Bearbeitung überliefert, während
alle anderen nur in Bruchstücken und durch die justinianischen Digesten
vermittelt erhalten blieben.

2. Die außerordentliche rechtsgeschichtliche Bedeutung der Institutionen, 'Institutionum commentarii libri quattuor' steht außer Zweifel.
Und zwar ist das Werk für die Rechtsgeschichte in einem doppelten Sinne
wichtig. Erstens hat das dreiteilige Schema, das sogenannte Institutionensystem (*personae, res, actiones*), die Grundlage für die justinianischen Institutionen und dadurch letzten Endes selbst für das moderne kontinentale
Zivilrechtssystem geboten[30]. Zweitens dienen die Institutionen als sicherer
Leitfaden, wenn man klassisches Recht von nachklassischen Zutaten in
den justinianischen Texten scheiden will. Das Lehrbuch des Gaius ist wohl
das wichtigste Hilfsmittel der Textkritik.

Unsere vollständigste Gaius-Handschrift, der Codex Veronensis, stammt
aus dem fünften Jahrhundert, wohl aus der östlichen Reichshälfte[31]. Man
hat zur Zeit der Interpolationenjagd zahlreiche Umgestaltungen des Textes
vermutet. Einige Forscher hielten sogar den ganzen Text für eine nachklassische Bearbeitung des gaianischen Originals. Dieser hyperkritischen
Tendenz wurde durch zwei papyrologische Funde der Boden vollkommen
entzogen. Man fand in den zwanziger bzw. dreißiger Jahren in Ägypten
zwei Bruchstücke des Institutionenwerkes, die aus dem dritten und vierten
Jahrhundert herrühren. Es ergab sich aus dem Fund zweierlei. Erstens,
daß das Lehrbuch des Gaius bereits gegen Ende des klassischen Zeitalters
im Reiche verbreitet und allgemein bekannt war, und zweitens, daß die

---

[29] Dazu auch: DIÓSDI, Gaius S. 227.

[30] Zur Frage: F. WIEACKER, Griechische Wurzeln des Institutionensystems, Sav. Zeitschr.
Rom. 70 (1953) S. 93 ff. Der Einfluß des Naturrechts wird mit Nachdruck hervorgehoben
von: A. B. SCHWARZ, Zur Entstehung des modernen Pandektensystems, in: Rechtsgeschichte und Gegenwart. Gesammelte Schriften zur neueren Privatrechtsgeschichte und
Rechtsvergleichung, hrsg. von H. THIEME und F. WIEACKER (Karlsruhe, 1960) S. 1 ff.

[31] Vgl. A. E. LOEWE, Il codice Veronese di Gaio (Atti Verona I, Milano, 1953, S. 3 ff.).

Veroneser Handschrift grundsätzlich den klassischen Text enthält[32]. Von kleineren, unvermeidbaren Schreibfehlern und Ungenauigkeiten abgesehen ist also die Überlieferung des Institutionentextes zuverlässig. Im Grunde genommen kennen wir den echten Text, spätere Zutaten oder Änderungen sind unbedeutend. Eher wird man manche Verkürzungen vermuten dürfen, insbesondere hinsichtlich mancher historischer Ausführungen. Der Teil über das 'ercto non cito' wurde in der Veroneser Handschrift ausgelassen. Ob auch anderswo Verkürzungen solcher Art durchgeführt wurden, ist fraglich[33]. Dem Inhalt nach enthalten die Institutionen zweifellos klassisches Recht. Deshalb dient dieses Werk als sicherer Maßstab zur Beurteilung der Interpolationen in nachklassischen Quellen.

3. Ein Problem für sich ist die andere didaktische Schrift, die sogenannten 'Res cottidianae sive aurea'. Es sind davon einundzwanzig, mitunter auch ziemlich lange Bruchstücke in den justinianischen Digesten überliefert[34]. Der Titel stammt wahrscheinlich nicht von Gaius. Die Bezeichnung 'aurea' ('Goldene Sprüche') kann man unmöglich dem Verfasser zuschreiben. Das Werk bestand — laut den 'Digesten' — ungleich den 'Institutionen' aus sieben Büchern.

Das Verhältnis der 'Res cottidianae' zu den 'Institutionen' gehört zu den viel umstrittenen und dennoch — oder eben deshalb — ungeklärten Problemen der romanistischen Forschung. In den vergangenen Jahrzehnten herrschte die Auffassung, daß es sich um eine nachklassische Bearbeitung des Institutionenwerkes handele[35]. Heute hingegen neigt man eher zu der Ansicht, daß die 'Res cottidianae' ein anderes, selbständiges gaianisches Werk seien[36]. Eine genaue Analyse der erhalten gebliebenen Fragmente und ein Vergleich der Parallelstellen wären allenfalls erforderlich, um die Frage beantworten zu können. Es ist aber zweifelhaft, ob man auf diesem Weg überhaupt zu einem gesicherten Ergebnis gelangen würde. Die Bruchstücke der 'Res cottidianae' reichen kaum aus, um das Verhältnis der beiden Schriften in allen Einzelheiten ermitteln zu können.

Es scheint allerdings, daß die heute vertretene Auffassung die richtigere sei. Die ältere Lehre hat nämlich zweierlei verwechselt: nachweisbare nachklassische oder justinianische Zutaten und Werk-Individualität. Für mich ist es entscheidend, daß die 'Res cottidianae' aus sieben Büchern bestanden, folglich strukturell von den Institutionen abwichen, umfang-

---

[32] Die Textgeschichte der Institutionen habe ich ausführlich behandelt in: The Importance of P. Oxy. 2103 and PSI 1182 for the History of Classical Roman Legal Literature (Proceedings of the Twelfth International Congress of Papyrology, Toronto, 1970, S. 113ff.). Literaturnachweise siehe Bibliographie, IV.

[33] Dazu: J. MACQUERON, Gaio nel suo tempo S. 78.

[34] Siehe: Palingenesia, Spalte 251ff.

[35] Vgl. etwa: V. ARANGIO-RUIZ, Ancora sulle res cottidianae (Studi Bonfante I, Milano, 1930, S. 495ff.) und: ID., Noterelle Gaiane (Festschrift Wenger II, München, 1945, S. 56ff.); H. J. WOLFF, Zur Geschichte des Gaiustextes (Studi Arangio-Ruiz IV, Napoli, 1953, S. 171ff.). Zur Kritik seiner Hypothese siehe meinen Aufsatz: Anm. 32.

[36] Vgl. nur: HONORÉ, a. a. O. S. 113ff.

reicher waren und schon deshalb nicht aus den Institutionen kompiliert sein konnten. Um das zu glauben, ist es wohl nicht notwendig, die offensichtlichen Interpolationen auf konservative Weise zu leugnen und eine gekünstelte Harmonisierung der widersprechenden Texte zu versuchen[37].

4. Es genügt, die dritte didaktische bzw. theoretische Schrift, den Zwölftafelkommentar, aus dem nur spärliche Reste in den 'Digesten' überliefert sind, zu erwähnen[38]. Es ist allerdings kennzeichnend für das historische Interesse des Verfassers, daß er allein unter den Klassikern diesem rechtsgeschichtlichen Thema eine selbständige Arbeit gewidmet hat.

Gaius hat eigentlich drei Ediktskommentare geschrieben. Er bereitete einen Kommentar zum Edikt des *praetor urbanus* vor, wovon in den 'Digesten' recht wenig überliefert ist. Es ist sogar möglich, daß er das Werk niemals vollendet hat[39]. Gaius schrieb auch einen Kommentar zum Edikt der *aediles curules*, welcher aber in den 'Digesten' mit seinem Hauptwerk, dem Kommentar zum Provinzialedikt, vereint ist[40].

Während Kommentare zum prätorischen oder ädilizischen Edikt zu den üblichen Literaturgattungen der klassischen Juristen gehörten, ist der Kommentar zum Provinzialedikt alleinstehend. Es scheint, daß überhaupt Gaius der einzige Rechtsgelehrte war, der das Provinzialedikt zum Gegenstand eines umfangreichen und ausführlichen Kommentars wählte[41]. Unter anderem wollte man auch aus diesem Umstand darauf schließen, daß Gaius in einer Provinz gelebt hat. Doch mochte ein Jurist in der Hauptstadt ebenso oder noch eher einen besonderen Kommentar zum Provinzialedikt verfassen als ein Provinzialjurist, dem vielleicht nur das Edikt je einer Provinz zugänglich war.

Für die allgemeine Beurteilung der wissenschaftlichen Tätigkeit des Gaius ist der Kommentar von großer Bedeutung. Das besondere Thema zeugt bereits an und für sich von seiner Eigenständigkeit. Warum er sich dazu entschlossen haben mochte, läßt sich kaum erschließen. Es ist unwahrscheinlich, daß er — angeblich ein unbedeutender Rechtslehrer — deshalb ein abgelegenes Thema ausgesucht hat, weil er mit den großen Zeitgenossen oder Vorläufern nicht zu wetteifern wagte. Erstens hat er auch selbst einen Kommentar zum prätorischen Edikt geschrieben, außerdem sind die

---

[37] So vermochten mich z. B. die Ausführungen von G. GROSSO, Il sistema romano dei contratti[3] (Torino, 1963) S. 13 und die scharfsinnige Abhandlung von W. WOŁODKIEWICZ, Obligationes ex variis causarum figuris, Riv. It. per le Scienze Giur. 14 (1970) S. 77ff. über den gaianischen Ursprung der Trichotomie: *contractus, delictum, variis ex causarum figuris* nicht zu überzeugen. In den 'Institutionen' werden nämlich nicht allein die Entstehungsgründe der Obligationen entschiedenerweise in zwei Gruppen eingeteilt (*Omnis autem obligatio . . .*), sondern auch konsequent die späteren Quasikontrakte wie Tutel oder *negotiorum gestio* als *contractus* bezeichnet. In dieser Hinsicht halte ich die 'Res cottidianae' für interpoliert.

[38] Siehe: Palingenesia Spalte 242ff.

[39] Vgl. SCHULZ, a. a. O. S. 236. Die Fragmente siehe: Palingenesia Spalte 182ff.

[40] Vgl. Palingenesia Spalte 235ff. SCHULZ, a. a. O. S. 236.

[41] Siehe nur: SCHULZ. a. a. O. S. 237. und Palingenesia.

großen Ediktskommentare erst später von Ulpian und Paulus verfaßt worden.

Eine ausführliche Analyse der zahlreichen Fragmente des Kommentars gehört zu den dringendsten Aufgaben der Gaius-Forschung. Eine gründliche Vergleichung mit anderen ähnlichen Kommentaren würde auf den wissenschaftlichen Wert seiner Tätigkeit wohl neues Licht werfen[42].

5. Gaius hat, gemäß der Gepflogenheit der Klassiker, auch mehrere monographische Arbeiten geschrieben. Einige seiner Monographien behandeln einzelne Rechtseinrichtungen. Aus seinem Buch zum Dotalrecht ist leider nichts überliefert[43]. Seine Schriften über die Freilassungen[44], die Stipulation[45], die Hypothek[46], die Fideikommisse[47] und die stillschweigenden Fideikommisse[48] sind mittels mancher Digestenfragmente einigermaßen erhalten geblieben. In anderen monographischen Werken behandelte Gaius Gesetze oder *senatusconsulta*, wie in seinen Schriften zu den augusteischen Ehegesetzen[49], zu einer gewissen *lex Glitia*[50], und zu den beiden Senatsbeschlüssen *Orfitianum* und *Tertullianum*[51].

Er kommentierte auch das Werk des Quintus Mucius Scaevola, wovon nichts überliefert ist[52]. Auffallenderweise hat ungefähr gleichzeitig auch Pomponius ein ähnliches Werk verfaßt. Man hat daraus auf ein Wetteifern zwischen den beiden Juristen schließen wollen[53]. Das ist leicht möglich, doch bleibt dies eine bloße Hypothese.

Die Digesten enthalten sieben Fragmente aus einem 'De casibus liber singularis', der ebenfalls Gaius zugeschrieben wird[54]. Die Bruchstücke erwecken den Eindruck, daß es sich eher um theoretische als um praktische Fälle gehandelt haben wird[55]. Weder Inhalt noch Aufbau seiner beiden Schriften über die Rechtsregeln können aus den erhalten gebliebenen drei Fragmenten erschlossen werden[56].

---

[42] Zum Provinzialedikt jetzt R. MARTINI, Ricerche in tema di editto provinciale (Milano, 1969) und A. GUARINO, Gaio e l',,Edictum provinciale", Iura 20 (1969) S. 154ff. Doch behandeln beide Schriften hauptsächlich das Verhältnis des Provinzialedikts zum Edikt des Prätors, und nicht die Kommentare, als Schöpfungen der Rechtsliteratur.

[43] Palingenesia Spalte 181.

[44] Palingenesia Spalte 250ff.

[45] Palingenesia Spalte 261ff.

[46] Palingenesia Spalte 240ff.

[47] Palingenesia Spalte 237ff.

[48] Palingenesia Spalte 261.

[49] Palingenesia Spalte 246ff.

[50] Palingenesia Spalte 246.

[51] Palingenesia Spalte 261.

[52] Palingenesia Spalte 251.

[53] So: HONORÉ, a. a. O. S. 57: "... *Pomponius was imitating or attempting to outdo Gaius* ..."

[54] Palingenesia Spalte 181.

[55] In D. 12,6,63 berichtet er über einen Fall, der bereits von Neratius behandelt wurde. D. 28,5,89 scheint ebenfalls ein Schulbeispiel zu enthalten. D. 37,14,22 enthält einen allgemeinen Rechtssatz. Die überlieferten sieben Fragmente reichen aber nicht aus, um das Werk mit Sicherheit beurteilen zu können.

[56] Palingenesia Spalte 251.

Es ist ersichtlich, daß Gaius zahlreiche Monographien verfaßt hat und in diesem Bereich von seinen Zeitgenossen kaum abwich. Abgesehen von seinem Kommentar zu Quintus Mucius entspricht die Auswahl der Themen durchaus dem Interesse eines durchschnittlichen klassischen Juristen.

6. Es tritt aus dieser skizzenhaften Übersicht seiner Werke deutlich hervor, daß in dem Lebenswerk des Gaius die 'Institutionen' durchaus nicht im Mittelpunkt stehen. Eher dürfte man den Kommentar zum Provinzialedikt als sein „Hauptwerk" bezeichnen. Es ist freilich eine andere Sache, daß manche Werke — entgegen den Absichten des Verfassers — zu einer größeren geschichtlichen Bedeutung gelangten als andere, etwa inhaltsvollere Schriften. Wenn man sich die unerwartet und fast unbegreiflich große Karriere der 'Institutionen' vor Augen hält und ihre glänzende Laufbahn nicht dem Zufall zuschreibt, so wird man aus inneren Gründen die übliche Chronologie der gaianischen Schriften bezweifeln müssen. Zumeist pflegt man nämlich die 'Institutionen' in die erste Periode seiner wissenschaftlichen Laufbahn zu setzen[57]. Es gibt natürlich weder dafür noch dagegen entscheidende Beweisgründe. Doch wenn man — vielleicht nicht mit Unrecht — in dem Institutionensystem die Frucht einer langen rechtswissenschaftlichen Tätigkeit und der reifen Überlegung erblickt, wird man geneigt sein, das Werk — zumindest in seiner überlieferten Gestaltung — auf eine späte Zeit zu datieren. Trotz gewisser Mängel erwecken die 'Institutionen' nicht den Eindruck einer Jünglingsarbeit, sondern zeugen von reichen Erfahrungen. Doch bleibt all dies außerhalb der Grenzen des wissenschaftlich Beweisbaren.

IV. Zur Bewertung des Gaius

1. Wenn es sich um Geschichte handelt, sind Werturteile stets gefährlich. Es ist kaum möglich, subjektive Elemente auszuschalten. Dennoch wäre es unmöglich und auch unzweckmäßig, sich im Zeichen einer falschen positivistischen Objektivität jeglichen Werturteils zu enthalten. Allerdings ist es ratsam, in solchen Fragen äußerst vorsichtig zu sein. Dies trifft in gesteigertem Maße für problematische und kontroverse Fälle zu, wie die Bewertung der rechtswissenschaftlichen Tätigkeit und der überlieferten Schriften des Gaius.

Man muß vor allem sorgfältig zwischen geschichtlichem und innerem Wert scheiden. Es steht nämlich außer Frage, daß die gaianischen Werke, in erster Linie die 'Institutionen', für die Geschichte des Rechts und für die historisch orientierte moderne romanistische Wissenschaft von hohem

---

[57] So etwa: HONORÉ, a. a. O. S. 69. Er nimmt aber auch nachträgliche Bearbeitungen an.

Wert sind. Was hingegen den inneren Wert, die wissenschaftliche Qualität
der Werke des Gaius betrifft, weichen die Ansichten sehr scharf ab. Die
Mehrheit ist zweifellos einig in der Geringschätzung des Gaius. Man hält
ihn für oberflächlich, unfähig zu selbständigem Denken, ungeeignet für
eine originelle, schöpferische Tätigkeit[58]. Doch fehlt es nicht an Beurteilungen, die mit der widersprechenden Ansicht polemisierend, ihn etwas
überschätzen[59].

Subjektive Werturteile und emotional gefärbte Äußerungen sind
tunlichst zu vermeiden, und es ist auch überflüssig mit solchen zu polemisieren. Es empfiehlt sich eher, nur jene Punkte und Fragen zu erörtern,
die mit einiger Exaktheit, d. h. mit wissenschaftlichen Mitteln, zumindest
annähernd zu klären und zu beantworten sind. Es soll daher vor allem die
vielumstrittene Frage kurz gestreift werden, ob Gaius ein selbständig denkender, schöpferischer Gelehrter oder etwa Verkünder eingebürgerter
Lehren war. Die zweite Frage ist bereits schwieriger. Es heißt nämlich zu
ermitteln, inwiefern die Mentalität und die Methode unseres Juristen von
denen anderer Klassiker abwichen. In diesem Punkte wird man über eine
Wahrscheinlichkeit kaum hinauskommen können.

Schließlich soll mit aller Vorsicht und freilich hypothetischerweise die
Frage erörtert werden, weshalb Gaius von der klassischen Literatur ver-
schwiegen wurde, in der nachklassischen Zeit hingegen als einer der großen
Juristen galt.

2. Die 'Institutionen' sind gleichzeitig Zeugnis seiner Originalität und
Ursache der verbreiteten Meinung, daß er der wissenschaftlichen Selbständigkeit entbehrte. Die Erklärung des scheinbaren Widerspruches ist
eigentlich recht einfach. Obwohl dies oft bezweifelt wurde, muß man
aufgrund der überzeugenden Ausführungen WIEACKERs anerkennen, daß
das gaianische Institutionensystem keine Nachahmung unbekannter
römischer juristischer Lehrsysteme, sondern eine originale Schöpfung des
Verfassers der 'Institutionen' war, die sich allerdings an griechische nicht-
juristische Vorbilder anlehnt[60]. Der innere Wert und die systematische
Kraft der Trichotomie *personae, res, actiones* steht außer Frage. Gaius
erwies sich also in dieser Hinsicht schöpferisch, und dies könnte man nur
mittels willkürlicher Annahme eines 'Urgaius' oder einer unbekannten
'Vorlage' bezweifeln[61]. Da es dafür überhaupt keine Anhaltspunkte gibt,
müssen derartige Vermutungen entschieden abgelehnt werden.

Andererseits waren aber eben die Institutionen schuld daran, daß
man vielfach geneigt war, die Selbständigkeit des Gaius in Abrede zu
stellen. Man vergaß allzu leicht, daß ein Elementarlehrbuch zur Entfaltung
höchstpersönlicher Ansichten recht ungeeignet ist[62], und man pflegt Gaius

---

[58] So insbesondere: A. D'ORS, Re et verbis (Atti Verona III, Milano, 1953) S. 267 und passim;
D. LIEBS, Gaio nel suo tempo S. 61ff. Weitere Literatur: Bibliographie, I.
[59] Vgl. etwa: HONORÉ, a. a. O. passim und wohl auch: DIÓSDI, Gaius S. 233.
[60] WIEACKER, a. a. O. in Anm. 30.   [61] Dazu: HONORÉ, a. a. O. S. 63ff.
[62] Siehe: DIÓSDI, Gaius S. 227. Weitere Literatur: Bibliographie, I u. IV.

auch noch heute — zu Unrecht — nach dem Institutionenwerk zu beurteilen.

Eine Prüfung seiner anderen Schriften hat aber erwiesen, daß es in seinen Fragmenten ungefähr ebensooft persönliche Stellungnahmen gibt wie in denen anderer klassischer Juristen. Hervorragende Persönlichkeiten wie Celsus oder Julian übertreffen ihn zwar in dieser Hinsicht, doch scheint es, daß Gaius selbständiger war als der berühmte Spätklassiker Paulus[63]. Wenn man dieses Ergebnis mit der höchst aufschlußreichen *tabula laudatoria* bei HONORÉ ergänzt, woraus ebenfalls eine große Anzahl persönlicher Stellungnahmen zu entnehmen sind[64], so wird man Gaius getrost als einen tüchtigen und ziemlich selbständig denkenden klassischen Rechtsgelehrten bezeichnen dürfen.

Die geistige Unabhängigkeit des Gaius wird auch daraus ersichtlich, daß er — obwohl Anhänger der sabinianischen Schule — öfters die Meinung der Prokulianer billigt[65] und es wagt, selbst den führenden Juristen seines Zeitalters, Julian, zu kritisieren[66]. Zumeist äußert er sich bescheiden und zurückhaltend, doch begegnet man gelegentlich auch schärferen Ausdrücken, wie *absurdum est* oder *absurdum videtur*[67].

Aus einer unbefangenen Prüfung der Quellen ergibt sich also, daß Gaius sich nicht scheute, seine persönliche Meinung bekanntzugeben, und daß er zu selbständigem Denken wohl fähig war. Es wäre sicher nicht richtig — das Gegenteil ist ja sogar bezeugt —, ihn für den größten und originellsten Klassiker zu halten. Man wird ihn aber in dieser Hinsicht als einen Vertreter des tüchtigen klassischen Durchschnitts bezeichnen dürfen.

3. Man pflegt Gaius in der Regel den anderen klassischen Juristen gegenüberzustellen[68]. Zweifellos sind Unterschiede zu beobachten, doch

---

[63] Wenn man alle persönlichen Stellungnahmen berücksichtigt, so gibt es bei Celsus in 22,1% seiner Fragmente, bei Julian in 17,2% eigene Meinungsäußerungen. Gaius steht mit 7,1% an der dritten Stelle, während Paulus nur in 5,9% seiner Fragmente seine eigene Meinung äußert. Wenn die Responsen außer acht bleiben, so ändert sich das Bild zu ungunsten Julians. Celsus behält die führende Stelle mit 15,7%, Gaius wird mit 6,9% der Zweite, Paulus ist der Dritte mit 5,5%, und Julian sinkt mit 4,7% auf die vierte Stelle. Über all dies ausführlich: DIÓSDI, Gaius S. 227ff.

[64] HONORÉ, a. a. O. S. 142ff.

[65] So z. B. Gai. 3,98: *Item si quis sub ea condicione stipuletur, quae existere non potest, velut 'si digito caelum tetigerit', inutilis est stipulatio. Sed legatum sub inpossibili condicione relictum nostri praeceptores proinde deberi putant, ac si sine condicione relictum esset. Diversae scholae auctores nihilo minus legatum inutile existimant quam stipulationem, et sane vix idonea diversitatis ratio reddi potest.* Zurückhaltender Gai. 2,221 oder 3,87. Vgl. auch: 3,133. Dazu: HONORÉ, a. a. O. S. 33f.

[66] Gai. D. 40,4,57.

[67] Vgl. HONORÉ, a. a. O. S. 111 und S. 151.

[68] So insbesondere: KASER, Gaius und die Klassiker, Sav. Zeitschr. Rom. 70 (1953) S. 127ff. und CASAVOLA, Gaio nel suo tempo S. 1ff. Casavolas Ausführungen wurden überzeugenderweise widerlegt. Siehe: M. BRETONE, In margine al dibattito gaiano, Labeo 12 (1966) S. 66ff.

glaube ich, daß man auch den gemeinsamen Zügen, die Gaius und seine Zeitgenossen verbinden, Aufmerksamkeit schenken sollte.

In zwei Beziehungen weicht die Methode und die Denkweise des Gaius von der großen Mehrheit der klassischen römischen Rechtsgelehrten deutlich ab. Erstens erweist er ein großes Interesse und Verständnis für die Geschichte des Rechts. Sein Lehrbuch enthält zahlreiche historische Exkurse[69], und in einem Digestenfragment ist sogar sein methodologisches Credo überliefert: *Facturus legum vetustarum interpretationem necessario prius ab urbis initiis repetendum existimavi, non quia velim verbosos commentarios facere, sed quod in omnibus rebus animadverto id perfectum esse, quod ex omnibus suis partibus constaret; et certe cuiusque rei potissima pars principium est. Deinde si in foro causas dicentibus nefas ut ita dixerim videtur esse nulla praefatione facta iudici rem exponere: quanto magis interpretationem promittentibus inconveniens erit omissis initiis atque origine non repetita atque illotis ut ita dixerim manibus protinus materiam interpretationis tractare*[70]?

Der polemische Ton des Textes und selbst die Tatsache, daß Gaius seine historische Methode zu rechtfertigen sucht, deuten auf einen Gegensatz. Tatsächlich gab es in der klassischen Jurisprudenz eine antihistorische Richtung[71], aber man muß sich vor voreiligen Schlüssen sicherlich hüten. Es wäre nämlich unrichtig zu verkennen, daß, obzwar in einem geringeren Maße, die historische Orientierung doch bei vielen anderen klassischen Juristen ebenfalls nachzuweisen ist. So eindeutig haben sie die Rechtsgeschichte keinesfalls abgelehnt, wie dies gelegentlich behauptet wurde[72]. An Stelle eines Gegensatzes ist es wohl genauer, über einen Unterschied zu sprechen.

Der zweite Unterschied besteht in den systematisierenden Bestrebungen des Gaius. Es wird allgemein anerkannt, daß Gaius im Vergleich zu anderen klassischen Juristen zur Einordnung der Rechtsbegriffe in logische Kategorien geneigt war[73]. Deshalb ihn zu preisen oder — im Namen der Kasuistik — zu rügen, wäre gleichermaßen unrichtig und ahistorisch[74]. Kasuistik und systematisierende Rechtswissenschaft stellen zwei Methoden dar, die unter gewissen Verhältnissen beide fruchtbar oder unangemessen sein mögen. Ohne hier schwierige methodologische Fragen entscheiden zu wollen, kann vorsichtigerweise angedeutet werden, daß

---

[69] Darüber zusammenfassend: J. MACQUERON, Gaio nel suo tempo S. 76 ff.

[70] D. 1,2,1. Dazu: D. NÖRR, Divisio und partitio (Berlin, 1972) S. 49 f. (auch Anm. 205) und: ID., Iurisperitus sacerdos (Festschr. Pan. J. Zepos I., Athen–Freiburg–Köln, 1973) S. 556 ff.   [71] Vgl. Gellius, Noct. Att. 16,10.

[72] In seinem Ediktskommentar befaßt sich z. B. Paulus mit dem Ursprung des Kaufvertrags: D. 18,1,1, pr.-1. Das Interesse des Pomponius für die Rechtsgeschichte ist wohl bekannt. Deshalb zu kategorisch: SCHULZ, a. a. O. S. 158. Vgl. jetzt D. NÖRR, Pomponius oder ,,Zum Geschichtsverständnis der römischen Juristen", oben in diesem Band (ANRW II 15) S. 497—604.

[73] Dazu: DIÓSDI, Gaius S. 230 f. Literatur: vgl. Bibliographie, VI.

[74] Ebenda: S. 232 f. und Anm. 66—67. Auch ich habe hier die kasuistische Methode etwas zu ungünstig beurteilt.

vielleicht eine Kombination der beiden Arbeitsweisen die brauchbarste juristische Methode sein mag.

4. Man hat die unterschiedlichen Züge, das gesteigerte historische Interesse und die Systematisierung bei Gaius, oft nachdrücklich hervorgehoben. Die gemeinsamen Züge hingegen blieben zumeist unerwähnt.

Man vergißt allzu leicht, daß Gaius sich nicht allein mit der Systematisierung der Rechtsbegriffe und Institutionen befaßte, sondern auch die kasuistische Methode der klassischen Jurisprudenz zu handhaben wußte. Freilich findet man in dem Institutionenwerk begreiflicherweise nur sehr selten Kasuistik[75], aber in achtzehn Fragmenten seiner anderen Schriften erörtert er Einzelfälle[76], und es gibt unter denen auch manche schöne und scharfsinnige Lösungen[77]. Er hat sich also von der traditionellen Arbeitsweise der römischen Rechtswissenschaft nicht vollständig abgewandt, und seine Systembildungen entstanden keineswegs aus seiner Unfähigkeit, Rechtsfälle kasuistisch zu lösen.

In seinen monographischen Schriften und in seinen Ediktskommentaren erörterte Gaius die üblichen Gegenstände mit den üblichen Methoden der Klassiker. Er beruft sich ebenso mit Vorliebe auf Autoritäten an Stelle einer ausführlichen logischen Argumentation, wie das die anderen klassischen Rechtsgelehrten tun[78].

Gaius hatte zwar seine Eigenart, doch wäre es verfehlt, ihn kategorisch den anderen klassischen Juristen gegenüberzustellen. Auch er betrieb die Kasuistik, und auch die anderen klassischen Rechtsgelehrten waren nicht derart abgeneigt gegenüber der Geschichte oder der Systematisierung, wie das bisweilen angenommen wird[79].

5. Die Schriften des Gaius konnten nun mit ziemlicher Sicherheit oder zumindest mit einem gewissen Grad der Wahrscheinlichkeit bewertet, seine Eigenart ermittelt werden. Die schwierigste Frage bleibt jedoch das seltsame Schicksal und Nachleben seiner Werke. Hier, das muß aufrichtig vorausgeschickt werden, handelt es sich notwendigerweise um eine bloße Hypothese.

Um zu einer nüchternen, wenngleich hypothetischen Lösung zu gelangen, ist es ratsam, die verschiedenen Möglichkeiten unbefangen zu erwägen:

a) Es ist eine naheliegende und logische Antwort, seine Mißachtung in der klassischen Rechtsliteratur damit zu erklären, daß er im zweiten und dritten Jahrhundert unbekannt blieb. Doch ist diese Möglichkeit auszuschließen, denn es ist durch die papyrologischen Funde erwiesen, daß

---

[75] Siehe doch: Gai. 3,146 oder auch wohl: 2,200.

[76] Palingenesia 10,14,27,28,185,208,238,241,304,317,328,380,400,451,470,500,513,516.

[77] So etwa: D. 39.2,20 (Palingenesia 328).

[78] Vgl. dazu: HONORÉ, a. a. O., Tabula laudatoria IV, V.

[79] Vgl. Anm. 72. Systematisierenden Fragmenten begegnet man häufig in den Digesten. Es genügt, hier die berühmte Definition des Labeo zu erwähnen, wo es sich um den Begriff von *agere, gerere* und *contrahere* handelt: Ulp. D. 50,16,19.

seine 'Institutionen' schon im dritten Jahrhundert selbst in den Provinzen verbreitet waren. Folglich mußten Gaius auch die spätklassischen Rechtsgelehrten kennen.

b) Wenn ihn aber die Zeitgenossen und die Spätklassiker mutmaßlich kannten, so muß es irgendeinen Grund dafür gegeben haben, daß sie Gaius niemals erwähnten. Es gibt zweierlei Möglichkeiten zu erwägen. Entweder hielt man ihn für einen geringwertigen, unbedeutenden Juristen, wie das allgemein angenommen wird, oder es erweckte — wie HONORÉ vermutet — in ihnen die große Popularität des einfachen Rechtslehrers Eifersucht[80].

Die beiden Erklärungen sind nur auf den ersten Blick widersprechend. Eigentlich bedeutet die von HONORÉ angenommene Eifersucht ebenfalls eine Geringschätzung. Psychologisch betrachtet kann man nämlich die beiden kaum unterscheiden. Die wissenschaftliche Eifersucht erscheint immer im Gewand der Verachtung oder der negativen Kritik. Kaum wird sich jemand gestehen, daß er den Rivalen für tüchtiger hält als sich selbst und ihn deshalb beneidet. Wie es dem auch sei, ich glaube, daß keine der beiden Varianten nachzuweisen ist. Was Papinian über Gaius gedacht hat, können wir wahrscheinlich niemals erraten, im Grunde genommen ist es auch ziemlich gleichgültig.

c) Die dritte Lösungsmöglichkeit geht aus dem gesellschaftlichen Stand unseres Juristen hervor. Es kann getrost als gesichert gelten, daß Gaius kein Staatsmann war, in der kaiserlichen Hierarchie keinen bedeutenden Posten bekleidete. Folglich stand er außerhalb des Kreises der bürokratisierten Jurisprudenz der späten Prinzipatszeit. Es scheint, daß dadurch seine Vernachlässigung hinreichend zu erklären ist.

Für Julian oder Ulpian, Paulus und Papinian war Gaius — in politischem und staatlichem Sinne — eine kleine, unbedeutende Person. Es wäre überflüssig gewesen, auf ihn sich zu berufen, da er keine politische Autorität hatte. Dies bedeutet weder *"snobbery"*, wie es nicht ohne Leidenschaft HONORÉ andeutet[81], noch bedeutet es notwendigerweise eine Abwertung seiner wissenschaftlichen Leistung. In der fortschreitenden Bürokratisierung der Jurisprudenz trat an die Stelle der wissenschaftlichen Autorität die öffentliche, politische Autorität. Es hatte für die Spätklassiker einfach keinen Sinn, Gaius zu zitieren. Ob sie ihn außerdem für einen tüchtigen oder etwa einen schlechten Juristen hielten, kann man freilich nicht wissen[82].

---

[80] *"They were jealous of his popularity"* schreibt HONORÉ, a. a. O. S. 78. Früher habe ich mich seiner Ansicht angeschlossen. Vgl. DIÓSDI. Gaius S. 232.

[81] Ausdrücklich wendet er sich zwar an die heutigen Romanisten, doch fehlt in dem Satz nicht ein Hinweis auf die römischen Juristen: *"The snob, including the vicarious modern snob, cannot believe that a man who was not prominent in politics or well connected could have invented the institutional genre."* (HONORÉ, a. a. O. S. 65).

[82] Wahrscheinlich war Gaius nicht geschickt genug in der 'Selbstadministration', wie das bei vielen Gelehrten und Künstlern der Fall ist. Es verdient Erwähnung, daß Pomponius

Diese Annahme hat den Vorteil, daß sie auch den großen Ruhm unseres Juristen im nachklassischen Zeitalter hinreichend erklärt. Der einflußlose Mann Gaius genoß kein hohes politisches und gesellschaftliches Ansehen und lieferte deshalb zu seiner Zeit und für die unmittelbar nachfolgenden Generationen kein gewichtiges Argument. All dies war aber für die Nachwelt ganz und gar gleichgültig. Nach einigen Jahrhunderten entscheidet bereits allein der innere Wert, die fortdauernde Aktualität der wissenschaftlichen oder künstlerischen Leistung, die persönlichen Umstände geraten — wohlverdienterweise — in Vergessenheit. Wen interessiert es heute, daß Grotius niemals eine Professorenstelle erhielt, und wen kümmert es, daß man zu seiner Lebenszeit Mozart weniger schätzte als den einflußreichen aber künstlerisch unbedeutenden Salieri? Ähnlich ist es Gaius ergangen. Vermutlich erwiesen sich seine Schriften, und zwar nicht allein die 'Institutionen' (sonst wären die anderen in den Digesten nicht überliefert), auf die Dauer brauchbarer, klarer und inhaltsvoller als manche anderen Werke.

Man wende nicht ein, daß es sich bloß um den schlechten Geschmack der angeblich schwachbegabten nachklassischen Juristen handele, daß Gaius eigentlich ihr Vorläufer sei und deshalb so beliebt wurde[83]. Im Zitiergesetz erscheinen ja neben Gaius auch Ulpian, Paulus, Modestin und Papinian — die man auch heute für große klassische Rechtsgelehrte hält. Folglich stimmt das Urteil der Nachklassiker im großen und ganzen mit dem unseren überein. Allein, daß man Julian ausgelassen hat (aber vielleicht wird er heute überschätzt?) und daß man den angeblich unbedeutenden Gaius unter die kanonisierten Juristen aufnahm.

6. All dies bleibt freilich eine bloße Hypothese. Es kann aber abschließend mit Sicherheit festgestellt werden, daß Gaius ein tüchtiger klassischer Rechtsgelehrter war. Sicherlich war er nicht der größte Geist in der römischen Rechtswissenschaft, es wäre aber auch naiv, eine Rangliste aufstellen zu wollen.

Jedenfalls blieb sein Lehrbuch erhalten, und wahrscheinlich nicht zufälligerweise. Aller Wahrscheinlichkeit nach übertrafen die gaianischen 'Institutionen' an Brauchbarkeit und Popularität andere ähnliche Werke, wohl auch die 'Institutionen' des angesehenen Ulpian. Das Lehrbuch des

---

hingegen oft zitiert wird, obwohl die herrschende Meinung ihn ebenfalls für einen 'akademischen' Juristen hält. Dies ist aber weder bei Pomponius noch bei Gaius sicher. Der Umstand, daß Pomponius die Geschichte der Rechtswissenschaft geschrieben hat, beweist eher das Gegenteil. Die Schrift erweckt ja geradewegs den Eindruck eines Pamphlets zur Verherrlichung der traditionellen, autoritären Rechtswissenschaft. Zutreffend: BRETONE, Motivi ideologici dell',,Enchiridion" di Pomponio, Labeo 11 (1965) S. 18ff. Pomponius mochte zu einer höheren gesellschaftlichen Schicht gehören und in einem besseren Verhältnis zum "establishment" gestanden haben als Gaius. Die Frage bedarf allerdings noch einer gründlichen Prüfung. Die subjektiv gefärbten Ausführungen bei LIEBS, Gaio nel suo tempo S. 61ff., sind kaum geeignet, das Verhältnis der beiden Juristen zu ermitteln.

[83] So etwa: D'ORS, a. a. O. S. 303.

Gaius war vermutlich in vielen Exemplaren im Umlauf, und es wuchs dadurch die Wahrscheinlichkeit, daß es nicht in Verschollenheit geriet. Wie dem auch sei, dieser Umstand sichert Gaius eine hervorragende Stellung unter den römischen Juristen ganz allgemein. Ein derart langes und ruhmreiches Nachleben wird geringwertigen Schriften selten zuteil.

*Bibliographie**

von ROLAND WITTMANN, München

I. Leben, Persönlichkeit, Gesamtwerk

1. G. G. ARCHI, Dubbi su Gaio, Gaio nel suo tempo, Atti del simposio romanistico, Napoli, 1966, 12—14
2. G. M. ASHER, Gaius noster, Zeitschrift für Rechtsgeschichte, 5 (1866), 85—103
3. A. BISCARDI Postille gaiane, Gaio nel suo tempo, Atti del simposio romanistico, Napoli, 1966, 15—24
4. P. BIZOUKIDES, Gaius, I—IV, Thessaloniki, 1937/1938/1939/1940
5. S. BRASSLOFF, Zur Frage der Heimat des Juristen Gaius, Wiener Studien, 35 (1913), 170—183
6. M. BRETONE, In margine al dibattito gaiano, Labeo, 12 (1966), 66—**73**
7. V. BUDIL, Gaius noster, Studi in onore di G. Grosso, 3, 305—315, Torino, 1970
8. F. CASAVOLA, Gaio nel suo tempo, Gaio nel suo tempo, Atti del simposio romanistico, Napoli, 1966, 1—11
9. F. CATTANEO, Del nome di Gaio, il giureconsulto romano del II secolo dell'era volgare, Rendiconti del Reale Istituto Lombardo di Scienze e Lettere, 14 (1881), 373—386
10. GY. DIÓSDI, Gaius: Rechtsgelehrter oder Schulmeister? Etudes offertes à J. Macqueron, 225—234, Aix en Provence, 1970
11. H. FITTING, Alter und Folge der Schriften römischer Juristen, Tübingen, 1908, Neudruck Osnabrück 1965, 49—60
12. E. GLASSON, Etude sur Gaius, 2. Aufl. Paris, 1885
13. G. GROSSO, Osservazioni su Gaio, Gaio nel suo tempo, Atti del simposio romanistico, Napoli, 1966, 32—34
14. E. GRUPE, Gaius und Ulpian, Zeitschrift der Savigny-Stiftung für Rechtsgeschichte (Rom. Abt.), 20 (1899), 90—98
15. E. GRUPE, Zur Frage der Gaianischen Digestenfragmente, Zeitschrift der Savigny-Stiftung für Rechtsgeschichte (Rom. Abt.), 17 (1896), 311—323, 18 (1897), 213—223
16. A. GUARINO, Il classicismo dei giuristi classici, Scritti giuridici per il centenario della casa ed. Jovene, Napoli, 1954, 227—241
17. N. HERZEN, Die Identität des Gaius, Zeitschrift der Savigny-Stiftung für Rechtsgeschichte (Rom. Abt.), 20 (1899), 211—229
18. A. M. HONORÉ, Gaius, Oxford, 1962
19. W. KALB, Über die Latinität des Juristen Gaius, Archiv für lateinische Lexikographie, 1 (1883), 82—92.
20. W. KALB, Roms Juristen, nach ihrer Sprache dargestellt, Leipzig, 1890, 73—88
21. M. KASER, Gaius und die Klassiker, Zeitschrift der Savigny-Stiftung für Rechtsgeschichte (Rom. Abt.), 70 (1953), 127—178

* Die Bibliographie umfaßt die seit 1925 erschienene Literatur sowie von den älteren Titeln diejenigen, die für die Gaiusforschung auch heute noch bedeutsam erscheinen. Die Literatur vor NIEBUHRS Entdeckung des Veroneser Gaius (1816) ist nicht berücksichtigt.

22. M. Kaser, La classictà di Gaio, Gaio nel suo tempo, Atti del simposio romanistico, Napoli, 1966, 42—54
23. F. Kniep, Der Rechtsgelehrte Gaius und die Ediktskommentare, Jena, 1910
24. A. Kokourek, Qui erat Gaius? Atti del congresso internazionale di diritto romano, Roma, 1933, 495—526 (Pavia, 1935)
25. H. Kroll, Zur Gaiusfrage, Jur. Diss. Münster, 1917
26. P. Krüger, Geschichte der Quellen und Literatur des römischen Rechts, 2. Aufl. München/Leipzig, 1912, 201—212
27. B. Kübler, Gaius, Pauly-Wissowa, Realenzyklopädie der classischen Altertumswissenschaft, VII, 1 (1910), 489—508
28. W. Kunkel, Herkunft und soziale Stellung der römischen Juristen, 2. Aufl. Graz/Wien/Köln, 1967, 186—213
29. J. E. Kuntze, Der Provinzialjurist Gaius, wissenschaftlich abgeschätzt, Leipzig, 1883
30. St. Longinescu, Gaius der Rechtsgelehrte, Jur. Diss. Berlin, 1896
31. D. Liebs, Gaius und Pomponius, Gaio nel suo tempo, Atti del simposio romanistico, Napoli, 1966, 60—75
32. J. Macqueron, Storia del diritto ed arcaismo in Gaio, Gaio nel suo tempo, Atti del simposio romanistico, Napoli, 1966, 76—81
33. Th. Mayer-Maly, Gaius noster, Roczniki Teologiczno-Kanoniczne, Lublin, 10 (1963) fasc. 4, 55—63
34. Th. Mommsen, Gaius ein Provinzialjurist, Gesammelte Schriften II, Berlin, 1905, 26—38
35. J. B. Nordeblad, Gaiusstudien, Lund, 1932
36. R. Orestano, Gaio, Novissimo Digesto Italiano, 7, Torino, 1961, 732—734
37. G. Padelletti: Del nome di Gaio giureconsulto, Archivio giuridico, 13 (1874), 323—337
38. P. Pescani, Difesa minima di Gaio, Gaio nel suo tempo, Atti del simposio romanistico, Napoli, 1966, 82—110
39. O. Robleda, Osservazioni su Gaio nel suo tempo, Gaio nel suo tempo, Atti del simposio romanistico, Napoli, 1966, 142—144
40. G. Scherillo, Gaio ed il sistema civilistico, Gaio nel suo tempo, Atti del simposio romanistico, Napoli, 1966, 145—153
41. R. Samter, War Gaius das männliche Pseudonym einer Frau? Deutsche Juristenzeitung, 13 (1908), 1386/1387
42. F. Schulz, History of Roman Legal Science, Oxford, 1953 (deutsche Ausgabe: Geschichte der römischen Rechtswissenschaft, Weimar, 1961)
43. J. C. van Oven, Gaius der Hochklassiker, Tijdschrift voor rechtsgeschiedenis, 23 (1955) 240—248
44. L. Wenger, Die Quellen des römischen Rechts, Wien, 1953, 506—510

II. Ausgaben der Institutionen

1. J. Baviera, Fontes Iuris Romani Anteiustiniani, II, 3—192, Firenze, 1968
2. M. David—H. L. W. Nelson, Gai institutionum commentarii IV, mit philologischem Kommentar, Leiden, 1954, 1960, 1968 (bisher 3 Lieferungen)
3. M. David, Gai institutiones, editio minor, Leiden, 1948
4. F. de Zulueta, The institutes of Gaius, I, II, Oxford, 1951/1953
5. E. Huschke, Iurisprudentiae anteiustinianae quae supersunt, 5. Aufl. Leipzig, 1886, 148—408
6. F. Kniep, Gai institutionum commentarius primus, Jena, 1911
7. F. Kniep, Gai institutionum commentarius secundus (§§ 1—96), Jena, 1912
8. F. Kniep, Gai institutionum commentarius secundus (§§ 97—289), Jena, 1913
9. F. Kniep, Gai institutionum commentarius tertius (§§ 1—87), Jena, 1914
10. F. Kniep, Gai institutionum commentarius tertius (§§ 88—225), Jena, 1917
11. P. Krüger—W. Studemund, Gai Institutiones ad Codicis Veronensis apographum Studemundianum novis curis auctum, 7. Aufl. Berlin, 1923
12. J. Reinach, Gaius, Institutes, Paris, 1950

13. E. Seckel—B. Kübler, Gai institutiones, 7. Aufl. Leipzig, 1935, 8. Aufl. hrsg. von B. Kübler, Leipzig, 1939
14. W. Studemund, Gai institutionum commentarii quattuor, Leipzig, 1873

III. Wörterbücher

1. C. de Simone, Addenda al Vocabulario delle Istituzioni di Gaio, Labeo, 8 (1962) 330—339
2. Ch. F. Elvers, Promptuarium Gaianum, Göttingen, 1824
3. P. P. Zanzucchi, Vocabulario delle Istituzioni di Gaio, Milano, 1910, Neudruck 1961, Torino, 1961, mit Vorwort von Max Kaser

IV. Institutionen

1. E. Albertario, Elementi postgaiani nelle Istituzioni di Gaio, Rendiconti del Reale Istituto Lombardo di Scienze e Lettere, 59 (1926), 195—210
2. E. Albertario, Ancora sugli elementi postgaiani nelle istituzioni di Gaio, Rendiconti del Reale Istituto Lombardo di Scienze e Lettere, 61 (1928), 285—301
3. E. Albertario, I nuovi frammenti di Gaio, Per il XIV Centenario della Codificazione Giustinianea, hrsg. von P. Ciapessoni, 505—526, Pavia, 1934 = Studi di diritto romano, 5 (1937), 461—482
4. C. Appleton, Les interpolations dans Gaius, la vraie date de ses institutes, critique qu'elles ont soulevées, Revue historique de droit, 8 (1929), 197—241
5. V. Arangio-Ruiz, Il nuovo Gaio, Bulletino dell'istituto di diritto romano, nuova serie, 1 (1934), 571—624
6. V. Arangio-Ruiz, Les nouveaux fragments des institutes de Gaius, Al Qanoun wal Iqtisad, 4 (1934), 65—86
7. V. Arangio-Ruiz, Noterelle Gaiane, Festschrift für Leopold Wenger, 2, München, 1945, 56—72
8. V. Arangio-Ruiz, Appunti sul testo di Gaio, Tijdschrift voor rechtsgeschiedenis, 29 (1961), 93—102
9. A. L. Bellinger, The text of Gaius' Institutes and Justinian's Corpus, American Journal of Philology, 70 (1949), 394—403
10. P. Bizoukides, Paratereseis tines peri ton Gaiakon syngrammaton kai epigrafon auton, Festschrift P. Koschaker, 1, Weimar 1939, 42—51
11. R. G. Böhm, Zur lex Minicia (Gaius Inst. I 77—78), Zeitschrift der Savigny-Stiftung für Rechtsgeschichte (Rom. Abt.), 84 (1967), 363—371
12. R. G. Böhm, Gaiusstudien I (1969), II, III (1969), IV, V (1972), VI, VII (1974), X (1972), XI, XII (1973), Freiburg i. Br.
13. G. Boyer, Jacques de Revigny et les Institutes de Gaius, Revue historique de droit, 37 (1959), 161—173
14. W. W. Buckland, Reflections suggested by the new fragments of Gaius, Juridical Review, 48 (1936), 339—364
15. C. A. Cannata, Sull'origine dei fragmenta Augustodunensia, Studia et Documenta Historiae et Iuris, 29 (1963), 238—252
16. C. A. Cannata, Sui fragmenta augustodunensia, Studi in onore di B. Biondi, 1, Milano, 1965, 549—563
17. C. Castello, Sul testo di Gaio I 85, Studi Ital. di Filologia Classica, 36 (1966), 190—198
18. E. Chatelain, Fragments de droit antejustinien tirés d'un palimpseste d'Autun, Revue de philologie, 23 (1899), 169—184
19. P. Collinet, Les nouveaux fragments des Institutes de Gaius (P. Oxy. 2103), Revue historique de droit, 7 (1928), 92—97
20. P. Collinet, Les nouveaux fragments des Institutes de Gaius (PSI 1182), Revue historique de droit, 13 (1934), 96—113

21. M. David, H. Nelson, Eine neue Gaius-Edition, Tijdschrift voor rechtsgeschiedenis, 19 (1951), 336—345
22. H. Dernburg, Die Institutionen des Gaius, Halle 1869 (Neudruck Frankfurt, 1968)
23. F. M. de Robertis, I problemi della responsabilità contrattuale nelle istituzioni di Gaio e le lacune del manoscritto veronese, Studi in onore di B. Biondi 1, Milano, 1965, 373—394
24. F. de Zulueta, The new Fragments of Gaius, Journal of Roman Studies, 24 (1934), 168—186, 25 (1935), 19—32, 26 (1936), 174—186
25. F. de Zulueta, Supplements to the Institutes of Gaius, Oxford, 1935
26. F. de Zulueta, The Oxyrynchus Gaius, Law Quarterly Review, 44 (1928), 198—208
27. S. di Marzo, In difesa del Gaio veronese, Studi in onore di E. Besta, 1, Milano, 1937, 109—116
28. Gy. Diósdi, The Importance of P. Oxy. 2103 and PSI 1182 for the History of Classical Roman Legal Literature, Proceedings of the Twelfth International Congress of Papyrology (Toronto 1970), American Stud. Papyrol., 7 (1970), 113—120
29. A. d'Ors, Las citas de Gayo en Juan Lido, Añuario de Historia del derecho Español, 21/22 (1951/52), 1276—1278
30. C. Ferrini, I commentarii di Gaio e l'indice greco delle Istituzioni, Opere 1, Milano 1929, 81—103
31. C. Ferrini, I frammenti di diritto pregiustinianeo del palinsesto di Autun, Opere 2, Milano 1929, 421—424
32. C. Ferrini, Sui frammenti giuridici del palinsesto di Autun, Opere 2, Milano 1929, 425—436
33. C. Ferrini, V. Scialoja, Fragmenta interpretationis Gai Institutionum Augustodunensia, Bullettino dell'Istituto del diritto romano, 13 (1900), 5—31
34. W. Flume, Die Bedeutung der Institutionen des Gaius, Zeitschrift der Savigny-Stiftung für Rechtsgeschichte (Rom. Abt.), 79 (1962), 1—27
35. M. Fuhrmann, Das systematische Lehrbuch, Ein Beitrag zur Geschichte der Wissenschaften in der Antike, Göttingen, 1960
36. M. Fuhrmann, Zur Entstehung des Veroneser Gaius-Textes, Zeitschrift der Savigny-Stiftung für Rechtsgeschichte (Rom. Abt.), 73 (1956), 341—356
37. A. Guarino, Per la data delle istituzioni di Gaio, Annali del seminario giuridico dell'università di Catania, 1 (1946/47), 331
38. E. Grupe, Die Gaianischen Institutionenfragmente in Justinians Digesten, Zeitschrift der Savigny-Stiftung für Rechtsgeschichte (Rom. Abt.), 16 (1895), 300—319
39. Ch. G. Haubold, Über die Stelle von den Interdicten in den Veronesischen Handschriften, Zeitschrift für geschichtliche Rechtswissenschaft, 3 (1817), 353—388
40. G. Hugo, Beiträge zur Erläuterung der Veronesischen Handschriften, Zeitschrift für geschichtliche Rechtswissenschaft, 3 (1817), 289—297
41. E. Huscke, Kritische Bemerkungen zum vierten Buch der Institutionen des Gaius, Zeitschrift für geschichtliche Rechtswissenschaft, 13 (1846) 248—338
42. E. Huschke, Gaius, Beiträge zur Kritik und zum Verständnis seiner Institutionen, Leipzig, 1855
43. E. Huschke, Kritische Bemerkungen zu Gaius, Zeitschrift für Rechtsgeschichte, 7 (1868), 161—192
44. A. S. Hunt, The Oxyrynchus Papyri, XVII, London, 1927, Nr. 2103
45. H. Kreller, Zur Frage der Zuverlässigkeit unserer Gaius-Überlieferung, Zeitschrift der Savigny-Stiftung für Rechtsgeschichte (Rom. Abt.), 55 (1935), 159—182
46. E. Levy, Zum Gaius von Oxyrynchos, Studi in onore di P. Bonfante, 2, Milano, 1930, 275—287
47. E. Levy, Neue Juristenfragmente aus Oxyrynchos, Zeitschrift der Savigny-Stiftung für Rechtsgeschichte (Rom. Abt.), 48 (1928), 532—549
48. E. Levy, Neue Bruchstücke aus den Institutionen des Gaius, Zeitschrift der Savigny-Stiftung für Rechtsgeschichte (Rom. Abt.), 54 (1934), 258—311
49. E. A. Lowe, Il codice veronese di Gaio, Atti del congr. intern. di diritto romano di Verona, 1, Milano, 1953, 1—6
50. E. A. Lowe, Codices Latini Antiquiores, Oxford, 1963

51. C. A. MASCHI, Caratteri e tendenze evolutive delle istituzioni di Gaio, Atti del congr. intern. di diritto romano di Verona, Milano, 1953, 7—49 = Atti dell'Accademia di Agricoltura, Scienze e Lettere di Verona, Serie VI, 1 (1949/50), 1—40

52. C. A. MASCHI, Il diritto romano nella prospettiva storica della giurisprudenza classica, Milano, 1957, 79—143, Anhang Milano, 1959, 1—69

53. C. A. MASCHI, Tutela, fedecommessi, contratti reali (Ommissioni nel manoscritto delle istituzioni di Gaio), Studi in onore di E. Volterra, 4, Milano, 1971, 667—774

54. TH. MAYER-MALY, Zur Textgestalt in Gai. II 41—61, Iura, 11 (1960), 201—209

55. H. J. METTE, Ius civile in artem redactum, Göttingen, 1954

56. TH. MOMMSEN, Der Pseudo-Gaius von Autun, Zeitschrift der Savigny-Stiftung für Rechtsgeschichte (Rom. Abt.), 20 (1899), 235—236; auch in: DERS., Gesammelte Schriften II 2, Berlin 1905, 429—430

57. R. MONIER, Les nouveaux fragments des Institutes de Gaius (PSI 1182) et leur importance pour la connaissance du droit romain, Paris, 1933

58. H. L. W. NELSON, Die textkritische Bedeutung der ägyptischen Gaiusfragmente, Symbolae M. David, 1, Leiden, 1968, 135—180

59. G. NICOSIA, Il testo di Gai. 2, 15 e la sua integrazione, Labeo, 14 (1968), 167—186

60. K. ORBINSKY, Die Wortstellung bei Gaius, Glotta, 12 (1923), 83—100.

61. G. A. PETROPOULOS, Apospasmata ton Eisegeseon tou Gaiou apo ten Aigipton, Dikaiosyne, 1933, 289—296

62. A. SCHIAVONE, L'enigma di Gaio, Labeo, 10 (1964), 445—450

63. G. SCHERILLO, Adnotationes Gaianae, I. Gaio e il sistema civilistico, II. Gaio e Nerazio, III. Il nome di Gaio, Antologia giuridica romanistica ed antiquaria, 1, Milano, 1968, 65—93; Teil I auch in: Gaio nel suo tempo, Atti del simposio romanistico, Napoli, 1966, 145—154

64. V. SCIALOJA, Frammenti antegiustinianei di Autun, Bullettino dell'istituto di diritto romano, 11 (1898), 97—112

65. H. SIBER, Das Problem der vorjustinianischen Textveränderungen, Atti del congr. intern. di diritto romano di Roma, 1, Pavia, 1934, 413—430

66. S. SOLAZZI, Spigolature Gaiane, Studia et Documenta Historiae et Iuris, 1 (1935), 253—274

67. S. SOLAZZI, Glosse a Gaio I, Studi in onore di S. Riccobono, 1, Palermo, 1936, 71—192

68. S. SOLAZZI, Glosse a Gaio II, Per il XIV centenario della codificazione giustinianea, hrsg. P. CIAPESSONI, Pavia, 1935

69. S. SOLAZZI, Glosse a Gaio III, Studia et Documenta Historiae et Iuris, 6 (1940), 320—356

70. S. SOLAZZI, Glosse a Gaio IV, Scritti di diritto romano in onore di C. Ferrini, 1, Milano, 1946, 139—199

71. S. SOLAZZI, Appunti di critica gaiana, Studi in onore di V. Arangio-Ruiz, 3, Napoli, 1953, 89—113

72. S. SOLAZZI, Quidam (Gli innominati delle istituzioni di Gaio), Atti dell'Accademia di Scienze morale e politiche della Società Nazionale di Scienze, Lettere ed Arti, 64, Napoli, 1953, 3—13

73. S. SOLAZZI, „Quodammodo" nelle istituzioni di Gaio, Studia et Documenta Historiae et Iuris, 19 (1953), 104—133

74. S. SOLAZZI, Ritorni su Gaio, Iura, 8 (1957), 1—28

75. J. VAN MEURS, De Instituten van Gaius en het Qudhelleensche recht, Tijdschrift voor rechtsgeschiedenis, 1 (1918/19), 246—258

76. J. C. VAN OVEN, De nieuwe Gaius-vondst, Tijdschrift voor rechtsgeschiedenis, 13 (1934), 248—253

77. M. VILLEY, Recherches sur la littérature didactique du droit romain, Paris, 1945

78. E. WEISS, Untersuchungen zum neuen Gaius, Festschrift F. Schulz, 2, Weimar, 1951, 79—100

79. L. WENGER, Zur Altersbestimmung des Gaius Florentinus, Scritti in onore di C. Ferrini, 4, Milano, 1949, 268—283

80. F. WIEACKER, Griechische Wurzeln des Institutionensystems, Zeitschrift der Savigny-Stiftung für Rechtsgeschichte (Rom. Abt.), 70 (1953), 93—126

81. F. WIEACKER, Vorbedingungen einer kritischen Gaius-Ausgabe, Atti del congr. intern. di diritto romano di Verona, 1, Milano, 1951, 51—74

82. F. Wieacker, Über das Gaiusexemplar der Theophilus-Paraphrase, Festschrift für J. v. Gierke, Berlin, 1950, 299—315

83. F. Wieacker, Oströmische Gaiusexemplare, Festschrift für F. Schulz, 2, Weimar, 1951, 101—144

84. F. Wieacker, Textstufen klassischer Juristen, Göttingen, 1960, 186—199

85. M. Wlassak—E. Schönbauer, Gaius-Studien zu Inst. IV 60, Revue Intern. des Droits de l'Antiquité, 9 (1962), 437—475

86. H. J. Wolff, Zur Geschichte des Gaiustextes, Studi in onore di V. Arangio-Ruiz, 4, Napoli, 1953, 171—196

87. L. Zuncan, Per l'interpretazione di PSI XI, 1182, lin. 14—44, Atti Accad. Torino, 69 (1933—34), 270—278

V. Gai epitome

1. E. Albertario, Sulla epitome Gai, Atti del congr. intern. di diritto romano di Roma, Pavia, 1934, 1, 495—503 = Studi di diritto romano, 5, Milano, 1937, 267—276

2. G. G. Archi, L'epitome Gai, Milano, 1937

3. J. Baviera, Fontes Iuris Romani Anteiustiniani, II, Firenze 1968, 231—257

4. E. Boecking, Corpus Iuris Romani Bonnense, I 1, Bonn, 1841, 8—39

5. M. Conrat, Die Entstehung des westgothischen Gaius, Amsterdam, 1905

6. G. Haenel, Lex Romana Wisigothorum, Leipzig, 1849, 314—377

7. F. H. Hitzig, Beiträge zur Kenntnis und Würdigung des sog. westgotischen Gaius, Zeitschrift der Savigny-Stiftung für Rechtsgeschichte (Rom. Abt.), 14 (1893), 187—223

8. B. Kübler—E. Huschke, Iurisprudentiae anteiustinianae quae supersunt, II 2, 6. Aufl. Leipzig, 1927, 398—431

VI. Gaius in seiner Stellung zu einzelnen Rechtsinstituten

1. E. Albertario, Appunti sul consorzio familiare romano, Rivista di diritto commerciale, 32 (1934), 227—238

2. R. Ambrosino, Da Giavoleno a Gaio in tema di postliminium, Studia et Documenta Historiae et Iuris, 5 (1939), 202—217

3. L. Amirante, Gai. 1,135: Appunti per la storia del dogma della pendenza, Bullettino dell'istituto di diritto romano, 3. ser., 3 (1961), 109—125

4. V. Arangio-Ruiz, D. 44,7,25,1 e la classificazione gaiana delle fonti di obbligazione, Mélanges offertes à G. Cornil, 1, Paris, 1926, 81—95 = Scritti di diritto romano, 2, Camerino, 1974, 141—156

5. G. G. Archi, La summa divisio rerum in Gaio e in Giustiniano, Studia et Documenta Historiae et Iuris, 3 (1937), 5—19

6. G. v. Beseler, Intentio in factum concepta? Tijdschrift voor rechtsgeschiedenis, 10 (1930), 161—199

7. G. v. Beseler, Gai. I 182, Zeitschrift der Savigny-Stiftung für Rechtsgeschichte (Rom. Abt.), 50 (1930), 443

8. G. v. Beseler, Zu Gaius 3, 149, Studia et Documenta Historiae et Iuris, 4 (1938), 205—207

9. F. Bonifacio, Riflessioni su Gai. 4, 108, Studi in onore di E. Volterra, 4, Milano, 1971, 401—411

10. U. Brasiello, Obligatio re contracta, Studi in onore di P. Bonfante, 2, Milano, 1930, 539—587

11. V. Capocci, Ad Gai institutiones 4, 62, rei uxoriae iudicium, Bullettino dell'istituto di diritto romano, 36 (1928), 139—143

12. E. Carrelli, Possessio vel ususfructus in Gai. II 7, Studia et Documenta Historiae et Iuris, 1 (1935), 379—391

13. G. Cervenca, A proposito di Gai. 2, 163 e 2, 280, Gaio nel suo tempo, Atti del simposio romanistico, Napoli, 1966, 25—31

14. M. David—H. L. W. Nelson, In causa mancipii esse, Tijdschrift voor rechtsgeschiedenis, 19 (1951), 439—444

15. A. d'Ors, Re et verbis, Atti del congr. intern. di diritto romano di Verona, 3, Milano, 1951, 265—303

16. A. D'Ors, The "odium furum" of Gaius 4, 4, Revue internationale des droits de l'antiquité, 3e série, 12 (1965), 453—467

17. H. Erman, Gaius IV 46, Zeitschrift der Savigny-Stiftung für Rechtsgeschichte (Rom. Abt.), 58 (1938), 164—167

18. P. Frezza, Il consortium ercto non cito e i nuovi frammenti di Gaio, Rivista di filologia e d'instruzione classica, nuova serie, 12 (1934), 27—46

19. P. Frezza, Osservazioni sulla legis actio per iudicis postulationem, Studia et Documenta Historiae et Iuris, 9 (1943), 20—26

20. V. Giuffrè, „Convalescere" in Gai. 2, 218, Synteleia V. Arangio-Ruiz, 2, Napoli, 1964, 623—638

21. F. Gnoli, Spunti critici sull'interpretazione di Gai. 4, 1, Studi in onore di G. Scherillo, 1, Milano, 1972, 67—92

22. O. Gradenwitz, Zu Gai. IV 21, Zietschrift der Savigny-Stiftung für Rechtsgeschichte (Rom. Abt.), 51 (1931), 430

23. G. Grosso, Appunti sulle distinzioni delle „res" nelle istituzioni di Gaio, Studi in onore di E. Besta, 1, Milano, 1937, 33—54

24. G. Grosso, Gai. III 133: Riflessioni sul concetto del ius gentium, Revue internationale des droits de l'antiquité, 2 (1949), 395—400

25. G. Grosso, Gai. III 146 e la retroattività della condicione, Studia et Documenta Historiae et Iuris, 9 (1943), 290/291

26. A. Guarino, Gai. 2, 155 e il beneficium dell'heres necessarius, Studia et Documenta Historiae et Iuris, 10 (1944), 240—266

27. A. Guarino, Questioni intorno a Gai. 3, 10, Studia et Documenta Historiae et Iuris, 10 (1944), 290—301

28. M. Horvat, Gaio e le fonti del diritto, Gaio nel suo tempo, Atti del simposio romanistico, Napoli, 1966, 35—41

29. H. Kreller, Ipsam rem condemnare, Zur Kritik von Gai. IV 48, Zeitschrift der Savigny-Stiftung für Rechtsgeschichte (Rom. Abt.), 58 (1938), 36—61

30. H. Kreller, Res als Zentralbegriff des Institutionensystems, Zeitschrift der Savigny-Stiftung für Rechtsgeschichte (Rom. Abt.), 66 (1948), 572—599

31. H. Kreller, Zwei Gaiusstellen zur Geschichte der juristischen Person, Atti del congr. intern. di diritto romano di Verona, 3, Milano, 1951, 1—16

32. L. Labruna, Interpretazione di Gai. 3, 119a, Gaio nel suo tempo, Atti del simposio romanistico, Napoli, 1966, 55—60

33. F. G. Lardone, The Imperial Constitutions in the Institutes of Gaius, Studi in onore di S. Riccobono, 1, Palermo, 1936, 653—697

34. M. Lemosse, Gaius Inst. III 94: Anachronisme ou actualité? Etudes offertes à J. Macqueron, Aix-en-Provence, 1970, 431—437

35. O. Lenel, Intentio in factum concepta? Zeitschrift der Savigny-Stiftung für Rechtsgeschichte (Rom. Abt.), 48 (1928), 1—20

36. E. Levy, Neue Lesung von Gai. IV 62, Zeitschrift der Savigny-Stiftung für Rechtsgeschichte (Rom. Abt.), 49 (1929), 472/473

37. H. Lévy-Bruhl, Une glose dans Gaius IV 16, Revue historique de droit, 11 (1932), 127/128

38. G. Lombardi, Sulla presunta glossa in Gai. 3, 93, Studia et Documenta Historiae et Iuris, 17 (1951), 279—281

39. U. v. Lübtow, Betrachtungen zum gaianischen Obligationenschema, Atti del congr. intern. di diritto romano di Verona, 3, Milano, 1951, 239—264

40. R. Martini, „Genus" et „species" nel linguaggio gaiano, Synteleia V. Arangio-Ruiz, 1, Napoli, 1964, 462—468

41. PH. MEYLAN, La mancipation de Gaius (I 119) est-elle la source d'une obligation d',,auctoritas"? Studia et Documenta Historiae et Iuris, 15 (1949), 427/428

42. PH. MEYLAN, Gaius, Inst. I 119: ,,rem tenens" ou ,,aes tenens"? Studi in memoria di E. Albertario, 1, Milano, 1953, 215—232

43. PH. MEYLAN, Gai. 2, 47, Studi in onore di E. Volterra, 1, Milano, 1971, 185—198

44. R. MONIER, Les rapports entre le fr. 57, D. 44, 7 et le nouveau fragment de Gaius (Inst. III 154), Revue historique de droit, 17 (1938), 304—306

45. M. NICOLAU—P. COLLINET, Gaius, Inst. IV 48: La condemnation pécuniaire sous les actions de la loi, Revue historique de droit, 15 (1936), 751—768

46. S. PEROZZI, Gaio 1, 185 ed Inst. 1, 20,3, Scritti giuridici, 3, Milano, 1948, 241—261

47. S. PEROZZI, Intorno a Gaio 4,60, Scritti giuridici, 3, Milano, 1948, 497—507

48. S. PEROZZI, Interpretazione di Gaio 3,119a, Scritti giuridici, 2, Milano, 1948, 629—638

49. F. PRINGSHEIM, Eine absichtliche Textkürzung in Gai. Ver. 3,161, Studi in onore di E. Besta, 1, Milano, 1939, 323—373

50. F. PRINGSHEIM, Noch einmal Gai. III 161 und Inst. Just. 3,28,8, Zeitschrift der Savigny-Stiftung für Rechtsgeschichte (Rom. Abt.), 72 (1955), 54—89

51. U. ROBBE, Osservazioni su Gaio, Gaio nel suo tempo, Atti del simposio romanistico, Napoli, 1966, 111—141

52. O. ROBLEDA, El derecho subjetivo en Gayo, Studi in onore di G. Scherillo, 1, Milano, 1972, 1—17

53. S. SOLAZZI, Gaio e la legge Iunia Vellaea, Atheneum, 18 (1930), 45—71

54. S. SOLAZZI, Gai. III 56, Studia et Documenta Historiae et Iuris, 3 (1937), 145—149

55. S. SOLAZZI, Societas e communio a proposito di Gai. III 154a, Napoli, 1935

56. S. SOLAZZI, Fra Gai. III 78 e D. 21,2,57 pr., Studia et Documenta Historiae et Iuris, 3 (1937), 454—457

57. S. SOLAZZI, L'odio per le legis actiones in Gai. IV 30, Festschrift L. Wenger, 2, München, 1945, 49—55

58. S. SOLAZZI, Dall' ususfructus della sponsalicia largitas all' ususfructus di Gai. 2,7, Studia et Documenta Historiae et Iuris, 17 (1951), 252—255

59. S. SOLAZZI, Due note alle istituzioni di Gaio, Atti del congr. intern. di diritto romano di Verona, 3, Milano, 1951, 305—322

60. S. SOLAZZI, Un ingenuo commento della legge Fufia Caninia in Gai. 1,43, Studia et Documenta Historiae et Iuris, 20 (1954), 303/304

61. S. SOLAZZI, L'abuso del diritto in Gai. 1,53, Studia et Documenta Historiae et Iuris, 20 (1954), 304—309

62. S. SOLAZZI, Diritto e aritmetica in Gai. 1,54, Studia et Documenta Historiae et Iuris, 20 (1954), 309—316

63. S. SOLAZZI, Senatus consulto iubetur in Gai. 1,84 Studia et Documenta Historiae et Iuris, 20 (1954), 316—318

64. S. SOLAZZI, Il ius postliminii in Gai. 1,129, Studia et Documenta Historiae et Iuris, 20 (1954), 318—320

65. S. SOLAZZI, Actio legis Aquiliae e actio legis Corneliae de sicariis in Gai. 3,213, Studia et Documenta Historiae et Iuris, 20 (1954), 321—323

66. S. SOLAZZI, Su Gai. I 199—200, Symbolae R. Taubenschlag, 1, Breslau/Warschau, 1956, 499—503

67. S. SOLAZZI, La responsabilità del commodatario nelle istituzioni di Gaio, Iura, 6 (1955), 139—145

68. S. SOLAZZI, Da Gai. 2,8 a D. 49,16,3,17, Studia et Documenta Historiae et Iuris, 23 (1957), 299/300

69. R. STONE, Gaius noster and ,,Res nostra", Zeitschrift der Savigny-Stiftung für Rechtsgeschichte (Rom. Abt.), 83 (1966), 357—365

70. J. A. C. THOMAS, Gaius and the Gladiators, Temis, 21 (1967), 151—156

71. C. ST. TOMULESCU, Gaius 1,111 und die Ehe usu, Festgabe für U. v. Lübtow, Berlin, 1970, 401—410

72. J. TRIANTAPHYLLOPOULOS, Peregrinus fidepromissor (Gai. 3,120), Mélanges d'hist. ancienne offerts à W. Seston, Paris, 1974, 473—480

73. J. C. VAN OVEN, Gai. IV 61, Tijdschrift voor rechtsgeschiedenis, 12 (1933), 29—37
74. J. C. VAN OVEN, Remarques sur Gai. 3,91, Iura, 1 (1950), 21—33
75. J. C. VAN OVEN, Gaius 3,158: mandatum post mortem mandatoris, Symbolae R. Tauben-schlag 1, Breslau/Warschau, 1956, 529—540
76. J. C. VAN OVEN, L'origine de la glose dans Gaius 3,91, Tijdschrift voor rechtsgeschie-denis, 25 (1957), 196—210
77. U. WESEL, Über den Zusammenhang der lex Furia, Voconia und Falcidia, Zeitschrift der Savigny-Stiftung für Rechtsgeschichte (Rom. Abt.), 81 (1964), 308—316
78. F. WIEACKER, Societas, Weimar, 1936, 126—211
79. W. WOŁODKIEWICZ, Obligationes ex variis causarum figuris, Rivista italiana per le scienze giuridiche, 14 (1970) 77—227
80. F. B. J. WUBBE, Gaius et les contrats réels, Tijdschrift voor rechtsgeschiedenis, 35 (1967), 500—525
81. P. ZAMORANI, Gaio e la distinzione ,,res corporales", ,,res incorporales", Labeo, 20 (1974), 362—369

VII. Die übrigen Werke des Gaius

1. V. ARANGIO-RUIZ, Sul liber singularis regularum — Appunti Gaiani, Bullettino dell'isti-tuto di diritto romano, 30 (1921), 178—219 = Scritti di diritto romano, 2, Camerino, 1974, 89—132
2. V. ARANGIO-RUIZ, Ancora sulle Res cottidianae, Studio di giurisprudenza postclassica, Studi in onore di P. Bonfante, 1, Milano, 1930, 495—521 = Scritti di diritto romano, 2, Camerino, 1974, 217—246
3. E. BALOGH, Über das Alter der Ediktskommentare des Gaius, Eine Skizze aus der römi-schen Rechtsgeschichte, Hannover, 1914
4. W. W. BUCKLAND, Gaius and the liber singularis regularum, Law Quarterly Review, 40 (1924), 185—201
5. W. W. BUCKLAND, L'edictum provinciale, Revue historique de droit, 13 (1934), 81—96
6. W. W. BUCKLAND, Gaius and the liber singularis again, Law Quarterly Review, 53 (1937), 508—518
7. S. DI MARZO, I libri rerum cottidianarum sive aureorum, Bullettino dell'istituto di diritto romano, 51/52 (1948), 1—98
8. C. FERRINI, I commentari di Terenzio Clemente e di Gaio ad legem Iuliam et Papiam, Opere 2, Milano, 1929, 251—268
9. A. GUARINO, Gaio e l'edictum provinciale, Iura, 20 (1969), 154—171
10. O. LENEL, Palingenesia Iuris Civilis, I, Leipzig, 1889, 182—266
11. R. MARTINI, Ricerche in tema di editto provinciale, Milano, 1969, 103—128
12. F. v. VELSEN, Das edictum provinciale des Gaius, Zeitschrift der Savigny-Stiftung für Rechtsgeschichte (Rom. Abt.), 21 (1900), 73—148
13. A. ZOCCO-ROSA, Il commento di Gaio alla Legge delle XII Tavole, Rivista italiana per le scienze giuridiche, 5 (1888), 193—215

Papiniano: fra tradizione ed innovazione

di Vincenzo Giuffrè, Napoli

Sommario

I. Le vicende della 'fortuna' di Papiniano

Si può dire che per nessun giurista si sia svolto nell'ultimo cinquantennio un ripensamento storiografico tanto sconvolgente, quanto per Papiniano[1].

---

[1] La bibliografia concernente Papiniano è elencata, sino agli anni '60, in calce al breve profilo dell'Orestano, Pap. Em. (Aemilius Papinianus), Noviss. dig. ital. XII (1965) 364ss. Ad essa si fa rinvio qui, con l'avvertenza che gli scritti di ancor fresca attualità saranno quasi tutti richiamati ai luoghi opportuni.
Alcuni di essi sono stati anche ristampati: lo studio del Solazzi, Per la stor. della giurispr. rom. (2: Sui 'Libri responsorum' di Pap.; 3: C. Th. 9.43.1 pr. e le note di Ulpiano e Paolo a Pap.), si trova ora anche negli Scritti di dir. rom. IV (1963) 521ss.; l'opera del Costa, Papiniano, St. di stor. interna del dir. rom., è stata ristampata, a cura de l'Erma, nel 1964, anastaticamente ma riunendo in due volumi i quattro tomi originarî; in ristampa anastatica si può leggere altresì Fitting, Alter und Folge der Schriften röm. Jur. von Hadr. bis Alex. (1965, p. 71ss.); la ricerca del Kunkel, Herkunft und soziale Stellung der röm. Jur., è stata riedita con appendice di aggiornamento (1967, p. 224ss. e 411); l'articolo dello Schiller su 'Provincial Cases in Papinian' è stato incluso nella raccolta di scritti del medesimo autore: An American Experience in Rom. Law (1971) 126ss. Della 'Storia della giurisprudenza romana' dello Schulz (in inglese, 1946, rist. 1953 con aggiunte) si è avuta una traduzione italiana del Nocera (1968), condotta tenendo presente la edizione tedesca (1961) curata dal Flume, che si era fondato sull'originale annotato dell'autore: per praticità è alla sola edizione in italiano che si riferiranno le citazioni.
L'aggiornamento della lista della letteratura data dall'Orestano può essere limitato alla menzione (sempre in ordine cronologico) delle seguenti opere: Gualandi, Legislazione

Fra i posteri romani bizantini e medioevali ebbe fama, che conservò a lungo presso i moderni, di principe e rappresentante tipico della giurisprudenza romana. Le sue opere furono ben presto chiosate da autori della tempra e dottrina di Paolo, Ulpiano[2], e ancora Marciano[3]. La cancelleria dioclezianea lo appella *vir prudentissimus*[4]. Agli inizi del IV secolo sono già

imperiale e giurispr. 1 (1963) 409ss.; Mor, ,,Papianus", St. stor. in memor. di A. Mercati (1956) 247ss.; Pflaum, Les carrières procuratoriennes équestres sous le Haut-Emp. rom. 2 (1960) 583s.; Honoré, Gaius (1962) 40, 42ss., 128s., 130; Santalucia, Le note pauline ed ulpianee alle ,,quaestiones" ed ai ,,responsa" di Pap., BIDR. 68 (1965) 49ss.; Martini, Le definizioni dei giuristi rom. (1966) 257ss.; Nörr, Pap. und Gryphius, Zum Nachleben Papinians, ZSS. 83 (1966) 308ss.; Syme, Three Jur., Bonner Historia-Augusta-Coll. 1968—69 (1970) 309ss.; Cervenca, Appunti sui ,,libri singulares de adulteriis" di Pap. e di Paolo, St. in onore di E. Volterra III (1971) 395ss.; van de Wouw, Papinians 'Libri duo de adult.', Versuch einer krit. Palingenesie, T. 41 (1973) 311ss.; Honoré, Rodger, Citations in the Edictal Comment., T. 42 (1974) 57ss.; Pescani, Il piano del Dig. e la sua attuazione, BIDR. 77 (1974) 227, 231s., 265ss., 278, 348ss., 397, 398s., 403ss. Molto utili per la ricostruzione di aspetti del pensiero papinianeo e della critica moderna sui resti delle sue opere si presentano anche: Voci, I garanti del tutore nel pensiero di Pap., Iura 20 (1969) 313ss.; H. J. Wolff, Pap. und die 'Allelengye', St. Volterra cit. 735ss.

[2] Nonostante i dubbi avanzati per più versi da varî studiosi, il Wieacker, Textstufen klass. Jur. (1960) 333, 341, ritiene che l'esame della tradizione testuale delle opere giurisprudenziali romane confermi che i due giuristi veramente annotarono le 'Quaestiones' ed i 'Responsa' papinianei (v. amplius infra n. 5).
A sua volta, in seguito ad un accurato studio esegetico, il Santalucia, op. cit. passim, afferma che, mentre le note conservateci nei frammenti berlinesi e parigini presentano caratteri tali da far dubitare fortemente della loro autenticità, quelle contenute nel 'Digesto' ,,resistono alle censure ad esse rivolte e risultano essere effettivamente le genuine annotazioni che Paolo e Ulpiano apposero" (p. 55s.): esse ,,derivano da un diverso filone di tradizione manoscritta", e perciò bisogna ,,avvicinarsi alle stesse con fiducia molto maggiore di quella che dai più recenti studiosi è loro solitamente accordata" (p. 146).
Le (originali) note pauline ed ulpianee non appaiono volte ad introdurre un *tractatus* relativo ad argomenti connessi, prendendo spunto dal tema esaminato da Papiniano. Ma, secondo la convincente classificazione del Santalucia, p. 109 (e cfr. spec. 61, 66), sono essenzialmente ,,integrative" o ,,esplicative". Non mancano, ad onta della falcidia dei compilatori, note ,,critiche". Orbene, a parte il rilievo che anch'esse spesso si risolvono nell'indicazione di diverse possibili soluzioni o di deroghe al principio enunciato (cfr. spec. p. 76, 91), ed a prescindere dalla osservazione che la chiosa contraria era tipica dell'esperienza giurisprudenziale romana (che è stata definita di *ius controversum*: Kaser, Zur Methodologie der röm. Rechtsquellenforschung [1972] passim e spec. 21, 26), proprio la circostanza che ,,pure Papiniano, agli occhi di Paolo e Ulpiano, era suscettibile di critica" (sono parole dello Schulz, op. cit. 500) è indice del fatto che fu avvertita anche dai contemporanei la grande e duratura incidenza che il suo pensiero avrebbe avuto nella vita del *ius Romanorum* (al di là dell'ovvia influenza, su subalterni ed organi periferici, dell'opinione espressa, sia pure in forma privata, da un prefetto del pretorio in carica). Ci si affrettò, infatti, a puntualizzare, quando necessario, che altre interpretazioni erano proponibili.

[3] Dalla Const. Deo auctore 6 si apprende che anche Marciano appose annotazioni ad opere papinianee. Di esse sono sopravvissute, nel 'Digesto', soltanto due, ai 'Libri de adulteriis'. Ma, com'è ovvio, tale circostanza non autorizza ad escludere che egli abbia chiosato anche altri scritti di Papiniano. — V. anche infra nt. 5.

[4] C. 5.71.14 (Diocl. Max. Frontoni, a. 293), su cui da ultimo, con letteratura, Santalucia, op. cit. 132ss.
Non si possono tuttavia seguire alcune delle conclusioni a cui perviene l'a., e cioè che ,,il testo papinianeo sottoposto dall'interpellante alla cancelleria imperiale fosse una di quelle

tali e tante le trascrizioni raffazzonate dei suoi scritti, e le conseguenti controversie forensi, che gli uffici costantiniani inducono l'imperatore ad intervenire drasticamente[5]. Nei secoli bui della scienza giuridica romana

raffazzonature — sul tipo dei frammenti berlinesi e parigini — che correvano, fin dai tempi di Diocleziano e Massimiano, tra le mani dei pratici del diritto": ,,detto testo, probabilmente, non soltanto riportava in termini inesatti il responso di Papiniano . . ., ma altresì conteneva delle note apocrife volte a convalidare l'opinione pseudo-papinianea". In realtà, invece, il rescritto così si esprime: . . . *viri prudentissimi Papiniani responso ceterorumque, quorum precibus fecisti mentionem* . . . Non vi si dice affatto che le opinioni dei *ceteri* erano riportate, in una sorta di compilazione, a mò di note al responso di Papiniano; anzi, non si lascia neppure intendere che una qualche pubblicazione dei 'Responsa' di Papiniano fosse stata esibita alla cancelleria imperiale. L'interpellante (o, meglio, chi per lui aveva stilato le *preces*) aveva soltanto menzionato (citato) i pareri di Papiniano e di altri autori. Che, poi, li avesse tratti tutti insieme da un'unica pubblicazione è probabile, come è indubitabile che siffatte pubblicazioni esistessero (e forse ben prima dell'età dioclezianea): ma tutto ciò risulta a noi da altri dati, non dal testo di C. 5.71.14.

[5] È noto che il 14 settembre 321 Costantino, in una costituzione indirizzata *ad Maximum p. u.*, stabilì per un caso particolare che: *remotis Ulpiani atque Pauli notis Papiniani placet valere sententiam* (C. Th. 9.43.1 pr. = C. 9.51.13 pr.). Senonchè, dopo quattordici giorni, cioè il 28 settembre 321, forse perchè resosi vieppiù conto che le statuizioni di carattere parziale e limitato non riuscivano sufficienti all'uopo, sancì la generale ed indiscriminata soppressione (a fini ufficiali) di tutte le note di Paolo e di Ulpiano *in Papinianum* (C. Th. 1.4.1): *Perpetuas prudentium contentiones eruere cupientes Ulpiani ac Pauli in Papinianum notas, qui, dum ingenii laudem sectantur, non tam corrigere eum, quam depravare maluerunt, aboleri praecipimus.* Questa 'legge di cassazione' (la perspicua denominazione è di M. A. DE DOMINICIS, Contr. allo st. delle fonti papinianee d'età postclass., St. in onore di P. De Francisci IV [1956] 325 nt. 1) è confermata dalla cd. legge delle citazioni (C. Th. 1.4.3), che rinnovò l'abrogazione (non è fondato il sospetto che la conferma sia intrusa: cfr. già BISCARDI, St. sulla legislazione del Basso Imp. 1: La legge delle citazioni, St. senesi 53 [1939] 411 nt. 1). Invece Giustiniano rimuove i 'divieti' (Const. Deo auctore 6): v. PESCANI, op. cit. 231 s., 278.

Egli interpreta ufficialmente la loro ratio quale salvaguardia del puro pensiero papinianeo (*propter honorem splendidissimi Papiniani*). Ma, in realtà, essa dovette essere piuttosto intesa a far cessare le diatribe sulla genuinità delle annotazioni che giudici ed avvocati avevano tra le mani. Si badi, fra l'altro, alla circostanza che la legge delle citazioni, la quale si era preoccupata della collazione dei riferimenti ai giuristi con manoscritti fide-facenti (*si tamen eorum libri propter antiquitatis incertum codicum collatione firmentur*), parla di *notae (etiam Pauli atque Ulpiani) factae in Papiniani 'corpus'*. Nè si trascuri il rilievo che Giustiniano, se è vero che dà vigore normativo alle sole note che appaiono necessarie ad integrare o ad interpretare le decisioni del sommo Papiniano, tuttavia si preoccupa anche egli della loro autenticità, giacchè precisa che le annotazioni delle quali è ristabilita l'efficacia sono quelle *in (hunc) codicem relatae* e non altre (v. già DE DOMI-NICIS, op. cit. 339, e SANTALUCIA, op. cit. 146).

Nella citata costituzione, Giustiniano restituisce valore, oltre che alle note di Paolo ed Ulpiano, anche a quelle di Marciano allo stesso Papiniano. Giacchè non ci è conservato il provvedimento con cui quelle annotazioni furono specificamente 'abolite', sono state avanzate varie ipotesi: dall'abbandono 'di fatto' perchè limitate soltanto all'opera 'De adulteriis', alla invalidazione di tutte le opere di Marciano da parte della legge delle citazioni, al sopravvenire dei dubbi soltanto dopo il 426, cioè dopo la data di quel provvedimento. Quest'ultima è l'ipotesi avanzata, come l',,unica" plausibile, dal SANTALUCIA, op. cit. 145 s. nt. 256 (ivi le altre indicazioni). Tuttavia la gamma delle supposizioni non è esaurita. Non si è sufficientemente riflettuto, infatti, sul fatto che il provvedimento di cui a C. Th. 1.4.3, nel condannare le *notae in Papiniani corpus*, si riferisce a quelle di Paolo ed Ulpiano con un significativo *etiam*, che ne rende la menzione a dir così esempli-

Papiniano diventa addirittura ,,un nome magico"[6]. A lui è assegnata la prevalenza nel tribunale dei morti evocato dalla cd. legge delle citazioni[7]. Correlativamente, anzi con influenza reciproca, anche il pensiero storiografico o se si vuole pamphlettistico tardo — del resto espresso probabilmente da persone aduse anche agli ambienti curiali, forensi — designa l'ormai antico giurista come *iuris asylum et doctrinae legalis thesaurus*[8], consegnandolo alla tradizione come martire di Caracalla, di cui la sua austerità morale aveva impedito di giustificare il fratricidio[9].

ficativa o emblematica, non esaustiva. Pertanto l'estensore della *constitutio* giustinianea, che si trovava di fronte a note pure di Marciano (quanto meno per una sola opera papinianea), potrebbe aver interpretato la formula generica della legge delle citazioni appunto nel senso della invalidazione 'anche' delle annotazioni marcianee: avrebbe aggiunto perciò alla menzione delle note *ex Ulpiano et Paulo* il *nec non Marciano* che si legge solo in Deo auctore 6. D'altra parte, siffatta interpretazione non aveva (nell'età giustinianea) e non ha alcuna inverosimiglianza, sul piano filologico e su quello storico. Essa rimane infatti egualmente valida se si volesse ritenere che l'*etiam* aveva funzione di congiunzione e serviva ad introdurre la locuzione *notas* . . . , in vece della specificazione . . . *Pauli atque Ulpiani*. Storicamente, poi, è improbabile che i dubbi sulla genuinità e sulla funzione (positiva o non) delle note a Papiniano investissero per lungo tempo solo quelle paoline ed ulpianee e non pure le annotazioni (limitate che fossero) di Marciano. Oltre tutto, i 'falsificatori' postclassici avrebbero avuto (e magari effettivamente ebbero) buon gioco ad attribuire a costui tutte le correzioni o estensioni del pensiero papinianeo che per avventura ritenevano utili ai loro fini.

Perciò è più probabile che, a prescindere da espliciti divieti, perlomeno nella vita giudiziaria e nella prassi delle cancellerie imperiali post-constantiniane tutte le chiose alle opere papinianee fossero ritenute ufficialmente inutilizzabili.

[6] L'espressione è dello SCHULZ, op. cit. 522 e nt. 1.

[7] Sulla legge delle citazioni non si può che rinviare ai più recenti contributi monografici: M. A. DE DOMINICIS, Sulla validità dei richiami a ,,Scaevola", ,,Sabinus" etc. nella l. delle citaz., Synteleia Arangio-Ruiz I (1964) 552ss.; DELL'ORO, Il Digesto di Giust. e la l. delle citazioni, ivi 354ss.; WATSON, The Law of Citations and Class. Texts in the Post-class. Period, T. 34 (1966) 402ss. Non si tratta, per Papiniano, di una prevalenza (che pure sarebbe altamente significativa) a dir così solo 'teorica' o meramente 'onorifica', nel senso cioè che essa si sarebbe adattata allo stato di conservazione dei testi 'classici'. Infatti, è ben vero che, specie nell'età postclassica, il *corpus* papinianeo risulta tra i più diffusi, ma è vero pure che le opere di Paolo ed Ulpiano, a voler tacere dei 'minori' Gaio e Modestino, erano anch'esse altrettanto, se non più, generalmente apprezzate ed utilizzate.

[8] SHA. Sev. 21.8. Adde, fra le tante espressioni immaginifiche magnificanti, Cassiod. 6.5: *Thesaurus famae publicae et armarium legum*. Cfr. ancora Hieron. ep. 77 ad Ocean.: *Aliae sunt leges Caesaris, aliae Christi, aliud Papinianus, aliud Paulus noster praecepit.*

[9] SHA. Sev. 21.8 cit.: . . . *Papinianum*, . . . , *quod parricidium excusare noluisset, occidit* (sc. *Caracalla*) *et praefectum quidem, ne homini per se et per scientiam suam magno deesset et dignitas*; SHA. Carac. 3.2; id. 4.1: *Dein in conspectu eius Papinianus securi percussus a militibus et occisus est. Quo facto percussori dixit: 'Gladio te exsequi oportuit meum iussum'.* . . . ; id. 8.1—8: *Scio de Papiniani nece multos ita in litteras rettulisse, ut caedis non adsciverint causam, aliis alia referentibus; sed ego malui varietatem opinionum edere quam de tanti viri caede reticere . . . (memoriae traditur) egisse quin etiam ne occideretur, cum iam de insidiis eius Bassianus quaereretur; atque ideo una cum iis qui fautores fuerant Getae a militibus, non solum permittente verum etiam suadente Antonino, occisum. Multi dicunt Bassianum occiso fratre illi mandasse, ut et in senatu pro se et apud populum facinus diluiret, illum autem respondisse non tam facile parricidium excusari posse quam fieri. Est etiam haec fabella, quod dictare noluerit orationem qua invehendum erat in fratrem ut causa eius melior fieret qui occiderat; illum autem negantem respondisse illud esse parricidium*

Anche perciò Giustiniano lo antepone a tutti: *acutissimi ingenii vir et merito ante alios excellens*[10]. E continua a subissare dello studio delle sue non facili dottrine gli studenti del terzo anno, quelli che erano detti appunto *Papinianistae* e si ripagavano anticipatamente dello sforzo che gli amici più anziani preannunciavano con una festa, che gli ambienti aulici nobilitano come intesa a glorificare il sublime giurista: *Ne autem tertii anni auditores, quos Papinianistas vocant, nomen et festivitatem eius amittere videantur, ipse iterum in tertium annum per bellissimam machinationem introductus est: librum enim hypotheacariae ex primordiis plenum eiusdem maximi Papiniani fecimus lectione, ut et nomen ex eo habeant et Papinianistae vocentur et eius reminiscentes et laetificentur et festum diem, quem, cum primum leges eius accipiebant, celebrare solebant, peragant, et maneat viri sublimissimi praefectorii Papiniani et per hoc in aeternum memoria hocque termine tertii anni doctrina concludatur*[11].

Del resto, Giustiniano e la sua commissione si trovavano dinanzi ad una situazione di fatto che non avrebbero saputo, ancorché per assurdo l'avessero voluto anzi solo pensato, come invertire. Si lasci da parte la pur significativa tradizione goliardica. Non si considerino neppure le influenze delle cerchie extraburocratiche colte, specie scolastiche, il cui lavoro si

---

aliud accusare innocentem occisum . . . Et fertur quidem Papinianus, cum raptus a militibus ad Palatium traheretur occidendus, praedivinasse, dicens eum stultissimum fore qui in suum subrogaretur locum, nisi adpetitam crudeliter praefecturam vindicaret . . . ; SHA. Get. 6.3; Dio Cass. 77.4; Zosim. 1.9; Aur. Vict. de Caes. 20.33—34; Boet. de phil. consol. 3.5: *Papinianum diu inter aulicos potentem militum gladiis Antoninus obiecit.*
Non ha interesse in questa sede la rievocazione delle vicende della morte di Papiniano, che furono esaminate accuratamente dal COSTA, op. cit. 1. 18ss., a cui si rinvia, con l'aggiunta di SYME, op. cit. spec. 309, 312s. In conclusione, ,,l'unico punto certo è che fra la morte di Geta e quella di Papiniano deve esservi una qualche correlazione" (cfr., per tutti, GUARINO, L'esegesi delle fonti del dir. rom., a cura di LABRUNA, 1 [1968] 229). Tuttavia, taluni spunti testuali ed un riesame più attento degli interessi e dei gruppi di potere che giocavano nell'ambito della corte severiana potrebbero portare a ritenere fondata la intuizione (che JOLOWICZ, Histor. Introduct. to the St. of Rom. Law² [1967] 400 nt. 10, riferisce al BURY) secondo cui la causa di fondo della disgrazia di Papiniano fu la impopolarità presso taluni ambienti militari, al cui ambìto sostegno Caracalla dovette sacrificare la carriera e la vita del prefetto del pretorio (il CALDERINI, I Severi, La crisi dell'Imp. nel III sec. [1949] 295, giunge ad asserire che Papiniano fu una ,,nuova vittima" degli accordi con i pretoriani). Per l'attenzione dell'imperatore agli aspetti militari del suo potere e per la sua adesione alle istanze dei circoli militari si rinvia agli spunti che sono offerti nello scritto su Arrio Menandro e la lett. de re militari, Labeo 20 (1974), spec. 57ss.

[10] C. 6.42.30, del 529. Vi si legge che *Papinianus in suis 'statuit' responsis . . . .*
Gli epiteti elogistici di Giustiniano (sempre al superlativo: oltre a quelli della Const. Deo auctore 6 cit., cfr., in Const. Omnem 1 e 4, *acutissimus, pulcherrimus*, ecc.) ripetono, ampliandole, aggettivazioni usuali per Papiniano nelle costituzioni imperiali, oltre che negli scrittori non giuridici (le elenca ed esamina il COSTA, op. cit. 1. 368ss.).
Si ricordi che il nome di Papiniano compare nel cd. 'Index Florentinus' fuori dell'ordine cronologico degli autori (secondo i compilatori), anche se, benvero, dopo quello di Giuliano.

[11] Const. Omnem 4 cit. Si noti il richiamo al titolo 'ufficiale' *praefectorius*: un monito ai giuristi circa la 'superiorità' di chi veniva prescelto dalla maestà imperiale a dirigere la vita del diritto?

svolgeva sul filo della tradizione umanistica, e che malvolentieri avrebbero rinunciato al loro „santo protettore"[12], Papiniano appunto, con il quale ambivano a misurarsi in sottigliezza: alla fine, le eventuali resistenze ben sarebbero state messe a tacere[13]. Tuttavia gran parte del materiale classico pervenuto all'attenzione dei compilatori era, in qualche modo, ordinato o collegato in relazione, se non in funzione, dell'opera di Papiniano. La ricostruzione del BLUHME di una „massa papinianea", che è distribuita nei titoli dei 'Digesta' con riscontrabile autonomia rispetto ai frammenti che integrano la massa sabiniana quella edittale e l'„appendix" di operette varie, è un dato indiscusso, perché fra l'altro confermato da numerose ricerche[14]. Ebbene, qualunque congettura si preferisca per rappresentarsi il metodo di compilazione del Digesto, la constatazione bluhmiana conferma in ogni caso l'osservazione esposta sopra. Osservazione che viene addirittura a trovare corpo concreto e spiegazione appagante, se si opta per la esistenza di catene[15] pregiustinianee di *iura*[16].

L'autoritatività, e per così dire la definitività del giudizio del Cesare che, „per voler del primo Amor", „d'entro le leggi" trasse „il troppo e il vano" contribuì a rendere indubitabile il primato di Papiniano per i cultori del diritto romano sino alla fine quasi del XIX secolo. Questi, del resto, essenzialmente al 'Corpus iuris' si informavano e per buon tratto senza l'ausilio di palingenesi ed altri strumenti, e poco o punto erano interessati alle personalità individue degli antichi giuristi: una figura esemplare, per di più simpatica sul piano umano, ed una preminenza da tante fonti garantita erano ben appaganti. Permettevano di avere una visione della giurisprudenza romana mossa quel tanto che bastava a tacitare curiosità biografiche o erudite, e il gusto per la rappresentazione eroica e per la classificazione gerarchica. Anche in sede di ricerca specifica approfondita, di ripensamento cioé che avrebbe dovuto attutire appassionati entusiasmi, Papiniano continua — così — ad essere considerato come „il nome" atto

---

[12] L'espressione è dello SCHULZ, op. cit. 519s.

[13] Sulla disistima e si direbbe sul senso di 'fastidio' di Giustiniano e di parte del suo entourage verso le scuole giuridiche bizantine v. VOLTERRA, Giust. I e le scuole di dir., Gregorianum 48 (1967) spec. 77, 91s., 96, 97ss.

[14] Secondo l'a. (Die Ordnung der Fr. in den Pandektentiteln, ZGR. 4 [1820] 257ss., ora anche in Labeo 6 [1960] 50ss.) nella massa papinianea confluirono: 'Quaestiones' e 'Responsa' di Papiniano, Paolo, Scevola e Callistrato; libri *de fideicommissis* di varî giuristi, libri di sentenze, regole, monografie e commenti a senatoconsulti; nonché i libri di Paolo *ad legem Falcidiam* e di Gaio *ad legem XII tabularum.*

[15] Cfr. GUARINO, La compilazione dei 'Digesta Iust.', St. in onor. di G. Scherillo II (1971) 717ss. (già in ANA. 79 [1968] 527ss.); nonché rc. a VERNEY, Leges geminatae à deux auteurs et comp. du Dig. (1973), Labeo 20 (1974) 430s.; da ultimo, sul problema, PESCANI, op. cit. spec. 265ss., 403ss.

[16] Quanto detto sopra sarebbe ancor più significativo se si potesse prestar fede all'ipotesi di H. KRÜGER, Die Herstellung der Dig. Just. und der Gang der Exzerption (1922) 4ss. e passim, secondo cui le opere messe a frutto per la compilazione dei 'Digesta' si trovavano tutte raccolte nella biblioteca di Alessandria e le 'masse' corrispondevano ad altrettante ripartizioni della stessa (guida essenziale per la consultazione del reparto papinianeo sarebbero stati i 'Responsa' di Papiniano e di Paolo).

a „rappresentare il maggior grado di eccellenza raggiunto mai dalla giurisprudenza in ogni tempo"[17].

Senonché già oltre venticinque anni fa è stato lucidamente notato che gli studiosi moderni hanno notevolmente ridotte le proporzioni di una gloria siffatta, e „con ragione riconoscono ad altri giureconsulti — a Labeone, a Sabino, e sopra tutti a Giuliano — maggiore acume e forza costruttiva"[18], per tacere delle rivalutazioni storiche più recenti di un Pomponio o degli esponenti della cultura giuridica repubblicana[19].

Le tormentose divergenze esegetiche fra i romanisti tra le due guerre mondiali, che presero spunto quasi costantemente da qualche ambiguo testo attribuito a Papiniano[20], gradualmente fecero perdere fiducia nella sua chiarezza d'espressione e quindi di concezioni. Con giudizio definito[21] quasi freudianamente „troppo severo" si pose il sospetto che alla fama sua

---

[17] L'espressione è del Costa, Stor. delle fonti del dir. rom. (1909) 105.

[18] La notazione è del Chiazzese, Introduz. allo st. del dir. rom.[3] (1947, rist. s. d. ma 1961) 248.

[19] Cfr., a mero titolo esemplificativo: H. Ankum, Towards a Rehabilitation of Pomponius. Daube noster (Edinburgh–London 1974) 1ss.; Bretone, Publius Mucius et Brutus et Manilius, qui fundaverunt ius civile, La critica del testo, Atti del secondo Congr. internaz. della Soc. it. di stor. del dir. I (Firenze 1971) 103ss.

[20] Il Bonfante, Stor. del dir. rom. 1[4] (rist. 1958) 425 nt. 44 esemplifica, ricordando D. 21.2.64.2 (7 quaest., sull'evizione parziale), D. 24.3.7.1 (11 quaest. ex Ulp. 31 ad Sab., sulla divisione dei frutti dotali nell'ultimo anno), D. 31.75.1 (6 resp., sull'invalidità parziale del prelegato). — Tra i passi papinianei particolarmente tormentati dalla critica sono anche D. 40.5.23.3 (9 resp., in tema di *fideicommissaria libertas*) e D. 8.1.4 pr. (7 quaest., sulle *servitutes ad tempus*: cfr. la letteratura in Giuffrè, L'utilizzazione degli atti giuridici mediante conversione in diritto romano [Pubbl. Fac. giur. Univ. di Napoli 77, 1965] 183ss., 213ss.). — Il Voci, op. cit. spec. 329ss., ha dovuto dedicare una stringente esegesi a D. 46.6.12 (12 quaest., sulla responsabilità dei fideiussori del tutore) in relazione a D. 27.7.6 (2 resp.) e D. 27.7.7 (3 resp.) per correttamente „intendere il testo nel suo contenuto" e difendere quindi il passo delle 'Quaestiones' dagli annosi appunti degli interpreti, che arrivavano a tacciarlo persino di „pensiero miserabile". E si badi che, come nota l'a., „per il responso le cose stanno anche peggio". — A proposito di D. 45.2.11 pr. (11 quaest., sulla *mutua fideiussio*) si è parlato dei consueti „fiumi di inchiostro" (Cantarella, La fid. reciproca [1965] 115). E tuttavia il Wolff, op. cit. spec. 746ss., ha trovato modo di profilare altre interpretazioni, rielaborate ancora dal Voci, La responsab. dei contutori e degli amministratori cittadini, Contr. allo st. della mutua garanzia, St. in memoria di G. Donatuti III (Milano 1973) 1368ss.

Significativo, per quel che si osserva nel testo, è l'aneddoto ricordato dallo Schulz, op. cit. 424 nt. 4: „Per me Papiniano è troppo sottile" disse in una lezione dell'estate del 1899 il Pernice, che in presenza del Mommsen pronunciò anche più duro verdetto (cfr. il necrologio in Mommsen, Gesamm. Schr. III [1907] 579: „a lui il papinianismo ripugnava, e così si attaccò a Labeone").

Del resto, difficoltà nella interpretazione del dettato papinianeo dovettero incontrare anche gli antichi lettori, che spesso proprio per ciò lo chiosarono. Ad esempio, Paolo credette di dover rendere esplicito il ragionamento „sibillino", „tutto racchiuso nel giro di una stringatissima frase", di cui a D. 22.1.1.2 (2 quaest., in tema di *cautiones*: cfr. Santalucia, op. cit. 60s.); si dette cura di „enunciare nitidamente quanto dal giurista delle 'Quaestiones' era stato lasciato in ombra" nel passo (del IV libro) ora in D. 45.1.116 (circa gli effetti della *cautio indemnitatis*: Santalucia, op. cit. 66), e così di seguito.

[21] Grosso, Stor. del dir. rom.[4] (1960) 425 nt. 1.

di profondità abbia giovato talvolta la sua oscurità[22]. Il pensiero giuridico moderno, mentre non apprezza il denso specialismo di certe argomentazioni, non è certo neppure incline a pregiare il ricorso a parametri morali, che talvolta sono stati rapportati a più o meno consapevoli posizioni etiche cristiane[23]. Eppure entrambe le dimensioni (tecnica ed equitativa) sono compresenti in tutti gli scritti papinianei. In taluni casi l'impaccio è stato superato con qualche generoso taglio, denunciando cioé interpolazioni bizantine. Celebre è il passo di D. 28.7.15 (dal libro 16° delle 'Quaestiones') che fu mutilato della seconda parte: *quae facta laedunt pietatem existimationem verecundiam nostram et, ut generaliter dixerim, contra bonos mores fiunt, nec facere nos posse credendum est*[24]. Plausibile o non che si possa ritenere oggi la natura spuria del periodo, è significativo ricordare che di contro si parlò di „critica . . . sconsiderata come spesso": „senza riflessione, perché nessun giurista usa così di frequente la parola *verecundia* come Papiniano e così pure la parola *pietas* nel senso classico di ossequio, riverenza, dovere, benevolenza"[25].

I sospetti si sono poi andati concretando in sempre più estese mutilazioni, che, ad una vista d'insieme, hanno fatto coerentemente dubitare della genuinità della lezione di ogni opera papinianea a noi pervenuta[26]. Quanto agli scritti maggiori, è stato detto che quasi ogni frammento superstite mostrerebbe le „devastazioni" dell'editore postclassico, „che è costantemente riconoscibile dal suo incerto annaspare . . . e che spesso tradisce

---

[22] Cfr. L'ARANGIO-RUIZ, Stor. del dir. rom.[7] (rist. 1966) 291 e nt. 2, che esplicitamente si richiama al BONFANTE (op. cit., nella 3° ed. 1.391). Il GUARINO, Esegesi cit. 230, spiega, richiamandosi all'esperienza, che „le epoche di decadenza vedono spesso nell'oscurità di espressione il segno di una irraggiungibile profondità di pensiero".

[23] Cfr. Toso, Em. Pap. e le influenze cristiane nell'evoluzione del dir. rom., Acta Congr. iur. int. Romae II (1935) 21ss. Ma v., sotto altri profili, NÖRR, op. cit. passim.

[24] La prima parte è la seguente: *Filius, qui fuit in potestate, sub condicione scriptus heres, quam senatus aut princeps improbant, testamentum infirmet patris, ac si condicio non esset in eius potestate: nam . . . .*
Sul testo cfr. L'Index interpolationum (Dig., I [1929] col. 204), ma v. ora VOCI, Dir. ered. rom. 2[2] (1963) 636, 803.

[25] RICCOBONO, Lineamenti della stor. delle fonti e del dir. rom. (1949) 71 (= vc. Iurisprud., Noviss. dig. ital. IX [1963] 360). V., per il rilievo linguistico, già KALB, Roms Jur. (1890) 108.
Si ricorda, a titolo aneddotico, che il CUIACIO ebbe a dire, in merito al passo papinianeo, che „*vox est Christiano digna*". Anche il FERRINI qualificò la massima „assai elevata" („ma poco giuridica"). Mentre lo SCHULZ, op. cit. 423 (ivi citazioni), ha voluto notare anche che essa, „di fatto, non è cristiana, dacchè l'umana iniquità è un principio base del Cristianesimo".

[26] La critica più drastica e coerente è quella portata avanti dallo SCHULZ, ma che purtroppo l'a. non ha potuto completare e rifinire: The Postclass. Edit. of Papinian's 'Libri quaest.', Scr. per (la beatificazione di) C. Ferrini IV (Milano, 1949) 254ss.; ID., Papinianstudien 1 (Das Quare und die Rationalisierung der röm. Rechtswissenschaft), RIDA. 1 (1952) 557ss.; Papinianstudien 2, ivi 2 (1953) 381ss.; Storia cit. spec. 310s. e nt. 2 (di p. 311) per i 'Definitionum libri II', 335 e ntt. nonchè 428 per il 'Liber singularis de adulteriis', 421ss. per i 'Quaestionum libri XXXVII', 424ss. per i 'Responsorum libri XIX', 445s. per l'ἀστυνομικὸς μονόβιβλος.

se stesso con una retorica pomposa e sentimentale ... che non può verosimilmente venire dalla penna di Papiniano". Identiche carenze mostrano
i libri di minor mole. Quanto all'ἀστυνομικὸς μονόβιβλος, si può difficilmente credere che il „vero romano" Papiniano[27] avesse scritto in greco,
„ancora meno che egli avesse scritto sugli astynomi delle città greche,
argomento privo di qualunque importanza per un uomo nella sua posizione"[28]. Altrettanto coerente è, però, la critica che si oppone a siffatte
affermazioni. Se, insomma, in tutte le opere attribuite a Papiniano si
rilevano gli stessi difetti, „perché, allora, escludere che questi fossero proprî
del giureconsulto?"[29].

　　Una risposta al quesito che sottintende, e pone, questa domanda è
stata data. Ed è che la figura di Papiniano „appartiene alla caratteristica ...

---

[27] L'espressione è usata dallo SCHULZ, Storia cit. 425, anche ad altro proposito, vale a dire
che la „leggenda" sulla morte di Papiniano ben coglie le sue caratteristiche d',„uomo
d'eccezione".

[28] „Se un'opera autentica di Papiniano costituì la base dell'opera greca, essa deve essere
stata in latino e essersi occupata di funzionari romani; questi, come MOMMSEN ha
mostrato, possono essere stati soltanto i *quattuorviri viis in urbe purgandis*" (sono ancora
parole dello SCHULZ).
Il KRÜGER, Röm. Juristen und ihre Werke, St. in onore di P. Bonfante II (1930) 315,
ritenne che il solo frammento escerpito per le Pandette (dove costituì il titolo 43.10) —
introdotto com'è da una *inscriptio* insolita 'Εκ τοῦ ἀστυνομικοῦ μονοβίβλου τοῦ Παπι-
νιανοῦ — non fu estratto direttamente da un'opera di Papiniano, ma da una compilazione postclassica che aveva utilizzato varî materiali, tra cui forse il primo libro dei
'Responsa' papinianei. Era la compilazione che andava, appunto, sotto il titolo ἀστυνομικὸς μονόβιβλος. Chi ne fece l'estratto per il Digesto, dovendo indicare la provenienza
di ogni frammento da un autore e da una opera classici, riferì il nome (esatto nella
sostanza) di Papiniano, ma assunse come titolo dell'opera quello della compilazione,
attribuendone così la paternità al nostro giurista.
Lo SCHERILLO, Note critiche su opere della giurisprudenza rom., Iura 1 (1950) 209ss.,
ha proposto „una spiegazione parzialmente diversa", molto suggestiva, la seguente. „Non
saremmo, in definitiva, di fronte nè a una compilazione postclassica nè ad un'opera originale di Papiniano, bensì ad un estratto in greco (o, meglio ancora, alla traduzione greca
di un estratto), eseguito in età postclassica dall'opera originale di Papiniano non giunta
ai compilatori di Giustiniano". Quest'opera si inseriva nella letteratura *de officio*, e si
sarebbe potuta intitolare 'Liber singularis de officio aedilis' (o *curatoris viarum*, ecc.).
I compilatori giustinianei, a ben riflettere, indicarono correttamente che si trattava di
un estratto ('Εκ ...). Fu l'indeceuta della lista fiorentina che, „senza del resto dir
cosa sostanzialmente inesatta", riferì un ἀστυνομικὸς βιβλίον ἕν a Papiniano. Peraltro,
l'uso ricorrente dell'imperativo futuro deriverebbe dalla circostanza che nell'opera si
esponevano e commentavano le disposizioni legislative (di quale legge non è possibile
determinare) relative alla *procuratio* delle vie pubbliche.
Una rivalutazione critica di tutti i problemi è stata operata, di recente, dal DELL'ORO,
I „libri di officio" nella giurispr. rom. (1960) 266ss., che preferisce, quanto al contenuto,
l'opinione di chi ritiene che l'operetta riguardasse i magistrati municipali, e, quanto
all'autenticità, inclina a rivendicarla a Papiniano.
Ciò nonostante, data l'estrema incertezza che in ogni caso permane sulla paternità dell'o-
pera, questa sarà esclusa dalle considerazioni che seguiranno, pur se la materia (a dir così
'amministrativa') trattata ed il discorso di tipo precettistico corroborerebbero le considerazioni sui nuovi profili che è possibile tracciare, oggi, di Papiniano.

[29] ARANGIO-RUIZ, op. cit. 366 nt., che così conclude: „perché rifiutarsi, eventualmente, a
riconoscere anche fra i giuristi romani qualche fama usurpata?" (v. retro nt. 22).

dello scrittore romano moraleggiante"[30], da Catone a Sallustio, a Tacito, fino al tardo e non romano Ammiano Marcellino. Rientra, insomma, nella tendenza verso la ricerca di un modello da imitare nella vita, caratteristica del mondo ideale romano, e che ha tanto efficacemente contribuito a fare della romanità una categoria senza tempo e senza spazio. Senonché, a causa di ciò, ,,per Papiniano, come (e più che per) altre figure di giuristi romani, la ricerca, nei suoi scritti, di elementi che ci consentano di ricostruire i tratti proprî della sua concreta e storica personalità, è impresa, se non disperata, certo per ora non riuscita"[31]. Ciò ha contribuito a far divertire dal giurista l'attenzione dei romanisti contemporanei curiosi di cogliere la formazione culturale retorica e filosofica dei singoli giuristi, i residui in loro delle convinzioni e delle valutazioni dei ceti da cui provenivano, le precipue tecniche argomentative, i campi teorici individuali. Ed infatti il codice ideologico e le movenze logiche, con cui si era tentato di caratterizzare Papiniano, sembrano disperdersi di nuovo nel grigiore di un atteggiamento tralatizio. Ma così non è.

II. Prospettive di una nuova valutazione

Una chiave nuova di decifrazione dell'opera papinianea può essere proposta oggi, in pieno rispetto degli interessi e delle metodologie del pensiero storico-giuridico contemporaneo.

Il nostro giurista si trova ad operare in una fase di transizione sotto molteplici aspetti, anche nel campo specifico della *scientia iuris*, della sua collocazione e perfino dei generi letterarî in cui si esprime. Ed egli, attento ai fenomeni del suo tempo, sente fortemente la tensione fra tradizione e mondo nuovo che urge[32].

Da tale visuale, compito, non ancora affrontato, dello storico moderno è essenzialmente quello di valutare quanta influenza abbiano avuto sulle innovazioni e sulla fedeltà alle dottrine ed alle tradizioni ricevute le vicende anche morali ed intellettuali che portarono Papiniano alle responsabilità, nuove per un giurista scientificamente impegnato[33], di *praefectus praetorio*:

---

[30] FREZZA, Corso di stor. del dir. rom.³ (1974) 500.

[31] Ancora FREZZA, op. loc. cit.

[32] Ciò è stato talvolta avvertito, ma in termini equivoci, nella dottrina romanistica. Lo denunciano in modo eloquente (e non sono le sole aporie riscontrate a proposito della collocazione di Papiniano) le contraddittorie classificazioni dell'opera sua, che a volte è collegata all'esperienza per così dire giulianea e scevoliana, a volte (e più usualmente, sino a proporre una triade che stancamente si ripete) è agganciata alla poderosa attività sistematrice di Paolo ed Ulpiano.

[33] Tarrutenio Paterno è il primo giurista i cui scritti furono utilizzati nella compilazione giustinianea ad assurgere (forse dal 179 al 183) alla prefettura del pretorio (già PADELLETTI, GOGLIOLO, Stor. del dir. rom.² [1886] 438 nt. ,,X"; HOWE, The Pret. Pref. from Comm. to Dioclet. (A.D. 180—305) [1942] 65, 74): ma la sua nomina è da mettere in relazione, in conformità alla tradizione dell'ufficio, essenzialmente con le sue alte doti di comandante

eventi che, fra l'altro, gli permettevano di rendersi conto, sia pure in modo deformato dall'alto della corte romana, dei nuovi rapporti sociali che sfocieranno in quel contraddittorio ,,secolo d'angoscia" che è il III, dell'affermarsi della base esclusivamente militare del potere imperiale, dell'insufficienza dell'elaborazione giurisprudenziale del *ius*. Rintracciata la sua posizione ambigua, a cavallo di due esperienze, ad entrambe delle quali partecipa, riesce più agevole cogliere anche il significato e la misura della sua strabiliante fruizione sino all'età giustinianea. Infatti, quella sorta di ambivalenza di Papiniano comporta anche una autonomia della sua figura, che non rientra tutta nei profili nè dei giuristi del principato (sino agli Antonini) nè di quelli che chiamiamo propriamente severiani. Egli si staglia isolato, e anche perciò, quasi per effetto ottico, ingigantito.

III. *L'esercizio della* scientia iuris *e l'attività di alto funzionario*

Nella chiave sopra proposta possono essere reinterpretate in primo luogo le vicissitudini della sua vita, superando il mero biografismo.

Non presenta interesse la pretesa origine provinciale, siriaca[34] o africana[35]. Posto che l'una o l'altra sia attendibile, essa non ebbe influenza

militare (cfr. F. GROSSO, La lotta politica al tempo di Commodo [Accad. delle Scienze di Torino, Mem. IV,7, 1964] 51s., 144, 149ss.; GIUFFRÈ, La letteratura de re militari [Napoli 1974] 61ss.). È stato ben notato che solo quando, dopo la morte di Plauziano (22 gennaio 205), si riprese l'uso dei due prefetti del pretorio, Severo potè nominarvi un giurista (Papiniano appunto, accanto a Mecio Leto), dando ,,nuova prospettiva" all'incarico (MILLER, The Cambr. Anc. Hist. 12.1 [tr. it. 1970] 43: ,,la scienza giuridica divenne, in maniera più diretta di prima, uno strumento del controllo imperiale e la giustizia fu assimilata alla *castrensis iurisdictio*"; v. amplius PASTORI, I pref. del pretorio e l'arresto dell'attività giurisprudenziale, St. Urbinati 19 [1950—51] 37ss.).

Dapprima Severo aveva confermato alla prefettura del pretorio Veturio Macrino, poi aveva nominato Flavio Giovenale, e Quinto Emilio Saturnino — ,,molto simili ai prefetti del pretorio dell'età precedente" (così CALDERINI, op. cit. 315) —; Plauziano scalzò Saturnino.

[34] La tradizione storiografica in tal senso fu appoggiata dal BREMER, Die Rechtslehrer und Rechtsschulen im röm. Kaiserr. (1868) 88ss., che confortò anche la congettura che Papiniano fosse stato maestro nella scuola di Berito. L'HONORÉ, op. cit. 45, addirittura propone che possa esservi stato dapprima allievo di Gaio.

Contra v., fra gli altri, in particolare, A. STEIN, Der röm. Ritterstand (1927, rist. 1963) 407.

Ritenne Papiniano originario di Tarso il RAMSAY, The Social Basis of Rom. Power in Asia Minor (1941, rist. 1967) 298ss., su cui, in critica, ROBERT, Hellenica 7 (1942) 200ss. Contra anche SCHULZ, Storia cit. 194 nt. 3.

[35] I più strenui difensori di tale versione sono il KALB, op. cit. 114ss., ed il LEIPOLD, Über die Sprache des Jur. Aem. Pap. (1891) 26ss. Ritiene ,,più probabile" l'origine africana l'ORESTANO, op. cit. 364. V. ora CSILLAG, Der Beitrag der afrikan. Jur. zum röm. Recht, Afrika und Rom in der Antike (1968) 173ss.

Si tralasciano mere supposizioni pseudo-erudite o falsi ed escogitazioni con finalità campanilistiche (già ampiamente riferiti e criticati dal COSTA, Pap. cit. spec. s. 35ss., 41ss.

su inclinazioni e interessi e neppure sul linguaggio. L'attenzione verso casi provinciali[36] e persino la stesura (per avventura proprio in greco) di una monografia sugli astynomi (se autentica) erano normali in chi viveva a contatto con una corte sollecitata sempre più da questioni che provenivano dai sudditi periferici. Nè, ammesso che sia attendibile una tipologia del giurista provinciale (per temperamento e attitudini e/o per natura e qualità della sua produzione, a prescindere dalla nascita e dalla dimora), Papiniano si iscrive in essa. In particolare non si riscontra in lui alcun indice sicuro di precipuo collegamento con il mondo extra-italico o extra-occidentale. Anzi da più versi si è parlato come di persona che aveva (assorbito?) lo stile del „vero romano"[37]. Sicché è da presumere che l'eventuale frequentazione, da giovinetto[38], del presunto provinciale Gaio a Berito sarebbe stata anch'essa senza durature suggestioni d'ambiente e di personalità.

Rilevante è, invece, che nella sua formazione il segno sembra impresso da Scevola e dall'attenzione di questi per Giuliano. Non si vuol dire con ciò che sia senz'altro veritiera la notizia degli Scriptores historiae Augustae (Carac. 8.2) cioé che Papiniano sarebbe stato condiscepolo di Settimio Severo sub Scaevola[39]. È noto che la frase che contiene l'informazione fu inserita nel manoscritto fondamentale della vita di Caracalla[40] da mano del XIII secolo[41]. Tuttavia, anche a scartare l'ipotesi di una aggiunta fondata su ricordi o pubblicazioni attendibili per noi perdutti, rimane che la notazione ha un suo grado di verosimiglianza cronologica e storica. Ed è in ogni caso testimonianza dell'avvertenza ab antiquo della dipendenza di Papiniano da quel giurista.

Ancor più interessante, ovviamente, è la carriera presso gli uffici centrali. Infatti, Papiniano, dato che l'età sua conosce già come professione (anche esclusiva o almeno prevalente) l'insegnamento (scontato è il riferimento a Gaio[42]), coltiva anch'egli, sì, la trasmissione del patrimonio di

---

45ss.) secondo cui il giurista fu oriundo del Beneventano, fu figlio di tal Ostilio e di Eugenia Gracile, morì a trentotto anni (oppure a trentasei anni e tre mesi), e così di seguito (v. altri particolari più o meno fantasiosi in CALDERINI, op. cit. 86, 90).

[36] Tale aspetto è stato riesaminato dallo SCHILLER, op. cit., su cui, da ultimo, D. LIEBS, nella 'Einleitung' della sezione Röm. Provinzialjurisprudenz, nella presente opera (sopra 288ss.)

[37] V. retro ntt. 27, 30.

[38] Oltre alla citazione fatta retro nt. 34, cfr. dell'HONORÉ, The Sev. Lawyers: A Preliminary Survey, SDHI. 28 (1962) 182, 205, 207, che colloca, suggestivamente, la nascita tra il 148 ed il 153, e l'apprendistato „by Gaius" tra il 162 e il 172.

[39] Tra il 168 ed il 178, secondo l'HONORÉ, The Sev. Lawyers cit. 207.

[40] Vat. Pal. 899 (del X secolo).

[41] MOMMSEN, Zu Pap. Biographie, ZSS. 11 (1890) 30ss. (poi in Gesamm. Schr. cit. II [1905] 64ss.).

[42] Cfr. CASAVOLA, G. nel suo tempo, Gaio nel suo tempo, Atti del simp. romanist. (1966) 1ss. (nonché in Labeo 12 [1966] 7ss.), il quale, nel redigere un „bilancio delle certezze", per quanto attiene alla „prospettiva biografica", prende atto di un solo dato: „Gaio è, a Roma, un insegnante, che si professa educato alla scuola dei Sabiniani". Ma „dall'interno dell'opera sua scolastica" ricava una „seconda certezza": l'insegnamento del diritto a Roma era, già nell'età di Gaio, bene organizzato in corsi destinati a studenti cui bisognava impartire i rudimenti, „quasi una grammatica" del diritto. Insomma, „siamo lontanis-

scienza ricevuto — come sembra testimoniare tra l'altro quella breve esposizione del diritto vigente condotta secondo l'ordine sistematico dei digesti che sono i due libri di 'Definitiones' —, ma lo fa occasionalmente, e diremmo al modo antico, in circoli ristretti di amici ed apprendisti[43]. Per alcun tempo probabilmente esercita pure la pratica professionale del responso[44]. Insomma esplica la *iuris prudentia* nei modi consueti. Egli è, però, l'antesignano della figura del vero giurista burocrate, impegnato cioè in cariche ufficiali di tutto rilievo, non solo consigliere di corte (com'è per Scevola e, prima di lui, per Marcello). E tuttavia neppure esaurisce (in ciò sarà seguito da Paolo ed Ulpiano) l'attività nell'anonimato della funzione giurisdizionale e legiferativa, come sarà per innumeri menti fiorite nell'età postseveriana[45]; bensì ha cura ancora di allestire una produzione dottrinaria propria.

Della presenza presso gli uffici imperiali è sicura, in verità, solo l'altissima dignità di prefetto del pretorio, di cui pure si ignora la data esatta d'insediamento (203 o 205?[46]) e quella di destituzione (211 o 212).

Lo stesso autore riferì (nel ventesimo libro delle 'Quaestiones'[47]) che in una certa occasione egli *suasit praefectis praetorii* affinché decidessero in un determinato modo il caso sottoposto al loro esame: di qui l'illazione che fosse stato *adsessor praefectorum praetorio* prima dell'ascesa al trono di Settimio Severo. L'indizio è però molto vago[48]: Papiniano avrebbe ben potuto influenzare il giudizio dei sommi funzionari con la bontà della sua argomentazione, di cui sembra appunto compiacersi più tardi, quando la rammenta[49]. — Altrettanto dubbia è la notizia che egli sarebbe stato

---

simi, ormai, dal modello aristocratico del giureconsulto repubblicano *qui quamquam nemini se ad docendum dabat, tamen consulentibus respondendo studiosos docebat* "(Cic. Brut. 75.306): cfr. anche CASAVOLA, Audit. Servii, La critica del testo (cit. supra n. 19), spec. 154s.

[43] Cfr. SCHULZ, Storia cit. 219, 490.
Solo la fama consegnata alla posterità dalla legge delle citazioni e la collegata generale fortuna nelle scuole di Oriente e di Occidente accomunano le figure di Gaio e di Papiniano, che sono poi in tutto diversissime (e, del resto, anche la stessa presenza umana del primo, pur tanto attiva, fu, al contrario di quella papinianea, ignorata dai contemporanei e dai posteri immediati ed 'esplose' improvvisa nel V secolo).

[44] V. infra nt. 96.

[45] Quanto questi giuristi sentissero il senso di inferiorità (e, perché no?, di 'invidia') nei confronti di Papiniano — che, pur operando nell'ambito della corte imperiale, era riuscito a preservare (ed a consegnare alla 'Storia') la propria individua personalità dall'invadenza imperiale che tutto tendeva ad imputare alla maestà sovrana — non sapremo mai. Ma possiamo ben supporre che, per effetto di ovvio meccanismo psicologico, la 'figura' papinianea venisse anche per tale via vieppiù ingigantita e portata a misura, extraumana, di simbolo.

[46] La prima data è più diffusa (è fatta propria anche dal KUNKEL, op. cit. 224 e nt. 442, ove si richiama l'iscrizione di cui al CIL. 6.228); la seconda ricorre, da ultimo, in HONORÉ, The Sev. Lawyers cit. 207.

[47] D. 22.1.3.3.

[48] Cfr. GUARINO, Esegesi cit. 227.

[49] Meno persuasivo è che egli abbia potuto influire semplicemente per la sua fama di giurista, se si riflette che le sue opere principali datano dal 193, cioè proprio dal tempo dell'ascesa al soglio imperiale da parte di Severo.

advocatus fisci dopo Severo[50]. Essa è data dal già discusso passo intruso nella 'Historia Augusta'[51], ed in termini che alludono quasi ad una precisa successione ad una carica, che per quel che ci risulta era invece gestita, con competenze mansioni e rapporti diversi, da più dipendenti ed esperti esterni agli uffici fiscali[52]. Ciò nonostante, anche tale notizia trova conforto in un rilievo di ordine sostanziale: Papiniano, infatti, appare un maturo conoscitore della materia fiscale, che coglie il pragmatismo della politica severiana e sa armonizzarlo con le esigenze teoretiche accentuando il carattere personale delle prestazioni, sì da ricondurle tutte al modello del *munus publicum*, che acquista valore paradigmatico di ogni prestazione obbligatoria pubblicistica[53]. Inoltre è da mettere in conto che le funzioni di *magister*

---

[50] Tra il 168 ed il 173, secondo l'HONORÉ, The Sev. Lawyers cit. 207.

[51] SHA. Carac. 8.2—3: *Papinianum amicissimum fuisse imperatori Severo eumque cum Severo professum sub Scaevola et Severo in advocatione fisci successisse, ut aliqui loquuntur, adfinem etiam per secundam uxorem, memoriae traditur; et huic praecipue utrumque filium a Severo commendatum atque ob hoc concordiae fratrum Antoninorum favisse.* V. retro sub ntt. 9, 40—41.

[52] Cfr., da ultimo, G. PROVERA, La vindicatio caducorum. Contributo allo studio del processo fiscale romano (Mem. Ist. giurid. Ser. 2ª 112, Torino 1963) 110ss., spec. nt. 20.

[53] V. GRELLE, Stipendium vel tributum, L'imposiz. fondiaria nelle dottr. giur. del II e III sec. (1963) 87s., 93ss., nonché già Munus publicum, Terminol. e sistematiche, Labeo 7 (1961) 321ss.; e cfr. M. MAZZA, Lotte sociali e restaurazione autoritaria nel III sec. d. C. (Bari 1973) 452.
Il GRELLE, esegetizzati D. 50.1.17.5 (1 resp.), D. 50.5.8.3 (1 resp.) e D. 50.5.6 (2 quaest.), D. 50.5.7, (36 quaest.), e D. 50.1.17.7 (1 resp.), così conclude (nello scritto del '61, p. 323): ,,le brevi secche note di Papiniano, nate per lo più da problemi pratici, contingenti, non offrono una rielaborazione organica dei *munera*; tuttavia, nella radicale novità della concezione, esse condizionano, con la riconosciuta giuridicità dell'onere, con la valutazione quasi esclusivamente patrimoniale, tutto lo sviluppo della dottrina posteriore". Del resto, Papiniano che, col primo libro dei 'Responsa', introduce i *munera civilia* nella problematica della giurisprudenza, influenza anche la legislazione: il GRELLE (op. ult. cit. 321) sospetta, infatti, nell'uso della locazione *civile* in due costituzioni, del 196 e 205 (C. 4.26.1 e 9.12.1), un altro papinianismo accanto a quelli già segnalati (v. COSTA, Pap. cit. s. 310 e spec. LEIPOLD, op. cit. passim) nelle costituzioni di Settimio Severo.
In particolare, Papiniano cerca il fondamento del rapporto tra onerato e *civitas* e lo ritrova nell'*origo* e nel *domicilium*. Pur allargando agli *incolae* l'onere della soggezione ai *munera civilia*, frena le mire delle *civitates* nei confronti degli *externi* (e precisa perciò che l'essere *possessor* nel territorio di una città non è motivo sufficiente per essere tenuto ai *munera*). Si ricollega, sì, alla tradizione del *munus—administratio*, privilegio dei *cives*, espressione dell'autonomia locale, ma (a differenza di Giavoleno, Pomponio, Callistrato) pone il problema dei suoi aspetti 'passivi', ne qualifica la natura giuridica di 'vincolo', ne individua la fonte nella legge o nel comando del magistrato, ne coglie il contenuto patrimonialmente valutabile.
Benvero, precisa il GRELLE (nella monografia del '63, p. 88), ,,il riferimento al patrimonio non esclude il carattere personale della prestazione", che consiste sempre in un *facere* (ed infatti, nel caso delle *collationes extraordinariae*, ad escluderla sono proprio i privilegi concessi alle persone). Anche la storia del tributo fondiario (il cui regime è analizzato a più riprese da Papiniano: D. 50.15.5 [19 resp.], D. 2.14.42 [17 resp.], D. 49.14.36 [3 resp.]) viene a confluire, nella riflessione giuridica, in quella delle funzioni pubbliche. Non sappiamo se Papiniano abbia seguito Settimio Severo nel suo viaggio in Oriente, se sia stato fra i suoi consiglieri al momento del riassetto territoriale dell'Egitto (sembra pro-

libellorum (e poi forse di *magister memoriae*)[54] difficilmente sarebbero state affidate ad una persona che non avesse avuto un buon curricolo nell'ambito dei dicasteri, pur se nota per *scientia*, ed anche se *amicissima* se non addirittura *adfinis* dell'imperatore[55].

Gli impegni per dir così di impiegato e poi di uomo di governo se, come si diceva, non distolsero del tutto Papiniano dall'esercizio in proprio delle attività di giurista, tuttavia ne connotarono — questo è il punto — la sensibilità, gli scopi e sinanche i modi espressivi.

IV. Funzione e moduli espressivi della produzione letteraria papinianea

Colpisce, in primo luogo, l'attenzione nuova, non episodica, per i problemi del diritto in generale, e del suo riassetto in chiave (diremmo) statalistica. Non sarebbe concludente a questo fine passare in rassegna i suoi più che probabili interventi nell'elaborazione di riforme delle strutture amministrative e giurisdizionali, che si possono cogliere leggendo in trasparenza certe costituzioni severiane[56]. E neppure conclusivo sarebbe il riferimento all'interessamento suo per la problematica dei *munera*.

pendere per l'affermativa il CALDERINI, op. cit. 370). Ma sta di fatto che ,,il nesso fra la sua dottrina della prestazione tributaria ed i principî ispiratori dell'opera severiana è tuttavia strettissimo" (ancora GRELLE, op. ult. cit. 94).

[54] Rispettivamente, secondo l'HONORÉ, The Sev. Lawyers cit. 207, dal 194 al 199 e dal 200 al 204. — Si badi peraltro che D. 20.5.12 pr. (Tryph. 8 disp.) riferisce soltanto che *rescriptum est ab imperatore libellos agente Papiniano* . . . .
Il MASSEI, Sulle citaz. della giurisprud. class. nella legislazione imp., Scr. Ferrini (Pavia) (1946) 427 nt. 2, osserva che ,,il fatto che in tale testo Trifonino si preoccupi di fare sapere che nel periodo in cui l'imperatore emanò quel rescritto Papiniano era preposto alla cancelleria *a libellis* è per noi chiara prova che il vero autore del rescritto fu Papiniano".

[55] V. retro nt. 51. La maggioranza della dottrina presta fede alla notizia e precisa che Papiniano sarebbe stato *cognatus* di Iulia Domna, seconda moglie di Severo. Ma non manca chi intende il passo nel senso che sarebbe stato Severo parente della seconda moglie di Papiniano. Tutti i dati sono disaminati dal KUNKEL, op. cit. 225ss., a cui si rinvia per il più serio inquadramento della persona di Papiniano, in relazione anche al suo *nomen* (tale è presumibilmente) *Aemilius*. Qui è opportuno ricordare la notazione del GUARINO, Esegesi cit. 228, che ,,lo stesso autore della 'Vita Caracallae' dà assai poco credito alla sua notizia": ciò, ,,per chi conosce i metodi degli Scriptores historiae Augustae", equivale alla ,,ammissione del carattere altamente fantasioso della notizia" stessa.

[56] A parte quanto detto in nt. 53, si noti, a titolo esemplificativo, che la riforma di Settimio Severo delle funzioni giudiziarie della prefettura urbana è attribuita solitamente (e verosimilmente) alla 'collaborazione' di Papiniano: cfr., per tutti, da ultimo M. A. LEVI, L'Italia ant. 2 (1968) 498s., e già PARKER, A Hist. of the Rom. World AD. 138 to 337[2], a cura del WARMINGTON (rist. 1969) 73.
Per quanto riguarda le dottrine papinianee recepite nella legislazione imperiale privatistica, cfr. GUALANDI, op. cit. 2 (1963) 117ss., che riscontra una ,,vasta influenza". Ovviamente vi sono non pochi casi in cui si rileva viceversa che Settimio Severo non diede ascolto ai rilievi tecnici dei membri, pur di sua fiducia, del *consilium* (cfr., ad esempio, SANFILIPPO, Pauli decret. libri tres [1939]128).

Piuttosto si incominci col notare che Papiniano è quegli, fra pochi[57], che si perita di dare una definizione di *lex*: *lex est commune praeceptum, virorum prudentium consultum, delictorum quae sponte vel ignorantia contrahuntur coercitio, communis rei publicae sponsio* (D. 1.3.1). Non è plausibile sospettare che tale *definitio* sia di mano dei compilatori giustinianei, che ne avrebbero attribuita la paternità a Papiniano, nè ritenerla altrimenti apocrifa[58]. Non si riesce a rintracciare una qualche occasione che indusse il giurista ad enunciare incidentalmente la nozione[59]. Nè, infine, questa ha una funzione utilitaria, strumentale, paradigmatica, come quella gaiana[60]. Ed allora, tolta com'è (a quanto pare dall'*inscriptio*[61]) dal primo libro delle 'Definitiones', l'identificazione di una nozione generale ed attuale di *lex* non può non denunciare una curiosità che supera il *quid iuris* ed arriva al *quia ius*, insolito per 'un' giurista romano.

Analogamente, la *definitio per partitionem*[62]: *ius civile / ius praetorium-honorarium* (D. 1.1.7, 2 def.)[63], pur se estranea alla teoria delle fonti ed ori-

---

[57] Elio Marciano nel I libro delle sue 'Institutiones', composte qualche tempo dopo Antonino Caracalla, dà anch'egli la definizione di *lex* (D. 1.3.2), riportandosi, più fedelmente, ad un passo di una orazione pseudodemostenica (25.16): PETERLONGO, Lex nel dir. rom. class. e nella legislazione giustinianea, Ann. Univ. Perugia 49 (1937) 275 (cfr. anche p. 283, a proposito della definizione di Capitone riferita da Gell. noct. Att. 10.20.2). Di qui, anche, il dubbio sulla autenticità della *definitio* attribuita a Papiniano: ma v. infra nt. 58. Sull'orazione 25 del 'Corpus Demosthenicum' v. M. GIGANTE, Νόμος Βασιλεύς, Ricerche filologiche 1 (Napoli 1956) 268 ss.

[58] Il problema esegetico non può e non deve essere risolto meccanicamente facendolo dipendere dalla risposta che si dà al quesito dell'autenticità dello scritto attribuito a Papiniano. Infatti, anche se non si può escludere che la redazione dell'opera come a noi pervenuta riveli la mano di un editore, ciò non equivale a mettere in forse la genuinità di ogni passo, che deve essere valutato singolarmente (v. infra nt. 95).
Orbene, per quanto riguarda la definizione di cui a D. 1.3.1, di contro alla dottrina più antica richiamata dallo SCHULZ, Storia cit. 243 nt. 1 (faceva eccezione già il WLASSAK, Röm. Prozeßgesetze 2 [1891] 133 nt. 17), gli autori moderni propendono per l'autenticità, rilevando fra l'altro che i giustinianei non avrebbero avuto interesse al falso giacchè avevano a disposizione il testo di Marciano in cui la definizione è riprodotta quasi nei medesimi termini, ed osservando che essi non avrebbero in ogni caso tralasciato la prima parte del testo demostenico in cui la legge è qualificata come 'dono degli dei' (MARTINI, op. cit. 260 s.).

[59] Secondo il MARTINI, op. cit. 261 nt. 333 (v. pure p. 262), ,,è difficile che la definizione di *lex* di Papiniano possa riferirsi a quella nozione di *lex* di cui si parla come fonte del *ius civile*, a meno che non si voglia porre l'accento, come spesso si fa, sulla parte finale di essa (*rei publicae sponsio*)".

[60] Gai 1.2—7. Cfr. BRETONE, Tecniche ed ideologie dei giur. rom. (1971) [I. Pensiero polit. e dir. pubbl.] 31 s., 36.

[61] Cfr. MARTINI, op. cit. 259.

[62] Così, ancora, MARTINI, op. cit. 259 e nt. 327, in cui si richiama Cic. top. 5.28.

[63] *Ius autem civile est, quod ex legibus, plebis scitis, senatus consultis, decretis principum, auctoritate prudentium venit. Ius praetorium est, quod praetores introduxerunt adiuvandi vel supplendi vel corrigendi iuris civilis gratia propter utilitatem publicam. Quod et honorarium dicitur ad honorem praetorum sic nominatum.*
La genuinità del testo non è stata mai seriamente messa in dubbio, mentre interminabili sono le proposte d'interpretazione della dicotomia: alle referenze bibliografiche date dal MARTINI, op. cit. 260 ntt. 328—329, adde, da ultimo, D. NÖRR, Divisio und partitio, Be-

ginata da una questione particolare[64] per noi perduta, attesta anch'essa l'interrogarsi del giurista (occasionale può essere stata la formulazione, non la escogitazione della nozione) su origine consistenza e funzione di quei due ordinamenti a lui tramandati senza esplicita giustificazione della loro coesistenza[65]: il *ius* che *venit ex decretis principum* ecc., nonché ancora *ex auctoritate prudentium*; il *ius* (ormai esauritosi, e di cui ci si vuole spiegare anche l'etimologia dell'appellativo: *honorarium ab honore*[66]) che i *praetores* una volta *introduxerunt ad adiuvandum supplendum corrigendum, propter utilitatem publicam*[67].

In secondo luogo è tipico, in Papiniano, l'uso di proposizioni di stampo normativo, che enunciano il principio generale, senza darne giustificazione ed omettendo l'indicazione delle eccezioni deducibili da altri principî. Certamente talvolta l'asciuttezza del dettato papinianeo a noi pervenuto è il frutto del lavorìo di lima operato sulle sue opere dagli editori e rielaboratori tardi, i quali erano interessati alla norma piuttosto che alla logica che l'aveva enucleata e formulata. Ma la caratteristica è troppo ricorrente e diffusa, per poter essere attribuita sempre a mani estranee, incredibilmente uniformi.

Un esempio, fra tanti[68], può essere costituito da un frammento notissimo che ha dato filo da torcere agli interpreti, a partire da CUIA-

---

merkungen zur römischen Rechtsquellenlehre und zur antiken Wissenschaftstheorie (Berlin 1972) passim.

[64] ERMANN, Rc. ad EHRLICH, ZSS. 24 (1903) 434.

[65] Sul problema v. LAURIA, Ius civ., ius hon., Scr. Ferrini (Pavia) cit. spec. 640.

[66] Tale lezione è preferibile a quella usuale (data sopra in nt. 63): v. GUARINO, L'editto edilizio e il diritto onorario, Labeo 1 (1955) 297.

[67] La giustificazione finale è stata esaminata, da ultimo, da G. LONGO, Utilitas publ., Labeo 18 (1972) 18 (cfr. già spec. STEINWENTER, Utilitas publ. — utilitas singulorum, Festschr. P. Koschaker I [1939] 91 nt. 40), il quale premette che non sussiste alcun motivo intrinseco al frammento che possa far sospettare un aggiunta, e ritiene che l'espressione alluda alla *ratio* del „sistema di norme" onorarie. *Publicus* non sarebbe, però, allusivo ad un „interesse statale", bensì sarebbe „sinonimo di *omnium*".

[68] Di seguito è data una rassegna dei frammenti papinianei, tratti dalle sue due opere maggiori, che, se opportunamente rivalutati, potrebbero corroborare le osservazioni profilate nel testo, in particolare quelle sulla 'tendenza' di Papiniano ad esprimersi con formule di stampo legislativo.
È quasi superfluo avvertire che si tratta di una silloge ampiamente incompleta, e che, data la sede del presente studio, non se ne può dare adeguata illustrazione. Ci si limita anzi a rinviare, per ogni considerazione circa la genuinità, la collocazione, l'esegesi, oltre alle note della 'Palingenesia' del LENEL, alle notazioni contenute nella letteratura agevolmente reperibile tramite la consultazione dell''Index interpolationum' e dell''Index interpretationum' inserito nell'indice delle fonti della rivista Iura (ed inoltre degli altri consueti strumenti).
Si ha tuttavia fiducia che — pur dopo aver fatto ulteriormente la tara dei brani che appaiono contenere enunciazioni generali ed astratte mentre esse forse facevano parte di un contesto argomentativo puntuale, ed aver detratto ancora i precetti che verosimilmente furono formulati da 'penna' diversa da quella di Papiniano anche se all'opera sua ispirantisi — la messe degli esempi possa riuscire a convincere che quanto espresso nel testo ha una sua larga base testuale.
Delle 'Quaestiones' si leggano (nell'ordine leneliano): D. 50.17.74 (1° lib.); D. 2.14.38 (2°); D. 50.2.5 (id.); D. 12.6.54 (id.); D. 40.7.33 (id.); D. 44.4.12 (3°); D. 22.3.1 (id.); D. 50.17.75

CIO[69]. È D. 40.9.25 (5 resp.): *In fraudem creditorum testamento datae libertates prioribus creditoribus dimissis propter novos creditores irritae ⟨non⟩[70] sunt.* Lo si confronti con lo squarcio del quarantanovesimo libro dei 'Digesta' di Salvio Giuliano ora in D. 42.8.15: *Si quis, cum haberet Titium creditorem et sciret se solvendo non esse, libertates dederit testamento, deinde dimisso Titio postea Sempronium creditorem habere coeperit et eodem testamento manente decesserit: libertates datae ratae esse debent, etsi hereditas solvendo non sit, quia, libertates ut rescindantur, utrumque in eorumdem persona exigimus et consilium et eventum et, si quidem creditor, cuius fraudandi consilium initum erat, non fraudatur, adversus eum qui fraudatur consilium initum non est. Libertates itaque ratae sunt* . . . . Per quel che Papiniano esprime in quindici parole Giuliano aveva avuto bisogno di un numero di termini quattro volte (e più) superiore, o, se si accetta il sospetto di interpolazione di *quia-ratae sunt*[71], almeno doppio. E Paolo, come è ormai assodato[72], sentirà l'esigenza di precisare, con una nota che i compilatori trasportano sotto il testo giulianeo ma che era stata dettata in relazione al passo papinianeo, che il principio esposto è valido *nisi priores pecunia posteriorum dimissi probentur*[73].

Orbene, l'età di Papiniano è lontana da quella in cui i *responsa* venivano fermati per iscritto, dal giureconsulto o dai suoi allievi, senz'altro ordine che quello cronografico suggerito dalla loro fortuita successione quotidiana, e con null'altra motivazione che la loro memoria *pro sibi suisque*[74]. La pubblicazione dei suoi 'Responsa' voluta o quanto meno impostata da Papiniano, oltre forse che a far emergere la riflessione scientifica sotto-

---

(id.); D. 2.14.39 (5°); D. 5.3.50 pr. (6°); D. 8.1.4 pr. (7°, cit.); D. 11.1.19 (8°); D. 47.2.79 (id.); D. 47.2.80 = D. 13.7.22 pr. (9°); D. 18.1.72 pr. = D. 2.14.7.5 (10°); D. 25.2.5 (11°); D. 25.2.30 (id.); Vat. Fragm. 226 (id.); D. 28.1.3 (14°); D. 50.1.14 (15°); D. 34.7.3 (id.); D. 35.1.99 (18°); D. 22.6.7 (19°); D. 40.14.4 (22°); D. 50.17.76 (24°); D. 44.2.28 (27°); D. 50.16.218 (id.); D. 44.7.27 (id.); D. 50.17.77 (28°); D. 22.1.5 (id.); D. 39.6.40 (29°); D. 29.2.85 (30°); D. 1.5.9 (31°); D. 50.17.78 (id.); D. 50.17.79 (32°); D. 50.17.80 (33°); D. 35.1.75 (34°); D. 48.13.16 (36°); D. 1.7.13 (id.); D. 45.1.119 (id.).

Dai 'Responsa' si traggano i seguenti brani: D. 1.18.20 (1° lib.); D. 47.2.82 (id.); D.17.1.55 (id.); D. 47.20.1 (id.); D. 50.16.219 (2°); D. 49.1.22 (id.); D. 3.3.68 (3°); D. 16.3.25.1 (id.); D. 50.17.81 = D. 17.1.56 pr. (id.); D. 17.2.82 (id.); Vat. Fragm. 4 = D. 18.3.4.2 (id.); D. 25.2.27 (4°); D. 26.10.11 (5°); D. 27.10.14 (id.); D. 23.2.35 (6°); D. 22.6.10 (id.); D. 34.5.2 (9°); D. 50.17.82 + D. 39.5.29 (id.); D. 20.5.4 (11°); D. 46.8.2 (id.); Vat. Fragm. 250 (id.); D. 48.11.9 (15°); D. 48.19.34 (16°).

[69] Op. omnia IV (ed. Napoli, 1722) 1040.

[70] Per la inserzione v. SANTALUCIA, op. cit. 87ss., che espone criticamente anche il quadro della dottrina in merito.

[71] Cfr.: SCHULZ, Die fraudator. Freilassung im klass. und just. röm. Recht, ZSS. 48 (1928) 246s.; SOLAZZI, La revoca degli atti fraudolenti nel dir. rom.³ 1 (Napoli 1945) 143 e nt. 1; G. IMPALLOMENI, Studi sui mezzi di revoca degli atti fraudolenti nel diritto romano classico (Pubbl. Fac. Giur. Univ. Padova 22, Padova 1958) 77 nt. 37; A. METRO, La lex Aelia Sentia e le manomissioni fraudolenti, Labeo 7 (1961) 172s.

[72] Cfr., per tutti, LENEL, Pal. 1.904 (Pap. n. 532).

[73] Sulla nota paolina (D. 42.8.16), specie in rapporto a D. 42.8.10.1 (Ulp. 73 ad ed.), cfr. ancora SANTALUCIA, op. cit. 89ss.

[74] V., per tale età, CASAVOLA, Audit. Servii cit. spec. 156s.

stante ad ogni parere ed a dispiegarne la dimensione teoretica complessiva, era intesa anche e soprattutto a dar loro ad una utilità pratica oltre quella immediata lucrata da interroganti e discepoli, ed a farne punto di riferimento, intercalati come sono da precedenti giudiziarî e da provvedimenti imperiali, per contemporanei e posteri. Se il giurista non ritenne di chiarire ed articolare l'avaro dettato, la circostanza può essere solo in minima parte attribuita al tempo limitato che gl'impegni pubblici gli lasciavano[75], e (anche perciò) al pedissequo lavoro dei gregarî[76] di cui egli era molto verosimilmente costretto a servirsi ai fini della edizione. Essa è da mettere in relazione essenzialmente alla incipiente esigenza, avvertita da Papiniano quasi da precursore, di ridurre all'essenziale la *iuris doctrina*, di convertire i risultati dei sin troppo elaborati discorsi scientifici in paradigmi di tipo legislativo, in proposizioni suscettibili immediatamente di applicazione nella pratica dei tribunali.

Consapevolezza del potere riflesso sulla sua persona dall'altissima posizione ufficiale? Suprema fiducia nella propria *scientia*? Rifondazione del ruolo del giurista come *iuris conditor*[77]? Indubbiamente dovettero esservi anche tali componenti (come dire) psicologiche. Lo si avverte nel costante, sicuro riferimento a criteri equitativi non estrinseci e condizionanti rispetto al *ius*, ma intesi come linfa di ogni regolamento e perciò avvertibili solo da chi partecipi alla vita del diritto[78]. Tuttavia preminente appare il bisogno di costruire un sistema scarnificato dell'individuale e del superfluo e capace di regolare agevolmente la totalità degli utenti del diritto. Un bisogno che un uomo di stato attento avverte inevitabilmente in un'epoca di transizione, che, tra l'altro, vedrà l'unificazione formale, sotto il *ius Romanorum*, dell'orbe civile.

In ciò sta anche la profonda diversificazione del discorso asciutto ed imperativo di Papiniano da quello, anch'esso laconico ed autoritario, del giureconsulto antico, repubblicano, che privava gelosamente il destinatario, se non addetto ai lavori, dei dati e degli itinera che avevano portato alla

---

[75] Si rifletta che i 'Libri responsorum' furono stesi ed editi (magari in sezioni) nel periodo della prefettura del pretorio (205—212), quando cioè Papiniano fu impegnato, fra l'altro, alla repressione delle bande dei briganti al comando di Bulla Felix, le quali, forti di seicento uomini — come racconta Cassio Dione — infestavano l'Italia; dovette tenere contatti con l'imperatore, ritiratosi — a quanto ci informa Erodiano — in una villa in Campania dopo la morte di Plauziano; fece parte probabilmente della corte che seguì Severo e la sua famiglia nella spedizione in Britannia dall'inizio del 208 (cfr., per tali dati, CALDERINI, op. cit. rispett. 83s., 82, 84).

[76] È suggestivo, ma, sia chiaro, affatto fantasioso, pensare ad Ulpiano e Paolo, di cui tuttavia ancora si ritiene ,,probabile" che ,,facessero il loro ingresso a corte" accanto a Papiniano (v., per tutti, CALDERINI, op. cit. 441). Essi, fedeli riproduttori del dettato papinianeo, avrebbero avuto modo però di appuntare per sè le *notae* personali che poi pubblicarono a mò di corredo del testo del maestro (ma v. piuttosto infra nt. 127).

[77] Sono, questi, temi di fondo dell''Enchiridion' di Pomponio secondo la ricostruzione del BRETONE, ora in Tecniche cit. (IV) spec. 136ss.

[78] Sull''equità' in Papiniano la ricerca è ancora tutta da fare. Essa è particolarmente complessa, perché connessa alla ricostruzione del 'giusnaturalismo' dell'età dei Severi (LEVY, Natural Law in Rom. Thought, SDHI. 15 [1949] 1ss., ora in Gesamm. Schr. I [1963] 3ss.).

soluzione, la cui rispettabilità era affidata alla sola autorevolezza del respondente. Ispirazioni e formule arcaicizzanti in Papiniano, uomo del suo tempo[79], non mancano[80]. Ma è difficile credere che, in una realtà tanto diversa, egli si ispirasse al modello del giurista antico e non piuttosto che adeguasse l'opera scientifica alle esigenze, già in qualche modo dell'età sua, di costruzione di un ordinamento anche formalmente di tipo normativo[81].

A siffatta facies va rapportato un altro tratto caratterizzante il peculiare modo d'essere giurista di Papiniano: l'attenzione costante e superiore al consueto, anche se non esclusiva (com'è per un Papirio Giusto), per la normazione imperiale. Su settecentoquarantanove squarci delle sue opere ricostruiti dal LENEL un centinaio contiene riferimenti a provvedimenti imperatorî[82], senza (poter) contare quelli caduti per tagli operati dai compilatori, specie giustinianei[83]. Poche le trascrizioni dei testi[84]; tuttavia, pur se concisa o generica, la citazione è sempre esatta e denota un'accurata documentazione[85], nonché lo sforzo di inquadrare i precetti entro il sistema del diritto già costituito, traendo da essi regole per la soluzione di vecchi problemi e per la costruzione di nuovi istituti[86].

---

[79] Sul gusto diffuso per gli arcaismi, nel corso di tutto il secondo secolo, e nei vari ambienti culturali, v. R. SYME, Tacito 1 (tr. it. Brescia 1967) 458 e nt. 132, 2 (tr. it. 1971) 664. Delinea delle spiegazioni convincenti per la comprensione del fenomeno V. A. SIRAGO, Involuzione politica e spirituale nell'Impero del II sec. (Napoli 1974) spec. 307 ss. Ne esamina un precipuo segmento il CASAVOLA, Il modello del parlante per Favorino e Celso, ANA. 82 (1971) 485 ss., di cui si cfr. ora lo studio, di maggiore respiro, ID., Cultura e scienza giur. nel sec. secolo d.C.: il senso del passato, nella presente opera (sopra 131 ss.).

[80] Cfr. la documentazione che ne dà il COSTA, Pap. cit. s. 257, con riferimento alle ricerche del KALB e del LEIPOLD. Adde SCHULZ, Storia cit. 425.

[81] Le notazioni del testo erano state in qualche modo avvertite dalla più antica dottrina e fors'anche dai cultori postclassici e dai compilatori giustinianei. Ma non sono mai state valorizzate appieno, magari a causa pure della circostanza che sono state infelicemente (e nebulosamente) espresse con formule retoriche (oggi più che mai non accette) del tipo di quelle che rappresentano Papiniano come il ,,genio" che coglie il ,,bisogno d'universalizzazione, che s'era affermato nel diritto del suo momento e che durò poi nell'epoca successiva" ed attua ,,innovazioni e distacchi" dalla tradizione fissata sistematicamente da Giuliano ed arricchita da Marcello e Scevola (così COSTA, Storia cit. 105).

[82] Cfr. GUALANDI, op. cit. 1.409 ss.

[83] Il GUALANDI, op. cit. 2.57 fa l'esempio di D. 26.5.14 (12 quaest.) dove è caduta probabilmente la menzione di una *oratio* dei *divi fratres*, come risulta da Vat. Fragm. 224 (Pap. 11 quaest.).
L'allusione, qui e altrove, a 'compilatori' pregiustinianei non ha tanto riguardo all'attività degli editori delle opere complessive di Papiniano (su cui v. spec. infra n. 5), quanto piuttosto a quella di organizzatori di 'catene' di *iura* ('predigesti') messe a frutto da Triboniano e collaboratori (v. retro nt. 15, e cfr., per l'orientamento di chi scrive, Note sull'attività degli scoliasti pregiustinianei, ANA. 79 [1968] 591 ss.).

[84] V. tuttavia ancora GUALANDI, op. cit. spec. 2.68 s.

[85] Lo si rileva da quanto osserva il GUALANDI, op. cit. 2.87 s., 97 s., 103, a proposito di D. 49.17.13 (16 quaest.) + D. 49.17.16 pr. (19 resp.) e di D. 48.5.6.2 (1 de adult.) + D. 48.5.38 (37) (5 quaest.), e rispettivamente di D. 40.4.47 pr. (6 quaest.) e D. 31.67.10 (19 quaest.), e di D. 36.1.57 (55). 1 (20 quaest.) messo a confronto con D. 36.1.32 (31). 1 (Marcian. 9 inst.).

[86] Il GUALANDI, op. cit. 2.105 s., richiama l'attenzione su D. 35.1.77 pr. (7 resp.) come ,,la più eloquente dimostrazione" di quanto notato sopra nel testo.

Dunque: la personalità scientifica di Papiniano, mentre si esprime in generi letterarî tralatizî, è connotata invece da un modo di concepire ed utilizzare il diritto, certo non originale in assoluto, ma insolito nella sua costanza e globalità d'applicazione. Un modo che interpreta con sicura intuizione quel che saranno le istanze, che si matureranno in un futuro neppure tanto prossimo, degli ambienti cancellereschi, giudiziarî e scolastici insieme. Non si tratta, però, beninteso di una inclinazione particolare al nuovo, che anzi talvolta Papiniano contrasta attestandosi sui vecchi principî[87]; né si tratta di una elaborazione ex novo, nel merito, di taluni settori del *ius Romanum*. La concezione e l'uso originali del diritto in Papiniano si sostanziano nella visione precettistica, che evitando le disquisizioni dottrinarie[88], serva il quotidiano commercio umano.

Sotto tale profilo, è forse a Papiniano che si addice, più che ad altri, la etichetta di giurista pre-postclassico[89], ad onta ch'egli sia stato rappresentato tradizionalmente come il tipo della giurisprudenza romana per antonomasia. Ciò che contribuisce a spiegare la sua enorme fortuna nei secoli a venire[90].

---

[87] Cfr. già il 'bilancio' conclusivo del COSTA, Pap. cit. 4.207ss., che pure era portato ad accentuare la novità delle soluzioni papinianee in tema di valorizzazione del *favor testamenti* e della *voluntas contrahentium*.

[88] Non per nulla rare sono le citazioni dei giuristi negli scritti papinianei, specie a confronto con quelle delle fonti imperiali (v. retro ntt. 82—86).

[89] Su tale schema, in funzione euristico-classificatoria, che è stato usato il più spesso per comprendere e definire l'enigmatico Gaio, è noto che si sono sviluppati divergenti punti di vista, dal BESELER, a cui in qualche modo lo si fa risalire, al KUNKEL e al WIEACKER, al KASER, al GUARINO e al VAN OVEN: v. l'elegante excursus del KASER, La classicità di Gaio, Gaio nel suo tempo cit. 42ss.

[90] Le testimonianze di tale fortuna sono già state in parte riferite (v. spec. retro n. 1) ed analizzate anche nei loro risvolti a dir così di ordine psicologico. Il discorso sarà ripreso (v. spec. infra n. 5) in relazione al problema della trasmissione del testo dell'opera papinianea. È opportuno, tuttavia, dare subito, per cenni, altri dati e considerazioni.
A parte i frammenti (annotati) berlinesi e parigini (ora in FIRA. 2² [1940] 437ss.), brani degli scritti di Papiniano sono pervenuti (al di fuori della compilazione giustinianea) perché inseriti nei 'Vaticana Fragmenta', nella 'Collatio legum Mosaicarum et Romanarum' (entrambe compilazioni di *iura* databili nel IV secolo), e in fondo alla 'Lex Romana Wisigothorum' (pubblicata nel 506 da Alarico II), nonché in quella raccolta orientale del V secolo per la quale è stato suggerito il titolo di 'Collectio definitionum' (SCHULZ, Storia cit. 550s., su cui ARANGIO-RUIZ, Framm. di giurispr. bizantina [PSI. 1348, Definizioni e massime], PSI. XIII,2 [1953] 196ss., ora in St. epigr. e papirol., a cura di BOVE [Napoli 1974] 390ss.).
Per la intensità (relativa) della presenza di Papiniano nelle dette opere miscellanee, per la prevalenza dei frammenti tratti dai 'Responsa' e per i problemi connessi, si rinvia a COSTA, Pap. cit. 1.50ss. Altri elementi in SCHULZ, Storia cit. 425 e ntt. 4—5, 555 e nt. 2, 559 e nt. 7. Qui basti sottolineare che la utilizzazione degli scritti papinianei è distribuita in tutto l'arco di tempo che da Diocleziano arriva a Giustiniano e per le aree culturali sia orientale che occidentale.
Ciò non significa, però, che la 'conoscenza' del pensiero papinianeo sia stata davvero sempre di buon livello ed abbia svolto la funzione di fattore vivificante la tradizione del diritto romano 'classico'.
In proposito si ricordi che la 'Lex Romana Burgundionum' ha avuto anche la strana denominazione di 'Liber Papiani' molto probabilmente perché in qualche manoscritto,

V. La fruizione e la trasmissione testuale del 'corpus Papinianeum'

Il profilo di Papiniano sinora tratteggiato potrà essere verificato soltanto quando saranno chiariti in modo appagante i problemi delle vicende testuali delle opere sue[91]. In questa sede, però, ad esse non possono essere dedicate che schematiche osservazioni, intese a fare il punto dello stato della dottrina. Si ha fiducia che, non di meno, risulterà egualmente verosimile la sostanziale autenticità della gran parte delle enunciazioni papinianee a noi pervenute, ed insomma che venga confermata — benevero, come s'usa dire, allo stato degli atti — la natura originale dei suoi modi espressivi e quindi l'interpretazione sopra proposta.

ora perduto, essa si trovava di seguito al 'Breviarium Alaricianum' che termina appunto con la rubrica *incipit Papiani lib. I Responsorum*. Un errore di trascrizione avrebbe, per così dire, 'incollato' l'ultimo titolo della legge visigota alla legge burgunda. Una distrazione materiale avrebbe comportato la omissione della sillaba *ni*. Orbene, è stato notato che non v'è dubbio che ,,alla base di tutto ci sia questo errore di scrittura", però sembra che esso non sia da imputare ad un solo sbadato amanuense ,,ma abbia una più larga ascendenza" (così MOR, op. cit. spec. 247). La maggioranza dei codici del Breviario porterebbe — secondo lo HAENEL — *Papianus* (ed anche *Pavianus* e *Papilianus*) invece di *Papinianus*: il che dovrebbe significare che nella Gallia visigoto-franca quel nome era abbastanza divulgato. Ciò che, del resto, è provato dalla circostanza che l' 'Epitome Aegidii' e quella Monacensis (le uniche che presentano il nome dell'autore, in quanto la Guelferbitana tace in merito) lo trascrivono nella forma *Papianus*. Tale variante ,,popolare e volgare" coinvolge, pertanto, almeno tre classi di manoscritti e non è sola dell'archetipo avuto sott'occhio da un trascrittore della 'Lex Romana Burgundionum'.
Inoltre, il nome contratto *Papianus* ,,risulta dagli scolii bizantini, nei quali tutti si legge Παπιάνος (v. E. HEIMBACH, Prolegomena ai Basilicorum libri LX, I, [Leipzig 1833], p. 22 e ivi note) e da quel luogo dell'Εξαβίβλος di Armenopulo . . . che ci riporta un frammento delle 'Papiniani Quaestiones' (v. RICCOBONO, Fontes . . ., pars altera, 1940, p. 446)": così DE DOMINICIS, Contributo cit. 321s. nt. 2.
Anche in qualche *inscriptio* delle 'leggi' riportate nei Basilici si rinvengono (oltre alle forme abbreviate) Παπιάν (es. 12.1.79), Παπιανός (2.1.7) o addirittura, in caratteri latini, *Papianus* (8.1.7) e *Papianum* (8.2.64). Vi è, anzi, di più. Il codice Coisliniano 152 nello sch. a B. 14.1.54 (H. 2, p. 234s.) presenta una singolare mescolanza di lettere greche e latine καὶ τῶν ἀντιπαπιανῶν, e, nello sch. a B. 11.1.17, mostra una ,,curiosissima correzione" multipla che riduce la forma corretta (Papiniano) in quella contratta (Papiano). Dunque, anche in ambiente greco-italico, pure nell'età giustinianea, è diffusa la denominazione *Papianus*: così già MOR, op. cit. spec. 249.
Ciò posto, è sembrato che fra la forma greca e quella burgunda una qualche interdipendenza o parentela vi sia stata, e si è pensato che ,,nel V secolo fosse in circolazione un *corpus* di estratti papinianei che andava sotto il nome di Παπιανός—*Papianus*", il quale era magari ritenuto, in qualche ambiente, persona diversa da Papiniano.
I commissari giustinianei avrebbero reagito alla scorretta grafia, fra l'altro scrivendo nell''Index librorum' il nome del giurista con caratteri latini, come per pochi altri, in luogo dell'usuale greco. Infatti, pur senza ,,insisterci sopra", è stato ben osservato in proposito: ,,che volesse significare: badate . . . che il nome vero è *Papinianus* . . . ?" (ancora MOR, op. cit. 250).

[91] Tale presupposto è lucidamente sottolineato dall'ARCHI, in sede di recensione dell'opera del WIEACKER, Iura 12 (1961) spec. 428s., 450.

L''Index Florentinus', quale terza opera papinianea, indica *definition* (*definition*) βιβλία δύο e Giustiniano (const. Omnem 4) parla di *geminum volumen definitionum*.

La intitolazione costituisce certamente — come è stato notato — un ἄπαξ λεγόμενον, giacché i giuristi che ebbero a coltivare tale genere di letteratura (Nerazio, Pomponio, Gaio, Scevola, e poi Paolo, Ulpiano, Modestino e Licinio Rufino) preferirono intitolare le loro opere *libri regularum*. Così pure insolita è l'articolazione in rubriche, testimoniata peraltro soltanto da Coll. 2.3: *Papinianus libro definitionum secundo sub titulo de iudicatis*[92]. Senonché siffatte caratteristiche possono essere ricondotte alla tendenza all'originalità che in varie occasioni si è notata come tratto connotante la personalità di Papiniano (la seconda potrebbe pur essere attribuita, senza danno per l'opera, ad un editore).

Ed infatti chi sospetta i natali dell'opera non si avvale di tali rilievi, ma punta l'indice sulle formule retoriche, non tecniche, inattribuibili sia a Papiniano che ai giustinianei, e, ricordando che l'età postclassica si compiacque tanto del genere letterario delle *regulae* e delle *definitiones* da contrabbandare talvolta sotto nomi di autori antichi opere composte ex novo anche con materiali contraffatti, lascia il dubbio della totale (o quasi) inautenticità[93].

Ma, da una parte, è venuta meno la fiducia nelle negazioni radicali della classicità di molti brani una volta sottoposti a troppo severa critica interpolazionistica[94]. D'altra parte, si dubita fondatamente dell'audacia di rielaboratori, veri e proprî falsarî papinianizzanti, che avrebbero manifatturato opere con materiali anche non classici marcandoli addirittura col nome del loro idolo. E perciò, coerentemente alla ricostruzione delle vicende della trasmissione testuale di molte opere giuridiche, si è pensato ragionevolmente che, piuttosto, la presenza estranea che si avverte qua e là possa essere quella di un editore precostantiniano. Infine, si è andato notando da varî studiosi che il contenuto di quel poco che ci è possibile racimolare (diciassette frammenti per il primo libro ed altrettanti per il secondo) denota che lo scritto non si discostava dal diritto dei tempi di Papiniano[95]

---

[92] Cfr. già DE FRANCISCI, Idee vecchie e nuove intorno alla formazione del dir. rom., Scr. Ferrini (Milano) cit. 1.220 nt. 3, che perciò non esclude che tutta l'opera sia di origine postclassica.

[93] Si allude, come è evidente, allo SCHULZ, Storia cit. spec. 308. Nota il CASAVOLA, Actio petitio persec. (1965) 28, che „è vero ch'egli è consapevole della difficoltà di distinguere le opere spurie da quelle autentiche, data la scarsezza dei loro resti, ma, a proposito dei libri papinianei, questa difficoltà sembra dimenticata". Da ultimo si è però espresso per la natura spuria dei libri di 'Definitiones' il CANNATA, La giurisprudenza rom. (1974) 50.

[94] Per il brano delle 'Definitiones' conservato in Coll. 2.3.1 v. MASI, Contr. ad una datazione della Coll. leg. Mos. et Rom., BIDR. 64 (1961) 301ss., spec. 306.

[95] Il MARTINI, op. cit. spec. 262s., ad esempio, non ha modo di sospettare, nonostante la costante sua attenzione esegetica, di D. 50.17.83 (2 definit., sul *rem amittere*), D. 28.3.1 (1 definit., in tema di testamentum *iniustum, nullum, ruptum* ed *irritum*), D. 31.80 (1 definit., sugli effetti del *legatum per vindicationem*), nè infine di D. 48.19.41 (2 definit., che definisce addirittura la *sanctio legis*). L'a. peraltro si occupa pure di D. 48.5.6.1 (1 de adult.) sulla differenza tra *adulterium* e *stuprum*, e di D. 50.17.82 [= D. 39.5.29 pr., 12

e, tutto sommato, neanche dai modelli letterarî tradizionali. In particolare, infatti, si è rilevato che la natura definitoria di alcuni brani è stemperata dall'andamento problematico di altri, che con i primi si congiungono[96]. Pertanto si è oggi generalmente inclini a ritenere che gli interventi editoriali furono ben lontani dal coprire il pensiero e la prosa stessa dell'autore.

La seconda fra le opere minori papinianee, i 'Libri duo de adulteriis'[97], è la meno contestata[98]. Viceversa l'omonimo 'Liber singularis' è stato ancor di recente oggetto di contrastanti congetture.

Che fosse un riassunto dei 'Libri duo' ad opera di un postclassico[99] è apparsa l'ipotesi più naturale, giacché esso non sembra servire al com-

resp., su cui Archi, La donazione (Milano 1960) 69s.] (9 resp.). Il Casavola, Actio cit. 29 e ivi nt. 32, a proposito di D. 44.7.28 (1 definit.), ritiene che ,,il dettato papinianeo ... sembra singolarmente genuino", e spiega: ,,la sua struttura sintattica — tre proposizioni coordinate per asindeto, di cui la prima presta in ellissi il verbo alle due seguenti — è adeguata al rapido ritmo formale della *definitio*"; inoltre ,,è rispettato il canone stilistico dell'*oratio brevis* ciceroniana" in linea con ,,le scelte linguistiche di Papiniano", che sono appunto in grandissima parte caratterizzate da moduli ciceroniani, e con la rinnovata fortuna di questi nella seconda sofistica, dunque sotto il regno dei Severi. ,,Rassicuranti ragioni — queste — per concludere che il testo ha una collazione culturale, coincidente ad un tempo con cronologia e stile papinianei".
Per le significazioni della formula triadica (*actio petitio persecutio*) v. ora, con folta bibliografia, anche Sturm, Stipulatio Aq. (1972) 150ss.
Per quanto riguarda l'opera in sè, mentre il Casavola ritiene ,,più ragionevole" la tesi del Wieacker, op. cit. 373ss. — secondo cui l'editore sarebbe lo stesso delle 'Quaestiones' e dei 'Responsa', accomunati alle 'Definitiones' in unico *corpus* —, il Martini propende per una compilazione non precisamente databile di scritti papinianei, il cui titolo fu 'dato' dalla ,,forma schematica ed incisiva delle singole enunciazioni".

[96] ,,Una sorta di *lanx satura* di definizioni e di *quaestiones*, nota il Casavola, Actio cit. 27, il quale rileva anche che in una diecina di frammenti il giurista utilizzò probabilmente casi realmente accaduti, e su cui era stato chiesto il suo parere di respondente (v. su ciò retro nel n. 3). Il Martini, op. cit. 258, a sua volta annota che non si tratta di ,,definizioni in senso logico" e neppure, in buona sostanza, di ,,veri e propri principî", ma di proposizioni in cui di solito si enuncia e si risolve il problema posto da un caso concreto o ipotetico, senza soffermarsi in spiegazioni e senza riferirsi ad opinioni di altri giuristi.

[97] Il Lenel ne ricostruisce diciotto frammenti, nove per ciascun libro, sotto le seguenti rubriche: '*de adulterii notione*', '*de iure mariti et patris*', '*de accusatione ab extraneo instituenda*', '*de reo postulato*', '*de testimonio*', '*de fundo dotali*', '*de crimine incesti*' (i frammenti numerati 10 ed 11 sono *notae* di Marciano: D. 23.2.57a e D. 48.5.8), '*de lenocinio*', '*de quaestione*', '*de abolitione criminis*', '*de poenis*'.

[98] Tuttavia essa è stata riesaminata di recente dal van de Wouw, op. cit., il quale parte dalla seguente constatazione: ,,*Daß Papinians* 'Libri duo de adulteriis' *einen Kommentar zur* 'lex Iulia de adulteriis' *darstellen, wird von allen Schriftstellern angenommen; auch an der Authentizität wird nicht gezweifelt*" (p. 313); e perviene alla conclusione che: ,,*Aber im Hinblick auf die Dürftigkeit der Schrift und auf den Umstand, daß Ulpian sie nicht zu kennen scheint, möchten wir annehmen, daß die* 'Libri duo de adulteriis' *nichts anderes sind als eine (teilweise) aus papinianischem Material bestehende nachklassische Arbeit*" (p. 324).
L'a. raccoglie, insomma, l'invito (ed il programma, purtroppo — si ripete — interrotto) dello Schulz all'analisi attenta e sistematica di tutti i frammenti papinianei. Ma ha fatto soverchio affidamento sulla critica interpolazionistica (si v., ad es., la sua analisi di D. 48.5.6 pr. [1 lib.] su cui, invece, da ultimo, A. Metro, La denegatio actionis [Milano 1972] spec. 84s.).

[99] Cfr., da ultimo, Guarino, Stor. del dir. rom.[5] (1975) 484.

pletamento (o a complemento ed aggiornamento) dell'opera più ampia[100].

Contro questa ipotesi si è osservato che le due opere presentano differenze di strutture: in particolare, mentre nel 'Liber singularis' ricorre con frequenza lo schema *quaeritur—respondit*[101], i 'Libri duo' non conservano traccia di *quaestio* e di responso ma costituiscono piuttosto un mero commento alla *lex Iulia de adulteriis*[102]. I passi del 'Liber singularis' sarebbero redatti, insomma, secondo lo schema delle 'Quaestiones' papinianee, dal cui libro trentaseiesimo (comprendente la sezione dedicata appunto alla *lex*) potrebbero essere stati tratti, ad opera di un anonimo, in epoca anche relativamente vicina a quella di Papiniano ma anteriore all'età di redazione della 'Collatio legum Mosaicarum et Romanarum'[103], giacché è in questa che sono contenuti quasi tutti i frammenti a noi pervenuti[104].

Un riesame dell'opera ha, però, portato di recente a respingere anche la tesi che essa derivi dalle 'Quaestiones'[105], facendola così qualificare un'autonoma pubblicazione postclassica[106], composta verosimilmente dopo

---

[100] Tale fu, invece, la supposizione del P. KRÜGER, Gesch. der Quellen und Lit. des röm. Rechts² (1912) 224. Ma v. infra nel testo.

[101] Ovvero *respondi*: la forma verbale originaria non può essere ricostruita, perché — com'è noto — era rappresentata da una *R*, che veniva sciolta indifferentemente come prima o terza persona.

[102] Così lo SCHERILLO, op. cit. 204, che disattende la sua stessa adesione alla prima ipotesi (v. SCHERILLO, DELL'ORO, Man. di stor. del dir. rom. [1949] 360 nt. 2).

[103] Sulla datazione di tale opera (inizi del IV secolo, secondo gli indirizzi prevalenti) cfr.: VOLTERRA, Coll. leg. Mos. et Rom., Mem. Lincei, Cl. sc. mor., VIs, 3 (1930) 100ss. (su cui LEVY, ZSS. 50 [1930] 703, e SCHERILLO, AG. 104 [1930] 261); MASI, op. cit., nonché ID., Ancora sulla datazione della Coll. leg. Mos. et Rom., St. Senesi 77 (1965) 415ss.; CERVENCA, Ancora sul problema della datazione della Coll. leg. Mos. et Rom., SDHI. 29 (1963) 253ss.; DE FRANCISCI, Ancora intorno alla Coll. leg. Mos. et Rom., BIDR. 66 (1963) 97ss.; M. A. DE DOMINICIS, Ancora sulla Coll. leg. Mos. et Rom., BIDR. 69 (1966) 337ss.

[104] Lo SCHERILLO, Note cit. 207 e 209, avvalora la sua ricostruzione con il confronto fra Coll. 4.10 e D. 48.5.39(38).8 (Pap. 36 quaest.), e conclude che la congettura del KRÜGER è plausibile, però con la variante che l'appendice ai 'Libri duo' non fu opera di Papiniano ma di un postclassico che la mise insieme attingendo alle 'Quaestiones': ,,del resto che l'opera in due libri e il 'Liber singularis' circolassero insieme risulta bene e dall'Indice Fiorentino, e dalle tabelle del BLUHME, e dall'ordine in cui si susseguono gli estratti dalle due opere nei titoli delle Pandette'' (ma v., invece, infra nt. 112).

[105] Che il 'Liber singularis de adulteriis' non possa essere un estratto, reso autonomo, dei 'Libri responsorum' si argomenta da ciò: in primo luogo, che lo schema *quaeritur—respondit* (frequente nelle 'Quaestiones') non compare nei 'Responsa' che una volta soltanto (D. 10.2.35 = Vat. Fragm. 258, 12° lib.) mentre di solito all'uso di *respondit* non fa riscontro quello di *quaeritur* (SCHERILLO, Note cit. 205s.); in secondo luogo, che nei 'Libri responsorum' (almeno nei primi otto, con costanza) i responsi sono espressi in forma indiretta (CERVENCA, Appunti cit. 398s.).

[106] V. WIEACKER, op. cit. 420s. L'a., fra l'altro, nota che l'argomento della concordanza fra Coll. 4.10 e D. 48.5.39(38).8 — su cui aveva insistito lo SCHERILLO, Note cit. 207ss. — non è probante, giacché essa potrebbe dipendere dalla circostanza che entrambe le opere avevano utilizzato, separatamente, lo stesso scritto.
In appoggio alle osservazioni critiche del WIEACKER contrarie alla derivazione del 'Liber singularis' dalle 'Quaestiones', il CERVENCA, Appunti cit. 400, nota che in queste ,,di

il 326, data di una costituzione costantiniana[107] sotto l'influenza della quale sembra formulato un principio espresso in un suo brano[108].

Senonché non tutti i passi del 'Liber singularis' esprimono regole aggiornate, vale a dire in linea con i principî enunciati in tale costituzione, ma anzi alcuni sembrano ignorarla[109]. Perciò si è tornati ad ambientare lo scritto in età precostantiniana, non escludendo che possa essere proprio di Papiniano[110], ma suggerendo che si tratti più probabilmente di una raccolta di 'Quaestiones' e 'Responsa' effettuata da persona diversa dal giurista su materiale papinianeo[111].

La rassegna dei tentativi, contraddittorî, di superare l'ipotesi del sunto permette di ritornare con più fiducia ad essa, che aveva a tutta prima lasciati perplessi per la sua semplicità e, sostanzialmente, non per altro. Si può ripetere quanto l'ARANGIO-RUIZ ebbe a notare in tutt'altra occasione, cioé che l',,illazione più candida" è anche ,,la più sicura".

Qualche precisazione, dopo i più recenti studî, è però opportuna. In primo luogo, non dovrebbe essere azzardato ammettere che l'epitomatore, per rendere ancor più agevole la consultazione pratica dell'opera da lui curata e per giustificarne, in qualche modo, l'opportunità (in vece di una riedizione dei 'Libri duo'), abbia egli adottato di preferenza lo schema espositivo *quaeritur—respondit*, senza dover alterare del tutto, con ciò, il dettato papinianeo. Si immagini quanto sarebbe stato facile trasporre in quello schema, ad esempio, il passo del 'I liber de adulteriis' utilizzato in D. 22.5.13: *Quaesitum scio, an in publicis iudiciis calumniae damnati testi-*

---

norma" l'opinione di Papiniano viene introdotta dal verbo *dixi* (il cui uso, peraltro' dimostrerebbe che la questione era stata risolta dal giurista in una *disputatio* orale), che invece ,,non si rinviene mai nello squarcio del 'Liber singularis de adulteriis', nel quale a *quaeritur—quaesitum est* si contrappone regolarmente il verbo *respondi*".

[107] C. Th. 9.7.2 = C. 9.9.29(30).

[108] Coll. 4.7. — Inoltre il WIEACKER, op. cit. 419s., rileva nel 'Liber singularis' usi linguistici che si riscontrano tipicamente nell'età di Costantino.

[109] A tale conclusione perviene il CERVENCA, Appunti cit. 401ss., sulla scorta delle analisi del VOLTERRA, Per la stor. dell'accusatio adult. iure mariti vel patris, St. Cagliari 17 (1929) spec. 53ss., e ID., Per la storia del reato di bigamia in dir. rom., St. in memoria di U. Ratti (Roma 1934) 401, 403s., nonché dei rilievi di M. A. DE DOMINICIS, Sulle origini romano-cristiane del dir. del marito ad accusare 'constante matrimonio' la moglie adultera, SDHI. 16 (1950) 233ss., e ID., Punti di vista vecchi e nuovi in tema di fonti postclass. (Occ. ed Orient.), St. in onore di B. Biondi II (Milano 1965) 637s.

[110] L'opera, tuttavia, avendo avuto ampia diffusione nell'età pregiustinianea, ebbe a subire, in ogni caso, numerose alterazioni: per queste cfr., da ultimo, CERVENCA, Appunti cit. 405ss. con esaurienti riferimenti bibliografici.

[111] Così il CERVENCA, Appunti cit. 404s.
L'a. ricorda che la natura ed il contenuto dell'operetta sono di difficile identificazione. Infatti oggi non si ammette più che essa contenesse uniformemente risposte in forma per lo più *epistulae* ,,sopra quesiti proposti di solito praticamente *ex facto*, in specie da magistrati" (come invece ritenne il COSTA, Pap. cit. 1.237). Egli nota pure che i libri di 'Quaestiones' e di 'Responsa' furono sottoposti, a loro volta, a successive rielaborazioni, e che pertanto ,,le edizioni di queste due opere tramandateci dal Digesto e dalle altre fonti . . . e ricostruite dal LENEL possono essere ben diverse dagli originali": ,,fatto, questo, che potrebbe spiegare la mancanza di affinità strutturale fra il 'Liber singularis de adulteriis' e le opere suddette, nel loro stato attuale".

monium iudicio publico perhibere possunt. .... si può trascrivere agevolmente, senza falsarne il senso (ma solo l'occasione e la natura), in *quaerebatur, an* ... . *Respondit* ... . — In secondo luogo, l'autore del sunto si colloca prima e ben per tempo rispetto all'età di compilazione della 'Collatio', e, quindi, è dubbia la sua qualifica di postclassico, se si accetta la scansione usuale dell'esperienza giuridica romana in relazione all'impero di Diocleziano. Per il resto, l'osservazione che la 'Collatio' contiene ben sei frammenti[112] del 'Liber singularis' mentre ignora l'opera in due libri[113] dovrebbe convincere che è affatto improbabile che il primo costituisse un completamento della seconda — complemento così incredibilmente esauriente ed organico da non esigere l'uso dello scritto principale a cui accedeva — mentre più verosimile è che la prassi e la scuola già dalla fine del III secolo non si giovassero più dell'opera originale, ma di un suo compendio[114].

La compilazione della prima delle opere maggiori impegnò Papiniano già *magister libellorum*. In trentasette libri di 'Quaestiones' egli collezionò un gran numero di *problemata* (lettere, risposte date in dispute di scuola o in sede di *consilium*[115], responsi, disquisizioni teoriche), ordinandoli sullo schema dei 'Digesta' di Giuliano[116]. La pubblicazione interessò subito teorici e pratici: la cita, ad esempio, diffusamente Ulpiano, sia nei libri *ad edictum* sia nei libri *ad Sabinum* sia altrove, in passi noti, pervenutici tramite non solo il Digesto bensì anche i 'Vaticana Fragmenta'[117]. Frequenti ne dovettero essere le ripubblicazioni, per trascrizione e per edizione nuova. Di qui molteplici rimaneggiamenti del testo. Anche chi non ritiene ,,devastato ... quasi ogni frammento"[118] rileva[119], infatti, le seguenti plausibili[120] vicende.

---

[112] Sui nove brani papinianei in essa messi a frutto (per quel che è a noi pervenuto).

[113] Cfr. SOLAZZI, Infirmitas aetatis e infirm. sexus (1930), ora Scr. III (1960) 371 nt. 42, che, però, presuppone la diffusione dell'epitome solo alla fine del IV secolo.

[114] Si badi che anche chi si orienta verso altre ipotesi è indotto ad ammettere che il 'Liber singularis', nel testo a noi pervenuto, presenta ,,dei rabberciamenti diretti a riassumere il testo originario" (così CERVENCA, Appunti cit. 409 nt. 57, a proposito, ad esempio, di D. 48.5.12(11).5 dove è soppressa l'indicazione dell'interrogante).

[115] Riconoscibili per lo più dall'uso di *dixi* (v. retro nt. 106).

[116] Com'è noto: una prima parte (la più ampia), dedicata alle materie dell'*edictum praetoris* (problemi attinenti alla introduzione della lite, sezione *de iudiciis*, procedure d'urgenza, esecuzione della sentenza, appendice concernente *interdicta, exceptiones, stipulationes praetoriae*), è seguita dall'esposizione dei problemi della successione intestata civilistica, e poi di quelli afferenti alle principali *leges*, a *senatusconsulta* e così via.

[117] I Vat. Fragm. 224—6 conservano anche tre importanti frammenti dell'opera, che venne citata direttamente da Giustiniano (C. 3.28.35.1) e persino, caso isolato, da Giuliano d'Ascalona (cfr., con letteratura, SCHULZ, Storia cit. 421 e spec. nt. 4).

[118] Lo SCHULZ non ha più pubblicato il ,,commento critico" alle 'Quaestiones' a suo tempo annunziato (Storia cit. 422 nt. 1): cfr. FLUME, F. Schulz (in memoriam), ZSS. 75 (1958) 501. Ne dette solo una ,,illustrazione" (Storia cit. 422ss.), soffermandosi su D. 5.2.15 pr., D. 35.1.72 pr. e D. 28.7.15. Per l'ultimo testo v. retro ntt. 24—25. Per il primo (che ha cadenze analoghe al secondo) il WIEACKER, op. cit. 335, ha rilevato: ,,*Auch in D. 5.2.15 pr. liegt zugrunde die Schmerzlichkeit des Vorversterbens der Kinder gegen die natürliche Sterbefolge, und der Text ist nach Syntax, Lexikon und gesteigertem moralischem Klima unverkennbar papinianisch. Hier allerdings begründet der Einfall, es könne das* votum parentium

Paolo appose ben presto all'opera le sue *notae*, con intenti scolastici. Se queste furono pubblicate insieme al testo di Papiniano, bisogna supporre, accanto all'edizione voluta dall'autore, quella curata da Paolo (o da chi per lui). Verso la fine del terzo secolo anche le 'Quaestiones' dovettero essere trascritte in *codices*, come la generalità degli altri scritti giuridici di persistente attualità[121]. Il testo — si può presumere — fu quello con le annotazioni paoline. La decisione di Costantino che aboliva le note *in Papinianum* provocò una nuova edizione depurata dall'apparato di postille: è questa che verosimilmente ebbe tra le mani chi compilò i 'Vaticana Fragmenta'. Tuttavia, pur dopo la legge delle citazioni (che — si ricordi — vietava ancora l'uso delle *notae in Papiniani corpus*) erano in corso riedizioni commentate[122]. I giustinianei ne utilizzarono una, abbastanza corretta, che riportava le note di Paolo.

Analoghe vicissitudini testuali subirono i 'Libri responsorum', elaborati probabilmente dopo il 198 se non addirittura durante la gestione della prefettura del pretorio[123]. In numero di diciannove, ordinati secondo un sistema analogo a quello delle 'Quaestiones', essi inclusero, oltre a veri e proprî *responsa* di Papiniano nella veste di giurista professionale, *decreta* dei *praefecti praetorio* e costituzioni imperiali.

Tanto Paolo quanto Ulpiano annotarono questa volta l'opera del maestro, forse pubblicata in tutto o in parte postuma. Perciò già alla metà del terzo secolo dovevano esserci, accanto alla prima, due edizioni postillate. Un'altra almeno si ebbe intorno al 300, a seguito della nota trascrizione dei *volumina*[124]. La *infirmatio* costantiniana determinò, come per le 'Quaestiones', una nuova edizione depurata (i 'Vaticana Fragmenta' non portano

---

und die naturalis erga filios caritas *vernünftigerweise einem* pie relinqui *an die Eltern entgegenstehen, gewisse Bedenken. Bei dem feinen inneren Zusammenhang mit den beiden anderen Stellen, den ein nachklassischer Bearbeiter schwerlich nachträglich gefunden hätte, möchte man sich aber doch für Papinian entscheiden"*. Mentre con molta efficacia, lapidariamente, il Voci, Dir. ered. cit. 679 nt. 45, nota che, ,,pure, una giustificazione del regime non poteva mancare nelle opere dei giureconsulti".

[119] Wieacker, op. cit. spec. 333ss.

[120] Altri parla però — è doveroso avvertirlo — di ,,deduzioni tutte congetturali e forse troppo sottilmente razionalistiche": così Amirante, Rc., Labeo 7 (1961) 415.

[121] Probabilmente fu in tale occasione che si formò — secondo il Wieacker — un *corpus* papinianeo (v. retro in nt. 95).

[122] In particolare, il confronto fra Vat. Fragm. 226 e C. 6.8.2 (Dioclet. Maxim., a. 294) fa collocare un primo rielaboratore anteriormente al 294. Mentre le vicende del testo di cui a Vat. Fragm. 224 fanno ritenere che altri interventi furono operati nella prima metà del quarto secolo, e che doveva esserci una edizione postclassica principale, che potrebbe identificarsi con il 'Corpus Papiniani' di cui a C. Th. 1.4.3.

[123] V., su ciò, le considerazioni retro nn. 3—4.

[124] Il Wieacker, op. cit. spec. 340ss., ipotizza che questa trascrizione avesse messo insieme le annotazioni di Paolo e di Ulpiano, e che Costantino, nominando entrambe le serie di *notae*, si riferisse appunto a tale edizione con note unificate (p. 341: ,,*Konstantins* infirmatio, *der* notae in Papinianum *Paul und Ulpian in einem Atem nennt*"). Ma v. l'Amirante, op. cit. 415s., che ritiene giustamente ,,azzardato" tale rilievo, e conclude che ,,fino a Costantino ... si può benissimo supporre che dei 'Responsa' di Papiniano esistessero soltanto le edizioni 'classiche' curate da Paolo e da Ulpiano".

tracce di annotazioni ai testi papinianei). Infine, giacché la disposizione di Costantino del 321 non era un vero e proprio divieto, fiorirono ancora ripubblicazioni con *notae*, com'è provato dai frammenti di Berlino e di Parigi[125].

Il gran numero di edizioni[126] moltiplicò le occasioni di alterazioni del testo[127]. Si ritiene, peraltro, che le più incisive rielaborazioni si sarebbero avute in quella a cavallo tra il III ed il IV secolo, ad opera di uno studioso, probabilmente membro della cancelleria *a libellis* di Diocleziano, che avrebbe assorbito il vocabolario e l'ethos stesso di Papiniano[128]. Tuttavia una accurata *recensio* tarda fornì ai commissarî giustinianei un esemplare dei 'Responsa' abbastanza emendato ed affidante[129].

---

[125] V. retro nt. 2.

[126] Almeno sei, secondo il WIEACKER, op. loc. cit.

[127] Precisa, però, l'AMIRANTE, op. cit. 415, che ,,anche ammesso che le *notae* di Paolo e di Ulpiano portassero alla duplice riedizione del testo papinianeo dei 'Responsa', si può e si deve supporre che nè l'uno, nè l'altro modificassero il testo che andavano annotando".
L'osservazione non è del tutto convincente: potrebbe essere accaduto che proprio quei giuristi, per chiosare il pensiero papinianeo in uno scritto autonomo che non fosse gravato dalla riproduzione integrale dell'opera annotata, ne operassero estratti o richiami riassuntivi o citazioni parziali. Tale lavorio riduttivo — che, com'è evidente, non era intenzionalmente inteso all'alterazione — sarebbe poi stato sfruttato, consapevolmente o per tramiti mediati, in successive edizioni, sino a pervenire ai compilatori giustinianei. Il processo ipotizzato (e che qui non si può precisare e verificare) renderebbe più comprensibile il provvedimento costantiniano, che, infatti, non avrebbe 'disapprovato' l'uso delle mere *notae*, ma l'uso di un testo papinianeo, quello annotato, non originale, bensì epitomato, riprodotto per estratti.

[128] Rileva il WIEACKER, op. loc. cit., che lo stile di Papiniano appare peculiare, personalissimo, ed inimitabile, solo se lo raffrontiamo a quello dei giuristi delle generazioni a lui vicine, mentre trova per converso paralleli sorprendenti negli stilemi delle cancellerie imperiali del tempo che va dai Severi a Diocleziano: per evitare di pensare ad ,,una vera scimmiottatura, che avrebbe finito per essere irriverente", basta dunque ritenere che a ripubblicare entro il corso del terzo secolo l'opera papinianea sia stato uno degli esperti che lavoravano in quella cancelleria. Osservò, però, di contro l'ARANGIO-RUIZ, RC., BIDR. 64 (1961) 356 (a cui appartiene anche la precedente espressione fra virgolette), che, certo, ,,nell'ordine delle possibilità non si può negare neppur questo", ma è ,,naturale" una certa ,,riluttanza ... a far proprio tutto questo gioco d'incontrollabili ipotesi".

[129] Per l'AMIRANTE, op. cit. 416, già l'edizione provocata dalla *infirmatio* del 321, ,,se si vuole stare alla lettera ed allo stile del provvedimento costantiniano", avrà cercato di ripristinare e rispettare, ,,sempre che ciò fosse possibile", il testo papinianeo.
L'a., poi, valutando (p. 416ss.) i risultati raggiunti dal WIEACKER nell'analisi dei singoli testi, si allontana ancor più di questi dalla ipotesi radicale dello SCHULZ (cfr. Storia cit. 426ss.), e conclude che ,,non ... sembra affatto raggiunta la prova di copiose alterazioni del testo dei 'Responsa' papinianei nella prima età postclassica": oltre alla nota manomissione di cui a Vat. Fragm. 14 ed a quella, probabile, di Vat. Fragm. 264a., la sola ,,abbastanza convincentemente dimostrata" è quella di Vat. Fragm. 262 (la quale forse dipende dalla riforma costantiniana di C. Th. 3.5.2). ,,Si tratta, in definitiva, di ben poca cosa a fronte dei passi presi in esame, i quali, poi, giova ricordarlo, sono soltanto frammenti dell'intera opera papinianea".
Peraltro, si noti che l'AMIRANTE (p. 400 e 416) ritiene più probabile (richiamandosi anche al DE DOMINICIS, Contributo cit. 336ss.) la seguente vicenda di trasmissione testuale: dei 'Responsa' papinianei ci sarebbero state le edizioni 'classiche' annotate da Paolo e da Ulpiano, un'edizione costantiniana (posteriore al 321, senza note), ed infine un'edizione,

Ciò posto, possiamo essere ora sufficientemente certi che sia caratteristica degli scritti originarî di Papiniano, e non risultato della corrosione dei rielaboratori ed editori delle sue opere, quel che si è notato nelle 'Quaestiones' e massime nei 'Responsa', vale a dire il presentare un diritto, sino ad allora elaborato con prevalente attenzione al causale/individuale, in termini generali ed astratti: ,,i casi sono ridotti al loro minimo giuridico, i fatti, il quesito e il responso non sono quasi più tenuti separati"; ,,ogni cosa estranea è esclusa e il nudo problema giuridico è isolato dagli svariati e giuridicamente irrilevanti dettagli del caso concreto"[130]. Fenomeno, questo, che, come si è visto, non si esaurisce nel fatto espressivo, nello stile a dir così nervoso invece che pacato, disteso, attento ai particolari, bensì manifesta un diverso modo di porsi del giurista di fronte al diritto ed al problema della conoscenza sua da parte degli utenti, in un momento in cui un altro stato esigeva un altro diritto.

con l'apparato delle *notae* riunite, da ascriversi alla fine del IV o addirittura ai principî del V secolo.

Quanto ai criterî (di massima) esegetici, per tentare di recuperare tra il materiale restituitoci dal Digesto quel che più verosimilmente rispecchia il dettato originario papinianeo, si potrebbe prendere spunto, nell'individuarli, da una osservazione del GUARINO, Storia cit. 483, che nota una massa di brani formulati con ,,laconicità" che ,,rasenta i limiti dell'ermetismo", la quale contrasta con quella in cui ,,d'improvviso" il discorso diventa prolisso ma confuso e perciò non meno difficile da intendere. Proprio questi ultimi brani (da non confondere con i passi in cui si fa ricorso a metri equitativi) potrebbero essere maggiormente sospettati di alterazione, giacchè, da un lato, la breviloquenza è apparsa la caratteristica più consona a Papiniano (alla sua mentalità, alle sue esigenze, alle sue possibilità di lavoro), e, dall'altro lato, la giunta esplicativa meglio si ambienta nel clima del lavoro postclassico sui testi antichi.

[130] Sono parole dello SCHULZ, Storia cit. 424.

È ovvio che nell'usare le espressioni sopra riportate l'a. intendeva alludere ad un'opera di ,,semplificazione e astrazione" superiore a quella di consueto praticata dai giuristi contemporanei a Papiniano, i quali — come ha illustrato compiutamente il G. PUGLIESE, L'autonomia del dir. rispetto agli altri fenomeni e valori sociali nella giurispr. rom., La stor. del dir. nel quadro delle scienze storiche, Atti del primo Congr. internaz. della Soc. it. di stor. del dir. (Firenze 1966) spec. 164 e, ivi, nt. 5,184s. e, ivi, nt. 44 —, a parte gli stralci ed accorciamenti compiuti da compilatori tardi, erano, essi stessi, inclini generalmente a ridurre ,,rapporti, vicende, casi della vita ... al loro scheletro giuridicamente rilevante, accantonando gli aspetti o gli elementi estranei alla valutazione giuridica" (,,a loro volta, i criterî di valutazione, quand'anche desunti ... dall'etica, ... o ispirati alle esigenze di una data attività economica, ricevevano anch'essi, sussunti nel mondo del diritto, la caratteristica impronta giuridica").

Problemi ulteriori in argomenti sono: se Papiniano, accentuando la laconicità del parlare, attribuisse anche valore dogmatico al suo linguaggio, e se fosse consapevole della ineliminabile natura 'ellittica' delle espressioni giuridiche, anche di quelle precettive, bisognose pur sempre di interpretazione, perché mai autosufficienti. Ma si tratta di quesiti, affascinanti, però irresolvibili, anche perché si intrecciano con l'interrogativo su chi Papiniano ritenesse concretamente 'utente' dei suoi scritti — ogni quivis de populo (sia pur di una certa cultura) o solo gli operatori qualificati del diritto? —. Si può solo rinviare, per il loro inquadramento, alle ricerche sui temi generali in cui i problemi si iscrivono: A. URBAN, Language and Reality (London 1939) 125, 196ss., 201, 234, 242, e E. BETTI, Teoria generale dell'interpretazione 2 (Milano 1955) 797s.; B. BIONDI, La terminologia romana come prima dommatica giuridica, Ius n. s. 1 (1953) 15ss. (ora anche in Scr. giur. I [1965] 181ss.), e KASER, Zur juristischen Terminologie der Römer, St. Biondi cit. 1.95ss.

Elenco bibliografico

Abbreviazioni di riviste:

AG.   = Archivio giuridico ,,Filippo Serafini`` (Modena)
AHDE. = Anuario de historia de derecho español (Madrid)
ANA.   = Atti dell'Accademia di Scienze morali e politiche (Napoli)
BIDR. = Bullettino dell'Istituto di diritto romano ,,Vittorio Scialoja`` (Roma–Milano)
Iura   = Iura, Rivista internazionale di diritto romano e antico (Catania–Napoli)
Labeo = Labeo, Rassegna di diritto romano (Napoli)
NRH.   = Nouvelle revue historique de droit français et étranger (Paris)
RIDA. = Revue internationale des droits de l'antiquité — Archives d'histoire du droit
         oriental (Bruxelles)
SDHI. = Studia et documenta historiae et iuris (Roma)
T.   = Tijdschrift voor Rechtsgeschiedenis, Revue d'histoire du droit, The Legal His-
         tory Review (Leiden)
ZGR.   = Zeitschrift für geschichtliche Rechtswissenschaft (Berlin)
ZSS.   = Zeitschrift der Savigny-Stiftung für Rechtsgeschichte, Romanistische Abteilung
         (Weimar)

I. Alibrandi, Sopra alcuni frammenti di scritti di antichi giureconsulti romani, I: Frammenti
  del libro V dei Responsi di Papiniano, Studi e documenti di storia e di diritto, Pubblica-
  zione periodica dell'Accademia di conferenze storico-giuridiche 1 (1880) 39ss., 183ss. =
  Id., Opere giuridiche e storiche, vol. I (Roma 1896) 353ss.
I. Alibrandi, Sopra alcuni frammenti del libro IX de' Responsi di Papiniano con note di
  Ulpiano e di Paolo recentemente scoperti, Studi e documenti di storia e di diritto, Pub-
  blicazione periodica dell'Accademia di conferenze storico-giuridiche 4 (1883) 125ss. =
  Id., Opere giuridiche e storiche vol. I (Roma 1896) 453ss.
L. Amirante, Recensione a Wieacker, Labeo 7 (1961) 390ss.
V. Arangio-Ruiz, Storia del diritto romano, 7° ed. (Napoli rist. anast. 1966) 291s., 366.
V. Arangio-Ruiz, Recensione a Wieacker, BIDR. 64 (1961) 351ss.
G. G. Archi, Recensione a Wieacker, Iura 12 (1961) 428ss.
P. Armauldet, Sur une inscription fausse de Rome relative à Papinien, Bulletin Société
  antiquaires de France (1902) 247ss.

E. Balog, Skizzen aus der römischen Rechtsgeschichte, II: Über den Charakter der Noten
  des Julius Paulus, Domitius Ulpianus und Aelius Marcianus zu Aemilius Papinianus'
  Schriften, Études offertes à P. F. Girard, vol. II (Paris 1913) 422ss.
A. Berger, Papinianus, Oxford Classical Dictionary (Oxford 1949) 644.
A. Berger, Papinianus, Encyclopedic Dictionary of Roman Law (Philadelphia 1953) 617.
A. Biscardi, Studi sulla legislazione del Basso Impero 1: La legge delle citazioni, Studi
  Senesi 53 (1939) 411.
F. Bluhme, Die Ordnung der Fragmente in den Pandectentiteln, Ein Beitrag zur Ent-
  stehungsgeschichte der Pandecten, ZGR. 4 (1820) 257ss. = rist. Labeo 6 (1960) 50ss.
P. Bonfante, Storia del diritto romano, vol. I, 4° ed. (Roma 1934 = rist. Milano 1958) 424s.
F. Bremer, Die Rechtslehrer und Rechtsschulen im römischen Kaiserreich (Berlin 1868, rist.
  anast. Frankfurt 1968) 88ss.
M. Bretone, Tecniche e ideologie dei giuristi romani (Napoli 1971) 36, 40, 45, 65s.
F. Buonamici, Sopra alcuni frammenti di diritto romano trovati di recente in Egitto, AG. 31
  (1883) 333ss.

L. Caes, Papinianus, Katholische Encyclopädie, vol. XIX (Amsterdam–Antwerpen 1953)
  650ss.
A. Calderini, I Severi, La crisi dell'Impero nel III secolo (Bologna 1949).
C. A. Cannata, La giurisprudenza romana (Torino 1974) 50.
E. Cantarella, La fideiussione reciproca (,,ἀλληλεγγύη`` e ,,mutua fideiussio``), Contributo
  allo studio delle obbligazioni solidali (Milano 1965) 115ss.

F. Casavola, Actio petitio persecutio (Napoli 1965) 27 ss.

F. Casavola, Gaio nel suo tempo, Gaio nel suo tempo, Atti del simposio romanistico (Napoli 1966) 1 ss. = rist. Labeo 12 (1966) 7 ss.

G. Cervenca, Appunti sui 'libri singulares de adulteriis' di Papiniano e di Paolo, Studi in onore di E. Volterra, vol. III (Milano 1971) 395 ss.

L. Chiazzese, Introduzione allo studio del diritto romano, 3° ed. (Palermo 1947 = rist. ivi 1952) 247 s.

E. Costa, Papiniano, Studio di storia interna del diritto romano, 4 voll. (Bologna 1894-99 = rist. anast. in 2 tomi Roma 1964).

E. Costa, Storia delle fonti del diritto romano (Torino 1909) 105 s.

P. Csillag, Der Beitrag der afrikanischen Juristen zum römischen Recht, Afrika und Rom in der Antike (Halle 1968) 173 ss.

M. A. de Dominicis, Sulla validità dei richiami a ,,Scaevola'', ,,Sabinus'' etc. nella legge delle citazioni, Synteleia V. Arangio-Ruiz, vol. I (Napoli 1964) 552 ss.

M. A. de Dominicis, Contributo allo studio delle fonti papinianee d'età postclassica, Studi in onore di P. de Francisci, vol. IV (Milano 1956) 319 ss.

P. de Francisci, Storia del diritto romano, vol. II, 1° parte (Milano 1938 = rist. ivi 1944) 439 ss.

P. de Francisci, Idee vecchie e nuove intorno alla formazione del diritto romano, Scritti in onore di C. Ferrini pubblicati in occasione della sua beatificazione, vol. I (Milano 1947) 220.

A. dell'Oro, I 'libri de officio' nella giurisprudenza romana (Milano 1960) 266 ss.

A. dell'Oro, Il Digesto di Giustiniano e la legge delle citazioni, Synteleia V. Arangio-Ruiz, vol. I (Napoli 1964) 354 ss.

H. E. Dirksen, Über die schriftstellerische Bedeutsamkeit des romanischen Rechtsgelehrten Aemilius Papinianus, Hinterlassene Schriften, vol. II (Leipzig 1871) 449 ss.

A. d'Ors Pérez-Peix, Divus Imperator, Problemas de cronologia y transmission de las obras de los jurisconsultos romanos, AHDE. 14 (1942—43) 72 ss.

H. Erman, Recensione ad Ehrlich (Beiträge zur Theorie der Rechtsquellen, I: Das ius civile, ius publicum, ius privatum [Berlin 1902]), ZSS. 24 (1903) 434.

A. Esmein, Quelques observations sur les nouveaux textes de droit romain publiés par M. Dareste, NRH. 7 (1883) 479 ss. = Mélanges d'histoire du droit et de critique, Droit romain (Paris 1886) 339 ss.

H. Fitting, Alter und Folge der Schriften römischer Juristen von Hadrian bis Alexander, 2° ed. (Tübingen 1908 = rist. anast. Osnabrück 1965) 71 ss.

W. Flume, F. Schulz (in memoriam), ZSS. 75 (1958) 501.

P. Frezza, Corso di storia del diritto romano, 3° ed. (Roma 1974) 499 s.

F. Grelle, Munus publicum, Terminologie e sistematiche, Labeo 7 (1961) 321 ss.

F. Grelle, Stipendium vel tributum, L'imposizione fondiaria nelle dottrine giuridiche del II e III secolo (Napoli 1963) 87 ss., 93 ss.

G. Grosso, Storia del diritto romano, 4° ed. (Torino 1960) 425 s.

G. Gualandi, Legislazione imperiale e giurisprudenza, vol. I (Milano 1963) 409 ss., vol. II (idem) 117 ss., 127 ss.

A. Guarino, L'esegesi delle fonti del diritto romano, a cura di L. Labruna, tomo I (Napoli 1968) 226 ss.

A. Guarino, La compilazione dei 'Digesta Iustiniani', ANA. 79 (1968) 527 ss. = rist. Studi in onore di G. Scherillo, vol. II (Milano 1971) 717 ss.

A. Guarino, Recensione a Verney, Labeo 20 (1974) 430 s.

A. Guarino, Storia del diritto romano, 5° ed. (Napoli 1975) 483 s.

A. M. Honoré, Gaius (Oxford 1962) 40, 42 ss., 128 s., 130.

A. M. Honoré, The Severan Lawyers: A Preliminary Survey, SDHI. 28 (1962) 162 ss.

A. M. Honoré, A. Rodger, Citations in the Edictal Commentaries, T. 42 (1974) 57 ss.

L. L. Howe, The Pretorian Prefect from Commodus to Diocletian [AD. 180—305] (Chicago 1942) 65, 74, 94.

E. Huschke, Die Pariser Papiniansfragmente, ZSS. 5 (1884) 181ss.

H. F. Jolowicz, Historical Introduction to the Study of Roman Law, 2° ed. (Cambridge 1967) 400.

P. Jörs, Aemilius (n. 105), Pauly–Wissowa, Real-Encyclopädie der classischen Altertumswissenschaft, vol. I,1 (Stuttgart 1893) 572ss.

W. Kalb, Roms Juristen, Nach ihrer Sprache dargestellt (Leipzig 1890) 107ss.

W. Kalb, Bekannte Federn in Reskripten römischer Kaiser, Commentationes Woelfflinianae (Lipsiae 1891) 329ss.

M. Kaser, Zur Methodologie der römischen Rechtsquellenforschung (Wien 1972) 21, 26.

N. J. D. Kennedy, Papinian, Juridical Review 5 (1893) 297ss.

J. Kohler, Papinian über Liebe und Ehe, Archiv für die civilistische Praxis 111 (1914) 308ss.

H. Krüger, Die Herstellung der Digesten Justinians und der Gang der Exzerption (Berlin 1922 = rist. anast. Aalen 1971) 4ss.

H. Krüger, Römische Juristen und ihre Werke, Studi in onore di P. Bonfante, vol. II (Milano 1930) 303ss.

P. Krüger, Die Berliner Fragmente vorjustinianischer Rechtsquellen, ZSS. 1 (1880) 93ss.

P. Krüger, Die Berliner Fragmente von Papinians responsa, ZSS. 2 (1881) 83ss.

P. Krüger, Die Pariser Fragmente aus Papinians responsa, ZSS. 5 (1884) 166ss.

P. Krüger, Geschichte der Quellen und Litteratur des römischen Rechts, 2° ed. (München 1912) 220ss.

W. Kunkel, Herkunft und soziale Stellung der römischen Juristen (Weimar 1952 = rist. con app. di agg. 1967) 224ss.

M. Lauria, Ius civile, ius honorarium, Scritti di diritto romano in onore di C. Ferrini pubblicati dalla Università di Pavia (Milano 1946) 640.

H. Leipold, Über die Sprache des Juristen Aemilius Papinianus (Passau 1891).

M. A. Levi, L'Italia antica, vol. II (Milano 1968) 498s.

E. Levy, Natural Law in Roman Thought, SDHI. 15 (1949) 1ss. = Id., Gesammelte Schriften, vol. I (Köln–Graz 1963) 3ss.

G. Longo, Utilitas publica, Labeo 18 (1972) 18.

H. Lundström, Quaestiones Papinianeae (Lipsiae 1893).

R. Martini, Le definizioni dei giuristi romani (Milano 1966) 257ss.

A. Masi, Contributi ad una datazione della 'Collatio legum Mosaicarum et Romanarum', BIDR. 64 (1961) 285ss.

M. Massei, Sulle citazioni della giurisprudenza classica nella legislazione imperiale, Scritti di diritto romano in onore di C. Ferrini pubblicati dalla Università di Pavia (Milano 1946) 427.

S. N. Miller, L'esercito e la casa imperiale, The Cambridge Ancient History, vol. XII,1 (London 1961; tr. it. Milano 1970) 43s.

Th. Mommsen, Zu Papinians Biographie, ZSS. 11 (1890) 30ss. = Id., Gesammelte Schriften, vol. II (Berlin 1905) 64ss.

Th. Mommsen, A. Pernice (in memoriam), Gesammelte Schriften, vol. III (Berlin 1907) 579.

C. G. Mor, Papinianus, Studi storici in memoria di A. Mercati (Milano 1956) 247ss.

D. Nörr, Papinian und Gryphius, Zum Nachleben Papinians, ZSS. 83 (1966) 308ss.

R. Orestano, Papiniano Emilio (Aemilius Papinianus), Novissimo digesto italiano, vol. XII (Torino 1965) 364ss.

E. Otto, Papinianus, sive de vita, studiis, scriptis, honoribus et morte Aemilii Papiniani diatriba (Lugduni Bat. 1718, rep. praelect. Bremae 1743 = rist. Aalen 1972).

G. Padelletti, P. Cogliolo, Storia del diritto romano, 2° ed. (Firenze 1886) 438.

H. M. D. Parker, A History of the Roman World AD. 138 to 337, 2° ed., a cura di B. H. Warmington (London 1958 = rist. ivi 1969) 73.

F. Pastori, I Prefetti del pretorio e l'arresto dell'attività giurisprudenziale, Studi Urbinati 19 (1950-51) 37ss.

P. Pescani, Il piano del Digesto e la sua attuazione, BIDR. 77 (1974) 221ss.

M. E. Peterlongo, Lex nel diritto romano classico e nella legislazione giustinianea, Annali Università Perugia 49 (1937) 275.

M. E. Peterlongo, Un'altra iscrizione sepolcrale apocrifa del giureconsulto Papiniano, Atti Accademia ligure di scienze e lettere (1942) 77ss.

H.-G. Pflaum, Les carrières procuratoriennes équestres sous le Haut-Empire romain, vol. II (Paris 1960) 583s.

W. M. Ramsay, The Social Basis of Roman Power in Asia Minor (Aberdeen 1941 = rist. Amsterdam 1967) 298ss.

S. Riccobono, La citazione del 'l. III quaest.' di Papiniano in Armeno puro (II, 4, 51), Studi in onore di C. Fadda, vol. I (Napoli 1906) 289ss.

S. Riccobono, Lineamenti della storia delle fonti e del diritto romano (Milano 1949) 71.

S. Riccobono, Iurisprudentia, Novissimo digesto italiano, vol. IX (Torino 1963) 360.

L. Robert, Recensione a Ramsay, Hellenica 7 (1942) 200ss.

H. J. Roby, Introduzione allo studio del Digesto giustinianeo, Vita e opere dei giuristi romani (tr. it. Firenze 1887) 202ss.

C. Sanfilippo, Pauli decretorum libri tres (Milano 1938) 128.

B. Santalucia, Le note pauline ed ulpianee alle 'quaestiones' ed ai 'responsa' di Papiniano, BIDR. 68 (1965) 49ss.

G. Scherillo, A. dell'Oro, Manuale di storia del diritto romano (Milano 1949) 360.

G. Scherillo, Note critiche su opere della giurisprudenza romana, 1: Papiniani liber singularis de adulteriis; 2: Papiniani Ἀστυνομικὸς μονόβιβλος, Iura 1 (1950) 204ss.

M. Schanz, C. Hosius, Geschichte der römischen Literatur, vol. III, 3° ed. (München 1922 = rist. ivi 1959) 201ss.

A. A. Schiller, Provincial Cases in Papinian, Acta juridica 1 (1958) 221ss. = Id., An American Experience in Roman Law, Writings from Publications in the United States (Göttingen 1971) 126ss.

F. Schulz, History of Roman Legal Science (Oxford 1946, rist. 1953; ed. ted. Weimar 1961; tr. it. Firenze 1968).

F. Schulz, The Postclassical Edition of Papinian's 'Libri quaestionum', Scritti in onore di C. Ferrini pubblicati in occasione della sua beatificazione, vol. IV (Milano 1949) 254ss.

F. Schulz, Papinianstudien, I, RIDA. 1 (1952) 557ss.; II, RIDA. 2 (1953) 381ss.

E. Schulze, Zum Sprachgebrauche der römischen Juristen, ZSS. 12 (1892 [1891]) 124ss.

S. Solazzi, Infirmitas aetatis e infirmitas sexus, AG. 104 (1930) 31 = Id., Scritti di diritto romano, vol. III (Napoli 1960) 371.

S. Solazzi, Per la storia della giurisprudenza romana, II: Sui 'libri responsorum' di Papiniano; III: C. Th. 9,43,1 pr. e le note di Ulpiano e Paolo a Papiniano, AG. 133 (1946) 8ss. = Id., Scritti di diritto romano, vol. IV (Napoli 1963) 521ss.

S. Solazzi, Un responso di Papiniano e una nota di Paolo in D. 27,9,13,19, AG. 135 (1948) 130ss. = Id., Scritti di diritto romano, vol. V (Napoli 1972) 109ss.

A. Stein, Der römische Ritterstand (München 1927 = rist. ivi 1963) 407.

A. Steinwenter, Utilitas publica — utilitas singulorum, Festschrift P. Koschaker, vol. I (Weimar 1939) 91.

F. Sturm, Stipulatio Aquiliana, Textgestalt und Tragweite der aquilianischen Ausgleichsquittung im klassischen römischen Recht (München 1972) 150ss.

R. Syme, Three Jurists, Bonner Historia-Augusta-Colloquium 1968—69 (Bonn 1970) 309ss.

A. Toso, Emilio Papiniano e le influenze cristiane nell'evoluzione del diritto romano classico, Acta Congressus iuridici internationalis Romae, vol. II (Roma 1925) 21ss.

J. A. C. J. van de Wouw, Papinians 'libri duo de adulteriis', Versuch einer kritischen Palingenesie, T. 41 (1973) 311ss.

O. Verney, Leges geminatae à deux auteurs et compilation du Digeste (Lausanne 1973).

P. Voci, I garanti del tutore nel pensiero di Papiniano, Iura 20 (1969) 313ss.

E. Volterra, Collatio legum Mosaicarum et Romanarum (Accademia Lincei, Memorie, Classe scienze morali, VI serie, 3,1, Roma 1930).

E. Volterra, Giustiniano I e le scuole di diritto, Gregorianum 48 (1967) 77ss.

A. WATSON, The Law of Citations and Classical Texts in the Postclassical Period, T. 34 (1966) 402ss.

L. WENGER, Die Quellen des römischen Rechts (Wien 1953) 337ss.

F. WIEACKER, Textstufen klassischer Juristen (Göttingen 1960) spec. 333ss., 340ss., 373ss., 419ss.

M. WLASSAK, Römische Prozeßgesetze, Ein Beitrag zur Geschichte des Formularverfahrens, vol. II (Leipzig 1891) 133.

H. J. WOLFF, Papinian und die 'Allelengye', Studi in onore di E. Volterra, vol. III (Milano 1971) 735ss.

K. E. ZACHARIAE VON LINGENTHAL, Aus und zu den Quellen des römischen Rechts, XIII: Papinianus libro III Quaestionum quaestio ultima, ZSS. 10 (1889) 252ss.

A. ZOCCO-ROSA, Una nuova lettura de' frammenti del libro IX dei Responsa Papiniani rinvenuti in Egitto, Notizia, Rivista italiana per le scienze giuridiche 4 (1887) 53ss.

Addenda

(Anm. 7, am Schluß:) Cfr., da ultimo, DE MARINI AVONZO, La politica legislativa di Valentiniano III e Teodosio II² (Appunti dalla parte speciale del corso di Stor. del dir. rom., Genova, Anno acc. 1974—75) (1975) 100ss.

(Anm. 20, am Schluß von Absatz 1:) Cfr., tuttavia, la limpida esegesi già di CASAVOLA, D. 45.2.11 pr. (Pap. 11 resp.), Iura 6 (1955) 155ss.

(Anm. 79, am Schluß:) Sulla tecnica dei *responsa* giurisprudenziali, in relazione all'*auctoritas* della posizione dei giuristi cfr. la letteratura in A. RUGGIERO, Responsa prudentium, Noviss. dig. ital. XV (1968) 613ss., a cui adde, da ultimi, L. RAGGI, Il metodo della giurisprudenza romana (Lezioni di Storia del diritto romano raccolte dagli studenti ed assistenti dell' Università di Macerata [1967—68] e riviste in parte dall'Autore), ora a stampa in ID., Scritti (Milano 1975) spec. 173s.; nonchè LANTELLA, Il lavoro sistematico nel discorso giur. rom. (Repertorio di strumenti per una lettura ideologica) (1975, estr. da AA.VV., Prospettive sistematiche nel dir. rom.) spec. 286, ove, sia pure parzialmente ad altro proposito, si nota perspicuamente che: „. . . il superamento della società di discorso rappresentata dai pontefici, verosimilmente, non avrà coinciso con la eliminazione di ogni aspetto riconducibile in qualche modo a una società di discorso"; anzi „anche se in misura minore, alcuni fatti come il tecnicismo, o la estrazione sociale dei giuristi, o il loro senso corporativo, si saranno inevitabilmente tradotti in un modello di comunicazione abbastanza chiuso, la cui gestione avrà costituito pur sempre una professionalità specifica".

(Anm. 130, Schluß:) LANTELLA, Il lavoro sistematico cit. passim. (ivi altre, ampie, referenze bibliografiche); CASAVOLA, Cultura e scienza (presente volume [ANRW II 15] 131ss.), passim. Particolarmente interessante, nella prospettiva del discorso condotto sopra (v. anche retro n. IV), è quanto il CASAVOLA finemente dimostra, spec. alle p. 152, 163, 174s., che si può riassumere nelle seguenti affermazioni. Già per Celso, „uno dei principi metodologici . . . è che 'il diritto deve provvedere a situazioni che si verificano frequentemente e normalmente piuttosto che a quelle straordinarie'" (cfr. spec. 17 dig. D. 1.3.5). Giuliano, a sua volta, nonchè Nerazio, „più radicalmente e forse con maggiore consapevolezza filosofica e metodologica", temono, sia pur a proposito dell'indagine sulle *rationes iuris*, che un atteggiamento mentale, tra i giuristi, influenzato dal pirronismo „porterebbe alla deflagrazione di tutto l'ordinamento, perchè rovescerebbe molte delle sue certezze: *alioquin multa ex his quae certa sunt subvertuntur*" (cfr. spec. 6 membr. D. 1.3.21). Anche perciò progredisce una concezione formale del diritto come sistema di norme emanante dallo stato. Si consuma, insomma, „la forma antica di autocoscienza del diritto come insieme di strutture sociali spontaneamente accettate e vissute dalla comunità", e vi si sostituisce „lo schema astratto della imperatività diretta dall'apparato statale ai sudditi"

La conclusione della giurisprudenza classica all'età dei Severi. Iulius Paulus

di C. A. MASCHI, Milano

Sommario

I. *La giurisprudenza nell'età del principato*

1. Giurisprudenza classica

Ascesa e declino del mondo romano si rispecchiano nelle sorti attraversate dalla giurisprudenza. Il mondo romano del diritto è essenzialmente caratterizzato dalla giurisprudenza, non dalla legge, e la giurisprudenza, a partire dall'antica pontificale, fino agli ἥρωες dell'età bizantina, presenta un movimento di ascesa, che culmina nella giurisprudenza classica. Il momento conclusivo della giurisprudenza classica è l'età dei Severi.

'Classico' è un termine convenzionale usato anche in altre discipline, come la letteratura, le arti figurative, e ha un riferimento sia cronologico sia contenutistico. Relativamente alla giurisprudenza indica, cronologicamente, i giureconsulti da Labeone (età augustea) a Paolo e Ulpiano (età dei Severi); contenutisticamente, significa l'apporto più sviluppato e approfondito dell'intera giurisprudenza romana.

Ogni periodizzazione presenta qualche aspetto artificioso perchè la storia è continuità, ma è possibile identificare momenti del divenire. L'età, classica si collega[1] alla precedente età, preclassica (ultimi secoli della Repubblica), ma da essa è distinguibile per numerosi caratteri, in primo luogo l'estensione problematica e la soluzione di molti interrogativi ereditati dai giureconsulti repubblicani.

La 'creatività' della giurisprudenza preclassica è indubbia. Ma i classici non sono tali soltanto come scrittori[2]. Basta passare in rassegna i settori del diritto privato per accorgersi che i giureconsulti del principato, raffina-

---

[1] P. BONFANTE, Storia del diritto romano, Ristampa della ediz. 4°, 1, Milano 1958, 397, già nella 1° ediz., Milano 1902, affermava esattamente, pur essendo il rilievo non peregrino, che ,,la giurisprudenza classica, volendo risalire ai primi ordinatori di spirito non meramente pratico o casistico, ha principio, veramente, sul finire della repubblica, con due grandi giuristi, Quinto Mucio Scevola e Servio Sulpicio Rufo".

[2] F. WIEACKER, Über das Klassische in der römischen Jurisprudenz, Tübingen 1950 = Vom römischen Recht², Stuttgart 1961, 161ss. in un quadro suggestivo, in cui chiarisce e precisa enunciazioni di autori precedenti, conclude distinguendo una 'Adelsjurisprudenz' (rappresentata dalla giurisprudenza repubblicana) formata da 'giuristi classici', creatori, da una 'Kaiserjurisprudenz' (rappresentata dai giuristi del principato) 'scrittori classici', tali non dal punto di vista produttivo, ma da quello letterario. 'Classico' come categoria è respinto da P. DE FRANCISCI, Note critiche intorno all'uso di categorie astratte nella storia del diritto romano, in: Studi in onore di E. Volterra, 1, Milano, 1971, 1ss., il quale però finisce per sostituire alle categorie, che respinge metodologicamente, altre categorie, come quella, che accoglie, del MITTEIS fra Reichsrecht e Volksrecht, e che il DE F. intende ,,correggere" nel senso che la prassi non è stata solo extra-romana" (p. 47), ma anche romana e influente, già in età repubblicana, ad opera del pretore e della giurisprudenza. Il che solleva più dubbi che non ne risolva poiché quando la prassi è recepita nelle sue istanze dal pretore e, soprattutto, dalla giurisprudenza, che è fonte di *ius civile*, non è più distinguibile dal diritto ufficiale.

tasi l'indagine critica e moltiplicati gli aspetti tecnici e sostanziali, non sono meno originali dei loro predecessori. Giudizi negativi sulla scienza giuridica classica sono frutto di equivoci o di atteggiamenti sentimentali romantici volti a valorizzare unicamente ciò che appartiene all'età repubblicana[3].

L'intuizione è uno strumento largamente usato dalla giurisprudenza classica. Ma basta riflettere sul valore della intuizione intellettuale, per rendersi conto che essa non rappresenta un mezzo conoscitivo deteriore. L'intuizione, poi, non è l'unico strumento usato dai classici.

Quanto alla valutazione di ciò che la giurisprudenza classica ha elaborato, è da dire che un giudizio storico deve vertere non su ciò che essa avrebbe potuto fare, e non ha fatto, ma su ciò che la giurisprudenza classica operò, sia in confronto alla precedente, sia come risultato metastorico.

L'arte del pensare giuridicamente, non più rudimentale, ma raffinato, lo sviluppo della terminologia giuridica, la costruzione degli istituti del diritto privato in forme distinte e ormai definite, il metodo ermeneutico che va al di là delle *interpretationes verborum,* la fondazione ed enunciazione del concetto del diritto secondo la sua genesi e il suo scopo (per ricordare solo qualche aspetto saliente) sono opera della giurisprudenza classica.

Essa non lavora sul nulla, ma utilizza quanto già elaborato dai pionieri dell'età repubblicana. Tale utilizzazione non è pedissequa e i risultati cui pervengono i giuristi del principato sono così diversi dai punti di partenza, che si può parlare di creatività. Le mutate condizioni sociali ed economiche, la trasformazione della famiglia romana arcaica agnatizia e del connesso diritto ereditario, l'esigenza di nuovi tipi contrattuali e, in generale, i problemi giuridici che si pongono in maniera più raffinata; la recezione del *ius gentium* nel nuovo *ius civile;* la dialettica fra questo e *praetor* fino ad Adriano e, da Adriano in poi, fra *ius civile* e *ius honorarium* e i principii innovatori della *cognitio principis* pongono la giurisprudenza del principato di fronte a infiniti problemi, sconosciuti in gran parte ai *veteres* e risolti attraverso la costruzione scientifica e l'aderenza alle necessità della vita di ogni giorno.

Non c'è opera di giureconsulto del principato che non presenti qualche cosa di originale o nell'impostazione di un problema o nei risultati o, comun-

---

[3] E. BETTI, Methode und Wert des heutigen Studiums des Römischen Rechts (Die rechts-dogmatische Methode), Tijdschrift voor Rechtsgeschiedenis, 15, Haarlem 1937, 137ss. sostiene che la giurisprudenza classica, perché 'intuitiva', non riflette coscientemente sulla propria attività e che i principii, in base ai quali essa opera, non furono affatto pensati o furono posti come intuitivi. In quest'ultima alternativa sta il vizio della valutazione. Le idee, in base alle quali la giurisprudenza risolve i singoli problemi, sono sovente taciute, ma ciò non significa che non siano state pensate. Tutta la ricerca dei 'principii' propri della giurisprudenza classica, dal IHERING allo SCHULZ in poi (e anch'io mi sono un po' occupato di ciò), benché ancora ricerca aperta, dimostra la consapevolezza, da parte dei classici, di quelle direttrici fondamentali del loro pensiero giuridico. F. SCHULZ, Storia della giurisprudenza romana, tr. it. G. NOCERA, Firenze 1968, 229ss., dopo aver dichiarato, per il periodo postadrianeo, che in esso si trova ben poco di nuovo ,,e quel poco mostra lo stile del passato``, fa un lungo elenco di ciò che la giurisprudenza avrebbe potuto innovare e invece non innovò per ,,una stanchezza intellettuale caratteristica dell'età``. A cotesta impostazione, che ha pochissimo di vero, rispondo più sopra.

que, nel ripensamento personale. Per citare, direi a caso, qualche nome e qualche dottrina generale, nell'intero arco di tempo, da Augusto ai Severi: la teoria generale della *conventio* (Pedio)[4]; il riconoscimento dei *nova negotia* (Aristone)[5]; la dottrina del *creditum* (Celso e giuristi successivi)[6]; l'intera costruzione della dottrina possessoria (da confrontare, e confrontata criticamente da Paolo, con la rudimentale e in parte erronea impostazione muciana) e la eliminazione delle anomale applicazioni della scoperta labeoniana e la definitiva teorizzazione della *possessio*[7]; la consapevolezza del principio del diritto nella sua genesi e nella sua finalità (Celso; Paolo)[8]. Sono alcune prove, fra molte, della originalità della giurisprudenza del principato.

Certamente anche la giurisprudenza classica, come ogni cosa umana, non ha risolto per sempre ogni problema giuridico. Ma è da meditare su talune asserite deficienze, di carattere generale, come ad esempio la perdurante molteplicità degli ordinamenti giuridici e la mancata riduzione ad unità. L'esistenza di un ordinamento giuridico fondamentale, il *ius civile*, che costituisce la struttura portante del pensiero giuridico, ma che può venire, in concreto, o paralizzato o modificato ad opera del pretore, per attuare l'*aequitas*, può essere, anziché un difetto, il pregio di una concezione realistica dello scopo del diritto.

'Classico', si può dedurre da coteste sommarie indicazioni, ha un riferimento temporale, ma soprattutto indica una dimensione spirituale. I risultati, che il modo di pensare dei classici ha consentito di conseguire, travalicano i brevi limiti di tempo che ne indicano il sorgere, e si proiettano al di là. Vi sono propaggini classiche nel diritto giustinianeo e residui nel diritto bizantino. Il diritto privato vigente ai nostri giorni conserva talune impostazioni classiche ed esse non sono rimaste senza effetto nella teoria generale e nella filosofia del diritto.

Il classicismo della giurisprudenza romana acquista rilievo paragonandolo alla degenerazione da esso subita nell'età postclassica. La confusione, tra concetti che i classici avevano chiaramente distinto (ad es. quelli di possesso e di proprietà)[9], la commistione fra strutture negoziali, che i classici avevano individuato e separato tipicamente, (ad es. il contratto che diventa allo stesso tempo verbale e reale)[10] sono alcuni esempi di ciò che non è classico e della perdurante validità della distinzione fra classico e non classico.

---

[4] S. RICCOBONO, La formazione della teoria del contractus, in: Studi in onore di P. Bonfante, 1, Milano 1930, 123ss. A parte taluni particolari su cui si può discutere (e si è discusso) la valorizzazione del testo di Pedio compiuta dal R. resta ferma.

[5] C. A. MASCHI, Il diritto romano[2], 1, Milano 1966, 598 ss., fonti e lett. ivi citati.

[6] ID., La categoria dei contratti reali, Milano 1973, 254 ss., fonti e lett., ivi citati.

[7] ID., Il diritto rom., cit., 429 ss., fonti e lett. ivi citati.

[8] Ved. oltre.

[9] E. LEVY, West Roman Vulgar Law. The Law of Property, Philadelphia, 1951.

[10] C. A. MASCHI, Tutela. Fedecommessi. Contratti reali, in: Studi in onore di E. Volterra, 4, Milano, 1971, 767.

2. Giurisprudenza severiana

La giurisprudenza all'età dei Severi è l'ultima giurisprudenza classica.
I limiti di ogni periodizzazione, ove presuma di circoscrivere tutte le caratteristiche essenziali di un determinato momento storico, si rivelano, forse
più che per ogni altra età, per il periodo severiano. Perché esso è singolare,
in confronto alle età precedenti, per molti aspetti, ma soprattutto perché
conclude il ciclo della giurisprudenza romana. Da un lato, quindi, ne riflette
taluni caratteri, dall'altro preannuncia la decadenza, che non tarderà a
comparire. Nell'estrema maturità, si notano codesti due segni, del più
alto sviluppo e di tendenze degenerative.

Questo assommarsi di caratteri contrastanti si scorge confrontando fra
loro i rappresentanti della giurisprudenza di tale età e, talvolta, tali caratteri
si trovano riuniti in taluno dei singoli giureconsulti.

Il primo aspetto appare nel confronto, ad esempio, fra la personalità
di Paolo e quella di Modestino; il secondo, sempre a titolo esemplificativo,
considerando la personalità scientifica di Papiniano. In Paolo si riscontrano
le note positive dell'alta giurisprudenza; in Modestino i segni della
decadenza; in Papiniano l'assommarsi di entrambi.

Non è compito di queste note trattare compiutamente della giurisprudenza severiana, ma unicamente quello di delinearne sommariamente
i caratteri allo scopo di rendersi consapevoli dell'ambiente in cui si
inserisce il giureconsulto, Paolo, del quale si vuol delineare un breve schizzo.

Non si dovrà quindi neppure rendere conto dettagliatamente — cosa
che porterebbe troppo lontano — di quanto testè detto circa gli esempi
addotti. Per Modestino credo si sia tutti d'accordo. Quanto a Paolo,
la sua eccellenza risulterà da quanto segue. Ciò che desterà in taluno
meraviglia saranno le riserve circa Papiniano. Non perché non ne siano
state mosse, ma perché d'altro genere. Di fronte al giudizio encomiastico
dell'antichità, soprattutto la grande fortuna di Papiniano nella età postclassica e giustinianea[11], e alla tradizione, che ha scorto in Papiniano il
giurista per eccellenza, la critica moderna[12] ha ridimensionato — benché
non senza oscillazioni[13] — la produzione papinianea, però sempre mettendo

---

[11] Dimostrata non solo dalla larga utilizzazione delle opere papinianee da parte dei compilatori del 'Digesto', ma anche dall''Index Florentinus' (I—II), che, violando l'ordine,
che intende essere cronologico, dei giuristi escerpiti, inizia con i nomi di Giuliano e
Papiniano. P. KRÜGER, Geschichte der Quellen und Litteratur des Römischen Rechts,
München u. Leipzig, 1912, 372; P. BONFANTE, Storia del diritto rom., cit. 2,58, il quale
però in tale luogo giustifica la collocazione di Papiniano sullo stesso piano di Giuliano
(„i due sommi giuristi").

[12] P. KRÜGER, Geschichte der Quellen, cit. 224, ritiene esagerato il giudizio degli antichi
(citt. ivi, n. 83).

[13] P. KRÜGER, op. cit., l. c. P. BONFANTE, op. cit. 1,245 considera Papiniano „l'ultimo dei
grandi" però soggiungendo che non può essere paragonato ai giuristi più alti dell'età da
Augusto ad Adriano. F. SCHULZ, Storia della giurisprudenza romana, cit. 231, alludendo
alle più alte espressioni della giurisprudenza, fa i nomi di Giuliano e Papiniano (ciò poco
in congruenza con quanto da lui asserito circa i giuristi post-adrianei [sopra, n. 3]).

in rilievo elementi negativi di carattere prevalentemente formale[14] e, comunque, ritenendo Papiniano la più alta espressione nella giurisprudenza severiana[15]. Ora, premesso che il giureconsulto è indubbiamente da annoverarsi tra i classici di alta levatura, si deve ritenere che i difetti nella sua produzione non manchino e non siano soltanto di forma, ma, talvolta, di poca chiarezza concettuale[16] e che, per quanto siffatti confronti siano sempre relativi, o possano addirittura apparire meschini, se si vuole considerare la giurisprudenza severiana, in essa un posto per lo meno altrettanto elevato spetti a Paolo, per l'acutezza e la profondità della teorizzazione, e il dominio di una sconfinata elaborazione precedente, valutata attraverso scelte e fatta progredire mediante contributi personali. Per quanto di alto livello e improntata a soluzioni di profonda eticità, nella produzione papinianea non si riscontra sempre altrettanto rigore giuridico[17].

Appartengono all'età severiana, oltre a Papiniano, Paolo, Modestino (ricordati *ad exemplum*, in relazione alle particolari considerazioni svolte) numerosi altri giureconsulti[18], dei quali, tranne che per Ulpiano, o abbiamo scarse notizie e pochi testi conservatici, o si rivelano giuristi di levatura inferiore a Papiniano, Paolo, Ulpiano. Quest'ultimo, scrittore fecondo, dimostra buona conoscenza anche del diritto anteriore, dal quale muove

---

[14] P. BONFANTE, op. cit. 1,425.

[15] P. DE FRANCISCI, Storia del diritto romano, 2,1 Milano 1944, 439; A. GUARINO, Storia del diritto romano, Napoli 1969, 521.

[16] P. BONFANTE, op. cit. 1,425, nota giustamente che ,,è caratteristico che le più tipiche e tormentate divergenze esegetiche tra i romanisti emanarono quasi costantemente da qualche ambiguo testo di Papiniano. Evidentemente i testi sono dal B. ritenuti ambigui originariamente, non a causa di alterazioni. Oltre ai testi citati dal B. (l. c. n. 44) e ad altri ben noti alla critica, si può ricordare, come significativo al riguardo, D. 16,3,24 Pap. 9 quaest. (genuino salvo l'ultimo breve tratto *Si tamen-servabitur*) sul quale mi sono soffermato recentemente (La categoria dei contratti reali, cit. 395ss.) e che può ridursi certamente a concetti chiari, ma con fatica. Tanto è vero che il passo ha fornito lo spunto alle più eterogenee congetture, non esclusa quella (G. SEGRÉ, cit. in Categoria, cit. 397 n. 20), che il solo Papiniano, fra i classici, avrebbe ammesso il 'deposito irregolare' (congettura da respingere — nonostante recenti difese — perché il 'd. i.' è ignoto a tutta la dottrina classica).

[17] Etica e diritto, nel pensiero della giurisprudenza romana, non sono separati (come si è preteso: E. ALBERTARIO, Etica e diritto nel mondo classico latino, in: Studi di diritto romano, 5, Milano 1937, 9), sono distinti. E la distinzione serve a evitare la confusione (C. A. MASCHI, Filosofia del diritto e diritto positivo. L'esperienza antica, in: Studi in memoria di G. Donatuti, 2, Milano 1973, 713). Ma in Papiniano talvolta una confusione appare, come relativamente alla equiparazione della condizione illecita alla impossibile (B. BIONDI, Successione testamentaria e donazione[2], Milano 1955, 560) con la motivazione, D. 28,7,15 Pap. 16 quaest. *nam quae facta laedunt pietatem existimationem verecundiam nostram et, ut generaliter dixerim, contra bonos mores fiunt, nec facere nos posse credendum est.* Tale motivazione è stata largamente sospettata (Index interpolationum, 2, Weimar 1931, s. l.) e da ultimo F. SCHULZ, Storia della giurisprudenza romana, cit., nega la paternità di essa a Papiniano. E'invece da ritenere genuina e anzi caratteristica della personalità del giureconsulto. Il fatto che sia ,,assai elevata, ma poco giuridica'' (esatto giudizio di C. FERRINI, Teoria generale dei legati e fedecommessi, Milano 1889, 706) conferma i due aspetti della personalità di Papiniano.

[18] P. KRÜGER, Geschichte der Quellen, cit. 225; 250.

per giungere, come Paolo, a un'opera vasta di esposizione di tutti i settori del diritto privato. Non ha, tuttavia, la forza intellettuale di penetrazione propria di Paolo. Questi dunque, tenuta presente la particolare figura di Papiniano con le sue luci ed ombre, risulta il più alto esponente del periodo conclusivo della giurisprudenza romana.

La giurisprudenza severiana indaga nel campo vasto e complesso della scienza giuridica precedente, risalendo talvolta fino ai *veteres*, e dà un giudizio di valore sulle impostazioni e soluzioni enunciate anteriormente. In tale contesto essa innesta quanto di nuovo è prodotto dall'età immediatamente precedente o dalla sua stessa epoca, anche quale conseguenza dei poteri legislativi e giurisdizionali del *princeps*, da Augusto e soprattutto da Adriano in poi.

Quest'ultimo aspetto è connesso alla funzione svolta da taluni giureconsulti severiani, fra essi Paolo, in relazione alla loro posizione nell'ambito della amministrazione imperiale, in particolare quali membri del *consilium principis*.

La giurisprudenza impersonata da soggetti che ricoprono cariche imperiali è stata denominata 'burocratica'[19], i giuristi di questo tipo sono indicati come 'funzionari stipendiati', privi di autonomia, e, per quanto concerne l'età severiana, si è detto[20] che i giuristi posteriori a Papiniano, quindi ciò varrebbe anche per Paolo, sarebbero dei semplici 'raccoglitori' del materiale precedentemente elaborato, dei 'compilatori'; loro compito sarebbe stato quello di „fissare la dottrina ufficiale del loro tempo", escluso ogni contributo alla introduzione di nuovi principii.

La dequalificazione implicita nel termine 'burocratico' e quella esplicita, riflessa negli altri attributi adoperati per la giurisprudenza severiana, non sono accettabili. Non lo sono nè per indicare i caratteri generali di essa nè, tanto meno, per identificare la personalità di alcuni suoi esponenti, fra essi Paolo. L'esatto rilievo[21] che le funzioni dell'antico senato, venuto meno al suo compito già nel corso del I sec. d. C., furono assunte dal *consilium principis*, non può condurre a quel risultato, ma all'opposto. E se certamente alla figura aristocratica e autonoma dell'antico giureconsulto repubblicano ora si sostituisce un nuovo tipo, le supposte

---

[19] F. SCHULZ, Storia della giurisprudenza romana, cit. 473ss. valorizza l'aggettivo 'burocratico' per il periodo da Diocleziano a Giustiniano, ma lo retrodata (op. cit. 188) alla epoca che inizia con Vespasiano. A. BERGER, The Classical Journal, 43,7 (1948) 439, recensendo l'opera di SCHULZ, critica l'uso di quell'appellativo, in quanto inadeguato a indicare i caratteri del periodo, che si suole denominare 'postclassico'; esso è piuttosto una concessione alla storia generale, che è tipizzata, per quell'epoca, dalla burocrazia imperiale. A maggior ragione, riferito alla giurisprudenza, esso non è da accogliere per denotare la giurisprudenza dell'ultimo periodo classico e riserve si possono avanzare, benché in parte diverse, anche per il rinascimento giustinianeo.

[20] P. DE FRANCISCI, Storia del diritto romano, 2,1, Milano 1944 (ristampa), 442.

[21] F. SCHULZ, Storia della giurisprudenza romana, cit., 188 e lett. Altre funzioni assume il *consilium principis* specie dopo Adriano. W. KUNKEL, Die Funktion des Consilium in der magistratischen Strafjustiz und im Kaisergericht. 1, Sav. Z. 84 (1967) 218; 2. Sav. Z. 85 (1968) 253.

diversità intrinseche, relative all'indipendenza di pensiero e alla capacità di esercitare la funzione tipica del giureconsulto, sono in realtà inesistenti.

Il mondo romano ha compreso, e non solo in quest'epoca, che l'assunzione del potere e il suo esercizio non è sempre accompagnato dalla capacità di esercitarlo. Perciò al pretore classico, come ad altri magistrati, viene affiancato un organo collegiale, il *consilium*, di cui fanno parte giureconsulti; e altrettanto avviene per quanto riguarda il *princeps*, il cui *consilium* è pure composto anche da giuristi. Esso è l'organo che illumina il principe e ne determina le decisioni in sede legislativa e giurisdizionale. É una falsa prospettiva quella di ritenere che esista già compiuto un nuovo ordinamento giuridico e che il giureconsulto severiano sia chiamato unicamente a 'definirlo'. Egli è, in grandissima parte, autore del diritto nuovo. Di rado gli imperatori hanno la competenza tecnica necessaria e talvolta la loro figura intellettuale e morale non è all'altezza dei compiti richiesti dalla funzione legislativa e dalla amministrazione della giustizia, quali troviamo documentati dalle fonti. Naturalmente qui non interessano le decisioni meramente politiche, che il principe assume individualmente, o talune deliberazioni che egli possa prendere ad arbitrio.

I giuristi di cui parliamo furono non solo membri del *consilium* imperiale, ma ricoprirono la carica di *praefectus praetorio*, come Papiniano e Ulpiano, e, per quanto non sia sicuro, Paolo (che, comunque, fu assessore di Papiniano prefetto del Pretorio)[22]. E basta rammentare la funzione di cotesto organo della amministrazione, che viene subito dopo il *princeps*, e, per quanto riguarda l'amministrazione della giustizia civile, per la competenza di giudice d'appello *vice sacra*, può presiedere per delegazione del principe il suo *consilium*, per rendersi conto del peso esercitato da quei giureconsulti. E ciò non solo per l'amministrazione della giustizia, ma anche in tema di legislazione, per i suggerimenti dati in quella veste, oltre che come giureconsulti, al di là della stessa facoltà, loro propria, di emanare ordinanze anche generali (C. 1,26,2 Severo Alessandro, a. 235). Per quanto concerne i *responsa*, ora è l'imperatore, che viene direttamente consultato dai privati[23]; ma l'imperatore risponde dopo aver consultato il suo *consilium* e molto spesso le risposte del principe sono sue soltanto formalmente.

Si fornirà in seguito qualche prova di cotesta attività dei giureconsulti volta a modificare profondamente il *ius receptum*. E con quanto detto non si vuole evidentemente negare, perché è cosa ovvia, che nella cancelleria imperiale trovino posto dei burocrati e dei tecnici del diritto. Certo, anch'essi potrebbero interessare. Ma poco ne sappiamo e non è di essi che si intende parlare allorché si considera la giurisprudenza severiana.

Quanto allo sviluppo della scienza giuridica, a volerla distinguere dalla legislazione e giurisdizione, il giureconsulto severiano continua l'opera dei suoi predecessori, ma gli spetta un compito ancor più impegnativo.

---

[22] Lett. in: F. SCHULZ, op. cit. 194 e fonti citate in P. DE FRANCISCI, op. cit. 340, note.
[23] A. M. HONORÉ, The Severan Lawyers: A Preliminary Survey, in: Studia et documenta historiae et iuris, 28, Roma 1962, 162ss.

Se abbracciamo con uno sguardo le grandi trattazioni di Paolo e Ulpiano, risulta che essi assunsero il compito di valutare l'interna giurisprudenza romana[24], fecero il punto degli sviluppi del diritto all'età loro, contribuirono a introdurre soluzioni nuove, specie in sede di *cognitio*[25]. Non a caso i compilatori giustinianei e non unicamente per ragioni cronologiche utilizzarono tanto ampiamente le opere di Paolo e Ulpiano, che rappresentano, come si è calcolato[26], rispettivamente un sesto e un terzo dei 'Digesta'.

II. *Iulius Paulus*

1. Biografia

La biografia di Iulius Paulus[27], si riduce a poche notizie. Non ci sono noti nè il luogo di nascita[28] nè la data; fu membro del *consilium principis* sotto Settimio Severo e Caracalla, assessore di Papiniano prefetto del pretorio, *magister memoriae*[29]. Taluno ritiene sia stato *praefectus praetorio* sotto Alessandro[30], ma ciò non è sicuro[31]. Da un paio di testi[32] si deduce che abbia esercitato, inizialmente, l'avvocatura benché, come è noto, i giureconsulti non siano normalmente avvocati. Discepolo di Scevola, da Paolo indicato come *noster*[33]. Resta incerta l'attività didattica di Paolo. I suoi 'Libri quaestionum' riportano i nomi[34] di vari personaggi (Nesennius Apollinaris; Latinus Largus, Licinnius Rufinus, Nymphidius) che chiedono un parere a P. e ai quali egli risponde. Si ritiene siano suoi discepoli[35]. Ma può anche darsi si tratti di giuristi „di rango inferiore"[36], che chiedono l'autorevole parere di P., senza esserne stati necessariamente discepoli. Non si

---

[24] Ne sono esempi particolarmente evidenti talune trattazioni inserite nei 'libri ad edictum', come D. 2,14,7 Ulp. 4 ed. in relazione agli sviluppi delle categorie contrattuali (*nova negotia*) (cfr. Il diritto romano, cit. 604) o D. 18,1,1; D. 19,4,1 Paul. 33 ed. relativo alla complessa evoluzione della compravendita e al riconoscimento della permuta quale contratto autonomo (cfr. Il diritto romano, cit. 572).

[25] Ved. oltre.

[26] P. BONFANTE, Storia del diritto romano, cit. 2,56.

[27] Sul nome, W. KUNKEL, Herkunft und soziale Stellung der römischen Juristen, in: Forschungen zum römischen Recht, 4, Weimar 1952, 245 n. 505.

[28] L'iscrizione di Padova, che attribuisce a quella città l'origine di P. e lo indica come *huius urbis decus aeternum*, è moderna. P. KRÜGER, Geschichte der Quellen, cit. 227 n. 2.

[29] A. BERGER, in: PAULY–WISSOWA RE, 10 (1919) 690 s. v. Iulius (Paulus); P. KRÜGER, Geschichte der Quellen, cit. 227 e fonti citate in tali opere.

[30] O. LENEL, Palingenesia iuris civilis, 1, Lipsiae, 1889, 952; P. KRÜGER, Geschichte der Quellen, cit. 228 e altri.

[31] A. BERGER, RE, cit. l. c.; F. SCHULZ, Storia della giurisprudenza romana, cit. 194.

[32] D. 32,78,6 Paul. 2 ad Vitellium: *ego apud praetorem fideicommissarium petebam*. Un'altra fonte, indiretta, è cit. da P. KRÜGER, Storia della giurisprudenza romana, cit. 227 n. 3.

[33] Citazioni in A. BERGER, RE, cit. 692.

[34] Fonti in P. KRÜGER, Geschichte der Quellen, cit. 239.

[35] P. KRÜGER, l. c.

[36] F. SCHULZ, Storia della giurisprudenza romana, cit. 195.

può peraltro escludere in generale una attività didattica di P. (come non è da escludere per Papiniano e Ulpiano), benché, forse, analoga a quella dei giureconsulti repubblicani, che si svolge, come è stato detto[37], in un circolo di amici, non in una vera scuola.

2. Opere

Le opere di P. sono più numerose di quante abbia scritto la maggior parte degli altri giureconsulti. Oltre alle note agli scritti di altri autori, si calcolano ottantasei scritti[38]. Calcolo suscettibile di modificazione se talune opere si ritengono non autonome, ma parte di altre, separate posteriormente dall'originale. Su ciò restano dubbi, come si vedrà.

a) Datazione

Non è possibile datare le opere di P. se non, per qualcuna, approssimativamente, in base a elementi cronologici contenuti in essa. Ad es. il 'Liber singularis de adulteriis' contiene (Coll. 4,3) la frase *Magnus Antoninus pepercit (eis)* da cui si deduce[39] che il libro fu scritto dopo la morte di Caracalla[40]; i 'Libri responsorum' risultano terminati sotto Severo Alessandro[41].

Ma sono soprattutto le grandi opere relative all'Editto del pretore e quelle civilistiche, che sarebbe interessante datare. Mancano elementi del tutto sicuri sia per i 'Libri ad edictum'[42] sia per i 'Libri ad Neratium' e 'ad Plautium'; solo congetture per i 'Libri ad Sabinum'[43].

Nell'insieme però si può affermare che la produzione di P. va forse dagli anni di Commodo[44], certamente da quelli di Settimio Severo, fino, inclusivamente, all'età di Alessandro Severo; quindi, sempre approssimativamente, dagli ultimi due decenni (o dall'ultimo decennio) del II sec. fino al quarto decennio del III (Severo Alessandro † 235).

---

[37] F. Schulz, op. cit. 219.

[38] P. Krüger, Geschichte der Quellen, cit. 228.

[39] O. Lenel, Pal., cit. 1,953 n. 2 e Mommsen, ivi cit. Per riferimenti cronologici relativi a qualche altra opera, cfr. Lenel, op. cit., sotto i singoli titoli dei vari libri.

[40] Sulla autenticità dei 'libri singulares', ved. oltre. È però da dire che, anche se si trattasse di uno stralcio, non originale, di un'opera più vasta, la datazion resta valida e va riferita a quest'ultima, naturalmente sempre che non si tragga la datazione da brani non genuini.

[41] O. Lenel, Pal., cit. 1,1223 n. 1. P. Krüger, Geschichte der Quellen, cit. 235 n. 106 e testi ivi cit. da cui risulta che i 'Responsa' furono iniziati al più tardi sotto Eliogabalo (*imperator Antoninus*) e ultimati sotto Severo Alessandro (*imperator noster*).

[42] O. Lenel, Pal., cit. 1,966 n. 8 e lett. ivi cit.; forse prima del principato di Settimio Severo, cfr. ivi, 2,1247. F. M. de Robertis, Sulla cronologia degli scritti dei giuristi classici, 1. Paulus ad edictum, in: Riv. italiana per le scienze giuridiche, NS. 15, Roma 1940, 205, ritiene che i 'libri ad edictum' di P. almeno i libri 13 e 78, siano stati composti, ,,nel decennio 212—222 e cioè tra l'anno in cui, morto Settimio Severo e trucidato Geta, Caracalla rimase solo all'impero e quello in cui salì al trono Severo Alessandro, di cui nel commentario non troviamo menzione alcuna".

[43] O. Lenel, Pal., cit. 1,1251 n. 2.

[44] O. Lenel, Pal., cit. 2,1247.

b) Classificazione

É opportuno classificare le opere di P., allo scopo di dare un'idea della varietà e complessità della sua produzione. Ma senza pretendere di più. Poiché per P., come per gli altri giureconsulti classici (e, in genere, per ogni produzione intellettuale) una classificazione di generi di opere presenta sempre elementi di incertezza e anche di artificiosità. Non solo vi è incertezza sul tipo, entro cui far rientrare l'una e l'altra opera, ma ognuna ha una individualità, una sua realtà, che soltanto in parte viene definita allorché si costringe entro gli schemi astratti di una classificazione.

Con tali limiti sono accettabili nelle grandi linee i tentativi di classificazione formulati da P. KRÜGER ed elaborati poi dallo SCHULZ nelle loro trattazioni complessive e salvo talune precisazioni, che faremo; inoltre, con l'avvertenza che sono possibili anche altri criteri di raggruppamento.

In relazione alle forme di letteratura giuridica le opere di P. sono classificabili nei seguenti gruppi.

α) Selezione di casi risolti dal tribunale imperiale

Non si tratta di mere raccolte di decisioni, ma di casi significativi, quindi di una attività personale di scelta e di commento, frutto di un ripensamento della materia.

Resta aperto il problema, relativo alla trasmissione del testo, di una oppure di due opere di P. in cui egli selezionava *sententiae imperiales*; diverso problema per la fedeltà all'originale dei testi relativi contenuti nei 'Digesta' giustinianei. Quanto al primo le ipotesi prospettate sono: o che esistessero due diverse edizioni classiche, entrambe di P., una prima intitolata 'Decretorum libri III', una seconda intitolata 'Sententiarum imperialium libri VI'[45]; oppure che i compilatori giustinianei abbiano utilizzato due sunti postclassici di un'unica opera, l'uno intitolato 'Decretorum libri III' (Index Flor. XXV, 15), il secondo scritto intitolato 'Imperialium sententiarum in cognitionibus prolatarum ex libris VI libri' ... (seguiva l'indicazione del numero, che non ci è noto)[46]. Gli argomenti addotti per sostenere questa seconda ipotesi sono di indubbia gravità[47].

Ma il vero problema è il secondo, quello di accertare se e quanto sostanzialmente sia stato mutato il pensiero originale di P. Vi sono testi, di cui non possiamo negare la classicità. Essi pongono in luce l'acutezza della scelta, operata dal giurista, di casi e decisioni che hanno straordinario

---

[45] O. LENEL, Pal., cit. 1,959 n. 1; C. SANFILIPPO, Pauli decretorum libri tres, Catania 1938, 2ss. ritiene originale il relativo esemplare posseduto dai compilatori giustinianei.

[46] F. SCHULZ, Storia della giurisprudenza romana, cit. 270.

[47] Il confronto, ad es., fra D. 10,2,41 Paul. *libro primo decretorum* e D. 37,14,24 Paul. *imperialium sententiarum in cognitionibus prolatarum sive decretorum ex libri sex libro primo*, che faceva ritenere al LENEL, l. c., l'esistenza di una connessione fra due opere entrambe di P., sta più per la ipotesi dello SCHULZ, l. c., che entrambe le opere siano state rielaborate in età postclassica.

rilievo perché mostrano le novità delle decisioni del tribunale imperiale in confronto al diritto consolidato anteriore (es. D. 28,5,93)[48].

β) Letteratura istituzionale

'Institutionum libri II' (LENEL, Pal. 1,1114). Questo tipo letterario, forse iniziato, ma timidamente, in età repubblicana[49], si sviluppa nel principato e, in questa epoca, assume un notevole peso non solo, come si afferma, quale letteratura giuridica 'elementare', per principianti, ma quale *summa* della scienza giuridica nei suoi componenti essenziali. Ciò risulta già dal fatto che si possono far rientrare in essa[50] i 'Libri tres iuris civilis' di Massurio Sabino. L'autorità scientifica di Sabino fa escludere che si trattasse di un'opera scolastica (nel senso deteriore dell'espressione) anche se potè, come è verosimile, servire di guida gli *auditores* dei giureconsulti del I secolo e oltre. La materia e la sistematica, dapprima limitata al sistema civilistico (Sabino)[51], si ampliano poi e mutano[52] fino a ricomprendere tutto il diritto privato e il processo, nei loro elementi essenziali, quindi comprensiva anche del *ius honorarium* e, in parte, del diritto delle costituzioni imperiali (come si vede nelle istituzioni di Gaio o in quanto ci è rimasto delle istituzioni di Fiorentino o anche in quelle di Ulpiano)[53].

In tale quadro si inserisce l'opera istituzionale di P. Che egli abbia scritto un lavoro istituzionale risulta da tre frammenti inseriti nei 'Digesta' giustinianei[54] e da tre frammenti, uno nel commentario di Boezio ai 'Topica', due in un altro commentario, al 'De inventione' di Cicerone[55].

---

[48] Ved. oltre.

[49] F. SCHULZ, Storia della giurisprudenza romana, cit. 276.

[50] F. SCHULZ, op. cit. 277.

[51] É da pensare si riallacciasse al 'Ius civile' di Q. Mucio per quanto, quest'ultimo, assai più ampio, e dovesse tener conto del grande impulso dottrinale labeoniano.

[52] La non riducibilità del sistema civilistico (Sabino) a quello delle 'Institutiones' successive, quale si scorge in Gaio, è già stata indicata: cfr. V. ARANGIO-RUIZ, La società in diritto romano, Napoli 1950, 45; ed è anche stato detto che, come esiste un sistema civilistico ed uno edittale, così ne esiste uno istituzionale: cfr. G. SCHERILLO, Il sistema civilistico, in: Studi in onore di V. Arangio-Ruiz, 4, Napoli 1953, 465. Ma più che la sistematica, così poco curata dai classici, e una supposta sistematica „fondata su basi razionali" (SCHE-RILLO, l. c.), è rilevante il progressivo allargamento della materia contenuta nei libri istituzionali, sopra indicato, dal *ius civile* al *ius honorarium* al diritto imperiale. E questa dovette essere, sulla traccia di Gaio, e forse in più ampia misura per quanto concerne il diritto più recente, l'impostazione istituzionale di P.

[53] Per Gaio, C. A. MASCHI, Caratteri e tendenze evolutive delle Istituzioni di Gaio, in: Atti del congresso internazionale di diritto rom. e di storia del diritto, 1, Milano 1953, 36ss.; per Fiorentino, C. FERRINI, Sulle fonti delle Istituzioni di Giustiniano (1901), in: Opere, 2, Milano 1929, 318; per Ulpiano, ivi, 319 (ove il rilievo che „le costituzioni dei principi non si trovano citate" va riferito allo scarso materiale rimastoci e alla brevità dell'opera, giacché, pur in tanta esiguità, troviamo la citazione di un imperatore (Coll. 16,9: *imperator noster*).

[54] O. LENEL, Pal., cit. 1, 1114.

[55] Citazioni in F. SCHULZ, Storia della giurisprudenza romana, cit. 305. I tre ultimi testi in 'Fontes iuris rom. anteiustiniani', 2, Florentiae 1964, 421. Il LENEL trascrive solo il primo di questi tre.

L'autenticità degli 'Institutionum libri' di P. è posta seriamente in dubbio dallo SCHULZ[56]. L'a. riconosce che le prove della sua congettura non sono decisive. Meglio si dovrebbe dire che sono inesistenti. Egli infatti non supera in alcun modo l'attestazione delle fonti sopra indicate. La loro esiguità numerica non prova nulla. Il giudizio dell'a. si fonda unicamente su impressioni, e cioè: che giuristi „grandi e altolocati" come Paolo e Ulpiano (egli dubita anche dell'autenticità delle 'Istituzioni' di quest'ultimo) non potevano abbassarsi a scrivere opere di cotesto tipo; l'idea che se P. avesse scritto 'Istituzioni', esse avrebbero dovuto sostituire nelle scuole di diritto „l'antiquata e difettosa opera di Gaio".

A ciò è da opporre che le opere istituzionali non sono un genere scadente di letteratura giuridica, come dimostrano (sia pure in un altro contesto storico) gli stessi 'Libri iuris civilis' di Sabino, che proprio SCHULZ ritiene, lo si è visto, di carattere istituzionale; come mostrano, e precisamente per non appartenere a un giureconsulto dei più originali, le istituzioni di Gaio; e come risulta dall'esame di uno dei frammenti attribuiti alle istituzioni di P. (D. 44,7,3 pr. che, per quanto si voglia sminuirlo, rappresenta una tappa nella delineazione della *obligatio*).

Circa l'ultimo rilievo dello SCHULZ — che, se P. avesse scritto un'opera istituzionale, questa avrebbe dovuto sostituire le istituzioni di Gaio — è da dire che la storia non si scrive con quanto non si è verificato. Certo, la fortuna di Gaio in età postclassica e giustinianea resta sempre misteriosa, quasi come la sua persona. Ma è un fatto, che noi possiamo semplicemente accettare perché si fonda su elementi che ci sfuggono; e dal quale non si possono trarre illazioni d'altro tipo. Del resto il discorso vale anche per altri fra gli scrittori di istituzioni.

Il FERRINI, in quella che può ritenersi l'opera sua più cospicua, scritta in un periodo di fervore critico, ma non ancora viziato da ricerche impressionistiche, non dubitava neppur lontanamente della paternità delle istituzioni attribuite dalle fonti a P. Non solo, ma individuava, nonostante la scarsità dei testi, i verosimili caratteri generali e la sistematica di un'opera „rivolta a porgere definizioni e concetti fondamentali chiari ed esatti"[57].

A chi tenga presente l'intera produzione di P., la sua personalità scientifica e quello, per quanto esiguo, che ci è rimasto delle sue istituzioni, il giudizio del F. appare il più verosimile.

γ) *Regulae, definitiones, sententiae* etc.

I 'Regularum libri VII' (LENEL, Pal. 1,1221) poterono essere scritti da P. Il 'Regularum liber singularis' (LENEL, Pal., 1,1223) denota una evidente somiglianza di stile e di metodo con i 'Sententiarum ad filium

---

[56] F. SCHULZ, Storia della giurisprudenza romana, cit. 304s.
[57] C. FERRINI, Opere, cit. 319.

libri V'. Benché anche un'opera di quest'ultimo tipo possa essere stata scritta da P., ciò che a noi è pervenuto (Fontes, cit., 2,319) è da ritenere oggi completamente rimanipolato in età postclassica (suntato, adattato ai bisogni della pratica, forse utilizzando non solo P.)[58] sicché qui non possono essere prese in considerazione queste due opere.

Osservazioni e conclusioni analoghe per 'Manualium libri III' (LENEL, Pal., 1,1135)[59] benché in taluni testi appaia una trattazione più approfondita di quanto non risulti nelle 'Sententiae'.

δ) Commentari di diritto privato

Per 'commentari' sono da intendere vaste trattazioni (nonostante che *commentarii* fossero anche opere istituzionali, come quella di Gaio). E si dice 'diritto privato' perché in esse non è estraneo il *ius honorarium*. D'altro canto i 'Libri ad edictum', che pur muovono dai singoli editti pretorii, non escludono il *ius civile*. Perciò è da superare la rigida distinzione fra opere esclusivamente civilistiche e opere *ad edictum*. Ciò è ben comprensibile soprattutto nell'epoca in cui P. scrive, allorché, non ridottasi certo a unità formale la distinzione *ius civile — ius honorarium*, essa è per qualche lato superata (come già risulta anteriormente e si vede, ad es., nello stesso Gaio) o comunque non ha un valore assoluto. Nell'Editto non si comprendono unicamente mezzi di origine e carattere pretorio in senso stretto, ma anche relativi alla applicazione del *ius civile*. In quest'epoca si traggono le necessarie conseguenze da questo fatto. Tenuto presente ciò, e in primo luogo la vastità della materia, si possono raggruppare in tale sezione da un lato 'Ad Plautium libri XVIII' (LENEL, Pal. 1,1147) e 'Ad Neratium libri IV' (LENEL, Pal., cit. 1,1140), dall'altro 'Ad edictum libri LXXX' (LENEL, Pal., cit. 1,966).

I 'Libri ad Plautium', largamente utilizzati dai compilatori giustinianei, muovono non da una, ma da più opere di Plauzio[60]. L'ampiezza dell'opera, che supera quelle analoghe di Giavoleno (cinque libri) e di Pomponio (sette libri) depone per una vasta e personale rielaborazione della materia da parte di P.[61]. Ciò risulta anche dal fatto che, pur prevalendo il *ius civile*, non mancavano riferimenti al diritto pretorio (il che giustifica quanto sopra premesso). Oggetto è il diritto privato nel suo insieme[62] e nella sua configurazione ultima, anche se il punto di partenza sono l'opera di Plauzio e le antecedenti elaborazioni compiute da Giavolemo e da Pomponio[63].

---

[58] Lett. in F. SCHULZ, Storia della giurisprudenza romana, cit. 311 n. 4.
[59] F. SCHULZ, op. cit. 317.
[60] O. LENEL, Pal., cit. 1,1147 n. 1.
[61] P. KRÜGER, Geschichte der Quellen, cit. 229 e S. RICCOBONO, ivi cit.
[62] Largo posto era fatto al *ius honorarium* già nei libri 'ex Plautio' di Pomponio. Cfr. P. KRÜGER, op. cit., 192.
[63] C. FERRINI, I libri ad Plautium di Paolo (1894), in: Opere, 2, Milano 1929, 207.

I 'Libri ad Neratium' si ritiene[64] commentassero i 'Libri responsorum' di Nerazio. I rilievi personali di P. danno all'opera una impronta, che non è quella di una semplice esposizione del giurista commentato.

Nei 'Libri ad Plautium' e 'Ad Neratium' P. aggiunge alle conclusioni anteriori o più ampie motivazioni, o sviluppa altre conseguenze, o conferma i risultati raggiunti in precedenza; o esamina nuove e più complesse situazioni; raramente contraddice, al contrario di quanto avviene nelle note ai 'Pithana' di Labeone[65].

Per tali ragioni le opere sono da isolare da quelle, che si elencheranno oltre, relative a commenti a singoli giuristi[66] anche se, come risulta dalla stessa intitolazione, abbiano per base i libri di Plauzio e di Nerazio.

I 'Libri ad Edictum'. Negli ottanta libri sono compresi i due ultimi dedicati all'editto degli edili curuli (LENEL, Pal., cit. 1,966).

Un'altra opera più breve, in ventitre libri, sempre a commento dell'Editto, ma non uniformemente intitolata[67], è da ritenere non originale, ma un'epitome postclassica dell'opera più vasta.

I 'Libri ad Edictum' non sono una semplice interpretazione dell'Editto, ma una vasta (come risulta dal numero dei libri e dall'esame dei singoli passi) e libera esposizione e valutazione del diritto privato fatta secondo il piano dell'editto[68].

Particolare originalità hanno le introduzioni edittali, estese esposizioni di teorie generali e di prospettive storiche e dogmatiche relative alle principali rubriche edittali. Preceduto in ciò da Celso e Giuliano, P. si riallaccia a cotesta alta tradizione, utilizzando anche i contributi posteriori e con vedute personali[69].

In coteste sintesi introduttive si pongono le premesse dell'intera trattazione sui singoli istituti privatistici, ove si rintraccia il punto più avanzato del diritto vigente. Non è quindi casuale che nei 'Libri ad Edictum' di P. si trovi frequentemente una alta elaborazione e il momento conclusivo di tutta la giurisprudenza romana.

ε) Commenti a singoli giuristi

1. Un'opera di P., non inserita nell''Index Florentinus' e variamente citata nei 'Digesta' giustinianei (*Paulus libro . . . epitomarum Alfeni digestorum*; *Alfenus [o Alfenus Varus] libro . . . digestorum a Paulo epitomatorum*,

---

[64] C. FERRINI, I libri di Paolo ad Neratium (1894), in: Opere, cit. 229. F. SCHULZ, Storia della giurisprudenza romana, cit. 392 sembra sottovalutare l'opera.

[65] Così C. FERRINI, Opere, cit. 223, L'atteggiamento critico di P. si scorge però non solo nelle note all'opera labeoniana.

[66] Come invece ritiene F. SCHULZ, op. cit. 388; 392.

[67] O. LENEL, Pal. cit. 1, 955 e n. 1; F. SCHULZ, op. cit. 349.

[68] P. KRÜGER, Geschichte der Quellen, cit. 230.

[69] P. KRÜGER, op. cit. 1. c. S. RICCOBONO, Elementi sistematici nei commentari ad edictum, in: Bullettino Istituto di dir. rom., 44, Roma 1936—37, 1ss. Si può anche vedere, in relazione al possesso, al furto, alla compravendita e alla permuta, alla ritenzione, quanto di P. ho utilizzato in Il diritto romano, cit. 429ss.

LENEL, Pal. 1, 45) commentava i 'Digesta' di Alfeno Varo citando, sembra, il testo dell'autore antico e facendo seguire le osservazioni di P.

2. Analogo metodo (testo antico e commento distinti) era usato da P. in una epitome in otto libri dei 'Pithana' di Labeone (LENEL, Pal. 1, 528).

A parte ogni problema critico circa coteste due opere e sul testo pervenutoci[70], risulta che P. risale ad Alfeno e a Labeone e compie opera ermeneutica ponendo le basi testuali e dottrinali di quella sua personale valutazione del pensiero anche di altri *veteres* (come Q. Mucio) e, poi, della giurisprudenza ad essi successiva, che sarà caratteristica delle opere di P. relative al diritto più recente (specie i 'Libri ad edictum')[71].

3. Non sembra, invece, che P. abbia commentato i 'Libri posteriores' di Labeone. La nota attribuita a *Paulus* in un unico testo (D. 29,2,60), ha fatto supporre[72] l'esistenza di un'opera di P. in cui egli annotasse l'epitome di Giavoleno dei 'Libri posteriores' di Labeone. Ma ciò è troppo poco e troppo insicuro per poterlo affermare ed è più verosimile[73] si tratti di una nota marginale di un ignoto. Egli trae da Paolo[74] il rilievo relativo al dissenso di Proculo da Labeone sul punto trattato, conforme alla critica di Giavoleno.

4. 'Ad Vitellium libri IV' (LENEL, Pal. 1,1301) è un commento all''Ad Vitellium' di Sabino benché i relativi passi dei 'Digesta' giustinianei si attribuiscono ora[75] a una revisione postclassica. LENEL[76] è d'avviso che P. abbia largamente utilizzato altre opere, soprattutto i 'Responsa' di Cervidio Scevola; SCHULZ[77] ritiene che i passi di Scevola siano stati inseriti in una revisione postclassica dell'opera.

5. 'Ad Masurium[78] Sabinum libri XVI' (LENEL, Pal., 1,1251). Dato il carattere istituzionale o, comunque, di esposizione concentrata del *ius civile* dell'opera di Sabino, si potrebbe pensare che il commento di P. avesse un uguale carattere. Ma l'ampiezza dell'opera, benché più breve di quella di Pomponio, e soprattutto alcuni testi, che approfondiscono la materia, fanno propendere per un diverso disegno: prendendo lo spunto da Sabino, P. elabora e amplia autonomamente quanto rintraccia nel suo autore. Talvolta però resta dubbio se talune generalizzazioni siano opera di P. o non, piuttosto, dei giustinianei[79].

---

[70] F. SCHULZ, Storia della giurisprudenza romana, cit. 365; 368 e lett. cit.

[71] Tipico esempio D. 41,2,3,23 Paul. 54 ed. su cui Il diritto romano, cit. 457.

[72] O. LENEL, Pal. cit. 1,300 n. 3, che argomenta dall'esistenza di un commento di P. ai 'Pithana' di Labeone e dalla abbondanza delle opere di P. relative ai giuristi anteriori.

[73] F. SCHULZ, Storia della giurisprudenza romana, cit. 374.

[74] La lettura di MOMMSEN '*Aulus*' è senza prove.

[75] F. SCHULZ, op. cit. 375 e lett. ivi, n. 1.

[76] O. LENEL, Pal. cit., 1301 n. 2.

[77] F. SCHULZ, op. cit., l. c.   [78] *Massurium*, I. 2, 14 pr.

[79] Come, in D, 17,2,38 pr. Paul. 6 ad Sab., la distinzione dei *bonae fidei iudicia* nelle due categorie *generalia* e *specialia*, su cui F. WIEACKER, Textstufen klassischer Juristen, Göttingen, 1960, 328 e il mio scritto 'La categoria dei contratti reali', cit. 221. — Quanto al carattere dei libri 'ad Sabinum', sopra indicato, è di diverso avviso R. ORESTANO, Paolo

6. *Notae* agli scritti di Papiniano. *Notae* ai 'Responsa' di Papiniano risultano scritte da P. D. 27,9,13,1 Paul. *libro singulari ad orationem divi Severi*, dopo che P. ha scritto: *Papinianus libro quinto responsorum ait*, ne riferisce il testo e soggiunge: *ego (Paulus) autem notavi*. I testi tramandati dalla compilazione giustinianea (LENEL, Pal. 1,881, che al titolo dell'opera di Papiniano 'Responsorum libri XIX' aggiunge: *Cum Ulpiani et Pauli notis*) si ritiene[80] non possano essere una collaborazione di Paolo e di Ulpiano nell'annotare Papiniano. E ciò è verosimile, ma non esclude che anche Ulpiano, per suo conto, abbia annotato Papiniano.

7. Astrattamente non si vede perché P., avendo scritto *notae* ai 'Responsa' di Papiniano, non possa aver annotato anche opere di altri giure-consulti, data la sua indubbia fecondità, anche se con Papiniano, di cui fu *assessor*, si trovava in speciali rapporti. Tuttavia si ha molta incertezza sulla autenticità di opere di questo tipo, che possono essere state estratte da opere di P. e aggiunte a testi di altri autori in età postclassica. E cioé le seguenti:

a) *Notae* di P. ai 'Digesta' di Giuliano (?). Le poche note (LENEL, Pal. 1,1143) possono essere state estratte da scritti di P.[81]

b) *Notae* di P. ai 'Responsa' di Cervidio Scevola (?). (LENEL, Pal. 1,1143). Non sarebbero autentiche[82].

c) *Notae* di P. alle 'Quaestiones' di Papiniano (?) (LENEL, Pal. 1,1143)[83]. Di dubbia autenticità[84].

I problemi, che suscitano tali apparati di note, hanno un grande rilievo per la critica del testo e la sua trasmissione. Ma non sono essenziali per delineare a grandi tratti la figura di P. e la giurisprudenza severiana. Risulta per altra via l'ampiezza della conoscenza e della valutazione di P. circa le opere dei giureconsulti anteriori o contemporanei, come Papiniano.

ζ) Estratti dagli scritti di vari giureconsulti (?)

Si ritiene[85] che P., oltre ad aver commentato opere di un singolo giureconsulto, abbia anche raccolto estratti dagli scritti di vari giuristi.

(Iulius Paulus), in: Novissimo Digesto Italiano, 12 (Torino 1965) 362, che ritiene l'opera così intitolata „non perchè sia un commento o una rielaborazione [di Sabino], ma perchè ne segue l'ordinamento ed il sistema".

[80] F. SCHULZ, op. cit. 396.   [81] F. SCHULZ, op. cit. 395.

[82] F. SCHULZ, op. cit. 396 e scritti precedenti dello S.

[83] O. LENEL, Pal., cit. 1, 813 al titolo 'Quaestionum libri XXXVII' aggiunge semplicemente: 'Cum notis Pauli'.

[84] F. SCHULZ, op. cit., 397. P. FREZZA, Corso di storia del diritto romano, Roma 1968, 486 parla di generale „sospetto di apocrifità"; non separa le 'Notae' di P. ai 'Responsa' di Papiniano dagli altri apparati di 'Notae'. Discussioni e distinzioni fra le note di P. (e di Ulpiano) contenute nei 'Digesta' oppure risultanti dai frammenti berlinesi e parigini, in relazione alla genuinità o meno, in B. SANTALUCIA, Le note pauline ed ulpianee alle „quaes-tiones" ed ai „responsa" di Papiniano, in: Bullettino Istituto di dir. rom., 68, Milano 1965, 49.

[85] F. SCHULZ, op. cit. 399.

Apparterrebero a un tale genere il 'De variis lectionibus liber singularis[86] di cui conosciamo solo tre brevissimi frammenti conservati nei 'Digesta' giustinianei (LENEL, Pal. 1,1301). L'esatto rilievo che, data la scarsità della materia, è impossibile giudicare della loro genuinità, dovrebbe però far anche concludere che è impossibile ritenere l'opera, da cui i tre testi sono tratti, una raccolta di estratti da vari giuristi[87]. Il carattere definitorio ed elementarissimo dei passi (*instîtor est . . ., operae sunt . . .; exceptio est...; replicatio est . . .*) depone per l'impronta postclassica di una raccolta di massime destinate ai pratici (accostabile alle pseudo-'Pauli sententiae').

η) Letteratura problematica

Sotto tale denominazione lo SCHULZ[88] raccoglie opere di vario tipo. Il definirle tutte con l'aggettivo 'problematico' è un mezzo puramente classificatorio, che può essere utile per evitare di prendere posizione circa il carattere di alcune, che è controverso. Basti pensare alla distinzione fra *responsa* e *quaestiones*, un tempo e tralaticiamente[89] intesa come distinzione fra raccolte di responsi effettivamente dati dal giureconsulto su casi concreti (*responsa*) e raccolte di soluzioni di problemi teorici, benché sempre nel senso romano, cioè di questioni che, anche se non effettivamente presentatesi nella pratica, sono solitamente attinenti alla realtà (*quaestiones*). Distinzione che non è, o non è del tutto, soddisfacente. Come non lo è quella[90] che riconnette le *quaestiones* non alla pratica, come i *responsa*, ma all'insegnamento e accostate alle *disputationes*.

In realtà, il *responsum* presuppone una *quaestio* e la *quaestio* richiede un *responsum*. Ma é quale genere letterario che la distinzione non trova adeguata giustificazione soprattutto nell'ultima epoca classica, allorché i *responsa* non sono più le semplici raccolte di risposte date ai richiedenti e le *quaestiones* non sono mai astratte discussioni o esercitazioni scolastiche.

Ma se è „impossibile suddividere il gruppo delle opere problematiche"[91], è forse discutibile la stessa categoria di „opere problematiche" giacché anche opere che meno si prestano alla posizione e soluzione di problemi (come le stesse 'Institutiones') in realtà non ne sono esenti.

Dovettero influire criteri di mera opportunità, di prevalenza o meno di qualche carattere, che a noi non sono ben presenti.

Comunque resta il fatto — ed è quello che qui interessa — che si tratta di opere di grande validità, strettamente aderenti alla vita quotidiana del diritto.

---

[86] Secondo SCHULZ, l. c., è errato il titolo che all'opera attribuisce LENEL, Pal. cit. 1,1301, 'Variarum lectionum l. s.' Stando ai frr. dei 'Digesta' giustinianei il rilievo è esatto.

[87] Tale carattere è dedotto per analogia di titolo con le 'Variae lectiones' di Pomponio (testi in LENEL, Pal. 2,151) ma dai testi di tale opera esso risulta, mentre non è altrettanto per i passi attribuiti a Paolo.

[88] F. SCHULZ, op. cit. 401; F. WIEACKER, Textstufen, cit. 332; 375.

[89] P. BONFANTE, Storia del diritto romano, cit. 1,429.

[90] P. KRÜGER, Geschichte der Quellen, cit. 145.

[91] F. SCHULZ, op. cit. 403.

1. 'Quaestionum libri XXVI' (LENEL, Pal. 1,1181). Che si tratti di problemi relativi a casi effettivamente presentatisi è fuori dubbio. Si citano i nomi[92] dei richiedenti la riposta da P. (non importa se sono spesso nomi di giuristi di secondo piano); ad essi egli dà il suo parere per lettera.

Forse (ciò infatti non è dimostrabile apoditticamente) il carattere originario e precipuo delle *quaestiones* sta in ciò, che i casi non sono posti direttamente al giureconsulto dai privati, ma tramite un operatore del diritto, intermediario, che poteva risiedere fuori Roma.

2. 'Responsorum libri XXIII' (LENEL, Pal. 1,1223). Quel carattere, che congetturalmente abbiamo attribuito alle *quaestiones*, viene da KRÜGER[93] riferito ai *responsa*. Ma, almeno per quanto riguarda P., ciò non risulta. E neppure che si tratti di domande poste dai descepoli. I *responsa* risultano più semplici delle *quaestiones*[94]. Ciò conferma la congettura suddetta.

θ) Libri di istruzioni per magistrati (funzionari imperiali)

Sotto cotesta sezione si ricomprendono varie opere destinate a magistrati[95] o, come sembra più esatto per il periodo che si considera, funzionari imperiali[96]. Benché pochi frammenti ce le facciano conoscere, risulta a sufficienza la diversità di stile[97] in confronto ad altre categorie. Ciò è spiegabile sia perché non si riallacciano alla tradizione (quella, in parte analoga, repubblicana, non è da ritenere abbia avuto influenza), sia perché risentono dello stile del materiale utilizzato, le costituzioni imperiali[98], o, in genere, dei moduli propri della cancelleria imperiale.

La funzione dei giureconsulti, che in quanto tali e in quanto membri del *consilium principis* o essi stessi alti funzionari, scrivono tali opere, mostra che essi si pongono fra il *princeps* e i vari *officia* per illustrare ai soggetti ad essi preposti, o a chiunque ne abbia interesse, le direttive della burocrazia imperiale.
Di P. sono noti:

1. 'De officio proconsulis libri II' (LENEL, Pal. 1,1145). Cinque brevi frammenti.

2. 'De officio praefecti urbi liber singularis' (LENEL, Pal. 1,1143). Un breve frammento.

3. 'De officio praefecti vigilum liber singularis' (LENEL, Pal. 1,1144). Sette frammenti.

---

[92] Si vedano i testi in SCHULZ, op. cit., 429 e i nomi dei giuristi (Nasennio Apollinare, Latino Largo etc.): evidentemente non ha rilievo siano anche, eventualmente, discepoli.

[93] P. KRÜGER, op. cit., 235.

[94] P. KRÜGER, op. cit., l. c.

[95] F. SCHULZ, op. cit., 483.

[96] P. KRÜGER, op. cit., 238.

[97] F. SCHULZ, op. cit., 439.

[98] F. SCHULZ, op. cit., l. c.

4. 'De officio adsessorum liber singularis' (Lenel, Pal. 1,1143). Quattro frammenti.

5. 'De officio praetoris [tutelaris] ⟨tutelarii⟩ liber singularis' (Lenel, Pal. 1,1145).

Altre due opere, connesse alla materia tutelare, attribuite a P.: 'De excusationibus tutelarum liber singularis' (citato anche in modo diverso) (Lenel, Pal. 1,1098) e 'De iurisdictione tutelari' (editio secunda) (Lenel, Pal. 1,1119) sono da ritenere[99]: la prima un probabile riassunto postclassico, la seconda una diversa edizione, (come indica Vat. Fr. 247), non eseguita da P., del 'De officio praet. tut.'

1) Monografie

Oltre una trentina di monografie sono attribuite a P.[100] Esse sono relative a tutti i settori del diritto privato e inoltre al diritto processuale della *cognitio*, al diritto criminale, fiscale e militare.

Cotesta materia deve essere ancora studiata a fondo, non solo per quanto riguarda P., ma in generale e soprattutto (giacché studi su singoli *libri singulares* non mancano) sul punto pregiudiziale: se la giurisprudenza classica abbia veramente prodotto opere di siffatto tipo e per precisare che cosa si intenda per monografia.

É giudizio dello Schulz[101], in generale, ma soprattutto per quanto concerne la produzione di P., che le singole opere, che le fonti gli attribuiscono con il titolo 'Libri singulares', non siano opere originali, ma edizioni separate, classiche o soprattutto postclassiche, di parti di opere più vaste. D'altro canto lo stesso a. ammette la 'sicura' eccezione del trattamento monografico della *stipulatio* da parte di Pomponio e Venuleio; ma è una eccezione se ha ammesso la classicità di qualche *liber singularis* anche di P., come sopra si è visto?

Il discorso va, tuttavia, impostato non su aspetti particolari, ma in generale. Si può ammettere facilmente che taluni *libri singulares* non siano originali, ma invece stralci o riassunti di opere classiche eseguiti in epoche diverse, soprattutto in età postclassica.

Si può anche ammettere che la giurisprudenza classica abbia non ignorato la monografia — il che non è — ma vi abbia dato poco peso.

Ciò che va considerato è il supposto fondamento di tale riluttanza, che consisterebbe nella tendenza della giurisprudenza romana a evitare la storia, la filosofia, la critica del diritto e, quindi, la riforma del *ius receptum*. Tutto questo non credo sia da accettare, come ho rilevato altre volte[102],

---

[99] F. Schulz, op. cit., 446.

[100] Elenco, che è inutile ritrascrivere, in: Schulz, op. cit., 457 e fonti in: Lenel, Pal., sotto i singoli titoli.

[101] F. Schulz, op. cit. l. c. e, per quello che solo in minima parte condividiamo, ivi, 464.

[102] Per la storia: Il diritto romano, 1, cit.; per la filosofia: Studi in memoria di G. Donatuti, 2, Milano 1973, 709; per la critica del diritto: Studi Biondi, 2, Milano 1963, 707.

anche se è necessario intendersi su come quelle grandi direttrici abbiano giocato il loro ruolo nel mondo romano del diritto.

Alla base del discorso sulle monografie, sta un equivoco. Si ha presente il concetto moderno di monografia, intesa come una indagine approfondita su un settore limitato del diritto o su un singolo problema, indagine condotta con criteri personali e, come dovrebbe essere, originali. La giurisprudenza classica non ha una siffatta concezione. E non l'ha perché il giureconsulto romano, qualsiasi tipo di opera abbia a scrivere, ha consapevolezza di essere autore e non solo indagatore del diritto vigente, autore non isolato, ma inserito in tutto lo sviluppo giurisprudenziale.

Egli ha chiara la responsabilità che assume con i suoi atteggiamenti e quindi non trova posto alcuna ricerca che, per quanto possa essere intelligente, si estranei da una esperienza che trascende il singolo. Certo, sussistono divergenze fra giureconsulti, non mancano vedute personali. Ma esse sono sempre inserite in un quadro complessivo ove, prima o poi, vengono a trovare una soluzione. É indubbiamente anche un limite, ma un limite compensato da un aspetto positivo, perché esclude l'arbitrio o il puro soggettivismo.

Perciò è ingiustificato lamentare nella giurisprudenza romana l'assenza di ciò che l'avrebbe snaturata. Ed è sopratutto per questo che non credo sia esatto ritenere che solo una giurisprudenza monografica intesa modernamente avrebbe fatto avanzare e giungere a conclusioni conformi ai nostri desiderata la giurisprudenza classica. La fusione del *ius civile* e del *ius honorarium*, l'inserzione in un sistema unitario del diritto della *cognitio*, la costruzione di un sistema rigoroso e formalmente compiuto non si sono verificati. Soltanto si attuarono parziali vedute d'insieme, parziali superamenti della molteplicità degli ordinamenti. Ma, come già rilevato inizialmente, è discutibile se una completa *reductio ad unum* sarebbe stato, a ritenerlo possibile, un successo. Perché uno dei pregi del mondo classico è la base pluralistica del diritto, certo non senza contatti fra ordinamenti, e la conseguente dialettica, che salva le grandi linee del *ius civile*, ma vi pone accanto l'equità come strumento specifico del *praetor* e le esigenze più moderne, di cui sono interpreti le singole *constitutiones*. Metodo che concilia tradizione e innovazione, che attua una libera e costante ricerca. Non mancano i difetti. Ma era forse auspicabile quella riduzione a unità, che è formale e apparente e implica altri e più gravi difetti, quelli propri di ogni sistema imposto autoritativamente e pretende di essere, ma certamente non è, esaustivo?

Ad ogni modo circa il nostro problema non è da identificare, come si pretende, nella assenza di letteratura monografica nel senso moderno la ragione per cui, dopo i Severi, la giurisprudenza si inaridisce. La giurisprudenza si inaridirà per altre cause, numerose e ben più gravi.

Infine è anche da dire che gran parte delle monografie nel senso moderno si riducono a qualche idea, attorno alla quale si coagula un grande apparato. I giureconsulti classici non sono privi di idee personali, né le coartano, ma le inseriscono con grande semplicità e concisione nel contesto della scienza che elaborano e in questo modo si promuove la costruzione e la critica del diritto.

Il metodo seguito da P. (ed è ancora una volta esemplare la trattazione del possesso) ne è un esempio, benché abbia radici remote.

III. La personalità scientifica

1. Giudizi antichi e moderni

Nel sec. XVI FRANÇOIS HOTMAN (HOTOMANUS) nel suo 'De verbis iuris'[103], definiva P. „homo litigiosus, natura controversus et hostis antiquis iurisconsultis." Tale giudizio è cagionato da una erronea interpretazione di quanto P. scrive in D. 41,2,3,23, ove il giureconsulto critica Q. Mucio per la deficiente costruzione del possesso secondo le causae possessionum, che conduce a non distinguere possesso da detenzione[104]. Si tratta di una applicazione del metodo storico e della critica del diritto, non di una animosità di P. verso gli antichi anche se, nei riguardi della teoria di Q. Mucio, P. non usa mezzi termini: ineptissimum est. I giureconsulti anteriori sono da P. citati largamente, ma non solo per respingere, ma anche per accogliere i loro risultati, con assoluta indipendenza di pensiero.

In tempi più recenti IHERING[105] ritiene P. un fanatico teorizzatore, eccessivamente portato a valorizzare l'animus nel possesso.

Giudizio non sereno[106], in quanto l'animus nel possesso è addirittura ridimensionato da P. in confronto ad eccessive applicazioni di esso, avvenute dopo la geniale impostazione labeoniana, che costruisce il possesso sui due elementi, soggettivo e oggettivo, ma senza che l'uno o l'altro prevalga.

Le valutazioni positive sono di gran lunga le più numerose, a cominciare dalle antiche. Vir prudentissimus secondo gli imperatori Gordiano e Diocleziano, e tutti i suoi scritti confermati da Costantino e dichiarati omni veneratione celebranda (C. Theod. 1,4,2 a. 327 [?])[107].

Naturalmente, interessa di più sapere che cosa ne pensa la critica contemporanea. P. è collocato tra gli esponenti della giurisprudenza classica per indipendenza di pensiero, che si rivela nel sostenere i propri convincimenti anche contro le decisioni imperiali e contro l'avviso di Papiniano, prefetto del pretorio[108], per acuta valutazione critica dei suoi predecessori,

---

[103] La citazione é di A. BERGER, RE, cit. 696.
[104] Sul testo, e la lett. relativa, cfr.: Il diritto romano 1, cit.
[105] R. VON IHERING, Der Besitzwille, Jena 1889 (Neudruck 1968), nel capitolo XIII in cui tratta dell'animus possidentis secondo P.
[106] Ved. Il diritto romano 1 cit. 457ss. e S. RICCOBONO, ivi cit.
[107] A. BERGER, P.W., cit. l. c.
[108] P. KRÜGER, Geschichte der Quellen, cit. 238 e fonti ivi cit.

per inclinazione alla costruzione dogmatica[109]. E ancor più interessano non valutazioni generiche, ma specifiche. Ci si può limitare a ROTONDI, sia per l'autorità sua, sia perché quanto scrive è relativo al possesso, uno dei campi, e fra i più ardui, in cui ebbe ad eccellere la giurisprudenza romana e dal R. acutamente esplorato: ,,posizione assolutamente preminente occupata in questa materia da Paolo"[110]. Dopo quanto ricordato, non è strano che i giudizi più recisi sulla personalità di P. siano suggeriti dalla materia possessoria, ma non v'è settore del diritto, specie privato, in cui non emerga la sua personalità. Per ricostruirla in modo soddisfacente si dovrebbe, cosa che evidentemente esula da uno schizzo, arrivare a una trattazione di tutto il diritto severiano visto attraverso le opere di P.

2. Orientamenti metodologici di Paulus

Le vie di approccio alla realtà, allo scopo di scoprire l'essere e indicare il dover essere, sono varie e graduali. La problematica del caso, concreto o ipotizzato, l'isolamento o la connessione con situazioni differenti o analoghe, l'esame storico e critico di ciò che anteriormente, da altri, fu pensato come norma all'operare e costruito come dottrina; la valutazione di tutto ciò e l'impatto con la realtà e le sue esigenze concrete. Può precedere l'intuizione intellettuale, l'intravedere la soluzione e la commisurazione della sua validità. Si può giungere alla costruzione teorica, alla definizione e, ma non necessariamente, alla sistematica.

Nulla di assolutamente nuovo, perché almeno da Aristotele in poi, ma connaturato con esigenze intellettuali elementari, è il metodo di ogni ricerca.

Nuovi sono l'estensione, l'approfondimento, il fissare certi punti conclusivi di un ciclo storico.

Gli orientamenti metodologici principali ricavabili dalle opere di P., si possono schematizzare nel modo che segue[111].

a) Il passato e la sua valutazione

L'esperienza giuridica anteriore diviene nota a P., come per gli altri giureconsulti, soprattutto attraverso gli scritti della giurisprudenza. P. è attento e molto informato conoscitore delle opere della giurisprudenza pre-classica e classica. Egli cita oltre una cinquantina di autori (BERGER). Se si considera l'elenco di LENEL (Pal. cit., 2,1246), che segna complessivamente 92 nomi di giuristi e che, fra questi, molti ci risultano di secondo piano, e che, comunque, frequentemente opinioni di giuristi anteriori sono

---

[109] R. ORESTANO, Novissimo Digesto Italiano, cit. 362.

[110] G. ROTONDI, Possessio quae animo retinetur. Contributo alla dottrina classica e post-classica del possesso e dell'animus possidendi (1920), in: Scritti giurid., 3, Milano 1922, 95.

[111] Relativamente ad essi e ai testi relativi si omette, perché troppo vasta, la bibliografia. E desidero anche evitare altre autocitazioni.

conglobate in opere dei successivi, si può ritenere che P. abbia presente tutto lo sviluppo della giurisprudenza. Ciò del resto appare, circa i singoli istituti, nella valutazione che egli compie, della storia dei concetti. I più antichi citati sono Cato (*Censorius* o *Censorii filius*: LENEL, Pal. cit., 1,125 n. 1[112]) e Brutus e Manilius[113]; i più recenti sono i giureconsulti a lui contemporanei.

L'attenta valutazione delle impostazioni e dei risultati della giurisprudenza anche dei *veteres* conduce P. a compiere delle scelte, che appaiono fondate: non senza ragione il più citato è Labeone.

P. accetta frequentemente opinioni di giuristi anteriori e ciò smentisce il ricordato giudizio di HOTMAN, che egli sia tendenzialmente ostile ad essi. La sua è una valutazione critica e perciò non mancano i dissensi (*sed ego contra puto; quibus non consentio etc.*) e l'assunzione di posizioni personali (*puto, existimo, dico*)[114].

b) La critica del diritto

É connessa con la valutazione del passato, ma non del tutto coincidente in quanto compare in P. anche una valutazione critica del presente. Il passato, poi, non è considerato in quanto tale, ma se ne valutano gli aspetti, ò positivi o negativi, nel piano concettuale e di validità, conforme allo scopo del diritto.

La critica di cui si parla non è *de iure condendo*, ma una critica interna al diritto vigente e ne promuove l'adeguamento alle necessità dell'epoca[115].

c) La prospettiva storica

Connesso con le due posizioni metodologiche indicate, e quale presenza della storia come esperienza, cotesto criterio è isolabile sul punto che la configurazione attuale di un istituto o di un principio avviene in un quadro di ricostruzione storica, che risale alle più antiche situazioni accessibli al giurista. É una contrapposizione storico-dialettica, di cui il punto finale, relativo al diritto vigente, si pone come conclusivo[116].

La prospettiva storica nobilita, come ricerca, anche trattazioni di modesta portata e dà, ad es., ai libri chiamati di ,,istruzioni ai funzionari''[117] una impostazione personale[118].

---

[112] D. 45,1,4,1 Paul. 12 ad Sab.   [113] D. 41,2,3,3 Paul. 54 ed.

[114] Citazioni in A. BERGER, RE, cit. 700.

[115] Ne sarà presentato un esempio alla fine.

[116] Qualche esempio: *possessio* D. 41,2,3,1—3 Paul. 54 ed.; *obligatio* e sue fonti: delitto (*furtum*) D. 12,6,36 Paul. 5 epit. Alfeni dig.; D. 47, 2,67,2; 4 Paul. 7 ad Plautium; D. 4,3,18,3 Paul. 11 ed.; D. 47,2,67 pr. Paul. 7 ad Plautium; contratti, dai 'nominati', D. 18,1,1 Paul. 33 ed. al riconoscimento dei *nova negotia*: D. 19,4,1 Paul. 32 (rectius, 33) ed. e D. eod. 2 Paul. 5 ad Plautium (il quale ultimo testo, col riferimento alla dottrina di Aristone, presuppone quanto sappiamo da D. 2,14,7 pr. 1—2 Ulp. 4 ed. e che forse P. stesso trattava in qualche testo non pervenutoci).

[117] Ved. sopra.   [118] D. 1,15,1+3 Paul. 1. sing. de officio praefecti vigilum.

d) L'interpretazione

Immiserita talvolta in qualche scritto contemporaneo (E. BETTI non ha avuto molti discepoli nella teorizzazione ermeneutica e non mancano sfasature anche in talune applicazioni dell'interpretazione) l'esigenza interpretativa pervade tutta l'attività giurisprudenziale e l'opera di P. Non si tratta, essenzialmente, di 'dottrine' ermeneutiche ma di una esigenza di comprensione che abbia per oggetto realtà normative[119] oppure negoziali[120]. È l'esigenza di rivivere attraverso un atto conoscitivo l'atteggiamento spirituale di chi pone la norma (poi la norma in sé) o di chi pone in essere un negozio. E di questa esigenza P. mostra largamente di essere convinto, soprattutto nell'esame del contrapposto *verba—voluntas* in cui si concentra la massima parte dei problemi ermeneutici. Ciò è spiegabile perché risulta in ogni epoca difficile la corrispondenza fra le realtà e le forme che la debbono esprimere, benché oggi, con molta sufficienza, quella antitesi si voglia negare.

Il fenomeno interpretativo assume poi grande rilievo, benché ciò non sia adeguatamente valutato quale atteggiamento ermeneutico da parte degli studiosi contemporanei, in relazione alla attività di comprensione delle opere della giurisprudenza anteriore, a cominciare dai *veteres*, da parte dei giureconsulti successivi, specialmente severiani.

Se si tiene presente che P. (ma il discorso non vale solo per lui) dimostra di aver presente la maggior parte degli scritti giurisprudenziali a lui precedenti e contemporanei, si rivela in tutta l'ampiezza e difficoltà la sua opera interpretativa, che coglie gli sviluppi della scienza e della realtà giuridica attraverso infiniti riflessi, quanti sono i personali atteggiamenti dei singoli autori, e su innumerevoli problemi e per un periodo di molti secoli.

Attinga direttamente a un determinato autore o ne valuti gli influssi, quali appaiono, insieme con le loro reazioni, in scrittori successivi — anzi, particolarmente in questa seconda ipotesi, giacché si sommano diverse esperienze — appare il peso di questo aspetto della giurisprudenza, che offre un campo di ricerca promettente.

e) L'esperienza

Soprattutto dopo il rilievo dato da CAPOGRASSI al valore dell'esperienza giuridica e alla attenzione da lui posta alla volontà umana nell'ambito dell'azione, fino a più recenti posizioni, che identificano l'esperienza nella realtà presente nel pensiero[121], l'espressione „esperienza giuridica" è larga-

---

[119] D. 1,3,37 Paul. 1 quaest.

[120] D. 33,7,18,3 Paul. 2 ad Vitellium, in adesione a Pedio. Come è noto i passi in materia sono numerosi.

[121] Rinvio a un mio breve scritto, in corso di stampa, su: Qualche considerazione sull'esperienza giuridica, in: Bollettino della scuola di perfezionamento in diritto del lavoro, Trieste 1974.

mente, e non sempre esattamente usata, e non solo nel settore degli studi filosofici specialistici. Nonostante qualche incertezza e qualche abuso, l'idea, sia pure quella empirica, di esperienza, conserva tutta la sua validità. Una delle componenti dell'idea di esperienza, e alla sua radice, è il fatto elementare che la conoscenza da parte del singolo, di una determinata realtà, è di norma insufficiente se non precede una più ampia conoscenza o da lui stesso acquisita o tramite attività conoscitive altrui.

Per quanto riguarda P. è facile dedurre, da taluni atteggiamenti suoi, già indicati in precedenza, che egli ha ampiamente usufruito dell'esperienza. Attraverso la conoscenza della giurisprudenza anteriore, già depositaria di una molteplice esperienza, e attraverso la personale valutazione di essa e, infine, mediante quelle particolari conoscenze che P. acquisisce forse come avvocato, certo come membro del *consilium principis*, e si riassumono nella sua attività di autore, egli trae frutto dall'esperienza e noi possiamo scorgerla senza esitazioni. Fare qualche esempio sminuirebbe l'impronta che l'esperienza ha lasciato nella produzione di P. come giureconsulto, perché essa permea ogni sua conclusione. E sarà constatata più avanti in talune sue posizioni esemplari, sia che si riallaccino alla esperienza remota, che egli perfeziona, sia che si contrappongano, attraverso una esperienza recente, a canoni un tempo indiscussi dell'elaborazione civilistica[122].

f) La costruzione dogmatica

Gli apporti di P. alla costruzione dogmatica del diritto vigente non hanno bisogno di essere documentati. Al contrario, è da ridimensionare il giudizio tralaticio — ormai d'obbligo, come si è visto, da IHERING in poi e che compare in ogni valutazione complessiva dell'opera di P. — che consiste nell'affermare un suo presunto abuso dello strumento dogmatico e che viene abitualmente indicato come una eccessiva teorizzazione.

Cotesta riserva non appare giustificata. Non si scorgono, in nessun settore del diritto indagato da P., le costruzioni „troppo teoretiche" che si denunciano. Guardiamo ancora una volta al possesso. È, come noto, il campo più approfondito da P. e proprio quello, lo si è accennato, in cui egli viene accusato di una eccessiva teorizzazione dell'*animus possidendi*.

Non è per tracciare l'apologia di P., ma per una valutazione obiettiva, che l'accusa risulta senza fondamento. P., riallacciandosi a Labeone, afferma come necessari, perché si abbia la *possessio*, entrambi gli elementi: la *possessio corpore* e l'*animus possidendi*. D. 41,2,3,1 Paul. 54 ed. *Et apiscimur possessionem corpore et animo neque per se animo aut per se corpore.* Ora, se, relativamente ai *saltus hiberni* o *aestivi*, si legge (D. eod. 11 Paul. eod.) che essi, allorché non esiste la materiale possibilità di risiedervi, *animo possidemus*, ciò non esclude per nulla l'elemento di fatto, non significa ammettere il possesso *solo animo*, come si legge nello pseudo Paolo[123], ma soltanto fare

---

[122] Ved. oltre.
[123] PS. 5, 2,1

riferimento alla normale interpretazione dell'*animus* data da Proculo[124]
e che P., al pari di Ulpiano, non ignorava. I *saltus* si possiedono, nonostante la temporanea assenza, non perché il possesso possa prescindere
dall'elemento di fatto, il materiale *insistere* sulla *res*, non perché, quindi,
si possa avere una *possessio solo animo*, ma unicamente perché nella esti-
mazione sociale, dettata da elementare buon senso, è assurdo pretendere
che, per la conservazione del possesso „il titolare o i suoi rappresentanti
rimangano giorno e notte nel fondo senza scostarsene mai"[125]. P. non
poteva ammettere il possesso *solo animo* dopo aver enunciato, come si è
visto, che il possesso si acquista *corpore et animo* e, per di più, dopo aver
sentito la necessità (bene spiegabile in relazione alle anomale, anteriori
applicazioni dell'*animus*) di ribadire *neque per se animo neque per se corpore*.
Una contraddizione del genere, e proprio in un giurista 'teorizzatore', come
si suol dire, è inammissibile.

P. risulta, anche dal solo esempio testé fatto, un equilibrato costrut-
tore, non un fanatico dell'*animus* e della teorizzazione del possesso in base
al solo *animus*.

Inerente alla costruzione dogmatica è l'attività definitoria. Consiste
nella riduzione a enunciazioni sintetiche, logicamente coerenti, e distintive
da concetti affini ma non identici, di singole realtà giuridiche, siano esse
complessi giuridici (come il *ius singulare*)[126], istituti (come la *obligatio*[127] o
la *tutela*)[128], fatti illeciti (come il *furtum*)[129] o, al vertice dell'elaborazione
definitoria e della costruzione dogmatica, il concetto di diritto[130].

La costruzione dogmatica si compie mediante l'utilizzazione del metodo
induttivo, per cui dall'esame della realtà di fatto e normativa si giunge
alla teoria e alla definizione[131]; e mediante il metodo deduttivo, per cui
dai concetti elaborati e definiti si traggono le conseguenze particolari e le
norme specifiche relative alla applicazione pratica dei concetti in collegamento con l'aspetto processuale[132].

---

[124] D. 43,16,1,25 Ulp. 69 ed.

[125] G. ROTONDI, Possessio quae animo retinetur. Contributo alla dottrina classica e postclassica del possesso e dell'animus possidendi (1920), in: Scritti, cit. 3,120.

[126] D. 1,3,16 Paul. liber sing. de iure singulari.

[127] D. 44,7,3 Paul. 2 inst. che, pur non rappresentando una definizione nel senso tradizionale,
vi si accosta in quanto pone in rilievo la distinzione, attraverso elementi qualificanti,
fra il diritto di credito e il diritto reale.

[128] D. 26,1,1 Paul. 38 ed., non importa se desunta da Servio, perché è accolta da P.

[129] D. 47,2,1,3 Paul. 39 ed.

[130] D. 1,1,11 Paul. 14 ad Sab. Perché sopra si dica il concetto 'del diritto' e non del 'diritto
naturale', risulterà in seguito. S'intende che le precedenti citazioni riguardano solo pochi
esempi e che ciascuno dei testi citati ha una ampia e nota bibliografia, che qui si omette.
La classicità di alcuni concetti, come quello di *ius singulare* è posta in dubbio, ma non credo
a ragione.

[131] D. 50,17,1 Paul. 16 ad Plautium.

[132] D. 43,26,14 Paul. 13 ad Sab. Dal fatto che il precario non è un contratto, ma una liberalità,
si deduce che non esiste un'*actio* che lo protegga; da ciò, a sua volta, si deduce che il precario è protetto da un semplice interdetto (*de precariis*). D. 44,4,1 Paul. 71 ed. è una introduzione alla trattazione dell'*exceptio doli*. Dalla *causa* di essa se ne deduce l'operatività,

Ma la costruzione dogmatica non è tutto, Per quanto essenziale, essa non rappresenta lo scopo del diritto, che non è esclusivamente teorico, ma indicativo di un dover essere, mira, come P. enuncia elaborando risultati antecedenti, al *bonum et aequum*.

Questa idea fondamentale conduce a un superamento della stessa elaborazione dogmatica, non certo nel senso di sminuirne l'importanza, ma in quello di considerarne la relatività, cioè la transitorietà. È un aspetto rilevante della personalità di P. Ogni ciclo storico ha una sua dogmatica, come è naturale di fronte agli elementi metagiuridici, che condizionano la dogmatica.

P. dimostra non solo di essere consapevole della inserzione della dogmatica nella storia e quindi della sua relatività, ma dimostra altresì di riconoscere gli effetti di tale impostazione. Lo si vedrà più avanti in un esempio, relativo alla violazione del principio della unicità dell'atto in materia testamentaria superandosi in sede di *cognitio* una delle norme più salde, anticamente, del *ius civile*[133].

3. Due aspetti di elaborazione nell'opera di Paulus

Metodologia e prospettive storico-dogmatiche, indicate precedentemente in termini generali, trovano realizzazione nella effettiva elaborazione di P. Una puntuale ed esauriente comprensione dei risultati cui giunge P. e, in lui, la giurisprudenza severiana, si ottiene attraverso un esame dell'intera produzione. Di necessità si possono indicare, a titolo esemplificativo, due risultati, diversi fra loro, che provano la molteplicità dei suoi interessi e la validità delle tappe raggiunte. L'uno relativo al concetto del diritto, l'altro alla costruzione di un nuovo tipo di successione testamentaria; l'uno che si inquadra in una risalente elaborazione e la porta a compiutezza; l'altro che costituisce una innovazione in quanto isola un elemento sostanziale del testamento e ad esso riduce il negozio; e in tale processo di isolamento costituisce una frattura con il diritto anteriormente recepito e si proietta nel futuro. Naturalmente anche per questi due punti tutto non si potrà dire ma, è augurabile, almeno l'essenziale.

a) Il concetto del diritto

Portando a compimento una concezione generale immanente nel pensiero romano e già formulata da Celso, vengono resi espliciti la genesi e lo scopo del diritto. Il risultato trascende il momento storico e assume carattere di validità perdurante nell'ambito della teoria generale.

---

che, a differenza di quanto avviene originariamente allorché l'*exceptio* si utilizza nel settore ristretto del dolo tecnicamente inteso, assume all'età di P. il carattere di rimedio generale d'equità. Il testo, contrariamente a quanto sostenuto, è sostanzialmente classico, ma da esso i giustinianei traggono motivo per ulteriori estensioni.
[133] Ved. oltre.

D. 1,1,11 Paul. 14 ad Sab. *Ius pluribus modis dicitur: uno modo, cum id quod semper aequum ac bonum est ius dicitur, ut est ius naturale. Altero modo, quod omnibus aut pluribus in quaque civitate utile est, ut est ius civile. Nec minus ius recte appellatur in civitate nostra ius honorarium. Praetor quoque ius reddere dicitur etiam cum inique decernit, relatione scilicet facta non ad id quod ita praetor fecit, sed ad illud quod praetorem facere convenit. Alia significatione ius dicitur locus in quo ius redditur, appellatione collata ab eo quod fit in eo ubi fit.*

α) La critica del testo

Questo testo è stato oggetto della critica interpolazionistica (nella sua fase più esasperata), ma non immediatamente. Si è cominciato a ritenere — in generale — che la giurisprudenza classica conoscesse unicamente una dicotomia fra *ius civile* e *ius gentium* e che quest'ultimo fosse anche denominato *ius naturale*; i bizantini avrebbero introdotto una tricotomia, *ius civile, ius gentium, ius naturale*, distinguendo quindi questo ultimo dal *ius gentium*. Da ciò la critica interpolazionistica trasse la conclusione che il riferimento al *ius naturale* per i classici non avrebbe avuto senso in quanto semplice terminologia sostitutiva di *ius gentium*. Alla base di tale conclusione stava il presupposto, in realtà il preconcetto, della „inconsistenza dell'idea di *ius naturale*, il che è una ragione — si diceva — per non attribuirla ai nostri giuristi" (cioè ai classici)[134]. Posta, arbitrariamente, quella premessa, si accomodò la critica dei testi alla tesi, tanto poco 'critica', che neppure fu, all'inizio, preso in considerazione D. 1,1,11, evidentemente ritenendosi di averne eliminato la testimonianza sulla base di un giudizio negativo a priori.

Si ebbe una isolata reazione, di un critico acuto[135], ma non poteva smuovere dalle loro convinzioni i sostenitori della estraneità al diritto classico del *ius naturale*, perché troppo limitata[136] e perché utilizzava gli stessi metodi degli studiosi le cui congetture intendeva respingere.

La conseguenza fu che divenne opinione comune la estraneità alla giurisprudenza classica dalla terminologia autonoma e del concetto di *ius naturale*.

Bisogna riconoscere che alla dottrina interpolazionistica aveva fornito una base la scuola pseudostorica di SAVIGNY[137], che, senza porsi problemi

---

[134] S. PEROZZI, Istituzioni di diritto romano, 1, Milano 1928, 91 n. 2 ma la sua congettura risale alla prima ed. 1, 1906, 66 n. 1; 73 n. 3. Il testo di P. non è citato.

[135] C. LONGO, Note critiche a proposito della tricotomia ius naturale, gentium, civile, in: Rendiconti Istituto Lombardo di sc. e lett. 2, 40, Milano 1907, 632.

[136] Infatti era circoscritta all'altra definizione, ulpianea, D. 1,1,1,2—3 = I. 1,1,4; 1,2 pr., testo qualificato come il più importante in materia, mentre invece si tratta di una impostazione metagiuridica e il testo davvero più rilevante, anche perché di carattere giuridico, quello di P., veniva ancora una volta ignorato.

[137] F. C. VON SAVIGNY, System des heutigen römischen Rechts, 1, Berlin 1840, 443 (Sistema del diritto romano attuale, tr. it. di V. SCIALOJA, 1, Torino 1886, 407). Anche il S. non dà

di alterazione dei testi, aveva escogitato la distinzione razionalistica fra dicotomia e tricotomia, affermando che fosse seguita l'una da alcuni giure-consulti, l'altra da altri, e ciò allo scopo di conciliare i vari testi e illudendosi di risolvere così ogni problema. Espediente acritico e che eludeva il problema di fondo, il significato della espressione e del concetto.

A sua volta l'impostazione perozziana sospinse a quella critica del testo di P. che non era stata neppure tentata. Il risultato fu che nel testo si ritenne interpolato l'avverbio *semper* sulla base di un confronto con I. 1,2,11, che quell'avverbio contengono, e con il c. d. fr. Dosith. 1 che, invece, lo esclude[138]. La povertà di una siffatta argomentazione e l'esiguità del risultato sono evidenti. Il testo delle I. giustinianee non giustifica un 'confronto testuale' trattandosi non del medesimo testo di P. (eventual-mente alterato dai compilatori) ma di un altro testo, che, quantunque ritenuto di origine incertissima[139], col riferimento alla *divina providentia* assume, anche a non volerlo ritenere creazione giustinianea, un carattere tipico del diritto della compilazione[140]. Il confronto con il c. d. fr. Dosith. ha, se possibile, ancor meno peso. Il testo del fr. (FIRA², 2,618), inserito in un manuale di esercizi per traduzione dal latino in greco e dal greco in latino, è corrotto e di incerta ricostruzione[141] tanto che assai diverse sono le letture del HUSCHKE, del LACHMANN e del KRÜGER[142]. In realtà è un misero relitto. Eppure esso è stato ritenuto fondamentale[143] per istituire un confronto con D. 1,1,11 e per mostrare — si diceva — che il fr. Dosith. costituisce la fonte di D. 1,1,11; che la caratteristica classica del *ius gentium*, la sua universale utilità (che si presume riflessa nel fr. Dosith. e nei testi classici), diventa la perpetua intrinseca bontà del *ius naturale* con-trapposta agli ordinamenti positivi dai maestri bizantini, che, a questo scopo, avrebbero interpolato il *semper* nel testo originario di P.

---

rilievo al testo. Il valore della interpretazione del S. è demolito dalla sua osservazione (op. cit. 413) che Ulpiano, cioè il giurista che sarebbe il principale assertore della tricotomia, segue in gran numero di passi la dicotomia, sicché, conclude il S., Ulpiano avrebbe proposto la tricotomia ,,soltanto come una speculazione accademica". Qualche scrittore contempo-raneo pone ancora come fondamentale la distinzione fra giureconsulti che seguono la dico-tomia oppure la tricotomia nonostante l'insufficienza metodologica e critica di tale espe-diente per risolvere il problema del *ius naturale*.

[138] E. ALBERTARIO, Sul concetto di ius naturale, in: Rendiconti Istituto Lombardo di sc. e lett. 57, Milano 1924, 168 (= Concetto classico e definizioni postclassiche del ius naturale, in: Studi di diritto romano, 5, Milano 1937, 279).

[139] C. FERRINI, Studi sulle fonti delle Istituzioni di Giustiniano (1901), in: Opere, 2, Milano 1929, 334.

[140] Nella concezione filosofica e teologica cristiana, e per qualche aspetto analogo già in quella stoica, la *natura* è riconducibile alla divinità. Cfr. P. FREZZA, Ius gentium, Mélanges De Visscher, 1, Bruxelles, 1949 308 e quanto avevo rilevato nel vol. che sarà citato più avanti, 233. Ma la connessione fra *natura* e *divina providentia*, che appare in I. 1,2,11, esula da D. 1,1,11, non perché sia negata, ma perché non rilevata.

[141] F. SCHULZ, Storia della giurisprudenza romana, cit. 310.

[142] E. ALBERTARIO, Studi, cit. 285, che trascrive le tre tentate ricostruzioni, non ne nota la diversità e l'incertezza.

[143] E. ALBERTARIO, l. c. Lo segue H. F. JOLOWICZ, in: Journal of Roman Studies, 28, 1938, 85.

Qui siamo di fronte a erronee impostazioni critiche, storiche e dogmatiche.

Bastino poche osservazioni. Fonte di D. 1,1,11 non è il fr. Dosith. ma, come si vedrà[144], il pensiero di Celso, che verrà rielaborato da P., e una complessa tradizione. Il fr. Dosith., pur nel suo stato miserando, nella meno incerta ricostruzione del KRÜGER non presenta l'equiparazione *ius gentium — ius naturale*, ma la tripartizione: *Omne enim iustum [cum iure] aut civile appellatur aut naturale dicitur [vel nationis] aut gentile iustum.* Inoltre il testo presuppone un concetto unitario del diritto come rispondente a ciò che il passo chiama *iustum* e lo stesso *ius civile* vi si adegua: *[Se] quod autem iustum civile[m].* Il testo non prova quanto gli interpolazionisti pensarono, ma se mai il contrario. E soprattutto esso mostra che un siffatto problema non si risolve immiserendolo con espedienti.

L'impostazione interpolazionistica non risolve alcuno dei problemi relativi a D. 1,1,11. La valutazione critica del testo rimase senza risposta: la sua classicità, totale, parziale o meno; la sua eventuale derivazione, in che misura, da fonti anteriori; il possibile apporto personale di P. Meno ancora fu definito il collegamento del testo con l'intero sviluppo giurisprudenziale, il suo significato nell'ambito della concezione classica. In aggiunta, l'ipotesi interpolazionistica suscitò altri interrogativi, da quella dottrina neppure intravisti; fra i molti: supposta — come si diceva — l'equiparazione *ius gentium — ius naturale*, non potendo P. ignorare che ormai il *ius gentium* era ricompreso nel nuovo *ius civile*, non sorgeva forse una riduzione dello stesso *ius civile* al *ius naturale*?

Eppure i presunti risultati della congettura interpolazionistica dominarono fino al 1937.

Chi scrive ritenne — allora —[145] si dovesse seguire altra via. Criticamente, non usare un metodo conservativo, ma di critica della critica e di valutazione critica delle fonti inserendo D. 1,1,11 nel vasto e multiforme campo che ha *natura* nelle fonti romane; si dovesse precisare il significato del testo inquadrandolo nei *principia* ispiratori del diritto classico, identificarne il significato in relazione al concetto del diritto, non a un supposto ordinamento giuridico a se stante, non in relazione a vaghe aspirazioni *de iure condendo*[146], ma al metodo concretamente adoperato dalla giurisprudenza romana nella costruzione degli istituti.

---

[144] Ved. oltre.

[145] C. A. MASCHI, La concezione naturalistica del diritto e degli istituti giuridici romani, Milano 1937; ID., Il diritto naturale come ordinamento giuridico inferiore? in: L'Europa e il diritto romano, Studi in memoria di P. Koschaker, 2, Milano 1954, 425.

[146] E'emblematico, quale espressione di vecchi convincimenti, che stanno alla base di ogni esplicita o latente ripulsa del concetto di *ius naturale*, ed influenzarono la critica del testo di P., quanto scriveva P. BONFANTE, Storia del diritto romano, cit., 1,403: ,,Può essere dubbio individuare fino a qual segno essi [cioé i giureconsulti romani] siano giunti alla speculazione idealistica del *ius naturale* vero e proprio, separato dalla vita e dalla necessità dei popoli, collocato in una sfera superiore e irreale". Tutto ciò è estraneo alla mentalità romana, ma non le é estranea una realistica concezione del diritto corrispondente alle esigenze fondamentali della vita di relazione.

In realtà, la dottrina romanistica successiva non esitò più a presupporre una „concezione naturalistica del diritto" propria dei classici e a ritenere genuino D. 1,1,11, nonostante la vischiosità di antichi preconcetti[147].

β) La struttura, la derivazione, il significato del testo, l'apporto personale di P.

La struttura del testo indica il modo di procedere del pensiero di P. Inizia con una *interpretatio verbi*, cioè il significato della parola *ius*. P. non prende l'avvio dal concetto, ma dalla parola, Ciò risulta dal fatto che spiega anche il significato di *ius* come *locus in quo ius redditur*.

Muovere dalla parola non è una novità metodologica né per P.[148] né, in genere, per la giurisprudenza romana[149]. È un procedimento, benché non unico, metodologicamente corretto.

Dalla parola e dai suoi vari significati (*ius pluribus modis dicitur*) D. 1,1,11 perviene al concetto, anzi, nel caso, a una molteplicità di concetti, che però, come si vedrà, trovarono un denominatore comune, nel concetto del diritto[150].

Tali concetti sono relativi a *ius* come:

a) corrispondente a *bonum et aequum*;
b) ordinamento proprio di una singola *civitas*:
c) prodotto della giurisdizione pretoria.

Infine si considera anche *ius* come *locus* (*in quo ius redditur*).

Il primo significato, sub a), non è relativo al *ius gentium* inteso quale ordinamento giuridico distinto dal *ius civile*. Certo, il *i. g.* è presupposto sub a), ma non esso solo, perché ormai recepito nel nuovo *ius civile*[151], che

---

[147] A. BURDESE, Il concetto di „ius naturale" nel pensiero della giurisprudenza classica, in: Rivista Italiana per le Scienze giuridiche, S. 3,8, Milano 1954, 418, dichiara D. 1,1,11 „non esente da gravi incongruenze e sospetti", senza dire quali e quando la stessa critica interpolazionistica radicale non era andata al di là di ritenere itp. *semper*. Dice anche che il concetto espresso dal testo non avrebbe „portata pratica". G. NOCERA, Ius naturale nella esperienza giuridica romana, Pubbl. dell'Istituto di storia del diritto dell'Università di Perugia, Milano 1962, 28, attribuisce D. 1,1,11 a Giustiniano confondendone il significato specifico con quello di I. 1,2,11. Non accettabile la mancata distinzione (non 'separazione', che sarebbe da respingere) fra settore etico e settore giuridico e il porre sullo stesso piano (p. 94) notazioni e terminologie diverse per origine e significato (come, a tacer d'altro, il *bonum at aequum* risalente almeno a Plauto, e la recente *divina munificentia* imperiale).

[148] D. 41,2,1 pr. Paul. 54 ed. (Labeone). Dall'indagine circa la parola *possessio* si giunge alla ricostruzione storica e alla costruzione dogmatica del possesso.

[149] D. 33,10,1 Pomp. 6 ad Sab. D. eod. 3 Paul. 4 ad Sab. (che presuppone quanto si legge nel testo di Pomponio): dall'esame del significato della parola *sup(p)ellex* si arriva alla teorizzazione (D. 33,10,7 Cels. 19 dig., che ancora una volta riporta a Labeone) della dottrina ermeneutica.

[150] Escluso, naturalmente, il riferimento, meramente terminologico, a *ius* come *locus*.

[151] V. ARANGIO-RUIZ, Istituzioni di dir. rom., Napoli 1968 (rist.) 27 n. 2 non può essere seguito allorché ritiene 'scorretto' parlare di recezione del *i.g.* nel *i.c.* per la ragione che i contratti,

P. dunque ha presente. A sua volta il *ius civile* tende allo stesso scopo del *ius gentium*, cioè al *bonum et aequum*[152]. Altrettanto per il *ius* che il *praetor reddere dicitur*[153], inteso teleologicamente (*relatione scilicet facta . . . ad illud quod praetorem facere convenit*) cioè come informato all'*aequitas*, che è tipico strumento del pretore, anche se possa avvenire che il magistrato, talvolta, *inique decernat*[154].

È, nell'insieme, una valutazione del *ius* come concetto unitario, anche se articolato nei tradizionali ordinamenti.

In cotesta concezione sostanzialmente unitaria domina il significato di *ius* concepito secondo lo scopo, l'attuazione del *bonum et aequum*. L'unitarietà, ricavabile dal testo, è confermata dall'anteriore enunciazione di Celso, che, quando definiva il *ius* come *ars boni et aequi*, non si riferiva a questo o a quell'ordinamento giuridico, ma, semplicemente, a *ius*.

Ciò porta anche, lo si è appena suggerito, a considerare da quale fonte provenga D. 1,1,11. Il testo dipende evidentemente, nella sua prima parte, fondamentale e oggetto di incerte valutazioni moderne, da Celso.

D. 1,1,1,1 Ulp. 1 inst.

(*ut eleganter Celsus definit*) *ius est ars boni et aequi*

D. 1,1,11 Paul. 14 ad Sab.

quod semper aequum ac bonum est ius dicitur, ut est ius naturale.

P. conosceva bene le opere di Celso. D. 45,1,91,3 Paul.17 ad Plautium: *et Celsus adulescens scribit eum, qui moram fecit in solvendo Sticho quem promiserat, posse emendare eam moram postea offerendo: esse enim hanc quaestionem de bono et aequo.*

---

che ebbero origine *iure gentium*, restano sempre tali. Cotesta è confusione tra aspetto storico (origine dei contratti consensuali) e configurazione dogmatica (classica) ove quei contratti sono ricompresi nel recente *ius civile*, tanto è vero che sono azionabili mediante *formula in ius* (*ex fide bona*).

[152] Concetto risalente e tipicamente romano. Cic. Top. 2,9 vede nel *ius civile* la destinazione ad attuare l'*aequitas*: *ius civile est aequitas constituta eis qui eiusdem civitatis sunt*. Gai 2, 73 dichiara che avviene *iure naturali* l'acquisto della proprietà per accessione di mobili a immobili (*superficies solo cedit*), che non è un modo di acquisto *iuris gentium*, ma *iuris civilis*. Analogamente (*multoque magis*; *idem contingit* etc. Gai 2,74ss. per altri tipi di accessione). Altro rilievo dello stesso giurista (Gai 3,18;25), che il *ius civile* può essere iniquo, non può contraddire al precedente. Infatti è una mera valutazione storica: la successione *ab intestato* socondo le XII tav. diviene una *iuris iniquitas* allorché muta la concezione della famiglia non più basata sul rapporto agnatizio ma di *cognatio*; e allora interviene il pretore.

[153] Gai, 1, 2 già includeva negli *iura popoli romani* gli *edicta eorum qui ius edicendi habent*.

[154] Quanto rilevato da P. sub c), ha rilievo anche circa la valutazione dei testi in tema di schiavitù che, non a ragione, hanno polarizzato ogni indagine critica in materia. Come il pretore può talvolta non adeguarsi all'*aequitas*, così il *ius gentium*, pur essendo fondato sulla *naturalis ratio*, e il *ius civile*, pur tendendo anch'esso all'*aequitas*, come si è visto, riconobbero l'istituto della schiavitù, che noti testi, ritenuti interpolati, ma che probabilmente non lo sono, dichiarano *contra naturam*. É l'eterno dilemma tra ciò che è e ciò che dovrebbe essere. Ma va aggiunto che la tensione verso il dover essere condusse, almeno, all'attenuazione del rigore della schiavitù, come mostrano le numerose norme (citazioni in B. Biondi, Istituzioni di diritto romano, Milano 1965, 117) che si emanano già dai primi anni del Principato.

E Celso, come si vede, non aveva enunciato l'essenza del *ius* per mera teorizzazione, ma ne traeva conseguenze specifiche.

Celso connetteva *ius* a *bonum et aequum* in una formula sintetica di alto valore speculativo, ma sostanzialmente non inventava. *Aequum ac bonum* è antica terminologia genuinamente romana, diffusa nello stesso linguaggio popolare, come mostrano le commedie plautine[155].

Celso sintetizza, P. elabora. Il contributo personale di P. sta nell'attribuire la qualifica *naturale* al concetto di *ius* inteso come *bonum et aequum*. Non è pura terminologia, ma dare un giudizio di valore e constatare una genesi (oltre a uno scopo, quest'ultimo già indicato da Celso e recepito da P.). Giudizio di valore perché l'aggettivo *naturalis* (è una delle varie accezioni di *natura* e derivati) significa dare un giudizio positivo; constatazione di una genesi, perché si allude alla fonte di un *ius* che risponde allo scopo, fonte identificata nella *natura* come realtà degli esseri e delle esigenze dei loro rapporti.

Considerando — come si è visto — che *ius* nella definizione di Celso e nella elaborazione di P. non è riferito a un singolo ordinamento giuridico, ma al diritto nel suo insieme, è consentito per quella ragione, indicata da P., parlare di una „concezione naturalistica" del diritto propria della giurisprudenza romana.

Fin qui si è cercato di non attribuire al testo di P. qualche cosa che sia estraneo alla sua valutazione esegetica, inserita nel più ampio contesto delle idee maturate da tempo e portate a conclusione dalla giurisprudenza severiana. Ma se vogliamo anche per poco, come qui è consentito, allargare la nostra visuale si può intravedere un risalente svolgimento di concetti generali, che costituiscono l'antefatto culturale della concezione di P.

Nel concetto di *ius* inteso come *naturale* è da ritenere implicita l'antica concezione di *natura* (da *nasci*; non diversamente φύσις da φύειν) che indica „ciò che nasce e diviene". Quindi il *ius* è detto *naturale* in quanto 'si fa'. Ma si fa in un determinato modo, cioè in rispondenza a determinate esigenze inserite nella realtà degli esseri. E qui, allora, nello sviluppo storico, si aggiunge il significato di *natura* come „perfezione finalistica": „ciò che si fa per raggiungere un risultato buono"[156]. Due concetti si assommano: quello di 'farsi' e quello di 'farsi secondo un fine'.

Nella concezione romana se ne ha un riflesso in quanto il diritto non preesiste, già compiutamente definito, alla sua interpretazione e applicazione, ma 'si fa'[157] eminentemente mediante l'*interpretatio* e nel momento della applicazione (*iurisdictio*).

Cotesto farsi in conformità alle esigenze dell'essere e, quindi, dei rapporti intersubbiettivi, spiega la qualifica di *naturale*, che viene data a un

---

[155] Fonti in Concezione naturalistica, cit. 182.

[156] Alla base di cotesto concetto sta la convinzione largamente diffusa non solo nel mondo grecoromano, ma anche ebraico e anche estremo-orientale, che ciò che è stato fatto (*natura*) è stato fatto bene.

[157] D. 1,2,2,13 Pomp. 1. sing. ench: *constare non potest ius, nisi sit aliquis iuris peritus, per quem possit cottidie in melius produci.*

ius che si produce e si attua in siffatto modo e con una determinata finalità.

La concezione espressa nel testo di P. è radicata nella storia, nel momento conclusivo della giurisprudenza classica severiana. Se abbia, o meno, anche un significato metastorico, in quanto possa risolvere un interrogativo della problematica odierna e se contribuisca a risolvere l'eternamente aperto problema del 'diritto naturale', è domanda che forse mette in allarme lo storico. Ma può tranquillizzarsi perché non è una domanda determinata da atteggiamenti 'neopandettistici', come oggi usa dire, né da intenti di artificiose 'attualizzazioni' o 'giustificazioni', di cui non c'è bisogno, del diritto antico. È abbastanza ovvio che i concetti, se veri, non hanno confini né spaziali né temporali.

Ora, sembra a chi scrive che abbia un valore anche attuale l'idea, rintracciata nella giurisprudenza romana nel momento della sua più alta elaborazione, di un concetto unitario del diritto, unitario nel senso che non pone una metodica distinzione e normale contrapposizione fra un diritto quale è e quale deve essere, ma che, invece, la intende quale costante tensione e normale attuazione di ciò che è utile e giusto.

Cotesta concezione dovrebbe cancellare la perdurante diffidenza del giurista moderno verso l'etichetta 'diritto naturale'. Certo, la concezione relativa alla genesi e allo scopo non conduce sempre né totalmente il diritto vigente al raggiungimento dei suoi fini, ideale di perfezione storicamente irraggiungibile; ma essa indica che è sempre (il *semper* del testo di P.) valido il criterio, che spiega quella genesi e tende ad attuare quei fini.

Non lontano, nella sua essenza, sembra un certo orientamento della filosofia del diritto contemporanea[158] che, a quanto pare, indipendentemente dalla concezione romano-classica, intende il diritto naturale e il diritto positivo come due momenti del fenomeno giuridico inteso unitariamente, non come due realtà opposte.

Direi solo che tale concezione, se si considera la misura della sua attuazione storica, sembra più aderente alla visuale romano-classica che a quella giustianianea e moderna. Un sistema pluralistico e in minima parte autoritativo delle fonti di produzione del diritto, quale è il sistema classico, lascia largo spazio alla corrispondenza dell'ordinamento giuridico ai suoi fini, laddove il monopolio legislativo statuale e l'impostazione autoritativa (talvolta arbitraria), giustinianei e moderni, riducono quel campo, quando non generano un conflitto fra la norma sancita e la norma quale dovrebbe essere.

[158] S. Cotta, Diritto naturale, in: Enciclopedia del diritto, 12, Milano 1964, 652 è la più esplicita affermazione di quanto detto sopra; ved. anche dello stesso autore: Giusnaturalismo, ivi, 19, Milano 1970, 510. M. Villey, Il concetto ,,classico" di natura delle cose, in: Jus, NS 18, Milano, 1967, 28 e in altri suoi scritti, muove, oltre che da Aristotele, da alcune fonti romane; con lui, tranne che in qualche particolare, sono pure d'accordo. Enuncia riserve circa i punti di vista del Cotta, del Villey e miei, G. Ambrosetti, Diritto naturale cristiano, Roma 1970, 38, 44,84.

Ma la verificazione storica quantitativa nulla toglie alla validità dei concetti.

b) Nuova struttura della successione testamentaria

Una esperienza giuridica, che si attua in sede di *cognitio principis* e che il giureconsulto documenta fino dall'età adrianea, si conclude nella costruzione di un nuovo tipo di successione testamentaria. Esso attua pienamente la *voluntas testantis* e supera i limiti, relativi all'unicità dell'atto, cui si erano arrestati il *ius civile* antico e, nonostante qualche deviazione (cfr. ad es. D. 37,5,1 pr. Ulp. 40 ad ed.), lo stesso diritto pretorio. Cotesta nuova impostazione risulta consolidata nell'età severiana, in alcune opere di P.

D. 5,2,28 Paul. l. sing. de septemviralibus[159] iudiciis. *Cum mater militem filium falso audisset decessisse et testamento heredes alios instituisset, divus Hadrianus decrevit hereditatem ad filium pertinere ita, ut libertates et legata praestentur. Hic illud adnotatum quod de libertatibus et legatis adicitur: nam cum inofficiosum testamentum arguitur, nihil ex eo testamento valet.*

Nei 'Digesta' giustinianei il testo è inserito nel titolo 'De inofficioso testamento'. Nulla di sicuro relativamente alla collocazione del testo nell'opera originaria perché esistono, oltre al presente, solo altri due fr.[160] di essa. Non può essere decisivo che questi due trattassero *de inofficioso*.

La fattispecie e la decisione sono chiare. La madre, avendo avuto la falsa notizia della morte del figlio, istituisce eredi altri. Adriano decreta che l'eredità spetta al figlio e che sono valide le manomissioni e i legati.

Il testo non dice a che titolo succeda il figlio. È da escludere che succeda in conformità al 'S. C. Orphitianum', perché questo, emanato sotto Marco Aurelio (a. 178), è posteriore all'età adrianea. Né, per quanto sia stato ipotizzato, il figlio può succedere *iure civili* alla madre come *adgnatus*, perché non sussiste rapporto di *adgnatio* fra madre e figlio; neppure può succedere *iure praetorio*, che, su questo punto, segue il *ius civile*. Non rimane che presupporre l'esistenza di un primo testamento, in cui la madre istituiva erede il figlio, ciò avvalorato dalla dizione del testo, in cui si dice che la madre *heredes alios instituisset*, cioè — è da ritenere — aveva fatto un secondo testamento. Dato ciò, poiché in sede di *cognitio* si decide per la validità della istituzione di erede conforme a un primo testamento, si dichiara la nullità della istituzione di erede fatta nel secondo, e la validità

---

[159] Anche l'Index Flor. XXV, 46 ha *septemviralibus*. HALOANDER corregge in *centumviralibus*; SECKEL ritiene genuino *septemviralibus*, contrariamente a WLASSAK (citazioni in: Index interp. h. l. però incompleto); LENEL, Pal. 1,957 è per *centumviralibus*, seguito da P. KRÜGER, D. p. 27 n. 1. F. SCHULZ, Storia della giur. rom., cit. 461 ritiene ingiustificata la correzione in *centumviralibus* rinviando agli scritti di EISELE, ivi cit. E questo sembra l'orientamento da seguire benché su cotesto tribunale non vi siano che congetture. Cfr. ora L. DI LELLA, Querela inofficiosi testamenti, Napoli 1972, 18 n. 38 (ivi altra lett.).

[160] D. 5,2,7; D. 5,2,31. F. SCHULZ, Storia della giur. rom., cit., l. c., parla di 4 testi anziché di 3. Ma si tratta di una svista.

delle manomissioni e dei legati di questo secondo testamento, si ha concorso fra due testamenti, non concorso fra successione *ab intestato* e successione testamentaria[161]. Tale prassi imperiale è documentata dal testo per l'età adrianea e trova conferma successivamente, come si vedrà in altro testo di P.

Due sono i principii stabiliti dalla *cognitio principis*: 1) la validità della istituzione di erede, che sia stata annullata dal testatore formalmente, ma a causa di errore sui motivi; 2) la validità di disposizioni accessorie contenute in un testamento in cui è dichiarata nulla, perché causata da errore, l'istituzione di erede.

Il principio veramente rivoluzionario non è il primo, ma il secondo. Quanto al primo, che resti valida la prima istituzione, essendo nulla la seconda per errore che esclude la volontà, è conclusione che viene ora dedotta dalla elaborazione anteriore, facendo emergere gli elementi sostanziali in confronto ai formali. Il carattere radicalmente innovativo del secondo principio è già indicato dal testo: *ita ut libertates et legata praestentur*. Infatti il commento alla decisione imperiale sta tutto qui, in relazione a coteste disposizioni, che si dichiarano valide: *hic illud adnotatum quod de libertatibus et legatis adicitur*. E ciò è fuori dubbio nonostante che il testo, nell'ultimo tratto, sia alterato[162]. P. doveva dire non [*adnotatum*] ma ⟨*adnotandum*⟩: è una mano più tarda che, riferendosi al commento di P., usa il tempo passato. A meno che P. stesso recepisse un commento anteriore, ma ciò non è dimostrabile. Altra alterazione è da vedere nell'argomento: *nam cum inofficiosum* rell., che non è addotto a proposito non essendo in colpa il testatore[163].

P., nel tratto cui è stato sostituito il riferimento al *testamentum inofficiosum*, doveva dire (se effettivamente commentava più ampiamente la decisione) cose diverse e, verosimilmente, mettere in evidenza la novità della decisione imperiale. Comunque sia di ciò, la vera novità è complessiva: si ha un nuovo tipo di successione testamentaria, che viola la norma relativa

---

[161] B. BIONDI, Successione testamentaria[2], Milano 1955, oscilla fra l'affermazione del concorso tra successione *ab intestato* e testamentaria (30 n. 1) e quella del concorso fra due testamenti (515 n. 1).

[162] Ciò peraltro non giustifica la soppressione dell'intero tratto *hic*- fine, proposta da F. PRINGSHEIM, Beryt und Bologna, Festschrift Lenel, Leipzig 1921, 249 e seguita da molti.

[163] S. RICCOBONO, Corso di diritto romano. Formazione e sviluppo del dir. rom. dalle XII tavole a Giustiniano, Milano 1933, 418. Altrimenti C. SANFILIPPO, Studi sull'hereditas, 1. in: Annali Sem. giuridico di Palermo, 17 (1937) 180. Sulla conclusione surriferita si ha tuttavia divergenza di opinioni fra i numerosi interpreti moderni. Ved. lett. cit. da L. DI LELLA, Querela inofficiosi testamenti, cit. 234. Il punto è interessante, ma qui non essenziale. Lo è invece la sottolineatura di P. della decisione del tribunale imperiale circa la validità delle manomissioni e dei legati. Secondo il DI LELLA, op. cit., 235s., P. „mostrerebbe sorpresa per il tenore della suddetta decisione, essendo per lui indubitabile che, aprendosi la successione intestata, libertà e legati debbono essere travolti". Non credo sia così. P. ricorda certo la decisione per il suo carattere di novità, ma non la contrasta. L'ipotesi di D. 5,2,21,2 Paul. 3 resp. è diversa e muove entro i limiti del *ius receptum*, in relazione al quale P. era autorizzato a *respondere*. Il tribunale imperiale non era vincolato a decidere entro quei limiti. É questo che P. vuol mettere in rilievo in D. 5,2,28.

alla unicità dell'atto e riconosce valido un tipo di testamento, che risulta formato da una *heredis institutio* inserita in un primo testamento, che il testatore aveva annullato, in seguito a errore sui motivi, attraverso un secondo; e formata inoltre da disposizioni accessorie contenute in quest'ultimo testamento, del quale non è valida la istituzione di erede.

La decisione del tribunale imperiale fa emergere l'elemento sostanziale del testamento: valgono le disposizioni effetivamente volute, si superano le antiche strutture del negozio[164].

Nella scelta di cotesta sentenza, nel richiamare l'attenzione (*hic illud adnotandum*) sulla sua conseguenza più singolare, P. mostra di essere consapevole di quanto essa sia rilevante in confronto a tutta la dottrina e alla prassi anteriore.

D. 28,5,93 Paul. imperialium sententiarum in cognitionibus prolatarum ex libris sex primo seu decretorum libro secundo[165]. *Pactumeius Androsthenes Pactumeiam Magnam filiam Pactumei Magni ex asse heredem instituerat, eique patrem eius substituerat. Pactumeio Magno occiso et rumore perlato, quasi filia quoque eius mortua, mutavit testamentum Noviumque Rufum heredem instituit hac praefatione: 'quia heredes, quos volui habere, mihi contingere non potui, Novius Rufus heres esto'. Pactumeia Magna supplicavit imperatores nostros et cognitione suscepta, licet modus institutioni contineretur, quia falsus non solet obesse, tamen ex voluntate testantis putavit imperator ei subveniendum. Igitur pronuntiavit hereditatem ad Magnam pertinere, sed legata ex posteriore testamento eam praestare debere, proinde atque si in posterioribus tabulis ipsa fuisset heres scripta.*

Il testo, a differenza del precedente, è collocato dai Compilatori giustinianei nel tit. 'De heredibus instituendis'. La fattispecie è analoga a quella del testo esaminato prima. Nel riferimento a persone indicate nominalmente e assai note[166], a circostanze verificatesi, alle motivazioni del testatore indicate testualmente, per la terminologia (come *supplicare*, usato in questo periodo come tipico in tale materia) e per l'assenza di incongruenze (riscontrate invece in D. 5,2,28), questo testo ha tutto l'andamento di un passo genuino[167]. Qui è anche esplicito il concorso fra due testamenti.

---

[164] L'impostazione e la soluzione date alla materia sono quindi anche concettualmente più profonde di quanto pensi P. Voci, Diritto ereditario rom²., 2, Milano 1963, 117 s.

[165] Sulla *inscriptio* e i problemi relativi ved. sopra II,2,b,α. Lenel, Pal. 1,961, conforme alla sua ricordata convinzione, che P. abbia scritto due diverse opere relative alle decisioni imperiali, colloca il fr. sotto l'opera 'Decretorum libri tres' e lo inserisce congetturalmente nel libro secondo, sezione 'de testamentis', supponendo, dubitativamente, una sistematica analoga a quella dell'Editto perpetuo.

[166] Su Pactumeius Magnus, alto funzionario imperiale all'età di Commodo, Hist. Aug. ⟨Commodus⟩ Antoninus, 7, 6 (E. Hohl, 1, Lipsiae [1927] 1945, 104); ucciso nel 189 in occasione di un tumulto causato dalla mancanza di grano, Dio, 72,13 (U. Ph. Boissevain, 3, Berolini 1901, 294). Cfr. anche E. Stein, Pactumeius Magnus, in: Pauly-Wissowa, RE XVIII 2 (1942), 2155 s.

[167] Salvo forse il tratto [*modus–solet*] ⟨*falsa causa non soleat*⟩ F. Schulz, Der Irrtum im Beweggrund, in: Gedächtnisschr. Seckel, Berlin 1927, 100. In realtà quel tratto è contorto.

É riferito il motivo erroneo che ha determinato il testatore a mutare il testamento nel quale aveva istituito erede *Pactumeia Magna*: '*quia heredes, quos volui habere, mihi contingere non potui*'. Il testatore si determina a istituire in un secondo testamento una persona (*Novius Rufus*) diversa da quella voluta (*volui*), istituita nel primo (*Pactumeia Magna*), perché ritiene che questa sia morta, mentre è morto solo il padre di lei.

Il tribunale di Settimio Severo e Caracalla, cui Pactumeia Magna ricorre, si pronuncia per la spettanza ad essa dell'eredità. Ma stabilisce altresì che siano validi i legati inclusi nel secondo testamento.

Si dichiara dunque invalido, per errore nei motivi[168], il secondo testamento. La motivazione della sentenza imperiale si basa sulla *voluntas testantis* (*tamen ex voluntate testantis putavit imperator ei subveniendum*). Essendo viziata per errore la volontà che istituisce erede un estraneo nel secondo testamento, si dichiara valida quella volontà, che aveva istituito erede la persona designata nel primo testamento.

Quanto deliberato nel secondo testamento, limitatamente ai legati, trova pure ragione nella volontà del disponente, ma viene giustificato formalmente attraverso la *fictio* che le disposizioni relative ai legati sono a carico della erede 'come se' essa fosse stata istituita nel secondo testamento (*proinde atque si in posterioribus tabulis ipsa fuisset heres scripta*).

Il tribunale imperiale e la giurisprudenza che lo ispira avevano dietro di sé una amplissima esperienza pretoria in tema di *fictiones*. Nel caso, il ricorso alla *fictio* serve non a ripudiare gli antichi principii relativi alla unicità dell'atto, ma a piegarli al nuovo regime, sostanzialmente a superarli, ed è volta a dare piena attuazione alla volontà effettiva del testatore. La *fictio*, appunto perché tale, e perché volta a giustificare formalmente solo le disposizioni accessorie contenute nel secondo testamento, nulla toglie al valore, che la sentenza attribuisce alla prima istituzione di erede, dichiarata valida contro gli antichi principii, e non sminuisce il carattere di novità della intera concezione che si viene affermando.

Il testo muove nella stessa orbita del precedente. Il punto centrale non è tanto quello, come di solito si ritiene, che si affermi la validità di disposizioni testamentarie accessorie e, insieme, la invalidità della istituzione di erede inserita nel testamento che le contempla, né che si introducano eccezioni[169], per motivi di equità, a singoli principii tradizionali. Il punto

Altre segnalazioni dell'Index itp. o sono relative a elementi di forma, o sono meri sospetti, o non hanno fondamento. Tra questi ultimi va inserita la incomprensione dei mutamenti apportati all'antico *ius civile* dalla *cognito* classica, propria di G. v. BESELER, Miscellanea Graecoromana, in: Studi Bonfante, 2 Milano 1930, 73, che cancella tutto dopo *suscepta* e vi sostituisce ⟨*imperator Antoninus pronuntiavit heredi scripto hereditatem auferendam non esse*⟩. In questo modo si capovolge la sentenza imperiale. A siffatto metodo oggi nessuno crede più (e chi scrive non vi ha mai creduto). Perché P. avrebbe dato tanto rilievo a una sentenza che, stando a B., non avrebbe detto nulla di nuovo? — Il testo è generalmente ritenuto classico; sono superflue citazioni.

[168] S. RICCOBONO, Corso di dir. rom., cit. 419; B. BIONDI, Successione testamentaria, cit. 197.

[169] S. PEROZZI, Istituzioni di dir. rom., cit. 2,538 n. 2 interpreta il testo di P., e così il precedente, come 'eccezioni' al principio *falsa causa non nocet*; F. SCHULZ, Gedächtnisschr.

centrale è che sorge un nuovo tipo di successione testamentaria formato dalla istituzione di erede contenuta in un primo testamento, e di essa si dichiara la validità perché esprime la volontà effettiva del disponente, e formato inoltre da altre disposizioni contenute in un secondo testamento, di cui la istituzione di erede si dichiara nulla per errore nei motivi.

Dalla istituzione di erede, pertanto, non si prescinde. Ma inserita in un contesto nuovo.

Il discorso dovrebbe ampliarsi ed essere integrato dalla ricostruzione della intera successione testamentaria nell'età postadrianea e, particolarmente, severiana. Si dovrebbero anche considerare altri motivi, informatori del diritto nuovo, del resto già indicati[170].

In questa sede interessava unicamente notare come le scelte delle fattispecie e delle decisioni dei due testi, compiute da P., indicano il grado della sua esatta comprensione e valorizzazione del regime testamentario dell'epoca.

Dal punto di vista dottrinale, la prospettiva ricavabile dai testi di P. è una elaborazione tecnicamente implicita. Egli suggerisce, più che enunciare, la nuova costruzione.

Chi accusa la giurisprudenza classica[171] di essersi arrestata nella elaborazione formale degli istituti, sarà portato a trovare qui un altro argomento per la sua tesi. Ma chi voglia leggere più a fondo nel metodo della giurisprudenza, specie severiana, può invece trovare conferma di un diverso punto di vista. Quello di non rinnegare il passato, ancora valido nella generalità dei casi e come struttura portante della materia testamentaria e della contrapposizione dialettica con il presente. Né sempre vi ha contrapposizione, ma talvolta sviluppo dell'idea, non certo nuova, che la volontà in questo campo gioca un ruolo ancor più determinante di quanto avvenga nei negozi *inter vivos*. Anche se enunciato in sede di ermeneutica negoziale (e relativo anche al diritto anteriore) acquista ora un valore generale, per

---

Seckel, cit., 110, parla di 'anomalie'; S. Riccobono, Corso di dir. rom., cit. 417 critica tali valutazioni, preoccupato di inserire i nuovi principii, affermati dalla giurisprudenza imperiale, nel sistema del *ius civile* recente (analogamente E. Levy, cit. ivi); C. Sanfilippo, Studi sull'hereditas, cit., passim, considera le decisioni imperiali come ,,violazioni sistematiche" delle regole civilistiche e anche 'rivoluzione' del diritto successorio. — La violazione del principio *falsa causa non nocet* è fuori dubbio, ma il criterio della eccezionalità è metodologicamente scorretto; inoltre, la non applicazione di quel principio conduce alla dichiarazione di invalidità della seconda istituzione di erede, ma non giustifica la validità delle disposizioni accessorie. Per questo, e per le ragioni più generali indicate, si parla sopra di un nuovo tipo di successione testamentaria.

[170] D. 28,4,3 Marc. 29 dig., ad es., che contempla situazioni diverse da quelle dei testi di P., ma indica, al pari di questi, profonde innovazioni in materia testamentaria, menziona decisioni del tribunale imperiale motivate non solo dalla *voluntas testantis*, ma anche da altre ragioni, come l'idea di *humanitas*, talvolta prevalenti sulla stessa *voluntas*. S. Riccobono, Corso di dir. rom., cit. 419; C. Sanfilippo, Studi sull'hereditas, cit. 170; il mio scritto: Humanitas come motivo giuridico, in: Scritti in memoria di L. Cosattini, Annali Università di Trieste, 18, 1948, 279.

[171] Ved. sopra.

tutta, cioè, la materia testamentaria, quanto P. afferma in contrapposizione ai negozi *inter vivos*:

D. 50,17,12 Paul. 3 ad Sab.: *In testamentis plenius voluntates testantium interpretamur.*

Così si giunge dalla casistica alla teorizzazione. Tra le numerose domande che ancora potrebbero porsi vi è quella se il regime presente a P. possa ancora dichiararsi 'classico'. Ciò in relazione a quanto si è detto all'inizio. Classico cronologicamente, non v'ha dubbio, giacché la sua più antica attestazione risale ad Adriano. Ma anche classico contenutisticamente. Perché la piena attuazione della *voluntas testantis* fu la meta cui si era indirizzato tutto il diritto anteriore e che per molti aspetti era già stata raggiunta in precedenza, specie in tema di legati, soprattutto attraverso l'interpretazione delle singole disposizioni. Non gli elementi sostanziali, ma le strutture formali del testamento antico vengono ad essere superate.

Non è poco. Ed in tale contesto si inquadrano le testimonianze di P. e, verosimilmente, un suo personale contributo.

Ulpiano. Esperienze e responsabilità del giurista

di Giuliano Crifò, Perugia

Sommario

I. La giurisprudenza e i giuristi romani

La determinazione concettuale, la conservazione e, prima ancora, la realizzazione concreta e la pratica attuazione di ciò che Fritz Schulz ha chiamato „i principii del diritto romano" sono dovute in massima parte all'opera, diretta o indiretta, dei giuristi romani. E' il giurista Giuvenzio Celso, citato da Ulpiano in apertura del 'Digesto'[1], a definire il diritto come *ars boni et aequi* ed è Ulpiano che riassume per sempre l'elemento dinamico dell'ordinamento nella giustizia, „volontà ferma e continua di attribuire a ciascuno il suo"[2]. Strumento della giustizia, strumento consapevole dei

---

[1] Ulp. 1 inst. D. 1.1.1 pr. *Iuri operam daturum prius nosse oportet, unde nomen iuris descendat. est autem a iustitia appellatum: nam, ut eleganter Celsus definit, ius est ars boni et aequi.*
[2] Ulp. 1 reg. D. 1.1.10 pr. *Iustitia est constans et perpetua voluntas ius suum cuique tribuendi.*

fondamenti etico-sociali del diritto, è la giurisprudenza, che ancora Ulpiano definisce „conoscenza del divino e dell'umano, scienza del giusto e dell'ingiusto"[3]. In tutto ciò non vi è, nonostante le apparenze, nulla di astratto, di trascendente, di astorico, ma, al contrario, vi è quel che, con formola forse inadeguata, vorremmo dire la pienezza della coscienza storica di chi sa da dove viene e verso dove va e perché vi si dirige. E' una grande lezione dell'esperienza ed anche, pensiamo, la ragione forse più profonda della sopravvivenza del diritto romano.

Espressioni sintetiche di realtà quanto mai varie e svoltesi per un non breve corso di secoli, quelle definizioni costituiscono una intima filosofia del diritto romano, di cui cercheremo più oltre di precisare il senso[4]. Ma, se è innegabile la suggestione e il peso di tale esperienza, vista come un blocco unitario, i giuristi romani sono comunque personalità ben distinte, pur se di essi abbiamo in genere scarse notizie ed anche se la conoscenza che ci deriva dalle loro opere è frammentaria e quasi sempre indiretta, filtrata dalla sistemazione che se ne è fatta in epoca giustinianea.

Non vi è dubbio che è quasi impossibile, a parte rare eccezioni, ricostruirne l'attività pubblica e privata, tentarne la biografia intellettuale, rendere le particolarità del loro pensiero, illustrarne le scelte e i metodi. Ed anzi ciò è parso, se non addirittura inammissibile, comunque di scarso rilievo scientifico. Spesso, infatti, le singole individualità sono state considerate come fungibili tra loro e intercambiabili, per un giudizio antico che, espresso a es. dal LEIBNIZ («*tous ces Jurisconsultes des Pandectes . . . semblent être tous un seul auteur*»)[5] e dal SAVIGNY („si potrebbe dire . . . che i singoli giuristi erano personalità fungibili")[6], si è perpetuato fino a noi e solo in questi ultimissimi tempi è stato decisamente sottoposto a revisione[7]. Come e perché vi sia stato un tale appiattimento delle varie personalità, nonostante la loro appartenenza a mondi e a momenti diversi, è una vicenda della storiografia giuridica che non può essere qui trattata. Quel che è certo è che quella valutazione, anche se in qualche aspetto appariva ed

---

[3] D. eod. 2. *Iuris prudentia est divinarum atque humanarum rerum notitia, iusti atque iniusti scientia.*

[4] Cfr. oltre, sub cap. XIV.

[5] La citazione può essere confrontata p. es. in F. STURM, Das römische Recht in der Sicht von Gottfried Wilhelm Leibniz (Recht u. Staat in Gesch. u. Gegenw. 348/349), Tübingen 1968, 22 nt. 43 (e cfr. la n. rec. in: Tjidschr. v. Rechtsgesch., XXXVIII, 1970, 232ss., 234 nt. 6). Ma v. già, a es., A. DE CEULENEER, Essai sur la vie et le règne de Septime Sévère (Mém. Liège), Bruxelles 1880, 273: «*grâce à l'intelligence supérieure d'hommes comme Papinien, Paul et Ulpien, le droit acquit cet enchaînement merveilleux et cette logique rigoureuse auxquels le grand Leibnitz ne croyait pouvoir comparer que la rigueur et l'enchaînement des mathématiques* (Oper. IV. 267)».

[6] F. C. VON SAVIGNY, Vom Beruf unserer Zeit für Gesetzgebung und Rechtswissenschaft, Heidelberg 1814, 29, 157.

[7] V. le indicazioni offerte in: G. CRIFÒ, Recenti pubblicazioni e discussioni sulla metodologia dei giuristi romani, Ann. Macerata, n. s. II, 1968, 5ss. Cfr. anche, p. es., P. CERAMI, Considerazioni sulla cultura e sulla logica di Cecilio Africano (A proposito di D. 35.2.88 pr.), Iura, XXII, 1971, 127ff.; A. CARCATERRA, Dialettica e giurisprudenza (a proposito di un'opera di G. Otte), SDHI, XXXVIII, 1972, 312 s. e nt. 60.

appare giustificata, ha creato errori di prospettiva, dove addirittura non
ha eliminato la prospettiva storica, e ha spinto a ricostruire una ontologia
giuridica quasi fuori del tempo e della storia[8] anziché, attraverso le forme
del diritto e le dottrine giuridiche, la società di cui il diritto era uno
strumento.

Forse non è un caso, dunque, se la romanistica più recente, reagendo
consapevolmente al peso di una lunga tradizione, cerca di recuperare in
tutta la loro storicità le figure dei singoli giuristi, identificandone linguaggio,
stile, modo di ragionare, ma anche ideologia, tendenze, partecipazione alla
vita politica e alla cultura del loro tempo. Ed ecco che, là dove sembrava
esistere poco più che la possibilità di un elenco di nomi e di titoli di opere
e di inquadramenti in periodi, tendenze o scuole, categorie (giuristi sacerdoti
e laici, pratici e accademici, liberi consulenti e burocrati), cominciano a
emergere, dopo lavori pionieristici come quello del KUNKEL[9], preziose e
precise indicazioni sulla origine e la posizione sociale dei giuristi romani e
possono riproporsi questioni che in precedenza non sembravano di rilievo[10].
Si sono così giustamente richiamati gli apprezzamenti con i quali Sesto
Pomponio, in un suo manuale a lungo sottovalutato ma che costituisce un
fondamentale repertorio storiografico del diritto, delle magistrature e della
giurisprudenza romana, dà conto, fra l'altro[11], dei molteplici rapporti tra i
massimi esponenti della *iuris civilis scientia* e le cariche, gli *honores* e il
potere politico che essi hanno avuto: e si è potuto dire tanto che i giuristi
acquistarono prestigio per il fatto di aver ricoperto delle cariche, quanto
l'inverso, e cioè che essi sono stati chiamati alle cariche pubbliche e a
esercitare un potere politico proprio per il prestigio che avevano come
giuristi[12].

---

[8] Basti per ciò pensare alle dottrine non romane del diritto naturale. Sullo *ius naturale*
v. gli accenni fatti oltre, sub cap. XIV.

[9] Herkunft und soziale Stellung der römischen Juristen (Forsch. z. röm. Recht, 4), Weimar
1967[2].

[10] Ma anche nella classica opera di F. SCHULZ, History of Roman Legal Science, Oxford
1946, sintesi affascinante e personale del lavoro di più generazioni di romanisti, va
riconosciuto, con P. DE FRANCISCI, Presentazione alla trad. italiana a cura di G. NOCERA,
Firenze 1968, XII, che ,,non è esatto . . . che lo SCHULZ abbia prestato scarsa considerazione
alla personalità individuale, all'organizzazione mentale, alla cultura, ai diversi procedimenti dei giuristi, a seconda che prevalesse in loro l'intento pratico o la visione teorica".
Le asserzioni dello SCHULZ, cioè, non sono ,,poste in relazione soltanto con la natura e lo
scopo dell'opera, ma anche con l'individualità del suo autore" (ivi). Il manuale di storia
del diritto romano che F. WIEACKER sta elaborando per la 'Rechtsgeschichte des Altertums' im Rahmen des Handbuchs der Altertumswissenschaft darà certamente la misura
dei profondi mutamenti storiografici che in materia si sono avuti, come stanno già a indicare
a es., tra i molti altri lavori preliminari dello stesso WIEACKER, le conferenze da lui
tenute presso l'Istituto di Diritto romano dell'Università di Roma sulla ideologia dei
giuristi romani, sul ruolo dell'argomentazione e sui giudizi di valore nella giurisprudenza
romana.

[11] Pomp. l. sing. ench. D. 1.2.2. Cfr. da ultimo D. NOERR, Pomponius oder Zum Geschichtsverständnis der römischen Juristen, in questo volume, 497—604.

[12] Cfr. a es. M. BRETONE, Motivi ideologici dell''Enchiridion' di Pomponio, Labeo, XI,
1965, 18ss. = ID., Linee dell'Enchiridion di Pomponio, Bari 1965, 78ss., sulla linea

Acquista naturalmente anche un peso diverso il problema di come si divenisse giuristi e di quale dovesse essere il loro ruolo, quale la loro effettiva incidenza, in quanto giuristi, nello stato: ché, se in età repubblicana la giurisprudenza non poteva essere espressa se non da rappresentanti della aristocrazia, chiamati dalla loro stessa appartenenza alla classe dominante a individuare le ragioni giuridiche della *res publica* e dei *cives*, nel principato e nell'impero assoluto la funzione di giurisperito avrebbe ben potuto diventare un mestiere o un impiego al pari di tanti altri e il giurista avrebbe ben potuto limitarsi al ruolo subalterno di mero esecutore o amministratore[13]. Di fatto, il principato costituisce l'epoca classica del diritto romano privato, anche se i giuristi non sono più in genere reclutati esclusivamente tra gli esponenti della aristocrazia senatoria e sono ormai in gran parte di origine provinciale. In ogni caso, essi non perdono affatto di rango o di potere, le loro *sententiae et opiniones* continuano a essere fonte di diritto[14], al pari delle antiche altre fonti e al pari delle manifestazioni normative del nuovo e sempre più assorbente potere imperiale. Del resto, anche se l'assunzione del potere non dipese certo da tali qualità, come vi è stato l'imperatore filosofo Marco Aurelio (e un impero dei filosofi) così vi sono stati gli imperatori giuristi Settimio Severo, Pescennio Nigro, Opilio Macrino (e un impero dei giuristi). Cambiano senza dubbio le cose nel Basso Impero, e d'altra parte per questa epoca noi conosciamo a mala pena qualche nome di giurista, sicché è difficile parlarne in concreto. Comunque può ben dirsi che il potere politico, non diversamente da quello religioso, in Roma è stato sempre orientato dal diritto e da una costante preoccupazione legalistica. Per quel che poi riguarda il periodo del quale noi ci dobbiamo specificamente occupare, l'impero fu governato dai giuristi in prima persona. Se ciò sia dipeso da un determinato calcolo politico, è quanto vedremo[15].

---

proposta dal KUNKEL, op. cit. (sopra, nt. 9), 123 della I ed.; nell'altro senso, invece, cfr. G. CRIFÒ, Il suicidio di Cocceio Nerva pater e i suoi riflessi sui problemi del quasi usufrutto, Studi in onore di G. Scherillo, I, Milano 1972, 430 nt. 16 con altre indicazioni.

[13] Con riferimento all'epoca repubblicana v. da ultimo G. NOCERA, Iurisprudentia. Per una storia del pensiero giuridico romano, Roma 1973, 86ss. In generale, cfr. SCHULZ, History cit., trad. cit. (sopra, nt. 10), passim.

[14] Gai Inst. 1.7. *Responsa prudentium sunt sententiae et opiniones eorum, quibus permissum est iura condere. quorum omnium si in unum sententiae concurrant, id quod ita sentiunt, legis vicem optinet; si vero dissentiunt, iudici licet quam velit sententiam sequi: idque rescripto divi Hadriani significatur.* Per quanto riguarda il testo cfr. M. DAVID—H. L. W. NELSON, Gai Institutionum Commentarii IV. . . . Kommentar (1. Lief.) (Studia Gaiana . . . III), Leiden 1954, 15ss.; sul problema di fondo v. invece E. BETTI, Forma e sostanza della 'interpretatio prudentium', Atti congresso intern. diritto rom. e storia d. dir. (Verona 1948), II, Milano 1951, 103ss.

[15] Cfr., intanto, M. HAMMOND, Septimius Severus, Roman Bureaucrat, Harvard Studies in class. Phil., LI, 1940, 137ss., 151s.: "*The Severan jurists are prominent in part because they came at the end of the creative period of Roman jurisprudence and because, in the confusion of the third century and the intellectual sterility of the fourth, no successors arose who were worthy to displace them as authorities. But the fact that the three great jurists of this period became praetorian praefects, contrary to the general practice in both the preceding and following periods of appointing military men, indicates clearly the importance which Septimius*

II. Importanza di Ulpiano, 1

Ulpiano costituisce un elemento essenziale di tale vicenda. I frammenti tratti dalle sue opere e contenuti nel 'Digesto' giustinianeo (del quale rappresentano grosso modo un terzo) sono stati utilizzati dai compilatori giustinianei come l'impalcatura stessa dell'intera opera[16]. La sua autorità come giurista è stata sempre altissima, presso i contemporanei e i posteri, come ha confermato ancor di recente la scoperta di un frammento di iscrizione efesina dell'inizio del IV secolo[17], in cui viene richiamato Ulpiano e il suo 'De officio proconsulis', un'opera di sistemazione delle varie regolamentazioni locali in cui viene tentata la costruzione di un diritto amministrativo comune, applicabile a tutte le province[18]. Più in generale, la sostanza delle dottrine ulpianee si identifica in buona parte con ciò che noi intendiamo per diritto romano, che gli deve non solo innovazioni e prese di posizione personali ma, soprattutto, l'elaborazione ordinata d'una plurisecolare tradizione normativa e scientifica. Si aggiunga una osservazione, a proposito di un richiamo[19] al WINDSCHEID, il giurista che, per aver concluso

attached to jurisprudence and to the judicial duties of the praefect. Furthermore, theSeveran dynasty is the first to be quoted frequently in Justinian's code. Here again, their legislation undoubtedly displaced much that went before and was not in its turn improved upon by succeeding emperors, whose attention was absorbed in other problems. Nevertheless, the mark which the Severan dynasty left upon Roman law cannot be attributed wholly to the operation of impersonal historical causes or changes; it reflects in a large measure the characters and interests of the rulers themselves and particularly of the founder of the dynasty''. Cfr. anche ID., The Antonine Monarchy (Papers a. Mon. Am. Ac. Rome XIX), Rome 1959, 387 s., 410 nt. 67, 414 nt. 83. V. oltre, sub cap. XIII e cfr. nt. 455.

[16] Più precisamente, a parte la quantità dei frammenti ulpianei, nel 'Digesto' viene seguito l'ordine dei 'Libri ad edictum' (e, per le materie di ius civile, dei 'Libri ad Sabinum') nonché quello dei 'Libri de officio proconsulis'. Cfr. J. GAUDEMET, Institutions de l'antiquité, Paris 1967, 762 nt. 5.

[17] Discussa e commentata da E. SCHÖNBAUER, Drei interessante Inschriften aus Ephesus, Iura, XVI, 1965, 105 ss., 108 ss. Su tale iscrizione v. altre indicazioni in: J. MODRZEJEWSKI— T. ZAWADZKI, La date de la mort d'Ulpien et la préfecture du prétoire au début du règne d'Alexandre Sévère, RHD., XLV, 1967, 566 nt. 3.

[18] Cfr. SCHULZ, History cit., trad. cit. (sopra, nt. 10), 248, 439 ss., che comunque parla delle province senatorie. Ma per ciò v. anche oltre, nt. 191.

[19] In E. SEIDL, Römische Rechtsgeschichte und römisches Zivilprozeßrecht[3], Köln–Berlin–Bonn–München 1971, 99. Giova qui riferire l'intero passo, che ci sembra significativo: „... Ulpian hat bei aller Begriffsjurisprudenz eine gute Eigenschaft, mit der er auch dem größten modernen Meister der Begriffsjurisprudenz WINDSCHEID gleicht. Wer heute eine Übersicht über die Stellen des Corpus Iuris bekommen will, die der deduktiven Methode widersprechen, und nur mit der integrierenden zu begründen sind, der findet sie vollständig in WINDSCHEIDS 'Pandekten'. Der wahrhaft große Gelehrte notierte sorgfältig in den Anmerkungen alles, was mit seinem Begriffsgebäude nicht übereinstimmte, und so braucht man nur die Anmerkungen zu lesen, um die Belege dafür zu haben, daß die Römer nicht nur Begriffsjurisprudenz getrieben haben.
Dasselbe gilt nun auch für Ulpian: selbst Anhänger der deduktiven Methode interessierte er sich doch lebhaft für Entscheidungen, die mit anderer Methode gewonnen waren. So sind die

la Pandettistica tedesca e il processo di gestazione del codice civile in Germania, suggella altresì la fine della vigenza del diritto romano comune: il WINDSCHEID — si è detto — era abituato a ragionare proprio come Ulpiano. Ora, tale osservazione non solo è giustificata nei confronti dell'eminente giurista del XIX secolo ma costituisce altresì una eloquente testimonianza della forza con cui la tradizione ulpianea si era installata, per dir così, nella scienza giuridica.

Un esame ragionato delle dottrine di Ulpiano, dunque, può servire a far conoscere ciò che è stato il diritto non solo dell'età dei Severi, ma anche dell'età precedente, di cui Ulpiano offre un riepilogo critico, e di quella successiva, che si è basata sull'opera di Ulpiano per realizzare il programma giustinianeo di ricostruzione, anche a fini politici, dell'intero sistema del diritto.

Vi è comunque anche altro che spinge a delineare una biografia di Ulpiano[20]: ed è il fatto che egli non è stato un giurista interessato unicamente agli aspetti normativi della esperienza giuridica, un interprete sia pure particolarmente colto, un sistematore del diritto vigente nella sua età, ma è stato anche uno storico del diritto, tanto nel senso di avere cercato e indicato cause e sviluppi degli istituti e delle dottrine che egli espone nelle proprie opere[21] quanto nell'altro senso, che ci pare di grande rilievo e modernità, di avere usato la storia come argomento[22].

Inoltre, Ulpiano è stato un uomo politico, che ha ricoperto cariche importanti nell'amministrazione dello stato romano ed ha vissuto al centro del potere, orientandone in concreto la politica (e da ciò ricavando una morte violenta) ma, soprattutto, teorizzando la legittimazione, la struttura e la funzione stessa del potere[23]. Insomma, si compenetrano in lui, in una

---

meisten Entscheidungen der Frühklassiker, die von der deduktiven Methode abweichen, nur dadurch auf uns gekommen, daß Ulpian sie in seinen Werken zitiert hat, und daß sie mitsamt Ulpianischem Text in die 'Digesten' excerpiert wurden . . .".

[20] Ciò va detto anche in rapporto alle recenti considerazioni svolte da A. MOMIGLIANO, Lo sviluppo della biografia greca, Torino 1974, 4, sulla ,,situazione ambigua della biografia", gli atteggiamenti di un BURCKHARDT o di un DROYSEN, la possibilità e i limiti di una biografia intellettuale.

[21] V. su ciò intanto C. A. MASCHI, Diritto romano I (La prospettiva storica della giurisprudenza classica)², Milano 1966. Ma si v. anche, p. es., A. SCHULTING, Oratio de jurisprudentia historica, Var. opusc. ad cultiorem jurisprudentiam adseq. pertinentia tom. II, Pisae a. 1769, 107ss., 122s. e specialmente 132ss., per una acuta valutazione dell'apparente contrasto con la dichiarazione ulpianea relativa alla *vera, non simulata philosophia.* Su tale dichiarazione v. le considerazioni che si svolgono oltre, sub cap. XIV.

[22] Nel senso di porsi la questione dell'utilità della storiografia. Esempi fruttuosi sono offerti da A. DEMANDT, Geschichte als Argument. Drei Formen politischen Zukunftsdenkens im Altertum, Konstanz 1972 (su cui cfr. p. es. la rec. di R. NICKEL, Gymnasium, LXXXI, 1974, 325s.). Un eccellente esempio che riguarda più da vicino la nostra indagine è invece dato dal trattamento ulpianeo dell'istituto del quasi-usufrutto, attraverso la discussione di un senatoconsulto risalente probabilmente all'età di Cesare: cfr. Ulp. 18 ad Sab. D. 7.5.1; eod. 3. Sul problema, v. oltre, sub Cap. IX, specialmente nt. 323ss.

[23] V. p. es. Ulp. 2 de off. quaest. D. 2.1.3. *Imperium aut merum aut mixtum est. merum est imperium habere gladii potestatem ad animadvertendum facinorosos homines, quod etiam potestas appellatur. mixtum est imperium, cui etiam iurisdictio inest, quod in danda bonorum*

misura che ben poche altre volte potrebbe ritrovarsi, le qualità del giurista, dello scienziato e dell'uomo di stato[24].

III. D. 50. 15. 1 pr.

Le notizie di cui disponiamo su Ulpiano sono maggiori che non per quasi tutti gli altri giuristi romani, ma restano comunque egualmente scarse e sempre suscettibili di venire modificate da nuove scoperte documentarie. Sarà sufficiente, per rendersi conto di ciò, accennare al fatto che solo un papiro di Ossirinco pubblicato qualche anno fa da J. REA[25] ha permesso di ricavare, indirettamente ma con grandissima verosimiglianza, la data della morte di Ulpiano, da collocarsi ora, anziché nel 228 d. C., anno per il quale militavano varii indizi e che dunque era stato quasi unanimamente accolto[26], nel 223 d.C.[27].

E' lo stesso Ulpiano che, in un frammento[28] di un'opera sul diritto fiscale scritta sotto Caracalla, il 'De censibus', dichiara di essere originario

possessione consistit. iurisdictio est etiam iudicis dandi licentia. — Un utile confronto può essere in proposito stabilito con quanto ha rilevato J. GAUDEMET, Le concept d'imperium dans l'Histoire Auguste, Bonner Historia-Augusta-Colloquium 1968/1969 (Antiquitas 4, 7), Bonn 1970, 91ss., con la conclusione, 97 e nt. 79. In effetti, la stessa definizione ulpianea, a tacere di tutto il resto, non può non avere contribuito al mantenimento, nella 'Historia Augusta', della accezione 'repubblicana' di imperium.

[24] Vi è un celebre pensiero di B. PASCAL che a nostro avviso illustra bene l'orientamento di fondo degli sforzi fatti da Ulpiano: «Il est juste que ce qui est juste soit suivy; il est nécessaire que ce qui est le plus fort soit suivy. La justice sans la force est impuissante; la force sans la justice est tyrannique . . . . Il faut donc mettre ensemble la justice et la force, et pour cela faire que ce qui est juste soit fort, ou que ce qui est fort soit juste. . . .
. . . mais, ne pouvant faire qu'il soit force d'obéir à la justice, on a fait qu'il soit juste d'obéir à la force; ne pouvant fortiffier la justice, on a justifié la force, afin que le juste et le fort fussent ensemble, et que la paix fut, qui est le souverain bien» (Les Penseés de BLAISE PASCAL, texte revu . . . par A. MOLINIER, I, Paris 1877, 100 s.).

[25] P. Oxy. 2565, in: J. W. B. BARNS, P. PARSONS, J. REA, E. G. TURNER, Oxyrhynchus Papyri XXXI, London 1966, 102ss. Le dichiarazioni di nascita ivi contenute sono del maggio-giugno 224. Il testo è riprodotto oltre, nt. 372.

[26] Un elenco esemplificativo di autori che collocavano la data della morte di Ulpiano nel 228 d.C. si trova in: MODRZEJEWSKI—ZAWADZKI, La date cit. (sopra, nt. 17), 570 s., note 23 e 24. Indicazioni di divergenti ipotesi vedile invece oltre, nt. 399.

[27] Più precisamente, nel luglio del 223, secondo la proposta di MODRZEJEWSKI—ZAWADZKI, La date cit. (sopra, nt. 17), 600, 603s.; cfr. anche MODRZEJEWSKI, Les préfets d'Egypte au début du règne d'Alexandre Sévère, Antidoron M. David oblatum (Papyrologica Lugduno–Batava . . . XVII), Lugdunum Batavorum 1968, 67. V. oltre, sub cap. XII e cfr. nt. 53, 399.

[28] Ulp. 1 de cens. D. 50.15.1 pr. Sciendum est esse quasdam colonias iuris Italici, ut est in Syria Phoenice splendidissima Tyriorum colonia, unde mihi origo est, nobilis regionibus, serie saeculorum antiquissima, armipotens, foederis quod cum Romanis percussit tenacissima: huic enim divus Severus et imperator noster ob egregiam in rem publicam imperiumque Romanum insignem fidem ius Italicum dedit. — Per alcune conclusioni che possono

di Tiro, nella Siria Fenicia, *splendidissima colonia, serie saeculorum anti-*
quissima, armipotens, foederis quod cum Romanis percussit tenacissima,
particolarmente privilegiata, dopo la distruzione subita nella guerra contro
Pescennio Nigro, da Settimio Severo e da Caracalla[29]. Ulpiano sembra
volere mettere in particolare rilievo tale elemento di contemporaneità,
dicendo, con legittimo orgoglio, *unde mihi origo est.* Tale testimonianza,
insieme ad altre che mostrano i suoi stretti legami con la città[30], non indica
però necessariamente che Ulpiano vi sia anche nato, giacché *origo significa*
tecnicamente l'appartenenza giuridica a una determinata comunità, il
possesso della relativa cittadinanza o per il fatto di esservi nato o per
averla ricevuta ad altro titolo[31]. In ogni caso, come ha ricordato il
KUNKEL[32], a Tiro, divenuta colonia romana sotto Settimio Severo, si
insediano i veterani della III legione Gallica, essi stessi di origine provinciale e più o meno romanizzati e con i quali né Ulpiano né la sua
famiglia possono aver avuto rapporti[33]. In precedenza la città aveva la
condizione, ancora nel 174 d. C., di città autonoma all'interno dell'impero;
centro commerciale importante, dotato di propri scali, p. es. a Pozzuoli[34],
è probabile che vi risiedessero commercianti di origine romana o italica. In
ogni caso, Ulpiano dà l'impressione di considerarsi piuttosto come Tirio e
non come immigrato[35].

IV. L'Ulpiano di Ateneo

Va introdotto, a questo punto, il problema posto da Ateneo. Questo
autore, infatti, colloca tra i personaggi del suo 'Banchetto dei sofisti' un
Οὐλπιανὸς ὁ Τύριος, caratterizzato da una straordinaria pedanteria[36], da
purismo fanatico[37], da un impegno culturale volto in senso non romano,
tanto da discutere parole latine e istituzioni romane e da combatterle,

---

trarsi da questo frammento v. E. SCHÖNBAUER, Municipia und coloniae in der Prinzipatszeit, AAWW, XCI, 1954, 29s., criticato peraltro da F. GRELLE, L'autonomia cittadina
fra Traiano e Adriano, Napoli 1972, 142.

[29] La possibilità che tale condizione privilegiata sia in qualche modo collegata alla attività
di Ulpiano è avanzata, sia pur dubitativamente, p. es. da P. FREZZA, Corso di storia del
diritto romano², Roma 1968, 501 nt. 126.

[30] Cfr. da ultimo P. FREZZA, La cultura di Ulpiano, SDHI, XXXIV, 1968, 363ss.

[31] V. specialmente D. NOERR, Origo. Studien zur Orts-, Stadt- und Reichszugehörigkeit in
der Antike, Tjidschr. v. Rechtsgesch., XXXI, 1963, 525ss., 568s.; ID., s. v. origo, RE.
Suppl. X (1965), 433ss., specie 458ss.

[32] Herkunft cit. (sopra, nt. 9), 247s.

[33] Un collegamento di Ulpiano con la Gallia, è stato anche ipotizzato, su fondamenti, però,
diversi. V. in proposito oltre, nt. 193.

[34] KUNKEL, Herkunft cit. (sopra, nt. 9), 248 nt. 515.

[35] KUNKEL, Herkunft cit., 248.

[36] Così, da ultimo, J. WERNER, s. v. Athenaios, Der kleine Pauly III (1964), 702s.

[37] G. PASQUALI, s. v. Ateneo, Enciclopedia it. (1930), 196.

almeno sul piano del grammatico, come barbarie[38]: ma presentato, in ogni caso, come la maggiore personalità[39] di un convito, al quale partecipano „uomini i più versati in ogni sorta di erudizione"[40].

Gli studiosi di Ateneo hanno avanzato una grande varietà di opinioni sulla identità di tali commensali, concordando però, sostanzialmente, sulla invenzione, totale o parziale, di alcuni tra essi[41] ma anche sul fatto che Ateneo si è riferito, per altri personaggi, a suoi contemporanei, la cui storicità non può essere messa in dubbio.

Tale è il caso, anzitutto, dell'anfitrione, P. Livio Larense[42], *pontifex minor* e cavaliere, esperto di culto e di diritto sacro, alto funzionario imperiale[43], ed è anche il caso del celeberrimo medico e filosofo Claudio Galeno[44],

---

[38] W. DITTENBERGER, Athenäus und sein Werk, in: Apophoreton, überreicht von der Graeca Halensis (XLVII. Vers. deutsch. Philologen u. Schulmänner), Berlin 1903, 21s.; cfr. KUNKEL, Herkunft cit. (sopra, nt. 9), 249 e nt. 519. Sulla inesatta qualifica di grammatico v. particolarmente oltre, nt. 46.

[39] Cfr. p. es. K. MENGIS, Die schriftstellerische Technik im Sophistenmahl des Athenaios (Studien z. Gesch. u. Kultur d. Altertums, X. B., 5. H.), Paderborn 1920, 31.

[40] Ath. I. 1a: v. nt. 42.

[41] Specie se di scarso rilievo. V. comunque le note seguenti.

[42] Ath. I. 1 a: ὑπόκειται δὲ τῷ λόγῳ Λαρήνσιος Ῥωμαῖος, ἀνὴρ τῇ τύχῃ περιφανής, τοὺς κατὰ πᾶσαν παιδείαν ἐμπειροτάτους ἐν τοῖς αὐτοῦ δαιτυμόνας ποιούμενος. Cfr. CIL. VI. 2126 e 32401; DESSAU 2932 e PIR. V (1970), 72 n. 297 (L. PETERSEN). In particolare, si v. H. DESSAU, Zu Athenaeus, Hermes, XXV, 1890, 156ss. e, da ultimi, H. G. PFLAUM, Les carrières procuratoriennes équestres sous le Haut Empire romain, I, Paris 1960, 531s. n. 194; B. FORTE, Rome and the Romans as the Greeks saw them (Papers a. Mon. Am. Ac. Rome XXIX), Rome 1972, 507.

[43] Procuratore imperiale in Moesia (non in Lusitania, come ritiene B. FORTE, o. l. cit. alla nota prec.): cfr. Ath. IX. 398e; v. anche VIII. 331bc. Egli è stato inoltre — secondo l'identificazione già dovuta al CASAUBON e al DESSAU [op. cit. (sopra, nt. 42), 157] e alla quale aderisce anche il DITTENBERGER, op. cit. (sopra, nt. 38), 16 nt. 1 — *procurator patrimonii* sotto Commodo, e comunque il 1° gennaio 193, allorquando consegnò il cadavere di Commodo a Fabio Cilone: cfr. SHA. Vita Commodi XX. 1 e v. F. GROSSO, La lotta politica al tempo di Commodo (Mem. Acc. Scienze Torino, cl. sc. mor. stor. fil., Serie 4a n. 7), Torino 1964, 334 nt. 1, con altra letteratura. Lucio Fabio Cilone è ricordato da Ulpiano come destinatario di una *epistula* di Settimio Severo in D. 48.19.8.5 (9 de off. proc.). È altresì in rapporto a Fabio Cilone, *praefectus urbi*, che Ulpiano, in D. 1.12.1, fissa in sostanza i compiti della prefettura urbana: cfr. su ciò G. VITUCCI, Ricerche sulla praefectura urbi in età imperiale (sec. I—III), Roma 1956, 50ss., 72ss.; A. CHASTAGNOL, La préfecture urbaine à Rome sous le Bas-Empire, Paris 1960, VIII, 54s., 85s. Sul nostro personaggio cfr. infine PIR. III² n. 27, p. 97 (GROAG). Egli è anche il destinatario di C. 2.50.1 del 197, richiamato da H. H. PFLAUM, La valeur de l'information historique de la vita Commodi à la lumière des personnages nommément cités par le biographe, Bonner Historia-Augusta-Colloquium 1970 (Antiquitas 4,10), Bonn 1972, 199ss., 233ss. (va rilevato che l'indagine si conclude ivi, 246, in modo generalmente favorevole, sia pure con beneficio di inventario. Ciò va detto per quanto riguarda le 'falsificazioni' nella 'Historia Augusta', cfr. oltre, nt. 82).

[44] Cfr. [a parte PIR. IV², Berolini 1952, fasc. 1, s. v. (Aelius) Galenus, n. 24, p. 4 (STEINPETERSEN)] DITTENBERGER, op. cit. (sopra, nt. 38), 15s. e v. J. MEWALDT, s. v. Galenos, RE VII 1 (1910), 578ss.; R. WALZER, Galen on Jews and Christians, Oxford 1949; G. MICHELI in: L. GEYMONAT, Storia del pensiero filosofico e scientifico, I, Milano 1970, 373ss.; A. GUARINO, Gli „specialisti" e il diritto romano, Labeo, 16, 1970, 327ss. (per un rapporto tra Ulp. 8 de omn. trib. D. 50.13.1.3 e Galeno); A. CARCATERRA, Dialettica

presente ancora in Roma (dove il convito si svolge) verso il 199[45].
La discussione più vivace ha luogo, ad ogni modo, per il 'sofista'[46] Ulpiano,

cit. (sopra, nt. 7), 313s. (su Galeno e Ulpiano). Da ultimo (non visto, ma cfr. S. Byl, rec. in
Ant. class. XLIII, 1974, 468s.) L. Garcia Ballester, Galeno en la societad y en la
ciencia del suo tiempo (c. 130—c. 200 d.C.), Madrid 1972. — W. H. C. Frend, Martyrdom
and Persecution in the Early Church. A Study of a Conflict from the Maccabees to
Donatus, Oxford 1965, 327, ricorda che Galeno, frequentatore del circolo di Giulia
Domna (oltre, sub cap. V) può avere attratto la scuola aristotelica dei cristiani romani e
aggiunge che, quali che fossero le simpatie di Galeno per i cristiani, esse sarebbero
state probabilmente controbilanciate dall'influenza di Ulpiano, il quale ebbe a codificare
verso il 215 i varii rescritti di condanne della pratica cristiana e difficilmente potrebbe
essere considerato amico della nuova religione. Vedremo a suo luogo i limiti del rapporto
di Ulpiano con il cristianesimo (oltre, nt. 389). Ma, a parte la conclusione in sé non necessaria di un atteggiamento positivo di Galeno, ricavato dalla sua influenza sugli ambienti
cristiani di Roma, il tenue rapporto instaurato dal Frend tra Galeno e Ulpiano trova un
miglior fondamento nella testimonianza di Ateneo, anche se, come è chiaro, in essa si prescinde
del tutto dal possibile (e però non sicuro) atteggiamento anticristiano che il Frend vuole
cogliere nella attività sistematrice di Ulpiano. Va inoltre notato che il Frend si basa
su un passo di Eusebio, hist. eccl. 5.28.14 (non: 5.8.24), in cui vengono criticati gli eretici
(cioè i seguaci romani di Teodoto di Bisanzio) i quali ,,lasciate da parte le Sante scritture
di Dio, si applicano alla geometria: sono della terra, e quindi non parlano che di terra,
perfettamente ignari di Colui che viene dall'alto. La geometria di Euclide assorbe l'attività
di taluni di essi; Aristotele e Teofrasto formano la loro ammirazione; Galeno è da alcuni
addirittura poco meno che adorato". Una testimonianza di grande interesse, senza dubbio,
ma che rivela non già un orientamento procristiano di Galeno quanto una inclinazione
di uomini di cultura, che sono anche cristiani sia pure eretici, nei riguardi delle sue
dottrine. V. sul punto R. Walzer, Galen cit., 75ss.; ed anche 43,56ss. D'altro canto,
sarà forse un caso se lo stesso Eusebio ricorda tra i martiri della Palestina (Mart. Pal. 5.1)
un giovane di nome Ulpiano che, nella città di Tiro, poco dopo l'aprile del 306, torturato,
flagellato, fu rinchiuso con un cane e un aspide in una pelle di bue da poco scorticato
e gettato in mare? Di fatto, per la nostra fonte Ulpiano di Tiro, cristiano, subisce una
morte violenta, nella forma arcaica della *poena cullei* [e su tale pena v., da ultimo, S. Tondo,
Leges regiae e paricidas (Acc. tosc. sc. lett. La Colombaria, Studi XXVI), Firenze 1973,
148ss.].

[45] Per gli altri personaggi del banchetto v. in genere G. Kaibel, Athenaei Naucratitae
Dipnosophistarum libri XV, I, Lipsiae 1887, rist. Stuttgart 1965, praef.; oppure
C. B. Gulick, Athenaeus (Loeb Class. Libr.), I (1927), Introduction, XI ss.

[46] Ath. I. 2 d—e: . . . Οὐλπιανὸς ὁ Τύριος, ὃς διὰ τὰς συνεχεῖς ζητήσεις, ἃς ἀνὰ πᾶσαν ὥραν
ποιεῖται ἐν ταῖς ἀγυιαῖς, περιπάτοις, βιβλιοπωλείοις, βαλανείοις, ἔσχεν ὄνομα τοῦ κυρίου
διασημότερον Κειτούκειτος. οὗτος ὁ ἀνὴρ νόμον εἶχεν ἴδιον μηδενὸς ἀποτρώγειν πρὶν
εἰπεῖν 'κεῖται ἢ οὐ κεῖται';
Ovviamente, il 'sofista' qui può essere indifferentemente un medico, un giurista, un
grammatico, un filosofo, un musicista, ecc. Nel caso di Ulpiano, contro l'apprezzamento
riduttivo p. es. di F. Rudorph, De fontibus quibus Aelianus in varia historia componenda
usus sit, Leipz. Studien VII, 1884, 3ss.; Id., Die Quellen von der Schriftstellerei des Athenaios, Philologus Suppl. VI, 1891, 114ss. e di R. Hirzel, Der Dialog. Ein literarhistorischer
Versuch, II, Leipzig 1895, 352 nt. 6, 356 nt. 1, si è giustamente sottolineato [così Dittenberger, op. cit. (sopra, nt. 38), 19 nt. 1] che Ulpiano non è affatto un semplice γραμματικός.
Del resto, già il Kaibel e, più di recente, A. M. Desrousseaux, Aténée. Les deipnosophistes
I—II (Coll. Budé), Paris 1956, XV, hanno messo in rilievo l'appellativo, riservato da Ateneo
ad Ulpiano, di λογιστής, colui che calcola, ragiona, riflette. Cfr. ancora Ath. IV. 175b;
176e; 184b; IX. 398b; 401b; XIV. 649b; e si v. anche oltre, nt. 69, 141. In generale,
comunque, sui sofisti, v. ora G. W. Bowersock, Greek Sophists in the Roman Empire,
Oxford 1969, p. es. 59ss., 106s. (Galeno); 105s., 108 (Eliano e Gordiano I); e su di esso,
p. es. L. Cracco Ruggini, Sofisti greci nell'impero romano, Athenaeum, XLIX, 1971, 402ss.

che qualche studioso rifiuta nella sua esistenza reale e considera come il risultato, più o meno fantasioso, della invenzione di Ateneo[47], mentre altri ne ammettono la storicità, variamente scorgendovi o un non meglio identificabile omonimo del giurista, senza alcun rapporto con questi o con la sua famiglia[48], o il padre[49] o il figlio del giurista[50], o, infine, quest'ultimo[51].

La ragione essenziale di tanto interesse è data dal fatto che l'identificazione del personaggio offre argomenti per stabilire la data di composizione dei Deipnosofisti[52]. Ateneo ricorda in effetti la morte di Οὐλπιανός, dicendo (XV.686 c): Καὶ μετ' οὐ πολλὰς ἡμέρας ὥσπερ αὐτὸς αὑτοῦ σιωπὴν καταμαντευσάμενος ἀπέθανεν εὐτυχῶς, οὐδένα καιρὸν νόσῳ παραδούς, πολλὰ δὲ λυπήσας ἡμᾶς τοὺς ἑταίρους.

E' chiaro che se nel 'sofista' è possibile riconoscere il nostro giurista, si viene a disporre di quell'elemento certo di datazione costituito dalle notizie

---

[47] P. es. L. NYIKOS, Athenaeus quo consilio quibusque usus subsidiis dipnosophistarum libros composuerit, Diss. Basel 1941, 16 nt. 46; ed ora p. es. TH. MAYER-MALY, sv. Ulpianus 1, RE IX A 1 (1961), 567.

[48] Taluno si limita a negare l'identificazione dell'Ulpiano sofista con l'Ulpiano giurista, senza procedere alla ulteriore negazione di un possibile rapporto familiare tra loro: p. es. J. A. FABRICIUS, Bibliotheca graeca ecc., III, ed. tertia, Hamburg 1796, rist. Hildesheim 1966,632 [,,*nullam tamen dubitandi caussam adferens*": J.SCHWEIGHAEUSER, Animadversiones in Athenaei Deipnosophistas post Isaacum Casaubonum conscripsit J. S., tom. I, Animadv. in libr. I et II, Argentorati anno IX (1801), 19]; A. SCHULTING, Domitii Ulpiani Vita descripta a Johanne Bertrando . . . libro I, in: Iurisprudentia vetus ante-justinianea, ed. nova, Lipsiae 1737, 545 nota c; FR. HACKMANN, De Athenaeo Naucratita quaestiones selectae, Diss. Berlin 1912, 23 nt. 28; CH. B. GULICK, Athenaeus cit. (sopra, nt. 45) VII (1957) ad XV. 686c: p. 175 nt.c; ma cfr. ID., Introduction I (1927), XIIs.; G. PASQUALI, sv. Ateneo cit. (sopra, nt. 37), 196s.; WERNER, op. l. cit. (sopra, nt. 36).

[49] Un qualche rapporto con la famiglia del giurista è assunto da F. KÄMMERER, Observationes iuris civilis, Rostochii 1827; F. RUDORPH, De fontibus cit. (sopra, nt. 46), 6s.; ID., Die Quellen cit. (sopra, nt. 46), 115; HIRZEL, op. l. cit. (sopra, nt. 46) (ma cfr. anche ID., 355s., per una ,,*Zusammenhang mit der Wirklichkeit*"): cfr. HACKMANN, op. l. cit. (sopra, nt. 48). L'ipotesi che si tratti invece del padre del giurista è affermata a es. dal DESSAU, PIR. II, 24 n. 145; dal DITTENBERGER, op. cit. (sopra, nt. 38), 25s. (e cfr. ID., 26 nt. 1, per l'affermazione di una priorità dell'ipotesi stessa rispetto al DESSAU; ma tale ipotesi era già stata avanzata da altri, per es. il NICOLE ed il ROBY, v. oltre, nt. 66); da G. WISSOWA, s. v. (Domitius) Ulpianus 87, RE. V, 1 (1903), 1435; da A. STEIN, PIR. III² (1943), 55 n. 169. Di recente R. SYME, Emperors and Biography, Oxford 1971, 155 nt. 5, scrive che "*a suitable parent for Ulpian is discovered in the pedantic grammarian Ulpian the Thyrian, mentioned in the preface of Athenaeus, Deipnos.*" (un riferimento che, a parte il fatto che Ulpiano è il protagonista dell'intera opera, perpetua l'inesatta connotazione di grammatico: sopra, nt. 46). Vedremo, con il KUNKEL, come tale rapporto di padre a figlio non abbia comunque basi adeguate: oltre, nt. 58.

[50] Così, ipoteticamente, SEIDL, op. cit. (sopra, nt. 19), 97.

[51] L'identificazione è affermata a es. dal CUIACIO (cfr. oltre le indicazioni, nt. 96); dal BERTRAND in: SCHULTING, op. cit. (sopra, nt. 48), 543; da J. SCHWEIGHAEUSER, Animadv. cit. (sopra, nt. 48), I, 16ss., 19ss. (e cfr. oltre, nt. 71ss.); da G. KAIBEL, op. l. cit. (sopra, nt. 45), praef. V ss.; da E. ROHDE, Γέγονε in den Biographica des Suidas, Rh. Mus. XXXIII, 1887, 172 = Kleine Schriften I, Tübingen—Leipzig 1901, 126s.; da G. WENTZEL, s.v. Athenaios 22, RE. II 2 (1896), 2026ss., 2033; da K. MENGIS, op. cit. (sopra, nt. 39), 31ss.; da A. M. DESROUSSEAUX, op. cit. (sopra, nt. 46), XIIss.; e, ultimamente, da B. FORTE, op. cit. (sopra, nt. 42), 506ss.

[52] Come ripete chiaramente il KUNKEL, op. cit. (sopra, nt. 9), 249 nt. 518.

sulla morte di quest'ultimo[53]. Per converso, molte notizie relative al 'sofista' potrebbero essere utilizzate per approfondire la conoscenza del giurista.

Crediamo opportuno, a questo punto, cominciare con il richiamare l'opinione, per i romanisti particolarmente autorevole, del KUNKEL[54]. Egli riferisce la caratterizzazione in chiave antiromana di Οὐλπιανός, data dal DITTENBERGER, aderendo alla critica di questo scrittore, per il quale[55] non sarebbe possibile identificare il personaggio di Ateneo con il giurista Ulpiano[56]. In secondo luogo, il KUNKEL contesta non tanto la possibilità quanto la verosimiglianza dell'ipotesi che vi si debba vedere, per contro, il padre del giurista. Egli ritiene, infatti, che, anche a voler ammettere la storicità del personaggio, nulla proverebbe un qualche suo rapporto con il giurista: il *cognomen* è abbastanza frequente a partire dall'età traianea e poteva designare anche in Tiro persone diverse, senza nulla in comune fra loro; il gentilizio non è riferito da Ateneo[57]; e, se in definitiva è molto dubbio che la figure letteraria di Οὐλπιανός possa essere collegata con il giurista, in ogni caso l'ipotesi che si trattasse del padre è completamente incerta[58].

Quest'ultimo è un punto sul quale si può senz'altro concordare. E' però utile riesaminare il problema, del resto ben più rilevante, di una possibile identificazione tra 'sofista' e giurista, sulla base di alcune considerazioni di fronte alle quali anche i motivi psicologici e culturali fatti valere dal KUNKEL potrebbero forse scomparire.

In effetti, soprattutto i filologi hanno obiettato, nei riguardi della identificazione, che Ateneo, attribuendo a Ulpiano una morte felice sopravvenuta senza malattia, ,,avrebbe mentito senza ragione, e toccato senza

---

[53] Con riferimento ovvio non più al 228 (come faceva tutta la dottrina qui richiamata) bensì al 223 d. C., come indica oggi P. Oxy. 2565: sopra, nt. 25 ed oltre, sub cap. XII.

[54] Herkunft cit. (sopra, nt. 9), 249ss.

[55] Op. cit. (sopra, nt. 9), 21ss.

[56] KUNKEL, Herkunft cit. 249 nt. 518 e nt. 519. Particolarmente significativo del disinteresse della romanistica moderna per questo problema ci pare il fatto che L. WENGER, Die Quellen des römischen Rechts, Wien 1953 (il quale del resto non richiama mai Ateneo) non citi affatto, neppure per escluderla, la possibilità della identificazione.

[57] A dir vero esso non è indicato neppure da tutte le altre testimonianze relative al giurista. In proposito si trova infatti l'uso di Domitius (Lact. div. Inst. V.11.19) così come quello di Domitius Ulpianus (C. 8.37.4; 4.65.4.1: Severo Alessandro; C. 9.41.11: Diocleziano; C. 6.49.7. 1b: Giustiniano; D. 19.1.43: Paolo; D. 27.1.13.2: Modestino; C. Dio LXXX. 1.1; SHA. Vita Alex. LXVIII. 1; Aur. Vict. Caes. 24.6) oltre a quello generico di Ulpianus: cfr. A. STEIN, PIR. III², 59s. n. 169. Che Ulpianus ricorra frequentemente in Oriente è ad ogni modo provato a es. da SUIDA sv., ove sono ricordati quattro personaggi con tale nome, due dei quali sofisti. V. anche HACKMANN, op. l. cit. (sopra, nt. 48), che ne trae argomento contro l'identificazione del giurista e del 'sofista', ma a torto. E' sintomatico, infatti, che, nell'assenza di riferimenti al giurista in Suida, non sia neppure possibile identificare in alcuno dei due sofisti ivi indicati l'Ulpiano di Ateneo. V. anche sopra, nt. 44, per un altro Ulpiano di Tiro, martire cristiano al principio del IV secolo.

[58] KUNKEL, Herkunft cit., 251, con le osservazioni critiche svolte ivi, alle note 519. 520 e 522.

necessità un tasto pericoloso"[59]. Εὐτυχῶς, invero, non si concilierebbe[60] con la morte violenta del prefetto al pretorio[61].

Questa non è, però, una difficoltà insuperabile, come è stato mostrato a es. dal KAIBEL[62] ed ha ribadito, con larga discussione, il MENGIS[63], secondo il quale Ateneo avrebbe intenzionalmente alterato la figura di Ulpiano, in modo conforme (nota il MENGIS) al diffuso procedimento del romanzo sofistico. Diventa cioè comprensibile, alla luce di tale ipotesi, anche il tipo di morte riferito da Ateneo, l'unico argomento, in sostanza, al quale può appoggiarsi chi sia scettico circa l'identificazione proposta[64]. Rimane da accertare, come è ovvio, la verosimiglianza di una trasformazione del vero Ulpiano e va altresì sormontato quel che, ancora per il PASQUALI, non convinto dalla pur accurata analisi svolta dal MENGIS, rimane ,,il dubbio più grave" e cioè la rappresentazione di Ulpiano quale ,,grammatico greco di purismo fanatico; il che non s'intende bene neppure immaginando intenzioni caricaturistiche, perché una caricatura presuppone pur sempre una qualche somiglianza con l'originale, anche solo per essere riconoscibile"[65].

Si tratta di un rilievo certamente accettabile. D'altra parte, chi vorrà negare che, per l'appunto, l'intero atteggiamento del 'sofista' Ulpiano, il suo 'purismo fanatico', la sua 'pedanteria straordinaria', il suo stesso soprannome[66]

---

[59] Così esplicitamente PASQUALI, op. cit. (sopra, nt. 37), 196.

[60] V. p. es. RUDORPH, Die Quellen cit. (sopra, nt. 46), 115; HACKMANN, op. l. cit. (sopra, nt. 48); GULICK, ad Ath. XV. 686c, cit. (sopra, nt. 45): aa. che sono stati tutti preceduti dal KÄMMERER, op. cit. (sopra, nt. 49), 157, secondo l'indicazione che ne dà il DITTENBERGER, op. cit. (sopra, nt. 38), ll. citt. (ma v. anche oltre, nt. 150). V. anche, sul possibile significato della morte attribuita da Ateneo al personaggio di Ulpiano, interpretato platonicamente, NYIKOS, op. cit. (sopra, nt. 47), 16 nt. 46 e, nello stesso senso, l'accenno già di E. KLEBS, PIR. I, 173 n. 1068 (Athenaeus).

[61] Su tale vicenda v. oltre, cap. XII e nt. 399.

[62] Op. cit. (sopra, nt. 45) praef. VII: ,,gladio enim peti poterat imperatoris consiliarius, non poterat grammaticus." Tale valutazione è accettata p. es. dal WENTZEL e dal DESROUSSEAUX.

[63] Op. cit. (sopra, nt. 39), 31ss., specie 36.

[64] Per Ateneo (scrive il MENGIS, rifacendosi al KAIBEL) la causa della morte di Ulpiano doveva corrispondere al carattere del suo Ulpiano e dunque non sarebbe stato verosimile che un tranquillo grammatico subisse una fine politica. Nello stesso senso, come si è detto, anche il DESROUSSEAUX, op. cit. (sopra, nt. 46), XV.

[65] PASQUALI, op. l. cit. (sopra, nt. 37).

[66] V. sopra, nt. 46 e cfr. Ath. I. 1d e (testo sopra, nt. 46). Cfr. anche Ath. III. 97: κεῖται, οὐ κεῖται; εἴρηται, οὐκ εἴρηται; Sul soprannome cfr. anche DITTENBERGER, op. cit. (sopra, nt. 38), 17 nt. 1, ma soprattutto P. NOAILLES, Tipucitus, in: Mélanges de droit romain dédiés à Georges Cornil, II, Paris 1926, 177ss., con vivace racconto delle vicende subite dal Tipucito (e su questo v. da ultimo P. PESCANI, s.v. Tipucito, Noviss. dig. it., XIX, Torino 1973, 316ss.). E', infatti, partendo dal soprannome κειτούκειτος dato da Ateneo al suo Ulpiano e dal fraintendimento di una osservazione del CUIACIO (in sé giusta e non una semplice battuta, come ritiene il NOAILLES, op. cit., 182) che Nicola Comneno Papadopoli giunse a trasformare nel giurista bizantino Tipucito il titolo di questo sommario dei Basilici, contenuto in Vat. Gr. 853. Per quanto riguarda il CUIACIO v. comunque oltre, nel testo e nt. 96. Quanto alla identificazione dell'Ulpiano di Ateneo e dell'Ulpiano giurista il NOAILLES richiama, in senso contrario, J. NICOLE, Athénée et Lucien, in: Mélanges Renier (Bibl. Ec. H.-E., 73), Paris 1887, 27ss., specialmente 30ss., 30 nt. 1 (ove

e il suo modo di fare e di discutere[67] rappresentino una esagerazione, cioè una caricatura[68]? Ammesso ciò, andrà visto se si tratti di una deliberata allusione, per accentuazione caricaturale, a un autentico modo di essere e di fare del giurista, che dunque vi si possa riconoscere.

La risposta, che nasce da un confronto generale tra i riferimenti di Ateneo al 'sofista' e 'grammatico'[69] e le fonti relative al giurista[70], sembra senz'altro positiva. Essa, del resto, era stata già data, in buona sostanza, da vecchi scrittori che probabilmente avevano una conoscenza completa dei testi in questione. Così, già J. SCHWEIGHAEUSER ha messo in rapporto[71] la caratterizzazione di Ulpiano 'sofista' — il quale (non va dimenticato) è il simposiarca dei deipnosofisti[72] — con quanto racconta l' 'Historia Augusta', sottolineando la particolare congruenza delle testimonianze. E infatti Severo Alessandro viene presentato come raffinatissimo negli scherzi, garbato nella conversazione, affabile con i commensali, liberi di

---

viene esclusa, argomentando non bene, a nostro avviso, dalla 'Vita Alexandri', l'identificazione proposta da parte del CUIACIO e dello SCHWEIGHAEUSER). Va altresì segnalata l'affermazione (ivi, 34) che l'Ulpiano sofista possa essere un ascendente (il padre o lo zio) del giurista. Padre del giurista lo ritiene anche J. ROBY, Introduzione allo studio del Digesto giustinianeo . . . Vita ed opere dei giuristi romani, tr. G. PACCHIONI, Firenze 1897, 209s.; padre o figlio, invece, il SEIDL, op. l. cit. (sopra, nt. 19).

[67] Cfr. Ath. II. 65 e: (Ulpiano) πάντων ἡμᾶς λόγον ἀπαιτεῖς καὶ οὐδ' ὁτιοῦν ἔξεστιν εἰπεῖν ἀνυπεύθυνον. Certamente, il fatto di stare sempre a chiedere la ragione di tutto e di non accettare mai senza discutere le affermazioni altrui è anche la rappresentazione che dell'atteggiamento ulpianeo dà l'avversario Cinulco, contro un Ulpiano che ignora l'arte del nesso discorsivo e del richiamo ai fatti della storia: cfr. III. 97 d—f: οὐ λόγους διεξοδικοὺς ἐπεῖν, οὐχ ἱστορίας μνησθῆναι . . . Altre accuse di minor rilievo sono contenute p. es. in X. 445 c); XV. 697 b: cfr. FORTE, op. cit. (sopra, nt. 42), 511. V. d'altro canto il riferimento ai compagni di Ulpiano (III. 98 c: ἑταῖροι, οἱ Οὐλπιάνεοι σοφισταί), suoi complici nella invenzione di molti termini strani, etimologie, attribuzioni di significato. Si comprende facilmente l'interesse di tali testimonianze per una valutazione della attività e della personalità scientifica di Ulpiano, una volta ammessa l'identificazione del 'sofista' di Ateneo con il nostro giurista. Per ciò, v. oltre, nel testo.

[68] Utili considerazioni possono ricavarsi in generale da H. GIGLIOLI, s.v. Caricatura, Enciclopedia it., IX (1931), 10ss.; e da AA. VV., s. v. Comico e caricatura, Enc. Un. Arte, III (1958), 750ss.

[69] L'inesattezza di una riduzione del sofista retore a mero grammatico è già stata rilevata: sopra, nt. 46. Sul punto v. comunque anche oltre, nel testo e nt. 139 e 141.

[70] Le specifiche citazioni di Ulpiano in Ateneo sono indicate in KAIBEL, op. cit. (sopra, nt. 45), III, 564. Quanto alle opere del giurista sarà sufficiente qui indicare O. LENEL, Palingenesia iuris civilis, II, Leipzig 1889, coll. 379—1200, con L. SIERL, Supplementum . . . ad fidem papyrorum, ivi, rist. Graz 1960, 12—17; cfr. anche G. CERVENCA, Su due lacune nella Palingenesia di O. Lenel, Iura, XVII, 1966, 166. Si vedano inoltre le varie raccolte di fonti giuridiche classiche e postclassiche: PH. E. HUSCHKE, Iurisprudentiae anteiustinianae reliquias . . ., riv. da SECKEL e KUEBLER, I—III, Lipsiae 1908—1927[6]; P. KRUEGER—TH. MOMMSEN—W. STUDEMUND, Collectio librorum iuris anteiustiniani, II—III, Berolini 1878—1890; S. RICCOBONO—G. BAVIERA—C. FERRINI—J. FURLANI— V. ARANGIO RUIZ, Fontes iuris romani anteiustiniani: II, Auctores, Florentiae 1964[2]; P. F. GIRARD, Textes de droit romain, riv. da SENN, Paris 1937[6], da AA. VV., I, Paris 1967. V. anche oltre, sub cap. IX e nt. 266ss.

[71] Animadv. cit. (sopra, nt. 48), I, 19.

[72] Ath. II. 58 b: ὁ τῶν δείπνων ταμίας Οὐλπιανός. Cfr. anche XV. 668f.

chiedere quello che volessero[73]; attento alle modalità dei brindisi[74], alla raffinatezza dei cibi, all'eleganza dei banchetti[75]; interessato alla letteratura, alla poesia, alle arti in genere[76]; ascoltatore di retori e poeti greci e latini e degli avvocati, che per lui ripetevano le proprie arringhe[77]. E ancora: riceveva gli amici tutti insieme, intrattenendosi con ciascuno di loro, ma raramente ricevendone qualcuno da solo, a meno che non si trattasse del suo prefetto e consigliere Ulpiano[78] e, ,,quando pranzava con i suoi, invitava Ulpiano o altri uomini di cultura e con essi intavolava dotte discussioni, dalle quali diceva di sentirsi ricreato e nutrito''[79]. Sembra dunque che ben a ragione lo SCHWEIGHAEUSER[80] metta in rilievo la concordanza delle testimonianze intorno all'aspetto comitale, per dir così, di Ulpiano giurista, secondo l''Historia Augusta', e di Ulpiano 'sofista', secondo Ateneo.

Naturalmente, è possibile discutere sul valore della 'Vita Alexandri'[81] e sulla attendibilità storica delle notizie in essa contenute, in particolare sulle 'falsificazioni' e gli anacronismi che vi sono stati rinvenuti dagli

---

[73] Vita Alex. XLIV. 1: *in iocis dulcissimus fuit, in fabulis amabilis, in conviviis comis, ita ut quisque posceret quod vellet.*

[74] Ivi, XXXIX. 1: *Cum amicos militares habuisset, ut usum Traiani* (cfr. per ciò SHA., Vita Hadr. III. 2; C. Dio LXVIII.7.4; Aur. Vict. Caes. 13.4), *quem ille post secundam mensam potandi usque ad quinque pocula instituerat, reservaret, unum tantum poculum amicis exhibebat in honorem Alexandri Magni, idque brevius, nisi si quis, quod licebat, maius libere postulasset.*

[75] Ivi, XXXVII.2ss.; 4: *semper de manu sua ministris convivii et panem et partes aut holerum aut carnis aut leguminum dabat.* Cfr. ivi, XXXVI.9, l'esplicito riferimento al più o meno contemporaneo Quinto Gargilio Marziale, illustratore della tavola di Severo Alessandro: cfr. H. STADLER, s.v., RE. VII (1910), 760s.; H. BARDON, La littérature latine inconnue, II, Paris, 1956, 260ss. e v. H. PETER, Historicorum Romanorum reliquiae, II, Lipsiae 1906, CLXXXX; 131.

[76] Vita Alex. III.4ss.; XXXVIII, per epigrammi legati al vino.

[77] Ivi, XXXV; cfr. XXX.2.

[78] Ivi, XXXI.2—3: *post epistulas omnes amicos simul admisit, cum omnibus pariter est locutus, neque unquam solum quemquam nisi praefectum suum vidit, et quidem Ulpianum, ex assessore semper suo causa iustitiae singularis. 3. Cum autem alterum adhibuit, et Ulpianum rogari iussit.* Per il problema posto da questo ultimo riferimento in ordine alla collegialità dei prefetti al pretorio v. oltre nt. 408.

[79] Ivi, XXXIV.6: *cum inter suos convivaretur, aut Ulpianum aut doctos homines adhibebat, ut haberet fabulas litteratas, quibus se recreari dicebat et pasci.* XVI.3: *fuit praeterea illi consuetudo, ut si de iure aut de negotiis tractaret, solos doctos et disertos adhiberet, si vero de re militari, militares veteres et senes bene meritos et locorum peritos ac bellorum et castrorum et omnes litteratos et maxime eos qui historiam norant, requirens quid in talibus causis quales in disceptatione versabantur veteres imperatores vel Romani vel exterarum gentium fecissent.*

[80] Pur attraverso l'utilizzazione di alcune soltanto tra le testimonianze riferite.

[81] ,,Historical romance'', come dice R. SYME, The Historia Augusta. A call of clarity (Antiquitas 4,8), Bonn 1971, 9, richiamando l'opinione del GIBBON che vi vedeva ,,the mere idea of a perfect prince, an awkward imitation of the Cyropaedia''. Che si tratti d'una vita idealizzata, con l'immagine programmatica del buon principe, è da considerarsi sicuro: v. p. es. A. MOMIGLIANO, An unsolved Problem of historical Forgery: The Scriptores Historiae Augustae (1954), in: Secondo contributo alla storia degli studi classici, Roma 1960, 105ss. con appendici: 109, 139; oppure J. STRAUB, Heidnische Geschichtsapologetik in der christlichen Spätantike, Bonn 1963, 13ss.

studiosi[82]. In ogni caso, quale che sia la data di composizione della 'Vita Alexandri'[83], la parte che in essa è attribuita a Ulpiano deve avere proprie fonti e proprie spiegazioni[84] e le relative testimonianze devono considerarsi senz'altro come espressione dell'idea che — all'epoca della composizione della 'Vita' — si aveva di Ulpiano nei suoi rapporti con Alessandro[85]. Ora,

[82] Sui procedimenti della falsificazione v. le osservazioni riassuntive di A. CHASTAGNOL, Recherches sur l'Histoire Auguste (Antiquitas 4,6), Bonn 1970, 32ss. Ma cfr., in senso fortemente limitativo quanto alle 'falsificazioni' contenute nella 'Historia Augusta', gli argomenti addotti da F. GROSSO, op. cit. (sopra, nt. 43), per quanto riguarda la 'Vita Commodi' (51s., 56,60), la 'Vita Severi' (644), la 'Vita Nigri' (428ss., 574,630,644), la 'Vita Albini' (432ss., 644), la 'Vita Getae' (417). Su singoli punti della 'Vita Alexandri' si v. p. es. alle note 85, 91, 198s., 227s., 254, 363, 366, 400ss.

[83] Anche la più tarda che si voglia ammettere. Le possibilità sostenute in dottrina variano, come è noto, dall'età di Diocleziano a quelle di Costantino, Costanzo II, Giuliano, Teodosio per finire al VI secolo [cfr. A. CHASTAGNOL, op. cit., (sopra, nt. 82), 4s.]. A parte questa ultima ipotesi, per tutte le altre si potrebbe agevolmente credere che la conoscenza di Ulpiano si sia potuta mantenere inalterata, per una certa vischiosità, per dire così, della materia. Certamente, però, l'epoca costantiniana ha per sé una conoscenza cospicua, sicché proprio nelle notizie su Ulpiano offerte dalla 'Vita Alexandri' può vedersi un argomento per tener ferma la datazione tradizionale. V., per questa e per la critica alle altre possibili datazioni, MOMIGLIANO, op. cit. (sopra, nt. 81), pass. e 133. Vale comunque il consiglio di R. SYME, The Composition of the Historia Augusta: Recent Theories, JRS LXII, 1972, 123ss., 133 („Instead, read the text").

[84] Si noti che proprio con Costantino si pone il problema delle 'Notae' di Ulpiano (e Paolo) a Papiniano: cfr. quanto si dirà oltre, nt. 258. Ed è ancora negli anni di Costantino che si colloca l'accenno di Lattanzio al 'De officio proconsulis' ulpianeo (cfr. oltre, nt. 389). Si pensi anche alla iscrizione richiamata sopra, nt. 17 e, in generale, all'ovvia e costante tradizione delle scuole di diritto, in cui certi tratti per dir così biografici non saranno andati persi, specie per quanto riguarda quei giuristi che avevano assunto posizioni di preminenza. Tutto ciò indica, in definitiva, che le falsificazioni di dati nella 'Vita Alexandri' difficilmente dovrebbero esser state relative ai grandi giuristi e a Ulpiano in particolare. Nulla del resto si oppone veramente a che la 'Vita' sia stato scritta nel periodo costantiniano, che corrisponde particolarmente bene alla messa in valore di Ulpiano, di cui si ha allora una buona conoscenza.

[85] D'altro canto, anche di fronte a un ritratto programmatico occorre vedere se sia esistita o meno una realtà storica conforme all'idea del buon imperatore, la misura in cui l'invenzione ha trovato modo di appoggiarsi a fondamenti concreti. E in ogni caso, l'esemplarità del ritratto non doveva contraddire a conoscenze che dobbiamo ammettere come certe, quali quelle relative a es. a Ulpiano giurista e funzionario, garantite dalla storia della tradizione ulpianea in età postclassica. Così, Alessandro è grande perché (dice la Vita, LI, 4) fece tutto seguendo il consiglio dell'ottimo Ulpiano. E ciò, p. es., è un non piccolo argomento contro l'idea di una redazione della 'Vita' riferita all'imperatore Giuliano [cfr. su tale opinione particolarmente MOMIGLIANO, op. cit. (sopra, nt. 81), 123ss., 134s. e v. anche oltre, nt. 94, 366].
Quanto alle fonti, l'autore della 'Vita' avrà dovuto utilizzarne di conformi alla conoscenza di Ulpiano, in primo luogo dunque le opere stesse del giurista (un esempio può esser visto nella questione della *paenula*, oltre, nt. 89). E' vero, però, che, a proposito di Vita Alex. XXVI.3 e del suo possibile collegamento con Ulp. 1 de off. proc. D. 1.16.6.3 e con Mod. 5 reg. D. 1.18.18, lo STRAUB, Heidnische Geschichtsapologetik cit. (sopra, nt. 81), 1ss., 35ss.; cfr. anche ID., Le leggi di Severo Alessandro in materia di usura, Atti Colloquio patavino sulla Historia Augusta, Roma 1963, 11ss., specialmente 18s., ha notato che si sarebbe potuto richiamare Mod. X pand. D. 12.1.33: ed anche da ciò trae ragione per sostenere la falsificazione di Vita Alex. XXVI.3 e XXXIX.6—8. Tale conclusione pare però eccessiva: tanto più che il divieto di comprare o dare a mutuo da parte di magistrati

per riassumere qui una discussione che si trova articolata nelle note[86], il
quadro della attività pubblica di Ulpiano che risulta dalla 'Historia
Augusta' appare sostanzialmente conforme a quanto possiamo ricavare
dalle fonti giuridiche[87], mentre il ritratto per dir così della vita quotidiana[88]
(in ordine ai rapporti con Severo Alessandro) corrisponde, come si è visto, a
quello tracciato da Ateneo[89]. Non si vuole con ciò affermare che 'Lampridio'
(o chi per lui) si sia ispirato ai Deipnosofisti[90] e comunque è azzardato
cercare di dimostrarlo[91]. Ci sembra, però, che nell'ipotesi, certo più facile,

e funzionari nei luoghi in cui l'ufficio viene esercitato era già stato regolato a es.
dal Gnomon idiologi § 70 (v. sul punto S. Riccobono jr., Il Gnomon dell'idios logos, Palermo
1950, 210ss., con richiamo in ispecie di R. Orestano, La dote nei matrimoni 'contra mandata', in: Studi G. Bonolis, Un. Macerata, Milano 1942, 22s. dell'estratto. Cfr. altresì
E. Levy, Zur nachklassischen in integrum restitutio, ZSS LXVIII, 1951, 400 = Gesammelte Schriften I, Köln—Graz 1963, 472 e specialmente M. Lauria, Il Gnomon dell'Idios
Logos, Atti Acc. sc. mor. pol. Napoli, LXXV, 1964, 58s., con fonti, tra le quali anche
Vita Alex. XXVI.2—4). V. comunque anche oltre, nt. 91.

[86] V. le note 87ss.

[87] Tali fonti, del resto, sono quelle considerate più valide, p. es. da A. Jardé, Études critiques
sur la vie et le règne de Sévère Alexandre, Paris 1925, 37; cfr. anche R. Syme, Three
Jurists, Bonner Historia-Augusta-Colloquium 1968/1969 (Antiquitas 4,7), Bonn 1970,
316 e nt. 18.

[88] V., in altro ordine di considerazioni (p. es. sugli ideali senatorii proiettati in Severo Alessandro), S. Condorelli, Aspetti della vita quotidiana a Roma e tendenze letterarie nella
Historia Augusta, Messina s. a. (1972 ?), 25ss., 153; e cfr. ivi, 178ss. Utile per la raccolta
e l'individuazione dei temi compositivi (ad es. per i sentimenti senatorii) è P. White, The
Authorship of the Historia Augusta, JRS LVII, 1967, 115ss.

[89] Un ulteriore esempio a favore della verosimiglianza della identificazione riproposta tra
l'Ulpiano di Ateneo e il giurista è offerto ora dalla indagine di F. Kolb, Die paenula in
der Historia Augusta, Bonner Historia-Augusta-Colloquium 1971 (Antiquitas 4,11),
Bonn 1974, 81ss., particolarmente 88 e nt. 38 e 39: discutendo Vita Alex. XXVII.4, il
Kolb richiama la testimonianza di Ateneo, III. 97 e, unitamente a quella di Ulp. 44 Sab.
D. 34.2.23.2, e non dubita, con ragione, di identificare sostanzialmente l'Ulpiano di
Ateneo con il consigliere di Alessandro. V. anche sopra, nt. 85 ed oltre, nt. 103.

[90] In tal caso, uno scettico a oltranza potrebbe ancora sostenere che l'autore della 'Vita
Alexandri' avrebbe frainteso la propria fonte, accettando, solo perché la più ovvia, l'identificazione del 'sofista' Ulpiano con il giurista Ulpiano. Sul problema delle fonti della 'Vita
Alexandri' v. comunque nella nota seguente ed anche oltre, nt. 198, 199. Qui può osservarsi
qualcosa a proposito di Macrobio, il quale, secondo il Kaibel, op. cit. (sopra, nt. 45), I,
XXXI s., ha potuto utilizzare Ateneo. Ora, in Macrobio si fa riferimento, come in Ateneo,
a Masurio Sabino (sat. I.4.6; 15; 10.8; III.6.11), mai invece ad Ulpiano (dell'uso di Ateneo
da parte di Macrobio dubita peraltro, con richiamo al Wissowa, P. Wessner, s.v. Macrobius, RE X 1 [1928], 190; v. anche Wentzel, op. cit. [sopra, nt. 51], 2027; ed anche
W. v. Christ, Geschichte der griechischen Literatur³, München 1898, 736 nt. 1 [ma v. Id.,
VI ed. a cura di W. Schmid—O. Stählin, München 1924, 793 e nt. 3]. Non ci è stato possibile vedere E. Tuerk, Macrobius und die Quellen seiner Saturnalia, s. i. l., 1972).
Ad ogni modo, potrà riflettersi sul fatto che Erodiano [il quale è stato certamente
utilizzato per la 'Historia Augusta': cfr. F. Kolb, Literarische Beziehungen zwischen
Cassius Dio, Herodian und der Historia Augusta (Antiquitas 4,9), Bonn 1972, 160] non
cita mai Ulpiano: cfr. C. R. Whittaker, Herodian, II (Loeb Class. Libr.), 1970, 80 nt. 1.
Tenendo conto di ciò lo scetticismo potrebbe forse diminuire. V. anche oltre.

[91] Ciò anche a prescindere dal fatto che Ateneo non sia rinvenibile tra le fonti della
'Historia Augusta'. E' noto comunque che una storiografia relativa al periodo storico che
ci interessa e che potrebbe avervi fatto riferimento è difficilmente ricostruibile: cfr. S.

che il biografo non si potesse neppure porre il problema di una identificazione dell'Ulpiano 'sofista' con l'Ulpiano giurista, in quanto non conosceva Ateneo, la corrispondenza che si è vista della caratterizzazione di Ulpiano divenga un fatto ancor più rilevante e faccia acquistare un maggior grado di plausibilità alla idea della identificazione, proprio perché si tratta di una corrispondenza conseguita in modo indipendente, senza i limiti che esistono nella testimonianza di Ateneo[92].

Indizi a nostro avviso molto positivi ci vengono, a ogni modo, dalla congruenza singolare che sussiste tra il giurista, quale ci appare dalle sue opere[93] e il 'sofista', uomo importante, dalla cultura enciclopedica, dal modo di ragionare puntiglioso[94], che fa costantemente questione di parole e di definizioni e sfoggio di erudizione. Su ciò, crediamo che non si sia

---

MAZZARINO, Il pensiero storico classico, II, 2, Bari 1966, 214 ss. Ci sembra poi che la ricerca delle fonti si sia orientata in genere verso le prove di una composizione e datazione tarda delle 'Vite' (v. anche sopra, nt. 83), sicché dal punto di vista contenutistico si è alquanto trascurata la possibilità di accertare l'autenticità delle notizie riferite sulla base di fonti precedenti o contemporanee agli avvenimenti narrati. Un buon esempio in senso contrario è dato invece, di recente, da S. ANGIOLILLO, Una moneta di Alessandro Severo e Hist. Aug., Vita Alex., XLIV, 7, RAL, ser. VIII, XXVIII, 1973 (ma pubbl. 1974), 349 ss. Qui, contro lo scetticismo del DOMASZEWSKI, si confermano i risultati cui sono giunti H. H. RAMSAY, A third century A. D. Building Program, Ant. class., IV, 1935, 419 ss.; V, 1936, 147 ss.; D. M. ROBATHAN, A Reconsideration of Roman Topography in the Historia Augusta, Trans. and Proc. Am. Ph. Ass., LXII, 1939, 515 ss.; H. W. BENARIO, Severan Rome and the Historia Augusta, Latomus, XX, 1971, 281 ss. (approvato anche da G. WALSER, Die Severer in der Forschung 1960—1972, ANRW II 2, a cura di H. TEMPORINI, Berlin—New York 1975, 652) e si conclude convincentemente nel senso che „l'indice di inattendibilità della 'Historia Augusta', per lo meno nel campo delle iniziative monumentali attribuite agli imperatori, si restringe notevolmente. Almeno per la 'Vita Severi Alexandri'" (356).

[92] Limiti che costituiscono appunto il problema che stiamo dibattendo.

[93] Su di esse cfr. le indicazioni che si daranno oltre, ma che non possono comunque rappresentare che un approccio superficiale, utile solo dal limitato punto di vista che qui interessa: oltre, cap. IX.

[94] Sopra, nt. 36 ss., 67. Un altro elemento di congruenza è stato visto dallo SCHWEIGHAEUSER nella configurazione di Ulpiano 'sofista' come „stoicae disciplinae alumnus" [Animadv. cit. (sopra, nt. 48), I, 20], con riferimento a Ath. III.98a; VII.308a; XIII.563e; XV.671f. Il che non contrasta minimamente con la professione di giurista, poiché è indiscutibile che Ulpiano non si sottrae alla influenza dello stoicismo, sia pure di uno stoicismo 'volgare': sul che si vedano i riferimenti a es. di B. SCHMIDLIN, Die römischen Rechtsregeln (Versuch einer Typologie) (Forschungen z. röm. Recht, 29), Köln—Wien 1970, 179 ss.; con le osservazioni in propositio di D. NOERR, Spruchregel und Generalisierung, ZSS RA., LXXXIX, 1972, 84 nt. 312. V. anche, sul problema dell'influenza del pensiero stoico e, meglio, della tradizione neoplatonica sulla tricotomia ulpianea delle fonti dello ius privatum (D. 1.1.1.3—4), P. FREZZA, La cultura cit. (sopra, nt. 30), 369. Va in ogni caso sottolineato l'esplicito contrasto con i cinici, testimoniato da Ateneo per il 'sofista' (sopra, nt. 68 ed oltre, nt. 144—145): un riferimento da tenersi in conto, d'altro lato, se nella 'Vita Alexandri' volesse vedersi il ritratto dell'imperatore Giuliano (come ha proposto N. H. BAYNES, The Historia Augusta, its date and purpose, Oxford 1926: su cui v. da ultimo i riferimenti di R. SYME, Emperors and Biography, Oxford 1971, 98 ss. e cfr. sopra, nt. 85). Giuliano è infatti sostenitore di un ideale di vita stoico-cinica, cfr. or. VI (contro i cinici ignoranti) e VII (contro il cinico Eraclio).

affatto ingannato il Cuiacio, il quale, commentando D. 36.6.9[95], dopo essersi diffuso in una attenta e puntuale discussione sul significato di un legato di vino, conclude: „*mitto cetera, quae de hac re scribi possent. Haec sufficiunt, ut appareat, quam iure ab Athenaeo* (che Cuiacio ha già citato in precedenza) *Ulpianus* κειτούκειτος ὀνοματοθήρας[96]."

E infatti vi è in Ulpiano un enciclopedismo didascalico che da secoli ha attirato l'attenzione degli studiosi[97]: per l'indicazione precisa e pedante, a es., dei tipi di vino, italici e non italici, naturali e artificiali, e di varie ed altre bevande[98]; o l'elencazione delle scorte, della dispensa, dei recipienti, diligentemente distinti[99]; degli ornamenti, oro, argento, perle e pietre preziose[100]; dei vasi, destinati a raccogliere, mantenere, trasformare i prodotti[101]; delle suppellettili, di qualsiasi tipo, forma e funzione[102]; dei tipi di indumento e della materia di cui sono fatti, maschili, femminili, infantili, puerili, familiari, comuni[103]; dell'*instrumentum fundi*[104]; per la conoscenza

---

[95] 23 ad Sabinum. pr. *Si quis vinum legaverit, omne continetur, quod ex vinea natum vinum permansit. sed si mulsum sit factum, vini appellatione non continebitur proprie, nisi forte pater familias etiam de hoc sensit. certe zythum, quod in quibusdam provinciis ex tritico vel ex hordeo vel ex pane conficitur, non continebitur: simili modo nec camum nec cervesia continebitur nec hydromeli. quid conditum? nec hoc puto, nisi alia mens testantis fuit. oenomeli plane (id est dulcissimum vinum) continebitur: et passum, nisi contraria sit mens, continebitur: defrutum non continebitur, quod potius conditurae loco fuit. acinaticium plane vinum continebitur. cydoneum et si qua alia sunt, quae non ex vinea fiunt, vini appellatione non continebuntur. item acetum vini appellatione non continebitur. haec omnia ita demum vini nomine non continentur, si modo vini numero a testatore non sunt habita: alioquin Sabinus scribit omnia vini appellatione contineri, quae vini numero pater familias habuit: igitur et acetum, quod vini numero pater familias habuit, et zythum et camum et cetera, quae pro hominum affectione atque usu vini numero habebuntur. quod si totum vinum, quod pater familias habuit, coacuit, non exstinguitur legatum. 1. Si acetum quis legaverit, non continebitur legato acetum quod vini numero testator habuit: embamma autem continebitur, quia aceti numero fuit. 2. Item si quis vinum quod habuit legavit, deinde hoc coacuit, licet postea in aceti locum translatum sit a patre familias, vino legato continebitur, quia id, quod testamenti facti tempore vinum fuit, demonstratum est: et est hoc verum, nisi voluntas adversetur. 3. Vino autem paterno legato id demum legatum videtur, quod testator vini numero habuit, non quod pater. item si peculiare vinum legatum sit, id continebitur, quod servi habuerunt. cur tam diverse? quod paternum vinum iam coepit usus ipsius testatoris esse, at peculiare in usu servorum remansit.* Etc. Cfr. Schweighaeuser, op. cit. (sopra, nt. 48), I, 20.

[96] J. Cuiacius, Observationum et emendationum libri XXVIII, l. XXIV, cap. XXXIX, in: J. C., Opera, I, Prati 1859, 492s.

[97] Cfr. a titolo di esempio J. Lectii j. c. De Vita et scriptis Domitii Ulpiani orationes duae, Genevae 1601, in: E. Otto, Thesaurus iuris romani, I, Basileae 1741, 51ss., 55ss.

[98] D. 33.6.9 e 11 (23 ad Sab.).

[99] D. 33.9.3 (22 ad Sab.).

[100] D. 34.2.19 (20 ad Sab.); D. eod. 27 (44 ad Sab.).

[101] P. es. D. 19.2.19.1—3 (32 ad Sab.); D. 33.7.8 (20 ad Sab.).

[102] Cfr. la definizione di D. 43.12.43 (20 ad Sab.): *suppellectilem . . . patris familiae instrumentum esse nemo dubitat;* ed anche D. eod. 15; 28: *proinde si fundus sit instructus legatus, et suppellex continebitur, quae illic fuit usus ipsius gratia, et vestis non solum stragula, sed et qua ibi uti solebat: mensae quoque eboreae vel si quae aliae, item vitrea et aurum et argentum: vina quoque, si qua ibi fuerint usus ipsius causa, continentur, et si quid aliud utensilium.*

[103] D. 34.2.22 (22 ad Sab.); D. eod. 23 (44 ad Sab.); eod. 25 (44 ad Sab.). V. anche sopra, nt. 89, per la conferma tratta e da Ateneo e dalla 'Historia Augusta'.

[104] D. 33.7.12 (20 ad Sab.).

delle tecniche più varie e per la precisa individuazione delle varie malattie fisiche e psichiche, delle loro cause e delle differenze tra loro[105]; ecc. ecc.

Appare evidente da questi pochi esempi che le conoscenze di Ulpiano erano enormi[106]. Per mostrarne comunque anche il valore, può ricordarsi che nel giurista è stato possibile riconoscere a es. lo studioso di statistica, degno, a torto o a ragione, di essere considerato addirittura l'iniziatore di tale disciplina[107]. Si è notato, a es., che gli elementi di calcolo offerti da Ulpiano[108] per valutare i legati di usufrutto e di alimenti[109] non sono molto diversi da quelli indicati dalla scienza moderna. Ulpiano infatti stabilisce che la sopravvivenza del legatario può essere calcolata con la seguente progressione: trenta anni di sopravvivenza se il legatario ne abbia ora venti, e rispettivamente 28, 25, 22, 20, 19, 18, 17, 11, 10, 9, 7, 5, secondo che abbia ora 25, 30, 35, 40, 41, 42, 43, 48, 49, 55, 60 o più di 60 anni. Che a una tale scala oggi debbano farsi delle correzioni non impedisce affatto, comunque, di riconoscere importanza storica alla tavola ulpianea, il rigore e la consequenzialità logica e soprattutto la sua piena validità pratica[110].

Ma al nostro giurista è dovuta anche l'esposizione di una impressionante serie di nozioni economiche: dalla definizione di bene[111] a quella di capitale[112] a quella di forze naturali[113]; dall'affermazione del limite giuridico posto

---

[105] D. 21.1.1.7—11 (1 ad ed. aed. cur.). 7. *Sed sciendum est morbum apud Sabinum sic definitum esse habitum cuiusque corporis contra naturam, qui usum eius ad id facit deteriorem, cuius causa natura nobis eius corporis sanitatem dedit: id autem alias in toto corpore, alias in parte accidere (nam totius corporis morbus est puta* φθίσις *febris, partis veluti caecitas, licet homo itaque natus sit): vitiumque a morbo multum differre, ut puta si quis balbus sit, nam hunc vitiosum magis esse quam morbosum ... 8. .... exempli itaque gratia referamus, qui morbosi vitiosique sunt* rell. Cfr. D. eod. 4.1ss.; eod. 6; 8; 9; 10; 11; 14 ecc. Come scriveva un antico autore, Ulpiano, a stare a queste sue indicazioni, potrebbe essere considerato „aeque ut Medicus et Iureconsultus": LECTIUS, op. cit. (sopra, nt. 97), 56.

[106] E' appena il caso di notare che quel che, per una certa cultura, appariva un grandissimo pregio, si è facilmente trasformato in un grave difetto, agli occhi di studiosi appartenenti ad altro orientamento culturale. Noi stiamo ancora oggi nell'ambito di ricorrenti valutazioni di Ulpiano (ma in genere della intera giurisprudenza tardo-classica) in termini di mera diligenza compilatoria e così via. Va da sé che tali giudizi dipendono dal modello che venga assunto a criterio di giudizio.

[107] V. p. es. K. SEUTEMANN, Ulpianus als Statistiker, Schmollers Jahrb. f. Gesetzg. Verw. u. Volkswirtsch., XXXI, 1907, 247ss.

[108] Riferiti da Macro in D. 35.2.68 pr. (2 ad l. vic. her.).

[109] Esclude che vi fosse anche un riferimento alla rendita vitalizia M. AMELOTTI, Rendita perpetua e rendita vitalizia, SDHI, XIX, 1953, 202ss., 219 e nt. 46 con letteratura.

[110] V. p. es. E. PETIT, Traité élémentaire de droit romain², Paris 1906, 604 nt. 3; K. SEUTE-MANN, op. cit. (sopra, nt. 107), specie 256. Non vidi P. BRAYDA, Le tabelle romane di Ulpiano e Macro per la capitalizzazione dell'usufrutto e dei vitalizi, Bene Vagienna 1935. Per un' ampia bibliografia su questioni di statistica demografica in Roma v. di recente M. CLAUSS, Probleme der Lebensalterstatistiken aufgrund römischer Grabinschriften, Chiron, 3, 1973, 394ss., 412ss.

[111] D. 50.16.49. Bene immateriale: D. 11.6.1; D. 19.2.13.3; bene in senso sociale: D. 50.16.49 cit.; bene in senso pubblico: D. 50.16.17; bene di consumo: D. 26.10.3.5; ecc.

[112] D. 33.7.12.2. Capitale e reddito: D. 22.1.36; capitale e lavoro: D. 17.2.5; eod. 29.1; eod. 52.4; 2; 7; capitale e frutti: D. 24.1.17; D. 32.9.

[113] Specialmente in rapporto alle servitù prediali: cfr. D. 8.3.

all'attività economica[114], dall'indicazione delle funzioni dello stato[115] e delle limitazioni socialmente giustificate[116] e dalla difesa della proprietà privata[117] al riconoscimento della libertà di iniziativa dei privati[118] e alla limitazione dei monopoli[119]; dall'idea di valore[120] a quella di moneta[121]; dalla distinzione tra le spese (necessarie, voluttuarie, produttive, fisse, circolanti)[122] alla determinazione del tasso di interesse[123]; dall'attività bancaria[124] alle modalità del commercio[125] alle attività minerarie[126]; dal catasto rustico[127] al lavoro salariato[128] alla schiavitù[129] e così via.

Tutto ciò, naturalmente, non significa ancora che Ulpiano possedesse davvero gli strumenti concettuali delle scienze economiche moderne[130].

[114] D. 2.15.8.22: *nec enim debet ex alieno damno esse locuples.*

[115] D. 9.3.1.1; D. 43.12.1.15.

[116] D. 47.9.10. V. su ciò da ultimo B. SANTALUCIA, I „libri opinionum" di Ulpiano, II, Milano 1971, 24 ss.

[117] D. 8.4.13.1.

[118] D. 39.3.1.11.

[119] D. 47.11.6 pr.

[120] Valore di scambio e di uso: D. 19.1.1; valore e prezzo di mercato: D. 35.2.62.1; D. 36.1.1.16; valore e reddito: D. 7.1.13.4; valore e utilità: D. 21.1.37; valore e costo: D. 21.1.27; valore e moneta: D. 50.16.178 pr.; valore e prezzo: D. 13.7.13; valore e lavoro: D. 12.6.26.12.

[121] D. 50.16.159. Prezzo e moneta: D. 13.7.13; metallo non coniato: D. 13.7.27 (su cui v. SANTALUCIA, op. cit. [sopra, nt. 116], I, 60 ss.); D. 19.5.19; D. 47.2.19.2; moneta merce: D. 42.5.24.2—3 (cfr. G. TOZZI, Economisti greci e romani. Le singolari intuizioni di una scienza moderna nel mondo classico, Milano 1961, 445 ss.).

[122] D. 25.1.1; eod. 3; 14; D. 3.5.45 (44) pr.; D. 33.7.8; eod. 12.2.

[123] D. 26.7.7.10 (su cui v. però G. CERVENCA, Contributo allo studio delle „usurae" c. d. legali nel diritto romano, Milano 1969, 162 ss., anche in rapporto a D. 26.7.7.8; D. 12.6.26.1).

[124] D. 12.1.9.8—9; D. 16.3.7.2; D. 42.5.24.2—3; D. 42.1.15.11; D. 2.13.1; eod. 6.7; eod. 4.

[125] P. es. D. 13.4.2; D. 45.1.60.

[126] D. 7.1.9.2—3; D. 48.19.8.4.

[127] D. 50.15.4.

[128] D. 11.6.1 pr.

[129] D. 1.1.4.

[130] O che le possedessero i Romani e gli antichi in generale. V. da ultimo in questo senso M. I. FINLEY, The Ancient Economy, tr. it., Bari 1974 [e su di esso p. es. le considerazioni di V. DI BENEDETTO, Atene e Roma: società di consumatori o di classi?, Rinascita, XXXII, 1975, n. 14 del 4 aprile, 33 s. Per ovvia connessione si consideri anche l'idea contrapposta di 'politica' ed 'economia', con rilevanza esclusiva della prima nel mondo antico e, su ciò, le osservazioni di S. MAZZARINO, Il pensiero cit. (sopra, nt. 91), II, 2, 401 nt. 517]. Materiali di discussione, tutti da elaborare, si trovano comunque in J. G. TYDEMAN, Disquisitio de economiae politicae notionibus in corpore juris civilis Justinianei, Lugduni Batavorum 1838; H. VON SCHEEL, I concetti economici fondamentali del Corpus iuris civilis, tr. it. in: V. PARETO, Biblioteca di storia economica II, 2, Milano 1907, 729 ss.; A. BRUDER, Zur oekonomischen Charakteristik des römischen Rechtes, Zeitschr. f. d. ges. Staatswiss., XXXII, 1876, 631 ss.; G. ALESSIO, Alcune riflessioni intorno ai concetti del valore nella antichità classica, Archivio giur., XLII, 1889, 379 ss.; G. BARBIERI, Fonti per la storia delle dottrine economiche dalla antichità alla prima scolastica, Milano 1958; ecc. E' appena il caso di richiamare M. ROSTOVZEV, Storia economica e sociale dell'Impero romano, tr. it., Firenze 1933, 5a rist. 1973; e F. M. HEICHELHEIM, An Ancient Economic History, Leiden 1958, tr. it., Bari 1972, specie 963 ss., con le chiarificazioni di M. MAZZA, Introduzione ivi, specie XXVI ss. In generale, v. infine E. LEPORE, Economia antica e storiografia moderna (Appunti per un bilancio di generazione), in: Ricerche in memoria di C. Barbagallo, I, Napoli 1970, 1 ss.

Certo è, però, che, anche al limitato scopo di mostrare la misura delle sue conoscenze e dei suoi interessi, la documentazione[131] è impressionante.

A parte queste indicazioni, legate più al contenuto e alla ampiezza delle conoscenze che non al modo in cui il nostro giurista le utilizza, va considerato un altro tratto della produzione ulpianea, da cui è ricavabile un ulteriore indizio di congruenza con il personaggio delineato da Ateneo. Ulpiano, infatti, si occupa spesso di etimologie[132] e spessissimo di definizioni: a es., determina il significato di *vestimentum*[133], o di legna da ardere distinta dalla legna per costruzione[134], o dell'*ornamentum*[135]. Ma poi caratterizza e definisce la *ripa*, la *statio*, il *portus*, il *lacus*, la *fossa*, il *castellum*, il *rivus*, la *cloaca*, il *caput aquae*, la *cisterna*, l'*opus factum*, l'*aqua pluvia*, la *via publica*, il *tignum*, il *monumentum*, il *sepulchrum*, il *locus purus*, l'*ager*. E ancora: il *creditor*, il *nauta*, il *magister navis*, l'*exercitor*, l'*institor*, il *publicanus*, il *praevaricator*, il *saccularius*, l'*expilator*, l'*abigeus*, accanto al *postumus*, l'*adgnatus*, il *libertus*, l'*advocatus*, per non parlare di termini più propriamente giuridici, *poena*, *fraus*, *aes alienum* ed *aes suum*, *pactio*, *postulatio*, *capitis accusare*, *defendere*, *recipere*, ecc. ecc.[136].

In conclusione, dovremmo dire che anche il pur celebre giurista Ulpiano appare poco più che un *Silbenstecher*: un rilievo che, considerato decisivo per negare l'identificazione tra il 'sofista' e il giurista[137], non è stato per nulla messo in discussione dalla dottrina, che sembra averlo anzi più o meno tacitamente accolto[138]. Esso, invece, va decisamente discusso, perché la puntigliosità della indagine lessicale, etimologica e in genere defini-

---

[131] Essa è stata ricavata essenzialmente, con correzioni, da G. Tozzi, op. cit. (sopra, nt. 121): un lavoro utile, nonostante molte serie riserve che possono avanzarsi su di esso. Quanto a un esempio del rapporto che può aversi tra disciplina giuridica ed esigenze sociali, rivelatrici di una determinata struttura economica, cfr. il n. saggio Sul problema della donna tutrice in diritto romano classico, BIDR, LXVII, 1964, 154ss., 162s., con riferimento p. es. a D. 50.6.3 (2.1) (Ulp. 4 de off. proc.) (*necessitas penuriae hominum*) e a D. 50.17.2 (1° ad Sab.).

[132] V. anzitutto L. Ceci, Le etimologie dei giuristi romani, Torino 1892, 157ss., il quale raccoglie sessantasei etimologie ulpianee; nonché le indicazioni che diamo in: Recenti pubblicazioni cit. (sopra, nt. 7), 11 nt. 17 (in particolare Schlerath, Biondi, Kaser, Carcaterra) e cfr. Schmidlin, op. cit. (sopra, nt. 94), 194ss., su Ulp. 45 ad ed. D. 29.1.1 (*miles*); 30 ad ed. D. 16.3.1 pr. (*depositum*); 29 ad ed. D. 15.1.5.2 (*peculium*).

[133] 22 ad Sab. D. 34.2.22.

[134] 25 ad Sab. D. 32.55 pr.

[135] 44 ad Sab. D. 34.2.25.10.

[136] Indicazioni relative ai termini suddetti e ai relativi frammenti ulpianei si troveranno in R. Martini, Le definizioni dei giuristi romani, Milano 1966.

[137] In questo senso si v. specialmente il Rudorph, Die Quellen cit. (sopra, nt. 46), 115.

[138] Ad esso si sono esplicitamente rifatti alcuni studiosi [p. es. lo Hirzel, op. cit. (sopra, nt. 46), ll. citt.; o il Wissowa, s. v. cit. (sopra, nt. 49)] e, in generale, tutti coloro i quali hanno negato l'identificazione. Va rilevato che ciò si è verificato anche dopo la critica molto dura del Dittenberger, op. cit. (sopra, nt. 38), 5: il quale, dopo aver richiamato il risultato cronologico cui giungeva il Rudorph, e l'accettazione fattane dallo Hirzel [ma anche dal Christ, op. cit. (sopra, nt. 90), 735s.] e provvedendo altresì a migliorarlo, parla a ogni modo di una ,,*sehr angefochtene und anfechtbare Quellenanalyse*" del Rudorph.

toria del sofista[139] si ritrova — con funzione evidentemente positiva — nell'opera del giurista, fino al punto di riscontri quasi letterali, p. es. per quanto riguarda il problema della estensione del genere maschile e femminile[140].

In realtà, la 'caccia alle parole' non è una attività spregevole. Ammesso pur che lo sia, i giuristi non ne possono fare a meno. Ma in ogni caso non lo è, se non forse per qualche studioso moderno. Non lo è affatto, in primo luogo, nel linguaggio e nel contesto culturale dei Deipnosofisti, come ha eccellentemente messo in chiaro lo SCHWEIGHAEUSER[141]; ma soprattutto non lo è in via generale. Basterà invero, per convincersene, porre mente all'insegnamento platonico[142] per cui l'ὀνοματουργός è un νομοθέτης e, sul piano conoscitivo, un uomo capace di discorrere, un διαλεκτικὸς ἀνήρ[143]: riferimento ancora più congruo, se si considerano le possibili ascrizioni filosofiche

---

[139] Questa insistenza da parte di Ulpiano ha fatto anzi ritenere al NYIKOS, op. cit. (sopra, nt. 47), 112, che Ateneo possa avere affidato deliberatamente a quel personaggio la presentazione in genere della materia lessicale dell'intera opera. V. anche NYIKOS, 96s., per le etimologie, e cfr. sopra, nt. 132.

[140] Si tratta precisamente di uno degli esempi dati da Ateneo per spiegare il soprannome di Ulpiano, κειτούκειτος: Ath. I. 1d—e (sopra, nt. 46). V. ad es. DESROUSSEAUX, op. cit. (sopra, nt. 46), 3 e nt. 2. Una siffatta estensione di genere, attestata dai grammatici, è realizzata anche da Ulpiano conformemente ad una esigenza che si propone abbastanza naturalmente ai giuristi, proprio in ragione dei compiti interpretativi loro spettanti. Si veda, p. es. Iav. 7 epist. D. 50.16.116. *Quisquis mihi alius filii filiusve heres sit. Labeo non videri filiam contineri, Proculus contra. mihi Labeo videtur verborum figuram sequi, Proculus mentem testantis. respondit: non dubito, quin Labeonis sententia vera non sit.* (Sul passo si v. E. BETTI, Lezioni di diritto romano. Rischio contrattuale — Atto illecito — Negozio giuridico, Roma 1958—59, 336ss.; nonché G. GANDOLFI, Studi sull'interpretazione degli atti negoziali in diritto romano, Milano 1966, 83ss.). Al nostro scopo basterà collegare con la testimonianza di Ateneo i seguenti frammenti ulpianei: D. 50.16.1 (1° ad ed.). *Verbum hoc 'si quis' tam masculos quam feminas complectitur.* — D. eod. 52 (61 ad ed.). *'Patroni' appellatione et patrona continetur.* — D. eod. 56.1 (62 ad ed.). *'Liberorum' appellatione continentur non tantum qui sunt in potestate, sed omnes qui sui iuris sunt, sive virilis sive feminini sexus sunt, exve feminini sexus descendentes.* Cfr. anche oltre, nt. 338.

[141] Animadv. cit. (sopra, nt. 48), I, 20. Qui sono anche richiamati i passi di Ateneo, dai quali risulta l'apprezzamento altissimo che si ha per Ulpiano: Ath. IV. 175b; 176e; 184b; IX. 401b; XIV. 649b. Cfr. anche sopra, nt. 46.

[142] Crat. pass., ma specialmente 388 E—389 A: ΣΩ. Νομοθέτου ἄρα ἔργῳ χρήσεται ὁ διδασκαλικός, ὅταν ὀνόματι χρῆται; ΕΡΜ. Δοκεῖ μοι. ΣΩ. Νομοθέτης δέ σοι δοκεῖ πᾶς εἶναι ἀνὴρ ἢ ὁ τὴν τέχνην ἔχων; ΕΡΜ. Ὁ τὴν τέχνην. ΣΩ. Οὐκ ἄρα παντὸς ἀνδρός, ὦ Ἑρμόγενες, ὄνομα θέσθαι, ἀλλά τινος ὀνοματουργοῦ· οὗτος δ' ἐστίν, ὡς ἔοικεν, ὁ νομοθέτης . . .; nonché 390 D: ΣΩ. Νομοθέτου δέ γε, ὡς ἔοικεν, ὄνομα, ἐπιστάτην ἔχοντος διαλεκτικὸν ἄνδρα, εἰ μέλλει καλῶς ὀνόματα θήσεσθαι.

[143] Su ciò v., in particolar modo, A. PAGLIARO, Struttura e pensiero del 'Cratilo' di Platone, in: Nuovi studi di critica semantica[2], Messina–Firenze 1971, 49ss., specialmente 66s., ove si chiarisce bene perché imporre i nomi alle cose non sia affare da poco né da uomini dappoco né dei primi venuti. Molte importanti osservazioni possono altresì rinvenirsi nella introduzione e nelle note al Cratilo di R. BONGHI, I dialoghi di Platone. V. Cratilo, Torino–Firenze–Roma 1885. V. inoltre J. DERBOLAV, Der Dialog ,,Kratylos" im Rahmen der platonischen Sprach- und Erkenntnisphilosophie, Saarbrücken 1953; ID., Platons Sprachphilosophie im Kratylos und in den späteren Schriften, Darmstadt 1972 [rec. di J. LOHMANN, Gnomon, 47, 1975, 618 ss.]; K. GAISER, Name und Sache in Platons 'Kratylos', Abh. d. Heidelberger Ak. d. Wiss., Philos.-hist. Kl., 1974, Nr. 3.

del 'sofista' Ulpiano, contrapposto a Cinulco capo dei cinici[144] e rappresentabile come „*stoicae disciplinae alumnus*"[145].

Se da un lato, dunque, critiche come quelle del RUDORPH, legate a pedanteria, purismo fanatico, *venatio verborum* ecc. appaiono inconsistenti, esse, tuttavia, condizionano la mancata identificazione tra il 'sofista' e il giurista, anche quando non vengano esplicitamente addotte e si utilizzino altri argomenti. Così il WISSOWA, in una breve sintesi non priva di imprecisioni[146], sottolinea non solo la differente posizione professionale dell'Ulpiano di Ateneo rispetto all'Ulpiano giurista ma, soprattutto, le differenze degli ambienti culturali e della posizione sociale dell'uno e dell'altro[147]. Con ciò, egli ripete in sostanza la dottrina del DITTENBERGER[148], fondata a sua volta su giudizi avanzati dal KÄMMERER[149], che in parte si sono già contestati[150] e in altra parte debbono ora venire esaminati.

Si sostiene, a es.[151], che, se Ateneo avesse avuto di mira il nostro giurista, non avrebbe mancato di affidare a lui, anziché a Masurio[152], il ruolo di convitato—giurista, evitando in tal modo un anacronismo, unica spiegazione possibile di fronte al preciso riferimento professionale

---

[144] I testi relativi sono raccolti da ultimo in FORTE, op. l. cit. (sopra, nt. 42).

[145] Sopra, nt. 94. — Sarebbe altresì opportuno soffermarsi sulle caratteristiche del linguaggio di Ulpiano e sui suoi interessi linguistici. Quanto al primo punto sarà forse sufficiente richiamare qui W. KALB, Roms Juristen nach ihrer Sprache dargestellt, Leipzig 1890, 126ss. (su Ulpiano). Cenni sul problema d'una differenziazione tra linguaggio della giurisprudenza e linguaggio della cancelleria, ricavabile dall'opera ulpianea, in SANTA-LUCIA, op. cit. (sopra, nt. 116), I, 137 nt. 5. Quanto al problema importantissimo di un linguaggio tecnico attribuibile ai giuristi romani (e per il quale la testimonianza ulpianea è senza dubbio essenziale) sarà sufficiente un semplice rinvio a A. CARCATERRA, Semantica degli enunciati normativi-giuridici romani (Interpretatio iuris), Bari 1972, con i rilievi da noi formulati in Gnomon, XLVII, 1975, 58ss., 62s.

[146] P. es., l'identificazione del 'sofista' con il giurista viene attribuita „*zuerst*" allo SCHWEIG-HAEUSER; oppure, si ritiene 'particolarmente verosimile' (seguendo in ciò DESSAU e DITTEN-BERGER) la supposizione che l'Ulpiano di Ateneo sia il padre del giurista: cfr. sopra, nt. 49 e nt. 58.

[147] RE. V 1 (1903), 1435 cit.

[148] Athenäus cit. (sopra, nt. 38), 19ss.

[149] Non ci è stato possibile consultare l'opera del KAEMMERER, Observationes cit. (sopra, nt. 49). Il DITTENBERGER, op. cit. (sopra, nt. 38), 20 nt. 2, dichiara di avere utilizzato la copia personale del KÄMMERER, con aggiunte manoscritte dell'autore.

[150] Ad es. l'argomento tratto dalla descrizione della morte di Ulpiano, εὐτυχῶς: KÄMMERER, op. cit. (sopra, nt. 49), 157; o l'altro relativo al fatto che il giurista Ulpiano non scrive in greco: KÄMMERER, op. cit., 147; DITTENBERGER, op. cit. (sopra, nt. 38), 22 nt. 3. Su tale rilievo si v., oltre a quanto detto sopra, nt. 60, già SCHWEIGHAEUSER, Animadv. cit. (sopra, nt. 48), I, 21.

[151] KÄMMERER, op. cit. (sopra, nt. 49), 143; DITTENBERGER, op. cit. (sopra, nt. 38), 21 nt. 1.

[152] V., per i richiami di Ateneo a Masurio, giurista, poeta di giambi, musicista, KAIBEL, op. cit. (sopra, nt. 45), III, 562 s. Tra i vari passi fa spicco Ath. I. 1 c: Μανσούριος, νόμων ἐξηγητὴς καὶ πάσης παιδείας οὐ παρέργως ἐπιμέλειαν ποιούμενος, μόνος ποιητής, ἀνὴρ καὶ κατὰ τὴν ἄλλην παιδείαν οὐδενὸς δεύτερος καὶ τὴν ἐγκύκλιον οὐ παρέργως ἐζηλωκώς· ἕκαστον γὰρ ὧν ἐπεδείκνυτο ὡς μόνον τοῦτο ἠσκηκὼς ἐφαίνετο, τοιαύτη πολυμαθείᾳ ἐκ παίδων συνετράφη· ἰάμβων δὲ ἦν ποιητὴς οὐδενὸς δεύτερος, φησί, τῶν μετ' Ἀρχίλοχον ποιητῶν.

dato da Ateneo, XIV. 623 e[153]. La scelta così fatta è, però, a nostro avviso, spiegabile, sol che si tenga conto del rapporto esistente tra Ulpiano e Sabino nella 'Historia Augusta' e di un errore ivi contenuto. Tale errore, in ispecie, ci sembra fornire una chiave per intendere (in modo, forse, un pò sottile) ciò che può essere stato alla base della assunzione di Masurio Sabino, come giurista en titre, tra i protagonisti del convito. Si dice infatti, nella Vita Hel. 16. 2: *Sabinum consularem virum, ad quem libros Ulpianus scripsit, quod in urbe remansisset, vocato centurione mollioribus verbis iussit occidi*[154]. Ed Ateneo, volendo far parlare un giurista, avrà introdotto nel dialogo quel Masurio Sabino che Ulpiano stesso (e non solo lui) faceva rivivere nei 'Commentarii ad Sabinum'[155]: ipotesi del tutto verosimile, a sostegno della quale si può anche ricordare la lettera di Marco Aurelio a Frontone[156], in cui il principe parla di *deliramenta Masuriana*, forse non tanto 'vaneggiamenti'[157] quanto 'divagazioni', 'svolgimenti' *ex Sabino*[158]. Di là dalla possibile ironia non può escludersi, del resto, che negli ambienti colti di Roma le ampie rielaborazioni dei *tres libri iuris civilis* di Sabino portassero taluno a ritenere, per contrasto, che la vera giurisprudenza fosse quella dell'autore commentato anziché quella del commentatore; né,

---

[153] Μασούριος ὁ πάντα ἄριστος καὶ σοφὸς (καὶ γὰρ νόμων ἐξηγητὴς οὐδενὸς δεύτερος, καὶ περὶ μουσικὴν ἐνδιατρίβων αἰεί· . . .). Contro l'identificazione fittizia di Masurio e Masurio Sabino v., p. es., R. HIRZEL, op. cit. (sopra, nt. 49), II, 356 nt. 1. Taluno ha proposto anche di identificare il Masurio di Ateneo con Fabio Sabino, componente del *consilium* di Alessandro (Vita Alex. LXVIII. 1), ma che, a stare almeno alle indicazioni della stessa 'Historia Augusta', quasi certamente non era un giurista. A favore di tale ipotesi v. comunque, sia pur dubitativamente, SCHWEIGHAEUSER, op. cit. (sopra, nt. 48), I, 11. Cfr. altresì PIR. II (1897), 52 n. 54 (DESSAU): Fabius Sabinus; III (1898), 153 n. 20 (DE ROHDEN—DESSAU); III² (1943), 110 n. 64 (STEIN): Sabinus.

[154] Cfr. Vita Hel. XVI. 4: *Removit et Ulpianum iuris consultum ut bonum virum et Silvinum rhetorem, quem magistrum Caesaris fecerat. et Silvinus quidem occisus est, Ulpianus vero reservatus*. Le riserve da fare sulla storicità del contesto si ripercuotono sull'ulteriore notizia dell'allontanamento di Ulpiano. Su ciò comunque v. oltre, nt. 378.

[155] V. per tutti, su tale genere letterario, F. SCHULZ, Storia della giurisprudenza cit. (sopra, nt. 10), 327ss.; 375ss. (per i 'Libri ad Sabinum').

[156] M. Cornelius Fronto ad M. Caes. II. 6 (I, p. 140ss. HAINES), 3: *sed quid ego, qui me paucula scripturum promisi, deliramenta Masuriana congero?* Può essere qui notato l'interessante richiamo alla corrispondenza di Frontone, utilizzata nella 'Historia Augusta', che è stato fatto da J. SCHWARTZ, Avidius Cassius et les sources de l'Histoire Auguste, Historia-Augusta-Colloquium Bonn 1963 (Antiquitas, 4, 2), Bonn 1964, 135ss., specie 143ss.

[157] O anche 'sofisticherie'. In questo senso intende ora D. NOERR, Rechtskritik in der römischen Antike, Bay. Ak. Wiss., ph.-hist. Kl., Abh., N. F., H. 77, München 1974, 86 e nt. 32, che inquadra quella testimonianza in una serie di atteggiamenti ironici nei riguardi dei giuristi. V. anche ivi, con la nt. 33, per una valutazione del personaggio di Ateneo „eher als Prototyp des römischen Juristen denn als konkrete historische Person". D'altro canto, lo stesso autore, Ethik v. Jurisprudenz in Sachen Schatzfund, BIDR, LXXV, 1972, 29 nt. 27, esclude, seguendo in ciò il KUNKEL, che „l'antiromano" retore Ulpiano possa identificarsi con il nostro giurista.

[158] In questo senso, che sembra molto probabile, A. GUARINO, Divagazioni massuriane, Labeo, XX, 1974, 370ss. Qui (ed anche in NÖRR) altri riferimenti alla popolarità di Sabino.

facendo un passo ulteriore, può escludersi che lo stesso Ulpiano giungesse a ritenere ciò[159].

Se l'ipotesi avanzata per spiegare la scelta di Ateneo può apparire fondata, non dovrebbe più parlarsi, allora, di un vero anacronismo. D'altro canto, quella ipotesi consente anche di rispondere all'osservazione del DITTENBERGER[160], secondo il quale va criticata l'assenza, nel dialogo, di richiami a persone e fatti contemporanei, per gli anni intercorrenti tra la morte di Commodo e quella di Ulpiano[161]: osservazione che nasce ovviamente dalla credenza che l'Ulpiano di Ateneo non sia l'Ulpiano giurista. Quell'ipotesi, infine, fa collocare in ben altra luce la pretesa contrapposizione tra romanità e barbarie[162].

In nessun caso, comunque, è possibile insistere sull'idea di una dequalificazione professionale, per dire così, del 'sofista' rispetto all'Ulpiano giurista[163]. Le argomentazioni del DITTENBERGER, infatti, circa un contrasto delle rispettive posizioni sociali, così flagrante da impedire l'identificazione dei due Ulpiani, poggiano su una base singolarmente fragile. Il DITTENBERGER sostiene invero che il dialogo deve essere stato composto tra il 193 e il 197, quando il giurista avrà potuto avere una trentina d'anni[164] e, pur avendo già iniziato una buona carriera, non era di certo particolarmente eminente (o comunque a noi ciò non risulta) né aveva scritto le sue

---

[159] Più o meno ambiguamente, nel senso che egli poteva certamente prendersi tanto sul serio da considerarsi un nuovo Sabino. In ogni caso, quell'ironia che, fino a Marco Aurelio, si rivolgeva contro Sabino quale rappresentante dei giuristi, potrebbe bene apparirire, anche da Ateneo, rivolta contro (Sabino-)Ulpiano. In tal modo, a dir vero, verrebbe ad essere confermata la giustezza della grande considerazione in cui Sabino continuava a essere tenuto dai giuristi stessi. Quanto poi al problema dei 'Libri ad Sabinum' (su cui v. sopra, nt. 155 ed oltre, nt. 165), esso dovrebbe probabilmente essere impostato in modo diverso da come ha fatto p. es. lo SCHULZ: in proposito sia concesso rinviare, con riferimento agli scritti di JOERS, LENEL, PERNICE, BREMER, BERGER, fino a G. SCHERILLO, Il sistema civilistico, in: Studi Arangio-Ruiz, IV, Napoli 1953, 457, a quanto da noi scritto in: Altri studi sul quasi-usufrutto in diritto romano, Ann. Perugia, n. s., n. 2, 1974, 406 ss. Si aggiunga una ulteriore riflessione, suggerita dalla questione che, in Ath. XIV. 653d., Ulpiano pone a Masurio. Questi risponde con alcune citazioni, dopodiché Ulpiano espone (XIV. 654a) un lungo catalogo di volatili, la cui somiglianza con un precedente elenco, riferito nel IX libro, ha colpito giustamente il MENGIS, Aus der Werkstatt des Athenaeus, Philologus, LXXVIII, 1923, 403ss. A parte le possibili (e certo più sicure) spiegazioni filologiche e di tradizione testuale che possono darsi in proposito, perché non dovremmo osservare che qui si ha un procedimento non troppo diverso da quello messo in opera dal giurista Ulpiano allorquando commenta il materiale giuridico sabiniano?

[160] Op. cit. (sopra, nt. 38), 12.

[161] Assegnata a torto, quest'ultima, al 228 d. C. V. già sopra, nt. 26 s.

[162] La discussione in proposito può essere rintracciata a es. in Ath. VI. 272d; IX. 381f; 384; XV. 692d; cfr. anche IV. 160c—d—e. Da un altro lato si leggano le testimonianze di Ath. III. 97d—98c; 121f; VIII. 362a; IX. 376d; XIV. 615a, ss. Di rilievo particolare è poi VI. 272—275, per la importante replica di P. Livio Larense sulla valutazione della schiavitù da parte dei Greci e dei Romani.

[163] V. già sopra, nt. 46, per la contrapposizione di γραμματικός e di λογιστής fatta valere proprio dal DITTENBERGER, op. cit. (sopra, nt. 38), 19 nt. 1.

[164] Cfr. i calcoli fatti dall'HONORÉ, The Severan Lawyers. A preliminary Survey, SDHI, XXVIII, 1962, 212. Ma v. oltre, nt. 203.

opere principali (tra l'altro, non aveva ancora scritto i suoi 'Libri ad Sabinum')[165]. Appare dunque evidente il vizio logico del discorso fatto dal DITTENBERGER: secondo il quale il sofista non può identificarsi con il giurista celeberrimo e titolare della prefettura al pretorio, cioè con un vice-imperatore. Ma poiché tali qualificazioni sono, come si è detto, posteriori al periodo 193—197, l'argomento del contrasto di posizione sociale perderebbe qualsiasi valore[166].

In conclusione, le ragioni offerte contro l'identificazione del personaggio di Ateneo con il giurista Ulpiano non sembrano convincenti; il confronto materiale ha mostrato viceversa una serie di profonde somiglianze negli atteggiamenti culturali: sicché l'opinione che l'Ulpiano di Ateneo rappresenti un ritratto attendibile dell'Ulpiano giurista — opinione che non è stata difesa da tutti gli scrittori più antichi[167] ma certamente dalla maggioranza tra essi e che, nonostante autorevoli successive opposizioni, ha continuato a trovare altrettanto autorevoli recenti adesioni[168] — ci sembra ora, alla luce della analisi fin qui condotta, solidamente confermata.

V. Il 'circolo' di Giulia Domna

Si è visto a sufficienza, nel suo fondamento e nella sua portata, il possibile e quanto mai verosimile rapporto esistente tra il 'sofista' pedante e il giurista dottissimo. Va ora aggiunto che Ulpiano è indubbiamente uno dei molti orientali[169] che, nel periodo storico del quale ci occupiamo, dominano la scena culturale e politica dell'impero. Egli è anche (forse)

---

[165] Ulpiano deve averli composti sotto Caracalla: cfr. p. es. 6 ad Sab. D. 24.1.23; 43 ad Sab. D. 12.6.23.1; D. 46.3.5.2; v. H. FITTING, Alter und Folge der Schriften römischer Juristen von Hadrian bis Alexander², Halle 1908, 99.

[166] Conseguenza non ultima di questi rilievi critici nei confronti del DITTENBERGER, op. cit. (sopra, nt. 38), 22 nt. 1, 23, e della communis opinio che vi si fonda, è la riapertura della discussione sulla data di composizione dell'opera di Ateneo. Va altresì nuovamente discussa la ragione della notizia data da Ateneo sulla morte felice dell'Ulpiano 'sofista' così diversa da quella del potente prefetto al pretorio (ma in proposito la nostra posizione dovrebbe risultare sufficientemente chiara).

[167] Non è stata difesa p. es. dal FABRICIUS, op. cit. (sopra, nt. 48) V, 604 nt. e: „a CUIACIO autem male, ni fallor confusus cum Ulpiano Icto". In contrario si v. già sopra, nt. 48. Si osservi inoltre che il FABRICIUS considera come giurista quel Tipucito, la cui invenzione riposa proprio sulla identificazione dell'Ulpiano giurista e dell'Ulpiano 'sofista': sopra, nt. 66 e cfr. NOAILLES, op. cit. (sopra, nt. 66), 189.

[168] P. es. ROHDE, op. cit. (sopra, nt. 51); e tutti gli altri autori che si sono già indicati (KAIBEL, WENTZEL, MENGIS, DESROUSSEAUX, FORTE, ecc.).

[169] Un termine, che non vi è ragione di considerare peggiorativo: diversamente A. BIRLEY, Septimius Severus. The African Emperor, London 1971, 282 (che si basa su un'esperienza attuale nel suo ambiente). Ad ogni modo, Ulpiano non è solo „l'avvocato orientale" di cui parlava A. PASSERINI, Le coorti pretorie, Roma 1939, 324s.: cfr. per ciò F. GROSSO, Il Papiro Oxy. 2565 e gli avvenimenti del 222—224, RAL, cl. sc. mor. stor. fil., XXIII, 1968, 205ss., 210.

uno dei frequentatori del circolo di Giulia Domna, moglie di Settimio Severo, madre di Caracalla e Geta[170]. In tale circolo, le cui origini e ragioni sono in qualche modo spiegate da Cassio Dione[171], si discuteva, con l'imperatrice filosofa[172], probabilmente ὑπὲρ θεῶν ὑπὲρ ἐθῶν ὑπὲρ ἠθῶν ὑπὲρ νόμων[173].

Nella ricostruzione di tale società intellettuale la fantasia degli storici si è sbrigliata. E tuttavia, il circolo sarà stato frequentato, oltre che dalla sorella dell'imperatrice, Giulia Mesa, e dalle nipoti Giulia Soemiade e Giulia Mamea[174], da non pochi, se non da tutti i maggiori rappresentanti della cultura contemporanea: Filostrato di Lemno, che su incarico di Giulia Domna aveva scritto la 'Vita di Apollonio di Tiana'[175], Claudio

---

[170] Su Giulia Domna, a parte PIR. IV², Berolini 1952—1966, n. 663, p. 312 (L. PETERSEN), v. a es. M. GILMORE WILLIAMS, Studies in the Lives of Roman Empresses, I: Iulia Domna, Am. J. Arch., VI, 1902, 259ss., 274s. per i rapporti con gli intellettuali; K. MUENSCHER, Die Philostrate, Philologus Suppl. X, 4 (1907), 469ss., 477ss., 488s.; G. HERZOG, s. v. Iulia (Domna), RE X 1 (1918), 926ss.; J. BIDEZ, Literature and Philosophy in the Easter Half of the Empire, CAH XII (1939), 611ss., 613; inoltre, gli aa. indicati da G. WALSER— T. PEKÁRY, Die Krise des römischen Reiches, Berlin 1962, 9 ai quali adde B. FORTE, op. cit. (sopra, nt. 42), 470ss., 498 nt. 91, e soprattutto, specialmente importante per tutto il clima intellettuale che ci interessa, D. NOERR, Ethik u. Jurisprudenz cit. (sopra, nt. 157), 11s., 20s., 21 nt. 58 (su Giulia Domna e sul 'circolo'), 28ss. e pass. sulla partecipazione dei giuristi e, comunque, sui rapporti tra letterati e giuristi. Cfr. anche oltre, nt. 398.

[171] Cfr. C. Dio-Xiph. LXXVI, 15.6—7: . . . καὶ ἡ μὲν αὐτή τε φιλοσοφεῖν διὰ ταῦτ' ἤρξατο καὶ σοφισταῖς συνημέρευεν . . . (Loeb Class. Libr. IX, 232) e v. per i rapporti con Plauziano p. es. MÜNSCHER, op. cit. (nt. precedente), 477. Quanto alla ideologia del 'circolo' v., per un riscontro altresì in Erodiano, S. MAZZARINO, op. cit. (sopra, nt. 91), II, 2, 207.

[172] Cfr. Phil. v. soph. II.30.1: (Φιλίσκος δὲ ὁ Θετταλὸς) . . . τῆς δίκης τοίνυν γενομένης ἐπὶ τὸν αὐτοκράτορα, 'Αντωνῖνος δὲ ἦν ὁ τῆς φιλοσόφου παῖς 'Ιουλίας, ἐστάλη ἐς τὴν 'Ρώμην ὡς τὰ ἑαυτοῦ θησόμενος, καὶ προσρυεὶς τοῖς περὶ τὴν 'Ιουλίαν γεωμέτραις τε καὶ φιλοσόφοις εὕρετο παρ' αὐτῆς διὰ τοῦ βασιλέως τὸν 'Αθήνησι θρόνον. V. anche Phil. Vita Apoll. I. 3: μετέχοντι δέ μοι τοῦ περὶ αὐτὴν κύκλου καὶ γὰρ τοὺς ῥητορικοὺς πάντας λόγους ἐπῄνει καὶ ἠσπάζετο.

[173] Come per Apollonio: cfr. Phil. Vita Apoll. I. 2.3. V. ancora, sul circolo, F. SOLMSEN, s. v. Philostratos, RE XXXXIX(1941), 137s. = Kleine Schriften II, Hildesheim 1968, 98s., nonché, sul circolo e le idee di Filostrato M. MAZZA, Lotte sociali e restaurazione autoritaria nel III secolo d. C.², Bari 1973, 454ss., più fiducioso di altri recenti studiosi (p. es. BOWERSOCK) sul valore del circolo stesso. A conclusione della propria analisi di Filostrato il MAZZA, op. cit., 463 s. delinea un particolare atteggiamento ideologico che si realizza, in quell'ambiente, anzitutto nella forma d'una trattatistica del 'buon principe' e poi in quella d'una rivolta contro il ,,trono". A noi preme comunque sottolineare come da ciò sia possibile trarre conseguenze sulla verosimiglianza storica delle testimonianze relative al buon principe Severo Alessandro e, indirettamente, un giudizio positivo sulla attività dispiegata da Ulpiano. Ma su tutto ciò v. oltre, 762ss., 771ss.

[174] V. per tutti A. DE CEULENEER, Essai cit. (sopra, nt. 5), 202 nt. 1. Cfr. anche oltre, nt. 390, per i dati prosopografici.

[175] V. sopra, nt. 173 e cfr. ancora Phil. ep. LXXXIII, ed. KAYSER II, p. 256 s. V. inoltre F. GROSSO, La vita di Apollonio di Tiana come fonte storica, Acme, VII, 1954, 333ss. Cosa diversa dalla indiscutibile serietà e realtà del 'circolo' di Giulia Domna è l'immagine che ne è stata data da alcuni moderni studiosi, che lo hanno avvicinato a corti rinascimentali e a salotti letterari. In realtà, esso non può essere bene caratterizzato neppure dalla più vicina immagine della corte letteraria augusta: cfr. nuovamente DE CEULENEER, op. l. cit. (sopra, nt. 5), e v. M. PLATNAUER, The Life and Reign of the Emperor Lucius

Galeno[176] e l'altro eminente personaggio Sereno Sammonico[177], Antipatro di Hierapolis[178], Filisco di Tessaglia, egualmente citato da Filostrato[179]; e forse anche Cassio Dione[180] e Mario Massimo[181], il poeta Oppiano[182], Eraclide di Licia[183], Ermocrate di Focea[184], Apollonio di Atene[185], ecc. Potrebbe averne fatto parte anche Ateneo, che dalle discussioni che si svolgevano in quel 'circolo' potrebbe aver tratto ispirazione per il suo „banchetto dei sofisti"[186]. Infine, secondo indizi non privi di verosimiglianza, potrebbero esserne stati membri attivi i giuristi, Papiniano[187], Paolo[188] e Ulpiano.

Septimius Severus, Oxford 1918, 144s. Di recente ha smosso le acque G. W. BOWERSOCK, op. cit. (sopra, nt. 46), 101ss., con buona critica delle fantasie e dei pregiudizi, accettata p. es. da L. CRACCO RUGGINI, op. cit. (sopra, nt. 46), 422.

[176] Su Galeno si v. sopra, nt. 44. Cfr. anche DE CEULENEER, op. cit. (sopra, nt. 5), 148; PLATNAUER, op. cit. (sopra, nt. 175), 187; BOWERSOCK, op. cit. (sopra, nt. 46), 106s.

[177] V. p. es. Macrob. sat. III. 9.6; III. 16.6 e 7; cfr. anche sopra, nt. 90. Sul ricorrere di Sereno Sammonico nella 'Historia Augusta' v. comunque R. SYME, The Bogus Names in the Historia Augusta, Historia-Augusta-Colloquium 1964—65 (Antiquitas, 4, 3), Bonn 1966, 267 e nt. 40; ID., Ammianus and the Historia Augusta, Oxford 1968, 171, 186; inoltre, BOWERSOCK, op. cit. (sopra, nt. 46), 68 nt. 2, 107.

[178] Su questo importante personaggio v. p. es. CHRIST—SCHMID—STAEHLIN, Geschichte cit. (sopra, nt. 90), 770; BOWERSOCK, op. cit. (sopra, nt. 46), 55s.

[179] Cfr. BOWERSOCK, op. cit. (sopra, nt. 46), 103 e nt. 4; sopra, nt. 172.

[180] V. da ultimo F. MILLAR, A Study of Cassius Dio, Oxford 1964, 19s.; S. MAZZARINO, op. cit. (sopra, nt. 91), II, 2, 200ss.; BOWERSOCK, op. cit. (sopra, nt. 46), 108.

[181] Cfr. G. BARBIERI, Mario Massimo, RFIC, N. S. XXXII, 1954, 36ss., 262ss.; MAZZARINO, op. cit. (sopra, nt. 91), II, 2, 208ss.; R. SYME, op. cit. (sopra, nt. 49), 113ss.

[182] P. es. CHRIST—SCHMIDT—STAEHLIN, op. cit. (sopra, nt. 90), 679s.; R. KEYDELL, s. v. Oppianos, RE XVIII 1 (1942), 698ss.

[183] Cfr. K. MUENSCHER, s. v. Herakleides 44, RE XV 1 (1912), 470ss.; CHRIST—SCHMIDT—STAEHLIN, op. cit. (sopra, nt. 90), 697.

[184] Cfr. K. MUENSCHER, s. v. Hermokrates 12, RE XV 1 (1912), 880s.; CHRIST ecc., op. cit. (sopra, nt. 90), 771.

[185] Cfr. W. SCHMID, s. v. Apollonios 88, RE III 1 (1895), 144; CHRIST, ecc., op. cit. (sopra, nt. 90), 770. Soggiornando a Roma, quei retori avrebbero in effetti ben potuto partecipare alle discussioni del circolo. V. comunque Phil. v. soph. II. 20.25.26. Per ulteriori notizie sui varii sofisti si v. ora K. GERTH, s. v. Die Zweite oder Neue Sophistik, RE Suppl. VIII (1956), 719ss., ad nomina; V. SIRAGO, La Seconda Sofistica come espressione culturale della dasse dirigenti, ANRW II, 'Sprache und Literatur', hrsg. v. W. HAASE, Berlin—New York 1976s.; cfr. A. MICHEL, Rhétorique et philosophie au second siècle ap. J.-C., ibid.

[186] Cfr. DE CEULENEER, op. cit. (sopra, nt. 5), 202 nt. 1. Ovviamente, Ateneo avrebbe potuto incontrarvi Ulpiano, sentir parlare di Masurio Sabino, ecc. ecc. D'altra parte, occorre ricordare che Giulia Domna viaggiava e si spostava con la sua corte: cfr. MUENSCHER, op. cit. (sopra, nt. 170), 478s.; ed anche ivi, 481ss.; SOLMSEN, op. l. cit. (sopra, nt. 173) per il soggiorno di Filostrato a Tiro.

[187] Tanto più se si accetta la notizia della *adfinitas per secundam uxorem* che egli avrebbe avuto con Settimio Severo, secondo la testimonianza di SHA. Vita Caracallae VIII. 1. Non vi credono p. es. il KUNKEL, op. cit. (sopra, nt. 9), 227ss. né il BOWERSOCK, op. cit. (sopra, nt. 46), 106 nt. 3, ma v. in contrario W. REUSCH, Der historische Wert der Caracalla-Vita in den Scriptores Historiae Augustae, Klio Beih. 24, N. F. XI, 1931, 65 (ed anche 52); FORTE, op. cit. (sopra, nt. 42), 486 nt. 69, Qualche indicazione anche in CRIFÒ, op.cit. (sopra, nt. 131), 125 nt. 129. Su Papiniano v. ad ogni modo le indicazioni che si danno oltre, sub cap. VIII.

[188] Cfr. in generale KUNKEL, op. cit. (sopra, nt. 9), 244ss. e v. anche oltre, nt. 227, 284. Va presa in considerazione la possibilità che la prima moglie di Elagabalo, Giulia Cornelia Paola,

VI. La carriera di Ulpiano: gli inizi

Per tornare a Ulpiano, da non pochi accenni che si ricavano dalla sua opera appare una conoscenza approfondita, che potrebbe essere la diretta conseguenza di viaggi e di esperienze personali[189], su problemi, situazioni, consuetudini esistenti nelle regioni orientali dell'impero: p. es. l'Egitto[190], l'Arabia[191], l'Asia[192]. Priva completamente di base sembra invece l'ipotesi, che talvolta è stata avanzata sulla scorta di pretesi usi linguistici particolari,

fosse figlia del nostro giurista, ciò di cui dubita p. es. il KUNKEL, op. cit., 245 nt. 505, specialmente per la testimonianza di Herod. V.6.1: ἠγάγετο δὲ γυναῖκα τὴν εὐγενεστά-την 'Ρωμαίων, ἣν Σεβαστὴν ἀναγορεύσας μετ' ὀλίγον χρόνον ἀπεπέμψατο, ἰδιωτεύειν κελεύσας καὶ τῶν τιμῶν παρελόμενος. Certamente suggestiva è comunque l'ipotesi di un nesso tra quella possibilità, per la quale vanno visti anche il KARLOWA e lo HOWE, e la notizia dell'esilio di Paolo a opera di Elagabalo (Aur. Vict. Caes. XXIV. 6). Da ultimo v., anche per ciò, P. SALMON, La préfecture du prétoire de Iulius Paulus, Latomus, XXX, 1971, 664ss., 675.

[189] In tal senso si pronunciava già F. B. BREMER, Die Rechtslehrer und Rechtsschulen im römischen Kaiserreich, Berlin 1868 (rist. Frankfurt 1968), 82 ss.

[190] Cfr. p. es. D. 1.17.1 (15 ad ed.); D. 48.22.7.5 (10 de off. proc.): testo discusso da ultimo da J. SCHWARTZ, In Oasin relegare, in: Mél. A. Piganiol, III, Paris 1966, 1481ss.; D. 43.12.1.5 (68 ad ed.): su cui cfr. D. BONNEAU, Ulpien et l'irrigation en Egypte, RHD, XLVII, 1969, 5ss., specie 26s. (contro lo SCHULZ, cfr. nota seg., appoggiandosi tra l'altro a P. Doura 26, del 227 d.C.); D. 47.11.10 (9 de off. proc.); D. 32.55.5 (25 ad Sab.): *Lignorum appellatione in quibusdam regionibus, ut in Aegypto, ubi harundine pro ligno utuntur, et harundines et papyrum comburitur, et herbulae quaedam vel spinae vel vepres continebuntur. quid mirum? cum* ξύλον *hoc et naves* ξυληγάς *appellant, quae haec* ἀπὸ τῶν ἑλῶν *deducunt*; D. 34.1.14.3 (2 fid.): *Quidam libertis suis ut alimenta, ita aquam quoque per fideicommissum reliquerat: consulebar de fideicommisso, cum in ea regione Africae vel forte Aegypti res agi proponebatur, ubi aqua venalis est, dicebam igitur esse emolumentum fideicommissi, sive quis habens cisternas id reliquerit sive non, ut sit in fideicommisso, quanto quis aquam sibi esset comparatum.*

[191] D. 47.11.9 (9 de off. proc.). *Sunt quaedam quae more provinciarum coercitionem solent admittere: ut puta in provincia Arabia* σκοπελισμόν *crimen appellant, cuius rei admissum tale est: plerique inimicorum solent praedium inimici* σκοπελίζειν, *id est lapides ponere indicio futuros, quod, si quis eum agrum coluisset, malo leto periturus esset insidiis eorum, qui scopulos posuissent: quae res tantum timorem habet, ut nemo ad eum agrum accedere audeat crudelitatem timens eorum qui scopelismon fecerunt. hanc rem praesides exequi solent graviter usque ad poenam capitis, quia et ipsa res mortem comminatur.* Su questo delitto v. alcuni n. riferimenti in Labeo, XIX, 1973, 378 e nt. 15. Può ricordarsi che i richiami all'Arabia e all'Egitto presenti in questo testo e in D. 47.11.10 (nota precedente) sono stati ritenuti dallo SCHULZ, op. cit. (sopra, nt. 10), 443, il segno certo di aggiunte fatte al piano e al carattere dell'opera classica da cui i frammenti sono estratti. V. anche ivi, per il problema della estensione alle varie province. Contro lo SCHULZ, comunque, si v. D. BONNEAU, op. cit. (sopra, nt. 190), 26s.; cfr. altresì A. DELL'ORO, I 'libri de officio' nella giurisprudenza romana, Milano 1960, 190ss.

[192] D. 43.20.1.13 i. m. (1° de off. proc.); D. 1.16.4.5 (1° de off. proc.): *... quaedam provinciae etiam hoc habent, ut per mare in eam provinciam proconsul veniat, ut Asia, scilicet usque adeo, ut imperator noster Antoninus Augustus ad desideria Asianorum rescripsit proconsuli necessitatem impositam per mare Asiam applicare* καὶ τῶν μητροπόλεων Ἔφεσον *primam attingere rell.* Per i rapporti con Tiro e la Siria v. già sopra, note 28ss. ed oltre, nt. 204.

circa una origine ebraica di Ulpiano[193]. Informazioni ben più valide, anche se in sostanza egualmente problematiche, si ricavano per contro dalla indagine onomastica e prosopografica.

Conviene, a questo proposito, rifarsi al KUNKEL[194], sulla cui scorta e per il tramite di una cauta combinazione dei vari elementi disponibili si può considerare verosimile che la famiglia di Ulpiano possedesse da molto tempo la cittadinanza romana[195] e fosse in certa misura romanizzata. Tale ipotesi acquisterebbe un ulteriore e notevole grado di attendibilità se potesse essere riferita al nostro Ulpiano la testimonianza epigrafica offerta da due fistole, trovate negli scavi di una grande villa presso Santa Marinella (a qualche chilometro da Centumcellae)[196], nelle quali si legge *CNDOMI-TAN . NIVLPIANI*: e cioè l'intero nome Gneo Domizio Annio Ulpiano[197]. Ora, non vi è nulla che si opponga in sé all'idea che Ulpiano, eminente giurista, altissimo funzionario, tutore del giovane imperatore Alessandro[198],

---

[193] Cfr. KUNKEL, op. cit. (sopra, nt. 9), 251, con la nota 523. V. già KALB, op. cit. (sopra, nt. 145). Occorre altresì ricordare l'ipotesi di una attività amministrativa che Ulpiano avrebbe potuto svolgere in provincia e, comunque, di una sua diretta conoscenza della Gallia. Tale ipotesi è stata sostenuta in ispecie da F. B. BREMER, Ulpians Verhältnis zu Gallia, ZSS. RA, IV, 1883, 84ss. e richiamata di recente da E. SCHÖNBAUER, Tituli ex corpore Ulpiani in neuerer Analyse, in: Studi in onore di P. de Francisci, III, Milano 1956, 305ss., 327ss., nel quadro della propria discussione sulle notizie offerte da D. 4.2.9.3 e dallo scolio di Doroteo a D. 40.2.8 (cfr. su ciò oltre, nt. 220). Un interessante testo epigrafico, pubblicato da W. M. CALDER, Ulpian and a Galatian Inscription, Class. Rev., XXXVII, 1923, 8ss., permette un confronto con i riferimenti gallici contenuti in Ulp. D. 23.3.9 (e v. anche D. 32.11 pr.). Sui 'Tituli ex corpore Ulpiani' v. ancora E. SCHÖNBAUER, Die Ergebnisse der Textstufenforschung und ihre Methode, Iura, XII, 1961, 145ss. e da ultimo F. CANCELLI, s. v. Tituli ex corpore Ulpiani, Novissimo dig. it., XIX, 1973, 392.

[194] Op. cit. (sopra, nt. 9), 247ss.

[195] Op. cit., 247s.

[196] L'attuale Civitavecchia: cfr. C. HUELSEN, s. v. Centum Cellae, RE III 6 (1899), 1934.

[197] Cfr. anzitutto W. ABEKEN, Bull. dell'Ist., 1838, 1; 1839, 85. In CIL XI 3587, dove l'iscrizione è riportata, non è esatto che l'editore delle fistole (BORMANN) supponga (come scrive il KUNKEL, op. cit., 252) che si abbia a che fare con il nostro giurista. Il BORMANN si limita, infatti, a dichiarare: „*num autem idem sit Domitius Ulpianus celeberrimus iurisconsultus et praefectus praetorio qui occisus est a.* 228, *nescio*". Neppure il richiamo (in KUNKEL, op. cit., 252 nt. 525) a A. STEIN, PIR. III² 39 n. 132 è del tutto esatto, cfr. ivi: „*Si non idem est atque Domitius Ulpianus celeberrimus iuris consultus fortasse aliquo modo cum eo coniunctus*". Quanto ad A. PASSERINI, Le coorti cit. (sopra, nt. 169), 325, tale a. si limita a ricordare la fistola, che darebbe l'intero nome „se pure il personaggio ivi nominato fu davvero il nostro".

[198] Cfr. Vita Alex. LI. 4: ... *Ulpianum pro tutore habuit, primum repugnante matre, deinde gratias agente, quem saepe a militum ira obiectu purpurae suae defendit rell.* Questa testimonianza può essere messa in rapporto con la costituzione di Severo Alessandro del 224, contenuta in C. 5.35.1 [sul punto, con i riferimenti necessari, v. CRIFÒ, Sul problema cit. (sopra, nt. 131), specialmente 115ss., 124ss]. La data ora da accettarsi della morte di Ulpiano nel 223 obbliga a ripensare i rapporti tra Ulpiano, Severo Alessandro e Giulia Mamea, ma conferma comunque quanto si è avuto occasione ivi di dire e cioè che quella costituzione non costituisce la soluzione di un problema politico e di un conflitto di influenza ipotizzabile tra l'imperatrice ed Ulpiano (Sul problema cit., 126). Può rilevarsi che il GROSSO, op. cit. (sopra, nt. 169), 207 nt. 10, accetta come attendibili sia la testimonianza della Vita Alex. LI. 4 sia quella di Zosimo (I. 11.2—3), su cui v. oltre, nt. 418s.

senatore[199] e, come lo definiscono i vecchi scrittori[200], *imperii quasi collega*, possedesse non lontano da Roma, in una località che si era grandemente sviluppata grazie al porto traianeo, una dimora lussuosa. Comunque, solo nuovi documenti potrebbero stabilire se il nostro Ulpiano è stato l'effettivo proprietario della villa in questione e consentire in tal modo di fissare con certezza l'intero suo nome[201].

Più attendibili, giacché derivano in parte dalla diretta testimonianza di Ulpiano e dalla cancelleria imperiale e perché appaiono in genere confermate da autori in parte contemporanei[202], sono le notizie relative alla carriera di giurista e di funzionario. Tenendo anzi qui conto di possibili, pur se non certe, combinazioni di dati, si è anche tentato di recente di stabilire meglio lo stesso momento della nascita di Ulpiano, che oscillerebbe tra il 163 e il 170 d.C.[203]. Si può inoltre immaginare che Ulpiano abbia trascorso infanzia e adolescenza a Tiro, città particolarmente rinomata anche per gli studi filosofici e per l'insegnamento svoltovi da eminenti personaggi, oltre che per essere un notevole centro religioso e cristiano[204].

[199] Si tratta dell'attuazione di una riforma attribuita dalla 'Historia Augusta' proprio a Severo Alessandro, Vita Alex. XXI. 3 e 5. Sui motivi v. oltre, nt. 234, 405. Sul problema v. intanto W. ENSSLIN, s.v. praefectus praetorio, in RE XXII 2 (1954), 2402; A. JARDÉ, Études cit. (sopra, nt. 87), 34ss.; la letteratura indicata altresì in P. DE FRANCISCI, Storia del diritto romano, II, 1, rist. Milano 1944, 339 nt. 3; J. MODRZEJEWSKI—T. ZAWADZKI, op. cit. (sopra, nt. 17), 597 nt. 95 e, da ultimo, A. CHASTAGNOL, Recherches sur l'Histoire Auguste (Antiquitas, 4, 6), Bonn 1970, 39ss.: L'Histoire Auguste et le rang des préfets du prétoire, con riassunto della dottrina e conferma dei risultati conseguiti da L. L. HOWE, The Pretorian Prefect from Commodus to Diocletian, (AD. 180—305), Chicago 1942.

[200] P. es. JAC. LECTIUS, op. cit. (sopra, nt. 97), oratio II, 60.

[201] Va detto che nella zona esistevano possedimenti e ville p. es. della celebre e antica famiglia dei Domizii Ahenobarbi. Vero è che in età adrianea non è più documentato alcun Domizio in senato e che già prima scompaiono tanto quella quanto altre famiglie senatorie di Domizii (come i Calvini, i Curbulones ecc.). Ma non possiamo ricavare da ciò la certezza che nel nostro caso si tratti proprio del giurista Ulpiano. Domizio, Annio, sono molto diffusi. La madre di Adriano era Domizia Paolina; Marco Aurelio, chiamato Annio Vero da Adriano, ebbe come nonno paterno Annio Vero, Annia Cornificia come sorella, come moglie Annia Faustina e come madre Domizia Lucilla, che provvide anche all'educazione di Didio Giuliano, successore di Pertinace nel 193 e predecessore di Settimio Severo. Questi, proprio nel 193, sostituisce con Basso il *praefectus urbi* Gaio Domizio Destro, che nel 183 era stato legato di Siria e sarà console per la seconda volta nel 196. Per gli stemmi v. a es. A. BIRLEY, Marcus Aurelius, London 1966, 318 ss. Su Domizio Destro cfr. F. GROSSO, La lotta politica cit. (sopra, nt. 43), 567s.

[202] Come Cassio Dione; ma anche Eutropio, ecc. ecc.

[203] Cfr. M. HONORÉ, op. cit. (sopra, nt. 164) 207. Dubbii su tali congetture sono generalmente avanzati da altri studiosi, p. es. MODRZEJEWSKI—ZAWADZKI, op. cit. (sopra, nt. 17), 566 nt. 6 V. anche B. SANTALUCIA, op. cit. (sopra, nt. 116), I, 197 nt. 3.

[204] V. p. es. FREZZA, op. cit. (sopra, nt. 30), 367. Sulla città di Tiro dà scarse notizie, p. es. su qualche personaggio tirio, ma ignorando Ulpiano, W. B. FLEMING, The History of Tyre (Columbia Univ. Or. St. X), New York 1915, 70ss., 72s. V. anche KUNKEL, op. cit. (sopra, nt. 9), 249 nt. 517, nonché la bibliografia, specialmente archeologica, in M. G. AMADASI, s.v. Tiro, EAA VII (1966), 877ss. Non vidi J. KRALL, Tyros und Sidon, Wien 1888. Infine, O. EISSFELD, s.v. Tyros, RE VII A 14 (1948) 1898ss. e B. M. FELLETTI MAJ, Siria, Palestina, Arabia settentrionale nel periodo romano, Roma 1950, 22ss., 65. Morirà a Tiro, a metà.

Non lontana da Tiro era Berito, sede della celebre scuola di diritto[205].
In quell'ambiente Ulpiano avrà forse studiato (in latino)[206] e potrebbe
anche avere insegnato: opinione, codesta, diffusa in dottrina, ma difficilmente dimostrabile e che dipende, in sostanza, da un fenomeno di con-
centrazione storica, per cui in una famosa università debbono avere insegnato i personaggi più famosi[207].

Ad ogni modo, per quel che ci riguarda e a parte la possibilità di un
insegnamento di Ulpiano nella stessa Tiro, è in questa area culturale che
egli si è formato, subendo con ogni verosimiglianza l'influenza delle dottrine
neoplatoniche dominanti[208]. Tali apporti potrebbero anche spiegare alcuni
aspetti didattici dell'attività svolta da Ulpiano come giurista, nel senso
che, proprio perché era particolarmente vicino all'ambiente delle scuole di
filosofia e di retorica, egli si sarebbe preoccupato di giustificare lo studio
del diritto, polemizzando con i filosofi e con i retori anche al fine pratico
del reclutamento dei discepoli e celebrando lo studio del diritto come
vera, non simulata philosophia[209].

Dovremo tornare su questo problema, quando cercheremo di interpretare l'atteggiamento assunto da Ulpiano all'inizio stesso del proprio manuale
d'insegnamento istituzionale, che sappiamo esser stato da lui composto non
prima del 212 d.C. e comunque sotto Caracalla[210]. Non vi è motivo invece
di dubitare della sostanza di altre notizie che Ulpiano offre in ordine alla
propria attività, anche se non sembra del tutto convincente la diffusa
opinione che colloca negli anni giovanili una partecipazione di Ulpiano al
consilium di un pretore e al compimento di un atto di manomissione[211].

---

del III secolo, il grande Origene, che la madre di Alessandro, Giulia Mamea, aveva fatto
invitare ad Antiochia nel 222: cfr. Eus. h. eccl. VI. 21.3—4. Si tratta di una notizia che
viene generalmente collegata alle simpatie di Severo Alessandro per i cristiani, secondo
le note testimonianze della Historia Augusta, Vita Alex. XXII. 4; XXIX. 2; XLIX. 6:
cfr. già S. LENAIN DE TILLEMONT, Histoire des empereurs romains, III, I ed. Venetiis
1782, 164 e, per la rispondenza a verità, MAZZARINO, op. cit. (sopra, nt. 91), II, 2,237s.
V. anche oltre, nt. 389.

[205] V. per tutti P. COLLINET, Etudes historiques sur le droit de Justinien. II. Histoire de
l'école de droit de Beyrouth, Paris 1925, passim. Cfr. anche H. I. MARROU, Histoire de
l'éducation dans l'antiquité⁵, Paris 1960, 388s., nonché SCHULZ, op. cit. (sopra, nt. 10),
221, 490.

[206] Cfr. COLLINET, op. cit. (nt. prec.), 211ss.; MARROU, op. cit. (sopra, nt. prec.), 349.

[207] Cfr. BREMER, op. cit. (sopra, nt. 189), 87s. Il COLLINET, op. cit. (sopra, nt. 205), 120 nt. 1
riferisce a es. la fantasia di un insegnamento a Berito di Gesù.

[208] Da ultimo R. T. WALLIS, The Neoplatonism, London 1972 (non vidi: cfr. la rassegna di
P. COURCELLE, Gnomon, XLVI, 1974, 614s.).

[209] Cfr. D. 1.1.1.1 (1° inst.). Sul celebre testo si v. intanto FREZZA, op. cit. (sopra, nt. 30).
Il problema ivi trattato merita di essere attentamente valutato, per poter individuare
altre possibili interpretazioni dell'atteggiamento ulpianeo. V. ampiamente oltre, sub
cap. XIV.

[210] Cfr. P. JOERS, s.v. Domitius 88, RE V 9 (1903), 1147s.; ed anche HONORÉ, op. cit. (sopra,
nt. 164), 210s.

[211] V. p. es. tra gli studiosi recenti, nel senso d'un riferimento di attività giovanili, J.
MODRZEJEWSKI—T. ZAWADZKI, op. cit. (sopra, nt. 17), 567; A. CHASTAGNOL, Recherches
cit. (sopra, nt. 199), 65; B. SANTALUCIA, op. cit. (sopra, nt. 116), I, 197; R. ORESTANO, s.v.
Ulpiano, Novissimo dig. it., XIX (1973), 1006. V. invece oltre, nel testo e nt. 220.

La prima testimonianza viene data da Ulpiano nel commento all'editto pretorio[212]. Si tratta qui del criterio con cui il pretore nega la propria tutela a negozi giuridici determinati da violenza e concede invece alla vittima della intimidazione, convenuta in giudizio per la mancata esecuzione del negozio concluso, una *exceptio metus*. Ulpiano, nel caso, provvede dapprima a riferire, con l'opinione di Pomponio, la disciplina che ormai si era fissata nella dottrina: per cui occorreva distinguere tra negozi perfetti (che hanno cioè già determinato una perdita patrimoniale per la vittima della violenza) ed imperfetti (che cioè non sono stati ancora eseguiti), concedendosi nel primo caso alla vittima sia la possibilità di prendere l'iniziativa del processo mediante l'esperimento dell'*actio* sia di difendersi mediante l'*exceptio*, concedendo invece soltanto quest'ultima nel secondo caso[213]. Dopo di che Ulpiano introduce nel discorso la propria personale esperienza, con le parole *sed ex facto scio*[214]: „ma so di fatto che, in un

---

[212] 11 ad ed. D. 4.2.9.3. *Sed quod praetor ait ratum se non habiturum, quatenus accipiendum est videamus. et quidem aut imperfecta res est, licet metus intervenerit, ut puta stipulationem numeratio non est secuta, aut perfecta, si post stipulationem et numeratio facta est aut per metum accepto debitor liberatus est vel quid simile contingerit quod negotium perficeret. et Pomponius scribit in negotiis quidem perfectis et exceptionem interdum et actionem competere, in imperfectis autem solam exceptionem. sed ex facto scio, cum Campani metu cuidam illato extorsissent cautionem pollicitationis, rescriptum esse ab imperatore nostro posse eum a praetore in integrum restitutionem postulare, et praetorem me adsidente interlocutum esse, ut sive actione vellet adversus Campanos experiri, esse propositam, sive exceptione, adversus petentem non deesse exceptionem. ex qua constitutione colligitur, ut, sive perfecta sive imperfecta res sit, et actio et exceptio detur.*
Su questo interessante frammento v. a es. U. VON LÜBTOW, Der Ediktstitel „*quod metus causa gestum erit*", Greifswald 1932, 117ss., 223ss., con ampi riferimenti di dottrina (p. es. BESELER, MITTEIS, BETTI); più di recente, L. RAGGI, La restitutio in integrum nella cognitio extra ordinem, Milano 1965, 128 nt. 16 (con valutazione corretta della espressione *interlocutum esse* come indicante „l'attività decisoria del magistrato nel suo complesso", diversamente da E. LEVY, Zur nachklassischen in integrum restitutio cit. (sopra nt. 85), 369 nt. 47 = Gesammelte Schriften, I, 451); M. KASER, Das römische Zivilprozessrecht, München 1966, 392 nt. 8; J. M. KELLY, Roman Litigation, Oxford 1966, 14ss., specialmente 19s. (su cui v. n. rec. in: Latomus, XXV, 1966, 624ss., 625 nt. 3); A. S. HARTKAMP, Der Zwang im römischen Privatrecht (Acad. Proefschrift Amsterdam), Amsterdam 1971, 279ss. In nessuno dei citati aa. vi è comunque un riferimento specifico al nostro problema relativo alla possibilità di trarre dal frammento migliori informazioni sulla attività di Ulpiano.

[213] Cfr. E. BETTI, Diritto romano. Parte generale I, Milano 1935, 213s.; ID., Istituzioni di diritto romano, I² , Milano 1947, 168 nt. 23: ove si trova una chiarissima sintesi del problema giuridico, anche se viene trascurata l'ulteriore presa di posizione ulpianea.

[214] La migliore conferma della piena attendibilità di tale testimonianza è offerta dal riscontro dell'impiego di *scio* da parte dei giuristi. Di fronte agli scarsi impieghi (in genere, un *unicum*) di Labeone (D. 18.1.80.2), Pomponio (D. 40.4.61 pr.), Gaio (Inst. II. 163; 280), Papiniano (D. 22.5.13 e 14), Callistrato (D. 4.1.4), il 'Vocabularium iurisprudentiae romanae' raccoglie tutta una serie di testi ulpianei (tra i quali ne va collocato anche uno che il VIR attribuisce erroneamente a Paolo, cfr. editio maior Dig. 788, 31). Giova riferire tali frammenti, dai quali appare la frequenza con cui Ulpiano utilizza fatti e circostanze di cui ha una precisa e diretta conoscenza di fatto: D. 1.9.12 pr. (*scio Antoninum Augustum Iuliae Mamaeae consobrinae suae indulsisse*); D. 2.14.7.5 [*idem responsum scio a Papiniano* (e per ciò cfr. Pap. X quaest. D. 18.1.72)]; D. 4.4.3.2 (*scio etiam illud aliquando incidisse rell.*); D. 24.1.11.3 (*placuisse scio Sabinianis*); D. eod. 32.13 (*quod scimus interdum et inter*

caso preciso in cui certi abitanti della Campania estorsero con minacce una certa promessa, il nostro imperatore [Caracalla] stabilì con un rescritto la possibilità, in quel caso, di una restituzione *in integrum*, e il pretore, *me adsidente*, decise che si poteva tanto esperire una azione contro i Campani quanto servirsi di una eccezione contro di essi. Vale a dire (si conclude) che quella costituzione imperiale consente ora di proteggere la vittima della violenza sia con l'azione sia con l'eccezione indipendentemente dal fatto che il negozio viziato sia stato o meno eseguito".

L'integrale riferimento del caso, che qui si è fatto[215], permette di rendersi conto sia del contributo personale di Ulpiano sia del suo modo di lavorare: si riepiloga la disciplina esistente, talvolta con la storia della norma[216] e dei possibili contrasti giurisprudenziali[217], si provvede a dare conto dell'aggiornamento normativo e a completare l'esposizione in modo conclusivo[218].

---

consulares personas subsecutum); D. 28.5.35.1 (*Unde scio quaesitum*); D. 30.39.6 (*scio ex facto tractatum*); D. 34.2.19.8 (*scio me dixisse*); D. 43.8.2.33 (*scio tractatum, an rell.*); D. 48.13.7(6) (*et scio multos et ad bestias damnasse sacrilegos*); D. 48.19.3 (*ego quidem ... scio observari rell.*); D. 48.22.7.9 (*scio praesides solitos relegare*); D. 49.1.3 pr. (*scio quaesitum*); D. 49.2.1.3 (*scio saepissime a divo Marco iudices datos*); Vat. fragm. 189 (*scio dubitatum*; cfr. Mod. D. 27.1.15.16); 206 (*scio quaesitum*: integrato); 242 (*scio tamen quosdam rell.*). Il nostro frammento D. 4.2.9.3 rientra perfettamente nel quadro complessivo.

[215] Può darsi che la frase finale *ex qua constitutione — detur* debba considerarsi opera dei compilatori (in questo senso soprattutto G. BESELER, Beiträge zur Kritik der römischen Rechtsquellen, I, Tübingen 1910, 73). Le ragioni che vengono addotte non sono tuttavia convincenti, giacché, ammesso pure che *colligitur, ut* debba considerarsi una mostruosità linguistica, non è però vero che la conclusione non debba trarsi dal rescritto; e, a ogni modo, *interlocutum esse* non va inteso come pronuncia interlocutoria (sopra, nt. 212). Il BESELER non ha per contro alcun dubbio sulla classicità della frase *sed ex facto rell.*, pur supponendone uno spostamento ad opera dei compilatori. D'altro lato il von LÜBTOW, op. cit. (sopra, nt. 212), 224ss., aderisce puramente e semplicemente al BESELER per la parte finale [*ex quo — fin*] (cfr. 231), ma quanto a ciò che precede (con riferimento appunto a *sed ex facto rell.*) ritiene eccessivo considerarlo „*als byzantinisches Phantasieprodukt*" (225) ed afferma (230) che in sostanza „*Ulpian pflegte die verschiedenen Ansichten der Juristen zu einem bestimmten Problem ausführlich zu erörtern und mitunter zwecks näherer Erläuterung einen Fall aus seiner Praxis beizufügen*" [con richiamo a JOERS, op. cit. (sopra, nt. 210), 1458]. A un semplice rinvio al BESELER ed al von LÜBTOW si limita, accettando la diagnosi di interpolazione per la frase finale, il più recente studioso del frammento, HARTKAMP, op. cit. (sopra, nt. 282), 282 nt. 21.

[216] Appare chiaro l'interesse particolare che in tal caso acquistano le testimonianze giurisprudenziali. Un esempio ricco di implicazioni può essere offerto da Ulp. 18 ad Sab. D. 7.5.1 e 3, su cui v. da ultimo e i n. Altri studi cit. (sopra, nt. 159), 402ss. Può esser qui solo segnalato, invece, lo scritto di D. MEDICUS, Der historische Normzweck bei den römischen Juristen, in: Studien im römischen Recht Max Kaser ... gewidmet (Hamburger Rechtsstudien, 65), Berlin 1973, 57ss.

[217] Cfr. nel caso specifico le indicazioni di HARTKAMP, op. cit. (sopra, nt. 212), 279ss. Quanto al problema generale si v. la chiara messa a punto di M. KASER, Zur Methodologie der römischen Rechtsquellenforschung (Oest. Ak. d. Wiss., Ph.-hist. Kl., SB., 277 B., 5. Abh.), Wien 1972, 19ss. („*Die Klassikerkontroversen*"); ma v. anche F. WIEACKER, Textkritik und Sachforschung, ZSS RA XCI, 1974, 5.

[218] Sulla conclusione v. sopra, nt. 215. Più in generale, una valutazione analoga ed una positiva affermazione riguardo a Ulpiano è da ultimo anche da SANTALUCIA, I „libri" cit. (sopra, nt. 116), I, 218s.

A parte ciò, è importante anche la notizia che Ulpiano dà di essere stato assessore (*me adsidente*) del pretore che era stato chiamato a pronunziarsi su quel caso. E' noto, in proposito, che gli *adsessores* sono in genere i consiglieri giuridici e in sostanza i minutanti di chi deve amministrare la giustizia, svolgono cioè, rispetto al magistrato, una attività ausiliaria[219]. E' abbastanza ovvio, per conseguenza, che l'opinione più diffusa ritenga normalmente che Ulpiano abbia qui riferito una propria esperienza giovanile[220].

Non diversamente viene intesa anche l'altra informazione che il giurista ci dà in D. 40.2.8[221]: *ego cum in villa cum praetore fuissem, passus sum apud eum manumitti, etsi lictoris praesentia non esset*. Ma non ci sono motivi cogenti per escludere che tale atto si sia svolto anche in età tarda e indipendentemente da un rapporto di servizio con il magistrato[222]. Vorremmo anche pensare che la manomissione alla quale Ulpiano partecipò sia potuta avvenire nella villa di Centumcellae, che difficilmente un giovane funzionario si sarebbe potuto permettere di possedere[223].

---

[219] Elemento di particolare rilievo è il fatto della correlativa retribuzione, ciò che dovrebbe far comprendere il carattere di subordinazione tipico della attività svolta. V. però ora, con deciso rifiuto della posizione sostenuta ad es. dallo SCHULZ, O. BEHRENDS, Der Assessor zur Zeit der klassischen Rechtswissenschaft, ZSS RA LXXXVI, 1969, 192ss., specialmente 216ss. (219, contro lo SCHULZ; cfr. 218, per la riconosciuta attendibilità delle notizie date da SHA. Vita Nigri, VII. 5; Vita Alex. XLVI. 1). In senso contrario al BEHRENDS v. comunque W. KUNKEL, s.v. Consilium. Consistorium, RAC XI/XII (1968—69), ora in: Kleine Schriften, Weimar 1974, 427s.

[220] Sopra, nt. 211. Ma v. già i dubbi del KUNKEL, op. cit. (sopra, nt. 9), 246 nt. 509 [con richiamo a JOERS, op. cit. (sopra, nt. 210), 1438]; 331s. Cfr. anche lo scolio di Doroteo a D.40.2.6, in Bas. 48.2.6 sch. 1 (HEIMBACH, IV. 624, cfr. VI. 282) ed anche eod. 8. Sembrerebbe, a questo proposito, che le parole di Doroteo a commento di D. 40.2.6, che rappresentano la sostanza del passo ulpianeo di D. eod. 8, interpretino in termini di assessorato la presenza di Ulpiano accanto al pretore. Non v'è dubbio che Doroteo potesse, a tale proposito, ricordarsi di D. 4.2.9.3 (*et praetorem me adsidente interlocutum esse*). In senso un pò diverso prospetta il problema il KUNKEL, op. cit. (sopra, nt. 9), 246 nt. 509.

[221] 5 ad ed. — Sullo specifico problema ivi sollevato cfr. da ultimo S. TONDO, Aspetti simbolici e magici nella struttura della manumissio vindicta, Milano 1967, 15ss., con discussione delle varie opinioni manifestate in dottrina (WLASSAK, LÉVY-BRUHL, ecc.). Cfr. M. KASER, Ueber Verfügungsakte Gewaltunterworfener mit Studien zur Natur der manumissio vindicta, SDHI XVI, 1950, 77 nt. 85. Di particolare interesse è anche il richiamo a E. WEISS, s.v. manumissio, RE XIV 2 (1930), 1369: nel caso riferito in D. 40.2.8 sarebbe stato lo stesso Ulpiano a fungere da *vindicans*. In ogni caso, l'importanza della decisione ulpianea anche dal punto di vista della forma (presenza o assenza dei littori) fa pensare ad una sua ormai affermata autorità di giurista. Dovrebbe concludersi perciò per una collocazione dell'episodio in età niente affatto giovanile. V. anche la nt. seguente.

[222] Secondo la recente indagine del BEHRENDS, op. cit. (sopra, nt. 219), 221 e nt. 154, la natura dell'assessorato di età classica è quella „*einer ehrenvollen, auf öffentliche Freundschaft gegründeten Beraterstellung eines iuris studiosus zu einem Magistrat . . . Sie steht . . . durchaus nicht immer am Anfang einer Karriere*".

[223] Potrebbe anche pensarsi, a dir vero, alla villa del pretore, davanti al quale ebbe luogo la manomissione in questione [così intende, a es., il BEHRENDS, op. cit. (sopra, nt. 219), 222 nt. 157]. Anche se la conclusione non cambia — nel senso che il BEHRENDS, ricordando (op. cit., 22 nt. 156) il dubbio del KUNKEL, op. cit. (sopra, nt. 9), 246 nt. 509, 331 nt. 697,

In ogni caso, ben più dubbia è la consueta collocazione cronologica data alla prima testimonianza. E intanto, l'espressione *me adsidente* può alludere sia all'ufficio di *adsessor* del pretore sia ad una occasionale presenza nel *consilium* del magistrato[224]. Quella testimonianza, inoltre, viene riferita da Ulpiano in data sia pur di poco posteriore al 212, giacché il X libro del suo commento all'editto contiene la citazione di una costituzione imperiale del dicembre 212[225]. In terzo luogo, l'intervento di Ulpiano nel caso riferito in D. 4.2.9.3 appare piuttosto quello di un conoscitore diretto del caso stesso (*ex facto scio*) e vorremmo dire quasi di un interprete autentico del recente rescritto imperiale: ciò che è molto più verosimile per chi ricopriva già un alto grado nella burocrazia che non per un giovane funzionario alle prime armi. In effetti, secondo quando riferiscono gli Scriptores

non crede che qui Ulpiano sia l'*adsessor*, bensì l'autorevole giurista che si presta amichevolmente all'atto giuridico — parrebbe tuttavia più consono alla personalizzazione del frammento che Ulpiano parlasse della propria villa. Può confrontarsi in proposito l'atteggiamento egualmente personale cui fa riferimento in casi analoghi Salvio Giuliano [cfr. D. 40.2.5: su cui v. KUNKEL, op. cit. (sopra, nt. 9), 338 e nt. 718] nonché l'occasionalità, sottolineata da Gaio, D. eod. 7, della *manumissio in transitu*. Per conto nostro, comunque, ci sembra di poter star fermi all'ipotesi di un collegamento con la villa di Centumcellae (sopra, nt. 196), che in dottrina non era stato ancora proposto. Va ancora osservato che il LÉVY-BRUHL, L'affranchissement par la vindicte, in: Studi Riccobono, III, Palermo 1936, 14, traduce *in villa* come allusivo a un luogo non pubblico, per ricavarne il carattere di atto di giurisdizione volontaria proprio della *manumissio* in questione. Fondandosi invece su una interpretazione di *villa* come 'villaggio' (*Dorf*), lo SCHÖNBAUER, op. cit. (sopra, nt. 193), 327ss., prende in esame i testi ulpianei e lo scolio di Doroteo, per sostenere, a mero titolo di ipotesi, una complessa ricostruzione tanto della attività di Ulpiano (che avrebbe potuto esercitare le funzioni di *curator rei publicae* in Gallia e avrebbe potuto collaborare ivi, verso il 200, con il pretore epigraficamente noto di Nîmes) quanto della possibilità che i 'Tituli ex corpore Ulpiani' siano una crestomazia di scritti ulpianei degli anni precedenti il 212—213, riordinata secondo il sistema gaiano e con rielaborazione di passi gaiani. Non mancano altre considerazioni egualmente interessanti. P. es. lo SCHÖNBAUER distingue bene l'individualità di Gaio da quella di Ulpiano, op. cit., 330: ,,*Gaius ist der typische Lehrer mit historischem Interesse, der gelegentlich abschweift; er ist theoretisch eingestellt, politisch aber auf die civitas Romana in engerem Sinne ausgerichtet. Ulpian dagegen verrät in jeder seiner Schriften den Reichspolitiker, der sich für die Rechtsprobleme seiner Gegenwart, besonders der Reichsverwaltung, lebhaft interessiert, sie klar und einfach analysiert und die Fragen rechtspolitisch löst*''. Vengono inoltre instaurati possibili collegamenti tra Tiro ed altre città con le quali non è escluso che Ulpiano abbia avuto dei rapporti: ivi, 329s. Quanto all'interpretazione che lo SCHÖNBAUER propone di *villa* come villaggio, anche se a dir vero sembra appoggiarsi a un tardo sviluppo semantico, non può dirsi però del tutto impossibile: cfr. infatti A. ERNOUT—A. MEILLET, Dictionnaire étymologique de la langue latine[4], II, Paris 1960, s.v. villa, con richiamo ivi di J. SOFER, Lateinisches und Romanisches aus den Etymologiae von Isidorus von Sevilla, Göttingen 1930, 178 nt. 1 (non vidi) e di A. ERNOUT, Domus, fores et leurs substituts (1932), in ID., Philologica I, Paris 1946, 103ss., 108.

[224] Sul *consilium* nei suoi vari aspetti deve essere vista la fondamentale revisione fattane da W. KUNKEL in una serie di recenti scritti, ora parzialmente raccolti nelle Kleine Schriften cit. (sopra, nt. 219): cfr. ivi l'indice ad v. e cfr., per il *consilium* del pretore durante il principato e in sede civile, la sintesi offerta ivi, 415, con richiamo a D. 4.2.9.3.

[225] C. 7.49.1. Imp. Antoninus ad Gaudium. Ulpiano vi si riferisce in D. 3.6.1.3, come di costituzione indirizzata 'Ad Cassium Sabinum'.

Historiae Augustae[226], Ulpiano già era stato assessore, insieme con l'altro eminente giurista Giulio Paolo, non di un semplice pretore, ma addirittura di Papiniano, prefetto al pretorio dal 205 al 211 o 212 d. C.[227], e già ne era stato il successore come *magister libellorum* all'incirca dopo il 199[228].

VII. L'organizzazione degli uffici centrali

Per cogliere l'effettivo significato della posizione che in tal modo Ulpiano aveva raggiunto nell'ambito della vita pubblica a cavallo del secolo e, insieme, il rilievo e l'importanza che già aveva come giurista, sarà utile a questo punto illustrare sia la personalità del suo capo, Papiniano, sia l'organizzazione delle cariche e degli uffici centrali dell'impero.

---

[226] Vita Nigri VII. 4: *quod postea Severus et deinceps multi tenuerunt, ut probant Pauli et Ulpiani praefecturae, qui Papiniano in consilio fuerunt ac postea, cum unus ad memoriam, alter ad libellos paruisset, statim praefecti facti sunt.* Vita Alex. XXVI. 5: *Paulum et Ulpianum in magno honore habuit, quos praefectos ab Heliogabalo alii dicunt factos, alii ab ipso.* 6. *nam et consiliarius Alexandri et magister scrinii Ulpianus fuisse perhibetur, qui tamen ambo assessores Papiniani fuisse dicuntur.* Su entrambe le testimonianze si v. anzitutto A. JARDÉ, op. cit. (sopra, nt. 87) 37 nt. 3 e cfr. la nota seguente.

[227] Per queste datazioni v. oltre, nt. 249. Quanto all'assessorato alla prefettura del pretorio cfr. ancora BEHRENDS, op. cit. (sopra, nt. 219), 220 s. ed ivi, nt. 150, le considerazioni sulle testimonianze di 'Vita Nigri' e 'Vita Alexandri' citate (sopra, nt. 226), con alcuni dubbi in ordine alla terminologia. Per la sostanziale attendibilità della notizia secondo la quale Ulpiano e Paolo sono stati assessori di Papiniano si vedano comunque JOERS, op. cit. (sopra, nt. 210), 1438; HOWE, op. cit. (sopra, nt. 199), 46 nt. 25; PASSERINI, op. cit. (sopra, nt. 169), 242, 325; H. G. PFLAUM, Les carrières cit. (sopra, nt. 42), II, Paris 1960, p. 764; A. M. HONORÉ, op. cit. (sopra, nt. 164), 188, 207; J. MODRZEJEWSKI–T. ZAWADZKI, op. cit. (sopra, nt. 17), 567, 605s.; R. SYME, Three Jurists, Bonner Historia-Augusta-Colloquium 1968—69 (Antiquitas 4,7), Bonn 1970, 314; e già PLATNAUER, op. cit. (sopra, nt. 175), 175 nt. 2. Per quanto riguarda Ulpiano la notizia potrebbe essere riferita comunque al regno di Settimio Severo (in questo senso a es. JOERS, op. cit., 1377; HONORÉ, op. cit., 207) oppure a quello di Caracalla (così a es. O. HIRSCHFELD, Die kaiserlichen Verwaltungsbeamten bis auf Diokletian[2], Berlin 1905, 329 nt. 1).

[228] Notizia rifiutata a es. da J. HASEBROEK, Die Fälschung der Vita Nigri und Vita Albini in den Scriptores Historiae Augustae, Diss. Berlin 1916, 60ss.; A. JARDÉ, op. cit. (sopra, nt. 87), 37 nt. 3; PASSERINI, op. cit. (sopra, nt. 169), 325ss.; PFLAUM, op. cit. (sopra, nt. 227), n. 294, p. 762ss.; A. BIRLEY, op. cit. (sopra, nt. 169) 341 (con valutazione negativa anche delle conclusioni tratte da tali testimonianze dall'HONORÉ). V. anche A. REINTJES, Untersuchungen zu den Beamten bei den SHA, Diss. Bonn, Düsseldorf 1961, 55ss. La notizia è comunque accettata dalla maggioranza degli studiosi: cfr. i riferimenti in merito dati da SANTALUCIA, op. cit. (sopra, nt. 202), I, 199 nt. 12; adde SYME, op. cit. (sopra, nt. 87), 314ss., che dal canto suo dubita [contro HIRSCHFELD, BERGER, KUNKEL, HONORÉ, op. cit. (sopra, nt. 164), 225; v. anche REINTJES, op. cit., 60s. e note a p. 130] che Paolo potesse essere *a memoria*, argomentando dal fatto che tale ufficio è amministrato in linea di massima da liberti imperiali. In contrario tuttavia si v. quanto risulta dalle ampie ricerche di G. BOULVERT, Esclaves et affranchis impériaux sous le Haut-Empire romain. Rôle politique et administratif, Napoli 1970, 315, 324ss., 329. Cfr. anche oltre, nt. 376.

Cominceremo da questo secondo aspetto, senza altra pretesa che quella di un riassunto di quanto è ben noto in dottrina[229], in ordine specialmente alla cancelleria imperiale, al *consilium principis* ed alla prefettura del pretorio. La cancelleria impiega dapprima liberti dell'imperatore e in seguito personaggi di rango equestre, alla testa dei vari uffici che la costituiscono: quello *ab epistulis*, che spedisce tutte le decisioni imperiali redatte in forma di lettera (nomine di ufficiali e impiegati, concessioni di privilegi, risposte a funzionari, istruzioni a comandanti militari, rapporti diplomatici); quello *a libellis*, che redige le risposte imperiali ai ricorsi rivolti da privati, in genere per questioni giuridiche; quello *a cognitionibus*, che istruisce i procedimenti imperiali, in particolare quelli conclusi da decreti del principe senza intervento del *consilium principis*; quello *a memoria*, che fissa per iscritto e conserva, e forse prepara, i discorsi e le decisioni imperiali non spettanti ad altri uffici; infine, l'ufficio *a rationibus*, che amministra (fino ad Adriano) le entrate della casa imperiale[230]. Con Adriano vi è anche una riforma del consiglio imperiale[231]. Esso diviene un organo permanente, di cui fanno parte, oltre al prefetto al pretorio, che vi può anche rappresentare, talvolta, l'imperatore, i capi degli uffici di cancelleria, alti funzionari e personalità senatorie ed equestri, *consiliarii* fissi e stipendiati, scelti tra gli esperti di diritto. Tale *consilium*, che estende man mano la propria competenza anche alle questioni legislative e politiche, non vincola ovviamente l'imperatore, che lo presiede e al quale unicamente spettano le decisioni[232].

---

[229] Seguiamo qui la traccia data da P. DE FRANCISCI, Storia cit. (sopra, nt. 199), 331ss. Cfr. ivi, 335 nt. 1: „tengo ad esporre l'organizzazione dell'amministrazione imperiale centrale perché l'esperienza mi ha dimostrato come chi ignori tale organizzazione riesce difficilmente ad afferrare la forma e la natura della giurisdizione e della legislazione imperiale". V. altresì BOULVERT, op. cit. (sopra, nt. 228), 374ss., importante specialmente per la concretezza dei riferimenti epigrafici sapientemente organizzati, nonché F. DE MARTINO, Storia della costituzione romana, IV, 1², Napoli 1974, cap. XXV: Burocrazia imperiale.

[230] DE FRANCISCI, op. cit. (sopra, nt. 199), 335ss.; DE MARTINO, op. cit. (sopra, nt. 229) 661ss. Un utile sguardo d'insieme è offerto da A. A. SCHILLER, Bureaucracy and the Roman Law, Seminar, VII, 1949, 26ss., ora in: ID., An American Experience in Roman Law, Göttingen 1971, 92ss., specialmente 96ss. Una accurata indagine sull'impegno personale e l'autonomia di lavoro del *princeps* è quella di F. MILLAR, Emperors at Work, JRS, LVII, 1967, 9ss.

[231] DE FRANCISCI, op. cit. (sopra, nt. 199), 337ss.; J. CROOK, Consilium principis, Cambridge 1955, 56ss.; DE MARTINO, op. cit. (sopra, nt. 229), 671ss. con le note 148ss.

[232] In qualche caso l'imperatore si attiene al parere della maggioranza dei consiglieri. Così con Marco Aurelio, cfr. SHA Vita Marci XXII. 3—4. Per Severo Alessandro, gli studiosi hanno anche cercato di identificare, accanto al *consilium principis*, una commissione senatoria e una sorta di consiglio di reggenza, appoggiandosi a Zonar. XII. 15; Herod. VI. 1.2—4 e VII. 1.3; SHA Vita Alex. XV. 6 e XVI. 1. Per la discussione della dottrina [a es. M. HAMMOND, op. cit. (sopra, nt. 15), 406 nt. 56] cfr. DE MARTINO, op. cit. (sopra, nt. 229), 673 nt. 155, il quale non crede alla esistenza di una commissione senatoria del tipo di quella augustea. Su ciò, comunque, v. le considerazioni del KUNKEL, Die Funktion des Konsiliums, ZSS RA LXXXV, 1968, 253ss. = Kleine Schriften cit. (sopra, nt. 220), 218ss., con riferimento anche alla partecipazione di Ulpiano al governo. Il KUNKEL a dir vero esclude dalla sua ricostruzione la testimonianza di Vita Alex. XVI. 1ss., aderendo per ciò al CROOK ed al BLEICKEN da lui citati (op. cit., 218 nt. 89). Sappiamo del resto che molti studiosi hanno seguito la critica radicale che di quella fonte fu fatta già da K.

Quanto al *praefectus praetorio*, si tratta della carica più alta della carriera equestre[233], collegata, nel nome e per l'origine, al *praetorium* e centro non solo dell'amministrazione militare ma anche di quella civile entro la sfera di competenza del titolare del potere militare[234]. Il *praefectus praetorio* fu perciò dapprima un preposto al quartiere generale dell'imperatore, capo di stato maggiore per dir così e insieme comandante delle coorti pretorie, guardia del corpo dell'imperatore. A ovviare al rischio che il comandante effettivo di tali truppe (il comando di diritto spettava evidentemente all'imperatore) potesse assumere una posizione di supremazia e comunque di antitesi rispetto al principe, provvedeva il fatto che si nominassero in genere due prefetti, quando non anche tre[235], che esercitavano collegialmente le loro funzioni.

Ciò non impedì che i prefetti al pretorio acquistassero comunque sempre maggiore influenza né che questa si rivelasse talvolta decisiva per la vita dell'impero. L'ampliamento delle competenze militari fece così attribuire loro il comando di quasi tutte le truppe stanziate in Italia e, in qualche momento, anche la direzione di tutti gli affari militari dello stato. A ciò va aggiunto il conferimento, mediante provvedimenti legislativi, della giurisdizione penale in Italia oltre le cento miglia da Roma, là dove cioè cessava la giurisdizione del *praefectus urbi*, che sovraintendeva alla polizia della città, alla giurisdizione penale e, in parte, anche a quella civile,

HOENN, Quellenuntersuchungen zu den Viten des Heliogabalus und des Severus Alexander im corpus der S.H.A., Leipzig—Berlin 1911, 91: la notizia, infatti, deriverebbe da C.Th. 6.4.9, del 356. Ma contro HÖNN e i suoi seguaci sembra decisiva la replica di A. MOMIGLIANO, An unsolved Problem cit. (sopra, nt. 81), 105 ss. (con appendici), 134, 142 s. (= rec. a STERN, JRS, XLIV, 1954, 129 ss.). Cfr. anche A. CAMERON, rec. a STRAUB ecc., JRS, LV, 1965, 243. Va detto infine che anche per il DE MARTINO, op. cit. (sopra, nt. 229), 677 s., Vita Alex. XVI. 3 appare fededegna, anche in rapporto alla notizia di una composizione del *consilium* diversa secondo che vi si dovesse discutere *de iure aut de negotiis* oppure *de re militari*.

[233] *Equestre fastigium*, lo dice Tacito, Ann. IV. 40. Cfr. W. ENNSLIN, s.v. praefectus praetorio cit. (sopra, nt. 199), 2397.

[234] V. già l'amplissima raccolta di materiale fatta da P. LOUIS LUCAS, Étude sur la vénalité des charges et fonctions publiques et sur celle des offices ministériels depuis l'Antiquité romaine jusqu'à nos jours, I, Paris 1883, nota 6 a pp. 258—272. Si consideri altresì la testimonianza di Vita Alex. XXI. 3—5 (e cfr. Vita Hadr. VIII. 8; Vita Marci X. 6) per la riforma che rese senatori *ex officio* i prefetti al pretorio, *eminentissimi*. Per ciò v. già sopra, nt. 199, e cfr. comunque, anche per quel che segue, DE FRANCISCI, op. cit. (sopra, nt. 199), 339; DE MARTINO, op. cit. (sopra, nt. 229), 647 ss. V. anche oltre, nt. 405.

[235] Sulla prefettura al pretorio di Cleandro (189—190 d. C.), sulla collegialità e l'innovazione senza precedenti di una prefettura a tre v., ampiamente, F. GROSSO, La lotta politica cit. (sopra, nt. 43), 226 ss. Il DE MARTINO, op. cit. (sopra, nt. 229), 650 nt. 43, ricorda due di tali casi, sotto Commodo (Herod. I. 12.3; Amm. Marc. XXVI. 6.8; SHA Vita Comm. VI. 12) e sotto Didio Giuliano (SHA Vita Did. Iul. VII. 5; Vita Sev. VI. 5). Quest'ultimo caso è comunque di scarso rilievo, dato che la nomina del terzo prefetto, Veturio Macrino, fu dovuta quasi contemporaneamente ai due imperatori: cfr. HOWE, op. cit. (sopra, nt. 199), 68 s., nn. 14—16. Piuttosto, va ricordato quello, per noi ben più rilevante, di Ulpiano, divenuto [secondo le testimonianze di Zosimo, I. 11.2—3, e di Dione Cassio (Xiph. LXXX. 2.2)] ἐπιγνώμων rispetto agli altri due prefetti al pretorio Flaviano e Cresto. Su ciò v. oltre, nt. 394.

nell'ambito appunto di cento miglia da Roma[236]. Ai *praefecti praetorio* fu
altresì attribuita la competenza di giudici di appello, in luogo dell'imperatore
(*vice sacra*) dalle sentenze dei governatori provinciali, tanto in materia
penale quanto in quella civile[237]. Già all'inizio del III secolo essi potevano
emanare ordinanze anche generali (*formae*), con l'unica restrizione che non
fossero contrarie *legibus vel constitutionibus*[238]. Si è già detto come potessero
altresì presiedere, in luogo dell'imperatore e per sua delega, il *consilium
principis*[239]. Pertanto è facile capire (conclude il DE FRANCISCI) come alcuni
di tali prefetti, grazie alle qualità personali e alla loro familiarità con
l'imperatore, potessero assumere una posizione altissima entro lo stato e
talvolta la figura e i poteri di vice-imperatori[240].

VIII. Emilio Papiniano

Uno dei prefetti più prestigiosi fu certamente Emilio Papiniano[241].
Nato probabilmente in provincia (forse in Siria) negli anni tra il 148 e il 153,
ebbe come maestro Quinto Cervidio Scevola, che era stato membro del
consiglio di Marco Aurelio e *praefectus vigilum* nel 175. Secondo una testimonianza spesso accettata[242], suo condiscepolo alla scuola di Scevola sarebbe

---

[236] Cfr. Ulp. 9 de off. proc. sub titulo ad leg. Fabiam, in Coll. XIV. 3.2. Da discutere è altresì
la diversa valutazione che si trova rispettivamente in Papiniano (D. 1.2.2.19) ed in
Ulpiano (D. 2.4.2) circa l'inserimento dei funzionari imperiali nel quadro delle magistrature: v. per ciò DE MARTINO, op. cit. (sopra, nt. 229), 641, 649s., che nella testimonianza
ulpianea rileva un valore non tecnico. Anche la determinazione della *praefectura urbi* è
in sostanza dovuta ad Ulpiano: cfr. sopra, nt. 34, relativamente a Fabio Cilone.

[237] Cfr. Pap.-Paul. D. 12.1.40; Pap. D. 22.1.3.3 e v. i riferimenti dati da KASER, Zivilprozessrecht cit. (sopra, nt. 212), 365 e note.

[238] Cfr. C. 1.26.2 (Alex. Sev.). Tale costituzione non è, come si ripete, del 230, bensì del 235.

[239] DE MARTINO, op. cit. (sopra, nt. 229), 679 e nt. 169.

[240] DE FRANCISCI, op. cit. (sopra, nt. 199), 341, con rinvio al MOMMSEN ed allo HIRSCHFELD.

[241] Limiteremo i riferimenti al minimo indispensabile per il nostro discorso. Cfr. per una
specifica trattazione V. GIUFFRÈ, Papiniano: fra tradizione ed innovazione, in questo stesso
volume: ANRW II, 15, 632ss.

[242] V. p. es. G. MANTELLINI, Prefazione alle relazioni sulle avvocature erariali, Roma 1885,8;
J. ROBY, op. cit. (sopra, nt. 66), 196 [con riferimenti non esatti: p. es., Vita Carac.
VIII. 3, attestante una stretta amicizia, da cui anche il KUNKEL, op. cit. (sopra, nt. 9),
227, trae un indizio di studi compiuti insieme da Settimio Severo e Papiniano]; M.
PLATNAUER, op. cit. (sopra, nt. 175), 39 [con richiamo a PH. E. HUSCHKE, Iurisprudentiae
anteiustinianae quae supersunt, 342, già non più giustificato tuttavia dalla V edizione
(1886) di tale opera]; e da ultimo, HONORÉ, op. cit. (sopra, nt. 164), 163. Ma la notizia
era stata già rifiutata: v. i riferimenti in DE FRANCISCI, op. cit. (sopra, nt. 199), II, 1,438
con la nota 3 e cfr. di recente A. BIRLEY, op. cit. (sopra, nt. 169), 238 nt. 1, con rinvio al
MOMMSEN, Zu Papinians Biographie, ZSS RA, XI, 1890, 30ss. = Gesammelte Schriften
II, 2 (Juristische Schriften II), Berlin 1905, 64ss., il quale aveva notato il carattere
tardivo della inserzione contenuta in Vita Carac. VIII. 3. Tuttavia, la tradizione che ivi
si rispecchia potrebbe essere per sé valida: così HIRSCHFELD, approvato dal KUNKEL,
op. cit. (sopra, nt. 9), 224 nt. 441; e v. anche HONORÉ, Gaius. A Biography, Oxford 1962,
43s.

stato Settimio Severo, dal quale ad ogni modo sarà chiamato all'ufficio di prefetto al pretorio e del quale egli „era intimo amico, e, secondo alcuni, anche parente tramite la seconda moglie; a lui comunque Severo volle affidare i suoi due figli"[243].

Già tra il 168 ed il 173 Papiniano aveva sostituito Settimio Severo nell'ufficio di *advocatus fisci*. Né l'uno né l'altro erano certamente dei semplici *causidici*[244], anche se nella 'Vita Getae' si legge *quod Severum ille* (sc. Antonino Pio) *ad fisci advocationem delegerat ex formulario forensi, cum ad tantos processus ei patuisset dati ab Antonino primi gradus vel honoris auspicium*[245]. In realtà, l'avvocato del fisco[246] di norma è destinato a una brillante carriera, come appunto fu il caso, per non parlare di Settimio Severo e di Macrino, divenuti imperatori, dello stesso Papiniano. Il quale, dopo essere stato assessore del prefetto al pretorio[247], diviene *magister libellorum*[248] tra il 194 e il 199, forse *magister memoriae* a partire dal 200 e infine prefetto al pretorio[249]. Verrà ucciso nel marzo del 212 per ordine di Caracalla: o

---

[243] Vita Carac. VIII. 2: *Papinianum amicissimum fuisse imperatori Severo eumque cum Severo professum sub Scaevola et Severo in advocatione fisci successisse, ut aliqui loquuntur, adfinem etiam per secundam uxorem, memoriae traditur rell.* Sull'*adfinitas per secundam uxorem* tra Papiniano e Settimio Severo v. sopra, nt. 187.

[244] Va appena qui ricordata la notevole differenza esistente nel mondo romano tra i giuristi, da un lato, gli avvocati e i redattori di formule legali, da un altro lato. I primi creano il diritto ed escogitano i vari mezzi processuali, la cui pratica redazione è lasciata invece a giuristi subalterni, scrivani e segretari. Inoltre, per quanto riguarda la pratica forense, i giuristi si limitano essenzialmente a svolgere la pur importante attività di consulenti degli oratori e retori patrocinanti nei processi civili e penali. Si tratta di un antagonismo ben noto, spesso sottolineato dalle fonti e collegato anche al rapporto esistente tra retorica e giurisprudenza: v. di recente, a es., D. Noerr, s.v. pragmaticus, RE Suppl. X (1965), 639ss., specie 641ss.; in precedenza, per tutti, Schulz, op. cit. (sopra, nt. 10), 196ss., con il richiamo di Seneca che descrive i causidici in pianto alla morte di Claudio, di fronte ai giureconsulti che finalmente risuscitavano (Apoloc. 12) e quello di Quintiliano, inst. or. XII. 3.1ss., che ben chiarisce la necessità, per l'oratore, di possedere la *scientia* del diritto civile e ricorda il disprezzo ciceroniano per quei legulei i quali, senza approfondire lo studio del diritto, trattavano le cause appoggiandosi ai soli formulari forensi.

[245] Vita Getae II. 5. Le fonti relative all'avvocatura fiscale di Settimio Severo sono SHA Vita Getae II. 4; Eutr. VIII. 12.2; Aur. Vict. Caes. 20.30. Per una critica cauta e abbastanza convincente v. da ultimo T. D. Barnes, The Family and Career of Septimius Severus, Historia, XVI, 1967, 87ss., 91s.; cfr. Syme, Three Jurists cit. (sopra, nt. 227), 310ss., 311 nt. 7.

[246] Un ampio esame dei problemi relativi alla istituzione, risalente ad Adriano, ed alle funzioni dell'*advocatus fisci*, difensore degli interessi fiscali, alto funzionario addetto all'ufficio finanziario centrale controllato dall'imperatore, si trova da ultimo in A. Burdese, Sull'origine dell'advocatus fisci, in: Studi in memoria di E. Guicciardi, I, Padova s. d. (ma 1974?), estratto. Cfr. altresì M. Avon, Les avocats du fisc dans le monde romain, Aix-en-Provence 1971 (thèse pol.: su cui v. la 'lettura' di G. Boulvert, Index, 3, 1972, 22ss.).

[247] Cfr. Pap. 20 quaest. D. 22.1.3.3. Sul valore del plurale ivi impiegato (*praefectis praetorii suasi* etc.) cfr. Ensslin, op. cit. (sopra, nt. 199), 2417.

[248] Cfr. Tryph. D. 20.5.12 pr.

[249] Sulla prefettura al pretorio, la cui datazione finale al 211 può essere ricavata dal confronto tra Aurelio Vittore (XX. 33s.) e Vita Carac. VIII. 1—8, v. comunque Syme, op. cit. (sopra, nt. 227), 309ss., 312s. Cfr. anche PIR. I² nt. 388 (Stein).

perché si era rifiutato di giustificare dinanzi al senato e al popolo l'assassi-
nio di Geta, affermando che ,,scusare un fratricidio non era così facile come
commetterlo" o perché, incaricato di scrivere un discorso di accusa contro
Geta, sempre per legittimarne l'uccisione, non volle, ,,dichiarando che
accusare un innocente ucciso era commettere un altro omicidio"[250].

Naturalmente, tale atteggiamento è parso nel corso dei secoli degno
di ammirazione; del resto, esso appare pienamente coerente, di fronte al
problema della dignità dell'uomo e del giurista, con l'insegnamento del
diritto professato da Papiniano. E' verosimile, anzitutto, che egli fosse
l'effettivo ispiratore se non, come si è anche detto, l'estensore dei provvedimenti normativi di Settimio Severo, *legum conditor longe aequabilium*,
come dichiara Aurelio Vittore[251]. Non mancano in ogni caso testimonianze
precise, da cui appare che Severo e i suoi figli usavano tradurre in propri
rescritti ciò che Papiniano aveva proposto come principio o soluzione[252].
Ma poi l'atteggiamento di Papiniano è singolarmente equilibrato, attento
a evitare posizioni, rigorose forse, ma inefficaci o controproducenti o contrarie a ragioni più profonde che non quelle meramente legalistiche. Può
esserne un buon esempio l'*epistula* di Settimio Severo e Caracalla ai
proconsoli, riferita da Ulpiano nel 1°libro 'De officio proconsulis'[253], e probabilmente da attribuirsi a Papiniano, in cui, richiamandosi alla saggezza
di un antico detto greco, si raccomanda moderazione al governatore provinciale nell'accettazione di doni da parte degli amministrati: *Quantum ad
xenia pertinet, audi quid sentimus: vetus proverbium est:* οὔτε πάντα οὔτε
πάντοτε οὔτε παρὰ πάντων. *nam valde inhumanum est a nemine accipere,
sed passim vilissimum est et omnia avarissimum*[254]. Né tutto né in ogni
momento né da tutti: una regola di condotta, che bene esprime la
sostanza dell'intelligenza politica di Papiniano, per il quale il problema di
valutare l'opportunità di una scelta va risolto alla stregua dell'interesse
pubblico: *propter publicam utilitatem strictam rationem insuper habemus*[255].

---

[250] Vita Carac. VIII. 5: . . . *illum autem respondisse non tam facile parricidium excusari posse
quam fieri*; 6: . . . *illum autem negantem respondisse illud esse parricidium aliud accusare
innocentem occisum.*

[251] Caes. 20.23.

[252] Cfr. D. 31.67.9; Inst. Iust. 2.6.9; D. 20.5.12 pr., cfr. Vat. fragm. 9.

[253] D. 1.16.6.3.

[254] Questo testo merita di essere attentamente valutato, anche perché potrebbe collegarsi a
Vita Alex. XXVI. 3, una testimonianza che, insieme con l'altra di Vita Alex. XXXIX.
6—8, rappresenterebbe una falsificazione, p. es. per J. STRAUB, op. cit. (sopra, nt. 85).
L'elemento di connessione è in ispecie nel riferimento *nisi aliquid muneris causa acciperent*
di Vita Alex. XXVI. 3.

[255] D. 11.7.43. Sulla concettualizzazione del pubblico interesse da parte della giurisprudenza
(e in particolare sui testi di Papiniano, come D. 1.1.7.1; D. 16.3.8 e D. 11.7.43 cit.) cfr. a
es. G. NOCERA, Jus publicum (D. 2.14.38). Contributo alla ricostruzione storico-esegetica
delle regulae iuris, Roma 1946, pass.; J. GAUDEMET, Utilitas publica, RHD, XXIX, 1951,
465ss.; 474ss.; E. LEVY, West Roman Vulgar Law. The Law of Property, Philadelphia
1951, 100ss. Da ultimo, l'ampia ricerca di G. LONGO, Utilitas publica, Labeo 1972 e in:
Atti sem. romanistico intern. Perugia, Perugia 1972, 155ss., nonché, in un diverso quadro
problematico, ma egualmente collegato alle presenti considerazioni, H. P. KOHNS, Consensus iuris — communio utilitatis (zu Cic. Rep. I. 39), Gymnasium, LXXXI, 1974, 485ss.

La fama di Papiniano, gli apprezzamenti che p. es. gli sono riservati nella 'Historia Augusta'[256] corrispondono certamente alla realtà, come mostra[257] la costituzione costantiniana del 28 settembre 321 (o 324), con la quale si vietava qualsiasi critica alle opinioni di Papiniano, anche se contenute nelle 'Notae' a Papiniano di Ulpiano e di Paolo (i quali — dice l'imperatore — *dum ingenii laudem sectantur, non tamen corrigere eum, quam depravare, maluerunt*[258]). Si consideri ancora il giudizio di S. Gerolamo, che quasi identifica lo stesso diritto civile con Papiniano, paragonato e contrapposto a S. Paolo: *aliae sunt Caesaris leges aliae Christi: aliud Paulus noster, aliud Papinianus praecipit*[259]. E infine, per usare le parole del grande giurista culto CUIACIO[260], *„nemo unquam Papiniano aequari potest, nisi per deridiculum: nemo unquam. Unus Papinianus erit, ut Homerus unus poetarum princeps, sic unus princeps Iureconsultorum Papinianus."*

Insomma, potrebbe veramente dirsi che questo giurista abbia raggiunto, ben oltre la carriera amministrativa, i *maximi apices dignitatum*. E in effetti lo stesso CUIACIO, che può esser preso come fonte canonica di un giudizio comparativo fra i vari giuristi classici e che in un primo momento sembra considerare Ulpiano piuttosto come un collega che non un discepolo di Papiniano, si affretta a rivedere il giudizio, affermando che rispetto a Papiniano tutti gli altri, da Ulpiano a Paolo a Modestino ecc., possono tutt'al più essere considerati dei *papinianistae*[261]. E ancora il MOMMSEN, a parere del quale Papiniano è il meno romano per le idee e per la lingua,

---

[256] Vita Sev. XXI. 8: *iuris asylum et doctrinae legalis thesaurum.*

[257] La deferenza per Papiniano non sarà stata l'unica ragione dell'atteggiamento di Costantino, di cui nel testo. Ma va anche detto che le altre spiegazioni date dalla dottrina, pur se valide (cfr. la nota seguente) non possono eliminare la sostanza di quella considerazione.

[258] C. Th. 1.4.1. Tale proibizione, nonostante la successiva costituzione costantiniana del 27 settembre 327 (?) (C. Th. 1.4.2), in cui si afferma che tutte le opere scritte da Paolo *recepta auctoritate firmanda sunt et omni veneratione celebranda*, viene in sostanza corroborata dalla c. d. legge delle citazioni del 7 novembre 426 (cfr. C. Th. 1.4.3) di Teodosio II e Valentiniano III. In essa, come è noto, confermato il valore normativo di tutti gli scritti di Papiniano, Paolo, Ulpiano, Gaio e Modestino [i „cinque evangelisti del diritto", come li chiama lo SCHULZ, op. cit. (sopra, nt. 10), 506], si ripeteva l'invalidazione delle note di Paolo e Ulpiano a Papiniano e si stabiliva, fra l'altro, che, a parità di condizioni, prevalesse l'opinione di quest'ultimo. Cfr. comunque, per una approfondita discussione, B. SANTALUCIA, Le note paoline ed ulpianee alle 'Quaestiones' ed ai 'Responsa' di Papiniano, BIDR, LXVIII, 1965, 49ss.
Egualmente indicativo dell'autorità di Papiniano è il fatto che, nella organizzazione degli studi giuridici, i frequentatori del terzo anno si dicessero *papinianistae*, proprio perché quell'anno di corso era destinato all'esame dei 'Responsa' (e con Giustiniano anche delle 'Quaestiones') del grande maestro classico. Anzi, egli era divenuto il patrono degli studenti di giurisprudenza e in suo onore (come confermerà Giustiniano nella costituzione 'Omnem' del 16 dicembre 533, § 4) si svolgeva una festa solenne, destinata a perpetuare in aeternum la memoria del giurista *splendidissimus, sublimissimus, acutissimus, pulcherrimus* ecc. ecc.: epiteti, per i quali v. ad es. E. COSTA, Papiniano. Studio di storia interna del diritto romano, I—IV, Bologna 1894—1899, I, 368ss.

[259] Ep. LXXVII ad Oceanum de morte Fabiolae, 3.

[260] Opera cit. (sopra, nt. 96), V, 269s. (qui, altre indicazioni).

[261] Così il CUIACIO, op. l. cit. (nt. precedente). V. anche sopra, nt. 258.

lo dichiara il primo fra tutti i giuristi romani per il genio e per il sentimento del giusto e della moralità[262].

Tale esaltazione, indubbiamente tipica di una storiografia che considerava la giurisprudenza dell'età dei Severi come il compimento, l'acmé del diritto classico[263], non poteva non suscitare reazioni. Può valere per tutti la revisione che ne fece, fin dal 1900, il BONFANTE: „celeberrimo fra tutti, per la serietà e il carattere altamente morale della sua vita e dei suoi scritti, è il giureconsulto Emilio Papiniano, inferiore però di gran lunga, quanto a potenza creatrice, felicità di comprensione e di espressione, forse anche per acume giuridico, agli uomini veramente sommi delle età precedenti. I suoi scritti hanno tendenza esclusivamente pratica: e nondimeno le più antiche, tormentose divergenze esegetiche tra i romanisti, e altresì le più infeconde, emanano quasi costantemente da un infelice testo Papinianeo"[264].

Siffatto ridimensionamento, sia pure giustificato, trae con sé, in modo inevitabile, quello di giuristi come Paolo e Ulpiano, i quali, a confronto con Papiniano, vengono valutati dal BONFANTE, sì, „ingegnosi, acuti, ma più che altro compilatori, specialmente il secondo, dell'opera dei loro predecessori"[265].

IX. Importanza di Ulpiano, 2

Una caratterizzazione di questo tipo riduce ovviamente l'importanza di Ulpiano dal punto di vista creativo, ciò che non vogliamo ora discutere, anche se essa appare condizionata da una imperfetta storicizzazione della giurisprudenza romana e comunque da uno *Zeitgeist* che andrebbe accuratamente ricostruito nei suoi valori specifici. E' comunque fuori discussione il fatto che l'opera ulpianea offra una straordinaria abbondanza di dati, tanto che, a fronte delle circa 750 testimonianze papinianee contenute nel 'Digesto' e ordinate dal LENEL[266], per Ulpiano ve ne sono oltre tremila[267].

---

[262] Die Kaiserbezeichnung bei den römischen Juristen, ZRG IX, 1870, 97ss., 100 = Juristische Schriften II, Berlin 1905, 155ss., 158. Per altri consimili giudizi cfr. anche ROBY, op. cit. (sopra, nt. 66), 205.

[263] Il lavoro concreto di revisione storiografica può dirsi comunque cominciato. V. p. es. le preziose considerazioni di F. WIEACKER, Le droit romain de la mort d'Alexandre Sévère à l'avènement de Dioclétien (235—284 apr. J.-C.), RHD XLIX, 1971, 201ss. (con la proposta di designare come epiclassico il periodo in questione, ivi, 223) e cfr. le ricerche di A. WATSON, Private Law in the Rescripts of Carus, Carinus and Numerianus, TR, XIX, 1973, 41ss.; ID., The Rescripts of the Emperor Probus (276—282 A.D.), Tulane Law Review, XLVIII, 1974, 1122ss. (qui, 1128 nt. 28, si rinvia al lavoro generale di A. M. HONORÉ sui rescritti imperiali, destinato a ANRW II e III).

[264] P. BONFANTE, Diritto romano, Firenze 1900, 78.

[265] Ibid.

[266] Palingenesia iuris civilis I, cit. (sopra, nt. 70), 803—946; SIERL, Suppl. (cit. sopra, nt. 70), 8.

[267] LENEL, Pal., II, 379—1200; SIERL, Suppl. 12ss.

Per loro tramite, noi veniamo a disporre di notizie, talvolta generiche, ma spesso relazioni precise del tenore letterale, per centinaia di interventi imperiali, a es. di Settimio Severo[268], di Settimio Severo e Caracalla[269], di Severo Alessandro[270]. Ma, soprattutto, Ulpiano dà conto delle dottrine di quasi tutti i giuristi che lo hanno preceduto, attraverso le citazioni che sparge a piene mani nelle sue opere, da Sesto Elio Peto Cato[271] a Marco Giunio Bruto[272] a Giunio Graccano[273] a Rutilio Rufo[274] a Quinto Mucio Scevola[275] a C. Aquilio Gallo[276] a Servio Sulpicio Rufo[267] a P. Alfeno Varo[278] ecc. ecc. fino a Ulpio Marcello[279], Quinto Cervidio Scevola[280], Emilio Papiniano[281], al proprio stesso discepolo, Erennio Modestino[282]. Va segnalata l'inesistenza di referimenti a Gaio[283] e a Paolo[284], da un lato e, da un altro lato, il problema, che la dottrina risolve variamente, se tutte le citazioni siano di prima o di seconda mano, con utilizzazione diretta o meno delle opere e dei giuristi citati[285].

Limitiamoci anche soltanto a indicare i titoli degli scritti ulpianei. I più importanti tra essi sono senza alcun dubbio il commento all'editto del pretore, in 83 libri (compresi due libri relativi al commento dell'editto degli edili curuli)[286] ed il commento ai 'Libri iuris civilis' di Masurio Sabino,

---

[268] Circa settanta. Per queste indicazioni e per quelle che seguono cfr. in genere P. JOERS, op. cit. (sopra, nt. 210), 1475ss.; v. anche G. GUALANDI, Legislazione imperiale e giurisprudenza, I—II, Milano 1963.

[269] Circa cento e, per il solo Caracalla, più di cinquanta.

[270] Oltre che nei richiami da Paolo, Modestino e Macro, questo imperatore può essere individuato in generici richiami ulpianei.

[271] D. 33.9.3.9.

[272] D. 7.1.68; D. 9.2.27.22—23; D. 18.2.11.1; D. eod. 13pr.

[273] D. 1.13.1.

[274] D. 7.8.13.3; D. 33.9.3.9; D. 43.27.1.2.

[275] D. 32.55pr.; D. 33.9.3pr.; D. 34.2.27pr.

[276] D. 8.5.6.2; D. 19.1.17.6; D. 30.30.7; D. 43.24.7.4.

[277] D. 14.3.5pr. — 1; D. 4.3.1.2; D. 4.6.26.4; D. 22.2.8.

[278] D. 6.1.5.3; D. 8.5.8.5; D. 9.2.29.4.

[279] P. es. D. 50.1.27.3; D. 2.14.7.5 e 16; D. 3.3.27.1.

[280] P. es. D. 7.1.25.6; D. 13.4.2.3; D. 28.6.10.6.

[281] P. es. D. 33.7.12.23; D. eod. 12.37ss., 45ss.

[282] D. 47.2.52.20. Su questa testimonianza v. p. es. BEHRENDS, op. cit. (sopra, nt. 219), 204s. e, da ultimi, A. GUARINO, Ineptiae iuris romani I: L'asino e le cavalle, Atti Acc. Napoli, n. s. XXI, 1971, estratto; G. G. ARCHI, Asini e cavalle in un passo di Ulpiano, Labeo, XIX, 1973, 135ss., con altra letteratura.

[283] Cfr. HONORÉ, Gaius cit. (sopra, nt. 242), 127. Cfr. comunque p. es. W. W. BUCKLAND, Did Ulpian use Gaius?, Law Quart. Rev., XXXVIII, 1922, 38ss. (non vidi).

[284] Cfr. A. BERGER, s. v. Iulius (Paulus), RE X 1 (1917), 694 e v. da ultimo P. SALMON, op. cit. (sopra, nt. 188), 671.

[285] V. per ciò gli autori e la discussione riferita in CRIFÒ, Altri studi cit. (sopra, nt. 159), 375ss. con le note 27 e 28.

[286] Scritti probabilmente sotto Caracalla, cfr. per gli elementi di datazione C. 7. 49.1 del 19 dicembre 212. V. LENEL, Palingenesia cit. II, 421ss.: Ulp. 170—1756; JOERS, op. cit. (sopra, nt. 210), 1439ss.; SCHULZ, op. cit. (sopra, nt. 10; qui comunque utilizzata nell'edizione tedesca, Weimar 1961), 244ss. Per i due 'Libri ad edictum aedilium curulium': LENEL, Pal. II, 884ss.: Ulp. 1757—1797; JOERS, 1441.

in 51 libri[287], interrotto alla trattazione della *rei vindicatio*. Come il titolo dichiara, nella prima opera, in cui si utilizzano i commenti di Pomponio e di Pedio, i 'Digesta' di Giuliano, di Celso e di Marcello, le 'Quaestiones' ed i 'Responsa' di Papiniano, si provvede all'accurata analisi delle norme del diritto onorario. Nell' 'Ad Sabinum', invece, che anche si basa sull'omonimo commentario pomponiano, vengono discussi i problemi dello *ius civile*.

A integrazione dei due commenti Ulpiano ha compilato tutta una serie di altri scritti, il 'Liber singularis de sponsalibus'[288], 6 'Libri de fideicommissis'[289], 4 'Libri de appellationibus'[290], 4 'Libri ad legem Aeliam Sentiam'[291], 5 'Ad legem Iuliam de adulteriis'[292], 20 'Libri ad legem Iuliam et Papiam'[293]. Inoltre, vanno richiamati i due 'Libri di Responsa'[294] e già prima le 'Notae' ai 'Digesta' di Marcello[295] ed ai 'Responsa' di Papiniano[296], dieci libri di 'Disputationes'[297], dieci di 'Pandectae'[298], sei di 'Opiniones'[299], due di 'Institutiones'[300], sette di 'Regulae'[301], dieci 'De omnibus tribunalibus'[302], sei 'De censibus'[303], nonché tutta una serie importante di opere relative al diritto pubblico, al diritto amministrativo, al diritto fiscale e così via: dieci libri 'De officio proconsulis'[304], tre 'De officio consulis'[305], uno rispettivamente 'De officio consularium'[306], 'De officio quaestoris'[307], 'De officio

---

[287] Caracalla; LENEL, Pal. II, 1019ss.: Ulp. 2421—2992; JOERS, 1441ss.; SCHULZ, 264ss.

[288] LENEL, Pal. II. 1198: Ulp. 2993—2994; JOERS, 1451.

[289] Caracalla. LENEL, Pal. II. 903ss.: Ulp. 1846—1907; JOERS, 1451.

[290] Caracalla o Elagabalo. LENEL, Pal. II. 379ss.: Ulp. 1—18; JOERS, 1452.

[291] Datazione incerta. LENEL, Pal. II. 930ss.: Ulp. 1933—1936; JOERS, 1446.

[292] Dopo la morte di Caracalla. LENEL, Pal. II. 931ss.: Ulp. 1937—1976; JOERS, 1446.

[293] Caracalla. LENEL, Pal. II. 939ss.: Ulp. 1977—2045; JOERS, 1445ss.

[294] LENEL, Pal. II. 1016ss.: Ulp. 2387—2420; JOERS, 1446s.; SCHULZ, 307.

[295] LENEL, Pal. II. 950 nota 5; JOERS, 1455.

[296] LENEL, Pal. II. 950 nota 6; JOERS, 1455.

[297] Caracalla. LENEL, Pal. II. 387ss.: Ulp. 26—169.

[298] Caracalla? LENEL, Pal. II. 1013: Ulp. 2360—2361; JOERS, 1447. Ivi anche per la questione relativa al 'Liber singularis pandectarum'.

[299] Dopo il 195, cfr. LENEL, Pal. II. 1001ss.: Ulp. 2296—2359; JOERS, 1450s. Su questa opera vanno visti i due volumi di B. SANTALUCIA, op. cit. (sopra, nt. 116). Una revisione dei problemi sollevati da questa opera — con la mancata accettazione del risultato per cui i 'Libri opinionum' andrebbero attribuiti ad Ulpiano e per una loro redazione negli anni tra il 325 ed il 331 d. C. — è offerta da D. LIEBS, Ulpiani Opinionum libri VI, TR, XLI, 1973, 279ss.

[300] Caracalla. LENEL, Pal. II. 926ss.: Ulp. 1908—1932; JOERS, 1447s.

[301] LENEL, Pal. II. 1013ss.: Ulp. 2362—2381 (per il 'Liber singularis regularum': Ulp. 2382—2386; LENEL, Pal. II. 1016; Caracalla). Cfr. O. KARLOWA, Römische Rechtsgeschichte, I, Leipzig 1885, 768ss.; JOERS, 1448ss.; SCHULZ, 220.

[302] Caracalla. LENEL, Pal. II. 992ss.: Ulp. 2254—2295; JOERS, 1454s.

[303] Caracalla. LENEL, Pal. II. 385ss.: Ulp. 19—25; JOERS, 1452.

[304] Caracalla. LENEL, Pal. II. 966ss.: Ulp. 2142—2251; JOERS, 1452s.; SCHULZ, 310ss. Cfr. DELL'ORO, op. cit. (sopra, nt. 191), per i varii 'Libri de officio'.

[305] Caracalla. LENEL, Pal. II. 951ss.: Ulp. 2047—2072; JOERS, 1452.

[306] LENEL, Pal. II. 950: Ulp. 2046; JOERS, 1452.

[307] LENEL, Pal. II. 992: Ulp. 2252—2253; JOERS, 1454. Cfr. altresì, a proposito di D. 2.1.3, da cui risulterebbero più 'Libri de officio quaestoris', KARLOWA, op. cit. (sopra, nt. 301), 742 nt. 2.

praefecti urbi'[308], 'De officio praefecti vigilum'[309], 'De officio curatoris rei publicae'[310], 'De officio praetoris tutelaris'[311] e, particolarmente significativo perché collegato probabilmente alle esigenze di uniformità che troveranno sbocco nella 'Constitutio Antoniniana' del 212 d. C.[312], un 'Liber singularis de excusationibus'[313].

Gli studi più recenti sono orientati, non solo nel quadro ampio di un generale atteggiamento antiinterpolazionistico[314] ma anche a seguito di specifiche indagini sulle singole opere, verso un giudizio di autenticità, anche per quegli scritti ulpianei di cui abbiamo resti al di fuori del 'Digesto', come i c. d. 'Tituli ex corpore Ulpiani' (o 'Liber singularis regularum' o 'Epitome Ulpiani')[315]. In particolare, va rilevato il tentativo, sostanzialmente riuscito, di stabilire mediante l'impiego di un calcolatore elettronico la stessa paternità per il commento all'editto e per le *regulae* ulpianee[316].

E' certo, in ogni caso, che la tradizione testuale di Ulpiano è stata complessa. Quanto all'uso che i compilatori giustinianei hanno fatto del materiale ulpianeo di cui disponevano, esso è stato parziale e riassuntivo: dal confronto, p. es., di passi ulpianei del 'Digesto' con i passi corrispondenti che sono stati conservati fuori del 'Digesto', p. es. nei c. d. 'Fragmenta Vaticana'[317], si ricava agevolmente che negli originali i riferimenti ai giuristi precedenti ed alle loro opinioni erano molto più ampi e articolati[318]. Ciò del resto è comprensibile, dato che fra i tratti caratteristici della giurisprudenza classica vi sono il tradizionalismo, anche dal punto di vista didattico e letterario e, insieme, una diversa attenzione alle esigenze poste quotidianamente dalla vita pratica di quanto non potesse invece ritenersi necessario per i compilatori giustinianei, obbedienti ad una intenzione legislativa certamente politicizzata[319].

Se è comunque fuori dubbio l'enorme importanza che Ulpiano ha dal punto di vista informativo, ciò non deve tuttavia far credere che il rilievo

---

[308] Dopo la morte di Settimio Severo. LENEL, Pal. II. 959s.: Ulp. 2079—2080; JOERS, 1454.

[309] LENEL, Pal. II. 960: Ulp. 2081; JOERS, 1454.

[310] Caracalla. LENEL, Pal. II. 958s.: Ulp. 2073—2078; JOERS, 1454.

[311] Dopo la morte di Settimio Severo. LENEL, Pal. II. 960ss.: Ulp. 2082—2141; JOERS, 1453s.

[312] Cfr. per i problemi di datazione oltre, nt. 429.

[313] Tra il 199 e il 211 d. C. LENEL, Pal. II. 899ss.: Ulp. 1798—1845; JOERS, 1451s.; SCHULZ, 318ss. V. anche, con altri riferimenti al problema di politica legislativa e giurisprudenziale collegata alla *constitutio Antoniniana*, particolarmente per questo settore delle *excusationes*, CRIFÒ, Rapporti tutelari nelle Novelle di Giustiniano, Napoli 1965, 70 e nt. 137.

[314] Cfr. le indicazioni date sopra, nt. 217.

[315] Sopra, nt. 193.

[316] Cfr. Un'applicazione della tecnica elettronica alla critica delle fonti romanistiche, Iura, XIX, 1969, 197ss.

[317] Cfr. da ultimo F. RABER, s. v. Fragmenta iuris vaticana, RE Suppl. X (1965), 231ss.

[318] Cfr. in generale l'opera fondamentale di F. WIEACKER, Textstufen klassischer Juristen, Göttingen 1960, pass.; e v. i lavori del KASER e del WIEACKER citati sopra (nt. 217).

[319] Per tale intenzione legislativa v. oltre, nt. 464. Cfr. altresì i varii lavori di G. GROSSO richiamati nelle n. Recenti pubblicazioni cit. (sopra, nt. 7), 8 nt. 10, ai quali adde G. GROSSO, Schemi giuridici e società nella storia del diritto privato romano, Torino 1970, 4ss. Inoltre, sul 'conservatorismo della giurisprudenza', G. DIÓSDI, Index, 2, 1971, 166ss.

che gli va riconosciuto nella storia, anzitutto, del pensiero giuridico possa essere limitato a quel solo aspetto. A parte, infatti, le novità di soluzione che egli talvolta offre, in contrasto con la giurisprudenza precedente[320], novità che vengono sovente accolte, estese e generalizzate da Giustiniano[321], interessa soprattutto sottolineare come possa esser falso e fuorviante il giudizio corrente per cui nella revisione delle dottrine egli si condurrebbe in genere da mero raccoglitore e compilatore. E' possibile, invece, mostrare il notevole apporto costruttivo implicato dal suo modo di lavorare[322].

Tra i molti casi ai quali riferirsi scegliamo, a titolo di esempio, il problema delle cosiddette cose consumabili[323].

Per i giuristi, invero, le cose destinate a essere oggetto di diritto vanno distinte tra loro secondo vari criteri. Uno tra essi è il criterio economico-sociale dell'uso normale delle cose in una determinata società: si avranno perciò delle cose consumabili (le *res* che, secondo la loro normale destinazione, non sono suscettibili di un uso ripetuto) e delle cose inconsumabili (di cui è cioè possibile l'uso ripetuto).

Tale classificazione ha, come è chiaro, un carattere strumentale, poiché ai giuristi interessa soprattutto il trattamento differenziato che il diritto deve riservare alle cose, secondo che esse siano consumabili o meno. Ora, noi troviamo nelle fonti romane diverse espressioni per indicare le cose consumabili. L'analisi indica che in tali impieghi vi è stata una qualche evoluzione.

Infatti, le espressioni che fanno riferimento all'*usus* (*res quae usu consumuntur, res quae usu tolluntur, res quae usu continentur, res quae in ipso usu extinguitur*) caratterizzano le cose in via meramente descrittiva, alludono, cioè, al fenomeno della consumazione attraverso l'uso, che è un primo modo, elementare e immediatamente percepito dall'esperienza comune, di individuare quelle *res* come oggetto di una particolare disciplina normativa.

---

[320] A cominciare dalle correzioni alle dottrine di Papiniano, p. es. in D. 4.4.7.10 (*sed quod Papinianus ... ait ... non per omnia verum est*); in D. 33.7.12 (*sed quod de artificibus ait, falsum est*); Vat. fragm. 321 (*quod nescio ubi legerit*), ecc. Cfr. H. E. DIRKSEN, Über die schriftstellerische Bedeutsamkeit des römischen Rechtsgelehrten Aemilius Papinianus, in: ID., Hinterlassene Schriften, II, Leipzig 1871, 476s. Quelle correzioni sono comunque in certo senso irrilevanti, ai fini del giudizio, perché nessun giurista romano ha mai obbedito cecamente al principio di autorità; ed anzi uno dei fondamenti della scienza giuridica sta nella teorizzazione pomponiana per cui *constare non potest ius, nisi sit aliquis iuris peritus, per quem possit cottidie in melius produci* (D. 1.2.2.13).

[321] Cfr. p. es. E. PETIT, op. cit. (sopra, nt. 110) 640 nt. 2, a proposito di D. 15.1.42. Una ampia serie di esempi è comunque offerta da D. DAUBE, Generalisations in D. 18.1, de contrahenda emptione, in: Studi in onore di V. Arangio-Ruiz, I, Napoli s. d., ma 1952, 185ss.; ID., Zur Palingenesie einiger Klassikerfragmente, ZSS RA, LXXVI, 1959, 149ss. In generale, cfr. KASER, Zur Methodologie cit. (sopra, nt. 217), 29, 55, 83 nt. 188s.

[322] Un particolare esempio (relativo a Ulp. D. 12.1.15) è dato da U. VON LÜBTOW, Ulpians Konstruktion des sogenannten Vereinbarungsdarlehens, in: Synteleia Arangio-Ruiz II, Napoli 1964, 1212ss.

[323] Letteratura nel n. Due note sulle cose consumabili nel diritto romano, in: Studi in onore di G. Grosso, II, Torino 1968, 119ss.

Tali forme espressive sono precedenti a Ulpiano. Anche egli se ne serve, utilizzando però anche altre espressioni (*res quae in absumtione sunt, res quae in abusu sunt, in abusu consistunt, in abusu continentur*) e non ricorrendo mai, in rapporto al nostro problema, al verbo *consumere*[324]. Ciò corrisponde in realtà ad una scelta precisa, collegata all'esigenza di andare oltre la descrizione del fenomeno per tentare una definizione e costruire una categoria.

Che poi, in questo tentativo, Ulpiano varii gli impieghi espressivi, non può neppure dipendere dal caso. In effetti, i termini *absumtio, absumo,* si trovano solo in Papiniano[325], Paolo[326] e Ulpiano[327]. Ulpiano esita tra l'impiego papinianeo (*res quae in absumtione*) e il nuovo impiego (*res quae in abusu*) che poi decisamente accetta variandolo più volte. Va detto, infatti, che tutti i testi nei quali la parola *abusus* ha effettivamente il valore di consumazione appartengono a Ulpiano: ciò che è anche potuto apparire come un enigma[328], che a nostro avviso però viene risolto agevolmente, alla luce dei rapporti scientifici correnti tra Paolo e Ulpiano e specialmente alla luce di una nuova definizione dell'usufrutto che era stata data da Paolo[329].

La ricerca definitoria di Ulpiano si inserisce cioè perfettamente nella sua attività di sistematore dei risultati, anche dogmatici, raggiunti dalla giurisprudenza classica, e in specie da Paolo, in tema di usufrutto ed appare giustificata, anzi addirittura necessaria, posto che, venendo ormai l'usufrutto definito come lo *ius alienis rebus utendi fruendi salva rerum substantia,* occorre ora un riferimento al venire meno della *substantia rerum* (o al suo permanere).

Il risultato della ricerca ulpianea, di conseguenza, non è più semplicemente indicativo di un fenomeno. Infatti, il passaggio dall'espressione *usu tolli* e simili, descrittive di un fenomeno, all'altra *in abusu esse* e simili, che definiscono una categoria, avviene, ad opera di Ulpiano, attraverso un termine (*abusus*) il quale acquista qui ed ora un valore tecnico, il valore del venire meno per effetto dell'uso. Ulpiano ne realizza insomma la trasformazione qualitativa, da mero uso linguistico — ricavabile nel suo proprio significato secondo le connessioni in cui l'impiego di volta in volta si effettua — in termine definitorio. Ciò è del tutto conforme, ci pare, alla personalità di Ulpiano e a quella capacità di precisazione e di rigore logico-deduttivo che ne caratterizza ampiamente il metodo[330] e che qui, come in altri casi,

---

[324] Cfr. TLL. s. v. consumo, III A 2, col. 616; v. R. LEONHARD, s. v. consumere, RE VI 1 (1900), 1145 s. Per i passi ulpianei cfr. i n. Studi sul quasi-usufrutto in diritto romano, Milano 1969, 291.

[325] Cfr. Studi cit. (nt. precedente), 292 nt. 59.

[326] Cfr. Studi cit. (nt. 324), 292 nt. 60.

[327] Cfr. Studi cit. (nt. 324), 292 nt. 61.

[328] In questo senso v. D. DAUBE, Greek and Roman Reflexions on Impossible Laws, Natural Law Forum, XII, 1967, 35 nt. 133.

[329] D. 7.1.1. Per tutta questa vicenda cfr. i n. Studi cit. (sopra, nt. 324), 286 ss., 294 ss.

[330] Cfr. p. es. SEIDL, op. cit. (sopra, nt. 19), 97 ss.; ID., Prolegomena zu einer Methodenlehre der Römer, in: Gedächtnisschrift f. R. Schmidt, Berlin 1966, 359 ss.

lo conduce a creare autentiche categorie là dove i giuristi a lui precedenti si erano contentati di operare con semplici distinzioni[331].

Vi sono a dir vero tanti altri esempi di affermazioni ulpianee, che potrebbero apparire ovvie e banali ripetizioni erudite, opera di grammatico del diritto, per dire così. Ma, al contrario, esse hanno una importanza storica indiscutibile, sono e sono rimaste massime di ragionevolezza e non solo di civiltà giuridica. Così, se nel corso di un combattimento pubblico di lotta o di pugilato si uccide, non vi sarà azione, perché l'evento è cagionato *gloriae causa et virtutis, non iniuriae gratia*[332]; un accordo volto a esonerare la controparte dalla responsabilità per dolo non è ammissibile: *nam haec conventio contra bonam fidem contraque bonos mores est et ideo nec sequenda est*[333]; se un oggetto dato in deposito viene restituito danneggiato, si può agire contrattualmente come se la restituzione sia mancata: si può infatti dire che la restituzione è dolosamente mancata[334]; l'accordo tra privati non può derogare al diritto pubblico[335]; il socio del mio socio non è mio socio[336]; nel caso di trasporto per nave di una donna, che partorisca sulla nave, nulla è dovuto per il neonato, e perché si tratterebbe di poca cosa e perché non si usa di tutto ciò che serve ai naviganti[337]; il termine 'schiavo' si riferisce anche alla schiava[338]; come *mater familias* si deve intendere la donna che vive onestamente: sono infatti i costumi che la distinguono dalle altre donne e quindi non importa se sia sposata o vedova, ingenua o libertina, giacché si è *mater familias* non per il matrimonio o per la nascita, bensì per i buoni costumi[339]; il non volere presuppone la possibilità di volere[340]; a colui al quale è consentito il più non può non essere consentito il meno[341]. E per riferire un altro bellissimo caso nella sua interezza, si consideri la seguente decisione di Ulpiano, a proposito della garanzia per vizi occulti della cosa venduta: taluno promette uno schiavo immune da certi difetti, una promessa che, agli occhi di un cavillatore, può apparire impossibile (se il difetto in realtà sussiste) o inutile (se il difetto in realtà manca). Ma il dilemma va respinto — osserva Ulpiano — perché il promittente si impegna non al fatto in sé della assenza del vizio, bensì a subire un rischio (cioè, ad essere responsabile) in rapporto alla garanzia che egli dà in favore della aspettativa del suo creditore[342]. Infine, come esempio di una

---

[331] Il discorso in questa sede si presenta ovviamente semplificato. Il problema della distinzione è infatti gravissimo e il dibattito che su di esso si svolge tocca insieme filosofia, retorica e giurisprudenza. V. p. es. D. NOERR, Divisio und partitio, Berlin 1972, su cui v. la n. rec. in Iura, XXIII, 1972, 246 ss.

[332] 18 ad ed. D. 9.2.7.4.   [333] 30 ad ed. D. 16.3.1.7.

[334] D. eod. 1.16.

[335] 30 ad ed. D. 50.17.45.1.

[336] D. eod. 47.1.

[337] 32 ad ed. D. 19.2.19.7.

[338] 56 ad ed. D. 50.16.40.1. Cfr. anche sopra, nt. 140.

[339] 59 ad ed. D. eod. 46.1.

[340] 3 ad Sab. D. 50.17.3, cfr. D. 29.2.4.

[341] 27 ad Sab. D. 50.17.21.

[342] 42 ad Sab. D. 21.2.31. Cfr. sul problema BETTI, Istituzioni di diritto romano, II, 1, Padova 1962, 209 s., 212 nt. 74.

riflessione tecnica esercitata su un fatto di esperienza e da cui si prende occasione per sottolineare il valore qualificante dell'intervento del giurista sulla realtà, contro le opinioni volgari e moralistiche che non si rendono bene conto del diritto e sono inidonee a garantire l'attuazione della giustizia, si consideri il caso prospettato in D. 47.2.39 (41 ad Sab.): *Verum est, si meretricem alienam ancillam rapuit quis vel celavit, furtum non esse: nec enim factum quaeritur, sed causa faciendi: causa autem faciendi libido fuit, non furtum. et ideo etiam eum, qui fores meretricis effregit libidinis causa, et fures non ab eo inducti, sed alias ingressi meretricis res egesserunt, furti non teneri. an tamen vel Fabia teneatur, qui subpressit scortum libidinis causa? et non puto teneri, et ita etiam ex facto, cum incidisset, dixi: hic enim turpius facit, quam qui subripit, sed secum facti ignominiam compensat, certe non fur est.*

X. Elementi della crisi politica nel tardo Principato

Le testimonianze fin ora offerte consentono di farsi una idea abbastanza ricca e precisa della personalità di Ulpiano come scienziato e giurista[343]. Va completata a questo punto l'esposizione della sua carriera di uomo di stato.

E' opportuno, per far ciò, tenere conto — nel quadro della più ampia crisi dell'impero — degli aspetti per noi maggiormente rilevanti della lotta politica del tempo, in un momento di cesura tra la monarchia militare e l'anarchia militare e in rapporto con il fenomeno di certo abnorme di un impero affidato a donne, bambini, soldati[344]. Gioverà dunque, sia pure per rapidissimi scorci, richiamarsi alle origini più lontane della crisi, che è in particolare modo quella dei rapporti tra imperatore e senato.

In ordine a tali rapporti può ben dirsi che, nel periodo che da Nerva va fino a Marco Aurelio, vi è pur stata una concordanza ideologica tra i due centri di potere: il governo effettivo e l'iniziativa politica e amministra-

---

[343] Per quanto riguarda in particolare il metodo cfr. sopra, nt. 19.

[344] Una riflessione abbastanza ovvia è che „il regno dei giuristi", „l'impero dei giuristi" (sul quale v. anche oltre, cap. XIII e nt. 455) si sia avuto proprio perché il potere, affidato a donne, a bambini, a soldati, richiedeva, si potrebbe dire, l'integrazione della loro capacità, quasi tecnicamente, attraverso una partecipazione diretta dei giuristi. Sotto un altro punto di vista, va invece considerato il ricco materiale discusso da W. HARTKE, Römische Kinderkaiser. Eine Strukturanalyse römischen Denkens und Daseins, Berlin 1951, specialmente 190ss., 207ss. Cfr. altresì A. HEUSS, Römische Geschichte, Braunschweig 1960, 349s. (ed anche 388 sulla scienza del diritto). Recenti documenti sulla attività svolta da Giulia Domna per Caracalla, a conferma di Cassio Dione (LXXVII. 18.2) sono studiati a es. dallo SCHÖNBAUER, op. cit. (sopra, nt. 17), 105s. e dal MILLAR, op. cit. (sopra, nt. 229), 11 nt. 36. Infine, si consideri quanto scrive J. STRAUB, Senaculum, id est mulierum senatus (1966), ora in: ID., Regeneratio imperii..., Darmstadt 1972, 344; e cfr. G. WALSER, Die Severer in der Forschung 1960—1972, ANRW II 2, a cura di H. TEMPORINI, 1975, 621s.

tiva degli imperatori non stravolgono infatti, almeno in linea di massima, l'assetto sostanziale della società e, in concreto, gli interessi della classe senatoria[345]. L'avvento di Commodo, debole, inesperto, suggestionabile, rompe, però, per errori e violenze ingiustificate, l'equilibrio che si era instaurato con Marco Aurelio e conduce alla monarchia militare[346]. Il regno di Commodo rappresenta, infatti, il dominio incontrollato di chi uccideva, promuoveva confische, sovvertiva le leggi e si appropriava di tutto ciò che voleva, dice l'"Historia Augusta': un periodo durante il quale con il denaro si poteva comprare la condanna dei nemici e la propria assoluzione, la commutazione delle condanne e la riduzione delle pene, la sostituzione di persona in caso di esecuzione capitale e il diritto alla sepoltura, per non parlare delle cariche, delle province e così via.[347] Ci si trova in un'epoca di disperazione e di angoscia, sentimenti che, ben oltre il regno di Commodo, illustrano la crisi istituzionale dell'impero. Il MAZZA ha di recente ottimamente riassunto, in proposito, i paraventi ideologici, „l'atteggiamento composto di rassegnazione e idealismo, di velleitarismo e di legalitarismo di fronte alla sentita decadenza"[348]; ha indicato prove di esorcismi di fronte alla realtà, ricordando anche gli appelli all'esistenza della legge ed alla sua permanente validità[349]; ha segnalato, tra il disfacimento delle ideologie, anche quello del diritto[350]; diagnosticando come rinuncia alla politica il richiamo alla moderazione[351], ha visto in ciò un definitivo giudizio di causa persa e l'aprirsi, come unica possibilità, della via verso l'autoritarismo[352].

---

[345] V. da ultimo L. POLVERINI, Da Aureliano a Diocleziano, in questa raccolta (ANRW II 2, a cura di H. TEMPORINI, 1975, 1033 s.) con le note e il richiamo, a es., di G. ALFÖLDY, Septimius Severus und der Senat, Bonner Jahrb., CLVII, 1968, 112ss. Già il MOMMSEN, Römisches Staatsrecht, II, 2³, rist. Graz 1952, 961s. aveva comunque rilevato come fosse stato Settimio Severo a sottrarre i senatori alla giurisdizione imperiale nei processi capitali. Lo ricorda opportunamente P. DE FRANCISCI, Arcana imperii, III, 1, rist. Roma 1970, 342 nt. 3.

[346] Cfr. p. es. F. GROSSO, La lotta politica cit. (sopra, nt. 43), 409s. V. altresì la nt. 353.

[347] SHA Vita Comm. V. 6: (Perennis) quos voluit interemit, spoliavit plurimos, omnia iura subvertit, praedam omnem in sinum contulit. XIII. 7: agebanturque omnia per alios, qui etiam condemnationes in sinum vertisse dicuntur. XIV. 1ss.: per hanc autem neglegentiam, cum et annonam vastarent ii qui tunc rem publicam gerebant, etiam inopia ingens Romae exorta est, cum fruges non deessent. et eos quidem qui omnia vastabant, postea Commodus occidit atque proscripsit . . . . Multi sub eo et alienam poenam et salutem suam pecunia redemerunt. vendidit etiam suppliciorum diversitates et sepulturas et imminutiones malorum et alios pro aliis occidit. vendidit etiam provincias et administrationes, cum ii per quos venderet partem acciperent, partem vero Commodus. vendidit nonnullis et inimicorum suorum caedes. vendiderunt sub eo etiam eventus litium liberti . . . .

[348] Cfr. M. MAZZA, Lotte sociali cit. (sopra, nt. 173), 10.

[349] Ivi, 11, con riferimento a P. Lond. 2565, sul quale v. T. C. SKEAT—E. P. WEGENER, A Trial before the Prefect of Egypt Appius Sabinus c. 250 A. D., JEA, XXI, 1935, 224ss.; J. MOREAU, Krise und Verfall. Das dritte Jahrhundert als historisches Problem (1961), in: Scripta minora, Heidelberg 1964, 34s., 36, 37ss.

[350] Ivi, 9, con richiamo a S. Cipriano. Cfr. p. es. ad Donatum X: incisae sunt licet leges duodecim tabulis, et publice aere praefixo iura praescripta sint, inter leges ipsas delinquitur, inter iura peccatur rell.

[351] Op. cit., 10, con la nota 23 a p. 513.   [352] Op. cit., 11.

Non è questa la sede di una verifica puntuale per tutto ciò che il discorso precedente implica[353]. Occorrerebbe illustrare a fondo le vicende successive, lo stabilirsi della dinastia dei Severi con i fugaci episodi che la precedono o si intercalano, da Pertinace a Didio Giuliano a Settimio Severo, da Pescennio Nigro e Clodio Albino a Caracalla, Geta, Macrino, Antonino Diadumeno, Elagabalo, infine Alessandro Severo[354]. Ma anche nell'ambito di un discorso limitato, potrà forse apparire l'importanza delle vicende dell'ordinamento giuridico, quella dei giuristi in genere e, più in particolare, l'importanza delle vicende relative ad Ulpiano.

XI. Il regno di Severo Alessandro e i pieni poteri di Ulpiano

Erodiano scrive che Severo Alessandro ebbe soltanto il titolo e le forme esteriori del potere imperiale[355]. L'amministrazione dello stato e l'iniziativa in ordine a qualsiasi decisione si trovavano nelle mani della nonna materna, Giulia Mesa, e della madre, Giulia Mamea[356], da cui dipese anche la scelta di sedici senatori, ,,eminenti per l'età veneranda e la vita intemerata, affinché fossero collaboratori e consiglieri del principe; né alcuna deliberazione veniva promulgata e applicata senza che costoro l'avessero in precedenza vagliata ed accolta"[357]. ,,Il nuovo governo" — prosegue Erodiano[358] — ,,era gradito al popolo ed ai soldati, ma soprattutto

---

[353] Tanto più se si tiene conto di una osservazione di G. WALSER, op. cit. (sopra, nt. 344), 632, sulla mancanza di un lavoro recente su Settimio Severo come giurista. V., ad ogni modo, A. DE CEULENEER, op. cit. (sopra, nt. 5), 273ss.; M. PLATNAUER, op. cit. (sopra, nt. 175), 180ss.; soprattutto la sana analisi di M. ROSTOVZEV, Storia economica cit. (sopra, nt. 130), 451ss. (La monarchia militare), con illuminanti riferimenti alla concreta opera di amministrazione della giustizia e alle varie prese di posizione della giurisprudenza, in ordine per es. ai *munera*, alle corporazioni ecc. E' da dire che su questi singoli aspetti non mancano ricerche approfondite e recenti da parte di storici del diritto romano. Quanto al quadro di insieme v. in proposito MAZZA, op. cit. (sopra, nt. 173), 381ss.

[354] Sarà sufficiente un rinvio alla rassegna del WALSER, op. cit. (sopra, nt. 353), 614ss. Un buon esempio di come sia possibile trarre utili conferme anche da una documentazione dubbia è ora la ricerca di J. EADIE, The Reliability and Origin of the Vita Didii Iuliani, Ann. Sc. norm. Pisa (Lett. Fil.), s. III, vol. IV, 4, 1974, 1409ss.

[355] Herod. VI.1.1: παραλαβόντος δὲ τὴν ἀρχὴν ᾿Αλεξάνδρου τὸ ⟨μὲν⟩ σχῆμα καὶ τὸ ὄνομα τῆς βασιλείας ἐκείνῳ περιέκειτο, ἡ μέντοι διοίκησις τῶν πραγμάτων καὶ ἡ τῆς ἀρχῆς οἰκονομία ὑπὸ ταῖς γυναιξὶ διῳκεῖτο, ἐπί τε τὸ σωφρονέστερον καὶ σεμνότερον πάντα μετάγειν ἐπειρῶντο.

[356] V. già sopra, nt. 174.

[357] Herod. VI.1.2: καὶ πρῶτον μὲν τῆς συγκλήτου βουλῆς τοὺς δοκοῦντες καὶ ἡλικίᾳ σεμνοτάτους καὶ βίῳ σωφρονεστάτους ἑκκαίδεκα ἐπελέξαντο συνέδρους εἶναι καὶ συμβούλους τοῦ βασιλέως· οὐδέ τι ἐλέγετο ἢ ἐπράττετο, εἰ μὴ κἀκεῖνοι αὐτὸ ἐπικρίναντες σύμψηφοι ἐγένοντο. Sul valore da dare a questa testimonianza in rapporto ai problemi del *consilium principis* v. già sopra, nt. 232.

[358] Non va dimenticata la contemporaneità di Erodiano rispetto agli avvenimenti di cui si fa testimone. Cfr. di recente F. CASSOLA, Sulla vita e la personalità dello storico Erodiano,

al senato, in quanto si allontanava dall'assolutismo tirannico, ispirandosi ai principii aristocratici". Tutte le funzioni politiche, amministrative e giudiziarie erano affidate a uomini esperti nel diritto e famosi per la loro dottrina e le cariche militari a ufficiali di provata abilità, distintisi per il valore e le doti organizzative[359]. „Nessuno potrebbe ricordare, sotto il governo di Alessandro, che pure durò tanti anni, un uomo ucciso senza processo"[360].

Questi ed altri giudizi consimili sul 'buon principe', riferiti dalle fonti, trovano sostegno anche in altre testimonianze certamente attendibili. Tale è il caso del P. Fay. 20[361], contenente ciò che con molta efficacia è

Nuova Riv. stor., XLI, 1957, 213ss.; ID., Sull'attendibilità dello storico Erodiano, Atti Acc. Napoli, n. s., VI, 1957, 191ss.; ID., Erodiano e le sue fonti, Rend. Acc. Arch. Napoli, XXXII, 1957, 165ss.; ID., Introduzione a Erodiano. Storia dell'impero romano dopo Marco Aurelio, Firenze 1967, VIIss. Da ultimo si v. F. KOLB, Literarische Beziehungen cit. (sopra, nt. 90).

359 Herod. VI.1.4: τάς τε πράξεις ἀπάσας καὶ τὰς διοικήσεις, τὰς μὲν πολιτικὰς καὶ ἀγοραίους ἐνεχείρισαν τοῖς ἐπὶ λόγοις εὐδοκιμωτάτοις καὶ νόμων ἐμπείροις, τὰς δὲ στρατιωτικὰς τοῖς ἐξετασθεῖσί τε καὶ εὐδοκιμήσασιν ἐν εὐτάκτοις τε καὶ πολεμικαῖς πράξεσιν. Per la caratterizzazione del pensiero politico di Erodiano in senso ,,borghese" cfr. MAZZARINO, Il pensiero cit. (sopra, nt. 91), II, 2, 204ss. Cfr. anche Dio C.-Zon. 12, 15, p. 119—120 (CARY, Loeb Class. Libr., IX, 488).

360 Herod. VI.1.7 in fine: . . . ὑπ' Ἀλεξάνδρου δ'οὐκ ἄν τις εἰπεῖν ἔχοι ἢ μνημονεῦσαι ἐν ἔτεσι τοσούτοις ἀκρίτως φονευθέντα. Cfr. anche id., VI.9.8. Sul topos dell'ἄκριτον κτείνειν v. ad es. J. M. KELLY, Demokratie und Strafverfahren in der klassischen Literatur, in: Synteleia Arangio-Ruiz, Napoli 1964, 673ss.

361 Col. II 1 ὅπ[ω]ς μὴ διὰ τὸ τῆς χαρᾶς τῆ[ς] ἑαυτῶν δηλώσωσι ποιήσασθαι ἐσ[.]τιν, ἣν ἐπ' ἐμοὶ παρελθόντι ἐπὶ τὴν ἀρχήν.
2 ἔχουσιν, βιασθεῖεν μείζω ἢ δύνανται. ὅθεν μοι παρέστη τὸ βούλευμα τοῦτο οὐδὲ ἀποδέοντι παραδιγμάτων,
3 ἐν οἷς Τραϊανόν τε καὶ Μᾶρκον τοὺς ἐμαυτοῦ προγόνους αὐτοκράτορα⟨ς⟩ δὲ μάλιστα δὴ θαυμάσαι ἀξίους
4 γεγενημένους ομ[.]ιμεῖσθε ἔμελλον, ὦν καὶ πρὸς τὸ ἀλλαγὴν προαιρήσειν τὴ⟨ν⟩ νῦν ἐγὼ γνώμην ποιοῦμαι,
5 ὡς εἴ γε μὴ τὸ τῆς π[α]ρὰ τοὺς καιροὺς δημοσίους ἀπορείας ἐμποδὼν ἦ⟨ν⟩, πολὺ ἂν φανερωτέραν τὴν ἐμαυτοῦ
6 μεγαλοψυχίαν ἐπιδικ[ν]ύμενος οὐδ' ἂν ἐμέλλησα καὶ εἴ τι ἐκ τοῦ παρελθόντες χρόνου ἐκ τῆς τοιουτοτρό-
7 πους συντελείας κατιὸν ὠφίλετο καὶ ὁπώσα πρὸς τὴν Καίσαρος προσηγορείαν ἐπὶ τὸ τῶν στεφάνων ὄνομα
8 ἐψηφίσμεθα πρότερον καὶ ἔτι ἐψηφισθησόμεθα κατὰ τὴν αὐτὴν αἰτίαν ὑπὸ τῶν πόλεων εἴη, καὶ ταῦτα
9 ἀνεῖγαι. ἀλλὰ ταῦτα μὲν οὐκ οἶμαι δι' ἃ μεικρὸν ἔνπροσθεν εἶπον, ταὐτὰ δὲ μόνα ἐπαναφέρειν τὰς πόλις,
10 ὡς ἐχ τῶν παρόντων ὁρῶ, δυναμένα⟨ς⟩ οὐ παρεῖδον. Διόπερ ἴστωσαν ἅπανταις ἔν τε ταῖς πόλεσιν ἁπάσαις
11 ταῖς τε κατ' Εἰταλείαν κα[ὶ] ταῖς ἐν τοῖς ἄλλοις ἔθνεσιν, καὶ ἐπὶ τῆ προφάσι τῆς ἐμαυτοῦ ἀρχῆς τῆς αὐτοκράτορος,
12 ἐφ' ἣν καὶ βουλομένων καὶ εὐχομένων ἁπάντων παρῆλθον, ἀντὲ τῶν χρυσῶν σταφάνων χρή με τὰ ἀπα[ι]τη-
13 θέντα ἀνεῖναι αὐταῖς, τοῦτο δὲ οὐ διὰ περιουσίαν πλούτου ποιοῦντα ἀλλὰ δι⟨ὰ⟩ τὴν ἐμαυτοῦ προαίρεσιν, δε[.]
14 . . .[. . .]. . .γορ[.]μει καίπερ κέκμηκα τὸ κλῖνον ἀναλήμψασθαι, οὐχ ὅρων ζητήσσειν ἀλλὰ σωφρο[σύνη],

stato chiamato 'il discorso della corona' di Severo Alessandro[362]. In esso, dichiarando la propria intenzione di rimettere l'*aurum coronarium*[363], dovuto per la sua accessione alla dignità di Cesare[364], il principe dichiara che tale misura nasce dalla volontà di lottare per arrestare la decadenza, con una politica di saggezza, umanità e benefici[365].

15 μόҫον οὐ πρὸς τὸ [ῐ]διον γεινομένων ἀναλωμάτων. οὐδὲ γὰρ τοῦτό μοι
    σπουδὴ [ἔ]σται [ἐ]πὶ ἐξαπαιτή[σει]
16 χρη⟨μ⟩άτων πλὴν μᾶλλον φιλανθρωπίᾳ τε καὶ εὐεργεσσίαις συναυξῆσαι
    τὴν ἀρχήν, ἵνα μου [ἡ τύχη]
17 καὶ τοῖς ἡγεμόσιν ται κα⟨ὶ⟩ ἐπιτροπίαι παρ' ἐμοῦ ἀπεσσταλμένοις, οὕς
    ἐγὼ εἰς τὸ ἀκριβέστατον δοκιμείσας
18 καὶ προελόμενος [ἀ]πέσστιλα, κἀκαίνοις συνβουλεύσασα εἴη ὡ⟨ς⟩ μετριω-
    τάτους παρέχειν αὐτούς μᾶλλον
19 γὰρ τῇ καὶ μᾶλλον [ο]ῖ τῶν ἐθνῶν ἡγεμόνεσσι καταμάθοιεν ἄν, μεθ'
    ὅσης αὐτοὺς προθυμίας φείδεσθαι καὶ
20 [π]ροσορᾶσθαι τῶν ἔθνους, οἷς ἐπεσστήκασι, προσέκει, ⟨αἱ⟩ ἀποτέ-
    ⟨τα⟩κται τὸν αὐτοκράτορα ὁρᾶν πᾶσειν αὐτοῖς
21 μετὰ τοσαύτης κοσμιότητος καὶ σοφρωσύνης καὶ ἐνκρατίας τὰ τῆς βασι-
    λίας διοικοῦντα. Τούτου τοῦ ἐμα[υτοῦ]
22 δόγματος ἀντίγραφα τοῖς κατ' ἑκάστην πάλιν ἄρχουσιν γενέσθω ἐπι-
    μελὲς εἰς τὸ δημοσίαν μάλιστα ἔστα[ι]
23 σύνοπτα τοῖς ἀναγινώσκουσου.

24 α Παῦνι

Il papiro in questione è in A. S. HUNT—C. C. EDGAR, Select Papyri, II, Loeb Class. Libr. 1934, rist. 1956, n. 216. Il testo è qui dato secondo W. SCHUBART, Zum Edikt über das aurum coronarium, Arch. Pap. F., XIV, 1941, 44 ss., con ampio commento.

[362] CL. PRÉAUX, Sur le déclin de l'empire romain au IIIe siècle de notre ère. A propos de P. Fayum 20, Chron. d'Egypte, XXXI, 1941, 123 ss. V. anche di recente A. U. STYLOW, Libertas und Liberalitas. Untersuchungen zur innenpolitischen Propaganda der Römer, Diss. München 1972, 70 ss., 182 con letteratura (e cfr. le rec. di R. SEAGER, JRS, LXIII, 1973, 256; H. W. RITTER, Gymnasium, LXXXI, 1974, 441 s.). Non vidi M. L. FELLNER, Der Pap. Fayum 20, Diss. Erlangen 1954.

[363] Cfr. E. GABBA, Progetti di riforme economiche e fiscali in uno storico dell'età dei Severi, in: Studi in onore di A. Fanfani, I, Milano 1962, 41 ss., 47 nt. 16: un saggio particolarmente importante, sotto vari profili, non ultimo quello dell'interpretazione positiva di SHA Vita Alex. XXI. 2; XXVI. 2, ecc. V. anche ROSTOVZEV, op. cit. (sopra, nt. 353), 502 nt. 56, anche su questo ultimo punto, in ordine al quale resta invece dubbioso il MAZZA, op. cit. (sopra, nt. 173), 203 s., con le relative note, che accetta piuttosto l'idea della idealizzazione, per quanto riguarda le riforme attribuite a Severo Alessandro, svalutando però (almeno così ci sembra) il confronto con i dati giuridici e dando nello stesso tempo troppo credito (forse) alla necessità di attestazioni che provengano da altre fonti meno sospette. Ci pare, da questo punto di vista, che sia possibile tener fermo alle possibilità del sistema ed accettare di conseguenza, nei limiti della verosimiglianza e della alta probabilità di una politica siffatta, l'indicazione positiva della 'Vita Alexandri' nei passi relativi (anche a es. Vita Alex. XL. 2). Sull'*aurum coronarium* v. comunque MAZZA, op. cit., 320 s., 444 s.; ed anche sopra, con riferimento all'analisi di Filostrato: nt. 173. In generale v. oltre, 771 s.

[364] Cfr. sul cesarato di Severo Alessandro G. FORNI, La correggenza di Severo Alessandro a proposito di un frammento di diploma militare ritrovato a Lodi, Arch. stor. lodigiano, fasc. 1, 1959, 3 ss., nonché S. DUŠANIČ, Severus Alexander as Elagabalus' Associate, Historia, XIII, 1964, 487 ss.

[365] Σωφροσύνη, φιλανθρωπία, ἐγκράτεια, κοσμιότης, ecc.

Moderazione, zelo, previdenza, preoccupazione dell'ordine e della misura[366]: parole d'ordine e attività strumentali che corrispondono perfettamente a quei criteri che si ritrovano in Erodiano, ma anche nella 'Historia
Augusta'[367], a fondamento di una filosofia di restaurazione senatoria che
va ben oltre la reazione ai misfatti di Elagabalo, quando lo stato era
caduto tanto in basso che non c'era nessuno capace di porre fine allo scan-
dalo[368].

Vi si può vedere, senza difficoltà, un vero programma generale di
governo, reso noto a tutti gli amministrati (altro tratto degno di nota) e
da ricondursi certamente alla cancelleria imperiale, cioè, nella sostanza,
ai consiglieri del giovane principe, senatori e funzionari, ,,uomini esperti
nel diritto e famosi per la loro dottrina''[369]. E' possibile riconoscervi, insomma, la mano di Ulpiano[370].

Come è stato rilevato di recente, gli storici dell'età dei Severi usavano
interpretare il regno di Severo Alessandro come ,,un blocco di tredici anni
di potere . . . dominato dalla prefettura di Ulpiano fino al 228''[371]. La pubbli-

---

[366] Quando si parla di ordine e legge si dimentica spesso il quadro in cui collocare tali
espressioni, assegnando loro valori assoluti e parlando dell'ordine e della legge, anziché
di un ordine e di una legge. Osservazione scontata, che però è opportuno ripetere, contro
la perdita di significato storico che si annida in tutti i clichés. E così, se vi è stato un
Augusto, restauratore dell'ordine (cfr. F. DE VISSCHER, Rev. génér., 1938, 484ss.) e un
Costantino, restauratore dell'ordine (cfr. J. GAUDEMET, in: Studi in onore di S. Solazzi,
Napoli 1948, 652ss.) è fin troppo chiaro che non si tratta affatto dello stesso 'ordine' e
dello stesso programma politico, non diversamente da quanto accade nel caso di Severo Alessandro. È da rilevare come una certa congruenza sia possibile, invece, tra l'appello all'ordine
e la lotta contro la corruzione intrapresa da Severo Alessandro e il programma e l'attività
dell'imperatore Giuliano. Su ciò, v. da ultimo R. ANDREOTTI, Problemi del 'suffragium'
nell'imperatore Giuliano, Atti I conv. intern. (1973), Accademia romanistica costantiniana,
Perugia 1975, 3ss., 25e e nt. 67; cfr. già l'ampio materiale raccolto da P. LOUIS LUCAS,
op. cit. (sopra, nt. 234) 307 e nt. 53 (su Alessandro contro i *suffragatores* e i venditori di
fumo), 337 e note 111 e 112; e v. anche W. GOFFART, Did Julian combat venal 'suffragium'?,
Class. Phil., XLV, 1970, 145ss.

[367] V. oltre, 771ss. e cfr. MAZZARINO, op. cit. (sopra, nt. 91), II, 2, 204ss.

[368] Vita Helag. XXIV. 1: . . . *ita nemo in re publica tum fuit qui istum a gubernaculis Romanae
maiestatis abduceret* . . . Cfr. MAZZARINO, op. cit. (sopra, nt. 91), II, 2, 216ss.

[369] Herod. VI. 1.4 (cit. sopra, nt. 359). L'ispirazione non sarà certo dovuta alla madre, la cui
avarizia e avidità d'oro e d'argento è particolarmente sottolineata dalle fonti (p. es.
Herod. VI. 1.8).

[370] Cfr. U. WILCKEN, Zu den Edikten, ZSS RA, XLII, 1921, 150ss., 156 (qui anche per i
riferimenti al parallelismo tra Erodiano ed il tenore dell'editto). Si noti infine che la
pubblicazione ha luogo alla fine del giugno (24 o 30 giugno) del 222. Contro la sopravvaluta-
zione dell'intonazione 'senatoria' del regno di Severo Alessandro v. già, peraltro, A. S. HOEY,
in: R. O. FINK, A. S. HOEY, W. SNYDER, The Feriale Duranum, Yale Class. Studies, VII,
1940, 1ss., 34 e nt. 77 con richiamo di letteratura. Cfr. anche ivi, 37 nt. 100, l'interessante
osservazione su un intervento di Ulpiano nella composizione del Feriale, astrattamente
prevedibile, a stare alla data fissata dagli editori tra il 225 e il 227, ma con un
margine di verosimiglianza, ora, sulla scorta della recente proposta di H. W. BENARIO,
The Date of the Feriale Duranum, Historia, XI, 1962, 192ss., che la anticipa al
223.

[371] Cfr. F. GROSSO, Il papiro Oxy. 2565 cit. (sopra, nt. 169), 205ss.

cazione, avvenuta nel 1966 a opera di J. REA[372], di P. Oxy. 2565, permettendo di identificare il prefetto di Egitto del 224, Epagato[373], ha consentito, da un lato, di situare al 223 la morte di Ulpiano[374], da un altro lato, di individuare alcuni aspetti prima incerti e ambigui della lotta politica di quegli anni.

Abbiamo già visto che Ulpiano era stato assessore di Papiniano all'incirca negli anni dal 194 al 199[375] e che gli era succeduto nell'ufficio di *magister libellorum*[376]. Sappiamo anche che egli ha svolto la sua più intensa

---

[372] Cfr. sopra, nt. 25. Diamo qui il testo e la traduzione dell'editore J. REA.

(a)

Iuli]an[o] et Crispino co(n)s(ulibus)
an]n[o I]II Imp(eratoris) Çaesaris Marci Aureli
Seve]ri Alexandri Pii Felicis Aug(usti)
men]se Pauni die
5   *Alex]a[nd]r(iae) ad Aeg(yptum)*
     apud] M. Aurelium Epagathum pr(a)ef(ectum) Aeg(ypti)
     M. Au]relius Marsus q(ui) e(t) Serenus
     p]rofessus est sibi filium na-
     tum es]se M. Aurelium Sarapionem
10   *]l [ ] m* καὶ ὡς χ(ρηματίζει)
     ] sua pri(die) Id(us) Aug(ustas) q(uae) f(uerunt)
     Grato] e[t] Seleuco co(n)s(ulibus)

(b)

(2nd hd.)   *Iulian[*
         a [
15   *Tiberi[*
     fort [
     filiam [
     Theo[
     Iunias q[(uae) f(uerunt)

"In the consulship of Iulianus and Crispinus, the third year of the Emperor Caesar Marcus Aurelius Severus Alexander, Pious, Happy, August, in the month of Payni, the ... th day, at Alexandria near Egypt, before M. Aurelius Epagathus, prefect of Egypt, M. Aurelius Marsus, also called Serenus, ... declared that there was born to him a son, M. Aurelius Sarapion, by ..., his wife (?), on the day before the Ides of August which fell in the consulship of Gratus and Seleucus."

[373] Cfr. già HOWE, op. cit. (sopra, nt. 199), 100ss. e comunque PIR. III² E. 67, p. 80 (STEIN), Inoltre, v. MODRZEJEWSKI—ZAWADZKI, op. cit. (sopra, nt. 17), 575ss., 610; BOULVERT, op. cit. (sopra, nt. 228), 442; O. W. REINMUTH, A working List of the Prefects of Egypt 30 B.C. to 299 A.D., Bull. Am. Soc. Papyr., IV, 1967, 75ss., 113 (non vidi); da ultimo, G. BASTIANINI, Lista dei prefetti d'Egitto dal 30ª al 299ᵖ, Zeitschr. f. Papyr. u. Epigr., XVII, 1975, 263ss., 309.

[374] MODRZEJEWSKI—ZAWADZKI, op. cit. (sopra, nt. 17), 565ss.; GROSSO, Il papiro cit. (sopra, nt. 169), 206ss.

[375] Sopra, nt. 227.

[376] Sopra, nt. 228. V., comunque, per le notizie e la discussione sulla loro attendibilità, KUNKEL, op. cit. (sopra, nt. 9), 246 nt. 510; REINTJES, op. cit. (sopra, nt. 228), 55ss. (*a libellis*); MODRZEJEWSKI—ZAWADZKI, op. cit. (sopra, nt. 17), 588 nt. 68, con richiamo del PASSERINI, op. cit. (sopra, nt. 169), 325s.; dell'HONORÉ, op. cit. (sopra, nt. 164), 189, 207s. e di altri autori. V. da ultimo, in senso contrario, A. BIRLEY, op. cit. (sopra, nt. 169),

attività di scrittore, dalla maggior parte del commento all'editto a molte
parti di altre opere ed almeno fino al libro 33° del commento a Sabino,
negli anni dell'impero di Caracalla[377]. E' anche da ricordare la notizia che
egli sarebbe stato rimosso dal suo posto amministrativo sotto Elagabalo,
ut bonum virum, avendo però salva la vita[378]. Ad ogni modo, la testimonianza di una costituzione di Alessandro, contenuta in C. 8.37.4, ci assicura
della presenza di Ulpiano nella amministrazione attiva e della ripresa di
una carriera certamente brillante: Elagabalo viene assassinato dai pretoriani
il 10 marzo del 222[379] e già il 31 marzo Ulpiano appare come *praefectus annonae*[380] ed *amicus*[381] del nuovo imperatore: *Imperator Alexander Augustus
Sabinae. Secundum responsum Domitii Ulpiani praefecti annonae iuris
consulti amici mei ea, quae stipulata est, cum moreretur, partem dimidiam dotis
cui velit relinquere, reddi sibi, cum moreretur, eam partem dotis stipulata
videtur*[382].

Dopo appena otto mesi, ritroviamo Ulpiano assunto al rango di prefetto
al pretorio e *parens* dell'imperatore[383]: una caratterizzazione, quest'ultima,

---

341, e in senso favorevole, basandosi su Eutropio, SYME, Three Jurists cit. (sopra,
nt. 227), 316, 318, 321 (richiamando qui, nt. 38, un suggerimento di W. SESTON e collo-
cando quell'ufficio sotto il cesarato di Alessandro; per tale cesarato v. sopra, nt. 364).
[377] Per tutti v. HONORÉ, op. cit. (sopra, nt. 164), 210s.
[378] Vita Helag. XVI. 4: *Removit et Ulpianum iurisconsultum ut bonum virum et Silvinum
rhetorem, quem magistrum Caesaris fecerat. Et Silvinus quidem occisus est, Ulpianus vero
reservatus.* Cfr. JARDÉ, op. cit. (sopra, nt. 87), 37 nt. 3; PASSERINI, op. cit. (sopra, nt. 169),
236 nt. 1. Cfr. Aur. Vict. Caes. 24.6: *Adhuc Domitium Ulpianum, quem Heliogabalus praetorianis praeefecerat, eodem honore retinens Paulloque inter exordia patriae reddito, iuris
auctoribus, quantus erga optimos atque aequi studio esset, edocuit.*
[379] Cass. D. LVIII. 3.3; CIL VI. 1454.
[380] Il rango del titolare di tale ufficio (terzo in genere dopo il *praefectus praetorio* e il *praefectus
urbi*; o quarto, se si considera il *praefectus Aegypti*: cfr. DE MARTINO, op. cit. [sopra,
nt. 229], IV, 1, 652ss.) è già notevole, date ovviamente le competenze. In concreto, i
problemi da affrontare nell'ambito di tali competenze non mancavano di certo: v. p. es.
A. CHASTAGNOL, Recherches cit. (sopra, nt. 199), 30s., 31 nt. 113e specialmente H. P.
KOHNS, Wirtschaftliche Probleme in der Historia Augusta (Zu A. S. 21f.), Historia-
Augusta-Colloquium 1964—65 (Antiquitas 4, 3), Bonn 1966, 99ss. Può darsi, dunque,
che la nomina avesse anche un profilo per dir così tecnico, data la competenza istituzionale
volta ad evitare speculazioni, a istruire e giudicare reati e liti annonarie, ecc. Sembra
tuttavia più probabile un carattere meramente politico-gerarchico della nomina in
questione. Il *responsum* ulpianeo, al quale rinvia la costituzione imperiale, è riferito,
infatti, non al *praefectus annonae* ma esplicitamente allo *iurisconsultus*. Si cfr. anche in
particolare le critiche allo STRAUB presentate da A. CAMERON, nella recensione cit. (sopra,
nt. 232), JRS, LV, 1965, 240ss., 242ss.
[381] Cfr. CROOK, op. cit. (sopra, nt. 231) ad ind., s. v. amici principis; ed anche ivi, 163 n. 136,
per Ulpiano.
[382] Per il problema giuridico cfr. P. BONFANTE, Corso di diritto romano I. Diritto di famiglia,
rist. a cura di G. BONFANTE e G. CRIFÒ, Milano 1963, 476 nt. 3. Adde Vat. fragm. 98
(Paolo).
[383] C. 4.65.4.1 (1° dicembre 222). *Imp. Alexander A. Arrio Sabino. Et divi Pii et Antonini
litteris certa forma est, ut domini horreorum effractorum eiusmodi querellas deferentibus
custodes exhibere necesse habeant nec ultra periculo subiecti sint. 1. Quod vos quoque adito
praeside provinciae impetrabitis. qui si maiorem animadversionem exigere rem deprehenderit,
ad Domitium Ulpianum praefectum praetorio et parentem meum reos remittere curabit.*

che potrebbe anche essere il risultato di una discussione sulla tutela che egli avrebbe esercitato nei confronti del giovanissimo imperatore[384].

Se ci si sofferma su questo punto, sarà forse possibile vedere abbastanza chiaramente quali giochi di potere possono essersi svolti dietro il rapido avanzamento di Ulpiano, il suo passaggio dall'una all'altra carica e il passaggio dall'epiteto di *amicus* a quello di *parens* di Severo Alessandro. In effetti, all'inizio del regno deve essersi verificato un periodo di assestamento, al quale è seguito il precipitarsi di eventi sanguinosi, culminati, per quanto ci riguarda, nell'uccisione di Ulpiano e nella successiva esecuzione del diretto colpevole, Epagato[385]. Seguirà, nel 225, un sia pur momentaneo equilibrio politico. Ebbene, tutto ciò pare collegato all'affermazione e, correlativamente, al successivo venir meno del predominio di Giulia Mamea, madre di Alessandro[386] ed esponente di quel potere delle donne che, iniziato da Giulia Domna[387], continua con Giulia Mesa, nonna materna, attraverso Giulia Soemiade, di Elagabalo e, attraverso Giulia Mamea, di Alessandro[388]. Vi è, per Mamea[389], una notizia della 'Historia Augusta' alla quale già si è

---

2. *Sed qui domini horreorum nominatim etiam custodiam repromiserunt, fidem exhibere debent.* PP. k. Dec. Alexandro A. cons. Si tratta di una decisione di notevole importanza, sulla quale v. da ultimo le considerazioni di C. ALZON, Problèmes relatifs à la location des entrepôts en droit romain, Paris 1965, 42s., 186 nt. 870 e pass. (e cfr. n. rec. in Revue belge phil. hist., XLVI, 1968, 986ss.).

[384] Sulla questione della tutela v. anche sopra, nt. 198. Che l'appellativo possa anche indicare la deferenza dovuta alla differenza di età è ben possibile: cfr. p. es. GROSSO, op. ult. cit., 207 nt. 9; M. DE DOMINICIS, Quelques remarques sur le bâtiment public à Rome dans les dispositions normatives du Bas Empire, Atti Accademia costantiniana cit. (sopra, nt. 366), 130 nt. 31. Valore aulico ed origine ellenistica della denominazione, oltre alla sua superiorità rispetto a quella di *nutritor* sono rilevati già dal GROSSO, La lotta politica cit. (sopra, nt. 43), 318 nt. 3. V. anche ivi, 268 nt. 1, in particolare sul caso di Ulpiano, la critica al PFLAUM, Le marbre de Thorigny, Paris 1948, 41ss.; ID., Carrières cit. (sopra, nt. 227), p. 765. Non vidi A. STEIN, Le marbre de Thorigny, Eunomia, I, 1957, 1ss. e cfr. GROSSO, Il papiro cit. (sopra, nt. 169), 207 nt. 10.

[385] Ricostruzione eccellente e particolarmente verosimile dei fatti in MODRZEJEWSKI—ZAWADZKI, op. cit. (sopra, nt. 17), 577ss.

[386] Ed anche *mater universi generis humani, mater castrorum, mater senatus, mater patriae, mater Augusti.* Cfr. JARDÉ, op. cit. (sopra, nt. 87), 21 nt. 3; H. I. INSTINSKY, Studien zur Geschichte des Septimius Severus. I., Klio, XXXVI, 1942, 200ss. V. anche oltre, nt. 388.

[387] V. sopra, nt. 170.

[388] V. per i dati prosopografici relativi a Giulia Domna, Giulia Mesa, Giulia Soemiade e Giulia Mamea, PIR² IV, Berlin 1966, ad nomina (L. PETERSEN) e cfr. WALSER, op. cit. (sopra, nt. 353), 621 s. V. anche sopra, cap. V.

[389] Giulia Mamea è dunque ,,la filocristiana madre di Severo Alessandro ed effettiva dominatrice dell'impero" (così S. MAZZARINO, L'impero romano, in: G. GIANNELLI—S. MAZZARINO, Trattato di storia romana, II, Roma 1962², 310). Sarà opportuno prendere lo spunto dalla qualificazione riferita ('filocristiana') per tracciare a questo punto le linee dei rapporti tra Ulpiano e il cristianesimo: un problema (va subito detto) che allo stato delle nostre conoscenze non sembra comunque di molto rilievo. E' appena il caso di richiamare la rappresentazione che il MAZZARINO ha dato del cristianesimo di questo periodo, intorno alla economia statale e a quella ecclesiastica, la banca, l'elemosina e il fisco, ,,l'epoca di Ippolito" e le ,,persecuzioni" contro i Cristiani, il concetto cristiano del tempo, le nazionalità contadine dell'impero, i vari aspetti delle persecuzioni anticristiane e della socialità cristiana: temi trattati più volte in modo suggestivo e magistrale, p. es. ne

(Proseguimento della nota 389)

L'impero romano cit. sopra, 291ss. Per quanto riguarda comunque il nostro specifico problema, la valutazione tradizionale, da cui si può partire, è data a es. in Lenain de Tillemont, op. cit. (sopra, nt. 204), III, 157ss. (sulla imperatrice cristiana; ma ivi, 475, nota, sulle difficoltà che incontra tale qualifica; sul rispetto di Alessandro verso la madre, verso la religione in genere e Gesù Cristo, ecc. ecc.). D'altra parte, si v. ivi, 190, il giudizio grandemente interessante su Ulpiano: «*Mais peut estre aussi que toutes les excellentes qualitez qu'on attribue à ce jurisconsulte, n'estant point fondées sur la verité de la foy et sur la solidité de la charité Chrétienne, elles n'empeschoient pas que son coeur ne fust dominé par une ambition secrete, capable de le porter aux plus grands crimes* [non si allude unicamente, a quel che pare, alla uccisione di Flaviano e Cresto; l'espressione è comunque generica], *pourvu qu'ils pussent estre ou cachez ou déguisez aux yeux des hommes: et la haine qu'il avoit pour les Chrétiens, pouvoit bien meriter que Dieu l'y abandonnast*».

In realtà, in questo stesso periodo ,,né Cassio Dione né Erodiano toccano, in questo mondo penetrato di cristianesimo, il problema cristiano: nei loro scritti neanche un cenno alla nuova religione" [Mazzarino, Il pensiero cit. (sopra, nt. 91), II, 2,200]. E con ciò siamo messi sull'avviso. E' opportuno, comunque, dare conto in breve del rapporto che artificiosamente è stato costruito tra Ulpiano e il cristianesimo (e v. già sopra, quanto si è detto circa una possibile relazione tra Galeno ed Ulpiano anche in ordine a tale problema: sopra, nt. 44). Il problema nasce da un celebre passaggio di Lattanzio, div. inst. V. 11.18—19 (CSEL XIX, 1890 Brandt): *haec est deorum disciplina, ad haec opera cultores suos erudiunt, haec sacra desiderant. quin etiam sceleratissimi homicidae contra pios iura impia condiderunt: nam et constitutiones sacrilegae et disputationes iuris peritorum leguntur iniustae. 19. Domitius de officio proconsulis libro septimo rescripta principum nefaria collegit, ut doceret quibus poenis adfici oporteret eos qui se cultores dei confiterentur.* E si cfr. anche ivi, V. 17.1: *Quid iis facias qui ius vocant carnificinas veterum tyrannorum adversus innocentes rabide saevientium? Et, cum sint iniustitiae crudelitatisque doctores, iustos se tamen ac prudentes videri volunt, caeci et hebetes et rerum et veritatis ignari.* Etc. Sul testo si cfr. ora Lactance, Institutions divines livre V. Introduction, texte critique, traduction par P. Monat (Sources chrétiennes 204), Paris 1973, I, 31 e nt. 2, 59 (sui problemi del diritto e della giustizia, con rinvio al Ferrini [v. oltre]); II (Commentaire), 109, per brevi osservazioni al testo, con rinvio a J. Moreau, La persécution du christianisme dans l'Empire romain, Paris 1956, 67s. e a A. Schneider, Le premier livre Ad nationes de Tertullien (Bibl. helvetica romana IX), Rome 1968, 171ss., con ampio panorama critico dei rapporti tra impero e cristianesimo.

Si può partire dalla affermazione che, verso il 192, ,,i cristiani godono la pace" [cfr. Mazza, op. cit. (sopra, nt. 173), 286, 635 nt. 85, con richiamo al Mazzarino e al Frend] e, più concretamente, dal quadro problematico relativo alla legislazione anticristiana: cfr. p. es. T. D. Barnes, Legislation against the Christians, JRS, LVIII, 1968, 32ss.; M. Hammond, The Antonine Monarchy: 1959—1971, in questa raccolta, ANRW II, 2, 1975, a cura di H. Temporini, 343ss.; G. R. Stanton, Marcus Aurelius, Lucius Verus, and Commodus, ivi, 528ss. Da ciò si ricava una idea, che crediamo fondata, di sostanziale tolleranza e di repressioni sporadiche e comunque localizzate, di cui danno conto p. es. gli 'Acta martyrum': sui quali v., con una efficace sintesi delle discussioni sul fondamento giuridico delle azioni intentate contro i Cristiani — legge speciale, *coercitio*, diritto comune —, con testimonianze e problemi, G. Lanata, Gli atti dei martiri come documenti processuali, Milano 1973, 41ss.

Punti principali della nostra problematica sono comunque i seguenti: a) nel nostro periodo, un atteggiamento specifico dei giuristi qualificabile come anticristiano non avrebbe potuto esserci, comunque, almeno fino alla caduta di Plauziano (v., per ciò, de Ceuleneer, op. cit. [sopra, nt. 5], 222ss. b). Uno spirito anticristiano si sarebbe avuto però, ad ogni modo, nell'alta burocrazia: così, ad es. Lenain de Tillemont e tutti coloro che lo hanno seguito nel fatto di ricavare tale idea, sostanzialmente, e unicamente, dalla testimonianza di Lattanzio relativa ad Ulpiano (cfr. a es. K. Bihlmeyer, Die ,,syrischen" Kaiser zu Rom (211—235) und das Christentum, Rottenburg a. N. 1916, 33). Si tratta, in proposito, di un autentico luogo comune, quello dell'*inveteratum odium in Christianos* di Ulpiano,

(Proseguimento della nota 389)

discusso specialmente da P. DE TOULLIEU, Oratio de Ulpiano an Christianis infenso?, Groningae 1724 (non vidi, ma cfr. RUDORFF, Ueber den liber de officio proconsulis, Ab. Ak. Wiss. zu Berlin, phil. hist. Kl., 1865, 233ss., 262 nt. 2). A dir vero, non pochi autori hanno tentato di sollevare dubbi in proposito: a es. G. GROTIUS, Domitii Ulpiani Vita . . ., in: A. SCHULTING, Iurisprudentia vetus cit. (sopra, nt. 48), 554ss., 556ss. (ed ivi, note 1 e 2, l'importante presa di posizione dello SCHULTING che giustamente rifiuta l'ipotesi di un Domizio, autore dei 'Libri de officio proconsulis', diverso da Ulpiano); o il BERTRAND, op. cit. (sopra, nt. 51), 546; o altri autori, egualmente preoccupati di salvare la rispettabilità, per dir così, di Ulpiano, richiamati dal RUDORFF, op. cit., 233ss. La risposta più ovvia, in ogni caso, è data dalla constatazione che ,,so lange jene Gesetzgebung, die, wenn auch eine alternde doch immer noch lebenskräftige Rechtsordnung des römischen Staates darstellte, war es Pflicht der Wissenschaft des positiven Rechts, dieselbe als geltendes Recht zu verzeichnen" (RUDORFF).

Il tentativo di ricostruire palingeneticamente i 'Libri de officio proconsulis', dovuto al RUDORFF, è stato giudicato fallito dalla dottrina: v. p. es. BIHLMEYER, op. cit., 35; A. DELL'ORO, I ,,libri de officio" cit. (sopra, nt. 191), 117ss., specie 145ss., 154s., con le recensioni p. es. di J. GAUDEMET, SDHI, XXVIII, 1962, 410ss.; U. BRASIELLO, Iura, XII, 1961, 395ss. V. comunque la ricostruzione del LENEL, Palingenesia cit. (sopra, nt. 70), II, 966ss. e, per il libro VII, 968ss.; ivi, altresì la nt. 3 (a a p. 973) per l'*incertissimus rerum ordo* ed anche ivi, 975 (Ulp. 2191) per una rubrica — considerata verosimile secondo la testimonianza di Lattanzio — 'De Christianis'. A parte comunque la ricostruzione, il giudizio sui frammenti rimastici dell'opera è particolarmente caloroso nello SCHULZ, op. cit. (sopra, nt. 10), 539ss., 441s.: ,,importante contributo al sapere giuridico, certamente superiore per originalità ai grandi commentari". Ma per quanto riguarda la sostanza del nostro problema, se si tiene conto del fatto che Lattanzio si esprime in un modo che senza dubbio va collegato alla persecuzione dioclezianea (cfr. per ciò div. inst. V. 2.2s.; 11.10.5: e v. p. es. V. LOI, Lattanzio nella storia del linguaggio e del pensiero teologico pre-niceno, Zürich 1970, 250 nt. 67), è ben probabile (così BIHLMEYER, op. cit., 35) che nella sua testimonianza la realtà obiettiva di una codificazione positiva del diritto in sé e per sé non riferibile ai Cristiani come tali si sia trasformata in quella di una raccolta tendenziosa e anticristiana. E' ad ogni modo da escludere, per la ragione addotta dal RUDORFF e per altre considerazioni opportunamente svolte dal BIHLMEYER (op. cit., 78 e nt. 1,108s.), che possa parlarsi di un Ulpiano anticristiano. Piuttosto, occorrerà richiamare qui l'ipotesi, delineata a suo tempo da C. FERRINI, Le cognizioni giuridiche di Lattanzio, Arnobio e Minucio Felice (1894); ID., Sulle idee giuridiche contenute nei libri V e VI delle Istituzioni di Lattanzio (1894), ora in: ID., Opere, II, Milano 1929, 467ss., 481ss., secondo il quale la fonte di Lattanzio per le 'Divinae institutiones' sarebbero state proprio le 'Institutiones' ulpianee. Anzi, proprio nel tono di div. inst. V. 11.18; 12.1, vi sarebbe una allusione evidente alle parole iniziali del Digesto (D. 1.1.1.1), tratte, come si sa, dal 1° libro 'Institutionum' ulpianeo. Tale ipotesi non può essere esclusa ed è anzi probabile. Essa consente, tra l'altro, di superare eventuali dubbi sulla classicità dell'enunciazione di Ulpiano relativa ai giuristi, *sacerdotes iustitiae*: cfr. anche la n. rec. a C. GIOFFREDI, Labeo, XIX, 1973, 373 nt. 34, con richiamo di GIOFFREDI, I principi del diritto penale romano, Torino 1970, 53 e di F. AMARELLI, Il 'de mortibus persecutorum' nei suoi rapporti con l'ideologia coeva, SDHI, XXXVI, 1970, 240 e note. Ma v. soprattutto la documentazione ricchissima e le considerazioni di M. LAURIA, Ὄνομα χριστιανόν, nomen christianum, Atti Acc. Napoli, LXXIX, 1968, 201ss., 209, 223ss. (sul *reatus nominis*), 234ss. (sul *reatus nominis* in rapporto con le *leges Iuliae de vi*), 247ss. (in rapporto a *magi, mathematici, vaticinatores* ecc.). Si ricordi, infatti, che Dione Cassio (LII. 36.3) fa raccomandare da Mecenate il divieto delle nuove religioni e della magia [e per ciò v., in rapporto a Ulpiano ed al VII libro 'De officio proconsulis', F. H. CRAMER, Astrology in Roman Law and Politics (Mem. of Am. Ph. Soc. 37), Philadelphia 1954, 229]. Quanto alla notizia, data da SHA, Vita Sev. XVII. 1, secondo la quale Settimio Severo avrebbe legislativamente sanzionato la conversione al giudaismo e al cristianesimo, essa va considerata come inesatta: cfr. LAURIA, op. cit. 209 e v. K. H. SCHWARTE, Das angebliche Christengesetz des

fatto cenno[390] e secondo la quale Mamea si sarebbe dapprima opposta e in seguito avrebbe consentito che Ulpiano esercitasse la tutela sul figlio[391]: e anche in ciò può vedersi un momento di incertezza nella politica della imperatrice. Quel che è certo è che, dopo la nomina a prefetti al pretorio, nel periodo di transizione tra il regno di Elagabalo e Soemiade a quello di Alessandro Severo e Mamea, di Giulio Flaviano[392] e Geminio Cresto[393], uomini di Mesa, le nostre fonti fanno intendere che è Mamea a favorire,

Septimius Severus, Historia, XII, 1963, 185ss., nonché p. es. F. MILLAR, The imperial Cult and the Persecutions, in: Le culte des souverains dans l'Empire romain (Entretiens sur l'Antiquité classique XIX, Fondation Hardt), Vandœuvres-Genève 1973, 159s., con la relativa discussione, ivi, 165ss. In verità, la raccolta di rescritti ulpianea [sulla forma delle costituzioni v. a es. H. LAST, Christenverfolgung (Juristisch), RAC II, 1954, 1224] è certamente [come ha osservato J. VOGT, Christenverfolgung I (historisch), RAC II, 1954, 1159ss., 1179s.] ,,ein Zeichen, daß die Bekämpfung des Christentums jetzt wenigstens von einzelnen als eine ernste, von der Vergangenheit in die Zukunft reichende Aufgabe verstanden wurde''; cfr. anche ID., Die Zählung der Christenverfolgungen im römischen Reich, Par. d. pass., IX, 1954, 5ss., 9 e nt. 3, per un rapporto tra Ulpiano e Settimio Severo, con rinvio a K. J. NEUMANN, Der römische Staat und die allgemeine Kirche bis auf Diocletian, I, Leipzig 1890, 203s. e note (dove Ulpiano è qualificato ,,der größte Jurist der Zeit''). In ogni caso, tale raccolta è appunto indicativa della inesistenza di una legge sui Cristiani: così a es. J. SPEIGL, Der römische Staat und die Christen. Staat und Kirche von Domitian bis Commodus, Amsterdam 1970, 169 nt. 137. D'altro lato, in essa va vista la ripetizione di una versione tralaticia e standard delle decisioni imperiali in materia: v. a es. J. MOLT-HAGEN, Der römische Staat und die Christen im zweiten und dritten Jahrhundert (Hypomneta 28), Göttingen 1970, 30 nt. 88 (con rinvio ulteriore a R. FREUDENBERGER, Das Verhalten der römischen Behörden gegen die Christen im 2. Jahrh. dargestellt am Brief des Plinius an Trajan und den Reskripten Trajans und Hadrians, München 1967, 240 e nt. 30).
In conclusione, non diremmo che la ricerca storica abbia progredito rispetto quanto già era oggettivamente ricavabile dalle scarse testimonianze che abbiamo a disposizione: dato che Cassio Dione, Erodiano, Ammiano Marcellino non ce ne parlano (cfr. in questo senso anche J. VOGT, Die Zählung cit., 7) è difficile andare oltre a quel che già è stato detto in proposito, p. es. da P. ALLARD, Histoire des persécutions pendant la première moitié du troisième siècle II, Paris 1905, rist. Roma 1971, 203s. (cfr. H. LECLERCQ, s.v. Ulpien, Dict. d'Arch. chrét. et de lit., XV, 2, Paris 1953, 2867ss.).
390 Sopra, nt. 384.
391 Vita Alex. LI. 4: cfr. sopra, nt. 198 e v. JARDÉ, op. cit. (sopra, nt. 87), 37 nt. 3, ma altresì GROSSO, Il papiro cit. (sopra, nt. 169), 207ss. con le note.
392 Su Giulio Flaviano, che ancora A. CHASTAGNOL, Recherches cit. (sopra, nt. 82), 45s. poteva considerare sostanzialmente sconosciuto (cfr. PIR. III² n. 180, p. 135: STEIN), una recente iscrizione in onore di Elagabalo proveniente da Histria, che lo indica accanto a Valerio Comazonte, consente qualche ulteriore approfondimento del suo ruolo: cfr. D. M. PIPPIDI, Dionysische Inschriften aus Histria aus dem II—III Jh. u. Z., Dacia, n. s. III, 1959, 391ss., 401ss. per il commento.
393 Su Geminio Cresto, v., oltre a SYME, Three Jurists cit. (sopra, nt. 227), 331 nt. 15; ID., Emperors and Biography (cit. sopra, nt. 94), 151, 154, le indicazioni che da ultimo ne dà G. BASTIANINI, op. cit. (sopra, nt. 373), 308. Sia Flaviano sia Cresto (sui quali si v. ad es. S. W. ZIMMERN, Geschichte des römischen Privatrechts bis Justinian, I, Heidelberg, 1826, 367ss., 370 e nt. 25; o G. F. PUCHTA, Cursus der Institutionen⁹, I, Leipzig 1881, 268, che li giudicava ,,tüchtige Männer''), va richiamato specialmente quanto dice Zosimo, I. 11.2: ἄνδρας τῶν τε πολεμικῶν οὐκ ἀπείρους καὶ τὰ ἐν εἰρήνῃ διαθεῖναι καλῶς ἱκανούς.

anzitutto, la nomina di Ulpiano a „custode e compartecipe del potere"[394], come terzo prefetto[395] e successivamente, o nascondendosi dietro Ulpiano o direttamente, a determinare la eliminazione fisica dei due uomini di Mesa a vantaggio dell'importante giurista a lei stessa legato[396].

Nel periodo dal 222 al 223, in cui Ulpiano assomma in sé l'esercizio dei poteri[397], egli provvede a correggere molte illegalità compiute da Elagabalo[398]. Ciò è testimoniato, oltre che da Cassio Dione, che con Ulpiano ebbe anche rapporti di ufficio, da lui stesso riferiti[399], anche dalla 'Historia Augusta', che attribuisce ovviamente ad Alessandro dei provvedimenti, i quali saranno stati invece opera di Ulpiano.

Gioverà dare conto delle varie iniziative prese, secondo la nostra fonte. Si provvide anzitutto ad allontanare da ogni carica pubblica e di corte tutti i funzionari scelti da Elagabalo; si epurò il senato, l'ordine equestre, le tribù, la corte e il seguito. Si giurò di non tenere personale soprannumerario per non gravare sulle finanze dello stato. Si ordinò ai governatori di sostituire in ogni città delle province i giudici disonesti e di condannarli, eventualmente, alla deportazione. Si comminò la pena di morte ai tribuni colpevoli di profitti illeciti nelle forniture militari. Si dispose che tutte le vertenze e le cause giudiziarie fossero preventivamente esaminate dai pre-

---

[394] Zos. I.11.1: Οὐλπιανὸν ἐπιγνώμονα καὶ ὥσπερ κοινωνὸν τῆς ἀρχῆς. Per la discussione su ἐπιγνώμων v., oltre al PFLAUM (che diverge dallo STEIN), F. GROSSO, La lotta politica cit. (sopra, nt. 43) 267s., 268 nt. 1; F. PASCHOUD, Zosime, Histoire nouvelle I, Paris 1971 (Coll. Budé), 138 nota 34.

[395] Sopra, nt. 235, nonché le indicazioni della nota precedente, a cui adde GROSSO, Il papiro cit. (sopra, nt. 169), 209s., contro la tesi del PFLAUM di una superprefettura di Ulpiano incaricato dell'amministrazione della giustizia. Sul problema v. anche E. BALOGH, Skizzen aus der römischen Rechtsgeschichte, in: Etudes P. F. Girard, II, Paris 1913, 339ss. 373 e note.

[396] Che la colpa venga da Dione attribuita allo stesso Ulpiano potrebbe intendersi, secondo il GROSSO, come un ovvio espediente dioneo per evitare di riconnetterla in modo diretto alla stessa imperatrice.

[397] Dio-Xiph. LXXX. 1.1 (CARY, IX,478): Ἀλέξανδρος δὲ μετ' ἐκεῖνον εὐθὺς αὐταρχήσας Δομιτίῳ τινὶ Οὐλπιανῷ τήν τε τῶν δορυφόρων προστασίαν καὶ τὰ λοιπὰ τῆς ἀρχῆς ἐπέτρεψε πράγματα.

[398] Dio-Xiph. LXXX. 2.2: Ὁ Οὐλπιανὸς πολλὰ μὲν τῶν οὐκ ὀρθῶς ὑπὸ τοῦ Σαρδαναπάλλου πραχθέντων ἐπηνώρθωσε, τὸν δὲ δὴ Φλαουιανὸν τόν τε Χρῆστον ἀποκτείνας, ἵνα αὐτοὺς διαδέξηται, καὶ αὐτὸς οὐ πολλῷ ὕστερον ὑπὸ τῶν δορυφόρων οἳ νυκτὸς κατεσφάγη, καίτοι καὶ πρὸς τὸ παλάτιον ἀναδραμὼν καὶ πρὸς αὐτὸν τὸν αὐτοκράτορα τήν τε μητέρα αὐτοῦ καταφυγών. Cfr. anche Vita Alex. LI.4 (per il testo, v. oltre, nt. 409).

[399] Dio-Xiph. LXXX. 4.2: ... τοὺς δορυφόρους πρὸς τῷ Οὐλπιανῷ καὶ ἐμὲ αἰτιάσασθαι ὅτι τῶν ἐν τῇ Παννονίᾳ στρατιωτῶν ἐγκρατῶς ἦρξα... La nuova datazione della morte di Ulpiano, sostanzialmente anticipata da JARDÉ, op. cit. (sopra, nt. 87), 39 nt. 2 e da HOWE, op. cit. (sopra, nt. 199), 101 e 104, richiede che vengano ulteriormente precisate una serie di conclusioni, che si appoggiano appunto a quell'avvenimento. Ciò vale non solo per la carriera di Dione Cassio, che evidentemente va anticipata (cfr. da ultimo anche A. J. GRAHAM, Prosopography in Roman Imperial History, in questa raccolta ANRW, a cura di H. TEMPORINI, II, 1, 1974, 140 nt. 13), ma anche per la datazione di alcuni testi giuridici: p. es. D. 2.13.4, in rapporto a C. 4.25.3, dove conta ad ogni modo l'accordo sostanziale della dottrina ulpianea e della costituzione imperiale (cfr. MAZZARINO, L'impero cit. [sopra, nt. 389], 293 nt. 1).

sidenti di tribunale e da insigni giuristi fedeli al principe, primo fra tutti Ulpiano, i quali, terminata la fase istruttoria, le avrebbero rimesse tutte al suo giudizio[400].

Vennero promulgate numerose leggi in materia di rapporti tra sudditi e fisco imperiale, tutte ispirate a moderazione[401]. Le condanne divennero rare, ma, se inflitte, venivano eseguite[402]. Le amministrazioni municipali furono autorizzate a impiegare in opere pubbliche i proventi delle imposte[403]. Fu concesso un prestito di denaro al tasso del 4%[404]. I prefetti al pretorio divennero senatori, soprattutto per evitare che un non senatore potesse giudicare un senatore romano[405]. Furono concesse franchigie ai mercanti[406], ecc. ecc.

Lo stesso Alessandro (continua la 'Vita') si occupava dell'amministrazione degli affari pubblici, senza però dedicarvisi a lungo, perché il governo

---

[400] Vita Alex. XV. 1. *Ubi ergo Augustum agere coepit, primum removit omnes iudices a republica et a ministeriis atque muneribus, quos impurus ille ex genere hominum turpissimo provexerat; deinde senatum et equestrem ordinem purgavit;* 2. *ipsas deinde tribus et eos qui militaribus nituntur praerogativis purgavit et Palatium suum comitatumque omnem . . . nec quemquam passus est esse in Palatinis nisi necessarium hominem;* 3. *iure iurando deinde se constrinxit ne quem adscriptum, id est vacantivum, haberet, ne annonis rem publicam gravaret . . .* 4. *fures iudiciales iussit in civitatibus ullis numquam videri et si essent visi deportari per rectores provinciarum. . . .* 5. *tribunos, qui per stellaturas militibus aliquid tulissent, capitali poena adfecit.* 6. *negotia et causas prius a scriniorum principibus et doctissimis iuris peritis et sibi fidelibus, quorum primus tunc Ulpianus fuit, tractari ordinarique atque ita referri ad se praecepit.*
Per alcune prime indicazioni su ciò v. U. BRASIELLO, Sulla formazione del concetto giuridico di 'istruttoria' nell'epoca imperiale, Atti Accademia romanistica cit. (sopra, nt. 366), 45 s.

[401] Vita Alex. XVI. 1: *Leges de iure populi et fisci moderatas et infinitas sanxit neque ullam constitutionem sacravit sine viginti iuris peritis et doctissimis ac sapientibus viris . . .* Si può ricordare che la *moderatio*, la σωφροσύνη caratterizza il 'discorso della corona': sopra, 763 ss. e nt. 365. Sui rapporti con il fisco, sarà sufficiente richiamare, a conferma della testimonianza della Historia Augusta, C. 8.42(43).2, del 232, in contrasto apparente con C. 4.31.1 di Caracalla: cfr., sul punto specifico, le importanti considerazioni di R. ORESTANO, Il „problema delle persone giuridiche" in diritto romano, I, Torino 1968, 260 s.; ivi, 232 ss., sul *fiscus* in generale.

[402] Vita Alex. XXI. 1: *condemnationes perraras esse iussit, at quae factae fuerant non indulsit.* Cfr. W. WALDSTEIN, Untersuchungen zum römischen Begnadigungsrecht. Abolitio-Indulgentia-Venia (Comm. Aenip. XVIII), Innsbruck 1964, 168 s.; e cfr. ivi, 138, per l'osservazione relativa all'ampio ricorso del termine *indulgere* in Ulpiano (ventitre volte, rispetto alle sette volte in cui esso ricorre in Paolo).

[403] Vita Alex. XXI. 1: *vectigalia civitatibus ad proprias fabricas deputavit.*

[404] La discussione su tale testimonianza è particolarmente accesa. Cfr. a es. S. MAZZARINO, Aspetti sociali del quarto secolo, Roma 1951, 357 ss., con rinvio ad HARTKE, op. cit. (sopra, nat. 344), 297 s. V. anche sopra, nt. 85.

[405] Vita Alex. XXI. 3. *Praefectis praetorii suis senatoriam addidit dignitatem, ut Viri Clarissimi et essent et dicerentur.* 5. *Alexander autem idcirco senatores esse voluit praefectos praetorii, ne quis non senator de Romano senatore iudicaret.* Su tale problema, oltre a MAZZARINO, Aspetti sociali cit. (nota precedente), 357 ss.; M. HAMMOND, The Antonine Monarchy cit. (sopra, nt. 15), 270 nt. 23, v. quanto si è già detto sopra, nt. 199 e 234.

[406] Vita Alex. XXII. 1. *Negotiatoribus, ut Romam volentes concurrerent, maximam immunitatem dedit.*

degli affari militari e civili era affidato ad alcuni suoi amici[407]. Raramente riceveva qualcuno da solo, a meno che non si trattasse del suo prefetto e consigliere Ulpiano, per la stima che aveva di lui e delle sue doti di prudenza e di equilibrio, tanto che se doveva avere un colloquio riservato, desiderava che fosse presente anche Ulpiano[408]. Se egli divenne un grande imperatore, fu proprio perché seguì i consigli di Ulpiano nella prassi politica ed amministrativa[409]. Usava dire, punendo o allontanando da sé amici o parenti che si erano comportati in modo scorretto: „lo stato nella sua totalità mi è più caro che ciascuno di costoro"[410].

A parte l'idealizzazione del buon principe[411], la sostanza delle cose ci sembra comunque ampiamente confermata sia dalle altre fonti sia e soprattutto dalla stessa opera giuridica di Ulpiano, che dà testimonianza di una concreta amministrazione del tutto conforme a quello che si è riferito, ispirata alla certezza del diritto ed alla giustizia sostanziale e a un programmatico tentativo di far prevalere l'elemento civile su quello militare. Così, per fare un esempio, da un lato viene prescritto l'esonero dei militari dalla imposizione di *munera* municipali, ma da un altro lato si impone ai governatori di vigilare contro gli abusi dei soldati nei confronti dei civili[412]. Una politica che in concreto non era affatto facile da realizzare, anche per la grave ed irrisolta crisi economica[413].

XII. La fine di Ulpiano

Ulpiano, comunque, subisce le conseguenze di una rivolta dei pretoriani, di cui è vittima. La sua fine è così narrata da Cassio Dione, che è

---

[407] Vita Alex. XXIX. 4: . . . *et res bellicae et res civiles . . . per amicos tractabantur, sed sanctos et fidelis et numquam venales, et tractatae firmabantur, nisi quid novi etiam ipsi placeret.* V. anche sopra, nt. 357 e 359.

[408] Vita Alex. XXXI. 2: *post epistulas omnes amicos simul admisit, cum omnibus pariter est locutus, neque unquam solum quemquam nisi praefectum suum vidit, et quidem Ulpianum, ex assessore semper suo causa iustitiae singularis. 3. cum autem alterum adhibuit, et Ulpianum rogari iussit.* Su tale fonte cfr. JARDÉ, op. cit. (sopra, nt. 87), 37 nt. 3; MODRZEJEWSKI—ZAWADZKI, op. cit. (sopra, nt. 17), 599 e nt. 103. La traduzione che deve darsi di XXXI. 3 non sembrerebbe consentire comunque riferimenti ad un altro prefetto: v. p. es. la traduzione MAGIE, ad l.

[409] Vita Alex. LI. 4: *ideo summus imperator fuit quod eius* (sc. Ulpiano) *consiliis praecipue rem publicam rexit.* Sul problema ivi stesso indicato della tutela di Ulpiano cfr. sopra, nt. 198.

[410] Vita Alex. LXVII. 3: *his accessit, quod amicos et parentes Alexander si malos repperit, aut punivit, aut, si vetus vel amicitia vel necessitudo non sivit puniri, dimisit a se dicens: His cavior est mihi totis res publica.*

[411] Cfr. A. CALDERINI, Le virtù di Alessandro Severo, in: Raccolta Ubaldi, Milano 1937, 431ss. (non vidi). V. altresì ROSTOVZEV, op. cit. (sopra, nt. 353), 480 nt. 40; MAZZA, op. cit. (sopra, nt. 173), 376s., 662 nt. 45, per la convinzione che nella 'Vita' siano inglobati dati autentici.

[412] Cfr. da un lato Ulp. 2 opin. D. 50.4.3.1 e D. 50.5.13.1; dall'altro lato v. Ulp. 1° opin. D. 1.18.6.3; eod. 5; 6; v. a es. ROSTOVZEV, op. cit. (sopra, nt. 353), 465 nt. 14.

[413] Cfr. MAZZA, op. cit. (sopra, nt. 173), 382ss. relativamente a ROSTOVZEV.

contemporaneo agli avvenimenti descritti, ma che precisa di non essere esattamente informato, data la propria assenza da Roma[414]: ,,dopo aver messo a morte Flaviano e Cresto, per poter loro succedere, fu egli stesso ucciso dai pretoriani, che lo attaccarono di notte; né a nulla gli valse l'essere corso a corte e l'essersi rifugiato presso l'imperatore in persona e la madre''[415]. Non troppo diversamente, su questo punto[416], la ἱστορία νέα di Zosimo, sintetizzando gli avvenimenti seguiti alla nomina di Severo Alessandro e sottolineando il ruolo svolto da Ulpiano[417], ne ricorda l'uccisione: ,,venuto in sospetto alla truppa — non sono in grado di esporne esattamente i motivi, perché hanno raccontato variamente il suo comportamento — viene ucciso durante una rivolta, non essendo bastato a difenderlo neppure l'imperatore in persona''[418].

La rivolta dei pretoriani era diretta contro i civili e contro il potere civile[419]. Ma come si era giunti, di là dal particolare momento di tensione, a questa situazione? Vale a dire, contro che cosa si combatte? Quel potere, come si presenta agli occhi dei soldati e della opinione pubblica? Ed è possibile vedere, nella violenza contro Ulpiano, più che una manifestazione di insofferenza, il segno di una critica di fondo contro le istituzioni, colpite nei loro agenti principali[420]?

Se leggiamo l' 'Historia Augusta', tra anacronismi, invenzioni e giudizi superficiali troviamo anche la ricostruzione di un ambiente ed una immediatezza espressiva che, più facilmente di altri discorsi, può introdurci in quella specie di gran spettacolo che è stato l'impero romano e render forse più agevole una risposta agli interrogativi.

[414] Dio-Xiph. LXXX. 1.2—3; 2.1. Cfr. MILLAR, A Study cit. (sopra, nt. 180), 23, 120, 170; v. anche sopra, nt. 399.

[415] Dio-Xiph. LXXX. 2.2 (sopra, nt. 398). Il testo prosegue dicendo: ,,Era ancora vivo, quando si ebbe contro i pretoriani una grande rivolta popolare per un piccolo motivo, con la conseguenza che si combatté per tre giorni e in molti persero la vita da entrambe le parti. Poi i soldati vinti si misero a bruciare le case; e allora il popolo, che temeva la distruzione dell'intera città, si riappacificò pur contro voglia con loro. Questo è quanto accadde, ed Epagato, in quanto responsabile sostanzialmente della morte di Ulpiano, fu mandato a governare l'Egitto, perché a Roma non si avessero disordini per la sua punizione. Di lì, inviato a Creta, fu giustiziato''. Cfr., per i particolari, MODRZEJEWSKI—ZAWADZKI, op. cit. (sopra, nt. 17), 584ss.; GROSSO, Il papiro cit. (sopra, nt. 169), 210ss.

[416] V. invero PASCHOUD, op. cit. (sopra, nt. 394), 138.

[417] Zos. I. 11.2.

[418] Zos. I.11.3 i. m.: ... ἐν ὑποψίᾳ δὲ τοῖς στρατοπέδοις γενόμενος (τὰς δὲ αἰτίας ἀκριβῶς οὐκ ἔχω διεξελθεῖν· διάφορα γὰρ ἱστορήκασιν περὶ τῆς αὐτοῦ προαιρέσεως) ἀναιρεῖται στάσεως κινηθείσης, οὐδὲ τοῦ βασιλέως ἀρκέσαντος αὐτῷ πρὸς βοήθειαν.

[419] Zos. I.11.2 i. f.: ... ἐπὶ τούτῳ (Ulpiano) δυσχεράναντες ἀναίρεσιν αὐτῷ μηχανῶνται λαθραίαν οἱ στρατιῶται. La tradizione relativa alla eccessiva disciplina pretesa da Ulpiano nei confronti dei soldati è rispecchiata anche da G. Sincello, cfr. Syncelli Chronographia, Corpus Script. Byz., I, Bonn 1829 (G. DINDORF), I, p. 673: μεθ' ὃν βασιλεύει Ἀλέξανδρος ὁ Μαμμαίας υἱὸς ἀδελφιδοῦς αὐτοῦ ἐν Ἀρκαῖς γῆς παράλου τεχθεὶς Φοινίκης, ὑπαγόμενος Οὐλπιανοῦ τοῦ νομοθέτου τῇ γνώμῃ, σφόδρα τῆς στρατιωτικῆς εὐταξίας ἀντεχομένου διὸ καὶ ἀνῃρέθη τοῦ βασιλέως ὁρῶντος ὑπὸ στρατιωτῶν.

[420] Per i vari aspetti che assume la critica alle istituzioni v. ora l'avvincente ricerca di D. NOERR, op. cit. (sopra, nt. 157), passim. V. anche ID., La critica del diritto nel mondo antico, Ann. Perugia, n. s. 2, 1974, 579ss.

Così, si diceva di Marco Aurelio che „prima di prendere qualsiasi decisione di ordine militare, o anche civile, consultava sempre gli ottimati, in ossequio a quel suo famoso principio: 'È più giusto seguire il consiglio di tanti illustri amici che esigere da loro obbedienza alla mia unica ed esclusiva volontà' "[421]. E ancora: Marco Aurelio „istruiva personalmente i processi capitali a carico di uomini illustri e li conduceva con grande senso di giustizia: una volta, a es., rimproverò un pretore perché non aveva ascoltato nel corso dell'inchiesta la voce degli imputati e lo costrinse a realizzare una nuova istruttoria, avvertendo che la dignità degli accusati richiedeva che essi fossero almeno ascoltati da chi giudicava in nome del popolo"[422]. Ma ecco che un Avidio Cassio, che nel 175 volle succedere a Marco Aurelio e dichiarava che „un imperatore è la cosa peggiore che vi sia, perché lo stato se ne può liberare solo per mezzo di un altro imperatore"[423], scriveva (secondo la Vita XIV. 5—6): „Marco Aurelio si occupa di filosofia e studia gli elementi, l'anima, l'onestà e la giustizia, ma si disinteressa dello stato. Eppure tu sai bene che gli stati si riportano all'antica condizione solo con la spada ed i processi"[424].

Questa formula sintetica della repressione e dei suoi strumenti può esprimere anche il tentativo di rinnovamento da parte di Settimio Severo, un tentativo che vede l'impero unito dalla forza militare, dall'autorità del principe, dalla garanzia del diritto, dal governo dei giuristi. Si tratta certamente di una situazione di equilibrio instabile, rispetto alla quale si può forse dire che, nei tempi lunghi, solo i giuristi non hanno fallito la loro parte: e ciò, senza dubbio, perché per essi — e pensiamo soprattutto a un Papiniano, ma anche ad Ulpiano — il diritto non è solo espediente processuale, cavillo avvocatesco, giustificazione legalistica ex post facto, bensì, come vedremo, *vera philosophia*[425].

[421] Vita Marc. XXII. 3—4: *Semper sane cum optimatibus non solum bellicas res sed etiam civiles, priusquam faceret aliquid, contulit.* 4. *denique sententia illius praecipua semper haec fuit:* '*Aequius est ut ego tot talium amicorum consilium sequar, quam ut tot tales amici meam unius voluntatem sequantur*'.

[422] Vita Marc. XXIV. 2: *capitales causas hominum honestorum ipse cognovit, et quidem summa aequitate, ita ut praetorem reprehenderet, qui cito reorum causas audierat, iuberetque illum iterum cognoscere, dignitatis eorum interesse dicens ut ab eo audirentur qui pro populo iudicaret.*

[423] Vita Av. Cass. 1.4: . . . *dicebatque esse eo gravius nomen imperii, quod non posset e re publica tolli nisi per alterum imperatorem.*

[424] Vita Av. Cass. XIV. 5—6: *Marcus Antoninus philosophatur et quaerit de elementis et de animis et de honesto et iusto nec sentit pro re publica.* 6. *vides multis opus esse gladiis, multis elogiis, ut in antiquum statum publica forma reddatur.* Per quanto riguarda il valore processuale di *elogium*, cfr. p. es. D. 48.3.11 e D. 49.16.3.

[425] Per ciò v. oltre, sub cap. XIV e cfr. anche sopra, nt. 21. Qui notiamo che il collegamento con la filosofia va visto, a nostro giudizio, anche attraverso l'esperienza figurativa. E' noto che il tipo del 'filosofo' caratterizza l'intera categoria dell'intellettuale, sia esso poeta o medico e così via, dunque anche giurista. Si tratta di un discorso ovviamente complesso, specie dal punto di vista sociologico e da impostare diversamente per le personalità integrate di età repubblicana (cfr. per es. sopra, nt. 13, la rappresentazione offerta da G. NOCERA, Iurisprudentia cit., pass.) e per quelle del principato: cfr. ad ogni modo la penetrante analisi di H. BARDON, La notion d'intellectuel à Rome, Studii Clasice, XIII, 1971,

Non vi è dubbio, comunque, che a partire da Augusto il principato si fondava non solo sull'autorità personale del principe ma anche su una potestà istituzionale e legale, di cui il senato continuava ad essere parte essenziale[426]. Il sostituirsi dell'investitura militare a quella senatoria condurrà man mano alla monarchia assoluta. Il regno di Settimio Severo in vario modo costituisce un punto chiave di tale evoluzione, che è il risultato di molte condizioni[427]. Così, storici come ROSTOVZEV, DE FRANCISCI, ALTHEIM hanno visto nell'imbarbarimento dell'esercito (testimoniato ad es. dalla lotta tra le legioni illiriche di Settimio Severo e quelle siro-egiziane di Pescennio Nigro) anche il contrasto tra città e campagna e la vittoria delle province meno romanizzate contro la cultura e la tradizione romana[428]. Il trionfo di Severo conduce comunque ad accentuare ed uniformare l'amministrazione dell'impero, a livellare l'Italia e le province, alla unificazione giuridica, alla concessione della cittadinanza romana a tutti gli abitanti liberi dell'impero, mediante il celebre editto di Caracalla[429]. Ulpiano

95ss. Per una valutazione di insieme da un punto di vista più specialistico v. inoltre A. GIULIANO, s.v. Filosofi, EAA, III, Roma 1960, 681ss., ove si accenna anche al nuovo tipo iconografico che, legato alla cultura della corte imperiale, si aggiunge, nell'età dei Severi, al tipo tradizionale 'senatorio'. Come ha indicato specialmente R. BIANCHI BANDINELLI, Il sarcofago di Acilia, in: ID., Archeologia e cultura, Milano—Napoli 1961, 289ss., la figura del 'filosofo' serve a caratterizzare l'onorato come *homo spiritualis*, sottolinea perciò l'importanza della sapienza e della cultura, a cui fanno riferimento sia le classi aristocratiche tradizionali, portate, dopo la concessione della cittadinanza a tutti gli abitanti liberi dell'impero, a esaltare l'uomo di cultura, sia le classi nuove in ascesa, che a tale ideale guardano con una valutazione particolare: Il sarcofago cit., 311. Quanto alla figurazione del sarcofago di Acilia, dove nella teoria dei 'filosofi' ci sarebbe piaciuto riconoscere appunto dei giuristi (una ipotesi che il compianto Maestro e Amico ci escluse in una discussione orale avuta con lui), v. da ultimo, dopo la lettura di B. ANDREAE, Processus consularis. Zur Deutung des Sarkophags von Acilia, in: Festschrift U. Jantzen, Wiesbaden, 1969, 3 dell'estratto, R. BIANCHI BANDINELLI, Roma, La fine dell'arte antica, Milano 1970, 50ss., 59s. L'assimilazione dei filosofi e dei giuristi è comunque di grande rilievo p. es. in Ulp. 8 de omn. trib. D. 50.13.1.1 e 5. Su ciò v. oltre, cap. XIV.

[426] V., a es., in senso contrario allo SCHULZ (Das Wesen des römischen Kaisertums ecc.), P. DE FRANCISCI, Arcana imperii cit. (sopra, nt. 345), III, 1,169ss., 340 nt. 1; ma v. anche DE MARTINO, op. cit. (sopra, nt. 229), IV, 1,560ss.; e cfr. anche F. GUIZZI, Il principato tra 'res publica' e potere assoluto, Napoli 1974, 38ss.

[427] Si consideri p. es. il collegamento con una concezione universalistica dell'impero: v. su ciò la sintesi del DE FRANCISCI, Arcana cit. (sopra, nt. 345), III, 1,411ss.

[428] DE FRANCISCI, Arcana cit. (sopra, nt. 345), III, 1,367s., 385. Ma v. anche le recenti revisioni del quadro tracciato dal ROSTEVZEV, in specie, nelle pagine del MAZZA, op. cit. (sopra, nt. 173), 382ss., 390ss., sulla scorta, altresì, di R. MACMULLEN, Soldier and Civilian in the Later Roman Empire, Cambridge Mass. 1963.

[429] V. in sintesi il processo descritto da DE FRANCISCI, Storia cit. (sopra, nt. 229), II, 1,347ss.; o DE MARTINO, op. cit. (sopra, nt. 229), IV, 2, Napoli 1965, 613ss. Quanto all'editto di Caracalla (per cui v. a es. D. MAGIE, Roman Rule in Asia Minor, II, Princeton 1950, 1555 n. 48) gli studi recenti sono richiamati in G. WALSER, Die Severer cit. (sopra, nt. 353), 627s. (sulla data della costituzione, a partire da F. MILLAR, The Date of the Constitutio Antoniniana, JEA, XLVIII, 1962, 124ss., fino a J. F. GILLIAM; W. SESTON; P. HERRMANN); 633ss. (sul suo contenuto e valore: fino a W. SESTON—M. EUZENNAT, Un dossier de la chancellerie romaine: La Tabula Banasitana. Etude de diplomatique, CRAI, 1971, 468ss.). Adde, comunque, tra gli altri, E. VOLTERRA, Il problema del testo delle costitu-

potrà dire che *in orbe Romano qui sunt ex constitutione imperatoris Antonini cives Romani effecti sunt*[430]. Il provvedimento, a parte i più che probabili motivi fiscali che ne sono alla base[431], rappresenta comunque e soprattutto la spia di una concezione universalistica del potere imperiale e dell'assolutismo che vi si ricollega, quello stesso che bene è espresso dalla frase di Giulia Domna a Caracalla[432]: „se vuoi, puoi. Non sai di essere l'imperatore e che sei tu che fai la legge?"[433].

XIII. La legittimazione del potere

Quel che conta, a parte toni scandalistici e battute più o meno inventate, è che in sostanza tutto ciò corrisponde alla teorizzazione che del potere imperiale fanno i giuristi severiani[434]. E' lo stesso Ulpiano — sia pure in un contesto limitativo, che comunque viene a poco a poco dimenticato[435] —

---

zioni imperiali, La critica del testo. Atti II congr. intern. Soc. it. storia del diritto, II, Firenze 1971, 906—908; P. HERRMANN, Ueberlegungen zur Datierung der 'Constitutio Antoniniana', Chiron, 2, 1972, 519ss.; A. N. SHERWIN-WHITE, The Tabula di Banasa and the Constitutio Antoniniana, JRS, LXIII, 1973, 86ss., 95ss.; M. A. LEVI, Praeter dediticios, Par. d. pass., CLVI, 1974, 152ss.; Z. RUBIN, Further to the dating of the Constitutio Antoniniana, Latomus, XXXIV, 1975, 430ss. V. anche oltre, nt. 471.

[430] D. 1.5.17,22 ad ed.

[431] Cfr. Cass. Dio LXXXVIII. 9.4 e 5 e v. MAZZARINO, L'impero cit. (sopra, nt. 389), 283, 397ss.; 10 dell'addendum. V. anche M. LAURIA, Ius. Visioni romane e moderne³, Napoli 1967, 152s.

[432] E' la 'storiella' del rapporto incestuoso tra Giulia Domna e Caracalla: cfr. S. MAZZARINO, La Historia Augusta e la EKG, Atti Colloquio patavino sulla Historia Augusta, Roma 1963, 29ss., 33,38.

[433] Vita Carac. X. 2: ... *Si libet, licet. an nescis te imperatorem esse et leges dare, non accipere?*

[434] Non va dimenticato, in ispecie, che spetta a Ulpiano la definizione giuridica di *imperium*. Cfr. 2 de off. quaest. D. 2.1.3, cit. (sopra, nt. 23). Naturalmente, non occorre trattare qui dell'*imperium*: v. gli essenziali riferimenti in P. DE FRANCISCI, Primordia civitatis, Roma 1959, 367ss., 392ss.

[435] Esso verrà opportunamente riscoperto dal pensiero politico moderno, che colloca i testi ulpianei al centro delle discussioni relative al potere: cfr. a es. O. VON GIERKE, Giovanni Althusius e lo sviluppo storico delle teorie politiche giusnaturalistiche. Contributo alla storia della sistematica del diritto, tr. it., Milano 1943, 206ss., 217ss. Per taluni recenti riferimenti v. anche, p. es., G. REBUFFA, Jean Bodin e il 'princeps legibus solutus', Materiali per una storia della cultura giuridica, II, Bologna 1972, 91ss. Può essere interessante mostrare in questa sede come il problema sia stato impostato dal CUIACIO. Cfr. anzitutto, di J. CUIACIO, Observ. et emend. cit. (sopra, nt. 96), l. XV, cap. XXX, in: Opera cit., I, 321s., Ad l. Princeps. 31 D. de legib.: „*Quod ait Ulpianus, scribens ad legem Iuliam et Papiam, in* l. 18 D. de legib. [ma probabilmente 13 e poi D. 1.3.31] princeps legibus solutus est, *de legibus poenariis Graeci ita interpretantur*, rell . . .: *Latini de quibuscumque legibus, cum sit ex inscriptione legis ea sententia tantum accipienda de legibus caducariis, Iulia et Papia, quae satis etiam per se odiosae erant, et ex* l. 56 D. de legat. 2 [D. 31.56] *lege Falcidia solutus non est*, l. 4 C. ad leg. Falcid. [C. 6.50.4, del 227] *nec Glicia*, l. 8 § 2 D. de inoffic.

a fissare il principio *quod principi placuit legis habet vigorem*[436] insieme con l'altro che *princeps legibus solutus est*[437].

E' vero, però, come ha messo in luce la migliore dottrina, che l'esonero dall'osservanza delle norme, oltre che esser sorto in contesti particolari e per particolari leggi, è in ogni caso una eccezione al principio generale, una eccezione che solo ragioni di pubblico interesse consentono a chi per legge ha assunto la *cura et tutela rei publicae universa*[438].

testam. [C. 3.28.8 + C. 6.30.2, del 223] *nec lege Voconia; qua de causa veniam legis Voconiae a senatu Augustus petit apud Dionem. Sed et plerisque aliis principes soluti non erant, licet imperii initio non iurassent in leges, et multo minus si iurassent. Quin immo ut populus ipse suis legibus tenebatur, ita princeps cui et in quem populus omne suum imperium contulerat, adeo ut potestas principis et in ipsum principem esset,* l. 4 C. de legib. [C. 1.14.4, del 223]. *Caducariis legibus soluti erant ex SC. quodam eorum, quae facta esse ad eas leges Iustinianus refert, et aliis quibusdam, veluti solemnibus manumissionum,* l. 14 D. de manumiss. [D. 40.1.14] *et auctore Servio, lege, quae vetat in urbe mortuum sepeliri. Quod igitur* d. l. 31 [D. 1.3.31] *et Dio* lib. LIII. *dicens, hoc se ex Latino sermone transferre:* λέλυνται τῶν νόμων, *non de omnibus legibus accipiendum est. Et quod Dio Chrysostomus principem esse* τῶν νόμων ἐπάνω, *et Plato:* ἄρχοντα κατὰ νόμους οὐκ ἀνυπεύθυνον, *et idem fere Iustinianus in* Novell. CV. *eo tantum pertinet, ut intelligatur, penes principem esse omnem potestatem ferendarum, vel abrogandarum aut derogandarum legum, ut Augustinus ait in epistola quadam,* imperatorem non esse subiectum legibus, qui habet in potestate alias leges ferre, non temere quidem, sed ex iusta caussa, et re publica, atque adeo confirmandi etiam quae non iure facta sunt, *ut principem legibus adoptionem non iure factam confirmare,* l. 33 D. de adoption. [ma D. 1.7.32.1] *et matrimonium statumque liberorum non iure quaesitorum,* l. 75 D. de rit. nupt. [ma D. 23.2.65.1] *et hoc quidem solum est principem supra leges esse. Nec placet, quod de Achille Horatius* de arte poetic. v. 122. *Iura negat sibi nata, nihil ne arroget armis. Sed de his satis. Verum ne abutamur etiam illa sententia:* Omnia esse principis *ex* l. 3 C. de quadr. praescript. [C. 7.37.3] *cuius mens haec est, ut omnia tam fiscalia, quam patrimonalia, de quibus in ea lege agitur, principis esse intelligantur: at et iuris civilis Seneca hanc vocem esse ait:* Omnia regis esse, etiam quae sibi quisque privatus habet et possidet, *quam tamen ita excipit rectissime:* ut omnia rex imperio possideat singuli dominio. *Nec enim, quae tua sunt, principis sunt, aut certe tua non sunt, quoniam dominium in solidum duorum esse non potest; et communia quoque esse inter te et principem, dixerit nemo; et fiscalia quoque ipsa proprie principis non sunt"*. Sarebbe troppo lungo riferire qui anche le altre considerazioni del Cuiacio, che ad ogni modo sono del massimo interesse: cfr. Id., Recitationes solemnes ad titulum I. lib. Digestorum de justitia et iure, ad l. V (in: Opera cit., III, 31s.); Id., Recitationes in libros IV. priores Codicis Iustiniani, ad tit. XIV (in: Opera cit. VIII, 23).

[436] D. 1.4.1 pr., 1° inst.
[437] D. 1.3.31, 13° ad legem Iuliam et Papiam. V. su questi testi, oltre a P. DE FRANCISCI, Intorno alla massima „princeps legibus solutus est", BIDR, XXXIV, 1925, 321ss., R. ORESTANO, Il potere normativo degli imperatori e le costituzioni imperiali. Contributo alla teoria delle fonti del diritto nel periodo romano classico I (1937), rist. Torino 1962, 20, 36ss.; DE FRANCISCI, Arcana imperii cit. (supra, nt. 345), III, 1, 334ss.; III, 2, 207ss. V. anche W. SCHUBART, Das Gesetz und der Kaiser in griechischen Urkunden, Klio, XXX, 1937, 54ss. A. MAGDELAIN, Auctoritas principis, Paris 1947, 113; J. BÉRANGER, La notion du principat sous Trajan et Hadrien, in: Les Empereurs romains d'Espagne, Paris 1965, 27ss., 36 e note 73 e ss.; M. BRETONE, Pensiero politico e diritto pubblico, in: Id., Tecniche e ideologie dei giuristi romani, Napoli 1971, 34s.; E. CIZEK, L'époque de Néron et ses controverses idéologiques, Leiden 1972, 52 nt. 4; D. NOERR, Die Rechtskritik cit. (sopra, nt. 157), 148ss.; R. C. BLOCKLEY, Ammianus Marcellinus. A Study of his Historiography and political Thought (Coll. Latomus 141), Bruxelles 1975, 147 e nt. 160—161.
[438] DE FRANCISCI, Arcana imperii cit. (sopra, nt. 345), II, 1, 334.

Il principio assume certamente con Ulpiano portata più ampia[439]. Né può destare meraviglia che il contemporaneo Cassio Dione affermi che gli imperatori sono sciolti dalle leggi, liberi da ogni vincolo legislativo e non tenuti ad osservare le leggi scritte[440]; né che si ritenesse che il potere normativo imperiale andava anche contro ed oltre le leggi. Gli imperatori sono infatti considerati, specie per influenza del mondo orientale da cui mutuano molti aspetti della sovranità[441], legge animata, diritto vivente[442]; sono consapevoli di essere superiori alle *leges*, „perché in sostanza la loro volontà, espressa con determinate forme e con determinate garanzie era essa stessa *lex*"[443].

Tuttavia, essi „non esitano per motivi sentimentali o per educazione filosofica o per ragioni politiche a considerarsi o farsi considerare soggetti alle leggi"[444]. Così, Settimio Severo e Antonino Caracalla ebbero a dichiarare *saepissime* (come viene riferito dalle 'Institutiones' giustinianee)[445]: *licet enim legibus soluti sumus, attamen legibus vivimus*; e non diversamente Severo Alessandro affermerà, nel 232, che, anche se l'imperatore è sciolto dalle prescrizioni del diritto ad opera della *lex imperii*[446], *nihil tamen tam proprium imperii est, ut legibus vivere*[447]. Insomma, si è di fronte ad una esplicita accettazione dell'idea della sovranità della legge e si ha, in punto di fatto, una autolimitazione del potere, in linea di continuità ideale[448] con quanto già aveva indicato Seneca nella 'Consolatio ad Polybium'[449] e con l'elogio rivolto da Plinio a Traiano per avere creduto che *non est princeps super leges, sed leges super principem*[450].

In verità, la competenza esclusiva dell'imperatore in tema di creazione del diritto prova senza dubbio che, all'epoca dei Severi, il principato è ormai trasformato in monarchia[451]. Diremo tuttavia con le parole del

[439] Massima espressione è quella assunta nella Nov. Iust. CV. 2.4.

[440] Cfr. Dio LIII, 18. Ma v. già l'interpretazione limitativa che ne dava il CUIACIO (sopra, nt. 435) e cfr. a es. W. SCHMITTHENNER, Augustus' spanischer Feldzug und der Kampf um den Prinzipat, Historia, XI, 1962, 29 ss., 72 s.

[441] V. le fonti in: LAURIA, Ius cit. (sopra, nt. 431), 95 ss.

[442] Cfr. LAURIA, Ius cit. (sopra, nt. 431), 276 ss.

[443] DE FRANCISCI, Arcana imperii cit. (sopra, nt. 345), III, 1, 335 s. E cfr. ORESTANO, Il „problema" cit. (sopra, nt. 401), 247: il princeps „in tanto è *solutus*, in quanto è egli stesso l'ordinamento".

[444] DE FRANCISCI, Arcana imperii cit. (sopra, nt. 345), III, 1, 335.   [445] Inst. 2.17.8.

[446] Cfr. DE MARTINO, op. cit. (sopra, nt. 229), IV, 1, 462 ss. V. anche, per una interessante analisi, H. MOREL, La place de la lex regia dans l'histoire des idées politiques, in: Études offertes à J. Macqueron, Aix-en-Provence 1970, 545 ss.

[447] C. 6.23.3, a. 232.

[448] Cfr. F. WIEACKER, Le droit romain cit. (sopra, nt. 263), 217, per una interpretazione dello *ius publicum*, da parte dei giuristi severiani, ispirata agli ideali di governo dello stoicismo.

[449] VII. 2: *Caesari quoque ipsi, cui omnia licent, propter hoc ipsum multa non licebit: omnium somnios illius vigilia defendit, omnium otium illius labor, omnium delicias illius industria, omnium vacationem illius occupatio. Ex quo se Caesar orbi terrarum dedicavit, sibi eripuit . . ..*

[450] Pan. LV. 1. Cfr. anche A. MARONGIU, Testimonianze letterarie del ius vitae ac necis del princeps, in: Studi in onore di P. de Francisci, IV, Milano 1956, 447 ss.

[451] Lo storico del diritto sottolineerà questa trasformazione tenendo conto soprattutto della teoria delle fonti del diritto e della affermazione, pertanto, della norma imperiale come

DE FRANCISCI che „questa volontà del principe di porsi come il supremo, anzi l'unico organo creatore del diritto rivela però il persistere della convinzione del valore essenziale del diritto per l'organizzazione dell'impero, dell'idea che l'ordinamento giuridico è la base dello stato, anche in un regime in cui il diritto ha per sua unica fonte la volontà del principe, che riassume in sé quella dello stato"[452].

La forza è data effettivamente dall'elemento militare. Il problema è quello di controllarlo e di dirigerlo nel senso voluto dall'imperatore: e non vi è dubbio che la storia dell'impero sia condizionata da tale problema, perché, mentre Augusto aveva reso inoffensivo dal punto di vista politico l'esercito, a poco a poco si assiste ad una moltiplicazione di eserciti e questi, „estranei totalmente alla tradizione, allo spirito, alla civiltà dell'impero, si costituiscono come elemento autonomo entro lo stato e come elemento preponderante, dato che da loro dipendeva la difesa del territorio, sull'elemento civile. La coscienza della loro forza faceva sì che essi pretendessero alla direzione politica e che cercassero di assicurarsi anche la facoltà esclusiva di nominare l'imperatore scegliendolo fra uno dei loro condottieri"[453].

Per arginare il pericolo e mantenere l'equilibrio tra fini e mezzi poteva servire l'antico insegnamento che non si debba ricorrere all'autorità senza limiti quando si può agire per mezzo delle leggi[454]. In questo senso, il tentativo di affidare a giuristi come Papiniano, Paolo, Ulpiano le massime responsabilità di governo, e dunque anche il potere di direzione dell'esercito spettante ai prefetti al pretorio, va considerato come un atteggiamento di singolare lucidità politica e di grande rilievo ideologico[455].

XIV. La responsabilità del giurista e la vera philosophia

Si tratta, invero, di attuare la convinzione profonda, condivisa dagli imperatori Severi, che a base dello stato vi sia appunto il diritto. E, se è così, la legittimazione del potere teorizzata da Ulpiano non andrà certa-

---

fonte suprema. Da questo punto di vista un istituto particolarmente importante, e anzi rivoluzionario, è quello dell'appello (e del correlativo problema, a es., della invalidità di una sentenza che sia stata emanata *contra leges et constitutiones*). Su tali profili si v. per tutti R. ORESTANO, L'appello civile in diritto romano[2], Torino 1953, rist. 1966, 276ss., 437ss., 440s. ('appello e norma').

[452] DE FRANCISCI, Arcana imperii cit. (sopra, nt. 345), III, 1, 338.

[453] DE FRANCISCI, Arcana imperii cit., III, 1, 373; ed anche 334, 385.

[454] Tac. Ann. 3.69: . . . *nec utendum imperio, ubi legibus agi possit.*

[455] Cfr. p. es. W. STREHL, Römische Geschichte, in: W. STREHL—W. SOLTAU, Grundriß der alten Geschichte und Quellenkunde[2], II, Breslau 1914, 486, 508s. Cfr. anche L. WENGER, Die Quellen cit. (sopra, nt. 56), 520 nt. 327 e già L. L. HOWE, op. cit. (sopra, nt. 199) 44ss. (con richiamo di D. 1.16.4; 7; 9.4; D. 1.18.6.2; 5). Cfr. di recente a es. SYME, Three Jurists cit. (sopra, nt. 227), 309.

mente intesa come prova di servilismo nei confronti del desposta ma, al contrario, vi si dovrà scorgere una alta moralità, che è quella realistica della ragion di stato.

E' il caso di ricordare, che, secondo la definizione famosa del BOTERO, „stato è un dominio fermo sopra i popoli e Ragione di Stato è notizia di mezzi atti a fondare, conservare ed ampliare un dominio così fatto"[456]. Poniamo ora a confronto con tale massima un altro insegnamento, che per quel che sappiamo è stato trascurato[457], di G. B. VICO, per il quale „È aurea la diffinizione c'Ulpiano assegna dell'equità civile: ch'ella è *probabilis quaedam ratio, non omnibus hominibus naturaliter cognita* (com'è l'equità naturale), *sed paucis tantum, qui prudentia, usu, doctrina praediti, didicerunt quae ad societatis humanae conservationem sunt necessaria.* La quale in bell'italiano si chiama 'ragion di Stato' "[458].

Ci sembra che la reinterpretazione vichiana del pensiero ulpianeo[459] possa illuminare la vicenda di cui ci occupiamo[460]. Essa serve a mostrare la grandezza del tentativo, che ora viene fatto, di fondare, dopo l'impero dei filosofi e il trionfo degli eserciti, un impero dei g i u r i s t i: legato alla razionalizzazione della realtà (economica, militare, culturale, pubblica, privata, collettiva, individuale, ecc.), all'equilibrio dei mezzi e dei fini e, preminente tra questi ultimi, alla rivendicazione della dignità dell'uomo, in una parola, se si vuole, al diritto naturale[461].

D'altra parte, non è possibile dubitare della consapevolezza e concretezza che muove questo tentativo. Da un lato, infatti, vi è l'esplicito

---

[456] Della ragion di stato (1589), ed. L. FIRPO, Torino 1948, 55.

[457] P. es., esso sembra sfuggito a F. MEINECKE, Die Idee der Staatsräson in der neueren Geschichte, tr. it., Firenze 1970.

[458] Scienza nuova seconda, ed. NICOLINI, Bari 1953⁴, 114: CX.

[459] Non è stato possibile, a un primo e sommario riscontro, identificare una specifica testimonianza ulpianea che definisca, così come indica il VICO, l'equità civile (cfr. comunque a es. Ulp. 38 ad ed. D. 47.1.1.1). Esplicito nel senso della impossibilità di ritrovare la fonte è G. E. BARIÈ, in: VICO, La Scienza nuova a cura di G. E. B., I, Milano 1946, 227 nt. 1. Non vidi F. NICOLINI, Commento storico alla seconda scienza nuova, Roma 1949—50, ma in ogni caso F. NICOLINI, Fonti e riferimenti storici della seconda scienza nuova. Puntata I, Bari 1931, 41 (su 320), osserva che il rinvio fatto dal VICO alla Nov. IX nel 'Diritto universale' così come la fonte diretta alla quale egli ha attinto (e cioè H. VULTEIO, In Institutiones iuris civilis, ed. Marburg 1613, 9) non consentono di stabilire l'origine della definizione attribuita a Ulpiano, „la quale appartiene a qualche giusnaturalista finora inidentificato (ma in ogni caso, né a GROZIO, né al SELDEN, né al PUFENDORF e nemmeno, tra i groziani, all' HEINECKE)".

[460] Per il richiamarsi degli imperatori romani alla 'ragion di stato' v., p. es., DE FRANCISCI, Arcana imperii cit. (sopra, nt. 345), III, 1, 329. Non è invece questo il luogo per sottolineare la più generale importanza di VICO: il quale, come si è ben detto, „era assai poco 'giurista' in senso stretto ... però aveva l'abito mentale di chi suole guardare la storia di Roma come storia del diritto di Roma": P. PIOVANI, Il debito di Vico verso Roma, in: Studi Romani, XVII, 1969, 4, e pass., per una serie di notevoli considerazioni. V. anche S. MAZZARINO, Vico, l'annalistica e il diritto, Napoli 1971 (su cui p. es. F. CANCELLI, SDHI, XXXIX, 1973, 481ss.); F. SERRAO, s. v. Legge (diritto romano), Encicl. d. dir., XXIII, Milano 1973 = ID., Classi partiti e legge nella Repubblica romana, Pisa 1974, 74ss. (su Vico e la legislazione repubblicana).

[461] Cfr. G. NOCERA, Ius naturale nell'esperienza giuridica romana, Milano 1962, 79ss.

collegamento del fatto politico dell'impero con la realtà del potere — essenzialmente il potere militare; da un altro lato, viene individuata nelle strutture giuridiche, controllate fermamente da una volontà autocratica — volontà che si manifesta attraverso funzionari opportunamente scelti[462] dall'imperatore, *dominus* delle cose e delle persone, κύριος τοῦ κόσμου[463] — quella che è la forza ideologica principale. La sintesi di tale costruzione apparirà, del resto, non a caso, in tutta la pienezza del suo valore anche propagandistico, nella costituzione introduttiva alle 'Institutiones', del 533, quando Giustiniano proclamerà che *Imperatoriam maiestatem non solum armis decoratam, sed etiam legibus oportet esse armatam, ut utrumque tempus et bellorum et pacis recte posset gubernari*[464].

In Ulpiano, però, non si tratta di propaganda. Sta a mostrarlo la constatazione di come sia proprio Ulpiano, sia pure nel quadro di una coscienza comune agli altri giuristi del tempo, a elaborare l'idea di un diritto che la natura stessa ha insegnato ai viventi[465], il diritto sempre buono ed equo[466], il diritto in virtù del quale tutti gli uomini sono eguali[467] e liberi dalla nascita[468] e, in conclusione, sia stato Ulpiano a riassumere positivamente i fondamenti della convivenza civile, gli *iuris praecepta*: *honeste vivere, alterum non laedere, suum cuique tribuere*[469].

Tali affermazioni vogliono essere chiaramente una risposta decisa alle esigenze che i tempi di violenza, sfruttamento, disgregazione ponevano a chi, per essere detentore del potere, ma anche della sapienza, aveva la piena responsabilità dell'azione politica e del suo orientamento.

E' la responsabilità dell'uomo di stato, ma, più particolarmente, quella del giurista Ulpiano, che ne ha indubbia consapevolezza, come appare da quanto egli scrive nel 1° libro delle sue 'Institutiones', con parole che serviranno (non per caso) a Giustiniano, per dare inizio al 'Digesto': ,,Chiunque voglia attendere al diritto deve anzitutto sapere da dove deriva la parola diritto. *Ius* da *iustitia*: poiché, come lo definì eccellentemente Celso, il diritto è l'arte del buono e dell'equo. A causa di ciò, noi potremmo a ragione essere chiamati sacerdoti, giacché veneriamo la giustizia e professiamo la conoscenza di ciò che è buono ed equo, separando l'equo dall'iniquo, distinguendo ciò che è lecito da ciò che non lo è, desiderando

---

[462] Si ricordi l'espressione di P. Fay. 20,17—18: . . . οὓς ἐγὼ εἰς τὸ ἀκριβέστατον δοκιμείσας καὶ προελόμενος ἀπέστειλα . . .

[463] Si tratta specificamente di Antonino Pio: cfr. Vol. Maec. ex lege Rhodia D. 14.2.9, su cui v. a es. F. M. DE ROBERTIS, Critica e anticritica su D. 14.2.9, in: Studi in onore di V. Arangio-Ruiz, III, Napoli 1953, 155ss., specialmente 164ss.; J. TRIANTAPHYLLOPOULOS, Varia graeco-romana, in: Synteleia Arangio-Ruiz, II, Napoli 1964, 905s.

[464] La costituzione è del 21 novembre 533. Cfr. B. RUBIN, Das Zeitalter Justinians I, Berlin 1960, 146ss., specie 151s.

[465] Ulp. 1° inst. D. 1.1.1.3.

[466] Paul. 14 ad Sab. D. 1.1.11.

[467] Ulp. 43 ad Sab. D. 50.17.32.

[468] Ulp. 1° inst. D. 1.1.4.

[469] Ulp. 1° reg. D. 1.1.10.1. Cfr. le considerazioni di F. CALASSO, W. CESARINI-SFORZA, S. PUGLIATTI, s. v. Alterum non laedere, Encicl. d. dir., II, Milano 1958, 96ss.

rendere buoni gli uomini non semplicemente con la minaccia dei castighi, ma anche con l'incoraggiamento dei premi: sosteniamo di seguire, se non erro, una vera e non una falsa filosofia"[470].

E' importante intendere il senso di questa convinta identificazione della giurisprudenza e del diritto con una vera filosofia. Si è infatti già riferita, in proposito, l'ipotesi secondo la quale Ulpiano, polemico con le scuole filosofiche del tempo, avrebbe voluto, anche ai fini pratici del reclutemento dei discenti, giustificare come autentica filosofia, non dunque come vuoto suono di parole o sapienza ingannevole e fugace o inferiore apprendimento di tecniche e quasi di un mestiere, lo studio del diritto: ipotesi autorevolmente affermata e dotata di buoni argomenti, tra i quali particolarmente suggestivo è il fatto che quella dichiarazione si trovasse nel manuale ulpianeo destinato all'insegnamento[471].

E' possibile, tuttavia, sia pure non trascurando tale motivazione pratica, avanzare una spiegazione di tipo diverso, legata sì a moduli retorici e certamente non priva di toni polemici contro la filosofia (pagana o cristiana non importa), ma che ci sembra maggiormente impegnata dal punto di vista ideologico e chiaramente connessa con quella responsabilità del giurista di cui si è parlato in precedenza.

Va ricordato, infatti, che almeno due espliciti (ed anzi, nel rispettivo ambito culturale, i primi) tentativi teorici di collegare direttamente gli intellettuali con il potere politico si sono avuti in Roma rispettivamente con

---

[470] 1° inst. D. 1.1.1pr. *Iuri operam daturum prius nosse oportet, unde nomen iuris descendat. est autem a iustitia appellatum: nam, ut eleganter Celsus definit, ius est ars boni et aequi. 1. Cuius merito quis nos sacerdotes appellet: iustitiam namque colimus et boni et aequi notitiam profitemur, aequum ab iniquo separantes, licitum ab illicito discernentes, bonos non solum metu poenarum, verum etiam praemiorum quoque exhortatione efficere cupientes, veram nisi fallor philosophiam, non simulatam affectantes.*

[471] Cfr. FREZZA, La cultura di Ulpiano cit. (sopra, nt. 30), 367ss. Il FREZZA ricorda come il tema della vera e della falsa filosofia sia caro all'insegnamento di Origene, maestro tra gli altri di Gregorio Taumaturgo, e propone una serie di considerazioni da cui potrebbe trarsi una valutazione della presa di posizione ulpianea in D. 1.1.1.1, come una sorta di 'risposta', ritorsione, sfida del giurista nei riguardi di chi, avendo preferito la teologia agli studi di diritto, considera questi ultimi, pur se il loro oggetto è 'mirabile', comunque di rango inferiore. „Ulpiano" — scrive il FREZZA, op. cit., 375 — „contrapponeva forse la sapienza dello studio del diritto alla antica sapienza greca, mentre già avvertiva intorno a sé i segni di un crescente favore degli scolari della sua Siria per le scuole di diritto". Naturalmente, nella ipotesi delineata dal FREZZA il contrasto va inteso in senso strettamente culturale, mancando ovviamente una effettiva polemica tra Ulpiano e Gregorio. Su quest'ultimo e in special modo sul suo panegirico di Origene si v. ora H. CROUZEL s. j., Grégoire le Thaumaturge, Remerciement à Origène ecc., Paris 1969 e su di esso J. MODRZEJEWSKI, Grégoire le Thaumaturge et le droit romain ecc., RHD, XLIX, 1971, 313ss. (con indicazioni relative altresì alla *constitutio Antoniniana*, da aggiungere a quelle richiamate in precedenza (sopra, nt. 429): ivi, 320ss. e cfr. ID., La règle de droit dans l'Egypte romaine (Etat des questions et perspectives de recherches), Proc. of the XIIth Congress of Papyrology (1968), Toronto 1970 (Am. Studies in Papyrology VII), 347ss.; nonché M. TALAMANCA, Su alcuni passi di Menandro di Laodicea relativi agli effetti della 'constitutio Antoniniana', in: Studi in onore di E. Volterra, V, Milano 1971, 433ss.

Seneca e con Quintiliano[472]. Si tratta, come è chiaro, del 'De clementia'[473], scritto per Nerone e privilegiante, dal punto di vista che ci interessa ora, il filosofo e, rispettivamente, della 'Institutio oratoria', che privilegia, invece, l'oratore e quell'*opus sanctissimum*[474] che è la retorica[475].

Quintiliano afferma, in ispecie, che per il *perfectus orator iuris quoque civilis necessaria scientia est, et morum ac religionum eius rei publicae, quam capesset*, la conoscenza, cioè, *tot rerum, quibus praecipue civitas continetur*[476]. E scrive: *philosophia enim simulari potest, eloquentia non potest*[477].

Sembrerà allora abbastanza ovvio che Ulpiano, allorquando dichiara di seguire, come sacerdote del diritto, *veram nisi fallor philosophiam, non simulatam*, abbia ben presente la lunga tradizione che aveva condotto al tentativo di Quintiliano[478]. Ma non vi è solo questo. Ulpiano, infatti,

---

[472] Cfr., oltre al saggio di H. BARDON, op. cit. (sopra, nt. 425), I. LANA, La teorizzazione della collaborazione degli intellettuali con il potere politico in Quintiliano, Institutio oratoria, libro XII (1972), in: ID., Studi sul pensiero politico classico, Napoli 1973, 427ss.

[473] Sul 'De clementia' può vedersi ora E. CIZEK, op. cit. (sopra, nt. 437), 96ss. Si tratta (come disse C. MARCHESI) del „programma positivo di un vero uomo di stato". Quanto al concetto stesso della *clementia* (*principis*) v. la rassegna di L. WICKERT, Neue Forschungen zum römischen Principat, in questa raccolta ANRW II, 1, a cura di H. TEMPORINI, Berlin-New York 1974, 67ss.

[474] Inst. or. XII. 11.1.

[475] Non va dimenticata l'espulsione dei filosofi da parte di Domiziano, al cui servizio Quintiliano si pone. Sul conflitto tra filosofi e retori v. anche oltre, nt. 478.

[476] Inst. or. XII. 3.1.

[477] Eod. 6. E' senz'altro esatto quanto scrive il LANA, op. cit. (sopra, nt. 472), 446 nt. 48, sul fatto che gli studiosi hanno trascurato il valore di testimonianza politico-sociale ricavabile dalla 'Institutio oratoria'. L'analisi altamente meritoria del LANA pecca, però, di una consimile trascuranza nei confronti dei giuristi romani. — Sulla falsa eloquenza v. anche, p. es., le considerazioni del VICO, Scienza nuova cit. (sopra, nt. 458), 543 (1002).

[478] Il passo di Quintiliano non è utilizzato né dal FREZZA né da altri autori che si sono recentemente occupati del problema per dir così ideologico di D. 1.1.1.1. Ad es. il WIEACKER, Textstufen cit. (sopra, nt. 318), 214, ha osservato che „*Aus dem persönlichen Klang der stolzen Worte cuius merito ... affectantes könnte man zur Not einen polemischen Unterton gegen den wahllosen Synkretismus der letzten Severer und ihrer afrikanischen und syrischen Verwandtschaft heraushören. Und ferner ist der einzige römische Jurist, der diesen allgemein ethisch gefärbten Begriff von der hohen persönlichen Verantwortung des Juristen selbst lehrt ... Ulpians Lehrer Papinian*". Ma lo stesso WIEACKER indebolisce le proprie supposizioni; del resto i nostri giuristi non dovrebbero essere il risultato negativo del sincretismo. Quanto a D. NOERR, Iurisperitus sacerdos, in: Xenion. Festschrift f. Pan. J. Zepos, I, Athen–Freiburg–Köln 1973, 555ss., egli vede nella formulazione ulpianea di D. 1.1.1.1 una sorta di risposta alla critica rivolta già da Cicerone ai giuristi, ai quali viene rimproverata una *verbosa simulatio prudentiae* (pro Mur. 14.30) (NOERR, op. cit., 557 e nt. 12, 560). Soprattutto, egli indica come alla base della presa di posizione ulpianea possa esservi una lunga preparazione, non solo culturale e spirituale, ma anche pratica, che giustifica sia la qualificazione del giurista come sacerdote e vero filosofo sia la visione dell'accesso agli studi giuridici come una specie di iniziazione misterica. In ogni caso non pare dubbio che questo passo (e altresì D. 1.1.10 pr. e 2) vada ritenuto, con il NOERR, non interpolato, ed è anche corretto, a nostro avviso, l'accenno che egli fa ad una possibile influenza della *Zeitsituation* sulla dichiarazione ulpianea. In effetti, da un lato Quintiliano ha, come unico suo modello, per il XII libro della 'Institutio oratoria', il precedente di Cicerone (XII, proem. 4). Da un altro lato, nel quadro della nostra ipotesi rientra ottimamente l'insegnamento di Seneca (ep. LII), in cui si sottolinea l'esigenza di un maestro

supera quel tentativo e dà una nuova risposta, dopo quella del filosofo e l'altra dell'oratore, allo stesso problema della collaborazione e dell'inserimento dell'intellettuale nel governo dello stato. Il primo posto spetta, ora, al giurista. E' il giurista, infatti, che puo' realizzare una filosofia vera[479], una filosofia non ristretta alla coscienza del singolo e a un mondo metafisico, bensì tale da sapersi tradurre in prassi sociale, direzione dell'anima e delle cose, cioè, ed organizzazione della società. Anzi, con la filosofia, Ulpiano riassume anche la religione nella giurisprudenza e ciò potrebbe essere esempio adeguato di una concezione niente affatto neutrale, una valutazione esatta e non solamente pragmatica che il diritto e la politica sono inscindibili. E' chiaro, ad ogni buon conto, che non si tratta qui solamente del diritto come *instrumentum regni* né del giurista unicamente visto come il consigliere del potente. La morte di Papiniano lo illustra eccellentemente[480], così come l'opera di Ulpiano. Ancora una volta il Vico ne ebbe l'intuizione, quando concludeva che ,,la cagione, che produsse a' romani la più saggia giurisprudenza del mondo . . . è la stessa che fece loro il maggior imperio del mondo"[481].

per poter giungere alla verità ed alla saggezza (LII. 2: *oportet manum aliquis porrigat, aliquis educat*); si dichiara che la (vera) saggezza va adorata (13: *Philosophia adoretur*); infine (15) si dice: *Damnum quidem fecisse philosophiam non erit dubium, postquam prostituta est: sed potest in penetralibus suis ostendi, si modo non institorem, sed antistitem nacta est.*
Possiamo ancora ricordare che la lotta tra filosofi e retori, paragonata di recente al conflitto tra le 'due culture' (POLVERINI, Sull'epistolario di Frontone come fonte storica, in: Seconda miscellanea greca e romana, Roma 1968, 437ss., 451s.), non è forse così esasperata [in tal senso a es. CRACCO RUGGINI, rec. cit. (sopra, nt. 46), 403], è comunque indiscutibile: e forse è giusto ritenere che, dal punto di vista della loro utilizzazione sociale, i retori-sofisti si sentissero superiori ai filosofi. Sembra, in conclusione, molto verosimile che un giurista come Ulpiano, il quale riassume in sé la cultura del tempo, la filosofia e la retorica, il servizio pubblico e l'insegnamento, si proponesse in modo esplicito, all'inizio, come pur si deve, del proprio manuale istituzionale, di indicare nel giurista la sintesi di tutto questo processo. Si ricordi da ultimo CARCATERRA, Dialettica cit. (sopra, nt. 7), 313, che richiama la glossa di Ottone a *simulatam*, D. 1.1.1.1, in cui si considera *vera philosophia* quella che comprende la dialettica. Quanto al punto di vista cristiano, una notevole affermazione della religione come vera filosofia, quella cioè che supera in sé tutte le contraddizioni, si trova, come è noto, in Iustin. Apol. II.10: Ὅσα γὰρ καλῶς ἀεὶ ἐφθέγξαντο καὶ εὗρον οἱ φιλοσοφήσαντες ἢ νομοθετήσαντες, κατὰ Λόγον μέρος εὑρέσεως καὶ θεωρίας ἐστὶ πονηθέντα αὐτοῖς. II.13: Ὅσα οὖν παρὰ πᾶσι καλῶς εἴρηται, ἡμῶν τῶν Χριστιανῶν ἐστί.

[479] Per di più, mentre un filosofo o un retore, venendo in contatto con il potere, debbono attenuare ,,il rigore morale proprio della dottrina" [LANA, op. cit. (sopra, nt. 472) 435], ciò non potrà dirsi del giurista, se la sua è per definizione l'*ars boni et aequi*.

[480] V. sopra, cap. VIII. Non è mancato il richiamo a questa vicenda: v. p. es. WIEACKER, op. l. cit. (sopra, nt. 318); o G. G. ARCHI, Componenti pregiuridiche del diritto privato romano dell'ultima Repubblica e del Principato, La storia del diritto nel quadro delle scienze storiche, Atti I congr. intern. d. Soc. it. di storia del diritto (Roma 1963), Firenze 1966, 91s.

[481] Scienza nuova seconda cit. (sopra, nt. 458), 486. Si cfr. altresì, per la determinazione del valore da dare allo *iurisperitus sacerdos*, VICO, De uno universi iuris principio et fine uno, prol. 7, 38, cap. CLVIII, CLXXXIII, 12, in: Opere giuridiche a cura di P. CRISTOFOLINI, Firenze 1974.

Bibliografia

Alle opere indicate molte altre potrebbero aggiungersene, a cominciare dai varii manuali e corsi romanistici. Qui si aggiungono solamente alcuni altri titoli, senza alcuna pretesa di completezza. L'asterisco qui significa: non vidi.

A. PERNICE, Ulpian als Schriftsteller (1885), rist. in: Labeo, VIII, 1962, 351ss.

ID., Parerga V. Das Tribunal und Ulpians Bücher 'de omnibus tribunalibus', ZSS RA, XIV, 1893, 135ss.

*J. C. REDLIE, The Great Jurists of the World, II, Ulpian, Journ. of the Soc. of Comp. Legisl., n. s. V, 1903, 31ss.

*H. H. BROWN, Ulpian's Definition of Jurisprudence, Jur. Rev., 1921, 128ss.

*M. RADIN, A Book of Worthies . . ., Am. Law Journ., LXII, 1928, 848ss.

H. KRUEGER, Römische Juristen und ihre Werke, in: Studi Bonfante, II, Milano 1930, 303ss.

H. J. WOLFF, Ulpian XVIII ad edictum in Collatio and Digest and the Problem of the postclassical editions of Classical Works, in: Scritti comm. Ferrini Milano, IV, Milano 1949, 64ss.

ID., Zur Palingenesie und Textgeschichte von Ulpians libri ad edictum, Iura, X, 1959, 1ss.

V. ARANGIO-RUIZ, I passi di Ulpiano 18 ad edictum comuni alla Collatio e al digesto, in: Studi Biondi, II, Milano 1965, 1ss.

*R. SYME, Lawyers in Government: the case of Ulpian, Proc. Am. Phil. Soc., CXV, 1972, 406ss.

Indice degli autori citati*

* I numeri rinviano alle note.

AUFSTIEG UND NIEDERGANG
DER RÖMISCHEN WELT

GESCHICHTE UND KULTUR ROMS IM SPIEGEL DER NEUEREN FORSCHUNG

HERAUSGEGEBEN VON
HILDEGARD TEMPORINI UND WOLFGANG HAASE

3 Teile in mehreren Einzelbänden und 1 Registerband. Lexikon Oktav. Ganzleinen.

ANRW ist ein internationales Gemeinschaftswerk historischer Wissenschaften. Seine Aufgabe besteht darin, alle wichtigen Aspekte der antiken römischen Welt, sowie ihres Nachlebens und Fortwirkens in Mittelalter und Neuzeit, nach dem gegenwärtigen Stand der Forschung in Einzelbeiträgen zu behandeln. Das Werk ist in drei Teile gegliedert:

I. Von den Anfängen Roms bis zum Ausgang der Republik
II. Principat — III. Spätantike und Nachleben

Jeder der drei Teile umfaßt sechs systematische Rubriken, zwischen denen es vielfache Überschneidungen gibt: 1. Politische Geschichte, 2. Recht, 3. Religion, 4. Sprache und Literatur, 5. Philosophie und Wissenschaften, 6. Künste.

ANRW ist ein handbuchartiges Übersichtswerk zu den römischen Studien im weitesten Sinne, mit Einschluß der Rezeptions- und Wirkungsgeschichte bis in die Gegenwart. Die einzelnen Beiträge sind ihrem Charakter nach, jeweils dem Gegenstand angemessen, entweder zusammenfassende Darstellungen mit Bibliographie oder Problem- und Forschungsberichte oder thematisch breit angelegte exemplarische Untersuchungen. Mitarbeiter sind rund 1000 Gelehrte aus 35 Ländern. Die Beiträge erscheinen in deutscher, englischer und französischer oder italienischer Sprache. Der Vielfalt der Themen entsprechend gehören Mitarbeiter und Interessenten hauptsächlich folgenden Fachrichtungen an:

Alte, Mittelalterliche und Neue Geschichte — Byzantinistik, Slavistik — Klassische, Mittellateinische, Romanische und Orientalische Philologie — Klassische, Orientalische und Christliche Archäologie und Kunstgeschichte — Rechtswissenschaft — Religionswissenschaft und Theologie, besonders Kirchengeschichte und Patristik.

Bereits erschienen:

TEIL I:
VON DEN ANFÄNGEN ROMS
BIS ZUM AUSGANG
DER REPUBLIK
Herausgegeben von Hildegard Temporini

Band 1: Politische Geschichte
1972. DM 220,—

Band 2: Recht; Religion; Sprache
und Literatur
(bis zum Ende des 2. Jh. v. Chr.)
1972. DM 310,—

Band 3: Sprache und Literatur (1. Jh. v. Chr.)
1973. DM 200,—

Band 4: Philosophie und Wissenschaften;
Künste
1973. DM 340,—

Preisänderungen vorbehalten

TEIL II: PRINCIPAT
Herausgegeben von
Hildegard Temporini und Wolfgang Haase

Band 1: Politische Geschichte (Allgemeines)
1974. DM 340,—

Band 2: Politische Geschichte (Kaisergeschichte)
1975. DM 360,—

Band 3: Politische Geschichte
(Provinzen und Randvölker: Allgemeines;
Britannien, Hispanien, Gallien)
1975. DM 440,—

Band 4: Politische Geschichte (Provinzen
und Randvölker: Gallien [Forts.], Germanien)
1975. DM 380,—

Band 15: Recht (Methoden, Schulen,
einzelne Juristen). 1976. DM 268,—

Als nächste Bände erscheinen:
Teil II: Band 5, 6, 9 und 16. 1976.

WALTER DE GRUYTER · BERLIN · NEW YORK

AUFSTIEG UND NIEDERGANG
DER RÖMISCHEN WELT

GESCHICHTE UND KULTUR ROMS IM SPIEGEL DER NEUEREN FORSCHUNG

EDITED BY
HILDEGARD TEMPORINI AND WOLFGANG HAASE

3 parts in numerous single volumes and 1 Index volume. Lexicon-octavo. Cloth

ANRW is a work of international cooperation in the field of historical scholarship. It's aim is to present all important aspects of the ancient Roman world, as well as it's legacy and continued influence in medieval and modern times. Subjects are dealt with in individual articles written in the light of present day research. The work ist divided into three parts:

I. From the Origins of Rome till the end of the Republic
II. The Principate — III. Late Antiquity and the Legacy of Rome

Each of the three parts consists of six systematic sections, which occasionally overlap: 1. Political History, 2. Law, 3. Religion, 4. Language and Literature, 5. Philosophy and Learning, 6. The Arts.

ANRW is planned as a handbook. It is a survey of Roman Studies in the broadest sense, and includes the history of the reception and influence of Roman Culture up through modern times. The individual contributions are, depending on the nature of the subject either concise presentations with bibliography, problem and research reports, or thematically broad investigations of representative topics. Approximately one thousand scholars from thirty five nations are collaborating on this work. The articles appear either in German, English, French or Italian. Like the collaborators, future readers will come from fields as variegated as the material itself:

Ancient, Medieval and Modern History — Byzantine and Slavonic Studies — Classical, Medieval Latin, Romance and Oriental Philology — Legal Studies — Classical, Oriental and Christian Archaeology, History of Art — Religion and Theology, with special emphasis on Church History and Patristics.

Already published:

PART I:
VON DEN ANFÄNGEN ROMS BIS ZUM AUSGANG DER REPUBLIK
Edited by Hildegard Temporini

Volume 1: Politische Geschichte
1972. DM 220,—; $88.00

Volume 2: Recht; Religion; Sprache und Literatur (bis zum Ende des 2. Jh. v. Chr.)
1972. DM 310,—; $124.00

Volume 3: Sprache und Literatur (1. Jh. v. Chr.)
1973. DM 200,—; $80.00

Volume 4: Philosophie und Wissenschaften; Künste
1973. DM 340,—; $136.00

Prices are subject to change without further notice

PART II: PRINCIPAT
Edited by Hildegard Temporini and Wolfgang Haase

Volume 1: Politische Geschichte (Allgemeines)
1974. DM 340,—; $136.00

Volume 2: Politische Geschichte (Kaisergeschichte)
1975. DM 360,—; $144.00

Volume 3: Politische Geschichte (Provinzen und Randvölker: Allgemeines; Britannien, Hispanien, Gallien)
1975. DM 440,—; $176.00

Volume 4: Politische Geschichte (Provinzen und Randvölker: Gallien [Forts.], Germanien)
1975. DM 380,—; $152.00

Volume 15: Recht (Methoden, Schulen, einzelne Juristen). 1976. DM 268,—; $108.00

Next volumes:
Part II: Volumes 5, 6, 9 and 16. 1976.

WALTER DE GRUYTER · BERLIN · NEW YORK

For USA and Canada:
Please send all orders to Walter de Gruyter Inc., 3 Westchester Plaza, Elmsford, New York 10523